Rainer G. Haselier, Klaus Fahnenstich

Microsoft Office Home and Student 2007 – Das Handbuch

Rainer G. Haselier, Klaus Fahnenstich

Microsoft Office Home and Student 2007 – Das Handbuch

Rainer G. Haselier, Klaus Fahnenstich: Microsoft Office Home and Student 2007 – Das Handbuch
Microsoft Press Deutschland, Konrad-Zuse-Str. 1, D-85716 Unterschleißheim
Copyright © 2007 by Microsoft Press Deutschland

15 14 13 12 11 10 9 8 7 6 5 4 3 2
09 08

ISBN 978-3-86645-101-8

© Microsoft Press Deutschland
(ein Unternehmensbereich der Microsoft Deutschland GmbH)
Konrad-Zuse-Str. 1, D-85716 Unterschleißheim
Alle Rechte vorbehalten

Satz: rabbitsoft Haselier & Fahnenstich GbR, Aachen (www.rabbitsoft.de)
Umschlaggestaltung: Hommer Design GmbH, Haar (www.HommerDesign.com)
Layout: Gerhard Alfes, mediaService, Siegen (www.media-service.tv)
Gesamtherstellung: Kösel, Krugzell (www.KoeselBuch.de)

Übersicht

Teil C
Excel 2007 375

Teil D
PowerPoint 2007 597

Teil E
Illustrationen 773

Inhaltsverzeichnis

Teil D
PowerPoint 2007 597

34 PowerPoint 2007 kennenlernen 599

Teil A

Office 2007

In diesem Teil:

Kapitel 1

Willkommen bei Microsoft Office 2007

In diesem Kapitel:

Microsoft Office System ist die Komplettlösung zur Informationsverarbeitung in Unternehmen. Neben den Programmen, die auch in früheren Versionen von Microsoft Office enthalten waren, zählen auch alle anderen Produkte aus dem Bereich Bürosoftware nun zum Office System 2007.

Die Office-Editionen

Microsoft Office 2007 gehört zum Microsoft Office System und ist in verschiedenen Editionen verfügbar, die aus den Kernprodukten Word, Excel, Outlook und weiteren Anwendungen bestehen. Neben den bewährten Produkten wie Visio, Project, Publisher und FrontPage gehören seit der Version 2003 auch die Produkte InfoPath und OneNote zum Office System. So kann jeder, vom Einzelanwender bis zum Großunternehmen, ein auf seine Erfordernisse maßgeschneidertes Office einsetzen. Eine Übersicht über die verschiedenen Editionen und die in den jeweiligen Editionen enthaltenen Programme finden Sie in der nachfolgenden Tabelle:

Tabelle 1.1   Die Editionen von Microsoft Office System 2007

Produkt / Edition	Word 2007	Excel 2007	Outlook 2007	Power-Point 2007	Access 2007	OneNote 2007	Publisher 2007	InfoPath 2007	Business Contact Manager
Office Basic	✓	✓	✓						
Home and Student	✓	✓		✓		✓			
Standard	✓	✓	✓	✓					
Small Business	✓	✓	✓	✓			✓		✓
Professional	✓	✓	✓	✓	✓		✓		✓
Ultimate	✓	✓	✓	✓	✓	✓	✓	✓	✓
Professional Plus	✓	✓	✓	✓	✓		✓	✓	
Enterprise	✓	✓	✓	✓	✓	✓	✓	✓	

Die Anwendungen Visio 2007, Project 2007 sowie FrontPage 2007 sind in keiner Office-Edition enthalten und müssen daher, falls Sie diese einsetzen wollen, zusätzlich erworben werden.

Die von Microsoft empfohlenen Systemanforderungen für die verschiedenen Office-Editionen finden Sie auf der Website von Microsoft Office *(http://office.microsoft.com)*. Bitte beachten Sie, dass es sich dabei um die absoluten Minimalanforderungen handelt. Damit Sie mit Office 2007 wirklich flüssig arbeiten können, sollte Ihr Rechner mindestens einen Prozessor mit 1 GHz sowie 1 GByte Arbeitsspeicher besitzen. (Bei weniger Arbeitsspeicher wird z.B. die Grammatik- und Kontextrechtschreibprüfung automatisch deaktiviert!)

Die Testversionen von Office 2007

Im Rahmen der Markteinführung von Office 2007 stellt Microsoft verschiedene Testversionen zur Verfügung, die Ihnen bei der Entscheidung helfen sollen, ob sich für Sie der Einsatz von Office 2007 lohnt. Sie finden diese Software auf der deutschen Internetseite von Microsoft, also unter *www.microsoft.de* bzw. unter *www.microsoft.com/germany* in der Rubrik *Neueste Produkte/Office 2007*:

■ Eine 60-Tage-Version von Office 2007, die Sie auf Ihrem PC installieren können und die den vollen Funktionsumfang enthält.

■ Der so genannte *Microsoft Office Test Drive*. Dabei handelt es sich um eine Testumgebung von Office 2007, die auf einem Citrix Presentation Server läuft und auf die Sie mit Hilfe des Internet Explorers zugreifen können (andere Browser werden leider nicht unterstützt). Sie arbeiten dabei mit einem virtuellen PC und schon mit einer einfachen DSL-Verbindung ist ein flüssiges Arbeiten möglich, so dass Sie sich einen sehr guten Eindruck vom neuen »Look & Feel« der neuen Office Suite verschaffen können.

Bild 1.1   Die Online-Version von Office 2007 ist voll funktionsfähig

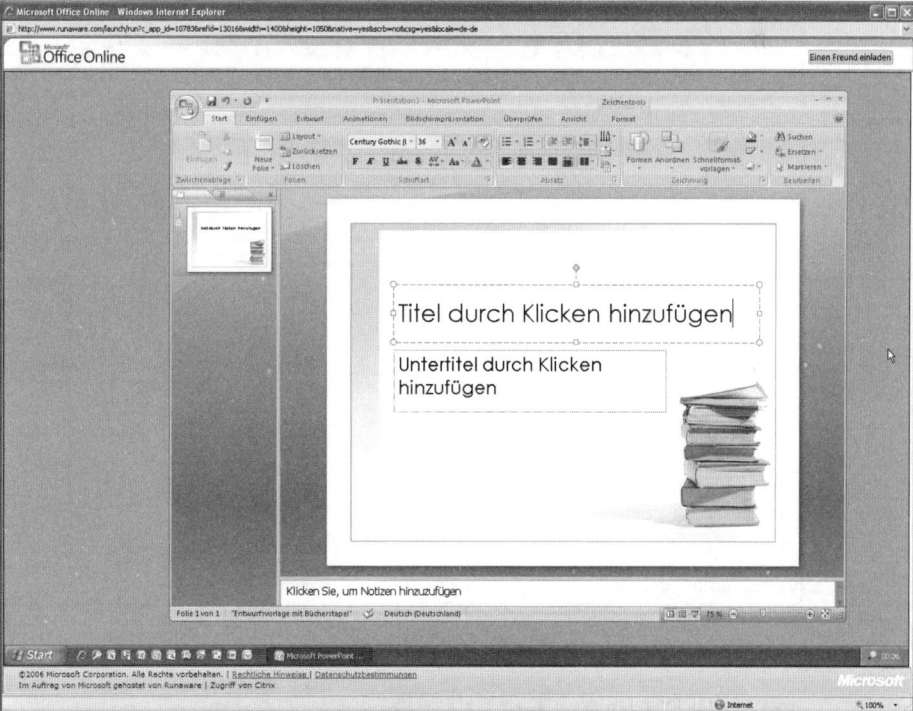

Diese Form der Produktpräsentation ist unserer Meinung nach wirklich zukunftsweisend, denn auf diese Weise können Sie Office 2007 ohne großen Aufwand und ohne die üblichen Risiken, die mit der Installation von Beta- und Test-Versionen verbunden sind, kennen lernen.

Installation und Aktivierung

Die Installation von Office 2007 ist im Vergleich zur Vorgängerversion noch einfacher geworden. Die Benutzereingaben wurden auf das absolute Minimum reduziert (Product Key eingeben und die obligatorischen Lizenzbedingungen annehmen), so dass wir mit ruhigem Gewissen auf eine ausführliche Erklärung des Vorgangs verzichten können. Legen Sie einfach die Installations-CD ein und folgen Sie den Anweisungen auf dem Bildschirm. Falls auf Ihrem PC die AutoPlay-Funktion ausgeschaltet sein sollte, öffnen Sie zum Starten des Installationsprogramms den Arbeitsplatz, lassen den Inhalt der CD anzeigen und führen dann das Programm *Setup.exe* aus.

Alte Office-Versionen erhalten
Wenn sich auf Ihrem Computer eine Vorgängerversion von Office befindet und Sie diese Version beibehalten wollen, müssen Sie im Installations-Programm die Option *Anpassen* auswählen. Sie können dann in einem weiteren Schritt festlegen, welche der älteren Anwendungen beibehalten und welche entfernt werden sollen. Bei der Standardinstallation von Office 2007 werden alle früheren Office-Versionen entfernt.

Bild 1.2   Beibehalten von früheren Office-Versionen

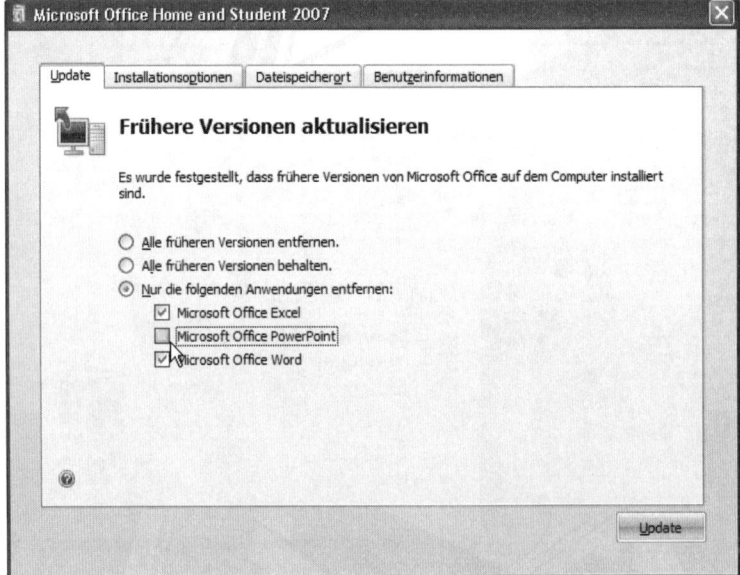

Office 2007 aktivieren

Damit Sie nach der Installation dauerhaft mit Office 2007 arbeiten können, müssen Sie das Programm *aktivieren*. Bei diesem Vorgang wird überprüft, ob Sie im Besitz einer gültigen Lizenz sind. Ohne diese Aktivierung schalten sich die Office-Programme nach dem 25ten Start automatisch in einen Modus mit eingeschränkter Funktionalität, in dem Sie zwar noch Dokumente betrachten, sie jedoch nicht mehr bearbeiten können.

Die Aktivierung lässt sich wahlweise über das Internet oder telefonisch durchführen, wobei Sie der ersten Variante den Vorzug geben sollten, da sie vollautomatisch abläuft. Die Aktivierung per Telefon ist für den Fall gedacht, dass Ihr PC nicht mit dem Internet verbunden ist – was mittlerweile wohl eher die Ausnahme als die Regel sein dürfte.

Falls Sie die Aktivierung nicht direkt bei der Installation vorgenommen haben, können Sie dies mit folgenden Schritten nachholen:

1. Starten Sie eines der Office-Programme, z. B. Word, und klicken Sie oben links auf die *Office-Schaltfläche* (das ist der große runde Knopf).

2. Klicken Sie in dem aufgeklappten Fenster unten rechts auf die Schaltfläche *Word-Optionen*.

3. Wählen Sie im nächsten Fenster die Rubrik *Ressourcen* und klicken dann im rechten Bereich des Fensters auf *Aktivieren*.

4. Geben Sie nun den 25stelligen Product Key ein. Sie können dabei ruhig Kleinbuchstaben verwenden, denn Ihre Eingabe wird automatisch in Großbuchstaben umgewandelt. Auch die Bindestriche zwischen den 5er-Gruppen brauchen Sie nicht einzutippen.

    Sobald Sie das letzte Zeichen des Keys eingegeben haben, wird er automatisch überprüft. Wurde der Key akzeptiert, erscheint in dem Fenster ein grüner Haken, ansonsten erhalten Sie eine entsprechende Fehlermeldung.

5. Nachdem der Key akzeptiert wurde, können Sie auf *Weiter* und dann im nächsten Fenster auf *Installieren* klicken, um den Vorgang abzuschließen.

Der erste Start von Office 2007

Wenn Sie nach der Installation eines der Office-Programme starten, erscheint folgendes Dialogfeld, mit dem Sie konfigurieren können, in welchem Umfang Sie die online, also über das Internet, zur Verfügung gestellten Hilfsangebote von Microsoft nutzen wollen.

Bild 1.3   Konfiguration der Datenschutzoptionen

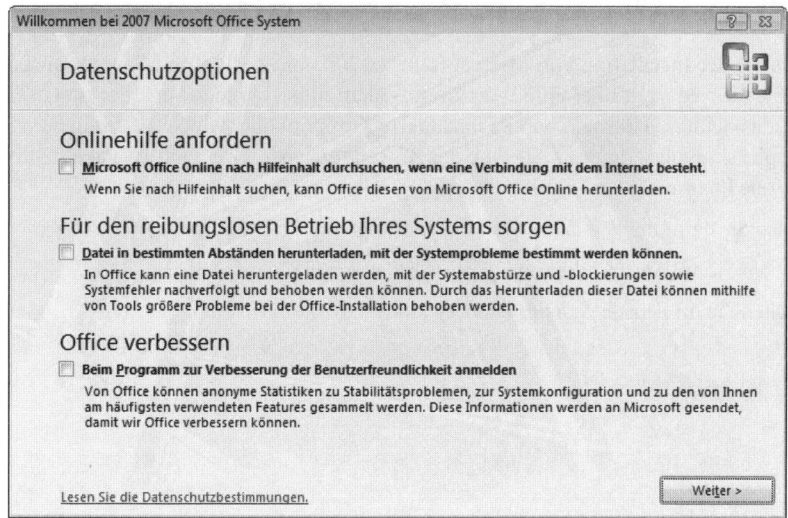

Das erste Kästchen sollten Sie auf jeden Fall einschalten, da Sie dadurch Zugang auf die umfangreiche Onlinehilfe von Microsoft erhalten. Ob Sie die beiden anderen Optionen ebenfalls aktivieren, ist eher eine Frage des persönlichen Bedürfnisses nach Sicherheit und Anonymität.

Sobald Sie Ihre Einstellungen mit einem Klick auf *Weiter* bestätigt haben, sehen Sie ein zweites Dialogfeld, in dem Sie die automatische Update-Funktion aktivieren können.

Bild 1.4   Aktivieren der automatischen Update-Funktion

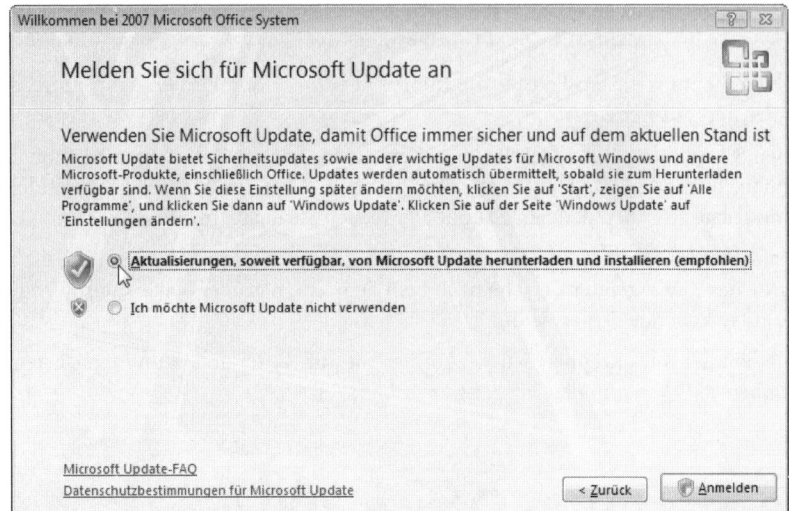

Hier fällt die Wahl nicht schwer: Es sollte sich mittlerweile herum gesprochen haben, dass nur ein aktuelles System größtmögliche Sicherheit bietet. Klicken Sie also auf *Anmelden,* um den Vorgang zu starten und bestätigen Sie die nächste Meldung mit *Fortsetzen.* Jetzt steht Office 2007 für Sie bereit!

Installation von Office 2007 anpassen

Wenn Sie bei der Installation von Microsoft Office 2007 nicht alle Komponenten installiert haben, können Sie dies jederzeit über eine Wartungsinstallation nachholen. Auch der umgekehrte Weg ist möglich, das heißt, Sie können bereits installierte Komponenten wieder deinstallieren. Das könnte zum Beispiel sinnvoll sein, wenn Sie eine der Anwendungen aus dem Office-Paket nicht verwenden und der freie Platz auf Ihrer Festplatte knapp wird.

Verwenden Sie dann die Windows Systemsteuerung, um die Installation anzupassen:

1. Klicken Sie auf *Start* und dann auf *Systemsteuerung.*
2. Klicken Sie im Fenster *Systemsteuerung* auf das Symbol *Software.*

Bild 1.5   Liste der installierten Programme

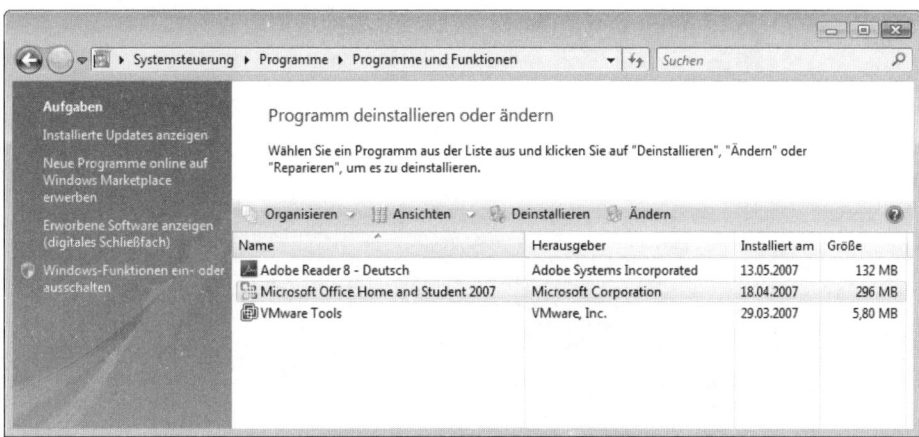

3.   Markieren Sie den Eintrag *Microsoft Office Home and Student 2007* und klicken Sie auf die Schaltfläche *Ändern,* um das Setup-Programm zu starten.

4.   Im ersten Schritt des Programms haben Sie die Wahl zwischen einer Anpassung oder einer Reparatur Ihrer Office-Installation. Lassen Sie die Option *Features hinzufügen oder entfernen* markiert und klicken Sie auf *Weiter.* Das Setup-Programm zeigt dann eine Liste der Anwendungen an, die in Microsoft Office Home and Student 2007 enthalten sind.

Bild 1.6   Liste der Office-Anwendungen

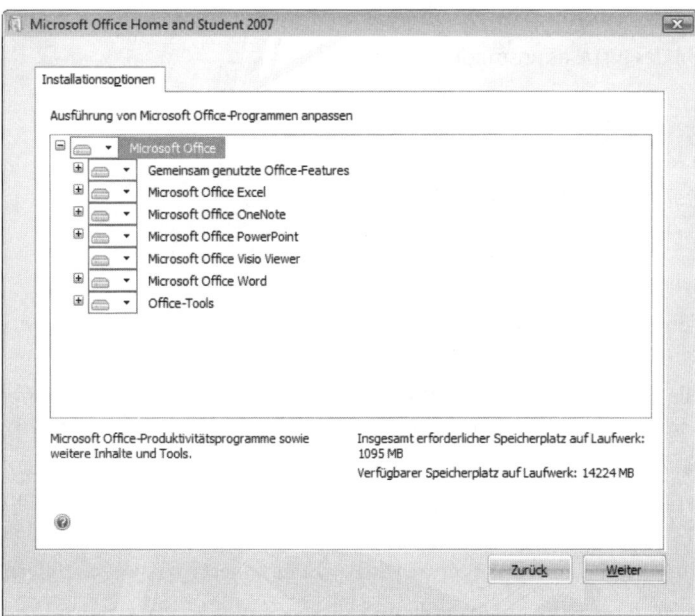

5.   Um zu sehen, welche Features der einzelnen Anwendungen installiert werden, klicken Sie auf das Pluszeichen vor den Einträgen in der Liste.

Bild 1.7   Anzeigen der Features für eine Anwendung

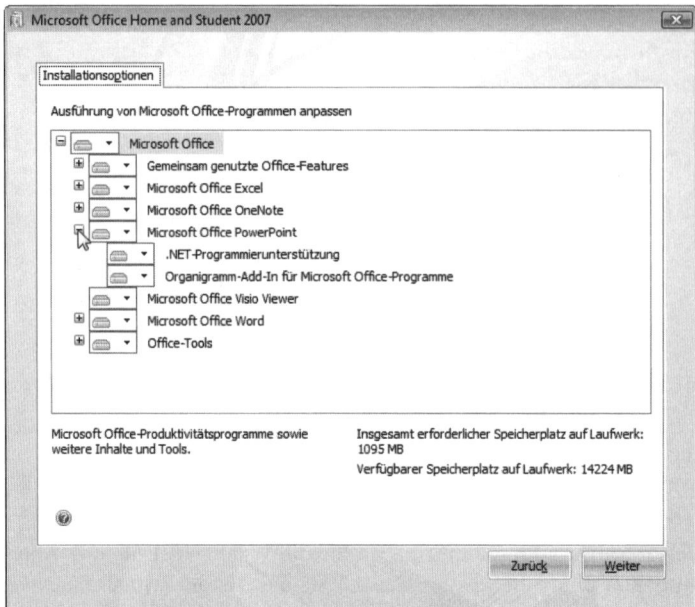

6. Die Symbole neben den einzelnen Einträgen zeigen an, wie die zugehörigen Komponenten installiert sind (bzw. werden). Um die Installationsweise zu ändern, klicken Sie das Symbol an und wählen aus dem dann angezeigten Menü die gewünschte Installationsweise aus.

Bild 1.8   Auswahl des Installationsmodus

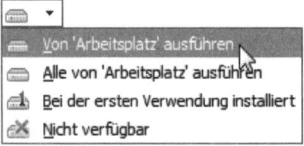

Hier stehen Ihnen folgende Optionen zur Verfügung:

■ **Von 'Arbeitsplatz' ausführen**   Das Feature wird auf der Festplatte installiert und es steht sofort zur Verfügung.

■ **Alle von 'Arbeitsplatz' ausführen**   Das Feature und alle zugehörigen Unterfeatures werden auf der Festplatte installiert und stehen sofort zur Verfügung.

■ **Bei der ersten Verwendung installiert**   Das Feature wird dann auf der Festplatte installiert, wenn Sie es zum ersten Mal verwenden wollen. Zu diesem Zeitpunkt benötigen Sie die Office-CD.

■ **Nicht verfügbar**   Das Feature wird nicht installiert bzw. wieder entfernt.

7. Treffen Sie die gewünschte Auswahl und klicken Sie auf *Weiter,* um den Vorgang zu starten.

Übungsdateien und Beispiele

Die in diesem Buch beschriebenen Übungs- und Beispieldateien können Sie kostenlos aus dem Internet herunterladen. Gehen Sie dazu folgendermaßen vor:

1. Starten Sie Ihren Browser und surfen Sie zur Seite *http://www.microsoft.com/germany/mspress/ begleitdateien*. Sie werden dann automatisch auf folgende Seite umgeleitet:

Bild 1.9   Herunterladen der Übungs- und Beispieldateien

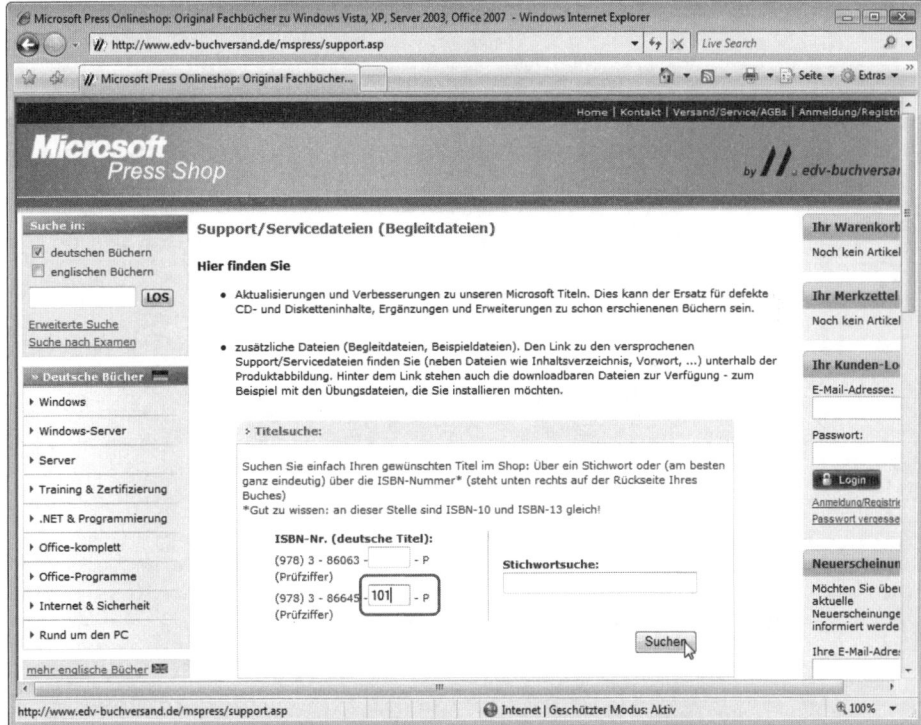

2. Tragen Sie bei der Titelsuche in das untere Feld die Ziffern **101** ein (siehe Bild).

3. Klicken Sie auf *Suchen*. Sie gelangen dann auf die Supportseite für dieses Buch, auf der sich der Link für den Download der Begleitdateien befindet.

4. Klicken Sie den Link an und speichern Sie die Datei *OfficeHS2007HB.zip* auf Ihrem Rechner.

5. Öffnen Sie die Datei *OfficeHS2007HB.zip* und kopieren Sie die darin enthaltenen Dateien in ein Verzeichnis Ihrer Wahl.

Sie können die Dokumente entweder öffnen, indem Sie ihr Symbol direkt im Ordnerfenster anklicken, oder sie aus dem jeweiligen Anwendungsprogramm heraus öffnen. Eine Beschreibung dazu finden Sie in Kapitel 5 ab Seite 109.

Kapitel 2

Die neue Benutzeroberfläche von Office 2007

Wenn Sie Word 2007, Excel 2007 oder PowerPoint 2007 das erste Mal starten, ist erst einmal alles anders als gewohnt. Das in allen vorhergehenden Office-Versionen vorhandene Menü und auch die Symbolleisten sind verschwunden. Stattdessen befindet sich am oberen Rand der Programmfenster die neue Multifunktionsleiste, die das Menü und die Symbolleisten ersetzt. In der Multifunktionsleiste sind die zahlreichen Funktionen der einzelnen Programme zu logischen Gruppen zusammengefasst und über verschiedene Registerkarten erreichbar, wobei jede der Registerkarten die Befehle enthält, die zu einer bestimmten Aktivität gehören, die Sie beim Erstellen eines Dokuments, einer Arbeitsmappe oder einer Präsentation durchführen.

Dieses Kapitel stellt Ihnen die neue Benutzeroberfläche von Office 2007 mit der Multifunktionsleiste, den Befehlsgruppen, den Kontexttools und den weiteren neuen Elementen vor, die sich an den verschiedenen Stellen des Fensters befinden. Der Schwerpunkt liegt hierbei darauf, Ihnen die geänderte Bedienungsphilosophie von Office 2007 nahezubringen und Ihnen entweder den Einstieg in, aber auch den Umstieg auf Office 2007 zu erleichtern. Weitere Kapitel in diesem Buch greifen diese Grundlageninformationen auf und vertiefen sie:

- Kapitel 5, »Dokumente erstellen, speichern, öffnen, drucken«, konzentriert sich auf die neue *Office-Schaltfläche,* die sich in der linken oberen Ecke der Programmfenster befindet und in dem sich vor allem die Funktionen befinden, die in früheren Office-Versionen im Menü *Datei* untergebracht waren.

- Neben der neuen Benutzeroberfläche haben die verschiedenen Office-Programme auch eine Menge an Neuem zu bieten was die Programmfunktionen angeht. Eine Übersicht über diese neuen Features finden Sie jeweils in den ersten Kapiteln der Teile dieses Buches, die sich mit den einzelnen Office-Anwendungen beschäftigen.

- Wenn Sie von einer der vorhergehenden Office-Versionen auf die 2007er Edition umsteigen, finden Sie in den Anhängen zahlreiche Tabellen, die Ihnen dabei helfen, die vertrauten Befehle aus den Menüs schnell in der Multifunktionsleiste und deren Registerkarten wiederzufinden.

Die Multifunktionsleiste

Die Versionsgeschichte von Microsoft Office ist dadurch geprägt, dass jede neue Version neue und mehr Features brachte, was aber nicht dazu geführt hat, dass diese auch von den Anwendern gefunden und damit genutzt werden konnten. Für die Nutzung der Features gilt das Pareto-Prinzip in einer übertragenen Form: 80 % der Office-Anwender nutzen 20 % der Features des Programms. Viele der Features aus früheren Office-Versionen (der Office-Assistent *Karl Klammer,* die Aufgabenbereiche, die verbesserte Hilfe usw.) haben nur unwesentlich dazu beigetragen, diesen Sachverhalt zu ändern.

Bild 2.1 Die Benutzeroberfläche von Office 2007 (hier als Beispiel Word) verwendet statt der Menüs und der Symbolleisten die neue Multifunktionsleiste. Dort stehen die meisten Funktionen – nach Aktivitäten gruppiert – auf Befehlsregisterkarten zur Verfügung

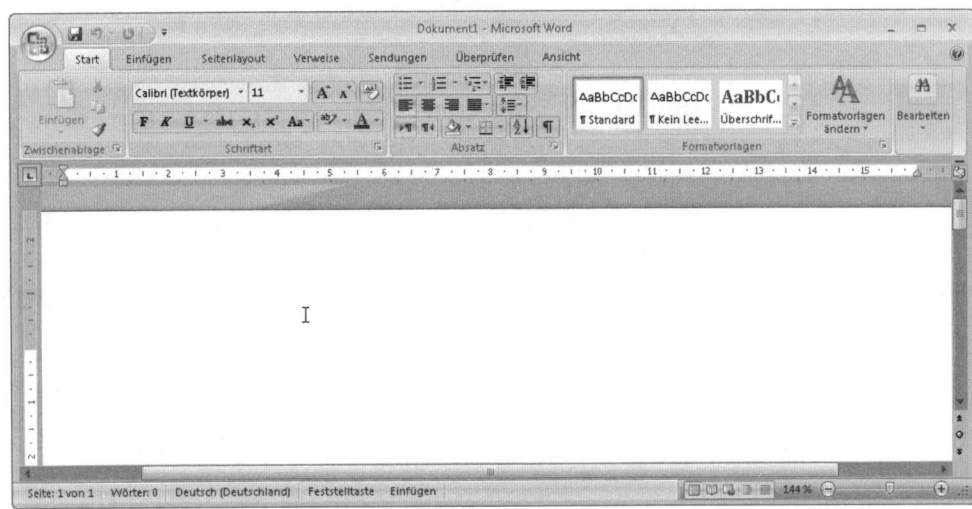

Dass die Features nicht genutzt werden, liegt weniger daran, dass sie nicht benötigt werden, sondern viel mehr daran, dass sie nicht gefunden werden. Office 2007 macht einen neuen, gewagten Anlauf, um hier Abhilfe zu schaffen. Getreu dem Sprichwort »Wenn der Berg nicht zum Propheten kommt, muss der Prophet zum Berg gehen.« wurde die Benutzeroberfläche von Word, Excel und PowerPoint komplett umgestaltet.

Statt über die Menüleiste und die Symbolleisten sind die Funktionen jetzt über die Multifunktionsleiste erreichbar, die Sie in der obigen Abbildung im oberen Bereich des Word-Fensters sehen. Die Multifunktionsleiste besteht z.B. bei Word aus sieben *Standardregisterkarten,* in der die Word-Features logisch nach den Aktivitäten, die Sie mit dem Programm vornehmen, gruppiert sind. Sie öffnen eine Registerkarte, indem Sie deren Namen anklicken.

TIPP **Registerkarte mit Scrollrad wechseln** Wenn Sie eine Maus mit einem Scrollrad verwenden, können Sie zwischen den verschiedenen Registerkarten wechseln, indem Sie den Mauszeiger auf die Multifunktionsleiste bewegen und dann am Scrollrad drehen.

Die Registerkarten selbst wiederum bestehen aus *Befehlsgruppen,* die eine Aufgabe in Teilaufgaben aufteilen. So finden Sie auf der Registerkarte *Start* beispielsweise die Befehlsgruppen *Zwischenablage, Schriftart* und *Absatz.* Die Namen der Gruppen werden am unteren Rand der Multifunktionsleiste angezeigt.

Die Befehlsgruppen wiederum enthalten *Befehlsschaltflächen,* wie Sie sie von den früheren Symbolleisten her kennen. Einige der Befehlsschaltflächen führen einen Befehl sofort aus, wie die Schaltflächen *Ausschneiden* und *Kopieren* der Befehlsgruppe *Zwischenablage;* bei anderen (diese sind mit einem kleinen Pfeil gekennzeichnet) wird zuerst ein Menü geöffnet, in dem weitere Befehle angeboten werden, aus denen Sie dann einen auswählen können.

Bild 2.2   Die grundlegenden Elemente der Multifunktionsleiste zeigt diese Abbildung

Die Registerkarten enthalten für die meisten Aufgaben die am häufigsten verwendeten Features. Wenn in einer Gruppe nicht alle Funktionen in Form von Befehlsschaltflächen zur Verfügung stehen, wird neben dem Namen der Befehlsgruppe eine kleine Schaltfläche angezeigt, die von den Office-Machern den Namen *Startprogramm für ein Dialogfeld* erhalten hat. Wenn Sie den Mauszeiger auf ein Startprogramm für ein Dialogfeld bewegen, wird in einem kleinen Fenster eine Vorschau des Dialogfeldes angezeigt, das nach dem Anklicken der Schaltfläche geöffnet wird. In der nachfolgenden Abbildung sehen Sie dies exemplarisch für das Dialogfeld *Schriftart*.

Bild 2.3   Über die kleine Schaltfläche neben den Namen einiger der Befehlsgruppen können Sie ein Dialogfeld oder einen Aufgabenbereich öffnen, in dem Sie weitere Befehle oder Optionen für die Befehlsgruppe finden

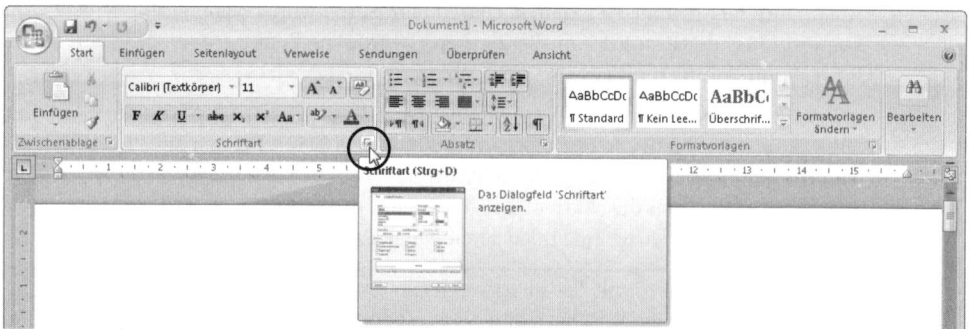

TIPP   **QuickInfo-Format einstellen** Falls bei Ihnen keine QuickInfo oder nur eine QuickInfo ohne Dialogfeld-Vorschau angezeigt wird, wenn Sie mit dem Mauszeiger auf eine Schaltfläche *Startprogramm für ein Dialogfeld* zeigen, können Sie die Funktion mit folgenden Schritten aktivieren:

1.   Klicken Sie auf die *Office-Schaltfläche*.

2.   Im dadurch aufgeklappten Menü klicken Sie unten rechts auf die Schaltfläche *[Programmname]-Optionen*, um das gleichnamige Dialogfeld anzuzeigen.

3.   Wählen Sie im Listenfeld *QuickInfo-Format* die Einstellung *Featurebeschreibungen in Quick-Infos anzeigen*.

4.   Schließen Sie das Dialogfeld mit *OK*.

Manche der Startprogramme für ein Dialogfeld öffnen einen Aufgabenbereich, wie Sie ihn von den vorhergehenden Office-Versionen kennen. Dies ist beispielsweise bei der Befehlsgruppe *Zwischenablage* der Fall.

Die Standardregisterkarten von Word 2007

Word 2007 enthält in der Grundeinstellung die folgenden Standardregisterkarten:

- Die Registerkarte *Start* enthält die Befehle für die Verwendung der Zwischenablage, die Formatierung von Schrift- und Absatzmerkmalen, die Formatvorlagen und die Gruppe *Bearbeiten*, über die Sie *Suchen* und *Ersetzen* und verschiedene Markierungsaktionen ausführen können.

- Die Registerkarte *Einfügen* führt alle Elemente auf, die Sie in ein Word-Dokument einfügen können. Hierzu gehören neue Seiten, Tabellen, Abbildungen, Hyperlinks, Kopf- und Fußzeilen, Textobjekte und Symbole.

- Die Registerkarte *Seitenlayout* enthält die Befehle für das Einrichten der Seite (Ränder, Hoch-/Querformat), für das Arbeiten mit Designs und Seitenhintergründen sowie für das Einstellen der Absatzabstände in Ihrem Dokument. Außerdem können Sie mit den Befehlen der Gruppe *Anordnen* die Reihenfolge der Elemente auf der Seite verändern.

- Die Registerkarte *Verweise* enthält die Elemente, die Sie benötigen, wenn Sie mit längeren oder komplexeren Dokumenten arbeiten. Sie können hier ein Inhaltsverzeichnis, Fußnoten, Zitate und Literaturverzeichnisse, ein Stichwortverzeichnis und ein Rechtsgrundlagenverzeichnis erstellen und wiederkehrende Elemente in Ihrem Dokument automatisch beschriften lassen (wie beispielsweise Tabellen oder Abbildungen).

- Die Registerkarte *Sendungen* könnte auch den Namen Seriendruck tragen, da Sie hier alle Befehle finden, um ein Seriendruckprojekt zu erstellen, Seriendruckfelder in das Dokument einzufügen, sich eine Vorschau der Ergebnisse anzusehen und das Projekt schließlich auszudrucken oder zu versenden. Außerdem finden Sie hier Befehle, um Umschläge oder Etiketten zu erstellen und auszudrucken.

- Mit der Registerkarte *Überprüfen* stehen Ihnen die Werkzeuge zur Verfügung, mit denen Sie Ihr Dokument prüfen lassen können (Rechtschreibprüfung, Grammatik, Thesaurus usw.) und es gemeinsamen mit anderen nutzen können. Sie können Kommentare einfügen, Änderungen nachverfolgen und die von anderen vorgenommenen Änderungen bearbeiten. Außerdem können Sie hierüber zwei Versionen eines Dokuments miteinander vergleichen lassen und das Dokument schützen.

- Auf der Registerkarte *Ansicht* finden Sie die Befehle, mit denen Sie Ihr Dokument auf verschiedene Arten anzeigen lassen können: angefangen von den verschiedenen Dokumentansichten bis zu einer Gruppe von Optionen, mit denen Sie das Lineal, Gitternetzlinien oder die Miniaturansichten anzeigen lassen können. Eine eigene Befehlsgruppe enthält die Befehle, um mit verschiedenen Dokumenten in verschiedenen Fenstern arbeiten zu können.

Die Standardregisterkarten von Excel 2007

Excel 2007 enthält in der Grundeinstellung die folgenden Standardregisterkarten:

- Wie bei Word enthält die Registerkarte *Start* von Excel die Befehle für die Verwendung der Zwischenablage, die Formatierung von Schrift- und Zellenmerkmalen, die Formatvorlagen und die Gruppe *Bearbeiten*, über die Sie *Suchen* und *Ersetzen* und verschiedene Markierungsaktionen ausführen können.

- Die Registerkarte *Einfügen* führt alle Elemente auf, die Sie in eine Excel-Arbeitsmappe bzw. ein Tabellenblatt einfügen können. Hierzu gehören PivotTables, Diagramme, weitere Tabellen, Abbildungen, Hyperlinks, Kopf- und Fußzeilen, Textobjekte und Symbole.

- Die Registerkarte *Seitenlayout* enthält die Befehle für das Einrichten der Seite (Druckbereich, Ränder, Hoch-/Querformat), für das Arbeiten mit Designs und Seitenhintergründen sowie für das Einstellen der Umbrüche und des Drucktitels der Arbeitsmappe. Außerdem können Sie mit den Befehlen der Gruppe *Anordnen* die Reihenfolge der Elemente auf der Seite verändern.

- Die Registerkarte *Formeln* enthält die Schaltflächen, mit denen Sie Formeln in die Tabellenblätter einfügen sowie Namen für Zellen und Bereiche festlegen und verwenden können. Außerdem steht Ihnen hier der Formeldetektiv zur Verfügung, mit dem Sie Fehler in Formeln finden und beheben können.

- Auf der Registerkarte *Daten* finden Sie die Werkzeuge, mit denen Sie externe Daten in Tabellenblätter einfügen und diese verwalten können. Außerdem können Sie hierüber die Daten sortieren und filtern und bei größeren Tabellenblättern die Gliederungsfunktion von Excel verwenden.

- Mit der Registerkarte *Überprüfen* stehen Ihnen die Werkzeuge zur Verfügung, mit denen Sie Ihre Arbeitsmappe prüfen lassen können (Rechtschreibprüfung, Grammatik, Thesaurus usw.) und sie gemeinsam mit anderen nutzen können. Sie können Kommentare einfügen, Änderungen nachverfolgen und die von anderen vorgenommenen Änderungen bearbeiten. Außerdem können Sie hier einzelne Blätter oder die gesamte Arbeitsmappe schützen.

- Auf der Registerkarte *Ansicht* finden Sie die Befehle, mit denen Sie Ihre Tabellenblätter auf verschiedene Arten anzeigen lassen können: angefangen von den verschiedenen Dokumentansichten bis zu einer Gruppe von Optionen, um das Lineal, Gitternetzlinien oder die Bearbeitungsleiste anzeigen zu lassen. Eine eigene Befehlsgruppe enthält die Befehle zum Arbeiten mit verschiedenen Arbeitsmappen in verschiedenen Fenstern.

Die Standardregisterkarten von PowerPoint 2007

PowerPoint 2007 enthält in der Grundeinstellung folgende Registerkarten:

- Die Registerkarte *Start* enthält Befehle für die Verwendung der Zwischenablage, das Einfügen neuer Folien, die Formatierung von Schrift- und Absatzmerkmalen, das Einfügen und Bearbeiten von Formen (früher als AutoFormen bezeichnet) und die Gruppe *Bearbeiten*, über die Sie Text suchen und ersetzen sowie verschiedene Markierungsaktionen ausführen können.

- Die Registerkarte *Einfügen* führt alle Elemente auf, die Sie auf einer Folie bzw. in eine Präsentation einfügen können. Hierzu gehören Tabellen, Grafiken, ClipArts, SmartArts, Hyperlinks, Kopf- und Fußzeilen, Textobjekte, Symbole und last but not least Film- und Sounddateien.

- Die Registerkarte *Entwurf* enthält die Befehle für das Einrichten der Seite (Ränder, Hoch-/ Querformat), das Arbeiten mit Designs und das Formatieren der Folienhintergründe.

- Die Registerkarte *Animationen* enthält die Schaltflächen, mit denen Sie festlegen können, mit welchen optischen und akustischen Effekten eine Folie eingeblendet werden soll. Außerdem können Sie hier einstellen, ob der Folienwechsel per Mausklick ausgelöst werden oder automatisch erfolgen soll.

- Auf der Registerkarte *Bildschirmpräsentation* finden Sie die Werkzeuge, mit denen Sie die Art und Weise festlegen können, wie Ihre Bildschirmpräsentation abgespielt werden soll. Mögliche Optionen sind z.B. die Wahl der anzuzeigenden Folien (für zielgruppenorientierte Präsentationen) und die Einstellung der Bildschirmauflösung. Natürlich befinden sich hier auch die Schaltflächen zum Starten der Präsentation.

- Mit der Registerkarte *Überprüfen* stehen Ihnen die Werkzeuge zur Verfügung, mit denen Sie die Texte Ihrer Folien prüfen lassen können (Rechtschreibprüfung, Thesaurus usw.). Außerdem können Sie hierüber Kommentare einfügen bzw. bearbeiten und Ihre Präsentationen schützen.

- Auf der Registerkarte *Ansicht* befinden sich die Befehle, mit denen Sie die Folien Ihrer Präsentation auf verschiedene Arten anzeigen lassen können. Dazu gehören z.B. die Schaltflächen zum Anzeigen der Folien-, Handzettel- und Notizenmaster. Auch die Anzeige des Lineals, der Gitternetzlinien und der Statusleiste lässt sich hier steuern. Eine weitere Befehlsgruppe enthält die Befehle zum Arbeiten mit mehreren Fenstern.

Die Registerkarte *Entwicklertools*

Eine weitere Standardregisterkarte mit dem Namen *Entwicklertools* ist standardmäßig nicht eingeblendet. Diese Registerkarte enthält die Werkzeuge, um Makros zu bearbeiten, den Visual Basic-Editor der Office-Anwendung zu starten und dort Code zu erstellen und zu bearbeiten u.v.m. Sie können die Registerkarte *Entwicklertools* einblenden lassen, indem Sie die *Office-Schaltfläche* und dann im unteren Bereich des Menüs die Schaltfläche *[Programmname]-Optionen* anklicken. Wechseln Sie im Dialogfeld *[Programmname]-Optionen* zur Seite *Häufig verwendet* und schalten Sie das Kontrollkästchen *Entwicklerregisterkarte in der Multifunktionsleiste anzeigen* ein.

Programmregisterkarten

Neben den Standardregisterkarten gibt es noch die sogenannten Programmregisterkarten, die dann angezeigt werden, wenn Sie zu einer bestimmten Dokumentdarstellung wechseln. Die Programmregisterkarten werden dann an Stelle der Standardregisterkarten angezeigt.

Ein Beispiel hierfür ist die Seitenansicht, die Sie in Word, Excel und PowerPoint aktivieren können, indem Sie die *Office-Schaltfläche* anklicken, auf *Drucken* zeigen und dann auf *Seitenansicht* klicken (ein Beispiel für die Seitenansicht von PowerPoint 2007 sehen Sie in der folgenden Abbildung). Die Programmregisterkarten enthalten wie die Standardregisterkarten Befehlsgruppen und diese wiederum die Schaltflächen für die verschiedenen Aktionen. Wenn Sie die Darstellungsart verlassen (hier, indem Sie auf *Druckvorschau schließen* klicken), wird die Programmregisterkarte ausgeblendet und stattdessen wieder die Standardregisterkarten eingeblendet.

Bild 2.4   Beispiel für eine Programmregisterkarte: Die Funktionen für die Seitenansicht werden in Form einer eigenen Registerkarte angezeigt; die Standardregisterkarten werden ausgeblendet, solange Sie sich in dieser Darstellungsart des Dokuments befinden

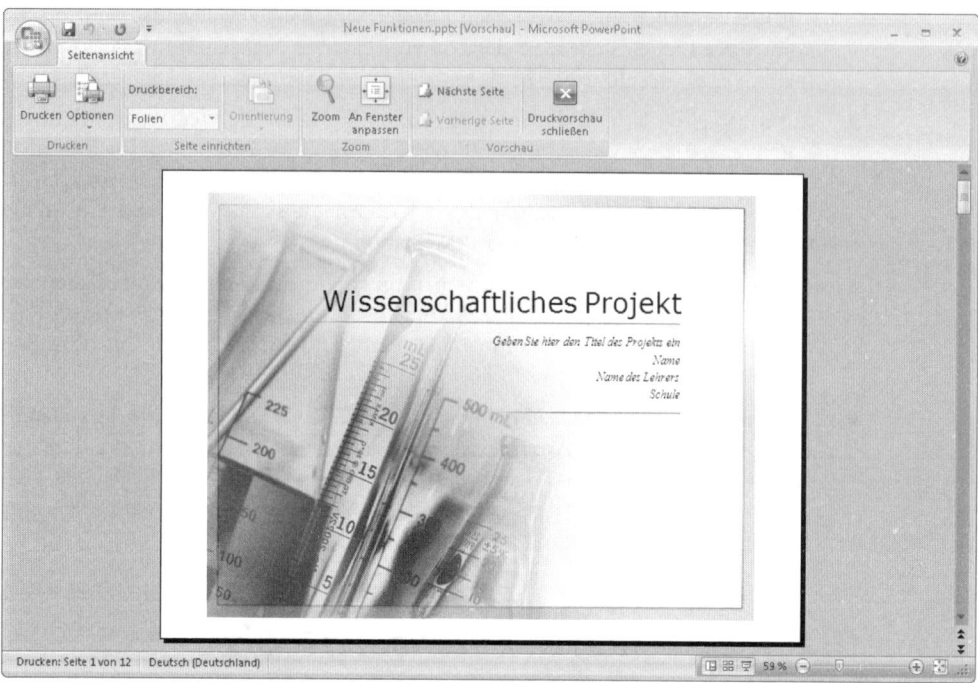

Kontextbezogene Registerkarten

Die verschiedenen Registerkarten, die sich je nach Situation ein- und ausblenden, haben das Ziel, Ihnen immer nur die Befehle anzuzeigen, die Sie in einem bestimmten Arbeitsschritt auch wirklich benötigen, um so die unüberschaubare Vielfalt an Befehlen, die in vorhergehenden Versionen für viele Anwender problematisch war, zu reduzieren. Dieses Ziel verfolgt auch die dritte Variante der Registerkarten: die kontextbezogenen Registerkarten, die Kontexttools bereitstellen und zwar abhängig davon, was derzeit im Dokument, an dem Sie arbeiten, markiert ist bzw. wo sich gerade die Einfügemarke befindet.

Die Befehle dieser Registerkarten werden nur dann benötigt, wenn Sie ein bestimmtes Element bearbeiten. Wenn Sie beispielsweise in Word oder PowerPoint über die Registerkarte *Einfügen* eine neue Tabelle in Ihr Dokument eingefügt haben und sich die Einfügemarke in der Tabelle befindet, werden die *Tabellentools* eingeblendet, die die beiden Registerkarten *Layout* und *Entwurf* enthalten, mit deren Werkzeugen Sie den Aufbau der Tabelle und deren Optik bearbeiten können.

Eine andere Kontextregisterkarte mit dem Namen *Format* wird für die *Bildtools* eingeblendet, wenn Sie eine Abbildung oder Grafik markiert haben, wie Sie es in der folgenden Abbildung sehen.

Bild 2.5 Kontextregisterkarten werden eingeblendet, wenn sich die Einfügemarke in einem bestimmten Elementtyp (wie einer Tabelle, einer Abbildung, einer SmartArt usw.) befindet

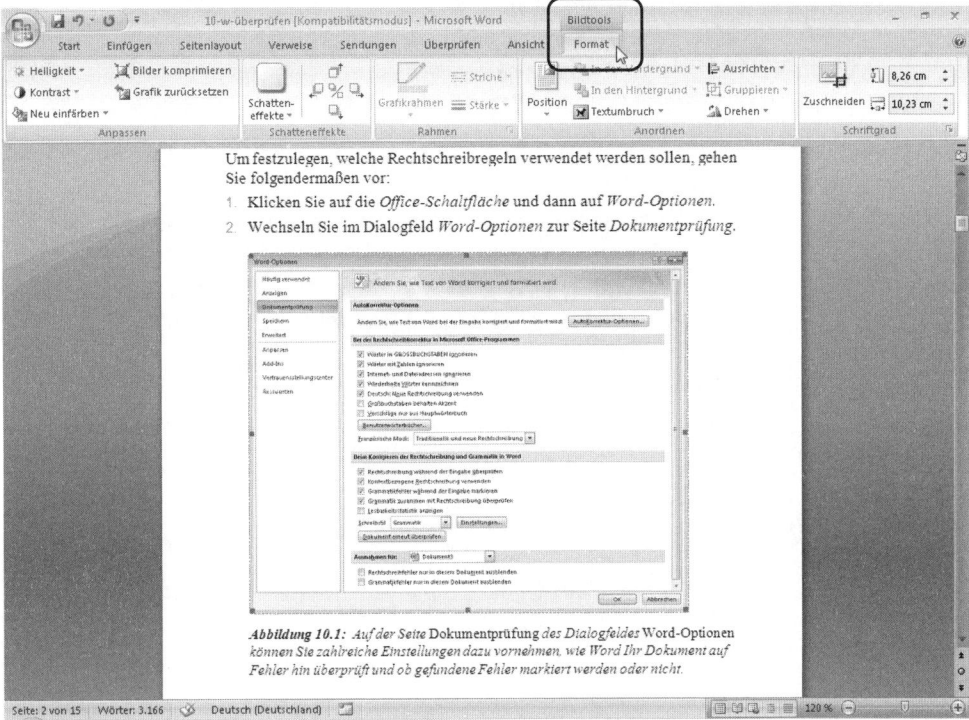

Die Kontextregisterkarten werden automatisch wieder ausgeblendet, wenn Sie die Einfügemarke vom Element wegbewegen, für das sie eingeblendet wurden.

Die Multifunktionsleiste minimieren

Die Multifunktionsleiste ist in den Office-Anwendungen, die diese verwenden, immer sichtbar. Es ist nicht möglich, die Multifunktionsleiste zu entfernen oder sie durch die Symbolleisten und die Menüleiste der früheren Programmversionen zu ersetzen. Da die Multifunktionsleiste jedoch einen recht großen Bereich des Fensters beansprucht, können Sie sie minimieren, um mehr Platz auf dem Bildschirm frei zu machen. Wenn die Multifunktionsleiste minimiert ist, sind nur noch die Namen der Registerkarten auf dem Bildschirm sichtbar (was dann fast wieder so aussieht wie die Menüleiste in den früheren Versionen).

Um die Multifunktionsleiste zu minimieren, gehen Sie so vor:

1. Klicken Sie einen beliebigen Bereich der Multifunktionsleiste mit der rechten Maustaste an.

Bild 2.6   Über das Kontextmenü der Multifunktionsleiste können Sie die Leiste minimieren

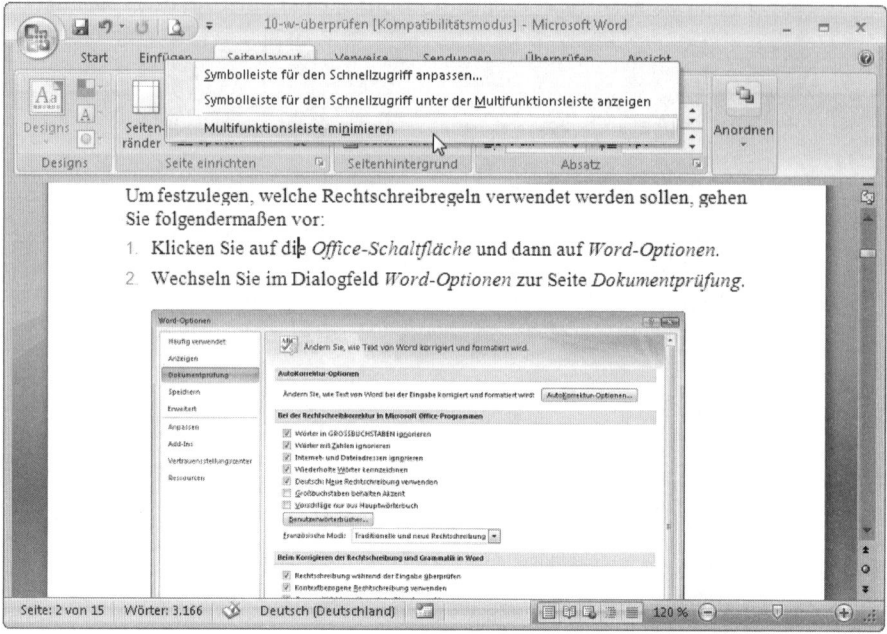

2.   Klicken Sie im Kontextmenü auf *Multifunktionsleiste minimieren.*

Bild 2.7   Die Multifunktionsleiste wurde minimiert; es sind nur noch die Namen der
                       Registerkarten sichtbar

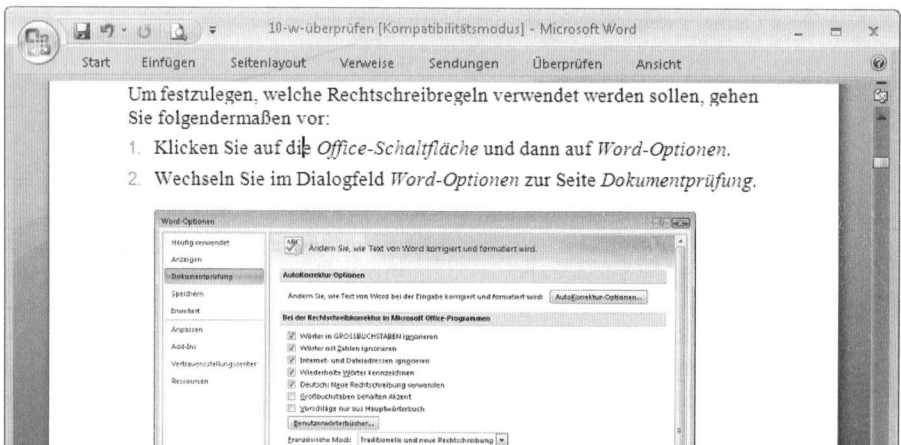

TIPP   **Multifunktionsleiste mit Doppelklick und Tastatur minimieren**   Sie können die Multifunktionsleiste auch mit der Maus und der Tastatur minimieren und maximieren. Wenn Sie die
Maus verwenden wollen, doppelklicken Sie auf die derzeit ausgewählte Registerkarte. Tastatur-
fans drücken `Strg` + `F1`.

Multifunktionsleiste mit der Tastatur bedienen

Auch wenn es sich anbietet, die Multifunktionsleiste mit der Maus zu bedienen, ist es auch möglich, alle Befehle der Multifunktionsleiste mit der Tastatur auszulösen. Sie können sowohl zwischen den verschiedenen Registerkarten wechseln als auch die Schaltflächen und andere Bedienelemente auf den Registerkarten mit der Tastatur aktivieren.

Um die Verwendung der Tastenkombinationen zu erleichtern, werden die sogenannten Zugriffstasten in Form von Tastaturtipps auf der Multifunktionsleiste anzeigt, nachdem Sie die ⌊Alt⌋-Taste gedrückt haben:

1. Nach dem ersten Drücken der ⌊Alt⌋-Taste werden zunächst die Tasten angezeigt, die Sie betätigen müssen, um entweder die *Office-Schaltfläche*, eine der Schaltflächen in der Symbolleiste für den Schnellzugriff oder eine der Registerkarten auszuwählen.

Bild 2.8   Tastaturtipps nach dem ersten Drücken der ⌊Alt⌋-Taste

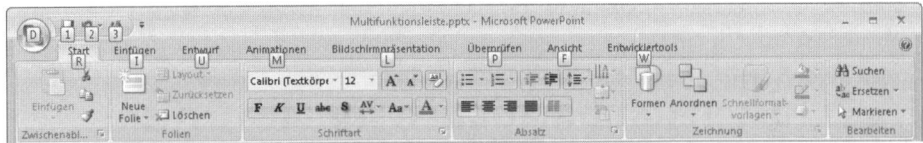

2. Nach Auswahl einer Registerkarte (für die nächste Bildschirmabbildung wurde die Taste ⌊I⌋ gedrückt) werden dann die Tasten angezeigt, die Sie drücken müssen, um eine der Befehlsschaltflächen auszuwählen.

Bild 2.9   Tastaturtipps, nachdem mit ⌊Alt⌋, ⌊I⌋ zur Registerkarte *Einfügen* gewechselt wurde

Umsteigen leicht gemacht: Office 2003-Shortcuts verwenden

Wenn Sie in Office 2003 vor allem die Tastatur verwendet haben, um in den Menüs einen Befehl auszuwählen, dann kommt jetzt eine gute Nachricht: Alle Tastenkombinationen aus der Version 2003 können Sie 1:1 auch in Office 2007 verwenden; ein Umlernen ist also nicht erforderlich.

Nehmen wir als Beispiel die Zugriffstastenkombination ⌊Alt⌋+⌊X⌋, ⌊O⌋ mit der in den vorherigen Office-Programmen das Menü *Extras* geöffnet und dann der Befehl *Optionen* ausgewählt wurde. Wenn Sie in Word 2007, Excel 2007 oder PowerPoint 2007 ⌊Alt⌋+⌊X⌋ drücken, wird auf der Multifunktionsleiste (hier als Beispiel Word 2007) das folgende Fenster eingeblendet:

Bild 2.10 Word 2007 erkennt, wenn Sie eine der Menü-Zugriffstasten drücken, die in der Version 2003 gültig waren. Sie können dann die 2003er-Zugriffstaste für den Befehl drücken, den Sie auswählen möchten

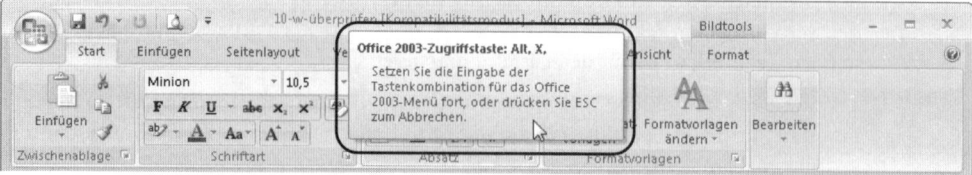

Word 2007 hat erkannt, dass Sie eine Tastenkombination gedrückt haben, die in der vorherigen Version eine bestimmte Bedeutung hatte (hier das Öffnen des *Extras*-Menüs), und fordert Sie auf, die Befehlssequenz fortzusetzen. Sie können jede der Menü-Zugriffstasten aus dem (alten) *Extras*-Menü drücken und der entsprechende Befehl wird ausgelöst. Wenn Sie die Taste ⊙ drücken, wird das Dialogfeld *Optionen* angezeigt. Wenn Sie die Eingabe einer Tastenkombination für das Menü der vorherigen Programmversion abbrechen wollen, drücken Sie die Taste Esc.

Tastenkombinationen für alle Office-Anwendungen

Sie können jedoch nicht nur die Zugriffstasten für das Menü, sondern auch die allgemeinen Tastenkombinationen der 2003er-Version von Microsoft Office unverändert in der neuen Version verwenden. Die folgende Tabelle enthält die wichtigsten Tastenkombinationen, damit Sie sie immer zur Hand haben.

Tabelle 2.1 Wichtige Tastenkombinationen für Office 2007

Bereich	Funktion	Tastenkombination
Datei-Operationen	Öffnen	Strg + O
	Speichern	Strg + S
	Drucken	Strg + P
	Aktuelles Fenster schließen	Alt + F4
Formatierung	Fett	⇧ + Strg + F
	Kursiv	⇧ + Strg + K
	Unterstrichen	⇧ + Strg + U
	Linksbündig	Strg + L
	Zentriert	Strg + E
	Rechtsbündig	Strg + R

Tabelle 2.1 Wichtige Tastenkombinationen für Office 2007 *(Fortsetzung)*

Bereich	Funktion	Tastenkombination
Bearbeiten	Ausschneiden	Strg + X
	Kopieren	Strg + C
	Einfügen	Strg + V
	Suchen	Strg + F
	Ersetzen	Strg + H
	Wiederholen	Strg + Y
	Rückgängig	Strg + Z
	Alles markieren	Strg + A
Überprüfen	Rechtschreibprüfung	F7
	Thesaurus	⇧ + F7

Die Office-Schaltfläche: Das neue *Datei*-Menü

Die Schaltfläche mit dem Office-Logo, die Sie in der linken oberen Ecke des Fensters von Word, Excel und PowerPoint sehen, öffnet ein Menü, in dem Sie die Befehle finden, die in den vorhergehenden Office-Versionen im Menü *Datei* beheimatet waren. Das Menü der *Office-Schaltfläche* besteht aus zwei Bereichen. Auf der linken Seite stehen die wichtigsten Dateioperationen und zwar in der Reihenfolge, in der sie beim Erstellen eines Dokuments durchlaufen werden. Auf der rechten Seite werden weitere Optionen für den Befehl angezeigt, auf dem in der linken Seite der Mauszeiger steht. Wenn Sie den Mauszeiger beispielsweise auf *Drucken* bewegen, werden die Befehle eingeblendet, die Sie in der folgenden Abbildung sehen.

Nach dem Anklicken der *Office-Schaltfläche* werden auf der rechten Seite des Menüs die zuletzt bearbeiteten Dokumente angezeigt, die Sie bei Word 2003, Excel 2003 und PowerPoint 2003 am Ende des *Datei*-Menüs auswählen konnten.

Bild 2.11 Nach dem Anklicken der *Office-Schaltfläche* wird ein Menü angezeigt, in dem Sie alle Befehle für das Arbeiten mit Dokumenten finden

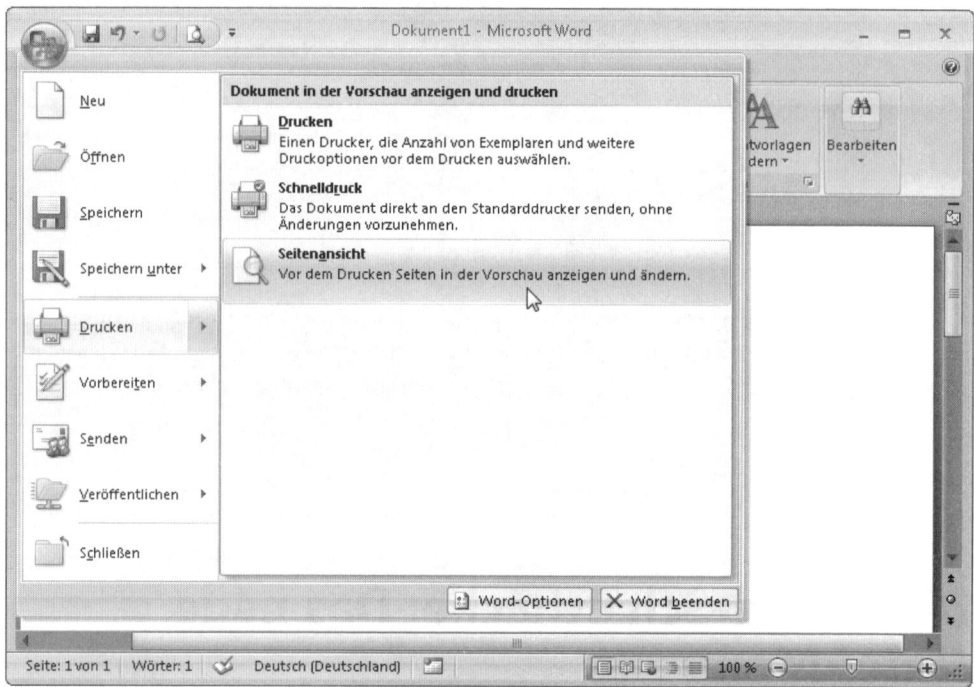

Gleichzeitig finden Sie im neuen »*Datei*-Menü« viele neue Befehle. So ist es beispielsweise in Word möglich, einen Blogbeitrag zu erstellen und zu veröffentlichen. Der neue Dokumentinspektor hilft, Informationen aus dem Dokument zu entfernen, von denen Sie nicht möchten, dass sie beispielsweise der Empfänger des Dokuments sehen kann. Auch das Erstellen einer PDF-Datei für den Acrobat Reader kann nun direkt aus den Office-Anwendungen heraus erledigt werden, nachdem Sie das entsprechende Add-In von der Microsoft-Website heruntergeladen haben.

Außerdem befindet sich im unteren Bereich die Schaltfläche *[Programmname]-Optionen* (wobei die Schaltfläche dann mit dem Namen des jeweiligen Office-Programms beschriftet ist), die dem alten Befehl *Extras/Optionen* entspricht und über die Sie verschiedene Aspekte des Programms an Ihre Erfordernisse anpassen können.

Ausführliche Informationen zu den Funktionen, die Ihnen über die *Office-Schaltfläche* zur Verfügung stehen, finden Sie in den folgenden Kapiteln:

- Die Befehle für das Erstellen, Öffnen und Speichern von Dateien werden in Kapitel 5 vorgestellt. Kapitel 5 beschreibt außerdem, wie Sie Dokumente ausdrucken und als PDF-Datei speichern können.

- Das neue Weblog-Feature von Word ist in Kapitel 11 beschrieben.

- In Kapitel 22 werden die wichtigsten Konfigurationsmöglichkeiten erläutert, die Sie über die Schaltfläche *Word-Optionen* erreichen.

Die Symbolleiste für den Schnellzugriff

Die einzige immer sichtbare Symbolleiste, die in Word 2007, Excel 2007 und PowerPoint 2007 noch übrig geblieben ist, ist die Symbolleiste für den Schnellzugriff, die standardmäßig rechts neben der *Office-Schaltfläche* angeordnet ist. In dieser Symbolleiste befinden sich die Tools, die häufig verwendet werden und die nicht direkt einer der Registerkarten zugeordnet werden können, wie beispielsweise der Befehl *Rückgängig* oder der Befehl *Wiederholen*. Die Symbole, die hier verwendet werden, sind die gleichen, wie sie auch in Office 2003 vorhanden waren.

Schaltflächen hinzufügen und entfernen

Diese Symbolleiste können Sie nach Bedarf anpassen und dort die Werkzeuge einfügen, die Sie oft benötigen. Schaltflächen, die Sie in die Symbolleiste für den Schnellzugriff eingefügt haben, brauchen Sie dann nicht mehr in den Befehlsgruppen der Registerkarten zu suchen.

Ganz rechts an der Symbolleiste für den Schnellzugriff sehen Sie eine kleine Pfeil-Schaltfläche. Wenn Sie diese anklicken, wird ein Menü geöffnet, in dem sich einige der am häufigsten benutzten Werkzeuge befinden.

Bild 2.12   Häufig verwendete Befehle fügen Sie am schnellsten über die Pfeil-Schaltfläche *Symbolleiste für den Schnellzugriff anpassen* ein

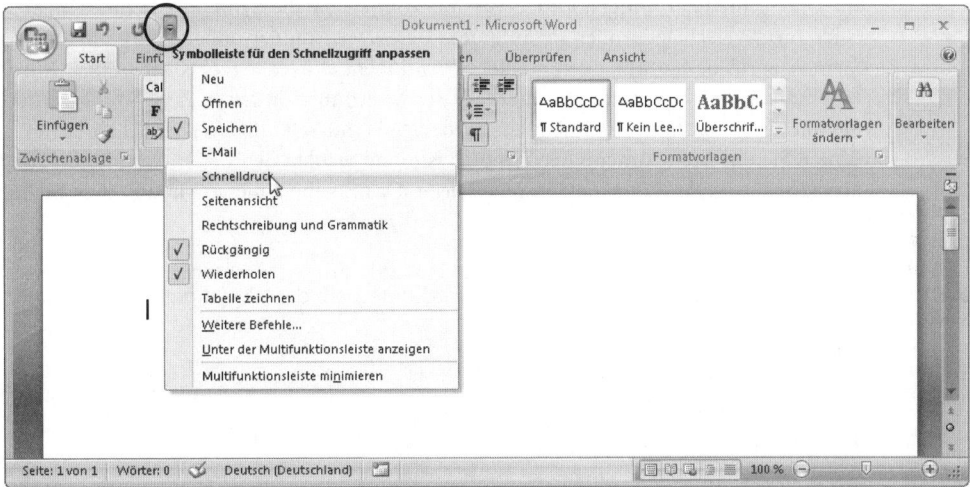

Klicken Sie in dem Menü die Befehle an, die Sie in die Symbolleiste für den Schnellzugriff einfügen möchten.

Alle Befehlsschaltflächen, die Sie auf den verschiedenen Registerkarten finden, besitzen ein Kontextmenü, in dem sich der Befehl *Zu Symbolleiste für den Schnellzugriff hinzufügen* befindet. Klicken Sie einfach die Schaltfläche, die Sie in die Symbolleiste einfügen wollen, mit der rechten Maustaste an und wählen Sie diesen Befehl aus. (Dieses Kontextmenü steht Ihnen übrigens auch in allen Befehlen des Menüs der *Office-Schaltfläche* zur Verfügung.)

Bild 2.13   Alle Befehlsschaltflächen besitzen in ihrem Kontextmenü den Befehl *Zu Symbolleiste für den Schnellzugriff hinzufügen*

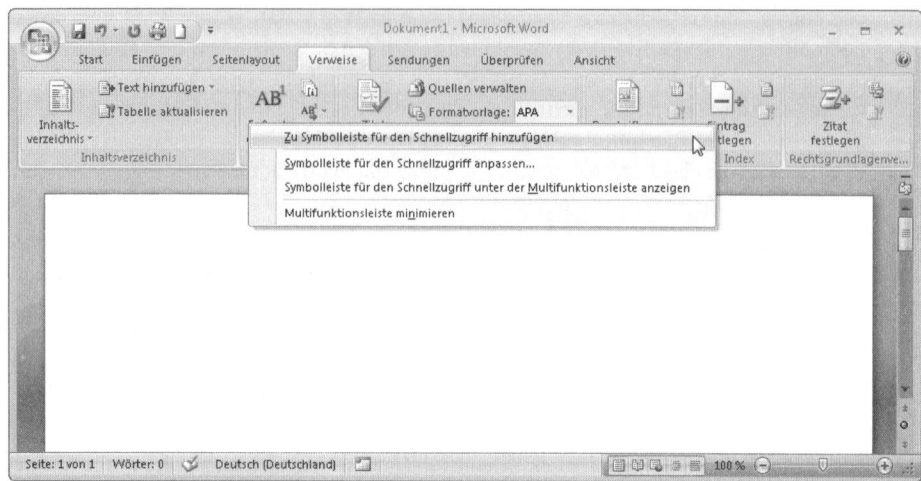

Um eine Schaltfläche wieder aus der Symbolleiste für den Schnellzugriff zu entfernen, klicken Sie sie in der Symbolleiste mit der rechten Maustaste an und wählen im Kontextmenü den Befehl *Aus Symbolleiste für den Schnellzugriff entfernen*.

Im Unterschied zur vorigen Office-Version können Sie die Symbolleiste nicht mehr frei auf dem Bildschirm verschieben oder sie an einem der Fensterränder anheften. Die Symbolleiste für den Schnellzugriff besitzt nur zwei mögliche Positionen: entweder rechts neben der *Office-Schaltfläche* (die Standardeinstellung) oder unterhalb der Multifunktionsleiste. Zum Verkürzen der Wege, die Sie mit der Maus vom Dokument aus zurücklegen müssen, um eine der Schaltflächen anzuklicken, öffnen Sie das Kontextmenü der Symbolleiste und wählen den Befehl *Symbolleiste für den Schnell-zugriff unter der Multifunktionsleiste anzeigen*. Das Ergebnis dieser Aktion sehen Sie in der folgen-den Abbildung.

Bild 2.14   Die Symbolleiste für den Schnellzugriff wird unterhalb der Multifunktionsleiste angezeigt

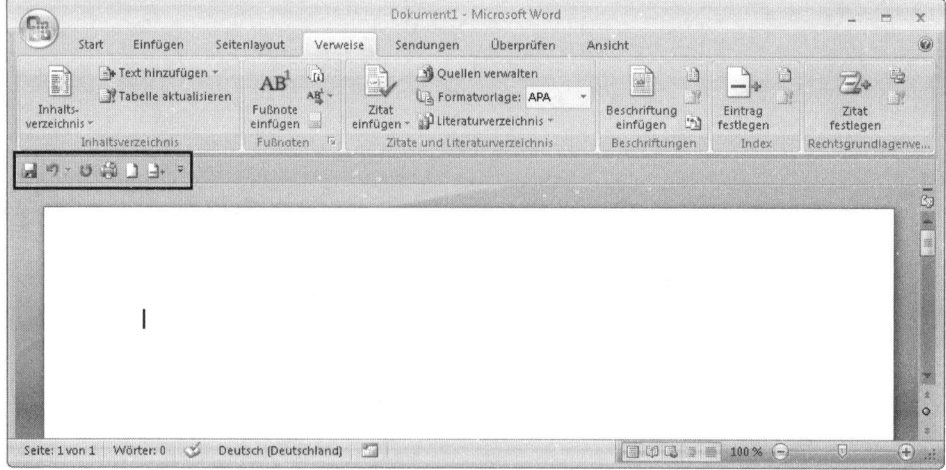

Wenn Sie die Anzeige in den ursprünglichen Zustand zurückversetzen wollen, klicken Sie die Symbolleiste für den Schnellzugriff erneut mit der rechten Maustaste an und wählen den Befehl *Symbolleiste für den Schnellzugriff über der Multifunktionsleiste anzeigen*.

Schaltflächen anordnen und Trennzeichen einfügen

In der Symbolleiste für den Schnellzugriff werden die Schaltflächen in der Reihenfolge angezeigt, in der Sie sie dort eingefügt haben. Wenn Sie ein wenig Struktur in der Symbolleiste bevorzugen, können Sie die Reihenfolge der Schaltflächen verändern, sie zu logischen Gruppen zusammenfassen und die einzelnen Gruppen durch Trennzeichen voneinander abheben.

Gehen Sie dazu wie folgt vor:

1. Klicken Sie die Pfeil-Schaltfläche *Symbolleiste für den Schnellzugriff anpassen* an und wählen Sie dann im Menü *Weitere Befehle*. Das Dialogfeld *[Programmname]-Optionen* wird angezeigt, die Seite *Anpassen* ist geöffnet.

2. Markieren Sie in der Befehlsliste den Eintrag *Trennzeichen* und klicken Sie auf *Hinzufügen*. Wiederholen Sie diesen Schritt, bis die benötigte Anzahl von Trennzeichen in der Liste auf der rechten Seite vorhanden ist.

3. Markieren Sie in der Liste auf der rechten Seite den Befehl, den Sie an eine neue Position verschieben wollen.

Bild 2.15   In diesem Dialogfeld können Sie die Schaltflächen der Symbolleiste für den Schnellzugriff in die gewünschte Reihenfolge bringen und Trennzeichen einfügen

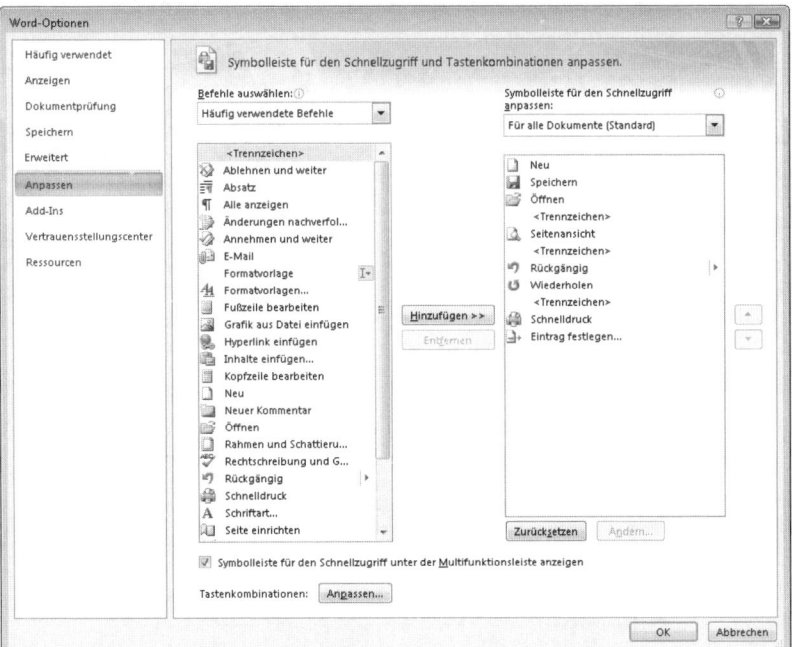

4. Klicken Sie die Schaltfläche *Nach oben* bzw. *Nach unten* an, die Sie neben der Liste sehen, bis der Befehl an der gewünschten Position steht.

5. Wiederholen Sie die beiden letzten Schritte, bis die Symbolleiste so aufgebaut ist, wie Sie es möchten

6. Klicken Sie auf *OK*, um das Dialogfeld zu schließen.

Über die Seite *Anpassen* des Dialogfeldes *[Programmname]-Optionen* können Sie auch alle anderen Befehle in die Symbolleiste für den Schnellzugriff einfügen; wählen Sie dazu einfach auf der linken Seite den gewünschten Befehl aus, bevor Sie auf *Hinzufügen* klicken.

Wenn Sie eine andere Befehlsauswahl sehen wollen, öffnen Sie das Listenfeld *Befehle auswählen* und klicken dann auf *Alle [Programmname]-Befehle* oder *Befehle nicht in der Multifunktionsleiste*. So können Sie auch die Funktionen in die Symbolleiste für den Schnellzugriff einfügen, die sich auf keiner der Registerkarten befinden, in Word, Excel oder PowerPoint 2003 jedoch als eigener Menübefehl zur Verfügung standen.

Die Minisymbolleiste

Wenn Sie in einem Word-Dokument, in einer Excel-Arbeitsmappe oder auf einer PowerPoint-Folie Text markieren, blenden diese Programme automatisch eine halbtransparente Minisymbolleiste ein. Auf dieser Symbolleiste finden Sie Befehlsschaltflächen, mit denen Sie die Schriftart, die Schriftattribute, Textausrichtungen, die Textfarbe, Einzugsebenen sowie Aufzählungen und Nummerierungen formatieren können. Die angebotenen Schaltflächen sind je nach Office-Anwendung etwas unterschiedlich.

Bild 2.16 Die Minisymbolleiste wird Ihnen unaufdringlich angeboten, wenn Sie Text markieren (links Word 2007, rechts Excel 2007)

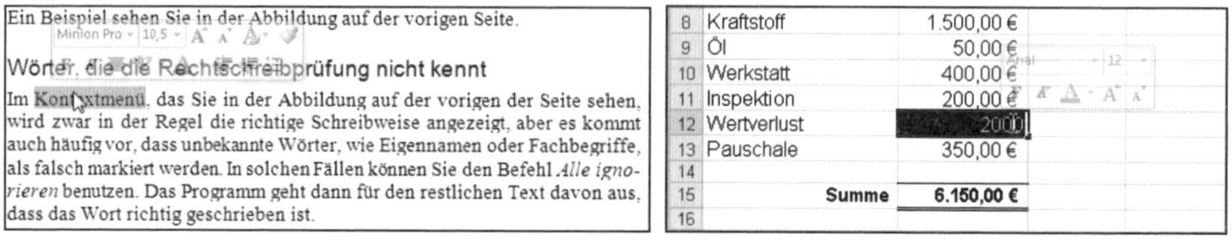

Wenn Sie die Minisymbolleiste verwenden möchten, um den ausgewählten Text zu formatieren, bewegen Sie einfach den Mauszeiger in Richtung der Symbolleiste, damit sie nicht mehr transparent ist, wie es die folgende Abbildung zeigt:

Bild 2.17 Um die Minisymbolleiste zu verwenden, bewegen Sie den Mauszeiger auf die Symbolleiste

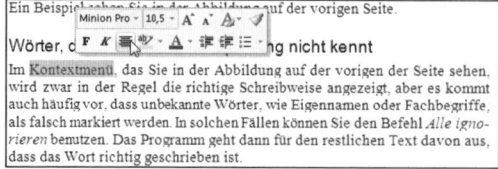

Office 2007

Die Minisymbolleiste ist sehr nützlich, da Ihnen hierüber die wichtigsten Formatierungsbefehle zur Verfügung stehen. Falls Sie sie dennoch nicht verwenden möchten, klicken Sie auf die *Office-Schaltfläche* und dann auf die Schaltfläche *[Programmname]-Optionen*. Wechseln Sie im gleichnamigen Dialogfeld zur Seite *Häufig verwendet* und schalten Sie das Kontrollkästchen *Minisymbolleiste für die Auswahl verwenden* aus.

Kataloge und die Livevorschau

Um Ihnen das Formatieren Ihrer Dokumente, Arbeitsmappen und Präsentationen einfacher zu machen, stehen Ihnen an vielen Stellen der Multifunktionsleiste sogenannte Kataloge zur Verfügung, in denen die Formatierungsoptionen als kleine Grafiken dargestellt werden. Sie finden die Kataloge beispielsweise bei den Tabellenformatvorlagen, bei den Designs, den Rändern, der Positionierung von grafischen Elementen, bei den neuen SmartArts und natürlich auch bei den WordArt-Objekten.

Wenn ein Katalog nur wenige Auswahlmöglichkeiten enthält, werden diese als Bestandteil der Befehlsgruppe in der Multifunktionsleiste angezeigt. Kataloge, die zahlreiche Auswahlmöglichkeiten enthalten, werden als Dropdown-Katalog angezeigt, in dem Sie dann Ihre Auswahl treffen können. Sie können damit auf einen Blick sehen, welche Farbkombinationen, Formatierungen, Farbschemata, Übergänge oder Diagrammtypen vorhanden sind.

Besonders nützlich sind die Kataloge in Kombination mit der sogenannten Livevorschau. Wenn dieses Feature aktiviert ist, können Sie den Mauszeiger über die Optionen des Katalogs bewegen, und zwar ohne zu klicken. Die Livevorschau zeigt dann die Auswirkung der Option direkt im Dokument an. Der Befehl wird erst definitiv angewendet, wenn Sie eine der Optionen anklicken. So können Sie einfach, bequem und schnell ausprobieren, wie sich die Formatierungsoptionen auswirken würden. Ein Beispiel für einen Katalog und für die Livevorschau sehen Sie in der folgenden Abbildung, in der eine WordArt-Grafik mit dem entsprechenden Katalog formatiert wird.

Bild 2.18   Mit den Katalogen können Sie sich einfacher für eine der Formatierungsoptionen entscheiden

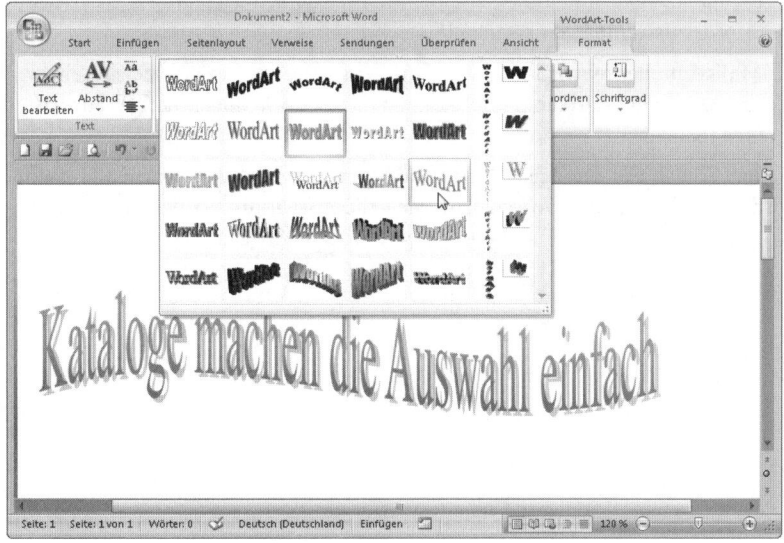

Auch die Livevorschau kann abgeschaltet werden, was Sie wahrscheinlich aber nur dann machen werden, wenn Sie Office 2007 auf einem älteren, langsamen Computer einsetzen. Falls Sie die Livevorschau nicht verwenden möchten, klicken Sie auf die *Office-Schaltfläche* und dann auf die Schaltfläche *[Programmname]-Optionen*. Wechseln Sie im gleichnamigen Dialogfeld zur Seite *Häufig verwendet* und schalten Sie das Kontrollkästchen *Livevorschau aktivieren* aus.

Zusammenfassung

Dieses Kapitel hat Sie knapp und fundiert mit der neuen Benutzeroberfläche vertraut gemacht, die in den Kernprogrammen von Office 2007 (Word, Excel und PowerPoint) verwendet wird.

- In der neuen Multifunktionsleiste sind die Programmfunktionen auf Registerkarten zusammengefasst (Seite 44). Jede Registerkarte wiederum enthält Befehlsgruppen, in denen sich dann die benötigten Schaltflächen befinden.

- Programmregisterkarten werden eingeblendet, wenn Sie eine bestimmte Programmfunktion aktivieren, wie beispielsweise die Seitenansicht (Seite 49). Programmregisterkarten werden automatisch ausgeblendet, wenn Sie die zugehörige Programmfunktion verlassen.

- Kontextbezogene Registerkarten erscheinen in Abhängigkeit davon, was Sie derzeit in dem Office-Dokument markiert haben. Bei einer Tabelle werden die Tabellentools, bei einem Diagramm die Diagrammtools eingeblendet (Seite 50). Wenn Sie im Dokument etwas anderes markieren und so den Kontext ändern, werden die kontextbezogenen Registerkarten ausgeblendet.

- Wenn die Multifunktionsleiste zu viel Platz auf Ihrem Bildschirm beansprucht, können Sie sie minimieren. Durch einen Klick auf eine der Registerkartenbezeichnungen wird die zugehörige Registerkarte maximiert (Seite 51).

- Ein weiteres neues Element der Benutzeroberfläche ist die *Office-Schaltfläche,* in deren Menü sich die Befehle befinden, die früher im Menü *Datei* untergebracht waren (Seite 55).

- Um schnell und ohne Öffnen der richtigen Registerkarte auf häufig benutzte Befehle zugreifen zu können, steht Ihnen die Symbolleiste für den Schnellzugriff zur Verfügung, die Sie an Ihre Erfordernisse anpassen können (Seite 57).

- Die Minisymbolleiste wird immer dann eingeblendet, wenn Sie in einem der Office-Dokumente etwas markieren. So können Sie schnell auf wichtige Formatierungsbefehle zugreifen (Seite 60).

- Kataloge erleichtern die Auswahl der zahllosen vorgefertigten Formatierungsmöglichkeiten und dank der neuen Livevorschau werden die Auswirkungen der Formatierungen auch im Dokument angezeigt, bevor sie zugewiesen werden (Seite 61).

Kapitel 3

Gemeinsamkeiten in der Bedienung

Einer der Vorteile, die das Office-Paket mit sich bringt, sind die großen Gemeinsamkeiten der einzelnen Programme. Wichtige Standardbefehle, wie das Speichern oder das Drucken, funktionieren bei allen Programmen fast identisch. Diesem lobenswerten Konzept wollen wir uns anschließen und stellen Ihnen in diesem Teil des Buches diese Funktionen nur einmal vor und nicht doppelt oder dreifach. Trotz aller Gemeinsamkeiten gibt es bei einigen Befehlen kleine Details, in denen sie sich bei den einzelnen Programmen unterscheiden. Zum Beispiel können Sie beim Drucken eines Textes in Word andere Einstellungen vornehmen als beim Drucken einer Kalkulationstabelle in Excel. Wir werden auf solche Besonderheiten dann beim jeweiligen Programm eingehen.

Office-Programme starten

Bevor Sie mit einem der Office-Programme arbeiten können, müssen Sie es zuerst einmal starten. Das lässt sich unter Windows auf vielen verschiedenen Wegen erledigen. Die wichtigsten Möglichkeiten werden wir auf den folgenden Seiten der Reihe nach vorstellen. Die Abbildungen für dieses Kapitel wurden unter Windows Vista gemacht. Sie können die beschriebenen Schritte aber auch unter Windows XP durchführen; sollte es zwischen Windows Vista und Windows XP Unterschiede geben, weisen wir Sie ausdrücklich darauf hin.

Das Startmenü von Windows

Der traditionelle Weg, ein Programm zu starten, führt über das Startmenü von Windows:

1. Klicken Sie auf die Schaltfläche *Start,* die sich normalerweise unten links auf dem Bildschirm befindet.

2. Klicken Sie auf *Alle Programme.*

Bild 3.1   Programm starten über das Startmenü

3. Klicken Sie auf *Microsoft Office*.

4. Klicken Sie auf den Namen des Programms, das Sie starten wollen.

Vorhandenes Office-Dokument öffnen

Wenn Sie Ihre Dokumente gemäß der Office-Philosophie im Ordner *Eigene Dateien* bzw. *Dokumente* gespeichert haben, können Sie sie bequem über das Startmenü erreichen:

1. Klicken Sie auf *Start* oder drücken Sie die Tastenkombination `Strg`+`Esc`.

2. Klicken Sie auf *Eigene Dateien* (Windows XP) bzw. auf *Dokumente* (Windows Vista). Der Ordner mit Ihren eigenen Dateien wird geöffnet.

3. Wenn Sie für das Speichern Ihrer Dokumente Unterordner verwenden (siehe hierzu auch Kapitel 5) wechseln Sie zu dem Ordner, in dem sich das gewünschte Dokument befindet.

4. Doppelklicken Sie auf das Symbol des Dokuments, das Sie bearbeiten möchten.

Bild 3.2   Office-Dokumente gehören in den Ordner *Dokumente* (sagt Microsoft)

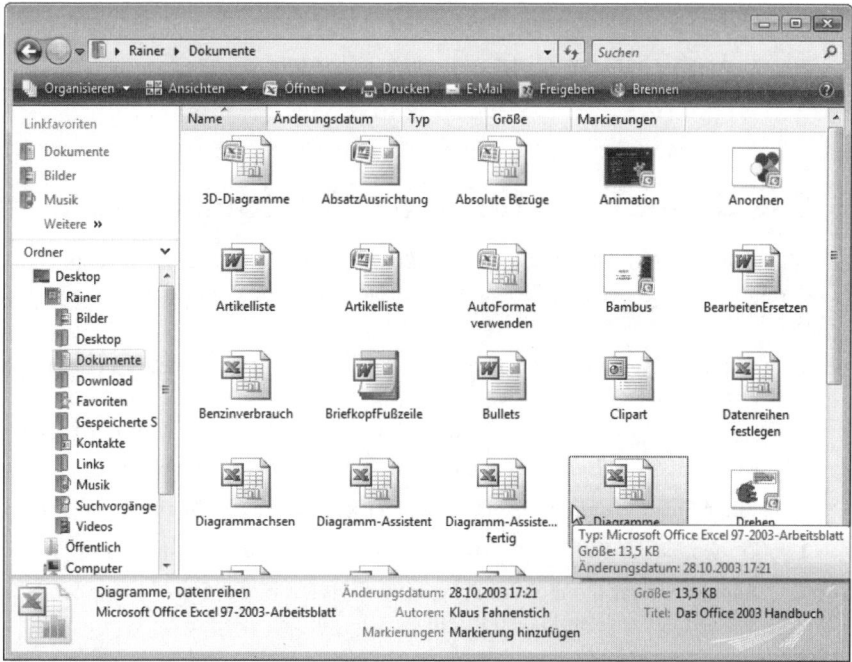

Die Dokumentenliste des Start-Menüs

Wenn Sie ein Dokument öffnen wollen, das Sie erst vor kurzem bearbeitet haben, können Sie auch auf das Kurzzeitgedächtnis des Start-Menüs zurückgreifen:

1. Klicken Sie auf *Start* oder drücken Sie die Tastenkombination `Strg`+`Esc`.

2. Bewegen Sie den Mauszeiger auf *Zuletzt verwendete Dokumente* (Windows XP) bzw. auf *Zuletzt verwendet* (Windows Vista).

3. Klicken Sie das gewünschte Dokument in der Liste an.

TIPP   Falls Ihnen der Gedanke nicht behagt, dass jeder, der Zugang zu Ihrem PC hat, nachsehen kann, woran Sie zuletzt gearbeitet haben, können Sie ganz einfach die Liste des Startmenüs löschen. In Windows XP gehen Sie folgendermaßen vor:

1. Klicken Sie mit der rechten Maustaste auf einen freien Bereich der Taskleiste.

2. Wählen Sie den Befehl *Eigenschaften*.

3. Wechseln Sie zur Registerkarte *Startmenü* und klicken Sie auf *Anpassen*.

4. Wechseln Sie zur Registerkarte *Erweitert*.

5. Klicken Sie im Bereich *Zuletzt verwendete Dokumente* auf *Liste löschen*.

6. Schließen Sie alle geöffneten Dialogfelder mit *OK*.

In Windows Vista sind die Schritte ein wenig anders:

1. Klicken Sie auf *Start*.

2. Klicken Sie im Startmenü den Eintrag *Zuletzt verwendet* mit der rechten Maustaste an.

3. Klicken Sie auf *Liste zuletzt verwendeter Elemente löschen*.

Die Schnellstartleise der Taskleiste verwenden

Windows besitzt die Symbolleiste *Schnellstart,* die Sie in der Taskleiste einblenden können und in der Sie häufig verwendete Programme ablegen können. Wenn die Symbolleiste *Schnellstart* nicht sichtbar ist, können Sie sie so einschalten:

1. Klicken Sie einen freien Bereich der Taskleiste mit der rechten Maustaste an, um das Kontextmenü anzeigen zu lassen.

2. Zeigen Sie auf *Symbolleisten* und klicken Sie (falls vor *Schnellstart* kein Häkchen angezeigt wird) auf *Schnellstart*. Die Symbolleiste *Schnellstart* wird angezeigt.

So nehmen Sie in Windows Vista ein Office-Programm in die Symbolleiste *Schnellstart* auf:

1. Öffnen Sie das *Startmenü,* zeigen Sie auf *Alle Programme* und dann auf *Microsoft Office*.

2. Klicken Sie das Symbol des Programms, das Sie in der Symbolleiste *Schnellstart* ablegen wollen, mit der rechten Maustaste an.

3. Klicken Sie auf *Zur Schnellstartleiste hinzufügen*.

So nehmen Sie in Windows XP ein Programm in die Symbolleiste *Schnellstart* auf:

1. Öffnen Sie das *Startmenü,* zeigen Sie auf *Alle Programme* und dann auf *Microsoft Office*.

2. Klicken Sie das Symbol des Programms, das Sie in der Symbolleiste *Schnellstart* ablegen wollen, mit der linken Maustaste an, und ziehen Sie es mit gedrückter Maustaste auf die Symbolleiste *Schnellstart*.

3. Lassen Sie die Maustaste los. Das Symbol des Programms wird dort abgelegt. Jetzt reicht ein Klick auf das Symbol, um das Programm zu starten.

Office-Programm an das Startmenü anheften

Um eines der Office-Programme noch schneller zu starten, können Sie es in den Bereich der angehefteten Programme des Startmenüs von Windows aufnehmen.

1. Dazu öffnen Sie das *Startmenü,* klicken dann auf *Alle Programme* und Microsoft Office, bis Sie das gewünschte Programmsymbol der Office-Anwendung sehen.

2. Klicken Sie das Symbol mit der rechten Maustaste an.

3. Wählen Sie im Kontextmenü den Befehl *An Startmenü anheften.*

Wenn Sie danach das Startmenü öffnen, sehen Sie das Symbol der Anwendung auf der linken Seite des Startmenüs unterhalb der Standardeinträge für Webbrowser und E-Mail-Programm.

Bild 3.3 Excel wurde an das Startmenü angeheftet

Wenn Sie das Programm aus dem Bereich der angehefteten Programme entfernen wollen, klicken Sie den Eintrag mit der rechten Maustaste an und wählen im Kontextmenü den Befehl *Vom Startmenü lösen.*

Zwischen Office-Programmen wechseln

Befindet sich in Ihrem PC genug Arbeitsspeicher, können Sie auch mehrere Programme gleichzeitig geöffnet halten und dann zwischen ihnen hin und her wechseln. Übertreiben sollten Sie es dabei aber nicht, denn jedes zusätzlich geöffnete Programm macht Ihren PC langsamer, und irgendwann geht dann auch die Übersicht verloren.

Mit der Tastatur geht es meistens am schnellsten

Wenn Sie Ihre Finger gerade auf der Tastatur haben, können Sie mit [Alt]+[⇆] ein kleines Fenster mit den Symbolen der gestarteten Programme bzw. der einzelnen Dokumente aufrufen.

Bild 3.4   Diese Programme bzw. Dokumente sind momentan gestartet bzw. geöffnet

Halten Sie die [Alt]-Taste gedrückt und drücken Sie so oft die [⇆]-Taste, bis das gewünschte Programm oder Dokument markiert ist. Wenn Sie dann die Tasten wieder loslassen, holt Windows das Programm in den Vordergrund.

TIPP   Diese Methode ist konkurrenzlos schnell, wenn Sie mehrmals zwischen zwei Programmen oder Dokumenten hin- und herschalten wollen. Mit der Tastenkombination [Alt]+[⇆] wechseln Sie nämlich automatisch zu dem Programm, das Sie zuletzt genutzt haben.

Mit der Maus benutzen Sie die Taskleiste

Wenn Sie gerade die Maus in der Hand halten, können Sie einfach in der Taskleiste auf die Schaltfläche des gewünschten Programms oder Dokuments klicken. Wenn Sie die Gruppierungsoption in der Taskleiste von Windows eingeschaltet haben, werden alle geöffneten Dokumente einer Anwendung zusammengefasst und vor dem Namen des Programms sehen Sie die Anzahl der Dokumente (wie die 8 auf der Excel-Schaltfläche in der Abbildung auf der folgenden Seite). Klicken Sie die Schaltfläche des Programms an und wählen Sie zusätzlich bei gruppierten Dokumenten das gewünschte Dokument aus. So können Sie also mit jeweils einem kurzen Klick ein anderes Programmfenster oder ein anderes Dokument des gerade aktiven Programms in den Vordergrund holen.

Bild 3.5   Umschalten zwischen Programmen mit der Taskleiste von Windows

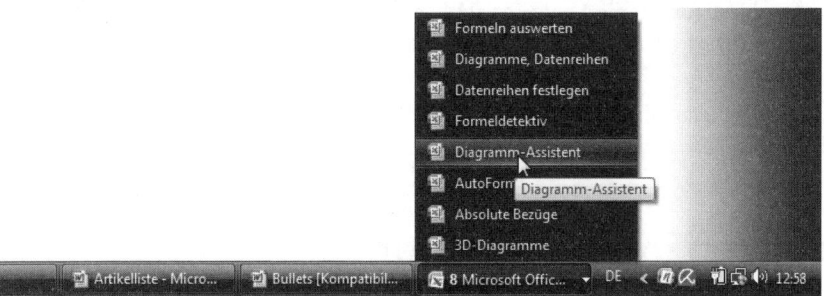

Wenn Sie mit der rechten Maustaste auf eine freie Stelle der Taskleiste klicken, erscheint ihr Kontextmenü, mit dessen Befehlen Sie den Desktop wunderbar aufräumen können.

Die drei Befehle *Überlappend, Untereinander* und *Nebeneinander* (Windows XP) bzw. *Überlappend, Fenster gestapelt anzeigen* und *Fenster nebeneinander anzeigen* (Windows Vista) ordnen Sie die geöffneten Fenster ordentlich auf dem Desktop an, der Befehl *Desktop anzeigen* minimiert alle Fenster und schafft so wieder eine freie Sicht auf den Desktop.

Der Aufgabenbereich *Zwischenablage*

Ein Aufgabenbereich, der Ihnen in Word, Excel und PowerPoint zur Verfügung steht, ist die Office-Zwischenablage. Sie können die Zwischenablage einschalten, indem Sie auf der Registerkarte *Start* in der Gruppe *Zwischenablage* auf das *Startprogramm für ein Dialogfeld* klicken.

Bild 3.6   Einschalten der Office-Zwischenablage

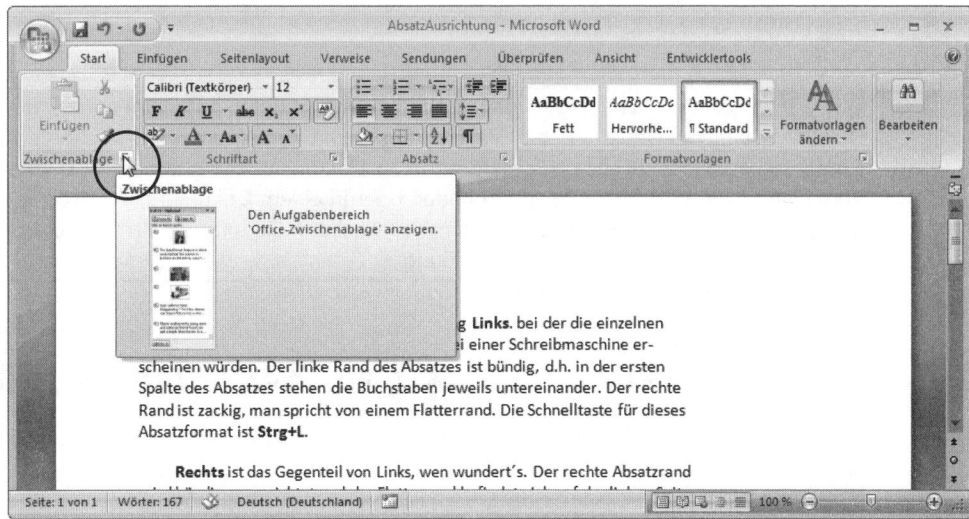

Sie verwenden die Zwischenablage, um markierte Elemente zu verschieben oder zu kopieren. Die Zwischenablage funktioniert dabei so ähnlich wie eine Pinnwand: Sie können dort etwas anheften, um es später wieder zu entnehmen. In der Office-Zwischenablage können bis zu 24 Elemente abgelegt werden.

Die drei folgenden Abschnitte erläutern, wie Sie mithilfe der Zwischenablage Elemente kopieren und verschieben.

Kopieren in vier Schritten

1. Markieren Sie den Text, die Grafik usw., den/die Sie kopieren wollen.

2. Klicken Sie auf der Registerkarte *Start* in der Gruppe *Zwischenablage* auf *Kopieren* (oder drücken Sie Strg+C). Eine Kopie der Markierung wird in der Zwischenablage abgelegt.

3. Setzen Sie den Cursor/die Einfügemarke an die Zielstelle.

4. Klicken Sie auf der Registerkarte *Start* in der Gruppe *Zwischenablage* auf *Einfügen* (oder drücken Sie Strg+V).

Verschieben in vier Schritten

1. Markieren Sie den Text, die Grafik usw., den/die Sie verschieben wollen.

2. Klicken Sie auf der Registerkarte *Start* in der Gruppe *Zwischenablage* auf *Ausschneiden* (oder drücken Sie Strg+X). Die Markierung wird aus dem Dokument entfernt und in der Zwischenablage abgelegt.

3. Setzen Sie den Cursor/die Einfügemarke an die Zielstelle.

4. Klicken Sie auf der Registerkarte *Start* in der Gruppe *Zwischenablage* auf *Einfügen* (oder drücken Sie Strg+V).

HINWEIS Bitte beachten Sie, dass sich die Einfügestelle nicht unbedingt in demselben Dokument befinden muss, in dem Sie die Markierung kopiert bzw. ausgeschnitten haben. Die Einfügestelle kann sich auch in einem anderen Dokument des gleichen Typs (also Kopieren/Verschieben von Word nach Word) befinden oder in einem Dokument, das Sie mit einer anderen Office-Anwendung erstellen. In diesem Fall wechseln Sie mit den Verfahren, die ab Seite 68 beschrieben sind, zu der anderen Anwendung.

Beliebiges Element aus Zwischenablage einfügen

Die Schritte, die in den beiden vorigen Abschnitten beschrieben wurden, fügen immer das zuletzt ausgeschnittene bzw. kopierte Element ein. Sie können jedoch auch jedes andere Element, das sich in der Zwischenablage befindet, einfügen. Gehen Sie dazu wie folgt vor:

1. Schalten Sie, wenn sie nicht sichtbar ist, die Office-Zwischenablage ein.

2. Klicken Sie auf den Pfeil neben dem Element, das Sie einfügen wollen.

3. Klicken Sie auf *Einfügen*.

Bild 3.7   Der Aufgabenbereich *Zwischenablage* mit Elementen aus verschiedenen Office-Anwendungen

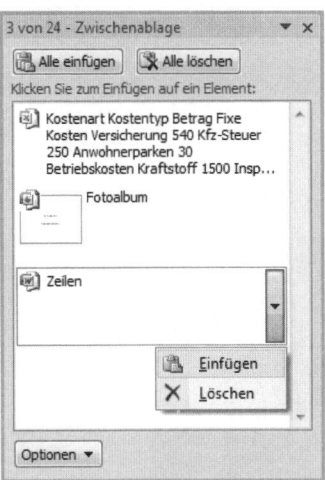

Automatische Rechtschreibprüfung

Die Rechtschreibreform gibt Ihnen bei einigen Wörtern zwar ungeahnte Möglichkeiten (z.B. »Stängel« statt »Stengel«), aber an einige Regeln müssen Sie sich doch noch halten. Hier hilft die automatische Rechtschreibprüfung in Word und PowerPoint, die den Text bereits beim Eintippen überprüft und Fehler mit einer roten Wellenlinie kennzeichnet.

Gefundenen Fehler korrigieren

Wenn Sie ein Wort, das mit einer roten Wellenlinie unterstrichen wurde, korrigieren möchten, gehen Sie folgendermaßen vor:

1. Klicken Sie das Wort mit der rechten Maustaste an. Es öffnet sich ein kleines Menü, in dem oben die Vorschläge der Rechtschreibprüfung stehen (wenn eines der Programme, die die automatische Rechtschreibprüfung unterstützen, welche zu bieten hat).

2. Klicken Sie einfach den richtigen Vorschlag an, um das fehlerhafte Wort durch das korrekte zu ersetzen.

Bild 3.8   Fehler werden mit einer roten Wellenlinie gekennzeichnet. Über das Kontextmenü können Sie
Fehler, die die automatische Rechtschreibprüfung gefunden hat, schnell korrigieren.

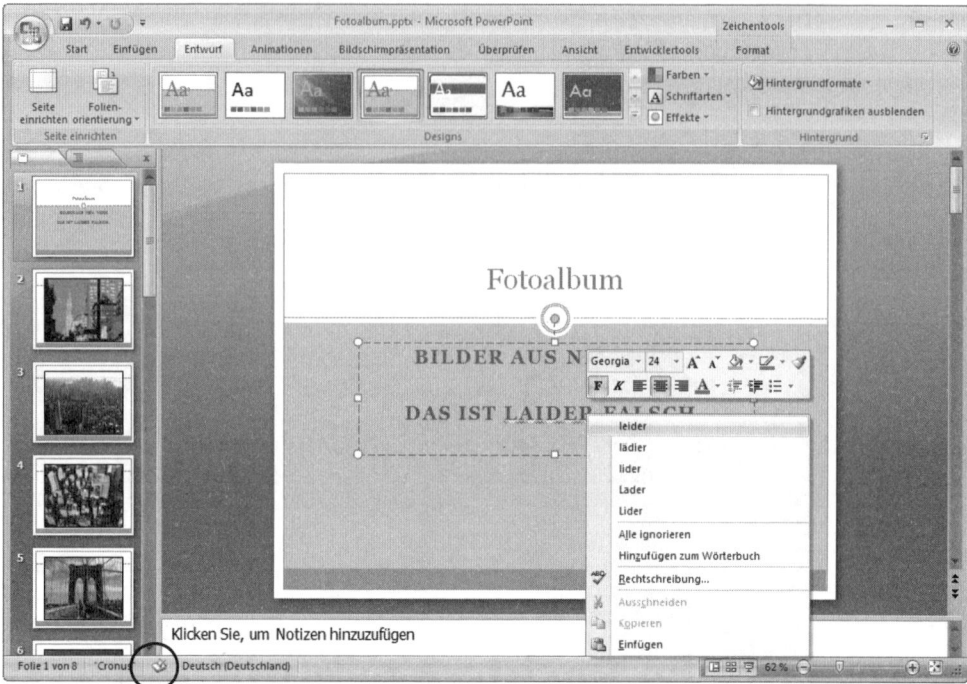

Wenn die automatische Rechtschreibprüfung aktiv ist, wird in der Statusleiste ein kleines Buchsymbol angezeigt, an dem Sie erkennen können, ob derzeit eine Prüfung stattfindet oder nicht.

Was tun bei korrekten Wörtern, die die Rechtschreibprüfung aber nicht kennt?

Im Kontextmenü, das Sie in der obigen Abbildung sehen, wird zwar in der Regel die richtige
Schreibweise angezeigt, aber es kommt auch häufig vor, dass unbekannte Wörter, wie Eigennamen
oder Fachbegriffe, als falsch markiert werden. In solchen Fällen können Sie den Befehl *Alle ignorieren* benutzen. Das Programm geht dann für den restlichen Text davon aus, dass das Wort richtig
geschrieben ist.

Wollen Sie, dass das Wort generell nicht mehr angemahnt wird, wählen Sie im Kontextmenü den
Befehl *Hinzufügen zum Wörterbuch*. Es wird dann in das *Benutzerwörterbuch* aufgenommen und in
Zukunft immer akzeptiert.

Einschalten der automatischen Rechtschreibprüfung in Word und PowerPoint

Falls die automatische Rechtschreibprüfung nicht eingeschaltet ist, gehen Sie in Word und Power-Point so vor:

1. Klicken Sie auf die *Office-Schaltfläche* und dann auf *[Programmname]-Optionen*.

2. Wechseln Sie zur Kategorie *Dokumentprüfung*.

Bild 3.9 Auf dieser Seite des Dialogfeldes aktivieren Sie die automatische Rechtschreibprüfung in Word und PowerPoint

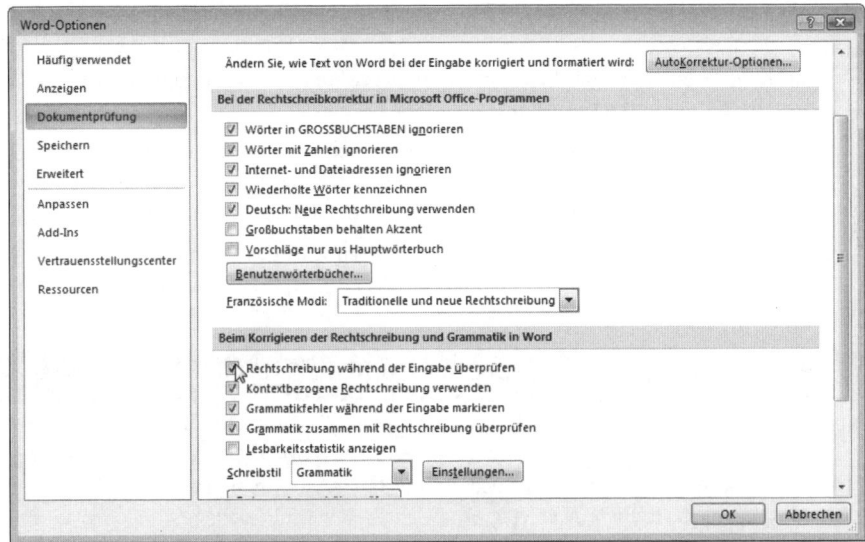

3. Schalten Sie das Kontrollkästchen *Rechtschreibung während der Eingabe prüfen* ein.

4. Schließen Sie das Dialogfeld mit *OK*.

Rechtschreibprüfung in Excel

Auch Excel besitzt eine Rechtschreibprüfung, jedoch müssen Sie sie manuell aufrufen. Um die manuelle Rechtschreibprüfung zu starten, wechseln Sie zur Registerkarte *Überprüfen* und klicken in der Gruppe *Dokumentprüfung* auf *Rechtschreibung*. (Die manuelle Rechtschreibprüfung können Sie in Word und PowerPoint genauso aufrufen.) Das Dialogfeld *Rechtschreibung* wird angezeigt. Es sieht bei den verschiedenen Office-Programmen etwas unterschiedlich aus. Die wichtigsten Schaltflächen sind jedoch identisch.

Bild 3.10 Das Dialogfeld für die manuelle Rechtschreibprüfung

Mit *Einmal ignorieren* wird der Fehler an dieser Stelle im Dokument ignoriert, *Alle ignorieren* ignoriert ihn für das gesamte Dokument.

Wenn Sie auf *Ändern* klicken, wird der Fehler durch das Wort in der Liste *Vorschläge* korrigiert. Wenn dort mehrere Wörter stehen, markieren Sie das richtige. Durch einen Klick auf *Immer ändern* wird der Fehler im gesamten Dokument entsprechend korrigiert.

Mit der Schaltfläche *Zum Wörterbuch hinzufügen* wird das Wort in das Benutzerwörterbuch aufgenommen und in Zukunft immer akzeptiert.

PROFITIPP

Für Standardfehler eignet sich die AutoKorrektur besser

Wenn die Rechtschreibprüfung einen Fehler gefunden hat, der Ihnen häufiger unterläuft – z.B. einen Buchstabendreher –, sollten Sie das Wort der AutoKorrektur übergeben. Wenn Sie das Wort dann beim nächsten Mal wieder falsch schreiben, wird es direkt bei der Eingabe durch die richtige Schreibweise ersetzt.

AutoKorrektur

Wenn Sie viel am Computer schreiben, haben Sie wahrscheinlich auch schon bemerkt, dass Ihnen immer wieder die gleichen Verschreiber unterlaufen. Da wird aus »ist« ständig ein »its« und aus »bereits« das weltmännische »bereist«. Sehr beliebt sind auch Wörter mit zwei großen Anfangsbuchstaben – unwiderlegbarer Beweis, dass sich einer Ihrer Finger mal wieder zu lange auf der ⟨⇧⟩-Taste ausgeruht hat.

Solche Fehler können alle Office-Programme mit der AutoKorrektur-Funktion bereits während der Texteingabe beheben. Das heißt, wenn die AutoKorrektur-Funktion eingeschaltet ist, wird aus einem »serh« automatisch ein »sehr«. Probieren Sie es einmal in Word aus:

1. Klicken Sie auf die *Office-Schaltfläche,* dann auf *Neu* und schließlich auf *Leeres Dokument,* um ein Dokument zu erstellen, mit dem Sie die Fähigkeiten der AutoKorrektur testen können.

2. Geben Sie folgenden Text ein: **Geben Sie einen Doppelpunkt (:) ein.**
   Word ändert die Zeichen :) automatisch in ☺.

3. Zeigen Sie mit der Maus auf das Symbol ☺.
Unter dem Symbol erscheint ein kleiner blauer Rahmen.

4. Zeigen Sie mit der Maus auf den Rahmen. Word zeigt unter dem Wort eine Schaltfläche an.

Bild 3.11 Die automatisch vorgenommenen Änderungen sind an dem kleinen blauen Rahmen zu erkennen

Geben Sie einen Doppelpunkt (☺ ein.

5. Klicken Sie auf die Schaltfläche *AutoKorrektur-Optionen*. Es öffnet sich ein Menü, mit dem Sie das Verhalten der AutoKorrektur steuern können.

Bild 3.12 Das Menü mit den AutoKorrektur-Optionen

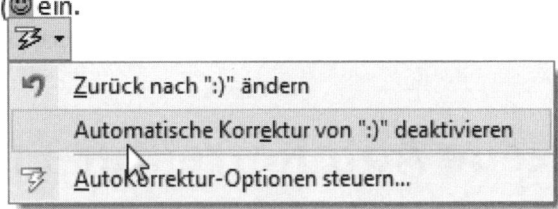

6. Sie können nun die von Word vorgenommene Änderung einmalig rückgängig machen oder festlegen, dass Word diese Schreibweise in Zukunft nicht mehr automatisch korrigiert.

Sonderfälle von der AutoKorrektur ausnehmen

So praktisch die AutoKorrektur-Funktion ist – es gibt auch Fälle, bei denen ihr Eingreifen stört. Dies betrifft vor allem Abkürzungen und Wörter mit unüblichen Groß-/Kleinschreibungen.

1. Geben Sie folgenden Text ein: **Die Abgasuntersuchungen (AUs) werden ...**
Word korrigiert »AUs« automatisch in »Aus«.

2. Zeigen Sie mit der Maus auf das Wort »Aus«. Unter dem Wort erscheint ein kleiner blauer Rahmen.

3. Bewegen Sie die Maus in die Nähe des Rahmens und klicken Sie auf die dadurch angezeigte Schaltfläche *AutoKorrektur-Optionen*.

4. Wählen Sie im Menü den Befehl *Automatische Korrektur von „AUs" deaktivieren*, damit die Änderung rückgängig gemacht wird.

5. Klicken Sie erneut auf die Schaltfläche *AutoKorrektur-Optionen* und wählen Sie diesmal *Auto-Korrektur-Optionen steuern*. Das Dialogfeld *AutoKorrektur* erscheint.

6. Klicken Sie auf die Schaltfläche *Ausnahmen*.

7. Wechseln Sie zur Registerkarte *WOrtanfang GRroß*.

Bild 3.13   Das Wort AUs wurde in die Liste der Ausnahmen aufgenommen

Diese Liste können Sie beliebig erweitern. Wenn Sie in einem Office-Programm einen neuen Eintrag erstellen, wird dieser automatisch auch in den anderen Programmen verwendet.

Neue AutoKorrektur-Einträge erstellen

Im Dialogfeld *AutoKorrektur* können Sie sehen, dass die Office-Programme mit den gängigen Flüchtigkeitsfehlern bereits vertraut sind. Trotzdem werden Sie dieser Liste früher oder später auch eigene Einträge hinzufügen wollen. Dazu gehen Sie am besten so vor:

1. Klicken Sie auf die *Office-Schaltfläche* und dann auf *[Programmname]-Optionen*.

2. Wechseln Sie im Dialogfeld zur Kategorie *Dokumentprüfung*.

3. Klicken Sie auf die Schaltfläche *AutoKorrektur-Optionen*. Das Dialogfeld *AutoKorrektur* wird angezeigt.

4. Geben Sie im Feld *Ersetzen* den Text ein, auf den die AutoKorrektur reagieren soll (also die falsche Version).

5. Im Feld *Durch* tragen Sie dann den Text ein, den die AutoKorrektur anstelle des falschen Textes einfügen soll.

6. Klicken Sie auf *Hinzufügen*, um den neuen Eintrag in die Liste aufzunehmen.

7. Schließen Sie das Dialogfeld mit *OK*.

Bild 3.14   In diesem Dialogfeld können Sie die AutoKorrektur um eigene Einträge ergänzen

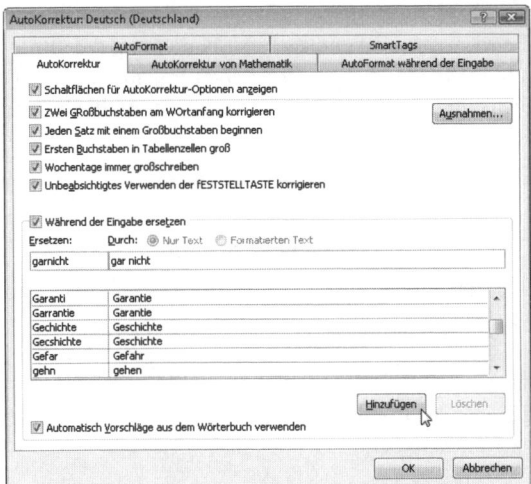

Office 2007

Befehle rückgängig machen

Wenn Sie die letzte Aktion (Texteingabe, Löschen, Formatierung) rückgängig machen wollen, ist das bei den Office-Programmen kein Problem. Die entsprechende Schaltfläche finden Sie in der Symbolleiste für den Schnellzugriff, die standardmäßig rechts neben der Office-Schaltfläche angezeigt wird.

Um den letzten Schritt rückgängig zu machen, klicken Sie auf die Schaltfläche *Rückgängig*. Wenn die Schaltfläche inaktiv ist, kann der letzte Schritt nicht rückgängig gemacht werden.

Wenn Sie auf den Pfeil an der rechten Seite der Schaltfläche *Rückgängig* klicken, wird eine Liste mit allen Schritten angezeigt, die Sie rückgängig machen können. Markieren Sie mit gedrückter Maustaste die gewünschten Schritte und lassen Sie die Maustaste dann los.

Bild 3.15   Das Menü der Schaltfläche *Rückgängig* enthält eine Liste der letzten Bearbeitungsschritte

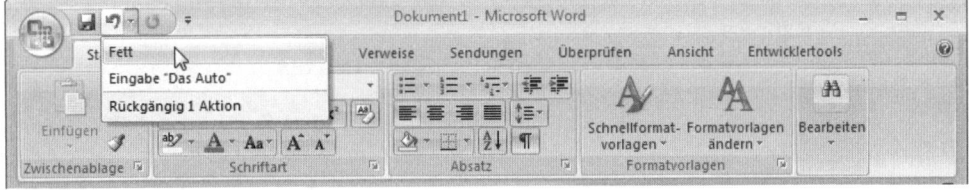

Zusammenfassung

In diesem Kapitel haben Sie die wichtigsten Grundlagen zur Bedienung der Office-Programme, die in diesem Buch vorgestellt werden, kennengelernt. Wir haben uns hier auf die bei fast allen Programmen vorhandenen Möglichkeiten konzentriert und auch Unterschiede hervorgehoben. Folgende Themen wurden in diesem Kapitel behandelt:

■ Sie haben die verschiedenen Möglichkeiten gesehen, um ein Office-Programm zu starten. Hierzu gehören:

   ■ die Verwendung des Startmenüs von Windows (Seite 64),

   ■ das Öffnen eines Office-Dokuments beim Starten der Anwendung (Seite 65),

   ■ das Verwenden der Dokumentenliste im Startmenü (Seite 65)

   ■ sowie das Verwenden der Schnellstartleiste der Taskleiste (Seite 66).

Außerdem haben Sie gesehen, wie Sie ein Programm an das Startmenü anheften können, um es so schneller aufrufbar zu machen (Seite 67).

■ Im nächsten Abschnitt haben Sie erfahren, wie Sie zwischen mehreren, gleichzeitig gestarteten Office-Anwendungen hin- und herschalten können (Seite 68).

■ Mit dem Aufgabenbereich *Zwischenablage* können Sie Elemente innerhalb eines Office-Dokuments und auch zwischen verschiedenen Office-Anwendungen kopieren und verschieben (Seite 69).

■ Einige der Office-Programme enthalten die sogenannte automatische Rechtschreibprüfung (Seite 71), die während der Eingabe prüft, ob sich Tippfehler eingeschlichen haben. Als falsch erkannte Wörter werden mit einer roten Wellenlinie markiert und Sie können sie mit einem Kontextmenü schnell korrigieren (Seite 71). Die automatische Rechtschreibprüfung kann auch ausgeschaltet werden (Seite 73), und in den Programmen, die die automatische Rechtschreibprüfung nicht unterstützen, können Sie die Prüfung auch manuell vornehmen lassen (Seite 73).

■ Kleinere Rechtschreibfehler können alle Office-Programme mit der AutoKorrektur-Funktion bereits während der Texteingabe beheben (Seite 74). Die Liste mit den AutoKorrektur-Einträgen können Sie um eigene Einträge erweitern (Seite 76) und Sie können Sonderfälle von der AutoKorrektur ausschließen (Seite 75).

■ Wenn Sie die letzte Aktion (Texteingabe, Löschen, Formatierung) rückgängig machen wollen, ist das bei den Office-Programmen kein Problem. Wie das funktioniert, ist ab Seite 77 beschrieben.

Kapitel 4

Hilfe für Microsoft Office 2007

In diesem Kapitel:

Neben den umfangreichen Funktionen zum Erstellen von Texten, Arbeitsblättern, Datenbanken und Präsentationen bieten Ihnen alle Office-Programme auch eine Hilfestellung zur Verwendung der einzelnen Programme an, die Sie auf dem Bildschirm lesen können. In diesem Kapitel zeigen wir Ihnen, wie Sie die Hilfe als Nachschlagewerk verwenden, wie Sie schnell und unkompliziert Hilfe zu den Dialogfeldern bekommen und welche Unterstützung Sie – einen Internetzugang vorausgesetzt – von Microsoft Office Online erhalten können.

Wir stellen Ihnen die Verwendung der Hilfe exemplarisch am Beispiel von PowerPoint vor. Sie können das Erlernte natürlich eins zu eins auf Word, Excel und OneNote übertragen.

Bild 4.1   Die Online-Hilfe von PowerPoint 2007

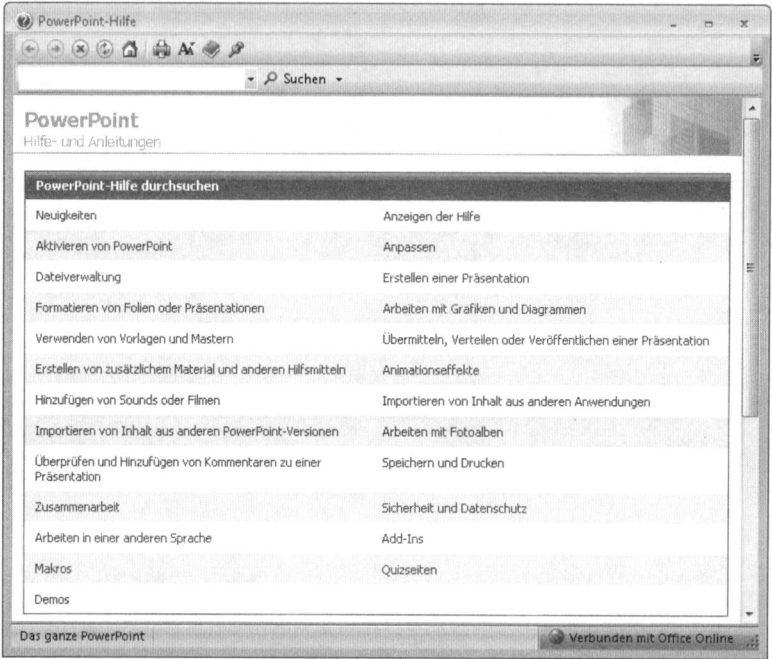

Online vs. Offline

Die Office-Hilfe existiert in zwei Versionen: der Offline- und der Online-Hilfe. Bei der Offline-Hilfe handelt es sich um die Hilfsinformationen, die während der Installation auf Ihren Computer kopiert werden. Die Online-Hilfe meint die Hilfsinformationen, die Sie, einen Internetzugang vorausgesetzt, von der Microsoft Office-Website abrufen können.

Die Online-Hilfe hat den Vorteil, dass sie umfangreicher ist und zudem kontinuierlich aktualisiert wird. Da es aber auch Situationen geben wird, in denen Sie ohne Internetzugang arbeiten (z.B. auf Reisen) hat auch die Offline-Hilfe ihre Existenzberechtigung. Außerdem ist der Zugriff auf die Online-Hilfe selbst bei schneller Internetanbindung immer langsamer als der auf die Offline-Hilfe.

Wie Sie gleich im weiteren Verlauf des Kapitels noch sehen werden, können Sie problemlos zwischen den beiden Hilfe-Systemen wechseln.

Die Elemente des Hilfe-Fensters

Wie Sie in Bild 4.1 sehen, steht die Hilfe in einem separaten Fenster zur Verfügung. Sie können es entweder über die Fragezeichen-Schaltfläche in der rechten oberen Ecke des Programmfensters oder mit F1 aufrufen. Jedes Office-Programm verfügt dabei über ein eigenes Hilfe-Fenster, dessen Einstellungen (Größe, Position etc.) separat verwaltet werden.

Die Bedienung der Online-Hilfe funktioniert ähnlich wie bei einem Browser, so dass Sie sich ohne große Probleme zurecht finden werden. In den folgenden Abschnitten gehen wir kurz auf die verschiedenen Elemente des Hilfe-Fensters ein.

Die Symbolleiste

In der Symbolleiste des Hilfe-Fensters befinden sich einige Schaltflächen, deren Bedeutung Sie der folgenden Tabelle entnehmen können. Von Interesse sind vor allem die Schaltflächen der beiden letzten Zeilen. Mit ihnen können Sie das Inhaltsverzeichnis ein- und ausblenden bzw. steuern, ob sich das Hilfe-Fenster permanent über das Programmfenster legt oder nicht.

Tabelle 4.1 Die Schaltflächen auf der Symbolleiste des Hilfe-Fensters

Schaltfläche	Wirkung
←	Blättert eine Seite zurück.
→	Blättert eine Seite nach vorne (nur aktiv, wenn zuvor zurückgeblättert wurde).
✕	Bricht den aktuellen Ladevorgang der Seite ab.
⟳	Lädt die angezeigte Seite erneut.
⌂	Zeigt die Startseite der Hilfe an.
🖶	Druckt die angezeigte Seite aus.
A͞A	Zeigt ein Menü an, in dem Sie einen von fünf verschiedenen Schriftgraden auswählen können.
📖	Zeigt das Inhaltsverzeichnis an bzw. blendet es wieder aus.
📌	Wenn die Pinn-Nadel ganz eingedrückt ist, legt sich das Hilfe-Fenster immer vor das Programmfenster; ist die Pinn-Nadel vollständig zu sehen, kann sich das Programmfenster über das Hilfefenster legen, d.h. das Hilfe-Fenster kann dann hinter dem Programmfenster verschwinden.

Das Hilfe-Fenster schiebt sich immer nur über das Fenster des zugehörigen Office-Programms. Das heißt, das Hilfe-Fenster von Word kann lediglich das Programmfenster von Word überdecken, nicht aber das von Excel, PowerPoint oder OneNote. Auch alle anderen Windows-Fenster, wie zum Beispiel Ordner-Fenster, können das Hilfe-Fenster unabhängig vom Status der Schaltfläche überdecken. |

Die Statusleiste

In der Statusleiste können Sie ablesen, mit welchem Bereich der Office-Hilfe Sie arbeiten und ob Sie zurzeit auf die Online- oder auf die Offline-Hilfe zugreifen. Wenn Sie noch einmal zwei Seiten zurückblättern und Bild 4.1 betrachten, sehen Sie, dass dort folgende Angaben in der Statusleiste stehen:

- **Das ganze PowerPoint** Es werden alle erreichbaren Informationsquellen berücksichtigt. Um den Suchbereich zu ändern, müssen Sie das Menü der *Suchen*-Schaltfläche aufklappen (siehe nächster Abschnitt).

- **Verbunden mit Office Online** Es wird auf die Online-Hilfe zugegriffen.

Der rechte Teil der Statusleiste fungiert als Schaltfläche, mit deren Menü Sie zwischen der Online- und der Offline-Hilfe wechseln können (siehe nächstes Bild). Die Einstellung, die Sie hier vornehmen, gilt automatisch für alle Office-Programme.

Bild 4.2   Die Hilfe lässt sich zwischen Online- und Offline-Betrieb umschalten

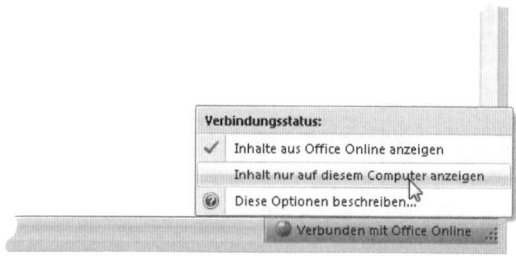

> **HINWEIS**   Die Einstellung in der Statusleiste des Hilfe-Fensters korrespondiert mit der Option *Microsoft Office Online nach Hilfeinhalt durchsuchen*, wenn eine Verbindung mit dem Internet besteht. Sie finden diese Option im Dialog *Vertrauensstellungscenter* unter der Rubrik *Datenschutzoptionen*. Das Dialogfeld erreichen Sie über *Office-Schaltfläche/Optionen/Vertrauensstellungscenter/Einstellungen für das Vertrauensstellungscenter*.

Eingabe des Suchbegriffs

Wenn Sie Hilfe zu einem bestimmten Begriff benötigen, können Sie ihn oben links in das Textfeld eingeben und dann auf *Suchen* klicken. Über den kleinen Pfeil der Schaltfläche lässt sich ein Menü aufklappen, in dem Sie den Suchbereich festlegen können (siehe Bild 4.3).

Wie Sie sehen, sind die Befehle des Menüs in zwei Gruppen unterteilt: *Inhalte aus Office Online* und *Inhalte von diesem Computer*. Sie können also auch hier zwischen der Online- und der Offline-Hilfe umschalten. Es gibt jedoch einen wichtigen Unterschied zu der im letzten Abschnitt besprochenen Schaltfläche der Statusleiste: Während die Umschaltung in der Statusleiste dauerhaft ist, geht die Wahl des Suchbereichs beim Schließen des Hilfe-Fensters verloren. Wenn Sie zum Beispiel normalerweise mit der Offline-Hilfe arbeiten, können Sie bei Bedarf über die Schaltfläche *Suchen* den Suchbereich temporär auf die Online-Hilfe umschalten. Beim nächsten Aufruf der Hilfe wird Office dann automatisch wieder die Offline-Hilfe verwenden.

Bild 4.3   Hier lässt sich der Suchbereich der Online-Hilfe einstellen

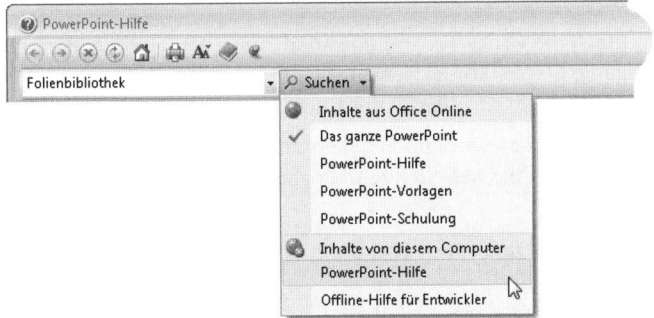

Das Inhaltsverzeichnis

Wenn Sie mithilfe des Suchbegriffs die gewünschten Informationen nicht auffinden können, bietet sich als Alternative an, das Inhaltsverzeichnis der Hilfe zu verwenden und dort nach den Informationen zu suchen, die Sie benötigen.

Das Inhaltsverzeichnis ist wie eine kleine Bibliothek aufgebaut. Sie sehen in der Liste Buch-Symbole, mit denen thematisch zueinander passende Einträge zusammengefasst sind. Um ein Buch zu öffnen, klicken Sie es an. Entweder sehen Sie dann eine Liste mit weiteren Büchern oder die Überschriften der Hilfeseiten.

Bild 4.4   Nach dem Aufklappen der Bücher sehen Sie die Überschriften der Hilfeseiten

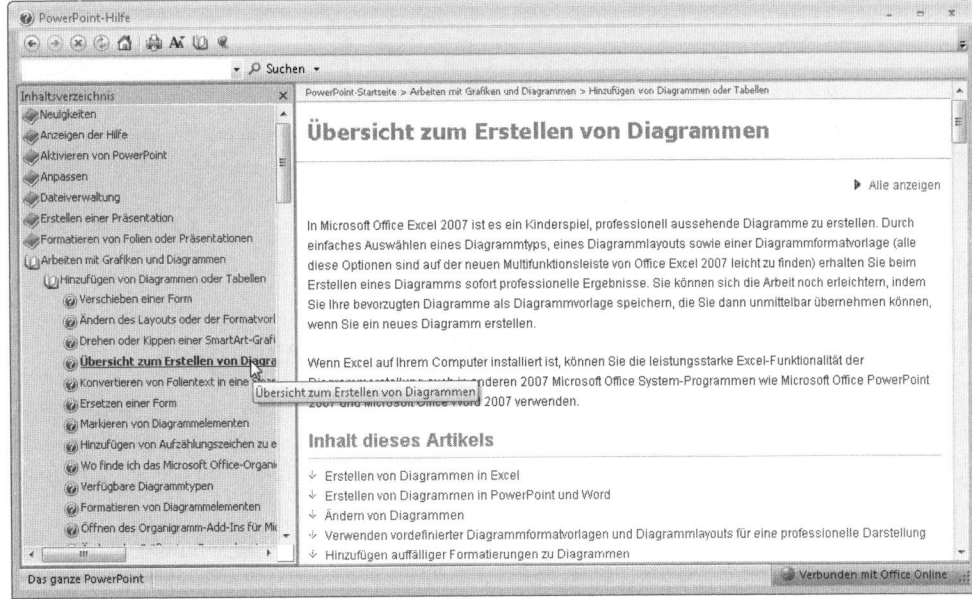

Um ein gewünschtes Thema anzuzeigen, klicken Sie es einfach im Inhaltsverzeichnis an.

Kontextsensitive Hilfe

Als weitere Hilfe stellen Ihnen die Office-Programme auf den meisten Dialogfeldern eine kontext-sensitive Hilfe zur Verfügung. Ob die kontextsensitive Hilfe angeboten wird oder nicht, erkennen Sie am Vorhandensein einer kleinen Schaltfläche mit einem Fragezeichen.

Wenn Sie das Fragezeichen anklicken, wird das Hilfefenster geöffnet und Sie sehen auf einen Blick, welche Informationen die Hilfe für das betreffende Dialogfeld zu bieten hat.

Bild 4.5   Das PowerPoint-Dialogfeld *Raster und Linien* und die zugehörige Hilfeseite

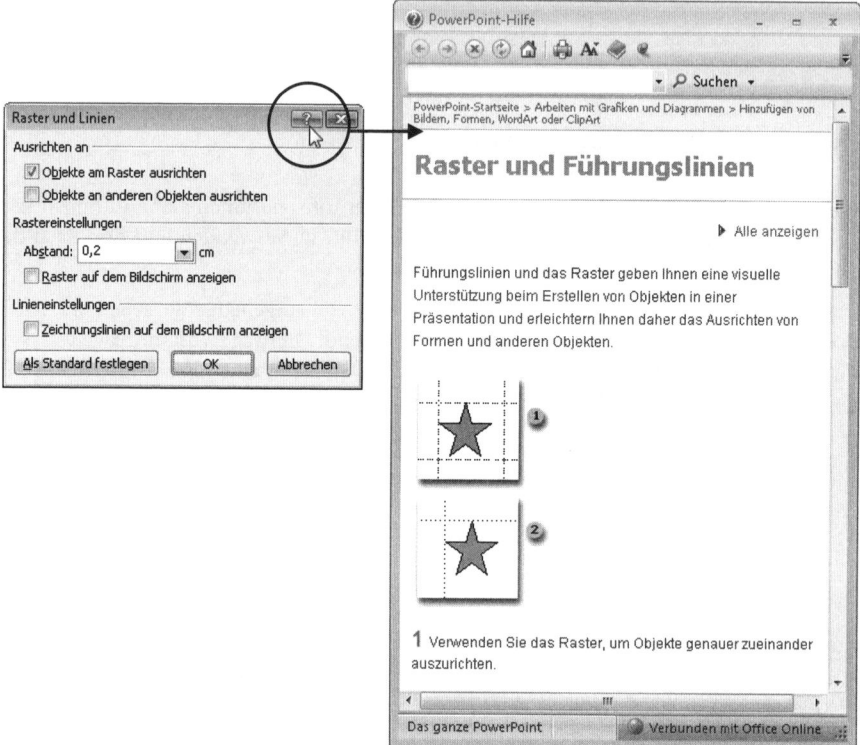

Hilfe zu einzelnen Befehlen anzeigen

Mit Office 2007 ist es sogar möglich, gezielt Hilfe zu einzelnen Befehlen aufzurufen. Dazu zeigen Sie mit der Maus auf den gewünschten Befehl bzw. die gewünschte Schaltfläche und drücken dann die Taste F1. Wenn dieser »Trick« bei Ihnen nicht funktioniert, müssen Sie noch folgende Vorbereitung treffen:

1. Öffnen Sie das Menü der *Office-Schaltfläche* und klicken Sie am unteren Rand des Menüs auf die *Optionen*-Schaltfläche.

2. Klicken Sie im angezeigten Dialog auf *Häufig verwendet.*

3. Wählen Sie im Listenfeld *QuickInfo-Format* die Einstellung *Featurebeschreibungen in Quick-Infos anzeigen*. Sie finden das Listenfeld in der Gruppe *Wichtige Optionen für die Arbeit mit …*

4. Schließen Sie das Dialogfeld mit *OK*.

5. Zeigen Sie in der Multifunktionsleiste auf eine Schaltfläche. Wenn im angezeigten QuickInfo der Hinweis »Drücken Sie F1, um die Hilfe anzuzeigen« auftaucht, existiert zu diesem Element ein eigener Hilfeeintrag.

Bild 4.6   Für die Schaltfläche *Alle Formatierungen löschen* existiert ein eigener Hilfeeintrag

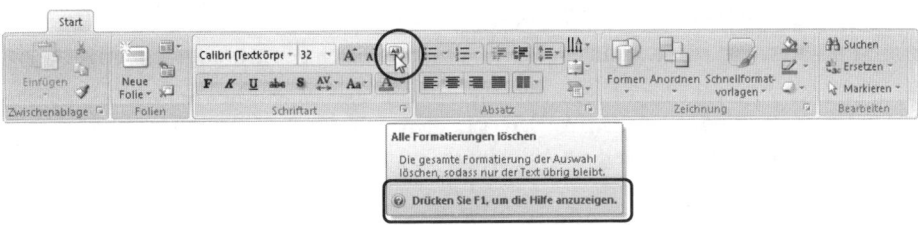

6. Drücken Sie F1, um das Hilfe-Fenster anzuzeigen.

Bild 4.7   Im Hilfe-Fenster wird die passende Seite angezeigt

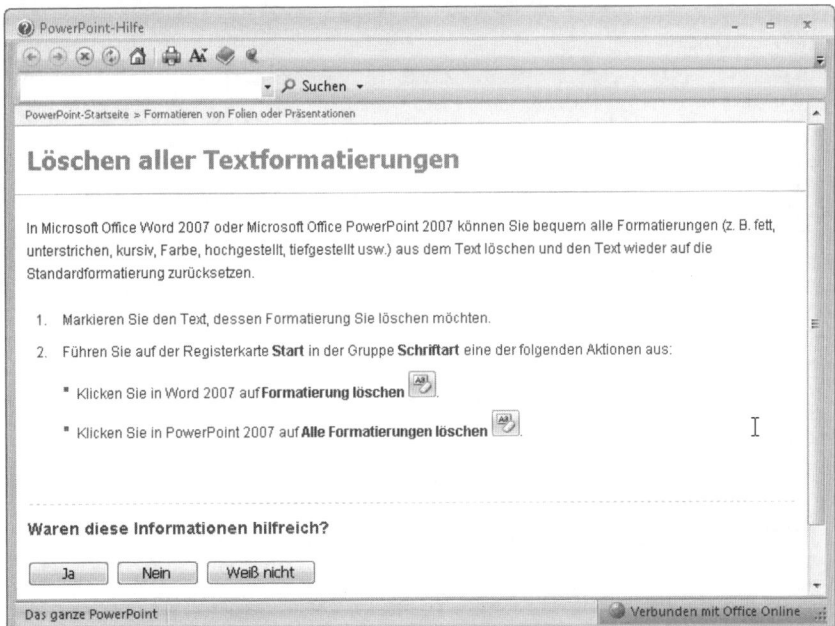

Wenn zu einer Schaltfläche kein eigenes Thema in der Online-Hilfe vorhanden ist, erscheint im Hilfe-Fenster die normale Startseite.

Direkt auf Office-Online suchen

Ein Bereich, der in Microsoft Office 2007 besonders ausgebaut wurde, ist die Website zu Office. Sie haben von allen Office-Programmen aus direkten Zugriff auf die Website. Informationen von der Website können entweder ganz normal im Internet Explorer angezeigt werden oder aber auch im Inhaltsverzeichnis und den Listen mit den gefundenen Hilfethemen integriert sein.

Um diese Seite zum Beispiel von PowerPoint aus aufzurufen, gehen Sie folgendermaßen vor:

1. Klicken Sie auf die *Office-Schaltfläche*.

2. Klicken Sie im Menü der *Office-Schaltfläche* auf die Schaltfläche *PowerPoint-Optionen*.

3. Klicken Sie im linken Bereich des angezeigten Fensters auf *Ressourcen*.

4. Anschließend können Sie die Website über einen Klick auf die Schaltfläche *In Onlinemodus wechseln* aufrufen. An dem Tag, an dem dieses Kapitel geschrieben wurde, sah die Seite so aus, wie in der folgenden Abbildung.

Bild 4.8   Die Website zu Microsoft Office 2007

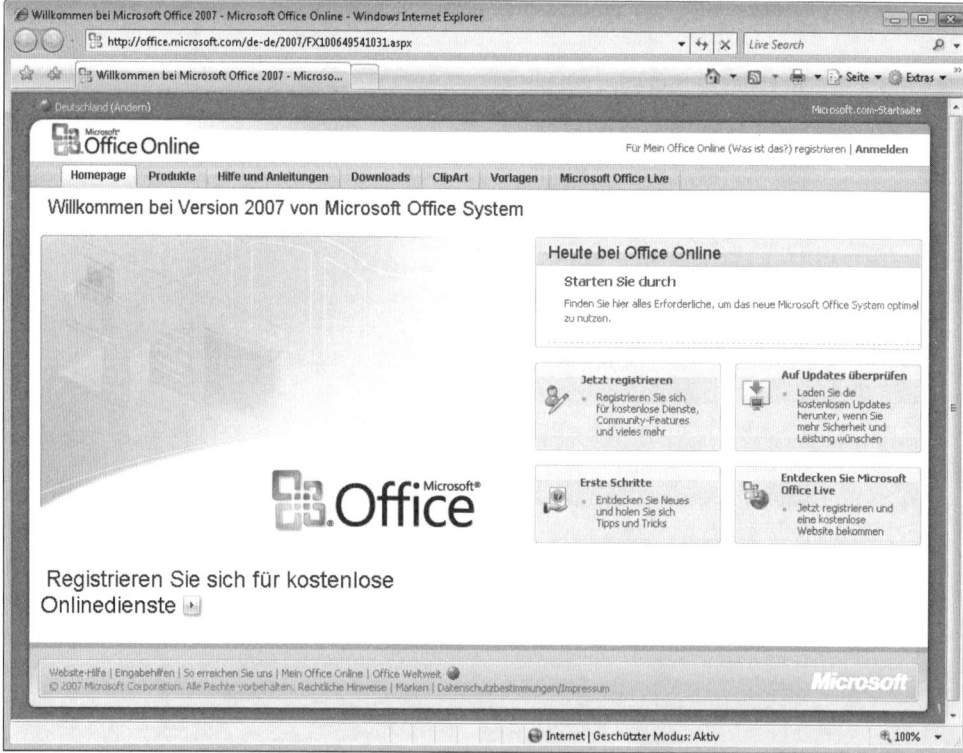

Auf dieser Website finden Sie unter anderem

■   zahlreiche Artikel zu Einsatzmöglichkeiten von Office-Anwendungen

■   Kurse, die mit kleinen Demos in die Verwendung der Programme einführen

■ weitere Vorlagen, die nach dem Veröffentlichen von Office erstellt wurden und die Sie auf Ihren Computer herunterladen können

■ die vollständige Online-Hilfe mit Informationen zu allen Office-Programmen (im Gegensatz zum Hilfe-Fenster, das immer nur die Online-Hilfe des Programms anzeigt, von dem aus es aufgerufen wurde).

Stöbern Sie einfach ein wenig dort herum, damit Sie sich mit dem Angebot vertraut machen und so im Bedarfsfall dieses zusätzliche Hilfsangebot nutzen können.

TIPP   Das Hilfesystem der Website eignet sich auch gut, um andere Anwender auf hilfreiche und interessante Informationen aufmerksam zu machen. Verschicken Sie dazu einfach die Adresse der gewünschten Seite per E-Mail.

Office-Diagnose

Wenn Sie mit einem der Office-Programme ernsthafte Schwierigkeiten haben, zum Beispiel, weil es beim Öffnen eines Dokuments regelmäßig abstürzt, können Sie versuchen, das Problem mit Hilfe der Office-Diagnose zu beheben. Diese Prüfung ist weitgehend automatisiert und daher auch für »normale« Anwender geeignet.

Um die Office-Diagnose durchzuführen, gehen Sie wie folgt vor:

1.   Schließen Sie alle Programme, mit Ausnahme des betreffenden Office-Programms.

2.   Öffnen Sie das Menü der *Office-Schaltfläche* und klicken Sie auf die *Optionen*-Schaltfläche.

3.   Wählen Sie im angezeigten Dialog die Kategorie *Ressourcen* und klicken dann im rechten Teil des Fensters auf die Schaltfläche *Diagnose*.

4.   Lesen Sie die Information im Begrüßungsdialog der Office-Diagnose und klicken Sie anschließend auf *Weiter*.

Bild 4.9   Während der Diagnose werden fünf verschiedene Tests durchlaufen

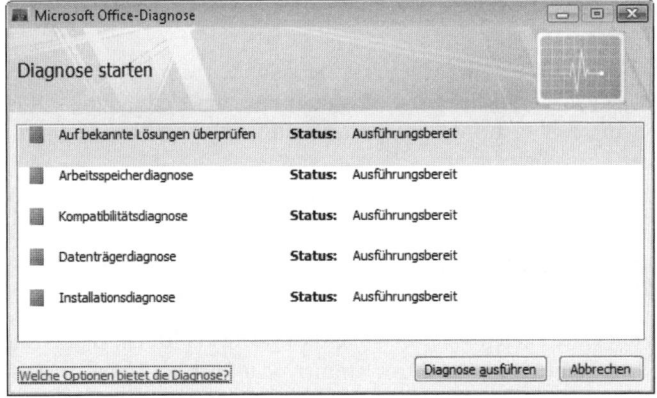

5.   Klicken Sie auf *Diagnose ausführen,* um den Prüfvorgang zu starten.

Bild 4.10 Die Fortschrittsbalken informieren Sie über den Stand der Diagnose

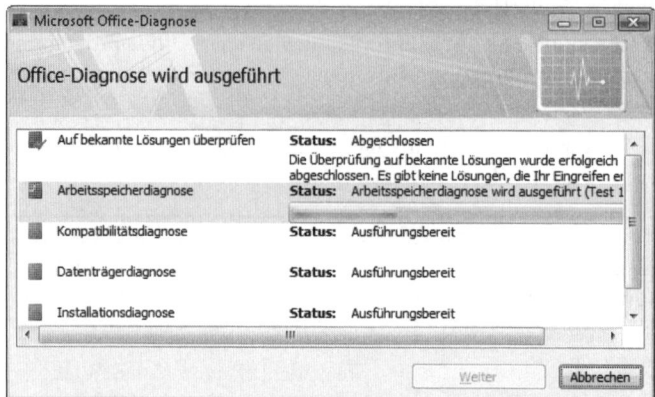

6. Warten Sie, bis alle Tests vollständig durchgeführt worden sind. Beim letzten Test müssen Sie etwas Geduld aufbringen, da er in der Regel mehrere Minuten in Anspruch nimmt.

Bild 4.11 Das Ergebnis der Diagnose (in diesem Fall wurden keine Fehler gefunden)

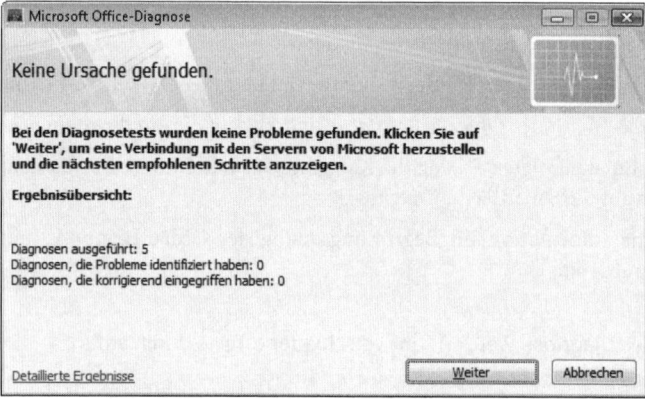

7. Auch wenn bei der Diagnose keine Ursache gefunden wurde, brauchen Sie die Hoffnung noch nicht aufzugeben. Klicken Sie dann auf *Weiter,* um Verbindung mit einer Website von Microsoft aufzunehmen, auf der Sie weitere Hinweise zur Fehlerdiagnose bzw. –behebung finden können.

Der Office-Assistent

Wenn Sie bereits mit einer älteren Version von Office gearbeitet haben, kennen Sie sicher den Office-Assistenten, der als Büroklammer oder auch als kleines Hündchen sein Unwesen auf dem Bildschirm trieb. Da dieses Feature von der Mehrheit der Anwender als lästig und störend empfunden wurde, ist es in Office 2007 nicht mehr enthalten. Wie heißt es doch so schön? Und tschüss!

Zusammenfassung

In diesem Kapitel haben Sie einige der Möglichkeiten kennen gelernt, wie Sie die Hilfefunktion der verschiedenen Office-Anwendungen verwenden:

- Sie können sowohl eine Online- als auch eine Offline-Version des Hilfesystems nutzen. Die Online-Hilfe hat den Vorteil, dass sie umfangreicher und aktueller ist (Seite 80).

- Zum Aufruf des Hilfefensters klicken Sie auf die Fragezeichenschaltfläche oder drücken die Taste F1.

- Aufbau und Bedienung des Hilfe-Fensters entsprechen einem Browser-Fenster (Seite 81).

- Im Hilfe-Fenster können Sie den Suchbereich festlegen und zwischen Online- und Offline-Modus wechseln (Seite 82).

- Falls Sie über die Eingabe von Suchbegriffen nicht die von Ihnen benötigte Information finden, können Sie das Inhaltsverzeichnis der Hilfe als Nachschlagewerk nutzen (Seite 83).

- Wenn Sie Hilfe zu einem der Dialogfelder benötigen, können Sie die Hilfe-Schaltfläche in der Titelleiste des Dialogfeldes anklicken (Seite 84).

- Einige Befehle und Schaltflächen verfügen über eigene Hilfeseiten. Um diese Seiten aufzurufen, zeigen Sie mit der Maus auf den Befehl bzw. die Schaltfläche und drücken dann die Taste F1 (Seite 84).

- Weiterhin steht Ihnen die Website Microsoft Office Online zur Verfügung (Seite 86), auf der Sie u.a. Artikel, Kurse oder weitere Vorlagen zu den verschiedenen Office-Anwendungen finden.

- Die Office-Diagnose kann Ihnen beim Auftreten von ernsthaften Problemen (wie Programmabstürzen etc.) helfen, die Ursachen zu finden und zu beheben (Seite 87).

- Der aus früheren Office-Versionen bekannte Office-Assistent ist in Office 2007 nicht mehr vorhanden (Seite 88).

Office 2007

Kapitel 5

Dokumente erstellen, speichern, öffnen, drucken

In diesem Kapitel:

Die Befehle zum Arbeiten mit Dokumentdateien, die in den vorhergehenden Versionen von Office im *Datei*-Menü zu finden waren, sind nun über die neue *Office-Schaltfläche* erreichbar, die sich in der linken oberen Ecke des Programmfensters befindet. Dieses Kapitel beschreibt, wie Sie mit den Befehlen der *Office-Schaltfläche* Dokumente erstellen, speichern, öffnen, drucken und als PDF-Datei veröffentlichen können.

Ein weiterer Abschnitt dieses Kapitels beschäftigt sich mit dem neuen Dateiformat, das von Word 2007, Excel 2007 und PowerPoint 2007 verwendet wird. Der Schwerpunkt der Informationen ist dabei die Frage, wie Sie am besten vorgehen, wenn Sie Dokumente öffnen, die in vorhergehenden Office-Versionen erstellt wurden und welche Vorgehensweisen sich anbieten, wenn Sie mit Office-Anwendern Dokumente austauschen, die noch nicht die Version 2007 verwenden.

Neues Office-Dokument erstellen

Wie bei den vorhergehenden Office-Versionen können Sie auch in Office 2007 ein neues Dokument auf verschiedene Arten erstellen: Sie können die Vorlagen verwenden, die sich auf Ihrem Computer befinden, die Vorlagen auf der Website *Office Online* nutzen oder ein neues Dokument auf der Basis eines Dokuments erstellen, das Sie zu einem früheren Zeitpunkt fertiggestellt und gespeichert haben. Dieser Abschnitt stellt die verschiedenen Möglichkeiten vor.

Befehl *Neues Office-Dokument* im Startmenü von Windows

Wenn Sie noch kein Office-Programm gestartet haben, verwenden Sie am besten den Befehl *Neues Office-Dokument,* der sich im Startmenü von Windows befindet.

1.   Klicken Sie auf *Start* und dann auf *Alle Programme.*

2.   Klicken Sie auf *Neues Office-Dokument.* Das Dialogfeld *Neues Office-Dokument* wird angezeigt.

Bild 5.1   Das Dialogfeld *Neues Office-Dokument*

3. Wenn Sie ein leeres Office-Dokument erstellen wollen, verbleiben Sie auf der Registerkarte *Allgemein* und klicken das Symbol des Dokumenttyps an, den Sie erstellen wollen.

Die weiteren Registerkarten enthalten Symbole für verschiedene Vorlagen, mit denen Sie bereits ein Grundgerüst für ein Dokument erhalten. Wenn Sie also kein leeres Dokument erstellen wollen, wählen Sie eine der anderen Registerkarten aus und markieren dann das Symbol der Vorlage, die Sie verwenden wollen.

4. Klicken Sie auf *OK*, um das neue Dokument zu erstellen.

Ein leeres Dokument in der Anwendung erstellen

Wenn die Anwendung, mit der Sie das Dokument erstellen wollen, bereits gestartet ist, können Sie die folgenden Schritte durchführen, um ein neues, leeres Dokument zu erstellen:

1. Klicken Sie die *Office-Schaltfläche* in der linken oberen Ecke des Fensters an. Das zugehörige Menü wird geöffnet.

Bild 5.2   Über die *Office-Schaltfläche* in der linken oberen Ecke des Fensters erreichen Sie die Befehle, die in vorhergehenden Office-Versionen im Menü *Datei* zu finden waren

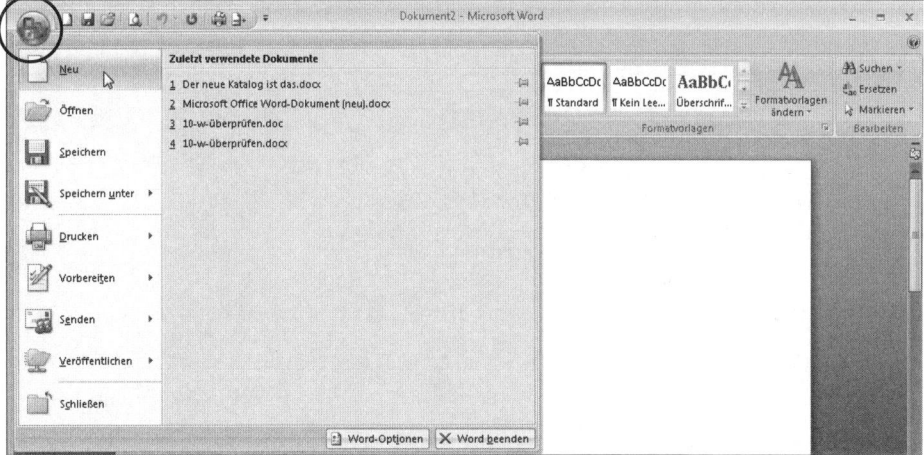

2. Klicken Sie im linken Bereich auf *Neu*. Das Dialogfeld *Neues Dokument* wird angezeigt. Dieses Dialogfeld ersetzt den alten Aufgabenbereich *Neues Dokument,* ist aber ähnlich aufgebaut:

■ Auf der linken Seite befindet sich die Liste *Vorlagen,* in der die Dokumentvorlagen nach Kategorien sortiert sind. Sie finden hier sowohl Vorlagen auf Ihrem eigenen Computer als auch Vorlagen, die sich auf der Website *Office Online* befinden.

■ Der mittlere Bereich des Dialogfeldes zeigt immer die Vorlagen der Kategorie an, die Sie in der Liste *Vorlagen* ausgewählt haben.

■ Ganz rechts wird eine Vorschau der Vorlage angezeigt, die Sie im mittleren Bereich ausgewählt haben.

Standardmäßig zeigt das Dialogfeld die Kategorie *Leer und zuletzt verwendet* an.

Bild 5.3   Im Dialogfeld *Neues Dokument/Neue Arbeitsmappe/Neue Präsentation* wählen Sie die Vorlage aus, auf der das neue Dokument basieren soll

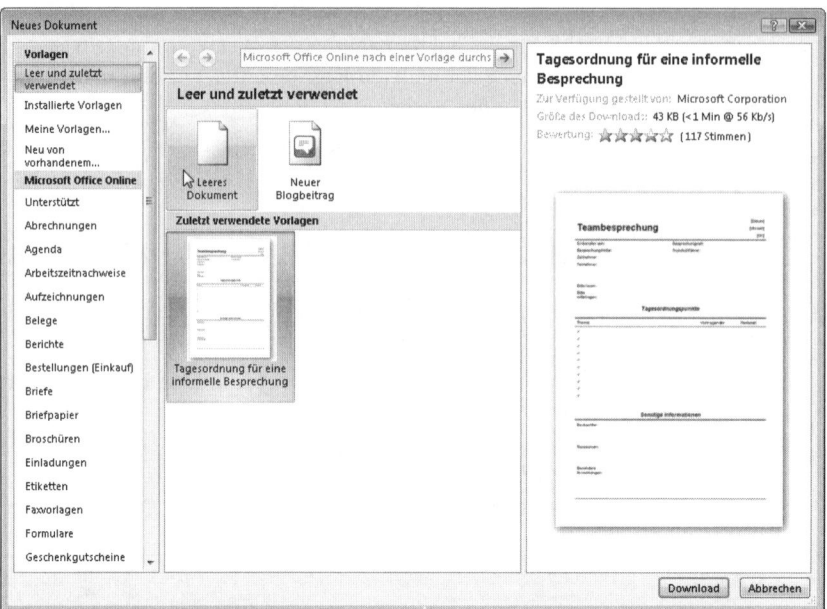

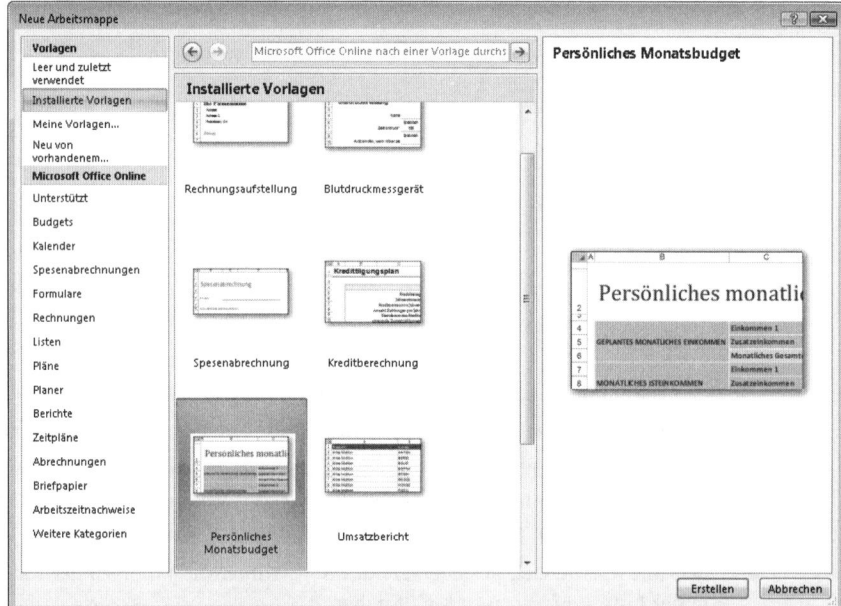

3.   Wenn Sie ein leeres Dokument erstellen wollen, klicken Sie falls erforderlich in der Liste *Vorlagen* den Eintrag *Leer und zuletzt verwendet* an. Wählen Sie dann eine der Vorlagen im mittleren Bereich aus. Wollen Sie eine der zuletzt verwendeten Vorlagen verwenden, klicken Sie die gewünschte an.

4. Das neue Dokument wird erstellt. Es ist nicht erforderlich, das Dokument zu speichern, bevor Sie mit der Bearbeitung beginnen.

Leere Präsentation aus Design-Vorlagen erstellen

Wenn Sie eine leere PowerPoint-Präsentation erstellen, beginnen Sie im übertragenen Sinn mit einem weißen Blatt Papier. Sie können jedoch auch von Anfang an Farbe ins Spiel bringen, indem Sie die neue Präsentation auf der Basis eines installierten Designs erstellen. In diesem Fall werden die Folien der neuen Präsentation automatisch mit einem mehr oder wenig aufwändig gestalteten Hintergrund ausgestattet. Außerdem wird durch ein Design die Verwendung bestimmter Schriften und Farben vorgegeben.

1. Klicken Sie die *Office-Schaltfläche* an und wählen Sie den Befehl *Neu*.

2. Markieren Sie in der Liste *Vorlagen* den Eintrag *Installierte Designs*.

Bild 5.4   Die Namen der installierten Designs entstammen der griechischen Mythologie

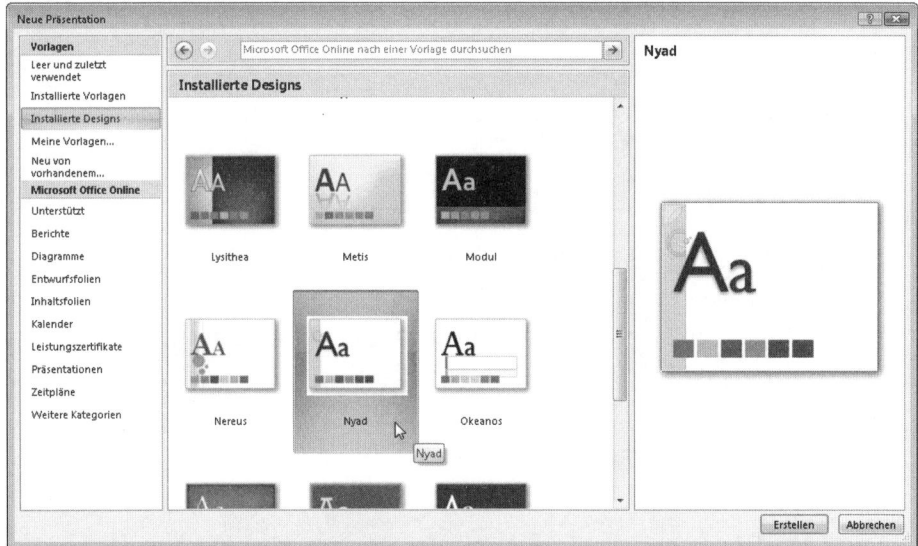

3. Wenn Sie die Miniaturansichten der Designs anklicken, erscheint rechts im Dialogfeld eine vergrößerte Vorschau.

4. Um das markierte Design auf die neue Präsentation anzuwenden, klicken Sie auf *Erstellen*. Alternativ können Sie auch in der Liste auf das gewünschte Design-Symbol doppelklicken.

Die neue Präsentation enthält ebenfalls eine Folie für den Titel bzw. den Untertitel, die jedoch bereits mit einem gestalteten Hintergrund ausgestattet ist. Natürlich können Sie den Hintergrund der Folie noch nachträglich ändern. Wie Sie später noch sehen werden, lässt sich auch das Design der Präsentation mit wenigen Mausklicks austauschen. Mit der Entscheidung für ein Design müssen Sie sich also nicht verbindlich festlegen.

Genau genommen ist einer Präsentation sogar immer ein Design zugewiesen. Denn auch eine leere Präsentation besitzt ein Design und zwar das Design *Larissa*.

WICHTIG   Die Trennung von Inhalt und Gestaltung ist ein wichtiges Prinzip einer PowerPoint-Präsentation, das Ihnen immer wieder begegnen wird. Wenn Sie dieses Prinzip konsequent umsetzen, werden Ihre Präsentationen optimal flexibel. Weitere Informationen über die Verwendung von Designs finden Sie in den Kapiteln zu PowerPoint und in Kapitel 44 dieses Buches.

Bild 5.5   PowerPoint zeigt den Namen des verwendeten Designs in der Statusleiste an. Allerdings werden dabei die Namen nicht korrekt aus dem Dialogfeld übernommen

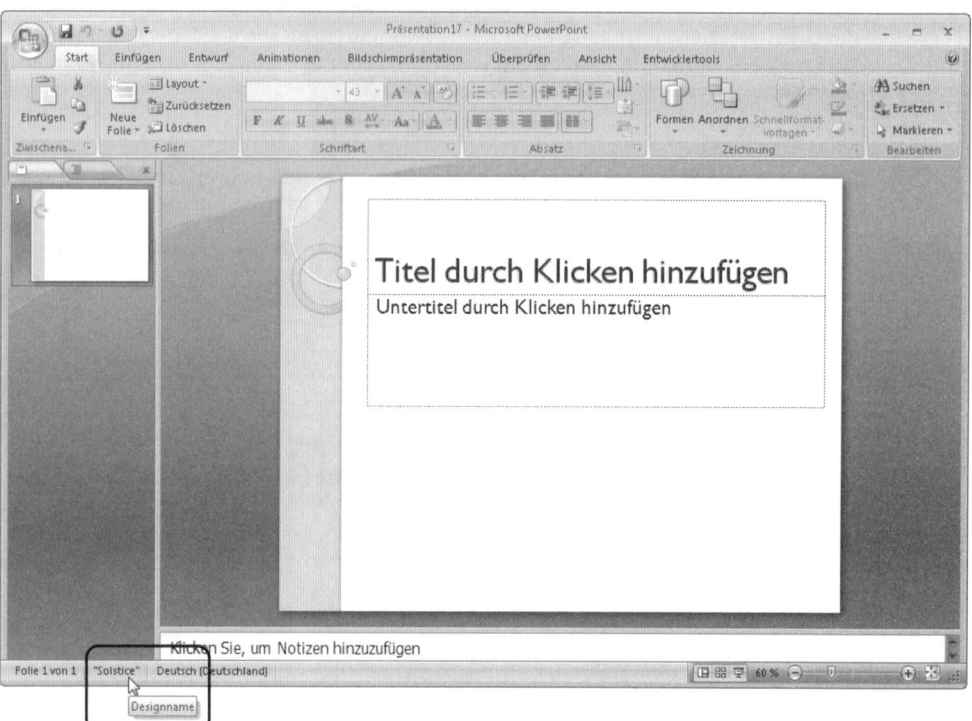

Vorlagen auf dem eigenen Computer verwenden

Während der Installation von Office werden auf Ihrem Computer Vorlagen installiert, die Sie verwenden können, um schnell ein Dokument eines bestehenden Typs zu erstellen. Welche Vorlagen das sind, können Sie sehen, wenn Sie in der Liste *Vorlagen* auf *Installierte Vorlagen* klicken.

1. Klicken Sie die *Office-Schaltfläche* an und klicken Sie dann auf *Neu*.

2. Klicken Sie im Bereich *Vorlagen* auf den Eintrag *Installierte Vorlagen*. In der Mitte des Dialogfeldes werden die installierten Vorlagen angezeigt.

    Die Vorlagen, die sich im Lieferumfang von Word befinden, sind für die grundlegenden Büro-Dokumente (Brief, Fax, Serienbrief, Bericht) geeignet und unterscheiden sich durch die verschiedenen Designs. Excel enthält Vorlagen für das Erstellen von allgemeinen Arbeitsmappen (Rechnungsaufstellung, Spesenabrechnung, Kreditberechnung).

Bild 5.6   Word 2007 enthält Vorlagen für die gängigsten Dokumenttypen

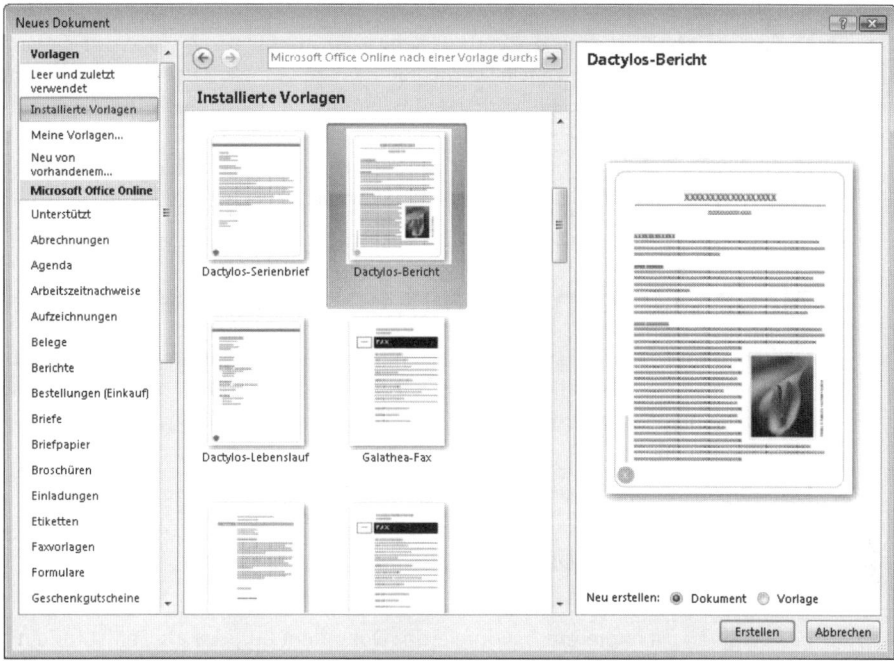

3.   Führen Sie in der Liste im mittleren Bereich einen Bildlauf durch, um sich einen Überblick über die Auswahl zu verschaffen, und klicken Sie die Miniaturgrafiken an, um eine Vorschau zu sehen.

Bild 5.7   Beispiel für ein neues Word-Dokument, das die Vorlage *Dactylos-Bericht* verwendet

4. Doppelklicken Sie auf das Symbol der Vorlage, die Sie verwenden wollen. Das neue Dokument wird erstellt.

Die untere Abbildung auf der vorigen Seite zeigt exemplarisch ein Word-Dokument, das mit der Vorlage *Dactylos-Bericht* erstellt wurde. Sie können gut erkennen, dass das Grundgerüst inklusive Formatierungen usw. bereits vorhanden ist und Sie lediglich noch Ihren eigenen Text einzugeben brauchen. Textstellen, die von eckigen Klammern eingefasst sind, stellen Platzhalter dar. Wenn Sie einen dieser Platzhalter anklicken, wird das Element in einem Rahmen angezeigt und Sie müssen dann lediglich noch den gewünschten Text eingeben.

Neues Dokument auf vorhandenem basieren

Häufig kommt es vor, dass Sie bereits einmal ein Dokument erstellt haben und nun ein weiteres anlegen möchten, das sich von dem bereits vorhandenen nur in Kleinigkeiten unterscheiden wird. Der einfachste Weg, um diese Aufgabe zu lösen, besteht darin, das bereits vorhandene als Grundlage zu verwenden.

1. Klicken Sie die *Office-Schaltfläche* an und klicken Sie dann auf *Neu*.

2. Klicken Sie im Bereich *Vorlagen* auf den Eintrag *Neu von vorhandenem*. Das Dialogfeld *Neu aus vorhandenem Dokument* wird angezeigt.

Bild 5.8   Wählen Sie in diesem Dialogfeld das Dokument aus, das als Gerüst für ein neues dienen soll

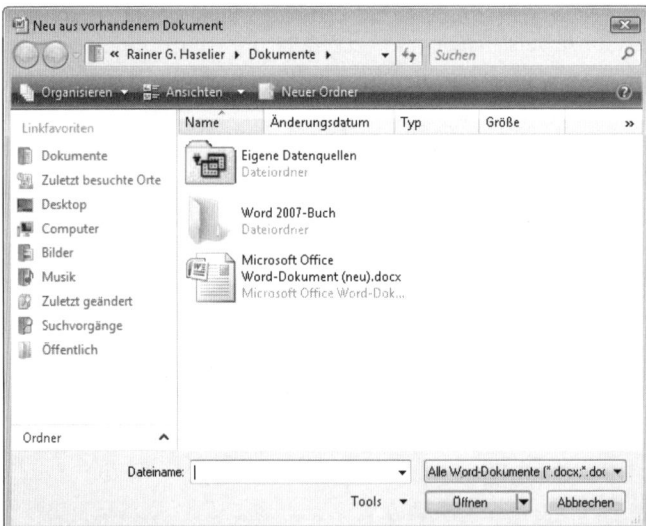

3. Wechseln Sie zu dem Ordner, in dem sich das Dokument befindet, das Sie als Gerüst für das neue Dokument verwenden wollen, und markieren Sie das Symbol des Dokuments.

4. Klicken Sie auf *Öffnen*.

Vorlagen von *Office Online* verwenden

Eine Vielzahl weiterer Vorlagen finden Sie auf der Website *Office Online*. Sehen Sie also auch dort nach, ob es eine Vorlage gibt, die sich für Ihren Einsatzzweck eignet. (Um die Vorlagen von *Office Online* verwenden zu können, muss Ihr Computer Zugang zum Internet haben.)

1. Klicken Sie die *Office-Schaltfläche* an und klicken Sie dann auf *Neu*.

2. Klicken Sie im Bereich *Vorlagen* auf einen der Einträge unter *Microsoft Office Online*.

3. Suchen Sie in der Liste im mittleren Bereich nach der Vorlage, die Sie verwenden möchten.

4. Wenn Sie eine passende Vorlage gefunden haben, klicken Sie die Schaltfläche *Download* an. Das folgende Dialogfeld wird angezeigt:

Bild 5.9   Der Download von Vorlagen von der Website *Office Online* ist nur dann möglich, wenn Sie prüfen lassen, dass es sich bei der von Ihnen verwendeten Software um eine Originalversion handelt

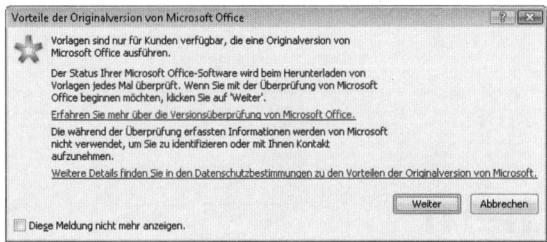

5. Klicken Sie auf *Weiter*, wenn Sie damit einverstanden sind, dass geprüft wird, ob Sie eine Originalversion von Office verwenden. (Wenn Sie nicht möchten, dass dieses Dialogfeld bei jedem Download angezeigt wird, schalten Sie das Kontrollkästchen *Diese Meldung nicht mehr zeigen* ein.)

6. Wenn die Überprüfung erfolgreich war, wird die Vorlage heruntergeladen und ein neues Dokument erstellt. Falls bei der Überprüfung Probleme aufgetreten sind, können Sie sich über einen Link in der entsprechenden Meldung weitere Informationen zu dem Problem anzeigen lassen.

Auf der Website nach Vorlagen suchen

Im Dialogfeld *Neues Dokument* können Sie in das Feld *Onlinesuche* Suchbegriffe eingeben und damit auf der Website *Office Online* nach Vorlagen suchen lassen, die zum Suchbegriff passen. Für die nachstehende Abbildung haben wir als Suchbegriff *vertrag* eingegeben und dann auf die Schaltfläche *Suche starten* geklickt. Wenn die Suche erfolgreich war, werden die gefundenen Vorlagen im Bereich *Suchergebnisse* angezeigt. Klicken Sie auch hier wieder auf *Download*, wenn Sie die Vorlage gefunden haben, die Sie benötigen.

Bild 5.10 Sie können im Dialogfeld *Neues Dokument* auch nach Vorlagen suchen

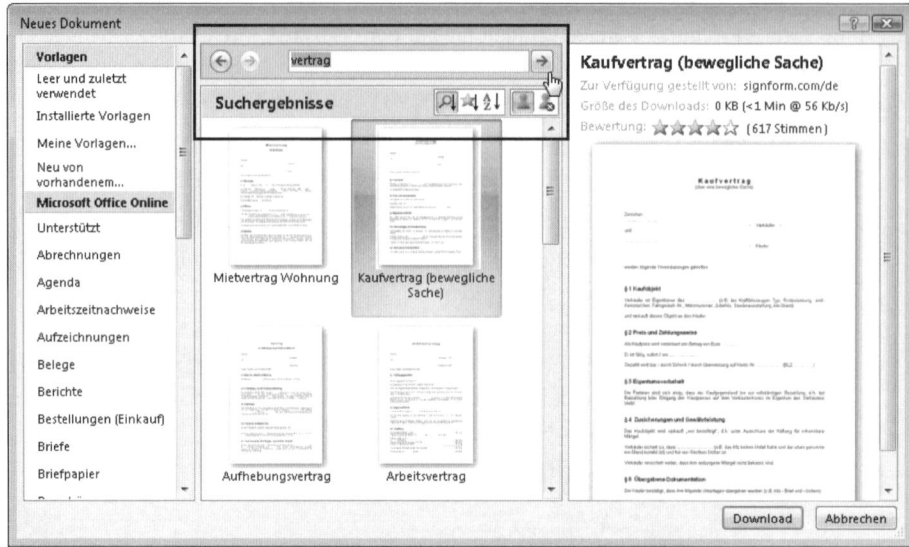

Dokument speichern

Mit dem Bearbeiten der verschiedenen Office-Dokumente befassen sich die speziell auf die jeweilige Anwendung zugeschnittenen Teile dieses Buches. Für diesen Abschnitt gehen wir einmal davon aus, dass Sie mit der Bearbeitung Ihres Dokuments fertig sind und es nun speichern wollen.

1. Klicken Sie die *Office-Schaltfläche* an und klicken Sie dann auf *Speichern unter*. Im rechten Bereich des Fensters können Sie das Dateiformat auswählen.

2. Wenn Sie das Dokument nur selbst verwenden oder mit anderen Anwendern gemeinsam nutzen, die ebenfalls Office 2007 einsetzen, klicken Sie die Option *Word-Dokument, Excel-Arbeitsmappe* oder *PowerPoint-Präsentation* an. Hierdurch wird das Dokument im neuen Dateiformat der Office 2007-Anwendungen gespeichert. (Weitere Informationen zu den neuen Dateiformaten von Office 2007 finden Sie im Abschnitt ab Seite 111.)

   Wenn Sie das Dokument gemeinsam mit anderen verwenden, die Office 2007 noch nicht einsetzen, dann klicken Sie auf *Word 97-2003-Dokument, Excel 97-2003-Arbeitsmappe* oder *PowerPoint 97-2003-Präsentation*. Hierdurch wird das Dokument im Dateiformat der vorherigen Office-Versionen gespeichert.

Bild 5.11   Legen Sie hier das Dateiformat fest, in dem Ihr Dokument gespeichert werden soll
(hier exemplarisch oben Word 2007 und unten PowerPoint 2007)

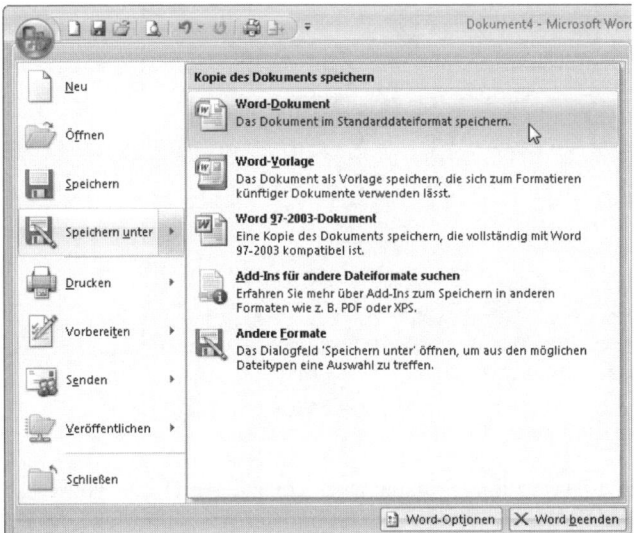

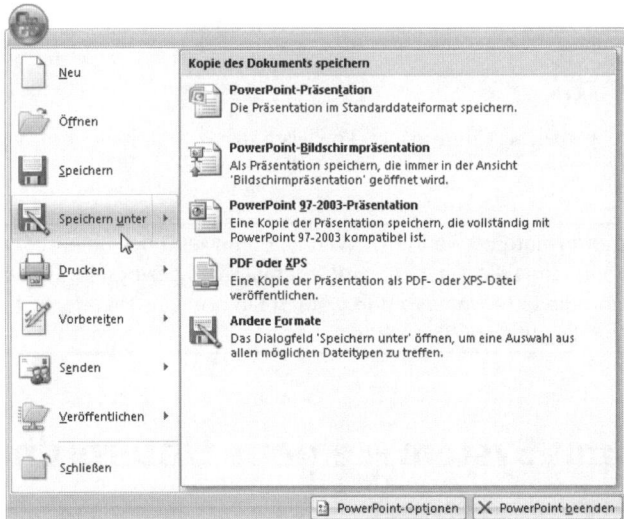

Das Dialogfeld *Speichern unter* wird angezeigt. Standardmäßig wird bei Windows XP Ihr persönlicher Ordner *Eigene Dateien* im Dialogfeld angezeigt. Bei Windows Vista lautet der Name des Ordners *Dokumente*. (Sie können den Standardspeicherort anders einstellen; wie das geht, erfahren Sie ab Seite 107.)

Bild 5.12   Das Dialogfeld zum Speichern von Dokumenten unter Windows Vista

3.   Klicken Sie in der Navigationsleiste, um zu einem anderen Ordner zu wechseln. Oder doppel-
     klicken Sie auf einen der sichtbaren Ordner, um diesen zu öffnen und das Dokument dort ab-
     zuspeichern.

4.   Tippen Sie in das Feld *Dateiname* den Namen ein, unter dem Sie das Dokument speichern
     wollen.

5.   Klicken Sie auf *Speichern*.

Das Dokument wird gespeichert und in der Titelleiste der Anwendung wird der Dateiname des
Dokuments angezeigt.

TIPP   **Andere Dateiformate verwenden**   Wenn Sie im Menü des Befehls *Speichern unter* die
Option *Andere Formate* angeklickt haben, wird ebenfalls das Dialogfeld *Speichern unter* angezeigt. Öffnen Sie dann die Liste *Dateityp* und wählen Sie dort das Dateiformat aus, das Sie verwenden wollen, bevor Sie auf *Speichern* klicken.

Speichern mit System – eigene Unterordner

Wenn Sie sich die Abbildung des Dialogfeldes *Speichern unter* noch einmal anschauen, sehen Sie
unterhalb der Titelleiste die Navigationsleiste, in der der Name des aktuellen Ordners angezeigt
wird. Die Vorgabe zum Speichern ist bei Windows XP der Ordner *Eigene Dateien* und bei Windows Vista der Ordner *Dokumente;* diese Ordner werden automatisch von Windows für jeden Benutzer bereitgestellt, für den auf dem Windows-PC ein Benutzerkonto vorhanden ist.

Wenn Sie nur wenige Dateien speichern, ist das Speichern im Ordner *Dokumente* bzw. *Eigene Dateien* kein Problem. Wenn es jedoch mehr Dateien werden, bietet es sich an, im Ordner *Dokumente*
bzw. *Eigene Dateien* weitere Unterordner anzulegen und so z.B. die Dokumente in eigenen Pro-
jektordnern abzulegen.

So erstellen Sie einen neuen Ordner und verwenden diesen zum Speichern eines Dokuments:

1. Klicken Sie die *Office-Schaltfläche* an und zeigen dann auf *Speichern unter*.

2. Wählen Sie im rechten Bereich des Menüs eine der Dateiformatoptionen.

3. Klicken Sie im Dialogfeld *Speichern unter* auf die Schaltfläche *Neuer Ordner*. Ein neuer Ordner mit dem Namen *Neuer Ordner* wird erstellt. Die Einfügemarke steht im Namen des Ordners.

Bild 5.13   Erstellen Sie über das Dialogfeld *Speichern unter* neue Ordner, um Ihre Dokumentenablage übersichtlicher zu organisieren

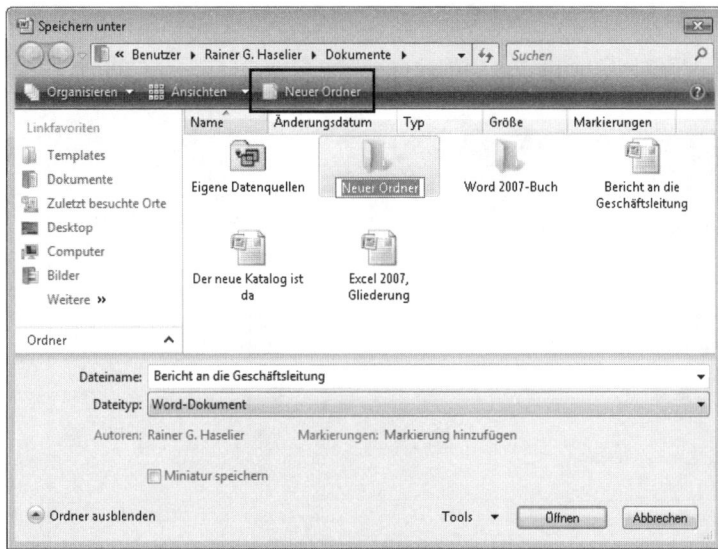

4. Tippen Sie den Namen des neuen Ordners ein (z.B. *Privat, Beruf, Verträge* oder wie auch immer Sie Ihre Dokumente strukturieren) und drücken Sie dann die ⏎-Taste. Der Ordner wird umbenannt und es wird automatisch zu dem neuen Ordner gewechselt.

5. Tippen Sie in das Feld *Dateiname* den Namen für das Dokument ein und klicken Sie dann auf *Speichern*.

Spezielle Speicherorte in den Linkfavoriten

Auf der linken Seite der Dialogfelder *Öffnen* und *Speichern unter* sehen Sie die so genannten Linkfavoriten. Mit den Linkfavoriten können Sie schnell zwischen verschiedenen Speicherorten wechseln.

■ **Computer**   Klicken Sie auf diesen Link, um schnell eine Liste aller Datenträger in Ihrem Computer zu erhalten. Doppelklicken Sie dann auf den gewünschten Datenträger und navigieren Sie zu dem Ordner, in dem Sie das Dokument speichern bzw. aus dem heraus Sie es öffnen wollen.

■   **Zuletzt besuchte Orte**   Ein Klick auf diesen Link zeigt die Namen der zuletzt benutzten Ordner und Laufwerke an.

■   **Dokumente**   Ein Klick auf diesen Link bringt Sie schnell zu Ihrem persönlichen Ordner *Dokumente* bzw. *Eigene Dateien* zurück.

■   **Desktop**   Wenn Sie eine Datei auf dem Windows-Desktop speichern wollen, klicken Sie auf diesen Link.

■   **Ordner**   Wenn Sie lieber in der Ordnerstruktur navigieren, die bei den früheren Word-Versionen in den Dialogfeldern *Speichern unter* und *Öffnen* in der Liste *Suchen in* enthalten war, klicken Sie unterhalb der Linkfavoriten die Schaltfläche *Ordner* ein, wie es die folgende Abbildung zeigt.

Bild 5.14   Klicken Sie die Schaltfläche *Ordner* an, wenn Sie lieber in der Ordnerstruktur zum gewünschten Ordner wechseln wollen

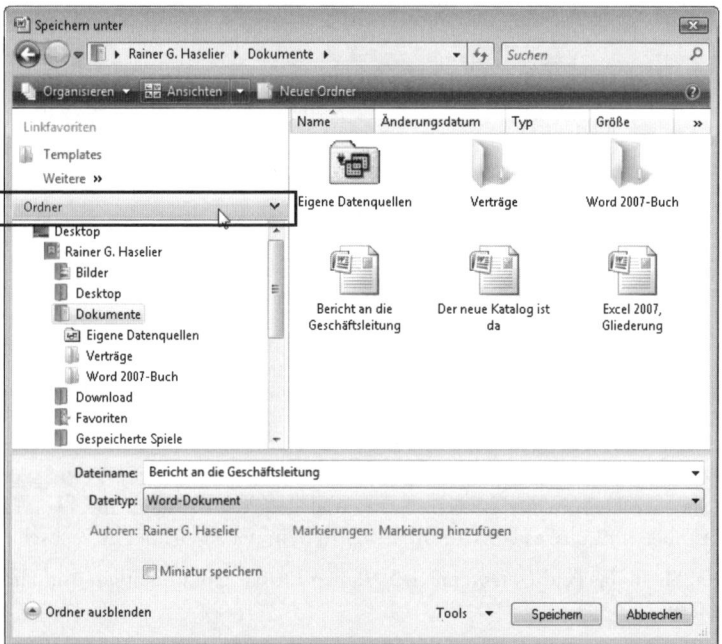

Speicheroptionen einstellen

Word, Excel und PowerPoint stellen Ihnen unterschiedliche Möglichkeiten zur Verfügung, um bei einem versehentlichen Überschreiben einer Datei oder bei einem Programmabsturz die vorherige Version der Datei wiederherstellen zu können. In Word und Excel können Sie dazu das Erstellen einer Sicherungskopie aktivieren; in Word, Excel und PowerPoint können Sie in einem konfigurierbaren Intervall Informationen zur Dokumentwiederherstellung speichern lassen.

Sicherungskopien in Word erstellen lassen

Word kann automatisch eine Sicherungskopie Ihrer Dokumente erstellen. Wenn diese Option aktiviert ist, wird die letzte Version des Dokuments unter dem Namen *Sicherungskopie von (Originalname)* und die aktuelle Version unter dem von Ihnen vergebenen Namen gespeichert. Sollte einmal mit der aktuellen Version des Dokuments etwas schiefgehen, können Sie auf die Sicherungskopie zurückgreifen.

Gehen Sie so vor, um in Word das automatische Erstellen von Sicherungskopien zu aktivieren:

1. Klicken Sie die *Office-Schaltfläche* an.

2. Klicken Sie im unteren Bereich auf *Word-Optionen*.

3. Klicken Sie in der Liste auf der linken Seite auf *Erweitert*.

4. Scrollen Sie in der Liste mit den Optionen auf der rechten Seite, bis Sie die Gruppe *Speichern* sehen.

Bild 5.15　　Aktivieren Sie hier das automatische Erstellen von Sicherungskopien für Word-Dokumente

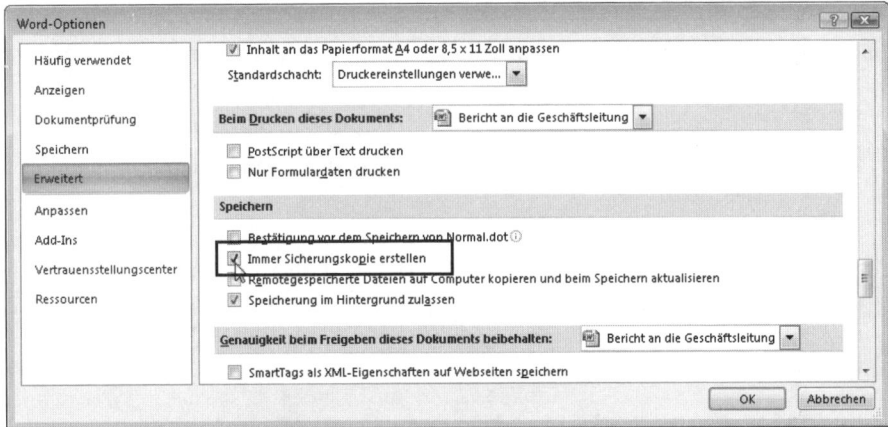

5. Schalten Sie das Kontrollkästchen *Immer Sicherungskopie erstellen* ein.

6. Klicken Sie auf *OK*.

In Zukunft legt Word nun von jeder Datei eine Sicherungskopie an. Diese Dateien besitzen übrigens die Erweiterung *.wbk (Word Backup Document)* und befinden sich im gleichen Ordner wie das Originaldokument. Wenn Sie eine Sicherungsdatei öffnen wollen, müssen Sie im Dialogfeld *Öffnen* die Liste *Dateityp* öffnen und dort den Eintrag *Alle Dateien* auswählen.

Sicherungskopie in Excel erstellen lassen

Auch Excel kann automatisch eine Sicherungskopie von Arbeitsmappen erstellen. Wenn Sie diese Option eingeschaltet haben, wird die letzte Version der Arbeitsmappe unter dem Namen *Sicherungskopie von (Originalname)* und die aktuelle Version unter dem von Ihnen vergebenen Namen gespeichert.

Im Unterschied zu Word ist es in Excel leider nicht möglich, das Erstellen einer Sicherungskopie generell einzuschalten. Sie müssen daher für jede Arbeitsmappe, für die eine Sicherungskopie erstellt werden soll, die folgenden Schritte ausführen:

1. Klicken Sie die *Office-Schaltfläche* an und zeigen Sie auf *Speichern unter.*

2. Wählen Sie auf der rechten Seite des Menüs eines der Excel-Dateiformate aus.

3. Klicken Sie im Dialogfeld *Speichern unter* auf *Tools* und dann auf *Allgemeine Optionen.*

Bild 5.16   Aktivieren Sie hier das automatische Erstellen von Sicherungskopien für die aktuelle Excel-Arbeitsmappe

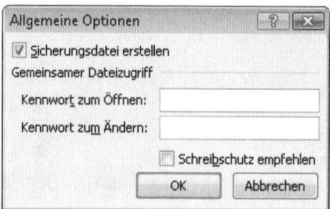

4. Schalten Sie im Dialogfeld *Allgemeine Optionen* das Kontrollkästchen *Sicherungsdatei erstellen* ein.

5. Klicken Sie auf *OK,* um zum Dialogfeld *Speichern unter* zurückzukehren.

6. Geben Sie einen Dateinamen ein und klicken Sie dann auf *Speichern,* um die Arbeitsmappe zu speichern.

In Zukunft legt Excel von dieser Datei eine Sicherungskopie an. Diese Datei besitzt übrigens die Erweiterung *.xlk* und befindet sich im gleichen Ordner wie das Originaldokument. Wenn Sie eine Sicherungsdatei öffnen wollen, können Sie im Dialogfeld *Öffnen* die Liste *Dateityp* öffnen und dort den Eintrag *Sicherungsdateien* auswählen, um die Sicherungskopien schneller zu finden.

Die AutoWiederherstellen-Funktion

Wenn Sie an einem Office-Dokument arbeiten, sollten Sie dieses in regelmäßigen Abständen speichern. Denn auch wenn moderne Computer und Programme mittlerweile sehr zuverlässig sind, können auch die Office-Programme jederzeit unvermittelt »abstürzen« oder der Rechner kann durch einen Defekt oder einen Stromausfall schlagartig ausfallen. Und wenn dann der letzte Speichervorgang lange zurückliegt, haben Sie unter Umständen viel Zeit verloren.

Um den Datenverlust in solchen Situationen zu minimieren, gibt es in Excel, Word und Power-Point die sogenannte *AutoWiederherstellen*-Funktion. Wenn diese Funktion aktiviert ist, speichert PowerPoint in regelmäßigen Abständen die geöffneten Präsentationen. Falls es dann zu einem Programmabsturz kommt, kann beim nächsten Start das Dokument wiederhergestellt werden, sodass nur wenige Minuten Arbeit verloren gehen.

So können Sie die AutoWiederherstellen-Funktion konfigurieren:

1. Klicken Sie die *Office-Schaltfläche* an.

2. Klicken Sie im unteren Bereich auf *[Programmname]-Optionen.*

3. Klicken Sie in der Liste auf der linken Seite auf *Speichern.*

4. Schalten Sie das Kontrollkästchen *AutoWiederherstellen-Informationen speichern* ein.

5. Geben Sie in das Feld *Minuten* das Intervall ein, in dem die AutoWiederherstellen-Informationen gespeichert werden sollen.

6. Klicken Sie auf *OK*.

Standardspeicherort und Standardformat festlegen

Wenn Sie den Befehl *Speichern unter* oder *Öffnen* wählen, zeigen die Dialogfelder standardmäßig den Ordner *Dokumente* (Windows Vista) bzw. *Eigene Dateien* (Windows XP) an. Wenn Sie Ihre Dokumente in einem anderen Ordner speichern oder aus einem anderen Ordner öffnen, können Sie diese Vorgabe ändern. Sie brauchen dann in den Dialogfeldern *Speichern unter* und *Öffnen* nicht mehr von Hand zu diesem Ordner zu wechseln.

Außerdem können Sie das Standarddateiformat einstellen, das zum Speichern der Dokumente verwendet werden sollen. Das Standarddateiformat wird automatisch im Dialogfeld *Speichern unter* eingestellt, wenn Sie das Speichern über die Taste [F12] initiieren.

1. Starten Sie das Office-Programm, für das Sie das Standarddateiformat und den Standardspeicherort festlegen wollen.

2. Klicken Sie die *Office-Schaltfläche* an und klicken Sie dann im unteren Bereich auf *[Programmname]-Optionen*.

3. Klicken Sie in der Liste auf der linken Seite auf *Speichern*.

Bild 5.17   Legen Sie hier das Standarddateiformat und den Standardspeicherort für Word fest

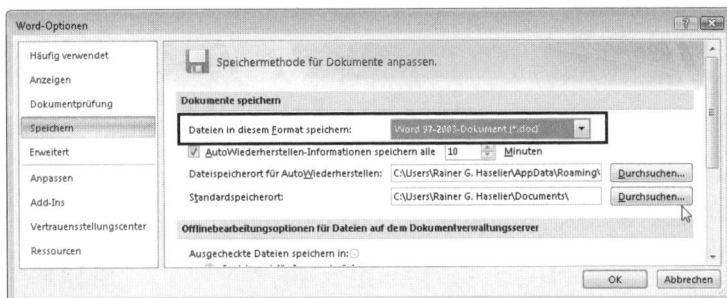

4. Öffnen Sie die Liste *Dateien in diesem Format speichern* und legen Sie dann das Standarddateiformat fest.

5. Klicken Sie in das Feld *Standardspeicherort* und geben Sie den kompletten Pfadnamen des Ordners ein, den Sie als Standardspeicherort verwenden wollen. Bei Word können Sie auf *Durchsuchen* klicken, um das Dialogfeld *Speicherort ändern* anzeigen zu lassen und dort den Ordner auszuwählen.

6. Klicken Sie jeweils auf *OK*, um die geöffneten Dialogfelder zu schließen.

Dokumenteigenschaften verwenden

In den Office-Dokumenten können Sie neben dem Dateinamen weitere Informationen aufnehmen, die Ihnen dabei helfen können, ein bestimmtes Dokument wiederzufinden. Diese Informationen, die Dokumenteigenschaften genannt werden, befinden sich in derselben Datei wie das Dokument. Neben Eigenschaften, die Sie selbst definieren und festlegen können, gehören zu den Dokumenteigenschaften statistische Informationen, wie die Anzahl der Seiten im Dokument, das Datum der letzten Speicherung usw., die vom jeweiligen Office-Programm automatisch erstellt werden.

Dokumenteigenschaften erstellen

Es gibt verschiedene Möglichkeiten, die Eigenschaften eines Dokuments zu erstellen und zu verändern. Ein Weg ist die Verwendung der *Office-Schaltfläche*. Klicken Sie diese an, zeigen Sie auf *Vorbereiten* und klicken Sie dann im rechten Bereich auf *Eigenschaften*. Oberhalb des Arbeitsbereichs für das Dokument wird daraufhin ein weiterer Ausschnitt geöffnet, in dem Sie die wichtigsten Eigenschaften direkt eintippen können.

Bild 5.18 Wenn Sie im Menü der *Office-Schaltfläche* den Befehl *Vorbereiten/Eigenschaften* auswählen, wird oberhalb des Dokumentfensters ein Ausschnitt geöffnet, in dem Sie die wichtigsten Dokumenteigenschaften festlegen können

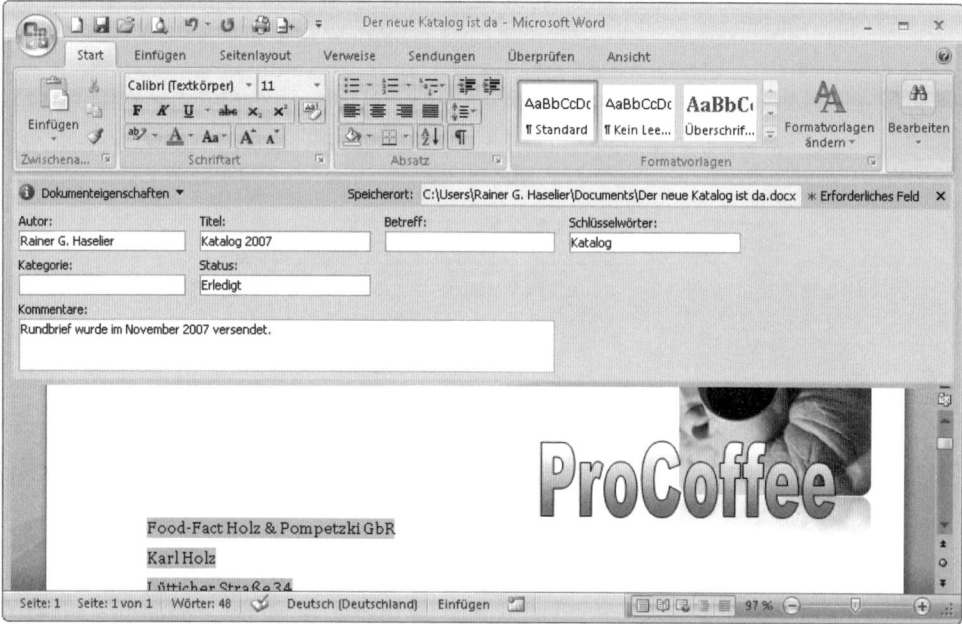

Sie können die Dokumenteigenschaften auch beim Speichern festlegen. Klicken Sie dazu im Dialogfeld *Speichern unter* auf *Ordner ausblenden*.

Bild 5.19 Wenn Sie im Dialogfeld *Speichern unter* auf *Ordner ausblenden* klicken, werden die Dokumenteigenschaften angezeigt, die Sie hier auch bearbeiten können

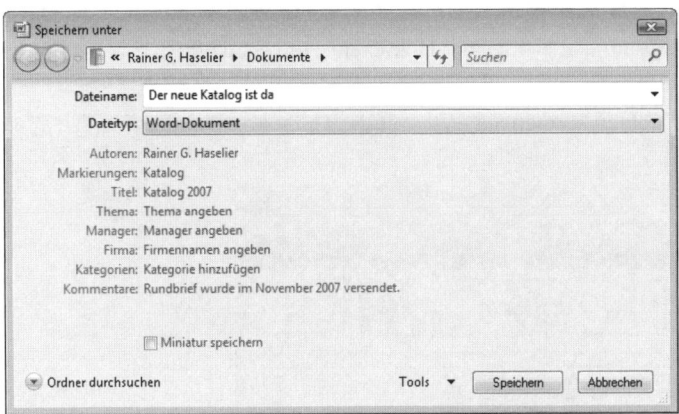

Drucken der Dokumenteigenschaften in Word

Bei Word können Sie die Eigenschaften eines Dokuments auch separat oder gemeinsam mit dem Dokument ausdrucken. Die erforderlichen Einstellungen finden Sie im Dialogfeld *Drucken*.

Wenn Sie nur die Dokumenteigenschaften drucken wollen, klicken Sie auf die *Office-Schaltfläche* und dann auf *Drucken*. Wählen Sie anschließend im Listenfeld *Drucken* die Option *Dokumenteigenschaften* aus und klicken Sie dann auf *OK*.

Sie können auch das Dokument gemeinsam mit den Dokumenteigenschaften ausdrucken lassen. Klicken Sie dazu im Dialogfeld *Drucken* die Schaltfläche *Optionen* an und schalten Sie im Dialogfeld *Word-Optionen* in der Gruppe *Druckoptionen* das Kontrollkästchen *Dokumenteigenschaften drucken* ein. Die Dokumenteigenschaften werden dann auf einer eigenen Seite gedruckt und die aktuellen Werte z.B. für die statistischen Angaben ausgegeben.

TIPP Beachten Sie, dass das Kontrollkästchen *Dokumenteigenschaften drucken* nur dann aktiviert/deaktiviert werden kann, wenn im Listenfeld *Drucken* des Dialogfeldes *Drucken* die Option *Dokument* ausgewählt ist.

Dokument öffnen

Wenn Sie an einem Dokument, einer Arbeitsmappe oder einer Präsentation weiterarbeiten möchten, das/die Sie bereits einmal gespeichert haben, müssen Sie es/sie zuerst wieder auf den Bildschirm holen; dieser Vorgang wird Öffnen genannt.

1. Klicken Sie die *Office-Schaltfläche* an und klicken Sie dann auf *Öffnen*. Das Dialogfeld *Öffnen* wird angezeigt.

2. Wenn sich das Dokument im aktuellen Ordner befindet, lesen Sie bei Schritt 3 weiter.

Ansonsten klicken Sie in der Liste auf den Ordner, in dem sich das zu öffnende Dokument befindet. Oder verwenden Sie die Navigationsleiste im oberen Bereich oder die Linkfavoriten, um zu dem Laufwerk/Ordner zu wechseln, in dem sich das Dokument befindet.

3.   Doppelklicken Sie auf den Namen des Dokuments, um es zu öffnen.

Bild 5.20   Das Dialogfeld *Öffnen* können Sie auch mit der Tastenkombination ⌴Strg⌴+⌴O⌴ anzeigen lassen

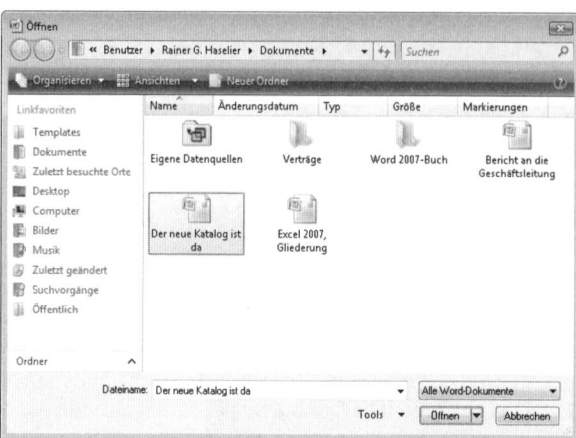

Dokument schreibgeschützt oder als Kopie öffnen

Sie können über die Schaltfläche *Öffnen* weitere Optionen einstellen und beispielsweise festlegen, dass Sie eine Kopie des Dokuments erstellen oder das Dokument mit Schreibschutz öffnen wollen. Markieren Sie zunächst die gewünschte Datei, klicken Sie auf den Pfeil neben *Öffnen* und wählen Sie dann einen der folgenden Befehle aus:

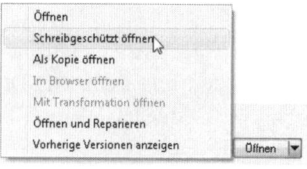

- ■ **Schreibgeschützt öffnen**   Wenn Sie nur schnell etwas in dem Dokument nachschauen und sicherstellen wollen, dass Sie keine Änderungen an dem Dokument vornehmen können, wählen Sie diesen Befehl. In der Titelleiste des Fensters wird dann hinter dem Namen der Datei der Text *(Schreibgeschützt)* angezeigt.

- ■ **Als Kopie öffnen**   Wenn Sie diesen Befehl wählen, wird ein Duplikat der ursprünglichen Datei erstellt und es wird das Duplikat angezeigt. Wenn Sie an dem Dokument Änderungen vornehmen, werden sie in dieser Kopie gespeichert. Die erstellte Kopie erhält automatisch einen neuen Dateinamen. Standardmäßig wird dem existierenden Namen der Text *Kopie (1) von* vorangestellt.

Die zuletzt bearbeiteten Dokumente

Wenn Sie die *Office-Schaltfläche* anklicken, sehen Sie im rechten Bereich des Menüs automatisch die Namen der zuletzt bearbeiteten Dokumente. Diese werden so lange angezeigt, bis Sie die Maus auf einen der Befehle auf der linken Seite bewegen, die weitere Unteroptionen besitzen (Sie erkennen diese an dem kleinen Pfeil).

Bild 5.21   Über *Zuletzt verwendete Dokumente* haben Sie schnellen Zugriff auf die zuletzt geöffneten Dateien

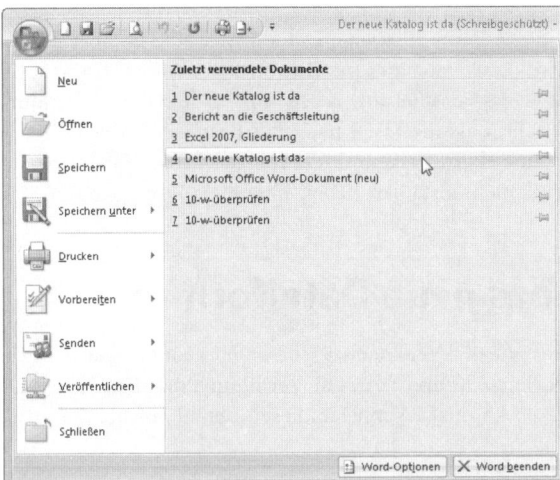

Wenn Sie eine dieser Dateien öffnen wollen, brauchen Sie nicht das Dialogfeld *Öffnen* zu verwenden. Stattdessen klicken Sie einfach den Dateinamen an, um das zugehörige Dokument zu laden.

Word, Excel und PowerPoint merken sich standardmäßig die letzten 17 Dokumente, die Sie geöffnet haben. Wenn Sie die Anzahl ändern möchten, gehen Sie so vor:

1. Klicken Sie die *Office-Schaltfläche* an und klicken Sie dann im unteren Bereich auf *[Programmname]-Optionen*.

2. Klicken Sie in der Liste auf der linken Seite auf *Erweitert*.

3. Scrollen Sie in der Liste auf der rechten Seite, bis die Gruppe *Anzeigen* sichtbar ist.

4. Legen Sie im Feld *Diese Anzahl zuletzt geöffneter Dokumente anzeigen* die gewünschte Anzahl fest. Wenn Sie dieses Feature abschalten möchten, geben Sie hier eine 0 ein.

5. Klicken Sie auf *OK*.

Das neue Dateiformat von Office 2007

Word, Excel und PowerPoint 2007 besitzen ein vollkommen neues Dateiformat, das auf XML basiert und der Spezifikation OpenXML entspricht. Das neue Dateiformat ist eigentlich eine ZIP-komprimierte Datei, in deren Struktur sich weitere Dateien und Unterordner befinden, in denen die verschiedenen Elemente abgelegt sind, die den Dokumentinhalt beschreiben, sowie die Dokumenteigenschaften und andere Merkmale. Durch die Komprimierung sind Office-Dokumente, die das neue Dateiformat verwenden, kleiner, als sie es in den vorhergehenden Versionen waren.

Aus Kompatibilitätsgründen können Word, Excel und PowerPoint 2007 auch Dateien lesen und erstellen, die dem Dateiformat der Office-Versionen 97 bis 2003 entsprechen. Wenn Sie ein Dokument im alten Format öffnen, stehen Ihnen jedoch nicht alle Formatierungsmerkmale und Funktionen zur Verfügung, die die neue Version 2007 bietet.

Kompatibilitätsmodus

Wenn Sie in Word, Excel oder PowerPoint 2007 eine Datei öffnen, die in einer der Versionen 97 bis 2003 erstellt wurde, dann wird diese Datei automatisch im sogenannten Kompatibilitätsmodus geöffnet, was auch in der Titelleiste des Fensters angegeben wird. Durch die Verwendung des Kompatibilitätsmodus wird sichergestellt, dass die Datei nach der Bearbeitung weiterhin von Anwendern geöffnet werden kann, die eine ältere Version des jeweiligen Programms verwenden und die das sogenannte Compatibility Pack nicht installiert haben (mehr dazu weiter unten).

Konvertieren in das neue Dateiformat

Wenn Sie ein Dokument im Format der Versionen 97 bis 2003 geöffnet haben, steht Ihnen im Menü der *Office-Schaltfläche* der Befehl *Konvertieren* zur Verfügung, mit dem Sie das Dokument in das neue Dateiformat konvertieren können. Wenn Sie diesen Befehl aufrufen, wird das folgende Meldungsfeld angezeigt:

Bild 5.22   Dieser Warnhinweis wird beim Konvertieren in das neue Word-Dateiformat angezeigt

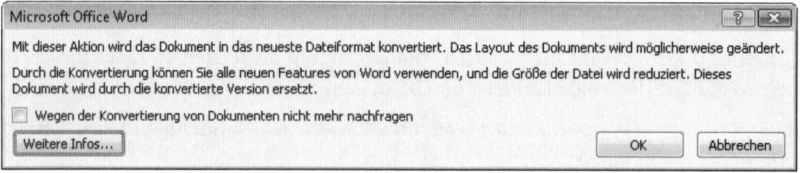

Der entscheidende Satz in diesem Meldungsfeld ist: »Das Layout des Dokuments wird möglicherweise geändert.« Bei einfachen Dokumenten wird die Konvertierung meistens gut über die Bühne gehen, wenn die Dokumente komplexer sind und die fortgeschreteneren Funktionen der alten Word-Versionen verwenden, kann die Konvertierung schon mal schiefgehen. Bei einem unserer Probeläufe wurden beispielsweise verknüpfte Abbildungen nicht aktualisiert und übernommen, wodurch dann an einigen Stellen Lücken in den Dokumenten entstanden.

Wenn Sie Dokumente in das neue Format konvertieren, sollten Sie nach der Konvertierung die *Office-Schaltfläche* anklicken, *Speichern unter* wählen und in das Feld *Dateiname* einen neuen Dateinamen eingeben, um so, falls es erforderlich sein sollte, wieder auf die ursprüngliche, intakte Dateiversion im alten Dateiformat zurückgreifen zu können.

Dokumente gemeinsam mit Anwendern nutzen, die eine ältere Office-Version verwenden

Wenn Sie Dokumente erstellen, die von Anwendern weiterbearbeitet werden sollen, die eine der älteren Office-Versionen einsetzen, gibt es zwei Ansätze, Probleme, die möglicherweise bei der Konvertierung zwischen den Dateiformaten auftreten können, von vornherein zu vermeiden:

- **Im Office 2007-Programm im Kompatibilitätsmodus arbeiten** Arbeiten Sie im jeweiligen Office 2007-Programm im Kompatibilitätsmodus. Wenn Sie ein Dokument, das in einer älteren Version erstellt wurde, öffnen, behalten Sie das Dateiformat einfach bei. Wenn Sie ein neues Dokument erstellen, von dem Sie wissen, dass es von Anwendern, die eine ältere Version verwenden, bearbeitet werden muss, wählen Sie sofort nach dem Erstellen den Befehl *Speichern unter* und klicken dann auf *Word 97-2003 Dokument, Excel 97-2003-Arbeitsmappe* bzw. *PowerPoint 97-2003-Präsentation.* Der Nachteil bei diesem Verfahren ist, dass Ihnen dann einige der neuen Formatierungsmerkmale und Funktionen der neuen Version nicht zur Verfügung stehen; der Vorteil ist, dass Sie später keine Überraschungen erleben.

- **In der alten Office-Version das Compatibility Pack installieren** Microsoft stellt für die Office-Versionen 2000 bis 2003 das sogenannte *Microsoft Office Compatibility Pack* zur Verfügung. Mit diesem Paket aus Dateiformatkonvertierern ist es in den ältern Office-Versionen möglich, Dateien im Word 2007-Format zu lesen und auch in diesem Format abzuspeichern.

Um das *Microsoft Office Compatibility Pack* zu installieren, gehen Sie so vor:

1. Surfen Sie, wenn Sie Office XP/2003 verwenden, zuerst zur Microsoft-Website *update. microsoft.com* und lassen Sie alle wichtigen Updates für die ältere Office-Version installieren.

2. Wechseln Sie dann zur Microsoft Download-Website, die Sie unter der folgenden Adresse erreichen: *www.microsoft.com/downloads/search.aspx?displaylang=de*

3. Geben Sie in das Suchfeld am oberen Rand der Website **FileFormatConverters** ein und klicken Sie dann auf *Go.*

4. Die Seite mit den Suchergebnissen sollte den Eintrag *Microsoft Office Compatibility Pack für Dateiformate von Word, Excel und PowerPoint 2007* enthalten. Klicken Sie diesen an. Sie werden daraufhin zu der Seite umgeleitet, von der Sie das Compatibility Pack herunterladen können.

5. Laden Sie die Datei *FileFormatConverters.exe* herunter und speichern Sie sie auf Ihrem Computer.

6. Beenden Sie alle Office-Anwendungen.

7. Öffnen Sie die Datei *FileFormatConverters.exe,* um die Installation zu starten. Sie brauchen während der Installation lediglich die Lizenzbedingungen zu akzeptieren.

Bild 5.23   Nach der Installation des Compatibility Pack können Sie in der Liste *Dateityp* der älteren Office-Version die neuen Office-Dateiformate verwenden (hier exemplarisch das Format *Word 2007-Dokument*)

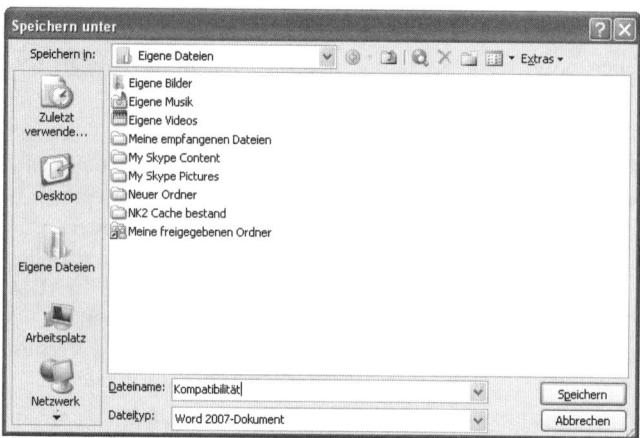

Dokument im XPS- oder PDF-Format erstellen

Mit der Office-Version 2007 bietet Microsoft erstmals die Möglichkeit, ein kostenloses Add-In herunterzuladen, mit dem Dokumente im Portable Document Format (PDF) gespeichert werden können. PDF ist ein Format, das von Adobe entwickelt wurde und das das Aussehen des Dokuments beibehält – einschließlich Schriftarten, Grafiken und Formatierung –, sodass das Dokument unabhängig vom Ausgabegerät immer gleich angezeigt wird.

Neben dem PDF-Format unterstützt das Add-In auch das Erstellen von XPS-Dateien. Ein XPS-Dokument ist ebenfalls eine plattformunabhängige Datei, die seitenweise die endgültige Darstellung eines Dokuments so speichert, wie es ausgedruckt wird. XPS wurde von Microsoft entwickelt und besitzt Ähnlichkeiten mit PDF, jedoch basiert XPS auf XML. Eine XPS-Datei ist übrigens wie das neue Standarddateiformat von Word eine ZIP-komprimierte Datei, in der sich weitere Dateien und Unterordner befinden, die die eigentlichen Informationen zu den Seiten des Dokuments beinhalten.

Das Add-In zum Speichern von PDF- und XPS-Dateien herunterladen

Das Add-In zum Erstellen von PDF- und XPS-Dateien befindet sich nicht im Lieferumfang der Office-Suiten, es kann jedoch kostenlos von der Microsoft-Website heruntergeladen werden, wobei beim Download (wie es auch bei den Vorlagen auf *Office Online* ab der aktuellen Version Pflicht ist) geprüft wird, ob Sie eine Original-Office-Version verwenden.

1. Starten Sie Ihren Webbrowser und surfen Sie zur Website *Office Online*, die Sie unter der Adresse *office.microsoft.com* erreichen.

2. Klicken Sie auf die Registerkarte *Downloads* und geben Sie in das Suchfeld die Begriffe **2007 xps pdf** ein. Klicken Sie auf *Suchen*.

3. In den Suchergebnissen sollten Ihnen die drei Downloads angeboten werden, die Sie in der folgenden Abbildung sehen.

Bild 5.24   Auf der Website *Office Online* finden Sie außer dem Add-In zum Erstellen von XPS- und PDF-Dateien auch andere nützliche Downloads und Informationen

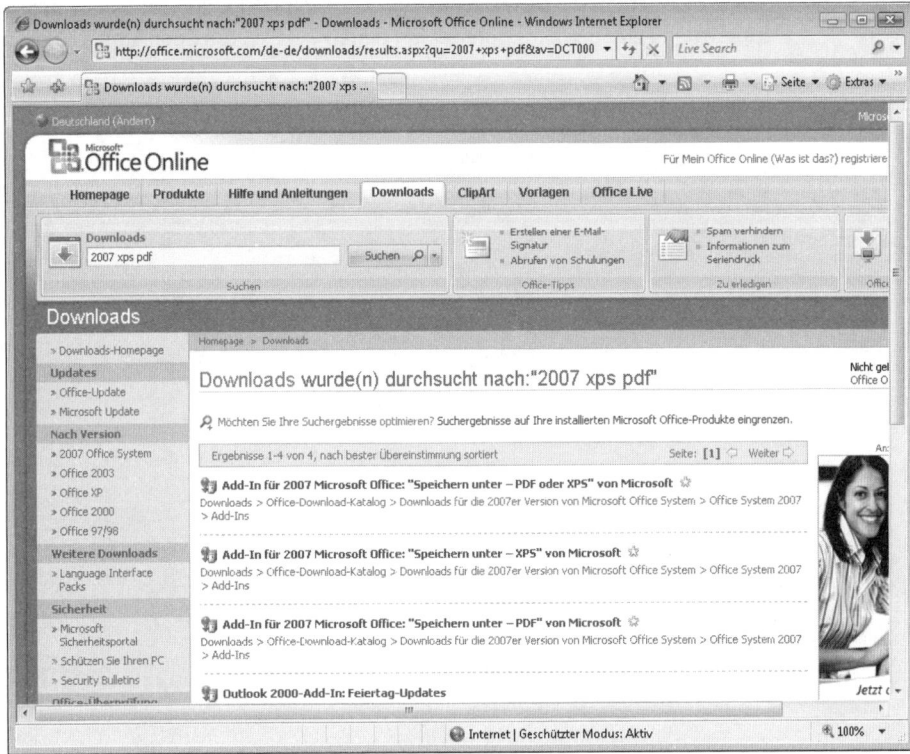

4. Klicken Sie einen der drei Links in den Suchergebnissen an, je nachdem, ob Sie mit dem Add-In nur XPS-Dateien, nur PDF-Dateien oder beide Formate erstellen wollen.

5. Auf der Downloadseite werden Sie aufgefordert, die Gültigkeitsprüfung Ihrer Office-Version vorzunehmen. Wenn die Prüfung erfolgreich verlaufen ist, können Sie das Setup-Programm für das Add-In herunterladen.

6. Wenn der Download beendet ist, klicken Sie auf *Ausführen,* um die Installation zu starten. Während der Installation müssen Sie lediglich den Lizenzbestimmungen zustimmen, die Installation erfolgt danach automatisch.

Dokument im XPS- oder PDF-Format speichern

Das Add-In verändert nach seiner erfolgreichen Installation das Menü der *Office-Schaltfläche*. Im Untermenü zum Befehl *Speichern unter* taucht nun der neue Befehl *PDF oder XPS* auf, und zwar an der gleichen Stelle, an der vorher der Befehl *Add-Ins für andere Dateiformate suchen* stand.

Nun können Sie Ihr Dokument im XPS- oder PDF-Format speichern:

1. Klicken Sie die *Office-Schaltfläche* an, zeigen Sie auf *Speichern unter* und klicken Sie dann auf *PDF oder XPS*.

Bild 5.25   Nach der Installation des Add-Ins zum Erstellen von XPS- und PDF-Dateien finden Sie im Untermenü zu *Speichern unter* einen neuen Befehl zum Speichern in diesen Dateiformaten

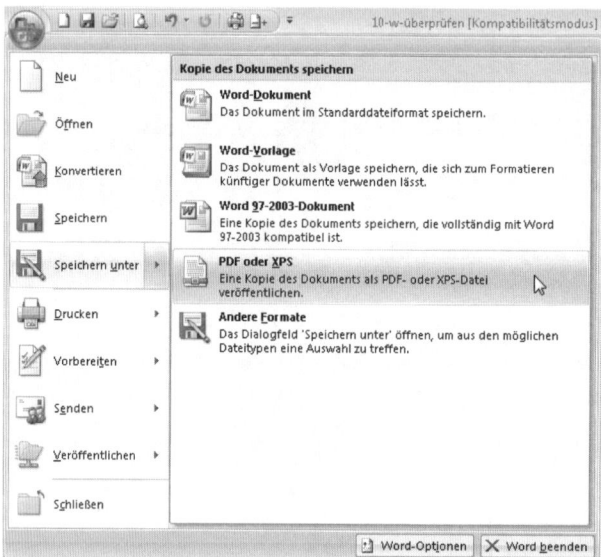

2. Geben Sie in das Feld *Dateiname* den Namen der exportierten Datei ein. Die Office-Programme verwenden standardmäßig den Namen der ursprünglichen Office-Datei.

Bild 5.26   Im Dialogfeld *Als PDF oder XPS veröffentlichen* legen Sie den Dateityp, den Dateinamen und weitere Exporteinstellungen fest

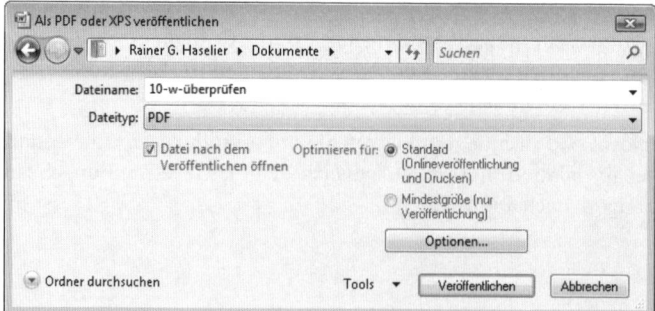

3. Öffnen Sie die Liste *Dateityp* und legen Sie fest, ob Sie ein PDF- oder ein XPS-Dokument erstellen wollen.

4. Schalten Sie das Kontrollkästchen *Datei nach dem Veröffentlichen öffnen* ein, wenn Sie sich die erzeugte Datei ansehen wollen. (Der Ausdruck *Veröffentlichen* ist hier etwas verwirrend; denken Sie sich an seiner Stelle einfach das Wort *Erstellen*.)

5. PDF- und XPS-Dateien können entweder für den Druck oder für eine schnelle Bildschirmdarstellung optimiert werden. Wenn Sie bei *Optimieren für* die Option *Mindestgröße (nur Veröffentlichung)* auswählen, wird die Datei kleiner, jedoch ist die Qualität des Ausdrucks nicht so gut.

6. Klicken Sie die Schaltfläche *Optionen* an, um weitere Optionen für das Erstellen einzustellen.

7. Die Optionen sind bei den beiden Formaten leicht unterschiedlich. Das Dialogfeld für PDF-Dateien zeigt die Grafik auf der linken Seite in Abbildung 5.27, das für XPS-Dateien sehen Sie auf der rechten Seite.

Nehmen Sie weitere Einstellungen vor:

■ Legen Sie wie beim Drucken unter *Seitenbereich* fest, ob alle, die aktuelle oder einzelne Seiten des Dokuments exportiert werden sollen.

■ Legen Sie im Bereich *Was veröffentlichen* fest, ob nur das Dokument oder auch die im Dokument enthaltenen Markups (Kommentare) exportiert werden sollen.

Bild 5.27 Links sehen Sie die Optionen beim Erstellen einer PDF-Datei und rechts diejenigen, die für XPS-Dokumente zur Verfügung stehen

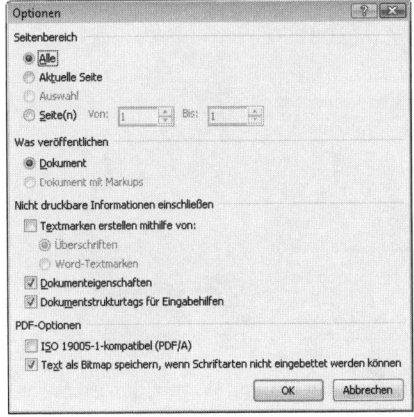 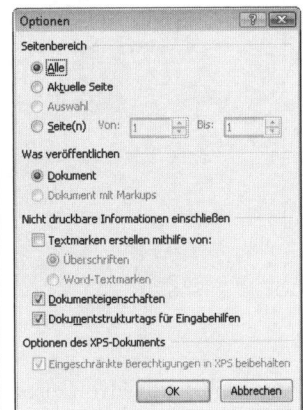

■ Im Bereich *Nicht druckbare Informationen einschließen* können Sie festlegen, ob aus den Überschriften des Dokuments automatisch Textmarken erstellt werden und ob die Dokumenteigenschaften mit eingeschlossen werden sollen.

8. Klicken Sie auf *OK*, um das Dialogfeld *Optionen* zu schließen.

9. Klicken Sie im Dialogfeld *Als PDF oder XPS veröffentlichen* auf die Schaltfläche *Veröffentlichen*.

Nach einer kurzen Wartezeit ist die PDF- bzw. die XPS-Datei erstellt. Wenn Sie das Kontrollkästchen *Datei nach dem Veröffentlichen öffnen* eingeschaltet haben, wird die Datei im entsprechenden Viewer angezeigt.

Wenn Sie Windows Vista verwenden und eine XPS-Datei erstellt haben, ist der Viewer bereits automatisch vorhanden. XPS-Dateien werden dort standardmäßig in Internet Explorer geöffnet, wie es die nachstehende Abbildung zeigt.

Um einen Eindruck von den Unterschieden zwischen den beiden Formaten zu erhalten, haben wir testweise das gleiche Word-Dokument sowohl als PDF- als auch als XPS-Datei erstellt. Ohne den Anspruch zu erheben, hier ausführliche Forschungen betrieben zu haben und für alle Dokument-typen repräsentative Ergebnisse liefern zu können, fanden wir den Vergleich der Dateigröße interessant: Die Ergebnisse zeigt die Abbildung auf der folgenden Seite. Die PDF-Datei hat nur ca. ein Drittel der Dateigröße der XPS-Datei. Nach unserem subjektiven Eindruck wurde die PDF-Datei auch schneller geladen als die XPS-Datei, was aber bei den Unterschieden in der Dateigröße auch nicht wirklich verwunderlich ist.

Bild 5.28   XPS-Dateien werden standardmäßig in Internet Explorer angezeigt

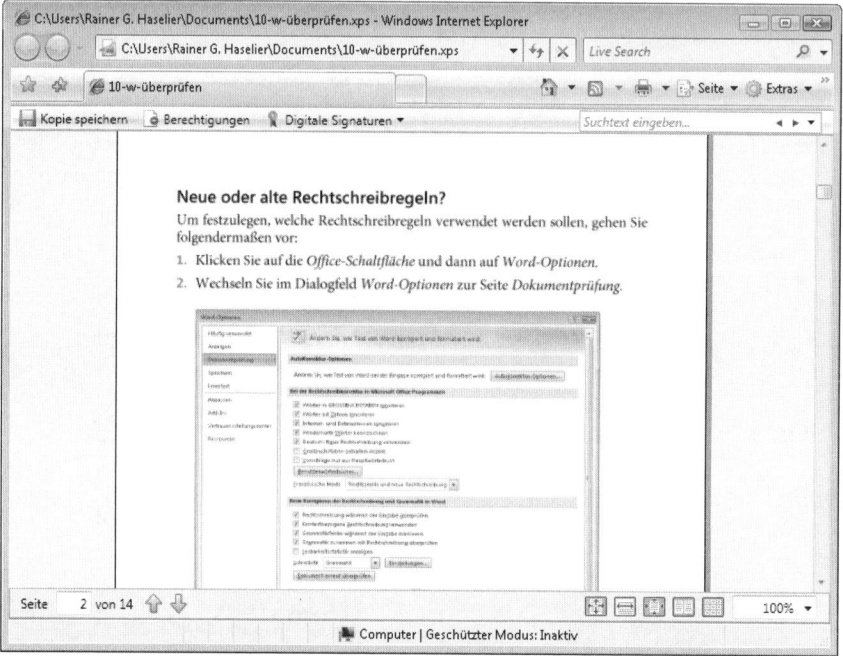

Die Wahl zwischen den beiden Formaten liegt bei Ihnen. Wegen der größeren Verbreitung des PDF-Formats vermuten wir, dass es das XPS-Format schwer haben wird, sich als neuer Standard zu etablieren.

Bild 5.29 Dieses Dialogfeld zeigt einen Vergleich der Dateigrößen von PDF- und XPS-Datei

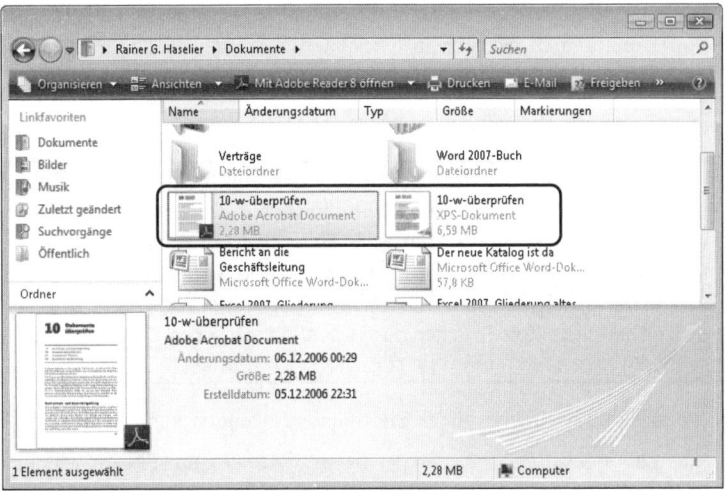

PDF- und XPS-Dateien ansehen

Ob und wenn ja welche Tools zusätzlich heruntergeladen werden müssen, hängt davon ab, ob zum Ansehen Windows Vista oder Windows XP eingesetzt wird und ob es sich um eine PDF- oder um eine XPS-Datei handelt:

- **PDF-Dateien** Um PDF-Dateien ansehen zu können, wird Acrobat Reader benötigt und zwar mindestens die Version 6 (da das Add-In die PDF-Dateien in der PDF-Version 1.5 erstellt, die mindestens diese Versionsnummer des Readers benötigt). Adobe Acrobat Reader kann kostenlos von der Adobe-Website unter *www.adobe.de* heruntergeladen werden.

- **XPS und Windows Vista** Unter Windows Vista werden XPS-Dateien standardmäßig im Internet Explorer angezeigt, weitere Downloads sind also nicht erforderlich.

  Sogar das Erstellen einer XPS-Datei ist unter Windows Vista möglich, ohne das Add-In zu verwenden. Benutzen Sie hierzu einfach den *Drucken*-Befehl und wählen Sie in der Liste *Name* den Eintrag *Microsoft XPS Document Writer* aus. Ihnen steht dann lediglich das *Optionen*-Dialogfeld, so wie beim Add-In beschrieben, nicht zur Verfügung.

- **XPS und Windows XP** Für Windows XP und Windows Server 2003 befinden sich die Tools zum Anzeigen von XPS-Dateien zum Zeitpunkt der Drucklegung dieses Buches noch in der Testphase. Prinzipiell wird es aber so sein, dass XPS-Dateien entweder in Internet Explorer oder in einem externen Viewer betrachtet werden können.

Weitere Informationen zu Downloads und zu XPS-Dateien im Allgemeinen finden Sie auf der Microsoft-Website unter *www.microsoft.com/whdc/xps/*.

Dokument drucken

Beim Drucken von Dokumenten hat sich in der neuen Version von Office nicht wirklich etwas Neues getan. Die Befehle zum Drucken befinden sich nun im Menü, das sich unter der *Office-Schaltfläche* befindet.

TIPP Die in Office 2003 in der Symbolleiste *Standard* vorhandenen Schaltflächen für das Drucken und die Druckvorschau sind in der Symbolleiste für den Schnellzugriff standardmäßig nicht sichtbar. Wenn Sie auf die Pfeil-Schaltfläche *Symbolleiste für den Schnellzugriff anpassen* klicken, können Sie im Menü die Optionen *Schnelldruck* und *Seitenansicht* anklicken, um diese Befehle schneller zur Verfügung zu haben. Die Option *Schnelldruck* druckt das aktuelle Dokument auf dem derzeit eingestellten Drucker direkt aus, das *Drucken*-Dialogfeld wird dann nicht mehr angezeigt.

Um den Druckvorgang zu starten, verwenden Sie eine der folgenden Varianten:

- Klicken Sie die *Office-Schaltfläche* an, zeigen Sie auf *Drucken* und klicken Sie dann auf *Schnelldruck*. Das Dokument wird sofort ausgedruckt. Der Vorteil: Es geht am schnellsten. Der Nachteil: Sie können keine Druckoptionen einstellen.

- Klicken Sie die *Office-Schaltfläche* an und klicken Sie dann auf *Drucken*.

- Drücken Sie die Tastenkombination (Strg)+(P).

Bei den letzten beiden Varianten erscheint ein Dialogfeld, in dem Sie den Drucker auswählen und weitere Druckoptionen einstellen können.

Druckoptionen einstellen

Wenn Sie weitere Druckoptionen einstellen wollen, um beispielsweise nur bestimmte Seiten des Dokuments auszudrucken oder um den Drucker auszuwählen, auf dem der Ausdruck erfolgen soll, gehen Sie so vor:

1. Klicken Sie die *Office-Schaltfläche* an und klicken Sie dann auf *Drucken*. Word zeigt das Dialogfeld *Drucken* an.

Bild 5.30   Im Dialogfeld *Drucken* können Sie den Drucker auswählen, auf dem der Ausdruck erfolgen soll, den Seitenbereich einstellen, die Anzahl der Exemplare festlegen u.v.m.

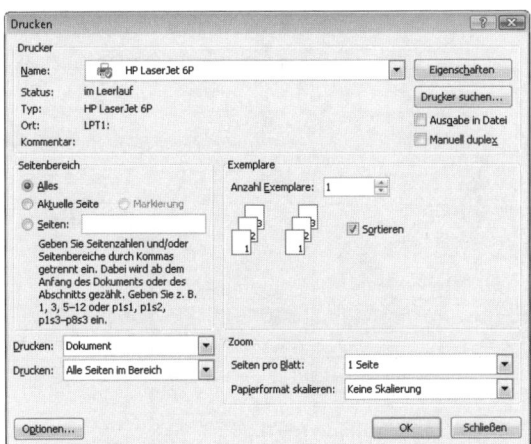

2.   Führen Sie eine oder mehrere der folgenden Aktionen durch:

■   **Drucker auswählen**   Klicken Sie die Liste *Name* am oberen Rand des Dialogfeldes an, wenn Sie – sofern Sie mehr als einen Drucker installiert haben – den Drucker auswählen wollen, auf dem die Ausgabe erfolgen soll. Diese Option verwenden Sie auch, wenn Sie ein Dokument im PDF- oder XPS-Format erstellen wollen. (Mehr zu diesen Formaten finden Sie ab Seite 114 in diesem Kapitel.)

■   **Anzahl der Ausdrucke festlegen**   Im Bereich *Exemplare* legen Sie fest, wie viele Kopien gedruckt und ob diese sortiert ausgedruckt werden sollen. Wenn die Option *Sortieren* eingeschaltet ist, werden zunächst alle Seiten des Dokuments gedruckt und erst danach eine weitere Kopie.

■   **Seiten festlegen, die gedruckt werden sollen**   In der Gruppe *Seitenbereich* bzw. *Druckbereich* können Sie bestimmen, ob alle Seiten/Folien oder nur bestimmte ausgedruckt werden sollen.

Auf die Unterschiede bei den Druckeinstellungen kommen wir in den Teilen des Buches zurück, die sich speziell mit der jeweiligen Office-Anwendungen befassen.

3.   Klicken Sie auf *OK*, um den Druckvorgang zu starten.

Die Seitenansicht verwenden

Alle Programme, die wir in diesem Buch vorstellen, bieten Ihnen die Möglichkeit, in der Seitenansicht eine Vorschau auf das gedruckte Dokument zu erhalten und so das Layout vor dem Ausdrucken zu überprüfen und damit auch Papier zu sparen.

1.   Klicken Sie die *Office-Schaltfläche* an, zeigen Sie auf *Drucken* und klicken Sie dann auf *Seitenansicht*. Die Programmregisterkarte *Seitenansicht* wird eingeblendet. Nachfolgende Abbildung zeigt exemplarisch die Seitenansicht von Word.

Bild 5.31 Die Seitenansicht in Word

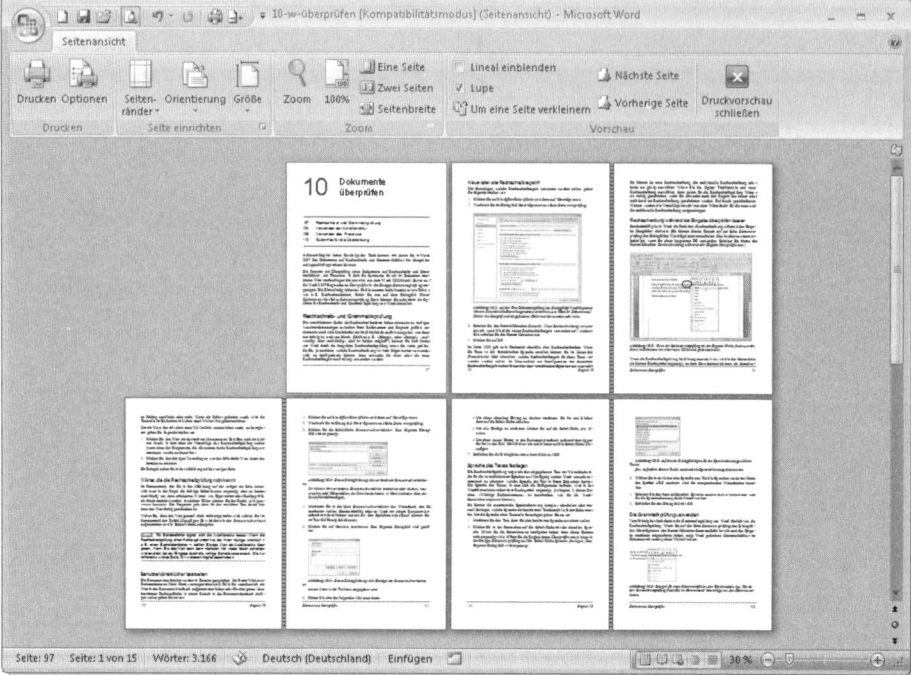

2. Neben der Vorschaufunktion bietet Ihnen die Seitenansicht auch die Möglichkeit, weitere Druckoptionen einzustellen.

- In der Word-Seitenansicht gibt es einen Befehl, der Ihnen auf den anderen Word-Registerkarten nicht zur Verfügung steht, nämlich die Schaltfläche *Um eine Seite verkleinern*. Wenn Sie beispielsweise ein achtseitiges Dokument erstellt haben, bei dem sich auf der letzten Seite nur wenige Zeilen befinden, können Sie die Schaltfläche *Um eine Seite verkleinern* anklicken, damit Word die Formatierung des Dokuments so anpasst, dass das Dokument eine Seite kürzer wird.

- Bei PowerPoint beispielsweise finden Sie auf der Registerkarte *Seitenansicht* in der Symbolleiste eine Liste, um den Druckbereich auszuwählen und die Orientierung der Seiten (Hoch-/Querformat) einzustellen.

- In der *Seitenansicht*-Symbolleiste von Excel finden Sie die Schaltfläche *Ränder*, mit der Sie Linien für die Seitenränder einschalten und durch Verschieben der Linien die Randeinstellungen verändern können.

3. Wenn Sie mit den Ergebnissen der Vorschau zufrieden sind, können Sie die Schaltfläche *Drucken* anklicken, um das gleichnamige Dialogfeld zu öffnen und den Druckvorgang zu initiieren. Wenn Sie das Dokument doch weiterbearbeiten wollen, klicken Sie die Schaltfläche *Druckvorschau schließen* an.

Der Vorteil der Registerkarte *Seitenansicht* besteht darin, dass die Befehlsgruppen alle Befehle enthalten, die Sie zum Ausdrucken und zur Vorschau benötigen, die ansonsten über mehrere Registerkarten verteilt sind.

Zusammenfassung

In diesem Kapitel haben Sie die grundlegenden Techniken zum Erstellen, Speichern, Öffnen und Drucken von Dokumenten kennengelernt und zahlreiche Tipps erhalten, wie Sie diese Vorgänge besonders effizient ausführen. Trotz vieler Gemeinsamkeiten merkt man auch bei der Version 2007 noch immer, dass es zahlreiche Detailunterschiede zwischen den Office-Programmen gibt und nicht alles wirklich aus einem Guss ist. Aus diesem Grunde enthält das Kapitel auch zahlreiche Hinweise zu den Unterschieden zwischen den einzelnen Programmen.

Im Einzelnen haben Sie in diesem Kapitel Folgendes gelernt:

- Wie Sie ein neues Office-Dokument erstellen und welche Varianten es dafür gibt:

  - der Befehl *Neues Office-Dokument* im Startmenü (Seite 92)

  - der Befehl *Neu* im Menü der *Office-Schaltfläche* (Seite 93)

  - das Verwenden von Vorlagen auf dem eigenen Computer (Seite 96)

  - das Erstellen eines neuen Dokuments, das auf einem bereits vorhandenen basiert (Seite 98)

  - das Verwenden von Vorlagen auf *Office Online* (Seite 99)

- Nachdem Sie ein Dokument erstellt haben, können Sie es speichern, wenn Sie es zu einem späteren Zeitpunkt erneut verwenden wollen (Seite 100):

  - Dabei können Sie neue Unterordner erstellen, um die Dateiablage mit System vorzunehmen (Seite 102).

  - In Word und Excel haben Sie außerdem die Möglichkeit, Sicherungskopien erstellen zu lassen (Seite 105).

  - In Word, Excel und PowerPoint können Sie außerdem die Voreinstellung für den Standardspeicherort der Dokumente und das Standarddateiformat ändern (Seite 107).

  - In die meisten Office-Dokumente können Sie weitere Informationen einfügen, die sogenannten Dokumenteigenschaften, die Ihnen dabei helfen können, ein bestimmtes Dokument wiederzufinden (Seite 108).

- Wenn Sie an einem Dokument weiterarbeiten möchten, das bereits gespeichert wurde, müssen Sie es öffnen (Seite 109).

- Sie können dazu auch die Liste der zuletzt bearbeiteten Dokumente verwenden, die sich im rechten Bereich des Menüs der *Office-Schaltfläche* befindet (Seite 111).

- Office 2007 verwendet ein neues Dateiformat. Um Office-Dokumente gemeinsam mit Anwendern zu nutzen, die eine vorherige Office-Version einsetzen, können Sie in Office 2007 die Dokumente im Kompatibilitätsmodus öffnen (Seite 112). Anwender, die Office 2000 bis Office 2003 einsetzen, können das Compatibility Pack installieren und dann in diesen älteren Versionen Dokumente im Format von Office 2007 öffnen und speichern.

- Für Office 2007 steht Ihnen auf der Microsoft-Website ein kostenloses Add-In zur Verfügung, mit dem Sie direkt aus den Office-Anwendungen heraus PDF-Dokumente erstellen können, die mit Acrobat Reader gelesen werden können (Seite 114).

- Die meisten Office-Dokumente werden in ihrem Lebenszyklus ausgedruckt (Seite 120). Um Papier zu sparen, können Sie die Seitenansicht verwenden (Seite 121), um sich eine Vorschau anzusehen.

Office 2007

Teil B

Word 2007

In diesem Teil:

Kapitel 6

Word 2007 kennenlernen

In diesem Kapitel geben wir Ihnen einen kurzen Überblick über das neue Microsoft Word 2007. Sie lernen den Aufbau des Programmfensters kennen und erfahren, in welchen Ansichten Sie ein Dokument in Word 2007 anzeigen können.

Im letzten Abschnitt geben wir Ihnen dann noch einen Überblick über die neuen Funktionen und Konzepte von Word 2007, die Sie beim Erstellen professioneller Dokumente unterstützen.

Die neue Benutzeroberfläche

Da wir Ihnen in Kapitel 2 die neue Benutzeroberfläche von Microsoft Office 2007 bereits vorgestellt haben, sind Sie mit ihren Hauptkomponenten, wie der Multifunktionsleiste, der Symbolleiste für den Schnellzugriff und der Office-Schaltfläche schon vertraut. Wir können uns daher in diesem Kapitel auf die Beschreibung der für Word 2007 spezifischen Besonderheiten konzentrieren.

Die Standardregisterkarten von Word 2007

Word 2007 enthält in der Grundeinstellung die folgenden Standardregisterkarten:

- Die Registerkarte *Start* enthält Befehle für die Verwendung der Zwischenablage, die Formatierung von Schrift- und Absatzmerkmalen, die Formatvorlagen und die Gruppe *Bearbeiten*, über die Sie Suchen und Ersetzen und verschiedene Markierungsaktionen ausführen können.

- Die Registerkarte *Einfügen* führt alle Elemente auf, die Sie in ein Word-Dokument einfügen können. Hierzu gehören neue Seiten, Tabellen, Abbildungen, Hyperlinks, Kopf- und Fußzeilen, Textobjekte und Symbole.

- Die Registerkarte *Seitenlayout* enthält die Befehle für das Einrichten der Seite (Ränder, Hoch-/Querformat), für das Arbeiten mit Designs, Seitenhintergründen und für das Einstellen der Absatzabstände in Ihrem Dokument. Außerdem können Sie mit den Befehlen der Gruppe *Anordnen* die Reihenfolge der Elemente auf Ihrer Seite verändern.

- Die Registerkarte *Verweise* enthält die Elemente, die Sie benötigen, wenn Sie mit längeren oder komplexeren Dokumenten arbeiten. Sie können hier ein Inhaltsverzeichnis, Fußnoten, Zitate und Literaturverzeichnisse, ein Stichwortverzeichnis und ein Rechtsgrundlagenverzeichnis erstellen und wiederkehrende Elemente in Ihrem Dokument automatisch beschriften lassen (wie beispielsweise Tabellen oder Abbildungen).

- Die Registerkarte *Sendungen* könnte auch den Namen Seriendruck tragen, da Sie hier alle Befehle finden, um ein Seriendruckprojekt zu erstellen, Seriendruckfelder in das Dokument einzufügen, sich eine Vorschau der Ergebnisse anzusehen und das Projekt schließlich auszudrucken oder zu versenden. Außerdem finden Sie hier Befehle, um Umschläge oder Etiketten zu erstellen und auszudrucken.

- Mit der Registerkarte *Überprüfen* stehen Ihnen die Werkzeuge zur Verfügung, mit der Sie Ihr Dokument prüfen lassen können (Rechtschreibprüfung, Grammatik, Thesaurus usw.) und um es gemeinsam mit anderen zu nutzen. Sie können Kommentare einfügen, Änderungen nachverfolgen und die von anderen vorgenommenen Änderungen bearbeiten. Außerdem können Sie hier zwei Versionen eines Dokuments miteinander vergleichen lassen und das Dokument schützen.

- Auf der Registerkarte *Ansicht* finden Sie die Befehle, mit denen Sie Ihre Dokumente auf verschiedene Arten anzeigen lassen können: angefangen von den verschiedenen Dokumentansichten bis zu einer Gruppe von Optionen, um das Lineal, die Gitternetzlinien oder die Miniaturansichten anzeigen zu lassen. Eine eigene Befehlsgruppe enthält die Befehle, um mit mehreren Dokumenten in verschiedenen Fenstern arbeiten zu können.

Eine weitere Standardregisterkarte mit dem Namen *Entwicklertools* ist standardmäßig nicht eingeblendet. Diese Registerkarte enthält die Werkzeuge, um Makros zu bearbeiten, den Visual Basic-Editor von Word zu starten, dort Code zu erstellen und zu bearbeiten u.v.m. Sie können die Registerkarte *Entwicklertools* einblenden lassen, indem Sie die *Office-Schaltfläche* und dann im unteren Bereich des Fensters die Schaltfläche *Word-Optionen* anklicken. Wechseln Sie im Dialogfeld *Word-Optionen* zur Seite *Häufig verwendet* und schalten Sie dort das Kontrollkästchen *Entwicklerregisterkarte in der Multifunktionsleiste anzeigen* ein.

Programmregisterkarten

Neben den Standardregisterkarten gibt es noch die sogenannten Programmregisterkarten, die dann von Word angezeigt werden, wenn Sie zu einer bestimmten Dokumentdarstellung wechseln. Die Programmregisterkarten werden dann anstelle der Standardregisterkarten angezeigt. Ein Beispiel hierfür ist die Seitenansicht, die Sie aktivieren können, indem Sie die *Office-Schaltfläche* anklicken, auf *Drucken* zeigen und dann auf *Seitenansicht* klicken.

Bild 6.1   Die Funktionen für die Seitenansicht werden in Form einer eigenen Registerkarte angezeigt; die Standardregisterkarten werden ausgeblendet, solange Sie in dieser Darstellungsart arbeiten

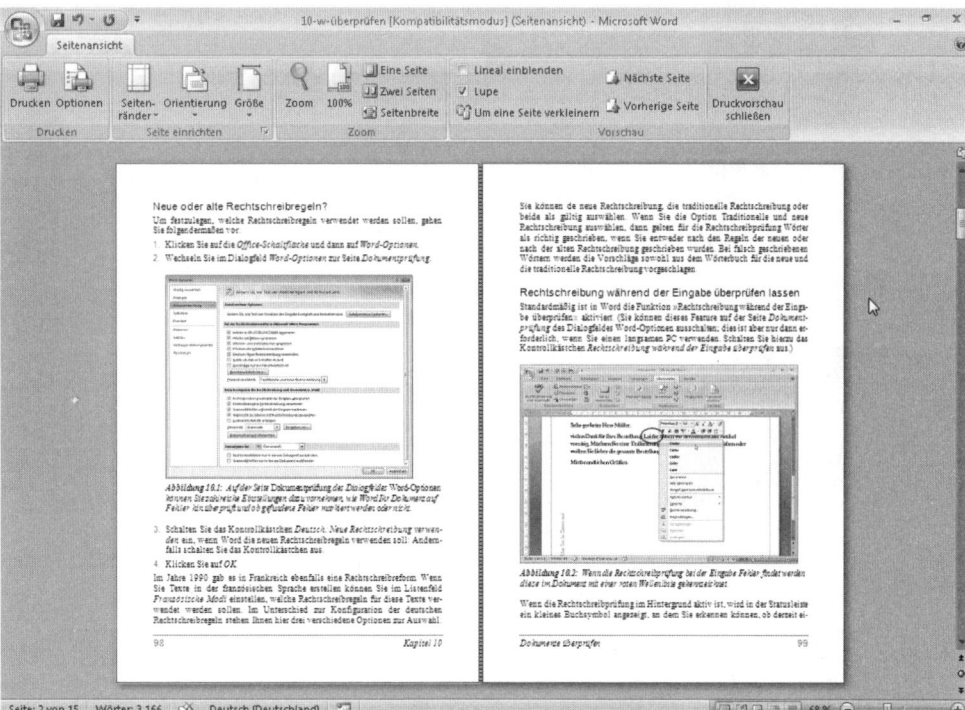

Kontextbezogene Registerkarten

Die verschiedenen Registerkarten, die sich nach Bedarf ein- und ausblenden, haben das Ziel, Ihnen immer nur die Befehle anzuzeigen, die Sie in einem bestimmten Arbeitsschritt auch wirklich benötigen. Dieses Ziel verfolgt auch die dritte Variante der Registerkarten: die kontextbezogenen Registerkarten, die Kontexttools bereitstellen und zwar abhängig davon, was derzeit im Dokument, an dem Sie arbeiten, markiert ist bzw. wo sich gerade die Einfügemarke befindet.

Die Befehle dieser Registerkarten werden nur dann benötigt, wenn Sie ein bestimmtes Element bearbeiten. Wenn Sie z.B. auf der Registerkarte *Einfügen* eine neue Tabelle in Ihr Dokument eingefügt haben und sich die Einfügemarke in der Tabelle befindet, blendet Word 2007 die *Tabellentools* ein, die die beiden Registerkarten *Layout* und *Entwurf* enthalten, auf denen Sie den Aufbau der Tabelle und deren Optik bearbeiten können.

Eine andere Kontextregisterkarte mit dem Namen *Format* wird für die *Bildtools* eingeblendet, wenn Sie eine Abbildung oder Grafik markiert haben, wie Sie es in der folgenden Abbildung sehen.

Bild 6.2   Kontextregisterkarten werden eingeblendet, wenn sich die Einfügemarke in einem bestimmten Elementtyp (wie einer Tabelle, einer Abbildung, einer SmartArt usw.) befindet

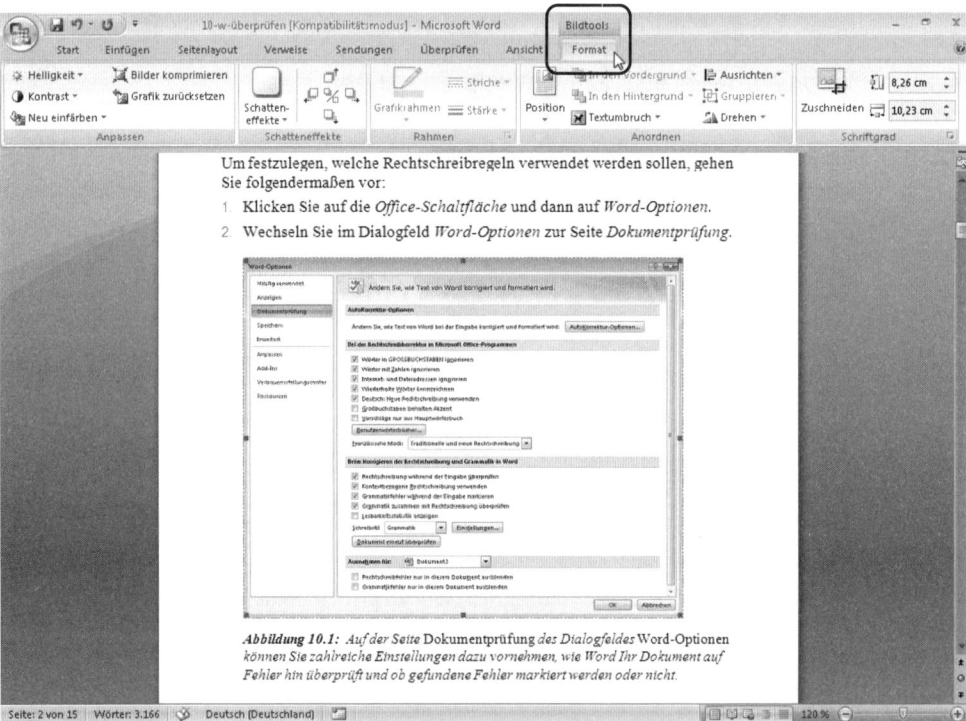

Die Kontextregisterkarten werden von Word automatisch wieder ausgeblendet, wenn Sie die Einfügemarke vom Element wegbewegen, für das sie eingeblendet wurden.

HINWEIS   In Anhang A finden Sie Tabellen, die Ihnen helfen, die vertrauten Befehle aus den Menüs von Word 2003 in der Multifunktionsleiste und deren Registerkarten wiederzufinden.

Die neue Statusleiste

Die Position der Statusleiste am unteren Rand des Word-Fensters ist unverändert geblieben, auch wenn sich auch hier einige neue Funktionen verbergen. In der Statusleiste informiert Sie Word darüber, wo sich die Einfügemarke im Dokument befindet, welche Sprache der formatierte Text hat usw. Neu ist die Möglichkeit, sich in der Statusleiste die Anzahl der Wörter in einem Dokument anzeigen zu lassen.

Das Konfigurieren der Statusleiste erledigen Sie über ein Kontextmenü, das sich öffnet, wenn Sie die Statusleiste mit der rechten Maustaste anklicken. Klicken Sie im Kontextmenü die Elemente an, die Sie in der Statusleiste benötigen.

Bild 6.3 Welche Informationen in der Statusleiste angezeigt werden, legen Sie im Kontextmenü fest, das durch Klicken mit der rechten Maustaste auf die Leiste geöffnet wird

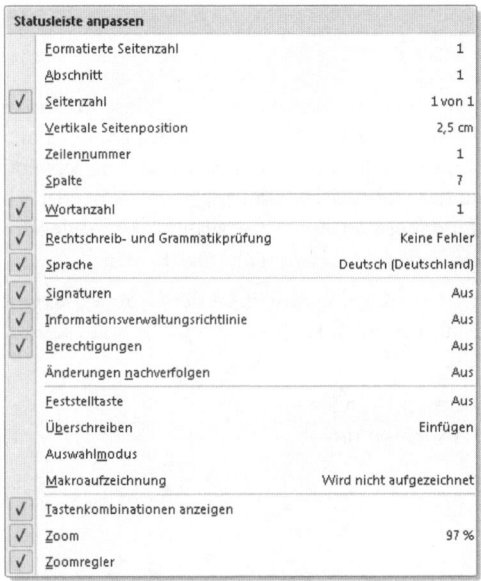

Der Eintrag *Tastenkombinationen anzeigen* in der vorigen Abbildung bezieht sich auf die Schaltflächen, mit denen die Dokumentansichten umgeschaltet werden können (mehr hierzu im nächsten Abschnitt). Hier ist anscheinend bei der Übersetzung des Befehls *View shortcuts* (Ansicht-Schaltflächen) der englischen Word-Version ein kleiner Fehler passiert, der sicherlich in einem der Service Packs für Office behoben wird. Vielleicht haben Sie schon die korrekte Übersetzung in Ihrem Kontextmenü stehen.

Einfügen oder Überschreiben
Ein weiterer Bereich der Statusleiste enthält Informationen zu den verschiedenen Betriebsarten von Word, von denen der wichtigste der Einfügemodus bzw. der Überschreibmodus ist. Ist der Einfügemodus aktiv (in der Statutsleiste wird *Einfügen* angezeigt), wird an der Stelle, an der sich die Einfügemarke befindet, neuer Text eingegeben. Text, der hinter dieser Marke steht, wird nach rechts verschoben und bleibt erhalten. Beim Überschreibmodus wird der Text, der sich hinter der Einfügemarke befindet, von dem neu eingegebenen Text überschrieben.

In der Statusleiste verbergen sich viele Schaltflächen

Die meisten Statusinformationen fungieren auch als Schaltflächen, mit denen Sie verschiedene Dialogfelder anzeigen lassen können. Ein Klick auf die Information zur Seitenzahl öffnet den Dialog *Gehe zu;* wenn Sie die Wortanzahl anklicken, wird das Dialogfeld *Wörter zählen* geöffnet, usw.

Zoomen

Am rechten Rand der Statusleiste befindet sich ein neuer Schieberegler, mit dem Sie den Zoomfaktor, mit dem das Dokument dargestellt wird, stufenlos einstellen können. Wenn Sie die Statusleiste so konfiguriert haben, dass auch der aktuelle Zoomfaktor angezeigt wird, können Sie diesen anklicken, um das Dialogfeld *Zoom* zu öffnen, in dem Sie die Optionen *Textbreite, Seitenbreite* und *Ganze Seite* auswählen können, die in der vorigen Word-Version über das *Zoom*-Listenfeld in der Standardsymbolleiste verfügbar waren.

Die Dokumentansichten

Sie können in Word ein Dokument auf verschiedene Weisen auf dem Bildschirm anzeigen lassen. Dieses Merkmal von Word wird *Dokumentansichten* genannt. Am schnellsten schalten Sie zwischen den verschiedenen Ansichten hin und her, indem Sie die kleinen Schaltflächen verwenden, die sich neben dem Zoomregler am rechten Rand der Statusleiste befinden, wenn Sie bei der Konfiguration der Statusleiste das Element *Tastenkombinationen anzeigen* ausgewählt haben (wie im vorigen Abschnitt erwähnt müsste dieses Element eigentlich *Ansicht-Schaltflächen* heißen).

Alternativ können Sie auch zur Registerkarte *Ansicht* wechseln. In der Gruppe *Dokumentansichten* stehen Ihnen die gleichen Auswahlmöglichkeiten zur Verfügung wie in der Statusleiste.

Bild 6.4   Mit diesen Schaltflächen in der Statusleiste schalten Sie bequem zwischen den verschiedenen Dokumentansichten um

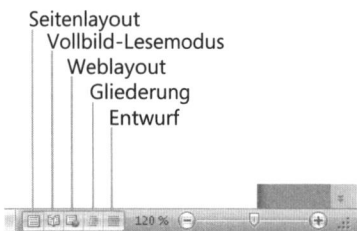

Seitenlayout
Vollbild-Lesemodus
Weblayout
Gliederung
Entwurf

Die Ansicht *Seitenlayout*

Die Ansicht *Seitenlayout* wird wahrscheinlich die Dokumentansicht sein, die Sie am häufigsten verwenden. Ihr Vorteil besteht darin, dass Sie Ihre Dokumente so auf dem Bildschirm sehen, wie sie auch ausgedruckt werden. Die Formatierung der Zeichen und Absätze sowie die Seitenrandeinstellungen und die Positionierung von eventuell eingefügten Grafiken können in dieser Ansicht am besten vorgenommen und überprüft werden. Auch mehrere Spalten, Seitenzahlen sowie Kopf- und Fußzeilen werden hier angezeigt.

Die Entwurfsansicht

Der entscheidende Unterschied zwischen der *Entwurfsansicht* und der Ansicht *Seitenlayout* besteht darin, dass alle Seitenmerkmale (wie Ränder, mehrere Spalten, Kopf- und Fußzeilen usw.) in der Normalansicht nicht dargestellt werden. Die Schriftarten sowie Schriftgrößen und die Absatzmerkmale können Sie jedoch gut erkennen.

Wenn Sie einen modernen, schnellen PC besitzen, werden Sie die Entwurfsansicht vermutlich kaum verwenden. Bei einem langsamen PC kann es sich jedoch anbieten, die Entwurfsansicht einzusetzen, da dann das Anzeigen des Dokuments auf dem Bildschirm etwas schneller geht als in der Ansicht *Seitenlayout*. Probieren Sie diese beiden Ansichten einfach aus und verwenden Sie diejenige, die Ihrem Arbeitsstil am besten entspricht.

Der Vollbild-Lesemodus

Seit Word 2003 gibt es den sogenannte Lesemodus, der das Lesen eines Dokuments am Bildschirm besonders einfach macht. Um diesen Modus einzuschalten, klicken Sie die Schaltfläche *Vollbild-Lesemodus* an.

Bild 6.5 Der Vollbild-Lesemodus eignet sich besonders, um ein Dokument auf dem Bildschirm zu lesen. Mit den Pfeil-Schaltflächen im unteren Bereich blättern Sie im Dokument

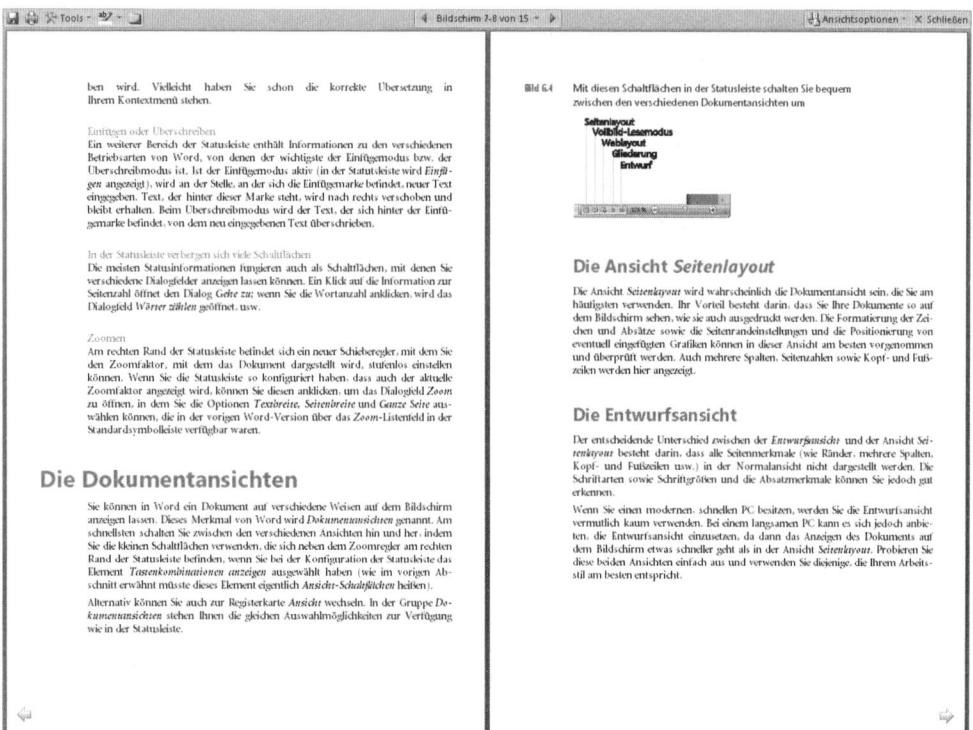

Word stellt dann das geöffnete Dokument so dar, wie Sie es in der obigen Abbildung sehen. Beachten Sie, dass diese Ansicht für das Lesen am Bildschirm optimiert ist und die Seitenwechsel, wie sie standardmäßig in diesem Modus auf dem Bildschirm angezeigt werden, nicht mit denen übereinstimmen, die Sie beim Ausdrucken des Dokuments erhalten.

Für das Lesemoduslayout gibt es eine eigene Symbolleiste, die Sie im oberen Bereich der Abbildung sehen und mit der Sie die Anzeige des Dokuments verändern können. Außerdem werden dort die Schaltflächen *Texthervorhebungsfarbe* und *Neuer Kommentar* angezeigt, mit denen Sie Textstellen markieren bzw. mit Anmerkungen versehen können.

Die Struktur des Dokuments

Wenn Sie an einem längeren Dokument arbeiten und öfter zwischen verschiedenen Textstellen hin und her springen müssen, bietet es sich an, von Word auch die Struktur des Dokuments anzeigen zu lassen. Schalten Sie dazu auf der Registerkarte *Ansicht* in der Gruppe *Einblenden/Ausblenden* das Kontrollkästchen *Dokumentstruktur* ein. Word blendet dann auf der linken Seite des Fensters die Struktur des Dokuments ein, wie Sie es in der folgenden Abbildung sehen können.

Bild 6.6 Lassen Sie sich von Word die Struktur des Dokuments anzeigen, wenn Sie sich schnell innerhalb eines längeren Dokuments bewegen wollen

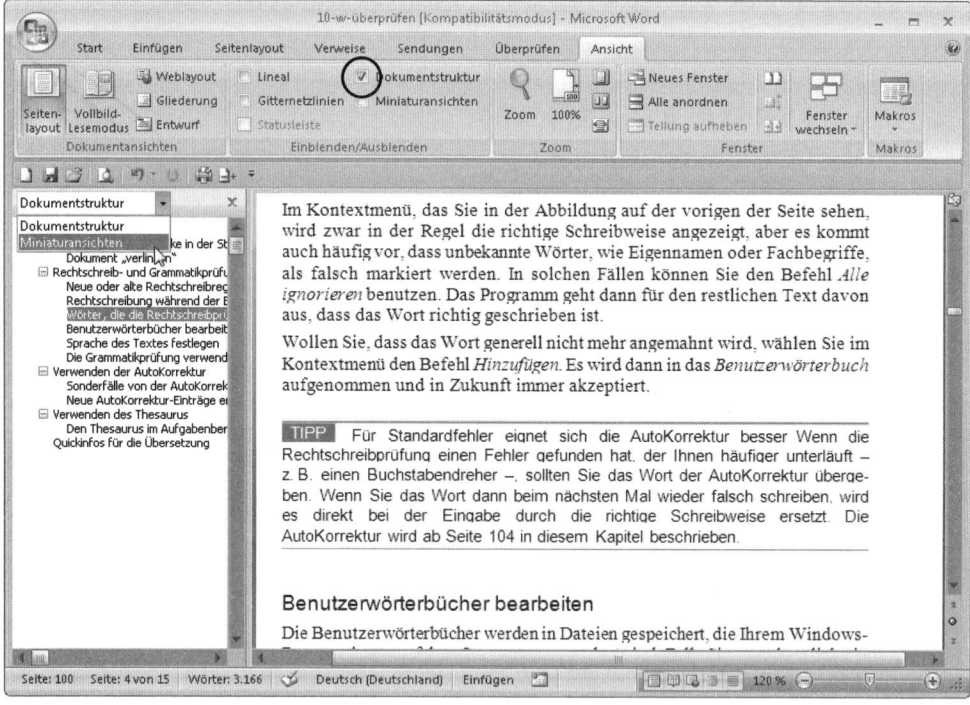

Zu einer Textstelle springen
Um die Struktur darzustellen, verwendet Word die Überschriften des Dokuments. Um an eine bestimmte Stelle Ihres Dokuments zu gelangen, klicken Sie in der Dokumentstruktur einfach auf eine der Überschriften. Word stellt dann den zu dieser Überschrift gehörenden Text im Arbeitsbereich auf der rechten Seite des Fensters dar.

Breite der Bereiche anpassen
Mit der Trennlinie zwischen der Dokumentstruktur und dem eigentlichen Dokument können Sie die Breite der beiden Elemente anpassen. Bewegen Sie dazu den Mauszeiger auf die Trennlinie und verschieben Sie die Linie mit gedrückter Maustaste. Wenn Sie die Maustaste wieder loslassen, baut Word den Bildschirm neu auf. Überschriften, die von der Breite her nicht mehr in die Anzeige der Dokumentstruktur hineinpassen, werden automatisch in eine QuickInfo übernommen und dort komplett ausgegeben.

Miniaturansichten
Über die Gruppe *Einblenden/Ausblenden* können Sie auch Miniaturansichten der Seiten des Dokuments darstellen lassen. Wenn die Dokumentstruktur bereits sichtbar ist, steht Ihnen auch das Listenfeld oberhalb der Anzeige der Dokumentstruktur zur Verfügung (siehe vorige Abbildung), um die Miniaturansichten einzuschalten. Wenn die Miniaturansichten eingeschaltet sind, können Sie eine der verkleinerten Seiten anklicken, um sie im großen Bereich des Fensters anzuzeigen.

Neue und verbesserte Funktionen

Die meisten Änderungen bzw. Neuerungen von Word 2007 sind weniger grundsätzlicher Natur, sondern betreffen vor allem die Layoutfähigkeiten. Noch nie konnten Sie mit so wenig Aufwand so professionell wirkende Dokumente erstellen. Dank einer Vielzahl von Vorlagen und mächtigen Grafikfunktionen lassen sich ausgefeilte und optisch ansprechende Dokumente erstellen, die bei den Vorgängerversionen nur mit einem deutlich höheren Zeitaufwand erstellt werden konnten.

Worddokumente im Baukastensystem

Auch hinter dem neuen Begriff *Bausteine* verbergen sich alte Bekannte. Unter diesem Oberbegriff sind in Word 2007 verschiedene vordefinierte Textelemente zusammengefasst, durch deren Einsatz Sie bei der Texterstellung viel Zeit sparen können. Dazu gehören neben den klassischen AutoTexten auch Kopf- und Fußzeilen, Dokumenteigenschaften, Formeln sowie die neuen Deckblätter.

Am Beispiel der Kopf- und Fußzeilen lässt sich die dahinter stehende Idee gut verdeutlichen. Früher mussten Kopf- bzw. Fußzeilen aus ihren einzelnen Bestandteilen wie Seitenzahl, Datum oder Dokumentname mehr oder weniger mühselig zusammengesetzt und anschließend formatiert werden. In Word 2007 werden Kopf- und Fußzeilen eher als eigenständige Textelemente verstanden, die ähnlich wie eine Grafik, als Ganzes in ein Dokument eingefügt werden.

Die verschiedenen Bausteine werden in einem speziellen Organizer verwaltet, wo sie geordnet nach Katalogen, Kategorien und Vorlagen abgelegt sind. Auf diese Weise lassen sich alle Bausteine – so verschieden sie auch sein mögen – an einem Ort pflegen. Auch hier ist also die klare Tendenz zu erkennen, dass die Bedienerführung in Word möglichst einheitlich werden soll.

Bild 6.7 Fertige Deckblätter geben Ihren Dokumenten ein professionelles Outfit

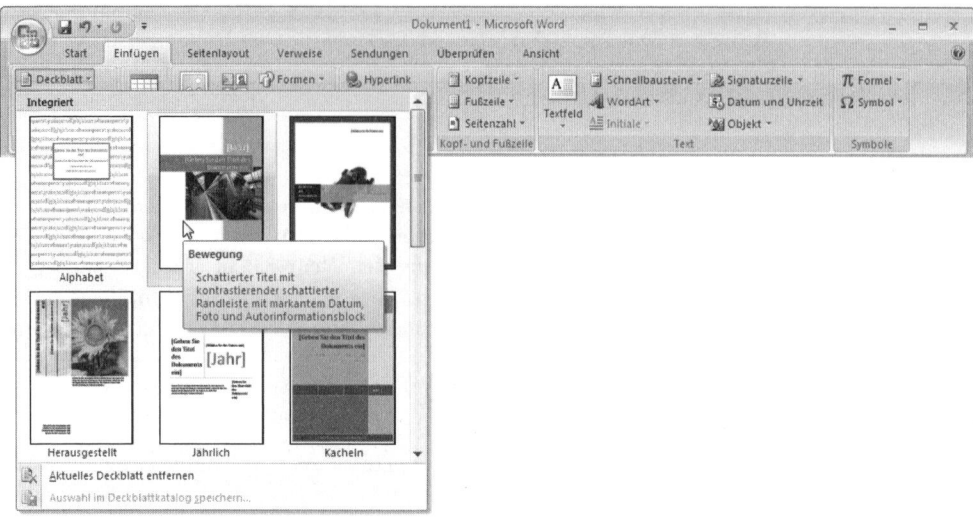

Schnellformatvorlagen

Formatvorlagen sind seit vielen Versionen ein elementarer Bestandteil von Word. Doch obwohl ihre Verwendung die einheitliche Formatierung eines Dokuments erheblich erleichtert und beschleunigt, gibt es immer noch sehr viele Anwender, denen diese Art der Formatierung zu unhandlich oder zu kompliziert ist. Diesen Anwendern versucht Word 2007 mit den so genannten *Schnellformatvorlagen* entgegenzukommen.

Bild 6.8 Katalog mit Schnellformatvorlagen

Hinter diesem Begriff verbirgt sich jedoch kein neues Vorlagenkonzept. Es gibt zwar jetzt zusätzlich die Möglichkeit, Zeichen- und Absatzmerkmale in einer Formatvorlage zu kombinieren, doch die auffälligste Neuerung ist die Art und Weise, wie Sie ein Dokument mit Hilfe von Formatvorlagen formatieren können.

Der Clou ist dabei eine Vorschaufunktion, mit der Sie die Wirkung einer Formatvorlage auf Ihren Text anzeigen lassen können, ohne die Formatvorlage wirklich zuzuweisen. Sie müssen lediglich den Katalog der Schnellformatvorlagen öffnen und mit dem Mauszeiger auf die gewünschte Formatvorlage zeigen. Ihre Wirkung wird dann direkt im Dokument angezeigt. Wenn Ihnen das Ergebnis nicht zusagt, wandern Sie mit dem Mauszeiger einfach auf eine andere Formatvorlage und erhalten sofort ein optisches Feedback.

Neue grafische Effekte

Da viele Dokumente nicht nur aus reinem Text bestehen, sondern auch Grafiken, Diagramme und Ähnliches enthalten, wurden die Grafikfunktionen von Word 2007 erheblich verbessert. Auch wenn viele der Funktionen, wie Transparenz, Schlagschatten und räumliche Formen bereits in den Vorgängerversionen von Word enthalten waren, so haben sie doch in der aktuellen Version eine wesentlich verbesserte Qualität erhalten. Während die mit Word erstellten Grafiken früher doch immer recht ungelenk daher kamen, lassen sich mit Word 2007 problemlos Grafiken erstellen, die über eine anspruchsvolle Form- und Farbgebung verfügen. Ausgefeilte Licht- und Schatteneffekte lassen sich einfach per Katalog zuweisen – unterstützt durch eine Vorschaufunktion, die die Wirkung nicht in einem Dialogfeld, sondern direkt im Dokument sichtbar macht.

Bild 6.9   Grafische Effekte dieser Güte lassen sich in wenigen Sekunden erstellen

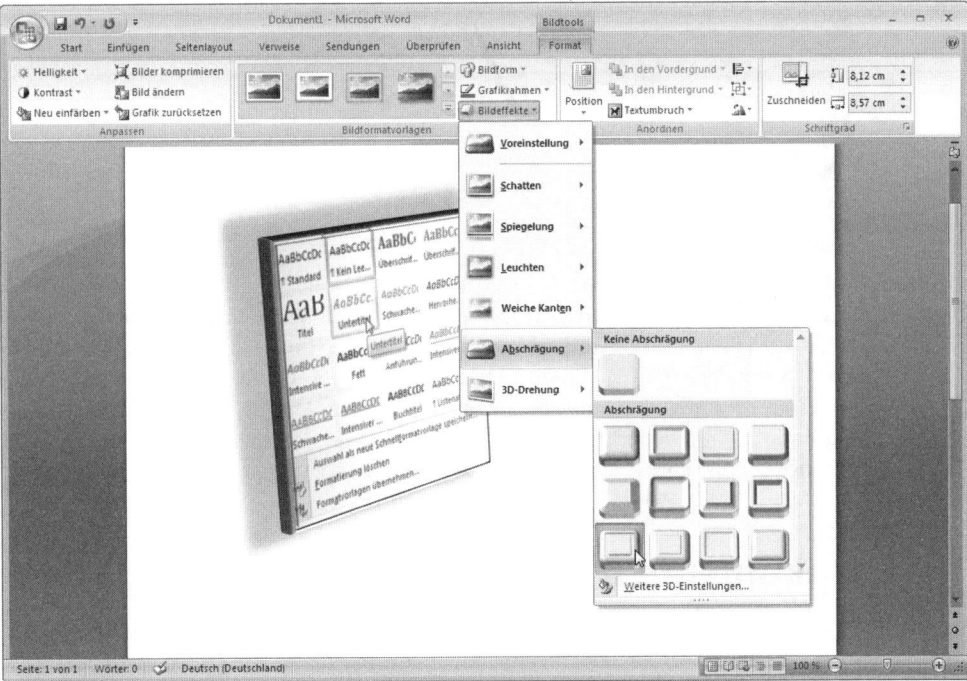

SmartArts

Zu den wenigen echten Neuerungen gehören die so genannten *SmartArts*. Wie der Name schon andeutet, handelt es sich dabei um intelligente Grafiken, mit denen sich zum Beispiel Prozesse, Beziehungen oder Hierarchien visualisieren lassen.

Bild 6.10 Form und Farbe von SmartArts lassen sich schnell per Vorlage ändern

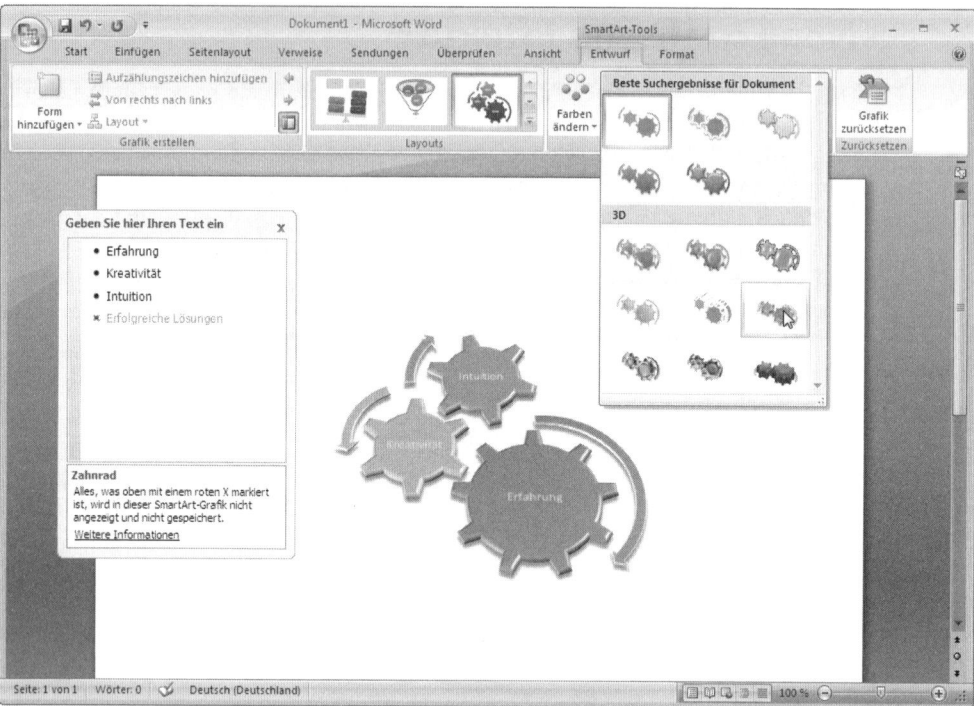

Das Besondere an SmartArts ist das beeindruckende Verhältnis von Aufwand zu Ertrag. Dank SmartArts können Sie sich auf die inhaltlichen Aspekte Ihrer Dokumente konzentrieren und ersparen sich stundenlanges »Gefummel« beim Erstellen von Grafiken, die trotz hohem Aufwand kein professionelles Aussehen annehmen wollen. Mit SmartArts lassen sich innerhalb weniger Minuten Illustrationen von bestechender Qualität erstellen, die sich durch eine ausgewogene und aufeinander abgestimmte Form- und Farbgebung auszeichnen.

Dokumente im Team bearbeiten

In vielen Firmen ist es üblich, dass einzelne Dokumente von mehreren Personen bearbeitet werden. In der Regel werden die Dokumente dabei von Person zu Person weitergereicht und von diesen jeweils mit Kommentaren und Ergänzungen versehen. Am Ende dieses Prozesses steht dann der eigentliche Autor des Dokuments vor der Aufgabe, die verschiedenen Anregungen in das endgültige Dokument zu integrieren. Die dazu in Word vorhandenen Funktionen wurden in der neuen Version im Hinblick auf eine bessere Übersichtlichkeit verändert bzw. erweitert.

Zusätzlich enthält Word 2007 in diesem Zusammenhang eine neue Funktion – den so genannten *Dokumentinspektor* – mit dem sich Kommentare, gelöschte Texte und andere sicherheitsrelevante Informationen zuverlässig aus einem Dokument entfernen lassen.

Abgerundet werden die Sicherheitsfunktionen von der neuen Möglichkeit, ein Dokument *abzuschließen*. So geschützte Dokumente können anschließend nur noch gelesen, jedoch nicht mehr bearbeitet werden.

Neues Dateiformat

Mit Word 2007 führt Microsoft auch ein neues Dateiformat ein. Es basiert auf XML und erleichtert die Weiterverarbeitung mit anderen Programmen. Die Dateien liegen jedoch nicht als normale XML-Dateien vor, sondern werden zusätzlich komprimiert, um ihre Dateigröße zu reduzieren. Laut Aussage von Microsoft ist das neue Dateiformat dadurch kompakter als seine Vorgängerversionen. Ein weiterer Nebeneffekt der XML-Technologie ist die verbesserte Stabilität des neuen Dateiformats. Während das bisherige DOC-Format äußerst anfällig gegenüber Beschädigungen war, verhält sich eine XML-Datei naturgemäß deutlich robuster. Dokumente mit diesem Format besitzen die Dateinamenserweiterungen *.docx* bzw. *.dotx*.

Dokumente bzw. Dokumentvorlagen, die Makros enthalten, werden durch die neue Erweiterung *.docm* bzw. *dotm* gekennzeichnet. Dem Anwender soll so die Möglichkeit gegeben werden, potenziell gefährliche Dokumente direkt beim Öffnen zu erkennen. Durch einfaches Ändern der Dateinamenserweiterung lässt sich dieser Sicherungsmechanismus übrigens nicht überlisten. Word erkennt in diesem Fall trotzdem, dass das betreffende Dokument Makros enthält und verhindert deren Ausführung. Dieses Verhalten lässt sich allerdings über das so genannte *Vertrauenstellungscenter* konfigurieren.

Zusammenfassung

In diesem Kapitel haben Sie einen ersten Überblick über das neue Word 2007 erhalten:

- Zuerst haben wir einen kurzen Blick auf die neue Benutzeroberfläche von Word 2007 geworfen. Sie kennen nun die Aufgaben der verschiedenen Registerkarten der Multifunktionsleiste (Seite 128) und wissen, wie Sie die Statusleiste konfigurieren können (Seite 131).

- Anschließend haben Sie erfahren, dass Sie für ein Dokument in den verschiedenen Phasen seiner Erstellung spezielle Ansichten nutzen können: die Ansicht Seitenlayout (Seite 132), die Entwurfsansicht (Seite 133), den Vollbild-Lesemodus (Seite 133) sowie die Ansicht Dokumentstruktur (Seite 134).

- Zum Schluss haben wir Ihnen wichtige neue Funktionen von Word 2007 vorgestellt:
  - Schnellbausteine (Seite 135)
  - Schnellformatvorlagen (Seite 136)
  - Neue grafische Effekte (Seite 137)
  - SmartArts (Seite 138)
  - Teamfunktionen (Seite 138)
  - Das neue Dateiformat (Seite 139).

Kapitel 7

Erste Schritte mit Word 2007

In diesem Kapitel:

In diesem Kapitel lernen Sie wichtige Grundlagen für die Arbeit mit Word kennen. Die hier vorgestellten Befehle befinden sich alle auf der Registerkarte *Start*. Dazu gehören neben der reinen Texteingabe und dem Umgang mit der Zwischenablage vor allem das Markieren und einfache Formatierungsaufgaben. Abgerundet wird das Kapitel durch das Thema »Suchen und Ersetzen von Text«.

Neues Dokument erstellen und speichern

Da wir uns in Kapitel 5 schon ausführlich damit beschäftigt haben, wie Sie ein neues Office-Dokument erstellen können, wollen wir die verschiedenen Möglichkeiten an dieser Stelle nur noch einmal stichpunktartig aufzählen:

- Wenn Word noch nicht gestartet ist, können Sie den Befehl *Neues Microsoft Office-Dokument* aus dem Startmenü verwenden. Sie finden ihn dort unter *Alle Programme*.

- Wenn Sie lediglich ein leeres Dokument benötigen, starten Sie einfach Word. Dadurch wird automatisch ein leeres Dokument angelegt.

- Um in Word ein neues Dokument zu erstellen, klicken Sie auf die *Office-Schaltfläche* und wählen den Befehl *Neu*. Sie können dann im Dialogfeld *Neues Dokument* eine der angebotenen Vorlagen auswählen. Ein neues leeres Dokument erhalten Sie am schnellsten mit dem Shortcut [Strg]+[N].

- Anstelle der auf dem Computer installierten Vorlagen können Sie auch Vorlagen von *Microsoft Office Online* verwenden. Sie können diese Vorlagen kostenlos aus dem Internet herunterladen (sofern Sie mit einer Originalversion von Word arbeiten).

- Außerdem ist es noch möglich, ein bereits bestehendes Dokument als Grundlage zu verwenden. Rufen Sie dazu über *Office-Schaltfläche/Neu* das Dialogfeld *Neues Dokument* auf und klicken Sie dort auf den Eintrag *Neu von vorhandenem*. Dadurch erscheint ein weiteres Dialogfeld, mit dem Sie die gewünschte Datei auswählen können.

Hinweise zum Speichern eines Dokuments finden Sie ebenfalls in Kapitel 5. Im einfachsten Fall klicken Sie dazu einfach in der Symbolleiste für den Schnellzugriff auf das Diskettensymbol.

Text eingeben

Nachdem Sie ein neues Dokument angelegt und gespeichert haben, geben Sie Ihren Text ein. Das ist ganz einfach und funktioniert fast genau so, wie Sie es von der Schreibmaschine her gewohnt sind.

Es gibt jedoch einen wichtigen und entscheidenden Unterschied: Sie brauchen am Ende einer Zeile *nicht* die Taste für die Zeilenschaltung [↵] zu drücken. Der Grund: Word sorgt automatisch für den Zeilenumbruch. Es prüft, ob das Wort, das Sie gerade eingetippt haben, noch in die aktuelle Zeile passt. Wenn nicht, wird es von Word automatisch in die nächste Zeile verschoben. Drücken Sie die [↵]-Taste also nur dann, wenn Sie einen neuen Absatz erstellen wollen.

Sie fragen sich vielleicht, was dies für Vorteile mit sich bringt. Lassen Sie uns einige aufzählen:

- Wenn Sie den eingegebenen Text später überarbeiten und z.B. in einer Zeile Text ergänzen, kann Word den Zeilenumbruch automatisch anpassen. Wenn Sie stattdessen am Ende einer Zeile immer [↵] drücken würden, müssten Sie den Zeilenumbruch manuell anpassen.

- Das Verwenden des automatischen Zeilenumbruchs erleichtert die Formatierung. In Word können Sie Absätzen Aufzählungszeichen, Nummerierungen usw. zuweisen. Mehr zur Formatierung von Absätzen finden Sie weiter hinten in diesem Kapitel.

Wenn Sie innerhalb eines Absatzes einen Zeilenumbruch erzwingen wollen, drücken Sie die Tastenkombination ⟨⇧⟩+⟨↵⟩.

Einzelne Zeichen löschen

Wenn Sie beim Tippen merken, dass Sie sich vertippt haben, können Sie das falsche Zeichen einfach löschen:

- Drücken Sie die Taste ⟨←⟩. Das Zeichen *links* von der Einfügemarke wird gelöscht. Wenn Sie mehrere Zeichen löschen wollen, dann halten Sie die Taste ⟨←⟩ einfach gedrückt.
- Um das Zeichen *rechts* von der Einfügemarke zu löschen, drücken Sie ⟨Entf⟩.

Löschen größerer Textpassagen

Wenn Sie längere Textabschnitte löschen möchten, ist die Verwendung der Tasten ⟨←⟩ und ⟨Entf⟩ zu umständlich. In diesem Fall gehen Sie besser so vor:

1. Markieren Sie den betreffenden Text. Die unterschiedlichen Techniken zum Markieren beschreiben wir weiter unten in diesem Kapitel ab Seite 146.

2. Drücken Sie die Taste ⟨Entf⟩.

Text im Einfüge- und Überschreibmodus ergänzen

Wenn Sie einen Text nachträglich ändern wollen, setzen Sie einfach die Einfügemarke an die gewünschte Stelle und geben den neuen Text ein. Der bereits vorhandene Text rutscht dann automatisch nach rechts und macht Platz für die neuen Zeichen. Dieses Verhalten wird als *Einfügemodus* bezeichnet.

Word kennt jedoch auch den so genannten *Überschreibmodus*. In dieser Betriebsart werden die bereits vorhandenen Zeichen durch den neuen Text überschrieben, d.h. jedes neue Zeichen, das Sie eintippen, ersetzt ein vorhandenes.

Um zwischen den Betriebsarten hin- und herzuschalten, konfigurieren Sie am besten die Statusleiste so, dass dort der aktuelle Modus angezeigt wird. Klicken Sie dazu die Statuszeile mit der rechten Maustaste an und schalten im Kontextmenü den Befehl *Überschreiben* an. Dadurch erscheint eine Schaltfläche in der Statusleiste, mit der Sie zwischen den beiden Modi wechseln können.

Bild 7.1   Anzeigen und Umschalten zwischen Einfüge- und Überschreibmodus

HINWEIS   **Überschreibmodus per** [Einfg] **umschalten**   In den bisherigen Word-Versionen konnten Sie durch Drücken der [Einfg]-Taste zwischen dem Überschreib- und dem Einfügemodus umschalten. Da dies bei vielen Anwendern zu Irritationen geführt hat, wurde diese Möglichkeit in Word 2007 deaktiviert. Wenn Sie diese Funktion auch in Word 2007 nutzen möchten, können Sie in den *Word-Optionen* auf der Seite *Erweitert* in der Gruppe *Bearbeitungsoptionen* die Option *EINFG-Taste zum Steuern des Überschreibmodus verwenden* einschalten.

Bewegen im Dokument

Im Word-Fenster sehen Sie einen blinkenden Strich. Dieser Strich wird Einfügemarke genannt und kennzeichnet die Stelle, an der eingetippter Text erscheint. Um Text an einer anderen Stelle des Dokuments einzugeben, müssen Sie zuerst die Einfügemarke an die gewünschte Position verschieben. Dazu können Sie entweder

■   mit der Maus an die gewünschte Stelle klicken oder

■   die Pfeil- oder Cursortasten der Tastatur benutzen, um die Einfügemarke dorthin zu bewegen.

Unserer Erfahrung nach ist die Verwendung der Tastatur auf Dauer schneller, da sich Ihre Hände beim Tippen bereits auf der Tastatur befinden und Sie nicht zwischen Maus und Tastatur wechseln müssen. In der folgenden Tabelle finden Sie wichtige Tasten und Tastenkombinationen, mit denen Sie die Einfügemarke im Dokument bewegen können:

Tabelle 7.1   Tasten zum Bewegen der Einfügemarke im Dokument

Um die Einfügemarke zu verschieben ...	... verwenden Sie folgende Tasten
Absatz nach oben	[Strg]+[↑]
Absatz nach unten	[Strg]+[↓]
Anfang des Dokuments	[Strg]+[Pos1]
Ende des Dokuments	[Strg]+[Ende]
Eine Fensterseite nach oben	[Bild↑]
Eine Fensterseite nach unten	[Bild↓]
Ein Wort nach links	[Strg]+[←]
Ein Wort nach rechts	[Strg]+[→]
Ein Zeichen nach links	[←]
Ein Zeichen nach rechts	[→]
Eine Zeile nach oben	[↑]
Eine Zeile nach unten	[↓]
Anfang der aktuellen Zeile	[Pos1]
Ende der aktuellen Zeile	[Ende]

Text automatisch scrollen

Eine Funktion, die in ähnlicher Form auch im Internet-Explorer Verwendung findet, ist der automatische Bildlauf. Dabei wird das Dokument mit gleich bleibender Geschwindigkeit nach oben oder unten über den Bildschirm bewegt. Diese Funktion können Sie zum Beispiel nutzen, um einen längeren Text am Bildschirm zu lesen.

Zum Einschalten der Funktion drücken Sie das Mausrad. Word zeigt dann einen Mauszeiger mit einem Doppelpfeil an. Befindet sich der Zeiger in der oberen Hälfte der Bildschirmseite, bewegt sich das Dokument nach unten, d.h. Sie wandern in Richtung Dokumentanfang. Soll sich der Text nach oben bewegen, schieben Sie das Dreieck in die untere Hälfte der Leiste.

Die Geschwindigkeit der Bewegung steuern Sie ebenfalls durch die Position des Mauszeigers: Je weiter Sie den Pfeil vom Mittelpunkt entfernen, desto schneller scrollt Word das Dokument. Zum Beenden des Modus drücken Sie eine beliebige Taste auf der Tastatur oder der Maus.

Word 2007

Formatierungszeichen anzeigen

Vielleicht sehen Sie auf Ihrem Bildschirm »merkwürdige« Zeichen, die Sie niemals bewusst einge-tippt haben, und fragen sich, welche Bedeutung sie besitzen. Diese Zeichen werden Formatierungs-zeichen genannt und mit ihrer Hilfe können Sie u.a. erkennen, wo Sie statt einem zwei Leerzeichen zwischen zwei Wörtern eingetippt oder mit der ⏎-Taste einen neuen Absatz erstellt haben.

Bild 7.2 Die verschiedenen Formatierungszeichen

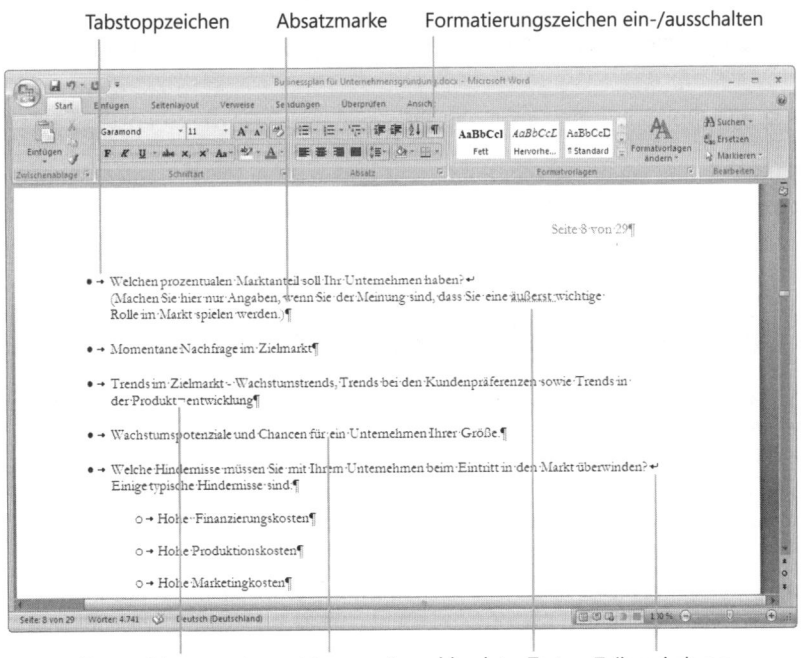

Ob die Formatierungszeichen angezeigt werden oder nicht, können Sie mit der Schaltfläche *Alle Anzeigen* steuern, die sich auf der Registerkarte *Start* befindet (siehe Bild 7.2). Wenn Sie nur eine bestimmte Auswahl der Formatierungszeichen sichtbar machten möchten, müssen Sie zuvor im Dialog *Word-Optionen,* die gewünschten Optionsfelder einschalten:

1. Klicken Sie auf die *Office-Schaltfläche* und dann auf die Schaltfläche Word-*Optionen.*

2. Zeigen Sie im Dialog *Word-Optionen* die Seite *Anzeigen* an.

3. Nehmen Sie im Abschnitt *Diese Formatierungszeichen immer auf dem Bildschirm anzeigen* die betreffenden Einstellungen vor. Denken Sie daran, dass Sie die Option *Alle Formatierungszeichen anzeigen* ausschalten müssen, wenn Sie nur einen Teil der Formatierungszeichen anzeigen möchten.

Markieren

Wenn Sie mehrere Zeichen löschen (oder einer längeren Textpassage eine bestimmte Schriftart zuweisen) wollen, müssen Sie diese Textpassage zuerst markieren. Dazu können Sie sowohl die Maus als auch die Tastatur verwenden, wobei beide Techniken ihre Vor- und Nachteile haben.

Mit der Tastatur markieren

Einzelne Zeichen und kurze Passagen lassen sich in der Regel am schnellsten mit der Tastatur markieren, da Sie die Hände beim Schreiben sowieso schon auf der Tastatur liegen haben. Die Vorgehensweise ist dabei immer die gleiche:

1. Drücken Sie die ⬆-Taste und halten Sie sie gedrückt.

2. Erweitern Sie die Markierung mit den Cursortasten, die Sie auch zum Bewegen der Einfügemarke verwenden.

Sie können sich diesen Vorgang bildlich so vorstellen: Durch das Festhalten der ⬆-Taste wird die Einfügemarke an der aktuellen Position eingefroren. Wenn Sie dann die Cursortasten drücken, wird die Markierung von der Einfügemarke aus erweitert, und zwar in die Richtung, die Sie mit den Tasten angeben. Wenn Sie beispielsweise die ⬆-Taste gemeinsam mit Strg+→ drücken, dann erweitert Word die Markierung bis zum nächsten Wort.

Mit der Maus markieren: Die Markierungsleiste

Um eine Textstelle mit der Maus zu markieren, zeigen Sie auf den Anfang des zu markierenden Bereichs und ziehen die Markierung dann mit gedrückter Maustaste auf. Sobald die Markierung mehr als ein Wort umfasst, erweitert Word die Markierung immer um ganze Wörter. Wenn Sie dieses Verhalten als störend empfinden, können Sie es über die Option *Automatisch ganze Wörter markieren* deaktivieren. Sie finden diese Option im Dialogfeld *Word-Optionen* auf der Seite *Erweitert* in der Gruppe *Bearbeitungsoptionen.*

Zum Markieren größerer Textbereiche verwenden Sie am besten die Markierungsleiste. Dabei handelt es sich um einen unsichtbaren Bereich links neben dem Text, den Sie daran erkennen, dass der Mauszeigers dort nicht wie gewohnt nach links, sondern nach rechts zeigt.

Die folgende Tabelle zeigt, wie Sie was am schnellsten mit der Maus markieren:

Tabelle 7.2 Markieren mit der Maus

Wenn Sie das markieren wollen ...	... gehen Sie so vor
ein Wort	doppelklicken Sie auf das Wort
eine Zeile	klicken Sie vor der gewünschten Zeile in die Markierungsleiste
mehrere Zeilen	setzen Sie den Mauszeiger in der Markierungsleiste vor die erste zu markierende Zeile, drücken Sie die Maustaste und ziehen Sie mit gedrückter Maustaste die Markierung entweder nach oben oder nach unten auf
einen Absatz	setzen Sie den Mauszeiger in der Markierungsleiste vor den zu markierenden Absatz und *doppelklicken* Sie dann mit der Maustaste. Alternativ können Sie einen Dreifachklick auf dem Absatz ausführen
mehrere Absätze	setzen Sie den Mauszeiger in der Markierungsleiste vor den ersten zu markierenden Absatz, *doppelklicken* Sie und ziehen Sie mit gedrückter Maustaste die Markierung entweder nach oben oder nach unten auf
das gesamte Dokument	führen Sie einen Dreifachklick in der Markierungsleiste aus

PROFITIPP

Mehrere Absätze mit der Maus markieren

Wenn Sie mehrere Absätze mit der Maus markieren wollen, kann es schnell passieren, dass Sie über das Ziel »hinausschießen«. Word nimmt dann einen Bildlauf vor und Sie müssen erst wieder umständlich die richtige Textstelle suchen. Mit dem folgenden Verfahren kommen Sie schneller zum Ziel:

1. Setzen Sie die Einfügemarke an den Anfang des zu markierenden Bereichs.
2. Drücken Sie F8 oder halten Sie alternativ die ⇧-Taste fest.
3. Führen Sie einen Bildlauf zum anderen Ende des Bereichs durch, den Sie markieren wollen.
4. Klicken Sie die Textposition an, um die Markierung bis dort zu erweitern.

Nicht zusammenhängenden Text markieren

Sie können mit der Maus auch Text markieren, der nicht direkt nebeneinander steht. Gehen Sie dazu folgendermaßen vor:

1. Drücken Sie die Strg-Taste und halten Sie sie gedrückt.
2. Markieren Sie Wörter, Zeilen und Absätze so, wie es in der obigen Tabelle beschrieben ist.
3. Lassen Sie die Strg-Taste wieder los.

Ein Beispiel dafür, wie die so genannte *Mehrfachauswahl* auf dem Bildschirm aussieht, sehen Sie im folgenden Bild auf der nächsten Seite.

Bild 7.3   Beispiel für eine Mehrfachauswahl

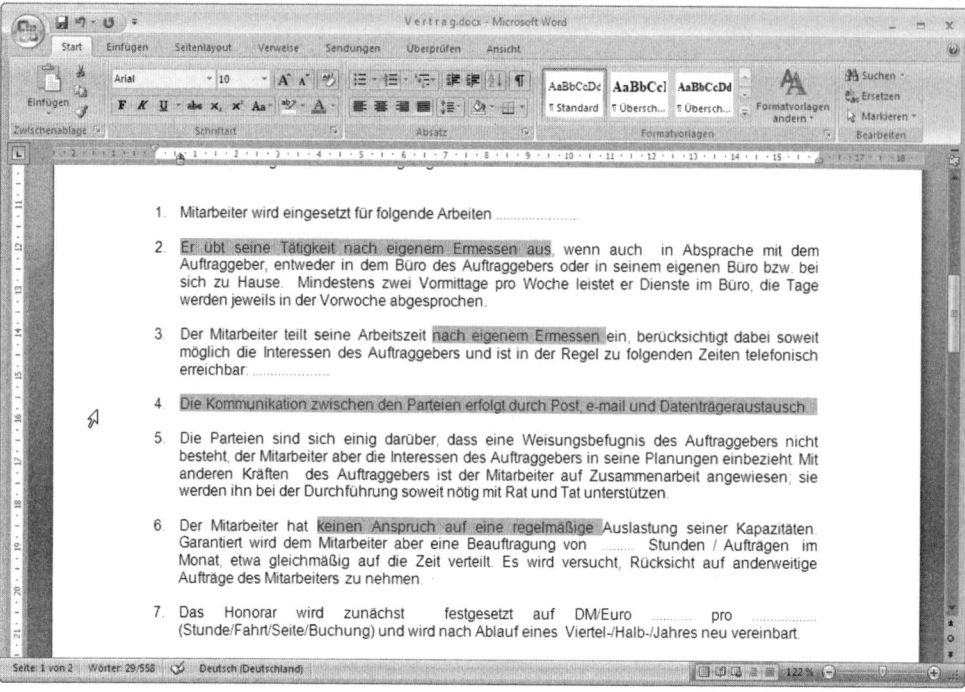

Die Zwischenablage

Zwei Textverarbeitungsfunktionen, die Sie wahrscheinlich häufig nutzen werden, sind das Kopieren und das Verschieben von Text. Wenn Sie bereits mit Windows-Programmen gearbeitet haben, wissen Sie wahrscheinlich, dass dazu die so genannte *Zwischenablage* verwendet wird, die so ähnlich wie eine Pinnwand funktioniert: Sie können dort etwas anheften, um es später wieder zu entnehmen. In der Office-Zwischenablage können bis zu 24 Elemente abgelegt werden. Bevor wir gleich noch etwas näher auf die Zwischenablage eingehen, wollen wir Ihnen zunächst kurz zeigen, wie Sie beim Kopieren und Verschieben vorgehen.

Kopieren in vier Schritten

1. Markieren Sie den gewünschten Text, die Grafik usw.

2. Wechseln Sie auf die Registerkarte *Start* und klicken Sie dort auf die Schaltfläche *Kopieren* (oder drücken Sie den Shortcut ⌐Strg⌐+⌐C⌐). Dadurch wird eine Kopie der Markierung in der Zwischenablage abgelegt.

3. Setzen Sie die Einfügemarke an die Zielstelle.

4. Klicken Sie auf *Einfügen* (oder drücken Sie ⌐Strg⌐+⌐V⌐).

Verschieben in vier Schritten

1. Markieren Sie den gewünschten Text, die Grafik usw.

2. Wechseln Sie auf die Registerkarte *Start* und klicken Sie dort auf die Schaltfläche *Ausschneiden* (oder drücken Sie den Shortcut ⌊Strg⌋+⌊X⌋). Die Markierung wird aus dem Dokument entfernt und in der Zwischenablage abgelegt.

3. Setzen Sie die Einfügemarke an die Zielstelle.

4. Klicken Sie auf *Einfügen* (oder drücken Sie ⌊Strg⌋+⌊V⌋).

HINWEIS   Die Einfügestelle muss sich nicht unbedingt in dem gleichen Dokument befinden, in dem Sie die Markierung kopiert bzw. ausgeschnitten haben. Sie kann sich auch in einem anderen Dokument des gleichen Typs (also Kopieren/Verschieben von Word nach Word) oder in einem Dokument befinden, das Sie mit einer anderen Office-Anwendung erstellen.

Beliebiges Element aus Zwischenablage einfügen

Die soeben beschriebenen Schrittfolgen für das Kopieren und Verschieben von Text fügen immer das zuletzt ausgeschnittene bzw. kopierte Element der Zwischenablage ein. Sie können jedoch auch jedes andere Element, das sich in der Zwischenablage befindet, einfügen. Gehen Sie dazu so vor:

1. Schalten Sie zunächst den Aufgabenbereich der Zwischenablage ein, falls er momentan nicht sichtbar ist. Dazu klicken Sie in der Registerkarte *Start* auf die kleine quadratische Schaltfläche, die sich rechts unten in der Befehlsgruppe *Zwischenablage* befindet.

Bild 7.4   Aufgabenbereich *Zwischenablage* mit Elementen aus verschiedenen Office-Anwendungen

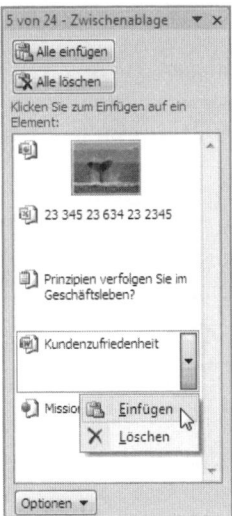

2. Setzen Sie die Einfügemarke an die Stelle, an der Sie das Element einfügen möchten.

3. Klicken Sie auf den Pfeil neben dem Element, das Sie einfügen möchten.

Symbole und Sonderzeichen einfügen

Viele der Schriftarten, die auf Ihrem Computer installiert sind, enthalten Sonderzeichen, die auf den Tasten Ihrer Tastatur nicht enthalten sind. Mit den *WingDings*- und *WebDings*-Zeichensätzen, die zu Windows gehören, steht Ihnen zum Beispiel eine ganze Palette von nützlichen Ornamenten, Kreuzen und Pfeilen zur Verfügung.

Diese Symbole lassen sich ganz einfach über ein Ausklappmenü bzw. ein spezielles Dialogfeld in ein Dokument aufnehmen:

1. Positionieren Sie die Einfügemarke an die Stelle, an der Sie das Symbol einfügen wollen und wechseln Sie auf die Registerkarte *Einfügen*.

2. Klicken Sie ganz rechts in der Gruppe *Symbole* auf die Schaltfläche *Symbole*. Dadurch klappt ein kleines Auswahlmenü herunter, in dem sich die zuletzt von Ihnen eingefügten Symbole (bzw. eine Vorauswahl) befinden. Wenn Sie das gesuchte Symbol hier entdecken, können Sie es einfach anklicken und sind bereits am Ziel.

Bild 7.5 Häufig benutzte Symbole können direkt ausgewählt werden

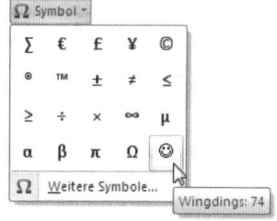

3. Ist das gesuchte Symbol hier nicht aufgeführt, klicken Sie unterhalb der Liste auf *Weitere Symbole*. Das Dialogfeld *Symbol* wird angezeigt.

Bild 7.6 Mit diesem Dialogfeld können Sie Sonderzeichen einfügen

4. Klicken Sie – falls nötig – auf die Registerkarte *Symbole*.

5. Öffnen Sie die Liste *Schriftart* und wählen Sie die Schrift aus, die Sie verwenden wollen.

6. Doppelklicken Sie auf das Zeichen, das Sie einfügen möchten.

7. Wenn Sie alle Sonderzeichen eingefügt haben, klicken Sie auf *Schließen*.

PROFITIPP

Tastenkombinationen für Sonderzeichen

Ein Großteil der Zeichen, die auf der Registerkarte *Sonderzeichen* aufgeführt sind, können auch über eine eigene Tastenkombination eingefügt werden. Interessant sind hier zum Beispiel geschützte Trennstriche oder geschützte Leerzeichen. Die betreffenden Tastenkombinationen sind neben den Sonderzeichen auf der Registerkarte aufgeführt.

Bausteine erstellen und einfügen

Der Begriff *Baustein* ist eng mit der neuen Benutzeroberfläche von Word 2007 verknüpft. Vereinfacht gesagt sind Bausteine kleine »Dokumenthäppchen«, die Sie nach Belieben in Ihre Dokumente einfügen können. Im einfachsten Fall besteht ein Baustein aus einem einzelnen Wort, es kann sich aber auch um eine längere Textpassage, eine Tabelle oder sogar um eine aufwändig gestaltete Seite handeln. Bausteine begegnen Ihnen zum Beispiel, wenn Sie auf der Registerkarte *Einfügen* ein Deckblatt einfügen. Und auch die vorgefertigten Kopf- und Fußzeilen sind nichts anderes als Bausteine.

Wenn Sie bereits mit früheren Versionen von Word gearbeitet haben, werden Sie vermutlich denken: »Ach so, das sind die alten AutoTexte«. Damit liegen Sie nicht ganz falsch, denn die Bausteine von Word 2007 sind gewissermaßen eine Weiterentwicklung der AutoTexte. Ein entscheidender Unterschied ist dabei die Art und Weise, wie Bausteine verwaltet und abgespeichert werden. Während AutoTexte in früheren Versionen nur mit Hilfe von Formatvorlagen organisiert werden konnten, lassen sich Bausteine bei Word 2007 in verschiedenen Katalogen speichern, die jeweils in mehrere Kategorien unterteilt werden können.

Am einfachsten lässt sich dieses Prinzip an einem kleinen Beispiel verstehen. Mit den folgenden Schritten werden Sie den Text »Sehr geehrte Damen und Herren,« als Baustein in den Katalog *Schnellbausteine* ablegen. Anschließend zeigen wir dann, wie Sie den Baustein in Ihr Dokument einfügen können.

1. Erstellen Sie ein neues Dokument.

2. Geben Sie den Text »Sehr geehrte Damen und Herren,« ein und drücken Sie anschließend die ⏎-Taste.

3. Markieren Sie den soeben eingegebenen Absatz (zum Beispiel, indem Sie wie auf Seite 146 beschrieben mit der Maus in die Markierungsleiste klicken).

4. Zeigen Sie die Registerkarte *Einfügen* an und klicken Sie in der Gruppe *Text* auf die Schaltfläche *Schnellbausteine*. Dadurch klappt ein Menü auf, in dem Sie den letzten Befehl *Auswahl im Schnellbaustein-Katalog speichern* wählen. Mit diesem Befehl rufen Sie das Dialogfeld *Neuen Baustein erstellen* auf.

Word 2007

Bild 7.7   Der markierte Text wird im Katalog *Schnellbausteine* gespeichert

Im Dialogfeld sehen Sie, dass der neue Baustein im Katalog *Schnellbausteine* und dort in der Kategorie *Allgemein* erstellt wird. Mit dem Listenfeld *Speichern in* wird festgelegt, in welcher Dokumentvorlage er gespeichert werden soll.

5.   Geben Sie dem neuen Baustein einen Namen und fügen Sie eine kurze Beschreibung ein. Alle anderen Felder lassen Sie unverändert.

6.   Klicken Sie auf *OK*, um den Baustein zu erstellen.

Im letzten Schritt soll der neue Baustein testweise in das Dokument eingefügt werden. Da Sie ihn im Katalog *Schnellbausteine* abgelegt haben, können Sie ihn konsequenterweise über die gleichnamige Schaltfläche erreichen.

7.   Klicken Sie also in der Registerkarte *Einfügen* wieder auf die Schaltfläche *Schnellbausteine*. Wie Sie sehen, ist das Menü der Schaltfläche um einen Eintrag für den neuen Baustein erweitert worden.

Bild 7.8   Der neue Schnellbaustein

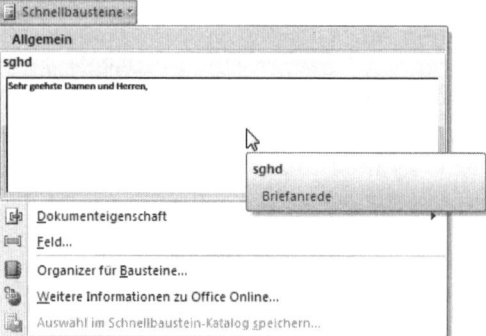

8.   Klicken Sie den neuen Eintrag an, um den Schnellbaustein einzufügen.

TIPP   **Schnellbausteine per Tastatur einfügen**   Wenn Sie den Namen eines Bausteins kennen, können Sie den Baustein einfügen, indem Sie seinen Namen eintippen und direkt danach die Taste [F3] drücken.

Der Organizer für Bausteine

Alle Bausteine, die Sie in Ihre Dokumente einfügen können, werden an einer zentralen Stelle, dem so genannten *Organizer für Bausteine* verwaltet. Dort können Sie sich nun davon überzeugen, dass sich der neue Baustein in dem gewünschten Katalog befindet. Zum Aufrufen des Organizers klicken Sie in der Registerkarte *Einfügen* auf *Schnellbausteine* und wählen den Befehl *Organizer für Bausteine*.

Bild 7.9   Im *Organizer für Bausteine* lässt sich erkennen, in welchen Katalogen und Kategorien die verschiedenen Bausteine organisiert sind

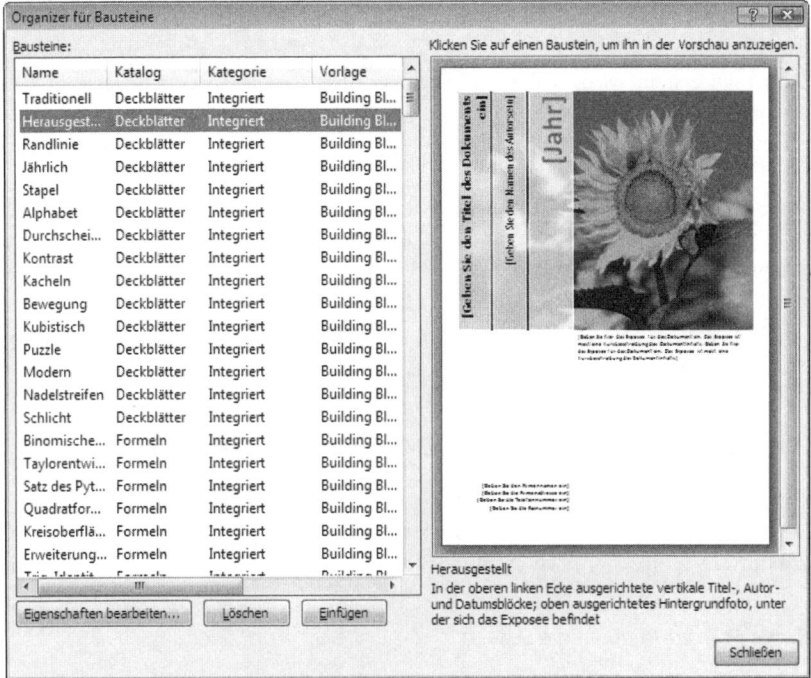

In diesem Dialogfeld können Sie die Bausteine verwalten, um sie zum Beispiel anderen Katalogen oder Kategorien zuzuordnen oder um nicht mehr benötigte Bausteine zu löschen.

Zeichen formatieren

Neben der Möglichkeit, Texte zu korrigieren, zu ergänzen oder einen neuen Text auf einem bestehenden aufbauen zu lassen, sind die zahlreichen Gestaltungsmerkmale, die Sie Ihrem Text zuweisen können, ein wichtiges Merkmal eines jeden Textverarbeitungsprogramms. Dazu gehört zum Beispiel das Einstellen der Schriftart, der Schriftgröße und der Textfarbe. Im Fachjargon wird dies als *Zeichenformatierung* bezeichnet.

Grundsätzliches zur Zeichenformatierung

Sie können für die Zeichenformatierung verschiedene Techniken anwenden:

- Die Schaltflächen der Registerkarte *Start* aus der Gruppe *Schriftart*
- Die Schnellformatvorlagen der Registerkarte *Start* aus der Gruppe *Formatvorlagen*
- Das Dialogfeld *Schriftart*
- Die in Word eingebauten Tastenkombinationen.

Alle diese Varianten haben ihre Vor- und Nachteile:

- Die Verwendung der Schaltflächen ist sehr intuitiv, nachdem Sie einmal ihre Bedeutung kennen. Allerdings können Sie auf diese Weise nicht alle Zeichenmerkmale zuweisen.
- Die Schnellformatvorlagen sind schnell und komfortabel. Nachteile lassen sich eigentlich kaum ausmachen.
- Das Dialogfeld *Schriftart* enthält alle Optionen für die Zeichenformatierung. Allerdings erfordert sein Einsatz etwas mehr »Mausarbeit«.
- Besonders schnell ist die Verwendung der Tastenkombinationen, da Sie hierfür die Hände nicht von der Tastatur nehmen müssen. Der Nachteil ist natürlich, dass Sie die Tastenkombinationen zuerst erlernen müssen.

Für alle Varianten gilt die Regel: *Erst markieren, dann formatieren* (s. a. Abschnitt »Markieren« ab Seite 146). Die Anwendung der Schnellformatvorlagen besprechen wir auf der Seite 162.

Formatieren mit der Registerkarte *Start*

In den allermeisten Fällen beschränkt sich die Formatierung von Text auf das Wählen einer geeigneten Schriftart und -größe, sowie auf einige wenige Attribute wie fett, kursiv oder unterstrichen. Die dazu notwendigen Schaltflächen finden Sie auf der Registerkarte *Start* in der Gruppe *Schriftart*.

Bild 7.10   Die Gruppe *Schriftart* enthält die Schaltflächen zur Zeichenformatierung

Die Verwendung dieser Schaltflächen kann man wohl ruhigen Gewissens als intuitiv bezeichnen, so dass sie hier nicht näher erläutert werden müssen.

Formatieren mit der Minisymbolleiste

Sicher ist Ihnen beim Markieren schon einmal aufgefallen, dass oberhalb einer Markierung ein blasses Fenster auftaucht, dessen Farben kräftiger werden, sobald Sie mit dem Mauszeiger darüber fahren. Bei diesem Fenster handelt es sich um eine *Minisymbolleiste*. Auf ihr bietet Ihnen Word eine Auswahl der Funktionen an, die Sie im aktuellen Kontext am häufigsten benötigen werden. Die Bedeutung der Schaltflächen ist mit denen auf der Registerkarte *Start* identisch.

Bild 7.11   Mit der automatisch eingeblendeten Symbolleiste lassen sich die häufigsten
Formatierungsaufgaben erledigen (hier: Textfarbe ändern)

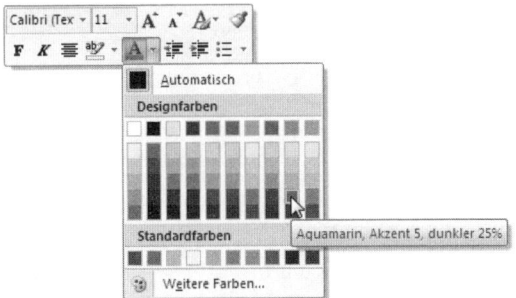

TIPP   **Minisymbolleiste anzeigen**   Um die Minisymbolleiste auf dem Bildschirm anzuzeigen, klicken Sie mit der rechten Maustaste in eine Markierung.

Das Dialogfeld *Schriftart*

Das Dialogfeld *Schriftart* können Sie auf eine der folgenden Weisen aufrufen:

- Klicken Sie in der Registerkarte *Start* auf die kleine quadratische Schaltfläche, die sich rechts unten in der Befehlsgruppe *Schriftart* befindet.

- Klicken Sie eine Textstelle oder eine Markierung mit der rechten Maustaste an und wählen Sie im angezeigten Kontextmenü den Befehl *Schriftart*.

- Drücken Sie die Tastenkombination ⇧+Strg+A.

HINWEIS   **Texteffekte**   In früheren Versionen von Word enthielt das Dialogfeld *Schriftart* noch die Registerkarte *Texteffekt*, über die ein Text animiert hervorgehoben werden konnte (zum Beispiel mit funkelnden Sternen). Diese Funktion ist in Word 2007 nicht mehr enthalten (alte Word-Dokumente lassen sich jedoch korrekt darstellen).

Zeichenformatierungen mit Shortcuts

Die schnellste Möglichkeit zur Zeichenformatierung ist sicherlich die Verwendung der Shortcuts. Viele dieser Shortcuts funktionieren dabei wie ein Schalter. Um zum Beispiel im laufenden Text ein einzelnes Wort fett zu formatieren, gehen Sie folgendermaßen vor:

1. Drücken Sie ⇧+Strg+F, um die Zeichenformatierung »fett« einzuschalten.

2. Tippen Sie jetzt das fett zu formatierende Wort ein.

3. Drücken Sie erneut ⇧+Strg+F, um die Zeichenformatierung »fett« wieder auszuschalten und fahren Sie dann mit der Eingabe des weiteren Textes fort.

In der folgenden Tabelle haben wir für Sie die wichtigsten Shortcuts zusammengestellt, die Sie zur Zeichenformatierung verwenden können.

Tabelle 7.3 Tastenkombinationen für die Zeichenformatierung

Tastenkombination	Beschreibung
⌂ + Strg + A	Das Dialogfeld *Schriftart* anzeigen
Strg + <	verkleinern des Schriftgrades um eine Stufe
⌂ + Strg + <	vergrößern des Schriftgrades um eine Stufe
Strg + 8	verkleinern des Schriftgrades um 1 Punkt
Strg + 9	vergrößern des Schriftgrades um 1 Punkt
⌂ + Strg + U	durchgehend unterstreichen (ein/aus)
⌂ + Strg + D	doppelt unterstreichen (ein/aus)
⌂ + Strg + W	wortweise unterstreichen (ein/aus)
⌂ + Strg + F	fett (ein/aus)
⌂ + Strg + K	kursiv (ein/aus)
Strg + #	tieferstellen (ein/aus)
Strg + +	höherstellen (ein/aus)
⌂ + Strg + G	Großbuchstaben (ein/aus)
⌂ + Strg + Q	Kapitälchen (ein/aus)
⌂ + Strg + H	ausgeblendet (ein/aus)
⌂ + Strg + Z	auf Standardformat zurücksetzen

Formatierungen löschen und übertragen

Wenn Sie eine komplizierte Zeichenformatierung für mehrere Textpassagen verwenden wollen, ist es nicht erforderlich, die gleichen Formatierungsbefehle wieder und wieder zu verwenden. Stattdessen können Sie die Formatierung einfach auf eine andere Textstelle übertragen:

1. Markieren Sie den Text, dessen Formatierung Sie übertragen wollen.

2. Wechseln Sie in der Multifunktionsleiste auf die Registerkarte *Start*.

3. Klicken Sie in der Gruppe *Zwischenablage* auf die Pinsel-Schaltfläche.

4. Streichen Sie mit dem Mauszeiger über die Textstelle, die die gleiche Formatierung erhalten soll.

Absätze formatieren

Die nächst größeren Einheiten nach Zeichen, die formatiert werden können, sind Absätze. Bevor wir uns jedoch auf die Feinheiten der Absatzformatierung stürzen, ist es erforderlich, den Begriff »Absatz« genauer unter die Lupe zu nehmen und Ihnen das Word-Verständnis eines Absatzes zu erläutern.

Die Absatzmarke

Für Word ist ein Absatz alles (sogar eine leere Zeile), was mit einer Absatzmarke endet. Die Absatzmarke wird von Ihnen in den Text aufgenommen, wenn Sie die ⏎-Taste drücken. Wie Sie dieses Zeichen sichtbar machen können, haben wir bereits weiter vorne in diesem Kapitel auf Seite 145 beschrieben.

Die Absatzmarke selbst ist Teil des Absatzes. Sie enthält alle Formatierungsmerkmale, die Sie dem Absatz zugewiesen haben. Wenn Sie die Absatzmarke löschen, verliert der Absatz seine Formatierungsmerkmale. Der »alte« Absatz wird dann mit dem Absatz hinter der gelöschten Absatzmarke verbunden und erhält dessen Formatierung.

Absätze markieren

Bei der Vorstellung der Zeichenformatierung haben wir gesagt, dass Sie *alle Zeichen* markieren müssen, die Sie formatieren wollen. Bei Absätzen verhält es sich etwas anders. Eine Absatzformatierung wirkt sich immer auf den gesamten Absatz aus. Es reicht daher aus, wenn sich die Einfügemarke an einer beliebigen Stelle im Absatz befindet.

Wollen Sie mehrere Absätze gleichzeitig formatieren, müssen Sie lediglich darauf achten, dass alle Absätze einen Teil der Markierung enthalten (Hinweise zum Markieren finden Sie ab Seite 146).

Die Varianten der Absatzformatierung

Ähnlich wie bei der Zeichenformatierung, führen auch bei der Formatierung von Absätzen mehrere unterschiedliche Wege zum Ziel:

- Die Schaltflächen der Registerkarte *Start* aus der Gruppe *Absatz*.
- Die Schnellformatvorlagen der Registerkarte *Start* aus der Gruppe *Formatvorlagen*.
- Das Dialogfeld *Absatz*.
- Verschiedene Tastenkombinationen.
- Ergänzend können Sie das Lineal verwenden, mit dessen Hilfe die Einzüge eines Absatzes verändert werden und Tabulatoren gesetzt werden können. Das Lineal lässt sich über die kleine Schaltfläche oberhalb der senkrechten Bildlaufleiste ein- und ausschalten.
- Absatzformatierungen können genau wie Zeichenformatierungen mit der Pinsel-Schaltfläche übertragen werden. Die Vorgehensweise entspricht dabei dem im Abschnitt »Formatierungen löschen und übertragen« beschriebenen Verfahren (Seite 156).

Word 2007

Absätze mit der Registerkarte *Start* formatieren

Auf der Registerkarte *Start* befinden sich in der Gruppe *Absatz* ein gutes Dutzend Schaltflächen, mit denen Sie den Großteil der Absatzformatierung vornehmen können.

Bild 7.12 In dieser Gruppe befinden sich die Schaltflächen zur Absatzformatierung

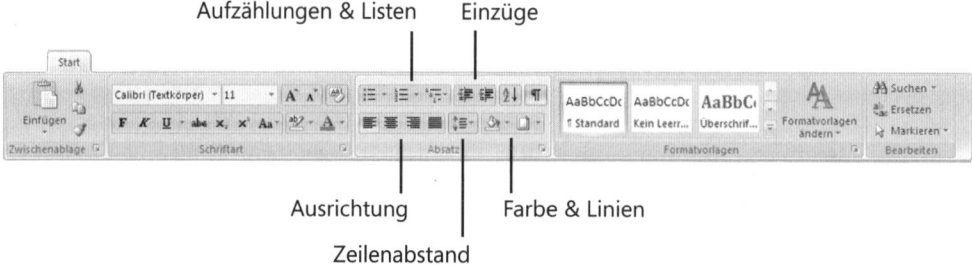

Mit diesen Schaltflächen können Sie folgende Aufgaben erledigen:

■ Erstellen von Listen mit Aufzählungen

■ Den Einzug eines Absatzes ändern, d.h. ihn ein- oder auszurücken

■ Absätze linksbündig, zentriert, rechtsbündig und im Blocksatz ausrichten

Bild 7.13 Beispiele für Ausrichtung und Einzug von Absätzen

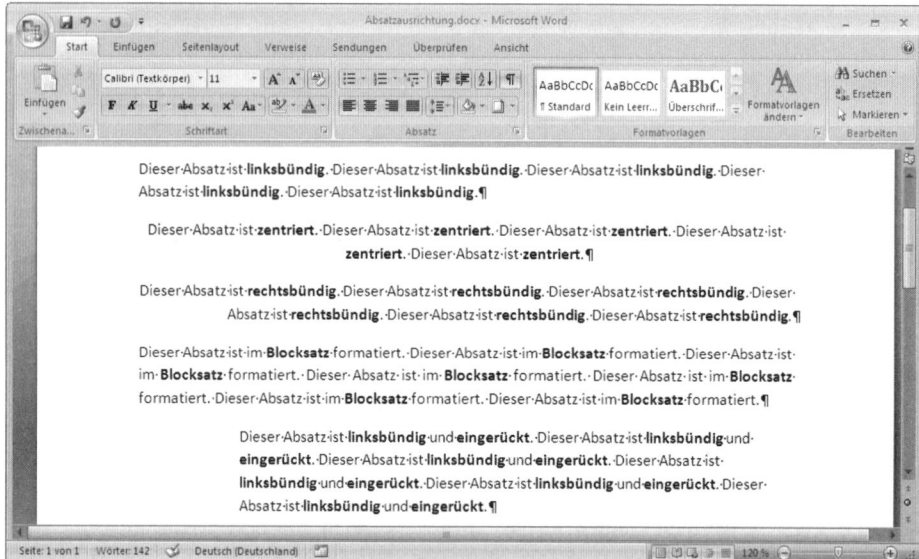

■ Den Abstand der Zeilen in einem Absatz ändern

■ Absätze farblich hinterlegen

■ Absätze mit Linien und Rahmen hervorheben.

Absatzformatierungen mit Shortcuts

Die folgende Tabelle führt die wichtigsten Shortcuts auf, die Sie zur Absatzformatierung einsetzen können.

Tabelle 7.4 Wichtige Tastenkombinationen für die Formatierung von Absätzen

Tastenkombination	Beschreibung
Strg + L	Formatiert den Absatz linksbündig.
Strg + R	Formatiert den Absatz rechtsbündig.
Strg + Z	Zentriert den Absatz horizontal auf der Seite.
Strg + B	Formatiert den Absatz im Blocksatz.
Strg + M	Versieht den Absatz mit einem linken Einzug.
⇧ + Strg + M	Mit dieser Tastenkombination können Sie den linken Einzug eines Absatzes wieder um einen Tabstopp verkürzen.
Strg + T	Erzeugt einen hängenden Einzug. Alle Zeilen – mit Ausnahme der ersten – werden von Word bis zum nächsten Tabstopp bewegt.
⇧ + Strg + T	Verkleinert den hängenden Einzug wieder.
Strg + 1	Einfacher Zeilenabstand (12 pt = 1 ze)
Strg + 2	Doppelter Zeilenabstand (24 pt = 2 ze)
Strg + 5	Eineinhalbfacher Zeilenabstand (18 pt = 1,5 ze)
Strg + 0 (Null)	Öffnet bzw. schließt Leerraum (12 pt = 1 ze) vor dem Absatz

Word 2007

Aufzählungen und Nummerierungen

Ein wichtiges Textelement, das in vielen Dokumenten vorkommt, sind nummerierte Listen und Aufzählungen, die mit einem Sonderzeichen (wie dem kleinen Quadrat, das wir in diesem Buch verwenden) eingeleitet werden. Wie Sie weiter oben in Bild 7.12 sehen können, stehen Ihnen für diese Zwecke in der Registerkarte *Start* drei Schaltflächen zur Verfügung, mit denen diese Formatierungen schnell und unkompliziert vorgenommen werden können.

1. Markieren Sie die Absätze, die ein Aufzählungszeichen erhalten sollen.

2. Klicken Sie in der Registerkarte *Start* auf den kleinen Pfeil der Schaltfläche *Aufzählungszeichen*, um das Menü der Schaltfläche aufzuklappen.

Wie Sie im folgenden Bild sehen, sind die Aufzählungszeichen in Gruppen unterteilt. In der ersten Gruppe befinden sich die Zeichen, die Sie zuletzt verwendet haben. Diese Gruppe wird natürlich nur angezeigt, falls Sie nach dem Starten von Word bereits mit der Funktion gearbeitet haben. Die Gruppe *Aufzählungsbibliothek* ist immer in diesem Menü vorhanden und enthält die Standardauswahl, die Ihnen von Word zur Verfügung gestellt wird. Wenn das Dokument bereits Aufzählungszeichen enthält, tauchen diese in der Gruppe *Dokumentaufzählungszeichen* in dem Menü auf.

Bild 7.14 Liste mit Aufzählungszeichen versehen

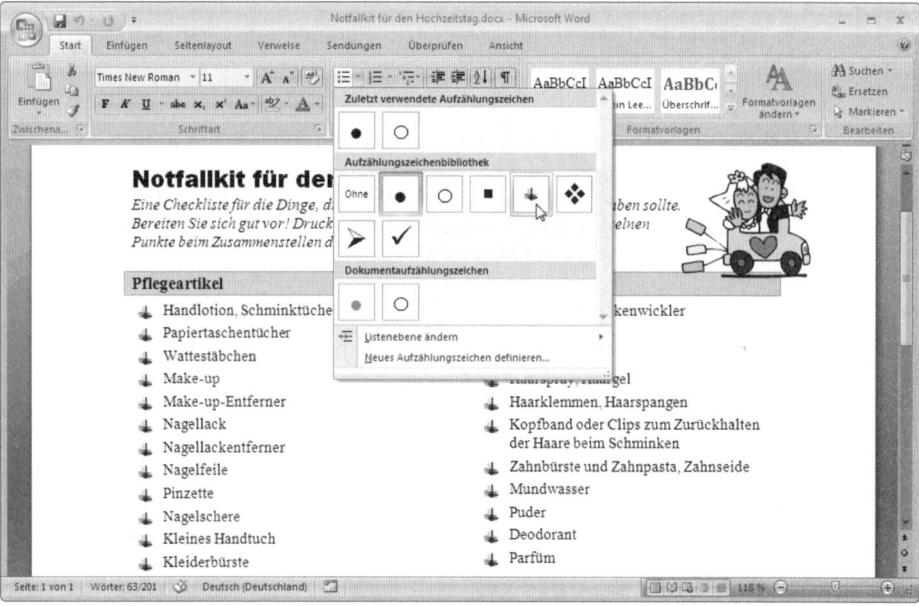

3. Fahren Sie mit der Maus über die angebotenen Zeichen. Sie können die Wirkung der Zeichen direkt im Dokument beobachten.

4. Wenn Sie sich für ein Zeichen entschieden haben, klicken Sie es an.

5. Um einer Liste einen weiteren Eintrag hinzuzufügen, setzen Sie die Einfügemarke an das Ende des letzten Absatzes und drücken dort die ⏎-Taste. Der neue Absatz erhält automatisch das gleiche Aufzählungszeichen.

6. Nachdem Sie den letzten Punkt der Liste eingegeben haben, drücken Sie die ⏎-Taste, um einen neuen Absatz zu erstellen, und dann die Taste ⟵ (oberhalb der ⏎-Taste), um so die Aufzählung zu beenden.

Nummerierte Listen erstellen

Das Erstellen von Listen, deren Absätze nummeriert sind, funktioniert vom Prinzip her genau so wie das Erstellen von Absätzen mit Aufzählungszeichen:

1. Geben Sie den ersten Absatz der Liste ein. Drücken Sie am Ende des Absatzes die ⏎-Taste.

2. Setzen Sie die Einfügemarke wieder in den Absatz und öffnen Sie das Menü der Schaltfläche *Nummerierung* (das ist die zweite Schaltfläche der Gruppe).

3. Wählen Sie eine der angebotenen Nummerierungen aus.

4. Setzen Sie die Einfügemarke an das Ende des Absatzes und drücken Sie die ⏎-Taste, wenn Sie die Liste fortsetzen wollen.

5. Zum Beenden der Liste, erstellen Sie wieder mit ⏎ einen neuen Absatz und drücken dann direkt die Taste ⟵ (oberhalb der ⏎-Taste).

Nummerierung mit einer anderen Zahl beginnen

Wenn die Nummerierung nicht mit 1, sondern mit einer anderen Zahl beginnen soll, gehen Sie folgendermaßen vor:

1. Klicken Sie den Absatz, dessen Nummerierung Sie ändern möchten, mit der rechten Maustaste an und wählen Sie in dem angezeigten Kontextmenü den Befehl *Nummerierungswert festlegen.*

Bild 7.15   So legen Sie den Startwert einer nummerieren Liste fest

2. Stellen Sie den gewünschten Wert im Dialog ein und klicken Sie auf *OK*.

Aufzählung/Nummerierung entfernen

Um die Aufzählungszeichen zu entfernen, gehen Sie so vor:

1. Markieren Sie alle Absätze der Liste, bei denen Sie das Aufzählungszeichen entfernen wollen.

2. Klicken Sie auf die Schaltfläche *Aufzählungszeichen*.

Rahmen und Linien

Mit Rahmen und Linien können Sie Überschriften oder Kopfzeilen vom Rest des Textes abheben und das Augenmerk des Lesers auf wichtige Stellen lenken. Wenn Sie keine großen Ansprüche an Form und Farbe stellen, lassen sich die Linien am schnellsten über eine Schaltfläche der Registerkarte *Start* einfügen:

1. Setzen Sie die Einfügemarke in den Absatz, den Sie mit einer Linie versehen wollen. Wenn Sie mehrere Absätze mit einem gemeinsamen Rahmen versehen möchten, markieren Sie die gewünschten Absätze.

2. Wechseln Sie auf die Registerkarte *Start* und klicken Sie in der Gruppe *Absatz* den kleinen Pfeil der letzten Schaltfläche an.

3. Mit den Befehlen des dadurch ausgeklappten Menüs können Sie nun die gewünschte(n) Linie(n) einschalten. Unter Umständen müssen Sie dazu das Menü mehrmals aufrufen.

4. Wenn Sie die Art der Linie oder ihre Farbe verändern möchten, müssen Sie das Dialogfeld *Rahmen und Schattierung* benutzen. Sie erreichen es über den gleichnamigen Befehl, der sich ganz unten im Ausklappmenü der Schaltfläche befindet.

Word 2007

Bild 7.16   Mit diesem Dialogfeld können Sie die Darstellung der Linie ändern

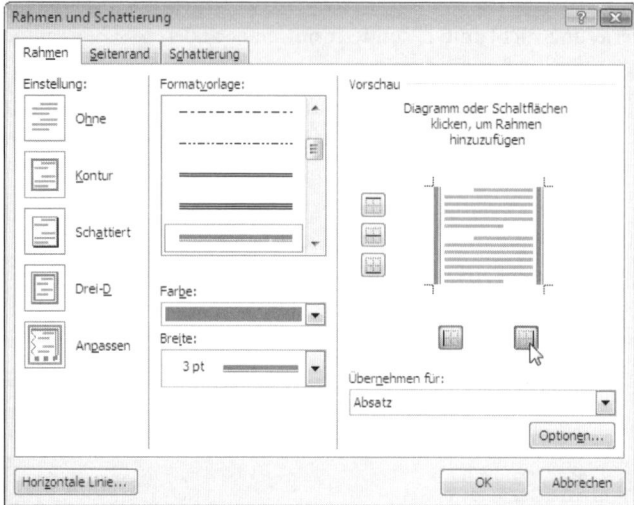

5. Stellen Sie dann zunächst im mittleren Bereich des Dialogs die Linienart, -farbe und -breite ein und klicken Sie dann rechts auf die Schaltflächen des Vorschaubereichs, um die betreffenden Linien einzuschalten.

6. Mit den Optionen der Registerkarte *Schattierung* können Sie den Rahmen bei Bedarf auch farbig hinterlegen.

Formatieren mit Schnellformatvorlagen

In den letzten Abschnitten haben Sie gelernt, wie Sie einzelne Formatierungsmerkmale Ihrer Texte ändern können. In der Praxis ist diese Art der Formatierung jedoch oft zu mühselig und führt auch häufig dazu, dass Ihre Dokumente nicht einheitlich formatiert sind. Aus diesem Grund verwendet man beim Formatieren so genannte *Formatvorlagen,* die Sie sich im übertragenen Sinne als Schnittmuster oder als Schablonen für die Formatierung vorstellen können. Eine Formatvorlage definiert dazu gleich mehrere Formatierungsmerkmale, die Sie Ihrem Text dann auf einen Rutsch zuweisen können. So könnte zum Beispiel eine Formatvorlage, mit der Sie Ihre Überschriften formatieren, nicht nur Schriftart- und größe bestimmen, sondern auch dafür sorgen, dass die Überschrift mit einer farbigen Linie unterstrichen wird.

Wir haben diesem wichtigen Thema ein eigenes Kapitel gewidmet (siehe Kapitel 17) und wollen Ihnen hier zunächst nur kurz zeigen, wie Sie Ihre Texte mit Hilfe von Formatvorlagen gestalten können.

1. Erstellen Sie ein neues leeres Dokument.

2. Tippen Sie den Text **Dies ist eine Überschrift** ein.

3. Setzen Sie die Einfügemarke in das Wort »eine«, indem Sie es anklicken.

4. Wechseln Sie auf die Registerkarte *Start* und klappen Sie das Auswahlmenü in der Gruppe *Formatvorlagen* auf (siehe nächstes Bild). Diese Formatvorlagen werden als *Schnellformatvorlagen* bezeichnet, da sie über das Auswahlmenü besonders schnell zu erreichen sind.

5. Bewegen Sie den Mauszeiger auf die verschiedenen Vorschaubilder und beobachten Sie im Dokument die Wirkung der jeweiligen Formatvorlage. Beachten Sie, dass einige der Format-vorlagen die Formatierung des gesamten Absatzes beeinflussen, andere hingegen lediglich das Wort »eine«, in dem sich die Einfügemarke befindet. Dies liegt daran, dass es in Word ver-schiedene Typen von Formatvorlagen gibt, die sich jeweils gezielt auf bestimmte Bestandteile eines Dokuments auswirken (Zeichen, Absätze, Tabellen, Listen).

Bild 7.17   Formatierung per Schnellformatvorlage

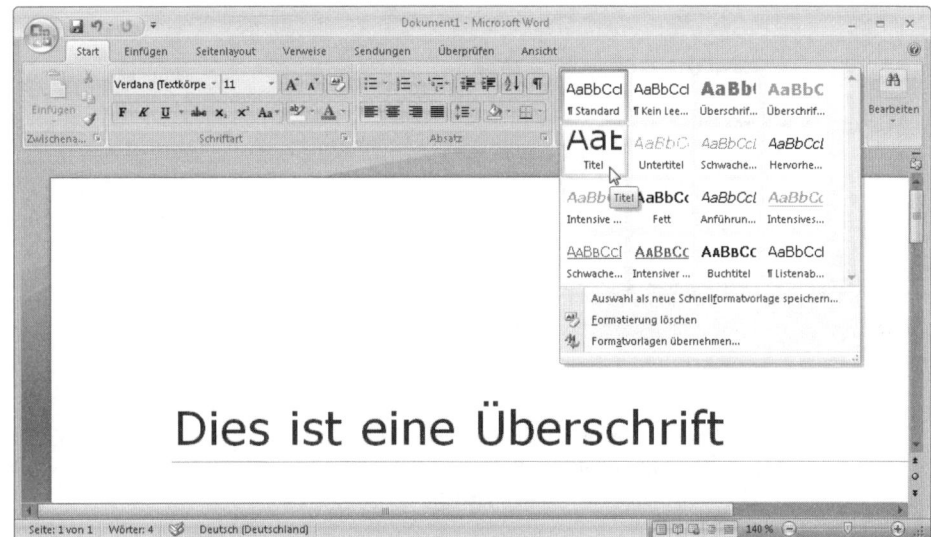

6. Klicken Sie eines der Vorschaubilder an, um die Formatvorlage zuzuweisen.

Texte suchen und ersetzen

Wenn Sie in einem umfangreichen Dokument nach einer bestimmten Textstelle suchen, hilft Ihnen die Suchfunktion von Word. Mit dieser Funktion können Sie mehrere Aufgaben erledigen:

■ Sie können der Reihe nach alle Fundstellen anzeigen, die den gesuchten Begriff enthalten.

■ Sie können alle Vorkommen des Begriffs im Dokument markieren.

■ Sie können alle Vorkommen des Begriffs im Dokument farbig hervorheben.

Bei allen Methoden lässt sich die Suche durch zusätzliche Kriterien präzisieren, indem Sie zum Bei-spiel festlegen, dass die Groß-/Kleinschreibung beachtet werden soll.

1. Wechseln Sie in der Multifunktionsleiste auf die Registerkarte *Start*.

2. Klicken Sie in der Gruppe *Bearbeiten* auf die Schaltfläche *Suchen*.

3. Geben Sie den Suchbegriff in das Dialogfeld *Suchen und Ersetzen* ein.

4. Jetzt müssen Sie sich entscheiden, ob Sie die potenziellen Fundstellen der Reihe nach anzeigen oder ob Sie sie markieren bzw. kennzeichnen wollen:

- Klicken Sie auf *Weitersuchen,* um die erste bzw. die nächste Fundstelle anzuzeigen.

- Um alle Fundstellen auf einmal zu markieren, klicken Sie auf *Suchen.* Falls Ihr Dokument auch Kopf- und Fußzeilen enthält und/oder wenn Sie zuvor einen Textbereich markiert haben, können Sie nun auswählen, welchen Bereich des Dokuments Sie durchsuchen möchten.

- Um die Fundstellen farblich hervorzuheben, klicken Sie auf *Lesehervorhebung* und dann auf *Alles hervorheben.*

Bild 7.18   Auswahl des Suchbereichs

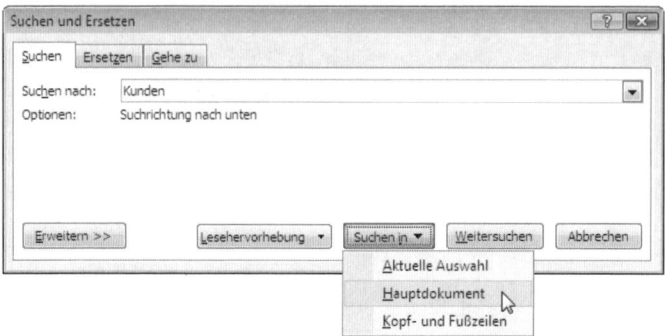

5. Sie können jederzeit zwischen Dialogfeld und Dokument wechseln. Sie können also zum Beispiel die Bildlaufleisten verwenden, um sich die von der Suchfunktion markierten oder hervorgehobenen Textstellen anzusehen.

6. Wenn Sie das Dialogfeld nicht mehr benötigen, beenden Sie es mit *Schließen.*

Die Suchoptionen

Wenn Sie im Dialog *Suchen und Ersetzen* auf die Schaltfläche *Erweitern* klicken, werden die umfangreichen Suchoptionen eingeblendet, mit denen Sie die Suche verfeinern können. Hier eine Auswahl der wichtigsten Optionen:

- **Suchen**   Hier legen Sie die Suchrichtung fest. Word sucht entweder nur in eine Richtung, und zwar ab der aktuellen Position der Einfügemarke nach oben oder unten, oder im gesamten Dokument.

- **Groß-/Kleinschreibung beachten**   Wenn Sie das Feld einschalten, wird eine Textstelle nur dann gefunden, wenn die Groß- und Kleinschreibung im Text mit Ihrer Eingabe im Textfeld *Suchen nach* exakt übereinstimmt.

- **Nur ganzes Wort suchen**   Wenn Sie diese Option aktivieren, werden nur eigenständige Wörter gesucht, die durch Leerzeichen, Tabulatoren oder Satzzeichen getrennt sind. Bei ausgeschalteter Option (dies ist die Vorgabe von Word), werden auch alle Textstellen gefunden, in denen der Suchbegriff nicht als eigenständiges Wort vorkommt. Zum Beispiel würde dann bei dem Suchbegriff »und« auch das Wort »Kunden« gefunden werden.

- **Präfix/Suffix beachten**   Schalten Sie diese Option ein, um alle Textstellen zu finden, an denen der Suchbegriff am Wortanfang bzw. am Wortende steht.

- **Leerzeichen ignorieren**   Diese Option ist bei der Suche nach Wortkombinationen sehr hilfreich. Wenn Sie z.B. nach den beiden Wörtern »unter anderem« suchen, spüren Sie mit dieser Option auch Textstellen auf, bei denen zwischen den Wörtern unbeabsichtigter Weise zwei Leerzeichen stehen.

- **Platzhalter verwenden**   Über diese Option lassen sich sehr komplexe Suchen durchführen, mit denen Sie zum Beispiel alle Wörter finden können, die mit »M« anfangen und »er« aufhören. Da solche Suchen in der Praxis aber eher selten vorkommen, haben wir im Rahmen dieses Buches auf eine Beschreibung verzichtet.

Text ersetzen

Genauso wie Sie nach Text suchen können, ist es auch möglich, den gefundenen Text durch einen neuen ersetzen zu lassen. Dazu verwenden Sie den Befehl *Ersetzen*, der sich ebenfalls in der Gruppe *Bearbeiten* auf der Registerkarte *Start* befindet. Wenn das Dialogfeld *Suchen und Ersetzen* bereits angezeigt wird, können Sie auch einfach im Dialog die Registerkarte *Ersetzen* anklicken.

Bild 7.19   Die Registerkarte *Ersetzen* mit eingeblendeten Suchoptionen

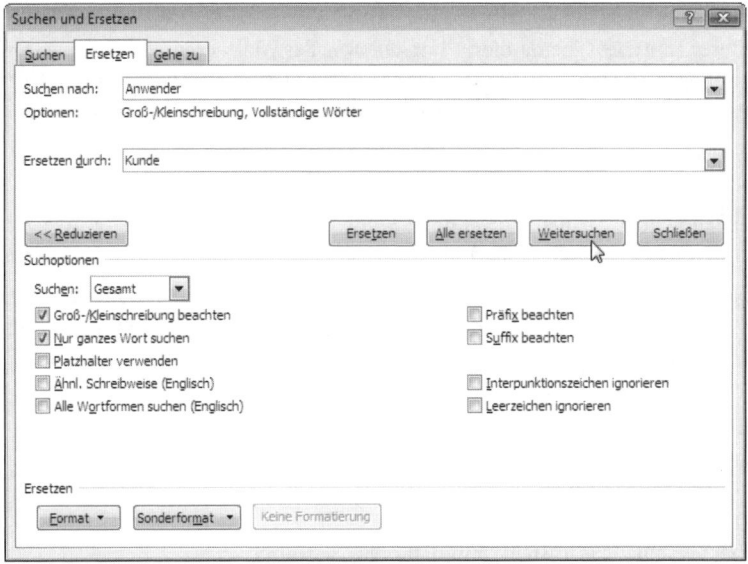

Wie Sie sehen, unterscheidet sich die Registerkarte *Ersetzen* von der Registerkarte *Suchen* im Wesentlichen durch das Feld *Ersetzen durch*. In dieses Feld können Sie den Text eingeben, der anstelle des gefundenen in das Dokument aufgenommen werden soll. Wenn Sie dieses Feld leer lassen, wird der gefundene Text aus Ihrem Dokument entfernt.

Nachdem Sie alle Eingaben vorgenommen und die gewünschten Optionsfelder eingeschaltet haben, können Sie mit den folgenden Schaltflächen das Ersetzen starten:

- **Weitersuchen**   Sucht das erste bzw. nächste Vorkommen des Suchtextes im Dokument. War die Suche erfolgreich, wird der Inhalt des Dateifensters so gerollt, dass Sie die gefundene Textstelle lesen können.

- **Ersetzen**   Ersetzt den gefundenen Text durch die neue Eingabe. Nachdem Word den markierten Text ersetzt hat, springt es automatisch zur nächsten Fundstelle. Wird der Suchbegriff nicht mehr gefunden, erscheint ein entsprechender Hinweis.

- **Alles ersetzen**   Mit dieser Schaltfläche können Sie alle Vorkommen des Suchtextes im gesamten Dokument ersetzen. Benutzen Sie diese Schaltfläche nur, wenn Sie sich Ihrer Sache sicher sind und auf die individuelle Überprüfung der einzelnen Fundstellen verzichten wollen.

Zusammenfassung

Dieses Kapitel hat Sie mit den Grundlagen von Word vertraut gemacht. Sie verfügen nun bereits über das erforderliche Wissen, um einfache Texte zu erstellen und zu bearbeiten.

- Zunächst haben Sie gelernt, wie Sie Text eingeben, ergänzen und löschen können (Seite 142).

- Der folgende Abschnitt hat Ihnen gezeigt, wie Sie sich mit Hilfe der Maus und der Tastatur in Ihren Dokumenten bewegen (Seite 144).

- Auch das Anzeigen bzw. Ausblenden von Formatierungszeichen war Thema dieses Kapitels (Seite 145). Zu diesen Zeichen gehören u.a. Tabstoppzeichen, Leerzeichen, Absatzmarken und die verschiedenen Trennstriche.

- Ein weiteres zentrales Thema dieses Kapitels war das Markieren von Textpassagen mit Hilfe der Tastatur (Seite 146) und der Maus (Seite 146). Diese Techniken werden Sie bei Ihrer Arbeit mit Word ständig einsetzen, da viele Word-Befehle ein vorheriges Markieren erfordern.

- Sie wissen nun, wie Sie mithilfe der Zwischenablage Texte kopieren und verschieben (Seite 148) und wie sich Symbole und Sonderzeichen in ein Dokument einfügen lassen (Seite 150).

- Anschließend haben Sie den Umgang mit *Bausteinen* erlernt. Wir haben Ihnen gezeigt, wie Sie Bausteine einfügen (Seite 151) und sie im Organizer für Bausteine verwalten (Seite 153).

- Sie haben gelernt, welche Merkmale einer Schrift sich generell verändern lassen. Dazu gehören neben der Schriftart und dem Schriftgrad auch der Schriftschnitt und die Textfarbe (Seite 154). Dieser Vorgang wird als *Zeichenformatierung* bezeichnet und lässt sich auf folgende Arten durchführen:

  - Über die Schaltflächen der Registerkarte *Start* (Seite 154)

  - Über die Minisymbolleiste (Seite 154)

  - Mit dem Dialogfeld (Seite 155)

  - Über verschiedene Tastenkombinationen (Seite 155)

  - Durch Übertragen einer Formatierung mit der Pinsel-Schaltfläche (Seite 156).

- Sie haben den Begriff des Absatzes kennen gelernt und erfahren, welche Formatierungen auf Absätze angewendet werden können (Seite 157).

- Um Aufzählungen und nummerierte Listen zu erstellen, stehen Ihnen in der Registerkarte *Start* drei Schaltflächen zur Verfügung, mit denen diese Formatierungen schnell und unkompliziert vorgenommen werden können (Seite 159).

- Um Absätze hervorzuheben, lassen sie sich mit Rahmen und Linien versehen (Seite 161).

- Schnellformatvorlagen gewährleisten eine schnelle und konsistente Formatierung (Seite 162).

- Word kann Textstellen suchen und bei Bedarf durch anderen Text ersetzen (Seite 162).

Kapitel 8

Grafische Elemente

In diesem Kapitel:

Auch wenn Word von Haus aus ein Textverarbeitungsprogramm ist, hat es viele interessante Funktionen für die Bildbearbeitung zu bieten, die in der neuen Version von Office sogar noch einmal ordentlich aufgestockt worden sind. In diesem Kapitel zeigen wir Ihnen, wie Sie die verschiedenen grafischen Elemente, die in Word 2007 als *Illustrationen* bezeichnet werden, in ein Dokument einfügen und in den Text integrieren.

Wir konzentrieren uns dabei auf die besondere Problematik beim Platzieren von Abbildungen in ein Textdokument. Weitere Funktionen und Techniken zum Thema »Illustrationen«, die auch für Excel und PowerPoint gelten, finden Sie in Teil E des Buches in den Kapiteln 44 bis 46.

Grafische Elemente einfügen

Die Befehle zum Einfügen der verschiedenen grafischen Elemente finden Sie auf der Registerkarte *Einfügen* in der Gruppe *Illustrationen*.

Bild 8.1   Über die Schaltflächen der Gruppe *Illustrationen* können Sie die verschiedenen grafischen Elemente in Ihre Dokumente einfügen.

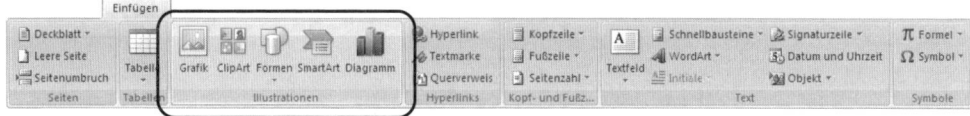

ClipArt einfügen

Um z.B. eine ClipArt, das sind kleine Grafiken, in Ihr Dokument einzufügen, gehen Sie so vor:

1. Setzen Sie die Einfügemarke an die Stelle, an der Sie die ClipArt einfügen wollen.

2. Klicken Sie in der Registerkarte *Einfügen* auf die Schaltfläche *ClipArt*. Word zeigt dann im rechten Bereich des Fensters den Aufgabenbereich *ClipArt* an.

3. Geben Sie im Feld *Suchen nach* einen Suchbegriff ein, zum Beispiel das Wort **Hammer**, und klicken Sie dann auf *OK*.

4. Wenn Sie eine ClipArt gefunden haben, die Ihnen zusagt, klicken Sie ihr Vorschaubild mit der Maus an, um sie in das Dokument einzufügen.

Wie Sie sehen, hat die eingefügte ClipArt den Text des Dokuments ziemlich rücksichtslos verdrängt. Haben Sie noch ein klein wenig Geduld. Im Abschnitt »Textumbruch einer Grafik einstellen« zeigen wir Ihnen, wie sich das Zusammenspiel von Text und ClipArt optimieren lässt.

Grafiken einfügen

Unter einer Grafik versteht Word ein Bild, das als eigenständige Datei gespeichert ist (z.B. auf der Festplatte Ihres Rechners). Dabei kann es sich um ein digitales Foto, eine Bildschirmabbildung oder um eine Grafik handeln, die mit einem Bildverarbeitungsprogramm erstellt wurde. Die Vorgehensweise beim Einfügen einer Grafik ähnelt dem im letzten Abschnitt beschriebenen Verfahren.

1. Setzen Sie den Cursor an die Stelle des Dokuments, an der die Grafik eingefügt werden soll.

2. Klicken Sie in der Registerkarte *Einfügen* die Schaltfläche *Grafik* an. Word zeigt das Fenster *Grafik einfügen* an.

3. Falls Sie nach Bildern eines bestimmten Typs suchen (z.B. TIF, BMP, GIF etc.), können Sie den gewünschten Typ im Feld *Dateityp* voreinstellen. Das erleichtert die Suche, weil dann im Dialogfeld nur diese Dateien aufgelistet werden.

4. Lassen Sie bei Bedarf mit Hilfe der Schaltfläche *Ansichten* Vorschaubilder (Miniaturansichten) der Grafiken im Dialogfeld anzeigen.

5. Wechseln Sie in den Ordner, in dem sich die gesuchte Datei befindet, und markieren Sie sie.

Bild 8.2   Auswahl der einzufügenden Grafik

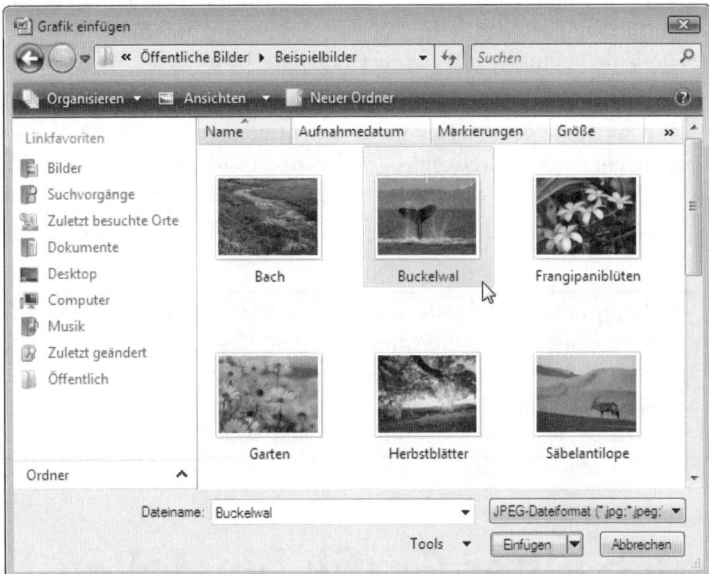

6. Klicken Sie auf *Einfügen,* um die Grafik in Ihr Dokument aufzunehmen.

Grafiken verknüpft einfügen

Wenn Sie möchten, dass sich spätere Änderungen an der Grafik automatisch auf das Dokument auswirken (z.B. bei einem Firmenlogo), müssen Sie die Grafik verknüpft einfügen. Gehen Sie dazu folgendermaßen vor:

1. Führen Sie die Schritte 1 bis 5 des vorigen Beispiels aus, um das Dialogfeld *Grafik einfügen* zu öffnen und die gesuchte Grafik auszuwählen.

2. Klicken Sie jetzt auf das kleine Dreieck der Schaltfläche *Einfügen,* um das Menü der Schaltfläche aufzuklappen.

Word 2007

Bild 8.3   Grafiken verknüpft einfügen

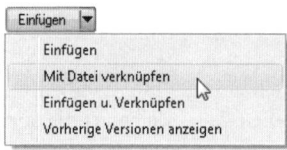

Das Ausklappmenü enthält zwei Befehle zum verknüpften Einfügen von Grafiken:

- **Mit Datei verknüpfen**   Wenn Sie die Grafik mit diesem Befehl einfügen, wird im Dokument lediglich eine Verknüpfung zu der Datei gespeichert, also die Information, wo sich die Datei der Grafik befindet. Das heißt, die Grafik wird zwar ganz normal im Dokument angezeigt, ist jedoch kein fester Bestandteil des Dokuments. Diese Variante hat den Vorteil, dass die Größe des Dokuments durch das Einfügen der Grafik kaum ansteigt. Allerdings ist damit der Nachteil verbunden, dass Sie zum Anzeigen und Bearbeiten des Dokuments Zugriff auf die Grafikdatei benötigen.

- **Einfügen u. Verknüpfen**   Mit diesem Befehl wird zusätzlich zur Verknüpfung auch noch eine Kopie der Grafik im Dokument gespeichert. Das Dokument kann dadurch unabhängig von der Grafikdatei geöffnet und bearbeitet werden. Allerdings erkaufen Sie diesen Komfort durch eine unter Umständen deutlich höhere Dateigröße.

3. Wählen Sie im Menü den gewünschten Befehl, um die Grafik einzufügen.

HINWEIS   **Verknüpfungen zu Grafiken werden immer aktualisiert**   Beim Öffnen eines Dokuments, in dem sich eine verknüpfte Grafik befindet, greift Word unabhängig von der Art der Verknüpfung immer auf die Originaldatei der Grafik zu. Das heißt, eine Änderung der Originaldatei wirkt sich auf jeden Fall auf das Dokument aus. Dieses Verhalten kann auch – im Gegensatz zu früheren Word-Versionen – nicht nachträglich beeinflusst werden.

Textumbruch einer Grafik einstellen

Mit dem reinen Einfügen einer Grafik ist die Arbeit in den seltensten Fällen getan. In aller Regel müssen Sie die Grafik anschließend noch skalieren und verschieben. Und auch das Zusammenspiel zwischen Grafik und Text kann sehr vielseitig gestaltet werden: Die Grafik kann vor oder hinter dem Text stehen oder sie kann auf verschiedene Arten vom Text umflossen werden.

Beim Zusammenspiel zwischen Text und Grafik unterscheidet man in Word grundsätzlich zwischen zwei Varianten:

- **Mit Zeile in Text**   Die Grafik verhält sich in diesem Fall wie ein normales Zeichen. Diese Art der Positionierung eignet sich vor allem für kleine Grafiken, die in den Fließtext aufgenommen werden sollen.

- **Mit Textumbruch**   Bei dieser Form der Positionierung fließt der Text um die Grafik herum. Die Grafik kann frei auf der Seite positioniert werden.

Im nächsten Beispiel werden Sie die beiden Verfahren kennen lernen. Dazu fügen wir eine ClipArt in ein Dokument ein und werden die Position und den Textfluss Schritt für Schritt optimieren.

1. Öffnen bzw. erstellen Sie ein Dokument, in das Sie eine Grafik einfügen können.

2. Setzen Sie die Einfügemarke an den Beginn des Dokuments und fügen Sie, wie im letzten Abschnitt beschrieben, eine ClipArt ein. Das Ergebnis sollte ungefähr so aussehen:

Bild 8.4   Die eingefügte ClipArt steht mit dem Text in einer Zeile

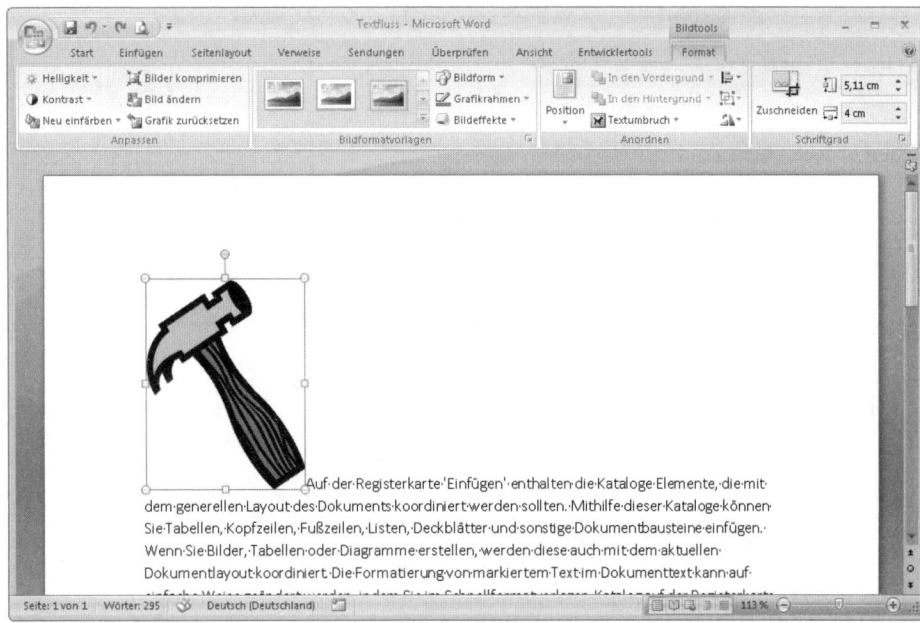

Wie Sie in Bild 8.4 sehen können, hat die eingefügte ClipArt den Text der ersten Zeile nach rechts geschoben; sie verhält sich also in etwa so, wie es ein sehr großer Buchstabe tun würde. Aus diesem Grund nennt man diese Art der Formatierung *Mit Text in Zeile*.

3. Klicken Sie die ClipArt an und wechseln Sie auf die Registerkarte *Format* der *Bildtools*.

4. Öffnen Sie dort in der Gruppe *Anordnen* das Menü der Schaltfläche *Textumbruch*.

Bild 8.5   Auswahl der Umbruchart

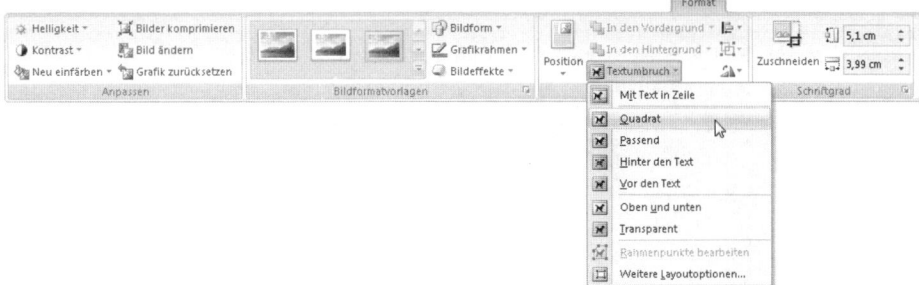

5. Wählen Sie die Option *Quadrat*. Wie Sie sehen, steht die Grafik nun in der linken oberen Ecke der Seite. Der vorhandene Text spart diesen Bereich aus und fließt um ihn herum.

Bild 8.6   Die Grafik wird jetzt – mit einem kleinen Abstand – vom Text umflossen

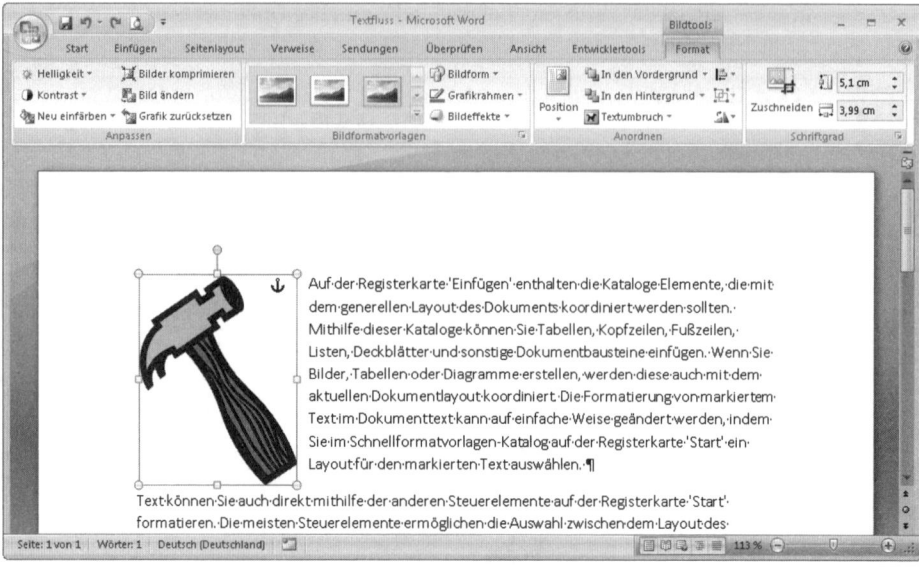

6. Um den Textfluss an die Form der ClipArt anpassen, klicken Sie erneut auf *Textumbruch* und wählen diesmal die Option *Passend*. Der Text folgt dann der Kontur der ClipArt.

7. Falls Sie den Textfluss noch weiter optimieren wollen, können Sie im Menü der Schaltfläche *Textumbruch* den Befehl *Rahmenpunkte bearbeiten* aufrufen. Dadurch wird die Grenzlinie sichtbar, die der Text nicht überschreiten kann. Durch Verschieben einzelner Punkte können Sie dann den Textfluss beliebig steuern.

Bild 8.7   Durch Anpassen der Rahmenlinie lässt sich der Textfluss perfektionieren

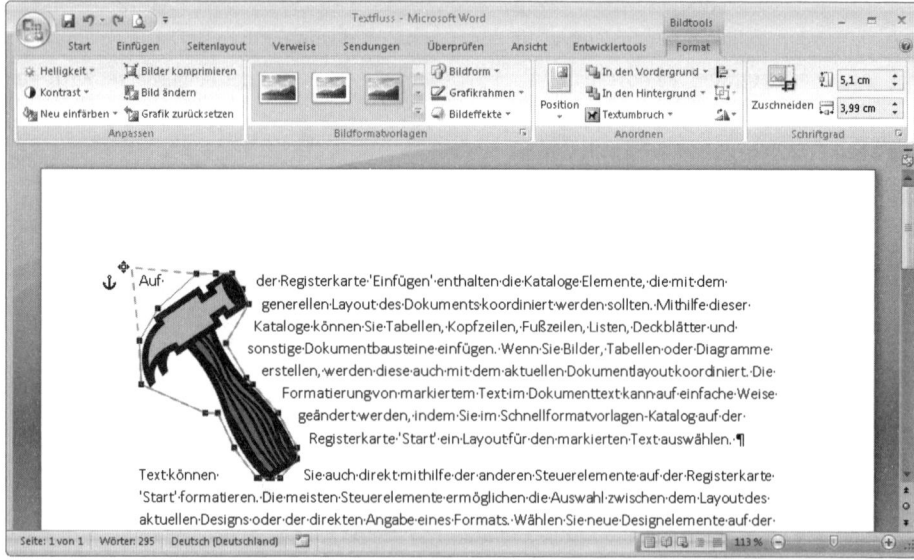

Grafik auf der Seite verschieben

Grafiken, deren Umbruchart nicht auf *Mit Text in Zeile* eingestellt ist, lassen sich einfach positionieren, indem Sie sie mit der Maus anklicken und an die gewünschte Position schieben. Da Grafiken in der Praxis häufig am Rand einer Seite oder zentriert positioniert werden, hält Word eine Funktion bereit, mit der Sie Grafiken sehr leicht auf diese Standardpositionen verschieben können.

Um die Funktion zu nutzen, müssen Sie die Grafik erst markieren. Anschließend wechseln Sie auf die Registerkarte *Format* und klicken dort auf die Schaltfläche *Position*. Im Ausklappmenü der Schaltfläche können Sie dann die gewünschte Position auswählen, wobei Sie die verschiedenen Varianten dank der neuen Live-Vorschau ohne großen Aufwand ausprobieren können.

Bild 8.8 Die Standardpositionen einer Grafik lassen sich bequem per Menü zuweisen

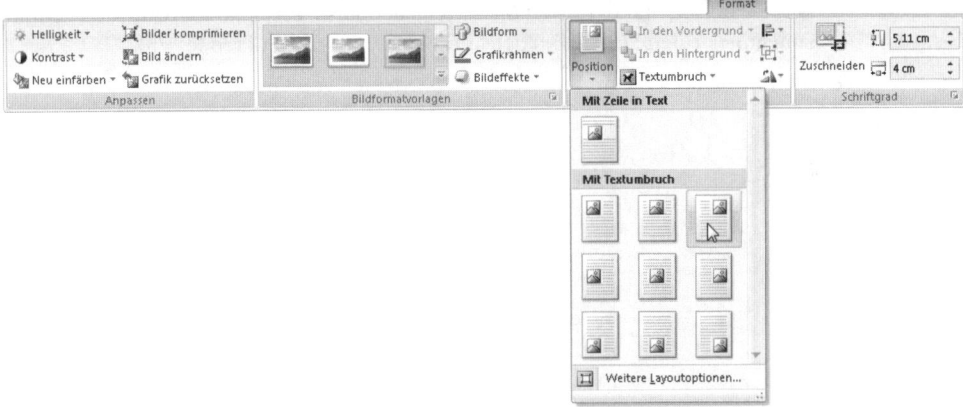

Über den Befehl *Weitere Layoutoptionen* können Sie das Dialogfeld *Erweitertes Layout* aufrufen. Interessant ist hier vor allem die Möglichkeit der absoluten Positionierung. Das heißt, Sie können in diesem Dialogfeld exakt angeben, wo genau die Grafik auf der Seite stehen soll.

Beim Bezugspunkt Ihrer Maßangaben haben Sie unter anderem die Wahl zwischen:

- **Seite** die Papierkante
- **Seitenrand** der im Seitenlayout eingestellte Seitenrand
- **Spalte** bei mehrspaltigen Texten der linke Rand der aktuellen Spalte
- **Zeichen** die Position des Zeichens, an dem die Grafik eingefügt wurde

Die Begriffe *Innerer Rand* und *Äußerer Rand* beziehen sich auf ein gespiegeltes Layout (Bundsteg), da dort eine Angabe wie »Links« oder »Rechts« keinen Sinn machen würde.

TIPP Grafiken hinter dem Text anklicken Wenn Sie eine Grafik hinter den Text gestellt haben, können Sie sie nicht mehr mit dem normalen Mauszeiger anklicken. Um eine solche Grafik markieren zu können, müssen Sie daher zuerst auf der Registerkarte *Start* die Schaltfläche *Markieren* anklicken und aus ihrem Menü den Befehl *Objekt markieren* auswählen. Anschließend lässt sich die Grafik wie gewohnt anklicken. Um diesen Markierungsmodus wieder zu verlassen, können Sie entweder den Befehl erneut aufrufen oder einfach die Esc-Taste drücken.

Zusammenfassung

In diesem Kapitel haben Sie gelernt, wie Sie Abbildungen in Ihre Dokumente einfügen können.

- Grafische Elemente werden in Word als *Illustrationen* bezeichnet. Die Schaltflächen zum Einfügen von Grafiken, ClipArts, SmartArts usw. finden Sie auf der Registerkarte *Einfügen*.

- Grafiken können auch verknüpft eingefügt werden. Dabei wird im Dokument die Position und auf Wunsch auch eine Kopie der Grafikdatei gespeichert. Falls sich die Grafikdatei zu einem späteren Zeitpunkt ändert, lädt Word automatisch die neue Version der Datei (Seite 169).

- Der Textumbruch legt fest, wie sich Grafiken und Text den Platz auf einer Seite teilen. In der Umbruchart *Passend* kann der Text beliebigen Konturen einer Grafik folgen (Seite 170).

- Auf der Registerkarte *Format* befindet sich die Schaltfläche *Position,* mit der sich eine Grafik schnell auf die Standardposition verschieben lässt. Um eine individuelle Positionierung vorzunehmen, rufen Sie das Dialogfeld *Erweitertes Layout* auf (Seite 173).

Weitere Informationen zum Einfügen und Bearbeiten von Grafiken finden Sie in Teil E.

Kapitel 9

Seitenlayout

In diesem Kapitel:

Dieses Kapitel beschäftigt sich mit Formatierungsmerkmalen, die das gesamte Dokument betreffen. Den Anfang machen dabei die neuen *Dokumentdesigns*, die die Interaktion der verschiedenen Office-Programme deutlich verbessern. Anschließend erfahren Sie, wie Sie die Ränder einer Seite einstellen und welche Möglichkeiten die Verwendung von Abschnitten bietet. Abgerundet wird das Kapitel dann durch die Themen Silbentrennung und Wasserzeichen.

Dokumentdesigns

Wir haben bereits an anderer Stelle gesagt, dass es ein wichtiges Ziel bei der Entwicklung von Office 2007 war, dem Anwender die Erstellung von professionell gestalteten Dokumenten zu erleichtern. Der überwiegende Teil der Word-Anwender – vermutlich nahezu 99% – hat jedoch wenig bis gar keine typografische bzw. gestalterische Ausbildung. Das heißt, er hat keine Erfahrung, welche Schriftarten sich für einen bestimmten Zweck am besten eignen und weiß in der Regel nicht, welche Farben am besten miteinander harmonieren. Und selbstverständlich kann er Beleuchtungs-, Schatten- und 3D-Effekte nur »nach Gefühl« einsetzen.

Und genau an diesem Punkt setzt das neue Konzept der Dokumentdesigns an. In diesen Designs werden nämlich aufeinander abgestimmte Schriftarten, Farben und grafische Effekte definiert. Konkret handelt es sich um zwei verschiedene Schriftarten (je eine für Überschriften und Textkörper), zehn so genannte *Designfarben* sowie zwanzig vordefinierte Effektkombinationen. Durch diese begrenzte Auswahl bleiben Designs für »normale« Anwender überschaubar und handhabbar.

Ein weiterer Clou der Designs ist ihr programmübergreifender Wirkungskreis. D.h., Sie können ein und dasselbe Design sowohl für Ihre Word-Dokumente als auch für Ihre Excel-Arbeitsblätter und Ihre PowerPoint-Präsentationen nutzen. Der Vorteil liegt auf der Hand: Sämtliche Dokumente wirken ohne großen Aufwand wie aus einem Guss.

Designs besitzen aber noch einen weiteren Vorteil: Dadurch, dass die gesamte Schriftformatierung und Farbgestaltung auf einigen wenigen Schriftarten bzw. Farben basiert, lässt sich die Anmutung eines Dokuments durch Zuweisen eines neuen Design mit einem Schlag ändern. So können Sie zum Beispiel ein eher sachlich und nüchtern wirkendes Dokument durch Zuweisen eines anderen Designs in ein modernes, farbenfrohes Dokument verwandeln. Der benötigte Formatierungsaufwand beträgt ca. 10 Sekunden – und zwar unabhängig von der Länge des Dokuments.

In Kapitel 44 gehen wir noch ausführlich auf die verschiedenen Aspekte der Designs ein. Sie sollten das Kapitel auf jeden Fall lesen, da das Verständnis des hinter den Designs stehenden Konzepts für eine effektive Nutzung der Office-Programme entscheidend ist. In diesem Kapitel werden wir das Thema nur kurz anreißen und uns auf die Anwendung der Designs konzentrieren.

Dokumentdesigns anwenden

Damit die hinter den Dokumentdesigns stehende Idee auch tatsächlich funktionieren kann, müssen die durch das Design vorgegebenen Formatierungsmerkmale, also Designfarben, Designschriften und Designeffekte durchgängig benutzt werden. Wenn Sie zum Beispiel für einen Teil Ihrer SmartArts Designfarben verwenden und für einen anderen Teil eigene Farben definieren, kann die Zuweisung eines neuen Dokumentdesigns schwerlich ein Erfolg werden.

Um einem Dokument ein neues Design zuzuweisen, gehen Sie folgendermaßen vor:

1. Erstellen Sie ein neues Dokument (zum Beispiel auf Basis einer Vorlage).

2. Wechseln Sie auf die Registerkarte *Seitenlayout*.

3. Öffnen Sie das Menü der Schaltfläche *Designs* und bewegen Sie den Mauszeiger über die verschiedenen Vorschaubildchen. Beobachten Sie dabei, wie sich sowohl die Schriftarten als auch die Farben im Dokument verändern.

4. Übernehmen Sie das gewünschte Design, indem Sie es anklicken.

Bild 9.1 Die Zuweisung eines Designs hat Einfluss auf Farbgebung und Schrift. Mit den gekennzeichneten Schaltflächen können Sie einzelne Aspekte des zugewiesenen Designs nachträglich ändern

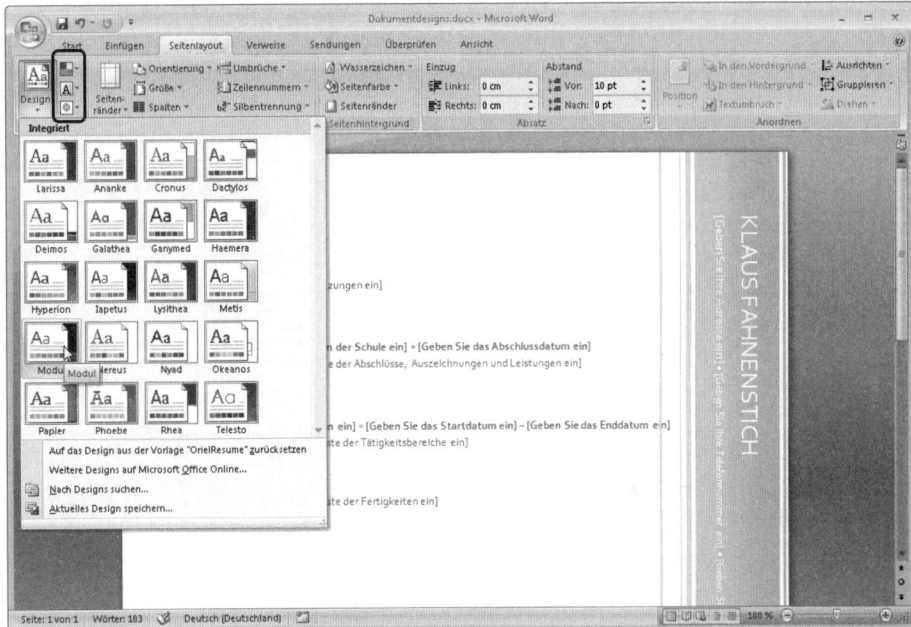

Dokumentdesigns bearbeiten

Beim Zuweisen eines Designs werden dessen Formatierungsinformationen im Dokument gespeichert. Deshalb ist es auch möglich, die Vorgaben eines Designs zu ändern, ohne dass dies Auswirkungen auf andere Dokumente hat. Sie verwenden dazu die drei Schaltflächen *Designfarben*, *Designschriftarten* und *Designeffekte*, die sich ebenfalls in der Gruppe *Designs* befinden (sie sind oben im Bild mit einem kleinen Rahmen gekennzeichnet).

Im folgenden Beispiel werden Sie ein kurzes Dokument erstellen, dem Sie zunächst ein Design zuweisen und anschließend eine andere Farbgestaltung verleihen, ohne dabei die anderen Aspekte des Designs, also Schriftarten und Effekte, zu verändern.

1. Erstellen Sie ein neues leeres Dokument (das geht am schnellsten mit $\boxed{\text{Strg}}$+$\boxed{\text{N}}$). Diesem Dokument liegt automatisch das Design *Larissa* zugrunde.

2. Drücken Sie $\boxed{\text{Alt}}$+$\boxed{1}$. Dadurch wird dem aktuellen Absatz die Formatvorlage *Überschrift 1* zugewiesen. (Weitere Hinweise zu Formatvorlagen finden Sie in Kapitel 17.)

3. Geben Sie den Text **Dies ist eine Überschrift** ein und drücken Sie die $\boxed{\leftarrow}$-Taste.

4. Tippen Sie nun noch den Text **Und das ist normaler Fließtext** ein. (Dass dieser Absatz automatisch die Standard-Formatierung erhält, ist in der Formatvorlage *Überschrift 1* festgelegt, denn eine Formatvorlage kann auch bestimmen, welche Formatvorlage der nächste Absatz erhalten soll.)

5. Wechseln Sie auf die Registerkarte *Seitenlayout* und klicken Sie in der Gruppe *Designs* auf die Schaltfläche *Designfarben*. Wählen Sie im Ausklappmenü eine der angebotenen Einträge aus der Gruppe *Integriert* aus.

Bild 9.2   Designfarben, Designschriften und Designeffekte lassen sich unabhängig voneinander austauschen

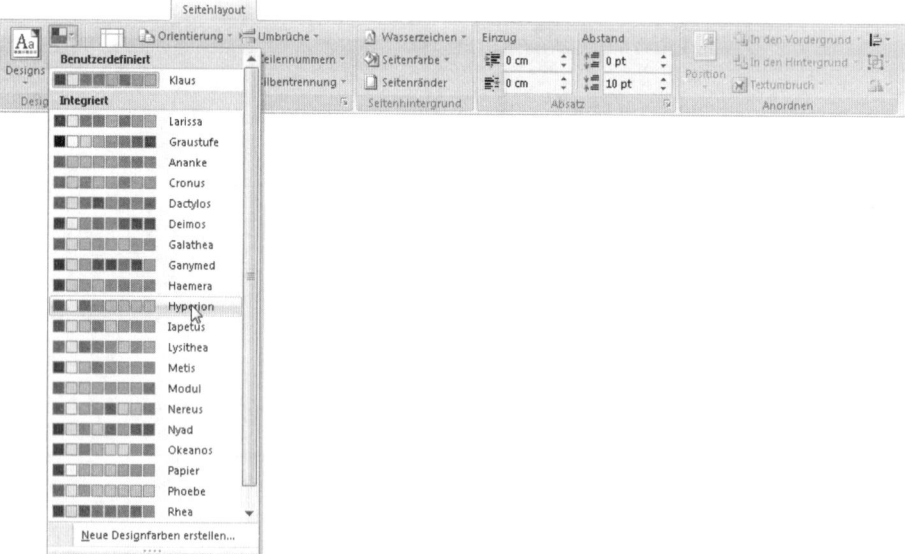

Das Dokument verwendet jetzt nicht mehr die Originalversion des Designs *Larissa*, sondern eine geänderte Fassung, die sich vom Original lediglich durch die ausgetauschten Designfarben unterscheidet. Beachten Sie, dass Sie nicht das Design selbst geändert haben, sondern eine Kopie der Designdaten, die im aktuellen Dokument gespeichert sind.

6. Weisen Sie Ihrem Dokument auf die gleiche Art andere Designschriften zu. Wie Sie sehen, werden dabei bis auf die Schriftarten keine weiteren Formatierungsmerkmale des Dokuments geändert.

Seiteneinrichtung

Unter dem Begriff *Seiteneinrichtung* versteht man in Word alle Einstellungen, die das Layout der einzelnen Seiten betreffen. Dazu gehören in erster Linie die Papiergröße, seine Orientierung (Hoch- oder Querformat) und die Breite der Seitenränder. Dazu kommen dann noch weitere Gestaltungsmerkmale wie Anzahl der Textspalten, Wasserzeichen, Schmuckrahmen usw.

Zusätzlich wird das Seitenlayout auch von Funktionen wie der Silbentrennung beeinflusst, da es einen großen Unterschied beim Auffüllen der Textzeilen macht, ob Word in Ihrem Text automatische Trennungen vornimmt oder nicht (wie der nächste Absatz deutlich macht).

Seitenränder einstellen

Durch das Einstellen der Seitenränder legen Sie den Bereich auf der Seite fest, der für den »normalen« Text zur Verfügung steht und auch als *Satzspiegel* bezeichnet wird. Unabhängig davon kann Word immer die gesamte Seite bedrucken.

Die einzige Einschränkung ist der Drucker, der einen schmalen Streifen am Rand der Seite aus technischen Gründen nicht bedrucken kann. Die Größe dieses Bereichs ist von Drucker zu Drucker verschieden und liegt in der Regel zwischen 3 bis 13 Millimetern. Word kann die Grenzwerte des von Ihnen verwendeten Druckers vom Druckertreiber erfragen und akzeptiert keine Seitenränder die unterhalb dieser Werte liegen.

Im einfachsten Fall stellen Sie die Seitenränder über die Schaltfläche *Seitenränder* ein, die sich auf der Registerkarte *Seitenlayout* in der Gruppe *Seite einrichten* befindet. Im Auswahlmenü finden Sie fünf verschiedene Standardeinstellungen, mit denen Sie in den allermeisten Fällen auskommen werden.

Bild 9.3   Die fünf vordefinierten Standardeinstellungen für die Seitenränder

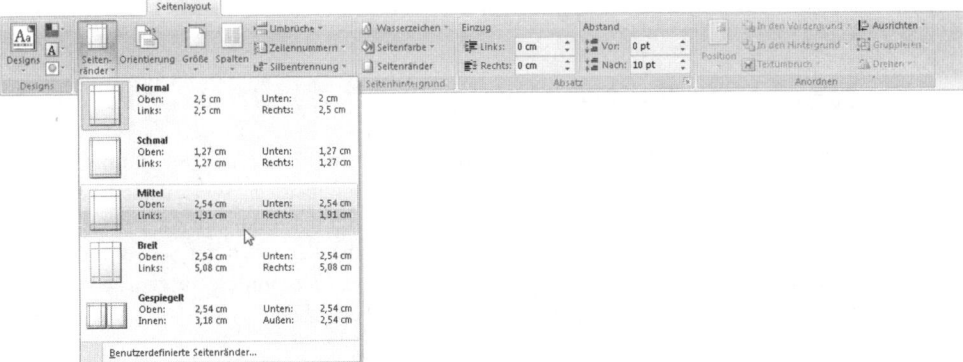

Während sich die ersten vier Varianten nur durch die Breite der Ränder unterscheiden, erzeugt der letzte Eintrag ein Layout mit gespiegelten Seiten. In diesem Fall spricht man nicht mehr von einem *linken* und *rechten* Seitenrand, sondern von *Innen* und *Außen*. Diese Form der Seitenränder wird oft in Büchern verwendet. Die äußeren Ränder sind hier größer als die inneren.

Benutzerdefinierte Seitenränder

Wenn Sie die Seitenränder eines Dokuments auf andere Werte einstellen möchten, benötigen Sie den Dialog *Seite einrichten*. Sie erreichen ihn am schnellsten über die kleine quadratische Schaltfläche, die sich auf der Registerkarte *Seitenlayout* in der unteren rechten Ecke der Gruppe *Seite einrichten* befindet.

Bild 9.4   Das exakte Einstellen der Seitenränder ist nur im Dialogfeld möglich

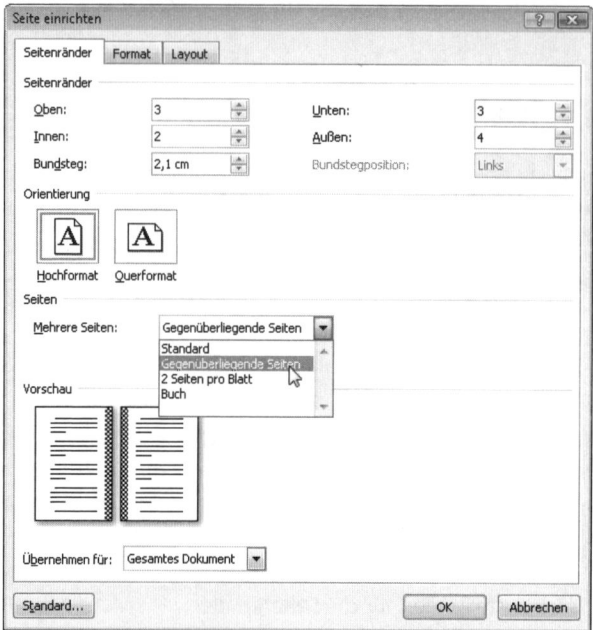

Negative Seitenränder

Eine Besonderheit weisen die beiden Felder *Oben* und *Unten* auf: Sie können hier sowohl einen positiven als auch einen negativen Wert eingeben. Bei positiven Werten passt Word den Seitenrand bei Kopf- und Fußzeilen automatisch so an, dass sich der Text und die Kopf- bzw. Fußzeile nicht überlappen können. Wenn Sie ein negatives Maß eingeben, wird der Seitenrand fest verankert und überschneidet sich ggf. mit der Kopf- oder Fußzeile. Oder anders ausgedrückt: positive Werte beziehen sich auf die Kopf-/Fußzeile, negative auf die Papierkante.

Bundsteg

Wenn Sie ein mehrseitiges Dokument heften oder binden wollen, können Sie am linken Rand einen speziellen Bereich definieren, der für die Bindung reserviert werden soll. Normalerweise liegt dieser Bereich an der linken Blattkante. Haben Sie jedoch ein Layout mit gespiegelten Seiten gewählt, wandert der Bundsteg an den inneren Rand (der dunkel schraffierte Bereich in Bild 9.4).

Hoch- und Querformat

Wenn Sie die Orientierung des Papiers ändern, also zwischen Hoch- und Querformat wechseln, müssen Sie beachten, dass Word dabei die Seitenränder »mitdreht«. So wird z.B. der obere Seitenrand zum rechten Seitenrand und der linke zum oberen.

TIPP **Standardeinstellungen ändern** Wenn Sie die Schaltfläche *Standard* wählen, werden die eingestellten Werte zu Vorgabewerten für alle neuen Dokumente, die auf der gleichen Dokumentvorlage basieren wie das aktive Dokument.

Seitenumbruch

In Abhängigkeit von den Papiermaßen und den eingestellten Seitenrändern, berechnet Word beim Anzeigen und Drucken des Dokuments, wie viel Text auf eine Seite passt. Der Vorgang, in dem festgelegt wird, an welcher Stelle eine neue Seite beginnt, wird Paginierung genannt.

Beachten Sie, dass die Anzeige der Seitenwechsel in der Seitenlayoutansicht von verschiedenen Faktoren beeinflusst wird: Falls das Dokument Feldfunktionen enthält und die Anzeige der Felder – nicht die Anzeige der Ergebnisse – eingeschaltet ist oder wenn Sie mit ausgeblendetem Text arbeiten und dieser ebenfalls angezeigt wird, stimmen die auf dem Bildschirm angezeigten Umbrüche unter Umständen nicht mit dem späteren Druckergebnis überein.

Wenn Sie ganz sicher sein wollen, wo Word einen automatischen Seitenwechsel vornimmt, sollten Sie das Dokument in der Druckvorschau kontrollieren, die auch als Seitenansicht bezeichnet wird:

1. Klicken Sie auf die *Office-Schaltfläche* und zeigen Sie auf *Drucken*.

2. Wählen Sie dann rechts den Befehl *Seitenansicht*. Diesen Befehl können Sie übrigens auch in die Symbolleiste für den Schnellzugriff aufnehmen, indem Sie rechts neben der Symbolleiste auf den kleinen Pfeil klicken und den Befehl aus der Liste auswählen.

3. Zum Verlassen der Ansicht klicken Sie rechts in der Registerkarte *Seitenansicht* auf die Schalfläche *Druckansicht schließen*.

Umbruch bei der Texteingabe festlegen

Sie können bereits bei der Texteingabe festlegen, an welchen Stellen beim Ausdruck eine neue Seite anfangen soll. Sie geben dazu die Tastenkombination `Strg`+`↵` ein, um einen erzwungenen Seitenumbruch einzufügen. Unabhängig davon, ob auf der aktuellen Seite noch Platz für weiteren Text oder Grafiken ist, fängt an der Stelle des erzwungenen Seitenumbruchs eine neue Seite an.

Um einen Seitenumbruch über die Multifunktionsleiste einzufügen, wechseln Sie auf die Registerkarte *Seitenlayout* und klicken dort auf die Schaltfläche *Umbrüche*. Die Befehle ihres Menüs sind mit aussagekräftigen Symbolen und erklärendem Text ausgestattet, so dass wir uns hier weitere Erklärungen ersparen können.

Abschnitte

Jedes Word-Dokument besteht aus mindestens einem Abschnitt. Unter einem Abschnitt versteht man in Word einen zusammenhängenden Textbereich, der über ein gemeinsames Seitenlayout verfügt. Durch die Unterteilung eines Dokuments in mehrere Abschnitte wird es zum Beispiel möglich, einzelne Seiten im Querformat zu bedrucken (etwa für breite Tabellen) während für den restlichen Text das Hochformat benutzt wird. Ein anderes Beispiel, bei dem man mit Abschnitten arbeiten sollte, sind mehrspaltige Dokumente, die wir Ihnen nun vorstellen möchten.

Beispiel: Mehrspaltige Dokumente erstellen

Im folgenden Beispiel erstellen Sie zunächst ein Dokument, das eine Überschrift und einige Absätze mit normalem Text enthält. Anschließend werden die Textabsätze dreispaltig formatiert, wobei die Überschrift weiterhin die volle Breite des Satzspiegels nutzen soll.

1. Erstellen Sie ein neues leeres Dokument.

2. Geben Sie eine Überschrift ein. Drücken Sie Alt + 1 , um ihr das Format *Überschrift 1* zuzuweisen (alternativ über *Start/Formatvorlagen).*

3. Anschließend geben Sie mehrere Absätze mit Text ein. Am schnellsten geht das, wenn Sie in einen leeren Absatz =**rand**() eingeben und die ↵ -Taste drücken. Word fügt dann einen so genannten Blindtext ein.

4. Schalten Sie jetzt noch die Anzeige der Formatierungszeichen ein (auf der Registerkarte *Start* in der Gruppe *Absatz).* Das Dokument sollte anschließend ungefähr so aussehen:

Bild 9.5 Die Ausgangssituation: Noch ist der Text einspaltig

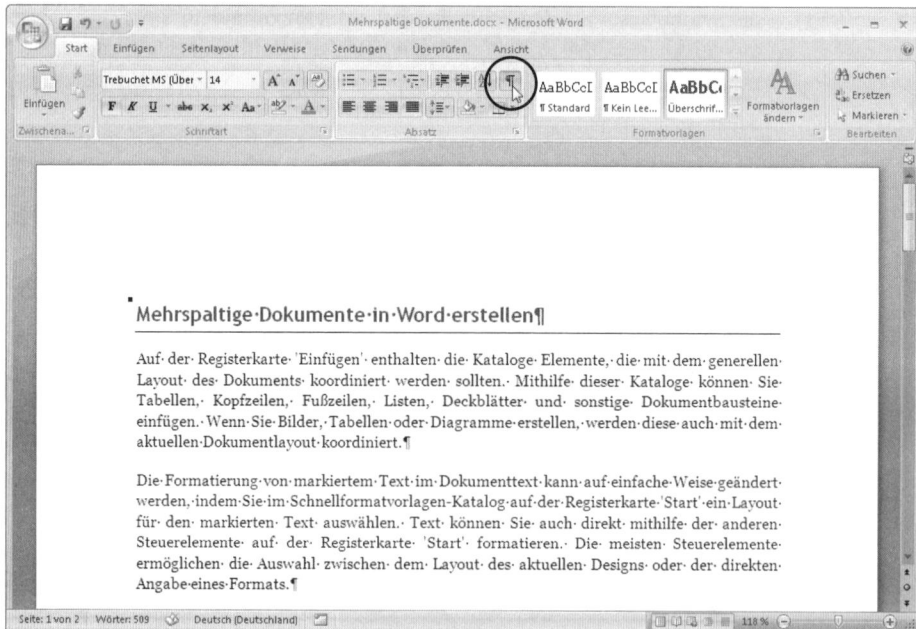

5. Setzen Sie die Einfügemarke an den Anfang des ersten Textabsatzes.

6. Wechseln Sie in der Multifunktionsleiste auf die Registerkarte *Seitenlayout* und klicken Sie dort in der Gruppe *Seite einrichten* auf die Schaltfläche *Spalten*. Es öffnet sich folgendes Menü:

Bild 9.6   Halt, so einfach geht es nicht!

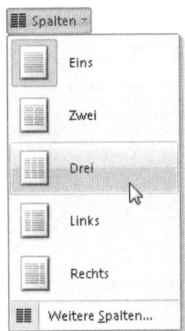

7. Wenn Sie jetzt der Versuchung erliegen würden und einfach die Option *Drei* anklicken, wären Sie mit dem Ergebnis nicht zufrieden. In diesem Fall würde Word nämlich das *gesamte* Dokument dreispaltig formatieren – also auch die Überschrift, die gemäß unserer Vorgabe einspaltig bleiben soll.

8. Rufen Sie stattdessen im Menü den Befehl *Weitere Spalten* auf.

Bild 9.7   Mit diesem Dialogfeld haben Sie die Spalten unter Kontrolle

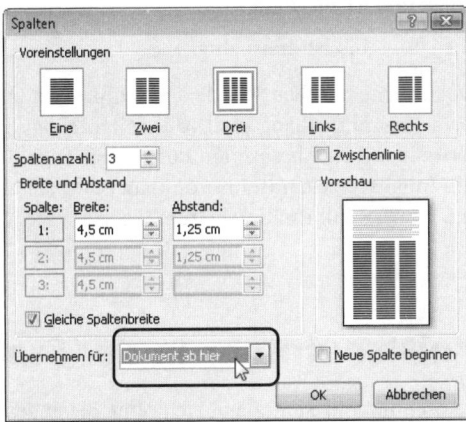

9. Wählen Sie in der Gruppe *Voreinstellungen* die Option *Drei*.

10. Und jetzt kommt der entscheidende Punkt: Da die neue Spaltenanzahl nicht für das gesamte Dokument gelten soll, sondern erst ab der Position der Einfügemarke, wählen Sie im Listenfeld *Übernehmen für* die Option *Dokument ab hier* aus (der Standardwert des Listenfeldes lautet *Gesamtes Dokument*).

11. Beenden Sie das Dialogfeld mit der *OK*-Schaltfläche.

Bild 9.8   Das gewünschte Ergebnis: einspaltige Überschrift, dreispaltiger Text

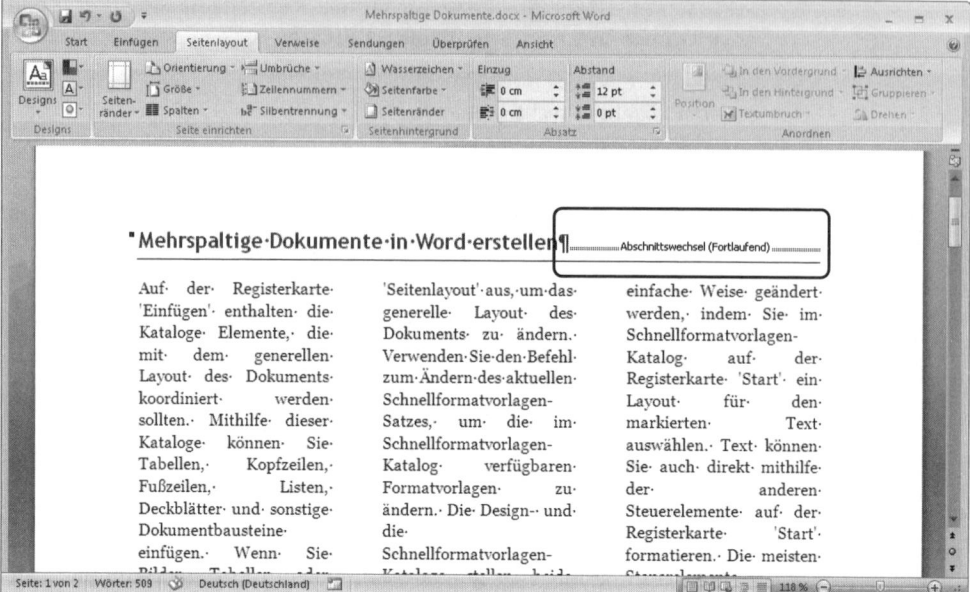

Wie Sie in Bild 9.8 sehen, hat Word an der Position der Einfügemarke einen *Abschnittswechsel* eingefügt, der auf dem Bildschirm als gepunktete Doppellinie dargestellt wird (deshalb sollten Sie in Schritt 4 die Anzeige der Formatierungszeichen einschalten). Das Dokument besteht nun aus zwei Abschnitten:

- Abschnitt 1 enthält die Überschrift und ist einspaltig.

- Abschnitt 2 enthält den restlichen Text und ist dreispaltig.

Nach diesem Prinzip können Sie Dokumente erstellen, bei denen sich das Seitenlayout mehrmals ändert. Zu erwähnen sind in diesem Zusammenhang auch die Seitenzahlen, die ebenfalls ein Abschnittsmerkmal sind. Durch Verwenden von Abschnitten können Sie zum Beispiel die ersten Seiten eines Dokuments, wie etwa ein Inhaltsverzeichnis, mit römischer und die übrigen mit arabischer Seitennummerierung versehen. Nähere Informationen zum Thema Seitenzahlen finden Sie in Kapitel 10, »Kopf- und Fußzeilen«.

Anzeige der Abschnittsnummer in der Statuszeile

Dass ein Dokument aus mehreren Abschnitten besteht, lässt sich ohne die angezeigten Formatierungszeichen nicht erkennen. Sie können Word jedoch dazu bringen, dass es die Nummer des aktuellen Abschnitts – also des Abschnitts, in dem sich momentan die Einfügemarke befindet – in der Statusleiste anzeigt. Klicken Sie dazu die Statusleiste mit der rechten Maustaste an und wählen Sie im Kontextmenü den Befehl *Abschnitt*. Wenn Sie dann mit der Einfügemarke durch das Dokument wandern, sehen Sie, wie Word die Anzeige der Abschnittsnummer in der Statusleiste aktualisiert.

Spaltenumbrüche einfügen

Normalerweise füllt Word eine Spalte erst vollständig auf, bevor es die nächste Spalte beginnt. Dieses Verhalten können Sie durch das Einfügen von *Spaltenumbrüchen* beeinflussen. Setzen Sie dazu die Einfügemarke an die gewünschte Position und wählen Sie dann auf der Registerkarte *Seitenlayout* den Befehl *Umbrüche/Spalte*.

Spaltenausgleich

Am Ende eines mehrspaltigen Dokuments, zum Beispiel bei einem Stichwortverzeichnis sollen die Spalten in der Regel gleichmäßig aufgefüllt werden. Bei einer halbvollen zweispaltigen Seite soll also die zweite Spalte nicht leer bleiben, sondern beide Spalten sollen zur Hälfte gefüllt werden. Diesen Effekt erreichen Sie mit den folgenden Schritten:

1. Setzen Sie die Einfügemarke an das Textende.

2. Wechseln Sie zur Registerkarte *Seitenlayout* und fügen Sie mit *Umbrüche/Fortlaufend* einen fortlaufenden Abschnittsumbruch ein. Fortlaufend bedeutet in diesem Zusammenhang, dass dabei kein Seitenwechsel stattfindet.

Word verteilt den vorhandenen Text nun so auf die vorhandenen Spalten, dass sie die gleiche Höhe erhalten (siehe Bild 9.9).

Bild 9.9 In der Bildmontage sehen Sie, wie die Spalten am Ende eines dreispaltigen Textes durch den angehängten Abschnittsumbruch ausgeglichen werden

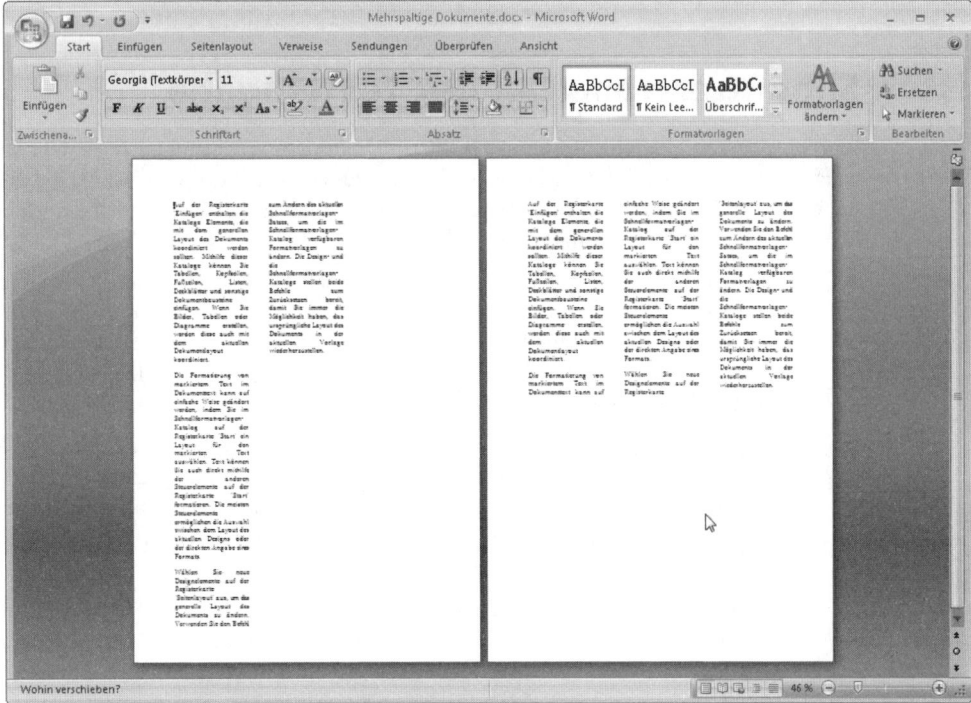

Word 2007

Ob die Spalten dabei tatsächlich exakt gleich hoch werden, hängt von ihrem konkreten Inhalt ab. Eventuell müssen Sie noch etwas nachhelfen, um ein optimales Ergebnis zu erhalten (z.B. mit einem leeren Absatz, einer Zeilenschaltung oder einer kleinen Textkorrektur).

Zwischenlinien einfügen

Um zwischen den Spalten eine Trennlinie anzuzeigen, müssen Sie lediglich im Dialogfeld *Spalten* (siehe Bild 9.7) die Option *Zwischenlinie* einschalten. Die Länge der Linie passt sich automatisch an die Spalten an, das heißt, auch bei dem im letzten Abschnitt beschriebenen Spaltenausgleich stellen sich die Linie auf die passende Länge ein. Die Linie selbst, also Farbe, Strichart und Strichstärke, können Sie leider nicht verändern. Hier besteht bei Word noch Nachholbedarf.

Automatische Silbentrennung

Word nimmt während der Texteingabe einen automatischen Zeilenumbruch vor, d.h. wenn ein Wort nicht mehr ganz in die aktuelle Zeile passt, rutscht es komplett in die nächste Zeile. Der in den Zeilen zur Verfügung stehende Platz wird dadurch nicht optimal ausgenutzt, was vor allem auffällt, wenn bei links- oder rechtsbündigen Absätzen ein ausgezackter Seitenrand (der so genannte *Flatterrand*) entsteht oder wenn Sie Absätze im Blocksatz formatieren und dadurch weiße Lücken in den einzelnen Zeilen auftauchen, wie in Bild 9.9 gut zu erkennen ist.

Die Lösung des Problems besteht darin, die Wörter zu trennen. Und zwar entweder bereits bei der Texteingabe oder nachträglich durch die manuelle bzw. die automatische Silbentrennung.

Silbentrennung bei der Texteingabe

Eine Möglichkeit, die Silbentrennung in Ihrem Dokument zu beeinflussen, besteht darin, bereits während der Eingabe Trennstriche in den Text aufzunehmen. Word unterscheidet drei verschiedene Arten von Trennstrichen. Diese sehen zwar im Text fast gleich aus, werden jedoch unterschiedlich eingegeben und haben andere Auswirkungen:

- **Reguläre Trennstriche** Reguläre Trennstriche werden mit der Taste [-] eingegeben. Word beginnt nach diesen Trennstrichen eine neue Zeile, wenn nur ein Teil des so zusammengesetzten Wortes in die aktuelle Zeile passt. Diese Trennstriche werden immer auf dem Bildschirm angezeigt und sie werden auch immer ausgedruckt. Verwenden Sie diese Trennstriche in Wortgruppen wie »Katz-und-Maus-Spiel«.

- **Bedingte Trennstriche** Bedingte oder optionale Trennstriche werden mit [Strg]+[-] eingegeben und nur dann ausgedruckt, wenn sie zur Silbentrennung eines Wortes erforderlich sind. Sie sind ein Hinweis an Word, wo im Bedarfsfall eine Trennung vorgenommen werden kann. Wenn der optionale Trennstrich nicht benötigt wird, weil das Wort, das ihn enthält, nicht am Ende einer Zeile steht, wird er auch nicht gedruckt.

  Bedingte Trennstriche sind auf dem Bildschirm nur sichtbar, wenn Sie die Formatierungszeichen anzeigen lassen (mit [Strg]+[*] oder über die Schaltfläche *Alle Anzeigen* auf der Registerkarte *Start*).

- **Geschützte Trennstriche** Geschützte Trennstriche sehen wieder ein wenig anders aus als normale und bedingte Trennstriche und werden mit dem Shortcut ⬆ + Strg + - eingegeben. Ein geschützter Trennstrich wird nie als Trennstrich verwendet und eignet sich z.B. für Angaben wie »a-z«.

Silbentrennung mit der Trennhilfe

Sie können die Silbentrennung auch automatisch von Word durchführen lassen. Word fügt dann bereits während der Texteingabe optionale Trennzeichen in den Text ein. Um diese Funktion einzuschalten gehen Sie so vor:

1. Klicken Sie in der Registerkarte *Seitenlayout* auf *Silbentrennung*. In dem so angezeigten Menü können Sie die Silbentrennung ein- bzw. ausschalten.

Bild 9.10 Einschalten der Automatischen Silbentrennung

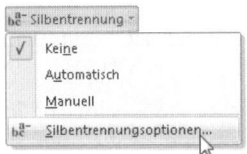

2. Wenn Sie nicht genau wissen, wie die Silbentrennung momentan konfiguriert ist, sollten Sie stattdessen den Befehl *Silbentrennungsoptionen* aufrufen.

Bild 9.11 Konfigurieren der Silbentrennung

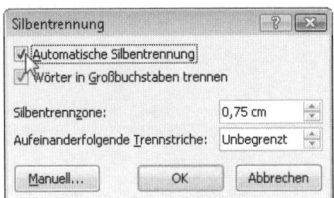

Wie Sie sehen, lässt sich auch in diesem Dialog die Silbentrennung aktivieren. Wichtiger ist jedoch die Option *Silbentrennzone*. Mit ihr können Sie steuern, wann in einer Zeile getrennt wird und wann nicht.

Wenn Word in einer Zeile mit Blocksatz einen Leerraum entdeckt, der größer ist als der hier angegebene Wert, oder wenn bei einem links- bzw. rechtsbündigen Absatz der Leerraum am Ende bzw. Anfang der Zeile größer ist als dieser Wert, versucht Word eine Trennung vorzunehmen. Um die Anzahl der Trennungen zu erhöhen, müssen Sie die Silbentrennzone folglich verkleinern.

Die Anzahl der maximal aufeinanderfolgenden Trennstriche sollten Sie auf vier begrenzen, da ansonsten der Lesefluss zu sehr leidet.

3. Nehmen Sie die gewünschten Einstellungen vor und klicken Sie auf *OK*.

Manuelle Silbentrennung

Falls Sie die automatische Silbentrennung nicht verwenden wollen, können Sie stattdessen eine manuelle, oder genauer gesagt, eine halbautomatische Silbentrennung vornehmen. Rufen Sie in diesem Fall den Befehl *Manuell* aus dem Menü der Schaltfläche *Silbentrennung* auf (siehe Bild 9.10). Die Trennhilfe zeigt Ihnen dann jedes Wort zur Überprüfung an. Im Textfeld *Trennvorschlag* sieht das am Beispiel des Wortes »markieren« folgendermaßen aus:

Bild 9.12   Die manuelle Silbentrennung

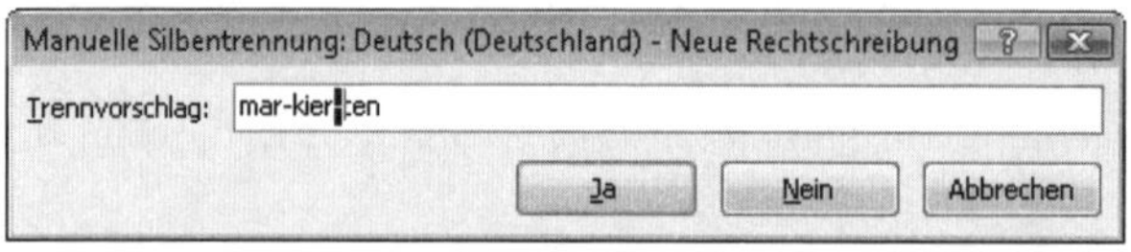

Die Trennhilfe teilt das Wort in einzelne Silben auf und zeigt alle gültigen Trennstellen an. Eventuell sehen Sie zwischen zwei Buchstaben einen senkrechten grauen Strich. Damit wird der Teil des Wortes gekennzeichnet, der maximal in die alte Zeile hineinpasst. Der Trennstrich, den Word Ihnen vorschlägt, liegt immer links von dieser Marke und wird dunkel hinterlegt.

Sie können nun den Trennvorschlag übernehmen, indem Sie die Schaltfläche *Ja* auswählen oder mit den Tasten ← und → die Trennstelle verschieben. Wenn Sie die Trennstelle rechts neben die graue Linie verschieben, wird das Wort zwar nicht getrennt, jedoch fügt Word einen optionalen Trennstrich ein, der automatisch verwendet wird, wenn sich durch Hinzufügen von Text oder Ändern der Einzüge sowie Ränder der Zeilenumbruch verändert.

Mit der Schaltfläche *Abbrechen* können Sie die manuelle Trennhilfe beenden. Trennstriche, die Sie bereits eingegeben haben, werden dadurch nicht entfernt. Sie können jedoch alle eingefügten Trennstriche wieder löschen, wenn Sie sofort nach dem Beenden der Trennhilfe den Befehl *Rückgängig* aufrufen.

Wasserzeichen

Als Wasserzeichen bezeichnet man einen hellen Text oder eine blasse Grafik, die auf jeder Seite eines Dokuments hinter dem Text liegt. Um diesen Effekt in früheren Word-Versionen zu erzeugen, wurden üblicherweise entsprechende Texte bzw. Grafiken in die Kopf- oder Fußzeile eingefügt. Der Kopf- und Fußzeilentrick hat in der Vergangenheit vor allem bei kurzen Dokumenten wunderbar funktioniert. Wenn allerdings ein Dokument mehrere Abschnitte besitzt, steigen Aufwand und Komplikationen für diese Art von Wasserzeichen stark an, da jeder Abschnitt eine eigene Kopfzeile hat.

Wasserzeichen einfügen

Mit der neuen Word-Funktion brauchen Sie auf eventuell vorhandene Abschnitte keine Rücksicht mehr zu nehmen. Um ein Dokument mit einem Wasserzeichen zu versehen, nehmen Sie einfach folgende Schritte vor:

1. Öffnen Sie das betreffende Dokument.

2. Gehen Sie auf die Registerkarte *Seitenlayout* und klicken Sie in der Gruppe *Seitenhintergrund* auf die Schaltfläche *Wasserzeichen*.

Bild 9.13   Der Katalog enthält die wichtigsten Standard-Wasserzeichen

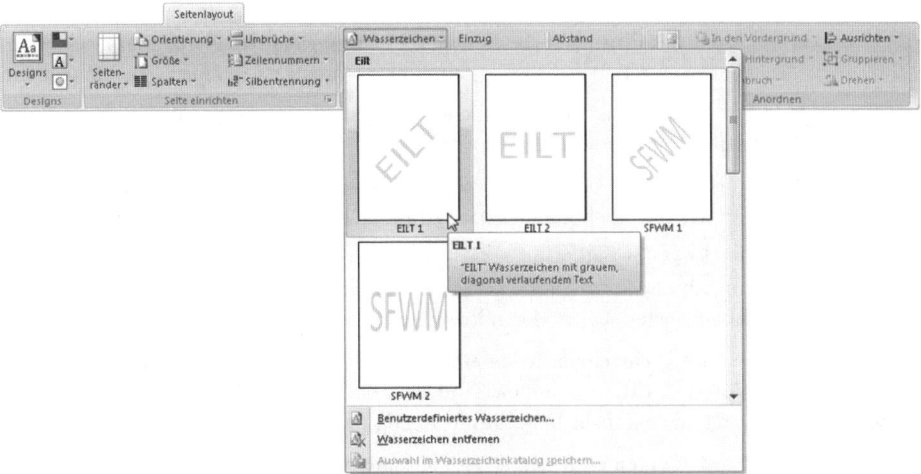

3. Wenn Sie in dem angebotenen Katalog nicht fündig werden, rufen Sie den Befehl *Benutzerdefiniertes Wasserzeichen* auf. Hier können Sie sowohl ein Bild als auch einen beliebigen Text als Wasserzeichen hinterlegen.

Bild 9.14   Mit diesem Dialogfeld können Sie eigene Wasserzeichen erstellen

Zusammenfassung

Dieses Kapitel hat sich mit den Formatierungen beschäftigt, die das gesamte Dokument betreffen. Hierzu gehören die Größe der Seite, der Seitenumbruch und die Verwendung von Abschnitten.

- Die Zuweisung eines Designs beeinflusst die verwendeten Schriftarten, Farben und Effekte (Seite 176).

- Durch das Einstellen der Seitenränder legen Sie den Bereich auf der Seite fest, der für den »normalen« Text zur Verfügung steht und auch als *Satzspiegel* bezeichnet wird (Seite 179).

- Der Bundsteg ist ein zusätzlicher Seitenrand, der für die Bindung eines mehrseitigen Dokuments reserviert werden kann (Seite 180).

- Normalerweise entscheidet Word selbstständig, wann bzw. wo eine neue Seite beginnt. Sie können aber auch manuelle Seitenumbrüche festlegen (Seite 181).

- Die Seitenformatierung eines Dokuments erfolgt abschnittsweise (Seite 182). Dokumente können also in mehrere Abschnitte unterteilt werden, für die jeweils eigene Seitenformatierungen gelten. Diese Technik wird zum Beispiel für mehrspaltige Texte benötigt (Seite 182).

- Damit die einzelnen Zeilen eines Dokuments möglichst optimal gefüllt sind, kann Word die Wörter des Textes trennen. Und zwar entweder bereits bei der Texteingabe oder nachträglich durch die manuelle bzw. die automatische Silbentrennung (Seite 186).

- Word kann einen hellen Text oder eine blasse Grafik auf jeder Seite eines Dokuments hinter den Text legen, um einen Wasserzeichen-Effekt zu erzielen (Seite 188).

Kapitel 10

Kopf- und Fußzeilen

In diesem Kapitel:

In diesem Kapitel dreht sich alles um Kopf- und Fußzeilen. Darunter versteht man Bereiche am oberen und unteren Rand einer Seite, die alle Informationen aufnehmen, die auf jeder Seite wiederholt werden sollen. Am häufigsten werden Kopf- und Fußzeilen natürlich für die Ausgabe der Seitenzahl benutzt. Wie Sie gleich sehen werden, können Sie mit Kopf- und Fußzeilen jedoch noch viel mehr anstellen. So ist es z.B. möglich, das aktuelle Datum oder den Namen der Datei in die Kopf- oder Fußzeile aufzunehmen.

Kopf- und Fußzeilen von der Stange

Da sich der Inhalt einer Kopf- bzw. Fußzeile im Gegensatz zum restlichen Dokument auf jeder Seite wiederholen soll, wird er von Word separat verwaltet. Für Sie als Anwender hat das die Konsequenz, dass Sie in einen speziellen Modus umschalten müssen, wenn Sie Kopf- und Fußzeilen einfügen oder bearbeiten wollen.

Der damit verbundene Aufwand und auch das dazu notwendige Verständnis des dahinterliegenden Konzepts wurden von vielen Benutzern als zu aufwändig empfunden. Aus diesem Grund haben die Entwickler von Microsoft diesen Bereich von Word nachgebessert. Ihr Ziel war es, die Komplexität des Kopf- und Fußzeilenmechanismus vor dem Anwender zu verbergen und den Zeitaufwand für das Einfügen von Kopf- und Fußzeilen drastisch zu minimieren. Und wie Sie gleich sehen werden, hat Word an dieser Stelle tatsächlich enorm an Komfort dazu gewonnen.

Kopf- und Fußzeilen einfügen

Das Einfügen einer Kopf- oder einer Fußzeile ist mit Word 2007 mit zwei, drei Mausklicks erledigt:

1.   Wechseln Sie auf die Registerkarte *Einfügen*.

2.   Klicken Sie auf die Schaltfläche *Kopfzeile* bzw. auf die Schaltfläche *Fußzeile*.

Bild 10.1   Das Einfügen von Kopf- und Fußzeilen kann kaum einfacher sein

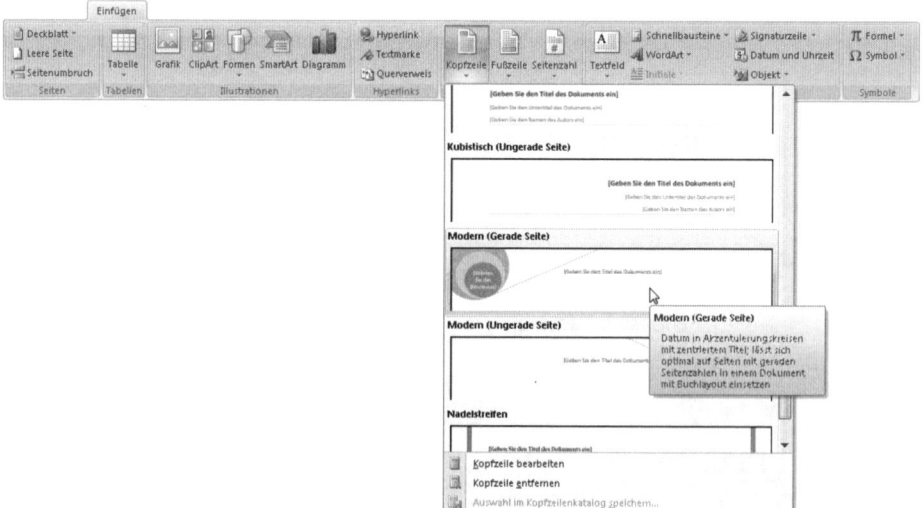

3. Wählen Sie eine der angebotenen Varianten aus. Beachten Sie, dass es von einigen Kopf- und Fußzeilen auch unterschiedliche Versionen für gerade und ungerade Seiten gibt. In diesem Buch enthalten zum Beispiel die Kopfzeilen der geraden Seiten (das sind immer die linken Seiten eines Buchs) die Nummer des jeweiligen Kapitels und seinen Namen, die Kopfzeilen der ungeraden (also der rechten) Seiten hingegen den Namen der aktuellen Überschrift der zweiten Ebene.

4. Wenn die Kopf- bzw. Fußzeile variable Elemente enthält, wie zum Beispiel den Titel des Dokuments oder eine Datumsanzeige, zeigt Word die eingefügte Kopf-/Fußzeile im Bearbeitungsmodus an. Klicken Sie dann die entsprechenden Platzhalter an und geben Sie den gewünschten Text ein.

5. Besonders elegant ist in Word die Eingabe eines Datums gelöst. In diesem Fall enthält die Kopf- bzw. Fußzeile ein spezielles Steuerelement, mit dem Sie das Datum auf einem kleinen Kalender auswählen können.

Bild 10.2   Datumswerte lassen sich über einen kleinen Kalender eingeben

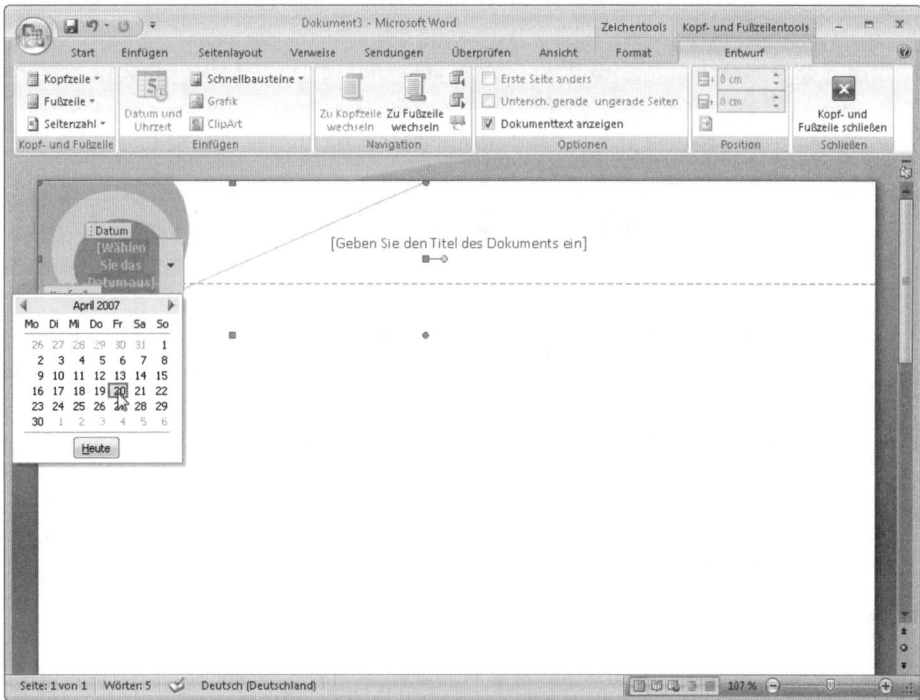

6. Wenn Sie einzelne Elemente der Kopf- bzw. Fußzeile nicht benötigen, können Sie sie einfach löschen.

7. Um wieder zum normalen Dokumenttext zurückzukehren, klicken Sie in der Registerkarte *Entwurf* ganz rechts auf die Schaltfläche *Kopf- und Fußzeile schließen*.

Seitenzahlen pur

Wenn Sie in Ihr Dokument keine aufwändige Kopf- und Fußzeilen einfügen möchten, sondern lediglich die Seitenzahl ausgeben lassen wollen, gehen Sie besser folgendermaßen vor:

1. Klicken Sie in der Registerkarte *Einfügen* auf die Schaltfläche *Seitenzahl*.

Bild 10.3 Einfügen der reinen Seitenzahl

2. Sie sehen nun ein kleines Auswahlmenü, in dem Sie sich zunächst entscheiden müssen, wo die Seitenzahl positioniert werden soll:

   ■ **Seitenanfang** Die Seitenzahl erscheint oben auf der Seite.

   ■ **Seitenende** Die Seitenzahl erscheint unten auf der Seite.

   ■ **Seitenränder** Die Seitenzahl erscheint am linken bzw. rechten Rand.

   ■ **Seitenzahlen** Die Seitenzahl wird an der aktuellen Position der Einfügemarke in den Text eingefügt.

   Wenn Sie sich für eine der ersten drei Varianten entscheiden, fügt Word die Seitenzahl in eine Kopf- bzw. Fußzeile ein, da nur so erreicht werden kann, dass die Seitenzahl auf jeder Seite ausgegeben wird.

3. Zeigen Sie mit der Maus auf einen der Befehle, damit das zugehörige Untermenü ausklappt. Im Menü sehen Sie dann verschiedene Variationen von Vorschaubildern des gewählten Bereichs (Seitenanfang, Seitenende etc.). Allerdings ist die Seitenzahl dort meistens nur als winzige graue Zahl zu erkennen, so dass Sie hier nicht viel mehr als eine grobe Vorstellung vom späteren Ergebnis bekommen.

4. Wählen Sie die gewünschte Variante aus.

5. Bei den Varianten *Seitenanfang*, *Seitenende* und *Seitenränder* wechselt Word in den Bearbeitungsmodus für Kopf- bzw. Fußzeilen. Nehmen Sie bei Bedarf noch Änderungen an der Formatierung der Seitenzahl vor und klicken Sie dann auf *Kopf- und Fußzeile schließen,* um zum normalen Dokumenttext zurückzukehren.

ACHTUNG Durch Einfügen einer Seitenzahl an den Seitenanfang, das Seitenende oder in die Seitenränder werden bereits vorhandene Kopf- bzw. Fußzeilen aus dem Dokument entfernt.

Seitenzahlen formatieren

Normalerweise beginnt Word die Seitenzählung mit »1«. Bei umfangreichen Werken (wie zum Beispiel bei einem Buch oder einer Broschüre) kommt es allerdings häufig vor, dass der Text auf mehrere Dokumente aufgeteilt wird. In diesen Fällen müssen Sie in den einzelnen Dokumenten eine individuelle Startnummer für die Seitenzählung festlegen, damit das fertige Werk eine fortlaufende Nummerierung erhält.

Außerdem bietet Word verschiedene Formate für die Seitenzahl an. Sie können zwischen arabischen Ziffern (1, 2, 3), Kleinbuchstaben (a, b, c), Großbuchstaben (A, B, C), römischen Ziffern in Kleinschrift (i, ii, iii) und römischen Ziffern in Großschrift (I, II, III) wählen.

1. Wechseln Sie auf die Registerkarte *Einfügen*.

2. Klicken Sie dort auf die Schaltfläche *Seitenzahl* und wählen Sie in ihrem Menü den Befehl *Seitenzahl formatieren*. Word zeigt dann das Dialogfeld *Seitenzahlenformat* an.

Bild 10.4   Formatieren der Seitenzahl

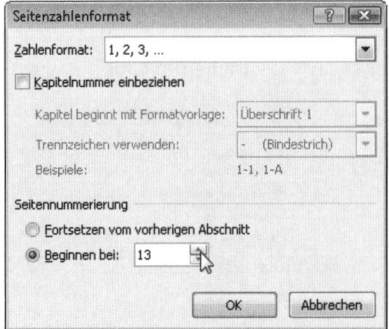

3. Wählen Sie das gewünschte Format aus der Liste *Zahlenformat* aus.

4. Wenn Sie die Überschriften mit den Formatvorlagen *Überschrift …* formatiert und dann die Gliederungsnummerierungen verwendet haben, können Sie die Kapitelnummer in die Seitenzahl einbeziehen. Wählen Sie dann im Listenfeld *Kapitel beginnt mit Formatvorlage* die Überschriften-Formatvorlage. Das Listenfeld *Trennzeichen verwenden* enthält diverse Zeichen, die zwischen der Kapitelnummer und der Seitenzahl eingefügt werden können.

5. Legen Sie im Feld *Beginnen bei* die Startnummer für die Seitenzählung fest.

6. Schließen Sie das Dialogfeld mit *OK*.

Das Ändern des Startwertes für die Seitenzahl beeinflusst zunächst nicht die Ausgabe der Seitenzahl in der Statuszeile. Das heißt, die Seitenzählung in der Statusleiste beginnt nach wie vor bei 1.

Sie können aber auch die tatsächliche Seitenzahl, also die Zahl, die auf der Seite gedruckt wird, in der Statuszeile ausgeben lassen. Klicken Sie die Statuszeile dazu mit der rechten Maustaste an und wählen Sie im Kontextmenü den Befehl *Formatierte Seitenzahl*.

Bild 10.5   Ausgabe der formatierten Seitenzahl in der Statusleiste

Kopf- und Fußzeilen bearbeiten

Im den bisherigen Abschnitten dieses Kapitels haben Sie gesehen, wie einfach es mit Word 2007 ist, eine Seitenzahl oder sogar eine komplette Kopf- bzw. Fußzeile in ein Word-Dokument aufzunehmen. In vielen Fällen werden Sie mit den Ergebnissen dieser »Fertiglösungen« zufrieden sein, aber es wird auch Situationen geben, in denen Sie eigene Kopf- und Fußzeilen erstellen müssen oder bereits vorhandene Kopf- und Fußzeilen ändern wollen.

Kopf-/Fußzeilenmodus aktivieren

Kopf- und Fußzeilen werden bei Word immer in der Ansicht *Seitenlayout* eingegeben und bearbeitet. Am einfachsten gelangen Sie in diesen Modus, wenn Sie mit der Maus auf der gewünschten Kopf- bzw. Fußzeile doppelklicken. Alternativ klicken Sie auf der Registerkarte *Einfügen* die Schaltfläche *Kopfzeile* an und wählen in ihrem Menü den Befehl *Kopfzeile bearbeiten*. Falls Sie sich nicht in der Seitenlayoutansicht befinden, wenn Sie den Befehl aufrufen, wird sie von Word automatisch aktiviert.

Bild 10.6   Der Bereich der Kopfzeile liegt oberhalb der blauen gestrichelten Linie

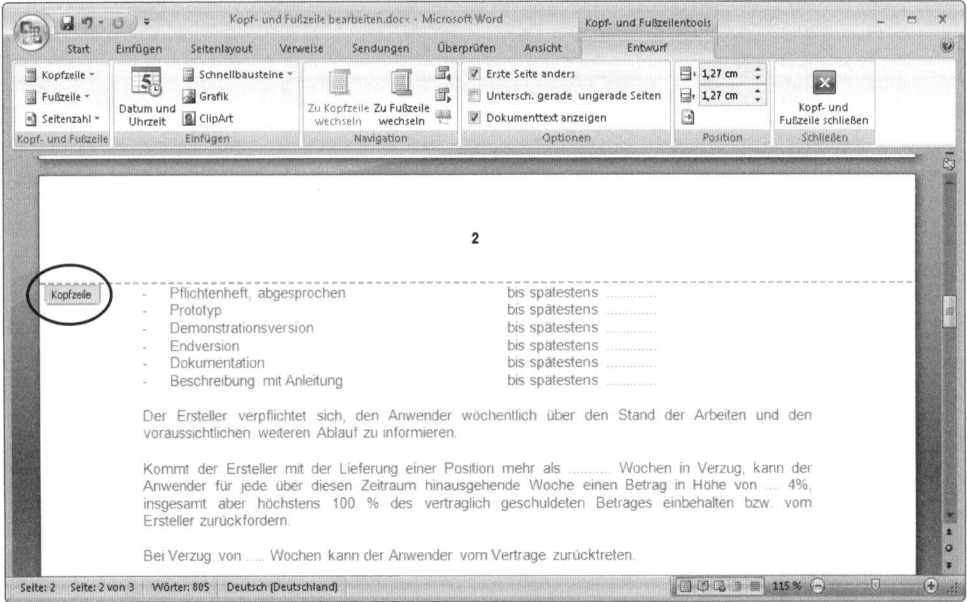

Im Kopf-/Fußzeilenmodus wird die Multifunktionsleiste um die Registerkarte *Entwurf* ergänzt, mit der Sie alle wichtigen Befehle zur Bearbeitung von Kopf- und Fußzeilen im direkten Zugriff haben. Außerdem wird in diesem Modus der normale Dokumenttext abgeblendet und kann nicht bearbeitet werden. Sie können den Dokumenttext sogar ganz ausblenden. Das kann zum Beispiel sinnvoll sein, wenn er sich mit Teilen der Kopf- oder Fußzeile überlappt. Schalten Sie dann einfach auf der Registerkarte *Erweitert* die Option *Dokumenttext anzeigen* aus.

Die verschiedene Arten von Kopf- und Fußzeilen

An der gestrichelten Linie, die den Bereich der Kopf- bzw. der Fußzeile kennzeichnet, informiert Sie ein kleines Schildchen, um welche Kopf- oder Fußzeile es sich handelt. Word 2007 stellt Ihnen nämlich sechs verschiedene Arten von Kopf- und Fußzeilen zur Verfügung, die Sie nach Bedarf ein- und ausschalten können. Sie sollten daher im Vorfeld ein wenig planen, mit welchen Kopf- oder Fußzeilen Sie arbeiten wollen, bevor Sie mit dem Einfügen beginnen.

Welche und wie viele Kopf-/Fußzeilen in einem Dokument enthalten sind, steuern Sie über die beiden Optionen *Erste Seite anders* und *Untersch. gerade ungerade Seiten*, die sich auf der Register-karte *Entwurf* in der Gruppe *Optionen* befinden:

- **Erste Seite anders** Bei vielen Arten von Dokumenten, beispielsweise bei Briefen, ist es so, dass die erste Kopf- oder Fußzeile anders aussehen muss. Ein typisches Beispiel dafür sind Briefe, bei denen die erste Seite meist keine Kopfzeile enthält.

- **Untersch. gerade ungerade Seite** Bei vielen gebundenen Publikationen unterscheiden sich die Kopf- und Fußzeilen auf geraden (linken) und ungeraden (rechten) Seiten. Selbst wenn sich in der Fußzeile nur eine Seitenzahl befindet, wird sie in der Regel auf geraden Seiten am lin-ken Seitenrand stehen und bei ungeraden am rechten.

Insgesamt können Sie mit Word also folgende sechs Kopf-/Fußzeilen für ein Dokument definieren:

- Eine Kopfzeile für die erste Seite eines Dokuments.

- Eine Kopfzeile für alle geraden Seiten eines Dokuments.

- Eine Kopfzeile für alle ungeraden Seiten eines Dokuments.

- Eine Fußzeile für die erste Seite eines Dokuments.

- Eine Fußzeile für alle geraden Seiten eines Dokuments.

- Eine Fußzeile für alle ungeraden Seiten eines Dokuments.

Position von Kopf- und Fußzeile

Mit den beiden Textfeldern der Gruppe *Position* können Sie die Kopf- und Fußzeile auf der Seite positionieren. Mit diesem Wert wird der Abstand zwischen der Papierkante bis zur Oberkante der Kopfzeile bzw. der Unterkante der Fußzeile festgelegt. Diese Einstellungen korrespondieren mit den Angaben auf dem Dialogfeld *Seite einrichten,* das Sie z. B. mit einem Doppelklick auf den Kopf-/Fußzeilenbereich aufrufen können.

Sie können stattdessen auch das vertikale Lineal verwenden. Zeigen Sie mit dem Mauszeiger auf die obere Markierung des weißen Bereichs, der den Kopfzeilenbereich angibt. Ziehen Sie dann mit gedrückter Maustaste den Kopf-/ Fußzeilenbereich auf oder zu. Wenn Sie beim Ziehen die [Alt]-Taste gedrückt halten, werden die Maßangaben im Lineal angezeigt. So können Sie den Abstand der Kopf- bzw. Fußzeile unter Sichtbedingungen einstellen. Beachten Sie, dass der Kopf- und Fuß-zeilenrahmen nur innerhalb des Bereichs bewegt werden kann, der aufgrund der eingestellten Seitenränder für die Kopf- bzw. Fußzeile freigestellt wird (siehe auch Kapitel 9).

TIPP **Lineal automatisch einblenden** Wenn Sie den Mauszeiger in die Nähe des linken Fensterrandes schieben, erscheint das vertikale Lineal automatisch.

Word 2007

Bild 10.7 Einstellen der Kopf-/Fußzeilenposition mit dem vertikalen Lineal

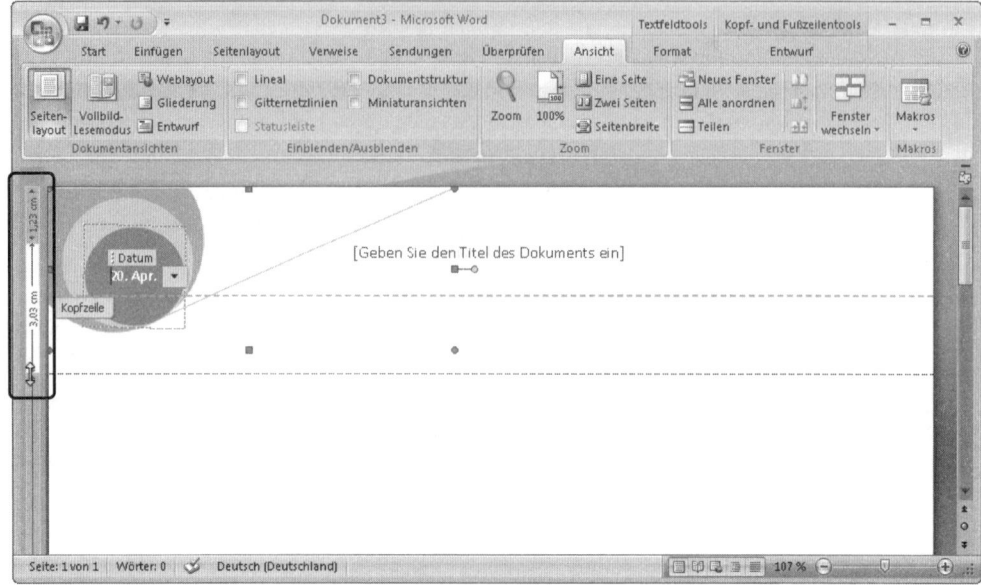

Zwischen Kopf- und Fußzeilen navigieren

Wenn Sie sich im Bearbeitungsmodus für Kopf- und Fußzeilen befinden, können Sie sehr komfortabel zwischen den verschiedenen Kopf- und Fußzeilen hin- und herspringen, indem Sie auf der Registerkarte *Entwurf* die Schaltflächen der Gruppe *Navigation verwenden*.

Bild 10.8 Mit den Schaltflächen der Gruppe Navigation wechseln Sie zwischen den verschiedenen Kopf- und Fußzeilen eines Dokuments

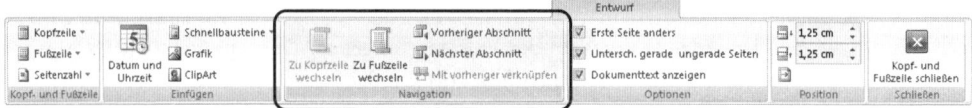

Die ersten beiden Schaltflächen dienen dazu, innerhalb der gleichen Seite zwischen der Kopf- und Fußzeile zu wechseln. Die Beschriftung der beiden Schaltflächen *Vorheriger Abschnitt* und *Nächster Abschnitt* ist allerdings irreführend. Mit diesen Schaltflächen springen Sie keineswegs von Abschnitt zu Abschnitt, sondern von Kopfzeile zu Kopfzeile bzw. Fußzeile zu Fußzeile.

HINWEIS **Hat Ihr Dokument genug Seiten?** Damit Sie überhaupt zwischen den verschiedenen Kopf- und Fußleisten springen können, müssen sich in Ihrem Dokument auch genügend Seiten befinden. Wenn Sie zum Beispiel ein neues Dokument erstellen und festlegen, dass gerade und ungerade Seiten unterschiedlich behandelt werden sollen, können Sie erst dann in die zweite Kopfzeile gelangen, wenn Ihr Dokument mindestens zwei Seiten enthält.

Abschnitte

In Kapitel 9 haben Sie erfahren, dass Dokumente in mehrere Abschnitte unterteilt werden können. Dies wird z.B. nötig, wenn Sie die Seitenorientierung (Hoch- und Querformat) in einem Dokument wechseln wollen oder einzelne Textabschnitte mehrspaltig gestaltet werden sollen. Auch die Formatierungen von Kopf- und Fußzeilen beziehen sich nicht direkt auf das Dokument, sondern auf den Abschnitt, in dem sich die jeweilige Kopf- oder Fußzeile befindet.

Wenn Sie also ein Dokument mit mehreren Abschnitten erstellen, hat das für die Kopf- und Fußzeilen folgende Konsequenzen:

- Jeder Abschnitt kann rein theoretisch sechs verschiedene Kopf- bzw. Fußzeilen enthalten. Damit Sie in diesem Wust nicht die Übersicht verlieren, zeigt Word neben dem Namen der Kopf- und Fußzeilen auch die Nummer des zugehörigen Abschnitts an (Beispiel: »Ungerade Kopfzeile -Abschnitt 2-«).

- Sie müssen entscheiden, ob die einzelnen Abschnitte die Kopf- und Fußzeilen von ihren Vorgängern übernehmen oder nicht. Diese Eigenschaft steuern Sie über die Schaltfläche *Mit vorheriger verknüpfen,* die sich auf der Registerkarte *Entwurf* in der Gruppe *Navigation* befindet.

Datum und Uhrzeit einfügen

Da für Kopf- und Fußzeilen häufig Zeitangaben benötigt werden, wurde die Funktion zum Einfügen von Datum und Uhrzeit entsprechend komfortabel gestaltet. Klicken Sie dazu nach dem Positionieren der Einfügemarke in der Registerkarte *Entwurf* einfach auf die Schaltfläche *Datum und Uhrzeit.* Word zeigt dann folgendes Dialogfeld an, in dem Sie das gewünschte Zeitformat aus einer Liste wählen können.

Bild 10.9   Word kann Zeitangaben in verschiedenen Formaten ausgeben

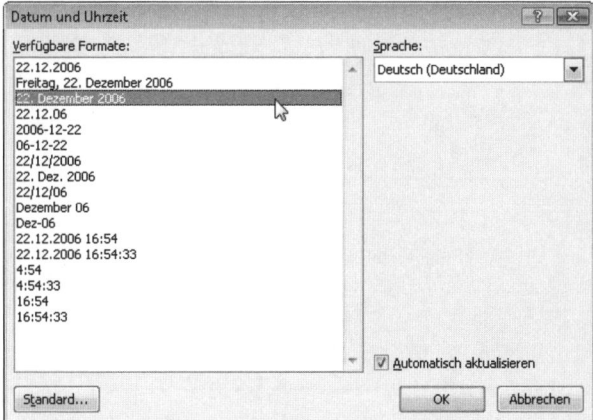

Mit der Option *Automatisch aktualisieren* können Sie festlegen, ob Word die aktuelle Zeitangabe als normalen Text einfügt (Option ausgeschaltet) oder ob stattdessen ein Feld verwendet werden soll, das automatisch das jeweils aktuelle Datum anzeigt (Option eingeschaltet).

HINWEIS **Feldfunktion anzeigen** Mit Feldern weisen Sie Word an, eine bestimmte Aktion auszuführen. Normalerweise zeigt Word direkt das Ergebnis eines Feldes an (z.B. das aktuelle Datum), so dass sich das Feld scheinbar nicht vom normalen Text unterscheidet. Sie können aber die dahinterliegende Feldfunktion anzeigen, indem Sie die Einfügemarke auf das Feldergebnis stellen und ⌂+F9 drücken. Im Falle des Datum-Feldes könnte die zugehörige Feldfunktion zum Beispiel so aussehen: { TIME \@ „d. MMMM yyyy" }

Um wieder das Ergebnis des Feldes anzuzeigen, drücken Sie erneut ⌂+F9.

Felder einfügen

Neben den soeben erwähnten Feldern, mit denen Sie das Datum oder die Uhrzeit ausgeben können, gibt es in Word noch diverse andere Felder für die unterschiedlichsten Bereiche. Für die Anwendung in Kopf- und Fußzeilen eignen sich nur die wenigsten, aber diese sind dafür umso wichtiger. Dazu gehören insbesondere die Felder zur Anzeige des Dateinamens, die in der Praxis regelmäßig benötigt werden und an deren Beispiel wir das Einfügen von Feldern vorstellen wollen.

1. Setzen Sie die Einfügemarke an die gewünschte Position.

2. Klicken Sie in der Registerkarte *Entwurf* die Schaltfläche *Schnellbausteine* an und wählen Sie aus ihrem Menü den Befehl *Feld*. (Die Schaltfläche befindet sich ebenfalls auf der Register-karte *Einfügen*.) Word zeigt dann das Dialogfeld *Feld* an.

Bild 10.10   Einfügen eines Feldes, mit dem der Dateiname angezeigt wird

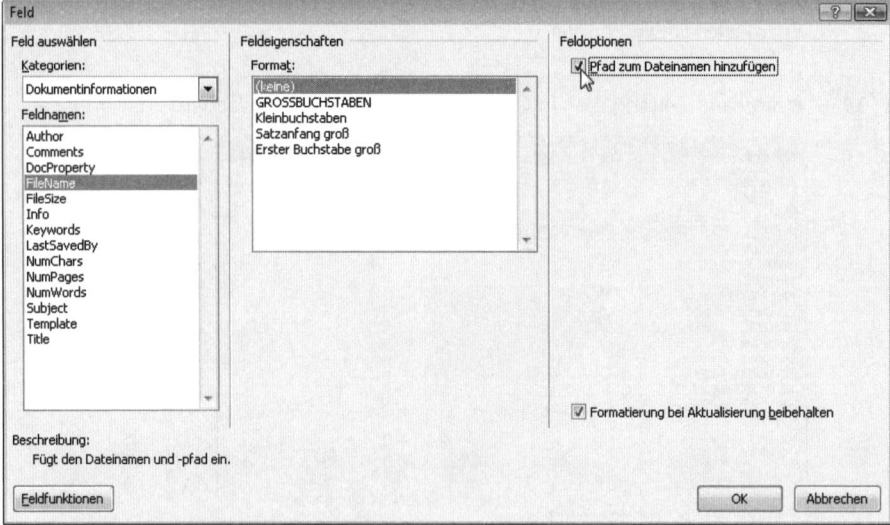

3. Öffnen Sie das Listenfeld *Kategorien*, um sich einen Überblick über das Angebot zu verschaf-fen. Wählen Sie dann den Eintrag *Dokumentinformation*. Die darunter stehende Liste redu-ziert sich dadurch auf ein gutes Dutzend Felder.

4. Markieren Sie in der Liste *Feldnamen* den Eintrag *FileName*.

5. Im mittleren Bereich des Dialogs werden nun die zugehörigen Eigenschaften für das ausge-wählte Feld angezeigt. In diesem Fall können Sie nur Einfluss auf die Groß- und Kleinschrei-bung des Dateinamens nehmen.

6. Auf der rechten Seite des Dialogs werden die *Optionen* für das gewählte Feld angezeigt. Auch hier ist die Auswahl eher bescheiden. Sie haben lediglich die Wahl, ob Sie den Pfad (das ist der Name des Ordners) anzeigen lassen wollen oder nicht.

7. Mit der Option *Formatierung bei Aktualisierung beibehalten* steuern Sie, ob Word die Forma-tierung des Felderergebnisses (also in diesem Fall des Dateinamens) beibehalten soll, wenn das Feld aktualisiert wird. Sie sollten diese Option in aller Regel eingeschaltet lassen.

8. Damit haben Sie alle Einstellungen vorgenommen und können das Feld mit einem Klick auf *OK* in Ihr Dokument einfügen.

Überschriften in Kopfzeilen wiederholen

Eine weiteres Feld, das in Kopf- und Fußzeilen sinnvoll eingesetzt werden kann, ist *STYLEREF*. Mit ihm können Sie eine Überschrift aus dem Text in der Kopf- oder Fußzeile wiederholen.

1. Positionieren Sie die Einfügemarke und rufen Sie das Dialogfeld *Feld* auf.

2. Stellen Sie die Kategorie *Verknüpfen und Verweise* ein.

3. Markieren Sie in der Liste der Feldnamen den Eintrag *StyleRef*.

4. Wählen Sie den Namen der gewünschten Formatvorlage. In der Regel wird es sich dabei um eine der Überschriften-Formatvorlagen handeln.

5. Schalten Sie die Feldoption *Seite von unten nach oben durchsuchen* ein.

Bild 10.11   Einfügen eines Feldes, das die aktuelle Überschrift anzeigt

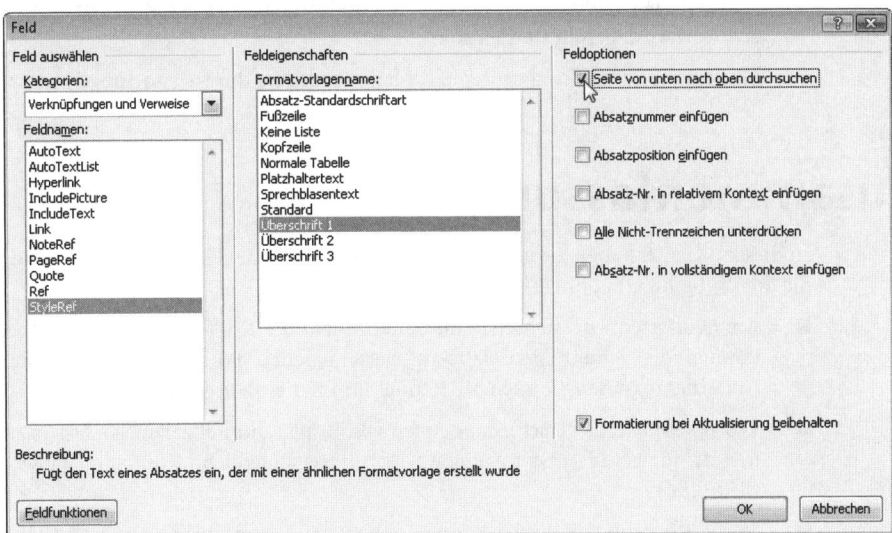

6. Klicken Sie auf *OK*, um das Feld einzufügen.

Inhalte von Kopf- und Fußzeilen positionieren

Wenn Sie ein Element in eine Kopf- oder Fußzeile eingefügt haben, zum Beispiel eine Seitenzahl, werden Sie den neuen Inhalt in der Regel noch innerhalb der Kopf-/Fußzeile positionieren wollen. Üblicherweise verwendet man für diese Aufgabe Tabulatoren und setzt die dazu benötigten Tabstopps mit Hilfe des Lineals. Es gibt jedoch noch eine etwas einfachere Möglichkeit, die mit einem kleinen Dialogfeld arbeitet.

1. Setzen Sie die Einfügemarke links neben das Element, das Sie positionieren möchten.

2. Klicken Sie in der Registerkarte *Entwurf* auf die kleine Schaltfläche in der Gruppe *Position*. Word zeigt dann das folgende Dialogfeld an:

Bild 10.12   Positionieren von Elementen in Kopf- und Fußzeilen

3. Wählen Sie mit den Optionen der Gruppe *Ausrichtung*, ob das Element links, zentriert oder rechts in der Kopf-/Fußzeile stehen soll.

4. Mit dem Listenfeld *Ausrichten relativ zu* legen Sie fest, ob sich die Angabe zur Ausrichtung auf den eingestellten Seitenrand oder den Einzug des Absatzes bezieht, in dem sich das Element befindet.

5. In der Gruppe *Füllzeichen* können Sie bestimmen, wie der Platz, um den das Element verschoben wird, gefüllt werden soll.

6. Klicken Sie auf *OK* und prüfen Sie, ob das Ergebnis Ihren Erwartungen entspricht.

Zusammenfassung

In diesem Kapitel haben Sie gelernt, wie Sie Kopf- und Fußzeilen formatieren und welche Elemente Sie dort aufnehmen können:

■   Am häufigsten wird sicherlich die Seitenzahl in der Kopf-/Fußzeile ausgegeben (Seite 192). Sie können die Seitenzahlen dabei in verschiedenen Formaten und Schriftarten verwenden. Außerdem können Sie auch die Kapitelnummer einbeziehen.

■   Word kennt sechs verschiedene Arten von Kopf- und Fußzeilen, so dass es zum Beispiel möglich ist, für gerade und ungerade Seiten unterschiedliche Kopf- und Fußzeilen einzurichten (Seite 196).

■   In die Kopf- und Fußzeile können neben der Seitenzahl u.a. auch das Datum, die Uhrzeit, Überschriften und der Dateiname aufgenommen werden (Seite 199).

Kapitel 11

Word-Dokumente drucken und veröffentlichen

In diesem Kapitel:

Nachdem Sie die Bearbeitung eines Dokuments abgeschlossen haben, besteht der letzte Schritt darin, es anderen verfügbar zu machen. In den Zeiten vor der »Internet-Revolution« bedeutete verfügbar machen beinahe ausschließlich, das Dokument auszudrucken und es den Empfängern in papierener Form entweder per gelber Post zuzusenden oder es persönlich zu übergeben.

Neben dieser traditionellen Form der Veröffentlichung eines Dokuments werden die elektronischen Verbreitungsformen immer wichtiger. Für Microsoft Office Word gibt es zwar schon seit einigen Versionen einen sogenannten Viewer, mit dem auch Computernutzer, auf deren PC Word nicht installiert ist, den Inhalt eines Dokuments ansehen konnten. Viel verbreiteter ist jedoch die Verwendung des PDF-Formats, bei dem es sich um ein plattformunabhängiges Dateiformat handelt, mit dem Dokumente der unterschiedlichsten Art anderen zur Verfügung gestellt werden. Dies kann entweder durch Beifügen einer PDF-Datei zu einer E-Mail erfolgen oder als Datei, die sich auf einem Webserver befindet und von jedem, der die im Dokument enthaltenen Informationen benötigt, heruntergeladen werden kann. Zur Anzeige von PDF-Dateien wird der PDF-Reader benötigt, der nicht nur für Windows, sondern auch für andere Betriebssysteme zur Verfügung steht. Wollten Sie bisher aus einem Word-Dokument eine PDF-Datei erstellen, war hierfür ein spezielles (meist kostenpflichtiges) Programm erforderlich. Im Rahmen der Einführung von 2007 Microsoft Office System hat Microsoft ein Add-In für die verschiedenen Office-Programme entwickelt, das von der Microsoft-Website kostenlos heruntergeladen werden kann und mit dem Sie von Word 2007 aus direkt PDF-Dateien erstellen können.

Neben der Unterstützung des PDF-Formats können Sie in Word 2007 Dokumente im XPS-Format (XML Paper Specification) abspeichern, ein Format, das von Microsoft entwickelt wurde und mit dem XML-basierte, geräteunabhängige Dateien erstellt werden können. Wie bei dem PDF-Format können XPS-Dateien auf allen Computern angezeigt werden, auf denen ein entsprechender Viewer vorhanden ist. Die Verwendung des PDF- und des XPS-Formats werden ausführlich in Kapitel 5 dieses Buches beschrieben.

Wenn Sie eine der Websites nutzen, auf denen Sie Ihren Blog veröffentlichen können, dann hält Word 2007 eine weitere interessante Neuerung für Sie bereit: Sie können aus einem Word-Dokument einen Blogbeitrag machen und auf der Registerkarte *Blogbeitrag* Ihre Blogkonten verwalten und von dort aus den Beitrag direkt in Ihren Blog hochspielen. Wie das funktioniert, wird weiter hinten in diesem Kapitel exemplarisch an der Website *Windows Live Spaces* beschrieben.

HINWEIS   Ein Blog ist eine Website, die ähnlich wie ein Tagebuch dazu verwendet wird, um andere am eigenen Leben – seien es nun private oder berufliche Aspekte – teilhaben zu lassen. Andere Blogsites sind eher thematisch orientiert.

Dokument drucken

Beim Drucken von Dokumenten hat sich in der neuen Version von Word nicht wirklich etwas Neues getan. Die Befehle zum Drucken befinden sich nun im Menü, das sich unter der *Office-Schaltfläche* befindet.

Um den Druckvorgang zu starten, verwenden Sie eine der folgenden Varianten:

- Klicken Sie die *Office-Schaltfläche* an, zeigen Sie auf *Drucken* und klicken Sie dann auf *Schnelldruck*. Das Dokument wird sofort ausgedruckt. Der Vorteil: Es geht am schnellsten. Der Nachteil: Sie können keine Druckoptionen einstellen.

- Klicken Sie die *Office-Schaltfläche* an und klicken Sie dann auf *Drucken*.

- Drücken Sie die Tastenkombination Strg + P .

Bei den letzten beiden Varianten erscheint ein Dialogfeld, in dem Sie den Drucker auswählen und weitere Druckoptionen einstellen können.

TIPP Die in Word 2003 in der Symbolleiste *Standard* vorhandenen Schaltflächen für das Drucken und die Druckvorschau sind in der Symbolleiste für den Schnellzugriff standardmäßig nicht sichtbar. Wenn Sie auf die Pfeil-Schaltfläche *Symbolleiste für den Schnellzugriff anpassen* klicken, können Sie im Menü die Optionen *Schnelldruck* und *Seitenansicht* anklicken, um diese Befehle schneller zur Verfügung zu haben. Die Option *Schnelldruck* druckt das aktuelle Dokument auf dem derzeit eingestellten Drucker direkt aus, das *Drucken*-Dialogfeld wird dann nicht mehr angezeigt.

Druckoptionen einstellen

Wenn Sie weitere Druckoptionen einstellen wollen, um beispielsweise nur bestimmte Seiten des Dokuments auszudrucken oder um den Drucker auszuwählen, auf dem der Ausdruck erfolgen soll, gehen Sie so vor:

1. Klicken Sie die *Office-Schaltfläche* an und klicken Sie dann auf *Drucken*. Word zeigt das Dialogfeld *Drucken* an.

Bild 11.1   Im Dialogfeld *Drucken* können Sie den Drucker auswählen, auf dem der Ausdruck erfolgen soll, den Seitenbereich einstellen, die Anzahl der Exemplare festlegen u.v.m.

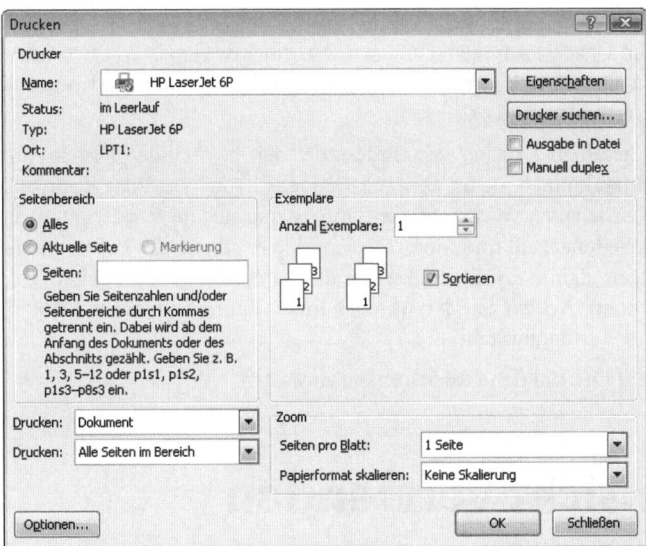

2. Führen Sie eine oder mehrere der folgenden Aktionen durch:

- **Drucker auswählen** Klicken Sie die Liste *Name* am oberen Rand des Dialogfeldes an, wenn Sie – sofern Sie mehr als einen Drucker installiert haben – den Drucker auswählen wollen, auf dem die Ausgabe erfolgen soll. Diese Option verwenden Sie auch, wenn Sie ein Dokument im PDF- oder XPS-Format erstellen wollen.

- **Anzahl der Ausdrucke festlegen** Im Bereich *Exemplare* legen Sie fest, wie viele Kopien gedruckt und ob diese sortiert ausgedruckt werden sollen. Wenn die Option *Sortieren* eingeschaltet ist, werden zunächst alle Seiten des Dokuments gedruckt und erst danach eine weitere Kopie.

- **Seiten festlegen, die gedruckt werden sollen** In der Gruppe *Seitenbereich* können Sie bestimmen, ob alle Seiten oder nur bestimmte ausgedruckt werden sollen. Die Option *Alles* druckt das gesamte Dokument, die Option *Aktuelle Seite* druckt die Seite aus, in der sich die Einfügemarke befindet (was nicht unbedingt die Seite sein muss, die derzeit im Word-Fenster angezeigt wird).

  Wenn Sie nur bestimmte Seiten ausdrucken wollen, geben Sie die Seitenzahlen in das Feld *Seiten* ein; mehrere Seitenangaben trennen Sie durch Kommas. Wenn Sie bestimmte fortlaufende Seiten ausdrucken wollen, setzen Sie zwischen die Start- und die Endseitenzahl einen Bindestrich, wie z.B. 9-13.

- **Mehrere Seiten pro Blatt** Um Papier zu sparen, wenn Sie beispielsweise ein Dokument in der Konzeptversion ausdrucken, können Sie den Ausdruck von Word skalieren lassen, damit mehrere Word-Seiten auf ein Blatt passen. Öffnen Sie dazu die Liste *Seiten pro Blatt* und legen Sie die Anzahl der Seiten pro Blatt fest.

- **Vor- und Rückseite bedrucken** Manche Laserdrucker unterstützen den Duplexmodus, bei dem ohne Ihr Zutun sowohl die Vorder- als auch die Rückseite des Papiers bedruckt werden. Falls Sie solch einen Drucker verwenden und den beidseitigen Druck nutzen wollen, klicken Sie die Schaltfläche *Eigenschaften* an, um das Konfigurationsdialogfeld für Ihren Drucker anzeigen zu lassen. Auf einer der Registerkarten (diese können je nach Druckertyp unterschiedlich benannt sein) finden Sie dann ein Kontrollkästchen, um den beidseitigen Druck zu aktivieren.

  Wenn Sie einen Drucker verwenden, der den beidseitigen Druck von Hause aus nicht unterstützt, können Sie im *Drucken*-Dialogfeld von Word das Kontrollkästchen *Manuell duplex* einschalten. Word druckt dann zuerst auf die Vorderseiten die Seiten mit ungerader Seitenanzahl und fordert Sie anschließend auf, das Papier wieder in den Drucker einzulegen, damit auf die Rückseiten die Seiten mit geraden Seitenzahlen gedruckt werden können. Achten Sie darauf, dass Ihnen dann die Option *Mehrere Seiten pro Blatt* nicht zur Verfügung steht.

3. Klicken Sie auf *OK*, um den Druckvorgang zu starten.

Die Seitenansicht verwenden

Word 2007 bietet Ihnen die Möglichkeit, in der Seitenansicht eine Vorschau auf das gedruckte Dokument zu erhalten und so das Layout vor dem Ausdrucken zu überprüfen und damit auch Papier zu sparen.

1. Klicken Sie die *Office-Schaltfläche* an und zeigen Sie auf *Drucken*.

2. Klicken Sie dann auf *Seitenansicht*. Word blendet die Programmregisterkarte *Seitenansicht* ein.

Bild 11.2   Die Registerkarte *Seitenansicht* stellt Ihnen alle Werkzeuge zur Verfügung, um das Dokument vor dem Ausdrucken zu begutachten, Änderungen an der Seitenformatierung vorzunehmen und schließlich den Druckvorgang zu starten

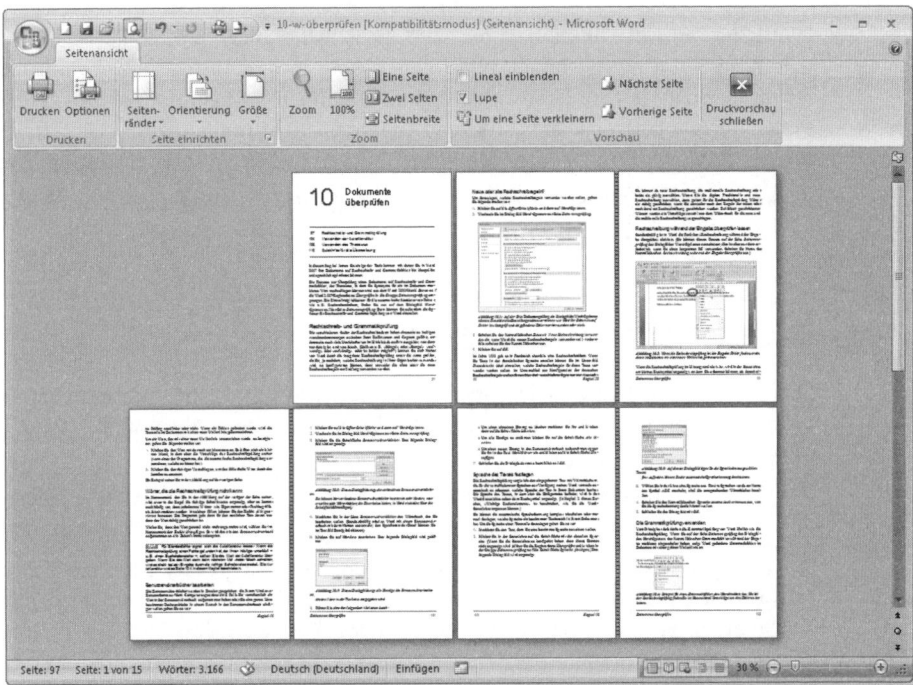

Der Vorteil der Registerkarte *Seitenansicht* besteht darin, dass die Befehlsgruppen alle Befehle enthalten, die Sie zum Ausdrucken und zur Vorschau benötigen, die ansonsten über mehrere Registerkarten verteilt sind.

3. In der Seitenansicht gibt es nur einen Befehl, der Ihnen auf den anderen Registerkarten von Word nicht zur Verfügung steht, nämlich die Schaltfläche *Um eine Seite verkleinern*. Wenn Sie beispielsweise ein achtseitiges Dokument erstellt haben, bei dem sich auf der letzten Seite nur wenige Zeilen befinden, können Sie die Schaltfläche *Um eine Seite verkleinern* anklicken, damit Word die Formatierung des Dokuments so anpasst, dass es eine Seite kürzer wird.

4. Der Mauszeiger hat in der Seitenansicht eine doppelte Funktion, die Sie in der Gruppe *Vorschau* mit dem Kontrollkästchen *Lupe* steuern können. Wenn das Kontrollkästchen eingeschaltet ist, können Sie eine beliebige Seite anklicken, die dann vergrößert dargestellt wird. Ein weiterer Klick verkleinert die Darstellung wieder. Die Form des Mauszeigers zeigt die Aktion an, die ausgelöst wird. Wenn Sie das Kontrollkästchen *Lupe* ausschalten, verhält sich der Mauszeiger wie in den anderen Dokumentansichten und Sie können Text oder andere Elemente markieren oder mit einem Klick die Einfügemarke verschieben.

Word 2007

5. Wenn Sie mit den Ergebnissen der Vorschau zufrieden sind, können Sie die Schaltfläche *Drucken* anklicken, um das gleichnamige Dialogfeld zu öffnen und den Druckvorgang zu initiieren. Wenn Sie das Dokument in der Ansicht *Seitenlayout* weiterbearbeiten wollen, klicken Sie die Schaltfläche *Druckvorschau schließen* an.

Blogbeitrag veröffentlichen

Word 2007 enthält Funktionen, die Sie beim Erstellen und Veröffentlichen Ihrer Blogbeiträge unterstützen. Zum einen enthält Word eine eigene Programmregisterkarte mit dem Namen *Blogbeitrag*, auf der Sie Ihre Blogkonten verwalten können und auf der Sie die wichtigsten Werkzeuge finden, um Blogbeiträge zu bearbeiten. Außerdem steht Ihnen die Registerkarte *Einfügen* zur Verfügung, mit der Sie Tabellen, Abbildungen, SmartArts usw. in Ihren Beitrag einfügen können.

Außerdem können Sie von der Registerkarte *Blogbeitrag* aus vorhandene Beiträge öffnen und einen fertigen Beitrag in Ihren Blog hochladen.

Blogkonto einrichten

Damit Sie Ihren Blog erstellen und veröffentlichen können, benötigen Sie ein Konto bei einem Blogdienstanbieter. Bekannte Blogdienstanbieter sind beispielsweise *Windows Live Spaces* oder *Blogger*.

- **Windows Live Spaces** Windows Live Spaces ist der Blogdienst von Microsoft. Sie können auf der Website *spaces.live.com* einen Blogbereich erstellen. Dieser Dienst ist kostenlos.

- **Blogger** Der wohl bekannteste und verbreitetste Blogdienst. Zum Erstellen eines Blogkontos surfen Sie zu *www.blogger.com* und folgenden den Anweisungen auf der Homepage. Auch dieser Dienst, der von Google angeboten wird, ist kostenlos.

- **Andere Blogdienstanbieter** Sie können auch andere Blogdienstanbieter verwenden. Sie benötigen hierfür lediglich Informationen darüber, wie die Daten von Word aus an Ihren Blog übertragen werden sollen (mehr dazu später, wenn es um das Veröffentlichen Ihres Blogs geht).

Mit der Einrichtung ist hier lediglich die Anmeldung bei einem Blogdienstanbieter gemeint. Sie müssen in einem weiteren Schritt in der Blogkonten-Verwaltung von Word 2007 das Konto dort registrieren, damit Word Ihren Blog an den Dienstanbieter übermitteln kann.

Den ersten Blogbeitrag in Word erstellen

Nachdem Sie sich bei einem Blogdienstanbieter angemeldet haben, können Sie sich an das Erstellen Ihres ersten Blogbeitrags machen:

1. Sie können entweder ein bereits vorhandenes Dokument in einen Blogbeitrag umwandeln lassen oder auch von vornherein festlegen, dass Sie einen neuen Blogbeitrag erstellen wollen.

    - **Neuen Blogbeitrag erstellen** Wenn Sie einen neuen Blogbeitrag erstellen wollen, klicken Sie auf die *Office-Schaltfläche* und dann auf *Neu*. Klicken Sie im mittleren Bereich des Dialogfeldes auf *Neuer Blogbeitrag* und dann auf *Erstellen*.

■ **Aktuelles Dokument in einen Blogbeitrag umwandeln** Wenn Sie ein bereits vorhandenes Word-Dokument in Ihrem Blog veröffentlichen wollen, öffnen Sie das betreffende Dokument. Klicken Sie dann auf die *Office-Schaltfläche*, zeigen Sie auf *Veröffentlichen* und klicken Sie anschließend im rechten Bereich auf *Blog*.

Wenn Sie das erste Mal einen Blogbeitrag erstellen, zeigt Word das Dialogfeld *Blogkonto registrieren* an.

Bild 11.3   Sie müssen Ihr Blogkonto bei Word zuerst registrieren, bevor Sie von Word aus Ihre Beiträge veröffentlichen können

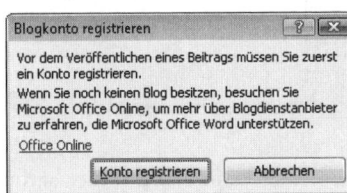

2. Klicken Sie auf *Konto registrieren.* Das Dialogfeld *Neues Blogkonto* wird angezeigt.

Bild 11.4   In der Liste *Blog* sehen Sie die Blogdienstanbieter, die Word kennt. Sie können die Anbieterliste mit einem Klick auf den Link *Liste aktualisieren* neu laden.

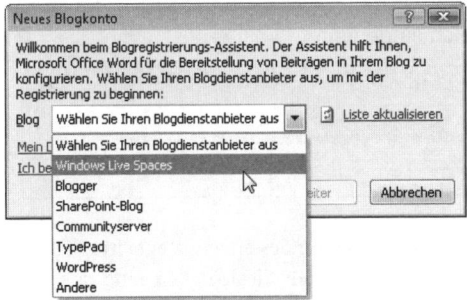

3. Öffnen Sie die Liste *Blog* und wählen Sie dort Ihren Blogdienstanbieter aus. Klicken Sie auf *Weiter.* Word zeigt nun ein Konfigurationsdialogfeld an, das sich je nach Anbieter unterscheidet. Für Windows Live Spaces geben Sie Ihren Bereichnamen an (das ist die eindeutige Adresse Ihres Spaces ohne *space.live.com*), bei Blogger Ihren Anmeldenamen und Ihr Kennwort und bei einem SharePoint-Blog, der möglicherweise in Ihrem Firmennetzwerk zur Verfügung steht, geben Sie den URL des Blogs ein.

TIPP   **Blogkonto auf Windows Live Spaces für die Veröffentlichung per Mail freischalten**
Wenn Sie Ihren Blog auf Windows Live Spaces hosten, müssen Sie die Veröffentlichung per E-Mail aktivieren. Melden Sie sich dazu bei Ihrem Space an und klicken Sie auf *Space bearbeiten* und anschließend auf *Optionen*. Anschließend klicken Sie im *Optionen*-Menü auf *Veröffentlichen per Mail*. Schalten Sie auf der Konfigurationsseite das Kontrollkästchen *Veröffentlichen per E-Mail* ein. Geben Sie dann ein geheimes Wort ein, das Sie später für die Registrierung des Kontos in Word benötigen, scrollen Sie an das Seitenende und klicken Sie auf *Speichern*.

Bild 11.5   Das Dialogfeld für die Registrierung bei Windows Live Space

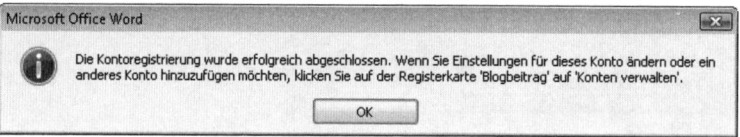

4. Geben Sie im Konfigurationsdialogfeld die benötigten Informationen ein und klicken Sie dann auf *OK*.

5. Word zeigt das Dialogfeld *Bildoptionen* an. Leider kann Word in der aktuellen Version bei Blogger und bei Windows Live Spaces Bilder nicht direkt hochladen, auch wenn beide Anbieter die Möglichkeit vorsehen, in den Blogbeiträgen Bilder zu veröffentlichen. Lassen Sie daher die Option *Bilder nicht hochladen* ausgewählt und klicken Sie auf *OK*.

Word stellt nun eine Verbindung mit dem Server des Blogdienstanbieters her. Wenn die Kontaktaufnahme erfolgreich war, wird die folgende Meldung angezeigt:

Bild 11.6   Das Blogkonto wurde erfolgreich eingerichtet

Die Schritte 2 bis 5 brauchen Sie nur beim Erstellten des ersten Blogbeitrags durchzuführen. Wenn Sie einen weiteren Eintrag erstellen wollen, nehmen Sie lediglich eine der Aktionen vor, die in Schritt 1 beschrieben sind.

WICHTIG   **Für Blogbeiträge nur das Dateiformat von Word 2007 verwenden**   Wenn Sie Blogbeiträge speichern, dürfen Sie nur das neue Dateiformat von Word 2007 verwenden. Wenn Sie das ältere Dateiformat verwenden, gehen beim Speichern Daten verloren und der Blogbeitrag kann nicht mehr veröffentlicht werden.

Wenn Sie aus einem vorhandenen Dokument, das im Dateiformat Word 97 bis 2003 vorliegt, einen Blogbeitrag machen wollen, speichern Sie es **zuerst** im Dateiformat von Word 2007, bevor Sie im Menü der *Office-Schaltfläche* den Befehl *Veröffentlichen/Blog* wählen.

Die Befehlsgruppe *Blog* verwenden

Zur Bearbeitung Ihres Blogbeitrags stellt Ihnen Word die Programmregisterkarte *Blogbeitrag* und die Registerkarte *Einfügen* zur Verfügung, wie Sie es in der folgenden Abbildung sehen.

Bild 11.7   Gestalten Sie Ihren Blogbeitrag mit den Werkzeugen der gleichnamigen Registerkarte

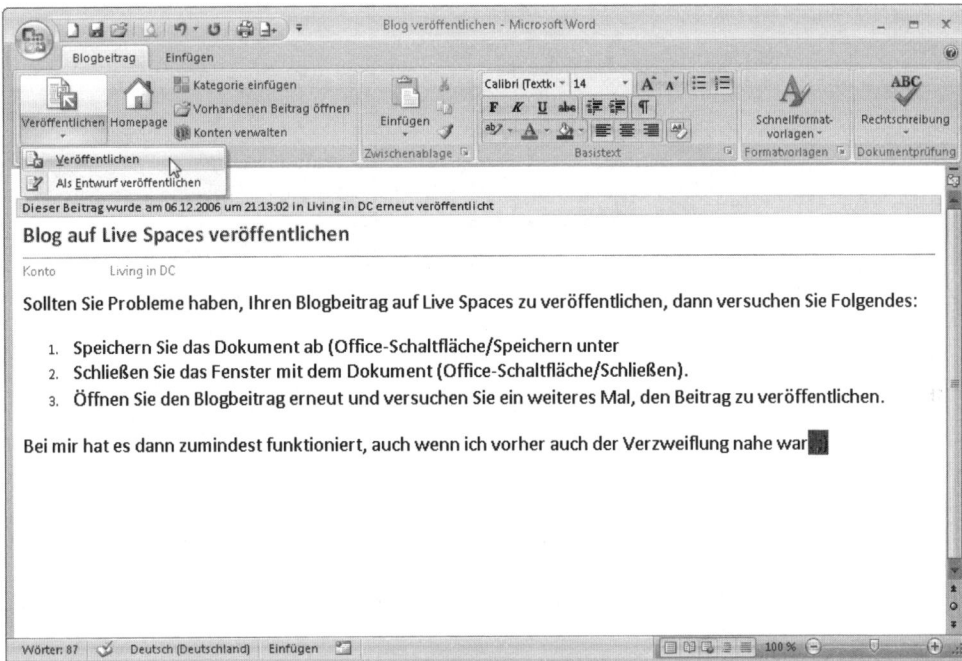

In den Befehlsgruppen *Zwischenablage, Basistext, Formatvorlagen* und *Dokumentprüfung* finden Sie die Werkzeuge, die Sie von den anderen Registerkarten her kennen und die in den anderen Kapiteln dieses Buches beschrieben sind.

Die Befehlsgruppe *Blog* enthält die Werkzeuge, die speziell für das Arbeiten mit Blogbeiträgen zur Verfügung stehen:

■ **Homepage**   Klicken Sie die Schaltfläche *Homepage* an, wenn Sie Ihre Blog-Website im eingestellten Webbrowser öffnen wollen.

■ **Kategorie einfügen**   Windows Live Spaces unterstützt beispielsweise das Veröffentlichen von Blogbeiträgen in Kategorien. Dies hilft dabei, Ihre Blog-Website übersichtlich zu gestalten. Wenn der Dienstanbieter, den Sie verwenden, Kategorien unterstützt, können Sie die Schaltfläche *Kategorie einfügen* anklicken. Oberhalb des Blogtextes wird dann ein Listenfeld mit Kategorien eingeblendet. Wählen Sie aus der Liste eine Kategorie aus oder geben Sie in das Feld einen Kategorienamen ein, um eine neue Kategorie zu erstellen.

Bild 11.8   Wenn Ihr Blogdienstanbieter Kategorien unterstützt, können Sie Ihren Beitrag einer Kategorie zuordnen

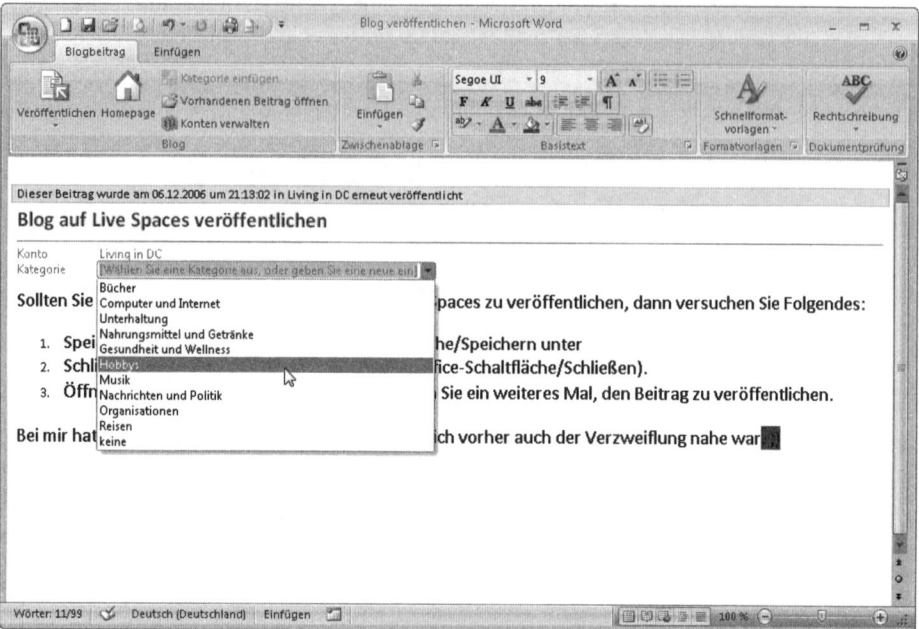

- **Vorhandenen Beitrag öffnen**   Wenn Sie einen bereits auf Ihrer Blog-Website veröffentlichten Artikel öffnen und bearbeiten wollen, klicken Sie auf *Vorhandenen Beitrag öffnen*. Markieren Sie im Dialogfeld, das dann angezeigt wird, den Titel des Beitrags und klicken Sie auf *OK*.

Bild 11.9   Mit diesem Dialogfeld können Sie bereits veröffentlichte Beiträge von der Blog-Website abrufen und bearbeiten

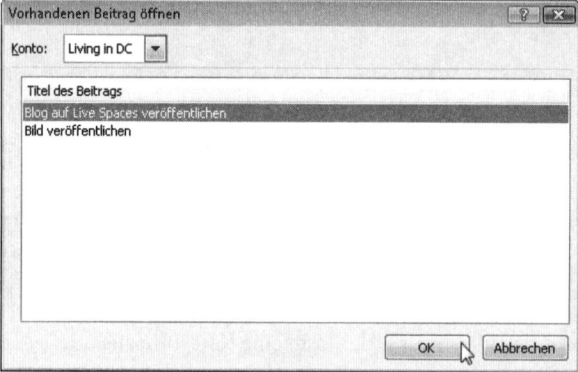

- **Konten verwalten** Wenn sich Ihre Anmeldedaten beim Blogdienstanbieter ändern oder wenn Sie ein weiteres Konto hinzufügen wollen, klicken Sie die Schaltfläche *Konten verwalten* an.

Bild 11.10 Dieses Dialogfeld zeigt die Übersicht der bei Word registrierten Blogkonten an

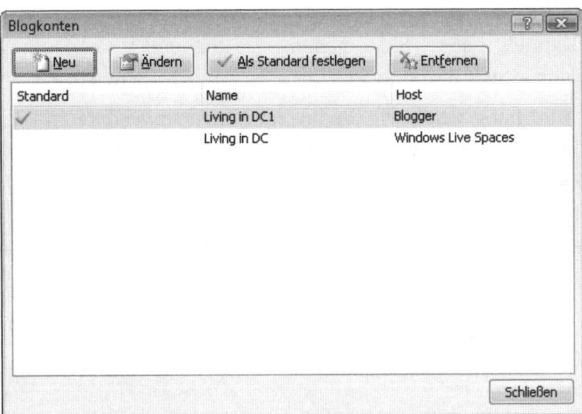

Klicken Sie im Dialogfeld *Blogkonten* auf *Neu*, um ein neues Konto zu erstellen, und gehen Sie dann so vor, wie weiter oben in diesem Abschnitt beschrieben. Um ein vorhandenes Konto zu bearbeiten, markieren Sie es in der Kontenliste und klicken dann auf *Ändern*.

- **Veröffentlichen** Der letzte Schritt beim Erstellen eines Blogbeitrags ist das Hochspielen des Beitrags auf Ihre Blog-Website. Klicken Sie auf *Veröffentlichen*, wenn der Beitrag sofort von anderen gelesen werden können soll. Verwenden Sie den Befehl *Als Entwurf veröffentlichen*, wenn erst mal nur Sie Zugriff auf den Beitrag haben sollen und er erst später den Besuchern Ihres Blogs zugänglich gemacht werden soll.

WICHTIG Leider ist es uns während der Arbeit an diesem Kapitel nicht gelungen, einen Beitrag auf blogger.com zu veröffentlichen. Unklar ist, ob es sich hierbei um eine temporäre Störung handelte oder um ein prinzipielles Problem. Möglicherweise begegnen Sie diesem Problem nicht. Auch bei Windows Live Spaces lief nicht immer alles wie am Schnürchen; hier hat geholfen, den Blogbeitrag zu speichern, neu zu öffnen und dann zu veröffentlichen. Eine Internetrecherche zeigte, dass auch andere Word-Anwender derzeit auf ähnliche Probleme stoßen. Leider können wir zum jetzigen Zeitpunkt keine sicher funktionierende Lösung anbieten.

Word 2007

Zusammenfassung

Dieses Kapitel hat Sie mit den speziellen Druckmöglichkeiten von Word 2007 vertraut gemacht, die über die in allen Office-Anwendungen vorhandenen und in Kapitel 5 beschriebenen Druckfunktionen hinausgehen. Außerdem haben Sie gesehen, wie mit Word 2007 Blogbeiträge erstellt und veröffentlicht werden können.

- Am Anfang des Kapitels haben Sie gesehen, wie Sie ein Word-Dokument ausdrucken (Seite 204) und welche Druckoptionen Sie einstellen können (Seite 205).

- Der folgende Abschnitt hat gezeigt, wie Sie die Seitenansicht verwenden können. Hierbei haben Sie auch den Befehl kennengelernt, mit dem Sie Word anweisen können, den Umfang des Dokuments um eine Seite zu reduzieren (Seite 206).

- Der letzte Abschnitt hat schließlich noch das Blogfeature vorgestellt (Seite 208), das zu den neuen Möglichkeiten gehört, die Ihnen von Word 2007 zur Verfügung gestellt werden.

Bitte beachten Sie auch Kapitel 5 aus Teil A dieses Buches, in dem unter anderem die Druckfunktionen vorgestellt werden, die Sie in allen Anwendungen von Microsoft Office 2007 finden.

Kapitel 12

Dokumente überprüfen

Word 2007

In diesem Kapitel:

215

In diesem Kapitel lernen Sie einige der Tools kennen, mit denen Sie in Microsoft Office Word 2007 Ihre Dokumente auf Rechtschreib- und Grammatikfehler hin überprüfen und sprachlich optimieren können.

Die Features zur Überprüfung eines Dokuments auf Rechtschreib- und Grammatikfehler, der Thesaurus, in dem Sie Synonyme für ein im Dokument markiertes Wort nachschlagen können, sind aus dem Word 2003-Menü *Extras* auf die Word 2007-Registerkarte *Überprüfen* in die Gruppe *Dokumentprüfung* umgezogen. Die Einstellmöglichkeiten für die automatische Korrektur von Fehlern, wie z.B. Buchstabendrehern, finden Sie nun im Dialogfeld *Word-Optionen* auf der Seite *Dokumentprüfung*. Dort können Sie außerdem die Optionen für die Rechtschreib- und Grammatikprüfung von Word einstellen.

Rechtschreib- und Grammatikprüfung

Die verschiedenen Stufen der Rechtschreibreform haben einerseits zu heftigen Auseinandersetzungen zwischen ihren Befürwortern und Gegnern geführt, andererseits auch viele Unsicherheiten im Hinblick darauf ausgelöst, was denn nun richtig ist und was falsch. (Heißt es z.B. »Stängel« oder »Stengel«, »aufwendig« oder »aufwändig«, oder ist beides möglich?) Lassen Sie sich hierbei von Word durch die integrierte Rechtschreibprüfung unter die Arme greifen, die Sie, je nachdem, welche Rechtschreibung in Ihrer Organisation verwendet wird, so konfigurieren können, dass entweder die alten oder die neuen Rechtschreibregeln bei der Prüfung verwendet werden.

Neue oder alte Rechtschreibregeln?

Um festzulegen, welche Rechtschreibregeln verwendet werden sollen, gehen Sie folgendermaßen vor:

1. Klicken Sie auf die *Office-Schaltfläche* und dann auf *Word-Optionen*.

2. Wechseln Sie im Dialogfeld *Word-Optionen* zur Seite *Dokumentprüfung*.

3. Schalten Sie das Kontrollkästchen *Deutsch: Neue Rechtschreibung verwenden* ein, wenn Word die neuen Rechtschreibregeln verwenden soll. Andernfalls schalten Sie das Kontrollkästchen aus.

4. Klicken Sie auf *OK*.

Bild 12.1   Auf der Seite *Dokumentprüfung* des Dialogfeldes *Word-Optionen* können Sie zahlreiche Einstellungen dazu vornehmen, wie Word Ihr Dokument auf Fehler hin überprüft und ob gefundene Fehler markiert werden oder nicht

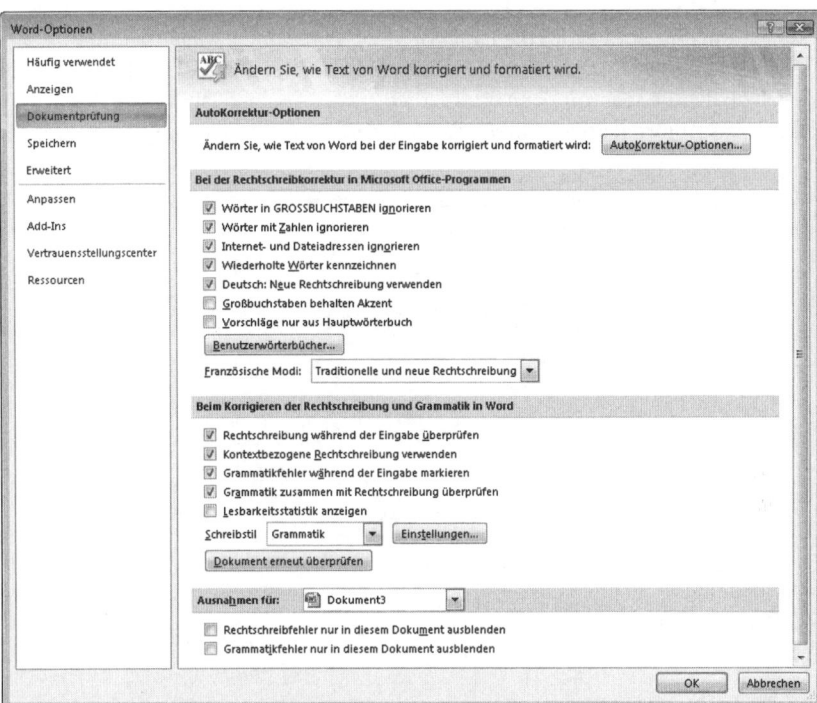

PROFITIPP   **Rechtschreibreform in Frankreich**

Im Jahre 1990 gab es in Frankreich ebenfalls eine Rechtschreibreform. Wenn Sie Texte in der französischen Sprache erstellen, können Sie im Listenfeld *Französische Modi* einstellen, welche Rechtschreibregeln für diese Texte verwendet werden sollen.

Im Unterschied zur Konfiguration der deutschen Rechtschreibregeln stehen Ihnen hier drei verschiedene Optionen zur Auswahl: Sie können die neue Rechtschreibung, die traditionelle Rechtschreibung oder beide als gültig auswählen. Wenn Sie die Option *Traditionelle und neue Rechtschreibung* auswählen, dann gelten für die Rechtschreibprüfung Wörter als richtig geschrieben, wenn sie entweder nach den Regeln der neuen oder nach denen der alten Rechtschreibung geschrieben wurden.

Bei falsch geschriebenen Wörtern werden die Vorschläge sowohl aus dem Wörterbuch für die neue als auch aus dem für die traditionelle Rechtschreibung vorgeschlagen.

Rechtschreibung während der Eingabe überprüfen lassen

Standardmäßig ist in Word die Funktion *Rechtschreibung während der Eingabe überprüfen* aktiviert. (Sie können dieses Feature auf der Seite *Dokumentprüfung* des Dialogfeldes *Word-Optionen* ausschalten; dies ist aber nur dann erforderlich, wenn Sie einen langsamen PC verwenden. Schalten Sie hierzu das Kontrollkästchen *Rechtschreibung während der Eingabe überprüfen* aus.)

Bild 12.2 Wenn die Rechtschreibprüfung bei der Eingabe Fehler findet, werden diese im Dokument mit einer roten Wellenlinie gekennzeichnet

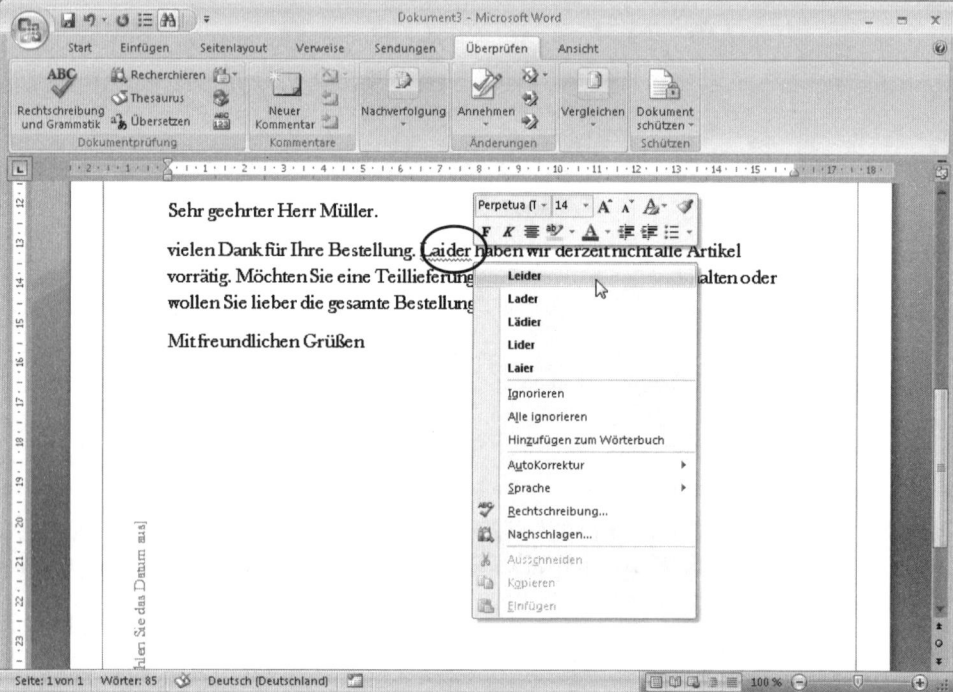

Wenn die Rechtschreibprüfung im Hintergrund aktiv ist, wird in der Statusleiste ein kleines Buchsymbol angezeigt, an dem Sie erkennen können, ob derzeit eine Prüfung stattfindet oder nicht. Wenn ein Fehler gefunden wurde, wird die Textstelle im Dokument mit einer roten Wellenlinie gekennzeichnet.

Um ein Wort, das mit einer roten Wellenlinie unterstrichen wurde, zu korrigieren, gehen Sie folgendermaßen vor:

1. Klicken Sie das Wort mit der rechten Maustaste an. Es öffnet sich ein kleines Menü, in dem oben die Vorschläge der Rechtschreibprüfung stehen (wenn eines der Programme, die die automatische Rechtschreibprüfung unterstützen, welche zu bieten hat).

2. Klicken Sie den richtigen Vorschlag an, um das fehlerhafte Wort durch das korrekte zu ersetzen.

Wörter, die die Rechtschreibprüfung nicht kennt

Im Kontextmenü, das Sie in der Abbildung auf der vorigen Seite sehen, wird zwar in der Regel die richtige Schreibweise angezeigt, aber es kommt auch häufig vor, dass unbekannte Wörter, wie Eigennamen oder Fachbegriffe, als falsch markiert werden. In solchen Fällen können Sie den Befehl *Alle ignorieren* benutzen. Das Programm geht dann für den restlichen Text davon aus, dass das Wort richtig geschrieben ist.

Wollen Sie, dass das Wort generell nicht mehr angemahnt wird, wählen Sie im Kontextmenü den Befehl *Hinzufügen zum Wörterbuch*. Es wird dann in das *Benutzerwörterbuch* aufgenommen und in Zukunft immer akzeptiert.

TIPP **Für Standardfehler eignet sich die AutoKorrektur besser** Wenn die Rechtschreibprüfung einen Fehler gefunden hat, der Ihnen häufiger unterläuft – wie z.B. einen Buchstabendreher –, sollten Sie das Wort der AutoKorrektur übergeben. Wenn Sie das Wort dann beim nächsten Mal wieder falsch schreiben, wird es direkt bei der Eingabe durch die richtige Schreibweise ersetzt. Die AutoKorrektur wird ab Seite 222 in diesem Kapitel beschrieben.

Word 2007

Benutzerwörterbücher bearbeiten

Die Benutzerwörterbücher werden in Dateien gespeichert, die Ihrem Windows-Benutzerkonto auf dem Computer zugeordnet sind. Falls Sie versehentlich ein Wort in das Benutzerwörterbuch aufgenommen haben oder wenn Sie eine ganze Liste bestimmter Fachausdrücke auf einen Rutsch in das Benutzerwörterbuch einfügen wollen, gehen Sie so vor:

1. Klicken Sie auf die *Office-Schaltfläche* und dann auf *Word-Optionen*.

2. Wechseln Sie im Dialogfeld *Word-Optionen* zur Seite *Dokumentprüfung*.

3. Klicken Sie auf die Schaltfläche *Benutzerwörterbücher*. Das folgende Dialogfeld wird angezeigt:

Bild 12.3 Dieses Dialogfeld zeigt die vorhandenen Benutzerwörterbücher an. Sie können hier vorhandene Benutzerwörterbücher bearbeiten oder löschen, neue erstellen oder Wörterbücher, die Sie erhalten haben, in Word einbinden (über die Schaltfläche *Hinzufügen*)

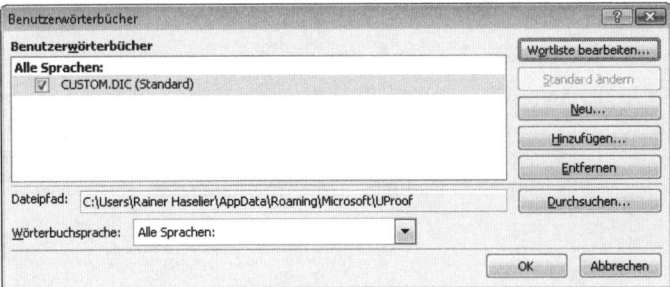

4. Markieren Sie in der Liste *Benutzerwörterbücher* das Wörterbuch, das Sie bearbeiten wollen. (Standardmäßig arbeitet Word mit einem Benutzerwörterbuch mit dem Namen *custom.dic*; den Speicherort der Datei können Sie im Textfeld *Dateipfad* ablesen).

5. Klicken Sie auf *Wortliste bearbeiten*. Das folgende Dialogfeld wird geöffnet:

Bild 12.4 Dieses Dialogfeld zeigt alle Einträge des Benutzerwörterbuches an, dessen Name in der Titelleiste ausgegeben wird

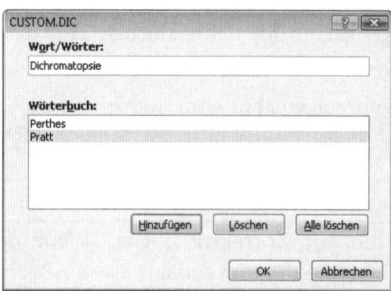

6. Führen Sie eine der folgenden Aktionen durch:

- Um einen einzelnen Eintrag zu löschen, markieren Sie ihn und klicken dann auf die Schaltfläche *Löschen*.

- Um alle Einträge zu entfernen, klicken Sie auf die Schaltfläche *Alle löschen*.

- Um einen neuen Eintrag in das Benutzerwörterbuch aufzunehmen, tippen Sie ihn in das Feld *Wort/Wörter* ein und klicken dann auf die Schaltfläche *Hinzufügen*.

7. Schließen Sie die Dialogfelder jeweils mit einem Klick auf *OK*.

Sprache des Textes festlegen

Die Rechtschreibprüfung vergleicht den eingegebenen Text mit Wörterbüchern, die für die verschiedensten Sprachen zur Verfügung stehen. Word versucht automatisch zu erkennen, welche Sprache der Text in Ihrem Dokument besitzt. Die Sprache des Textes, in dem sich die Einfügemarke befindet, wird in der Word-Statusleiste neben dem Buchsymbol angezeigt.

Sie können die automatische Spracherkennung komplett abschalten oder manuell festlegen, welche Sprache ein bestimmter Textbereich in Ihrem Dokument hat.

Um die Sprache einer Textstelle festzulegen, gehen Sie so vor:

1. Markieren Sie den Text, dem Sie eine bestimmte Sprache zuweisen wollen.

2. Klicken Sie in der Statusleiste auf die Schaltfläche mit der aktuellen Sprache. (Wenn Sie die Statusleiste so konfiguriert haben, dass dieses Element nicht angezeigt wird, öffnen Sie die Registerkarte *Überprüfen* und klicken in der Gruppe *Dokumentprüfung* auf die Schaltfläche *Sprache festlegen*.) Das folgende Dialogfeld wird angezeigt:

Bild 12.5 In diesem Dialogfeld legen Sie die Sprache des ausgewählten Textes fest. Außerdem können Sie die automatische Spracherkennung deaktivieren

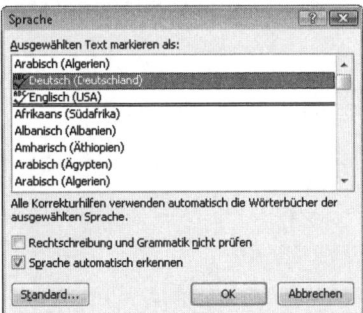

3. Wählen Sie in der Liste eine Sprache aus. Für die Sprachen, vor deren Name das Symbol ABC erscheint, sind die entsprechenden Wörterbücher installiert.

4. Schalten Sie das Kontrollkästchen *Sprache automatisch erkennen* aus, wenn Sie die Spracherkennung deaktivieren wollen.

5. Schließen Sie das Dialogfeld mit *OK*.

Die Grammatikprüfung verwenden

Vom Prinzip her funktioniert die Grammatikprüfung von Word ähnlich wie die Rechtschreibprüfung. Wenn Sie auf der Seite *Dokumentprüfung* des Dialogfeldes *Word-Optionen* das Kontrollkästchen *Grammatikfehler während der Eingabe markieren* eingeschaltet haben, zeigt Word gefundene Grammatikfehler im Dokument mit einer grünen Wellenlinie an.

Bild 12.6 Beispiel für einen Grammatikfehler, den Word entdeckt hat. Wie bei der Rechtschreibprüfung finden Sie im Kontextmenü Vorschläge, um den Fehler zu beheben

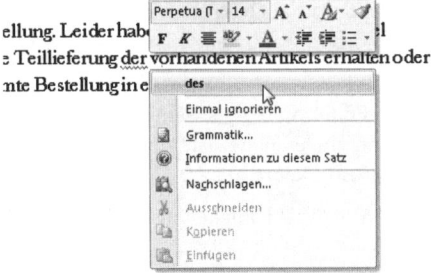

Wenn Sie das als falsch erkannte Wort mit der rechten Maustaste anklicken, wird ein Kontextmenü geöffnet, in dessen oberen Bereich Sie einen oder gegebenenfalls mehrere Korrekturvorschläge finden. Klicken Sie die gewünschte Korrektur an, damit diese den fehlerhaften Text ersetzt.

Wenn Sie im Kontextmenü den Befehl *Informationen zu diesem Satz* anklicken, wird die Online-Hilfe von Word geöffnet und es werden Informationen zum Fehler angezeigt. (Der Fehler in der obigen Abbildung lautet übrigens »Fehlende Übereinstimmung innerhalb der Hauptwortgruppe«.)

Welche Fehler von der Grammatikprüfung gefunden werden sollen, können Sie auf der Seite *Dokumentprüfung* des Dialogfeldes *Word-Optionen* konfigurieren. Klicken Sie die Schaltfläche *Einstellungen* neben *Schreibstil* an, damit das Dialogfeld *Grammatikeinstellungen* geöffnet wird, das Sie in der folgenden Abbildung sehen.

Bild 12.7 Die Einstellungen in dieser Abbildung sind die Standardeinstellungen der Grammatikprüfung von Word

Um eine der Prüfoptionen ein- oder auszuschalten, schalten Sie einfach die entsprechenden Kontrollkästchen ein bzw. aus. Nützlich ist auch die Option *Leerzeichen zwischen Wörtern oder Sätzen*, die mehrfache Leerzeichen zwischen zwei Wörtern oder zwischen Sätzen als Fehler markiert, da dies auf dem Bildschirm manchmal nicht gut zu erkennen ist.

AutoKorrektur verwenden

Wenn Sie viel am Computer schreiben, haben Sie wahrscheinlich auch schon bemerkt, dass Ihnen immer wieder die gleichen Verschreiber unterlaufen. Da wird aus »ist« ständig ein »its« und aus »bereits« das weltmännische »bereist«. Sehr beliebt sind auch Wörter mit zwei großen Anfangsbuchstaben – unwiderlegbarer Beweis, dass sich einer Ihrer Finger zu lange auf der ⬆ -Taste ausgeruht hat.

Solche Fehler kann Word mit der AutoKorrektur-Funktion bereits während der Texteingabe beheben. Das heißt, wenn die AutoKorrektur-Funktion eingeschaltet ist, wird aus einem »serh« automatisch ein »sehr«. Probieren Sie es einmal in Microsoft Word aus:

1. Erstellen Sie ein leeres Dokument, mit dem Sie die Fähigkeiten der AutoKorrektur testen können.

2. Geben Sie folgenden Text ein: *Das gibts doch nicht.* Word ändert das Wort »gibts« automatisch in »gibt's«.

3. Zeigen Sie mit der Maus auf *gibt's*. Unter dem Buchstaben »g« erscheint ein kleiner blauer Rahmen.

4. Zeigen Sie auf den Rahmen. Word zeigt unter dem Wort eine Schaltfläche an.

Bild 12.8   Die automatisch vorgenommenen Änderungen sind an dem blauen Rahmen zu erkennen

Bild 12.9   Das Menü mit den AutoKorrektur-Optionen

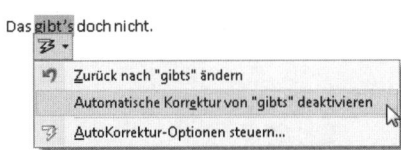

5.   Klicken Sie auf die Schaltfläche *AutoKorrektur-Optionen*. Es öffnet sich ein Menü, mit dem Sie das Verhalten der AutoKorrektur steuern können.

6.   Sie können nun die von Word vorgenommene Änderung einmalig rückgängig machen oder festlegen, dass Word diese Schreibweise in Zukunft nicht mehr automatisch korrigiert.

Sonderfälle von der AutoKorrektur ausnehmen

So praktisch die AutoKorrektur-Funktion ist – es gibt auch Fälle, bei denen ihr Eingreifen stört. Dies betrifft vor allem Abkürzungen und Wörter mit unüblichen Groß-/Kleinschreibungen.

1.   Geben Sie zum Beispiel folgenden Text ein:
     Die Abgasuntersuchungen (AUs) werden ...
     Word korrigiert »AUs« automatisch in »Aus«.

2.   Zeigen Sie auf das Wort »Aus«. Unter dem Wort erscheint ein kleiner blauer Rahmen.

3.   Bewegen Sie den Mauszeiger in die Nähe des Rahmens und klicken Sie auf die dadurch ange-zeigte Schaltfläche *AutoKorrektur-Optionen*.

4.   Wählen Sie im Menü den Befehl *Automatische Korrektur von „AUs" deaktivieren*, damit die Änderung rückgängig gemacht wird.

5.   Klicken Sie erneut auf die Schaltfläche *AutoKorrektur-Optionen* und wählen Sie diesmal *AutoKorrektur-Optionen steuern*. Das Dialogfeld *AutoKorrektur* erscheint.

6.   Klicken Sie auf die Schaltfläche *Ausnahmen*.

7.   Wechseln Sie zur Registerkarte *WOrtanfang GRroß*.

Word 2007

Bild 12.10 Das Wort AUs wurde in die Liste der Ausnahmen aufgenommen

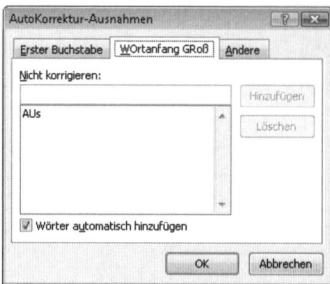

Diese Liste können Sie beliebig erweitern. Wenn Sie in einem der anderen Office-Programme einen neuen Eintrag erstellen, wird dieser automatisch auch bei den anderen Programmen verwendet.

Neue AutoKorrektur-Einträge erstellen

Im Dialogfeld der AutoKorrektur können Sie sehen, dass die Office-Programme mit den gängigen Flüchtigkeitsfehlern bereits vertraut sind. Trotzdem werden Sie dieser Liste früher oder später auch eigene Einträge hinzufügen wollen. Dazu gehen Sie am besten so vor:

1. Klicken Sie auf die *Office-Schaltfläche* und dann auf *Word-Optionen*.

2. Wechseln Sie im Dialogfeld *Word-Optionen* zur Seite *Dokumentprüfung*.

3. Klicken Sie auf die Schaltfläche *AutoKorrektur-Optionen*. Das Dialogfeld *AutoKorrektur* wird angezeigt.

Bild 12.11 In diesem Dialogfeld können Sie die AutoKorrektur um eigene Einträge ergänzen

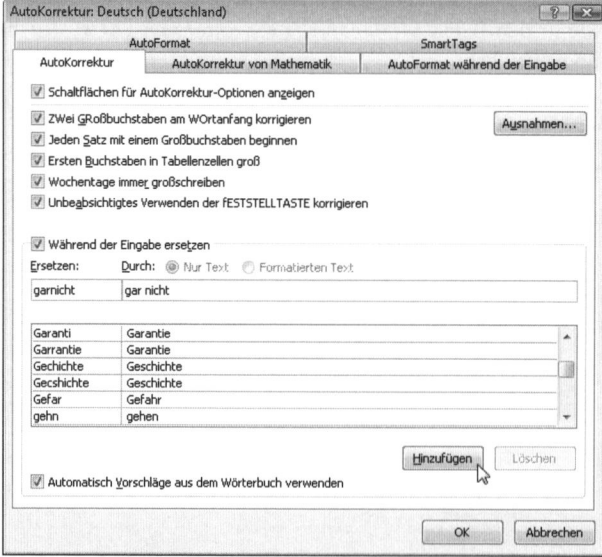

4. Geben Sie im Feld *Ersetzen* den Text ein, auf den die AutoKorrektur reagieren soll (also die falsche Version).

5. Im Feld *Durch* tragen Sie dann den Text ein, den die AutoKorrektur anstelle des falschen Textes einfügen soll.

6. Klicken Sie auf *Hinzufügen*, um den neuen Eintrag in die Liste aufzunehmen.

7. Schließen Sie das Dialogfeld mit *OK*.

PROFITIPP

AutoKorrekturregeln für Mathematik

Eine der Neuerungen von Word 2007 finden Sie auf der Registerkarte *AutoKorrektur von Mathematik* des Dialogfeldes *AutoKorrektur*.

Neben Texten können Sie jetzt auch mathematische Symbole von der AutoKorrektur in Ihr Dokument einfügen lassen, indem Sie das entsprechende Kürzel eintippen. So erhalten Sie beispielsweise nach Eingabe von \Pi das Zeichen Π. Die AutoKorrekturregeln für Mathematik sind normalerweise nur beim Erstellen von Formeln und Gleichungen aktiv.

Wenn Sie diese Funktion auch in normalem Text verwenden wollen, wechseln Sie zur Registerkarte *AutoKorrektur von Mathematik* und schalten dort das Kontrollkästchen *AutoKorrekturregeln von Mathematik in anderen als mathematischen Bereichen verwenden* ein.

Thesaurus verwenden

In Word steht Ihnen ein Thesaurus zur Verfügung, der Ihnen dabei helfen kann, Ihre Dokumente attraktiv, abwechslungsreich, fesselnd und interessant zu gestalten und Wörter ausfindig zu machen, die einen Sachverhalt anschaulich wiedergeben.

Bild 12.12   Die Synonyme werden im Kontextmenü angezeigt

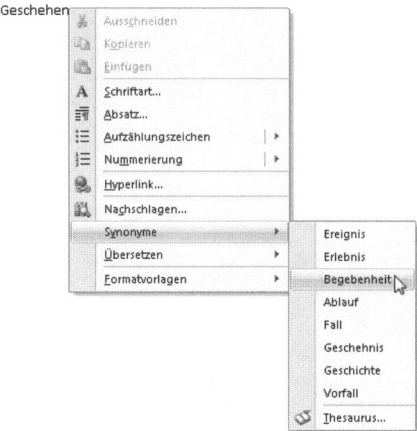

Sie können ein beliebiges Wort im Thesaurus nachschlagen oder aus dem Text, den Sie schreiben, eines an den Thesaurus übergeben. Probieren Sie es aus und schreiben Sie an eine beliebige Stelle in einem Dokument das Wort *Geschehen.*

Öffnen Sie anschließend durch Klicken mit der rechten Maustaste auf das Wort das Kontextmenü und wählen Sie den Befehl *Synonyme.* In einem weiteren Menü werden Ihnen (sofern vorhanden) Vorschläge für ein alternatives Wort unterbreitet. Ist eines dabei, das Sie verwenden wollen, dann klicken Sie es einfach an.

Den Thesaurus im Aufgabenbereich *Recherchieren* nutzen

Sie können auch den Aufgabenbereich *Recherchieren* verwenden, wenn Sie weitere Auswahlmöglichkeiten des Thesaurus haben wollen. Sie öffnen diesen Aufgabenbereich entweder mit dem Befehl *Thesaurus* aus dem Kontextmenü, das Sie in der vorigen Abbildung sehen, oder indem Sie auf der Registerkarte *Überprüfen* in der Gruppe *Dokumentprüfung* auf die Schaltfläche *Thesaurus* klicken. Am schnellsten geht es mit der Tastenkombination ⇧+F7.

Wenn Sie kein Wort markiert haben, geht Word davon aus, dass Sie das Wort nachschlagen wollen, das die Einfügemarke enthält oder unmittelbar neben ihr steht. Im oberen Bereich des Aufgabenbereichs (siehe folgende Abbildung) sehen Sie das Textfeld *Suchen nach,* in dem immer das Wort steht, das zurzeit nachgeschlagen wird. In unserem Beispiel enthält das Feld den Eintrag *Geschehen.*

Das scheinbar so schlichte Wort »Geschehen« ist in Wirklichkeit sehr vielseitig. Es hat nämlich diverse Bedeutungen und kann als Substantiv oder als Verb verstanden werden. Die Wortart der verschiedenen Begriffe wird dabei in Klammern angegeben.

Bild 12.13 Der Aufgabenbereich *Recherchieren* mit dem Thesaurus

Sie können weitere Synonyme recherchieren, indem Sie im Listenfeld einen der Begriffe anklicken. Das angeklickte Wort wird in das Feld *Suchen nach* übernommen und dann werden dessen Synonyme oder Antonyme angezeigt.

Um einen der Begriffe in das Dokument einfügen zu lassen, klicken Sie auf die Pfeil-Schaltfläche, die eingeblendet wird, wenn der Mauszeiger sich auf dem Wort befindet. Klicken Sie anschließend im Popup-Menü auf *Einfügen*.

Wenn Sie sich beim Nachschlagen eines Wortes in den Untiefen des Thesaurus verirrt haben (und das geht sehr schnell), können Sie die Schaltflächen *Zurück* und *Vor* verwenden, die oberhalb der Liste angezeigt werden, um zum vorherigen bzw. zum nächsten Wort zu wechseln.

Neben dem deutschen Synonymwörterbuch befinden sich auch englische, französische und italienische Wörterbücher im Lieferumfang von Word. Um eines dieser Synonymwörterbücher zu verwenden, weisen Sie dem Text im Word-Dokument vorher die gewünschte Sprache zu, wie Sie es bei der Rechtschreibprüfung bereits gesehen haben (siehe hierzu Seite 220).

QuickInfos für die Übersetzung

Der Aufgabenbereich *Recherchieren* kann außer zum Nachschlagen im Thesaurus auch verwendet werden, um einzelne Wörter oder Sätze übersetzen zu lassen. Die Möglichkeiten sind allerdings nicht sehr umfangreich.

Nützlich ist jedoch ein neues Feature von Word 2007, mit dem Ihnen in einem QuickInfo-Fenster die Übersetzung des Wortes angezeigt werden kann, auf dem sich derzeit der Mauszeiger befindet.

Um diese Funktion einzuschalten, gehen Sie folgendermaßen vor:

1. Öffnen Sie die Registerkarte *Überprüfen* und klicken Sie in der Gruppe *Dokumentprüfung* auf die Schaltfläche *QuickInfo für Übersetzung*.

2. Legen Sie im Popup-Menü die Sprache fest, **in die** das Wort übersetzt werden soll, auf dem sich der Mauszeiger befindet. (Um dieses Feature abzuschalten, wählen Sie den Befehl *Quick-Info für die Übersetzung deaktivieren*.)

Bild 12.14 In diesem Popup-Menü legen Sie die Sprache fest, in die das Wort übersetzt werden soll, das sich unter dem Mauszeiger befindet

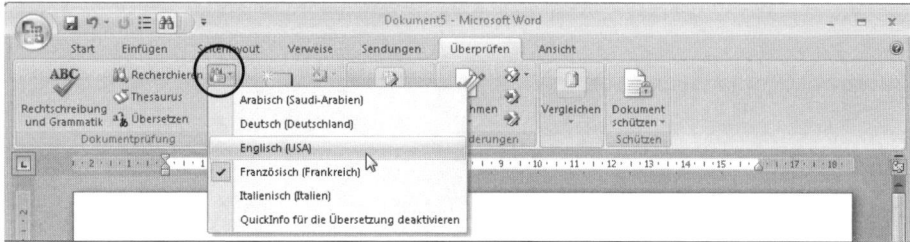

Wenn Sie nun den Mauszeiger einen Moment auf einem Wort im Dokument stehen lassen, wird ein QuickInfo-Fenster geöffnet, in dem Sie die Übersetzung des Wortes (und das Geschlecht) ablesen können, wie es die folgende Abbildung zeigt.

Bild 12.15 In einem QuickInfo-Fenster wird die Übersetzung des Wortes angezeigt, das sich unter dem Mauszeiger befindet

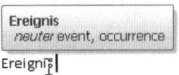

Zusammenfassung

In diesem Kapitel haben Sie die Werkzeuge kennengelernt, die Ihnen helfen, mit Word fehlerfreiere und sprachlich abwechslungsreiche Texte zu schreiben.

- Die Rechtschreibprüfung prüft Ihre Texte bereits während Sie tippen auf mögliche Fehler, markiert diese mit einer roten Wellenlinie und macht Vorschläge zur Korrektur des Fehlers (Seite 216).

- Sie können konfigurieren, ob Word nach den neuen oder nach den alten Rechtschreibregeln prüft (Seite 216); auch in mehr- oder fremdsprachigen Texten ist die Rechtschreibprüfung möglich (Seite 220).

- Grammatikfehler können ebenfalls während der Texteingabe erkannt werden; Word markiert diese mit einer grünen Wellenlinie (Seite 221).

- Die AutoKorrektur-Funktion von Word korrigiert häufig auftretende Rechtschreibfehler, wie Buchstabendreher oder eine falsche Großschreibung am Anfang eines Satzes (Seite 222). Wenn Word etwas fälschlicherweise korrigiert, können Sie diese Korrektur deaktivieren (Seite 223); auch das Erstellen von eigenen AutoKorrektur-Einträgen ist möglich (Seite 224).

- Wenn Sie ein Synonym für ein bestimmtes Wort suchen, können Sie den Thesaurus verwenden, der seine Vorschläge entweder direkt im Kontextmenü (Seite 225) oder im Aufgabenbereich *Recherchieren* macht (Seite 226).

- Zum Schluss dieses Kapitels haben Sie noch gesehen, wie Sie sich in einem QuickInfo-Fenster die Übersetzung des Wortes anzeigen lassen können, auf dem sich derzeit der Mauszeiger befindet (Seite 227).

Kapitel 13

Silbentrennung

In diesem Kapitel:

In Kapitel 7 haben wir erwähnt, dass Word während der Texteingabe einen automatischen Zeilenumbruch vornimmt: Passt ein Wort nicht mehr ganz in die aktuelle Zeile, wird es komplett in die nächste Zeile aufgenommen. Der in den einzelnen Zeilen zur Verfügung stehende Platz wird dadurch nicht optimal ausgenutzt, was vor allem auffällt,

- wenn Sie Absätze im Blocksatz formatieren und dadurch große Lücken in den einzelnen Zeilen erhalten oder

- bei linksbündigen Absätzen einen ausgezackten Seitenrand (den sogenannten Flatterrand) erhalten.

Die Lösung des Problems besteht darin, die Wörter zu trennen. Word bietet Ihnen die Möglichkeit, bereits bei der Texteingabe Trennungen einzugeben, die Silbentrennung während der Texteingabe automatisch vornehmen zu lassen oder dies nach der Fertigstellung des Textes mit manueller Steuerung durch die Silbentrennung erledigen zu lassen.

Wir stellen Ihnen zuerst die Möglichkeit vor, bereits während der Texteingabe eigene Trennungen vorzunehmen und Trennvorschläge zu machen. Dabei lernen Sie auch die drei verschiedenen Arten von Trennstrichen kennen, die Word zur Verfügung stellt.

Silbentrennung bei der Texteingabe

Eine Möglichkeit, die Silbentrennung in Ihrem Dokument zu beeinflussen, besteht darin, bereits während der Eingabe Trennstriche in den Text aufzunehmen. Word unterscheidet drei verschiedene Arten von Trennstrichen. Diese sehen zwar im Text fast gleich aus, werden jedoch unterschiedlich eingegeben und haben andere Auswirkungen.

Reguläre Trennstriche

Reguläre Trennstriche werden mit der Taste ⌐-⌐ eingegeben. Word beginnt nach diesen Trennstrichen dann eine neue Zeile, wenn nur ein Teil des so zusammengesetzten Wortes in die aktuelle Zeile passt. Diese Trennstriche werden immer auf dem Bildschirm angezeigt und sie werden auch immer ausgedruckt. Verwenden Sie diese Trennstriche in Wortgruppen wie »Katz-und-Maus-Spiel«.

Bedingte Trennstriche

Bedingte oder optionale Trennstriche werden nur dann auf dem Papier ausgedruckt, wenn sie zur Silbentrennung eines Wortes erforderlich sind. Sie sind ein Hinweis an Word, wo das Programm im Bedarfsfall eine Trennung vornehmen kann. Wenn der optionale Trennstrich nicht benötigt wird, weil das Wort, das ihn enthält, nicht am Ende einer Zeile steht, wird er auch nicht gedruckt.

Bedingte Trennstriche sind auf dem Bildschirm sichtbar, wenn Sie im Dialogfeld *Word-Optionen* (Sie können dies aufrufen, indem Sie zuerst die *Office-Schaltfläche* und dann die Schaltfläche *Word-Optionen* anklicken) auf der Seite *Anzeigen* das Kontrollkästchen *Bedingte Trennstriche* eingeschaltet haben. Bedingte Trennstriche werden über die Tastatur mit der Tastenkombination ⌐Strg⌐+⌐-⌐ eingegeben.

Bild 13.1   Die verschiedenen Trennstriche von Word

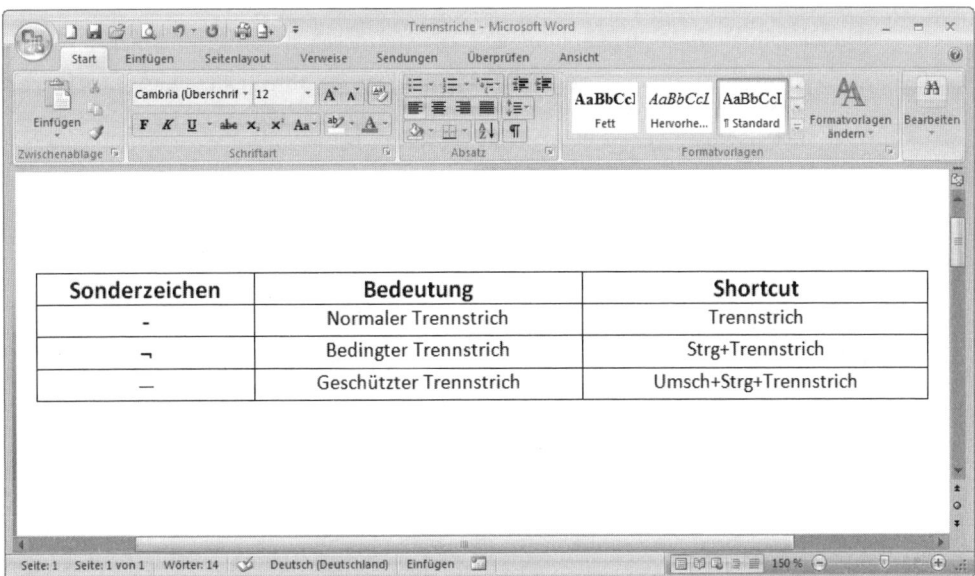

Geschützte Trennstriche

Der dritte Typ von Trennstich, der geschützte Trennstrich, sieht wieder ein wenig anders aus als die normalen und bedingten Trennstriche und wird mit der Tastenkombination ⍐+⌴Strg⌴+⌴-⌴ eingegeben. Mit dem geschützten Trennstrich weisen Sie Word an, das Wort mit dem geschützten Trennstrich nie zu trennen, sondern es in eine neue Zeile zu setzen. Der geschützte Trennstrich kann beispielsweise bei zusammengesetzten Namen (Herr Müller-Schmitz) oder Aufzählungen (3-5) verwendet werden, die nicht getrennt werden sollen. Diese Trennstriche sind immer sichtbar, da sie auch immer ausgedruckt werden.

Trennstriche bearbeiten

Trennstriche können genauso behandelt werden wie anderer Text. Sie können sie löschen, kopieren, einfügen oder formatieren. In diesem Punkt machen die Trennstriche keine Unterschiede.

Silbentrennung mit der Trennhilfe

Wenn Sie die Trennstriche nicht wie oben beschrieben einfügen wollen, können Sie Ihr Dokument auch von der Word-Silbentrennung trennen lassen. Word unterscheidet dabei zwischen der automatischen Silbentrennung, bei der die benötigten Trennstriche von Word selbstständig eingefügt werden, und der manuellen Silbentrennung, bei der Word Ihnen Trennvorschläge macht, die Sie übernehmen, ändern oder verwerfen können.

Automatische Silbentrennung verwenden

Um die automatische Silbentrennung zu verwenden, gehen Sie folgendermaßen vor:

1. Wenn Sie die automatische Silbentrennung im gesamten Dokument vornehmen wollen, achten Sie darauf, dass kein Text markiert ist. Wenn Sie nur einen Teil des Dokuments automatisch trennen lassen wollen, markieren Sie die betreffenden Textstellen.

2. Wechseln Sie zur Registerkarte *Seitenlayout*.

Bild 13.2   Einschalten der automatischen Silbentrennung

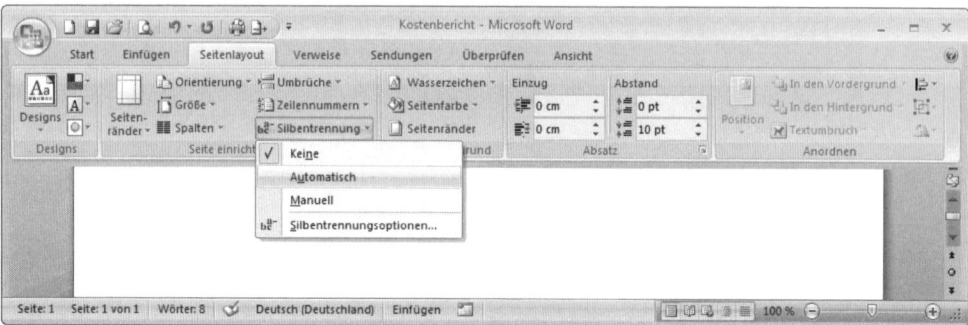

3. Klicken Sie in der Gruppe *Seite einrichten* zuerst auf *Silbentrennung* und dann auf *Automatisch*.

Mit diesem Befehl werden immer optionale Trennzeichen in den Text aufgenommen. Dies hat den Vorteil, dass die Trennstriche auch nur dann gedruckt werden, wenn sie zur Silbentrennung und zur Anpassung des rechten Absatzrandes erforderlich sind.

Wenn Sie vor dem Anklicken des Befehls keinen Text markiert haben, nimmt Word im gesamten Dokument (also auch dann, wenn Sie neuen Text eingeben), die Silbentrennung automatisch vor. Das hört sich zwar praktisch an, ist aber während der Texteingabe ein wenig irritierend, da die Einfügemarke ständig hin- und herwandert. Die Option automatische Silbentrennung ist jedoch zu empfehlen, wenn Sie einen bestehenden Text überarbeiten, da Sie dann besser sehen können, wo die Zeile aufhört und ob sich durch eine Silbentrennung eventuell der Umbruch der Seiten verschiebt. Die automatische Silbentrennung macht kaum Fehler, auch die neuen Regeln zur Trennung von Wörtern mit »ck« oder »st« wird richtig angewendet.

Manuelle Silbentrennung verwenden

Wenn Sie die automatische Silbentrennung nicht benutzen und die Trennvorschläge bestätigen wollen, können Sie die manuelle Silbentrennung verwenden. Word zeigt Ihnen dann jedes Wort zur Überprüfung an und Sie können entscheiden, ob und wo dieses Wort getrennt werden soll.

1. Wenn Sie die manuelle Silbentrennung im gesamten Dokument vornehmen wollen, achten Sie darauf, dass kein Text markiert ist. Wenn Sie nur einen Teil des Dokuments manuell trennen lassen wollen, markieren Sie die betreffenden Textstellen.

2. Wechseln Sie zur Registerkarte *Seitenlayout*.

3. Klicken Sie in der Gruppe *Seite einrichten* zuerst auf *Silbentrennung* und dann auf *Manuell*.

Word zeigt das Dialogfeld *Manuelle Silbentrennung* mit möglichen Trennstellen an. Im Textfeld *Trennvorschlag* sieht das am Beispiel des Wortes »manuell« folgendermaßen aus:

Bild 13.3   Anzeige der Trennvorschläge

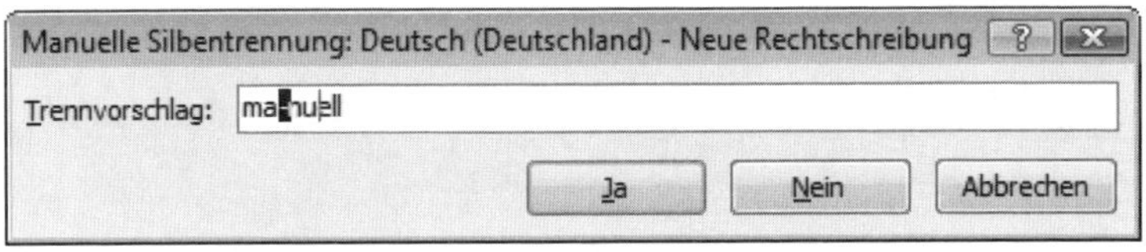

Die Trennhilfe teilt das Wort in einzelne Silben auf und zeigt alle erlaubten Trennstellen mit einem Trennstrich an. Eventuell sehen Sie zwischen zwei Buchstaben einen senkrechten grauen Strich. Damit wird der Teil des Wortes gekennzeichnet, der maximal in die alte Zeile hineinpasst. Der Trennstrich, den Word Ihnen vorschlägt, liegt immer links von dieser Marke und wird dunkel hinterlegt.

4. Sie können den Trennvorschlag übernehmen, indem Sie die Schaltfläche *Ja* auswählen, oder ihn ändern, indem Sie mit den Tasten ← und → die Trennstelle verschieben und dann auf *Ja* klicken.

Wenn Sie die Trennstelle rechts neben die graue Linie verschieben, wird das Wort zwar nicht getrennt, jedoch fügt Word einen optionalen Trennstrich ein, der automatisch verwendet wird, wenn sich durch Hinzufügen von Text oder Ändern der Einzüge sowie Ränder der Zeilenumbruch verändert.

5. Sie können die Schaltfläche *Abbrechen* verwenden, wenn Sie die Trennhilfe beenden wollen. Trennstriche, die Sie bereits eingegeben haben, werden dadurch nicht entfernt. Sie können jedoch alle eingefügten Trennstriche wieder entfernen, wenn Sie sofort nach dem Beenden der Trennhilfe den Befehl *Bearbeiten/Rückgängig* aufrufen bzw. die Tastenkombination Strg + Z drücken.

Optionen für die Silbentrennung einstellen

Sowohl für die automatische als auch für die manuelle Silbentrennung können Sie verschiedene Optionen einstellen. Gehen Sie dazu folgendermaßen vor:

1. Wechseln Sie zur Registerkarte *Seitenlayout*.

2. Klicken Sie in der Gruppe *Seite einrichten* zuerst auf *Silbentrennung* und dann auf *Silbentrennungsoptionen*. Das Dialogfeld *Silbentrennung* wird angezeigt.

Mit dem Kontrollkästchen *Automatische Silbentrennung* können Sie die automatische Silbentrennung für das gesamte Dokument (wenn kein Text markiert ist) bzw. für die markierte Textstelle ein- bzw. ausschalten. Dieses Kontrollkästchen hat die gleiche Funktion wie der Befehl *Automatisch* im Menü der Schaltfläche *Silbentrennung* auf der Registerkarte *Seitenlayout*.

Mit der Schaltfläche *Manuell* können Sie die manuelle Silbentrennung starten. Diese Schaltfläche hat die gleiche Funktion wie der Befehl *Manuell* im Menü der Schaltfläche *Silbentrennung* auf der Registerkarte *Seitenlayout*.

Bild 13.4 Einstellen der Optionen für die Silbentrennung

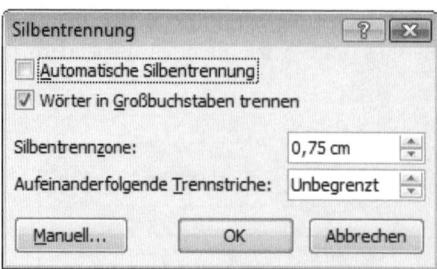

3. Stellen Sie die weiteren Optionen für die Silbentrennung ein.

■ **Wörter in Großbuchstaben trennen** Mit dem Kontrollkästchen *Wörter in Großbuchstaben trennen* können Sie festlegen, ob Wörter, die vollständig aus Großbuchstaben bestehen, auch getrennt werden sollen. Standardmäßig ist dieses Kontrollkästchen eingeschaltet. Wenn Sie nicht wollen, dass Abkürzungen, Länder- oder Eigennamen, die ganz aus Großbuchstaben bestehen, getrennt werden, schalten Sie dieses Kontrollkästchen aus.

Bild 13.5 Auswirkung des Wertes für die Silbentrennzone

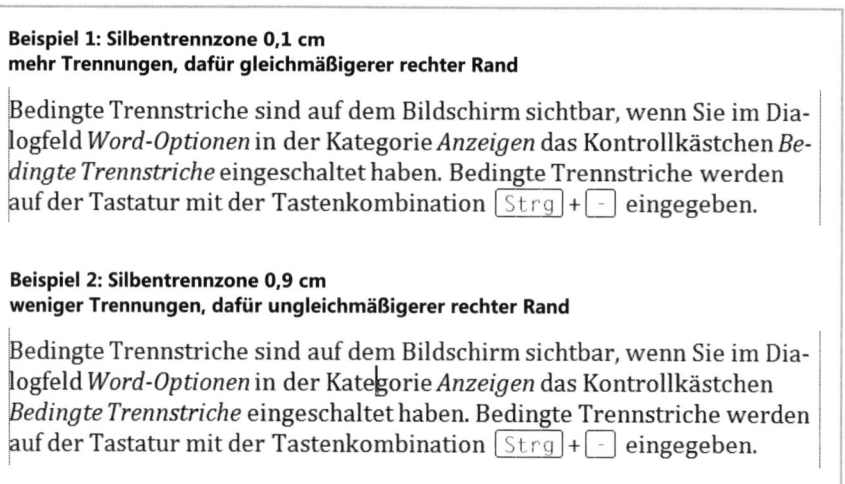

■ **Silbentrennzone** Mit dem Wert, der im Textfeld *Silbentrennzone* eingetragen ist, können Sie steuern, wann in einer Zeile getrennt wird und wann nicht. Der Standardwert in diesem Feld beträgt 0,75 cm. Wenn Word in einer Zeile mit Blocksatz einen Leerraum entdeckt, der größer ist als dieser Wert, oder bei Flattersatz der Leerraum am Ende der Zeile bis zum rechten Einzug größer ist als dieser Wert, versucht Word, das erste Wort der folgenden Zeile mit in die aktuelle Zeile aufzunehmen und es zu trennen.

Wenn Sie diesen Wert vergrößern, wird die Anzahl der Trennstriche reduziert, jedoch wird der rechte Rand ausgezackter. Wenn Sie den Wert verkleinern, erhöht sich die Anzahl der Trennstellen, jedoch wird der Text am rechten Rand ausgeglichener, wenn die

Absätze linksbündig formatiert sind. Haben Sie als Absatzmerkmal den Blocksatz verwendet, werden die Freiräume zwischen den einzelnen Wörtern schmaler.

Ein Beispiel für die Wirkung dieser Einstellmöglichkeit sehen Sie in der Abbildung auf der vorigen Seite.

- **Aufeinanderfolgende Trennstriche**   In diesem Feld können Sie die maximale Anzahl von Textzeilen eingeben, die mit einem Trennstrich enden dürfen.

Silbentrennung entfernen

Alle von der automatischen oder manuellen Silbentrennung eingefügten Trennstriche und auch die bedingten und geschützten Trennstriche können Sie aus dem Dokument entfernen.

Automatische Silbentrennung entfernen

So entfernen Sie alle von der automatischen Silbentrennung eingefügten Trennstriche:

1. Wechseln Sie zur Registerkarte *Seitenlayout*.
2. Klicken Sie in der Gruppe *Seite einrichten* auf *Silbentrennung* und dann auf *Keine*.

Manuelle Silbentrennung entfernen

So entfernen Sie die von der manuellen Silbentrennung und die über die Tastatur eingegebenen Trennstriche:

1. Wechseln Sie zur Registerkarte *Start*.
2. Klicken Sie in der Gruppe *Bearbeiten* auf *Ersetzen*.
3. Wenn die Schaltfläche *Sonderformat* nicht angezeigt wird, klicken Sie auf *Erweitern*.
4. Klicken Sie zunächst auf Sonderformat und dann auf eine der folgenden Optionen:
   - Klicken Sie auf *Bedingter Trennstrich,* um die manuellen Trennstriche zu entfernen.
   - Klicken Sie auf *Geschützter Trennstrich,* um die geschützten Trennstriche zu entfernen.
5. Lassen Sie das Feld *Ersetzen durch* frei.
6. Klicken Sie auf *Weitersuchen, Ersetzen* oder *Alle ersetzen.*

In mehrsprachigen Dokumenten trennen

Sie können mit Word auch mehrsprachige Texte trennen lassen. Für Word bedeutet das, dass es je nach verwendeter Sprache andere Regeln bei der Silbentrennung benutzen muss. Dazu müssen Sie den verschiedenen Textpassagen Ihres Dokuments vor dem Starten der Silbentrennung die richtige Sprache zuordnen oder sich auf die automatische Spracherkennung von Word verlassen.

Word 2007

Das Verfahren, um Text einer Sprache zuzuordnen, ist denkbar einfach:

1. Markieren Sie den gewünschten Textabschnitt. Achten Sie darauf, dass die Markierung nur Text einer Sprache enthält.

2. Wechseln Sie zur Registerkarte *Überprüfen*.

3. Klicken Sie in der Gruppe *Dokumentprüfung* auf *Sprache festlegen*.

4. Selektieren Sie im Listenfeld des Dialogs die richtige Sprache und bestätigen Sie Ihre Auswahl mit der *OK*-Schaltfläche.

Bild 13.6   Das Dialogfeld zum Festlegen der Sprache des markierten Textes

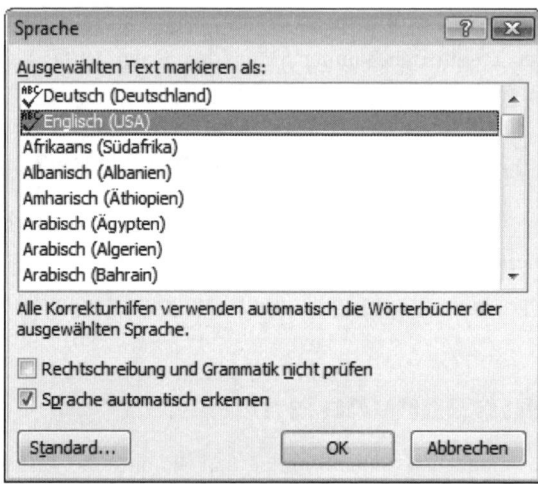

Standardsprache ändern

Welche Sprache Word bei der Silbentrennung standardmäßig zugrunde legt, können Sie auf der Registerkarte *Überprüfen* in der Gruppe *Dokumentprüfung* einstellen, indem Sie auf *Sprache festlegen* klicken. Wählen Sie dazu im Listenfeld des Dialogfeldes die gewünschte Sprache aus und klicken Sie dann die Schaltfläche *Standard* an.

Wie Sie in dem Listenfeld sehen können, unterstützt Word eine Vielzahl von Sprachen. Nicht alle Wörterbücher und Silbentrennungslexika befinden sich jedoch im Lieferumfang von Word. Wenn Sie zu diesem Thema weitere Informationen benötigen, fragen Sie Ihren Fachhändler.

Zusammenfassung

In diesem Kapitel haben Sie die Silbentrennung von Word kennengelernt:

- Word bietet Ihnen die Möglichkeit, bereits während der Texteingabe Trennungen einzugeben (Seite 230). Word unterscheidet dabei zwischen regulären Trennstrichen ($\boxed{-}$), bedingten Trennstrichen ($\boxed{\text{Strg}}+\boxed{-}$) und geschützten Trennstrichen ($\boxed{⇧}+\boxed{\text{Strg}}+\boxed{-}$).

- Bei der automatischen Silbentrennung nimmt Word die Worttrennungen selbstständig vor (Seite 231). Die Anzahl der Trennungen können Sie über die Silbentrennzone steuern (Seite 233).

- Mit der manuellen Trennhilfe können Sie sich die Trennvorschläge von Word der Reihe nach anzeigen lassen und sie gegebenenfalls ablehnen bzw. verändern (Seite 232).

- Wenn Sie die mit der automatischen oder manuellen Silbentrennung oder über die Tastatur eingefügten Trennstriche nicht mehr benötigen, können Sie diese aus dem Dokument entfernen lassen (Seite 235).

- Word kann auch mehrsprachige Texte trennen. In diesem Fall müssen Sie zuvor den Texten die verwendete Sprache zuweisen, damit Word das richtige Wörterbuch bzw. die korrekte Silbentrennung verwendet (Seite 235).

Word 2007

Kapitel 14

Tabellen mit Tabstopps erstellen

Word 2007

In diesem Kapitel:

Word bietet Ihnen zwei Möglichkeiten an, Tabellen zu erstellen. Zum einen können Sie, wie von der Schreibmaschine her gewohnt, Tabulatoren verwenden. Der Einsatz von Tabulatoren bietet sich vor allem für Tabellen an, bei denen jeder Eintrag nur aus einer Zeile besteht, wie Preislisten, Teilnehmerlisten o. Ä.

Für umfangreiche und komplizierte Tabellen stellt Ihnen Word eine komfortable Tabellenfunktion zur Verfügung, die wir im folgenden Kapitel beschreiben.

Schnelleinstieg: Tabstopps verwenden

Bevor wir auf die Einzelheiten eingehen, die es beim Einsatz von Tabstopps zu beachten gilt, wollen wir dieses Kapitel mit einem kleinen Schnellkurs beginnen und Ihnen die Grundlagen für den Einsatz von Tabstopps an einem Beispiel vorstellen.

Die vorbereitete Übungsdatei enthält in einer Tabelle eine Artikelliste, die vierspaltig organisiert ist. In den ersten beiden Spalten stehen die Artikelnummer und die Beschreibung. Die Spalten 3 und 4 enthalten den Umsatz für die Jahre 2005 und 2006. Zwischen den einzelnen Einträgen jeder Zeile wurde jeweils ein Tabstopp eingegeben. Da den einzelnen Absätzen noch keine individuellen Tabstopps zugeordnet wurden, verwendet Word die Standardtabstopps, die Sie unten am Lineal als kleine graue Striche sehen.

Bild 14.1 Die Beispieldatei mit der Artikelliste

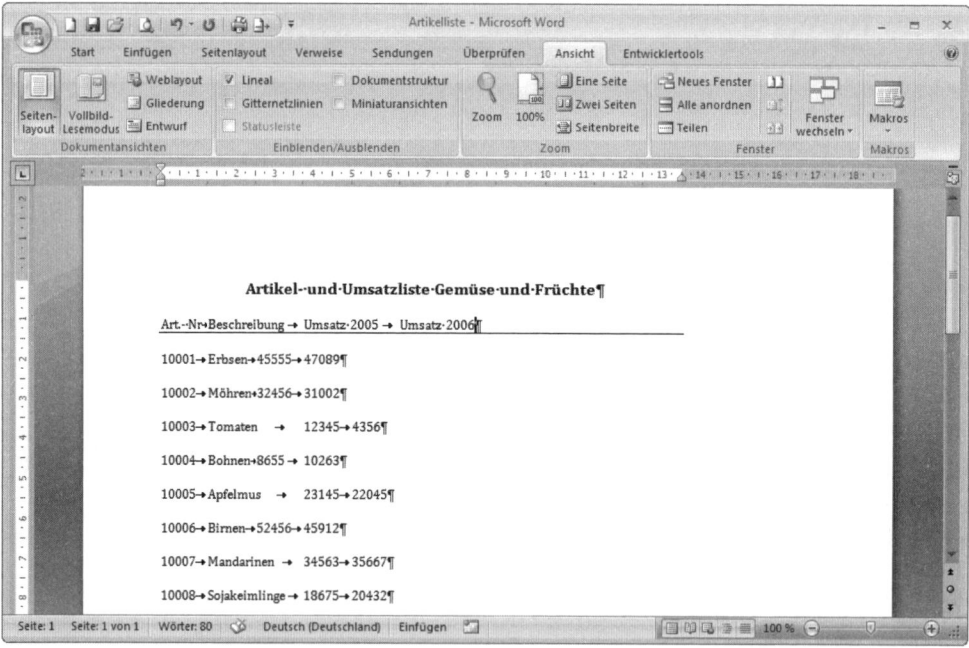

Die ersten beiden Spalten sollen linksbündig ausgerichtet werden. Die Zahlen in den letzten beiden Spalten hingegen rechtsbündig, da dann die Einer, Zehner usw. untereinander stehen.

1. Laden Sie das Dokument *Artikelliste* , das sich im Ordner mit den Beispieldateien befindet.

2. Wechseln Sie zur Registerkarte *Ansicht* und schalten Sie in der Gruppe *Einblenden/Ausblenden* das Kontrollkästchen *Lineal* ein, falls das Lineal nicht sichtbar ist.

3. Markieren Sie die komplette Artikelliste (bis auf die Überschrift).

4. Links im Lineal sehen Sie ein kleines Quadrat mit einem Symbol. Diese Schaltfläche können Sie verwenden, um den Typ des Tabstopps festzulegen. Klicken Sie, falls erforderlich, auf dieses Quadrat, bis Sie dort das Zeichen für linksbündige Tabstopps sehen.

5. Klicken Sie im Lineal bei 2 cm. Die zweite Spalte steht dadurch an der richtigen Position. Im Lineal sehen Sie das Symbol für den gesetzten Tabstopp.

6. Klicken Sie wieder auf das Quadrat, bis das Symbol für rechtsbündig ausgerichtete Tabstopps erscheint.

7. Klicken Sie im Lineal bei 8 cm und bei 12 cm. Dadurch werden auch die beiden letzten Zeilen richtig angeordnet.

Falls Sie einen Tabstopp versehentlich an eine falsche Position gesetzt haben, können Sie ihn löschen, indem Sie ihn aus dem Lineal herausziehen. Um die Position eines gesetzten Tabstopps zu verändern, klicken Sie im Lineal das Tabstoppsymbol an und ziehen es mit gedrückter Maustaste an die neue Position.

Tabstopps setzen

Wenn Sie Tabstopps formatieren, können Sie drei verschiedene Merkmale mit dem Tabstopp verbinden: seine Position, die Ausrichtung und das Füllzeichen, das ausgegeben werden soll. Sie können Tabstopps entweder im Dialogfeld *Tabstopps* oder mit der Maus im Lineal setzen. Schalten Sie beim Setzen von Tabstopps am besten die Ansicht *Seitenlayout* ein, damit Word den Text so zeigt, wie er später gedruckt wird. Sie können mit dem Kontrollkästchen *Tabstoppzeichen* aus der Kategorie *Anzeigen* des Dialogfeldes *Word-Optionen* gleichzeitig die Anzeige der Tabstoppzeichen einschalten, die dann auf dem Bildschirm mit dem Sonderzeichen → dargestellt werden.

Standardtabstopps und individuelle Tabstopps

Neben den Tabstopps, die Sie individuell festlegen können, besitzt das gesamte Dokument von vornherein Standardtabstopps, die in einem Abstand von 1,25 cm angeordnet sind. Die Standardtabstopps werden an der unteren Kante des Lineals durch kleine graue Striche symbolisiert. So können Sie den Wert für die Standardtabstopps ändern:

1. Wechseln Sie zur Registerkarte *Start*.

2. Klicken Sie in der Gruppe *Absatz* auf das Startprogramm für ein Dialogfeld und dann im Dialogfeld *Absatz* auf die Schaltfläche *Tabstopps*.

3. Geben Sie in das Textfeld *Standardtabstopps den gewünschten* Wert ein.

4. Klicken Sie auf *OK*.

Tabstoppmerkmale bestimmen

Um einzelne Tabstopps zu setzen und alle vorhandenen Optionen einstellen zu können, lassen Sie das Dialogfeld *Tabstopps* anzeigen.

1. Markieren Sie die Absätze, für die Sie Tabstopps festlegen wollen. Wenn Sie die Tabstopps nur für einen Absatz einstellen wollen, reicht es aus, wenn sich die Einfügemarke im betreffenden Absatz befindet.

2. Wechseln Sie zur Registerkarte *Start* und klicken Sie in der Gruppe *Absatz* auf das Startprogramm für ein Dialogfeld und dann im Dialogfeld *Absatz* auf die Schaltfläche *Tabstopps*.

Bild 14.2   In diesem Dialogfeld können Sie alle Merkmale von Tabstopps einstellen

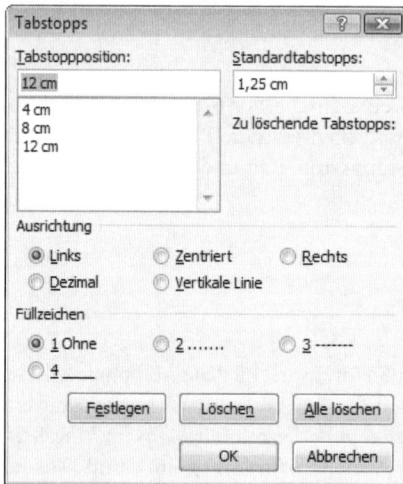

3. Geben Sie in das Feld *Tabstoppposition* die gewünschte Position des Tabstopps ein. Der Wert, den Sie hier eingeben, ist der Abstand von der linken Absatzbegrenzung bis zum Tabstopp.

4. Nachdem Sie die Position festgelegt haben, können Sie die Ausrichtung des Tabstopps bestimmen. Word bietet Ihnen in der gleichnamigen Gruppe fünf verschiedene Optionen an:

   - **Links**   Wenn Sie einen links ausrichtenden Tabstopp verwenden, wird der linke Rand am Tabstopp ausgerichtet.

   - **Zentriert**   Wenn Sie einen zentriert ausrichtenden Tabstopp verwenden, wird der Spaltentext am Tabstopp zentriert.

   - **Rechts**   Wenn Sie einen rechts ausrichtenden Tabstopp verwenden, wird der rechte Rand des Spaltentextes am Tabstopp ausgerichtet.

   - **Dezimal**   Wenn Sie einen dezimalen Tabstopp verwenden, wird das Dezimaltrennzeichen am Tabstopp ausgerichtet. Enthält der Text kein Dezimaltrennzeichen, wird der Spaltentext rechtsbündig ausgerichtet.

   - **Vertikale Linie**   Wenn Sie einen vertikalen Tabstopp verwenden, zeichnet Word eine vertikale Linie an der Stelle, die der Position des Tabstopps entspricht.

Klicken Sie die gewünschte Ausrichtung an. Die folgende Abbildung zeigt Beispiele für die verschiedenen Ausrichtungen von Tabstopps.

Bild 14.3   Tabstopps und deren Ausrichtung

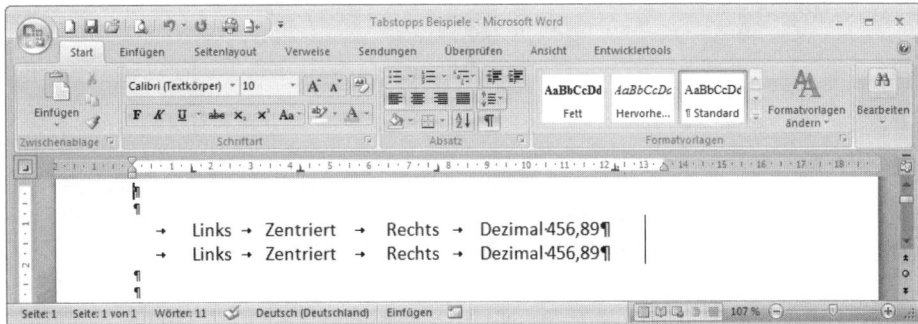

5.   Legen Sie nun fest, welches Füllzeichen verwendet werden soll.

Der Raum, den das Tabstoppzeichen einnimmt, bleibt normalerweise leer. In der Gruppe *Füllzeichen* können Sie jedoch ein anderes Zeichen bestimmen, das diesen Raum einnehmen soll. Word stellt Ihnen den Punkt (.), den Trennstrich (-) und den Unterstrich (_) zur Verfügung. Wählen Sie das gewünschte Zeichen aus. Beispiele für die Verwendung von Füllzeichen sehen Sie in der folgenden Abbildung.

Bild 14.4   Tabstopps und ihre Füllzeichen

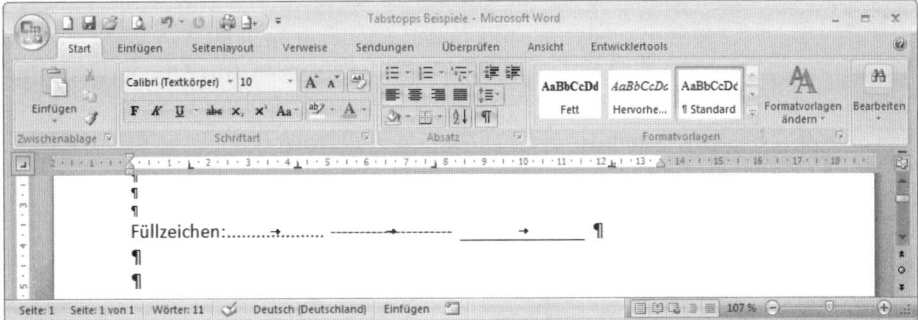

6.   Um die für den Tabstopp festgelegten Merkmale zu aktivieren, klicken Sie auf *Festlegen*.

7.   Wiederholen Sie die Schritte 3 bis 6 für alle weiteren Tabstopps, die Sie festlegen wollen.

8.   Klicken Sie auf *OK*, um das Dialogfeld *Tabstopps* zu schließen.

PROFITIPP   **Anzahl der Punkte als Füllzeichen bei Tabulatoren**

Wenn Sie die Punkte als Füllzeichen verwenden (wie wir es auch im Inhaltsverzeichnis dieses Buches gemacht haben), können Sie die Anzahl der Punkte und deren Abstand nicht direkt, sondern nur indirekt über die Zeichenformatierung ändern. Gehen Sie dazu wie folgt vor:

1. Markieren Sie im Dokument das Tabstoppzeichen, damit die Punktlinie markiert wird.

2. Wechseln Sie zur Registerkarte *Start* und klicken Sie in der Gruppe *Schriftart* auf das Startprogramm für ein Dialogfeld.

3. Wechseln Sie dann im Dialogfeld *Schriftart* zur Registerkarte *Zeichenabstand*.

4. Wählen Sie im Listenfeld *Abstand* den Eintrag *Erweitert,* wenn Sie den Abstand vergrößern und die Anzahl der Punkte verkleinern wollen, bzw. den Eintrag *Schmal,* wenn Sie den Abstand verkleinern und die Anzahl der Punkte erhöhen wollen.

5. Tragen Sie in das Feld *Von* (das besser mit *Um* beschriftet wäre) den Wert ein, um den der Zeichenabstand verkleinert bzw. vergrößert werden soll. Eventuell müssen Sie hier ein wenig probieren, bis Sie das gewünschte Ergebnis erhalten.

Tabstopps mit der Maus setzen

Sie können Tabstopps auch mit der Maus setzen, indem Sie im Lineal die Position anklicken, an der der Tabstopp gesetzt werden soll.

1. Schalten Sie das Lineal ein, sofern es nicht bereits sichtbar ist. Wechseln Sie dazu zur Registerkarte *Ansicht* und schalten Sie in der Gruppe *Einblenden/Ausblenden* das Kontrollkästchen *Lineal* ein.

2. Setzen Sie die Einfügemarke in den Absatz, für den Sie Tabstopps setzen wollen. Wenn Sie Tabstopps für mehrere Absätze bestimmen wollen, erweitern Sie die Markierung, damit alle gewünschten Absätze einen Teil der Markierung enthalten.

3. Klicken Sie mit der Maus auf das kleine Quadrat links neben dem Lineal, bis das Symbol für die gewünschte Ausrichtung erscheint.

4. Zeigen Sie mit dem Mauszeiger auf die Stelle im Lineal, an der Sie einen Tabstopp einfügen wollen, und klicken Sie mit der Maustaste.

Bild 14.5   Ausrichtung der Tabstopps mit der Maus festlegen

Klicken, um Tabstoppausrichtung zu ändern

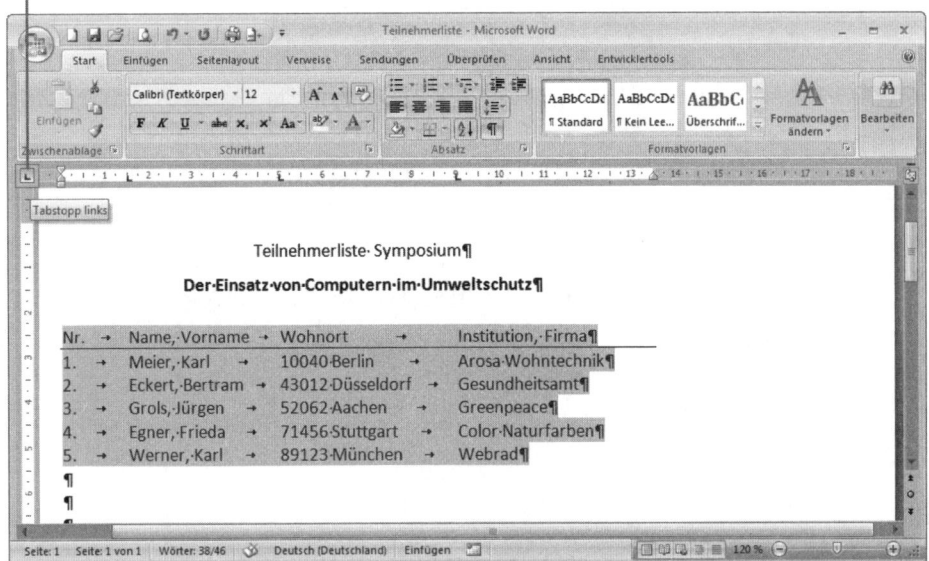

Das Füllzeichen kann nicht mit der Maus im Lineal festgelegt werden. Um das Füllzeichen zu bestimmen, müssen Sie in einem zweiten Schritt das Dialogfeld *Tabstopps* verwenden:

1. Wechseln Sie zur Registerkarte *Start* und klicken Sie in der Gruppe *Absatz* auf das Startprogramm für ein Dialogfeld und dann im Dialogfeld *Absatz* auf die Schaltfläche *Tabstopps*.

2. Wählen Sie im Feld *Tabstoppposition* den gewünschten Tabstopp aus. (In dieser Liste sehen Sie alle Tabstopps, die für den markierten Absatz bereits festgelegt wurden.)

3. Klicken Sie auf eines der Optionsfelder in der Gruppe *Füllzeichen*.

4. Klicken Sie auf *Festlegen*.

5. Schließen Sie das Dialogfeld mit der *OK*-Schaltfläche.

Übung: Tabstopps setzen

Probieren Sie es selbst einmal aus und laden Sie die Beispieldatei *Teilnehmerliste.docx*, die wir vorbereitet haben. Diese Datei enthält eine Teilnehmerliste, in der zwischen den einzelnen Elementen jeder Zeile bereits ein Tabulator eingegeben wurde. Da den einzelnen Absätzen noch keine individuellen Tabstopps zugeordnet wurden, verwendet Word die Standardtabstopps, die Sie noch im Lineal sehen.

Formatieren Sie diese Tabelle um und verwenden Sie je nach Lust und Laune das Maus- oder das Tastaturverfahren. Wir empfehlen Ihnen folgende Tabstoppositionen: 1,5 cm, 5 cm und 9 cm. Verwenden Sie für die Tabelle links ausgerichtete Tabstopps.

Bild 14.6 Eine Teilnehmerliste mit den Standardtabstopps

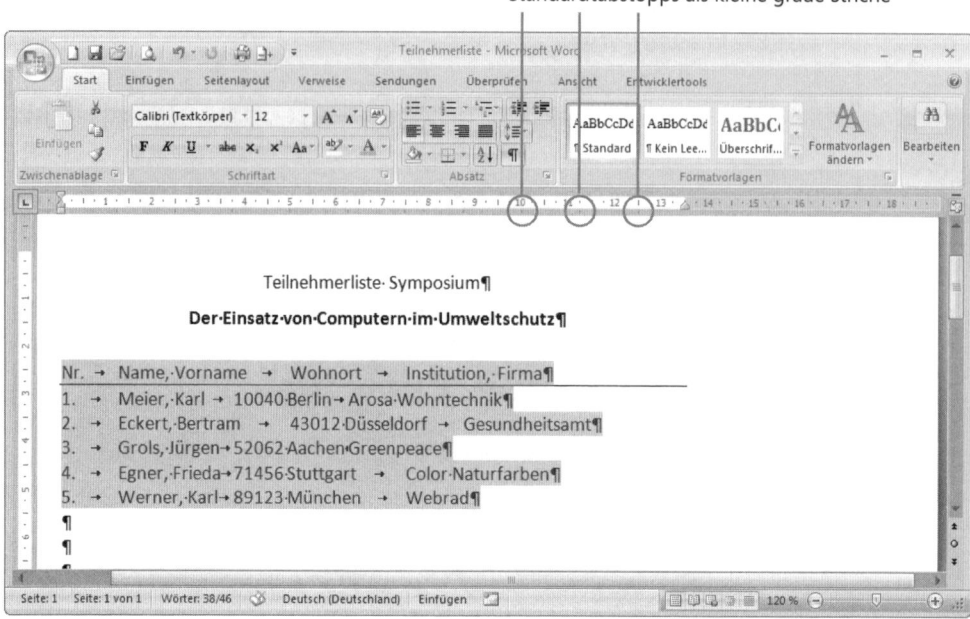

Wichtig ist, dass Sie vor dem Formatieren sowohl die Tabellenüberschrift als auch die Zeilen mit den einzelnen Teilnehmern markieren.

Tabstopps löschen

Sie können Tabstopps, die Sie gesetzt haben, auch wieder entfernen. Hierbei können Sie einzelne Tabstopps oder alle Tabstopps in den markierten Absätzen löschen. Den Absätzen wird dann wieder der Standardtabstopp zugewiesen, der im Dialogfeld *Tabstopps* eingestellt werden kann.

Einzelne Tabstopps im Dialogfeld löschen

Führen Sie folgende Schritte durch, um einzelne Tabstopps zu löschen:

1. Setzen Sie die Einfügemarke in den Absatz, in dem Sie den Tabstopp löschen wollen. Wenn Sie Tabstopps in mehreren Absätzen löschen wollen, erweitern Sie die Markierung, damit alle gewünschten Absätze einen Teil der Markierung enthalten.

2. Wechseln Sie zur Registerkarte *Start* und klicken Sie in der Gruppe *Absatz* auf das Startprogramm für ein Dialogfeld und dann im Dialogfeld *Absatz* auf die Schaltfläche *Tabstopps*.

3. Markieren Sie im Listenfeld *Tabstoppposition* den Tabstopp, den Sie löschen wollen.

4. Klicken Sie auf *Löschen*. Der Tabstopp wird daraufhin in die Liste *Zu löschende Tabstopps* aufgenommen.

5. Wiederholen Sie die beiden letzten Schritte für alle zu löschenden Tabstopps.

6. Drücken Sie die ⏎-Taste oder klicken Sie auf *OK*.

Alle Tabstopps löschen

Sie können auch alle Tabstopps im Absatz oder den markierten Absätzen löschen:

1. Setzen Sie dazu die Einfügemarke wie gewohnt in den Absatz oder markieren Sie die Absätze, deren Tabstopps gelöscht werden sollen.

2. Wechseln Sie zur Registerkarte *Start* und klicken Sie in der Gruppe *Absatz* auf das Startprogramm für ein Dialogfeld und dann im Dialogfeld *Absatz* auf die Schaltfläche *Tabstopps*.

3. Wählen Sie im Dialogfeld die Schaltfläche *Alle löschen*.

Einzelne Tabstopps mit der Maus löschen

Einzelne Tabstopps können Sie mithilfe des Lineals und der Maus löschen:

1. Setzen Sie die Einfügemarke in den Absatz, in dem Sie einen Tabstopp löschen wollen. Wenn Sie Tabstopps in mehreren Absätzen löschen wollen, erweitern Sie die Markierung, damit alle gewünschten Absätze einen Teil der Markierung enthalten.

2. Schalten Sie das Lineal ein, sofern es nicht bereits sichtbar ist. Wechseln Sie dazu zur Registerkarte *Ansicht* und schalten Sie in der Gruppe *Einblenden/Ausblenden* das Kontrollkästchen *Lineal* ein.

3. Zeigen Sie mit der Maus auf das Tabstoppsymbol im Lineal und ziehen Sie es nach unten weg.

Tabstopps verschieben

Wenn Sie eine Tabelle mit Tabstopps eingerichtet haben und später weitere Einträge aufnehmen müssen, die länger sind als die bisherigen Einträge, kommt es oft vor, dass Sie einzelne Tabstopps an eine neue Position verschieben müssen, um den vielleicht in Unordnung geratenen Gesamteindruck der Tabelle zu restaurieren.

Tabstopps verschieben ohne Maus

Setzen Sie die Einfügemarke in den Absatz, in dem Sie einen Tabstopp neu positionieren wollen. Wenn Sie Tabstopps für mehrere Absätze verschieben wollen, erweitern Sie die Markierung, damit alle gewünschten Absätze einen Teil der Markierung enthalten. Sie müssen nun zuerst den alten Tabstopp löschen und dann einen neuen an der gewünschten Position setzen:

1. Wechseln Sie zur Registerkarte *Start* und klicken Sie in der Gruppe *Absatz* auf das Startprogramm für ein Dialogfeld und dann im Dialogfeld *Absatz* auf die Schaltfläche *Tabstopps*.

2. Markieren Sie im Feld *Tabstoppposition* den zu löschenden Tabstopp.

3. Drücken Sie Alt+N, um die Schaltfläche *Löschen* auszuwählen.

4. Wenn das Textfeld *Tabstoppposition* nicht leer ist, drücken Sie $\boxed{\text{Entf}}$ und geben dann die neue Tabstoppposition ein.

5. Klicken Sie auf *Festlegen* und beenden Sie das Dialogfeld mit *OK*.

Mit der Maus funktioniert das Verschieben eines Tabstopps jedoch weitaus komfortabler.

Tabstopps mit der Maus verschieben

1. Schalten Sie das Lineal ein, sofern es nicht bereits sichtbar ist. Wechseln Sie dazu zur Registerkarte *Ansicht* und schalten Sie in der Gruppe *Einblenden/Ausblenden* das Kontrollkästchen *Lineal* ein.

2. Verschieben Sie die Einfügemarke in den Absatz, für den Sie Tabstopps neu positionieren wollen. Wenn Sie Tabstopps für mehrere Absätze verschieben wollen, erweitern Sie die Markierung, damit alle gewünschten Absätze einen Teil der Markierung enthalten. Beachten Sie, dass im Lineal Tabstopps, die nicht für alle markierten Absätze gelten, grau angezeigt werden.

3. Zeigen Sie mit dem Mauszeiger auf das Tabstoppsymbol, das Sie neu positionieren wollen, und ziehen Sie es mit gedrückter Maustaste an die neue Position.

HINWEIS   Die Formatierung von Tabstopps erfolgt über das Dialogfeld *Tabstopps*, das Sie über das Dialogfeld *Absatz* aufrufen. Dieser Umstand weist bereits darauf hin, dass Tabstopps immer absatzweise zugeordnet und mit der Absatzmarke verbunden sind. Wenn Sie also die Absatzmarke hinter einem Absatz löschen, werden dabei gleichzeitig auch die Tabstoppeinstellungen für diesen Absatz gelöscht.

Zusammenfassung

In diesem Kapitel haben Sie gelernt, wie Sie einfache Tabellen mithilfe von Tabstopps erstellen.

■ Position und Art der Tabulatoren bestimmen Sie mit dem Dialogfeld *Tabstopps* (Seite 241). Das Dialogfeld dieses Befehls eignet sich vor allem zum exakten Positionieren der Tabstopps.

■ Mit der Maus können Sie die Tabstopps deutlich schneller einfügen, indem Sie einfach die gewünschte Position im Lineal anklicken. Auch die Art des einzufügenden Tabstopps kann im Lineal gewählt werden (Seite 244).

■ Anschließend haben Sie gelernt, wie Sie nicht mehr benötigte Tabstopps löschen (Seite 246) und die Position eines Tabstopps ändern (Seite 247). Sie haben dabei gesehen, dass sich beide Aufgaben sowohl mit der Tastatur als auch mit der Maus erledigen lassen.

Kapitel 15

Tabellen mit dem Tabellen-Editor erstellen

Mit der Tabellenfunktion von Microsoft Office Word 2007 können Sie einfache Zahlenkolonnen genauso einfach und schnell erstellen wie beispielsweise eine aufwändige Preisliste. Mit den überarbeiteten und umfangreicheren Tabellenformatvorlagen, die Ihnen in Word zur Verfügung stehen, können Sie Ihre Tabellen in kürzester Zeit mit einer ansprechenden Optik versehen.

In der Version 2007 von Word befinden sich die Funktionen zum Erstellen und Bearbeiten von Tabellen an neuen Stellen in der Benutzeroberfläche. Zum Erstellen einer Tabelle verwenden Sie die Gruppe *Tabellen* auf der Registerkarte *Einfügen*. Wenn sich die Einfügemarke in einer Tabelle befindet, blendet Word in der Multifunktionsleiste die *Tabellentools* ein; über die Registerkarten *Entwurf* und *Layout* können Sie dann all die Aufgaben erledigen, für die Sie in vorherigen Word-Versionen das Menü *Tabelle* und die Symbolleiste *Tabellen und Rahmen* verwendet haben.

Dieses Kapitel stellt die grundlegenden Techniken zum Arbeiten mit Tabellen vor, enthält einige Tipps zum Einsatz von Tabellen und weist auf mögliche Problempunkte hin. Sie werden erfahren,

- wie Sie neue Tabellen erstellen oder eine Excel-Tabelle in Word verwenden,
- wie Sie die Anzahl der Spalten und Zeilen verändern und
- wie Sie die Tabelle formatieren.

Leere Word-Tabelle einfügen

Der schnellste Weg, eine leere Word-Tabelle anzulegen, ist die Schaltfläche *Tabelle* auf der Registerkarte *Einfügen*:

1. Setzen Sie die Einfügemarke an die Stelle, an der die Tabelle eingefügt werden soll.
2. Öffnen Sie in der Multifunktionsleiste die Registerkarte *Einfügen* und klicken Sie in der Gruppe *Tabellen* auf die Schaltfläche *Tabelle*.

Bild 15.1   Klicken Sie im Menü die Stelle an, die der Anzahl der Zeilen und Spalten entspricht, die die neue Tabelle haben soll

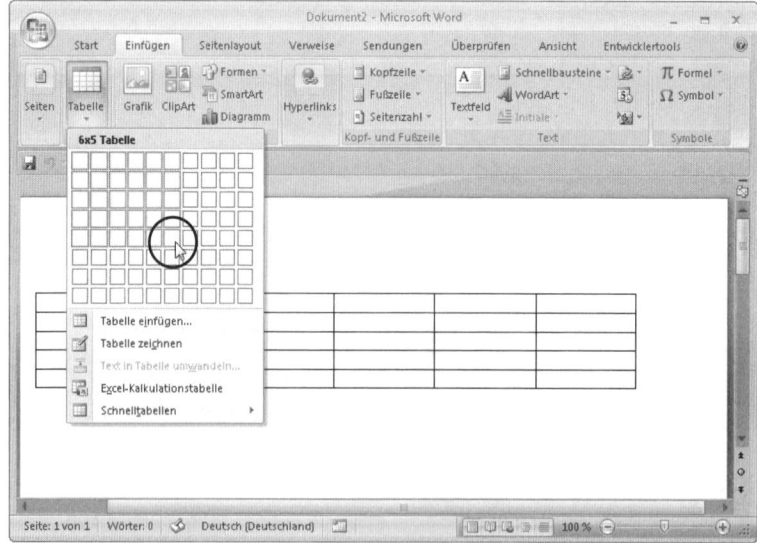

3. Bewegen Sie den Mauszeiger auf die Stelle, die der gewünschten Anzahl der Zeilen und Spalten entspricht. Wenn die Livevorschau aktiviert ist, wird im Dokument eine Vorschau der Tabelle angezeigt.

4. Klicken Sie im Menü in der kleinen Tabelle auf die Stelle, die der Anzahl der Zeilen und Spalten entspricht, die die neue Tabelle haben soll. (Während Sie den Mauszeiger über die kleine Tabelle bewegen, wird im oberen Bereich des Menüs die aktuelle Zeilen- und Spaltenanzahl angezeigt.)

Alle Felder der neuen Tabelle werden von Word mit einem einfachen Rahmen versehen. Wenn Sie eine aufwändigere Formatierung wünschen, können Sie diese selbst vornehmen, oder Sie verwenden eine der zahlreichen Tabellenformatvorlagen (siehe weiter hinten in diesem Kapitel).

Tabelle zeichnen

Richtig Spaß macht das Erstellen und Bearbeiten von Tabellen aber erst mit der Zeichenfunktion von Word. Viel einfacher und komfortabler kann man sich das Arbeiten mit Tabellen wohl kaum noch vorstellen.

Das Prinzip ist denkbar einfach:

1. Öffnen Sie in der Multifunktionsleiste die Registerkarte *Einfügen* und klicken Sie in der Gruppe *Tabellen* auf die Schaltfläche *Tabelle*.

2. Klicken Sie dann im Menü auf *Tabelle zeichnen*. Word wechselt in den Zeichenmodus für Tabellen. Sie erkennen dies daran, dass der Mauszeiger die Form eines Stiftes erhält.

3. Ziehen Sie mit der Maus einen Rahmen in der gewünschten Tabellengröße auf. Sobald Sie die Maustaste loslassen, wird die Tabelle in der aktuellen Linienart eingefügt.

Bild 15.2   So zeichnen Sie in Word eine Tabelle

4. Nehmen Sie mit dem Stift weitere Unterteilungen vor, indem Sie die gewünschten Linien einfach einzeichnen. Die Linienart, -stärke und -farbe können Sie in den Listenfeldern auf der Registerkarte *Tabellentools/Entwurf* in der Gruppe *Rahmenlinien zeichnen* auswählen. Word sorgt dabei automatisch dafür, dass die Linien richtig aneinander ansetzen.

Bild 15.3   Weitere Linien in eine bestehende Tabelle einfügen. Die Linienart und Linienstärke können Sie mit den Listenfeldern in der Gruppe *Rahmenlinien zeichnen* festlegen

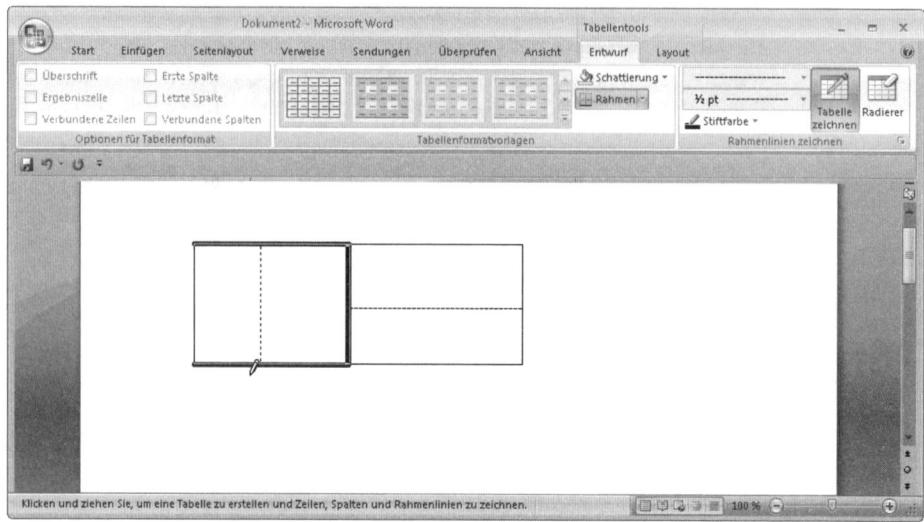

5.   Falsche oder nicht mehr benötigte Linien entfernen Sie mit dem Radiergummi. Klicken Sie zuerst auf der Registerkarte *Tabellentools/Entwurf* in der Gruppe *Rahmenlinien zeichnen* die Schaltfläche *Radierer* an und dann die Linie, die Sie entfernen wollen. (Der Radierer-Modus bleibt so lange aktiv, bis Sie die Schaltfläche *Radierer* ein weiteres Mal anklicken.)

6.   Mit der Taste ⌷Esc⌷ oder einem Klick auf die Schaltfläche *Tabelle zeichnen* in der Gruppe *Rahmenlinie zeichnen* beenden Sie den Zeichenmodus.

TIPP   Sie können die Zeichenfunktion jederzeit für eine bestehende Tabelle aufrufen, um Korrekturen oder Änderungen vorzunehmen.

Tabelle löschen

Wenn Sie bereits versucht haben, eine markierte Tabelle mit ⌷Entf⌷ zu löschen, werden Sie sich vielleicht gewundert haben, dass Word zwar den Inhalt der Tabelle gelöscht hat, nicht aber die Tabelle selbst.

Um eine Tabelle vollständig zu löschen, gehen Sie am besten so vor:

1.   Klicken Sie irgendwo in die Tabelle. Die Registerkarten *Entwurf* und *Layout* der Tabellentools werden eingeblendet.

2.   Öffnen Sie die Registerkarte *Tabellentools/Layout*.

3.   Klicken Sie auf die Schaltfläche *Löschen* und dann auf *Tabelle löschen*.

     Word entfernt die Tabelle aus dem Dokument.

Bild 15.4   Mit dem Befehl *Tabelle löschen* entfernen Sie die gesamte Tabelle aus dem Dokument

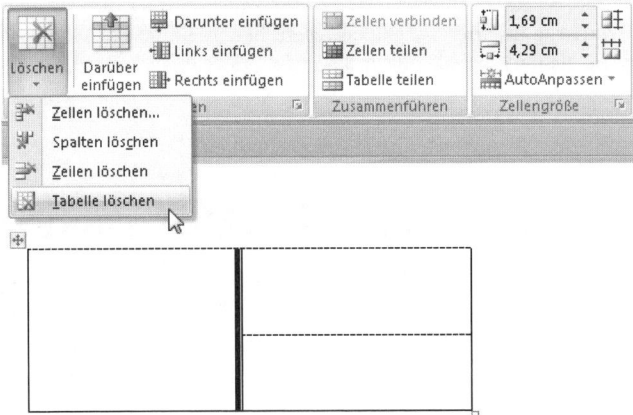

In Tabellen bewegen

Für Word-Tabellen gelten fast die gleichen Regeln wie für normalen Text – aber eben nur fast. Im folgenden Abschnitt haben wir für Sie die wichtigsten Ausnahmen und Besonderheiten zusammengestellt.

Tabellenfelder und Gitternetzlinien

Jede Tabelle besteht aus einer beliebigen Anzahl von Tabellenfeldern. Um die einzelnen Felder auch dann besser erkennen zu können, wenn Sie keine Rahmenlinien in der Tabelle verwenden, schalten Sie am besten immer die Gitternetzlinien ein:

1. Setzen Sie den Mauszeiger an eine beliebige Stelle in der Tabelle. Die Registerkarten *Entwurf* und *Layout* der Tabellentools werden eingeblendet.

2. Öffnen Sie die Registerkarte *Tabellentools/Layout*.

3. Klicken Sie in der Gruppe *Tabelle* auf *Gitternetzlinien anzeigen*.

Diese Linien zeigen Ihnen die Ausmaße der einzelnen Tabellenfelder und erleichtern Ihnen beim Bewegen der Einfügemarke die Orientierung.

Das Zellenendezeichen

In jedem Tabellenfeld gibt es ein *Zellenendezeichen* ¤, mit dem das Ende der Tabellenzelle angezeigt wird. Das gleiche Zeichen steht auch am Ende der Zeile. Dort heißt es *Zeilenendezeichen*. Ob es angezeigt wird, hängt davon ab, ob im Dialogfeld *Word-Optionen* auf der Seite *Anzeigen* die Option *Absatzmarken* eingeschaltet ist oder nicht. (Weitere Informationen zu den Word-Optionen finden Sie in Kapitel 22.)

Bewegen der Einfügemarke

Wenn Sie die Einfügemarke in einer Tabelle bewegen, haben einige Pfeiltasten und die ⇥-Taste eine andere Bedeutung als im normalen Text. Die folgende Tabelle informiert Sie über die Unterschiede:

Tabelle 15.1 Bewegen der Einfügemarke in Tabellen

Dahin wollen Sie ...	Diese Tasten müssen Sie drücken ...
Anfang der aktuellen Zelle	[Pos1]
Ende der aktuellen Zelle	[Ende]
Nächste Zelle	[⇥]
Vorherige Zelle	[⇧] + [⇥]
Erste Zelle in aktueller Zeile	[Alt] + [Pos1]
Letzte Zelle in aktueller Zeile	[Alt] + [Ende]
Oberste Zelle in aktueller Spalte	[Alt] + [↑]
Unterste Zelle in aktueller Spalte	[Alt] + [↓]

HINWEIS   **Tabulatoren in Tabellen eingeben**   Um in normalem Word-Text einen Tabulator einzufügen, verwenden Sie die Taste [⇥]. Da diese Taste innerhalb einer Tabelle eine besondere Bedeutung hat, müssen Sie die Tastenkombination [Strg] + [⇥] verwenden, wenn Sie innerhalb einer Tabelle Tabulatoren setzen wollen.

In Tabellen markieren

Auch das Markieren funktioniert in Tabellen etwas anders als in normalem Text und ist daher etwas gewöhnungsbedürftig.

Markieren mit der Tastatur

Sie können die Kombination von [⇧]+Pfeiltasten verwenden, um einzelne Zeichen zu markieren.

■ Wenn Sie dabei das Ende eines Tabellenfeldes (genauer gesagt: das Zellenendezeichen) mit markieren, wird automatisch die gesamte Zelle markiert.

■ Wenn Sie, nachdem eine Zelle ganz markiert wurde, die Markierung erweitern, wird die Markierung zellenweise, und nicht zeichenweise, vergrößert.

Markieren mit der Maus

Innerhalb einer Zelle gelten für das Markieren mit der Maus die gleichen Regeln wie in normalem Text. Darüber hinaus gibt es einige Besonderheiten, um bequem Zellen, Zeilen oder Spalten einer Tabelle zu markieren.

Ganze Spalte markieren
1.   Setzen Sie den Mauszeiger auf die oberste Gitternetzlinie einer Spalte, bis er zu einem schwarzen Pfeil wird, der nach unten weist.

Bild 15.5   Der Mauszeiger wird oberhalb der obersten Zeile zum Markierungspfeil

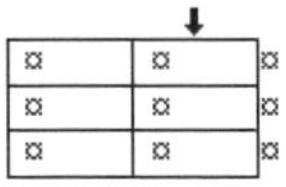

2.   Klicken Sie, um die Spalte zu markieren.

Ganze Zeile markieren
Um einzelne oder mehrere Zeilen einer Tabelle zu markieren, benutzen Sie, genau wie beim Markieren von normalen Textzeilen, die Markierungsleiste (das ist der leere Bereich links neben dem Text).

Einzelne Zelle markieren
1.   Verschieben Sie die Maus an den Anfang eines Feldes, bis der Zeiger die Form eines schräg nach oben zeigenden Pfeils annimmt.

Bild 15.6   Die Form des Mauszeigers ändert sich beim Markieren einer einzelnen Zelle

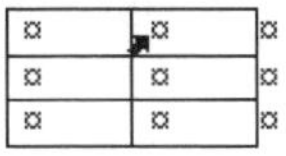

2.   Klicken Sie, um die Zelle zu markieren.

Markieren mit Menübefehlen
Wenn Ihnen das Markieren mit der Maus oder der Tastatur zu umständlich ist, können Sie auch die Befehle des Menüs *Auswählen* verwenden, das Sie auf der Registerkarte *Tabellentools/Layout* in der Gruppe *Tabelle* finden. Mit den Unterpunkten des Menüs können Sie zumindest die rudimentären Markierungsaufgaben erledigen.

Word 2007

Bild 15.7 Über das Menü *Auswählen* können Sie eine Zelle, Spalte, Zeile oder die gesamte Tabelle markieren

Zeilen und Spalten einfügen

Die erste Einteilung der Zeilen und Spalten wird selten der endgültigen Version der Tabelle entsprechen. Früher oder später werden Sie also vor der Aufgabe stehen, die Aufteilung der Tabelle ändern zu müssen.

Zeile am Ende der Tabelle einfügen

1. Setzen Sie die Einfügemarke in die letzte Zelle der Tabelle.
2. Drücken Sie die ⇥-Taste.

Zeile an beliebiger Stelle in die Tabelle einfügen

1. Setzen Sie die Einfügemarke in die Zeile, über oder unter der Sie eine neue Zeile einfügen wollen.
2. Öffnen Sie die Registerkarte *Tabellentools/Layout*.
3. Klicken Sie in der Gruppe *Zeilen und Spalten* auf *Darüber einfügen* bzw. auf *Darunter einfügen*.

Bild 15.8 Die Schaltflächen zum Einfügen von Spalten/Zeilen befinden sich auf der Registerkarte *Tabellentools/Layout*

TIPP **Mehrere Zeilen einfügen** Wollen Sie mehrere Zeilen gleichzeitig einfügen, können Sie vorher entsprechend viele Zeilen in der Tabelle markieren und müssen den Befehl dann nicht mehrfach aufrufen.

Spalten einfügen

1. Setzen Sie die Einfügemarke in die Spalte, neben der Sie eine neue Spalte einfügen wollen.

2. Öffnen Sie die Registerkarte *Tabellentools/Layout.*

3. Klicken Sie in der Gruppe *Zeilen und Spalten* auf *Links einfügen* bzw. auf *Rechts einfügen.*

TIPP **Zeilen, Spalten und Zellen mit dem Kontextmenü einfügen** Im Kontextmenü für Tabellen finden Sie den Befehl *Einfügen,* den Sie ebenfalls verwenden können, um in eine vorhandene Tabelle weitere Spalten und Zeilen einzufügen. Die Verwendung des Kontextmenüs erspart die Navigation zur richtigen Registerkarte in der Multifunktionsleiste.

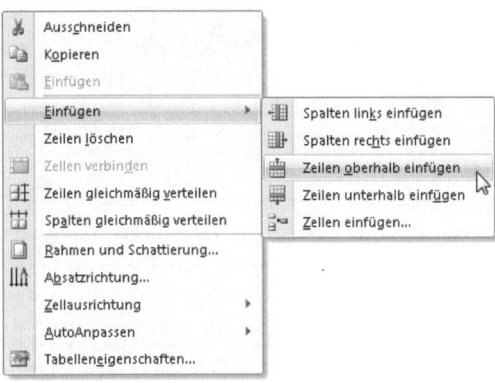

Tabellen mit Formatvorlagen formatieren

Nachdem Sie die Tabelle erstellt und in die einzelnen Tabellenzellen die gewünschten Informationen eingegeben haben, können Sie die Tabelle formatieren, um ihr eine ansprechende Optik zuzuweisen. Hierbei können Sie auf die zahlreichen Tabellenformatvorlagen zurückgreifen, die Ihnen Word zur Verfügung stellt und mit denen das Formatieren einer Tabelle nur ein paar Sekunden dauert. (Dieses Feature gab es so ähnlich bereits auch in vorhergehenden Word-Versionen, und zwar unter dem Namen »AutoFormat für Tabellen«.)

So weisen Sie einer Tabelle eine Formatvorlage zu:

1. Setzen Sie die Einfügemarke in die Tabelle.

2. Öffnen Sie die Registerkarte *Tabellentools/Entwurf.*

3. Zeigen Sie in der Gruppe *Tabellenformatvorlagen* auf eine der Abbildungen mit den Tabellenformaten. Word zeigt im Dokument eine Livevorschau des ausgewählten Formats an.

Bild 15.9 Mit den Tabellenformatvorlagen lässt sich eine komplette Tabelle in Sekunden formatieren

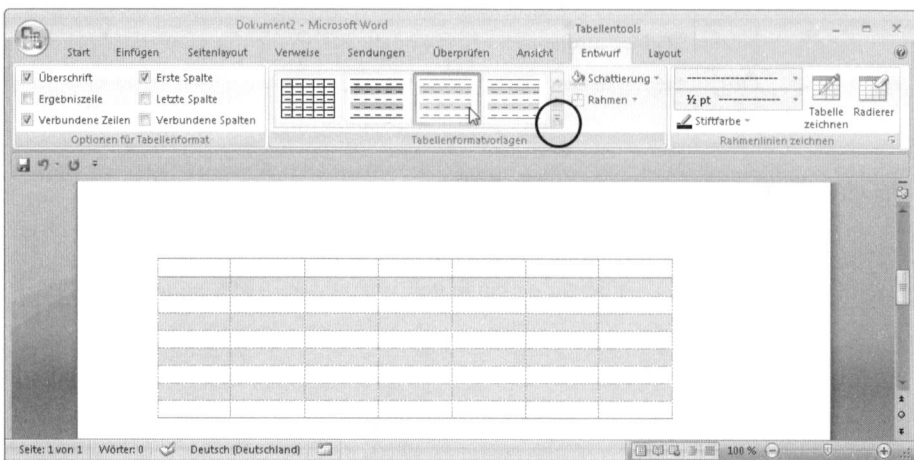

4. Falls in der Gruppe *Tabellenformatvorlagen* keine Formatierung sichtbar ist, die Ihnen geeignet erscheint, klicken Sie auf die Schaltfläche *Weitere* (in der obigen Abbildung mit einem Kreis markiert), um den Formatvorlagenkatalog zu öffnen. Scrollen Sie im Katalog, bis Sie eine geeignete Formatvorlage gefunden haben, und klicken Sie sie an, um sie der Tabelle zuzuweisen.

Bild 15.10 Im Formatvorlagenkatalog, den Sie über die Schaltfläche *Weitere* öffnen, finden Sie zahlreiche weitere Tabellenformatvorlagen

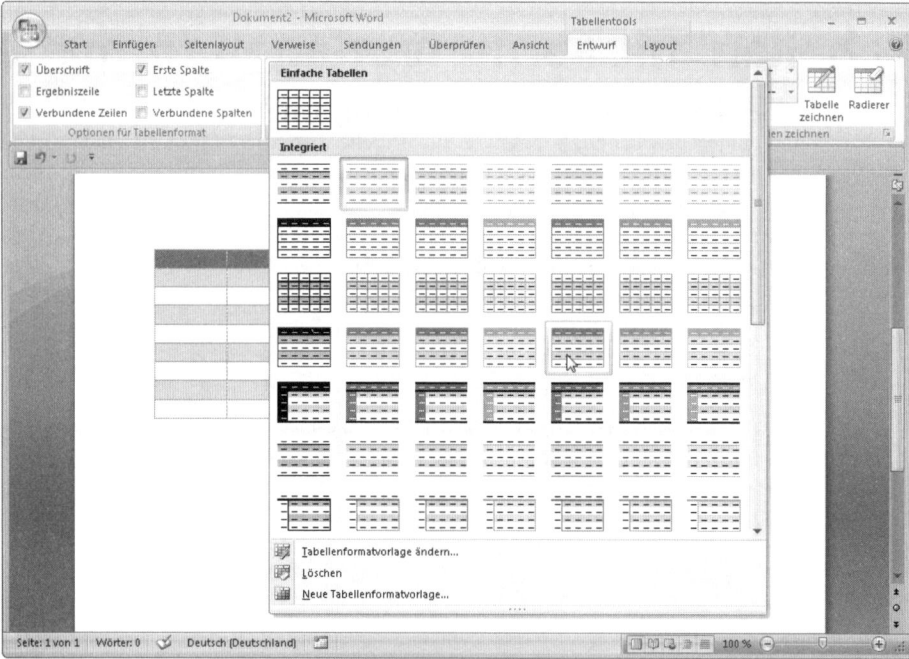

5. In der Gruppe *Optionen für Tabellenformat* können Sie festlegen, ob bestimmte Elemente der Tabelle besonders formatiert werden sollen.

Welche der Kontrollkästchen Sie einschalten, hängt davon ab, welche Informationen sich in der Tabelle befinden. Wenn Sie beispielsweise eine Tabelle erstellt haben, in der sich in der ersten Zeile die Spaltenüberschriften befinden, dann schalten Sie das Kontrollkästchen *Überschriften* ein. Bei Tabellenarten, bei denen in der letzten Spalte die Summe der einzelnen Zeilen angezeigt werden, bietet es sich an, das Kontrollkästchen *Letzte Spalte* einzuschalten.

Die Bedeutung der Kontrollkästchen *Verbundene Zeilen* und *Verbundene Spalten* ist auf den ersten Blick nicht so leicht ersichtlich. Hiermit erreichen Sie, dass jede zweite Zeile/Spalte anders formatiert wird, was die Lesbarkeit von Tabellen verbessert.

TIPP Sie können die Kontrollkästchen der Gruppe *Optionen für Tabellenformat* auch ein- und ausschalten, nachdem Sie das Grundformat mittels einer Tabellenformatvorlage zugewiesen haben. Falls die Option doch nicht geeignet ist, schalten Sie das entsprechende Kontrollkästchen einfach wieder aus.

Wenn Sie eine Tabelle mit einer Formatierung versehen wollen, die so in keiner der Tabellenformatvorlagen vorhanden ist, dann können Sie die gesamte Tabelle oder auch einzelne Zeilen, Spalten oder Zellen manuell formatieren. Wie das geht, beschreiben die nachfolgenden Abschnitte.

Linien formatieren

Einzelne Linien in einer Tabelle formatieren Sie am einfachsten mit der Zeichenfunktion. Auf der Registerkarte *Tabellentools/Entwurf* finden Sie in der Gruppe *Rahmenlinien zeichnen* drei Elemente, mit denen Sie die Linienart, die Linienstärke und die Linienfarbe einstellen können.

1. Setzen Sie die Einfügemarke in die Tabelle.

2. Öffnen Sie die Registerkarte *Tabellentools/Entwurf*.

3. Klicken Sie in der Gruppe *Rahmenlinien zeichnen* auf die Schaltfläche *Tabelle zeichnen*, um den Zeichenmodus zu aktivieren.

4. Klicken Sie auf den Pfeil neben dem Listenfeld *Stiftart*, um die Auswahlliste zu öffnen.

Word 2007

Bild 15.11   Klicken Sie auf den Pfeil, um die Linienarten zu sehen, die zur Verfügung stehen

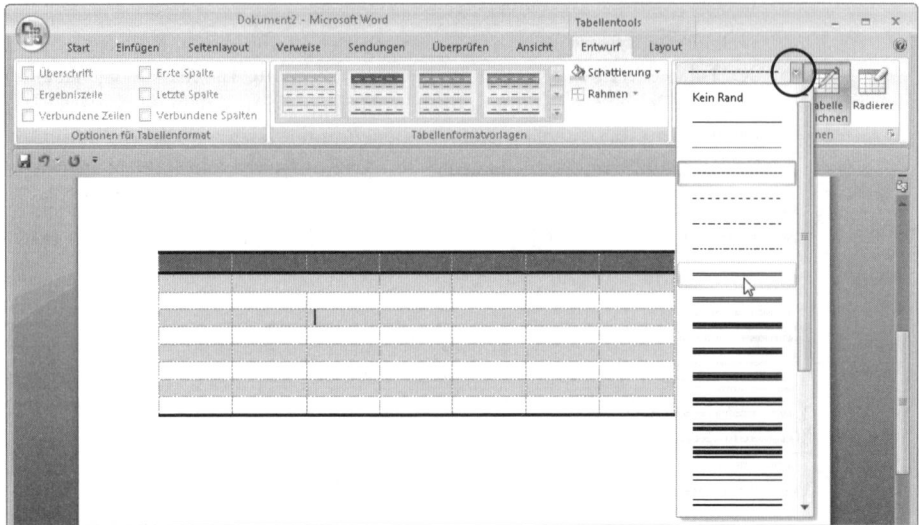

5.   Wählen Sie aus der Liste eine Linienart aus.

6.   Klicken Sie auf den Pfeil neben der Liste *Stiftfarbe* und wählen Sie die Farbe aus, die die Linie haben soll.

Bild 15.12   In diesem Popup-Menü sehen Sie häufig verwendete Linienfarben. Wenn Sie auf *Weitere Farben* klicken, wird ein Dialogfeld angezeigt, in dem Sie weitere Farben auswählen und einstellen können

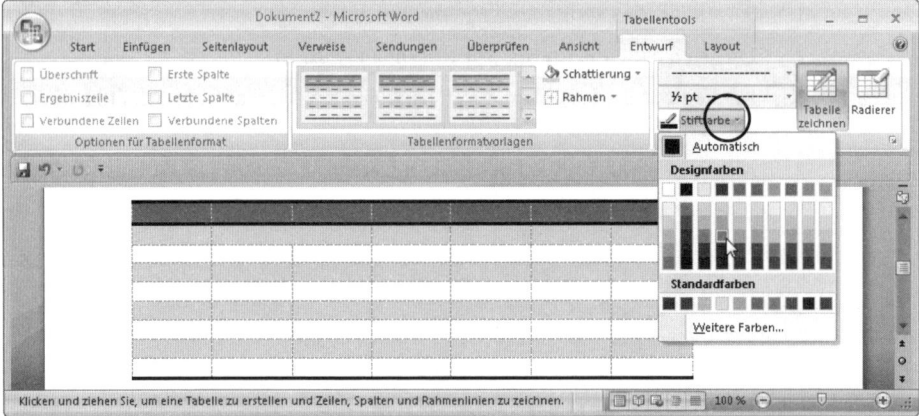

7.   Klicken Sie auf den Pfeil neben der Liste *Stiftstärke* und stellen Sie im Popup-Menü die Linienstärke ein. Je nachdem, welchen Linienstil Sie ausgewählt haben, stehen Ihnen unterschiedliche Linienstärken zur Verfügung.

Bild 15.13   Anschließend wählen Sie die Linienstärke aus

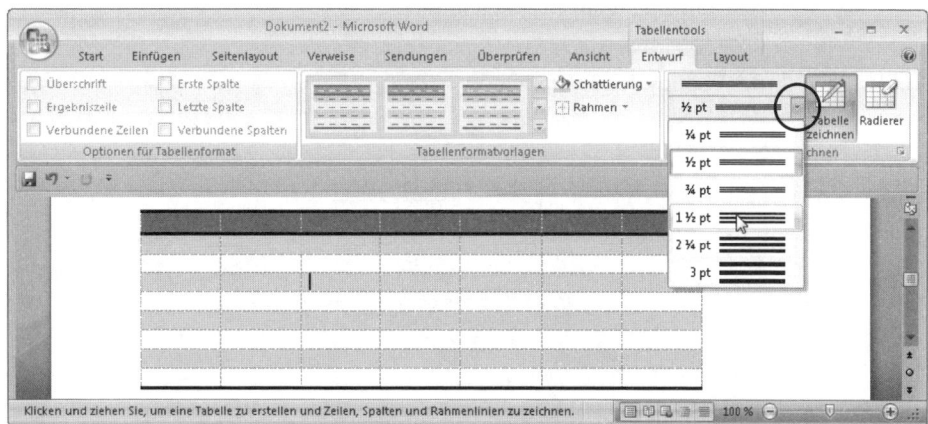

8. Klicken Sie nun mit dem Stift die Linien an, die Sie wie eingestellt formatieren wollen. Ändern Sie die Linieneigenschaften wie oben beschrieben, wenn Sie andere Linien der Tabelle anders formatieren möchten.

Bild 15.14   Abschließend klicken Sie mit dem Stift die Linien der Tabelle an, die Sie wie vorher eingestellt formatieren möchten

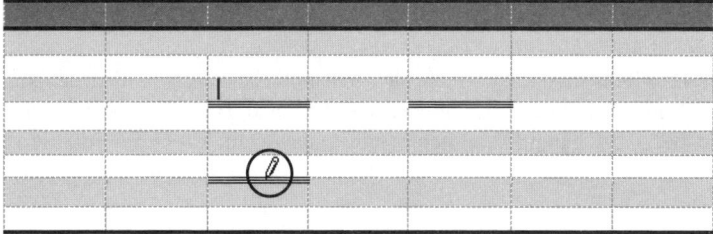

9. Klicken Sie auf die Schaltfläche *Tabelle zeichnen*, um den Zeichenmodus zu beenden.

Gesamte Tabelle mit Linien versehen

Wenn Sie die gesamte Tabelle mit Linien versehen wollen, wäre es etwas mühselig, jede einzelne Linie von Hand zu zeichnen. Eine weitere Schaltfläche auf der Registerkarte *Tabellentools/Entwurf* erleichtert Ihnen die Arbeit.

1. Setzen Sie die Einfügemarke in die Tabelle und drücken Sie die Tastenkombination [Alt]+[5] auf der Zehnertastatur (die [Num]-Taste muss dabei deaktiviert sein), um die gesamte Tabelle zu markieren. (Sie können auch auf der Registerkarte *Tabellentools/Layout* in der Gruppe *Tabelle* auf *Auswählen* und dann auf *Tabelle auswählen* klicken.)

2. Öffnen Sie die Registerkarte *Tabellentools/Entwurf*.

3. Legen Sie die Linienmerkmale fest, wie oben in den Schritten 4 bis 7 im vorigen Abschnitt beschrieben.

4. Klicken Sie in der Gruppe *Tabellenformatvorlagen* auf den Pfeil neben der Schaltfläche *Rahmen*, um das Popup-Menü zu öffnen.

Bild 15.15   Das Popup-Menü *Rahmen*

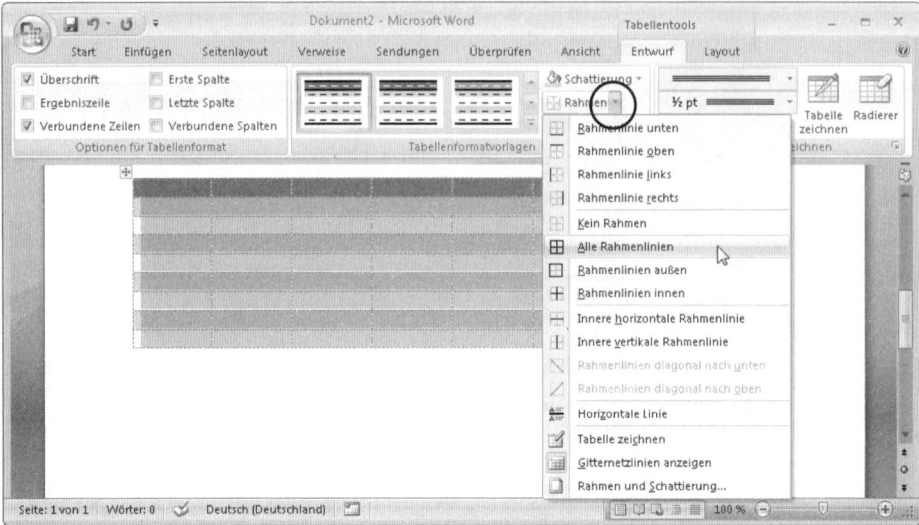

5. Klicken Sie auf *Alle Rahmenlinien*, um das eingestellte Format allen Rahmenlinien zuzuweisen.

In dem Popup-Menü *Rahmen* können Sie nicht nur alle Rahmenlinien der Tabelle formatieren, sondern auch nur die inneren, die äußeren oder Linien an einer bestimmten Seite der Tabelle. Was genau formatiert wird, hängt (Sie ahnen es schon) davon ab, was vorher markiert wurde.

Textrichtung und Textausrichtung

Innerhalb einer Tabellenzelle können Sie sogar die Textrichtung ändern. Das heißt, der Text kann nicht mehr nur von links nach rechts, sondern auch von oben nach unten oder von unten nach oben laufen.

1. Markieren Sie die gewünschte(n) Zelle(n).

2. Klicken Sie mit der rechten Maustaste in die Markierung und wählen Sie im Kontextmenü den Befehl *Absatzrichtung*. Das Dialogfeld *Textrichtung – Tabellenzelle* wird angezeigt.

Bild 15.16   In diesem Dialogfeld können Sie die Textrichtung einzelner Tabellenzellen festlegen

3.   Legen Sie im Dialogfeld die Richtung fest, indem Sie eines der Bilder in der Gruppe *Orientierung* anklicken.

Textausrichtung innerhalb der Zelle ändern

Der Text innerhalb einer Tabellenzelle lässt sich auch vertikal ausrichten. Das heißt, Sie können ihn auch in die Mitte der Zelle oder an den unteren Rand der Zelle stellen. Sollten Sie die Textrichtung der Zelle gedreht haben, ändert sich die Ausrichtung entsprechend.

1.   Markieren Sie die gewünschte(n) Zelle(n).

2.   Öffnen Sie die Registerkarte *Tabellentools/Entwurf.*

3.   Klicken Sie auf die Schaltfläche *Ausrichtung,* um das Popup-Menü zu öffnen, und wählen Sie die gewünschte Ausrichtung aus.

Bild 15.17   Das Popup-Menü *Ausrichtung*

Die folgende Abbildung zeigt verschiedene Beispiele, wie Sie den Text innerhalb einer Tabellenzelle ausrichten können:

Bild 15.18 Beispiele für die Textausrichtung in Word-Tabellen

Oben linksbündig	Zentriert ausrichten	Unten ausrichten
Mitte Linksbündig	Horizontal zentriert	rechtsbündig

Hintergrund der Tabellenzellen ändern

Eine weitere Schaltfläche auf der Registerkarte *Tabellentools/Entwurf* ist dafür vorgesehen, die Farbe festzulegen, mit der die Tabellenzellen gefüllt werden sollen.

1. Markieren Sie die gewünschte(n) Zelle(n).
2. Öffnen Sie die Registerkarte *Tabellentools/Entwurf.*
3. Klicken Sie in der Gruppe *Tabellenformatvorlagen* auf die Schaltfläche *Schattierung.*
4. Wählen Sie eine der angebotenen Farben aus.

Muster für den Hintergrund verwenden

Neben der Farbe können Sie noch ein Muster festlegen, mit dem die Zelle gezeichnet werden soll. Die Einstellungen für das Hintergrundmuster erreichen Sie über die Schaltfläche *Rahmen* in der Gruppe *Tabellenformatvorlagen:*

1. Markieren Sie die Zelle(n), die Sie formatieren wollen.
2. Öffnen Sie die Registerkarte *Tabellentools/Entwurf.*
3. Klicken Sie auf die Schaltfläche *Rahmen* und dann im Popup-Menü auf *Rahmen und Schattierung.*
4. Wechseln Sie – falls erforderlich – im Dialogfeld *Rahmen und Schattierung* zur Registerkarte *Schattierung.*
5. Öffnen Sie die Liste *Linienart.* Die Muster befinden sich am unteren Ende der Liste.

Bild 15.19   Auf dieser Registerkarte können Sie ein Muster für einzelne Zellen oder die gesamte
Tabelle festlegen

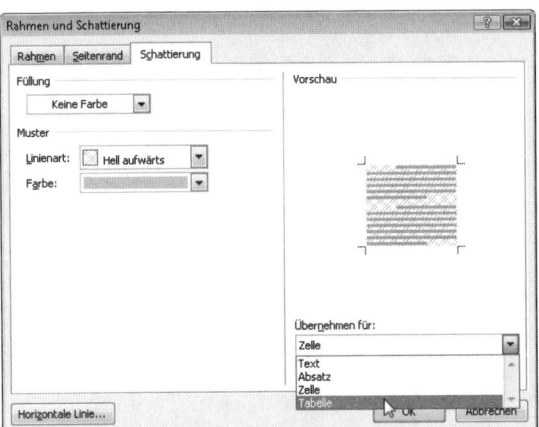

6.   Wenn Sie die Formatierung statt für die markierten Zellen doch für die gesamte Tabelle verwenden wollen, öffnen Sie die Liste *Übernehmen für* und wählen den Eintrag *Tabelle* aus.

7.   Wählen Sie anschließend noch eine Farbe aus und klicken Sie dann auf *OK*.

Spaltenbreite und Zeilenhöhe ändern

Die Breite einer Spalte bzw. die Höhe einer Tabellenzeile verändern Sie am einfachsten mit der
Maus:

1.   Schalten Sie das Lineal ein, wenn es nicht sichtbar ist. Schalten Sie dazu auf der Registerkarte
Ansicht in der Gruppe *Einblenden/Ausblenden* das Kontrollkästchen *Lineal* ein.

2.   Setzen Sie den Mauszeiger auf die Trennlinie an der Zelle, die Sie verändern wollen. Der
Mauszeiger verändert sich dort in einen Doppelpfeil.

3.   Drücken Sie die [Alt]-Taste und halten Sie sie gedrückt, wenn Sie möchten, dass die Maße
der Tabelle im Lineal angezeigt werden (wie es in der folgenden Abbildung zu sehen ist).

Bild 15.20 Mit der Maus lassen sich die Breite und Höhe der Tabellenspalten und -zeilen einfach ändern

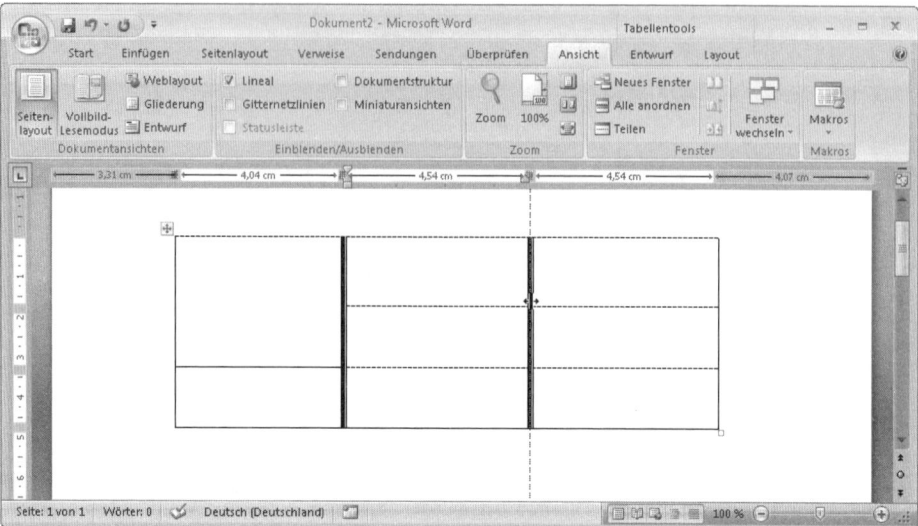

4. Verschieben Sie die Trennlinie, bis die Spalte/Zeile die gewünschte Größe hat, und lassen Sie dann die Maustaste wieder los.

TIPP **Gleichzeitig die Breite der Tabelle ändern** Wenn Sie die ⬆-Taste drücken, bevor Sie mit der Maus auf eine Linie klicken und diese ziehen, können Sie gleichzeitig auch die Breite der Tabelle ändern. Die Breite der Spalte rechts von der Linie, die Sie ziehen, bleibt unverändert, die Spalte links davon wird breiter/schmaler (je nachdem, in welche Richtung Sie mit der Maus ziehen) und die Tabelle wird entsprechend breiter/schmaler.

Überschriften für mehrseitige Tabellen

Wenn sich eine Tabelle über mehrere Seiten erstreckt, können Sie die erste Zeile der Tabelle als Überschrift formatieren. Diese Zeile wird dann von Word auf jeder der Folgeseiten wiederholt.

1. Setzen Sie die Einfügemarke in die erste Zeile der Tabelle. Sie können auch mehrere Zeilen als Überschrift definieren. Allerdings muss auch dann die erste Zeile Bestandteil der Überschrift sein.

2. Wechseln Sie zur Registerkarte *Tabellentools/Layout*, klicken Sie auf die Schaltfläche *Daten* und dann auf *Überschriften wiederholen*.

Zum Bearbeiten der Tabellenüberschrift ändern Sie nur die Version am Tabellenanfang. Die Änderungen werden von Word automatisch auf den nachfolgenden Seiten übernommen.

Tabellenzellen verbinden und teilen

Wenn Sie beispielsweise eine Tabelle erstellen, bei der sich eine Überschrift über mehrere Spalten erstrecken soll, können Sie zwei oder mehr Tabellenzellen zu einer einzigen zusammenführen.

1. Markieren Sie die Zellen, die Sie zusammenführen wollen. Dies können sowohl nebeneinander als auch untereinander stehende Zellen sein.

2. Öffnen Sie die Registerkarte *Tabellentools/Layout*.

3. Klicken Sie in der Gruppe *Zusammenführen* auf *Zellen verbinden*.

Wenn sich bereits Text in den markierten Zellen befand, wird der Text in den einzelnen Zellen in einen eigenen Absatz in der zusammengeführten Zelle aufgenommen.

Auch der umgekehrte Weg ist möglich, nämlich dass Sie aus einer Zelle mehrere machen:

1. Klicken Sie die Zelle an, die Sie teilen wollen. Wenn Sie mehr als eine Zelle teilen wollen, dann markieren Sie die betreffenden Zellen.

2. Öffnen Sie die Registerkarte *Tabellentools/Layout*.

3. Klicken Sie in der Gruppe *Zusammenführen* auf *Zellen teilen*. Das gleichnamige Dialogfeld wird angezeigt.

Bild 15.21   Hier legen Sie fest, in wie viel Spalten und Zeilen die markierte(n) Zelle(n) aufgeteilt werden soll(en)

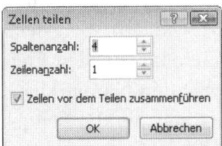

4. Geben Sie im Dialogfeld die Anzahl der Zeilen und Spalten an, in die die markierte(n) Zelle(n) aufgeteilt werden soll(en).

5. Wenn die Zellen vor dem Teilen zuerst zusammengeführt werden sollen, schalten Sie das entsprechende Kontrollkästchen ein, bevor Sie auf *OK* klicken.

Eine fertige Tabelle als Schnelltabelle speichern

Wenn Sie häufig ähnlich aufgebaute Tabellen verwenden, können Sie eine mit Sorgfalt erstellte Tabelle als sogenannte Schnelltabelle speichern. Eine Schnelltabelle ist so etwas wie ein Textbaustein, der aber nicht nur ein Wort enthält, sondern eben eine komplette Tabelle. Word speichert die Schnelltabellen im Schnelltabellenkatalog, und Sie können eine einmal erstellte Schnelltabelle einfach in anderen Dokumenten wiederverwenden.

Gehen Sie folgendermaßen vor, um eine Tabelle in den Schnelltabellenkatalog aufzunehmen:

1. Setzen Sie die Einfügemarke an eine beliebige Stelle in der Tabelle.

2. Nach einem kurzen Moment blendet Word in der linken oberen Ecke den Tabellenverschiebepunkt ⊞ ein. Klicken Sie diesen an. Dadurch wird die gesamte Tabelle markiert.

3. Öffnen Sie die Registerkarte *Einfügen*.

4. Klicken Sie in der Gruppe *Tabellen* auf *Tabelle* und dann auf *Schnelltabellen*.

5. Klicken Sie im Untermenü auf *Auswahl im Schnelltabellenkatalog speichern*. Das Dialogfeld *Neuen Baustein erstellen* wird angezeigt.

Bild 15.22   Hier legen Sie fest, unter welchem Namen, wo und mit welchen Optionen die Schnelltabelle gespeichert werden soll

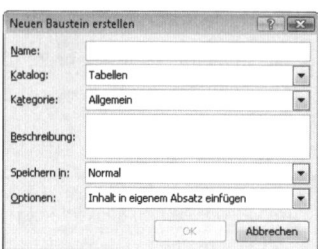

6. Geben Sie in das Feld *Name* den Namen ein, unter dem die Schnelltabelle gespeichert werden soll. Den Eintrag in der Liste *Katalog* können Sie unverändert lassen.

7. Sie können Schnelltabellen jeweils einer Kategorie zuordnen. Wenn Sie nur wenige Schnelltabellen erstellen, können Sie die Kategorie *Allgemein* verwenden. Bei vielen Schnelltabellen empfiehlt es sich, neue Kategorien anzulegen. Klicken Sie dazu auf den Pfeil neben dem Feld *Kategorie* und dann auf *Neue Kategorie erstellen*. Geben Sie den Namen der Kategorie ein und klicken Sie auf *OK*. Wählen Sie dann die Kategorie aus, der Sie die Schnelltabelle zuweisen wollen.

8. Wenn der Name nicht aussagekräftig genug ist, können Sie im Feld *Beschreibung* einen ausführlicheren erklärenden Text eingeben.

9. Im Listenfeld *Speichern in* legen Sie fest, in welcher Dokumentvorlage die Schnelltabelle gespeichert werden soll. Als eine Option wird Ihnen hier die Standarddokumentvorlage *Normal* angeboten; wenn das Dokument auf Basis einer anderen Dokumentvorlage erstellt wurde, wird deren Name hier ebenfalls angezeigt. Schnelltabellen, die Sie in unterschiedlichen Dokumenten verwenden wollen, speichern Sie am besten in der Dokumentvorlage *Normal* ab.

10. Im Listenfeld *Optionen* legen Sie fest, wie die Schnelltabelle später in ein Dokument eingefügt werden soll. Übernehmen Sie hier die Option *Inhalt in eigenem Absatz einfügen*.

11. Klicken Sie abschließend auf *OK*.

Schnelltabelle in einem anderen Dokument verwenden

Das Einfügen einer einmal definierten Schnelltabelle ist ein einfacher Vorgang. Setzen Sie die Einfügemarke im Dokument an die Stelle, an der die Tabelle eingefügt werden soll. Wechseln Sie zur Registerkarte *Einfügen*, klicken Sie auf *Tabellen* und dann auf *Schnelltabellen*. Word zeigt alle vorhandenen Schnelltabellen in einer Liste an, die auch eine Vorschau der Tabelle enthält. Klicken Sie die Schnelltabelle an, die Sie einfügen wollen.

Excel-Tabelle in Word-Dokument einfügen

Auch wenn die Tabellenfunktion von Word sehr viele Features bietet, kann es vorkommen, dass Sie in einem Word-Dokument eine Tabelle benötigen, die die ausgefeilteren Kalkulations- und Rechenmöglichkeiten von Microsoft Office Excel erfordert. Oder Sie haben eine Tabelle bereits in Excel erstellt und wollen diese beispielsweise in einen Geschäftsbericht einfügen, den Sie mit Word erstellen. Dieser Abschnitt stellt Ihnen beide Möglichkeiten vor, eine Excel-Tabelle in einem Word-Dokument zu verwenden.

Neue Excel-Tabelle als Objekt einfügen

Dieser Abschnitt beschreibt, wie Sie in ein Word-Dokument eine neue Excel-Tabelle als Objekt einfügen. Bei diesem Verfahren wird die Excel-Tabelle in derselben Datei gespeichert, in der sich auch die anderen Daten des Word-Dokuments befinden. Die Verwendung eines eingefügten Objekts hat den Vorteil, dass seine Bearbeitung innerhalb von Word stattfinden kann. Außerdem befindet sich das Excel-Objekt gemeinsam mit den Word-Daten in derselben Datei, was die Weitergabe vereinfacht. Der Nachteil ist, dass es keine Verknüpfung zu der ursprünglichen Excel-Datei gibt und somit die Daten innerhalb des Excel-Objekts nicht mehr aktualisiert werden können, wenn die Daten in der ursprünglichen Excel-Datei geändert werden.

So fügen Sie eine Excel-Tabelle als Objekt in ein Word-Dokument ein:

1. Setzen Sie die Einfügemarke an die Stelle im Dokument, an der Sie die Excel-Tabelle einfügen wollen.

2. Wechseln Sie zur Registerkarte *Einfügen*, klicken Sie auf die Schaltfläche *Tabelle* und dann auf *Excel-Kalkulationstabelle*.

In dem Word-Dokument ist nun eine Excel-Tabelle mit den vertrauten Zeilen- und Spaltenköpfen sichtbar und Sie können das Excel-Arbeitsblatt innerhalb des Word-Dokuments bearbeiten. Beachten Sie, dass in der Titelleiste »Microsoft Word« steht und auch die Statusleiste von Word angezeigt wird. Die Multifunktionsleiste ist jedoch die von Excel. Die *Office-Schaltfläche* ist ebenfalls nicht sichtbar, stattdessen sehen Sie unterhalb der Titelleiste das von vorhergehenden Word-Versionen her bekannte *Datei*-Menü.

Word 2007

Bild 15.23   Im Word-Dokument ist der Arbeitsbereich der Excel-Tabelle sichtbar. Während Sie die Excel-Tabelle bearbeiten, wird innerhalb des Word-Fensters die Multifunktionsleiste von Excel eingeblendet

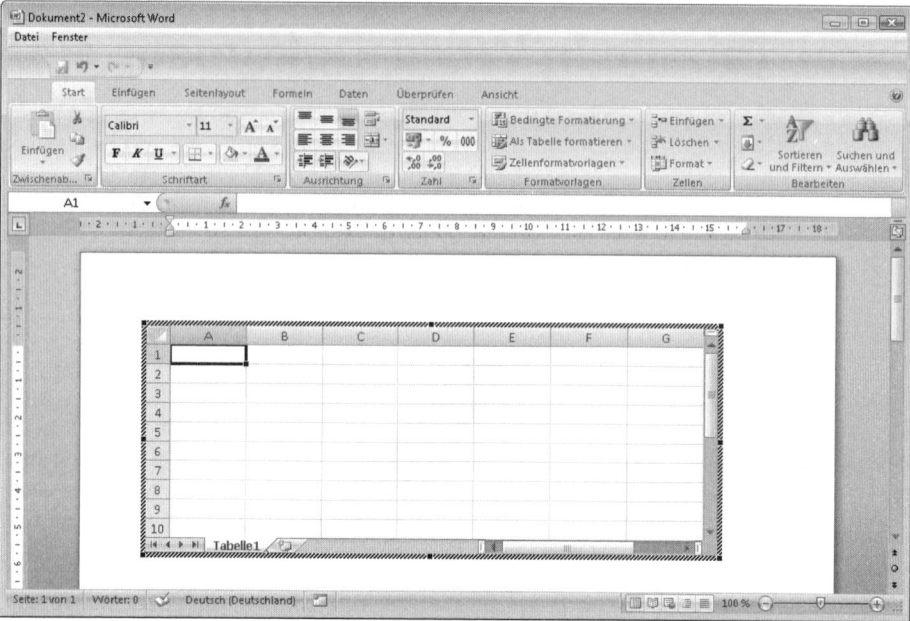

3. Klicken Sie außerhalb des Excel-Objekts, um weiter an dem Word-Dokument zu arbeiten.

Wenn Sie weiter an der Excel-Tabelle arbeiten wollen, klicken Sie die Excel-Tabelle mit der rechten Maustaste an und klicken dann im Kontextmenü auf *Arbeitsblatt-Objekt*.

- Klicken Sie auf *Bearbeiten*, wenn Sie die Excel-Tabelle wiederum innerhalb des Word-Dokuments bearbeiten wollen.

- Klicken Sie auf *Öffnen*, um das Excel-Objekt im normalen Programmfenster von Excel zu bearbeiten. Solange das eingefügte Tabellenobjekt in Excel geöffnet ist, wird es im Word-Dokument schraffiert angezeigt.

Nachdem Sie die Bearbeitung in Excel abgeschlossen haben, klicken Sie in Excel auf die *Office-Schaltfläche* und wählen dort den Befehl *Schließen & Zurückkehren zu Dokumentname*, wobei im Menü statt *Dokumentname* der Name angezeigt wird, unter dem das Word-Dokument gespeichert wurde.

Daten aus vorhandener Excel-Tabelle einfügen

Wenn Sie bereits eine Tabelle mit Excel erstellt haben und diese in ein Word-Dokument einfügen wollen, gehen Sie folgendermaßen vor:

1. Starten Sie Excel und öffnen Sie dort die Arbeitsmappe, in der sich die Tabelle befindet, die Sie in das Word-Dokument einfügen wollen.

2. Markieren Sie in Excel den Bereich, den Sie in das Word-Dokument einfügen wollen.

3.   Klicken Sie auf der Registerkarte *Start* in der Gruppe *Zwischenablage* auf *Kopieren*.

4.   Wechseln Sie zu Word und setzen Sie die Einfügemarke an die Stelle, an der die Excel-Tabelle eingefügt werden soll.

5.   Klicken Sie auf der Registerkarte *Start* in der Gruppe *Zwischenablage* auf *Einfügen*. Die Tabelle wird in das Word-Dokument eingefügt. Neben der Tabelle wird die Smarttag-Schaltfläche *Einfügen-Optionen* angezeigt.

6.   Klicken Sie die Smarttag-Schaltfläche an, damit das zugehörige Menü geöffnet wird, in dem Sie festlegen können, wie die Daten in Word eingefügt werden sollen.

Bild 15.24   Im Menü der Smarttag-Schaltfläche *Einfügen-Optionen* legen Sie fest, wie die Excel-Tabelle in das Word-Dokument eingefügt werden soll

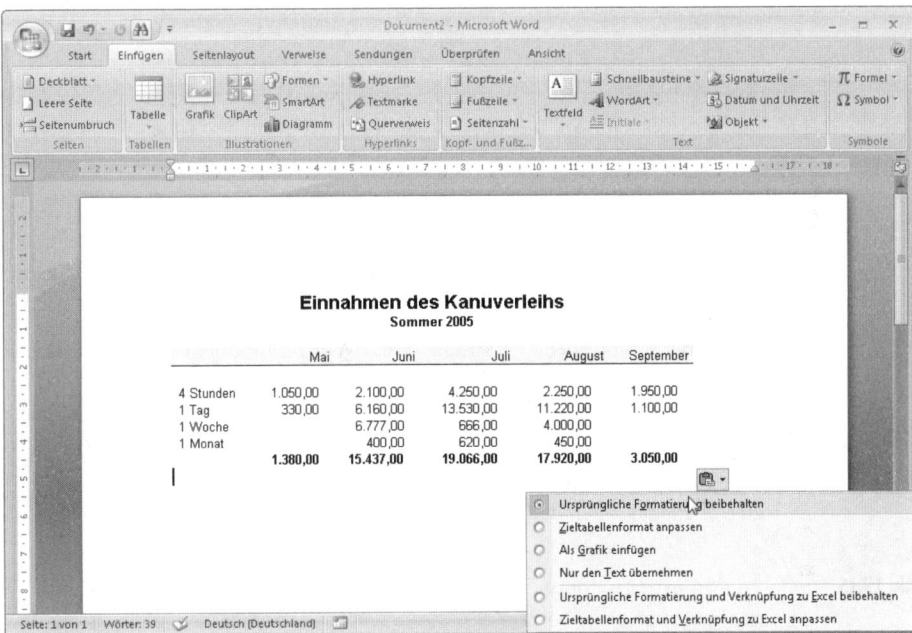

7.   Wählen Sie je nach Bedarf eine der Optionen im Menü aus, die nachfolgend beschrieben sind. Die ersten vier Optionen dienen dazu, die Excel-Tabelle statisch in das Word-Dokument einzufügen. Verwenden Sie eine dieser Optionen, wenn Sie von vornherein wissen, dass die einmal eingefügten Daten später nicht mehr aktualisiert werden müssen; die eingefügten Daten werden beim statischen Einfügen zu einer normalen Word-Tabelle.

Mit den beiden letzten Befehlen werden die Excel-Daten verknüpft eingefügt. Durch die Verknüpfung weiß das Word-Dokument, aus welcher Excel-Tabelle die Daten stammen. Änderungen, die in Excel an der Tabelle vorgenommen werden, können dadurch automatisch in der in Word eingefügten Tabelle übernommen werden.

■   **Ursprüngliche Formatierung beibehalten**   Fügt die Excel-Tabelle statisch ein und übernimmt die Formatierungen, wie sie in Excel vorgenommen wurden. Nach dem Einfügen können Sie die Formatierungsbefehle von Word verwenden, um die Optik der Tabelle anzupassen.

- **Zieltabellenformat anpassen** Fügt die Excel-Tabelle statisch ein. Die Tabelle wird als einfache Word-Tabelle mit Rahmenlinien formatiert. Auch bei dieser Option können Sie nach dem Einfügen die Formatierungsbefehle von Word verwenden, um die Optik der Tabelle anzupassen.

- **Als Grafik einfügen** Fügt die Tabelle als Grafik ein, deren Größe verändert werden kann. Bei dieser Option können die Tabellendaten selbst nicht mehr verändert werden.

- **Nur den Text übernehmen** Wenn Sie diese Option verwenden, werden die Excel-Daten nicht als Word-Tabelle eingefügt, sondern die Inhalte der einzelnen Excel-Zellen werden durch Tabstopps voneinander getrennt.

- **Ursprüngliche Formatierung und Verknüpfung zu Excel beibehalten** Wenn Sie diese Option auswählen, übernimmt die eingefügte Tabelle die Formatierungsmerkmale, wie sie in Excel zugewiesen wurden. Außerdem wird im Word-Dokument gespeichert, aus welcher Excel-Datei die Daten stammen. Wenn die Daten in Excel geändert werden, kann die Tabelle in Word aktualisiert werden,

- **Zieltabellenformat und Verknüpfung zu Excel anpassen** Dieser Befehl entspricht der vorigen Option, nur dass Sie die Formatierung der Tabelle anpassen können. Wenn die Daten in der Excel-Tabelle geändert werden, können diese aufgrund der Verknüpfung aktualisiert werden.

Verknüpfungen aktualisieren

Wenn Sie eine Excel-Tabelle verknüpft in ein Word-Dokument eingefügt haben, stehen Ihnen im Kontextmenü der eingefügten Tabelle Befehle zur Verfügung, um von Word aus das Bearbeiten der Excel-Tabelle zu initiieren, um die eingefügte Tabelle in Word zu aktualisieren, wenn die Tabelle in Excel geändert wurde, und um die Verknüpfungseigenschaften anzusehen und zu ändern.

1. Klicken Sie die eingefügte Word-Tabelle mit der rechten Maustaste an, um das Kontextmenü zu öffnen, das Sie in der folgenden Abbildung sehen.

Bild 15.25   Im Kontextmenü finden Sie die Befehle zum Aktualisieren und Bearbeiten der verknüpften Tabelle

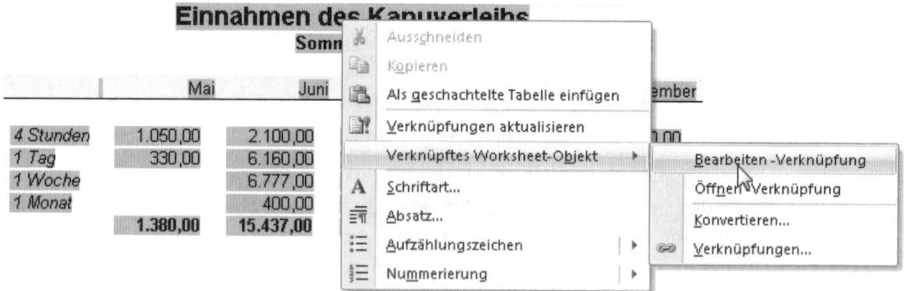

2. Wählen Sie einen der folgenden Befehle:

- **Verknüpfungen aktualisieren** Klicken Sie diesen Befehl an, wenn Sie wissen, dass die Excel-Tabelle geändert wurde und die in Word eingefügte Tabelle aktualisiert werden soll. Standardmäßig aktualisiert Word die Verknüpfungen automatisch, wenn das Word-Dokument geöffnet wird. Sie können die Verknüpfung auch aktualisieren, indem Sie die Tabelle markieren und dann die Taste F9 drücken.

- **Verknüpftes Worksheet-Objekt/Bearbeiten-Verknüpfung** Klicken Sie diesen Befehl an, wenn Sie die Excel-Arbeitsmappe, aus der die eingefügte Tabelle stammt, in Excel bearbeiten wollen. Wählen Sie in Excel den Befehl *Schließen* im Menü der *Office-Schaltfläche,* wenn Sie mit der Bearbeitung fertig sind, und lassen Sie anschließend in Word die verknüpfte Tabelle aktualisieren.

- **Verknüpftes Worksheet-Objekt/Verknüpfungen** Wählen Sie diesen Befehl aus, um das Dialogfeld *Verknüpfungen* anzeigen zu lassen. In dem Dialogfeld können Sie unter anderem die Datenquelle der Verknüpfung ansehen und ändern, festlegen, ob die Daten manuell oder automatisch aktualisiert werden sollen, und bestimmen, ob die Formatierung nach der Aktualisierung erhalten bleiben soll oder nicht.

Zusammenfassung

In diesem Kapitel haben Sie erfahren, wie Sie selbst aufwändige Tabellen problemlos mit Word erstellen bzw. nachträglich bearbeiten können.

- Leere Tabellen erstellen Sie am schnellsten mit der Schaltfläche *Tabelle,* die sich auf der Registerkarte *Einfügen* befindet (Seite 250).

- Tabellen, die über eine unregelmäßige Struktur verfügen, lassen sich am besten mit dem Tabelleneditor erstellen. Mit dieser Funktion »zeichnen« Sie Ihre Tabellen direkt in Ihrem Dokument (Seite 251).

- Tabellen lassen sich nicht wie normaler Text löschen, sondern werden über einen eigenen Befehl auf der Registerkarte *Tabellentools/Layout* aus dem Dokument entfernt (Seite 252).

- Auch das Markieren von Text und die Navigation in Tabellen unterscheiden sich etwas vom gewohnten Verhalten. Für das Bewegen des Cursors mit der Tastatur sind spezielle Tastenkombinationen erforderlich (Seite 253).

- Um eine Tabelle um weitere Zeilen oder Spalten zu erweitern, stehen Ihnen auf der Registerkarte *Tabellentools/Layout* in der Gruppe *Zeilen und Spalten* zahlreiche Befehle zur Verfügung (Seite 256).

- Die Linien einer Tabelle lassen sich einzeln oder als Gesamtheit formatieren (Seite 259).

- Durch entsprechendes Einstellen der Textrichtung und der Textausrichtung lässt sich sogar ein vertikaler Textverlauf erreichen (Seite 262).

- Der Hintergrund von Tabellenzellen kann mit Farben und/oder Mustern gefüllt werden (Seite 264).

- Mit den Tabellenformatvorlagen lassen sich Tabellen schnell und unkompliziert mit ansprechenden Formatierungen versehen (Seite 257).

- Die Zeilenhöhe und die Spaltenbreite einer Tabelle ändern Sie am schnellsten mit der Maus (Seite 265).

- Mehrseitige Tabellen können mit einer Überschrift versehen werden, die automatisch auf jeder Seite wiederholt wird (Seite 266).

■ Wenn Sie eine Tabelle erstellt und formatiert haben, deren Struktur und Aussehen Sie häufiger benötigen, können Sie diese als eine Art Baustein in Form einer Schnelltabelle speichern (Seite 267) und dann einfach in anderen Dokumenten wiederverwenden (Seite 268).

■ Im letzten Abschnitt dieses Kapitels stand der Datenaustausch mit Excel im Mittelpunkt. Sie können in ein Word-Dokument eine Excel-Tabelle als neues Objekt einfügen (Seite 269) oder auch eine bereits bestehende Excel-Tabelle verwenden (Seite 270). Wenn Sie die in Word erstellte Tabelle mit der Excel-Quelle verknüpfen, stehen Ihnen verschiedene Möglichkeiten zur Verfügung, um die in Word eingefügte Tabelle zu aktualisieren, sollten sich die Daten in der Excel-Tabelle ändern (Seite 272).

Kapitel 16

Querverweise, Textmarken und Sprungbefehle

In diesem Kapitel:

Sie kennen bereits die Bildlauf-Funktion, mit der Sie alle Stellen eines Dokuments erreichen, einsehen und bearbeiten können. Bei kurzen Texten ist dies sicherlich das schnellste und einfachste Verfahren, um zu der gewünschten Textstelle zu gelangen. Anders sieht es jedoch aus, wenn Sie ein langes Dokument bearbeiten, das vielleicht aus 30 Seiten und mehreren Abschnitten besteht. Dann kann das Auffinden der gewünschten Textstelle ein langwieriges Unterfangen werden.

Eine Möglichkeit, das Verfahren zu beschleunigen, besteht in der Verwendung des Befehls *Suchen* (in der Gruppe *Bearbeiten* der Registerkarte *Start*), mit dem Sie gezielt nach einer bestimmten Formatierung oder einem Wort/Satz suchen lassen können. Um diese Suche effektiv gestalten zu können, müssen die Suchkriterien jedoch eindeutig sein, was auch nicht immer der Fall ist.

Abhilfe schafft für diese Fälle der Befehl *Gehe zu*, mit dem Sie gezielt zu einer gewünschten Textstelle navigieren können. Um diesen Befehl und seine Möglichkeiten wird es im ersten Teil dieses Kapitels gehen. Anschließend widmen wir uns den Textmarken, die so etwas Ähnliches sind wie Lesezeichen, die Sie beim Lesen eines Buches zum schnellen Auffinden einer Textstelle verwenden. Da mit Textmarken auch längeren Passagen ein Name zugewiesen werden kann, eignen sie sich auch zum Einfügen von Teilen eines Textes in einen anderen.

An eine Stelle im Dokument springen

Mit dem Befehl *Gehe zu* können Sie schnell an eine bestimmte Stelle Ihres Dokuments gelangen. Auch hier sind die Möglichkeiten vielfältig, um den Befehl auszulösen:

- Wechseln Sie zur Registerkarte *Start*, klicken Sie in der Gruppe *Bearbeiten* auf den Pfeil der Schaltfläche *Suchen* und dann auf *Gehe zu*. Das zum Befehl gehörende Dialogfeld wird angezeigt und Sie können den Zielort eingeben.

- Drücken Sie F5 oder drücken Sie die Tastenkombination Strg+G. Auch hier erscheint die Registerkarte *Gehe zu* des Dialogfeldes *Suchen und Ersetzen*.

- Doppelklicken Sie in der Statusleiste auf die Seitenzahl, damit das folgende Dialogfeld angezeigt wird:

Bild 16.1 Die Registerkarte *Gehe zu* des Dialogfeldes *Suchen und Ersetzen*

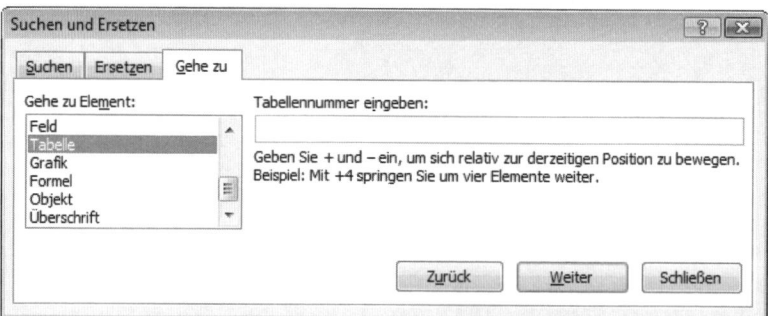

Das Prinzip des Dialogfeldes ist aber zugegebenermaßen sehr simpel. Im Listenfeld auf der linken Seite wählen Sie zuerst den Elementtyp an, den Sie »anspringen« möchten. Die angebotene Auswahl ist beeindruckend: Neben eher banalen Dingen, wie *Seite, Zeile* und *Abschnitt* finden Sie auch exklusivere Einträge wie *Tabelle* und *Objekt*.

Textelemente der Reihe nach ansteuern

Für einen ersten Test laden Sie einfach ein mehrseitiges Dokument.

1. Rufen Sie das Dialogfeld *Gehe zu* auf (siehe Seite 276).

2. Wählen Sie im Listenfeld den Eintrag *Zeile*. Daraufhin ändert sich die Beschriftung des Textfeldes in *Zeilennummer eingeben*.

3. Klicken Sie auf die Schaltfläche *Weiter*. Sie sehen, wie sich die Einfügemarke um eine Zeile nach unten bewegt. Ein Klick auf *Zurück* und die Einfügemarke geht wieder an ihre Ausgangsposition.

Das ist natürlich eine sehr umständliche Art des Bildlaufs. Aber das gleiche Prinzip können Sie auf fast alle im Listenfeld angebotenen Elemente übertragen. Dann springt Word nicht von Zeile zu Zeile, sondern von Tabelle zu Tabelle oder von Klang-Objekt zu Klang-Objekt. Die einzige Ausnahme sind Textmarken, auf die wir im weiteren Verlauf dieses Kapitels noch genauer eingehen werden.

Textelemente direkt/relativ ansteuern

Wenn Sie ein Element gezielt anspringen wollen, müssen Sie im Textfeld des Dialogfeldes *Gehe zu* eine Eingabe machen. Der Einfachheit halber werden wir wieder auf das Zeilen-Beispiel aus dem letzten Abschnitt zurückgreifen.

1. Rufen Sie das Dialogfeld *Gehe zu* auf (siehe Seite 276).

2. Wählen Sie im Listenfeld das Element *Zeile*.

3. Geben Sie in das Textfeld eine Zeilennummer ein. Dadurch verändert sich die Beschriftung der Schaltfläche *Weiter* zu *Gehe zu*. Die Schaltfläche *Zurück* ist deaktiviert, wie Sie an ihrer nun grauen Beschriftung erkennen können.

4. Klicken Sie auf *Gehe zu,* um die Einfügemarke in die gewünschte Zeile zu setzen.

Oft kommt es vor, dass Sie die Zeile/Seite etc., zu der Sie gehen möchten, nicht exakt angeben können, sondern einfach nur zehn Zeilen/Seiten etc. vor oder zurück gehen möchten. Auch das ist mit dem Dialogfeld *Gehe zu* kein Problem. In diesem Fall stellen Sie einfach ein Plus- oder Minuszeichen vor die eingegebene Zahl. Um z.B. fünf Seiten in Richtung Textbeginn zu blättern, geben Sie in das Textfeld –5 ein.

Textmarken erstellen und ansteuern

Was sind Textmarken? Textmarken sind Namen, die Sie einer markierten Textstelle zuweisen. Die Passage, die als Textmarke formatiert werden soll, kann ein einzelnes Zeichen, eine Grafik, eine Zeile oder auch ein umfangreicher Text sein.

Sie haben bei der Vorstellung der Registerkarte *Gehe zu* des Dialogfeldes *Suchen und Ersetzen* im vorigen Abschnitt gesehen, dass Sie als Ziel auch den Namen einer Textmarke angeben können. Damit wäre bereits eine der Einsatzmöglichkeiten von Textmarken beschrieben. Sie können damit in einem langen Dokument mehrere »Lesezeichen« einfügen. Eine Möglichkeit wäre, wichtige

Überschriften eines Textes als Textmarken zu formatieren. Wenn der Name der Textmarke mit der Überschrift identisch ist, können Sie so leicht den Text zu einer Überschrift finden.

Textmarken erstellen

Bevor Sie die Möglichkeiten von Textmarken nutzen können, müssen Sie zuerst Textmarken erstellen. Und das geschieht mit den folgenden Schritten:

1. Markieren Sie den Textabschnitt, dem ein Textmarkenname zugewiesen werden soll. Es kann sich hierbei um ein einzelnes oder mehrere Zeichen, eine Zeile, einen Absatz oder eine größere Textpassage handeln. Wenn Sie die Textmarke nur benötigen, um die Textstelle später mit *Gehe zu* anzusteuern, können Sie auch auf das Markieren verzichten.

2. Wechseln Sie zur Registerkarte *Einfügen* und klicken Sie in der Gruppe *Hyperlinks* auf *Textmarke*. Das Dialogfeld *Textmarke* wird angezeigt.

Bild 16.2   Dialogfeld zum Erstellen von Textmarken

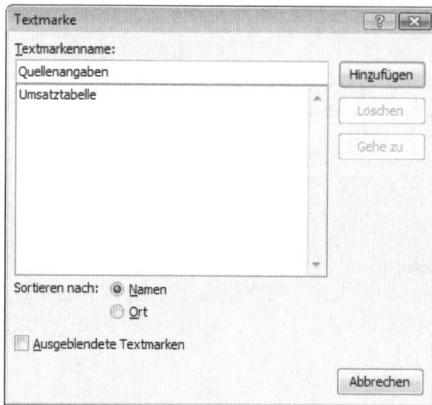

3. Geben Sie im Textfeld des Dialogfeldes den Namen für die Textmarke ein. Wenn sich in Ihrem Dokument bereits Textmarken befinden, enthält das Textfeld des Dialogs eine der vorhandenen Textmarken. Überschreiben Sie den Eintrag dann einfach mit dem Namen der neuen Textmarke.

4. Klicken Sie auf *Hinzufügen*, um die Textmarke zu erstellen. Das Dialogfeld verschwindet dadurch vom Bildschirm.

5. Klicken Sie ein weiteres Mal auf der Registerkarte *Einfügen* auf die Schaltfläche *Textmarke* und überprüfen Sie, ob die neue Textmarke jetzt in der Liste des Dialogfeldes aufgeführt wird.

HINWEIS   Der Name einer Textmarke kann zwischen 1 und 40 Zeichen lang sein und darf nur aus Buchstaben und Zahlen bestehen. Das erste Zeichen muss immer ein Buchstabe sein. Zur Trennung einzelner Wörter in den Namen der Textmarken können Sie das Unterstreichungszeichen (_) verwenden; Punkte und Bindestriche im Namen sind nicht erlaubt. Sobald Sie einen ungültigen Namen eingeben, wird die Beschriftung der Schaltfläche *Hinzufügen* in grauer Schrift dargestellt.

Textmarken hervorheben

Normalerweise sind auf dem Bildschirm die Stellen, denen eine Textmarke zugewiesen wurde, nicht sichtbar. So kann es schnell passieren, dass eine Textmarke aus Versehen gelöscht wurde. Sie können sich jedoch die Textmarken Ihrer Dokumente auf dem Bildschirm besonders kennzeichnen lassen:

1. Klicken Sie auf die *Office-Schaltfläche* und dann auf *Word-Optionen*.

2. Lassen Sie die Kategorie *Erweitert* anzeigen und scrollen Sie bis zum Abschnitt *Dokumentinhalt anzeigen*.

3. Schalten Sie das Kontrollkästchen *Textmarken anzeigen* ein.

Bild 16.3   Hier können Sie die mit einer Textmarke versehenen Stellen sichtbar machen

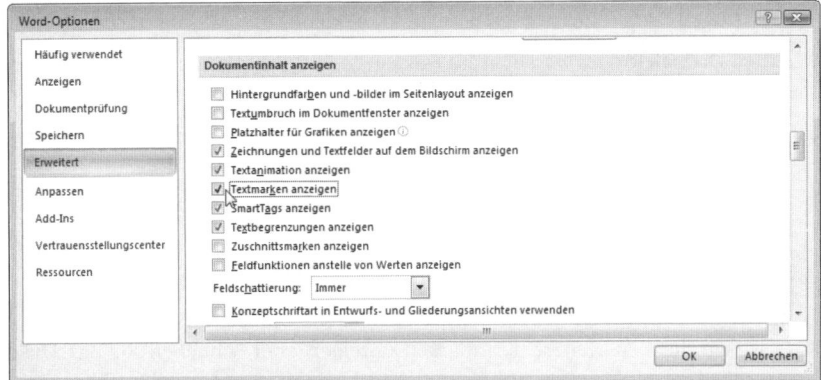

Word fasst Ihre Textmarken dann in zwei graue eckige Klammern ein. Ist einer Textmarke kein Text zugeordnet, erscheint an ihrer Position ein graues »I«.

Doch wie heißt es so schön: Kein Licht ohne Schatten. Die Kennzeichnung der Textmarken hat auch ihre Tücken. Haben Sie zwei Textmarken definiert, deren Bereiche sich überschneiden, können die Klammern auch irreführend sein. In diesem Fall sollten Sie auf der Registerkarte *Einfügen* auf *Textmarke* klicken und zu der unklaren Textmarke springen, die dann von Word vollständig markiert wird.

Textmarken löschen

Wenn Sie eine Textmarke nicht mehr benötigen, können Sie sie wieder löschen:

1. Wechseln Sie zur Registerkarte *Einfügen* und klicken Sie in der Gruppe *Hyperlinks* auf *Textmarke*. Das Dialogfeld *Textmarke* wird angezeigt.

2. Geben Sie im Textfeld den Namen der Textmarke ein oder wählen Sie ihn in der Liste aus.

3. Klicken Sie auf die Schaltfläche *Löschen*, um die Textmarke zu entfernen.

Wenn Sie den mit der Textmarke verbundenen Text aus Ihrem Dokument löschen, ist die Textmarke natürlich ebenfalls verschwunden.

Textmarken als Sprungziel verwenden

Nachdem Sie Textmarken festgelegt haben, können Sie diese als Ziel in den Dialogfeldern *Suchen und Ersetzen/Gehe zu* und *Textmarke* als Navigationsziel verwenden. Das Prinzip ist bei beiden Befehlen das gleiche.

Der Befehl *Gehe zu* hat den Vorteil, dass Sie ihn auch über einen Doppelklick auf die Seitenzahl in der Statusleiste aufrufen können. Dafür ist die Bedienung des Dialogfeldes etwas aufwändiger.

1. Rufen Sie das Dialogfeld *Gehe zu* auf (siehe Seite 276).

2. Wählen Sie im linken Listenfeld den Eintrag *Textmarke.*

3. Klappen Sie dann das rechts daneben erschienene Listenfeld *Textmarkennamen eingeben* auf und wählen Sie die gewünschte Textmarke.

4. Klicken Sie auf *Gehe zu*, damit Word die zugehörige Textstelle anzeigt.

5. Springen Sie zu einer weiteren Textmarke oder beenden Sie den Dialog direkt mit *Schließen.*

Mit dem Dialogfeld *Textmarke* ist das Ansteuern von Textmarken deutlich einfacher, schließlich ist dieses Dialogfeld auf diese Aufgabe spezialisiert.

1. Wechseln Sie zur Registerkarte *Einfügen* und klicken Sie in der Gruppe *Hyperlinks* auf *Textmarke.*

2. Legen Sie mit den Optionsfeldern *Namen* und *Ort* fest, ob die Textmarken alphabetisch sortiert oder in der Reihenfolge ihres Auftretens im Dokument angezeigt werden.

3. Markieren Sie die gewünschte Textmarke und klicken Sie auf *Gehe zu*. Alternativ können Sie auch auf den Namen doppelklicken.

4. Lassen Sie sich weitere Textmarken anzeigen oder schließen Sie das Dialogfeld direkt mit *Schließen.*

Der Einsatz der Textmarken als Lesezeichen ist jedoch nur eine der Möglichkeiten, wie Sie Textmarken einsetzen können. Weitaus spannender wird es, wenn Sie sie zum Verknüpfen von Dokumenten oder zum automatischen Erstellen von Querverweisen einsetzen. Diese beiden Themen werden wir im nächsten Abschnitt behandeln.

Querverweise erzeugen

Unter Querverweisen versteht man in Word die automatisierte Bezugnahme auf Textstellen. Der einfachste Fall ist sicherlich der Verweis auf eine Seite, die eine Textstelle oder eine Abbildung enthält, auf die Sie den Leser aufmerksam machen möchten. Natürlich können Sie die Seitenzahl einfach als normalen Text eingeben, doch dann laufen Sie Gefahr, dass der Verweis nicht mehr stimmt, sobald Sie Ihren Text weiter bearbeiten. Fügen Sie die Seitenzahl hingegen als Querverweis ein, ist ihre dauerhafte Aktualität gesichert.

Beispiel: Auf Textmarken verweisen

Am Beispiel der Textmarken wollen wir Ihnen zeigen, wie Sie auf andere Textstellen verweisen. Da das Prinzip bei allen Verweistypen gleich ist, können Sie es leicht auf andere Typen wie Bildunterschriften, Fußnoten, Überschriften usw. übertragen.

1. Öffnen Sie ein Dokument, in dem sich einige Textmarken befinden.

2. Setzen Sie die Einfügemarke an die Stelle, an der Sie einen Verweis einfügen möchten.

3. Wechseln Sie zur Registerkarte *Einfügen* und klicken Sie in der Gruppe *Hyperlinks* auf *Querverweis;* das gleichnamige Dialogfeld wird angezeigt.

Bild 16.4   Einfügen von Querverweisen

Das Dialogfeld enthält drei Listenfelder, mit denen Sie Ihre Querverweise »komponieren« können. Im Listenfeld *Verweistyp* sehen Sie, dass Sie nicht nur auf Textmarken, sondern auch auf viele andere Textelemente verweisen können. Um auf fortlaufend nummerierte Elemente wie Abbildungen oder Tabellen verweisen zu können, müssen Sie sie zuvor mit der Schaltfläche *Beschriftung einfügen* gekennzeichnet haben.

4. Da wir in diesem Beispiel auf eine Textmarke verweisen wollen, markieren Sie im Listenfeld *Verweistyp* den Eintrag *Textmarke*.

5. Anschließend können Sie im Listenfeld *Verweisen auf* festlegen, ob Sie auf den Textmarkeninhalt (also den Text, dem Sie die Textmarke zugewiesen haben), auf die Seitenzahl der Textmarke oder auf ihre Absatznummer verweisen wollen. Die letzte Wahlmöglichkeit ist nur von Interesse, wenn sich die Textmarke in einem Absatz befindet, der von Word automatisch nummeriert wurde.

6. Im letzten Listenfeld wählen Sie die Textmarke, auf die Sie sich beziehen wollen.

7. Wenn Sie Ihre Wahl getroffen haben, können Sie den fertigen Querverweis mit einem Klick auf die Schaltfläche *Einfügen* in Ihr Dokument aufnehmen und das Dialogfeld mit *Schließen* beenden.

Sie sehen nun, dass der Inhalt der gewählten Textmarke an der aktuellen Position der Einfügemarke steht. Erscheint statt des Textes eine Feldfunktion, wie z.B. *{REF Textmarke * MERGEFORMAT}*, so drücken Sie [Alt]+[F9], um zur Anzeige der Feldergebnisse umzuschalten.

Nun wollen wir noch testen, ob sich der Verweis auch wirklich aktualisieren lässt.

1. Rufen Sie den Befehl *Gehe zu* auf (siehe Seite 276)und springen Sie zu der Textmarke, auf die Sie gerade verwiesen haben. Schließen Sie dann den Dialog.

2. Ändern Sie den Text der Textmarke.

3. Gehen Sie wieder zu der Textstelle zurück, an der Sie den Querverweis aufgenommen haben.

4. Setzen Sie den Cursor in den Verweis und drücken Sie F9. Wie Sie sehen, wird die Änderung sofort übernommen, wenn Sie im Querverweise auf den Textmarkeninhalt verweisen.

PROFITIPP

Verweise auf Fuß- und Endnoten

Wenn Sie in einem Dokument mit Endnoten einige Endnotentexte mehrfach verwenden wollen, also z.B. an mehreren Textstellen auf die Endnote 3 verweisen möchten, bieten Querverweise eine elegante Lösung, bei der der Komfort der automatischen Endnotennummerierung erhalten bleibt.

Dazu fügen Sie immer, wenn Sie auf eine bereits vorhandene Fuß- bzw. Endnote verweisen möchten, einen entsprechenden Querverweis ein. Der Querverweis kann dabei so formatiert werden, dass er optisch nicht von einem normalen Fuß-/Endnotenzeichen zu unterscheiden ist. Konkret gehen Sie dazu folgendermaßen vor:

1. Wechseln Sie zur Registerkarte *Einfügen* und klicken Sie in der Gruppe *Hyperlinks* auf *Querverweis*.

2. Stellen Sie im Dialogfeld den gewünschten Verweistyp ein *(Fußnote* oder *Endnote)*.

3. Im Listenfeld *Verweisen auf* wählen Sie die Einstellung *Fußnotennummer (formatiert)* bzw. *Endnotennummer (formatiert)*.

4. Schalten Sie das Kontrollkästchen *Als Hyperlink einfügen* ein, wenn Sie möchten, dass Sie durch Anklicken des Querverweises zu der referenzierten Fuß-/Endnote springen können. Von dort aus können Sie dann zum zugehörigen Text der Fuß-/Endnote gelangen.

5. Wenn Sie das Kontrollkästchen *Oben/unten einschließen* einschalten, wird der Querverweis um die Angabe ergänzt, ob sich die betreffende Textstelle ober- oder unterhalb im Dokument befindet.

6. Wählen Sie die gewünschte Fuß-/Endnote im Dialog aus. Klicken Sie dann auf *Einfügen* und schließen Sie den Dialog.

Der eingefügte Querverweis erhält exakt die gleiche Formatierung wie die Fuß-/Endnote, auf die er verweist (die Formatierung wird über die Formatvorlage *Fußnotenzeichen* bzw. *Endnotenzeichen* festgelegt). Sollte sich die Nummer der zugehörigen Fuß-/Endnote später ändern, wird sich der Querverweis entsprechend anpassen. Die Übernahme der geänderten Nummer erfolgt jedoch nicht im gleichen Augenblick wie die Änderung der Fuß-/Endnotennummerierung. Sie müssen dazu erst die Felder aktualisieren, die den Querverweisen zugrunde liegen. Dazu wechseln Sie am einfachsten in die Seitenansicht *(Registerkarte Ansicht*, Schaltfläche *Seitenlayout)*.

Auf Textmarken in anderen Dokumenten verweisen

Mit Word können Sie auch auf Textmarken aus anderen Dokumenten zugreifen. Auf diese Weise lassen sich z.B. einzelne Textpassagen aus anderen Textdateien einbinden. Wenn Sie von dieser Möglichkeit Gebrauch machen wollen, müssen Sie sich zunächst überlegen, ob Sie die einzufügende Passage später aktualisieren lassen wollen oder ob sie als normaler Text eingefügt werden kann.

Statisch einfügen

Wenn Sie sicher sind, dass Sie den eingefügten Text nicht mehr mit seinem Originaldokument abstimmen möchten, können Sie ihn statisch einfügen. In diesem Fall besteht zwischen dem Dokument, in dem sich die Textmarke befindet, und dem Dokument, in das der Textmarkeninhalt eingefügt wird, keinerlei Verbindung. Nehmen Sie dann folgende Schritte vor:

1. Öffnen Sie das Dokument, das den Textmarkeninhalt aufnehmen soll, und positionieren Sie die Einfügemarke.

2. Wechseln Sie zur Registerkarte *Einfügen*.

3. Klicken Sie in der Gruppe *Text* auf den Pfeil der Schaltfläche *Objekt* und dann auf *Text aus Datei*. Das Dialogfeld *Datei einfügen* wird angezeigt.

    Dieses Dialogfeld ist vom Aufbau her mit dem *Öffnen*-Dialog fast identisch. Die beiden Besonderheiten sind der Pfeil an der Schaltfläche *Einfügen* und die Schaltfläche *Bereich*, deren Bedeutung wir weiter unten beschreiben.

Bild 16.5   Einfügen einer Textpassage aus einer anderen Datei

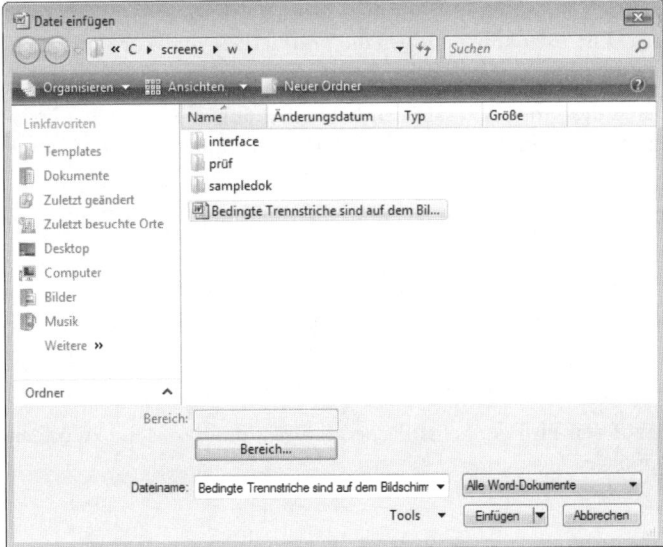

4. Wählen Sie die Datei aus, die die Textmarke enthält.

5. Klicken Sie dann auf die Schaltfläche *Bereich*, um das Dialogfeld *Bereich bestimmen* anzuzeigen.

Bild 16.6 Tippen Sie hier den Namen der Textmarke ein

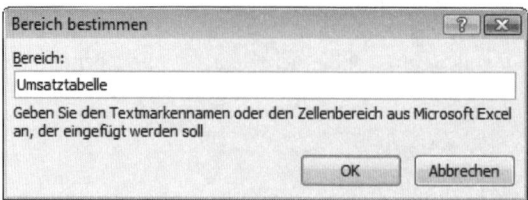

6. Geben Sie dann im Textfeld *Bereich* den Namen der Textmarke an.

7. Klicken Sie auf *OK*, um das Dialogfeld *Bereich bestimmen* zu schließen.

8. Klicken Sie auf *Einfügen*, um den Textmarkeninhalt in Ihr Dokument einzufügen.

Word hat den Inhalt der Textmarke vollständig in Ihr Dokument übernommen. Das heißt, der eingefügte Text ist ebenfalls mit einer Textmarke verbunden. Sie haben also gewissermaßen eine Kopie der Textmarke erzeugt. Wenn Sie die Textmarke in dem Dokument, in das Sie den Text eingefügt haben, nicht benötigen, können Sie sie ohne weiteres löschen.

Textmarken verknüpfen

Manchmal ist die eben vorgestellte statische Übernahme von Textmarken ungünstig. Angenommen, Sie müssen einen Prospekt oder ein Pflichtenheft zu einem Produkt schreiben, das bislang nur in den Köpfen Ihrer Marketingleute existiert. Daher sind wichtige Daten, die Sie für Ihre Arbeit benötigen, wie Leistungsmerkmale oder Ausstattung des Produkts, noch nicht festgelegt. Es ist also abzusehen, dass Sie noch etliche Angaben in Ihrem Text werden ändern müssen, wenn das Produkt fertiggestellt ist. Hier können Ihnen die Textmarken von Word entscheidend weiterhelfen.

Die Lösung für diese Problemstellung ist einfach: Sie erstellen einfach ein Dokument, in dem Sie alle variablen Daten des Projekts zusammenstellen. Benötigen Sie z.B. den Preis des Produkts, so geben Sie einfach eine Zahl in der gewünschten Größenordnung ein und weisen ihr die Textmarke *Preis* zu.

Nach dieser Vorarbeit können Sie mit den folgenden Schritten auf die Früchte Ihrer Arbeit zugreifen:

1. Wechseln Sie zur Registerkarte *Einfügen* und klicken Sie in der Gruppe *Text* zuerst auf den Pfeil der Schaltfläche *Objekt* und dann auf *Text aus Datei*. Markieren Sie die Datei, in der Sie die Textmarken gespeichert haben.

2. Klicken Sie auf die Schaltfläche *Bereich* und geben Sie den Namen der Textmarke ein.

3. Klicken Sie auf den Pfeil der Schaltfläche *Einfügen*, um das Menü zu öffnen, und wählen Sie *Als Verknüpfung einfügen*.

Dem eingefügten Text ist seine Flexibilität auf den ersten Blick nicht anzusehen. Wenn Sie jedoch mit der Tastenkombination (Alt)+(F9) zur Anzeige der Feldfunktionen umschalten, sehen Sie, dass Word keinen reinen Text, sondern das Feld *INCLUDETEXT* in das Dokument aufgenommen hat. In diesem Feld ist sowohl der Name der Textmarke als auch der Name der Datei gespeichert, in der diese Textmarke zu finden ist.

{INCLUDETEXT "C:\\Eigene Dateien\\Akte.docx" Preis}

Verknüpfung aktualisieren

Haben sich die Daten in der Quelldatei der Textmarke geändert, können Sie sie durch das Aktualisieren der Feldfunktion in Ihr Dokument übernehmen. Dazu setzen Sie einfach den Cursor in den eingefügten Text bzw. die Feldfunktion und drücken (F9). Um alle verknüpften Textmarken auf den neuen Stand zu bringen, markieren Sie vor dem Drücken der (F9)-Taste das gesamte Dokument.

Anstelle von (F9) können Sie auch auf die *Office-Schaltfläche* klicken, auf *Vorbereiten* zeigen und schließlich auf *Verknüpfungen mit Dateien bearbeiten* klicken. Im Dialogfeld *Verknüpfungen* können Sie dann die Aktualisierung mit der Schaltfläche *Jetzt aktualisieren* vornehmen. Außerdem können Sie über das Dialogfeld eine andere Quelle festlegen, wenn Sie z.B. die Datei in ein anderes Verzeichnis kopiert haben.

Bild 16.7 Bearbeiten der Verknüpfung

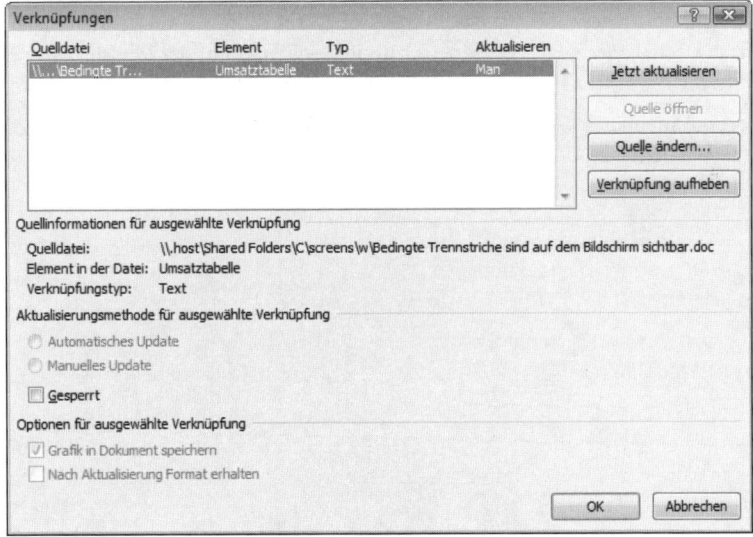

Sie können bei der Aktualisierung sogar den umgekehrten Weg gehen. Das heißt, Sie ändern die eingefügte Textmarke und können diese Änderung dann in die Quelldatei übertragen. Diesen Vorgang nennt man in Word Quellaktualisierung. Stellen Sie dazu die Einfügemarke in die geänderte Textmarke und drücken Sie (Strg)+(⇧)+(F7). Anschließend können Sie sich davon überzeugen, dass die Änderung in der Quelldatei »angekommen« ist.

Übernahme von Formatierungen aus der eingefügten Datei

Der mit der Feldart *{INCLUDETEXT}* aufgenommene Teil einer Datei behält seine ursprünglichen Druckformate und Zeichenformatierungen, wenn der Text eine Absatzmarke enthält. Fehlt die Absatzmarke, übernimmt der eingefügte Text die Formatierung der Zieldatei.

Wenn der eingefügte Text mit einer Abschnittsmarke endet, bleibt die Abschnittsformatierung im Zieldokument erhalten. Anderenfalls übernimmt der eingefügte Text die Abschnittsmerkmale der Zielstelle.

Zusammenfassung

In diesem Kapitel haben Sie gelernt, wie Sie innerhalb von umfangreichen Dokumenten navigieren können und wie Sie Querverweise in Dokumente einfügen:

- Mit der Registerkarte *Gehe zu* des Dialogfeldes *Suchen und Ersetzen* können Sie gezielt zu einer gewünschten Seite oder einem bestimmten Textelement springen. Den Befehl rufen Sie am schnellsten mit der Taste F5 auf (Seite 276).

- Mit Textmarken können Sie beliebige Stellen eines Dokuments kennzeichnen, um von anderer Stelle darauf verweisen zu können (Seite 277).

- Querverweise können nicht nur auf Textmarken, sondern auch auf Überschriften, Fuß- und Endnoten, Abbildungen und Tabellen verweisen. Zum Einfügen verwenden Sie am besten die Schaltfläche *Querverweis*, die Sie in der Gruppe *Hyperlinks* auf der Registerkarte *Einfügen* finden (Seite 280).

- Mit Word können auch Querverweise auf andere Dokumente erstellt werden. Sie haben dabei die Wahl zwischen statischen und verknüpften Querverweisen (Seite 283).

Kapitel 17

Formatvorlagen

In diesem Kapitel:

In diesem Kapitel dreht sich alles um Formatvorlagen. Es gibt in Word wohl kaum eine zweite Funktion, deren Verständnis eine so wichtige Voraussetzung für ein effektives Arbeiten mit Word ist. Gleichzeitig investieren nur wenige Anwender die notwendige Zeit, um das Konzept der Formatvorlagen zu erlernen und es gewinnbringend einsetzen zu können.

Mit der neuen Version von Word wird es wohl nicht besser werden. Word signalisiert dem Anwender mehr denn je: »Ein Klick genügt« oder etwas bissiger formuliert: »Nicht denken, klicken!«. Diese Herangehensweise mag auf den ersten Blick verlockend klingen, aber wer je mit Software gearbeitet hat, die versucht, dem Anwender das Denken abzunehmen, kennt das verzweifelte Gefühl, das einen beschleicht, wenn sich auf dem Bildschirm Dinge tun, die man weder versteht noch so gewollt hat.

Wir werden das Pferd daher gewissermaßen von hinten aufzäumen und Ihnen zunächst den Sinn und Zweck von Formatvorlagen erklären und erst anschließend auf ihre Anwendung eingehen.

Das Prinzip

Wenn Sie regelmäßig mit Word Dokumente erstellen, werden Sie irgendwann feststellen, dass Sie die gleichen Formatierungsbefehle immer wieder eingeben, um beispielsweise alle Überschriften auf die gleiche Art und Weise zu formatieren. Das ist nicht nur mühselig, sondern auch sehr unflexibel.

Formatvorlagen bieten eine Lösung für diese Situation, indem sie viele verschiedene Formatierungsmerkmale (wie Schriftart, Schriftauszeichnungen, Einzüge, Farbeinstellungen usw.) zu einer Art Muster zusammenfassen. Wenn Sie beispielsweise alle Überschriften fett und zentriert formatieren wollen und außerdem eine Linie sowie Freiräume vor und nach dem Absatz einrichten möchten, können Sie genau *eine* Formatvorlage erstellen, die alle gewünschten Formatierungsmerkmale in sich vereinigt.

Formatvorlagen sind schnell
Wenn Sie einmal eine Formatvorlage erstellt haben, können Sie sie beliebig oft anwenden und einer Textstelle alle in der Formatvorlage gespeicherten Formatierungsmerkmale mit dem berühmten einen Mausklick zuweisen.

Formatvorlagen sind präzise
So ist hundertprozentig garantiert, dass alle Formatierungen konsistent sind. Und falls Sie noch eine Änderung an der Formatierung vornehmen wollen, können Sie sich auf eine einzige Stelle konzentrieren. Sie korrigieren einfach die Formatvorlage, die dann die geänderte Formatierung an die zugehörigen Textstellen »vererbt«.

Formatvorlagen sind flexibel
Dieser Mechanismus lässt sich fast beliebig perfektionieren. So können z.B. die Formatvorlagen eines Dokumentes so geschickt aufeinander aufgebaut werden, dass Sie mit einer einzigen Änderung die Schriftart im ganzen Dokument ändern können, und zwar unabhängig davon, in welcher Größe und Auszeichnung (fett, kursiv etc.) Sie die Schrift eingesetzt haben. Wenn Sie Kapitel 9 gelesen haben, in dem wir Dokumentdesigns und Designschriftarten vorgestellt haben, ahnen Sie vielleicht bereits, welches Komfortpotenzial sich hier verbirgt. Wir werden dieses wichtige Thema im weiteren Verlauf dieses Kapitels noch vertiefen.

Die verschiedene Typen von Formatvorlagen

In Word gibt es mehrere Typen von Formatvorlagen, die sich darin unterscheiden, welche Formatierungsmerkmale in ihnen gespeichert werden können.

- **Zeichen** Speichern die Einstellungen, die Sie auf der Registerkarte *Start* in der Gruppe *Schriftart* finden. Mit Zeichenformatvorlagen können einzelne Wörter im Text durch eine Formatierung hervorgehoben werden (wie die Wörter *Start* und *Schriftart* in diesem Absatz).

- **Absatz** Enthält lediglich die Einstellungen, die Sie für Absätze vornehmen können. Hierzu gehören die Ausrichtung, Einzüge, Abstände, Tabulatoren, Umrandungen, Linien sowie Schattierungen und die Sprache. Dieser Formatvorlagentyp kann jedoch (vermutlich aus Kompatibilitätsgründen) ebenfalls Zeichenformatierungen speichern.

- **Verknüpft (Absatz und Zeichen)** kombiniert eine Zeichen- mit einer Absatzformatvorlage.

- **Tabellen-Formatvorlagen** enthalten neben den Zeichenformatierungen auch Merkmale wie Füllfarbe, Rahmenarten und die Ausrichtung des Textes innerhalb einer Tabellenzelle.

- **Listen-Formatvorlagen** dienen zur Formatierung von nummerierten Listen und Aufzählungen. Neben der Einrückung und der Schriftart können Sie auch das Aufzählungszeichen aus den verschiedenen Zeichensätzen definieren oder dafür sogar eine Grafik verwenden.

Verwendung von Designschriftarten

In Kapitel 9 haben Sie gesehen, wie Sie die Darstellung eines Dokuments ändern können, indem Sie ein neues Design für das Dokument auswählen. Damit dieser »Trick« auch wirklich gelingen kann, müssen sämtliche Schriftformatierungen der Formatvorlage die Designschriftarten verwenden. Woran Sie diese Schriften erkennen, werden wir weiter hinten in diesem Kapitel noch erklären.

Schnellformatvorlagen

Schnellformatvorlagen sind im Grunde genommen nichts anderes als die soeben vorgestellten Formatvorlagen. Sie heben sich lediglich dadurch ab, dass sie in der Registerkarte *Start* in der Gruppe *Formatvorlagen* auftauchen. Dank ihrer exponierten Lage lassen sich diese Formatvorlagen beim Formatieren schneller erreichen und dieser Tatsache verdanken sie ihren Namenszusatz.

Bild 17.1 Die Schnellformatvorlagen in der Registerkarte *Start*

Um diesen Geschwindigkeitsvorsprung zu gewährleisten, verwendet Word zurzeit nur knapp 20 Schnellformatvorlagen. Andernfalls würden Sie zuviel Zeit damit verlieren, eine gewünschte Formatvorlage auf der Registerkarte zu finden. Bei der Auswahl der Formatvorlagen, die zu Schnellformatvorlagen »befördert« wurden, hat man versucht, ein möglichst breites Spektrum an Formatierungsaufgaben abzudecken.

Schnellformatvorlagen-Sätze

Es gibt noch eine weitere Hierarchieebene im Leben einer Formatvorlage: die so genannten Schnellformatvorlagen-*Sätze*. Dabei handelt es sich einfach um verschiedene Gruppen von Schnellformatvorlagen, die jeweils einen eigenen Namen besitzen. Ihre besondere Wirkung entfalten die Schnellformatvorlagen-Sätze, wenn die in ihnen enthaltenen Formatvorlagen die gleichen Namen tragen. Dann wird es nämlich möglich, durch einfaches Wechseln des Schnellformatvorlagen-Satzes einem Dokument ein vollständig anderes Aussehen zu geben.

Bild 17.2   Durch einen Wechsel des Schnellformatvorlagen-Satzes erhält ein Dokument augenblicklich ein völlig anderes Aussehen

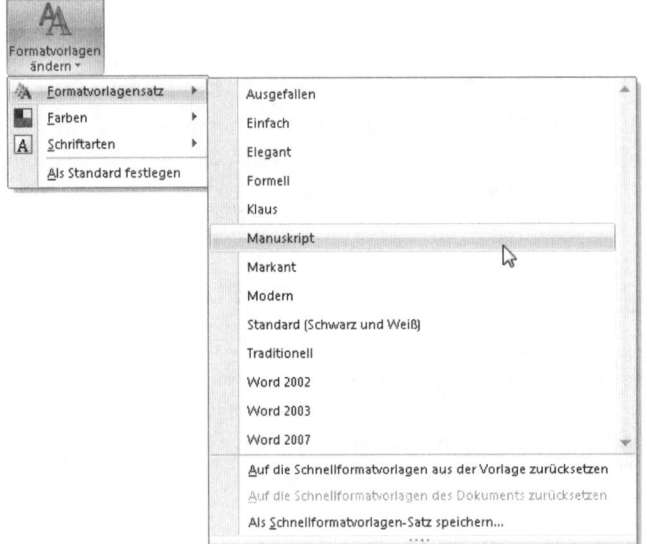

Dokumentdesigns

An oberster Stelle dieser Hierarchie befinden sich die eben schon erwähnten Dokumentdesigns. In ihnen werden unter anderem die *Designschriftarten* und die *Designfarben* festgelegt. Wenn alle in einem Dokument verwendeten Formatvorlagen nur diese Schriftarten und Farben verwenden, wirkt sich eine Änderung bzw. ein Wechsel des Dokumentdesigns automatisch auf das gesamte Dokument aus.

Fluch oder Segen?

Nach dieser kurzen Einführung in das Thema Formatvorlagen verfügen Sie nun über eine erste Vorstellung von der Leistungsfähigkeit dieses Konzepts. Sie haben sicher auch ein Gespür dafür entwickeln können, dass mit dieser Leistungsfähigkeit auch die Gefahr einhergeht, diesen Automatismus nicht in den Griff zu bekommen.

Unsere Empfehlung lautet daher: Wenden Sie zunächst nur die bereits vorhandenen Formatvorlagen an und beginnen Sie erst später, wenn Sie bereits etwas Erfahrung gesammelt haben, mit dem Erstellen von eigenen Formatvorlagen.

Formatvorlagen anwenden

Das Anwenden von Formatvorlagen ist denkbar unkompliziert. Beginnen wir mit dem einfachsten Fall, dem Anwenden einer Schnellformatvorlage. Mit den folgenden Schritten weisen Sie einem Absatz die Formatvorlage für eine Überschrift zu:

1. Setzen Sie die Einfügemarke in den betreffenden Absatz.

2. Zeigen Sie die Registerkarte *Start* an.

3. Öffnen Sie in der Gruppe *Formatvorlagen* den Katalog mit den Schnellformatvorlagen. Word zeigt die wichtigsten Merkmale der Formatvorlagen in kleinen Vorschaubildchen an.

Bild 17.3   Anwenden einer Schnellformatvorlage

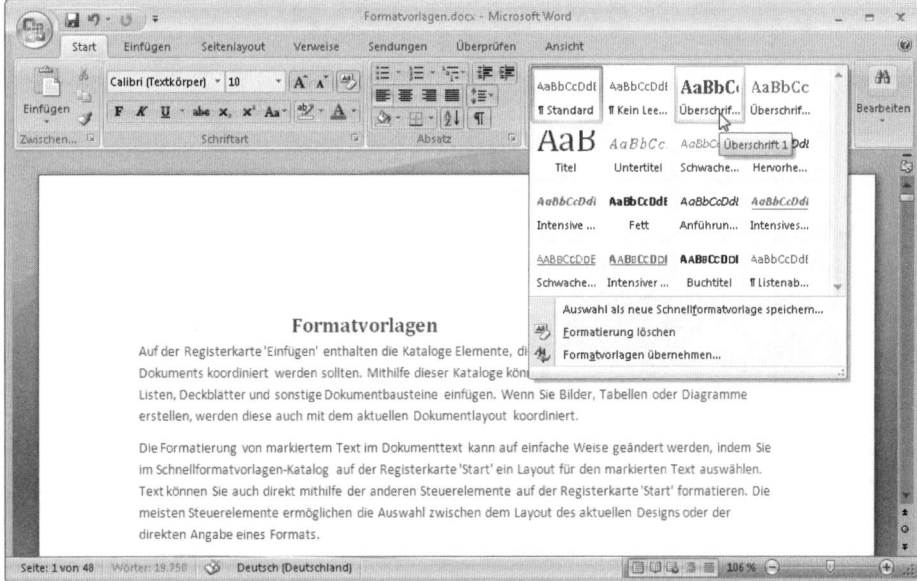

4. Bewegen Sie den Mauszeiger über die verschiedenen Einträge des Katalogs und beobachten Sie, wie sich die Formatierung des vorher ausgewählten Absatzes verändert.

5. Klicken Sie die gewünschte Formatvorlage an, um ihre Formatierungseigenschaften auf den Absatz zu übertragen.

ACHTUNG   **Formatvorlagen überschreiben direkte Formatierungen**   Wenn ein Absatz bereits direkte Absatzformatierungen besitzt, gehen sie durch das Zuweisen einer Formatvorlage verloren. Sie können jedoch, nachdem Sie dem Absatz die Formatvorlage zugewiesen haben, anschließend noch beliebige Formatierungen vornehmen.

Schnellformatvorlagen mit der Minisymbolleiste zuweisen

Der im letzten Abschnitt beschriebene Weg über die Registerkarte *Start* ist in der Regel zu umständlich, da Sie dabei relativ lange Wege mit der Maus zurücklegen müssen (das gilt besonders dann, wenn die Registerkarte noch nicht angezeigt ist).

Schnellformatvorlagen lassen sich daher meistens besser über die Minisymbolleiste zuweisen. Diese Symbolleiste erscheint immer dann, wenn Sie einen Textabschnitt markieren oder den gewünschten Absatz mit der rechten Maustaste anklicken.

Bild 17.4 Der Aufruf des Katalogs über die Minisymbolleiste empfiehlt sich vor allem dann, wenn die Registerkarte *Start* zurzeit nicht sichtbar ist

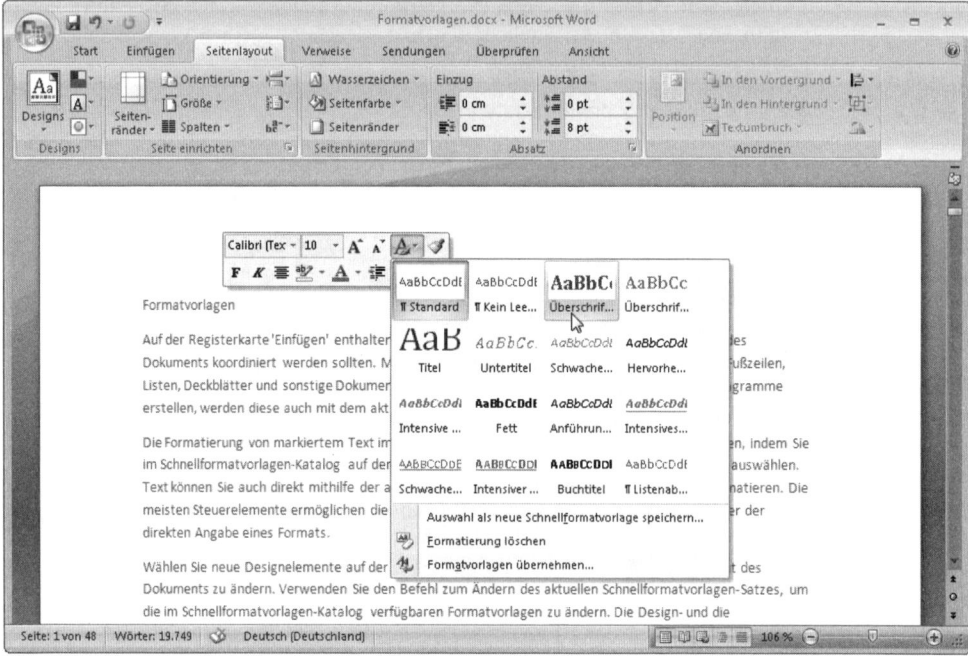

Formatieren mit dem Aufgabenbereich

Wenn sich eine von Ihnen gesuchte Formatvorlage nicht im Katalog der Schnellformatvorlagen befindet, verwenden Sie am besten den Aufgabenbereich *Formatvorlagen*. Um den Aufgabenbereich anzuzeigen, gehen Sie so vor:

1. Markieren Sie den Text, auf den Sie eine Formatvorlage anwenden wollen.
2. Zeigen Sie die Registerkarte *Start* an.
3. Klicken Sie in der unteren rechten Ecke der Gruppe *Formatvorlagen* auf die kleine Schaltfläche.

Word blendet den Aufgabenbereich dann entweder rechts neben dem Dokument ein oder zeigt ihn als eigenes Fenster an. Um zwischen den beiden Darstellungsarten umzuschalten, führen Sie einen Doppelklick auf der Titelleiste des Aufgabenbereichs aus bzw. ziehen mit der Maus an seiner Titelleiste, um ihn vom Rand des Wordfensters zu lösen.

Bild 17.5   Im Aufgabenbereich können Sie alle Formatvorlagen erreichen

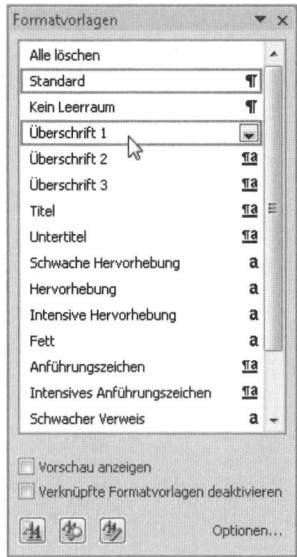

4.   Wenn Sie jetzt mit der Maus über die verschieden Einträge des Aufgabenbereichs fahren, werden Sie feststellen, dass Word hier keine Livevorschau anbietet.

5.   Sie können jedoch unten im Aufgabenbereich die Option *Vorschau anzeigen* einschalten, damit Word zumindest im Aufgabenbereich die Namen der Formatvorlagen in ihrer jeweiligen Formatierung anzeigt.

6.   Übernehmen Sie die Formatierung der gewünschte Formatvorlage auf den markierten Text, indem Sie die Formatvorlage in der Liste anklicken.

TIPP   **Aufgabenbereich per Shortcut aufrufen**   Sie können den Aufgabenbereich auch über einen Shortcut aufrufen. Allerdings ist dazu eine gewisse Fingerfertigkeit von Nöten, da Sie dabei insgesamt vier Taten gleichzeitig drücken müssen: Alt + Strg + ⇧ + S .

Optionen des Aufgabenbereichs *Formatvorlagen*

Wenn Sie eine bestimmte Formatvorlage suchen, werden Sie unter Umständen auch im Aufgabenbereich *Formatvorlagen* nicht auf Anhieb fündig. Dies liegt daran, dass Word versucht, Sie mit möglichst wenig Informationen zu konfrontieren und Ihnen deshalb zunächst nur eine Teilauswahl der vorhandenen Formatvorlagen anzeigt.

Um die Auswahl der angezeigten Formatvorlagen zu ändern, gehen Sie so vor:

1. Klicken Sie im Aufgabenbereich auf die Schaltfläche *Optionen*.

2. Wählen Sie im Listenfeld des Dialogs *Optionen für Formatvorlagenbereich* aus, welche Format-vorlagen im Aufgabenbereich angezeigt werden sollen. Zur Auswahl stehen hier: *Empfohlen*, *Verwendet*, *Im aktuellen Dokument* und *Alle Formatvorlagen*.

Bild 17.6   Die Optionen des Aufgabenbereichs

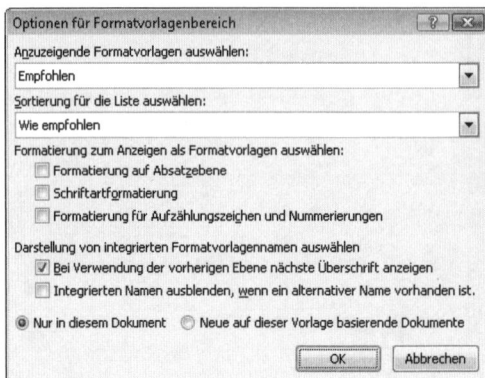

3. Sie können auch Einfluss auf die Sortierung der Formatvorlagen nehmen. Stellen Sie dazu im zweiten Listenfeld eine der Optionen *Alphabetisch*, *Wie empfohlen*, *Schriftart*, *Basierend auf* oder *Nach Typ* ein.

4. Schließen Sie das Dialogfeld mit *OK*.

Der Aufgabenbereich *Formatvorlage übernehmen*

Es gibt noch einen weiteren Aufgabenbereich, der Sie bei der Arbeit mit Formatvorlagen unter-stützt. Er nennt sich *Formatvorlagen übernehmen* und lässt sich folgendermaßen aufrufen bzw. verwenden:

1. Klicken Sie mit der rechten Maustaste in den Text, um die Minisymbolleiste anzuzeigen.

2. Öffnen Sie auf der Minisymbolleiste den Katalog der Schnellformatvorlagen (siehe Bild 17.4).

3. Rufen Sie im Ausklappmenü den Befehl *Formatvorlage übernehmen* auf.

Bild 17.7   Klein aber fein

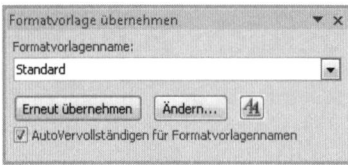

4. Wählen Sie die gewünschte Formatvorlage aus.

Wenn im Aufgabenbereich die Option *AutoVervollständigen für Formatvorlagennamen* aktiviert ist, können Sie eine bestimmte Formatvorlage unter Umständen schneller finden, indem Sie ihren Namen in das Feld eintippen. Word zeigt die gesuchte Formatvorlage dann automatisch an, sobald Sie anhand Ihrer Eingabe eindeutig zu identifizieren ist. Um eine so ausgewählte Formatvorlage auf den Text anzuwenden, müssen Sie anschließend noch auf die Schaltfläche *Übernehmen* klicken.

Sehr praktisch ist auch die rechte der drei Schaltflächen. Mit ihr können Sie den Aufgabenbereich *Formatvorlagen,* den wir Ihnen im letzten Abschnitt vorgestellt haben, ein- und ausblenden.

Praktische Tipps für Formatvorlagen

- **Zeichenformatvorlagen funktionieren genauso** Wenn Sie einem einzelnen Wort eine Zeichenformatvorlage zuweisen wollen, reicht es aus, wenn sich die Einfügemarkierung in dem Wort befindet. Word formatiert dann automatisch das ganze Wort.

- **Einzelne Buchstaben** Wenn Sie nur einzelne Buchstaben innerhalb eines Wortes oder mehrere aufeinander folgende Wörter in einem Absatz formatieren wollen, müssen Sie sie vorher markieren.

- **Absatz auf Standardwerte der Formatvorlage setzen** Haben Sie einen Absatz, dem eine Formatvorlage zugewiesen ist, nachträglich formatiert, können Sie diese Änderungen jederzeit wieder rückgängig machen (dazu müssen Sie die gewünschten Zeichen vorher markieren):

    - Strg + Q entfernt die zusätzlichen Absatzformatierungen.

    - Strg + Leertaste hebt die zusätzlichen Zeichenformatierungen auf.

- **Formatvorlage Standard** Mit dem Shortcut Strg + ⇧ + N weisen Sie einem Absatz die Formatvorlage *Standard* zu, die normalerweise alle Absätze besitzen, die nicht mit einer anderen Formatvorlage definiert sind.

- **Überschriften formatieren** Die Formatvorlagen *Überschrift 1, Überschrift 2* und *Überschrift 3* können Sie mit den Shortcuts Alt + 1, Alt + 2 und Alt + 3 zuweisen.

- **Aufzählungen formatieren** Mit der Tastenkombination Strg + ⇧ + L können Sie die Formatvorlage *Aufzählungszeichen* zuweisen, mit der sich Listen erstellen lassen.

- **Anzeige der Formatvorlagen auf dem Bildschirm** Beim Formatieren eines Textes ist es manchmal nützlich, wenn man sofort sieht, mit welcher Formatvorlage ein Absatz formatiert ist. Wenn Sie den Aufgabenbereich *Formatierung anzeigen* einblenden und mit der Einfügemarke durch den Text wandern, wird die Anzeige im Aufgabenbereich ständig aktualisiert. Wie Sie den Aufgabenbereich anzeigen können, erfahren Sie im nächsten Abschnitt.

Der Formatinspektor

Wenn Sie überprüfen möchten, welche Formatierungsmerkmale ein markierter Text oder ein Absatz besitzt, können Sie den *Formatinspektor* aufrufen:

1. Zeigen Sie die Registerkarte *Start an* und klicken Sie in der Gruppe *Formatvorlagen* rechts unten auf die kleine Schaltfläche, um den Aufgabenbereich *Formatvorlagen* anzuzeigen.

2. Klicken Sie unten im Aufgabenbereich auf die mittlere Schaltfläche. Der Formatinspektor erscheint auf dem Bildschirm.

Word 2007

Bild 17.8   Der Formatinspektor

Wie Sie im Bild sehen können, liefert der Formatinspektor zum einen die Information, welche Absatz- und welche Zeichenformatvorlage verwendet wurde (im Beispiel *Titel* und *Buchtitel*). Darüber hinaus zeigt er die Formatierungsmerkmale an, mit denen der Absatz bzw. die Zeichen nach dem Zuweisen der Formatvorlage noch formatiert wurden.

3.   Mit den vier Schaltflächen, die sich am rechten Fensterrand des Formatinspektors befinden, können Sie die zugehörige Formatierung entfernen. Wenn Sie zum Beispiel die oberste Schaltfläche anklicken, erhält der Text die Absatzformatvorlage *Standard*. Mit der untersten Schaltfläche könnten Sie gezielt die nachträgliche Zeichenformatierung *Fett* entfernen.

4.   Über die linke Schaltfläche am unteren Fensterrand des Formatinspektors können Sie den im letzten Abschnitt erwähnten Aufgabenbereich *Formatierung anzeigen* einblenden, der Sie mit detaillierten Informationen über die Formatierung der aktuellen Textposition bzw. des markierten Textes versorgt.

Bild 17.9   Der Aufgabenbereich *Formatierung anzeigen* zeigt die Daten der aktuellen Formatierung an

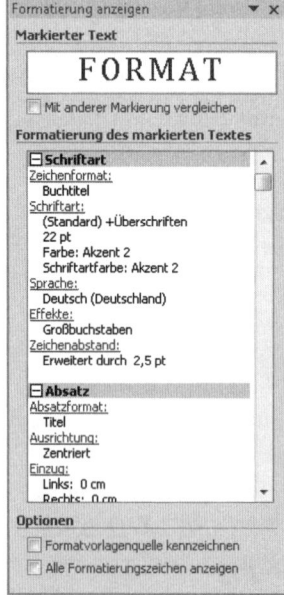

Formatvorlagen ändern

Wenn Sie eine Formatvorlage ändern möchten, weil Ihnen ein bestimmtes Formatierungsdetail nicht zusagt, gehen Sie dazu am einfachsten so vor:

1. Nehmen Sie die Änderungen an einem Absatz oder einem markierten Text vor, dem Sie zuvor die betreffende Formatvorlage zugewiesen haben.

2. Klicken Sie dann den Text bzw. die Markierung mit der rechten Maustaste an und zeigen Sie auf den Befehl *Formatvorlagen.*

3. Wählen Sie im so angezeigten Untermenü den Befehl *XY aktualisieren, um der Auswahl anzupassen,* wobei *XY* der Name der Formatvorlage ist.

Word übernimmt dadurch die Änderungen in die Formatvorlage, wodurch sich automatisch auch alle Textstellen ändern, die mit dieser Formatvorlage formatiert worden sind.

Formatvorlagen direkt im Dialog bearbeiten

Alternativ zu der im letzten Abschnitt beschriebenen Vorgehensweise können Sie die Eigenschaften einer Formatvorlage auch über ein Dialogfeld ändern. Klicken Sie dazu die gewünschte Formatvorlage entweder im Katalog der Schnellformatvorlagen oder im Aufgabenbereich *Formatvorlagen* mit der rechten Maustaste an und wählen Sie im Kontextmenü den Befehl *Ändern.* Da das Dialogfeld *Formatvorlage ändern* dem Dialog *Neue Formatvorlage von Formatierung erstellen* stark ähnelt, verzichten wir hier auf seine Beschreibung und verweisen Sie auf den nächsten Abschnitt.

Eigene Formatvorlagen erstellen

Wenn Sie die Formatierung eines Absatzes in eine neue Formatvorlage überführen wollen, können Sie mit allen Befehlen, die Sie bisher kennen gelernt haben, die Formatierung des Absatzes festlegen. Da eine Absatzformatvorlage immer die Formatierung des gesamten Absatzes beschreibt, kann pro Formatvorlage nur eine Schriftart, ein Schriftgrad und eine Form der Auszeichnung festgelegt werden. Einzelne Zeichen oder Wörter, die anders formatiert werden sollen, müssen von Hand mit den beschriebenen Verfahren zur Zeichenformatierung erstellt werden.

HINWEIS **Verwenden Sie Designschriftarten und -farben** Beachten Sie bei der Formatierung von Schriftart und Farben, dass Sie nach Möglichkeit die Designschriftarten bzw. -farben verwenden. In den entsprechenden Auswahllisten stehen diese Einträge immer ganz oben.

Hier die einzelnen Schritte, die zum Kopieren einer Absatzformatierung in eine Formatvorlage erforderlich sind:

1. Formatieren Sie den Absatz so, dass er Ihren Vorstellungen von der zu erstellenden Formatvorlage entspricht.

2. Markieren Sie den Absatz.

3. Klicken Sie mit der rechten Maustaste in die Markierung und wählen Sie den Befehl *Formatvorlagen/Auswahl als neue Schnellformatvorlage speichern.* Es erscheint folgender Dialog:

Word 2007

Bild 17.10 Benennen der neuen Formatvorlage

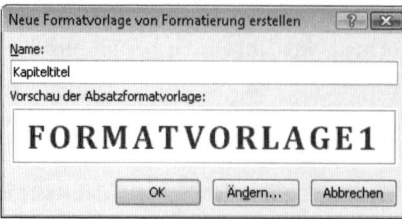

4. Geben Sie einen Namen für die neue Formatvorlage ein.

5. Klicken Sie auf *OK*..

Formatvorlage neu definieren

Sie können auch Formatvorlagen definieren, ohne vorher einen Absatz entsprechend formatiert zu haben. In diesem Fall sind folgende Schritte notwendig:

1. Klicken Sie in der Registerkarte *Start* auf die kleine Schaltfläche, die sich in der rechten unteren Ecke der Gruppe *Formatvorlagen* befindet. Word zeigt dann den Aufgabenbereich *Formatvorlagen* an.

2. Klicken Sie im Aufgabenbereich unten links auf die Schaltfläche *Neue Formatvorlage,* die folgendes Dialogfeld anzeigt.

Bild 17.11 Hier können Sie alle Einstellungen für eine Formatvorlage vornehmen

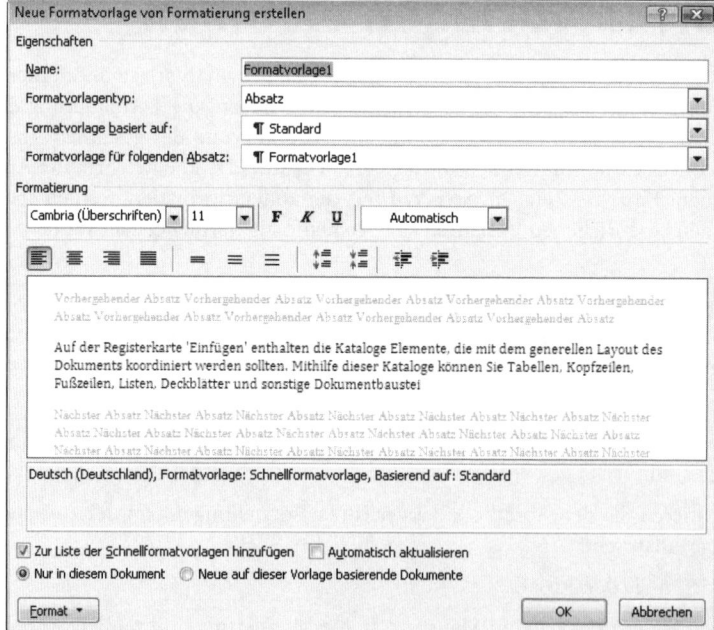

3. Tragen Sie in das Feld *Name* den Namen der neuen Formatvorlage ein.

4. Wählen Sie im nächsten Listenfeld den gewünschten *Formatvorlagentyp* aus. Die verschiedenen Formatvorlagentypen haben wir weiter vorne in diesem Kapitel ab Seite 289 beschrieben.

5. Im mittleren Bereich des Dialogfeldes legen Sie die Merkmale der Formatvorlage fest. Word bietet Ihnen hier in Abhängigkeit vom Typ der Formatvorlage die wichtigsten Formatierungsmöglichkeiten als Schaltflächen und Listen an. Sie können auch im unteren Bereich auf die Schaltfläche *Format* klicken, damit Word ein Menü mit den Merkmalen öffnet, die Sie der neuen Formatvorlage zuweisen können. Der Inhalt des Menüs ändert sich in Abhängigkeit vom gewählten Formatvorlagentyp.

6. Nachdem Sie die gewünschten Formatierungsmerkmale festgelegt haben, können Sie das Dialogfeld mit einem Klick auf *OK* beenden.

Formatvorlage der Dokumentvorlage hinzufügen

Wenn Sie in einem Dokument (keiner Vorlage) arbeiten und eine neue Formatvorlage erstellen, ist die neue Formatvorlage anschließend nur im aktuellen Dokument enthalten, nicht aber in der Dokumentvorlage, die dem Dokument zugrunde liegt. Wenn Sie die neu erstellte Formatvorlage in die Dokumentvorlage übernehmen wollen, müssen Sie im unteren Bereich des Dialogfeldes *Neue Formatvorlage* das Optionsfeld *Neue auf dieser Vorlage basierende Dokumente* einschalten. Falls sich das Feld bei Ihnen nicht aktivieren lässt, ist die Vorlage mit einem Schreibschutz versehen.

Formatvorlage auf bereits vorhandener basieren

Wenn Sie eine Formatvorlage definieren wollen, die sich nur in Kleinigkeiten von einer schon bestehenden unterscheidet, können Sie die Formatierung der neuen Formatvorlage auf der vorhandenen aufbauen.

Stellen Sie die betreffende Formatvorlage einfach im Listenfeld *Formatvorlage basiert auf* ein. Word übernimmt dann alle Merkmale dieser Formatvorlage in die neue Formatvorlage und Sie müssen sich nur noch um die Formatierungsmerkmale kümmern, in denen sich die beiden Formatvorlagen unterscheiden.

Nächste Formatvorlage festlegen

Wenn Sie einen Absatz mit einer Formatvorlage formatiert haben und am Ende des Absatzes mit der ⏎-Taste einen neuen Absatz erstellen, erhält der neue Absatz normalerweise dieselbe Formatvorlage.

Sie können aber auch mit dem Listenfeld *Formatvorlage für folgenden Absatz* eine andere Formatvorlage festlegen. Diese Möglichkeit ist bei der Formatierung von vielen Dokumenten äußerst praktisch. Nehmen Sie als Beispiel den Text dieses Kapitels, bei dem nach einer Überschrift in der Regel immer die Standard-Formatvorlage verwendet wird.

Formatvorlagen und Shortcuts

Beim Definieren von Formatvorlagen können Sie auch eine Tastenkombination festlegen, die Sie dann zum Zuweisen der Formatvorlage verwenden können. Gehen Sie dazu wie folgt vor:

1. Klicken Sie im Dialog *Neue Formatvorlage von Formatierung erstellen* bzw. im Dialog *Formatvorlage ändern* erst auf die Schaltfläche *Format* und dann auf *Tastenkombination*.

2. Drücken Sie die gewünschte Tastenkombination. Sie wird dann im Feld *Neue Tastenkombination* angezeigt.

Bild 17.12   Tastenkombination für eine Formatvorlage festlegen

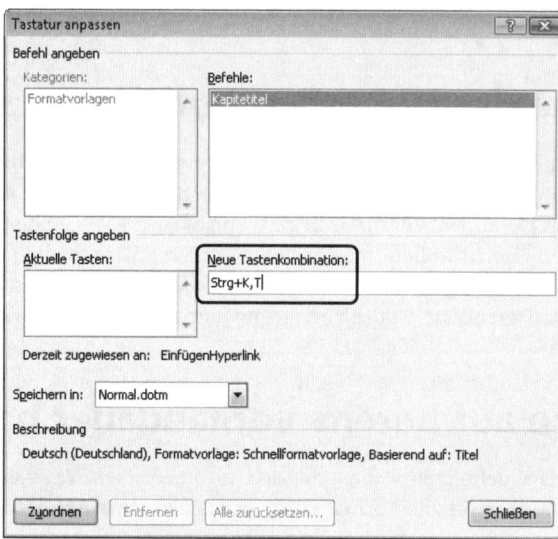

3. Im Feld *Aktuelle Tasten* zeigt Word die Formatvorlage oder den Word-Befehl an, dem die gedrückte Tastenkombination derzeit zugeordnet ist. Wenn Sie die Zuordnung nicht lösen wollen, müssen Sie eine andere Tastenkombination ausprobieren.

4. Klicken Sie auf die Schaltfläche *Zuordnen*, um die Tastenkombination der Formatvorlage dauerhaft zuzuordnen.

Formatvorlage löschen

Wenn Sie eine Formatvorlage nicht mehr benötigen, können Sie sie aus dem Dokument oder der Vorlage entfernen. Das ist jedoch nur mit den von Ihnen erstellten Formatvorlagen möglich; die internen Formatvorlagen von Word (z.B. *Überschrift 1* oder *Standard)* lassen sich nicht löschen.

Beim Löschen einer Formatvorlage wird den Absätzen, die mit dieser Formatvorlage formatiert waren, die Formatvorlage *Standard* zugewiesen.

1. Öffnen Sie das Dokument, das die zu löschende Formatvorlage enthält.

2. Zeigen Sie den Aufgabenbereich *Formatvorlagen* an.

3. Klicken Sie dort auf die Schaltfläche *Formatvorlagen verwalten.*

4. Wechseln Sie im Dialog *Formatvorlagen verwalten* auf die Registerkarte *Bearbeiten,* falls diese nicht bereits angezeigt wird.

Bild 17.13   Löschen einer Formatvorlage

5. Markieren Sie die Formatvorlage in der Liste und ändern Sie dazu eventuell die Sortierreihenfolge der Liste, um die gesuchte Formatvorlage leichter finden zu können.

6. Klicken Sie auf die Schaltfläche *Löschen* und bestätigen Sie die Nachfrage von Word mit *Ja.*

Zusammenfassung

Dieses Kapitel hat Sie mit den wichtigen Informationen zu Formatvorlagen vertraut gemacht:

■ Die Formatierung mit Formatvorlagen bietet gegenüber der direkten Formatierung den Vorteil, dass Sie dabei schneller zum Ziel kommen und ein präziseres, d.h. einheitlicheres Ergebnis erzielen (Seite 288).

■ Es gibt verschiedene Typen von Formatvorlagen, die sich darin unterscheiden, welche Formatierungsmerkmale in ihnen gespeichert werden können (Seite 289):

  ■ Zeichen

  ■ Absatz

  ■ Verknüpft (Absatz und Zeichen)

  ■ Tabellen

  ■ Listen.

- Die wichtigsten, d.h. gebräuchlichsten Formatvorlagen werden als Schnellformatvorlagen bezeichnet und können direkt über die Registerkarte *Start* zugewiesen werden (Seite 289).

- Schnellformatvorlagen können als Gruppen zusammengefasst werden, die dann als Schnellformatvorlagen-Satz bezeichnet werden. Durch Zuweisen eines anderen Satzes lässt sich die gesamte Formatierung eines Dokuments auf einen Schlag ändern (Seite 290).

- Formatvorlagen basieren auf den in den Dokumentdesigns definierten Schriftarten und Farben (Seite 290).

- Formatvorlagen lassen sich auf mehrere Arten zuweisen:

  - als Schnellformatvorlagen über die Registerkarte *Start* (Seite 291)

  - als Schnellformatvorlagen über die Minisymbolleiste (Seite 292)

  - über den Aufgabenbereich *Formatvorlagen* (Seite 292).

- Wenn Sie prüfen möchten, welche Formatierungsmerkmale einer bestimmten Textstelle zugewiesen wurden, können Sie den Formatinspektor verwenden (Seite 295).

- Die Eigenschaften einer Formatvorlage lassen sich jederzeit ändern (Seite 297).

- Sie können auch eigene Formatvorlagen erstellen. Dazu können Sie entweder einen entsprechend formatierten Textbereich (Seite 297) oder eine andere Formatvorlage (Seite 299) als Grundlage verwenden.

Kapitel 18

Serienbriefe erstellen

In diesem Kapitel:

Die Seriendruckfunktionalität befindet sich bei Word 2007 auf einer eigenen Registerkarte mit dem Namen *Sendungen*. Auf ihr finden Sie die Befehle, die bei Word 2003 über den Menübefehl *Extras/Briefe und Sendungen* und dessen Untermenü und über die *Seriendruck*-Symbolleiste verfügbar waren. Die Befehlsgruppe *Erstellen* der Registerkarte *Sendungen* können Sie verwenden, um Etiketten und Umschläge zu erstellen. Hinter der Befehlsschaltfläche *Beschriftungen* verbergen sich die Etiketten. (Leider ist hier ein Übersetzungsfehler passiert, der daraus resultiert, dass das englische Wort »label« verschiedene Bedeutungen hat. Vielleicht haben Sie schon ein Service Pack für Office 2007 installiert, mit dem dieser Fehler behoben wurde.)

Dieses Kapitel stellt Ihnen exemplarisch anhand eines Rundbriefes das Erstellen eines Serienbriefes vor. Der erste Abschnitt macht Sie zunächst mit einigen der Begriffe bekannt, die im Zusammenhang mit dem Seriendruck von Bedeutung sind, und beschreibt die prinzipiellen Schritte beim Erstellen eines Serienbriefes, die von der Reihenfolge der Befehlsgruppen auf der Registerkarte *Sendungen* gut abgebildet wird. Die nachfolgenden Abschnitte stellen dann die einzelnen Schritte ausführlich vor.

Wenn Sie bereits in Word 2003 oder einer früheren Version mit der Seriendruckfunktion gearbeitet haben, reicht es aus, dieses Kapitel zu überfliegen. Sollten Sie zum ersten Mal einen Serienbrief erstellen, gelangen Sie mit den Schritt-für-Schritt-Anleitungen dieses Kapitels schnell ans Ziel.

Grundlagenwissen für den Seriendruck

Beim Seriendruck, der im Englischen »mail merge« heißt, was so viel wie »Briefe zusammenführen« bedeutet, arbeiten Sie mit zwei verschiedenen Elementen: einem Hauptdokument und einer Datenquelle.

- Beim *Hauptdokument* handelt es sich um ein Word-Dokument, das neben dem Text, der in allen zu erstellenden Briefen enthalten sein soll, Platzhalter für variable Elemente enthält, die sich je nach Empfänger des Briefes ändern können. Sie können ein Hauptdokument komplett neu erstellen oder auch ein bestehendes Word-Dokument in ein Hauptdokument für den Seriendruck umwandeln lassen.

- Die variablen Elemente jedes einzelnen Briefes befinden sich in einer *Datenquelle,* bei der es sich in den meisten Anwendungsfällen des Seriendrucks um eine Adressenliste handelt. Sie können in Word beispielsweise die Outlook-Kontakte verwenden, damit Sie die Adressen, die in Outlook bereits vorliegen, nicht erneut eingeben müssen. Auch die Verwendung von anderen Datenformaten ist möglich.

Auf der Registerkarte *Sendungen* stehen Ihnen alle Werkzeuge zur Verfügung, die Sie zum Erstellen eines Serienbriefes benötigen. Die Anordnung der Befehlsgruppen und Befehle entspricht den einzelnen Schritten, die Sie beim Seriendruck erledigen müssen und die nachfolgend beschrieben werden.

Bild 18.1 Die Registerkarte *Sendungen* fasst alle Werkzeuge zusammen, die Sie zum Erstellen eines Serienbriefes benötigen

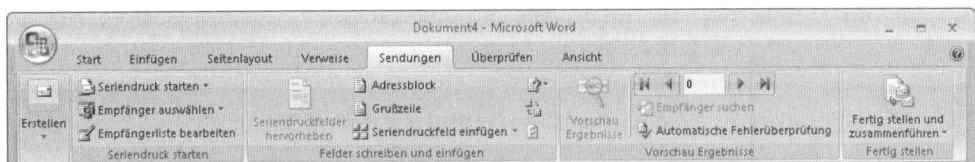

1. **Erstellen des Hauptdokuments** Im ersten Schritt erstellen Sie das Seriendruck-Hauptdokument. Das Hauptdokument enthält den Text und die Grafiken, die in allen Versionen des zusammengeführten Dokuments identisch sein sollen, wie beispielsweise die Absenderadresse, den eigentlichen Text des Briefes und die Grußformel.

2. **Verbinden des Hauptdokuments mit einer Datenquelle** Im nächsten Schritt legen Sie die Datenquelle fest, in der sich die variablen Elemente befinden, die beim Zusammenfügen in das Hauptdokument eingefügt werden sollen.

3. **Bearbeiten der Empfängerliste** Wenn Sie als Datenquelle beispielsweise die Outlook-Kontakte verwenden, erstellt Word eine Kopie der gesamten Daten des Kontakte-Ordners. Wenn Sie den Serienbrief nicht an alle Personen der Adressliste senden wollen, können Sie die Liste in Word sortieren und filtern und so die tatsächlichen Empfänger des Serienbriefes festlegen.

4. **Einfügen der Platzhalter in das Hauptdokument** Damit Word weiß, an welchen Stellen im Hauptdokument beispielsweise die Adresse stehen soll, fügen Sie in das Hauptdokument Platzhalter ein, die festlegen, wo beim Zusammenführen welche Daten aus der Datenquelle eingefügt werden sollen. Diese Platzhalter werden auch Seriendruckfelder genannt.

5. **Prüfen in der Seriendruckvorschau** Lassen Sie sich anschließend in der Seriendruckvorschau anzeigen, wie die Ergebnisse des Zusammenführens aussehen. Dies entspricht in etwa der Druckvorschau, wie Sie sie bei normalen Word-Dokumenten verwenden; der Unterschied besteht darin, dass bei der Seriendruckvorschau zusätzlich die Platzhalter durch die tatsächlichen Daten der Datenquelle ersetzt werden.

6. **Zusammenführen und fertigstellen** Wenn Sie mit den Ergebnissen der Seriendruckvorschau zufrieden sind, können Sie die Briefe zusammenführen und ausdrucken lassen.

Hauptdokument einrichten

In der ersten Phase der Serienbrieferstellung erstellen Sie das Hauptdokument. Sie können hierfür ein neues Dokument erstellen oder ein bereits vorhandenes öffnen.

1. Klicken Sie auf die *Office-Schaltfläche* und verwenden Sie dort den Befehl *Neu* oder *Öffnen,* um das Dokument zu erstellen bzw. zu laden, das Sie als Hauptdokument für den Seriendruck verwenden wollen.

2. Wenn Sie ein neues Dokument erstellen, geben Sie in das Dokument den Text in, der in allen Versionen des zusammengeführten Dokuments enthalten sein soll. Sie können wie bei anderen Word-Dokumenten auch die Registerkarte *Einfügen* verwenden, um Tabellen, Abbildungen, SmartArts und weitere Elemente in das Dokument einzufügen.

3. Öffnen Sie die Registerkarte *Sendungen* und klicken Sie in der Gruppe *Seriendruck starten* auf die Schaltfläche *Seriendruck starten.*

4. Wählen Sie im Menü den Dokumenttyp aus, den Sie erstellen möchten. Um einen Brief zu erstellen, klicken Sie hier auf *Briefe.*

Bild 18.2 Klicken Sie auf die Schaltfläche *Seriendruck starten,* um den Dokumenttyp festzulegen, den Sie erstellen wollen

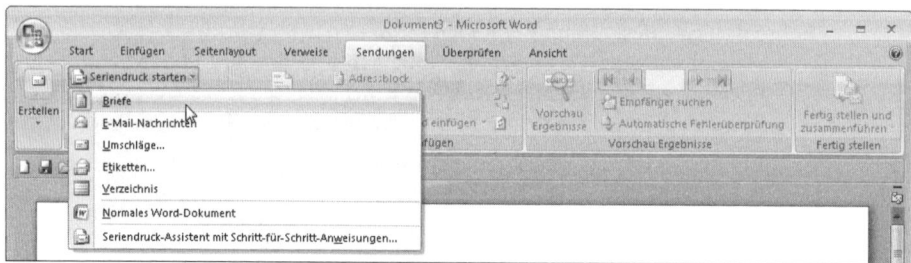

Sie können mit der Seriendruckfunktion die folgenden Dokumenttypen erstellen:

- **Briefe** und **E-Mail-Nachrichten** Bei diesen beiden Optionen ist der Inhalt in allen Briefen oder E-Mails im Wesentlichen derselbe, aber Name, Adresse oder andere spezifische Daten hängen vom jeweiligen Empfänger ab.

- **Etiketten** Klicken Sie diesen Befehl an, damit Word das Dialogfeld *Etiketten einrichten* anzeigt. Dort können Sie den Hersteller und den Typ der Etiketten auswählen, die Sie bedrucken wollen. Word fügt hierfür dann eine Tabelle in das Dokument ein.

Bild 18.3 Wählen Sie für den Dokumenttyp *Etiketten* in diesem Dialogfeld den Hersteller und den Typ der Etiketten aus

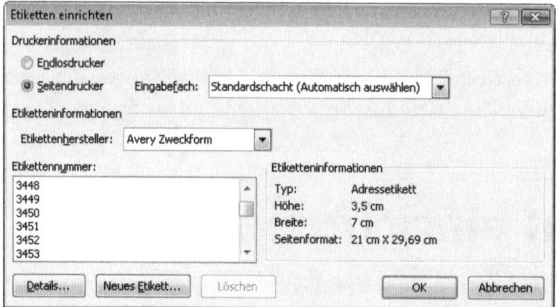

- **Umschläge** Wenn Sie den Befehl *Umschläge* anklicken, wird der Dialog *Umschlagoptionen* angezeigt. Dort können Sie auf der Registerkarte *Umschlagoptionen* das *Umschlagformat* (beispielsweise DIN lang) auswählen und die Zeichenformatierungen festlegen. Bei den mit der Option Umschläge erstellten Seriendruckdokumenten ist die Absenderadresse auf allen Umschlägen identisch, die Empfängeradresse ist jedoch unterschiedlich. Die Absenderadresse geben Sie direkt in das Dokument ein, für die Empfängeradresse verwenden Sie Seriendruckfelder.

Bild 18.4   Im Dialogfeld *Umschlagoptionen* wählen Sie das Format der Umschläge aus. Sie
können auch die Position der Empfänger- und Absenderadresse ändern und die
Zeichenformatierung für beide Elemente einstellen

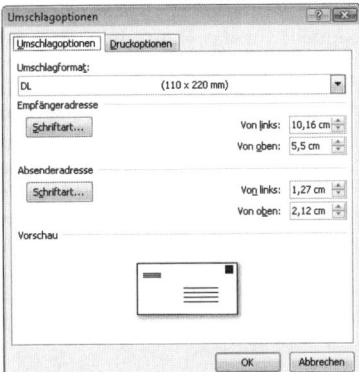

- **Normales Word-Dokument**   Wenn Sie die Option *Normales Word-Dokument* anklicken (die ausgewählt ist, bevor Sie den Dokumenttyp festlegen), können Sie aus einem Seriendruck-Hauptdokument wieder ein normales Word-Dokument machen. Die speziell für den Seriendruck erforderlichen Informationen (wie der Name der Datenquelle), werden dann aus dem Dokument entfernt.

HINWEIS   Den Aufgabenbereich *Seriendruck* verwenden   Sie können für das Durchführen eines Seriendruckprojekts auch den Aufgabenbereich *Seriendruck* verwenden, der bereits in Word 2003 vorhanden war. Dieser Aufgabenbereich führt Sie schrittweise durch den Vorgang. Klicken Sie zum Verwenden des Aufgabenbereichs auf der Registerkarte *Sendungen* in der Gruppe *Seriendruck starten* auf *Seriendruck starten* und anschließend auf *Seriendruck-Assistent mit Schritt-für-Schritt-Anweisungen*. Dieses Kapitel beschreibt die Serienbrieferstellung jedoch anhand der neuen Registerkarte *Sendungen*.

Fortsetzen eines Seriendruckprojekts

Wenn Sie die Arbeit an einem Seriendruckprojekt zeitweise unterbrechen müssen, können Sie das Hauptdokument speichern und den Seriendruck zu einem späteren Zeitpunkt fortsetzen. Word speichert alle Informationen zum Seriendruck (wie den Namen der Datenquelle) gemeinsam mit dem Dokument ab, sodass Sie diese Informationen nicht erneut eingeben müssen. Um den Seriendruck fortzusetzen, öffnen Sie das Dokument.

Während des Öffnens wird eine Meldung angezeigt, in der Sie aufgefordert werden, das Öffnen des Dokuments zu bestätigen. Daraufhin wird ein SQL-Befehl ausgeführt, durch den das Hauptdokument erneut mit der Datenquelle verbunden wird. Sie können dann die Registerkarte *Sendungen* anklicken und Ihre Arbeit fortsetzen.

Hauptdokument mit der Datenquelle verbinden

Im nächsten Schritt legen Sie fest, welche Datenquelle für das Hauptdokument verwendet werden soll.

1. Klicken Sie in der Gruppe *Seriendruck starten* auf die Schaltfläche *Empfänger auswählen*.

Bild 18.5 Klicken Sie in der Gruppe *Seriendruck starten* auf *Empfänger auswählen* und legen Sie dann fest, woher die Daten kommen, die in dem Seriendruckprojekt verwendet werden

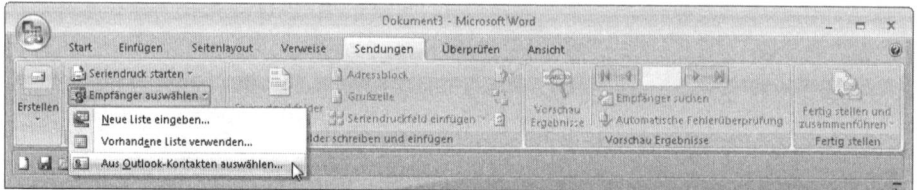

2. Wählen Sie eine der folgenden Optionen aus:

  - **Neue Liste eingeben** Wenn Sie bisher noch keine Datendatei erstellt haben, die Sie für den Seriendruck verwenden wollen, oder nur Microsoft Word 2007 und nicht eine der Office-Suiten installiert haben, in denen auch Outlook enthalten ist, dann wählen Sie den Befehl *Neue Liste eingeben* aus. Word zeigt daraufhin ein Formular an, in dem Sie die Adressdaten eingeben können (siehe folgende Abbildung). Um einen weiteren Listeneintrag zu erstellen, klicken Sie die Schaltfläche *Neuer Eintrag* an.

Bild 18.6 Geben Sie in dieses Formular die Adressdaten ein, die Sie für das Seriendruckprojekt benötigen

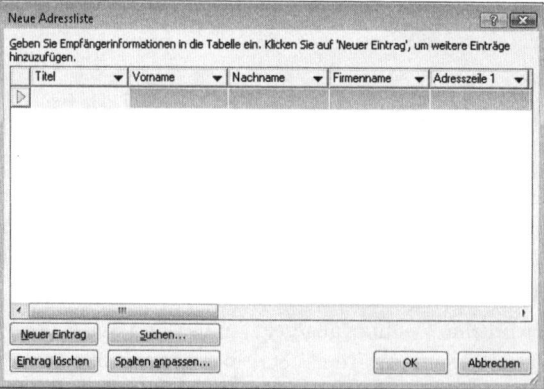

Wenn Sie im Formular auf *OK* klicken, wird das Dialogfeld *Adressliste speichern* angezeigt. Geben Sie dort einen aussagekräftigen Namen für die Liste ein und klicken Sie dann auf *Speichern*. Die Adressliste wird im MDB-Format gespeichert, dem Dateiformat, das von Microsoft Office Access genutzt wird. Sie können diese Liste dann in anderen Seriendruckprojekten wiederverwenden.

- **Vorhandene Liste verwenden** Den Befehl *Vorhandene Liste verwenden* können Sie aus-wählen, wenn Sie bereits früher eine Office-Adressliste erstellt und gespeichert haben oder wenn die Daten in einem anderen Format vorliegen. Sie können in Word die un-terschiedlichsten Formate (Word-Tabelle, Excel-Arbeitsblatt, Tabelle oder Abfrage in Access-Datenbank und viele weitere mehr) importieren und beim Seriendruck verwen-den. Leider reicht in diesem Buch der Platz nicht aus, um all die verschiedenen Optio-nen vorzustellen.

- **Aus Outlook-Kontakten auswählen** Wenn Sie Ihre Adressen im Kontakte-Ordner von Microsoft Office Outlook verwalten, klicken Sie die Option *Aus Outlook-Kontakten aus-wählen* an.

  Word zeigt daraufhin das Dialogfeld *Kontakte auswählen* an, in dem alle Kontakte-Ordner aufgeführt werden, die in Ihrem Outlook-Profil enthalten sind. Klicken Sie in der Liste zuerst die Kontakte an, die Sie verwenden wollen, und dann auf *OK*.

Bild 18.7   Wählen Sie in diesem Dialogfeld den Kontakte-Ordner aus, den Sie im aktuellen Seriendruckprojekt verwenden wollen

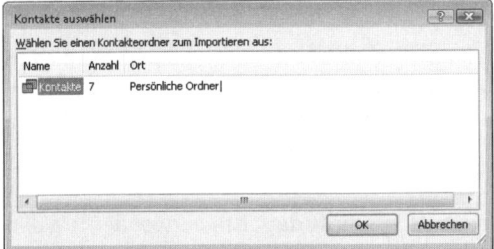

3. Nachdem Sie den gewünschten Kontakte-Ordner ausgewählt haben, wird das Dialogfeld *Seriendruckempfänger* angezeigt. Dort können Sie die Empfängerliste bearbeiten und auswäh-len, wer den Serienbrief erhalten soll. Mehr hierzu finden Sie im folgenden Abschnitt.

Empfängerliste filtern und sortieren

Sie möchten nicht immer alle Datensätze, die in der Datenquelle vorhanden sind, auch tatsächlich mit dem Hauptdokument zusammenführen. Um festzulegen, wer das zusammengeführte Doku-ment erhalten soll, verwenden Sie das Dialogfeld *Seriendruckempfänger*.

1. Wenn nach der Auswahl der Datenquelle das Dialogfeld *Seriendruckempfänger* nicht automatisch angezeigt wird, klicken Sie in der Gruppe *Seriendruck starten* auf die Schaltfläche *Empfängerliste bearbeiten*.

Word 2007

Bild 18.8

Im Dialogfeld *Seriendruckempfänger* legen Sie fest, für welche Datensätze ein zusammengeführtes Dokument erstellt werden soll

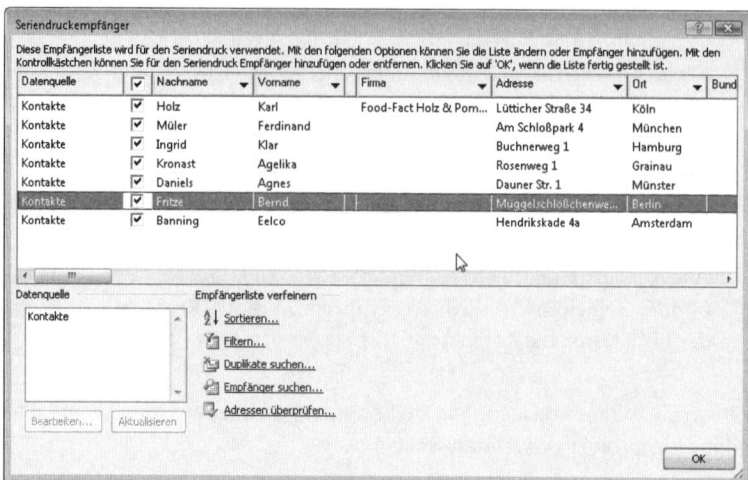

2. Wenn Sie lediglich mit einer kurzen Adressliste arbeiten, können Sie die Empfänger auswählen, indem Sie die Kontrollkästchen neben den gewünschten Empfängern einschalten und die Kontrollkästchen neben den Einträgen deaktivieren, die Sie nicht in die Empfängerliste aufnehmen möchten.

TIPP   **Das Kontrollkästchen in der Überschrift der Liste verwenden**   Wenn Sie bereits wissen, dass Sie nur einige Datensätze in den Seriendruck aufnehmen möchten, können Sie das Kontrollkästchen in der Überschrift deaktivieren und dann gezielt die gewünschten Datensätze auswählen. Wenn Sie dagegen fast alle Datensätze aufnehmen möchten, aktivieren Sie das Kontrollkästchen in der Überschrift und deaktivieren dann die Kontrollkästchen für die Datensätze, die Sie ausschließen möchten.

---

3. Um die Liste nach einer bestimmten Spalte zu sortieren, klicken Sie auf die Spaltenüberschrift des Elements, nach dem Sie die Sortierung vornehmen möchten. Die Liste wird in aufsteigender alphabetischer Reihenfolge (A bis Z) sortiert. Klicken Sie erneut auf die Spaltenüberschrift, um die Liste in absteigender alphabetischer Reihenfolge zu sortieren (Z bis A).

   Sie können auch die Filterfunktionen verwenden, wenn die Liste Datensätze enthält, die nicht angezeigt werden bzw. nicht im Seriendruck enthalten sein sollen:

4. Klicken Sie unterhalb von *Empfängerliste verfeinern* auf *Filtern*.

5. Legen Sie auf der Registerkarte *Datensätze filtern* des Dialogfeldes *Filtern* die Kriterien fest, die für den Filter verwendet werden sollen.

   Die Liste in Abbildung 18.8 enthält sowohl Adressen aus Deutschland als auch aus den Niederlanden. Wenn Sie das Hauptdokument beispielsweise mit Adressen zusammenführen möchten, in denen Deutschland als Land/Region festgelegt ist, klicken Sie in der Liste *Feld* auf *Land/Region*, in der Liste *Vergleich* auf *Gleich* und geben dann in das Feld *Vergleichen mit* den Text **Deutschland** ein. Das sieht dann so aus, wie es die folgende Abbildung zeigt:

Bild 18.9   Auf der Registerkarte *Datensätze filtern* können Sie Filterregeln festlegen und so Empfänger aus der Empfängerliste ausschließen

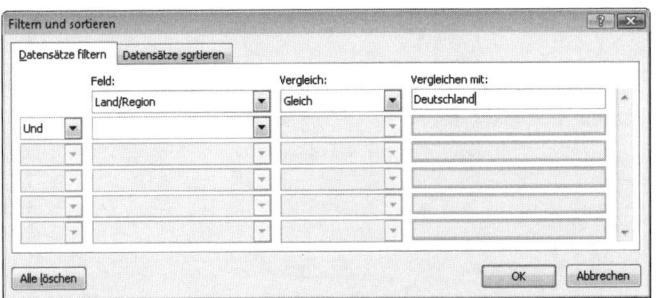

6. Sie können den Filter weiter anpassen, indem Sie auf *Und* bzw. *Oder* klicken und dann weitere Kriterien angeben.

7. Schließen Sie das Dialogfeld *Seriendruckempfänger* mit einem Klick auf *OK*.

Sie können das Dialogfeld *Seriendruckempfänger* zu jedem Zeitpunkt erneut aufrufen, indem Sie die Schaltfläche *Empfängerliste bearbeiten* anklicken, falls Sie Änderungen an der Auswahl der Empfänger vornehmen möchten.

Platzhalter einfügen

Nachdem Sie das Gerüst des Hauptdokuments erstellt und die Seriendruckempfänger ausgewählt haben, können Sie sich nun an das Fertigstellen des Hauptdokuments begeben und die Platzhalter einfügen. Dieser Abschnitt zeigt, wie Sie die Adresse in das Hauptdokument einfügen und wie Sie mit einer Regel eine geschlechtsabhängige Briefanrede (Sehr geehrter Herr, Sehr geehrte Frau) erstellen.

1. Setzen Sie die Einfügemarke im Hauptdokument an die Stelle, an der die Empfängeradresse stehen soll.

2. Klicken Sie auf der Registerkarte *Sendungen* in der Gruppe *Felder schreiben und einfügen* auf *Adressblock*. Word zeigt das Dialogfeld *Adressblock einfügen* an (siehe folgende Abbildung).

   Das Seriendruckfeld *Adressblock* ist ein zusammengesetzter Platzhalter, in dem mehrere Felder der Datenquelle miteinander kombiniert und zu einem Seriendruckfeld gruppiert werden. Das Seriendruckfeld Adressblock kombiniert unter anderem die Felder *Vorname, Nachname, Adresse, Postleitzahl* und *Stadt.*

   Über das Dialogfeld *Adressblock einfügen* können Sie festlegen, welche Adresselemente im Adressblock enthalten sein sollen, und weitere Formatierungsmerkmale bestimmen.

Bild 18.10   Im Dialogfeld *Adressblock einfügen* können Sie die Adresselemente auswählen, die in der Adresse enthalten sein sollen, und einige Formateinstellungen vornehmen

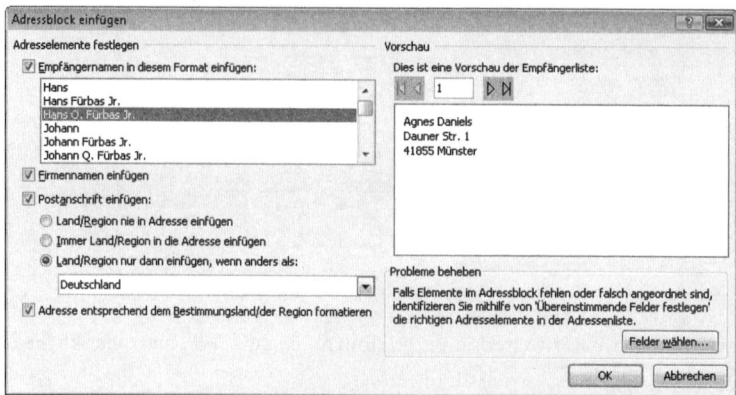

3.   Klicken Sie in der Liste *Empfängernamen in diesem Format einfügen* die Option an, die Sie verwenden wollen. Bei manchen der Formate werden der Vor- und der Nachname verwendet; andere wiederum verwenden nur den Nachnamen und ergänzen diesen dann mit *Herrn und Frau* oder *Familie*. Das Feld *Vorschau* zeigt eine Vorschau des ausgewählten Formats an.

TIPP   **Andere Adresse im Vorschaufeld anzeigen lassen**   Das Feld *Vorschau* verwendet keine fiktiven, sondern die Adressen, die in der Datenquelle des aktuellen Seriendruckprojekts enthalten sind. Auch die Filter- und Sortieroptionen, die Sie eingestellt haben, werden berücksichtigt. Daher können Sie die Pfeil-Schaltflächen oberhalb des Vorschau-Feldes verwenden, um eine andere Adresse der aktuellen Empfängerliste anzeigen zu lassen.

---

4.   Wenn der Firmenname nicht in der Anschrift enthalten sein soll, schalten Sie das Kontrollkästchen *Firmennamen einfügen* aus. Anderenfalls lassen Sie es eingeschaltet.

5.   Mit den Optionsfeldern unterhalb von *Postanschrift einfügen* können Sie festlegen, ob und wann das Empfängerland in die Adresse eingefügt werden soll oder nicht.

6.   Die Postanschrift besitzt in den verschiedenen Ländern ein anderes Format. Wenn Sie möchten, dass die Adresse so formatiert wird, wie es im Land des Empfängers Standard ist, lassen Sie das Kontrollkäschen *Adresse entsprechend dem Bestimmungsland/der Region formatieren* eingeschaltet.

7.   Klicken Sie auf *OK*.

Bild 18.11   Der Platzhalter «*Adresse*» wurde in das Hauptdokument eingefügt

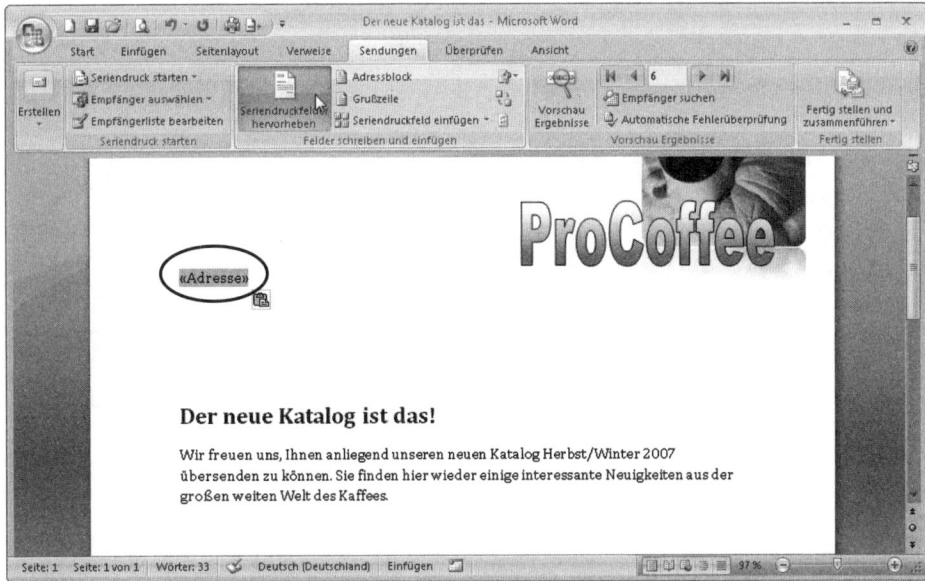

In das Dokument wird der Platzhalter «**Adresse**» eingefügt. Die Platzhalter werden immer von den Zeichen «» eingeschlossen.

8. Klicken Sie in der Gruppe *Felder schreiben und einfügen* auf *Seriendruckfelder hervorheben*. Das Seriendruckfeld «**Adresse**» wird nun grau unterlegt. So können Sie die Seriendruckfelder besser von dem normalen Text des Hauptdokuments unterscheiden.

Verwenden einer Regel

Neben dem kombinierten Seriendruckfeld Adressblock können Sie auch einzelne Felder der Datenquelle in das Hauptdokument einfügen. Außerdem ist es möglich, Regeln festzulegen und so den Vorgang des Zusammenführens genauer einzustellen. Dieser Abschnitt zeigt exemplarisch, wie das geht. Hierzu soll zwischen der Betreffzeile im Brief und dem eigentlichen Text eine persönliche Anrede (Sehr geehrte …) eingefügt werden, die berücksichtigt, ob der Empfänger eine Frau oder ein Mann ist.

1. Setzen Sie die Einfügemarke im Hauptdokument an die Stelle, an der die Grußformel stehen soll.

2. Klicken Sie in der Gruppe *Felder schreiben und einfügen* auf die Schaltfläche *Regeln* und dann auf *Wenn…Dann…Sonst*.

Bild 18.12   Über die Schaltfläche *Regeln* können Sie beispielsweise Bedingungen festlegen, die das Zusammenführen beeinflussen

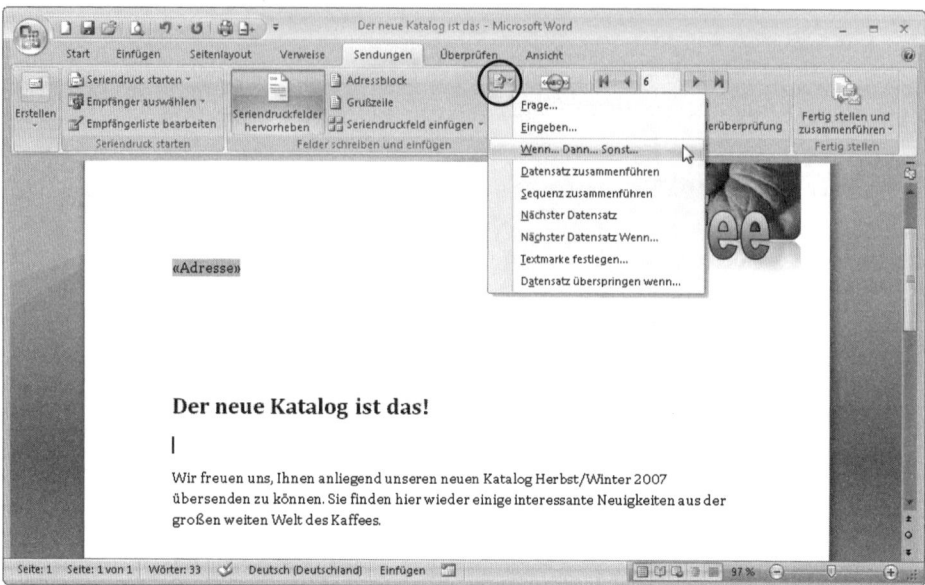

Im Dialogfeld *Bedingungsfeld einfügen:WENN* können Sie nun die Regel festlegen, die je nach Geschlecht des Empfängers entweder den Text *Sehr geehrte Frau* oder *Sehr geehrter Herr* beim Zusammenführen einfügt.

3. Wählen Sie in der Liste *Feldname* den Eintrag *Geschlecht* und im Feld *Vergleich* den Eintrag *Gleich* aus.

4. Geben Sie in das Feld *Vergleichen mit* eine 1 ein, wenn Sie als Empfängerliste die Outlook-Kontakte verwenden. (Wenn Sie in Outlook als Geschlecht weiblich eintragen, speichert Outlook hierfür intern eine 1 ab, für männlich eine 2. Wenn Sie andere Datenquelle verwenden, müssen Sie hier den Text eingeben, anhand dessen weibliche Empfänger erkannt werden können.)

Bild 18.13   Legen Sie hier die Bedingung und die Texte fest, die in Abhängigkeit von der Auswertung der Bedingung eingefügt werden sollen

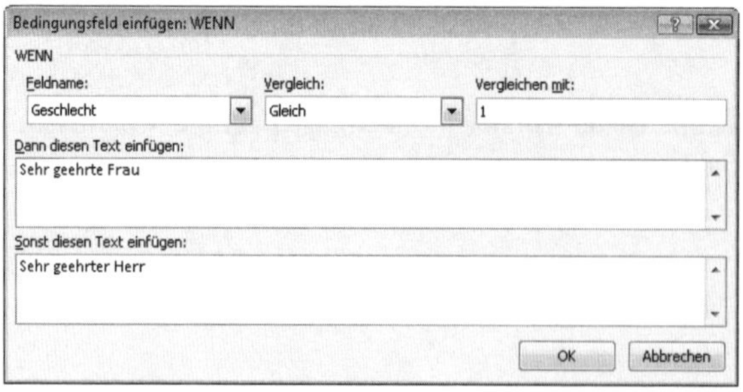

PROFITIPP

Geschlecht für Outlook 2007-Kontakt eintragen

Damit die Bedingung wie oben beschrieben ausgewertet werden kann, muss in der Datenquelle das Feld *Geschlecht* enthalten sein. Um das Geschlecht für einen Outlook-Kontakt festzulegen, öffnen Sie den Kontakt, klicken auf der Registerkarte *Kontakt* auf *Alle Felder* und wählen dann in der Liste *Auswählen aus* den Eintrag *Persönliche Felder* aus. Das Feld *Geschlecht* befindet sich im oberen Bereich der Eingabemaske.

5. Geben Sie in das Feld *Dann diesen Text einfügen* **Sehr geehrte Frau** und in das Feld *Sonst diesen Text einfügen* **Sehr geehrter Herr** ein. Schließen Sie das Dialogfeld mit *OK*. Word fügt die Regel in das Hauptdokument ein.

HINWEIS **Hervorheben der Regelfelder** Standardmäßig werden die Regeln nicht hervorgehoben dargestellt, auch dann nicht, wenn Sie die Schaltfläche *Seriendruckfelder hervorheben* eingeschaltet haben. Damit die Regelfelder auf dem Bildschirm mit einer Schattierung angezeigt werden, klicken Sie auf die *Office-Schaltfläche* und dann auf *Word-Optionen*. Wechseln Sie zur Seite *Erweitert* und scrollen Sie zur Gruppe *Dokumentinhalt* anzeigen. Öffnen Sie die Liste *Feldschattierung* und wählen Sie dort den Eintrag *Immer* aus.

6. Jetzt fehlt in der Grußzeile lediglich noch der Nachname. Setzen Sie die Einfügemarke hinter die soeben eingefügte Regel, geben Sie ein Leerzeichen ein und klicken Sie dann in der Gruppe *Felder schreiben und einfügen* auf *Seriendruckfeld einfügen*. Das gleichnamige Dialogfeld wird anzeigt.

Bild 18.14 Mit diesem Dialogfeld können Sie alle Seriendruckfelder auswählen und in das Hauptdokument einfügen, die in der Datenquelle enthalten sind

7. Wählen Sie in der Liste *Felder* den Eintrag *Nachname* aus und klicken Sie dann auf *Einfügen*.

8. Ergänzen Sie hinter dem Seriendruckfeld «Nachname» ein Komma.

Damit sind die Arbeiten am Hauptdokument für das Beispiel-Seriendruckprojekt abgeschlossen.

Seriendruckvorschau verwenden

Um sich vor dem tatsächlichen Zusammenführen von Hauptdokument und Datenquelle die Ergebnisse auf dem Bildschirm anzusehen und so eventuelle Fehler erkennen und beheben zu können, verwenden Sie die Seriendruckvorschau.

Bild 18.15 Die Seriendruckvorschau zeigt die Dokumente so an, wie sie beim Zusammenführen ausgedruckt würden

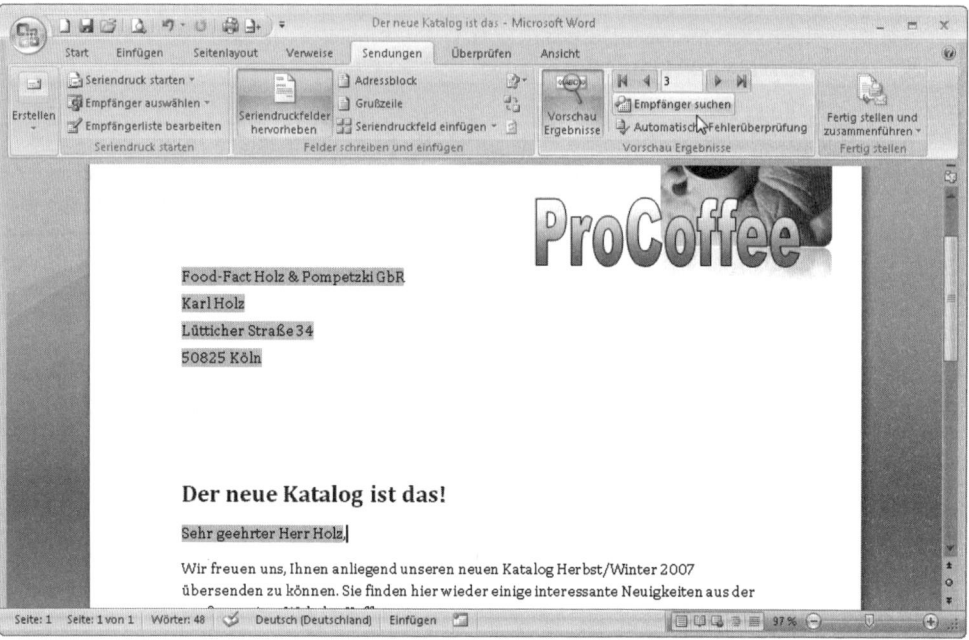

Klicken Sie dazu in der Gruppe *Vorschau Ergebnisse* auf die gleichnamige Schaltfläche. Word zeigt dann das Dokument so an, wie es nach dem Zusammenführen ausgedruckt würde. Mit den Navigationsschaltflächen in der Gruppe *Vorschau Ergebnisse* können Sie sich alle Empfänger anzeigen lassen, die in der Adressliste enthalten sind.

Um zur Bearbeitung des Hauptdokuments zurückzukehren, klicken Sie die Schaltfläche *Vorschau Ergebnisse* ein weiteres Mal an.

Zusammenführen und Drucken

Wenn die Seriendruckvorschau keine Probleme ergeben hat, können Sie im letzten Schritt das Hauptdokument mit der Datenquelle zusammenführen lassen.

1. Klicken Sie in der Gruppe *Fertig stellen* die Schaltfläche *Fertig stellen und zusammenführen* an. Ein kleines Menü wird geöffnet.

Bild 18.16   In dem kleinen Menü legen Sie fest, was als Nächstes getan werden soll

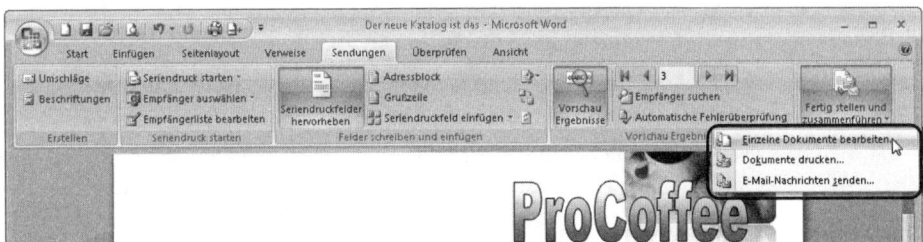

2. Wählen Sie eine der folgenden Optionen:

   - **Einzelne Dokumente bearbeiten**   Klicken Sie diese Option an, wenn Word aus den zusammengeführten Daten ein neues Dokument erstellen soll. Sie können so die Dokumente einzeln bearbeiten und verwenden dann den normalen *Drucken*-Befehl, um die Dokumente auszudrucken.

   - **Dokumente drucken**   Wählen Sie diesen Befehl, wenn die zusammengeführten Dokumente direkt ausgedruckt werden sollen.

   - **E-Mail-Nachrichten senden**   Mit dieser Option können Sie das Seriendruckprojekt zusammenführen und als E-Mail versenden lassen.

3. Wenn Sie eine der ersten beiden Optionen ausgewählt haben, wird das folgende Dialogfeld angezeigt, indem Sie die Datensätze auswählen können, die zusammengeführt werden sollen. Bei einem E-Mail-Seriendruckprojekt können Sie zusätzlich noch die Betreffzeile und das E-Mail-Format festlegen.

Bild 18.17   Hier können Sie die Datensätze auswählen, die zusammengeführt werden sollen

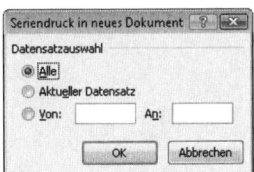

4. Klicken Sie auf *OK*.

Zusammenfassung

In diesem Kapitel haben Sie gelernt, wie Sie mit Word Serienbriefe und andere Seriendruckdokumente erstellen und zusammenführen können.

- Im ersten Abschnitt wurden die typischen Phasen beim Seriendruck beschrieben und einige wichtige Begriffe erläutert (Seite 304).

Die weiteren Abschnitte haben dann die verschiedenen Phasen genauer vorgestellt und Sie haben dabei lernen können,

- wie Sie ein neues Hauptdokument einrichten (Seite 305) oder ein bereits bestehendes Seriendruckprojekt fortsetzen (Seite 307),

- welche Arten von Datenquellen Ihnen zur Verfügung stehen und wie Sie ein Hauptdokument mit einer Datenquelle verbinden (Seite 308),

- wie Sie die Liste der Empfänger filtern und sortieren können, um so die zusammengeführten Dokumente in einer bestimmten Reihenfolge zu erhalten oder um eine Auswahl der Empfänger zu treffen, die das zusammengeführte Dokument erhalten sollen (Seite 309),

- wie Sie in das Hauptdokument Platzhalter einfügen, um so die Position, den Inhalt und die Formatierung der variablen Elemente zu steuern (Seite 311),

- wie Sie Regeln erstellen und verwenden, um in Abhängigkeit vom Wert eines Eintrags in der Empfängerliste im zusammengeführten Dokument unterschiedliche Texte einzufügen (Seite 313),

- wie Sie die Seriendruckvorschau verwenden, um sich die Ergebnisse des Zusammenführens ansehen zu können, ohne hierzu die Dokumente ausdrucken zu müssen (Seite 317), und

- wie Sie Hauptdokument und Datenquelle zusammenführen und die zusammengeführten Dokumente ausdrucken (Seite 317).

Kapitel 19

Eigene Vorlagen erstellen

Für alle, die projekt- oder firmenbezogene Dokumentvorlagen erstellen wollen, ist das Verständnis des dahinter stehenden Konzepts ein absolutes Muss. Leider schrecken immer noch zu viele Word-Anwender davor zurück, sich in das Konzept der Dokumentvorlagen einzuarbeiten. Dass sie Word mit angezogener Handbremse benutzen, ist ihnen dabei gar nicht bewusst.

Dieses Kapitel beschreibt daher an einem Beispiel die Schritte für das Erstellen eigener Dokument-vorlagen und vermittelt im zweiten Teil das notwendige Wissen, das für die Planung und den op-timalen Einsatz von Dokumentvorlagen erforderlich ist.

Eine Vorlage erstellen

Das Erstellen einer Vorlage gleicht im Wesentlichen dem Erstellen eines »normalen« Dokuments. Sie können eine Vorlage formatieren wie ein Dokument, Grafiken einfügen, Bausteine erstellen, Seitenabmessungen eintragen, Kopf- und Fußzeilen definieren usw. Somit können Sie beim Erstel-len einer Vorlage auch eine der drei folgenden Methoden verwenden:

- Erstellen Sie ein neues leeres Dokument.

- Verwenden Sie eine der Vorlagen, die zum Lieferumfang von Word gehören, als Grundlage für Ihre angepasste Vorlage.

- Basieren Sie Ihre Vorlage auf einem bestehenden Dokument.

Wir wollen in diesem Kapitel die dritte Variante wählen und haben dafür ein Dokument vorberei-tet, das ein Anschreiben für den Prospektversand eines Reisebüros enthält. Als Basis für dieses Dokument haben wir übrigens eine der Brief-Vorlagen von Word 2007 verwendet.

Bild 19.1   Das vorbereitete Dokument mit dem Anschreiben für einen Prospektversand

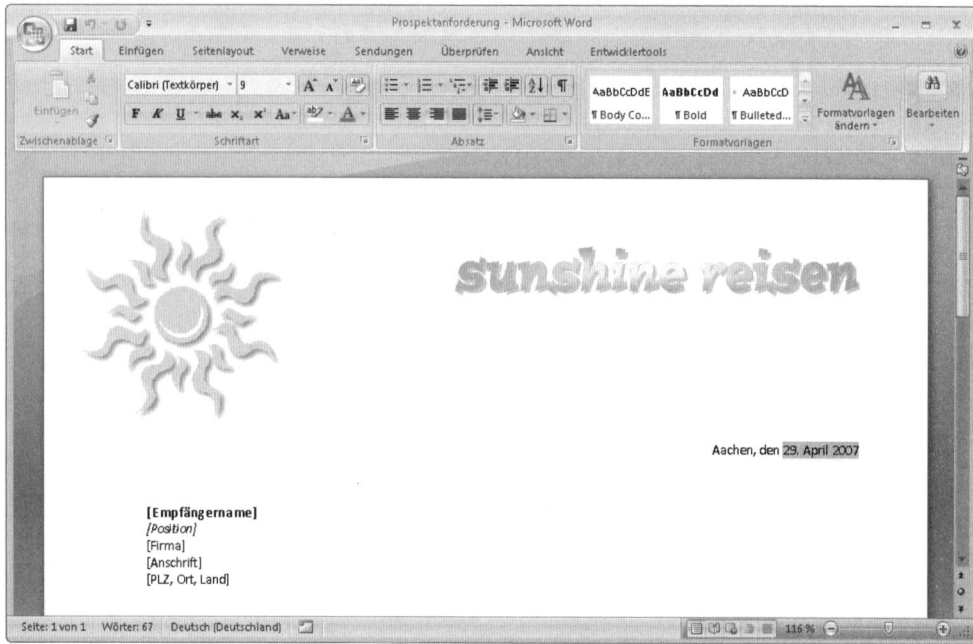

Im Laufe dieses Kapitels werden Sie das Dokument laden, einige Änderungen daran vornehmen, es als Vorlage speichern und abschließend diese Vorlage für ein neues Dokument verwenden.

1. Klicken Sie auf die *Office-Schaltfläche* und klicken Sie auf *Neu*. Word zeigt das Dialogfeld *Neues Dokument* an.

2. Klicken Sie im linken Bereich des Dialogfeldes in der Rubrik *Vorlagen* auf den Eintrag *Neu von vorhandenem*.

3. Wechseln Sie in den Ordner, in den die Beispieldateien für dieses Buch installiert wurden.

4. Markieren Sie die Datei mit dem Namen *Prospektanforderung* und klicken Sie auf die Schaltfläche *Neu erstellen*.

Im oberen Bereich des Dokuments haben wir eine kleine ClipArt und eine WordArt aufgenommen, um die Seite etwas freundlicher zu gestalten. Darunter haben wir die Feldfunktion *CREATE-DATE* mit den entsprechenden Schaltern verwendet, um das aktuelle Datum auszugeben. Die graue Schattierung zeigt an, dass es sich hierbei um ein Feld und nicht um normalen Text handelt; damit Felder so angezeigt werden, muss die Option *Erweitert/Dokumentinhalt anzeigen/Feldschattierung* auf *Immer* oder auf *Wenn ausgewählt* eingestellt sein.

Die Eingabefelder für die Empfängeranschrift haben wir nicht selbst erstellt, sondern unverändert aus der Brief-Vorlage übernommen. Diese Felder werden als *Inhaltssteuerelemente* bezeichnet. Zum Eingeben der Anschrift klicken Sie die Felder einfach der Reihe nach an und geben die jeweiligen Daten ein. Der Vorteil dieser Felder ist, dass Sie im weiteren Verlauf des Dokuments auf ihren Inhalt Bezug nehmen können. In diesem Fall machen wir davon in der Anredezeile Gebrauch, in die der im Anschriftenfeld eingegebene Empfängername automatisch übernommen wird.

Um die Vorlage noch etwas zu vervollständigen, wollen wir in den nächsten Schritten noch ein weiteres Feld einfügen. Mit ihm soll später beim Erstellen eines neuen Dokuments, das auf dieser Vorlage basiert, der Name des Benutzers aufgenommen werden, der in den Word-Optionen in der Rubrik *Häufig verwendet* im Feld *Benutzername* eingetragen ist. Durch diesen kleinen »Trick« wird die Vorlage personalisiert, das heißt, sie kann von verschiedenen Benutzern verwendet werden, wobei jeder Benutzer ein individuelles Dokument erstellt, das seinen Namen enthält.

Bild 19.2 Einfügen des Benutzernamens

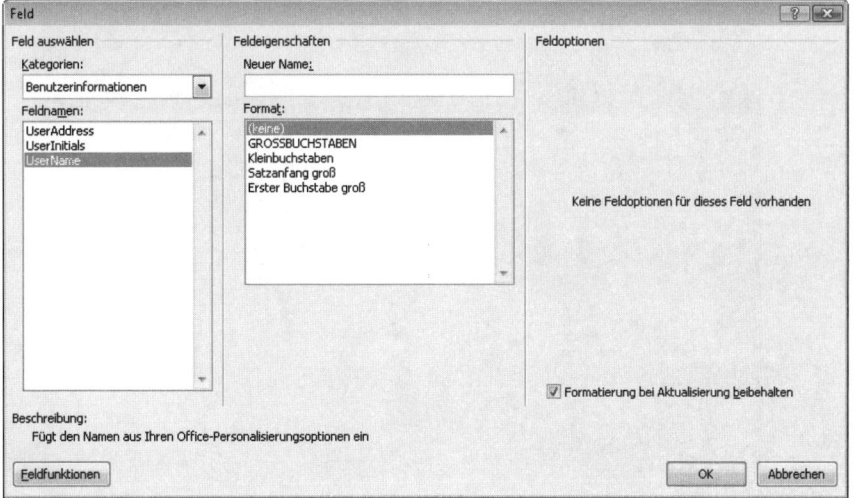

5. Scrollen Sie an das Ende des Dokuments und setzen Sie die Einfügemarke in den leeren Absatz unterhalb der Zeile »Mit freundlichen Grüßen«. Am besten schalten Sie dazu die Anzeige der Formatierungszeichen ein (entweder mit dem Shortcut `Strg`+`*` oder via Registerkarte *Start*/Gruppe *Absatz*/Schaltfläche *Alle anzeigen*).

6. Wechseln Sie auf die Registerkarte *Einfügen*.

7. Öffnen Sie das Menü der Schaltfläche *Schnellbausteine* und wählen Sie den Befehl *Feld*.

8. Wählen Sie in der Liste *Kategorien* den Eintrag *Benutzerinformationen*, markieren Sie dann in der Liste *Feldnamen* die Option *UserName* und klicken anschließend auf *OK* (siehe Bild 19.2).

    Damit hat die Vorlage ihre endgültige Fassung erreicht und kann jetzt gespeichert werden.

9. Klicken Sie dazu auf die *Office-Schaltfläche*, zeigen Sie auf *Speichern unter* und wählen Sie den Befehl *Word-Vorlage*.

10. Wechseln Sie in den Ordner, in dem Sie die Vorlage speichern möchten.

11. Geben Sie einen Dateinamen für die Vorlage ein.

12. Schalten Sie das Kontrollkästchen *Miniatur speichern* ein.

13. Klicken Sie auf *Speichern*, um den Vorgang zu beenden und schließen Sie die Vorlage.

Damit ist die Vorlage fertig. Im nächsten Abschnitt zeigen wir Ihnen, wie Sie neue Dokumente auf Basis dieser Vorlage erstellen können.

Eigene Vorlagen anwenden

Bevor wir gleich versuchen, ein neues Dokument zu erstellen, wollen wir uns zunächst ansehen, wie die neue Vorlage in einem Ordnerfenster dargestellt wird:

1. Öffnen Sie ein Ordnerfenster und wechseln Sie in den Ordner mit der neuen Vorlage.

2. Zeigen Sie mit dem Mauszeiger auf das Symbol der Vorlagendatei.

Bild 19.3   Darstellung von Vorlagen im Ordnerfenster

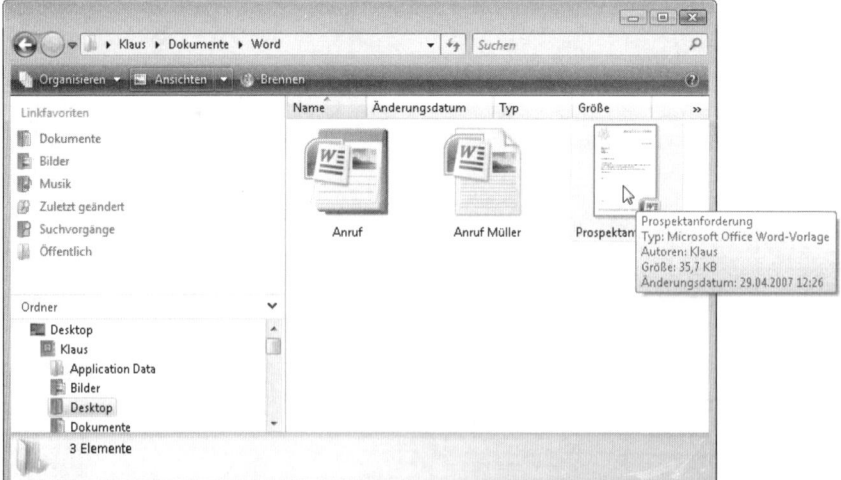

Durch das Speichern der Miniaturansicht kann man der Datei nicht immer direkt ansehen, dass es sich bei ihr um eine Word-Vorlage handelt. Erst wenn Sie mit der Maus auf das Symbol zeigen, können Sie anhand des Tooltipps den Dateityp erkennen. Wenn Sie eine Vorlage ohne Miniaturansicht speichern, erhält sie ein Symbol, das einen Abreißblock darstellt (wie oben im Bild bei der Datei *Anruf*).

Falls Sie im Ordnerfenster für die Ansicht der Symbole eine der Einstellungen *Kleinere Symbole*, *Liste* oder *Details* verwenden, tritt das Problem nicht auf, da in diesem Fall keine Miniaturansichten angezeigt werden.

3. Klicken Sie das Symbol der Vorlage mit der rechten Maustaste an, um das Kontextmenü der Datei anzuzeigen.

Bild 19.4 Das Kontextmenü der neuen Vorlage

Wie Sie sehen, ist der Befehl *Neu* im Kontextmenü in fetter Schrift dargestellt. Das bedeutet, dass genau dieser Befehl ausgeführt wird, wenn Sie auf dem Symbol doppelklicken. Wenn Sie interessehalber das Kontextmenü eines normalen Word-Dokuments aufrufen, werden Sie feststellen, das dort der Befehl *Öffnen* hervorgehoben wird.

4. Doppelklicken Sie auf dem Symbol der Vorlage.

5. Überprüfen Sie, ob im oberen Bereich das aktuelle Datum angezeigt wird.

6. Scrollen Sie dann nach unten und sehen Sie nach, ob unter der Grußformel Ihr Name erscheint.

7. Füllen Sie nun auch die Felder für die Adressangabe aus und überzeugen Sie sich davon, dass der Name des Empfängers wie versprochen automatisch in der Anredeformel übernommen wird. Nicht benötigte Adressfelder können Sie wie normalen Text löschen.

8. Speichern Sie das fertige Dokument.

Word 2007

Bild 19.5   Die fertige Vorlage im Einsatz

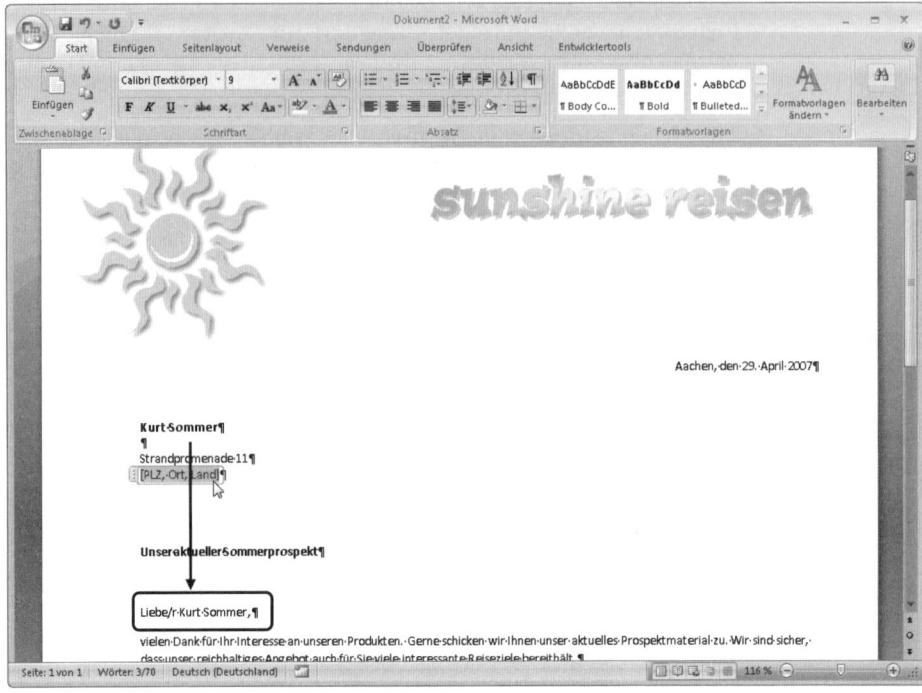

Vorlage in den Vorlagenordner kopieren

Das im letzten Abschnitt vorgestellte Verfahren, um auf einer Vorlage ein neues Dokument zu erstellen, ist natürlich noch nicht der Weisheit letzter Schluss. Ein normaler Anwender würde nämlich erwarten, dass er die Vorlage über das Dialogfeld *Neues Dokument* finden kann.

Damit das funktioniert, muss die Vorlage in einem bestimmten Ordner gespeichert werden, dem so genannten *Vorlagenordner*. Dieser Ordner ist allerdings gut versteckt und wird sogar – je nach aktueller Konfiguration Ihres Rechners – noch nicht einmal im Ordnerfenster angezeigt. Mit dem folgenden kleinen Trick kommen Sie dem Ordner jedoch schnell auf die Spur:

1. Öffnen Sie das Menü der *Office-Schaltfläche* und wählen Sie dort den Befehl *Neu*.

2. Klicken Sie im Dialog *Neues Dokument* in der Rubrik *Vorlagen* auf *Meine Vorlagen*. Sie sehen dann das Dialogfeld *Neu*.

3. Klicken Sie innerhalb des Rahmens, in dem die installierten Vorlagen angezeigt werden, mit der rechten Maustaste auf eine freie Stelle.

4. Wählen Sie im Kontextmenü den Befehl *Explorer*. Windows zeigt den Vorlagen-Ordner dann in einem Explorer-Fenster an.

5. Kopieren oder verschieben Sie die gewünschte Vorlagendatei in den Vorlagenordner. Anschließend können Sie das Explorerfenster wieder schließen. Die Vorlage taucht jetzt wie versprochen im Dialog *Neu* auf.

Bild 19.6   Die Vorlage lässt sich nun auf dem gewohnten Weg nutzen

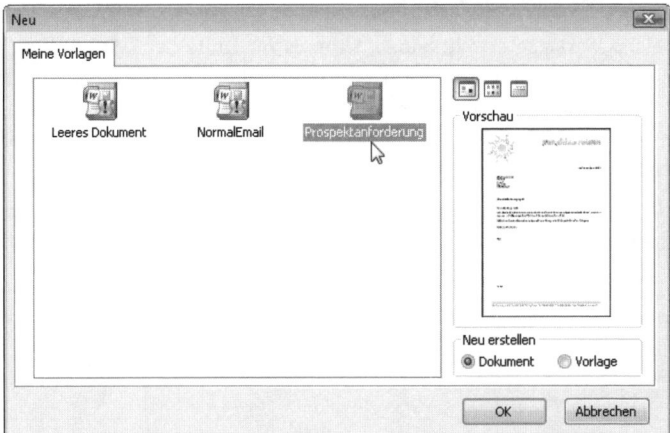

6.   Markieren Sie das Symbol der Vorlage, um die Miniaturansicht im Dialogfeld anzuzeigen.

7.   Klicken Sie auf *OK*, um ein neues Dokument auf Basis der Vorlage zu erstellen.

Vorlage überarbeiten

In der Praxis kommt es häufig vor, dass Sie eine Vorlage anpassen oder ergänzen müssen. Die dazu notwendige Vorgehensweise ist einfach: Vorlage öffnen, ändern und speichern. Wie das Öffnen der Vorlage im Detail funktioniert, zeigt dieser Abschnitt.

Variante 1: Sie kennen den Ordner, in dem sich die Vorlage befindet
Wenn Sie genau wissen, in welchem Ordner die Vorlage gespeichert ist, können Sie folgendermaßen vorgehen:

1.   Öffnen Sie das Menü der *Office-Schaltfläche* und wählen Sie dort den Befehl *Öffnen* (schneller geht es mit Strg + O).

2.   Wechseln Sie in den Ordner, der die Vorlage enthält.

3.   Stellen Sie als Dateityp *Word-Vorlagen* ein.

4.   Markieren Sie die Datei und klicken Sie auf *Öffnen*.

Variante 2: Die Vorlage befindet sich im Vorlagenordner
Haben Sie die Vorlage im Vorlagenordner abgelegt, bietet sich diese Vorgehensweise an:

1.   Öffnen Sie das Menü der *Office-Schaltfläche* und wählen Sie dort den Befehl *Neu*.

2.   Klicken Sie im Dialog *Neues Dokument* auf *Meine Vorlagen*.

3.   Im Dialog *Neu* klicken Sie in der Dateiliste mit der rechten Maustaste auf eine freie Stelle und wählen im Kontextmenü den Befehl *Explorer*.

4.   Im Explorer-Fenster klicken Sie das Symbol der Vorlage mit der rechten Maustaste an und rufen dann im angezeigten Kontextmenü den Befehl *Öffnen* auf.

Vorlagen organisieren

Wenn Sie zahlreiche Vorlagen erstellt haben, kann es im Laufe der Zeit im Vorlagenordner etwas unübersichtlich werden. Doch auch hierfür gibt es eine Lösung: Wenn sich in den Vorlagenordnern weitere Ordner befinden, tauchen sie im Dialogfeld *Neu* als eigene Registerkarten auf. Das gilt sowohl für den Vorlagenordner auf Ihrem Computer als auch für den Ordner mit den Arbeitsgruppenvorlagen, den wir Ihnen im nächsten Abschnitt vorstellen.

Die Registerkarte *Marketing* im folgenden Bild ist durch das Anlegen eines gleichnamigen Ordners entstanden. Anschließend haben wir die Vorlage *Prospektanforderung* in diesen Ordner verschoben.

Bild 19.7 Ein Unterordner wird auf dem Dialogfeld *Neu* als eigene Registerkarte dargestellt

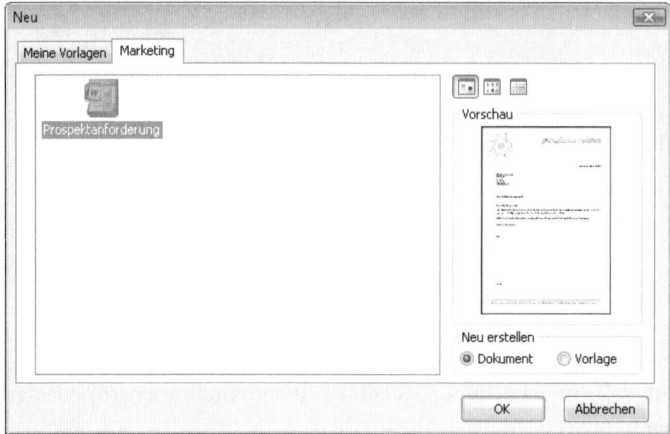

Vorlagen mit mehreren Anwendern nutzen

Word kennt zwei spezielle Ordner, in denen Sie Ihre Vorlagen ablegen können: den Ordner für Benutzervorlagen und den Ordner für die Arbeitsgruppenvorlagen. Der *Benutzer*-Ordner ist für Vorlagen gedacht, mit denen nur Sie allein arbeiten und befindet sich normalerweise auf dem eigenen PC. Diesem Ordner sind Sie im Verlaufe dieses Kapitels bereits mehrfach begegnet.

Wenn der PC in ein Netzwerk eingebunden ist, existiert in der Regel auf dem Server ein Verzeichnis, in dem die Vorlagen abgelegt sind, die von allen Mitarbeitern benutzt werden sollen. Dieses Verzeichnis wird in Word als *Arbeitsgruppen*-Ordner bezeichnet. Die gemeinsame Nutzung der Vorlagen hat den Vorteil, dass zum einen alle Mitarbeiter von den Komfortmerkmalen der Vorlagen profitieren können und dass alle Dokumente ein einheitliches Layout bekommen.

Damit Word den Arbeitsgruppen-Ordner verwendet, müssen Sie zunächst angeben, wo sich dieser Ordner befindet. Das erledigen Sie mit folgenden Schritten:

1. Öffnen Sie das Menü der *Office-Schaltfläche* und klicken Sie auf *Word-Optionen*.

2. Wechseln Sie in die Kategorie *Erweitert*.

3. Dort finden Sie ganz unten, in der Gruppe *Allgemein*, die Schaltfläche *Dateispeicherorte*. Klicken Sie diese Schaltfläche an, um das folgende Dialogfeld anzuzeigen.

Bild 19.8   In diesem Dialog können Sie den Ordner für die Arbeitsgruppenvorlagen festlegen

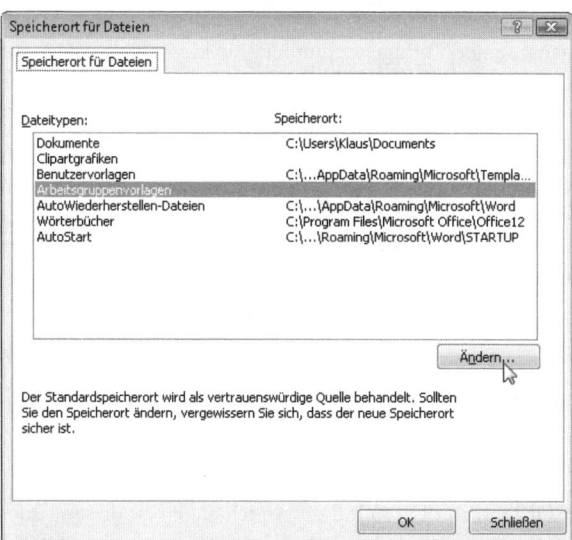

4. Markieren Sie den Eintrag *Arbeitsgruppenvorlagen* und klicken Sie auf *Ändern*.

5. Zeigen Sie den gewünschten Ordner im Dialogfeld *Speicherort ändern* an, markieren ihn und klicken dann auf *OK*. Schließen Sie auch die anderen Dialoge.

6. Wenn Sie eine neue Vorlage erstellt haben, die Sie Ihren Kollegen zur Verfügung stellen wollen, verschieben Sie die Dokumentvorlage in diesen Ordner.

7. Rufen Sie das Dialogfeld *Neu* auf, um zu prüfen, ob die Ordner als Registerkarten auftauchen (*Office-Schaltfläche/Neu/Meine Vorlagen*). Hinweis: Word erzeugt für einen Ordner nur dann eine Registerkarte, wenn sich darin auch tatsächlich eine Vorlage befindet.

Bild 19.9   Der Dialog enthält jetzt drei weitere Registerkarten für die Arbeitsgruppenvorlagen

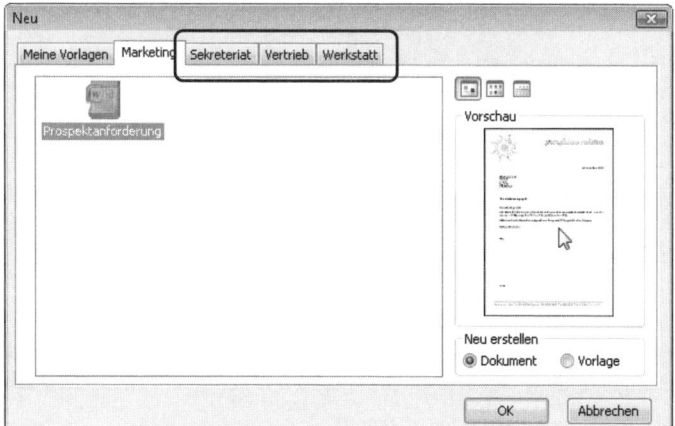

Vorlage für alle Dokumente nutzbar machen

Jedes Dokument ist mit genau einer Vorlage verbunden. Sie können aber auch Vorlagen erstellen, die sich dann in allen Dokumenten verwenden lassen. Diese Art der Vorlagen nennt man globale Vorlagen (mehr über die konzeptionellen Hintergründe zu diesem Thema finden Sie am Ende dieses Kapitels).

Als Beispiel für eine Dokumentvorlage, die sich als globale Vorlage einsetzen lässt, haben wir die Datei *sunrise Logos* vorbereitet. Diese Vorlage enthält drei Schnellbausteine mit dem Firmenlogo des fiktiven Reisebüros *sunrise* in verschiedenen Größen. Sie befindet sich in dem Ordner, in dem die Beispieldateien für dieses Buch installiert wurden.

Und so stellen Sie diese Dokumentvorlage allen Dokumenten zur Verfügung:

1. Öffnen Sie das Dialogfeld *Word-Optionen* und wechseln Sie in die Kategorie *Add-Ins*.

2. Wählen Sie unten im Listenfeld *Verwalten* den Eintrag *Vorlagen* und klicken Sie dann auf die Schaltfläche *Gehe zu*.

3. Klicken Sie auf die Schaltfläche *Hinzufügen*.

4. Wechseln Sie in den Ordner, in dem sich die Beispieldateien zu diesem Buch befinden, markieren die Datei *sunrise Logos* und klicken auf *OK*. Die Datei taucht jetzt in der Liste *Globale Dokumentvorlagen und Add-Ins* auf.

Bild 19.10   Mit diesem Dialogfeld können Sie globale Dokumentvorlagen laden

5. Schließen Sie das Dialogfeld *Dokumentvorlagen und Add-Ins*.

6. Wechseln Sie auf die Registerkarte *Einfügen* und klicken Sie auf die Schaltfläche *Schnellbausteine*. Wie angekündigt, tauchen die drei Logos im Menü der Schaltfläche auf.

7. Beenden Sie Word und starten Sie es erneut.

8. Klicken Sie erneut auf die Schaltfläche *Schnellbausteine*. Und siehe da: Die Logos tauchen im Untermenü nicht mehr auf. Was ist passiert?

9. Rufen Sie das Dialogfeld *Dokumentvorlagen und Add-Ins* auf (wie in den Schritten 1 und 2 beschrieben). Aha: Das Kontrollkästchen vor *sunrise Logos.dotx* ist ausgeschaltet.

10. Schalten Sie es ein und überzeugen sich davon, dass die Schnellbausteine der Vorlage jetzt wieder im Menü der Schaltfläche *Schnellbausteine* auftauchen.

Wie Sie sehen, merkt Word sich zwar, welche Vorlagen Sie global geladen haben. Die globalen Vorlagen bleiben jedoch nur während der aktuellen Word-Sitzung geladen. Nach einem Word-Neustart müssen Sie das Laden wieder manuell einschalten.

Vorlagen automatisch laden

Es gibt aber noch eine andere Lösung, die Sie verwenden können, wenn Sie möchten, dass Word eine Dokumentvorlage bei jedem Starten automatisch lädt. Kopieren Sie dann die Vorlagen in den Autostart-Ordner von Word.

Den für Ihren Rechner gültigen AutoStart-Ordner können Sie im Dialogfeld *Speicherort für Dateien* ablesen. Wie Sie das Dialogfeld aufrufen, haben wir im Abschnitt »Vorlagen mit mehreren Anwendern nutzen« auf Seite 326 beschrieben.

Ein wenig Vorlagen-Theorie

Nachdem wir bisher vor allem die praktischen Dinge beim Einsatz von Vorlagen beschrieben haben, befasst sich dieser Abschnitt ein wenig mit der Theorie. Aber keine Angst: Auch hier finden Sie zahlreiche praktische Informationen, die den Einsatz der Dokumentvorlagen einfacher und komfortabler machen.

Word arbeitet mit zwei Arten von Dateien:

■ Dokumente, die die Endungen *.docx* (ohne Makros) bzw. *.docm* (mit Makros) besitzen, wobei die Buchstaben »doc« als Kürzel für das englische. do**c**ument stehen.

■ Dokumentvorlagen, die Sie an der Dateinamenserweiterung *.dotx* (ohne Makros) und *.dotm* (mit Makros) erkennen; die Buchstaben »dot« stehen für das englische do**c**ument **t**emplate (Dokumentschablone).

Grundsätzlich basiert jedes Word-Dokument auf einer Dokumentvorlage. Wenn Sie ein neues, leeres Dokument erstellen, benutzt Word automatisch die Vorlage *Normal.dotx*. Entscheiden Sie sich im Dialogfeld *Neues Dokument* hingegen für eine der anderen angebotenen Vorlagen, basiert das neue Dokument anschließend auf der von Ihnen ausgewählten Vorlagendatei.

Der Inhalt einer Dokumentvorlage

Dokumentvorlagen bilden quasi das Fundament neuer Dokumente und liefern im Idealfall sowohl das »Baumaterial« als auch die »Werkzeuge« frei Haus.

■ **Standardtext und Grafiken** Wenn Sie ein neues Dokument beginnen, das auf einer Vorlage basiert, übernimmt Word alle Texte und Grafiken der Vorlage in das neue Dokument. Formatierungen, die Sie vorgenommen haben, bleiben dabei ebenfalls erhalten.

■ **Standardformatierungen des Dokuments**   Hierzu gehören benutzerdefinierte oder Stan-dardformatvorlagen, die Sie selbst erstellt oder angepasst haben. Auch die Seitenabmessun-gen, Randeinstellungen und die Ausrichtung können in jeder Dokumentvorlage nach Bedarf eingestellt werden. Beim Erstellen eines Dokuments werden diese Formatierungseigenschaf-ten von der Vorlage an das Dokument »vererbt« (dazu gleich mehr).

■ **Bausteine**   Beim Anlegen eines neuen Bausteins können Sie festlegen, ob der Baustein in der Vorlage gespeichert wird, auf der das aktuelle Dokument basiert, oder in der globalen Doku-mentvorlage *Normal.dotx*.

■ **Anpassungen der Symbolleiste für den Schnellzugriff**   Dokumentvorlagen können auch Einfluss auf die Symbolleiste für den Schnellzugriff nehmen. Dazu öffnen Sie die Vorlage, wechseln im Dialog *Word-Optionen* in die Kategorie *Anpassen* und wählen zuerst im Listen-feld *Symbolleiste für den Schnellzugriff anpassen* den Namen der Vorlage aus. Anschließend können Sie die gewünschten Änderungen an der Symbolleiste vornehmen. Wenn Sie dann ein neues Dokument auf Basis dieser Vorlage erstellen, tauchen die zuvor in der Vorlage hinzuge-fügten Schaltflächen in der Symbolleiste für den Schnellzugriff auf.

■ **Tastenkombinationen**   Die in Word enthaltenen Tastenkombinationen, die so genannten *Shortcuts,* können ergänzt oder verändert werden. Im Dialogfeld *Tastatur anpassen* legen Sie mit dem Listenfeld *Speichern in* die Vorlage fest, in der die vorgenommenen Änderungen ge-speichert werden sollen.

■ **Makros**   Mit Makros kann die Funktionalität einer Dokumentvorlage nahezu beliebig erwei-tert werden. Eine Sonderstellung kommt dem Makro *AutoNew()* zu, das beim Erstellen eines neuen Dokuments automatisch aufgerufen wird. Dieses Makro eignet sich zum Beispiel zum Aufruf benutzerdefinierter Dialogfelder, in die Anwender zentrale Daten eingeben können.

Zusammenspiel von Word und Dokumentvorlagen

Um zu verstehen, wie sich Word, Dokumentvorlagen und Dokumente gegenseitig beeinflussen, muss man das Konzept kennen, das diese drei Elemente zu einer gemeinsamen Architektur verbin-det. Dieses Zusammenspiel lässt sich am besten an einem dreischichtigen Modell erläutern.

Bild 19.11   Dokumentvorlagen sind die Schnittstelle zwischen Word und Dokument

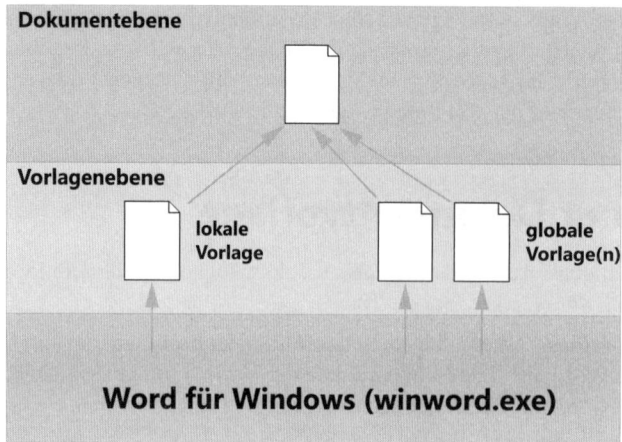

Auf der untersten Ebene befindet sich Word selbst. Das Programm enthält die verschiedenen Funktionen, die Sie nicht verändern können, die aber allen Vorlagen und Dokumenten zur Verfügung stehen.

Auf der mittleren Ebene sind die Dokumentvorlagen angesiedelt, wobei man hier zwischen der lokalen Vorlage und den globalen Vorlagen unterscheiden muss. Diese Zwischenebene ist die Schnittstelle zwischen Word und dem eigentlichen Dokument, in der bestimmt werden kann, wie sich Word dem Anwender bei der Bearbeitung eines Dokuments präsentiert. Auf der obersten Ebene liegt dann das eigentliche Dokument.

Lokale Dokumentvorlagen

Word unterscheidet zwischen lokalen und globalen Dokumentvorlagen. Die lokale Dokumentvorlage ist die Vorlage, die mit einem Dokument direkt verbunden ist. Diese Verbindung wird beim Erstellen des Dokuments festgelegt, sie kann aber jederzeit über das Dialogfeld *Dokumentvorlagen und Add-Ins* geändert werden (siehe Abschnitt »Dokumente mit anderen Vorlagen verbinden« auf Seite 332).

Die Einstellungen in der lokalen Dokumentvorlage werden von Word vorrangig behandelt. Wenn Sie zum Beispiel einem Word-Befehl in der lokalen Vorlage den Shortcut `Strg`+`A` und in einer globalen Vorlage dem gleichen Befehl den Shortcut `Strg`+`B` zugewiesen haben, müssen Sie in allen Dokumenten, die auf dieser lokalen Vorlage basieren, den Shortcut `Strg`+`A` benutzen, um den Befehl aufzurufen.

Wenn Sie zwischen zwei Dokumenten wechseln, die auf unterschiedlichen Vorlagen basieren, verwendet Word immer die Einstellungen (Shortcuts, Makros etc.) aus der jeweiligen lokalen Vorlage. Dadurch ist es möglich, das Verhalten von Word auf das gerade bearbeitete Dokument anzupassen.

So sucht Word nach der Normal.dotx

Die Reihenfolge, in der Word verschiedene Ordner nach der *Normal.dotx* durchsucht, lautet: Word-Programmordner, Ordner mit Benutzervorlagen, Ordner mit Arbeitsgruppenvorlagen. Word bricht die Suche ab, sobald es eine Version der Datei gefunden hat. Konnte die Datei nicht gefunden werden, wird automatisch eine neue, leere *Normal.dotx* mit Standardwerten angelegt.

Globale Dokumentvorlagen

Im Gegensatz zu den lokalen Vorlagen, die sich immer auf ein bestimmtes Dokument beziehen, stehen globale Vorlagen allen Dokumenten zur Verfügung. So können Sie zum Beispiel eine Vorlage erstellen, die ein Makro enthält, das eine Grafik mit einem schattierten Rahmen versieht. Wenn Sie für dieses Makro einen Shortcut vergeben und die Vorlage global laden, haben Sie Word – aus Sicht des Anwenders – um einen neuen Befehl ergänzt, der in allen Dokumenten zur Verfügung steht. Sie kennen diese Technik bereits aus dem Beispiel der Übungsdatei *sunrise Logos,* in der einige Schnellbausteine enthalten waren (Seite 328).

Erstellen einer globalen Dokumentvorlage

Um aus einer *normalen* Vorlage eine globale Vorlage zu machen, braucht die Datei nicht verändert zu werden. Sie müssen Word lediglich mitteilen, dass es diese Vorlage als globale Vorlage behandeln soll. Das lässt sich auf zwei Wegen erreichen.

Kopieren Sie die Vorlage in den *AutoStart*-Ordner von Word. Alle Vorlagen, die sich in diesem Ordner befinden, werden beim Starten von Word automatisch geladen. Welchen Ordner Word als *AutoStart*-Ordner benutzt, können Sie im Dialog *Speicherort für Dateien* einstellen (siehe Seite 327).

Word 2007

Dokumentvorlagen, die nur gelegentlich als globale Vorlage benötigt werden, sollten nur bei Bedarf geladen werden. Rufen Sie dazu das Dialogfeld *Dokumentvorlagen und Add-Ins* auf (siehe Seite 328), klicken Sie auf *Hinzufügen* und wechseln Sie in den Ordner, in dem sich die gewünschte Vorlage befindet. Dort können Sie sie mit einem Doppelklick in die Liste *Globale Dokumentvorlagen und Add-Ins* des Dialogs übernehmen.

Die Vorlage wird jedoch nur während der aktuellen Word-Sitzung geladen. Wenn Sie das Dialogfeld beim nächsten Starten von Word erneut aufrufen, werden Sie feststellen, dass die Vorlage zwar noch in der Liste auftaucht, jedoch nicht mehr aktiv ist. Um sie erneut zu laden, schalten Sie einfach das Optionsfeld vor dem Namen der Vorlage ein.

Dokumente mit anderen Vorlagen verbinden
Sie können einem Dokument auch jederzeit eine andere Vorlage zuweisen:

1. Öffnen Sie das betreffende Dokument.

2. Zeigen Sie das Dialogfeld *Word-Optionen* an und wechseln Sie zur Kategorie *Add-Ins*.

3. Wählen Sie im Listenfeld *Verwalten* den Eintrag *Vorlagen* und klicken Sie auf *Gehe zu*.

4. Klicken Sie im Dialog *Dokumentvorlagen und Add-Ins* auf *Anfügen*.

5. Wählen Sie die gewünschte Vorlage und klicken Sie auf *Öffnen*.

6. Wenn Sie die Option *Dokumentformatvorlagen automatisch aktualisieren* einschalten, kopiert Word bei jedem Öffnen des Dokuments die Formatvorlagen aus der Vorlage in das Dokument. Das heißt, jede Änderung an den Formatvorlagen der Vorlage wirkt sich automatisch auf das Dokument aus. Vorsicht: Dieser Effekt kann auch unerwünscht sein, zum Beispiel bei Nummerierungen, deren Startwert manuell geändert wurde.

Bild 19.12:   Änderungen an den Formatvorlagen der Dokumentvorlage können automatisch übernommen werden

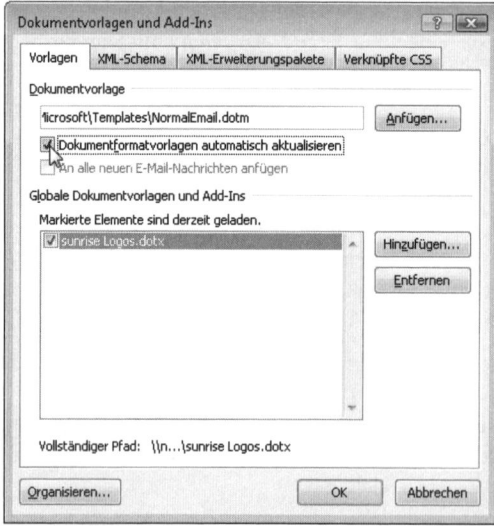

Vorlagen organisieren

Beim Erstellen einer neuen Dokumentvorlage bietet es sich oft an, bereits in anderen Vorlagen vorhandene Formatvorlagen und Makros zu übernehmen. Zu diesem Zweck existiert in Word ein eigenes Dialogfeld, mit dem sich diese Elemente zwischen Dokumentvorlagen verschieben und kopieren lassen.

Bild 19.13 Mit diesem Dialog lassen sich Formatvorlagen und Makros verwalten

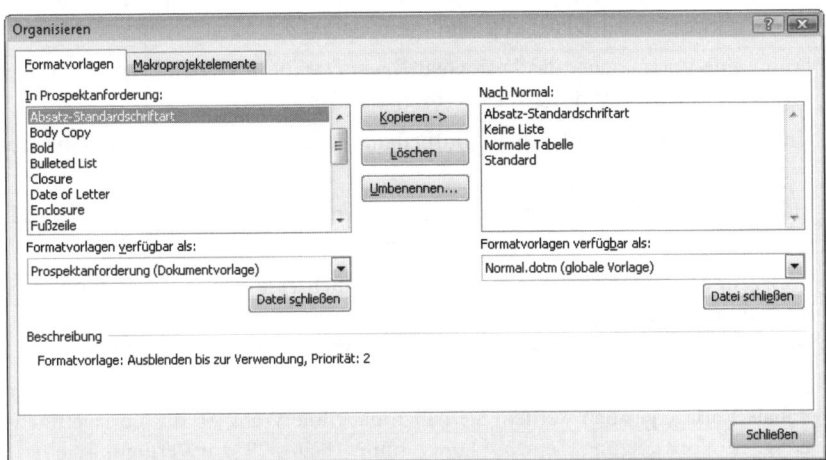

Das Kopieren funktioniert bei allen Elementen gleich:

1. Zeigen Sie das Dialogfeld *Word-Optionen* an.

2. Wechseln Sie in die Kategorie *Add-Ins.*

3. Wählen Sie im Listenfeld *Verwalten* den Eintrag *Vorlagen* und klicken Sie auf *Gehe zu.*

4. Klicken Sie im Dialogfeld *Dokumentvorlagen und Add-Ins* auf *Organisieren.*

5. Wechseln Sie auf die Registerkarte, deren Elemente Sie bearbeiten wollen.

6. Öffnen Sie in der linken Liste (mit *Datei schließen* und anschließendem *Datei öffnen*) die Vorlage, aus der Sie kopieren wollen. Ist die Datei bereits in Word geöffnet, können Sie sie direkt aus dem Listenfeld *... verfügbar als* wählen.

7. In der rechten Liste öffnen Sie die Zielvorlage.

8. Markieren Sie in der linken Liste die gewünschten Elemente und klicken Sie auf *Kopieren.*

Das Umbenennen und Löschen von Elementen funktioniert nach dem gleichen Prinzip. Zu beachten ist lediglich, dass die internen Formatvorlagen von Word nicht gelöscht werden können.

Zusammenfassung

Der geschickte Einsatz von Vorlagen ist ein wichtiger Schlüssel für das effiziente Arbeiten mit Word. In diesem Kapitel haben Sie gelernt, wie Sie eigene Vorlagen erstellen und verwalten, die Sie dann als Basis für neue Dokumente verwenden können.

- Um eine Vorlage zu erzeugen, erstellen Sie zunächst ein normales Word-Dokument und speichern es dann als Word-Vorlage ab (Seite 320).

- Um auf Basis einer Vorlage ein neues Dokument zu erstellen, können Sie in einem Ordnerfenster auf der Vorlagendatei doppelklicken (Seite322).

- Damit eine Vorlage über das Dialogfeld *Neues Dokument* erreicht werden kann, muss sie im Vorlagenordner von Word gespeichert werden (Seite 324).

- Um eine Vorlage nachträglich zu bearbeiten, muss sie wie ein normales Dokument geöffnet werden (Seite 325).

- Indem Sie innerhalb des Vorlagenordners weitere Ordner anlegen, können Sie das Dialogfeld *Neu* um eigene Registerkarten erweitern (Seite 326).

- Vorlagen, die innerhalb eines Netzwerks von mehreren Anwendern genutzt werden sollen, müssen im Arbeitsgruppen-Ordner abgelegt werden. Die Position dieses Ordners können Sie über das Dialogfeld *Speicherorte für Dateien* ermitteln bzw. ändern (Seite 326).

- Damit eine Vorlage von allen geöffneten Dokumenten genutzt werden kann, muss sie als globale Vorlage geladen werden. Sie haben dabei die Wahl, ob die Vorlage nur während der aktuellen Word-Sitzung (Seite 328) oder immer (Seite 329) zur Verfügung stehen soll.

- Konzeptionell stehen Vorlagen zwischen dem Dokument und Word selbst. Sie reduzieren den Aufwand beim Erstellen eines neuen Dokuments, indem sie vorgefertigte Inhalte liefern und den Funktionsumfang von Word ergänzen (Seite 329).

- Dokumente lassen sich nachträglich mit einer anderen Vorlage verbinden (Seite 332).

- Formatvorlagen und Makros können in andere Vorlagen kopiert werden (Seite 333).

Kapitel 20

Formulare erstellen

Word 2007

Word bietet Ihnen die Möglichkeit, eigene Formulare zu erstellen, die Sie auf dem Bildschirm ausfüllen und dann ausdrucken können. »Das ist doch eigentlich nichts Besonderes«, werden Sie vielleicht sagen, wenn Sie bereits mit Dokumentvorlagen (siehe auch Kapitel 19) gearbeitet haben. Im Prinzip stimmen wir Ihnen zu, allerdings nur im Prinzip.

Es gibt ein paar wesentliche Unterschiede zwischen einfachen Dokumentvorlagen und Formularen:

- Bei einem Formular legen Sie die Bereiche fest, in denen Eingaben vorgenommen werden können. Alle anderen Bereiche können beim Ausfüllen nicht verändert werden.

- Word stellt Ihnen drei verschiedene Formularfelder zur Verfügung (Kontrollkästchen, Textfelder und Dropdown-Listenfelder), die Sie in ein Formular einbauen und in denen der Anwender des Formulars dann Eingaben vornehmen kann.

- Sie können beim Drucken eines Formulars festlegen, ob das gesamte Formular oder nur die eingegebenen Daten ausgegeben werden sollen.

- Wenn Sie ein ausgefülltes Formular speichern, können Sie festlegen, ob das gesamte Formular oder nur die in die Formularfelder eingegebenen Daten als Textdatei gespeichert werden sollen.

HINWEIS　**Inhaltssteuerelemente von Word 2007**　Eine der Neuerungen von Word 2007 sind die sogenannten Inhaltssteuerelemente, mit denen Sie ebenfalls Textfelder und Listenfelder, aber auch ein Datumsauswahl-Steuerelement in ein Dokument (oder eine Vorlage bzw. ein Formular) einfügen können. Im Unterschied zu den drei Arten der oben genannten Formularfelder ist es bei der Verwendung der Inhaltssteuerelemente nicht möglich, lediglich die eingegebenen Daten in einer Textdatei abspeichern zu lassen. Daher eignen sich die Inhaltssteuerelemente dann nicht für den Einsatz in einem Formular, wenn Sie die eingegebenen Daten in ein Datenbankprogramm, wie Access, importieren und weiterverarbeiten wollen. Wenn Sie jedoch Dokumentvorlagen erstellen, was in Kapitel 19 beschrieben ist, sind die Inhaltssteuerelemente einfacher zu verwenden. Daher werden wir uns in diesem Kapitel auf die Beschreibung und die Verwendung der drei Formularfelder konzentrieren.

In diesem Kapitel können Sie zuerst ein einfaches Formular selbst erstellen. Anschließend stellen wir Ihnen die Formularfelder vor und erläutern an einem etwas komplexeren Beispiel die Verwendung von Makros bei Formularen. Im letzten Abschnitt wollen wir schließlich einige allgemeine Optionen für Formulare vorstellen.

Formular erstellen

Um Ihnen die Schritte, die beim Erstellen eines Formulars erforderlich sind, an einem einfachen Beispiel deutlich zu machen, haben wir Dokument vorbereitet, in das Notizen zu einem Telefonat eingegeben werden können. Dieses Dokument wird im Verlauf dieses Kapitels in ein Formular umgewandelt.

1. Klicken Sie auf die *Office-Schaltfläche* und dann auf *Neu*.

2. Klicken Sie im Dialogfeld *Neues Dokument* auf die Kategorie *Neu von vorhandenem*.

3. Wechseln Sie im Dialogfeld *Neu aus vorhandenem Dokument* zu dem Ordner mit den Beispieldateien zu diesem Buch, klicken Sie die Datei *Telefonnotiz Start* an und klicken Sie dann auf die Schaltfläche *Öffnen*.

Bild 20.1   Der Ausgangspunkt für das Formular

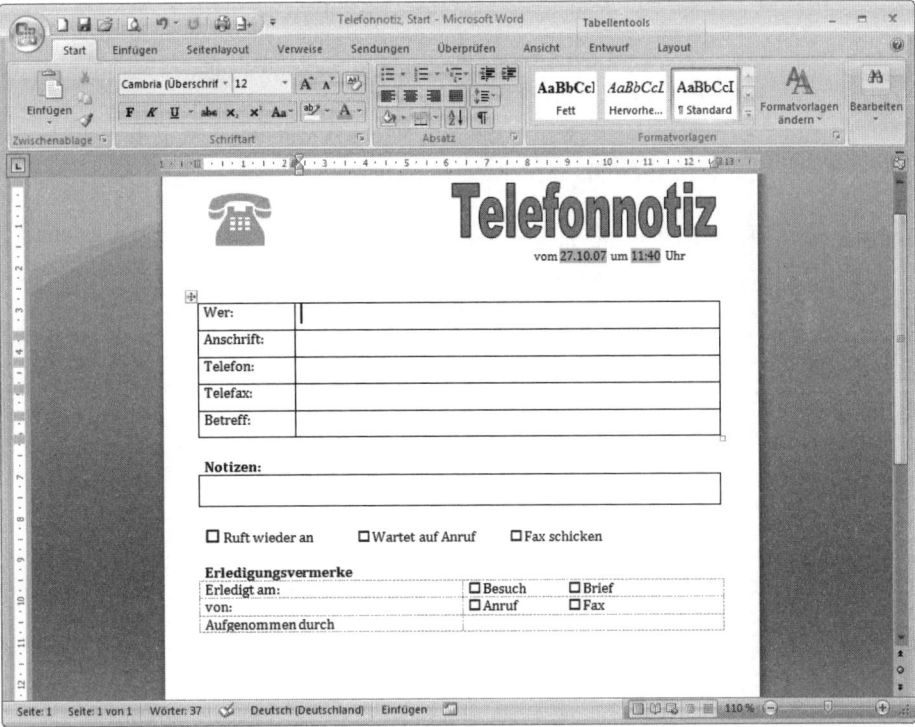

4. Klicken Sie auf die *Office-Schaltfläche,* zeigen Sie auf *Speichern unter* und klicken Sie dann auf *Word-Vorlage.*

5. Geben Sie in das Feld *Dateiname* **Telefonnotiz Formular** ein und klicken Sie auf *Speichern.*

Lassen Sie uns ein wenig innehalten und überlegen, an welcher Stelle in dieser Vorlage welche Eingaben vorgenommen werden sollen:

■ In die Tabellenfelder auf der rechten Seite der oberen Tabelle sollen Textfelder eingefügt werden, in denen ein beliebig langer Text eingegeben werden kann. Das Gleiche gilt für den Notizbereich.

■ Dort, wo derzeit der Text »Wer:« steht, soll ein Dropdown-Listenfeld eingefügt werden, in dem der Benutzer des Formulars aus den Optionen *Herr, Frau, Mr.* und *Mrs.* eine auswählen kann.

■ In den unteren Bereich sollen Kontrollkästchen eingefügt werden, bei denen der Benutzer des Formulars anklicken kann, welche Reaktionsform der Anrufer erwartet.

Die Registerkarte *Entwicklertools* einblenden

Die Werkzeuge, die Sie zum Erstellen und Bearbeiten eines Formulars benötigen, befinden sich auf der Registerkarte *Entwicklertools,* die standardmäßig nicht in der Multifunktionsleiste sichtbar ist. So blenden Sie diese Registerkarte ein:

1. Klicken Sie in der linken oberen Ecke des Word-Fensters auf die *Office-Schaltfläche* und dann auf *Word-Optionen.*

Bild 20.2   Hier schalten Sie die Registerkarte *Entwicklertools* ein

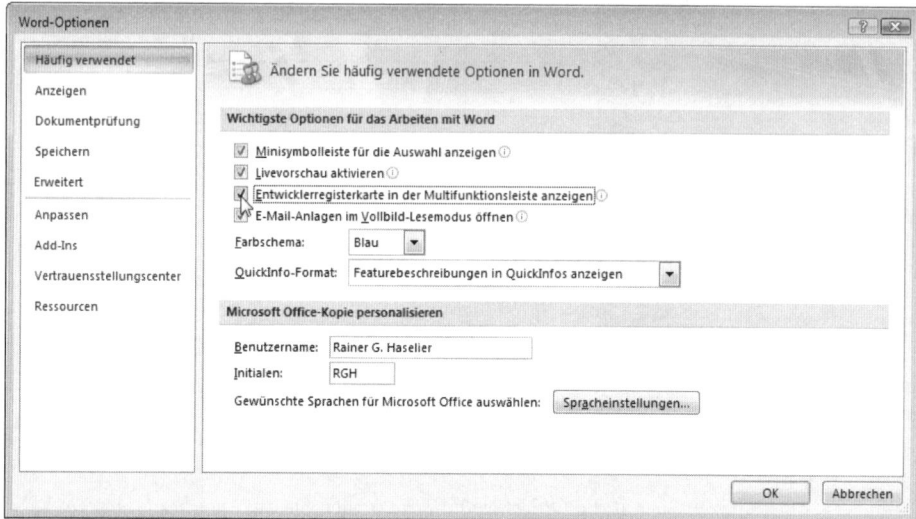

2. Lassen Sie im Dialogfeld *Word-Optionen* die Kategorie *Häufig verwendet* anzeigen und schalten Sie das Kontrollkästchen *Entwicklerregisterkarte in der Multifunktionsleiste anzeigen* ein.

Die Registerkarte *Entwicklertools* sehen Sie in der folgenden Abbildung. Die Schaltflächen für das Einfügen der Formularfelder werden sichtbar, wenn Sie in der Gruppe *Steuerelemente* die Schaltfläche *Legacytools* anklicken.

Bild 20.3   Die Registerkarte *Entwicklertools* und die Schaltflächen zum Einfügen von Formularfeldern

Feldschattierung ein/aus
Kombinationsfeld einfügen
Kontrollkästchen einfügen
Textfeld einfügen

Textfeld einfügen

Nachdem Sie die Registerkarte *Entwicklertools* eingeblendet haben, können Sie die Formularfelder in das Dokument einfügen. Lassen Sie uns mit den Textfeldern beginnen.

1.   Setzen Sie die Einfügemarke in das zweite Tabellenfeld der Zeile *Wer:*.

2.   Klicken Sie auf der Registerkarte *Entwicklertools* in der Gruppe *Steuerelemente* auf die Schaltfläche *Legacytools* und dann auf *Textfeld*. Word fügt das Formularfeld ein.

3.   Wiederholen Sie diese Schritte für alle Felder in der oberen Tabelle und für das Feld in der Tabelle *Notizen*.

Kombinationsfeld einfügen

Lassen Sie uns nun den Text *Wer:* durch ein Kombinationsfeld mit verschiedenen Anredeformen ersetzen.

1.   Löschen Sie im ersten Tabellenfeld den Text *Wer:* und lassen Sie die Einfügemarke in diesem Feld stehen.

2.   Klicken Sie auf der Registerkarte *Entwicklertools* in der Gruppe *Steuerelemente* auf die Schaltfläche *Legacytools* und dann auf *Kombinationsfeld*. Word fügt ein leeres Kombinationsfeld ein. Diese Liste muss nun noch mit Einträgen gefüllt werden.

3.   Doppelklicken Sie auf das leere Kombinationsformularfeld. Das Dialogfeld *Optionen für Dropdown-Formularfelder* wird geöffnet.

Bild 20.4　Optionen für ein Dropdown-Formularfeld einstellen

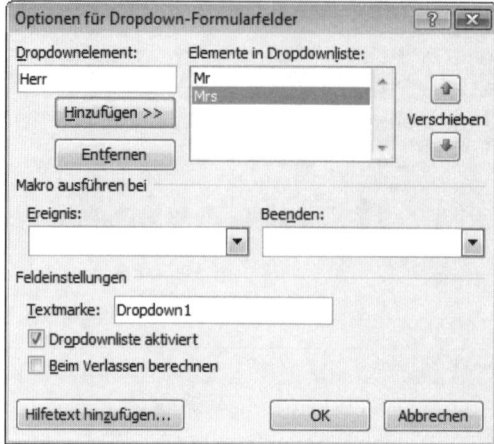

4.　Geben Sie in das Feld *Dropdownelement* den Text *Frau* ein.

5.　Klicken Sie auf *Hinzufügen*.

6.　Wiederholen Sie diese beiden Schritte für *Herr, Mr.* sowie *Mrs.*

7.　Schließen Sie das Dialogfeld mit einem Klick auf *OK*.

Kontrollkästchen einfügen

Lassen Sie uns zum Abschluss die drei Kästchen bei *Ruft wieder an ...* durch eckige Optionsfelder ersetzen.

1.　Löschen Sie das Quadrat vor *Ruft wieder an*.

2.　Klicken Sie auf der Registerkarte *Entwicklertools* in der Gruppe *Steuerelemente* auf die Schaltfläche *Legacytools* und dann auf *Kontrollkästchen*. Word fügt ein aktiviertes Kontrollkästchen ein.

3.　Wiederholen Sie die beiden Schritte für *Wartet auf Anruf* und *Fax schicken.*

Eins der drei eckigen Optionsfelder soll standardmäßig eingeschaltet sein. Nehmen wir für dieses Beispiel das Optionsfeld *Ruft wieder an:*

1.　Doppelklicken Sie auf das Kontrollkästchen vor *Ruft wieder an*. Sie sehen dann das Dialogfeld *Optionen für Kontrollkästchen-Formularfelder.*

Bild 20.5 Optionen für Kontrollkästchen-Formularfelder einstellen

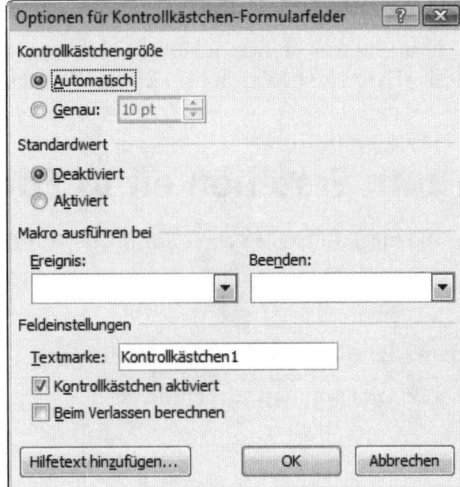

2. Schalten Sie in der Gruppe *Standardwert* das Kontrollkästchen *Aktiviert* an.

3. Schließen Sie das Dialogfeld mit einem Klick auf *OK*.

Formular testen

Wenn Sie ein Formular erstellt haben, dem Sie die drei beschriebenen Word-Formularfelder verwenden, müssen Sie es zuerst schützen, damit diese Felder ausgefüllt werden und Sie die Funktionsweise des Formulars testen können.

1. Klicken Sie auf der Registerkarte *Entwicklertools* auf *Dokument schützen*. Der Aufgabenbereich *Formatierung und Bearbeitung einschränken* wird eingeblendet.

2. Achten Sie darauf, dass die Schaltfläche *Entwurfsmodus* auf der Registerkarte *Entwicklertools* nicht aktiviert ist.

3. Schalten Sie unterhalb von *2. Bearbeitungseinschränkungen* das Kontrollkästchen *Nur diese Bearbeitungen im Dokument zulassen* ein.

4. Öffnen Sie das Listenfeld unterhalb des eingeschalteten Kontrollkästchens und wählen Sie den Eintrag *Ausfüllen von Formularen* aus.

5. Klicken Sie auf die Schaltfläche *Ja, Schutz jetzt anwenden*. Das Dialogfeld *Dokumentschutz anwenden* wird angezeigt.

6. Da Sie in der jetzigen Phase das Formular lediglich testen, brauchen Sie kein Kennwort einzugeben (mehr Informationen zum Schützen eines Dokuments finden Sie ab Seite 345). Klicken Sie daher lediglich auf *OK*.

Testen Sie nun, ob das Formular wie gewünscht funktioniert. Wenn Sie eine Stelle finden, die Sie ändern wollen, müssen Sie den Dokumentschutz zuerst wieder aufheben:

1. Klicken Sie auf der Registerkarte *Entwicklertools* auf *Dokument schützen*. Der Aufgabenbereich *Formatierung und Bearbeitung einschränken* wird eingeblendet.

2. Klicken Sie auf die Schaltfläche *Schutz aufheben*.

3. Nehmen Sie die gewünschten Änderungen am Formular vor.

Bevor Sie das fertige Formular speichern, sollten Sie den Schutz wieder einschalten, damit sich beim Öffnen eines neuen Dokuments das Formular bereits in der richtigen Betriebsart befindet.

Überblick: Schritte zum Erstellen eines Formulars

Lassen Sie uns die einzelnen Schritte, die für das Erstellen eines Formulars erforderlich sind, noch einmal zusammenfassen:

1. Neue Vorlage erstellen

2. Leeres Formular (z. B. in Form einer Tabelle) in die Vorlage aufnehmen

3. Mithilfe der Registerkarte *Entwicklertools* Formularfelder aufnehmen

4. Vorlage schützen

5. Testen

6. Schutz aufheben

7. Korrekturen anbringen

8. Vorlage schützen und speichern

Bild 20.6   Das fertige Formular mit geöffneter Dropdownliste

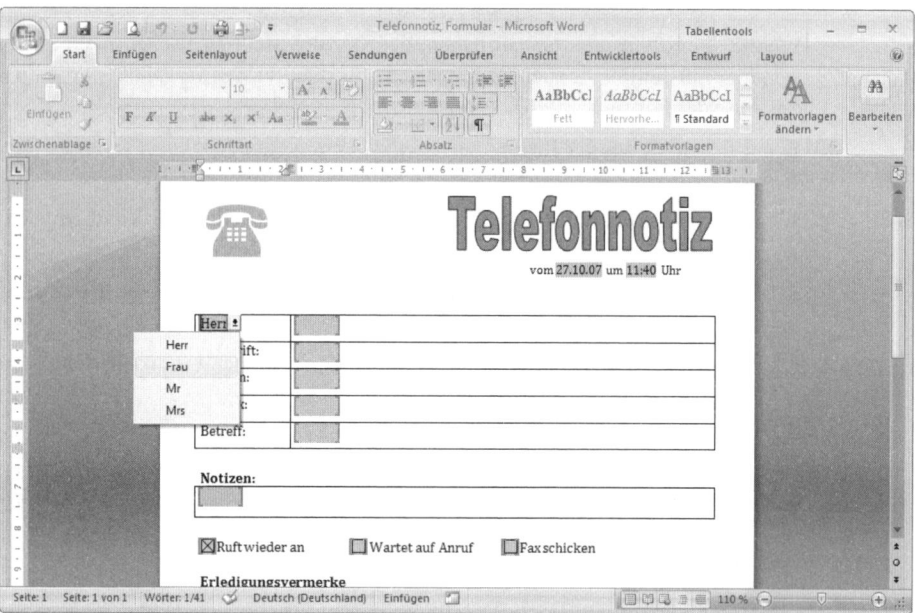

Überblick über Formularfelder

Sie haben im vorigen Abschnitt dieses Kapitels bereits die drei Arten der Formularfelder kennengelernt, die Ihnen Word zur Verfügung stellt. Wir wollen in diesem Abschnitt weitere Optionen für die Formularfelder vorstellen und beschreiben, wie Sie zu jedem Feld einen eigenen Hilfetext definieren können.

Optionen für Formularfelder

Für jedes Formularfeld können Sie verschiedene Optionen festlegen. Hierzu dient ein Dialogfeld, das angezeigt wird, wenn Sie im Entwurfsmodus auf das Formularfeld doppelklicken bzw. die Einfügemarke in das Feld setzen und die Schaltfläche für die Optionen auswählen.

Optionen für Textfelder
Textfelder in Formularen bieten die meisten Eigenschaften an, die eingestellt werden können. Im Listenfeld *Typ* können Sie zwischen einfachem Text, Zahlen und verschiedenen Datumsformaten wählen. Interessant sind die beiden Typen *Aktuelles Datum* und *Aktuelle Uhrzeit,* die beim Öffnen des Formulars automatisch aktualisiert werden und vom Benutzer nicht verändert werden können.

Im Textfeld *Standardtext/Vorgabezahl/Vorgabedatum* können Sie den Text bzw. die Zahl/das Datum eintragen, der bzw. das als Standardwert im Formular erscheinen soll.

Die Vorgabe im Feld *Maximale Länge* lautet zwar *Unbegrenzt,* jedoch bedeutet dies bei Formularen maximal 255 Zeichen. Wenn Sie die mögliche Eingabe auf weniger Zeichen einschränken wollen, geben Sie die Zeichenanzahl hier ein.

Je nach ausgewähltem Texttyp ändert sich die Überschrift oberhalb der Formatliste. Bei *Normalem Text* können Sie in der Liste *Textformat* die Groß-/Kleinschreibung festlegen, in die der eingegebene Text vom Formular umgewandelt werden soll. Bei Zahlen bzw. bei Datums- und Zeiteingaben stehen Ihnen die vielfältigen Zahl- und Zeitschalter zur Verfügung, die Sie auch bei den Word-Feldfunktionen verwenden können.

Optionen für Dropdown-Formularfelder
Bei Dropdown-Formularfeldern haben Sie etwas weniger Einstellmöglichkeiten. Sie können im Dialogfeld lediglich neue Listeneinträge hinzufügen, vorhandene löschen oder mit den beiden Schaltflächen neben der Liste die Reihenfolge der Einträge verändern.

Optionen für Kontrollkästchen
Bei Kontrollkästchen haben Sie drei Einstellmöglichkeiten. Zum einen können Sie die Standardeinstellung *(Deaktiviert/Aktiviert)* festlegen, die beim Öffnen des Formulars verwendet werden soll. Mit der Gruppe *Kontrollkästchengröße* legen Sie fest, in welcher Schriftgröße das Kästchen angezeigt werden soll. Wenn Sie die Option *Automatisch* wählen, passt sich das Kontrollkästchen an den nebenstehenden Text an.

Wenn Sie das Ein- bzw. Ausschalten des Kontrollkästchens verhindern wollen, schalten Sie die Option *Kontrollkästchen aktiviert* aus.

Word 2007

Hilfe für Formularfelder

In den drei Dialogfeldern zu den Optionen der Formularfelder finden Sie die Schaltfläche *Hilfetext hinzufügen,* mit der Sie für jedes Feld zwei eigene Hilfetexte definieren können: Einer wird in der Statusleiste angezeigt, wenn die Einfügemarke in das Feld gesetzt wird; der andere wird in einem Dialogfeld ausgegeben, sobald der Benutzer die Taste F1 drückt, während sich die Einfügemarke in dem zugehörigen Feld befindet.

Bild 20.7   Hilfetext für Formularfelder ergänzen

Um einen Hilfetext festzulegen, nehmen Sie folgende Schritte vor:

1. Doppelklicken Sie auf das gewünschte Formularfeld.

2. Klicken Sie im Dialogfeld die Schaltfläche *Hilfetext hinzufügen* an.

3. Wählen Sie, je nachdem wofür Sie den Hilfetext definieren wollen, die Registerkarte *Statusleiste* oder die Registerkarte *Hilfetaste (F1)* aus.

4. Wenn sich der Hilfetext bereits in einem AutoText-Eintrag befindet, wählen Sie seinen Namen aus der Liste aus. Sie können durch die Verwendung der AutoTexte mehreren Formularfeldern den gleichen Hilfetext zuordnen. Wenn Sie keinen AutoText-Eintrag definiert haben, geben Sie den Text im Feld *Benutzerdefiniert* ein.

5. Schließen Sie das Dialogfeld mit *OK*.

Formulare speichern

Wenn Sie ein Formular speichern, können Sie entweder das gesamte Formular abspeichern (dies geschieht standardmäßig im Word-Format) oder nur die eingegebenen Daten. Um das gesamte Formular zu speichern, verwenden Sie den »normalen« *Speichern*-Befehl.

Wenn nur die Daten des Formulars gespeichert werden sollen, erstellt Word eine Textdatei, in der die Inhalte der einzelnen Felder jeweils durch Semikolon voneinander getrennt sind. Texte, die das Ergebnis eines Text- oder Dropdown-Listenfeldes sind, werden dabei von Anführungszeichen eingeschlossen. Ergebnisse der Kontrollkästchen werden als Zahl in die Datei geschrieben, wobei 1 dem Zustand »markiert«, und 0 dem Zustand »nicht markiert« entspricht. Um nur die Formulardaten zu speichern, gehen Sie folgendermaßen vor:

1. Klicken Sie auf die *Office-Schaltfläche* und dann auf *Word-Optionen*.

2. Wechseln Sie zur Kategorie *Erweitert* und scrollen Sie zum Abschnitt *Speichern*.

3. Schalten Sie das Kontrollkästchen *In Formulardaten als durch Trennzeichen getrennte Textdatei speichern* ein. Achtung: Diese Option bezieht sich nur auf das aktuelle Dokument!

HINWEIS Inhaltssteuerelemente von Word 2007 Bitte beachten Sie, dass sich die in die neuen Inhaltssteuerelemente eingegebenen Daten mit dieser Methode nicht getrennt abspeichern lassen, sondern dass dies nur für die sogenannten Legacy-Formularfelder funktioniert.

Einlesen der Textdateien

Das Einlesen der mit einem Word-Formular erzeugten Dateien in eine Datenbank ist unter Umständen problematisch. Da Word als Trennzeichen das auch im normalen Text übliche Semikolon benutzt, kann die einlesende Datenbank die Daten nicht mehr richtig zuordnen, sobald beim Ausfüllen des Formulars in einem Textfeld ein Semikolon eingetragen wurde.

Formulare drucken

Auch beim Drucken können Sie festlegen, ob das gesamte Dokument oder nur die Inhalte der Formularfelder ausgegeben werden. Diese Option ist sinnvoll, wenn Sie Word lediglich zum Ausfüllen von Formularen verwenden wollen, die bereits gedruckt vorliegen.

1. Klicken Sie auf die *Office-Schaltfläche* und dann auf *Word-Optionen*.

2. Wechseln Sie zur Kategorie *Erweitert* und scrollen Sie zum Abschnitt *Beim Drucken dieses Dokuments*.

3. Schalten Sie das Kontrollkästchen *Nur Formulardaten drucken* ein. Achtung: Diese Option gilt nur für das aktuelle Dokument und muss vor dem Drucken explizit eingestellt werden.

Weitere Optionen beim Schützen eines Formulars

Wie bereits weiter vorn erwähnt wurde, muss ein Formular zunächst geschützt werden, bevor Daten in das Formular eingegeben werden können. Sie können dabei entweder das ganze Formular schützen oder auch nur einen Teil des Dokuments. Letzteres bietet sich an, wenn Sie ein Formular erstellt haben, das sowohl eine Tabelle enthält, in die Werte eingegeben werden sollen, als auch einen Bereich, in dem der Benutzer die Möglichkeit haben soll, weiteren Text zu erfassen. Um dies zu realisieren, trennen Sie die verschiedenen Teile des Formulars durch Abschnittsumbrüche. Um einen Abschnittsumbruch einzufügen, setzen Sie den Cursor an die gewünschte Position, wechseln zur Registerkarte *Seitenlayout*, klicken auf die Schaltfläche *Umbrüche* und dann auf *Abschnittsumbrüche/Fortlaufend*. Wiederholen Sie dies, bis Sie das Formular wie gewünscht in verschiedene Abschnitte unterteilt haben.

Um das Dokument zu schützen, gehen Sie dann folgendermaßen vor:

1. Wechseln Sie zur Registerkarte *Entwicklertools* und klicken Sie in der Gruppe *Schützen* auf *Dokument schützen* und dann auf *Formatierung und Bearbeitung einschränken.* Der gleichnamige Aufgabenbereich wird angezeigt.

Bild 20.8 Mit diesem Aufgabenbereich konfigurieren Sie den Dokumentschutz

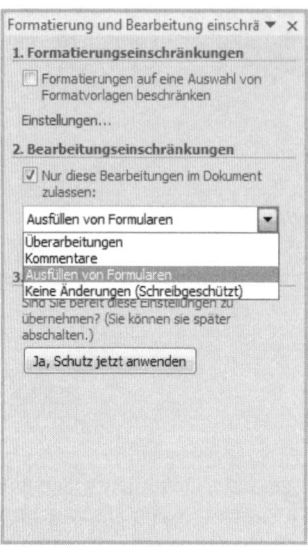

2. Schalten Sie im Aufgabenbereich das Kontrollkästchen *Nur diese Bearbeitungen im Dokument zulassen* ein und wählen Sie im darunter liegenden Listenfeld den Eintrag *Ausfüllen von Formularen* aus.

3. Klicken Sie unterhalb des Listenfeldes auf *Abschnitte auswählen* und schalten Sie im Dialogfeld *Abschnitt schützen* den/die Abschnitt/e aus, die nicht geschützt werden sollen. Schließen Sie dann das Dialogfeld.

Bild 20.9 So schützen Sie einzelne Abschnitte in einem Formular

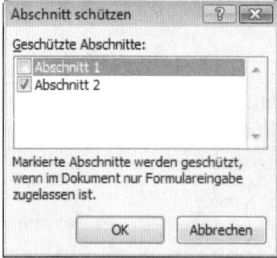

4. Klicken Sie im Aufgabenbereich auf die Schaltfläche *Ja, Schutz jetzt anwenden.* Word zeigt dann ein Dialogfeld an, in dem Sie ein Kennwort festlegen können, ohne das der Dokumentschutz nicht entfernt werden kann.

Bild 20.10   Vergabe eines Kennwortes

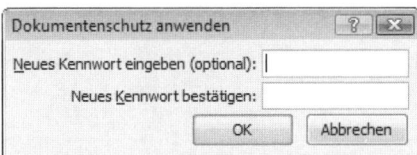

5.   Speichern Sie das Formular ab.

Nachdem Sie das Dokument geschützt haben, wird im Aufgabenbereich *Formatierung und Bearbeitung einschränken* die Schaltfläche *Schutz aufheben* angezeigt. Klicken Sie diese an, um den Dokumentschutz aufzuheben. Wenn Sie beim Schützen des Formulars ein Kennwort vergeben haben, werden Sie aufgefordert, dieses einzugeben.

Zusammenfassung

In diesem Kapitel haben Sie gesehen, wie Sie mit Word eine spezielle Art Dokumentvorlage, nämlich ein Formular erstellen können.

- Die beim Erstellen eines Formulars erforderlichen Schritte haben Sie am Beispiel einer Telefonnotiz kennengelernt (Seite 336).

- Um Formularfelder in ein Dokument einzufügen, benötigen Sie die Registerkarte *Entwicklertools* (Seite 338). In der Gruppe *Steuerelemente* stehen Ihnen nach dem Einblenden dieser Registerkarte dann ein Textformularfeld (Seite 339), ein Dropdown-Formularfeld (Seite 339) und ein Kontrollkästchen-Formularfeld zur Verfügung (Seite 340).

- Um das Formular zu testen, müssen Sie den Dokumentschutz einschalten (Seite 341). Für das Testen ist es nicht erforderlich, ein Kennwort zu vergeben.

- Die weiteren Abschnitte dieses Kapitels haben Sie dann mit zusätzlichen Möglichkeiten beim Erstellen von Formularen vertraut gemacht. Sie haben unter anderem gesehen, wie Sie die weiteren Optionen für Formularfelder einstellen können (Seite 343), wie Sie beim Speichern eines Formulars lediglich die eingegebenen Daten speichern (Seite 344), wie Sie nur die eingegebenen Daten ausdrucken (Seite 345) und wie Sie nur einzelne Abschnitte eines Formulars schützen (Seite 345).

Word 2007

Kapitel 21

Makro-
Programmierung

In diesem Kapitel:

In diesem Kapitel wollen wir die Gleichung »Makros = anspruchsvolle Programmierung« widerlegen. Wir werden dazu in einem ersten Schritt den Fokus auf das so genannte *Aufzeichnen* von Makros setzen. Bei dieser Art der Makroerstellung wird der Visual Basic-Editor – also die Programmierumgebung von Word – nicht benötigt. Die potenzielle Arbeitsersparnis ist gleichwohl enorm, denn selbst mit einfachsten Makros können Sie sich eine Menge Routinearbeiten vom Hals schaffen.

In der täglichen Praxis kommt es immer wieder zu Situationen, in denen Sie eine bestimmte Befehlsfolge häufig unverändert eingeben müssen: Wenn Sie zum Beispiel ein mehrseitiges Glossar nachträglich so formatieren wollen, dass die enthaltenen Begriffe durch eine bestimmte Formatierung vom erklärenden Text abgehoben werden sollen, müssen Sie unter Umständen in mehreren Dutzend Absätzen das erste Wort markieren und die gewünschte Formatierung zuweisen. Mit einem kleinen Makro lässt sich die dazu notwendige Befehlsfolge auf einen Tastendruck pro Absatz reduzieren.

Oft existieren im Alltag auch lästige Routineaufgaben, die sich ebenfalls per Makro abkürzen lassen: Wer z.B. jeden Tag mehrfach die Silbentrennung in einem Dokument einschalten muss, kann dank Makro den dazu erforderlichen Mausslalom durch Registerkarte und Dialogfeld durch einen Shortcut überflüssig machen.

Was sind Makros?

Aus der Sicht eines Programmierers sind Makros kleine Programme, mit denen sich Word um individuelle Funktionen erweitern lässt. Die Erstellung solcher Programme erfordert in der Regel eine fundierte Kenntnis der internen Struktur eines Word-Dokuments (oder technischer ausgedrückt: dem Objekt-Modell von Word) und zumindest grundlegende Programmierfähigkeiten.

Es gibt aber auch noch eine andere Perspektive, nämlich die des Anwenders, der über keinerlei Programmiererfahrung verfügt: Makros sind eine Sammlung von Befehlen, die auf Knopfdruck abgespult werden können.

Makros aufzeichnen

Der einfachste Weg, einen Makro zu erstellen, besteht darin, die gewünschte Befehlssequenz ganz normal auszuführen und dabei als Makro aufzeichnen zu lassen. Die Aufzeichnung erledigt der in Word integrierte Makro-Rekorder. Er arbeitet ähnlich wie ein Kassettenrecorder, nur dass er keine Musik, sondern Befehlsfolgen aufzeichnet. Sind alle eingegebenen Befehle aufgezeichnet, können sie, sozusagen per Knopfdruck, beliebig oft in derselben Reihenfolge wieder abgespielt werden.

Die Registerkarte *Entwicklertools*

Bevor Sie gleich »in medias res« gehen können, müssen Sie erst noch etwas Vorarbeit leisten. Microsoft hat nämlich die Makro-Funktionalität von Word vor dem »normalen« Anwender verborgen, indem die dazu notwendige Registerkarte *Entwicklertools* standardmäßig nicht angezeigt wird. Diese Registerkarte müssen Sie also zunächst einmal einschalten.

1. Öffnen Sie den Dialog *Word-Optionen* (via *Office-Schaltfläche/Word-Optionen*).

2. Wechseln Sie in die Rubrik *Häufig verwendet*.

3. Schalten Sie dort die Option *Entwicklerregisterkarte in Multifunktionsleiste anzeigen* ein.

Bild 21.1   Die Registerkarte *Entwicklertools*

Beispiel 1: Silbentrennung einschalten

Für einen ersten Test soll nun das oben erwähnte Silbentrennungs-Beispiel aufgegriffen werden. Die Aufgabe des Makros besteht also darin, das Dialogfeld *Silbentrennung* aufzurufen und dort die gewünschten Einstellungen vorzunehmen.

1. Wechseln Sie auf die Registerkarte *Entwicklertools* und klicken Sie auf die Schaltfläche *Makro aufzeichnen*. Es erscheint das Dialogfeld *Makro aufzeichnen*, das der Ausgangspunkt für das Aufzeichnen von Makros ist.

Bild 21.2   Zuerst wird der Name festgelegt und ein Shortcut zugewiesen

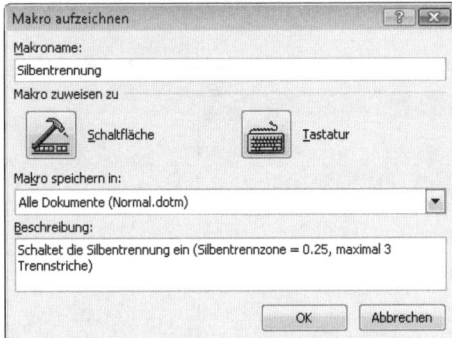

> **TIPP**   Der Dialog *Makro aufzeichnen* lässt sich auch über die Schaltfläche *Makroaufzeichnung* der Statusleiste aufrufen. Die Schaltfläche wird automatisch aktiviert, sobald Sie die Registerkarte *Entwicklertools* einschalten. Sie können die Sichtbarkeit der Schaltfläche aber auch über das Kontextmenü der Statusleiste steuern.

In diesem Dialogfeld können Sie den Namen des neuen Makros und eine kurze Beschreibung seiner Aufgabe eingeben. Darüber hinaus ist es auch möglich (und sinnvoll), dem Makro direkt eine Tastenkombination zuzuweisen oder ihn in eine Symbolleiste oder ein Menü aufzunehmen.

2. Tragen Sie in das Feld *Makroname* den Namen *Silbentrennung* ein.

HINWEIS Bei der Wahl des Namens müssen bestimmte Regeln eingehalten werden:

■ Das erste Zeichen muss ein Buchstabe sein. Der Name *1tesMakro* ist also unzulässig.

■ Folgende Zeichen dürfen nicht im Namen enthalten sein: Punkt (.), !, @, &, $ und #.

■ Der Name darf höchstens 255 Zeichen lang sein. Diese Bedingung stellt in der Praxis keine echte Einschränkung dar.

■ Der Name darf nicht mit dem Namen eines Visual Basic-Befehls identisch sein.

Wenn Sie gegen eine der Regeln verstoßen, erscheint eine entsprechende Fehlermeldung.

3. Legen Sie im Listenfeld *Makro speichern in* fest, wo der neue Makro gespeichert werden soll. Wenn Sie sich für die Dokumentvorlage *Normal.dotm* entscheiden, steht der Makro später allen Dokumenten zur Verfügung und wird dann als »globaler« Makro bezeichnet. Legen Sie ihn in der aktuellen Vorlage ab, kann er nur in den Dokumenten benutzt werden, die auf eben dieser Vorlage basieren. Für unser Beispiel ist es am einfachsten, wenn Sie den Makro als globalen Makro speichern.

4. Geben Sie im Feld *Beschreibung* eine kurze Beschreibung ein, die Sinn und Zweck des Makros dokumentiert.

5. Klicken Sie auf die Schaltfläche mit der Tastatur, um dem Makro einen Shortcut zuzuweisen. Es erscheint das Dialogfeld *Tastatur anpassen*.

6. Drücken Sie den gewünschten Shortcut. Er wird automatisch in das Textfeld *Neue Tastenkombination* eingetragen. Versuchen Sie zum Beispiel ⇧+Alt+S. Sollte der gewählte Shortcut bereits für einen anderen Befehl vergeben sein, wird die aktuelle Belegung im Dialogfeld angezeigt und Sie müssen auf eine andere Tastenkombination ausweichen.

Bild 21.3 Zuweisen eines Shortcuts, mit dem der Makro später aufgerufen werden kann

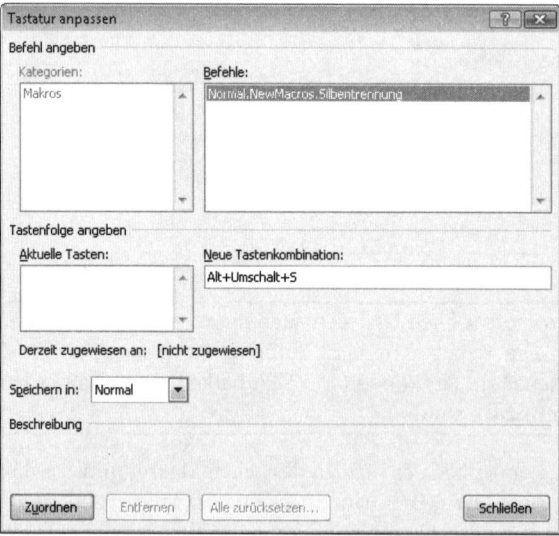

7. Wenn Sie Ihre Wahl getroffen haben, klicken Sie auf die Schaltfläche *Zuordnen*, um die Verbindung von Makro und Shortcut zu besiegeln. Beenden Sie das Dialogfeld mit *Schließen*.

Die Aufzeichnung läuft! In der Statusleiste hat die Schaltfläche *Makroaufzeichnung* ihr Aussehen verändert und hat nun die Form einer Stopptaste angenommen. Mit ihr können Sie die Aufzeichnung später wieder beenden.

Auch beim Mauszeiger hat sich etwas getan. Er ist jetzt mit einem kleinen Kassetten-Symbol versehen, um Ihnen anzuzeigen, dass momentan eine Makroaufzeichnung läuft.

8. Tun Sie nun so, als wüssten Sie vom Makro-Rekorder überhaupt nichts, und nehmen Sie die Schritte vor, mit denen Sie die Silbentrennung unter normalen Umständen einschalten bzw. konfigurieren würden. Vielleicht zählen Sie spaßeshalber mit, wie viele Einzelschritte dazu nötig sind (Wechsel auf die Registerkarte *Seitenlayout,* Menü der Schaltfläche *Silbentrennung* öffnen, Dialog mit dem Befehl *Silbentrennungsoptionen* aufrufen, 4 Eingabefelder kontrollieren bzw. einstellen, Dialog schließen).

Bild 21.4   Diese Einstellungen soll der Makro später auf Knopfdruck vornehmen

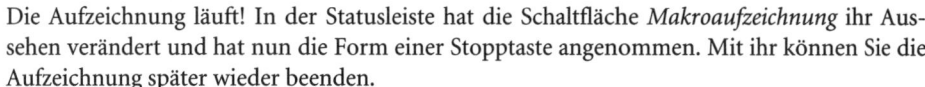

9. Anschließend klicken Sie in der Statusleiste auf die Stopptaste. Die Makroaufzeichnung ist damit beendet.

Herzlichen Glückwunsch, das war schon alles! Sie haben Ihren ersten Makro erstellt, der alle eingegebenen Schritte unter dem neuen Befehl *Silbentrennung* zusammenfasst. Da Sie dem Makro vor der Aufzeichnung eine Tastenkombination zugewiesen haben, können Sie ihn mit ihrer Hilfe sofort aufrufen.

Makros ausführen

Um einen Makro zu starten, gehen Sie folgendermaßen vor:

1. Klicken Sie in der Registerkarte *Entwicklertools* auf die Schaltfläche *Makros* oder drücken Sie den Shortcut [Alt]+[F8]. Word zeigt das Dialogfeld *Makros* an (siehe Bild 21.5 auf der folgenden Seite).

2. Wählen Sie im Listenfeld *Makros in* die Vorlage aus, in der Ihr Makro gespeichert ist. Um alle zurzeit verfügbaren Makros anzuzeigen, markieren Sie den Eintrag *Allen aktiven Dokumentvorlagen und Dokumenten.*

3. Wählen Sie aus der Liste den gewünschten Makro aus.

4. Klicken Sie auf die Schaltfläche *Ausführen,* um den Makro zu starten. Alternativ können Sie auch direkt auf den Makronamen doppelklicken.

Bild 21.5   Aufruf des soeben aufgezeichneten Makros

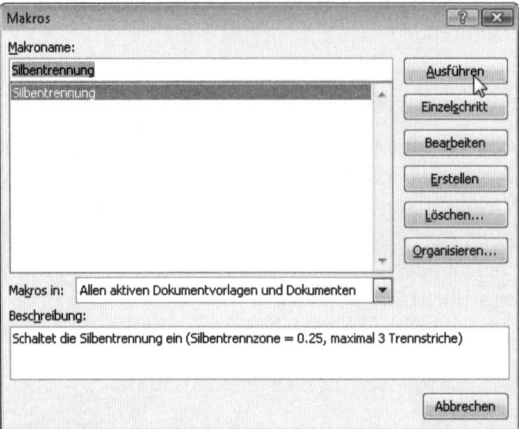

Tastenkombination ändern und löschen

Wenn Sie die Zuweisung einer Tastenkombination aufheben oder ändern wollen, können Sie die folgende Methode benutzen:

1.   Öffnen Sie den Dialog *Word-Optionen* (via *Office-Schaltfläche/Word-Optionen*).

2.   Wechseln Sie in die Rubrik *Anpassen* und klicken Sie anschließend im unteren Bereich des Fensters auf die Schaltfläche *Anpassen* (davor steht noch *Tastenkombinationen*). Word zeigt dann das Dialogfeld *Tastatur anpassen* an.

Bild 21.6   Tastenkombination löschen und neu zuweisen

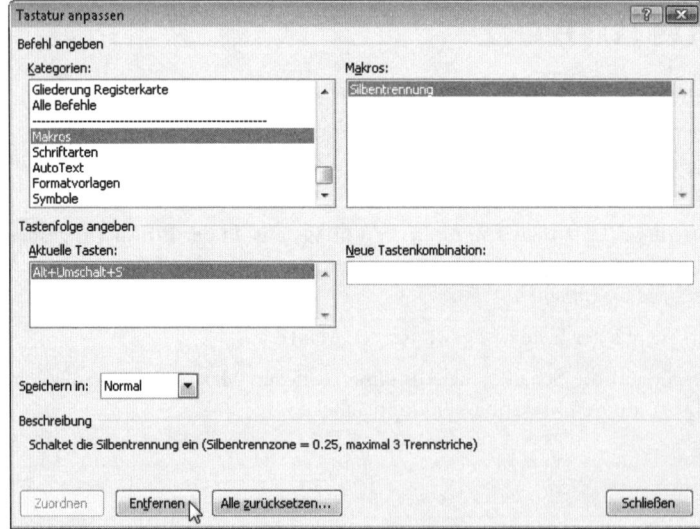

3. Markieren Sie im Listenfeld *Kategorien* den Eintrag *Makros*.

4. Jetzt können Sie rechts im Listenfeld *Makros* den gewünschten Makro markieren. Die aktuelle Tastenkombination wird im Listenfeld *Aktuelle Tasten* angezeigt.

5. Um einen Shortcut zu löschen, markieren Sie ihn im Listenfeld *Aktuelle Tasten* und klicken auf *Entfernen*.

6. Wollen Sie dem Makro einen neuen Shortcut zuweisen, setzen Sie den Cursor in das Textfeld *Neue Tastenkombination* und drücken dann die gewünschte Tastenkombination. Wenn diese bereits für eine andere Funktion vergeben ist, erscheint unter dem Textfeld eine entsprechende Meldung. Um den Shortcut endgültig zu übernehmen, müssen Sie zwingend auf die Schaltfläche *Zuordnen* klicken (diesen Schritt dürfen Sie nicht vergessen).

Weitere Beispiele für einfache Makros

In diesem Abschnitt wollen wir Ihnen noch drei weitere Anwendungsfälle vorstellen, in denen sich das Erstellen eines kleinen Makros lohnen kann.

Beispiel 2: Datei drucken

Die Aufgabenstellung für den nächsten Makro lautet, dass er nicht ein, sondern zwei Exemplare des aktuellen Dokuments drucken soll. Auch diesen Makro können Sie einmal aufzeichnen und dann immer wieder verwenden. Nehmen Sie dazu die gleichen Schritte vor wie beim ersten Beispiel. Hier noch einmal die Kurzfassung:

1. Dialogfeld *Makro aufzeichnen* aufrufen. Das geht am schnellsten über die Schaltfläche *Makroaufzeichnung* in der Statuszeile.

2. Makronamen eingeben und (auf Wunsch) einen Shortcut festlegen.

3. Die Schritte ausführen, die aufgezeichnet werden sollen. Also: *Office-Schaltfläche/Drucken/ Drucken* aufrufen, im Dialogfeld das Feld *Anzahl Exemplare* auf 2 einstellen und den Druck mit *OK* starten.

4. Den Makro-Rekorder über Stopptaste in der Statusleiste beenden.

Anschließend können Sie den Makro mit seinem Shortcut oder über das Dialogfeld *Makros* (via *Entwicklertools/Makros* oder ⌨Alt+⌨F8) starten.

Beispiel 3: Formatierungen erledigen

In diesem Beispiel wollen wir das eingangs erwähnte Glossar-Beispiel aufgreifen. Der Makro soll folgende Aufgaben erledigen:

1. An den Anfang des aktuellen Absatzes springen.

2. Das erste Wort markieren.

3. Das markierte Wort fett formatieren.

4. Die Markierung aufheben.

Für diese Aufgabe existieren in Visual Basic spezielle Befehle, mit denen sich das erste Wort eines Absatzes gezielt ansprechen lässt. Mit den richtigen Shortcuts kommt man jedoch auch ohne dieses Spezialwissen ans Ziel:

1. Rufen Sie den Dialog *Makro aufzeichnen* auf.

2. Vergeben Sie einen Namen und weisen Sie eine Tastenkombination zu.

3. Drücken Sie `Strg`+`↑`. Dadurch springt die Einfügemarke an den Anfang des aktuellen Absatzes (sie darf vorher jedoch nicht bereits am Absatzanfang stehen).

4. Markieren Sie das erste Wort des Absatzes mit `⇧`+`Strg`+`→`.

5. Weisen Sie die gewünschte Formatierung mit `⇧`+`Strg`+`F` zu.

6. Drücken Sie `→`, um die Markierung aufzuheben. Unter Umständen ist es auch sinnvoll, direkt mit `Strg`+`↓` zum nächsten Absatz zu springen, um die Einfügemarke bereits für den nächsten Aufruf des Makros in eine geeignete Position zu bringen. In diesem Fall muss die Einfügemarke noch mit `→` ein Zeichen nach rechts bewegt werden, damit der im 3. Schritt aufgezeichnete Befehl an den Anfang des aktuellen Absatzes springt und nicht zum vorherigen Absatz.

7. Beenden Sie die Makroaufzeichnung mit der Stopptaste.

Mit dem so erstellten Makro können Sie das erste Wort des aktuellen Absatzes mit einem Tastendruck formatieren.

TIPP   Wenn Sie zum Beispiel den Anfang eines Absatzes bis zu einem bestimmten Zeichen markieren wollen, können Sie folgenden Trick anwenden:

1. Springen Sie an den Anfang des Absatzes (mit `Strg`+`↑`).

2. Drücken Sie `F8`, damit Word die Markierung in den Erweiterungsmodus schaltet.

3. Springen Sie mit *Start/Bearbeiten/Suchen* zu dem gewünschten Zeichen (z.B. einem Doppelpunkt). Der gewünschte Text ist nun markiert.

4. Drücken Sie `Esc`, um den Erweiterungsmodus wieder zu verlassen. Fertig!

Beispiel 4: Mit blauen Wellenlinien unterstreichen

Im letzten Beispiel soll ein Makro entstehen, mit dem Sie ein Wort oder einen markierten Textbereich mit einer bestimmten Formatierung versehen können. Für unser Beispiel haben wir uns für die Unterstreichung mit zwei blauen Wellenlinien entschieden. Für diese Formatierung sind bei Verwendung der normalen Menübefehle etliche Einzelschritte erforderlich, so dass sich der Aufwand der Makroerstellung lohnen wird.

Im ersten Schritt werden wir den Makro-Rekorder einsetzen, um die Aktionen zum Unterstreichen eines markierten Textes aufzuzeichnen. Wie Sie gleich noch sehen werden, werden dabei auch überflüssige bzw. störende Befehle aufgezeichnet, die wir in einem zweiten Schritt aus dem Makro entfernen müssen.

1. Rufen Sie das Dialogfeld *Makro aufzeichnen* auf.

2. Geben Sie als Makronamen **BlaueWellenlinien** ein.

3. Wählen Sie im Listenfeld *Makro speichern* den Eintrag *Alle Dokumente (Normal.dotm)*.

4. Geben Sie im Textfeld *Beschreibung* eine kurze Beschreibung des Makros ein.

Bild 21.7 Dialog mit den Angaben für den neuen Makro

5. Klicken Sie auf die Schaltfläche mit der Tastatur und definieren Sie eine Tastenkombination, mit der Sie den Makro später komfortabel aufrufen können. Die dazu notwendigen Schritte haben wir im Abschnitt »Makros aufzeichnen« auf Seite 350 beschrieben.

6. Klicken Sie im Dialogfeld *Tastatur anpassen* auf *Schließen*. Dadurch wird der Makro-Rekorder gestartet, was Sie u.a. an dem geänderten Mauszeiger erkennen.

7. Wechseln Sie auf die Registerkarte *Start* und rufen Sie das Dialogfeld *Schriftart* auf (über die kleine quadratische Schaltfläche unten rechts in der Gruppe *Schriftart*). Nehmen Sie den gewünschten Einstellungen im Dialogfeld vor. Anschließend klicken Sie auf *OK*, um die Formatierung zuzuweisen.

8. Schalten Sie den Makro-Rekorder wieder ab.

Sie sehen, man benötigt durchaus keine jahrelange Programmiererfahrung, um mit Word eigene Makros zu erzeugen. Einige wenige Handgriffe und Befehle genügen, und schon haben Sie einen Makro erstellt. Da Sie das Prinzip nun kennen, werden Ihnen sicherlich zahlreiche Situationen und Aktionen einfallen, bei denen Ihnen ein aufgezeichneter Makro die Arbeit mit Word erleichtern kann.

Makros bearbeiten

Im zweiten Teil dieses Workshops werfen wir einen Blick hinter die Kulissen und werden den in Beispiel 4 aufgezeichneten Makro *BlaueWellenlinien* bearbeiten. Auch in diesem Teil werden keine Programmierkenntnisse vorausgesetzt.

Zum Bearbeiten von Makros wird der so genannte *Visual Basic-Editor* benutzt. Wenn Sie noch nie programmiert haben, wird dieses Programm vermutlich etwas Unbehagen bei Ihnen auslösen. Ignorieren Sie dieses Gefühl einfach in dem Bewusstsein, dass Sie sich nicht mit unnötigen technischen Details belasten wollen.

1. Rufen Sie das Dialogfeld *Makros* mit ⌐Alt⌐+⌐F8⌐ auf.

2. Wählen Sie im Listenfeld *Makros in* den Eintrag *Allen aktiven Dokumentvorlagen und Dokumenten*.

Bild 21.8 Auswahl eines aufgezeichneten Makros, um ihn zu bearbeiten

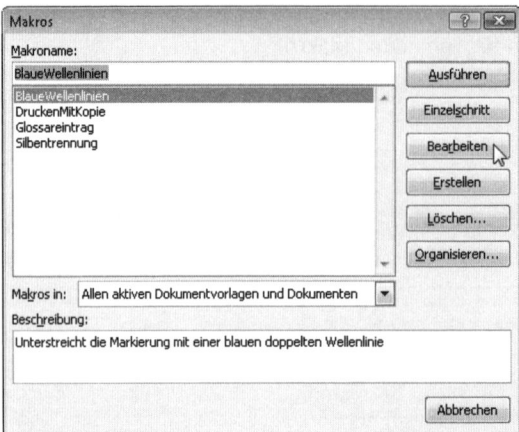

3. Markieren Sie den Makro in der Liste und klicken Sie auf *Bearbeiten.* Ihr Bildschirm sollte nun in etwa so aussehen, wie im nächsten Bild.

Bild 21.9 Der aufgezeichnete Makro im Visual Basic-Editor

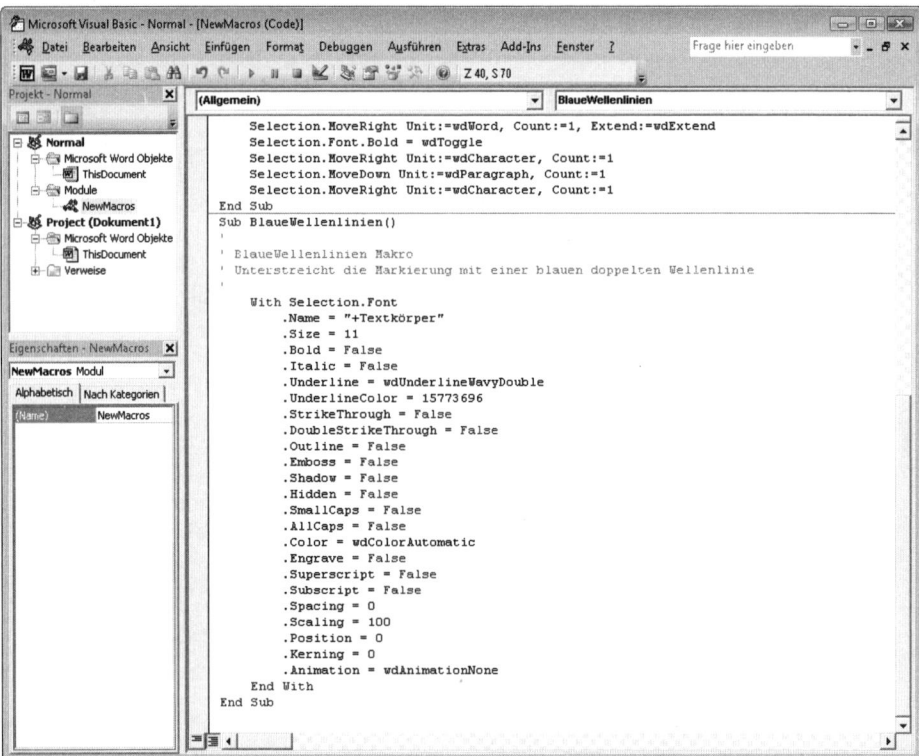

In diesem – zugegebenermaßen – etwas unübersichtlichen Fensterkonglomerat interessiert hier nur der große Bereich auf der rechten Seite. Dort ist gut zu erkennen, dass der Makro mit der Zeile

```
Sub BlaueWellenlinien()
```

beginnt. Anschließend folgen einige Zeilen in grüner Schrift, die mit einem einfachen Anführungszeichen beginnen:

```
'
' BlaueWellenlinien Makro
' Unterstreicht die Markierung mit einer blauen doppelten Wellenlinie
'
```

Bei diesen Zeilen handelt es sich um Kommentare, die keine Aktionen auslösen, sondern lediglich dazu dienen, die Aufgabe bzw. die Funktionsweise des Makros zu beschreiben.

Unterhalb der Kommentarzeilen taucht dann eine erschreckend lange Liste von Befehlen auf. Damit stellt sich die berechtigte Frage, warum der Makro-Rekorder gleich zwei Dutzend Befehle aufgezeichnet hat, obwohl wir nur eine einzige Aktion – nämlich die punktierte Unterstreichung – vorgenommen haben.

Dies erklärt sich daraus, dass der Makro-Rekorder nicht die vorgenommene *Änderung* der Formatierung registriert, sondern *sämtliche* Einstellungen des Zeichen-Dialogs berücksichtigt. Wenn Sie sich die Liste der Befehl ansehen, werden Sie feststellen, dass dort sämtliche Optionen des Dialogs auftauchen.

Dadurch ist der aufgezeichnete Makro natürlich nicht mehr universell verwendbar. In dieser Form würde ein Aufruf des Makros nicht nur die punktierte Linie zuweisen, sondern auch alle anderen Zeichenformatierungen auf die Werte einstellen, die im Makro gespeichert sind. Der Makro stellt also genau den Zustand her, der bei der Aufzeichnung des Makros aktiv war.

Überflüssige Befehle löschen

Da der Makro aber nur die Art der Unterstreichung beeinflussen soll, ist er für unseren Zweck etwas übereifrig. Löschen Sie daher die störenden Zeilen, so dass der Makro folgendes Aussehen erhält:

```
Sub BlaueWellenlinien()
'
' BlaueWellenlinien Makro
' Unterstreicht die Markierung mit einer blauen doppelten Wellenlinie
'
    With Selection.Font
        .Underline = wdUnderlineWavyDouble
        .UnderlineColor = 15773696
    End With
End Sub
```

In dieser Form wirkt sich der Makro nur noch auf die Unterstreichung des markierten Textes aus, das heißt, er wird alle anderen Formatierungseigenschaften ignorieren.

Mit dieser Technik kommen Sie in vielen Fällen problemlos zum Ziel, da sich die Bedeutung der meisten Befehle dank ihrer »sprechenden Namen« auch ohne tiefer gehende Programmierkenntnisse aus dem Kontext erschließt.

> **HINWEIS** Vielleicht haben Sie sich schon über die beiden Zeilen gewundert, in denen das Wort *With* auftaucht. Dabei handelt es sich lediglich um eine Methode, mit der man sich beim Programmieren viel Schreibarbeit ersparen kann. Umgangssprachlich könnte man die Bedeutung von *With* in etwa so formulieren: »Wenn nichts anderes angegeben ist, beziehen sich die folgenden Befehle auf *Selection.Font*.«. Ohne dieses Hilfsmittel sähe der aufgezeichnete Makro so aus:

```
Sub PunktiertUnterstreichen2()
Sub BlaueWellenlinien2()
'
' BlaueWellenlinien Makro
' Unterstreicht die Markierung mit einer blauen doppelten Wellenlinie
'
    Selection.Font.Underline = wdUnderlineWavyDouble
    Selection.Font.UnderlineColor = 15773696
    Selection.Font.StrikeThrough = False
    ...
    Selection.Font.Kerning = 0
    Selection.Font.Animation = wdAnimationNone
End Sub
```

Speichern und Testen des Makros

Speichern Sie den modifizierten Makro mit *Datei/Normal speichern*. Anschließend können Sie den Visual Basic-Editor beenden und den neuen Makro testen. Markieren Sie dazu einen beliebigen Text und geben Sie dann den Shortcut ein, den Sie bei der Aufzeichnung des Makros definiert haben. Der markierte Text ist anschließend mit einer blauen Wellenlinie unterstrichen, ohne dass irgendwelche anderen Zeichenformatierungen davon beeinflusst werden.

Intelligente Makros

Haben Sie Blut geleckt? Dann wollen wir den Makro *BlaueWellenlinien* noch etwas erweitern. Er soll in seiner endgültigen Form die Unterstreichung ein- und ausschalten können. Dazu benötigt er etwas »Intelligenz«, damit er seine Aktionen an die Ausgangsbedingungen anpassen kann.

Wir beschreiben die Anweisungen, die der Makro ausführen muss, zuerst in der Umgangssprache und übertragen sie dann in die Programmierwelt (dies ist übrigens eine gängige Vorgehensweise beim Programmieren).

1. »Prüfe, ob der markierte Text mit einer doppelten Wellenlinie unterstrichen ist.«

2. »Wenn der Text mit einer doppelten Wellenlinie unterstrichen ist, entferne sie.«

3. »In allen anderen Fällen (d.h. der Text ist nicht oder auf irgendeine andere Art unterstrichen) unterstreiche ihn mit einer blauen doppelten Wellenlinie.«

Entscheidungen fällen

Um diese Anforderung in Programmcode umzusetzen, benötigt man spezielle Befehle, die dem Makro erlauben, eine Entscheidung zu fällen. Der häufigste Befehl für solche Fälle ist die *If-Then-Else*-Anweisung (Wenn-Dann-Sonst). Ihre allgemeine Form sieht folgendermaßen aus (die kursiv dargestellten Wörter müssen noch durch den konkreten Programmcode ersetzt werden):

```
If Bedingung Then
        AnweisungWennWahr
Else
        AnweisungWennFalsch
End if
```

Im Falle unseres Makros sieht das Ergebnis wie folgt aus:

```
Sub BlaueWellenlinien()
'
' BlaueWellenlinien Makro
' Unterstreichung mit doppelter Wellenlinie ein- und ausschalten
'
    With Selection.Font
        If .Underline = wdUnderlineWavyDouble Then
            .Underline = wdUnderlineNone
        Else
            .Underline = wdUnderlineWavyDouble
            .UnderlineColor = 15773696
        End If
    End With
End Sub
```

Und so funktioniert der Makro: Zuerst prüft er mit der Bedingung `.Underline = wdUnderline-WavyDouble`, ob der Text zurzeit mit einer doppelten Wellenlinie unterstrichen ist. Wenn das der Fall ist, entfernt der Makro die Unterstreichung, indem er der Formatierungseigenschaft *Underline* den neuen Wert *wdUnderlineNone* zuweist. Sollte der Text jedoch noch nicht mit einer punktierten Linie unterstrichen sein (z.B. wenn der Text gar nicht oder auf andere Weise unterstrichen ist), erhält die Eigenschaft *Underline* den Wert *wdUnderlineWavyDouble*, was Word als Aufforderung versteht, den Text mit einer doppelten Wellenlinie zu unterstreichen. In diesem Fall wird auch die Farbe der Linie auf Blau gesetzt.

Das Prinzip ist übertragbar

Diese Technik des Ein- und Ausschaltens können Sie auf viele Anwendungsfälle übertragen. Wenn Sie zum Beispiel einen Makro erstellen möchten, der die Ausrichtung eines Absatzes zwischen *Blocksatz* und *Rechts* wechseln soll, gehen Sie so vor:

1. Starten Sie den Makro-Rekorder.

2. Ändern Sie die Ausrichtung des aktuellen Absatzes auf *Rechts*.

3. Ändern Sie die Ausrichtung auf *Blocksatz*.

4. Stoppen Sie die Aufzeichnung.

5. Drücken Sie ⌐Alt⌐+⌐F8⌐, markieren Sie den aufgezeichneten Marko und klicken Sie auf *Bearbeiten*.

6. Löschen Sie die überflüssigen Befehle (falls vorhanden).

7. Ergänzen Sie den Makro um eine *If-Then-Else*-Anweisung.

8. Speichern Sie den Makro.

Der fertige Makro sollte anschließend so aussehen:

```
Sub AbsatzAusrichtung()
'
' AbsatzAusrichtung Makro
'
    With Selection.ParagraphFormat
        If .Alignment = wdAlignParagraphRight Then
            .Alignment = wdAlignParagraphJustify
        Else
            .Alignment = wdAlignParagraphRight
        End If
    End With
End Sub
```

Makros kommentieren

Um den Zweck und die Arbeitsweise Ihrer Makros auch nach längerer Zeit noch nachvollziehen zu können, ist es sinnvoll, die Makros beim Schreiben zu kommentieren. Ein Kommentar ist ein erklärender Text, der für den Ablauf des Makros ohne Bedeutung ist. Damit Word diesen Text bei der Ausführung des Makros ignoriert, muss er mit einem besonderen Zeichen beginnen. In Visual Basic wird dazu das Hochkomma benutzt, das sich in der Regel auf der Taste mit dem Nummernzeichen (#) befindet. Die Akzent-Zeichen, die sich links neben der Rücktaste befinden, werden nicht akzeptiert.

In dem folgenden Listing finden Sie die endgültige Version des Makros *BlaueWellenlinien*, die wir mit einigen Kommentaren versehen haben. Beachten Sie, dass Kommentare auch hinter einem Befehl stehen dürfen:

```
Sub BlaueWellenlinien()
'
' BlaueWellenlinien Makro
' Unterstreichung mit doppelter Wellenlinie ein- und ausschalten
'
    With Selection.Font
        If .Underline = wdUnderlineWavyDouble Then    ' Markierung mit dop. Wellenlinie unterstrichen?
            .Underline = wdUnderlineNone              ' ja:  Unterstreichung entfernen
        Else
            .Underline = wdUnderlineWavyDouble        ' nein: Mit blauer Wellenlinie unterstreichen
            .UnderlineColor = 15773696
        End If
    End With
End Sub
```

Zusammenfassung

In diesem Kapitel haben Sie gesehen, dass das Erstellen von einfachen Makros keine Programmierkenntnisse erfordert.

- Die Funktionen zum Erstellen, Bearbeiten und Ausführen von Makros befinden sich auf der Registerkarte *Entwicklertools*. Da diese Registerkarte normalerweise nicht sichtbar ist, muss sie zunächst im Dialogfeld *Word-Optionen* eingeschaltet werden. Die betreffende Option befindet sich dort in der Rubrik *Häufig verwendet* (Seite 350).

- Der einfachste Weg, einen Makro zu erstellen, besteht darin, die gewünschte Befehlssequenz ganz normal auszuführen und dabei als Makro aufzeichnen zu lassen (Seite 350).

- Damit Sie Ihre Makros komfortabel aufrufen können, weisen Sie ihnen eine Tastenkombination zu (Seite 351), die sich nachträglich problemlos ändern oder löschen lässt (Seite 354).

- Zum Starten eines Makros verwenden Sie entweder die zugewiesene Tastenkombination oder das Dialogfeld *Makros,* das Sie am schnellsten mit dem Shortcut Alt + F8 aufrufen können (Seite 353).

- In der Regel müssen Sie ein aufgezeichnetes Makro nachträglich bearbeiten, um zum Beispiel überflüssige Befehle zu löschen. Dazu verwenden Sie den Visual Basic Editor (Seite 357).

- Mit einer *If-Then-Else*-Anweisung verleihen Sie Ihren Makros die Fähigkeit, auf unterschiedliche Ausgangssituationen reagieren zu können. Auf diese Weise lassen sich zum Beispiel Formatierungen gezielt ein- und ausschalten (Seite 360).

Word 2007

Kapitel 22

Word-Optionen

In diesem Kapitel:

In diesem Kapitel stellen wir Ihnen die zahlreichen Einstellungsmöglichkeiten von Word 2007 vor, mit denen Sie das Verhalten von Word und die Bildschirmdarstellung der Dokumente an Ihre Wünsche und Bedürfnisse anpassen können. Wir beschränken uns dabei auf die Beschreibung der wichtigsten Optionen.

Die Palette reicht vom Ein- und Ausschalten des Warntons bis hin zur Wahl der verwendeten Maßeinheit. Schauen Sie sich die Optionen der Reihe nach an, da sich neben vielen banalen auch einige wichtige Funktionen dahinter verstecken.

Um das Dialogfeld aufzurufen, mit dem Sie die Word-Optionen einsehen und bearbeiten können, öffnen Sie das Menü der *Office-Schaltfläche* und klicken dort auf die Schaltfläche *Word-Optionen*. Word zeigt dann das Dialogfeld *Word-Optionen* an, in dem die verschiedenen Optionen thematisch in Gruppen zusammengefasst sind, so dass Sie sich relativ schnell darin orientieren können.

Bild 22.1   Die zahlreichen Optionen sind thematisch gegliedert. Wenn Sie mit dem Mauszeiger auf ein Info-Symbol zeigen, erscheint ein kurzer erklärender Text

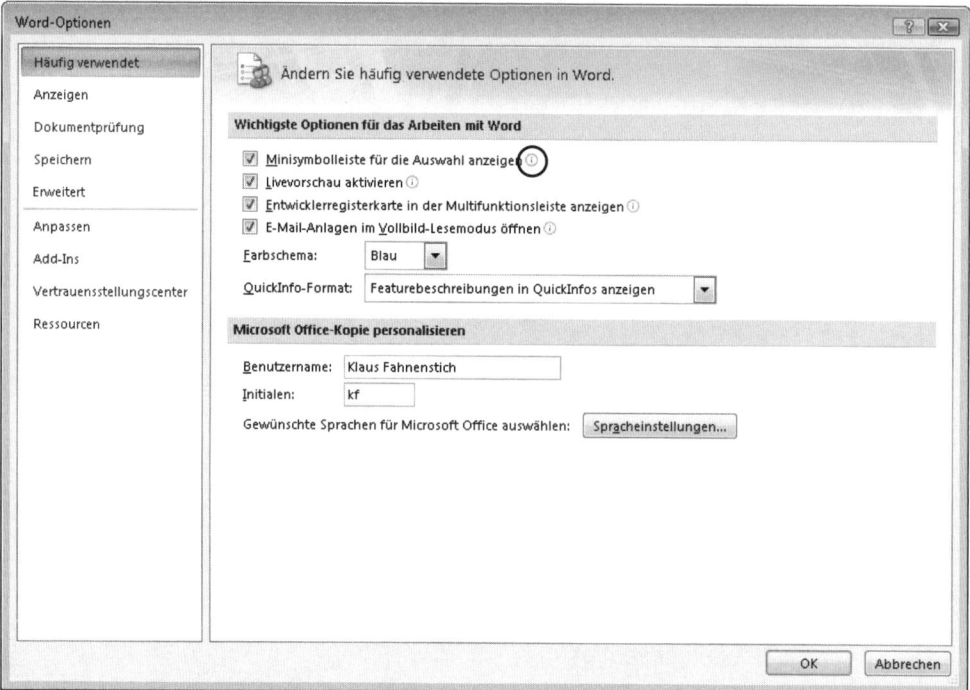

Häufig verwendet

Minisymbolleiste Wenn Sie es als störend empfinden, dass Word jedes Mal die neue Minisymbolleiste einblendet, sobald Sie einen Text markieren, können Sie die Symbolleiste durch Ausschalten der Option vom Bildschirm verbannen.

Livevorschau Auch die in Word 2007 eingeführte Livevorschau lässt sich bei Bedarf deaktivieren. Da diese Funktion das Arbeiten mit Word erheblich erleichtert, sollten Sie dieses Feature nur dann ausschalten, wenn es Sie beim flüssigen Arbeiten mit Word behindert.

Entwicklerregisterkarte in der Multifunktionsleiste anzeigen Wenn Sie diese Option aktivieren, taucht in der Multifunktionsleiste die Registerkarte *Entwicklertools* auf, mit deren Befehle Sie automatisierte Dokumente erstellen können. Eine Einführung in die Makroprogrammierung mit Word finden Sie in Kapitel 21.

Bild 22.2 Mit den Befehlen dieser Registerkarte können Sie zum Beispiel Makros aufzeichnen und interaktive Formulare erstellen

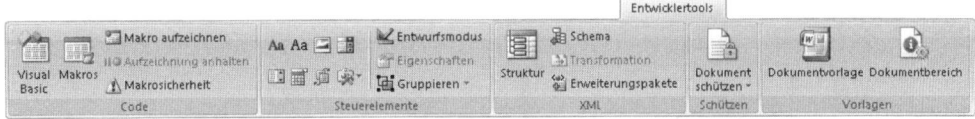

Farbschema Wenn Ihnen die himmelblaue Farbgebung des Wordfensters nicht zusagt, können Sie hier noch zwei andere Varianten, nämlich *Silber* und *Schwarz,* ausprobieren.

QuickInfo-Format QuickInfos sind die kleinen Fenster, die Word automatisch anzeigt, wenn Sie den Mauszeiger über eine Schaltfläche halten. Mit dieser Option können Sie festlegen, ob überhaupt und wenn ja, in welcher Form Word diese QuickInfos anzeigen soll:

- **QuickInfos nicht anzeigen** Die automatische Anzeige wird unterbunden.

- **Featurebeschreibungen in QuickInfos nicht anzeigen** Wenn Sie diese Einstellung auswählen, zeigt Word lediglich den Namen der Schaltfläche an.

- **Featurebeschreibungen in QuickInfos anzeigen** Im QuickInfo erscheint zusätzlich zum Namen der Schaltfläche ein kurzer erläuternder Text. Falls für die Schaltfläche in der Online-Hilfe eine eigene Seite existiert, taucht im QuickInfo-Fenster zusätzlich der Text »Drücken Sie F1, um die Hilfe anzuzeigen« auf (siehe auch Kapitel 4).

Bild 22.3 QuickInfo mit Featurebeschreibung

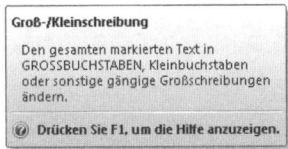

Anzeigen

Leerraum zwischen Seiten in der Drucklayoutansicht anzeigen Diese Option ist normalerweise eingeschaltet und bewirkt, dass Word in der Seitenlayout-Ansicht die Seiten vollständig anzeigt. Mit vollständig ist hier gemeint, dass auch die oberen und unteren Seitenränder auf dem Bildschirm sichtbar sind. Da diese Bereiche aber in aller Regel leer sind, wird wertvoller Platz auf dem Bildschirm verschwendet.

Wenn Sie die Option ausschalten, »schneidet« Word die weißen Ränder ab, so dass die Textbereiche der Seiten direkt aneinander stoßen.

Bild 22.4 Word zeigt die leeren Randbereiche der beiden Seiten nicht mehr an

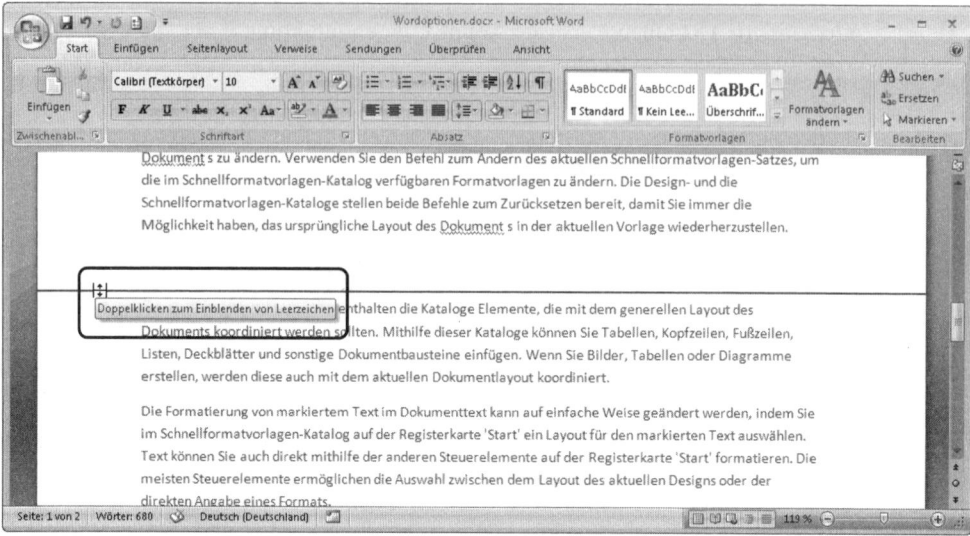

Um zwischen den beiden Darstellungsarten hin- und herzuschalten, können Sie den Mauszeiger zwischen zwei Seiten positionieren, bis er die Form aus Bild 22.4 annimmt, und dort doppelklicken.

Diese Formatierungszeichen immer auf dem Bildschirm anzeigen Mit den Optionen dieser Gruppe können Sie festlegen, ob bestimmte Formatierungszeichen, unabhängig vom Status der Schaltfläche *Alle anzeigen* (sie befindet sich auf der Registerkarte *Start* in der Gruppe *Absatz)*, immer auf dem Bildschirm angezeigt werden sollen.

In Word erstellte Zeichnungen drucken Wenn Sie diese Option ausschalten, werden in Word erstellte Zeichnungen (z.B. SmartArts) nicht ausgedruckt. Die Einstellung bietet sich an, wenn Sie einen schnellen Konzeptausdruck Ihres Dokuments benötigen.

Dokumentprüfung

In dieser Rubrik können Sie das Verhalten der Rechtschreib- und Grammatikprüfung steuern. Dieses Thema wird ausführlich in Kapitel 12 behandelt.

Speichern

AutoWiederherstellen-Informationen speichern Diese Option sollten Sie unbedingt eingeschaltet lassen. Word speichert dann in dem von Ihnen vorgegebenen Rhythmus nicht nur die gerade von Ihnen bearbeiteten Dokumente, sondern darüber hinaus auch Informationen über den aktuellen Zustand von Word selbst.

Wenn Word oder Ihr Rechner aus irgendeinem Grund abstürzt, lädt Word beim nächsten Programmstart nicht nur die zuletzt geöffneten Dateien, sondern versucht zusätzlich, die Bearbeitungssituation kurz vor dem Absturz zu rekonstruieren (wie zum Beispiel die Anordnung der Fenster).

Schriftarten in der Datei einbetten Wenn Sie ein Dokument verschicken, werden Sie in aller Regel wünschen, dass es beim Empfänger genauso aussieht wie bei Ihnen. Damit dieses gelingt, müssen auf dem Computer des Empfängers die im Dokument verwendeten Schriften installiert sein.

Wenn Sie die Option *Schriftarten in der Datei einbetten* einschalten, speichert Word die vom Dokument benötigten Schriften mit im Dokument ab. Beim Anzeigen des Dokuments werden die Schriften dann bei Bedarf automatisch installiert.

Da sich dadurch der Umfang des Dokuments zum Teil deutlich erhöht, können Sie mit der Option *Nur im Dokument verwendete Zeichen einbetten* das Speichern unbenutzter Zeichen vermeiden. Außerdem lässt sich über die Option *Allgemeine Systemschriftarten nicht einbetten* das unnötige Verschicken von Schriften, die mit hoher Wahrscheinlichkeit auf jedem Rechner zu finden sind, vermeiden.

> **HINWEIS** **Beachten Sie die Urheberrechte der Schriften** Seit Jahr und Tag herrscht bei vielen Anwendern die Meinung vor, dass Schriften beliebig kopiert und weitergegeben werden dürfen. Diese Annahme ist jedoch falsch. Auch Schriften unterliegen dem Urheberrecht und der Hersteller einer Schrift kann somit genau festlegen, ob bzw. in welcher Art und Weise seine Schrift weitergegeben werden darf.

Erweitert

Eingabe ersetzt markierten Text Wenn diese Option eingeschaltet ist, wird ein markierter Text durch die Eingabe des nächsten Zeichens überschrieben. Dieses Verhalten löst bei Word-Neulingen oft einen kleinen Schock aus, da sie den Zusammenhang zwischen Tastendruck und Löschen des markierten Textes nicht unmittelbar erkennen. Natürlich sind die gelöschten Daten nicht verloren und können über den Befehl *Rückgängig* wiederhergestellt werden.

Automatisch ganze Wörter markieren Bei aktivierter Option erleichtert Word das wortweise Markieren mit der Maus. Zum Markieren mehrerer Wörter brauchen Sie nur noch in das erste Wort zu klicken und können die Markierung dann wortweise aufziehen. Für das Markieren eines einzelnen Wortes hat diese Option keine Bedeutung, da Sie das am schnellsten über einen Doppelklick erledigen.

Drag und Drop für Text zulassen Mit diesem Optionsfeld können Sie das Umstellen von Text via Drag & Drop ein- bzw. ausschalten. Der Sinn dieser Flexibilität will nicht unbedingt einleuchten. Es mag einen triftigen Grund geben, wir kennen ihn leider nicht!

Automatisch beim Einfügen von AutoFormen einen neuen Zeichenbereich erstellen Zeichenbereiche sollen Sie beim Erstellen von Grafiken unterstützen, die aus mehreren Formen bestehen. Dieses Feature hat sich in der Praxis jedoch nicht richtig durchsetzen können. Außerdem gibt es mit der Einführung der neuen SmartArts heute noch weniger Gründe als früher, aufwändige Grafiken mühselig mit Hilfe von Formen zu erstellen.

Word 2007

EINFG-Taste zum Steuern des Überschreibmodus verwenden Mit dieser Option können Sie ein altes Relikt aus der Mottenkiste von Word herausholen: den Überschreibmodus. In diesem Modus ersetzen neu eingegebene Zeichen den bereits vorhandenen Text.

Es mag zwar Situationen geben, in denen diese Funktion einen gewissen Nutzwert hat. In aller Regel führt es jedoch eher zu Irritationen, wenn Word scheinbar unvermittelt Text überschreibt, nur weil Sie als Anwender unbeabsichtigt die `Einfg`-Taste gedrückt haben.

Klicken und Eingeben aktivieren Wenn Sie den Mauszeiger bei eingeschalteter Option über die Seite bewegen, sehen Sie, dass an dem Mauszeiger das Symbol für die Textausrichtung (linksbündig, zentriert, rechtsbündig) klebt. Wenn Sie dann eine beliebige Stelle doppelt anklicken, setzt Word die Einfügemarke an diese Stelle und Sie können dort Ihren Text eingeben.

Diese Funktion eignet sich besonders für das Erstellen von zentrierten Überschriften, rechtsbündigen Datumsangaben in einem Brief oder um ein einzelnes Wort an eine bestimmte Stelle in das Dokument aufzunehmen. Die notwendigen Formatierungen (Einzüge, Tabulatoren, Textumbruch usw.) werden von Word eigenständig vorgenommen.

Ausschneiden und Einfügen mit Leerzeichenausgleich Mit dieser Option können Sie eine der praktischsten Funktionen von Word ein- bzw. ausschalten. Bei aktivierter Option sorgt Word dafür, dass beim Umstellen von Text die Leerzeichen anschließend richtig gesetzt werden. Wenn Sie zum Beispiel ein Wort an das Satzende stellen, ist automatisch gewährleistet, dass vor dem Punkt kein Leerzeichen steht.

Da sich das Verhalten von Word im Laufe der verschiedenen Programmversionen etwas geändert hat, haben Sie hier zusätzlich noch die Möglichkeit, die genaue Wirkungsweise dieser Funktion zu steuern. Klicken Sie dazu auf die Schaltfläche *Einstellungen* und wählen Sie in dem angezeigten Dialog Ihre bevorzugte Konfiguration.

Bild 22.5 Konfiguration des Leerstellenausgleichs

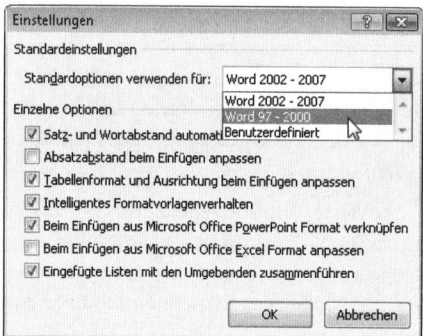

Platzhalter für Grafiken anzeigen Wenn Sie diese Option einschalten, zeigt Word anstelle einer Grafik einen leeren Rahmen an. Diese Option ist zum Beispiel sinnvoll, um einen schnelleren Bildlauf durchzuführen oder um bei einem Testausdruck Zeit und Tinte zu sparen.

Textbegrenzungen anzeigen Bei aktivierter Option macht Word die eingestellten Seitenränder durch eine dünne punktierte Linie auf dem Bildschirm sichtbar. Auf diese Weise können Sie zum Beispiel besser abschätzen, wie weit der Text eine Seite bereits gefüllt hat, das heißt, wie viel Platz auf der Seite noch frei ist.

Diese Anzahl zuletzt verwendeter Dokumente anzeigen   Hier stellen Sie ein, wie viele Einträge das Menü der Office-Schaltfläche für die zuletzt von Ihnen bearbeiteten Dateien maximal enthalten soll. Standardmäßig merkt sich Word die letzten 17 Dateien; Sie können diese Liste aber auf bis zu 50 Dateien ausbauen. Wenn Sie nicht möchten, dass jemand feststellen kann, an welchen Dokumenten Sie zuletzt gearbeitet haben, geben Sie hier eine Null ein.

Maße in folgenden Einheiten anzeigen   Die im Listenfeld gewählte Maßeinheit wird von Word für das horizontale und das vertikale Lineal und für die meisten Maßangaben in Dialogfeldern verwendet. Einige Maßangaben, wie zum Beispiel die Abstände vor und nach einem Absatz, sind von der Einstellung unabhängig.

Feedback mit Sound bereitstellen   Wenn Sie bei der Eingabe eines ungültigen Befehls bzw. einer ungültigen Tastenkombination von Word mit einem akustischen Signal gewarnt werden möchten, dann schalten Sie die Option ein. Das hat zum Beispiel den Vorteil, dass Sie bei falschen Eingaben eine Reaktion von Word bekommen und Fehler so schneller bemerken.

Feedback mit Animation   Mit dieser Einstellung können Sie verschiedene animierte Mauszeiger und kleine Animationen in der Statuszeile aktivieren, die erscheinen, wenn Word z.B. ein Dokument druckt oder speichert.

Dateiformatkonvertierung beim Öffnen bestätigen   Sie können mit Word auch Texte bearbeiten, die mit anderen Programmen erstellt worden sind. Hinter dieser sich vielleicht banal anhörenden Aussage steckt ein Problem: Jeder Anbieter von Textverarbeitungsprogrammen verwendet in den Dateien, in denen die Texte abgespeichert werden, ein anderes Format. Damit Word z.B. ein mit WordPerfekt erstelltes Dokument lesen und Sie das Dokument in Word bearbeiten können, muss das WordPerfekt-Format zuerst in das Word-Format umgewandelt werden.

Word versucht beim Öffnen eines Fremdformates dessen Dateityp zu erkennen. Bei eingeschalteter Option haben Sie die Möglichkeit, Words Annahme über das Format zu überprüfen und evtl. korrigierend einzugreifen. Ist das Feld ausgeschaltet, findet die Konvertierung ohne Rückfrage statt.

Automatische Verknüpfungen beim Öffnen aktualisieren   Diese Option wird für Sie wichtig, wenn Sie Objekte mit Ihren Dokumenten verknüpft haben. Bei eingeschaltetem Feld aktualisiert Word die Objekte automatisch beim Öffnen des Dokuments. Schalten Sie die Option aus, müssen Sie die Objekte manuell auf den neuesten Stand bringen.

Beide Varianten haben ihre Vor- und Nachteile: Aktivieren Sie das Optionsfeld, so ist zwar garantiert, dass sich die angezeigten Daten immer auf dem neuesten Stand befinden; das Öffnen der Dokumente dauert dann jedoch deutlich länger.

Seitenumbruch im Hintergrund   Bei eingeschalteter Option hält Word die Seitenwechsel Ihres Dokuments immer auf dem aktuellen Stand und nimmt dazu in bestimmten Zeitabständen selbstständig einen Seitenumbruch vor. Besonders bei langen Dokumenten kann Word dadurch spürbar langsamer werden.

Wenn Sie sich beim Aufruf des Dialogs in der Seitenlayoutansicht befunden haben, können Sie die Option *Seitenumbruch im Hintergrund* nicht verändern. Das würde allerdings auch keinen Sinn machen, da diese Ansicht ja den Sinn hat, das Dokument möglichst so darzustellen, wie es später auf dem Papier aussieht.

Dokument so gestalten, als ob es erstellt wurde in   Die Kompatibilitätsoptionen von Word steuern die Art und Weise, wie Word ein Dokument auf dem Bildschirm darstellt bzw. ausdruckt. Das heißt, durch das Ein- oder Ausschalten bestimmter Optionen wird ein Word-Dokument nicht geändert. Es wird lediglich die Art der Darstellung beeinflusst.

Word 2007

Die meisten Optionen haben die Aufgabe, ein spezielles Verhalten älterer Word-Versionen nachzuahmen. Dadurch ist es in aller Regel möglich, dass ein Dokument, das mit einer früheren Version von Word erstellt wurde, in der aktuellen Programmversion korrekt dargestellt werden kann.

Ohne Kompatibilitätsoptionen würde sich bei alten Dokumenten häufig der Seitenumbruch ändern, da neue Word-Versionen auf ein- und dieselbe Formatierung unterschiedlich reagieren. Ein gutes Beispiel ist die Behandlung des Anfangs- und des Endeabstandes von Absätzen, die sich mit Word 2000 deutlich geändert hat.

Um ein Gefühl für die vielen kleinen Unterschiede im Verhalten der einzelnen Word-Versionen zu bekommen, können Sie interessehalber eine ältere Word-Version im Listenfeld einstellen und dann auf das kleine Pluszeichen vor *Layoutoptionen* klicken. Im Dialog taucht dann eine schier endlose Liste von Optionen auf. Aktivierte Optionen deuten auf darauf hin, dass Word 2007 sich in dem betreffenden Punkt anders verhält, als die im Listenfeld gewählte Word-Version.

Bild 22.6   Kompatibilitätsoptionen zeigen die Unterschiede der einzelnen Word-Versionen auf

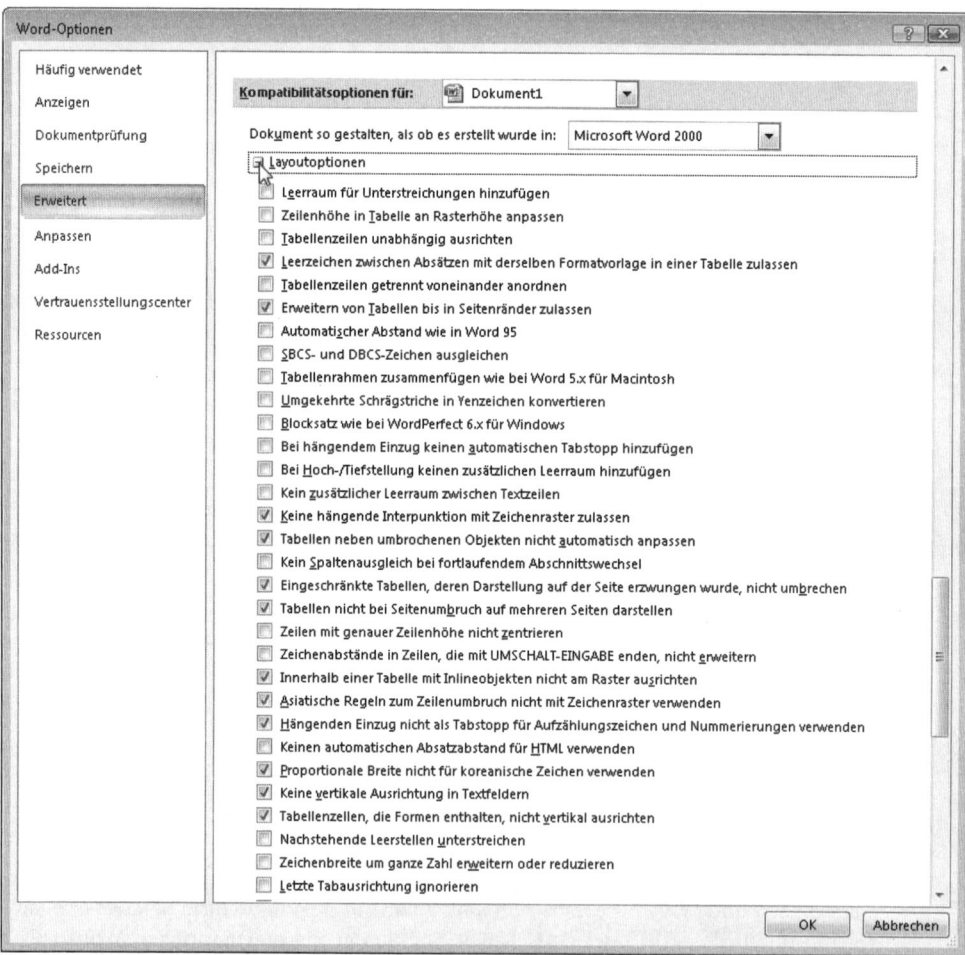

Anpassen

In der Rubrik *Anpassen* des Optionen-Dialogs können Sie weitere Befehle in die Symbolleiste für den Schnellzugriff aufnehmen bzw. nicht benötigte Befehle aus ihr entfernen. Außerdem lässt sich hier die Reihenfolge der Schaltflächen auf der Symbolleiste verändern. Weitere Informationen zu diesem Thema finden Sie in Anhang E.

Add-Ins

In dieser Rubrik können Sie die Verwaltung der Add-Ins vornehmen, mit denen die Funktionalität von Word erweitert werden kann. Dieses Thema wird in diesem Buch nicht näher behandelt.

Vertrauensstellungscenter

Im Vertrauensstellungscenter können Sie diverse Einstellung vornehmen, die u.a. das Verhalten von Word gegenüber Dokumenten aus unbekannten Quellen beeinflussen. So können Sie zum Beispiel bestimmte Herausgeber und Speicherorte als vertrauenswürdig einstufen, damit Word Dokumente aus diesen Quellen ohne Nachfrage öffnet.

Von besonderem Interesse sind auch die *Datenschutzoptionen,* mit denen Sie zum Beispiel steuern können, in welchem Umfang Office auf das Internet zugreift, um nach Aktualisierungen zu suchen.

Bild 22.7 Die Datenschutzoptionen erreichen Sie über die Schaltfläche *Einstellungen für das Vertrauens-stellungscenter* in der Rubrik *Vertrauensstellungscenter*

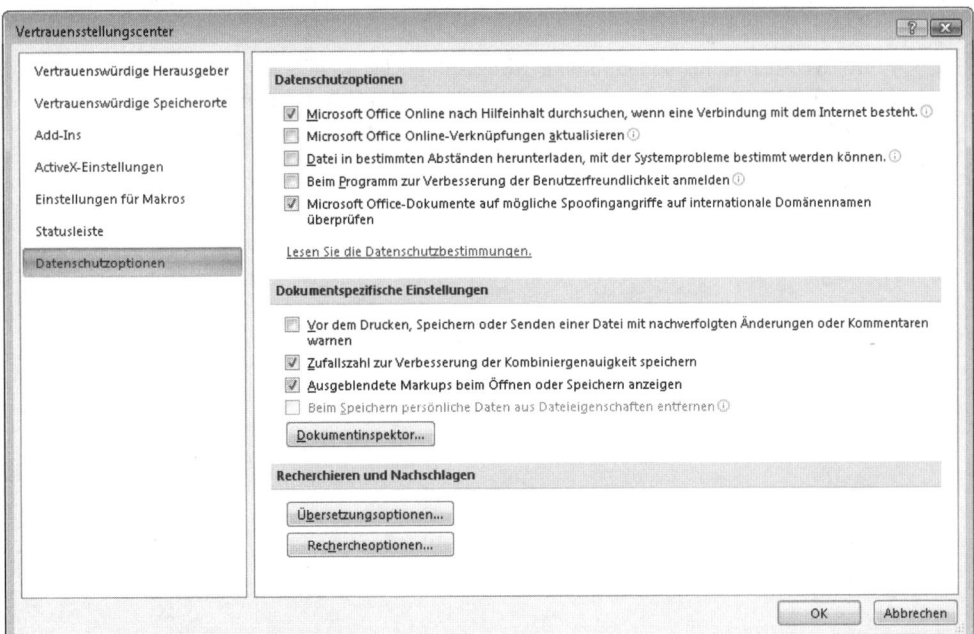

Ressourcen

In der Rubrik *Ressourcen* haben Sie Zugriff auf folgende Funktionen:

■ **Updates herunterladen** Hier können Sie prüfen, ob Ihre Office-Installation auf dem neuesten Stand ist. Wenn Sie mit Windows Vista arbeiten, können Sie alternativ Windows Updates direkt aus dem Startmenü aufrufen *(Start/Alle Programme/Windows Update)*.

■ **Microsoft Office-Diagnose ausführen** Falls bei der Arbeit mit Word schwere Programmfehler auftreten (Programmabstürze), können Sie mit dieser Funktion versuchen, dem Fehler auf die Spur zu kommen. Weitere Hinweise finden Sie in Kapitel 4.

■ **So erreichen Sie uns** Wenn Sie auf diese Schaltfläche klicken, gelangen Sie auf die Feedback-Seite von Microsoft Office Online. Sie finden dort Hinweise, welche Möglichkeiten es gibt, mit Microsoft Kontakt aufzunehmen (Supportanfrage, Feedback usw.).

■ **Microsoft Office aktivieren** Falls Sie Ihre Office-Version nicht direkt bei der Installation aktiviert haben, können Sie dies hier nachholen.

■ **Gehe zu Microsoft Office Online** Zugang zur Website zu Microsoft Office.

■ **Info** Hier können Sie neben anderen Systeminformationen die exakte Versionsnummer Ihrer Office-Installation ermitteln. Anhand dieser Nummer lässt sich zum Beispiel feststellen, ob Sie die aktuellen Updates installiert haben.

Zusammenfassung

In diesem Kapitel haben wir Ihnen die wichtigsten Einstellungen und Optionen von Word 2007 vorgestellt. Auch wenn wir aus Platzgründen nicht auf alle Optionen eingehen konnten, haben Sie jetzt zumindest eine Vorstellung davon, wie individuell sich das Verhalten von Word anpassen lässt.

Als Word-Neuling sollten Sie allerdings möglichst wenige Voreinstellungen ändern, da sich viele Optionen vor allem an Umsteiger von älteren Word-Versionen richten, denen damit die Gelegenheit gegeben werden soll, ihre gewohnten Arbeitsabläufe möglichst unverändert übernehmen zu können.

Teil C

Excel 2007

In diesem Teil:

Kapitel 23

Excel 2007 kennenlernen

Excel 2007

In diesem Kapitel:

Die neue Benutzeroberfläche 378
Die Ansichten einer Arbeitsmappe 382
Neue und verbesserte Funktionen 384
Zusammenfassung 391

377

In diesem Kapitel geben wir Ihnen einen kurzen Überblick über das neue Microsoft Excel 2007. Sie lernen den Aufbau des Programmfensters kennen und erfahren, in welchen Ansichten Sie eine Arbeitsmappe in Excel 2007 anzeigen können.

Im letzten Abschnitt geben wir Ihnen dann noch einen Überblick über die neuen Funktionen und Konzepte von Excel 2007, die Sie beim Erstellen professioneller Arbeitsmappen unterstützen.

Die neue Benutzeroberfläche

Da wir Ihnen in Kapitel 2 die neue Benutzeroberfläche von Microsoft Office 2007 bereits vorgestellt haben, sind Sie mit ihren Hauptkomponenten, wie der Multifunktionsleiste, der Symbolleiste für den Schnellzugriff und der Office-Schaltfläche schon vertraut. Wir können uns daher in diesem Kapitel auf die Beschreibung der für Excel 2007 spezifischen Besonderheiten konzentrieren.

Die Standardregisterkarten von Excel 2007

Excel 2007 enthält in der Grundeinstellung die folgenden Standardregisterkarten:

- Die Registerkarte *Start* enthält die Befehle für die Zwischenablage, die Formatierung von Schrift- und Zellenmerkmalen, die Formatvorlagen und die Gruppe *Bearbeiten*, über die Sie Suchen und Ersetzen und verschiedene Markierungsaktionen ausführen können.

- Die Registerkarte *Einfügen* führt alle Elemente auf, die Sie in eine Excel-Arbeitsmappe bzw. ein Tabellenblatt einfügen können. Hierzu gehören die PivotTables, Diagramme, weitere Tabellen, Abbildungen, Hyperlinks, Kopf- und Fußzeilen, Textobjekte und Symbole.

- Die Registerkarte *Seitenlayout* enthält die Befehle für das Einrichten der Seite (Druckbereich, Ränder, Hoch-/Querformat), für das Arbeiten mit Designs sowie Seitenhintergründen und für das Einstellen der Umbrüche und des Drucktitels. Außerdem können Sie mit den Befehlen der Gruppe *Anordnen* die Reihenfolge der Elemente auf Ihrer Seite verändern.

- Die Registerkarte *Formeln* enthält die Schaltflächen, mit denen Sie Formeln in die Tabellenblätter einfügen sowie Namen für Zellen und Bereiche festlegen und verwenden können. Außerdem steht Ihnen hier der Formeldetektiv zur Verfügung, mit dem Sie Fehler in Formeln finden und beheben können.

- Auf der Registerkarte *Daten* finden Sie die Werkzeuge, mit denen externe Daten in Tabellenblätter eingefügt und verwaltet werden können. Außerdem können Sie hier Daten sortieren und filtern und bei größeren Tabellenblättern die Gliederungsfunktion von Excel verwenden.

- Mit der Registerkarte *Überprüfen* stehen Ihnen die Werkzeuge zur Verfügung, mit denen Sie Ihre Arbeitsmappe prüfen lassen können (Rechtschreibprüfung, Grammatik, Thesaurus usw.) und um es gemeinsam mit anderen zu nutzen. Sie können Kommentare einfügen, Änderungen nachverfolgen und die von anderen vorgenommenen Änderungen bearbeiten. Außerdem können Sie hier einzelne Blätter oder die gesamte Arbeitsmappe schützen.

- Auf der Registerkarte *Ansicht* finden Sie die Befehle, mit denen Sie Ihr Dokument auf verschiedene Arten anzeigen lassen können: angefangen von den verschiedenen Dokumentansichten bis zu einer Gruppe von Optionen, um das Lineal, die Gitternetzlinien oder die Bearbeitungsleiste anzeigen zu lassen. Eine eigene Befehlsgruppe enthält die Befehle zum Arbeiten mit verschiedenen Dokumenten in verschiedenen Fenstern.

Eine weitere Registerkarte mit dem Namen *Entwicklertools* ist standardmäßig nicht eingeblendet. Sie enthält die Werkzeuge, um Makros zu bearbeiten, den Visual Basic-Editor von Excel zu starten, dort Code zu erstellen und zu bearbeiten u.v.m. Sie können die Registerkarte *Entwicklertools* einblenden lassen, indem Sie die *Office-Schaltfläche* und dann im unteren Bereich des Fensters die Schaltfläche *Excel-Optionen* anklicken. Wechseln Sie im Dialogfeld *Excel-Optionen* zur Seite *Häufig verwendet* und schalten Sie das Kontrollkästchen *Entwicklerregisterkarte in der Multifunktionsleiste anzeigen* ein.

Programmregisterkarten

Neben den Standardregisterkarten gibt es noch die sogenannten Programmregisterkarten, die dann von Excel angezeigt werden, wenn Sie zu einer bestimmten Dokumentdarstellung wechseln. Die Programmregisterkarten werden dann anstelle der Standardregisterkarten angezeigt.

Ein Beispiel hierfür ist die Seitenansicht, die Sie aktivieren können, indem Sie die *Office-Schaltfläche* anklicken, auf *Drucken* zeigen und dann auf *Seitenansicht* klicken (ein Beispiel für die Seitenansicht sehen Sie in der folgenden Abbildung). Die Programmregisterkarten enthalten wie die Standardregisterkarten Befehlsgruppen und diese wiederum die Schaltflächen für die verschiedenen Aktionen. Wenn Sie die Darstellungsart verlassen (hier, indem Sie auf *Druckvorschau schließen* klicken), wird die Programmregisterkarte aus- und stattdessen wieder die Standardregisterkarten eingeblendet.

Bild 23.1   Beispiel für eine Programmregisterkarte: Die Funktionen für die Seitenansicht werden in Form einer eigenen Registerkarte angezeigt. Solange Sie sich in dieser Darstellungsart befinden, werden die Standardregisterkarten ausgeblendet

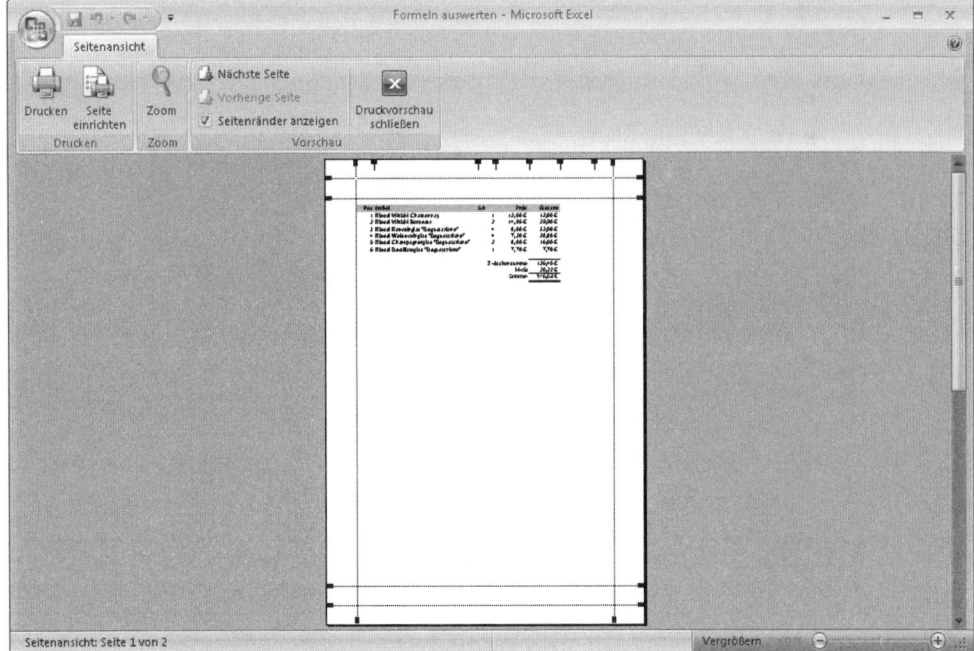

Excel 2007

Kontextbezogene Registerkarten

Die Registerkarten, die sich nach Bedarf ein- und ausblenden, haben das Ziel, Ihnen immer nur die Befehle anzuzeigen, die Sie im aktuellen Arbeitsschritt auch wirklich benötigen. Dieses Ziel verfolgt auch die dritte Variante der Registerkarten: es sind die kontextbezogenen Registerkarten, die Kontexttools bereitstellen und zwar abhängig davon, was derzeit im Dokument, an dem Sie arbeiten, markiert ist bzw. wo sich gerade die Einfügemarke befindet.

Die Befehle dieser Registerkarten werden nur dann benötigt, wenn Sie ein bestimmtes Element bearbeiten. Wenn Sie beispielsweise auf der Registerkarte *Einfügen* ein neues Diagramm zur Darstellung der Daten eingefügt haben und sich die Einfügemarke in dem Diagramm befindet, blendet Excel 2007 die *Diagrammtools* ein, die die Registerkarten *Entwurf, Layout* und *Format* enthalten, auf denen Sie den Aufbau des Diagramms und seine Optik bearbeiten können.

Eine andere Kontextregisterkarte mit dem Namen *Format* wird für die *Bildtools* eingeblendet, wenn Sie eine Abbildung oder Grafik markiert haben.

Bild 23.2   Kontextregisterkarten werden eingeblendet, wenn sich die Einfügemarke in einem bestimmten Elementtyp (wie einem Diagramm, einer Abbildung, einer SmartArt usw.) befindet

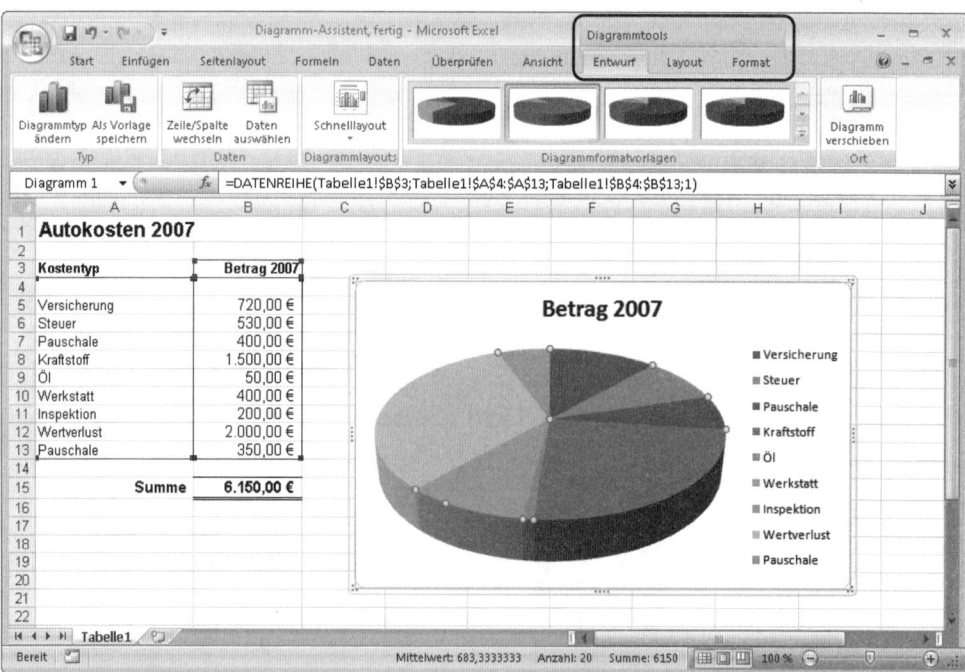

Die Kontextregisterkarten werden von Excel automatisch ausgeblendet, wenn Sie die Einfügemarke vom Element wegbewegen, für das sie eingeblendet wurden.

HINWEIS   In Anhang B finden Sie Tabellen, die Ihnen helfen, die vertrauten Befehle aus den Menüs von Excel 2003 in der Multifunktionsleiste und deren Registerkarten wiederzufinden.

Die neue Statusleiste

Die Position der Statusleiste am unteren Rand des Excel-Fensters ist unverändert geblieben, obwohl sich auch hier einige neue Funktionen verbergen.

Bei Excel 2003 konnten Sie beispielsweise im Kontextmenü der Statusleiste eine Funktion (Mittelwert, Anzahl, Summe usw.) auswählen, für die dann das Ergebnis der markierten Zellen in der Statusleiste angezeigt wurde. Bei Excel 2007 hingegen können die Ergebnisse mehrerer Funktionen angezeigt werden, wie Sie es in der folgenden Abbildung sehen.

Bild 23.3 In der Statusleiste werden nun die Ergebnisse mehrerer Funktionen angezeigt

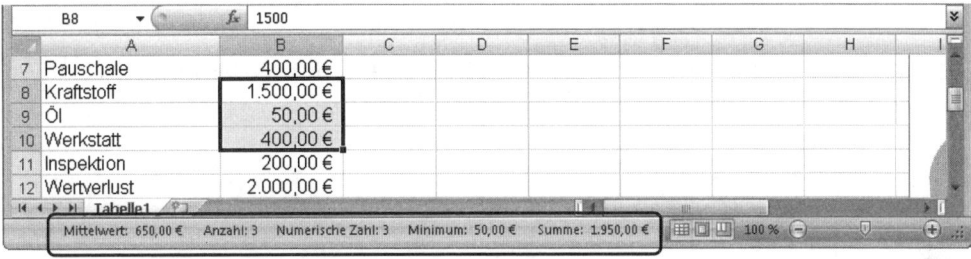

Das Konfigurieren der Statusleiste erledigen Sie über ein Kontextmenü, das sich öffnet, wenn Sie die Statusleiste mit der rechten Maustaste anklicken.

Bild 23.4 Welche Informationen in der Statusleiste angezeigt werden, legen Sie im Kontextmenü fest, das nach Klicken mit der rechten Maustaste auf die Leiste geöffnet wird

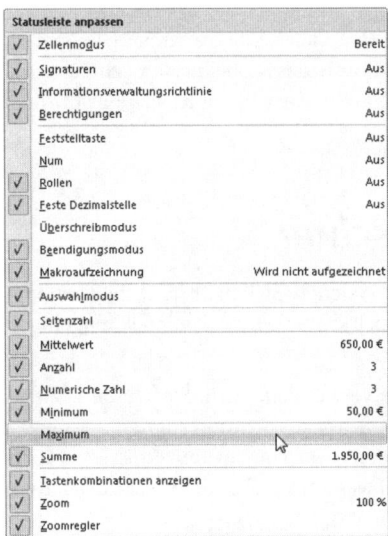

Der Eintrag *Tastenkombinationen anzeigen* in der vorigen Abbildung bezieht sich auf die Schaltflächen, mit denen die Dokumentansichten umgeschaltet werden können (mehr hierzu im nächsten Abschnitt).

Die Ansichten einer Arbeitsmappe

Sie können eine Excel-Arbeitsmappe auf verschiedene Weisen auf dem Bildschirm anzeigen lassen. Dieses Merkmal von Excel wird *Arbeitsmappenansichten* genannt. Am schnellsten schalten Sie zwischen den verschiedenen Ansichten hin und her, indem Sie die kleinen Schaltflächen verwenden, die sich neben dem Zoomregler am rechten Rand der Statusleiste befinden, wenn Sie bei der Konfiguration der Statusleiste das Element *Tastenkombinationen anzeigen* ausgewählt haben.

Alternativ können Sie auch zur Registerkarte *Ansicht* wechseln. In der Gruppe *Arbeitsmappenansichten* stehen Ihnen die gleichen Auswahlmöglichkeiten zur Verfügung wie in der Statusleiste. Zusätzlich können Sie dort noch die ganze Bildschirmansicht aktivieren und benutzerdefinierte Ansichten erstellen und verwalten.

Bild 23.5 Mit diesen Schaltflächen in der Statusleiste schalten Sie bequem
zwischen den verschiedenen Arbeitsmappenansichten um

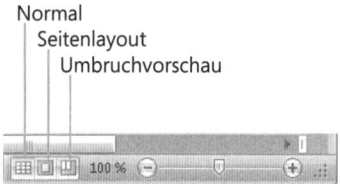

Die Ansicht *Normal*

Die Ansicht *Normal* ist die Standardansicht für eine Excel-Arbeitsmappe. Die Spalten und Zeilen der Tabellenblätter werden fortlaufend angezeigt, ohne dass dabei berücksichtigt wird, auf welcher Seite welche Informationen ausgedruckt werden. Diese Ansicht eignet sich gut für die Eingabe von Daten.

Die Ansicht *Umbruchvorschau*

In der Ansicht *Umbruchvorschau* sehen Sie, an welchen Stellen Ihrer Arbeitsmappe Excel automatisch Seitenumbrüche eingefügt hat und wo sich die von Ihnen manuell eingefügten Seitenumbrüche befinden.

Sie können die Umbruchvorschau beispielsweise verwenden, wenn Sie prüfen wollen, wie sich geänderte Formatierungen oder eine Änderung der Seitenausrichtung auf den automatischen Seitenumbruch auswirken. Außerdem können Sie in dieser Ansicht sowohl vertikale als auch horizontale Seitenumbrüche erstellen und so genau festlegen, was auf welcher Seite ausgedruckt wird.

Die Umbruchvorschau stellen wir Ihnen ausführlich in Kapitel 32 vor.

Bild 23.6   In der Ansicht *Umbruchvorschau* erhalten Sie einen guten Überblick über das Druckergebnis und die Seitenaufteilung (die Multifunktionsleiste wurde minimiert)

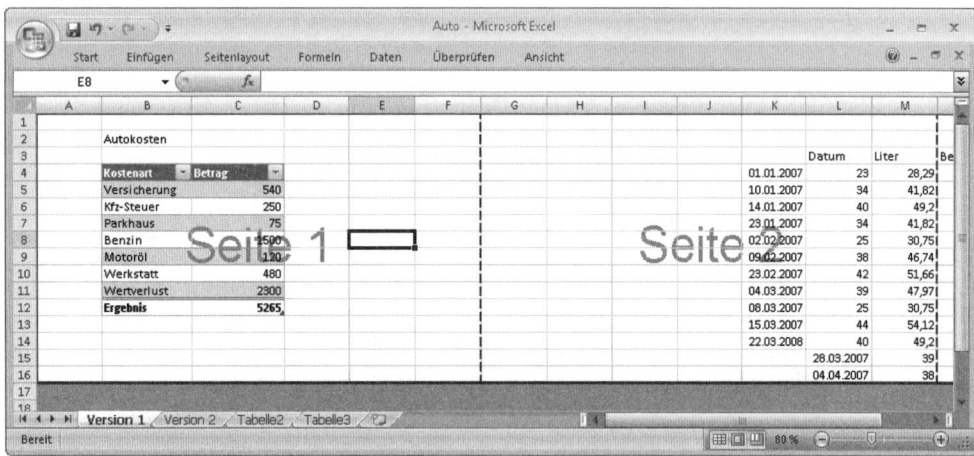

Die Ansicht *Seitenlayout*

Auch in der Ansicht *Seitenlayout* können Sie Daten in Tabellenzellen eingeben, jedoch wird das Tabellenblatt dabei so angezeigt, wie es gedruckt ausgegeben wird. Außerdem können Sie hier die Seitenränder mit der Maus einstellen und die Kopf- bzw. Fußzeile sehen und bearbeiten. Wir werden auf diese Ansicht in Kapitel 32 noch näher eingehen.

Bild 23.7   In der Ansicht *Seitenlayout* können Sie u.a. die Seitenränder interaktiv einstellen sowie den Inhalt von Kopf- und/oder Fußzeile festlegen (die Multifunktionsleiste wurde minimiert)

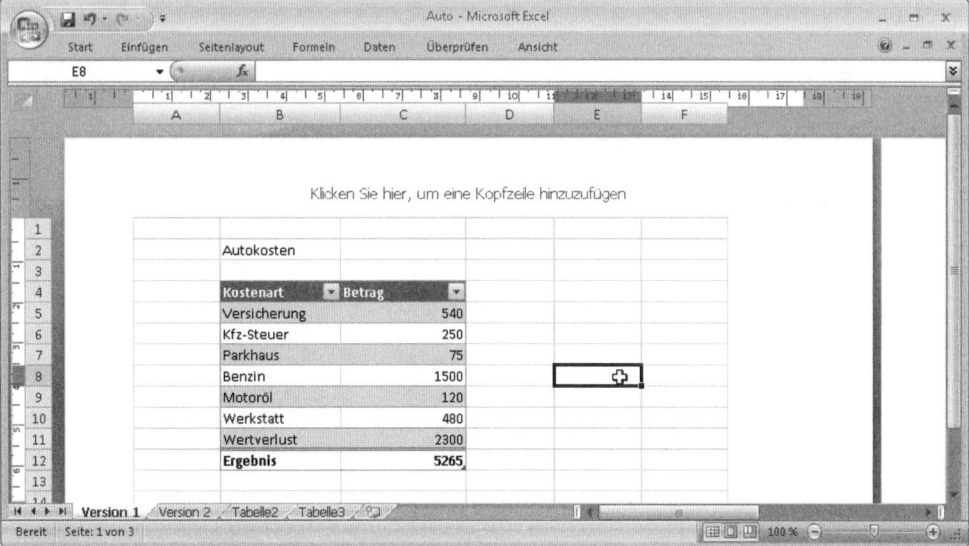

Excel 2007

383

Neue und verbesserte Funktionen

Die meisten Neuerungen von Excel 2007 sind weniger grundsätzlicher Natur, sondern betreffen vor allem die Möglichkeiten zur Formatierung und Gestaltung von Tabellenblättern. Hier wurde vor allem Wert auf eine höhere Produktivität gelegt. Zum einen konnten Sie noch nie mit so wenig Aufwand so professionell wirkende Dokumente erstellen, zum anderen wurden auch die zentralen Funktionen zur Auswertung der Daten mit einem Komfort versehen, der seinesgleichen sucht.

Bedingte Formatierung

Bei der *bedingten Formatierung* ändert sich die Darstellung einer Zelle in Abhängigkeit von ihrem Inhalt. Zum Beispiel lassen sich alle Zellen einer Tabelle, die einen bestimmten Grenzwert überschreiten, rot einfärben. Die Kernaussage einer Tabelle lässt sich so vom Betrachter wesentlich schneller erfassen, als wenn er erst alle relevanten Zahlen der Reihe nachlesen und bewerten muss.

Diese Art der Formatierung war zwar bereits in früheren Versionen von Excel möglich, ihre Umsetzung erforderte jedoch einigen Aufwand. Um etwa bei einer Datenreihe mehrere Wertebereiche mit verschiedenen Farben zu hinterlegen, mussten diverse Bedingungen erstellt werden, mit denen die Farbgebung der einzelnen Zellen gesteuert wurde. Mit Excel 2007 ist diese Aufgabe in wenigen Sekunden erledigt, wobei Sie bei der Art der Darstellung noch zwischen Datenbalken, Farbskalen und verschiedenen Symbolsätzen wählen können.

Bild 23.8   Dank der bedingten Formatierungen lassen sich zum Beispiel Extremwerte einer Datenreihe sehr schnell identifizieren. Sie haben dabei die Wahl zwischen mehreren Darstellungsarten (im Bild von links nach rechts: Symbolsätze, Datenbalken, Farbskalen)

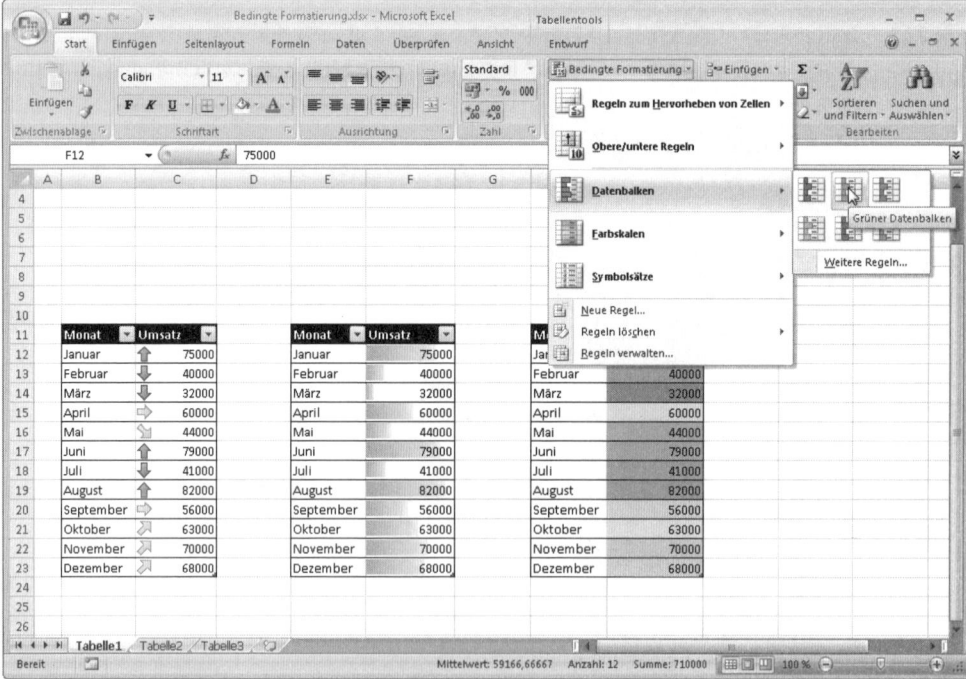

Excel-Tabellen

Excel 2007 kennt nun auch *Tabellenformatvorlagen*, mit deren Hilfe die Formatierung einer Tabelle (früher als *Excel-Listen* bezeichnet) zum Kinderspiel wird. Durch einfaches Zuweisen einer Formatvorlage lässt sich die gesamte Gestalt einer Tabelle festlegen. Besonders komfortabel ist dabei die Livevorschau: Während Sie mit der Maus über die verschiedenen Einträge des Auswahlmenüs fahren, zeigt Excel die Wirkung der jeweiligen Formatvorlagen direkt im Tabellenblatt an.

Bild 23.9   Die Formatierung einer Tabelle lässt sich mit drei Mausklicks erledigen

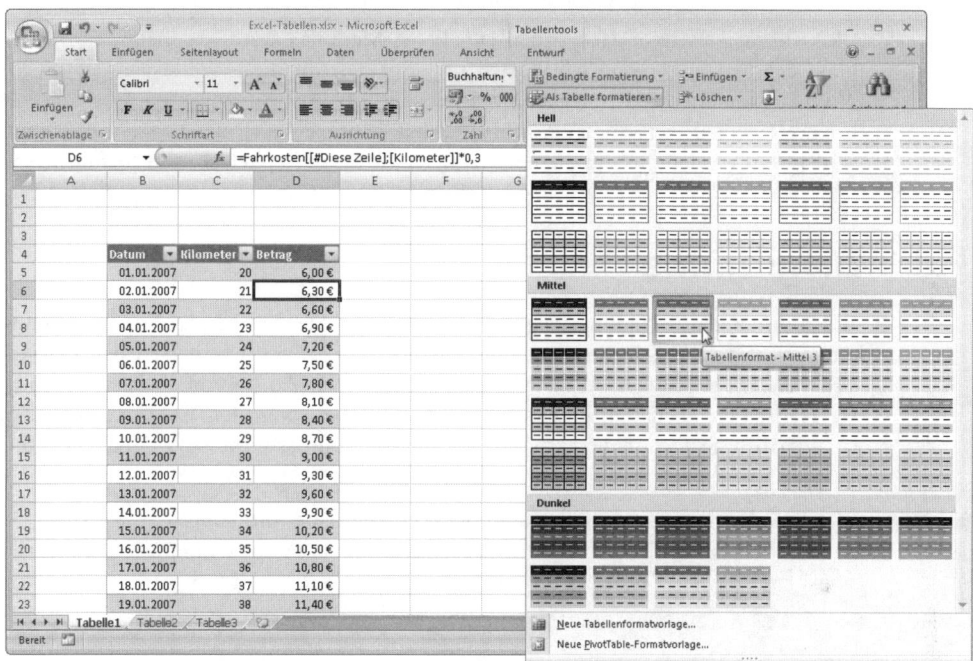

Eine Excel-Tabelle erleichtert Ihre Arbeit zusätzlich durch folgende Feature:

- Bei langen Tabellen tauchen ihre Spaltenüberschriften automatisch in der Tabellenblattkopfzeile auf, wenn Sie in der Tabelle nach unten scrollen.

- Bei berechneten Spalten müssen Sie die verwendete Formel nur noch einmal eingeben. Das Duplizieren in die anderen Zellen der Spalte übernimmt Excel für Sie.

- In Formeln können Sie mit strukturierten Verweisen arbeiten. Anstelle von Angaben wie *=C5*0,3* können Sie direkt mit dem Tabellennamen und den Spaltenüberschriften arbeiten: *=Fahrtkosten[[#Diese Zeile];[Kilometer]]*0,3*.

- In der Ergebniszeile einer Tabelle können Sie nun auch eigene Formeln eingeben und sind nicht mehr an eine vorgegebene Liste von Standardfunktionen gebunden.

- Die Spaltenüberschriften einer formatierten Tabelle erhalten automatisch eine Schaltfläche, über die die Daten der Tabelle sortiert und gefiltert werden können.

Dokumentdesigns

Mit Office 2007 hat Microsoft das Konzept der *Dokumentdesigns* eingeführt. Diese Designs liegen nicht nur Excel-, sondern auch Word- und PowerPoint-Dokumenten zugrunde und sollen so die Basis für eine einheitliche Gestaltung von Office-Dokumenten schaffen. Ein Design umfasst dabei folgende Formatierungsmerkmale:

- 10 Designfarben
- 2 Schriftarten (je eine für Überschriften und Textkörper)
- zwanzig vordefinierte Effekte (Linien und Füll- und Spezialeffekte).

Alle weitern Formatvorlagen bauen auf diesen Merkmalen auf, das heißt, sie verwenden die in ihnen definierten Farben, Schriftarten und Effekte. Auf diese Weise wird es möglich, in allen Office-Dokumenten eine unternehmensweite Layoutvorgabe umzusetzen. Wenn sich dann z.B. die in einer Firma zu verwendende Schrift ändert, muss lediglich das verwendete Design angepasst werden. Wir werden uns mit diesem wichtigen Thema in Kapitel 44 noch ausführlich befassen.

Diagramme

In den bisherigen Abbildungen dieses Kapitels haben Sie vielleicht schon eine Ahnung davon bekommen, wie stark sich die Darstellungsqualität in Excel 2007 verbessert hat. Besonders deutlich wird diese Entwicklung beim Erstellen von Diagrammen. Auch wenn es viele grafische Funktionen, wie Transparenz, Schatten und räumliche Formen bereits in den Vorgängerversionen von Excel gab, so haben sie doch in der aktuellen Version eine spürbar verbesserte Qualität erhalten.

Bild 23.10   Auch Diagramme lassen sich bequem per Formatvorlage formatieren

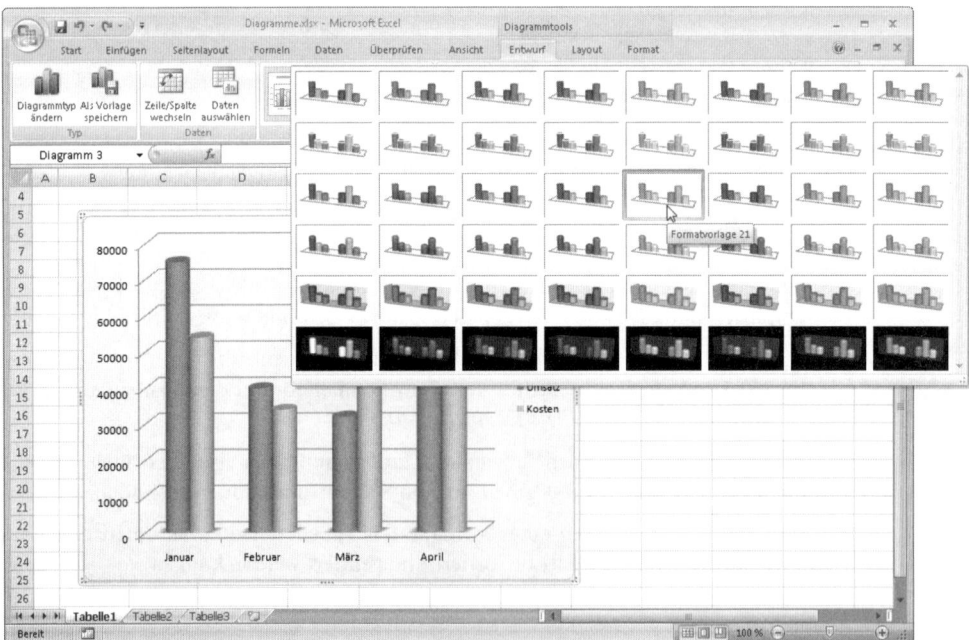

Mit Excel 2007 lassen sich mühelos Diagramme erstellen, die über eine anspruchsvolle Form- und Farbgebung verfügen. Ausgefeilte Licht- und Schatteneffekte lassen sich einfach per Katalog zuweisen – häufig unterstützt durch eine Vorschaufunktion, die die Wirkung nicht in einem Dialogfeld, sondern direkt im Dokument sichtbar macht.

SmartArts

Zu den wenigen echten Neuerungen gehören die so genannten *SmartArts*. Wie der Name schon andeutet, handelt es sich dabei um intelligente Grafiken. Mit ihnen lassen sich zum Beispiel Prozesse, Beziehungen oder Hierarchien visualisieren. Natürlich sind solche Darstellungen eher eine Domäne von PowerPoint und Word. Im Grunde genommen profitiert Excel an dieser Stelle von der Tatsache, dass die neuen Grafikfunktionen allen drei Office-Programmen gleichermaßen zur Verfügung stehen. Aber sicherlich kann auch die Aussagekraft eines Arbeitsblattes durch eine gute Grafik gesteigert werden.

Das Besondere an SmartArts ist ihr beeindruckendes Verhältnis von Aufwand zu Ertrag. Sie lassen sich nicht nur komfortabel erstellen, sondern auch sehr flexibel bearbeiten. So können Sie sich auf die inhaltlichen Aspekte Ihrer Arbeit konzentrieren und ersparen sich stundenlanges »Gefummel« beim Erstellen von Grafiken, die trotz hohem Aufwand kein professionelles Aussehen annehmen wollen. Mit SmartArts lassen sich innerhalb weniger Minuten Illustrationen von bestechender Qualität erstellen, die sich durch eine ausgewogene und aufeinander abgestimmte Form- und Farbgebung auszeichnen. Auch hier bilden die weiter oben angesprochenen Designs die Grundlage für die gewählten Farben und Effekte.

Bild 23.11 Form und Farbe von SmartArts lassen sich schnell per Vorlage ändern

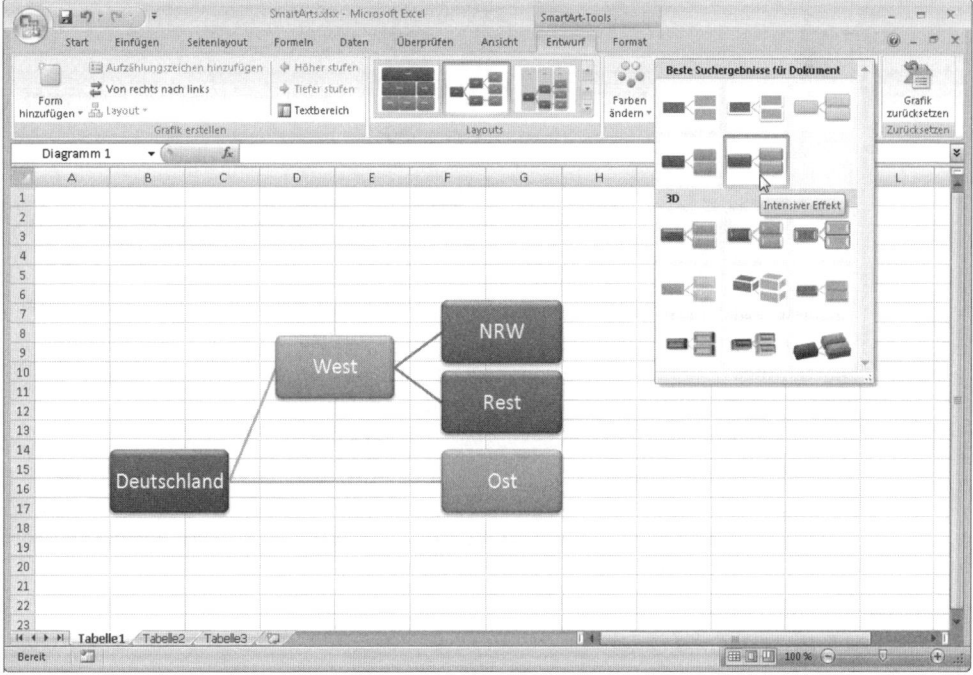

Seitenlayoutansicht

Ebenfalls neu ist die *Seitenlayoutansicht,* die wir weiter vorne in diesem Kapitel schon kurz erwähnt haben. Wenn Sie bereits mit Word gearbeitet haben, wovon man wohl bei jedem Excel-Anwender ausgehen kann, wird Ihnen diese Form der Dokumentdarstellung bereits bekannt sein. Kurz gesagt werden Ihre Arbeitsblätter in dieser Ansicht so auf dem Bildschirm dargestellt, wie sie beim Ausdruck auf dem Papier erscheinen werden.

Bild 23.12   In der neuen Ansicht *Seitenlayout* wird das Arbeitsblatt so angezeigt, wie es später in gedruckter Form aussehen wird. Zum Wechsel der Ansicht verwenden Sie am einfachsten die drei kleinen Schaltflächen am unteren rechten Fensterrand

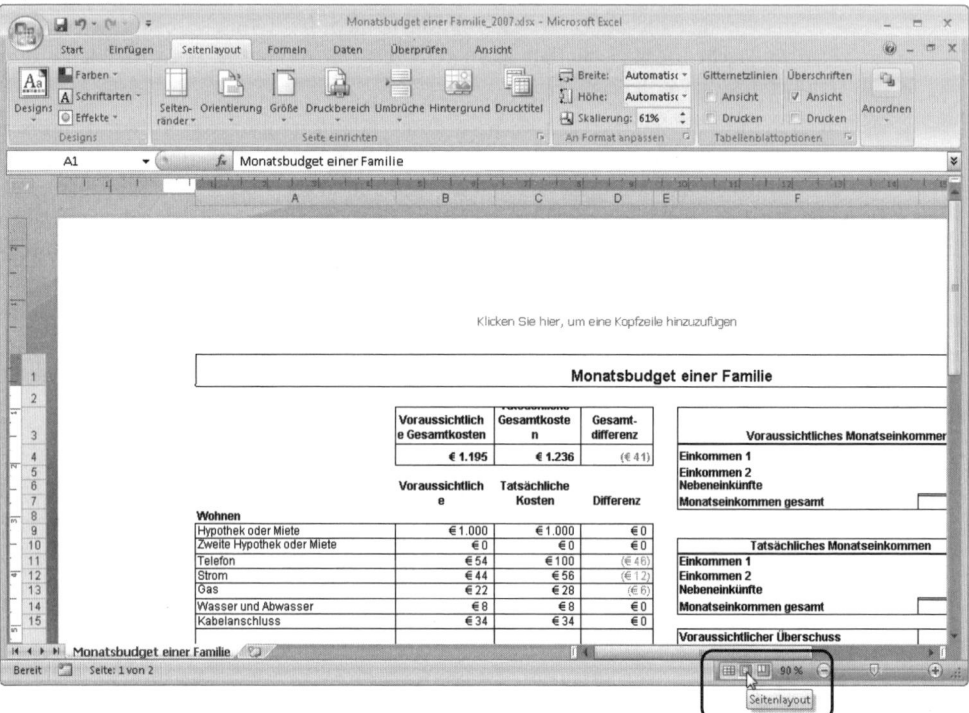

Die neue Ansicht spielt ihre Stärken insbesondere beim Erstellen von Kopf- und Fußzeilen und beim Festlegen der Seitenränder und des Druckbereichs aus. Auch das exakte Positionieren von Diagrammen und Grafiken auf einer Seite lässt sich in der Seitenlayoutansicht problemlos vornehmen. Wie Sie in der obigen Abbildung erkennen können, werden dazu in der Seitenlayoutansicht auch ein vertikales und ein horizontales Lineal angezeigt.

In der Seitenlayoutansicht können Sie auch die Auswirkungen der unterschiedlichen Designs ausprobieren. Bei der Auswahl eines neuen Designs zeigt Excel die neue Optik des Arbeitsblatts direkt in der Live-Vorschau an. Voraussetzung ist dabei natürlich, dass die verwendeten Formatvorlagen auf Designfarben, -schriftarten und -effekten basieren.

Pivot-Tabellen

Pivot-Tabellen werden zur Auswertung von großen Datenmengen benötigt. Mit ihrer Hilfe lassen sich Daten sehr kompakt darstellen, indem sie sich nach verschiedenen Kriterien gruppieren lassen. Ein klassischer Anwendungsfall für den Einsatz einer Pivot-Tabelle ist zum Beispiel die Auswertung von Umsatzzahlen, die nach Produkt, Kategorie und Verkaufszeitraum aufgeschlüsselt sind.

Der Umgang mit Pivot-Tabellen wurde von vielen Excel-Anwendern allerdings als zu kompliziert und unhandlich empfunden. Microsoft hat deshalb versucht, die Bedienung dieser Funktion intuitiver zu gestalten. Flankiert wird dieses Bemühen von einer erweiterten Rückgängig-Funktion, mit der die meisten Änderungen an einer Pivot-Tabelle zurückgenommen werden können.

Wir behandeln dieses wichtige Thema in Kapitel 33, in dem wir Ihnen anhand eines konkreten Beispiels das Erstellen einer Pivot-Tabelle ausführlich vorstellen und verschiedene Analysetechniken beschreiben.

Bild 23.13 Das Erstellen von Pivot-Tabellen ist deutlich bequemer geworden

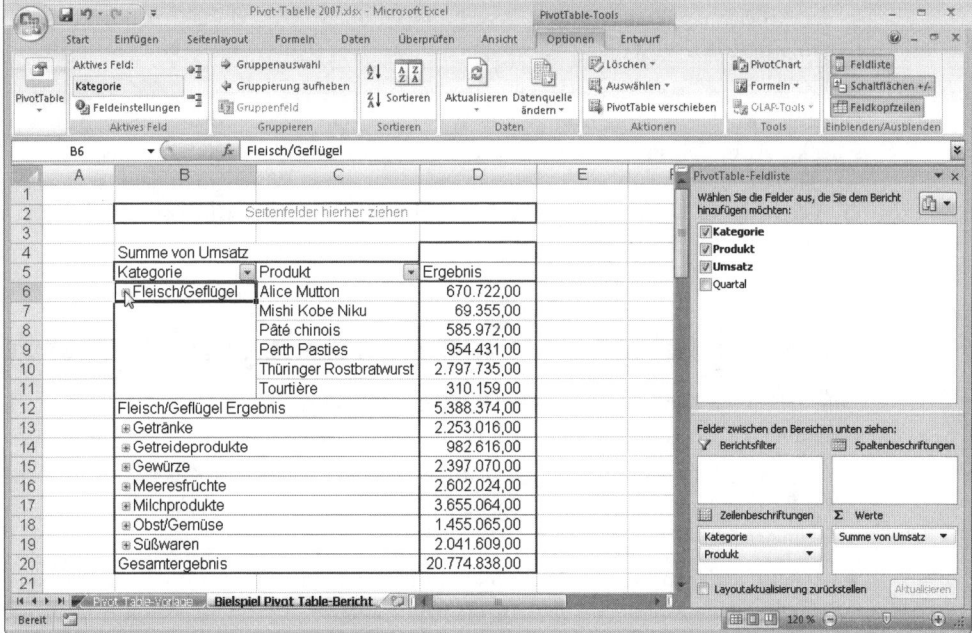

Neues Dateiformat

Mit Excel 2007 führt Microsoft auch ein neues Dateiformat ein. Es basiert auf XML und erleichtert dadurch u.a. die Weiterverarbeitung mit anderen Programmen. Die Dateien liegen jedoch nicht als normale XML-Dateien vor, sondern werden zusätzlich komprimiert, um ihre Dateigröße zu reduzieren. Laut Aussage von Microsoft ist das neue Dateiformat dadurch kompakter als seine Vorgängerversionen. Arbeitsmappen mit diesem Format besitzen die Dateinamenserweiterungen *.xlsx*, Excel-Vorlagen entsprechend *.xltx*.

Arbeitsmappen bzw. Vorlagen, die Makros enthalten, werden durch die neue Erweiterung *.xlsm* bzw. *.xltm* gekennzeichnet. Dem Anwender soll so die Möglichkeit gegeben werden, potenziell gefährliche Dokumente direkt beim Öffnen zu erkennen.

Durch einfaches Ändern der Dateinamenserweiterung lässt sich dieser Sicherungsmechanismus übrigens nicht überlisten. Excel erkennt in diesem Fall trotzdem, dass das betreffende Dokument Makros enthält und verhindert deren Ausführung. Dieses Verhalten lässt sich allerdings über das so genannte *Vertrauenstellungscenter* konfigurieren.

Zusätzlich kennt Excel 2007 ein binäres Dateiformat, das die Abwärtskompatibilität von Excel unterstützt und das bei komplexen Arbeitsmappen zur Leistungssteigerung verwendet werden kann. Dieses Format besitzt die Erweiterung *.xlsb*.

Kompatibilität mit früheren Excel-Versionen

Arbeitsmappen, die mit einer der Vorgängerversionen von Excel 2007 erstellt wurden, werden automatisch in einem Kompatibilitätsmodus geöffnet. In diesem Modus ist gewährleistet, dass die in der Arbeitsmappe enthaltenen Berechnungen auch in Excel 2007 zu identischen Ergebnissen führen. Zusätzlich wird die Arbeitsmappe bei jedem Speichervorgang einer Kompatibilitätsprüfung unterzogen.

Generell wird dem Thema Kompatibilität in Excel 2007 eine deutlich größere Aufmerksamkeit geschenkt, als in den Programmen Word 2007 oder PowerPoint 2007. Das ist auch durchaus verständlich, denn ein verrutschter Seitenumbruch in einem Word-Dokument ist zwar ärgerlich, aber im Vergleich zu abweichenden Rechenergebnissen in einer Arbeitsmappe immer noch relativ harmlos.

Arbeitsblätter können deutlich größer werden

Zum Schluss wollen wir noch einige Eckdaten der neuen Excel-Version nachliefern, bei denen es gegenüber der Vorgängerversion signifikante Änderungen gibt:

- In Excel 2007 kann ein Arbeitsblatt aus maximal 1.048.576 Zeilen (2^{20}) und 16.384 Spalten (2^{14}) bestehen. Das bedeutet gegenüber Excel 2003 (65.536 Spalten, 260 Zeilen) eine deutliche Steigerung.

- Gleichzeitig wurden die Beschränkungen bei der maximalen Anzahl von Formatierungen und Zellbezügen innerhalb einer Arbeitsmappe aufgehoben. Sie ist jetzt nur noch vom verfügbaren Arbeitsspeicher abhängig.

- Excel 2007 kann allerdings nicht beliebig viel Arbeitsspeicher verwalten, sondern ist dabei auf 2 GigaByte beschränkt (gegenüber 1 GB bei Excel 2003).

- Excel unterstützt nun auch Dualprozessorsysteme und Multithreading-Chipsätze und erlaubt so eine beschleunigte Berechnung der Arbeitsblätter.

Zusammenfassung

In diesem Kapitel haben Sie einen ersten Überblick über das neue Excel 2007 erhalten:

■ Zuerst haben wir einen kurzen Blick auf die neue Benutzeroberfläche von Excel 2007 geworfen. Sie kennen nun die Aufgaben der verschiedenen Registerkarten der Multifunktionsleiste (Seite 378) und wissen, wie Sie die Statusleiste konfigurieren können (Seite 381).

■ Anschließend haben Sie erfahren, dass Sie für eine Arbeitsmappe in den verschiedenen Phasen ihrer Erstellung spezielle Ansichten nutzen können: Sie kennen nun die Normalansicht (Seite 382), die Umbruchvorschau (Seite 382) sowie die Ansicht Seitenlayout (Seite 383).

■ Zum Schluss haben wir Ihnen einige wichtige neue Funktionen und Konzepte von Excel 2007 vorgestellt:

   ■ Mit der bedingten Formatierung können Sie die Darstellung einer Zelle von ihrem aktuellen Inhalt abhängig machen (Seite 384).

   ■ Bereiche eines Tabellenblattes, die Sie als Excel-Tabelle definieren, können Sie bequem durch Zuweisen einer Formatvorlage formatieren (Seite 385).

   ■ Jedem Office 2007-Dokument liegt ein Design zugrunde (Seite 386).

   ■ Die Darstellungsqualität von Diagrammen wurde deutlich verbessert (Seite 386).

   ■ Mit SmartArts lassen sich zum Beispiel Prozesse, Beziehungen oder Hierarchien visualisieren (Seite 387).

   ■ Das Erstellen von Pivot-Tabellen ist deutlich einfacher geworden (Seite 389).

   ■ Excel 2007 nutzt ein neues Dateiformat, das auf XML basiert. Arbeitsmappen, die mit älteren Versionen von Excel erstellt wurden, können in einem Kompatibilitätsmodus bearbeitet werden (Seite 389).

Excel 2007

Kapitel 24

Erste Schritte
mit Excel 2007

Excel 2007

In diesem Kapitel:

Nachdem wir Ihnen im letzten Kapitel die Oberfläche von Excel 2007 und die wichtigsten neuen Funktionen vorgestellt haben, erfahren Sie in diesem Kapitel, wie Sie eine neue, leere Arbeitsmappe anlegen. Anschließend zeigen wir Ihnen, wie Sie eine kleine Kalkulationstabelle anlegen und stellen Ihnen einige Tipps und Tricks vor, mit denen Sie sich die Dateneingabe erleichtern können.

Den Abschluss des Kapitels bildet dann ein Abschnitt, in dem wir darauf eingehen, wie Sie Ihre Arbeitsmappen mit Illustrationen ausstatten.

Neue Arbeitsmappe erstellen

Wie bei den vorhergehenden Versionen von Excel können Sie auch bei Excel 2007 ein neues Dokument auf verschiedene Weisen erstellen: Sie können die Vorlagen verwenden, die sich auf Ihrem Computer befinden, die Vorlagen auf der Website *Office Online* nutzen oder eine neue Arbeitsmappe auf der Basis eines Dokuments erstellen, das Sie zu einem früheren Zeitpunkt fertig gestellt und gespeichert haben. Dieser Abschnitt stellt die verschiedenen Möglichkeiten vor.

Eine leere Arbeitsmappe erstellen

Wenn Sie ein neues, leeres Dokument erstellen wollen, gehen Sie so vor:

1. Klicken Sie die *Office-Schaltfläche* in der linken oberen Ecke des Excel-Fensters an. Das zugehörige Menü wird geöffnet.

Bild 24.1   Über die *Office-Schaltfläche* in der linken oberen Ecke des Excel-Fensters erreichen Sie die Befehle, die in vorhergehenden Excel-Versionen im Menü *Datei* zu finden waren

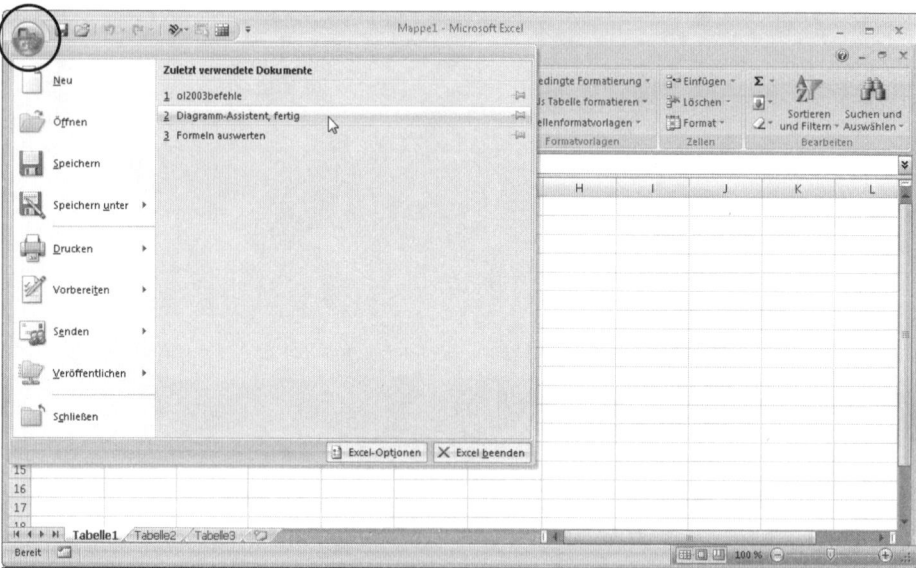

2. Klicken Sie im linken Bereich auf *Neu*. Das Dialogfeld *Neue Arbeitsmappe* wird angezeigt. Dieses Dialogfeld ersetzt den bisherigen Aufgabenbereich *Neue Arbeitsmappe*, ist aber ähnlich aufgebaut:

- Auf der linken Seite befindet sich die Liste *Vorlagen*, in der die Dokumentvorlagen nach Kategorien sortiert sind. Sie finden hier sowohl Vorlagen auf Ihrem eigenen Computer als auch Vorlagen, die sich auf der Website *Office Online* befinden.

- Der mittlere Bereich des Dialogfeldes zeigt immer die Vorlagen der Kategorie an, die Sie in der Liste *Vorlagen* ausgewählt haben.

- Ganz rechts wird eine Vorschau der Vorlage angezeigt, die Sie im mittleren Bereich ausgewählt haben.

Standardmäßig zeigt das Dialogfeld die Kategorie *Leer und zuletzt verwendet* an.

Bild 24.2   Im Dialogfeld *Neue Arbeitsmappe* wählen Sie die Vorlage aus, auf der die neue Arbeitsmappe basieren soll

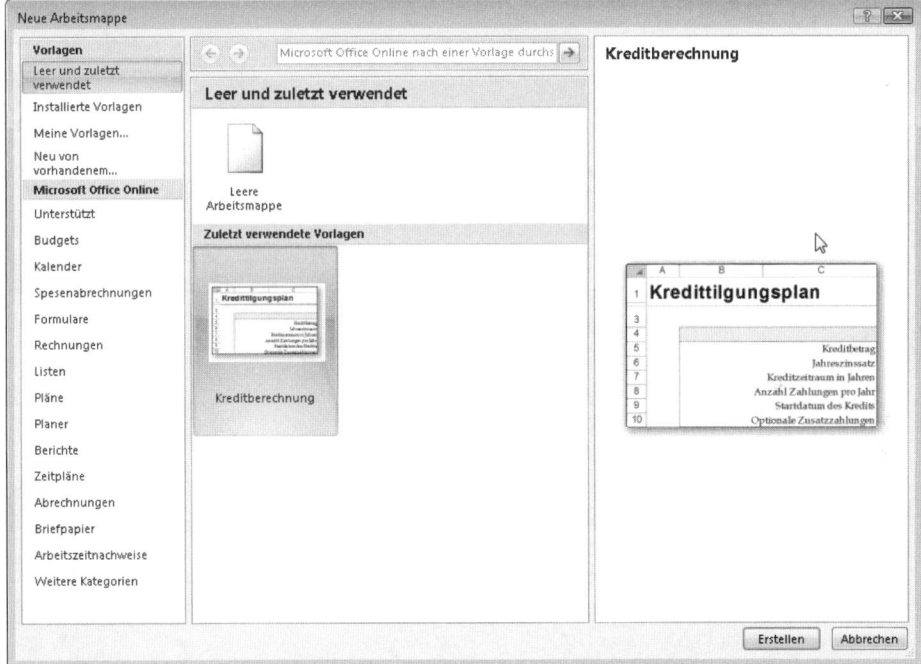

3. Wenn Sie eine leere Arbeitsmappe erstellen wollen, klicken Sie falls erforderlich in der Liste *Vorlagen* den Eintrag *Leer und zuletzt verwendet* an. Wählen Sie dann eine der Vorlagen im mittleren Bereich aus. Wollen Sie eine der zuletzt verwendeten Vorlagen verwenden, klicken Sie die gewünschte an.

Die neue Arbeitsmappe wird erstellt. Es ist nicht erforderlich, die Arbeitsmappe zu speichern, bevor Sie mit der Bearbeitung beginnen.

Vorlagen auf dem eigenen Computer verwenden

Bei der Installation von Excel werden Vorlagen auf Ihrem Computer installiert, die Sie verwenden können, um schnell ein Dokument eines bestehenden Typs zu erstellen. Welche Vorlagen das sind, können Sie sehen, wenn Sie in der Liste *Vorlagen* auf *Installierte Vorlagen* klicken.

1. Klicken Sie die *Office-Schaltfläche* an und klicken Sie dann auf *Neu*.

2. Klicken Sie im Bereich *Vorlagen* auf den Eintrag *Installierte Vorlagen*. In der Mitte des Dialogfelds werden die installierten Vorlagen angezeigt.

Bild 24.3 Excel 2007 enthält Vorlagen für unterschiedliche Arbeitsmappen

Die Vorlagen, die sich im Lieferumfang von Excel 2007 befinden, sind für das Erstellen von allgemeinen Arbeitsmappen (Rechnungsaufstellung, Spesenabrechnung, Kreditberechnung) geeignet.

3. Führen Sie in der Liste im mittleren Bereich einen Bildlauf durch, um sich einen Überblick über die Auswahl zu verschaffen, und klicken Sie die Miniaturgrafiken an, um eine Vorschau zu sehen.

4. Doppelklicken Sie auf das Symbol der Vorlage, die Sie verwenden wollen. Das neue Dokument wird erstellt.

Die Abbildung auf der folgenden Seite zeigt exemplarisch eine Excel-Arbeitsmappe, die mit der Vorlage *Kreditberechnung* erstellt wurde. Im oberen Bereich der Tabelle sehen Sie einige Zellen, in die Sie die Eckdaten (Kredithöhe, Zinssatz, Dauer usw.) eingeben können. Nachdem Sie alle benötigten Daten eingegeben haben, berechnet Excel den Kredittilgungsplan und zeigt auf der rechten Seite des Tabellenblatts zusammenfassende Daten (wie die Summe der zu zahlenden Zinsen) an.

Bild 24.4   Beispiel für eine Arbeitsmappe, die die Vorlage *Kreditberechnung* verwendet

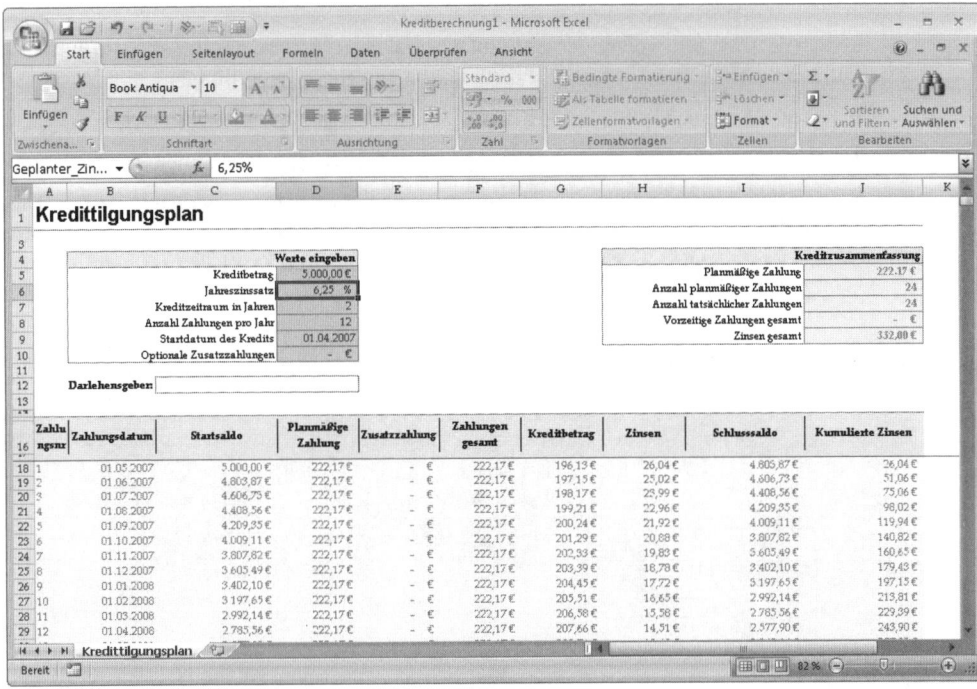

Neue Arbeitsmappe auf vorhandener basieren

Häufig kommt es vor, dass Sie bereits einmal eine Arbeitsmappe erstellt haben und nun eine weitere anlegen möchten, die sich von der bereits vorhandenen nur in Kleinigkeiten unterscheiden wird. Der einfachste Weg, um diese Aufgabe zu lösen, besteht darin, die bereits vorhandene Arbeitsmappe als Grundlage für die neue zu verwenden.

1. Klicken Sie die *Office-Schaltfläche* an und klicken Sie dann auf *Neu*.

2. Klicken Sie im Bereich *Vorlagen* auf den Eintrag *Neu von vorhandenem*. Das Dialogfeld *Neu aus vorhandener Arbeitsmappe* wird angezeigt.

3. Wechseln Sie zu dem Ordner, in dem sich die Arbeitsmappe befindet, die Sie als Gerüst für die neue Arbeitsmappe verwenden wollen, und markieren Sie das Symbol der Arbeitsmappe.

4. Klicken Sie auf *Neu erstellen*.

Vorlagen von *Office Online* verwenden

Viel mehr Vorlagen finden Sie auf der Website *Office Online*. Sehen Sie also auch dort nach, ob es eine Vorlage gibt, die sich für Ihren Einsatzzweck eignet. Um die Vorlagen von *Office Online* verwenden zu können, muss Ihr Computer Zugang zum Internet haben. Außerdem wird vor dem Download jeder Vorlage geprüft, ob Sie eine registrierte Version von Office 2007 verwenden.

Daten eingeben und verändern

In diesem Abschnitt wollen wir eine einfache Tabelle erstellen, mit der sich die Betriebskosten eines Autos erfassen lassen. Die fertige Tabelle soll so aussehen wie in Bild 24.7.

1. Legen Sie eine neue, leere Arbeitsmappe an. Das geht am schnellsten mit ⎡Strg⎤+⎡N⎤.

2. Speichern Sie die neue Arbeitsmappe und geben Sie ihr den Namen *Auto*.

3. Klicken Sie die Zelle an, in der Sie eine Eingabe vornehmen wollen (hier B2). Die angeklickte Zelle wird mit einem Rahmen, die als *Zellmarkierung*, bezeichnet wird, hervorgehoben. Außerdem wird im *Namensfeld*, das sich links oben im Excel-Fenster befindet, die Adresse der Zelle bzw. ihr Name angezeigt.

Bild 24.5   Die Koordinaten der angeklickten Zelle erscheinen im Namensfeld

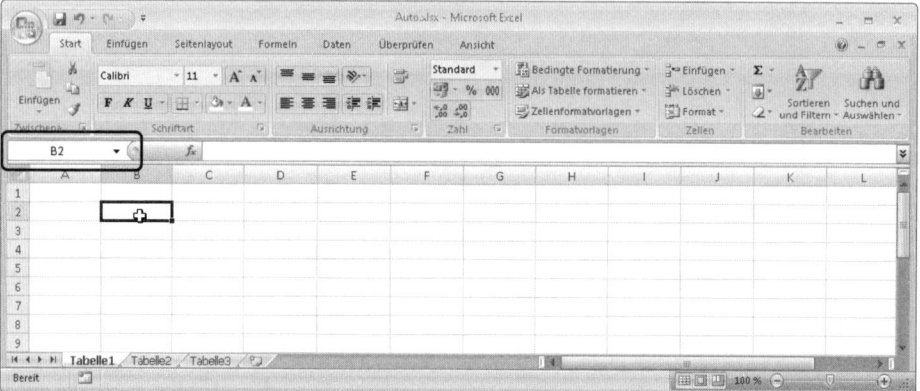

4. Tippen Sie nun den Text **Autokosten** ein, den wir später als Titel des Tabellenblatts verwenden wollen. Ihre Eingabe wird sowohl in der Zelle selbst als auch in der *Bearbeitungsleiste* sichtbar. Die Bearbeitungsleiste ist das lange weiße Feld rechts neben dem Namensfeld.

Bild 24.6   Der Inhalt der Zelle wird in der Bearbeitungsleiste angezeigt

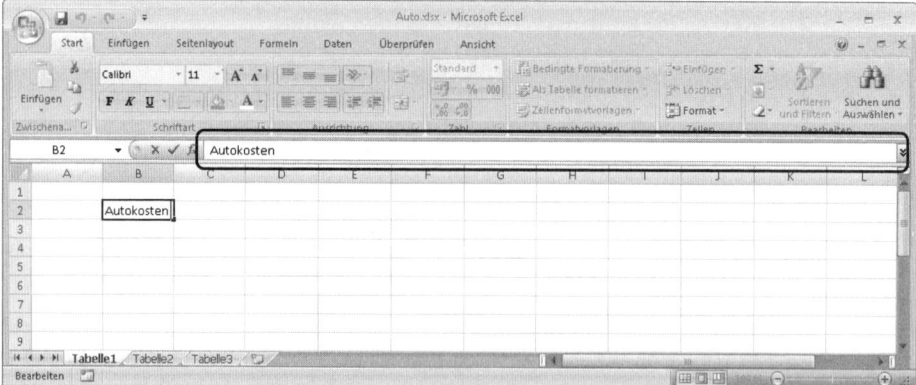

5. Schließen Sie die Eingabe mit der ⏎-Taste ab. Dadurch springt die Markierung automatisch eine Zelle nach unten.

Reaktion der Markierung auf die Eingabetaste

Wie die Markierung nach dem Drücken der Taste ⏎ verschoben wird, können Sie im Dialogfeld *Excel-Optionen* einstellen, das Sie über *Office-Schaltfläche/Excel-Optionen* erreichen. Die Option nennt sich *Markierung nach Drücken der Eingabetaste verschieben* und befindet sich ganz oben auf der Seite *Erweitert*.

6. Geben Sie den Rest der Tabelle nach dem gleichen Muster ein, indem Sie erst die gewünschte Zelle anklicken, dann den Text oder die Zahlen eingeben und zum Bestätigen die ⏎-Taste drücken.

Bild 24.7   Die fertige Tabelle

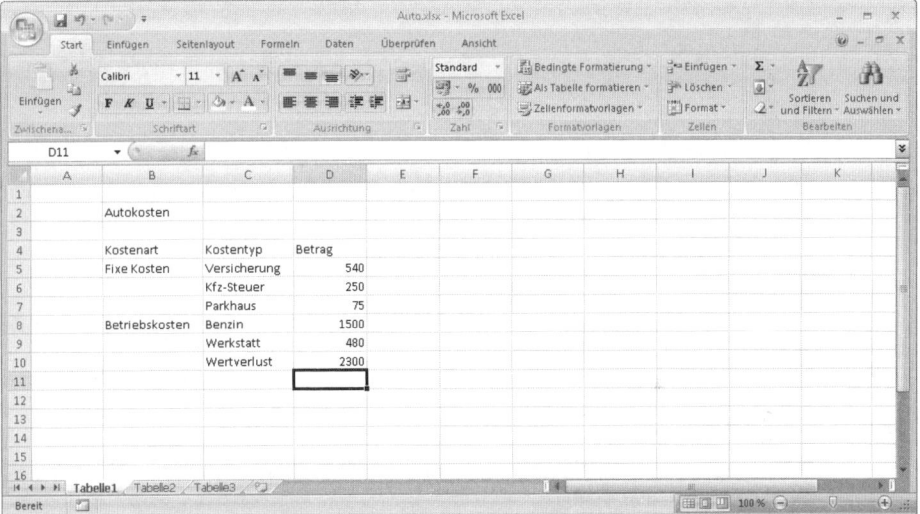

Bewegen der Zellmarkierung mit der Tastatur

Wenn Sie Daten in ein Tabellenblatt eingeben, legen Sie am besten die Maus zur Seite und bewegen die Zellmarkierung mit den Pfeiltasten. Das geht in aller Regel deutlich schneller, da Sie dann nicht ständig zwischen Maus und Tastatur wechseln müssen.

Beim Bewegen der Zellmarkierung mit der Tastatur kommt der Strg-Taste eine ganz besondere Bedeutung zu. Mit ihr können Sie die Wirkung der Pfeiltasten sowie der Tasten Pos1 und End folgendermaßen verändern:

■   Wenn Sie Strg in Kombination mit den Pfeiltasten drücken, springt die Markierung an den Anfang bzw. das Ende des aktuellen Bereichs, wobei mit Bereich eine zusammenhängende Gruppe ausgefüllter Zellen gemeint ist. Die folgende Abbildung soll das Verhalten verdeutlichen:

Bild 24.8   Bewegen der Zellmarkierung mit ⟨Strg⟩+Pfeiltaste

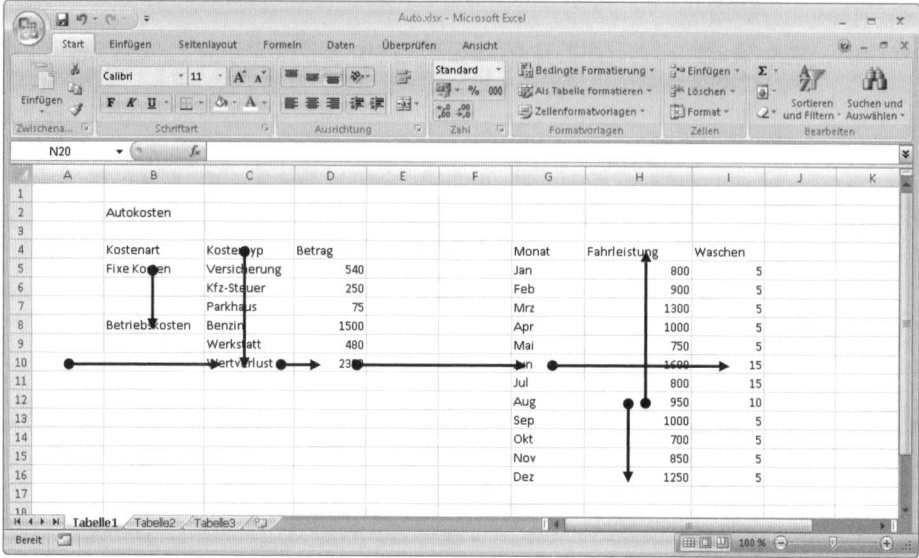

- ⟨Strg⟩+⟨Pos1⟩ springt zur Zelle A1.

- ⟨Strg⟩+⟨End⟩ springt in die rechte untere Ecke des vom Tabellenblatt momentan verwendeten Bereichs. Im Falle des Tabellenblatts aus dem obigen Bild würden Sie mit ⟨Strg⟩+⟨End⟩ also zur Zelle I16 springen. Würden Sie dann noch eine Zahl in die Zelle J2 eingeben, spränge die Zellmarkierung anschließend beim Drücken von ⟨Strg⟩+⟨End⟩ zur Zelle J16.

In der folgenden Tabelle finden Sie eine Übersicht der wichtigsten Tasten, mit denen Sie die Zellmarkierung bewegen können.

Tabelle 24.1 Bewegen der Zellmarkierung mit der Tastatur

Taste	Bewegen der Zellmarkierung
⟨↵⟩	eine Zelle nach unten (konfigurierbar über den Dialog *Excel-Optionen*)
⟨⇥⟩	eine Zelle nach rechts
⟨←⟩	eine Zelle nach links
⟨→⟩	eine Zelle nach rechts
⟨↓⟩	eine Zelle nach unten
⟨↑⟩	eine Zelle nach oben
⟨Pos1⟩	springt zur ersten Zelle der aktuellen Zeile
⟨End⟩	aktiviert/beendet einen speziellen Modus, mit dem die Zellmarkierung über größere Strecken bewegt werden kann. Zu diesem Zweck setzen Sie jedoch besser die ⟨Strg⟩-Taste ein (siehe folgender Abschnitt)

Eingabefehler korrigieren

Wenn sich in einer Zelle ein Tippfehler eingeschlichen hat und Sie ihn korrigieren möchten oder wenn Sie einen Wert verändern wollen, gehen Sie so vor:

1. Doppelklicken Sie auf die Zelle, die Sie bearbeiten wollen, oder bewegen Sie die Zellmarkierung mit den Pfeiltasten auf die Zelle und drücken Sie dann die Taste `F2`.

    Excel befindet sich jetzt im Bearbeitungsmodus und zeigt den Inhalt der Zelle in der Bearbeitungsleiste an. In der Zelle selbst ist die blinkende Einfügemarke sichtbar.

2. Verschieben Sie die Einfügemarke mit den Pfeiltasten an die Position, die Sie bearbeiten möchten.

3. Drücken Sie die Taste `Entf`, um das Zeichen *rechts* von der Einfügemarke zu löschen, oder die `←`-Taste (oberhalb der `↵`-Taste), um das Zeichen *links* von der Einfügemarke zu löschen.

4. Wenn Sie Zahlen oder Text ergänzen wollen, bewegen Sie die Einfügemarke mit den Pfeiltasten an die gewünschte Position und tippen den neuen Text direkt ein.

5. Wenn Sie die Bearbeitung der Zelle abgeschlossen haben, drücken Sie `↵` oder klicken Sie auf die Schaltfläche *Eingeben* (das grüne Häkchen in der Bearbeitungsleiste).

HINWEIS   Beachten Sie, dass die Pfeiltasten eine doppelte Bedeutung haben:

■ Wenn der Bearbeitungsmodus für eine Zelle aktiv ist, bewegen Sie mit den Pfeiltasten die Einfügemarke innerhalb der Zelle.

■ Ist der Bearbeitungsmodus nicht aktiv, dann bewegen Sie mit den Pfeiltasten die Zellmarkierung auf dem Tabellenblatt.

Erleichterungen bei der Eingabe

Nachdem Sie nun die grundlegenden Verfahren zum Eingeben von Daten kennen gelernt haben, wollen wir Ihnen noch einige nützliche Merkmale von Excel vorstellen, mit denen die Dateneingaben schneller, einfacher und komfortabler zu bewerkstelligen sind.

Wir beginnen mit der Funktion *AutoVervollständigen*, die Ihnen vielleicht sogar schon bei Ihren ersten Eingabeversuchen in Excel begegnet ist.

AutoVervollständigen verwenden

Die AutoVervollständigen-Funktion hilft Ihnen, wenn in einer Spalte die gleichen Inhalte mehrmals vorkommen. Wenn Sie einen Begriff eintippen, der in der Spalte bereits vorhanden ist, trägt Excel für Sie die restlichen Zeichen in die Zelle ein, sobald es den Begriff anhand Ihrer Eingabe erkannt hat. Sie können den Eingabevorschlag dann übernehmen, indem Sie die `↵`-Taste drücken.

1. Geben Sie in untereinander liegenden Zellen verschiedene Begriffe ein, etwa so wie im folgenden Bild:

2.   Geben Sie nun in die darunter liegende Zelle den Anfangsbuchstaben eines Begriffs ein, den Sie oben bereits verwendet haben. Excel vervollständigt die Zeile automatisch mit einem passenden Eintrag:

3.   Um den Vorschlag zu übernehmen, drücken Sie ⏎, ansonsten schreiben Sie einfach weiter:

| Mitarbeiter |
| Hubert |
| Schmidt |
| Müller |
| Koch |
| Suhrmann |

TIPP   **AutoVervollständigen funktioniert nicht**   Wenn das AutoVervollständigen nicht zu funktionieren scheint, ist die Funktion wahrscheinlich ausgeschaltet. Klicken Sie dann auf *Office-Schaltfläche/Excel-Optionen* und schalten Sie auf der Seite *Erweitert* die Option *AutoVervollständigen für Zellwerte aktivieren* ein.

Sie können sich auch eine Auswahlliste anzeigen lassen, die alle Begriffe aufführt, die in der aktuellen Spalte bereits eingegeben wurden. Um die Auswahlliste zu verwenden, gehen Sie folgendermaßen vor:

1.   Markieren Sie die Zelle, in der Sie eine Eingabe machen wollen, und drücken Sie die Tastenkombination [Alt]+[↓]. Alternativ klicken Sie die Zelle mit der rechten Maustaste an und wählen im so angezeigten Kontextmenü den Befehl *Dropdown-Auswahlliste:*

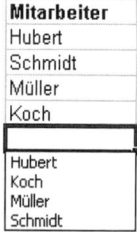

2.   Wählen Sie den gewünschten Begriff mit den Pfeiltasten aus und übernehmen Sie ihn mit ⏎ bzw. klicken Sie ihn einfach an, falls Sie die Liste mit der Maus geöffnet haben.

Listen verwenden – AutoAusfüllen

Eine Fähigkeit von Excel, die Ihnen viel Tipparbeit ersparen kann, ist das automatische Ausfüllen von Listen. Hierzu existieren verschiedene Varianten:

- Excel erkennt die Listen anhand von Daten, die sich bereits auf dem Tabellenblatt befinden.

- Excel kennt Listen für das Eingeben von Wochentagen und Monatsnamen; Jahreszahlen werden automatisch erweitert.

- Sie erstellen benutzerdefinierte Listen und können diese dann in Zellen automatisch ausfüllen lassen.

Die drei Varianten wollen wir in den folgenden Beispielen erläutern.

Textreihen
1. Legen Sie eine neue Arbeitsmappe an und füllen Sie sie so aus, wie auf dem nächsten Bild. Alternativ können Sie die Übungsdatei *AutoAusfüllen* öffnen, wenn Sie sich diese Tipparbeit ersparen möchten.

Bild 24.9   Die für das Beispiel benötigten Testdaten

	A	B	C	D	E	F	G	H
1								
2			2006	2007				
3		Aachen						
4		Berlin						
5		Bremen						
6		Hamburg						
7		Köln						
8								
9								
10								
11								
12			Januar					
13			Jan					
14								

2. Markieren Sie die Städtenamen, indem Sie die oberste der Zellen anklicken und die Markierung dann mit gedrückter Maustaste nach unten aufziehen.

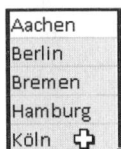

3. Zeigen Sie mit dem Mauszeiger auf das kleine Quadrat unten rechts an der Markierung. Der Mauszeiger wird dort zu einem Plus-Zeichen.

4. Ziehen Sie dann die Markierung mit gedrückter Maustaste um fünf Zellen nach unten. Während Sie die Markierung ziehen, sehen Sie in einem kleinen Popup-Fenster, welchen Wert Excel in die Zelle einfügt. In der Abbildung auf der nächsten Seite ist dieser Vorgang dargestellt.

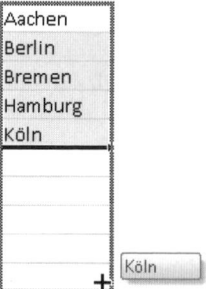

5. Lassen Sie die Maustaste los. In den fünf neu markierten Zellen stehen nun die gleichen Städtenamen wie in den anfänglich markierten Zellen.

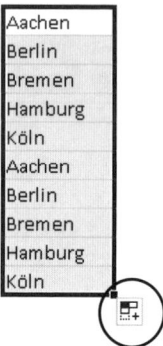

Auf die Schaltfläche, die Sie an der rechten unteren Ecke der Markierung sehen, gehen wir im weiteren Verlauf des Beispiels noch näher ein.

Zahlenfolgen

Mit dem gleichen Verfahren können Sie zum Beispiel auch fortlaufende Jahreszahlen eingeben:

1. Markieren Sie die beiden Zellen, die die Jahreszahlen enthalten.

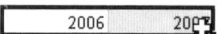

2. Zeigen Sie mit dem Mauszeiger auf das Quadrat unten rechts an der Markierung und ziehen Sie die Markierung mit gedrückter Maustaste nach rechts auf. Während Sie die Markierung ziehen, sehen Sie in einem kleinen Popup-Fenster, welchen Wert Excel in die Zelle einfügt.

3. Sobald Sie die Maustaste loslassen, füllt Excel die Jahreszahlen richtig aus.

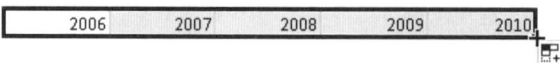

4. Klicken Sie nun auf die Schaltfläche *Auto-Ausfülloptionen*, die am Ende der Zahlenreihe erschienen ist. Dadurch öffnet sich das Menü der Schaltfläche.

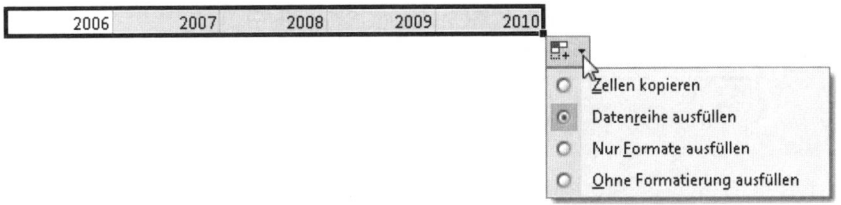

Wie Sie sehen, ist im Menü die Option *Datenreihe ausfüllen* eingeschaltet. Dies ist die Standardaktion, die Excel beim Aufziehen einer Markierung vornimmt, in der sich eine Datenreihe befindet. In unserem Fall bestand die Datenreihe aus den beiden Zahlen 2006 und 2007.

5. Klicken Sie im Menü auf *Zellen kopieren*.

Jetzt hat Excel die aufgezogene Markierung gefüllt, indem es die ursprüngliche Markierung mehrfach kopiert hat (wie vorhin bei den Städtenamen).

Monatsfolgen

Lassen Sie uns nun testen, wie Excel sich beim Ausfüllen von Monaten verhält:

1. Markieren Sie die beiden Zellen, in denen »Januar« bzw. »Jan« steht.

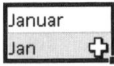

2. Ziehen Sie die Markierung in gewohnter Weise nach rechts auf.

3. Lassen Sie die Maustaste los, wenn der gewünschte Monat erreicht ist. Excel füllt nun die Nachbarzellen mit den Monatsnamen auf und beachtet dabei sogar die abkürzende Schreibweise in der unteren Zeile.

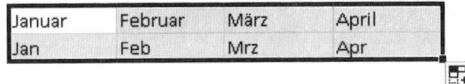

Excel holt sich die Daten offensichtlich aus einer Liste, in der alle Monatsnamen enthalten sind.

Datumsfolgen

Zum Schluss wollen wir Excel noch etwas auf die Probe stellen und eine Zelle erweitern, die sowohl eine Monats- als auch eine Jahresangabe enthält:

1. Geben Sie in eine Zelle *Jan 2007* ein und ziehen Sie die Markierung anschließend nach rechts auf. Excel füllt die Zellen dann folgendermaßen aus:

2. Klicken Sie auf die Schaltfläche *Auto-Ausfülloptionen*.

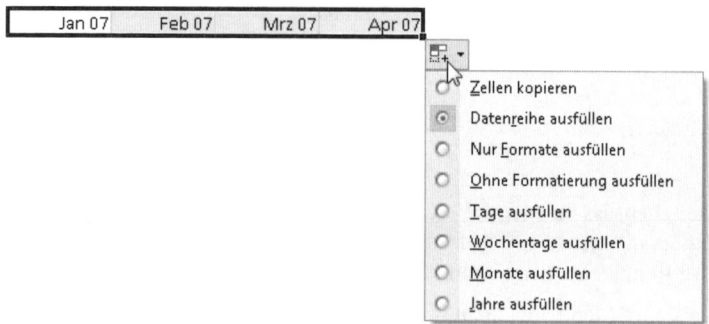

3. Wählen Sie in dem Auswahlmenü die Option *Jahre ausfüllen*. Excel ändert den Inhalt der markierten Zelle dann wie folgt ab:

Beim Ausfüllen wurde also nicht mehr der Monat, sondern das Jahr fortgesetzt.

Eigene Listen zum AutoAusfüllen erstellen

Angenommen, Sie erstellen regelmäßig Arbeitsblätter, in denen die Namen der Abteilungen Ihrer Firma als Spaltenüberschrift verwendet werden. Wäre es in diesem Fall nicht außerordentlich praktisch, wenn Sie diese Abteilungsnamen mittels AutoAusfüllen in das Tabellenblatt eingeben könnten? Mit Excel ist das tatsächlich möglich, Sie müssen lediglich mit den folgenden Schritten eine benutzerdefinierte Liste anlegen:

1. Öffnen Sie das Menü der *Office-Schaltfläche* und klicken Sie auf *Excel-Optionen*.

2. Klicken Sie in der Kategorie *Häufig verwendet* auf die Schaltfläche *Benutzerdefinierte Liste bearbeiten*, um das folgende Dialogfeld anzuzeigen.

Bild 24.10 Excel kennt bereits Listen mit Monaten und Wochentagen

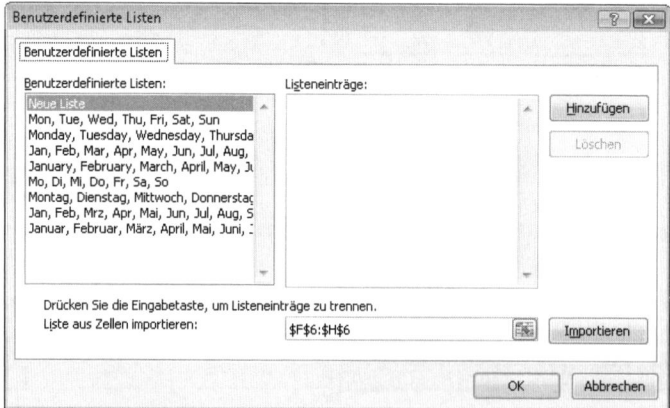

Auf der linken Seite des Dialogfeldes sehen Sie u.a. die Liste für die Monatsnamen, die Sie im letzten Beispiel verwendet haben.

3. Klicken Sie in das Feld *Listeneinträge* und geben Sie dort die folgende Liste ein:
    Einkauf, Personal, Verkauf, Forschung, Lager.

4. Klicken Sie auf *Hinzufügen.* Die Liste erscheint daraufhin im Feld *Benutzerdefinierte Listen.*

5. Schließen Sie beide Dialogfelder mit *OK.*

6. Testen Sie die von Ihnen erstellte Liste, indem Sie in eine Zelle das Wort »Einkauf« eintippen und anschließend die vier Nachbarzellen per AutoAusfüllen füllen.

Die Schaltfläche Füllbereich

Um das Thema »Ausfüllen« abzurunden, wollen wir Ihnen noch die Schaltfläche *Füllbereich* vorstellen, die sich auf der Registerkarte *Start* in der Gruppe *Bearbeiten* befindet.

Bild 24.11   Das Menü der Schaltfläche *Füllbereich*

Mit den ersten vier Befehlen der Schaltfläche können Sie den Inhalt einer Nachbarzelle in eine leere Zelle kopieren. Der Name des Befehls gibt dabei die Richtung an, *in* die kopiert wird (nicht die Richtung, in der sich die gewünschte Nachbarzelle befindet). Am besten lässt sich das anhand eines Beispiels verstehen:

1. Erstellen Sie auf einem Tabellenblatt folgende Ausgangssituation und vergessen Sie bitte nicht, die richtige Zelle zu markieren:

2. Klicken Sie die Schaltfläche *Füllbereich* an und wählen Sie die Option *Unten.*

	1500
Januar	1500

Die Befehle *Unten* und *Rechts* können Sie übrigens auch mit den Tastenkombinationen [Strg]+[U] und [Strg]+[R] aufrufen, was natürlich deutlich schneller ist.

Datenreihen erstellen

Der Befehl *Reihe,* der sich ebenfalls im Ausklappmenü der Schaltfläche *Füllbereich* befindet, unterstützt Sie besonders flexibel beim Eingeben von Datenreihen. Um zum Beispiel eine Spalte zu erstellen, die die Zweierpotenzen von 1 bis 1024 enthält, nehmen Sie diese Schritte vor:

1. Geben Sie die erste Zahl der Reihe ein und klicken Sie in der Bearbeitungsleiste auf die Schaltfläche *Eingeben* (Sie wissen schon: das grüne Häkchen). Damit Sie gleich im nächsten Schritt die Schaltfläche *Füllbereich* betätigen können, darf sich Excel nämlich nicht im Bearbeitungsmodus befinden, d.h. die Einfügemarke darf nicht in der Zelle blinken, in die Sie gerade die erste Zahl eingetragen haben.

2. Klicken Sie die Schaltfläche *Füllbereich* an und wählen Sie den Befehl *Reihe.* Excel zeigt dann das Dialogfeld *Reihe* an (siehe nächstes Bild).

3. Schalten Sie in der Gruppe *Reihe* die Option *Spalten* ein.

4. Aktivieren Sie in der Gruppe *Typ* die Option *Geometrisch.* Dadurch erreichen Sie, dass die Datenreihe nicht durch eine Addition erzeugt wird, sondern durch Multiplikation. Der Wert, mit dem die einzelnen Zahlen multipliziert werden, um die jeweils nächste Zahl der Reihe zu finden, entnimmt Excel dem Feld *Inkrement.*

5. Geben Sie in das Textfeld *Inkrement* eine 2 ein.

6. Zum Schluss tragen Sie noch in das Textfeld *Endwert* die Zahl 1024 ein.

Bild 24.12   Mit dem Dialogfeld *Reihe* lassen sich auch geometrische Folgen erstellen

7. Klicken Sie auf *OK,* damit Excel die gewünschte Datenreihe einträgt.

Einfache Berechnungen

Zellen auf einem Excel-Tabellenblatt können drei verschiedene Arten von Daten enthalten: Text, Zahlen und Formeln. Die Eingabe von Text und Zahlen haben Sie bereits kennen gelernt. In diesem Abschnitt werden wir uns dem Eingeben von Formeln und dem Rechnen mit Excel widmen.

Die Vorgehensweise wollen wir anhand der Beispieltabelle *Autokosten* erläutern, die wir zu Beginn des Kapitels gemeinsam erstellt haben. Wir haben die Tabelle dazu noch ein wenig erweitert und im unteren Bereich den Text eingetragen, neben dem die Gesamtkosten pro Jahr und pro Monat ausgegeben werden sollen. Sie finden die Tabelle auch in der Übungsdatei *Einfache Berechnungen* auf dem Tabellenblatt *Start.* Lassen Sie uns mit der Berechnung der Gesamtkosten beginnen.

Bild 24.13   Dieses Tabellenblatt soll um zwei Formeln ergänzt werden

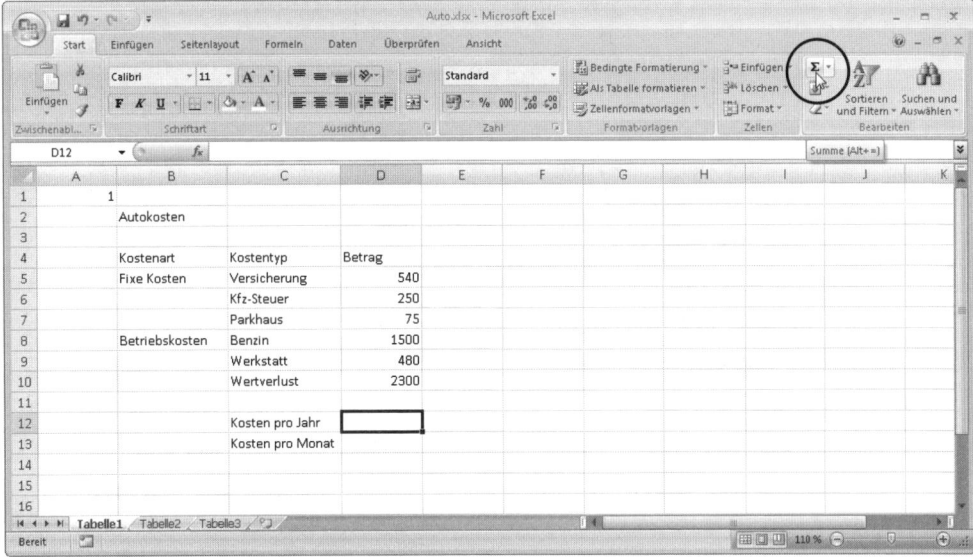

1. Markieren Sie die Zelle D12, in der die errechneten Gesamtkosten erscheinen sollen.

2. Klicken Sie in der Registerkarte *Start* auf die Schaltfläche *Summe* (siehe Bild oben).

   In der Zelle D12 wird jetzt die Formel =Summe(D5:D11) angezeigt (siehe nächstes Bild). Die Zellen, die mit dieser Formel addiert werden, sind mit einem gestrichelten Rahmen versehen. Excel hat also eigenständig erkannt, welche Zahlen des Tabellenblatts Sie addieren wollen.

Bild 24.14   Excel erkennt automatisch, welche Zahlen Sie addieren wollen

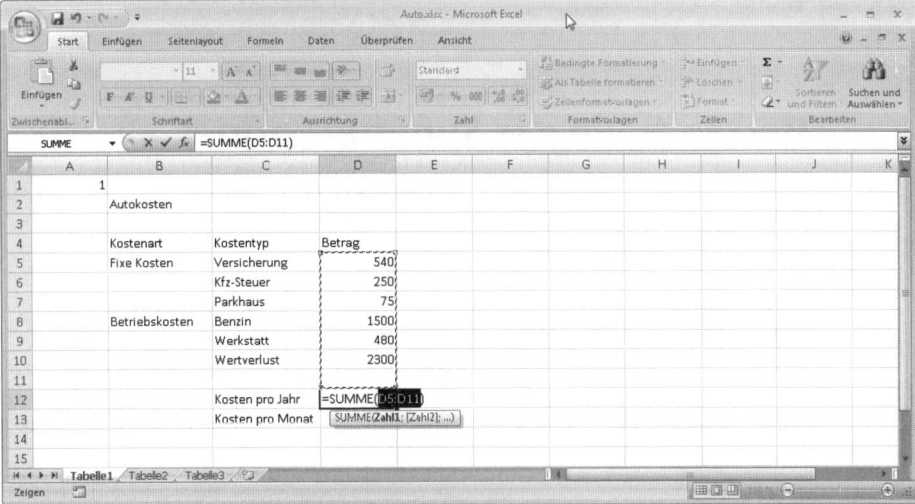

3. Drücken Sie die ⏎-Taste, um die Formel wie angezeigt zu übernehmen. In der Zelle D12 werden nun wie gewünscht die errechneten Gesamtkosten angezeigt.

Bild 24.15 Excel hat die Summe korrekt berechnet

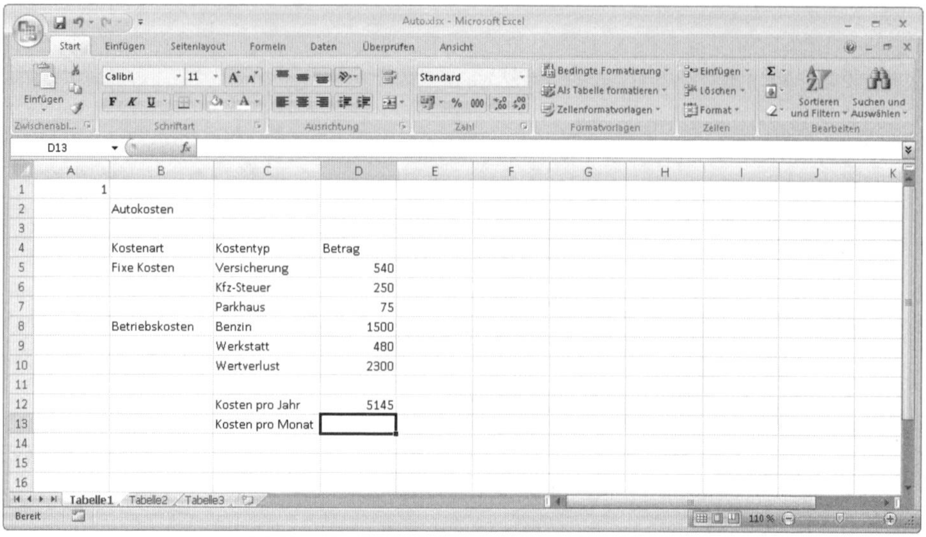

HINWEIS Der »Trick« mit der AutoSumme funktioniert so: Wenn Sie Excel durch Anklicken der Schaltfläche *Summe* mitteilen, dass Sie eine Summe bilden wollen, prüft Excel zuerst, ob sich oberhalb der markierten Zelle Zahlen befinden. Wird Excel fündig, werden die betreffenden Zahlen für die Summenbildung berücksichtigt. Sobald Excel bei der Zahlensuche auf eine Zelle trifft, die einen Text enthält oder leer ist, wird die Suche beendet. In dem hier vorgestellten Beispiel stoppt Excel also an der Spaltenüberschrift.

Falls sich oberhalb einer Zelle keine Zahlen befinden, untersucht Excel die linken Nachbarzellen. Sollten auch hier keine Zahlen enthalten sein, streicht Excel die Segel und überlässt Ihnen das Ausfüllen der Summenformel.

Bestandteile der Summenformel

Formeln in Excel beginnen immer mit einem Gleichheitszeichen. Anhand des Gleichheitszeichens kann Excel Formeln von Text und Zahlen unterscheiden.

```
=SUMME(D5:D11)
```

Im obigen Beispiel wird bei der Berechnung der Gesamtkosten die Funktion SUMME verwendet. Diese Funktion gehört zu den zahlreichen Funktionen, die in Excel eingebaut sind. Die meisten Funktionen benötigen Parameter, die hinter dem Funktionsnamen in runden Klammern eingeschlossen werden. Die Funktion SUMME erwartet als Parameter den Zellbereich, für den die Summe gebildet werden soll. In unserem Beispiel lautet die Bereichsangabe D5:D11. Der Doppelpunkt bedeutet *bis*.

Automatische Neuberechnung

Der Vorteil eines Tabellenkalkulationsprogramms wie Excel besteht darin, dass die Summe automatisch neu berechnet wird, wenn Sie z.B. den Betrag für einen Kostenpunkt ändern. Probieren Sie es einmal aus, indem Sie einige der Werte ändern und beobachten, wie sich das Ergebnis in der Zelle mit der Summe anpasst.

Einfache Formeln ohne Funktionen

Sie können auch Formeln erstellen, die keine Funktion verwenden, sondern stattdessen z.B. eine der vier Grundrechenarten. Um dies zu verdeutlichen, sollen in Zelle D13 die Kosten je Monat berechnet werden. Excel soll also die in der Zelle D12 berechneten Gesamtkosten durch 12 teilen:

1. Klicken Sie Zelle D13 an. Die Zelle wird mit der Zellmarkierung versehen.

2. Tippen Sie ein Gleichheitszeichen ein. Excel aktiviert den Bearbeitungsmodus für die Zelle.

3. Klicken Sie Zelle D12 an, in der sich die Gesamtkosten befinden. Dadurch wird hinter dem Gleichheitszeichen die Adresse der angeklickten Zelle eingetragen. Sie hätten die Adresse auch eintippen können, aber das Anklicken ist nicht nur schneller, sondern auch zuverlässiger.

4. Tippen Sie jetzt das Zeichen / ein. Der Schrägstrich ist der Divisionsoperator (nicht der Doppelpunkt, wie man berechtigterweise meinen könnte).

5. Geben Sie nun die 12 ein und drücken dann ⏎, um die Eingabe der Formel abzuschließen.

Bild 24.16   Dem Ergebnis liegt nach wie vor die eingegebene Formel zugrunde

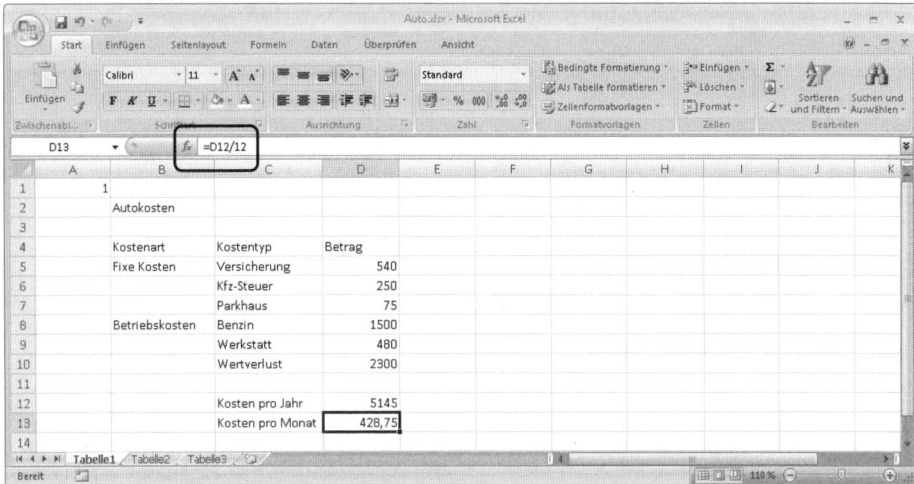

Excel führt die Berechnung durch und gibt das Ergebnis in Zelle D13 aus. Wenn Sie die Zelle D13 erneut anklicken und dann in die Bearbeitungsleiste schauen, sehen Sie, dass dort noch immer die eingegebene Formel angezeigt wird. Das Gleiche gilt natürlich auch für die Zelle mit der Summe.

Die hier vorgestellten Möglichkeiten zum Rechnen mit Excel können natürlich nur einen ersten Eindruck vermitteln. Mehr Informationen zu diesem Thema finden Sie in den ▶ Kapiteln 26 und 27.

Zeilen bzw. Spalten einfügen und löschen

Wenn Sie eine Tabelle nachträglich erweitern wollen, können Sie einzelne Zellen oder auch ganze Zeilen bzw. Spalten einfügen. Dadurch wird jedoch nicht die Größe des Arbeitsblattes geändert, sondern Excel schiebt beim Einfügen die »störenden« Zellen einfach entsprechend zur Seite.

Im folgenden Beispiel zeigen wir Ihnen, wie Sie eine Tabelle um eine weitere Zeile ergänzen können. Und zwar soll zwischen den beiden Zeilen, in denen die Benzin- und Werkstattkosten eingetragen sind, eine neue Zeile zur Erfassung der Kosten für Motoröl eingeschoben werden.

1. Erstellen Sie eine kleine Tabelle, die dem hier abgebildeten Beispiel ähnelt oder öffnen Sie die Übungsdatei *Einfache Berechnungen,* die Sie im letzten Abschnitt kennen gelernt haben.

Bild 24.17   Zwischen Zeile 8 und Zeile 9 soll eine neue Zeile eingefügt werden

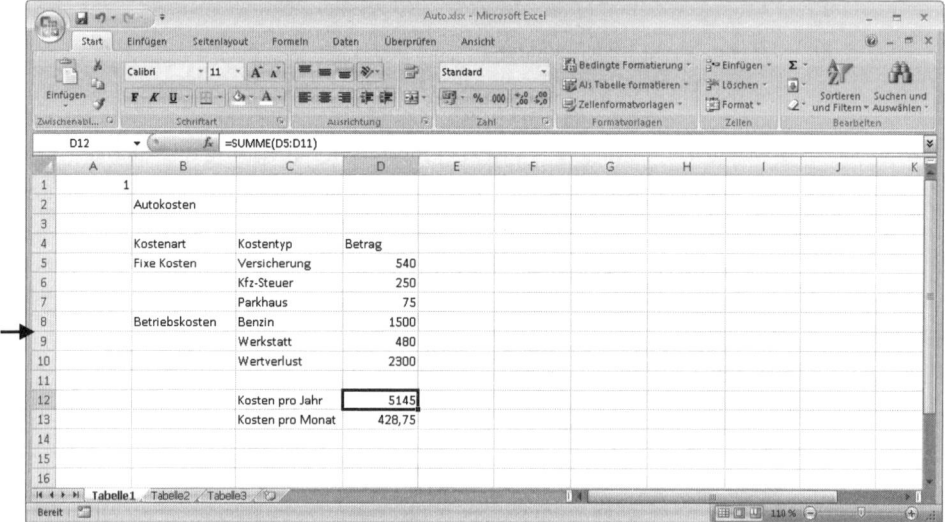

2. Markieren Sie eine beliebige Zelle in der Zeile, die den neuen Eintrag aufnehmen soll. In diesem Beispiel ist dies die Zeile 9.

3. Öffnen Sie das Ausklappmenü der Schaltfläche *Einfügen,* die sich auf der Registerkarte *Start* befindet.

Bild 24.18   Neue Zeile einfügen

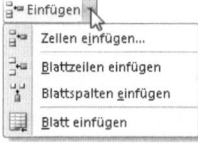

4. Wählen Sie den Befehl *Blattzeilen* einfügen.

Excel schiebt nun den Inhalt aller Zellen, die sich in Zeile 9 oder darunter befinden, um eine Zeile nach unten. Bei diesem Vorgang werden alle Formeln, die sich auf die verschobenen Zellen beziehen, angepasst.

In unserem Fall trifft das zum Beispiel auf die Formel zur Berechnung der Gesamtsumme zu. Wie Sie in Bild 24.17 sehen können, lautete die Formel vor dem Einfügen der leeren Zeile SUMME(D5:D11). Das nächste Bild zeigt, dass sich die Bereichsangabe der Funktion SUMME verändert hat. Die geänderte Formel lautet nun SUMME(D5:D12).

Bild 24.19   Zellbezüge werden beim Einfügen von Zellen automatisch angepasst

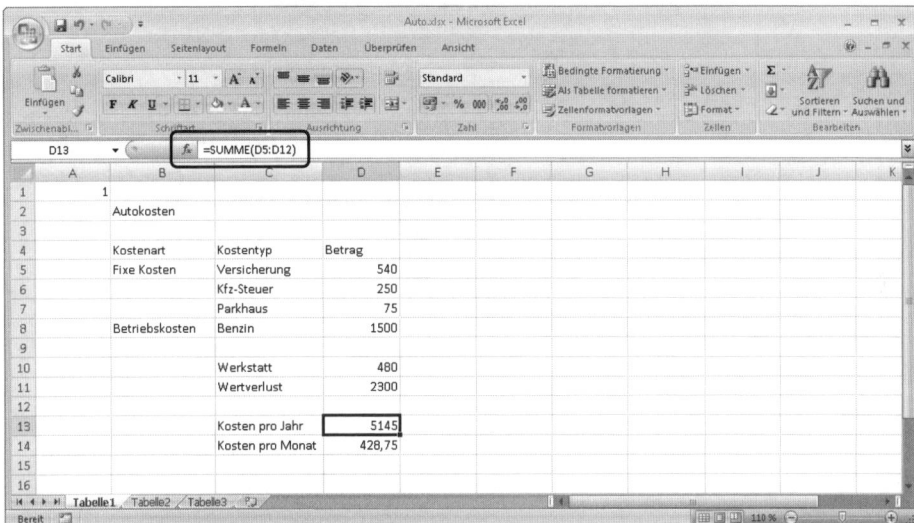

5.   Jetzt können Sie die Beschriftung **Motoröl** in die Zelle C9 und die zugehörigen Kosten in ihre Nachbarzelle eintragen.

Mehrere Zeilen/Spalten einfügen

Wenn Sie auf einen Rutsch gleich mehrere Zeilen oder Spalten einfügen wollen, müssen Sie lediglich vor dem Aufruf des Befehls *Einfügen/Blattzeilen* bzw. *Einfügen/Blattspalten* entsprechend viele Zellen markieren. Wenn Sie zum Beispiel in der letzten Übung nicht nur eine neue Zeile für »Motoröl«, sondern noch eine weitere für »Waschen« einfügen wollten, hätten Sie dazu zwei Zellen der Zeilen 9 und 10 markieren müssen.

Einzelne Zellen und Zellbereiche einfügen

Bis jetzt haben Sie immer nur ganze Zeilen oder Spalten in das Tabellenblatt eingefügt. Dies funktioniert in der Regel aber nur dann reibungslos, wenn das Arbeitsblatt lediglich eine einzelne Tabelle enthält. Ansonsten würden Sie durch das Einfügen einer vollständigen Zeile oder Spalte höchstwahrscheinlich andere Tabellen auf dem Blatt beschädigen.

In solchen Fällen können Sie auch einzelne Zellen oder einen bestimmten Zellbereich in ein Blatt einfügen. Im nächsten Beispiel sehen Sie wieder die bekannte Autokosten-Tabelle. Auf dem Tabellenblatt befindet sich jetzt aber noch eine zweite Tabelle, in der die einzelnen Tankbelege aufgeführt sind.

Bild 24.20   Dieses Tabellenblatt enthält zwei Tabellen

	A	B	C	D	E	F	G	H	I	J	K
1											
2		Autokosten									
3							Datum	Liter	Betrag		
4		Kostenart	Kostentyp	Betrag			01.01.2007	23	28,29		
5		Fixe Kosten	Versicherung	540			10.01.2007	34	41,82		
6			Kfz-Steuer	250			14.01.2007	40	49,2		
7			Parkhaus	75			23.01.2007	34	41,82		
8		Betriebskosten	Benzin	1500			02.02.2007	25	30,75		
9			Werkstatt	480			09.02.2007	38	46,74		
10			Wertverlust	2300			23.02.2007	42	51,66		
11							04.03.2007	39	47,97		
12			Kosten pro Jahr	5145			08.03.2007	25	30,75		
13			Kosten pro Monat	428,75			15.03.2007	44	54,12		
14							22.03.2008	40	49,2		
15							28.03.2007	39	47,97		
16							04.04.2007	38	46,74		
17											
18											

1.   Markieren Sie die beiden Zellen C9 und D9 (wie im obigen Bild).

2.   Öffnen Sie das Ausklappmenü der Schaltfläche *Einfügen* und wählen Sie den Befehl *Zellen einfügen*.

Bild 24.21   Einfügen von Zellbereichen

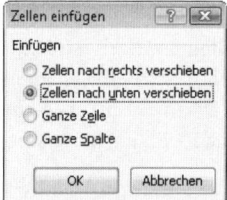

In diesem Dialogfeld können Sie festlegen, wie Excel die markierten Zeilen verschieben soll, um Platz für die neuen Zellen zu schaffen. Wie Sie sehen, haben Sie die Wahl zwischen vier verschiedenen Optionen, deren Wirkungsweise die folgenden Bilder veranschaulichen sollen:

Bild 24.22   Varianten beim Einfügen von Zellen in der Reihenfolge ihres Auftretens im Dialogfeld
Zellen einfügen

Benzin	1500			02.02.2007	25	30,75	
		Werkstatt	480			09.02.2007	38
Wertverlust	2300			23.02.2007	42	51,66	

Benzin	1500		02.02.2007	25	30,75
			09.02.2007	38	46,74
Werkstatt	480		23.02.2007	42	51,66

Benzin	1500		02.02.2007	25	30,75
Werkstatt	480		09.02.2007	38	46,74

	Benzin	1500		02.02.2007
	Werkstatt	480		09.02.2007
	Wertverlust	2300		23.02.2007

3. Offensichtlich benötigen Sie in diesem Fall die zweite Variante. Schalten Sie also die Option *Zellen nach unten verschieben* ein und klicken Sie auf *OK*.

Bild 24.23   Das Einfügen der Zellen hat sich nur auf die linke Tabelle ausgewirkt

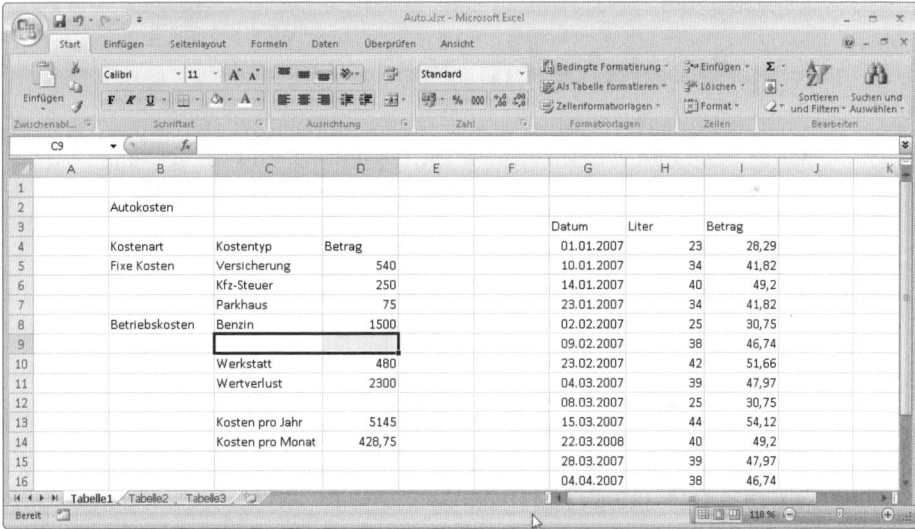

Zellen löschen

Das Löschen von Zellen funktioniert im Prinzip genauso wie das Einfügen. Sie finden die dazu benötigte Schaltfläche *Löschen* auf der Registerkarte *Start* direkt unterhalb der Schaltfläche *Einfügen*. Die Schaltfläche ist ebenfalls mit einem Ausklappmenü versehen, dessen Befehle sich analog zu den soeben beschriebenen Befehlen der Schaltfläche *Einfügen* verhalten.

Illustrationen einfügen

Auch wenn Sie Excel in erster Linie dafür einsetzen werden, mit Zahlen und Formeln zu arbeiten, werden Sie gelegentlich eine Grafik in ein Arbeitsblatt einfügen wollen. Und Excel hat auch auf diesem Gebiet erstaunlich viel zu bieten. Das dürfte jedoch in erster Linie daran liegen, dass Excel an dieser Stelle von seinen beiden »Schwesterprogrammen« Word und PowerPoint profitiert, bei denen der Einsatz von Grafiken naturgemäß mehr im Mittelpunkt steht. Es war daher von Seiten der Entwickler kein spezieller Aufwand erforderlich, um Excel mit leistungsfähigen Grafikfunktionen auszustatten.

Die Befehle zum Einfügen der verschiedenen grafischen Elemente finden Sie auf der Registerkarte *Einfügen* in der Gruppe *Illustrationen*.

Bild 24.24 Über die Schaltflächen der Gruppe *Illustrationen* können Sie die verschiedenen grafischen Elemente in Ihre Arbeitsmappen einfügen

Stellvertretend für die vielen Möglichkeiten, die sich Ihnen hier bieten, wollen wir Ihnen das Einfügen von ClipArts vorstellen.

ClipArt einfügen

ClipArts sind kleine Zeichnungen, die im Lieferumfang von Excel bzw. Office enthalten sind. Der Vorteil von ClipArts ist ihr geringer Speicherplatzbedarf, da es sich um so genannte Vektorgrafiken handelt. Die Auswahl an ClipArts ist riesig und wenn Sie einen Internet-Anschluss besitzen, können Sie zusätzlich z.B. auf die Bilderdatenbank von Microsoft zugreifen, deren ClipArts kostenlos heruntergeladen werden dürfen.

1. Zeigen Sie das Arbeitsblatt an, auf dem die ClipArt eingefügt werden soll und klicken Sie auf der Registerkarte *Einfügen* auf die Schaltfläche *ClipArt*. Excel blendet dann den Aufgabenbereich *ClipArt* ein.

2. Geben Sie im Feld *Suchen nach* einen Suchbegriff ein.

Wo soll gesucht werden?

Bei der Suche nach einer ClipArt greift Excel auf verschiedene Quellen zurück, die Sie mit der Liste *Suchen in* wählen können. Die Liste enthält drei Einträge:

- **Meine Sammlungen**   Die Bilder auf der Festplatte Ihres Computers
- **Office Sammlungen**   Die mit Excel bzw. Office gelieferten Bilder
- **Websammlungen**   Bilderdatenbanken im Internet.

3. Schränken Sie die Suche bei Bedarf mit der Liste *Suchen in* auf bestimmte Sammlungen bzw. Themengebiete ein.

Bild 24.25   Auswahl der zu durchsuchenden Sammlungen

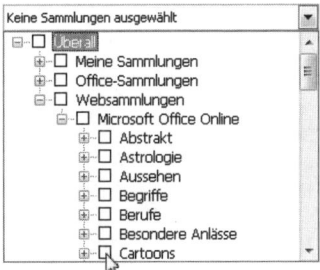

Was soll gesucht werden?

In der Standardeinstellung sucht Excel nach allen Mediendaten, die es kennt: ClipArts, Fotos, Filme und Sounds (Klangdateien). Mit der Liste *Ergebnisse* können Sie die Suche auch auf bestimmte Medientypen einschränken. Das kann z.B. sinnvoll sein, wenn Sie ein Bild suchen, Ihr Suchbegriff aber sehr viele Filme oder Sounds als Treffer anzeigt, die die Trefferliste unübersichtlich machen.

4. Beschränken Sie die Suche gegebenenfalls auf bestimmte Medientypen.

Bild 24.26   Auswahl der zu durchsuchenden Sammlungen

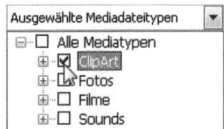

TIPP   **Dateityp vorgeben**   Sie können bei der Suche sogar den Dateityp vorgeben. Wenn Sie etwa für eine Internetseite eine JPEG-Datei suchen, können Sie in der Liste *Ereignisse* festlegen, dass Excel ausschließlich nach diesem Dateityp suchen soll. Zum Anzeigen der angebotenen Dateitypen klicken Sie auf das Pluszeichen des gewünschten Medientyps.

---

5. Starten Sie jetzt die Suche mit einem Klick auf *OK*. Nach kurzer Wartezeit zeigt Excel die gefundenen ClipArts im Aufgabenbereich an.

   Wenn Excel sehr viele ClipArts gefunden hat, empfiehlt es sich, die Breite des Aufgabenbereichs zu vergrößern. Dazu zeigen Sie mit der Maus auf den linken Rand des Aufgabenbereichs. Sobald der Zeiger zu einem waagerechten Doppelpfeil wird, drücken Sie die linke Maustaste und verschieben den Rand nach links.

6. Sie können eine vergrößerte Darstellung der ClipArts anzeigen, indem Sie sie mit der rechten Maustaste anklicken und im Kontextmenü den Befehl *Vorschau/Eigenschaften* aufrufen.

7. Suchen Sie ein Bild in der Liste aus und klicken Sie es dann mit der Maus an, um es auf dem Arbeitsblatt einzufügen.

Excel 2007

Bild 24.27 Um die Größe der ClipArt zu ändern, ziehen Sie mit der Maus an einem ihrer Anfasser

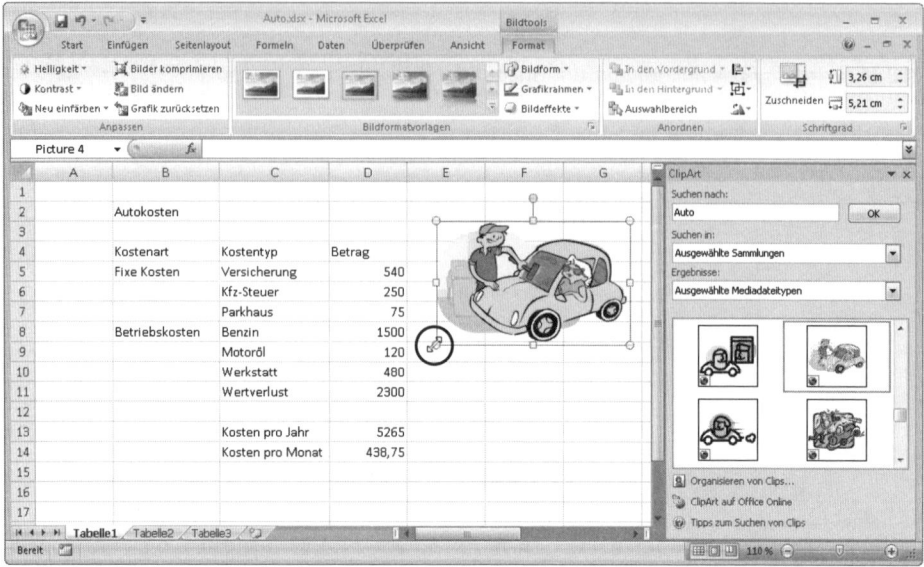

8. Ändern Sie bei Bedarf die Größe der ClipArt und schieben Sie sie mit der Maus an die gewünschte Position auf dem Arbeitsblatt.

Weitere Informationen zum Einfügen und Bearbeiten von Illustrationen finden Sie in ▸ Teil E des Buches in den Kapiteln 44 bis 46.

Zusammenfassung

In diesem Kapitel haben Sie zunächst gelernt, wie Sie eine neue Arbeitsmappe erstellen und haben sich dann mit den grundlegenden Techniken für die Arbeit mit Excel vertraut gemacht.

■ Zum Erstellen einer neuen Arbeitsmappe verwenden Sie den Befehl *Neu* aus dem Menü der *Office-Schaltfläche* und können dann entscheiden, ob Sie mit einer leeren Mappe beginnen oder eine der angebotenen Vorlagen als Ausgangsbasis verwenden wollen (Seite 394).

■ In den nächsten Abschnitten haben Sie gesehen, wie Sie in Excel-Zellen Eingaben vornehmen (Seite 398), Eingabefehler korrigieren (Seite 401) und wie Sie sich mithilfe der Funktionen AutoVervollständigen (Seite 401) und AutoAusfüllen (Seite 403) das Leben einfacher machen können.

■ Anschließend haben Sie die Formeln kennen gelernt, mit denen in Excel Berechnungen vorgenommen werden können (Seite 408). Ein Teil der Formeln verwendet Funktionen wie die Summenformel (Seite 410), Sie können aber auch Formeln ohne Funktionen verwenden, in denen lediglich die Grundrechenarten vorkommen (Seite 411).

■ Um eine Tabelle nachträglich zu erweitern, können Sie einzelne Zellen oder auch ganze Zeilen bzw. Spalten einfügen. Excel schiebt dann die beim Einfügen »störenden« Zellen einfach zur Seite (Seite 412).

■ Zum Schluss haben Sie gelernt, wie Sie Illustrationen in ein Tabellenblatt einfügen (Seite 416).

Kapitel 25

Tabellenblätter formatieren

In diesem Kapitel:

In den Beispielen des letzten Kapitels haben wir uns ausschließlich auf das Einfügen von Texten und Zahlen konzentriert und uns nicht weiter um die Darstellung der Daten gekümmert. Aber natürlich gehört zu einer fertigen Tabelle auch eine ansprechende Optik, die zum Beispiel die Zeilen- und Spaltenbeschriftungen sowie die Ergebniszeilen hervorhebt.

Wie Sie gleich sehen werden, gibt es in Excel zahlreiche Möglichkeiten, das Layout einer Tabelle zu verbessern. Sie können Schriften formatieren, Rahmen zuweisen, Farben und Muster benutzen und die Ausrichtung der Zellinhalte auf vielfältige Weise ändern. Viele dieser Formatierungen müssen Sie nicht mühsam Stück für Stück von Hand erstellen, sondern können sie sehr komfortabel mit einem Mausklick aus Formatkatalogen zuweisen.

Aber auch, wenn Sie in Excel nahezu jedes Detail einer Tabelle individuell gestalten können, sollten Sie nicht vergessen, dass bei einer Tabellenkalkulation die Daten im Mittelpunkt des Interesses stehen sollten und nicht die Farbe und Stärke einer Linie, mit der das Ergebnis einer Summe unterstrichen wird.

Wir werden uns daher auf die Funktionen konzentrieren, mit denen Sie Ihren Tabellen ohne großen Aufwand eine professionelle Optik verleihen können. Auf Standardaufgaben der Zeichenformatierung, wie sie in jeder Textverarbeitung anfallen – z.B. Schriftart wählen, Schriftgröße ändern etc. – gehen wir hier nicht näher ein, da wir mit guten Gewissen davon ausgehen können, dass sie mittlerweile zum Grundrepertoire eines jeden Office-Anwenders gehören.

Formatieren mit Zellenformatvorlagen

Wenn Sie »mal eben« eine kleine Tabelle erstellen wollen, können Sie sie am einfachsten mit Hilfe der so genannten *Zellenformatvorlagen* gestalten. In diesen Vorlagen werden mehrere Formatierungseigenschaften zusammengefasst – zum Beispiel Schriftart, -größe und -farbe –, die dann einer gewünschten Zelle mit einem einzigen Befehl zugewiesen werden können.

Um Ihnen den Gebrauch und die Effektivität der Zellenformatvorlagen zu demonstrieren, wollen wir nun die Autokosten-Tabelle, die wir im letzten Kapitel erstellt haben, in eine ansprechende Form bringen.

1.   Öffnen Sie die Übungsdatei *Zellenformatvorlagen* und zeigen Sie das Blatt *Autokosten* an.

Bild 25.1   Die unformatierte Autokosten-Tabelle

	A	B	C	D	E	F	G	H
1								
2		Autokosten						
3								
4		Kostenart	Betrag					
5		Versicherung	540					
6		Kfz-Steuer	250					
7		Parkhaus	75					
8		Benzin	1500					
9		Motoröl	120					
10		Werkstatt	480					
11		Wertverlust	2300					
12								
13		Kosten pro Jahr	5265					
14								

2. Markieren Sie die Zelle, die den Titel der Tabelle enthält (hier B2).

3. Zeigen Sie die Registerkarte *Start* an und klicken Sie in der Gruppe *Formatvorlagen* auf die Schaltfläche *Zellenformatvorlagen*. Excel zeigt dann folgendes Ausklappmenü an, in dem verschiedene Formatierungsvarianten angeboten werden.

Bild 25.2   Der Auswahlkatalog der Zellenformatvorlagen

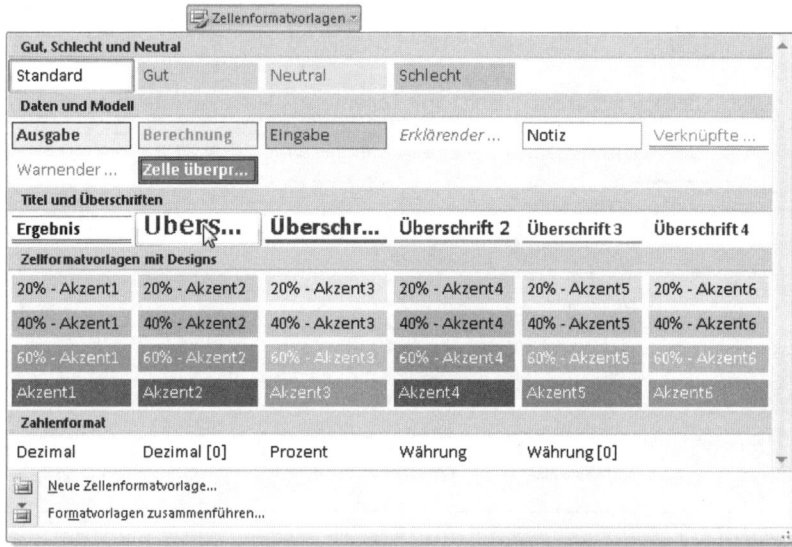

Wie Sie sehen, sind die Zellenformatvorlagen in verschiedene Gruppen eingeteilt:

■ *Gut, Schlecht und Neutral*

■ *Daten und Modell*

■ *Titel und Überschriften*

■ *Zellformatvorlagen mit Designs*

■ *Zahlenformat.*

HINWEIS   **Designs**   Die in den Zellenformatvorlagen verwendeten Farben und Schriftarten hängen vom jeweiligen Design ab, das der aktuellen Arbeitsmappe zugewiesen wurde. Designs spielen bei der Formatierung von Office-Dokumenten eine zentrale Rolle. Es ist daher wichtig, dass Sie das dahinter stehende Konzept verstehen, damit Sie später keine bösen Überraschungen erleben. Da auch die anderen Office-Programme mit Designs arbeiten, behandeln wir dieses Thema in Teil E des Buches in Kapitel 44.

---

4. Zeigen Sie mit der Maus auf eine der Vorlagen aus der Gruppe *Titel und Überschriften*. Excel zeigt die Wirkung der verschiedenen Vorlagen direkt im Tabellenblatt an. Wenn Sie sich für eine der Vorlagen entschieden haben, übernehmen Sie diese durch Anklicken.

In einem zweiten Schritt sollen die Spaltenüberschriften formatiert werden:

5. Markieren Sie die beiden Spaltenüberschriften und klicken Sie erneut auf die Schaltfläche *Zellenformatierung,* um den Auswahlkatalog anzuzeigen.

6. Wählen Sie einen Eintrag der Gruppe *Zellenformatvorlagen mit Designs*.

   Nun kommen die Geldbeträge an die Reihe:

7. Markieren Sie die Geldbeträge und weisen Sie ihnen die Zellenformatvorlage *Währung* zu. Die Zahlen werden dann mit zwei Nachkommastellen und einem Eurozeichen dargestellt.

   Zum Schluss soll noch das Ergebnis (also die Zelle C13) hervorgehoben werden.

8. Markieren Sie das Endergebnis und weisen Sie ihm die Zellenformatvorlage *Ergebnis* zu (aus der Gruppe *Titel und Überschriften*). Ihre Tabelle sollte dann in etwa so aussehen:

Bild 25.3   Die Tabelle wurde ausschließlich mit Zellenformatvorlagen formatiert

	A	B	C	D	E	F	G	H
1								
2		**Autokosten**						
3								
4		Kostenart	Betrag					
5		Versicherung	540,00 €					
6		Kfz-Steuer	250,00 €					
7		Parkhaus	75,00 €					
8		Benzin	1.500,00 €					
9		Motoröl	120,00 €					
10		Werkstatt	480,00 €					
11		Wertverlust	2.300,00 €					
12								
13		Kosten pro Jahr	**5.265,00 €**					
14								

Die gemäß der obigen Abbildung formatierte Tabelle finden Sie in der Übungsdatei auf dem Tabellenblatt *Autokosten, fertig*.

Excel-Tabellen

Die Tabelle aus dem letzten Beispiel ist aus Sicht von Excel einfach ein beliebiger Bereich des Tabellenblattes, in dem etwas Text und einige Zahlen stehen. Das heißt, Excel weiß nichts über die Struktur der Daten und kann zum Beispiel die Spaltenüberschriften nicht als solche erkennen.

Bereich in eine Excel-Tabelle umwandeln

Das lässt sich jedoch leicht ändern und anschließend stehen Ihnen weitaus komfortablere Funktionen zur Formatierung Ihrer Tabellen zur Verfügung als die im letzten Abschnitt vorgestellten Zellenformatvorlagen.

1. Markieren Sie den Bereich des Tabellenblatts, der Ihre Tabelle enthält.

2. Zeigen Sie die Registerkarte *Start* an und klicken Sie in der Gruppe *Formatvorlagen* auf die Schaltfläche *Als Tabelle formatieren*. Dadurch öffnet sich ein Auswahlkatalog mit diversen Tabellenformatvorlagen, die sich in ihrer Helligkeit und in der Art und Weise, wie die Spalten und Zeilen der Tabelle betont werden, unterscheiden.

Bild 25.4   Der ausgewählte Bereich soll zu einer Excel-Tabelle werden

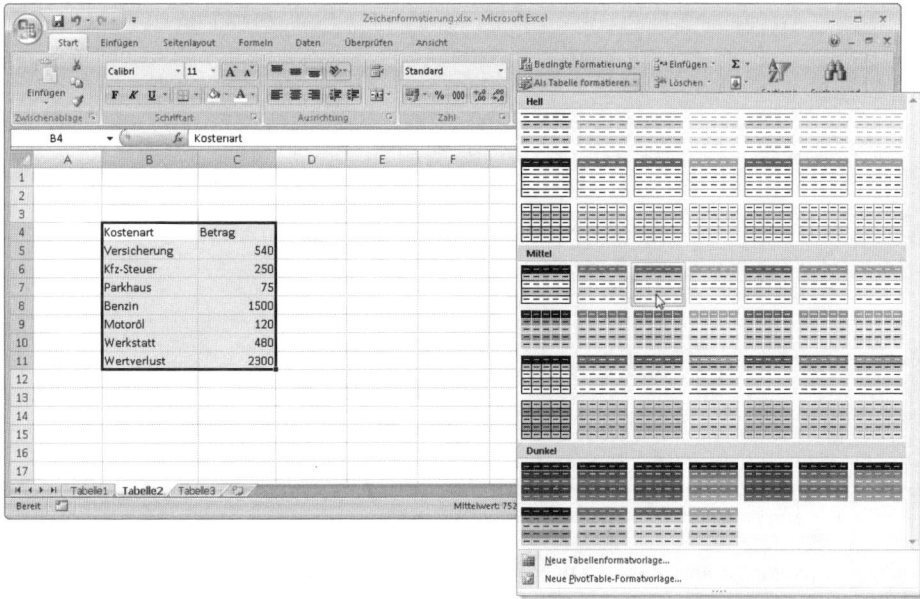

3. Wählen Sie aus dem angezeigten Katalog eine der angebotenen Tabellenformatvorlagen aus. Excel zeigt dann folgendes Dialogfeld an:

Bild 25.5   Bestätigung des zu formatierenden Bereichs

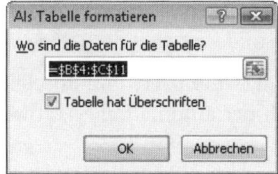

4. In diesem Dialog können Sie zum einen den Bereich festlegen, der als Tabelle formatiert werden soll und zum anderen angeben, ob die Tabelle Überschriften enthält oder nicht.

5. In unserem Fall können Sie die Vorgabe übernehmen und das Dialogfeld mit *OK* bestätigen.

Den besonderen Status der neu erstellten Excel-Tabelle erkennen Sie unter anderem daran, dass in der Multifunktionsleiste eine neue Registerkarte aufgetaucht ist, mit deren Befehlen Sie weitere Formatierungsaufgaben vornehmen können. Diese Registerkarte wird nur dann eingeblendet, wenn eine Zelle der Excel-Tabelle markiert ist (siehe Bild 25.6).

6. Schalten Sie auf der Registerkarte *Entwurf* in der Gruppe *Optionen für Tabellenformat* die Option *Ergebniszeile* ein. Die Excel-Tabelle wird dann automatisch um eine Zeile erweitert, in der die Zahlen der Tabelle addiert und in adäquater Form dargestellt werden.

7. Schalten Sie auch die Option *Erste Spalte* ein, um die Texte der ersten Spalte in fetter Schrift anzuzeigen.

Bild 25.6 Die fertige Tabelle und die neue Registerkarte *Tabellentools/Entwurf*

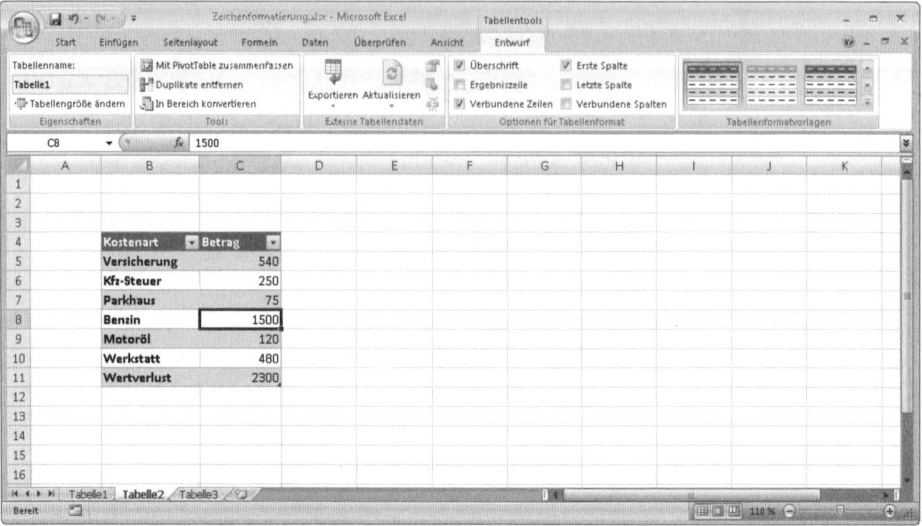

Wenn Sie anschließend den Auswahlkatalog für die Tabellenformatvorlagen anzeigen, werden Sie feststellen, dass bei den angebotenen Vorlagen auch die hervorgehobene Darstellung der ersten Spalte berücksichtigt wird. Außerdem kommen Sie nun auch in den Genuss der Livevorschau.

Excel-Tabellen erweitern

Wenn Sie eine Excel-Tabelle erweitern oder verkleinern werden Sie merken, dass deren Formatierung nicht fest mit den einzelnen Zellen verbunden ist, sondern dynamisch angepasst wird.

Im folgenden Bild wurde die linke Excel-Tabelle zweimal dupliziert und anschließend eine Zeile gelöscht bzw. eingefügt. Wie Sie sehen, wurde dadurch der automatische Farbwechsel der Tabellenzeilen nicht zerstört!

Bild 25.7 Auch beim Löschen (mittlere Tabelle) oder beim Einfügen (rechte Tabelle) einer Zeile bleibt die alternierende Farbgebung in der Excel-Tabelle erhalten

	Kostenart	Betrag		Kostenart	Betrag		Kostenart	Betrag
	Versicherung	540		Versicherung	540		Versicherung	540
	Kfz-Steuer	250		Kfz-Steuer	250		Kfz-Steuer	250
	Parkhaus	75		Parkhaus	75		Parkhaus	75
	Benzin	1500		Benzin	1500		Benzin	1500
	Motoröl	120		Werkstatt	480		Motoröl	120
	Werkstatt	480		Wertverlust	2300			
	Wertverlust	2300		Ergebnis	5145		Werkstatt	480
	Ergebnis	5265					Wertverlust	2300
							Ergebnis	5265

Die dazu benötigten Befehle erreichen Sie über das Kontextmenü der Excel-Tabelle:

- *Zeile/Spalte einfügen*

- *Zeile/Spalte löschen*

Beide Befehle besitzen ein kleines Untermenü mit dessen Befehlen Sie steuern können, wie sich die umgebenden Zellen beim Einfügen bzw. Löschen verhalten sollen.

Zeilenhöhe und Spaltenbreite ändern

Wenn Sie ein leeres Tabellenblatt vor sich haben, verwendet Excel Standardwerte für die Höhe der Zeilen und die Breite der Spalten. Doch vor allem die Spaltenbreiten werden in den seltensten Fällen für Ihre konkreten Tabellen geeignet sein. Nehmen Sie dann einfach mit der Maus die notwendigen Anpassungen vor.

Ändern der Zeilenhöhe

1. Bewegen Sie den Mauszeiger in den Zeilenkopf – das ist der Bereich am linken Fensterrand, in dem die Nummern der Zeilen stehen – und zeigen Sie auf die untere Linie der Zeile, deren Höhe Sie verändern möchten. Der Mauszeiger verändert sich dort in einen kleinen Doppelpfeil.

2. Drücken Sie die linke Maustaste und ziehen Sie die Maus nach oben bzw. unten, bis die Zeile die gewünschte Höhe besitzt. Die aktuelle Höhe der Zeile wird dabei in einem kleinen Fenster angezeigt.

PROFITIPP

Höhe mehrerer Zeilen verändern

Um die Höhe mehrerer Zeilen mit der Maus zu verändern, markieren Sie zuerst alle gewünschten Zeilen. Die Zeilen müssen dabei nicht zwingend direkt untereinander stehen. Sie können auch nicht zusammenhängende Bereiche markieren, indem Sie während des Markierens die Strg-Taste gedrückt halten. (Weitere Hinweise zum Markieren in Tabellen finden Sie im Abschnitt »Markieren auf Tabellenblättern« auf Seite 427.) Wenn Sie dann die Zeilenhöhe einer der markierten Zeilen ändern, übernimmt Excel die vorgenommene Einstellung für sämtliche Zeilen, die Sie zuvor markiert haben.

Das Einstellen der Zeilenhöhe mit der Maus eignet sich allerdings nur, wenn Sie lediglich einige wenige Zeilen ändern möchten und es Ihnen dabei nicht auf absolute Genauigkeit ankommt. Wenn Ihnen an einer exakten Einstellung der Zeilenhöhe gelegen ist, gehen Sie besser so vor:

1. Markieren Sie die betreffenden Zeilen.

2. Klicken Sie in der Registerkarte *Start* auf die Schaltfläche *Format* und wählen Sie in deren Menü den Befehl *Zeilenhöhe*.

Excel 2007

Bild 25.8   Festlegen der Zeilenhöhe per Dialogfeld

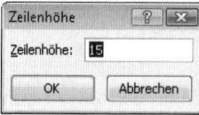

3.   Tragen Sie die gewünschte Zeilenhöhe ein. Der Maximalwert ist 409 Punkt, was im Ausdruck einer Höhe von ca. 10 cm entspricht.

Eine weitere Möglichkeit ist das Einstellen der so genannten *Optimalen Zeilenhöhe*. Dabei stellt Excel die Höhe der Zeile selbstständig so ein, dass der aktuelle Zeileninhalt exakt in die Zeile hineinpasst. Gehen Sie dazu so vor:

1.   Markieren Sie die betreffenden Zeilen.

2.   Klicken Sie in der Registerkarte *Start* auf die Schaltfläche *Format* und wählen Sie in deren Menü den Befehl *Zeilenhöhe automatisch anpassen*.

Ändern der Spaltenbreite

Um die Breite einer Tabellenspalte zu ändern, können Sie die im letzten Abschnitt beschriebenen Verfahren analog benutzen. Das heißt, Sie können

- die Breite mit der Maus verändern, indem Sie den rechten Rand der Spaltenbeschriftung verschieben

- exakte Werte in ein Dialogfeld eintragen, das Sie über den Befehl *Format/Spaltenbreite* erreichen oder

- den Befehl *Format/Spaltenbreite automatisch anpassen* wählen, damit Excel die Spaltenbreite selbständig so einstellt, dass der breiteste Eintrag in dieser Spalte vollständig angezeigt werden kann.

Spalten oder Zeilen ein- und ausblenden

Sie können auch einzelne Zeilen oder Spalten (in denen sich beispielsweise Berechnungen befinden) »unsichtbar« machen. Dazu müssen Sie die betreffenden Zeilen bzw. Spalten mit den folgenden Schritten ausblenden:

1.   Klicken Sie die Überschrift der Spalte oder der Zeile, die Sie ausblenden wollen, mit der rechten Maustaste an.

2.   Wählen Sie im Kontextmenü den Befehl *Ausblenden*.

Bild 25.9   In diesem Tabellenblatt wurde die Spalte D ausgeblendet

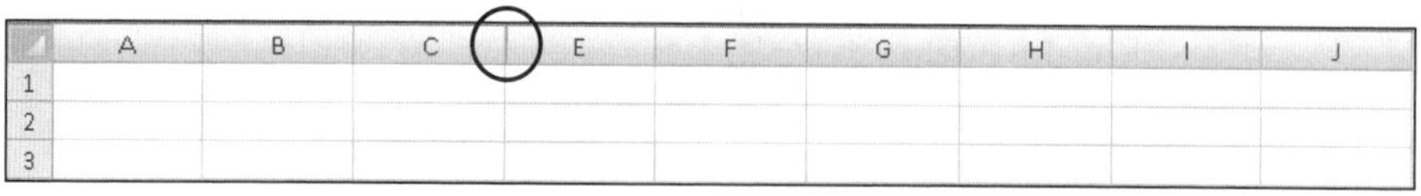

Sie erkennen die ausgeblendete Spalte zum einen an der fehlenden Spaltenbeschriftung und zum anderen an der etwas dickeren Trennlinie im Spaltenkopf der beiden Nachbarspalten.

Um eine ausgeblendete Zeile oder Spalte wieder einzublenden, gibt es zwei Möglichkeiten. Wenn Sie mit der Maus gut zielen können und eine ruhige Hand haben, geht es mit diesem Verfahren am schnellsten:

1. Um eine Zeile wieder einzublenden, bewegen Sie den Mauszeiger im Zeilenkopf knapp unterhalb der gewünschten Zeile. Der Zeiger verändert sich zu einem Doppelpfeil. Bei Spalten zeigen Sie im Spaltenkopf analog knapp rechts neben die ausgeblendete Spalte.

2. Klicken Sie dann mit der rechten Maustaste und wählen Sie im Kontextmenü den Befehl *Einblenden*.

Wenn Ihnen dieses Verfahren zu »fummelig« ist, gehen Sie besser so vor:

1. Markieren Sie im Zeilenkopf die beiden Zeilen, die sich ober- und unterhalb der ausgeblendeten Zeile befinden bzw. im Spaltenkopf die beiden Spalten, die sich rechts und links neben der ausgeblendeten Spalte befinden.

2. Klicken Sie die Markierung rechts an und wählen Sie den Befehl *Einblenden*.

Markieren auf Tabellenblättern

Wie bei allen Office-Programmen gilt auch für Excel, dass Sie den Bereich, den Sie formatieren wollen, zuerst markieren müssen. Die nachfolgende Tabelle beschreibt, wie Sie die Maus zum Markieren verwenden:

Tabelle 25.1 Markieren mit der Maus in Excel

Bereich	Vorgehensweise
Eine Zelle	Klicken Sie die Zelle an.
Eine Zeile	Klicken Sie auf die Zeilenüberschrift.
Eine Spalte	Klicken Sie auf die Spaltenüberschrift.
Gesamte Tabelle	Klicken Sie auf die Schaltfläche *Alles markieren*. Sie befindet sich in der linken oberen Ecke des Tabellenblattes am Schnittpunkt der Zeilen- und der Spaltenüberschrift.
Einen rechteckigen Bereich	Klicken Sie die erste Zelle des Bereichs an und ziehen Sie die Markierung mit gedrückter Taste bis zur letzten Zelle auf.
Mehrere Zellen, die nicht nebeneinander stehen	Klicken Sie die erste Zelle an. Drücken Sie die [Strg]-Taste und halten Sie sie gedrückt. Klicken Sie die weiteren Zellen an. Lassen Sie [Strg] los, wenn alle Zellen markiert sind.
Mehrere Spalten oder Zeilen, die nicht nebeneinander stehen	Klicken Sie auf die erste Spalten- bzw. Zeilenüberschrift. Drücken Sie die [Strg]-Taste und halten Sie sie gedrückt. Klicken Sie nacheinander die Zeilen- bzw. Spaltenüberschriften der anderen Zeilen/Spalten an. Lassen Sie die [Strg]-Taste los, wenn alle Zeilen/Spalten markiert sind.

Excel 2007

Zahlenformatierung im Detail

In Excel kann die Darstellung von Zahlenwerten auf verschiedene Arten geändert werden:

■ Mit den Schaltflächen der Gruppe *Zahl* auf der Registerkarte *Start,* die sich auch auf der Minisymbolleiste befinden.

■ Über die Zuweisung von vordefinierten Zahlenformaten wie *Standard, Währung, Buchhaltung, Bruch, Wissenschaft* usw.

■ Durch das Erstellen von eigenen Zahlenformaten, deren Möglichkeiten weit über die vordefinierten Formate hinausgehen.

Diese Varianten werden in den folgenden Abschnitten ausführlich beschrieben.

Verwendung der Schaltflächen

Auf der Registerkarte *Start* befinden sich in der Gruppe *Zahl* einige Schaltflächen, mit denen Sie häufig benötigte Formatänderungen durch einen einzigen Mausklick vornehmen können. Dazu gehören zum Beispiel das Ein- oder Ausschalten von Tausenderpunkten und das Ändern der Nachkommastellen.

Eine kurze Beschreibung der Schaltflächen finden Sie in der folgenden Tabelle.

Tabelle 25.2 Schaltfläche zum Ändern des Zahlenformats

Schaltfläche	Name	Wirkung
	Buchhaltungszahlenformat	Stellt die Zahl als Geldbetrag dar und verwendet dazu das in Windows eingestellte Währungssymbol. Andere Währungssymbole sind über das Ausklappmenü der Schaltfläche erreichbar. Zusätzliche Informationen zu diesem Zahlenformat finden Sie im Abschnitt »Buchhaltungs- vs. Währungsformat« auf der Seite 431.
%	Prozentformat	Stellt die Zahl als Prozentzahl dar. Beispiel: 0,1 wird zu 10%
000	1.000er-Trennzeichen	Gibt Tausenderpunkte aus, wodurch die Lesbarkeit von großen Zahlen verbessert wird. Zusätzlich erhält die Zahl auch noch zwei Nachkommastellen. So wird z.B. die Zahl 2500000 als 2.500.000,00 dargestellt.
	Dezimalstelle hinzufügen	Fügt der Zahl eine weitere Dezimalstelle hinzu. Aus 23,5 wird also 23,50.
	Dezimalstelle löschen	Entfernt eine Nachkommastelle und rundet dabei automatisch auf oder ab. Aus 23,5 wird also 24 und nicht 23!

Die in der Tabelle aufgeführten Schaltflächen sind auch auf der Minisymbolleiste erreichbar, die erscheint, wenn Sie eine einzelne Zelle oder einen markierten Zellbereich mit der rechten Maustaste anklicken.

Bild 25.10   Die Minisymbolleiste lässt sich über einen Rechtsklick anzeigen

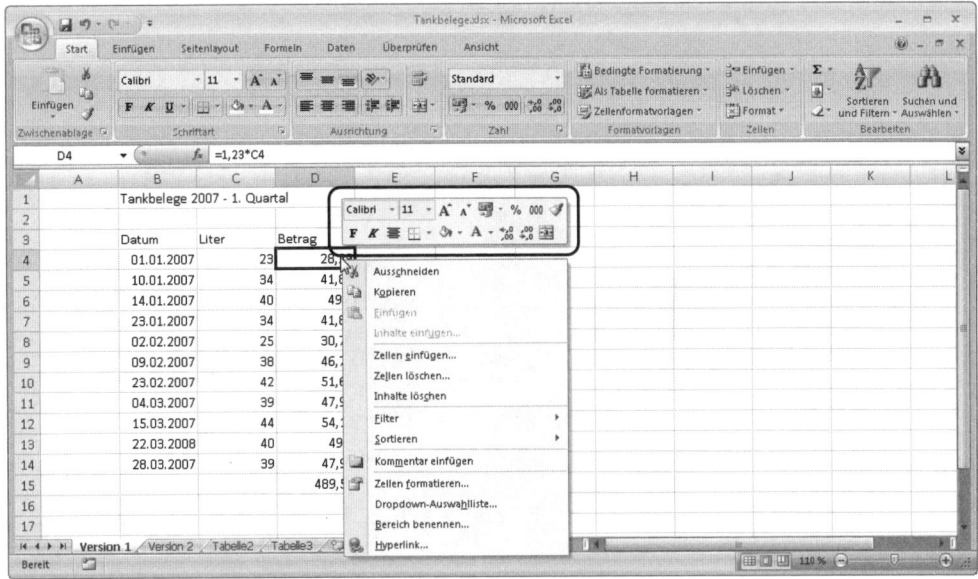

Zahlenformate verwenden

Die Anzeige von Zellen, in denen Zahlen enthalten sind, wird bei Excel über so genannte Zahlenformate gesteuert. Auch die Schaltflächen, die wir im letzten Abschnitt vorgestellt haben, weisen den Zellen letztendlich solche Zahlenformate zu. Das Zahlenformat der aktuellen Zelle wird auf der Registerkarte *Start* in der Gruppe *Zahl* angezeigt. Falls gerade mehrere Zellen markiert sind, erscheint dort nur das Format der ersten Zelle innerhalb der Markierung.

Bild 25.11   Hier wird das Zahlenformat der aktuellen Zelle angezeigt

Excel enthält eine große Anzahl vordefinierter Zahlenformate und sollten diese nicht ausreichen, können Sie sogar eigene Formate, die so genannten *benutzerdefinierten Zahlenformate* definieren.

Um einer Zelle oder einem Bereich eines dieser Zahlenformate zuzuweisen, gehen Sie so vor:

1. Markieren Sie die Zelle oder den Zellbereich, die/den Sie formatieren wollen. Hinweise zum Markieren von Tabellenbereichen finden Sie weiter vorne in diesem Kapitel auf Seite 427.

2. Zeigen Sie die Registerkarte *Start* an.

3. Öffnen Sie das Listenfeld *Zahlenformat* in der Gruppe *Zahl*. In der ausgeklappten Liste zeigt Excel eine Auswahl der gebräuchlichsten Zahlenformate an. Anstelle einer Livevorschau wird der Inhalt der markierten Zelle direkt im Menü in den jeweiligen Zahlenformaten dargestellt.

Bild 25.12 Die Auswahlliste für Zahlenformate enthält sogar eine Vorschau

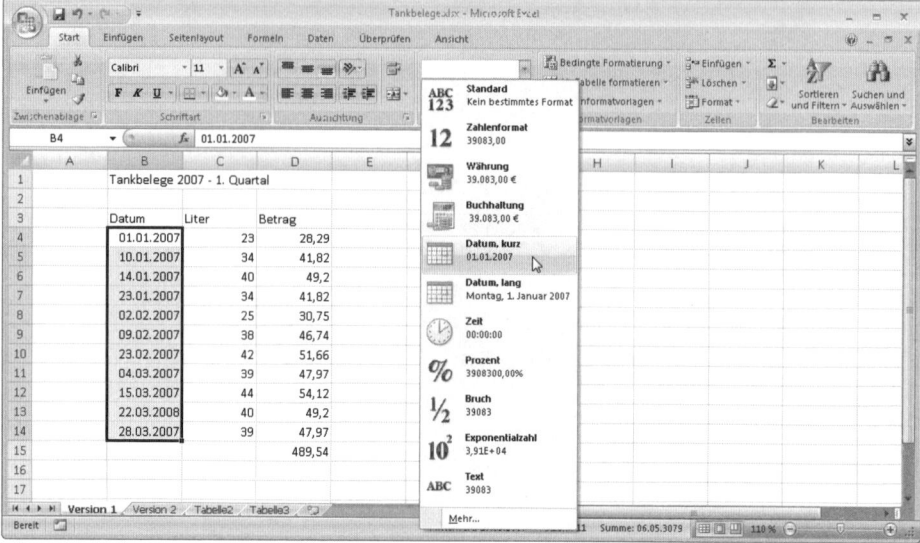

4. Wenn Sie in der Liste kein geeignetes Zahlenformat finden, wählen Sie den Befehl *Mehr*. Dadurch wird das Dialogfeld *Zellen formatieren* angezeigt (siehe Bild 25.13).

5. Wechseln Sie zur Registerkarte *Zahlen* und wählen Sie dort auf der linken Seite des Dialogs die gewünschte *Kategorie* aus. (Eine Übersicht finden Sie in der folgenden Tabelle.)

Je nach gewählter Kategorie erscheinen auf der rechten Seite des Dialogs die verfügbaren Formate bzw. Einstellungsmöglichkeiten.

Bild 25.13 Die vordefinierten Zahlenformate von Excel

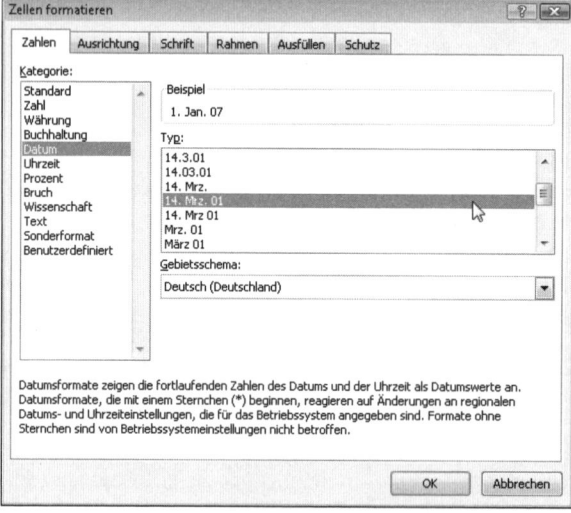

6. Ändern Sie bei Bedarf die Voreinstellungen des gewählten Formats und klicken Sie auf *OK*.

Tabelle 25.3 Kategorien für die Zahlenformatierung

Kategorie	Beschreibung
Standard	Gibt den Inhalt der Zelle so aus, wie er eingegeben wurde.
Zahl	In dieser Kategorie können Sie festlegen, wie viele Dezimalstellen benutzt werden, ob Tausendertrennzeichen angezeigt werden und wie mögliche negative Werte aussehen sollen.
Währung	Formatiert die Zahl als Währung, wobei Sie das Währungssymbol auswählen und die Anzahl der Dezimalstellen festlegen können.
Buchhaltung	Ähnlich wie *Währung*. Weitere Hinweise finden Sie im Abschnitt »Buchhaltungs- vs. Währungsformat« im Anschluss an diese Tabelle.
Datum	Stellt diverse Anzeigeformate für Datumsangaben zur Verfügung.
Uhrzeit	Stellt verschiedene Anzeigeformate für Zeitangaben zur Verfügung.
Prozent	Multipliziert die Zahl mit 100 und gibt dahinter das Zeichen % aus.
Bruch	Stellt Dezimalzahlen als Bruch dar. Belegen Sie zum Beispiel die Zahl 1,5 mit dem Format *Als Achtel (4/8)*, steht in der Zelle anschließend *1 4/8*. Bei *Als Zehntel (3/10)* erhalten Sie die Ausgabe *1 5/10*.
Wissenschaft	Die Zahlen werden in der Exponentialschreibweise ausgegeben, wodurch große Zahlen verkürzt dargestellt werden. Zum Beispiel wird aus dem Wert 3.000.000,00 der Wert 3,00E+06.
Sonderformat	In dieser Kategorie stehen Ihnen u.a. Postleitzahlenformate, Sozialversicherungsnummern und ISBN-Nummern zur Verfügung.

Excel 2007

Buchhaltungs- vs. Währungsformat

Auch wenn es auf den ersten Blick so aussieht, als ob die beiden Zahlenformate *Buchhaltung* und *Währung* identisch sind, gibt es doch einige Unterschiede zwischen den beiden Darstellungsarten:

- Das Minuszeichen wird im Buchhaltungsformat am linken Rand der Zelle angezeigt, beim Währungsformat steht es hingegen direkt vor der Zahl.

- Die Null wird beim Buchhaltungsformat als waagerechter Strich dargestellt.

- Beim Buchhaltungsformat wird nach dem Währungssymbol noch ein Leerzeichen angezeigt, d.h. der Inhalt der Zelle ist am rechten Rand etwas eingerückt.

In der folgenden Abbildung sind diese Besonderheiten gut zu erkennen:

Bild 25.14 Die Unterschiede zwischen Buchhaltungs- und Währungsformat

	A	B	C	D	E	F
1						
2		**Standard**	-10,5	0	10,5	
3		**Buchhaltung**	- 10,50 €	- €	10,50 €	
4		**Währung**	-10,50 €	0,00 €	10,50 €	
5						

Eigene Zahlenformate erstellen

Wenn keines der vordefinierten Zahlenformate Ihren Anforderungen entspricht, können Sie auch ein eigenes Zahlenformat definieren. Als Beispiel soll hier das Format der Kontonummern bei niederländischen Banken (es gilt nicht für Konten bei der niederländischen Postbank) dienen, die aus neun Ziffern bestehen, wobei die ersten sechs jeweils 2er-Gruppen bilden und die Ziffern 7 bis 9 eine 3er-Gruppe. Die einzelnen Gruppen werden durch Punkte verbunden. Ein Beispiel dafür ist die Kontonummer 33.44.96.231.

Um ein maßgeschneidertes Format für niederländische Bankkontonummern zu erstellen, nehmen Sie folgende Schritte vor:

1. Markieren Sie die Zelle oder den Zellbereich, die/den Sie mit dem neuen Zahlenformat formatieren wollen.

2. Klicken Sie auf der Registerkarte *Start* in der Gruppe *Zahl* auf die Schaltfläche *Startprogramm für Dialogfelder* (das kleine quadratische Kästchen), um das Dialogfeld *Zellen formatieren* anzuzeigen. Eindeutig schneller geht das mit der Tastenkombination Strg + 1.

3. Wählen Sie in der Liste *Kategorie* den Eintrag *Benutzerdefiniert*.

4. Nehmen Sie im Feld *Typ* folgende Eingabe vor (ohne den abschließenden Punkt):
   00"."00"."00"."000.
   Eine ausführliche Erläuterung dieser Schreibweise folgt weiter unten im Abschnitt »Platzhalter in benutzerdefinierten Zahlenformaten« auf der Seite 433.

Bild 25.15   Erstellen eines benutzerdefinierten Zahlenformats für niederländische Kontonummern

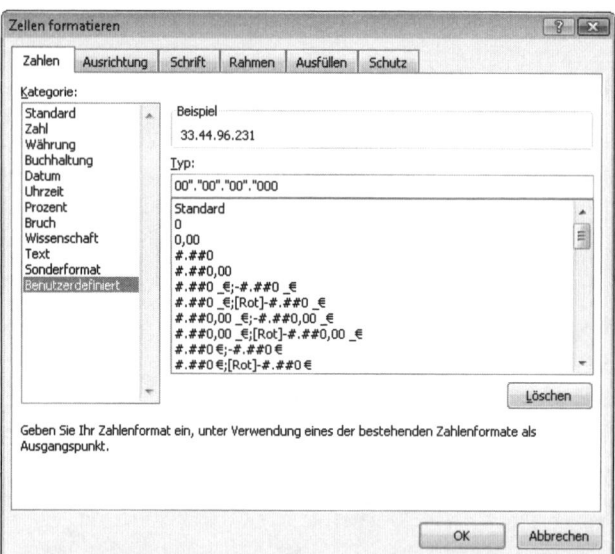

Im Vorschaubereich des Dialogfeldes (der mit *Beispiel* beschriftete Rahmen) sehen Sie, dass die Zelle, in die wir zuvor die Zahl 334496231 eingegeben haben, in der gewünschten Art und Weise dargestellt wird.

5. Klicken Sie auf *OK*, um das Format zuzuweisen.

Benutzerdefinierte Zahlenformate verwenden

Wenn Sie das neue Zahlenformat einer anderen Tabellenzelle zuweisen wollen, gehen Sie so vor:

1. Markieren Sie die betreffenden Zellen.

2. Drücken Sie Strg + 1, um das Dialogfeld *Zellen formatieren* aufzurufen. Alternativ klicken Sie in der Gruppe *Zahl* auf die Schaltfläche *Startprogramm für Dialogfelder*.

3. Wählen Sie in der linken Liste die Kategorie *Benutzerdefiniert*.

4. Jetzt können Sie in der Liste *Typ* das gewünschte Zahlenformat wählen.

Bild 25.16   Excel merkt sich alle benutzerdefinierten Zahlenformate

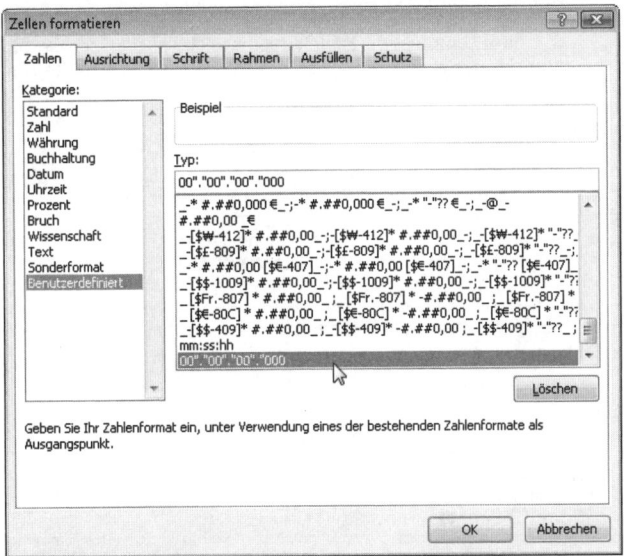

TIPP   Wenn Sie das betreffende Zahlenformat an anderer Stelle Ihres Tabellenblattes bereits verwendet haben, gibt es noch ein schnelleres Verfahren:

1. Klicken Sie die Zelle an, die das gewünschte Format besitzt.

2. Klicken Sie auf der Registerkarte *Start* auf die Schaltfläche *Format übertragen*. (Sie befindet sich in der Gruppe *Zwischenablage*.) Der Mauszeiger verändert sich dann zu einem Pinsel.

3. Übertragen Sie die Formatierung auf eine andere Zelle, indem Sie diese einfach mit dem Mauspinsel anklicken.

Platzhalter in benutzerdefinierten Zahlenformaten

Beim Festlegen eines benutzerdefinierten Zahlenformats geben Sie Platzhalter an, um das Aussehen der formatierten Zelle zu bestimmen. Im Beispiel mit der niederländischen Kontonummer aus dem letzten Abschnitt haben wir den Platzhalter 0 verwendet, mit dem festgelegt wird, dass an dieser Position auf jeden Fall eine Zahl ausgegeben werden soll.

Die Punkte zwischen den Zahlengruppen wurden in Anführungszeichen eingeschlossen, da Excel die Punkte ansonsten als Tausendertrennzeichen interpretiert hätte. Weitere wichtige Platzhalter, die auch *Formatcodes* genannt werden, finden Sie in der folgenden Tabelle:

Tabelle 25.4 Formatcodes für benutzerdefinierte Zahlenformate

Formatcode	Beschreibung
0 (Null)	Zeigt nichtsignifikante Nullen an, wenn eine Zahl weniger Stellen aufweist als Nullen im Format vorhanden sind.
#	Zeigt nur signifikante Ziffern an, nichtsignifikante Nullen werden ignoriert.
" "	Um Text zusammen mit Zahlen in einer Zelle anzuzeigen, setzen Sie den Text in Anführungszeichen (" ") oder setzen Sie vor ein einzelnes Zeichen einen umgekehrten Schrägstrich (\).
_ (Unterstrich)	Erzeugt ein Leerzeichen in der Breite eines Zeichens.
.	Um einen Punkt als 1.000er-Trennzeichen anzuzeigen oder Zahlen als Vielfache von Tausend anzugeben, fügen Sie einen Punkt ein.
*	Soll das auf eine Zahl folgende Zeichen zum Ausfüllen der Spalte wiederholt werden, nehmen Sie ein Sternchen (*) in das Zahlenformat auf.
[Schwarz], [Blau], [Zyan], [Grün], [Magenta], [Rot], [Weiß], [Gelb]	Mit diesen Codes wird die Farbe für einen Abschnitt des Formats festgelegt. Die Farbnamen müssen in eckigen Klammern eingegeben werden. Der Farbcode muss das erste Element im Abschnitt darstellen.
T	Tage als 1–31
TT	Tage als 01–31 (immer zweistellig)
TTT	Tage als So–Sa
TTTT	Tage als Sonntag–Samstag
M	Monate als 1–12
MM	Monate als 01–12 (immer zweistellig)
MMM	Monate als Jan–Dez
MMMM	Monate als Januar–Dezember
MMMMM	Monate mit dem ersten Buchstaben des Monats
JJ	Jahre als 00–99
JJJJ	Jahre als 1900–9999
h	Stunden als 0–23
hh	Stunden als 00–23 (immer zweistellig)
m	Minuten als 0–59
mm	Minuten als 00–59 (immer zweistellig)
s	Sekunden als 0–59
ss	Sekunden als 00–59 (immer zweistellig)

Zahlenformate mit Bedingungen

Die Formatierung einer Zelle kann auch von ihrem Inhalt abhängig gemacht werden. Sie können z.B. ein Zahlenformat definieren, das zwischen Singular und Plural unterscheidet. Nehmen wir an, Sie haben in eine Zelle Stunden eingegeben. Wenn die Zelle den Wert 1 erhält, soll *1 Stunde* angezeigt werden, ist die Zahl größer als 1, dann der Plural Stunden. Sie erreichen dies, indem Sie folgendes Format erstellen:

[=1] "1 Stunde"; 0 "Stunden"

Die Bedingung, die erfüllt sein muss, damit das Format vor dem Semikolon verwendet wird, ist in eckigen Klammern eingefasst. Wenn die Bedingung nicht zutrifft, wird das Format hinter dem Semikolon benutzt.

Bedingte Formatierung

Sinn und Zweck der bedingten Formatierung ist die optische Hervorhebung von Zahlen, die eine bestimmte Bedingung erfüllen. Auf diese Weise können Sie zum Beispiel Umsatzzahlen kennzeichnen, die eine vorgegebene Schwelle über- oder unterschreiten. Wichtige bzw. kritische Daten einer Tabelle lassen sich so auf einen Blick erfassen.

Im letzten Abschnitt haben wir schon kurz erwähnt, dass Zahlenformate mit einer Bedingung kombiniert werden können. Excel hat in diesem Bereich aber noch erheblich mehr zu bieten. Einen ersten Eindruck von den vielen Möglichkeiten der bedingten Formatierung haben Sie bereits in Kapitel 23 bei der Vorstellung der neuen Funktionen erhalten. In diesem Abschnitt werden wir uns nun eingehender mit diesem leistungsfähigen Feature beschäftigen.

Die Befehle für die bedingte Formatierung erreichen Sie zentral über die Schaltfläche *Bedingte Formatierung*, die sich auf der Registerkarte *Start* befindet.

Bild 25.17 Das Auswahlmenü der Schaltfläche *Bedingte Formatierung*

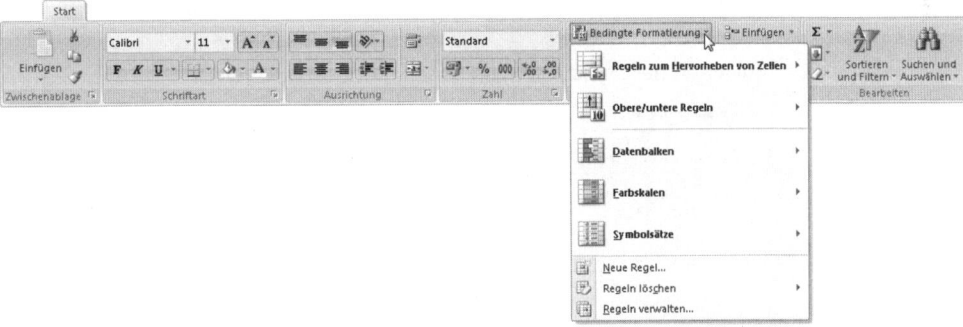

Mit den Befehlen dieses Menüs können Sie den Zellen eines Tabellenblattes Regeln zuweisen, mit denen die Formatierung der Zellen gesteuert wird. Im Gegensatz zu früheren Versionen ist es in Excel 2007 auch möglich, mehrere Regeln für eine Zelle zu definieren. Über die ersten fünf Befehle können Sie vorgefertigte Regeln aufrufen, die nur noch minimal angepasst werden müssen. Wir stellen Ihnen die dazu notwendigen Schritte exemplarisch an drei Beispielen vor.

Beispiel 1: Regeln zum Hervorheben von Zellen

Im ersten Beispiel sollen in einer Umsatztabelle alle Umsatzzahlen, deren Wert unterhalb eines frei wählbaren Grenzwertes liegen, rot hinterlegt werden. Der Grenzwert soll dabei nicht fest in der Regel eingegeben werden, sondern aus einer bestimmten Zelle des Tabellenblattes ausgelesen werden können. Auf diese Weise lässt sich der Grenzwert bei Bedarf schnell ändern, indem man einfach eine andere Zahl in die betreffende Zelle eintippt.

Ausgangspunkt für dieses und die beiden folgende Beispiele ist das Tabellenblatt *Start*, das Sie in der Übungsdatei *Bedingte Formatierung* finden:

Bild 25.18 Alle Umsatzzahlen, die unterhalb des vorgegebenen Grenzwertes liegen, sollen rot hinterlegt werden. Der Grenzwert befindet sich in der Zelle C2

	A	B	C	D	E	F	G	H	I
1									
2		Grenzwert	60000						
3									
4									
5		Monat	Umsatz						
6		Januar	75000						
7		Februar	40000						
8		März	32000						
9		April	60000						
10		Mai	44000						
11		Juni	79000						
12		Juli	40000						
13		August	82000						
14		September	56000						
15		Oktober	63000						
16		November	70000						
17		Dezember	68000						
18									

1. Markieren Sie den gewünschten Zellbereich (siehe Bild oben).

2. Klicken Sie in der Registerkarte *Start* auf die Schaltfläche *Bedingte Formatierung*.

Bild 25.19 Das Zuweisen der Standardregeln ist sehr komfortabel gelöst

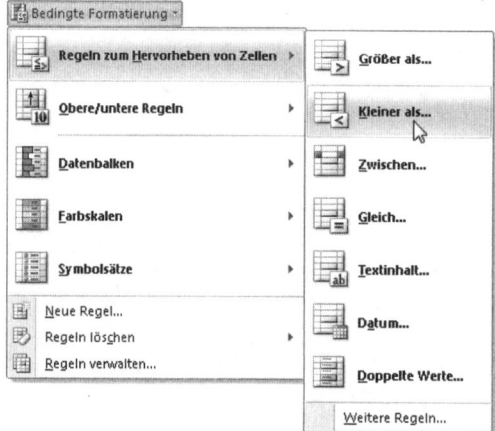

3. Zeigen Sie im Menü der Schaltfläche auf den Befehl *Regeln zum Hervorheben von Zellen* und klicken Sie im Untermenü auf *Kleiner als*. Excel zeigt dann folgendes Dialogfeld an:

Bild 25.20 Dialogfeld zum Anpassen der neuen Regel

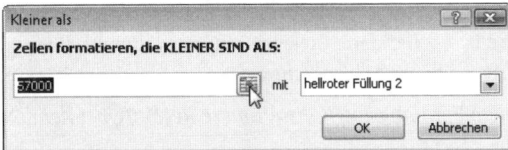

In diesem Dialogfeld geben Sie an, mit welchem Wert die Zahlen verglichen werden sollen und mit welcher Farbe die Zellen gefüllt werden sollen, deren Inhalt die Regel erfüllt, d.h. deren Inhalt kleiner als der angegebene Grenzwert ist.

4. Klicken Sie im Tabellenblatt auf die Zelle, in die Sie den Grenzwert eingeben wollen. In unserem Beispiel ist das die Zelle C2.

5. Wählen Sie im Listenfeld den Eintrag *hellroter Füllung*. Das Dialogfeld sollte anschließend so aussehen:

Bild 25.21 Das fertig ausgefüllte Dialogfeld

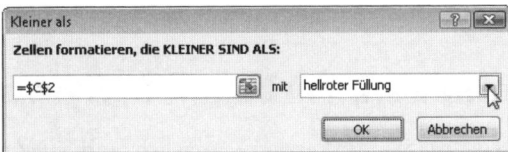

6. Klicken Sie auf *OK*, um die neue Regel zu erstellen.

Bild 25.22 Die Zahlen der Umsatztabelle werden gemäß der Regel markiert

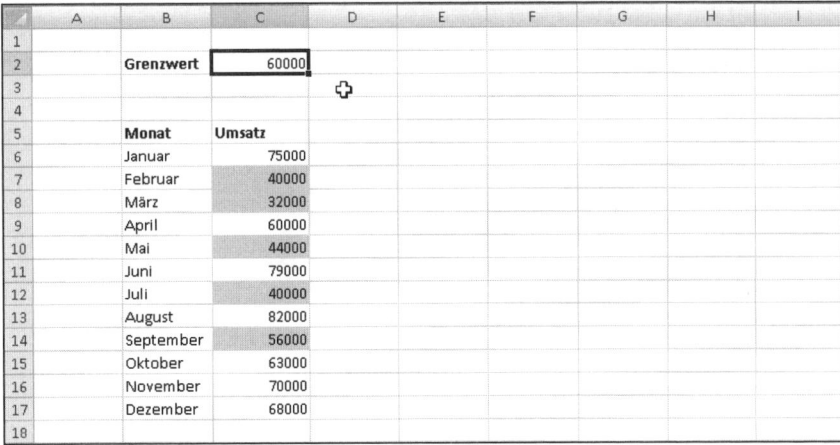

7. Geben Sie einen anderen Grenzwert ein und prüfen Sie, ob die Formatierung der Umsatztabelle entsprechend angepasst wird.

Beispiel 2: Obere/untere Regeln

Im nächsten Beispiel sollen in einer Tabellenspalte alle Zellen hervorgehoben werden, deren Werte über dem Durchschnittswert aller Zahlen liegt.

1. Markieren Sie wieder zuerst den gewünschten Zellbereich.

2. Löschen Sie eventuell bereits vorhandene Regeln mit dem Befehl *Bedingte Formatierung/ Regeln löschen/Regeln in ausgewählten Zellen löschen*.

3. Rufen Sie den Befehl *Bedingte Formatierung/Obere/untere Regeln/Über dem Durchschnitt* auf.

Bild 25.23   Hier brauchen Sie nur noch die Art der Füllung auszuwählen

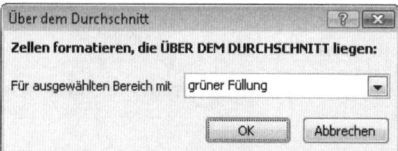

4. Wählen Sie die gewünschte Form der Hervorhebung und klicken Sie auf *OK*.

5. Ändern Sie einige Werte der Tabelle und prüfen Sie, ob die Darstellung der Zellen entsprechend wechselt.

Beispiel 3: Datenbalken, Farbskalen, Symbolsätze

Im letzten Beispiel werden wir eine der Standardregeln nachträglich bearbeiten, um in einer Umsatztabelle Datenbalken anstelle der Zahlen anzuzeigen.

1. Markieren Sie die gewünschten Zellen und löschen Sie gegebenenfalls bereits vorhandene Regeln (wie in Schritt 2 des letzten Beispiels).

2. Klicken Sie auf *Bedingte Formatierung* und zeigen Sie mit der Maus im ausgeklappten Menü auf den Befehl *Datenbalken*.

Bild 25.24   Hervorheben durch Datenbalken

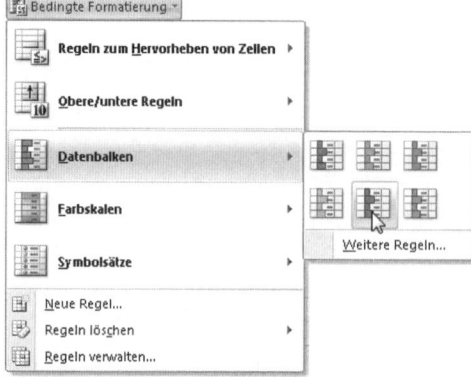

3. Bewegen Sie den Mauszeiger über die Symbole des Untermenüs. Excel zeigt die Wirkung der Befehle als Livevorschau in der Tabelle an. Klicken Sie dann eine der Varianten an, um die Formatierung zuzuweisen.

Bild 25.25   Visualisierung der Umsatzdaten mit Hilfe von Datenbalken

	A	B	C	D	E	F	G	H	I
1									
2		Grenzwert	60000						
3									
4									
5		Monat	Umsatz						
6		Januar	75000						
7		Februar	40000						
8		März	32000						
9		April	60000						
10		Mai	44000						
11		Juni	79000						
12		Juli	40000						
13		August	82000						
14		September	56000						
15		Oktober	63000						
16		November	70000						
17		Dezember	68000						
18									

Die Zellen werden nun mit einem Verlaufsbalken hinterlegt, dessen Länge proportional zum Wert der jeweiligen Zelle ist. Jetzt wollen wir die neue Regel noch nachbearbeiten, um die Anzeige der Zahlen zu unterdrücken.

4. Markieren Sie die Zellen wieder.

5. Klicken Sie in der Registerkarte *Start* auf *Bedingte Formatierung* und wählen Sie den Befehl *Regeln verwalten*.

Bild 25.26   Manager zum Verwalten der Formatierungsregeln

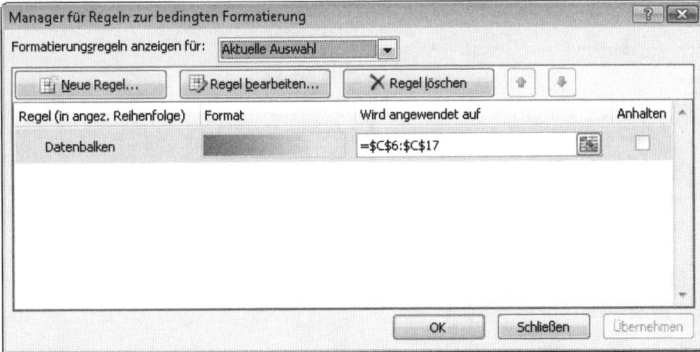

In diesem Fenster können Sie die Regeln eines Arbeitsblatts bzw. der aktuellen Auswahl verwalten. Wie Sie im obigen Bild sehen, wurde der aktuellen Auswahl bisher erst eine Regel zugewiesen. Falls Sie mehrere Regeln kombinieren, können Sie in diesem Dialog zum Beispiel die Reihenfolge ändern, in der die einzelnen Regeln angewendet werden. (Excel wendet die Regeln von unten nach oben an.)

6. Wählen Sie die Regel aus und klicken Sie dann auf *Regel bearbeiten.*

Bild 25.27 Bearbeiten einer Regel

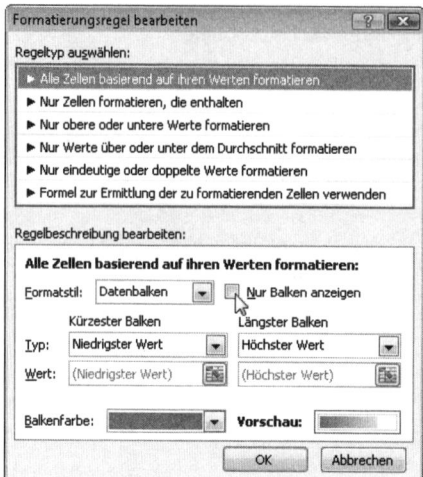

Die vielen Einstellungsmöglichkeiten des Dialogfeldes *Formatierungsregel bearbeiten* lassen erahnen, wie viel Zeit und Mühe Sie durch den Gebrauch der vorgegebenen Regeln sparen können. Wir wollen diese Thematik im Rahmen dieses Buches auch gar nicht weiter vertiefen, sondern nur einen kurzen Einblick in das Konzept der bedingten Formatierung geben.

7. Schalten Sie die Option *Nur Balken anzeigen* ein und schließen Sie die beiden Dialogfelder mit *OK.* Die fertige Umsatztabelle hat nun folgende Form:

Bild 25.28 In der Umsatztabelle werden jetzt nur noch die Datenbalken angezeigt. Sie können die dahinterliegenden Zahlen jedoch noch wie gewohnt bearbeiten

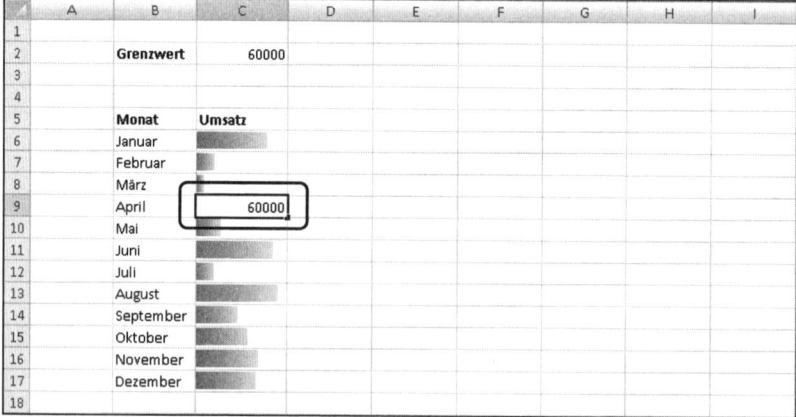

Zusammenfassung

In diesem Kapitel haben Sie gelernt, wie Sie die Texte und Zahlen Ihrer Tabellen mit Excel 2007 formatieren können:

- Durch Zuweisen von Zellenformatvorlagen lassen sich typische Bestandteile einer Tabelle wie Titel, Spaltenbeschriftung und Ergebniszellen, mit minimalem Aufwand gestalten (Seite 420).

- Wenn Sie einen Bereich eines Tabellenblattes als Excel-Tabelle deklarieren, behandelt Excel die Tabelle als Einheit. Solche Tabellen lassen sich mit Hilfe von Tabellenformatvorlagen noch schneller und komfortabler formatieren (Seite 422).

- Die Zeilenhöhe und die Spaltenbreiten eines Tabellenblattes lassen sich individuell einstellen (Seite 425). Außerdem können Sie einzelne Spalten und Zeilen auch ausblenden, um zum Beispiel Zwischenrechnungen zu verstecken (Seite 426).

- Excel kann die Zahlen eines Tabellenblattes in vielen verschiedenen Formaten darstellen. Die gängigsten Darstellungsarten lassen sich bequem per Schaltfläche zuweisen (Seite 428). Für speziellere Formatierungen stellt Excel weitere Zahlenformate zu Verfügung (Seite 429), die sogar bearbeitet und um eigene Zahlenformate ergänzt werden können (432).

- Die Formatierung einer Zelle lässt sich auch von einer Bedingung abhängig machen. Auf diese Weise können Sie z.B. Zahlen hervorheben, die eine vorgegebene Schwelle über- oder unterschreiten. Wichtige bzw. kritische Daten einer Tabelle lassen sich so auf einen Blick erfassen (Seite 435).

Excel 2007

Kapitel 26

Rechnen mit Excel

In diesem Kapitel:

Bis jetzt haben Sie erst mit der Summenfunktion von Excel Bekanntschaft gemacht. Da Excel natürlich einiges mehr zu bieten hat, steigen wir in diesem Kapitel etwas tiefer in die rechnerischen Fähigkeiten des Programms ein. Dabei geht es unter anderem um die Operatoren, ohne die man in Excel nicht viel berechnen kann und um das Ausfüllen von Formeln und Reihen. Die fortgeschrittenen Funktionen von Excel behandeln wir in Kapitel 27.

Die grundlegenden Operatoren

Excel enthält eine Fülle von Operatoren, die in vier Gruppen unterteilt sind:

■ Arithmetische Operatoren (+, -, *, /, %, ^)

■ Vergleichsoperatoren (=, <, >, > =, < =, < >) vergleichen zwei Werte und liefern als Ergebnis den Wahrheitswert *WAHR* oder *FALSCH*

■ Bezugsoperatoren (:, ; und Leerzeichen) dienen zur Verknüpfung von Zellbereichen für die Durchführung von Berechnungen

■ Der Textoperator & verknüpft Texte aus verschiedenen Zellen

Die folgende Tabelle enthält alle Operatoren mit kurzen Beschreibungen.

Tabelle 26.1 Grundlegende Operatoren in Excel

Kategorie	Operator	Beschreibung
Arithmetisch	+	Addition
	–	Subtraktion
	/	Division
	*	Multiplikation
	%	Umrechnung Prozentwert in Dezimalbruch, also Division durch 100, z.B. ergibt =4% den Dezimalwert 0,04
	^	potenzieren
Vergleich	<	kleiner als
	>	größer als
	=	gleich
	< =	kleiner gleich
	> =	größer gleich
	< >	ungleich
Text	&	verkettet Texte miteinander

Tabelle 26.1 Grundlegende Operatoren in Excel *(Fortsetzung)*

Kategorie	Operator	Beschreibung
Bezug	:	Bereichsoperator (B5:B15)
	;	Verbindungsoperator; mit ihm können mehrere Bezüge zu einem Bezug verbunden werden: =(SUMME(B5:B10;D5:D10))
	(Leerzeichen)	bildet eine Schnittmenge von Bereichen (A1:B3 A2:B4)

Formeln einfügen und bearbeiten

Die Schritte beim Eingeben einer Formel sind vom Prinzip her immer gleich:

1. Klicken Sie die Zelle an, in die Sie die Formel eingeben möchten. Alternativ bewegen Sie die Markierung mit den Pfeiltasten.

2. Geben Sie ein Gleichheitszeichen ein (=). Hierdurch weiß Excel, dass Sie nun eine Formel eingeben möchten.

3. Fügen Sie dann die Formel in gewohnter Schreibweise ein.

HINWEIS Wenn Sie den Inhalt einer anderen Zelle in Ihre Formel »einbauen« wollen, geben Sie entweder den Namen der Zelle manuell in die Formel ein oder Sie klicken die gewünschte Zelle mit der Maus an. Excel trägt den Namen dann automatisch für Sie ein. Um die Formel fortzusetzen, tippen Sie einfach den nächsten Operator ein.

4. Zum Abschließen der Formeleingabe drücken Sie die ⏎-Taste. Excel zeigt das Ergebnis der Formel sofort im Tabellenblatt an.

TIPP Um die Formel nachträglich zu verändern, doppelklicken Sie entweder auf die Zelle oder Sie drücken bei markierter Zelle die Taste F2. Sie können dann die Formel entweder direkt in der Zelle oder in der Bearbeitungsleiste editieren.

Eingabewerte überprüfen

Wollen Sie sicherstellen, dass in einer Tabelle nur gültige Daten eingegeben werden, können Sie festlegen, welche Eingaben für die einzelnen Zellen oder Zellbereiche zulässig sind. Das ist z.B. für Zellen sinnvoll, die in Formeln bei einer Division als Divisor benutzt werden, um so zu verhindern, dass durch null dividiert wird.

1. Markieren Sie die Zelle(n), für die Sie eine Prüfung vornehmen wollen.

2. Wechseln Sie zur Registerkarte *Daten* und klicken Sie in der Gruppe *Datentools* auf die Schaltfläche *Datenüberprüfung*. Excel öffnet das gleichnamige Dialogfeld.

Excel 2007

Bild 26.1   Für Eingaben, die in eine Zelle vorgenommen werden, können Sie mit diesem Dialogfeld Gültigkeitsregeln einstellen

Auf der Registerkarte *Einstellungen* können Sie die geforderten Bedingungen eintragen. Um z.B. nur Werte zwischen 1 und 1000 zuzulassen, nehmen Sie diese Einstellungen vor:

3.   Wählen Sie im Listenfeld *Zulassen* die Option *Ganze Zahl.*

4.   Im zweiten Listenfeld *Daten* übernehmen Sie die Vorgabe *zwischen.*

5.   Tragen Sie in die Felder *Minimum* und *Maximum* die Grenzwerte 1 und 1000 ein.

Bild 26.2   Die Grenzwerte wurden eingetragen

6.   Auf den Registerkarten *Eingabemeldung* und *Fehlermeldung* können Sie jetzt noch die Meldungstexte eintragen, die Excel anzeigen soll, wenn die Zelle angewählt wird bzw. wenn jemand versucht, eine ungültige Zahl in die Zelle einzugeben.

Bild 26.3   Auf der Registerkarte *Fehlermeldung* legen Sie den Text fest, der angezeigt wird, wenn ungültige Daten eingegeben wurden

TIPP   Über das Listenfeld *Typ* können Sie als Symbol des Meldungsfensters auch ein »i« (Information) oder ein Ausrufezeichen (Warnung) einstellen.

---

7.   Schließen Sie das Dialogfeld mit *OK* und geben Sie probeweise eine ungültige Zahl in die Zelle ein, um die Reaktion von Excel zu testen.

Bild 26.4   Dieses Meldungsfeld zeigt Excel an, wenn in dem Beispiel eine ungültige Eingabe erfolgte

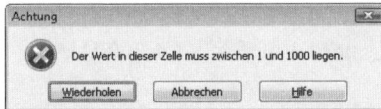

PROFITIPP

Wertebereiche aus dem Tabellenblatt übernehmen

Wenn sich der Wertebereich der erlaubten Eingaben ändern kann und sich der Minimum- oder Maximumwert in einer Tabellenzelle befindet, können Sie im Dialogfeld *Datenüberprüfung* die Adresse des entsprechenden Feldes in die Zelle übernehmen.

Formeln auf andere Zellen übertragen

Excel bietet die Möglichkeit, eine einmal eingegebene Formel *auszufüllen,* das heißt diese Formel auf andere Zellen zu übertragen, ohne sie neu einzugeben. Um diese Funktion zu demonstrieren, verwenden wir eine einfache Arbeitsmappe, mit der sich der Benzinverbrauch berechnen lässt.

Excel 2007

Bild 26.5   In dieser Tabelle soll in Spalte E der Benzinverbrauch pro 100 km berechnet werden

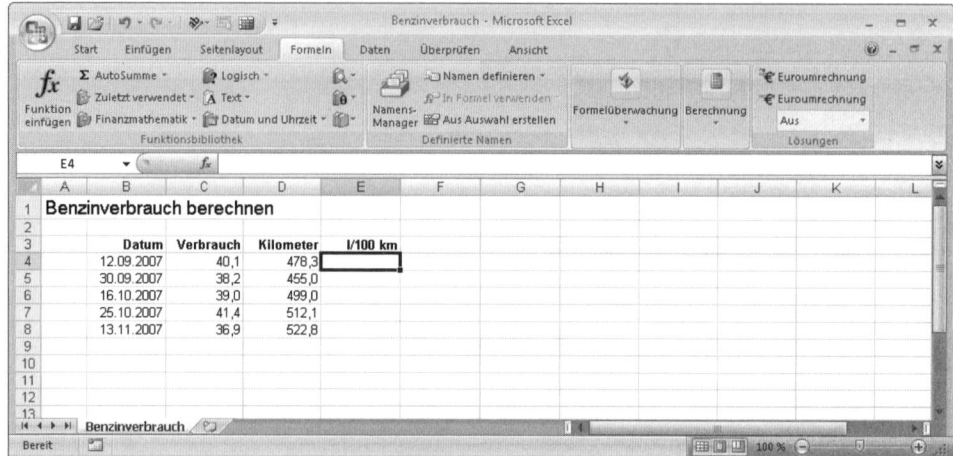

Um den Verbrauch für die verschiedenen Zeiträume, in denen getankt wurde, zu berechnen, würden Sie in diesem Beispiel so vorgehen:

1.   Öffnen Sie die Übungsdatei *Benzinverbrauch.*

2.   Markieren Sie Zelle E4, also die erste Zelle, in der der Verbrauch stehen soll.

3.   Berechnen Sie den Benzinverbrauch des Wagens mit der Formel »getankte Menge * 100 / gefahrene Kilometer«. Geben Sie dazu folgende Formel ein: **=C4*100/D4**.

Bild 26.6   Die Formel für den Benzinverbrauch wurde in die erste Tabellenzelle eingegeben

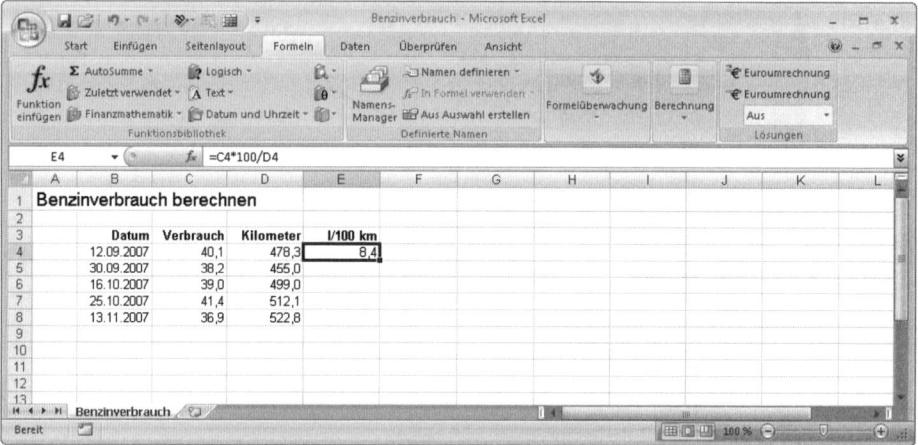

4.   Setzen Sie den Mauszeiger auf das kleine Quadrat unten rechts an der Zelle E4 (die Zelle mit der Formel) und ziehen Sie die Maus nach unten bis in die Zeile 8.

5.   Wenn Sie die Maustaste loslassen, zeigt Excel eine Smarttag-Schaltfläche an.

Bild 26.7   Excel zeigt die Smarttag-Schaltfläche *Auto-Ausfülloptionen* an

I/100 km
8,4
8,4
7,8
8,1
7,1

Über die Smarttag-Schaltfläche können Sie die soeben vorgenommene Aktion modifizieren.

6.   Klicken Sie auf den Smarttag, um sein Menü zu öffnen.

Bild 26.8   Im Menü der Smarttag-Schaltfläche stehen Ihnen mehrere Varianten zum Ausfüllen zur Verfügung

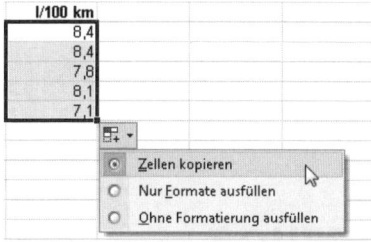

Die drei Befehle des Smarttags-Menüs haben folgende Bedeutung:

- **Zellen kopieren**   Dies ist die Aktion, die Excel durch das Aufziehen der Markierung vorgenommen hat. In unserem Beispiel hat Excel also die Formel der Zelle E4 in alle Zellen der aufgezogenen Markierung kopiert. Das ist natürlich auch die Aktion, die wir beabsichtigt hatten.

- **Nur Formate ausfüllen**   Wenn Sie diesen Befehl wählen, macht Excel das Kopieren der Formel wieder rückgängig und überträgt nur das Format der Ausgangszelle.

- **Ohne Formatierung ausfüllen**   Mit dieser Option erreichen Sie, dass Excel zwar den Inhalt der Ausgangszelle kopiert, dabei jedoch nicht ihre Formatierung übernimmt.

Da Excel bereits exakt das erledigt hat, was wir erwartet haben – nämlich das Kopieren der Formel –, können Sie den Smarttag ignorieren.

Für die Abbildung auf der folgenden Seite haben wir auf der Registerkarte *Formeln* in der Gruppe *Formelüberwachung* die Schaltfläche *Formeln anzeigen* angeklickt, damit Excel alle Formeln des Tabellenblatts anzeigt, und nicht mehr die Ergebnisse der Formeln. Wie Sie beispielsweise in Zelle E8 sehen können, wurde aus C4 die Zellangabe C8 und aus D4 wurde D8.

Dass Excel die Formel beim Kopieren problemlos anpassen konnte, liegt daran, dass die in ihr enthaltenen Bezüge relativ sind. Denn die Formeln beziehen sich ja bei allen Zellen auf die gleichen Nachbarzellen. Dass dies nicht immer funktioniert, zeigt das Beispiel im nächsten Abschnitt.

Excel 2007

Bild 26.9   Excel hat die Formel beim Kopieren korrekt angepasst

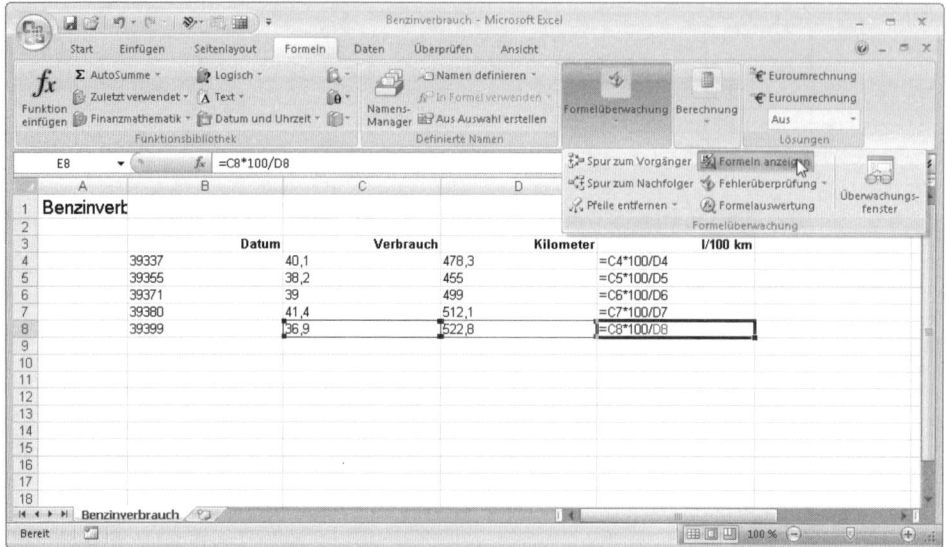

Relative und absolute Bezüge

Ein Bezug bezeichnet eine Zelle in einem Tabellenblatt und teilt Excel mit, wo sich die in einer Formel zu verwendenden Daten befinden. Mit Hilfe von Bezügen können Sie Daten aus unterschiedlichen Teilen eines Tabellenblatts in einer einzigen Formel verwenden.

Das Besondere an solchen Bezügen ist, dass sie von Excel automatisch angepasst werden, wenn sich die Lage der betreffenden Zellen verändert. Dieser Fall kann z.B. eintreten, wenn Sie in eine Tabelle neue Zeilen bzw. Spalten einfügen oder löschen.

Im letzten Abschnitt haben Sie bereits gesehen, dass Excel die Zellbezüge beim automatischen Ausfüllen anpasst. Und auch wenn Sie den Inhalt einer Zelle manuell kopieren, findet diese Anpassung statt.

In manchen Fällen kann es aber notwendig werden, dass immer auf ein und dieselbe Zelle zugegriffen werden soll. In diesem Fall brauchen Sie einen *absoluten* Bezug.

Wir wollen diesen Unterschied an einem kleinen Beispiel verdeutlichen: Nehmen Sie an, Sie wollen wissen, welchen prozentualen Anteil die einzelnen Kostenarten an der Gesamtsumme der Autokosten pro Jahr ausmachen. Hierfür haben Sie eine Tabelle ähnlich der erstellt, die Sie in der folgenden Abbildung sehen.

Bild 26.10 In dieser Tabelle soll in Spalte D der prozentuale Anteil der jeweiligen Kosten an den Gesamtkosten berechnet werden

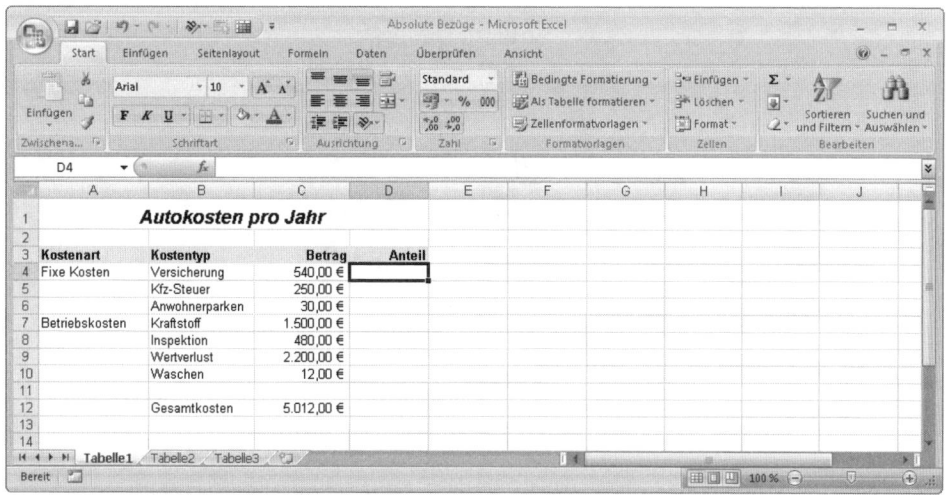

Um die prozentualen Anteile zu berechnen, gehen Sie folgendermaßen vor:

1. Öffnen Sie die Arbeitsmappe *Absolute Bezüge*.

2. Die prozentualen Anteile an den Gesamtkosten sollen in der Spalte D erscheinen. Markieren Sie daher die Zelle D4.

3. Geben Sie ein Gleichheitszeichen ein, um die Eingabe einer Formel einzuleiten.

4. Klicken Sie dann zuerst die linke Nachbarzelle (C4) an, geben Sie anschließend den Divisionsoperator / ein und klicken Sie zum Schluss auf die Zelle C12. In Zelle D4 steht nun *=C4/C12*.

5. Schließen Sie die Formel mit der ⏎-Taste ab.

6. Wechseln Sie zur Registerkarte *Start* und klicken Sie in der Befehlsgruppe *Format* auf die Schaltfläche *Prozentformat*, um das Ergebnis der Formel als Prozentzahl darzustellen.

7. Wenn Sie jetzt die Formel durch Ziehen auf die darunter stehende Zelle kopieren, erhalten Sie jedoch eine Fehlermeldung, wie es die Abbildung auf der folgenden Seite zeigt.

   Die Ursache dieser Fehlermeldung erkennen Sie, wenn Sie die Zelle mit der Fehlermeldung markieren: In der Bearbeitungsleiste sehen Sie, dass die Formel hinter dieser Zelle *=C5/C13* lautet. Excel hat also beim Übertragen der Formel C4 in C5 und C12 in C13 verändert. Die Gesamtkosten stehen aber nach wie vor in Zelle C12. In Zelle C13 dagegen befindet sich gar kein Wert. Dies ist der Grund für die Fehlermeldung.

Excel 2007

Bild 26.11   Beim Kopieren der Formel ist ein Fehler aufgetreten

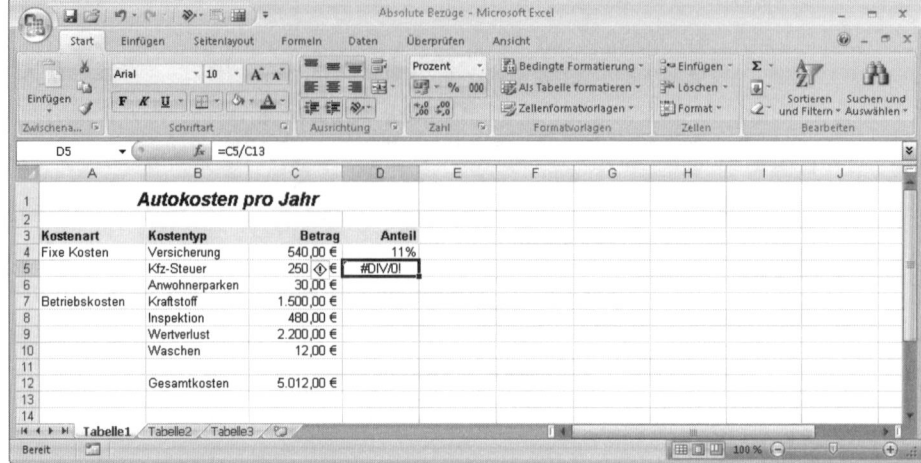

Um hier Abhilfe zu schaffen, müssen Sie in der Formel in Zelle D4 die Zelle C12 als absoluten Bezug definieren, damit Excel beim Kopieren diesen Bezug nicht anpasst, sondern übernimmt. Gehen Sie dazu wie folgt vor:

8. Löschen Sie die fehlerhaft kopierte Formel in Zelle D5.

9. Markieren Sie die Ursprungsformel in Zelle D4 und drücken Sie ⌨F2. Sie können die Formel jetzt direkt in der Zelle bearbeiten.

10. Setzen Sie den Cursor innerhalb der Formel auf den Wert *C12*.

11. Drücken Sie ⌨F4. Die Formel verändert sich von *C4/C12* zu *=C4/$C$12*. Das bedeutet, dass dieser Ausdruck nun einen absoluten Bezug zur Zelle C12 enthält.

Bild 26.12   Die Formel enthält nun einen absoluten Bezug auf die Zelle C12

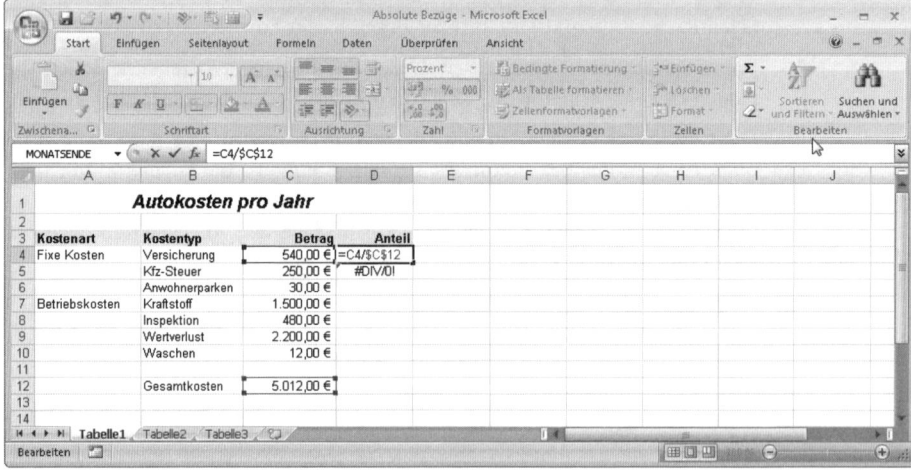

12. Schließen Sie die Formel mit der ⌨-Taste ab.

13. Markieren Sie Zelle D4 erneut und ziehen Sie die Markierung mit dem kleinen Quadrat bis zur Zelle D10 auf.

   Wie Sie sehen, erscheint jetzt keine Fehlermeldung mehr. Die Formel in der Zelle D5 bezieht sich nun wie gewollt auf die Zellen C12 und C5. Durch das Einfügen der $-Zeichen wurden aus den relativen Bezügen absolute Bezüge.

   Lassen Sie uns zum Schluss noch eine kleine Schönheitsoperation vornehmen, damit die »scheinbaren« Nullwerte richtig angezeigt werden.

14. Markieren Sie den Zellbereich D4 bis D10.

15. Wechseln Sie zur Registerkarte *Start* und klicken Sie in der Befehlsgruppe *Zahl* zweimal auf die Schaltfläche *Dezimalstelle hinzufügen*.

   Die fertige Tabelle sollte nun wie folgt aussehen:

Bild 26.13   Die fertige Tabelle mit den prozentualen Angaben

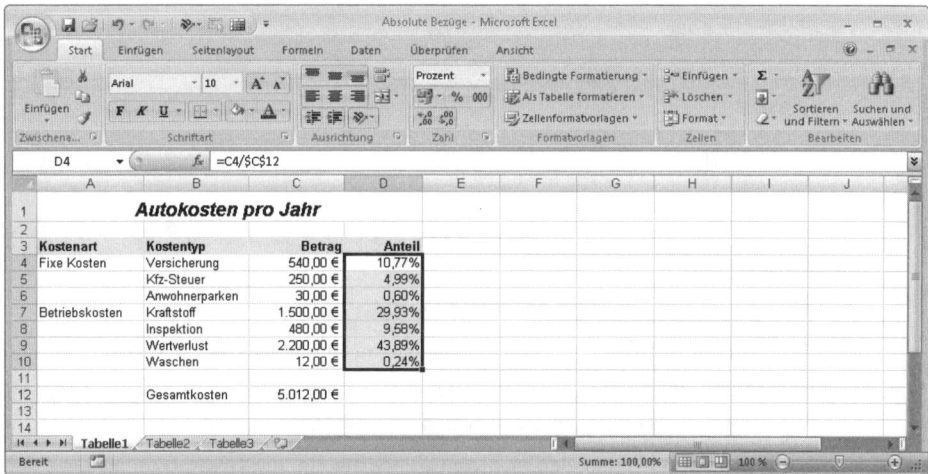

Variation für absolute Bezüge

Möchten Sie unter Umständen nur die Spalte variieren, nicht aber die Zeile, können Sie auch nur ein $-Zeichen in die Formel einsetzen, z.B. *C$12*. Die Zeile bleibt dann erhalten, und die Spalte wird angepasst. Sie erreichen dies, indem Sie entweder die Taste [F4] mehrmals drücken oder das Dollarzeichen manuell löschen bzw. eingeben.

Namen für Zellen/Zellbereiche verwenden

Sie können einzelne Zellen, Zellbereiche, Zeilen oder Spalten auch mit einem Namen versehen und dann diesen Namen statt des Zellbezugs in Formeln verwenden. Die Vorteile bei der Verwendung von definierten Namen werden an einem Beispiel unmittelbar deutlich. Auch in dieser Beispielarbeitsmappe sollen die prozentualen Anteile der verschiedenen Kostenarten für einen PKW berechnet werden.

1.   Öffnen Sie die Übungsdatei *Namen verwenden*.

2.   Markieren Sie die Zelle, der Sie einen Namen zuweisen wollen. In unserem Beispiel ist dies die Zelle C12, in der sich die Gesamtkosten befinden.

3.   Klicken Sie in der Bearbeitungsleiste in das Namenfeld (dort steht die Zelladresse C12) und tippen Sie dort **Gesamtkosten** ein.

Bild 26.14   Die Zelle C12 erhält einen Namen

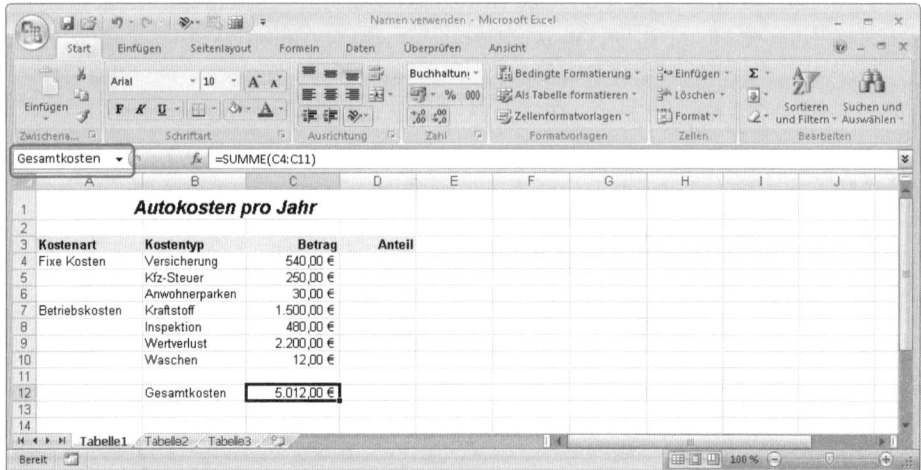

4.   Beenden Sie die Eingabe mit der ⏎-Taste.

5.   Tragen Sie in die Zelle D4 folgende Formel ein: **=C4/Gesamtkosten**

6.   Füllen Sie die Zellen D5 bis D10 auf, indem Sie die rechte untere Ecke der Zellmarkierung von Zelle D4 nach unten aufziehen.

Excel verwendet direkt den richtigen Zellbezug für die Gesamtkosten; der Name der Zelle C12 wirkt sich also genauso aus wie ein absoluter Bezug.

Der Gebrauch von Namen hat demnach zwei entscheidende Vorteile: Das umständliche Eingeben von absoluten Bezügen entfällt und die Formeln werden durch die Verwendung von Namen deutlich verständlicher – natürlich vorausgesetzt, dass Sie auch »sprechende« Namen einsetzen und keine kryptischen Kürzel, die für Außenstehende nicht nachvollziehbar sind.

Zu benannten Zellen springen

In Excel haben Sie zwei Möglichkeiten, schnell zu den Zellen zu gelangen, denen Sie vorher einen Namen zugewiesen haben:

■   Mit dem Namenfeld oben links in der Bearbeitungsleiste: Klappen Sie mit dem kleinen Pfeil ganz einfach das Namenfeld auf und wählen Sie einen der vordefinierten Namen aus, dann springen Sie sofort in die entsprechende Zelle.

Bild 26.15 Benannte Zellen lassen sich über das Namenfeld anspringen

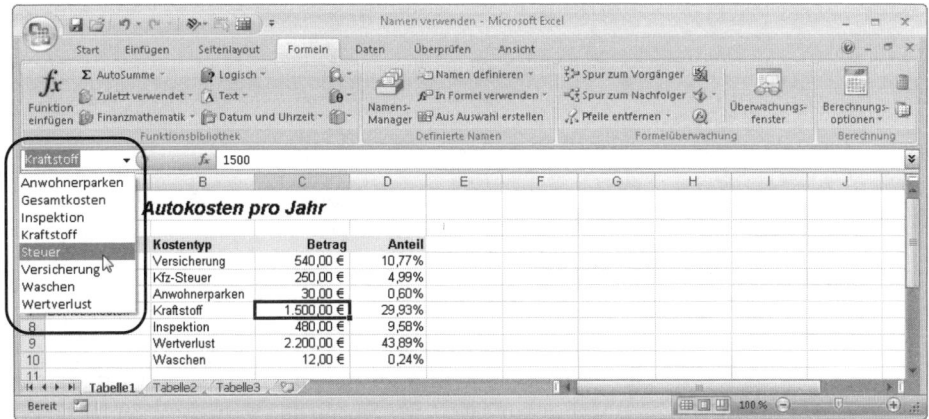

■ Indem Sie auf der Registerkarte *Start* in der Gruppe *Bearbeiten* auf *Suchen und Auswählen* und dann auf *Gehe zu* klicken. In einem Dialogfeld wird Ihnen eine Auswahl von Namen angezeigt. Per Doppelklick springen Sie zur entsprechenden Zelle. Unter *Verweis* können Sie dort auch eine Zelladresse angeben.

Bild 26.16 Im Dialogfeld *Gehe zu* können Sie ebenfalls zu benannten Zellen springen

Den Namens-Manager verwenden

Um sich einen Überblick über alle in einer Arbeitsmappe enthaltenen Namen zu verschaffen, können Sie den Namens-Manager verwenden. Im Namens-Manager können Sie außerdem einen Namen löschen, einen definierten Namen umbenennen oder einem bereits definierten Namen eine andere Zelle bzw. einen anderen Zellbereich zuordnen.

1. Wechseln Sie zur Registerkarte *Formeln*.

2. Klicken Sie in der Gruppe *Definierte Namen* auf *Namens-Manager*.

   Im Dialogfeld *Namens-Manager* werden standardmäßig alle in der aktuellen Arbeitsmappe definierten Namen angezeigt. Wenn Sie auf die Schaltfläche *Filter* klicken, können Sie die angezeigten Namen auf die aktuelle Arbeitsmappe, auf Namen mit oder ohne Fehler oder auf die Namen der Datentabellen einschränken.

Bild 26.17 Im Dialogfeld *Namens-Manager* können Sie die definierten Namen verwalten

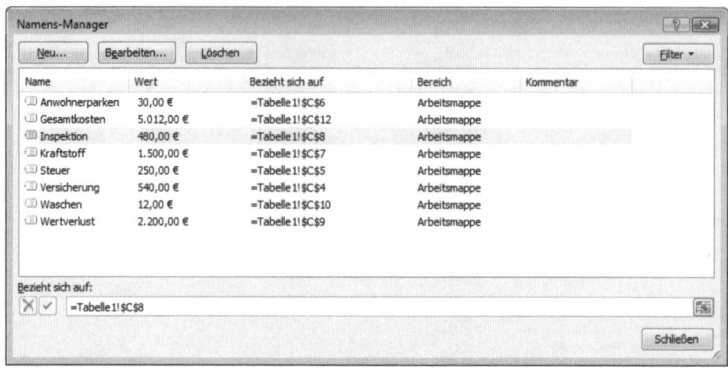

3. Führen Sie, in Abhängigkeit davon, was Sie tun möchten, einen der folgenden Schritte durch:

- **Definierten Namen löschen** Markieren Sie in der Liste den Namen, den Sie löschen möchten, und klicken Sie auf die Schaltfläche *Löschen*.

- **Namen umbenennen** Markieren Sie in der Liste den Namen, den Sie umbenennen möchten, und klicken Sie auf die Schaltfläche *Bearbeiten*. Geben Sie in das Feld *Name* den neuen Namen ein und klicken Sie auf *OK*.

Bild 26.18 Im Dialogfeld *Name bearbeiten* können Sie einen definierten Namen umbenennen

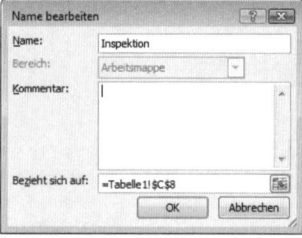

- **Ändern des dem Namen zugeordneten Zellbereichs** Markieren Sie in der Liste den Namen, den die mit einer anderen Zelle bzw. einem anderen Zellbereich verknüpfen möchten. Klicken Sie auf die Schaltfläche *Dialogfeld reduzieren* und wählen Sie im Tabellenblatt die Zelle bzw. den Zellbereich aus, die/den Sie mit dem Namen verknüpfen wollen. Klicken Sie abschließend auf die Schaltfläche *Dialogfeld erweitern*.

4. Klicken Sie auf *OK*, um das Dialogfeld *Namens-Manager* zu schließen.

Die Formelüberwachung

Je größer Tabellenblätter werden, desto unübersichtlicher werden sie auch. Damit Sie später noch die Möglichkeit haben, die Zusammenhänge zwischen einzelnen Zellen nachzuvollziehen, gibt es in Excel die sogenannte *Formelüberwachung*. Gehen Sie z.B. folgendermaßen vor, um mit der Formelüberwachung festzustellen, welche Zellen für die Berechnungen in einer Formel verwendet wurden:

1. Markieren Sie zuerst die Zelle, deren Formel Sie untersuchen möchten.

2. Klicken Sie auf der Registerkarte *Formeln* in der Gruppe *Formelüberwachung* auf *Spur zum Vorgänger*.

   Auf dem Tabellenblatt zeigt Excel nun mit blauen Markierungen an, welche Zellen in der Formel der markierten Zelle verwendet werden. In unserem Beispiel handelt es sich um alle Werte in Spalte G, da aus diesen in Zelle B3 der Mittelwert berechnet wird.

Bild 26.19   Mit der Schaltfläche *Spur zum Vorgänger* können Sie sich anzeigen lassen, welche Zellen sich auf den Wert in der aktuell ausgewählten Zelle auswirken

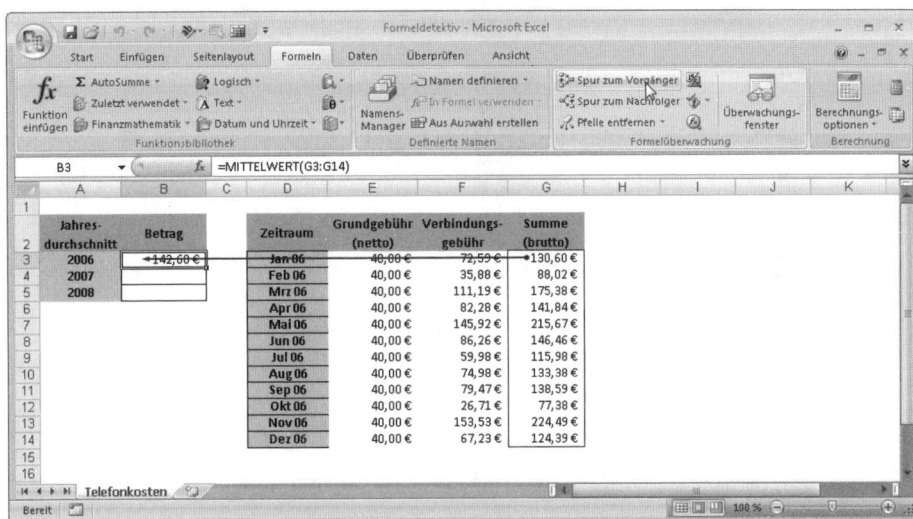

Wollen Sie wissen, ob eine bestimmte Zelle in anderen Formeln der Tabelle benutzt wird, gehen Sie folgendermaßen vor:

1. Markieren Sie die betreffende Zelle.

2. Klicken Sie auf der Registerkarte *Formeln* in der Gruppe *Formelüberwachung* auf *Spur zum Nachfolger*.

3. Wiederholen Sie den Befehl, um zu prüfen, ob noch Verknüpfungen mit anderen Zellen bestehen. Excel trägt dann gegebenenfalls weitere Pfeile ein.

457

Bild 26.20 Mit der Formelüberwachung lässt sich schnell feststellen, welche Zellen in eine Formel einfließen

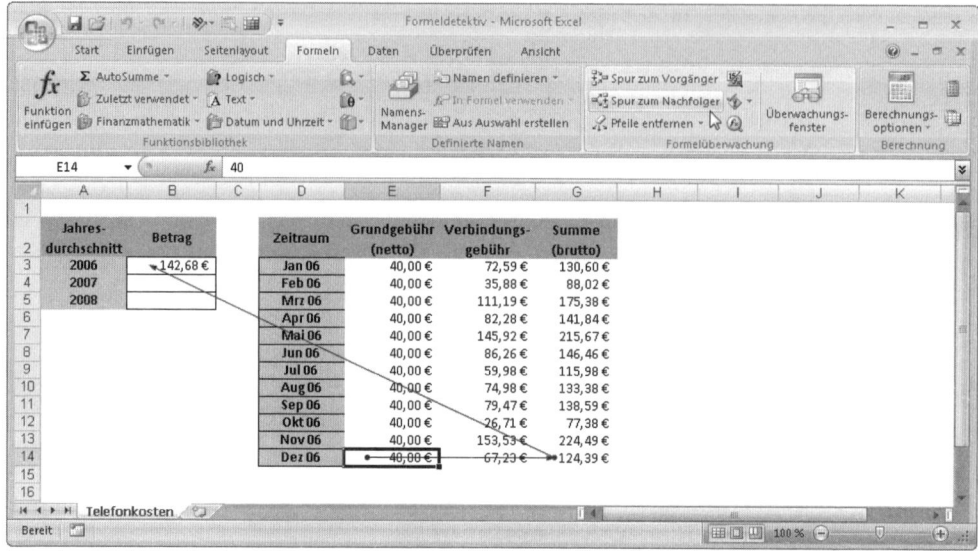

In der obigen Abbildung erkennen Sie, dass die Zelle E14 zur Berechnung der Zelle G14 benötigt wird. Die Zelle G14 wiederum fließt in die Berechnung der Zelle B3 ein, sodass die Zelle E14 indirekt auch in der Formel der Zelle B3 enthalten ist.

TIPP   Durch einen Doppelklick auf die Verbindungspfeile können Sie zwischen den Zellen hin und her springen. Dieser Trick ist besonders bei umfangreichen Tabellenblättern nützlich.

Ein weiteres hilfreiches Feature der Formelüberwachung ist das Aufspüren von Fehlerursachen. Erhalten Sie in einer Zelle eine Fehlermeldung, können Sie auf den kleinen Pfeil der Schaltfläche *Fehlerüberprüfung* und dann im Menü auf *Spur zum Fehler* klicken, um dem Fehler auf die Schliche kommen.

Spurpfeile entfernen

Mit der Schaltfläche *Pfeile entfernen* in der Gruppe *Formelüberwachung* können Sie sämtliche Pfeile der Formelüberwachung wieder ausschalten. Wollen Sie hingegen nur die Pfeile einer bestimmten Zelle entfernen, klicken Sie auf den kleinen Pfeil der Schaltfläche *Pfeile entfernen* und benutzen dann den Befehl *Spur zum Vorgänger entfernen* bzw. *Spur zum Nachfolger entfernen*.

Der Formelüberwachungsmodus

Normalerweise zeigt Excel die Formel einer Zelle nur an, wenn Sie die Zelle markieren bzw. ihren Inhalt bearbeiten. Manchmal wäre es aber hilfreich, wenn man alle Formeln eines Tabellenblatts sehen könnte. Zum Beispiel wenn Sie versuchen, den Aufbau eines Tabellenblatts nachzuvollziehen, da Sie es ergänzen oder korrigieren müssen.

Zum Glück hält Excel auch für solche Situationen eine Lösung bereit: Klicken Sie auf der Registerkarte *Formeln* in der Gruppe *Formelüberwachung* auf *Formeln anzeigen* (schneller geht es mit der Tastenkombination ⌊Strg⌋+⌊#⌋).

Excel zeigt dann alle Formeln auf dem Tabellenblatt an und verbreitert dazu die Spalten der Tabelle, damit Sie die Formeln vollständig sehen können.

Bild 26.21   Im Formelüberwachungsmodus zeigt Excel die Formeln aller Zellen an

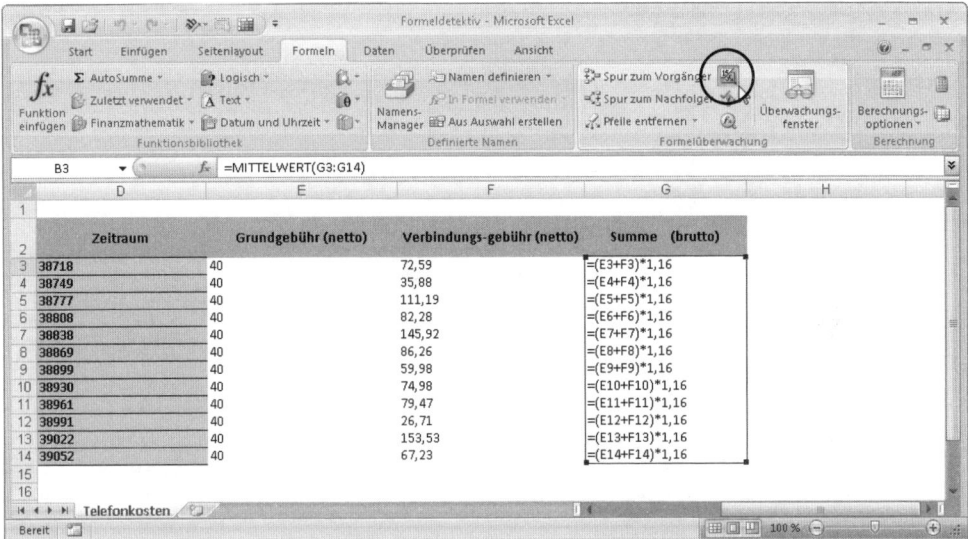

Um den Modus wieder zu verlassen, drücken Sie erneut ⌊Strg⌋+⌊#⌋. Excel zeigt das Tabellenblatt dann wieder in seiner gewohnten Form an.

Das Überwachungsfenster

Eine sehr gute Möglichkeit, um den Inhalt einer Zelle im Blick zu behalten, ist das *Überwachungsfenster*. Zum Anzeigen des Fensters öffnen Sie die Registerkarte *Formeln* und klicken in der Gruppe *Formelüberwachung* auf *Überwachungsfenster*.

Excel blendet ein Fenster ein, in dem Name, Herkunft, Wert und Formel der Zelle angezeigt werden (siehe Abbildung auf der folgenden Seite). Mit den Schaltflächen *Überwachung hinzufügen* und *Überwachung löschen* können Sie weitere Zellen in das Fenster aufnehmen bzw. wieder daraus entfernen.

TIPP   Wenn Sie im Überwachungsfenster auf einen Eintrag doppelklicken, springt Excel direkt zu der betreffenden Zelle.

Bild 26.22 Mit dem Überwachungsfenster haben Sie den Wert wichtiger Zellen immer im Blick. Sie können im Überwachungsfenster auch den Wert von Zellen ablesen, die sich auf unterschiedlichen Tabellenblättern befinden

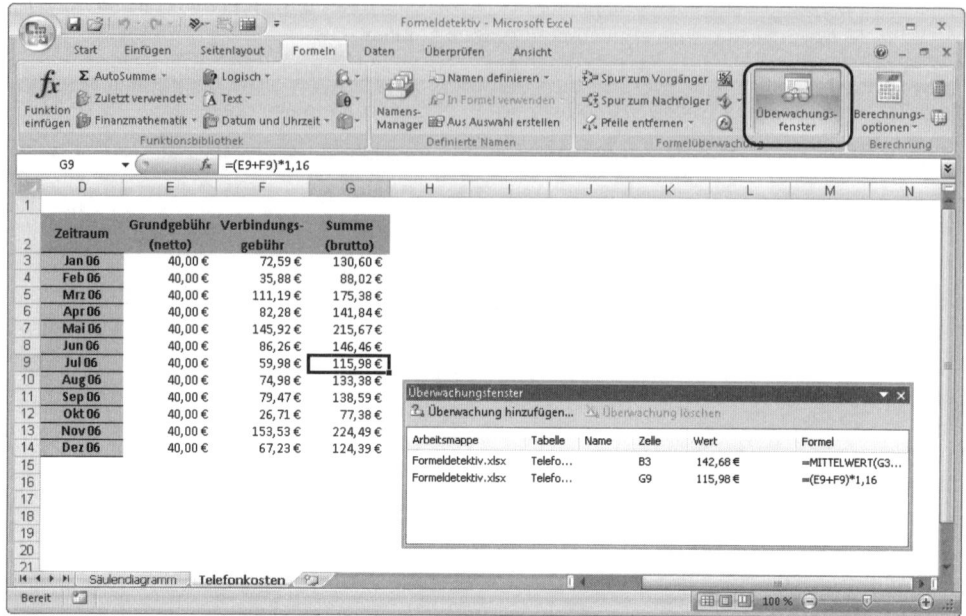

Fehlerüberprüfung

Auch wenn Excel jede Formel bereits bei ihrer Eingabe überprüft und nur formal richtige Eingaben zulässt, heißt das noch lange nicht, dass die Formel auch korrekt ausgewertet werden kann und das richtige Ergebnis liefert.

So ist z.B. die Formel = *B4* Mehrwertsteuer* zwar formal korrekt – wird also von Excel bei der Eingabe auf jeden Fall akzeptiert –, doch wenn keine Zelle mit dem Namen *Mehrwertsteuer* existiert, kann Excel die Formel nicht berechnen und gibt in der Zelle den Fehlerwert *#WERT!* aus. Eine Liste aller Fehlerwerte finden Sie in der folgenden Tabelle.

Tabelle 26.2 Fehlerwerte, mit denen Excel Hinweise bei fehlerhaften Formeln liefert

Fehlerwert	Ursache
#NULL!	Tritt auf, wenn Sie den Schnittpunktoperator (Leerzeichen) auf zwei Bereiche anwenden, die keine Schnittmenge besitzen. Beispiel: =Summe(A1:C1 A3:C3)
#DIV/0!	In der Formel wird durch 0 dividiert. Dieser Fehler tritt häufig auf, wenn eine Zelle, auf die in der Formel Bezug genommen wird, noch keinen Wert enthält.
#WERT!	In der Formel wird ein falscher Datentyp verwendet. Beispiel: =2 + "drei"

Tabelle 26.2 Fehlerwerte, mit denen Excel Hinweise bei fehlerhaften Formeln liefert *(Fortsetzung)*

Fehlerwert	Ursache
#BEZUG!	Die Formel nimmt Bezug auf eine nicht existierende Zelle. Tritt zum z.B. auf, wenn sich die Formel auf eine Zelle bezieht, die sich in einem inzwischen gelöschten Tabellenblatt befand.
#NAME?	In der Formel ist der Name einer Zelle enthalten, den Excel nicht kennt. Tritt auch auf, wenn Sie vergessen, dass Texte in Anführungszeichen eingefasst werden müssen. Zum Beispiel: Falsch = A1 & mal , Richtig=A1 & " mal"
#ZAHL!	Ein Zahlenwert innerhalb der Formel hat entweder den falschen Typ oder er ist zu groß bzw. zu klein.
#NV	Der Wert #NV kann in eine Zelle eingegeben werden, um zu signalisieren, dass für die Zelle noch keine gültigen Daten vorliegen. Excel zeigt dann bei allen Formeln, in denen diese Zelle verwendet wird, ebenfalls den Wert #NV an. Damit vermeiden Sie, dass leere Zellen von Excel als 0 interpretiert und in Formeln akzeptiert werden, ohne eine Fehlermeldung anzuzeigen.
#####	Zeigt an, dass die Spalte zu schmal ist, um den Inhalt komplett darzustellen.

Um Sie bei der Fehlersuche zu unterstützen, zeigt Excel neben der betreffenden Zelle ein Smarttag an, dessen Menü verschiedene Hilfsangebote enthält.

Bild 26.23 Smarttags unterstützen Sie bei der Fehlersuche

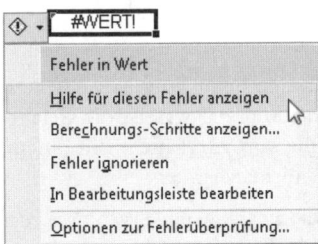

Sie haben nun mehrere Möglichkeiten:

- Mit *Hilfe für diesen Fehler anzeigen* können Sie die Online-Hilfe aufrufen, in der zu jedem Fehlertyp Tipps für die Fehlersuche enthalten sind. Diese Informationen beziehen sich natürlich nicht konkret auf die von Ihnen eingegebene Formel, sondern nur allgemein auf den aufgetretenen Fehlertyp.

- Mit dem Befehl *Berechnungs-Schritte anzeigen* können Sie ein Fenster aufrufen, mit dem Sie die Formel schrittweise durchlaufen können. Dieses Fenster wird im nächsten Abschnitt »Formeln auswerten« ausführlich vorgestellt.

- Mit der Auswahl von *Fehler ignorieren* teilen Sie Excel mit, dass es den Fehler in Zukunft ignorieren soll. Dadurch verschwindet auch der Smarttag neben der Zelle. Damit Excel den Fehler wieder als solchen erkennt, klicken Sie zuerst auf die *Office-Schaltfläche* und dann auf *Excel-Optionen*. Wählen Sie in der Liste auf der rechten Seite die Kategorie *Formeln* aus und scrollen Sie dann auf der rechten Seite des Fensters nach unten, bis Sie den Abschnitt *Fehlerüberprüfung* sehen. Klicken Sie abschließend die Schaltfläche *Ignorierte Fehler zurücksetzen* an.

- Die Option *In Bearbeitungsleiste bearbeiten* erklärt sich von selbst.

- Der Befehl *Optionen zur Fehlerüberprüfung* zeigt die Kategorie *Formeln* des Dialogfeldes *Excel-Optionen* an, in dem Sie die Regeln einstellen können, nach denen Excel die Formeln Ihres Tabellenblatts untersucht.

Bild 26.24   Hier wird die Fehlerüberprüfung konfiguriert

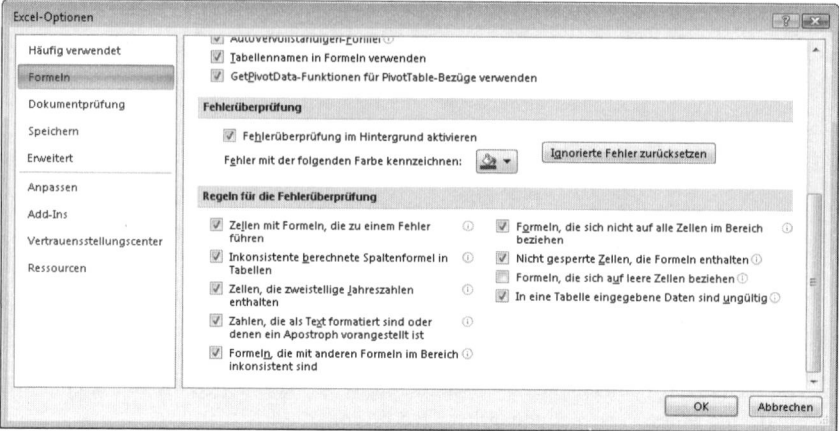

Formeln auswerten

In der Praxis kommt es naturgemäß häufiger vor, dass Sie beim Eingeben einer Formel einen Fehler machen. Solange Excel darauf mit einer Fehlermeldung reagiert, ist die Gefahr schon halb gebannt. Viel kritischer sind jedoch Fehler in Zellen, die von Excel nicht mit einem Fehlerwert gekennzeichnet werden, sondern nach außen hin völlig »normal« wirken.

Wenn Sie beim Prüfen einer Tabelle bemerken, dass die berechneten Ergebnisse nicht schlüssig sind, haben Sie im Prinzip zwei Möglichkeiten, um dem Fehler auf die Schliche zu kommen:

- In einfachen Fällen reicht es aus, wenn Sie sich über die Schaltflächen der Gruppe *Formel-überwachung* auf der Registerkarte *Formeln* die Spuren zu den Vorgängerzellen anzeigen lassen. Auf diese Weise lassen sich z.B. falsche Bezüge sehr gut erkennen.

- In hartnäckigen Fällen kann es aber auch notwendig werden, die Formel Schritt für Schritt auszuwerten, um die fehlerhafte Stelle in der Formel zu finden. Diese Möglichkeit wollen wir Ihnen jetzt an einem einfachen Beispiel vorstellen.

Das Beispiel, das wir in diesem Abschnitt verwenden, enthält eine Aufstellung über den Kauf einiger Gläser. Darin werden die Einzelpreise mit den Stückzahlen multipliziert, die Ergebnisse zu einer Zwischensumme aufaddiert und für diese die Mehrwertsteuer errechnet. Sie finden das Beispiel in der Übungsdatei *Formeln auswerten*.

Bild 26.25   Die Formel zur Berechnung der Gesamtsumme soll überprüft werden

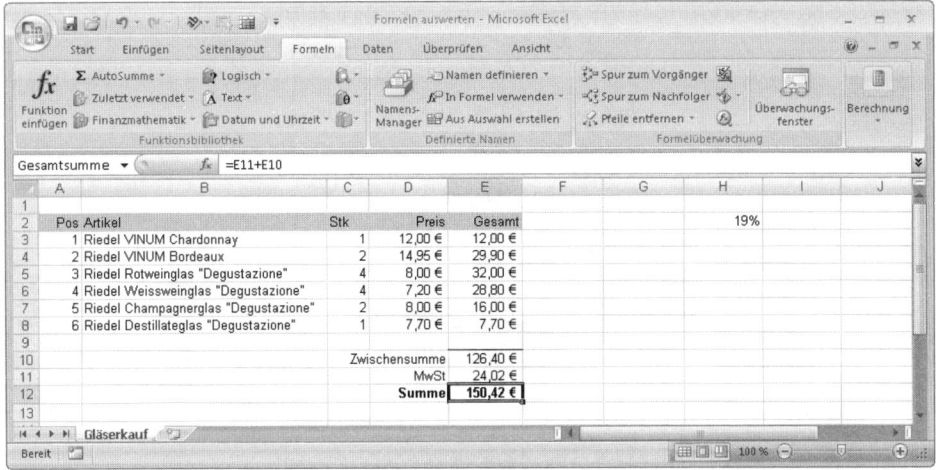

Um die Formel für die Gesamtsumme zu kontrollieren, gehen Sie folgendermaßen vor:

1. Klicken Sie die Zelle an, die die Formel enthält (hier E12).

2. Klicken Sie auf der Registerkarte *Formeln* in der Befehlsgruppe *Formelüberwachung* auf die Schaltfläche *Formelauswertung*. Excel zeigt das Dialogfeld *Formel auswerten* an.

Bild 26.26   Excel zeigt die zu prüfende Formel an, die sich in der vorher im Tabellenblatt ausgewählten Zelle befindet

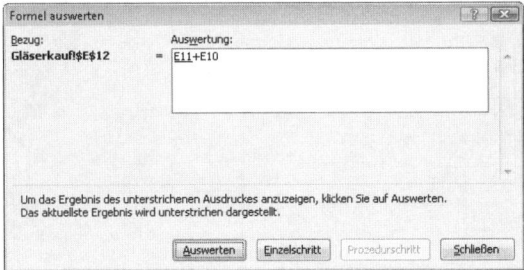

Im Dialogfeld *Formel auswerten* sehen Sie nun die Formel, die der markierten Zelle zugrunde liegt. Der erste Summand E11 ist dabei unterstrichen. Das bedeutet, dass Excel diesen Teil der Formel zuerst auswerten wird.

3. Klicken Sie auf *Auswerten*. Excel berechnet nun den Inhalt der Zelle E11 und trägt ihn in das Fenster ein. Außerdem ist nun der zweite Summand E10 unterstrichen.

Bild 26.27   Der erste Summand (die Zelle E11) ist bereits ausgewertet

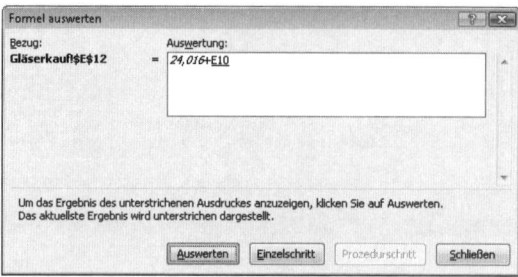

4. Lassen Sie jetzt den zweiten Summanden berechnen, indem Sie erneut auf *Auswerten* klicken.

5. Ein dritter Klick auf *Auswerten* führt dann zum endgültigen Ergebnis.

Formeln vollständig auswerten

Die Formel *E11+E10* ist jedoch eigentlich noch komplexer, da die Zellen E11 und E10 ja ebenfalls Formeln enthalten. Dieser Tatsache wollen wir nun Rechnung tragen und der Formel bis in ihre letzte Verästelung folgen.

1. Klicken Sie im Dialogfeld *Formel auswerten* auf *Neu starten* oder rufen Sie das Fenster erneut auf, wenn Sie es zwischenzeitlich geschlossen haben.

2. Starten Sie die Auswertung dieses Mal mit der Schaltfläche *Einzelschritt*. Die Schaltfläche ist nur dann aktiv, wenn der auszuwertende Ausdruck aus einer Formel besteht. Im Fenster erscheint jetzt ein neues Feld, in dem die Formel der Zelle E11 angezeigt wird.

Bild 26.28   Excel zeigt den Aufbau der untergeordneten Formel in E11 an

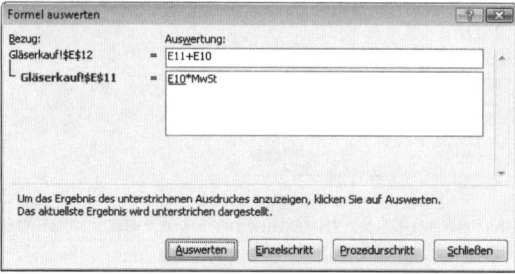

3. An der Tatsache, dass die Schaltfläche *Einzelschritt* immer noch aktiv ist, erkennen Sie, dass die Zelle E10 ebenfalls eine Formel enthält. Klicken Sie daher erneut auf *Einzelschritt*, um auch diesen Teil der Formel untersuchen zu können.

Bild 26.29   Die Zelle E10 enthält eine Summen-Funktion

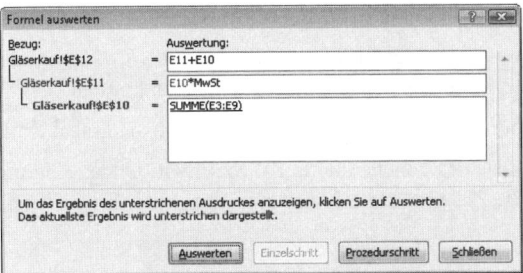

4. Sie sind nun am »Ende« der Formeln angekommen. Klicken Sie jetzt entweder auf *Auswerten*, damit Excel das Ergebnis der Summe anzeigt, oder überspringen Sie diesen Schritt, indem Sie auf *Prozedurschritt* klicken. Excel fügt dann das Ergebnis der Summe direkt in die Formel *E10*MwSt* ein.

5. Wenn Excel den Ausdruck *MwSt* auswerten will, können Sie sich mit *Einzelschritt* anzeigen lassen, auf welche Zelle sich der Name *MwSt* bezieht.

Bild 26.30   Der Name *MwSt* bezieht sich auf die Zelle H2

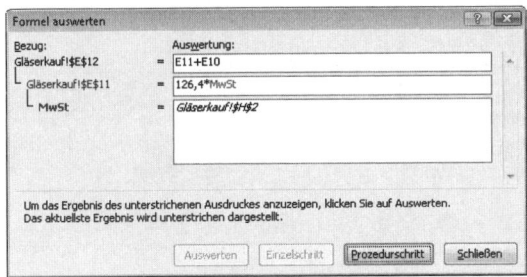

6. Durchlaufen Sie nun die Formel, bis Excel das Gesamtergebnis anzeigt.

An diesem kleinen Beispiel haben Sie vermutlich schon gemerkt, dass das Auswerten einer Formel eine hohe Konzentration erfordert. Im Grunde genommen entspricht diese Art der Fehlersuche dem Debuggen eines Programms, bei dem ebenfalls versucht wird, einen Fehler durch schrittweises Ausführen des Programms aufzuspüren.

Als Fazit lässt sich vielleicht sagen: Die Funktion *Formel auswerten* ist zwar recht unhandlich, führt aber in schwierigen Fällen fast immer zum Ziel.

Kommentare in Excel

In Excel können Sie jede Zelle eines Tabellenblatts mit einer kleinen Notiz versehen. Diese Notizen werden als Kommentare bezeichnet und können beispielsweise eine Erläuterung zu einer komplizierten Formel enthalten oder als Erinnerungsstütze zum Inhalt einer Zelle dienen. Zellen, zu denen ein Kommentar existiert, werden mit einem kleinen roten Dreieck in der rechten oberen Ecke der Zelle gekennzeichnet.

Um zu einer Zelle einen Kommentar einzugeben, gehen Sie so vor:

1. Klicken Sie die gewünschte Zelle mit der rechten Maustaste an.

2. Wählen Sie im Kontextmenü den Befehl *Kommentar einfügen*. Excel zeigt daraufhin ein kleines Fenster an, in das Sie dann einen beliebigen Text eingeben können.

3. Geben Sie den gewünschten Kommentar ein und beenden Sie die Eingabe mit der ⏎-Taste.

4. Klicken Sie eine andere Zelle des Tabellenblatts an, verschwindet das Kommentarfenster vom Bildschirm. Die zugehörige Zelle ist nun mit einem kleinen roten Dreieck gekennzeichnet.

Bild 26.31   Einzelne Zellen lassen sich mit Kommentaren versehen

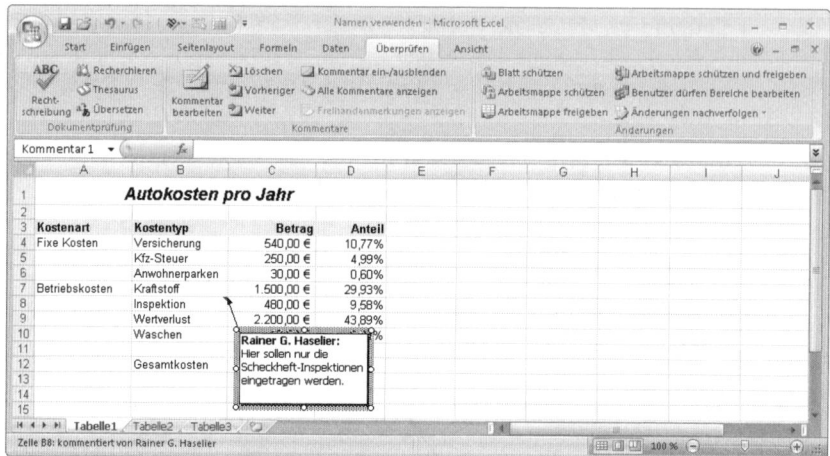

Kommentare bearbeiten

Um einen Kommentar nachträglich zu bearbeiten, gehen Sie so vor:

1. Klicken Sie die Zelle mit der rechten Maustaste an und wählen Sie im Kontextmenü den Befehl *Kommentar bearbeiten*.

2. Der Textcursor befindet sich automatisch im Text, sodass Sie den Text direkt bearbeiten können.

3. Um den Text zu formatieren, markieren Sie den betreffenden Textteil, klicken dann die Auswahl mit der rechten Maustaste an und wählen abschließend im Kontextmenü den Befehl *Kommentar formatieren* aus. Im gleichnamigen Dialogfeld nehmen Sie dann die gewünschten Formatierungen vor.

Die Befehlsgruppe *Überprüfen/Kommentare*

Auf der Registerkarte *Überprüfen* finden Sie in der Befehlsgruppe *Kommentare* zahlreiche Schaltflächen, mit denen Sie Kommentare sowohl einfügen und löschen als auch ein- und ausblenden können. Mit der Schaltfläche *Vorheriger* beispielsweise können Sie sich den *vorherigen,* mit der Schaltfläche *Weiter* den nächsten Kommentar anzeigen lassen.

Wenn Sie alle Kommentare sehen wollen, klicken Sie die Schaltfläche *Alle Kommentare anzeigen* an.

Zusammenfassung

Dieses Kapitel hat Sie mit den grundlegenden rechnerischen Fähigkeiten von Excel vertraut gemacht. Dabei ging es unter anderem um die Operatoren, ohne die man in Excel nicht viel berechnen kann und um das Ausfüllen von Formeln und Reihen. Im Einzelnen:

- Im ersten Abschnitt dieses Kapitels (ab Seite 444) haben Sie die grundlegenden Operatoren der folgenden vier Gruppen kennengelernt: arithmetische Operatoren, Vergleichsoperatoren, Bezugsoperatoren sowie den Textoperator.

- Anschließend haben Sie gesehen, wie Sie eine Formel in eine Zelle eingeben (Seite 445).

- Um sicherzustellen, dass in eine Zelle nur bestimmte Daten eingegeben werden können, können Sie eine Gültigkeitsregel definieren, die nach der Eingabe der Werte prüft, ob diese in den zulässigen Bereich fallen (Seite 445).

- Um Ihnen das mehrmalige Eingeben komplexerer Formeln zu ersparen, können Sie diese leicht auf andere Zellen übertragen (Seite 447).

- Wenn Sie in eine Zelle eine Formel eingeben, die Werte aus anderen Zellen enthält, ist es wichtig, die richtige Art des Zellbezugs anzugeben. Excel unterscheidet dabei zwischen relativen und absoluten Bezügen, die ab Seite 450 erläutert wurden.

- Sie können einzelne Zellen, Zellbereiche, Zeilen oder Spalten auch mit einem Namen versehen und dann diesen Namen statt des Zellbezugs (der Adresse) in Formeln verwenden. Die Formeln werden dadurch aussagekräftiger und sind auch dann noch zu verstehen, wenn Sie eine Excel-Tabelle zu einem späteren Zeitpunkt erneut benötigen. Die Verfahren hierzu wurden ab Seite 453 an einem Beispiel erklärt.

- Excel bietet verschiedene Möglichkeiten, sich die Verknüpfungen zwischen Zellen anzeigen zu lassen und Fehler in den Formeln zu finden. Folgende haben Sie in diesem Kapitel kennengelernt: die Formelüberwachung (Seite 456) und das Überwachungsfenster (Seite 459). Im Formelüberwachungsmodus (Seite 458) werden die Bezüge zwischen allen Formeln eines Tabellenblatts angezeigt. Um Fehler zu finden, können Sie die Fehlerprüfung (Seite 460) und die Möglichkeiten der Formelauswertung (Seite 462) verwenden.

- Sie können jede Excel-Zelle mit einer kleinen Notiz versehen, die als Kommentar bezeichnet wird (Seite 465). Diese Kommentare können beispielsweise eine Erläuterung zu einer komplizierten Formel enthalten oder als Erinnerungsstütze zum Inhalt einer Zelle dienen.

Excel 2007

Kapitel 27

Arbeiten mit Funktionen

Excel 2007

In diesem Kapitel:

Excel kennt eine Vielzahl von nützlichen Funktionen, die Sie in Ihren Tabellen verwenden können. So gibt es neben den mathematischen Funktionen auch statistische und logische Funktionen, Datums- und Zeitfunktionen etc.

Diese Funktionen scheinen oft sehr kompliziert zu sein, aber wie Sie gleich sehen werden, ist ihr Einsatz meistens recht einfach. Natürlich gibt es auch Funktionen, die für fachfremde Anwender undurchschaubar sind, wenn man etwa an die statistischen oder finanzmathematischen Funktionen denkt.

Funktionsergebnisse in der Statusleiste anzeigen

Wenn Sie für einige Zellen in Ihrem Tabellenblatt schnell das Ergebnis einer Funktion sehen wollen, hält Excel 2007 eine nützliche Neuerung für Sie bereit: Sie können das Funktionsergebnis der am häufigsten verwendeten Standardfunktionen (Summe, Mittelwertberechnung, Anzahl der Zellen usw.) direkt in der Statusleiste des Excel-Fensters anzeigen lassen. Dies spart Zeit, da Sie hierfür dann nicht mehr eine Formel eingeben, sich das Ergebnis, das Sie nur kurzzeitig benötigen, ansehen und dann die Formel wieder löschen müssen.

Vorherige Excel-Versionen besaßen ein ähnliches Feature, nur wurde dort immer und nur die Summe der markierten Zellen in der Statusleiste ausgegeben.

So konfigurieren Sie, welche Funktionsergebnisse in der Statusleiste angezeigt werden:

1. Klicken Sie die Statusleiste mit der rechten Maustaste an, um das Kontextmenü zu öffnen.

Bild 27.1 Legen Sie hier fest, welche Funktionsergebnisse in der Statusleiste angezeigt werden sollen

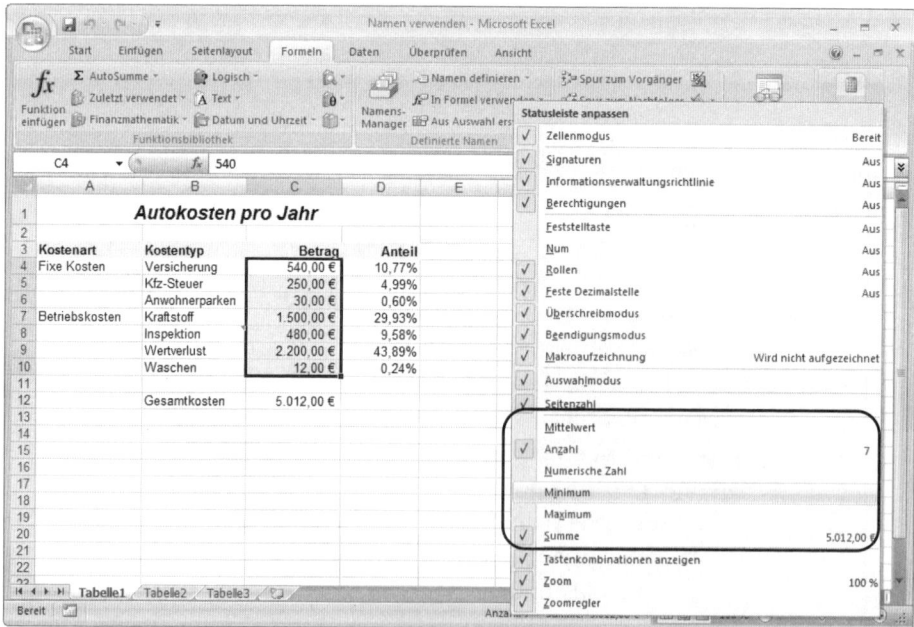

2. Klicken Sie die Namen der Funktionen an. Ist das Funktionsergebnis derzeit sichtbar, wird es ausgeschaltet und umgekehrt. Den aktuellen Status können Sie am Häkchen vor dem Funktionsnamen ablesen.

Folgende Funktionsergebnisse können Sie in der Statusleiste anzeigen lassen:

- **Mittelwert** Berechnet das arithmetische Mittel der markierten Zellen.

- **Anzahl** Zeigt die Anzahl der markierten Zellen an.

- **Numerische Zahl** Zeigt die Anzahl der markierten Zellen an, in denen sich numerische Werte befinden.

- **Minimum** Gibt den kleinsten Wert im markierten Zellbereich aus.

- **Maximum** Gibt den größten Wert im markierten Zellbereich aus.

- **Summe** Berechnet die Summe aller markierten Zellen, in denen sich numerische Werte befinden.

Der Funktions-Assistent

Excel bietet für fast alle Aufgaben die passende Funktion. Da es aber bei der Fülle der angebotenen Funktionen oft schwierig ist, die richtige Funktion zu finden, stellt Ihnen Excel mit dem Funktions-Assistenten eine wertvolle Hilfe zur Verfügung. Um ihn aufzurufen, gehen Sie folgendermaßen vor:

1. Markieren Sie die Zelle, in der Sie eine Funktion eingeben wollen.

2. Klicken Sie in der Bearbeitungsleiste auf die kleine Schaltfläche *Funktion einfügen* oder klicken Sie auf der Registerkarte *Formeln* in der Gruppe *Funktionsbibliothek* die Schaltfläche *Funktion einfügen* an.

   Es öffnet sich das Dialogfeld *Funktion einfügen,* das Sie bei der Suche nach einer passenden Funktion unterstützt. Die angebotenen Funktionen sind in verschiedene Kategorien eingeteilt, die Sie über eine Liste auswählen können.

Bild 27.2   In diesem Dialogfeld können Sie aus den angebotenen Funktionen auswählen

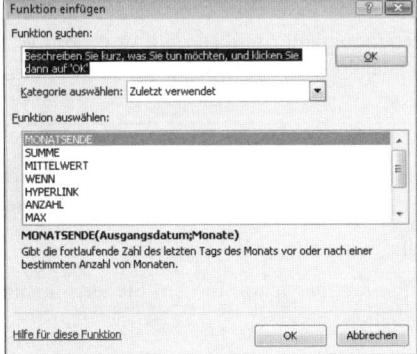

Der Clou des Assistenten verbirgt sich im Feld *Funktion suchen,* in dem Sie Ihre Wünsche umgangssprachlich formulieren können. Excel versucht dann zu erkennen, welche Funktion Sie benötigen, und macht entsprechende Vorschläge. Um die Fähigkeiten des Assistenten auszuloten, wollen wir eine Funktion suchen, die den Durchschnitt mehrerer Zahlen berechnen kann.

3. Geben Sie in das Feld *Funktion suchen* folgenden Text ein: **Durchschnitt mehrerer Zahlen berechnen**

4. Klicken Sie auf *OK,* damit Excel nach einer passenden Funktion sucht.

Bild 27.3 Excel führt einige Funktionen auf, die zu der gestellten Aufgabe passen

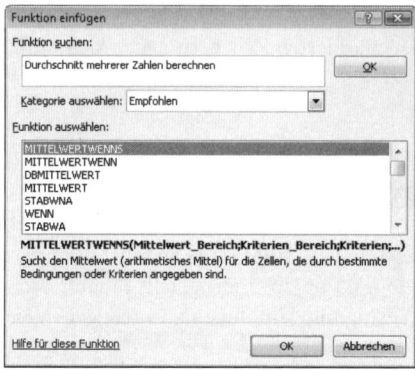

In der Liste *Kategorie auswählen* erscheint nun der neue Eintrag *Empfohlen* und im Listenfeld sehen Sie alle Funktionen, die mit der eingegebenen Suchanfrage in Zusammenhang stehen.

5. Klicken Sie die Listeneinträge mit der Maus an und suchen Sie mithilfe der angezeigten Beschreibung die passende Funktion.

TIPP Wenn Sie die letzten Einträge der Liste ansehen, werden Sie feststellen, dass dort Funktionen auftauchen, die mit der Berechnung eines Durchschnittswertes mit Sicherheit nichts zu tun haben, wie z.B. *WERT* oder *RÖMISCH.*

Dies liegt an der Art, wie Sie Ihre Anfrage formuliert haben. Oft ist es nämlich sinnvoller, nur einzelne Begriffe einzugeben. Im vorliegenden Beispiel hätte die Eingabe des Suchbegriffs »Durchschnitt« zu einer höheren Treffergenauigkeit geführt, denn mit dem Wort »Zahlen« enthält die Anfrage aus Sicht von Excel ein zweites Schlüsselwort, dem dann eher allgemeine Funktionen zugeordnet werden.

6. Wird die gewünschte Funktion nicht aufgeführt, können Sie mit einer weiteren Eingabe die Suche spezifizieren. Excel zeigt dann neue Funktionen in der Kategorie *Empfohlen* an.

7. Wenn Sie die geeignete Funktion gefunden haben, klicken Sie auf *OK.*

Excel zeigt dann das Fenster *Funktionsargumente* an, in dem Sie eine ausführliche Hilfestellung beim Eingeben der Funktion erhalten.

Bild 27.4   Dieses Fenster macht das Eingeben von Formeln fast zum Kinderspiel

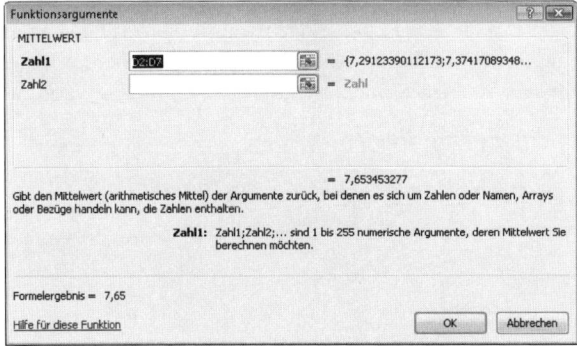

In der obigen Abbildung sehen Sie, dass die Funktion *MITTELWERT* bis zu 255 numerische Argumente verarbeiten kann, die durch Semikola getrennt werden müssen. Das Fenster *Funktionsargumente* stellt zunächst zwei Felder bereit *(Zahl1* und *Zahl2)*. Sobald Sie im unteren Feld eine Eingabe vornehmen, fügt Excel dem Fenster ein weiteres Feld hinzu.

Im konkreten Fall hat Excel sogar schon bei *Zahl1* eine Bereichsangabe eingetragen, da es in diesen Zellen geeignete Daten vorgefunden hat.

8. Wenn Sie die Vorgaben von Excel nicht übernehmen wollen, benutzen Sie die Schaltfläche *Dialogfeld reduzieren,* um das Fenster zu einer Leiste zu verkleinern. Markieren Sie dann auf dem Tabellenblatt einen anderen Bereich und klappen Sie anschließend das Fenster *Funktionsargumente* mit der Schaltfläche *Dialogfeld wiederherstellen* wieder auf.

9. Nachdem die Argumente der Funktion ausgefüllt sind, klicken Sie auf *OK*.

Bild 27.5   Excel hat die fertig ausgefüllte Funktion in die Bearbeitungsleiste eingetragen

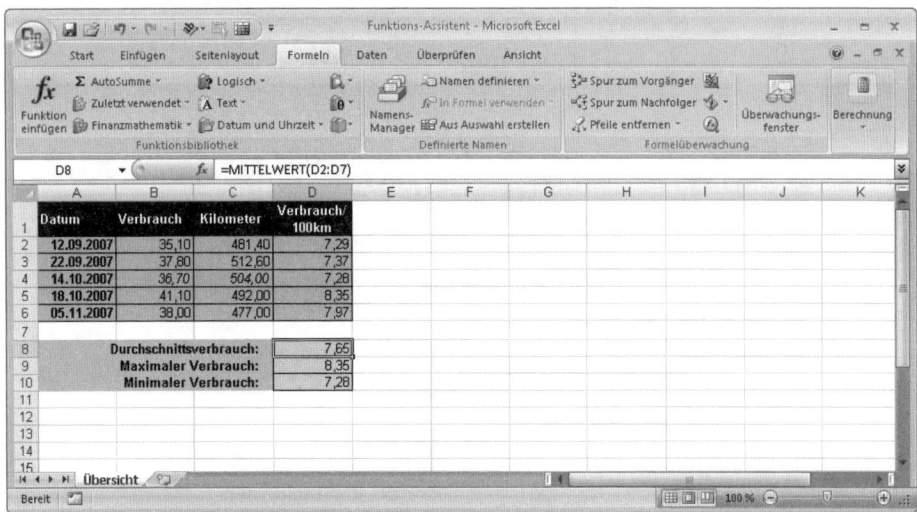

PROFITIPP   **Auswahlliste für Funktionsnamen**

Wenn Sie in einer Zelle das Gleichheitszeichen eingeben und dann anfangen, einen Funktionsnamen einzutippen, zeigt Ihnen Excel eine Auswahlliste an, wie Sie die folgende Abbildung
zeigt. Wählen Sie dann in der Liste den Namen der Funktion aus, die Sie verwenden möchten.

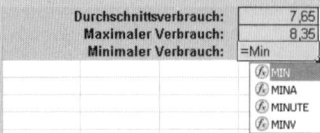

Mathematische Funktionen

Excel bietet eine Vielzahl von Funktionen aus dem mathematischen Bereich an, mit deren Hilfe Sie
nahezu alle Aufgaben lösen können. Wie Sie eine solche mathematische Funktion verwenden, werden wir Ihnen an einem Beispiel verdeutlichen, in dem die Funktion *RUNDEN()* benutzt wird.
Diese Funktion rundet einen Wert auf eine festgelegte Anzahl von Dezimalstellen. In dem Beispiel
soll der Benzinverbrauch je 100 Kilometer auf zwei Dezimalstellen gerundet werden. Außerdem
werden Sie in der nächsten Schrittfolge sehen, wie Sie eine Funktion in eine bereits vorhandene
Formel einsetzen. Wie die folgende Abbildung zeigt, enthalten die Zellen B5 bis F5 bereits Formeln.

Bild 27.6   Die Verbrauchswerte in dieser Tabelle sollen auf zwei Dezimalstellen gerundet werden

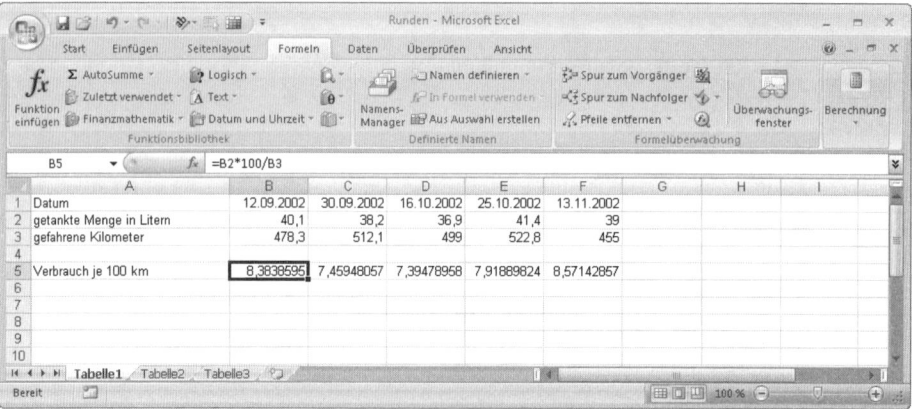

Um die Funktion RUNDEN hier einzufügen, würden Sie folgendermaßen vorgehen:

1. Öffnen Sie die Übungsdatei *Runden*.

2. Markieren Sie die Zelle B5 und drücken Sie F2, um in den Bearbeitungsmodus zu wechseln.

3. Verschieben Sie die Einfügemarke mit den Pfeiltasten, sodass sie rechts neben dem Gleichheitszeichen steht. Dies ist erforderlich, da Sie an dieser Stelle die Funktion einfügen wollen.

4. Tippen Sie **RUNDEN(** ein und geben Sie dabei auch die öffnende runde Klammer ein.

Unterhalb der Zelle wird ein kleines Fenster eingeblendet, das Informationen zur Funktion *RUNDEN()* enthält. Sie können dort den Funktionsnamen anklicken und Excel öffnet die zugehörige Seite in der Excel-Hilfe.

Bild 27.7   In einem Tooltipp-Fenster zeigt Excel Informationen über die Funktionsargumente an

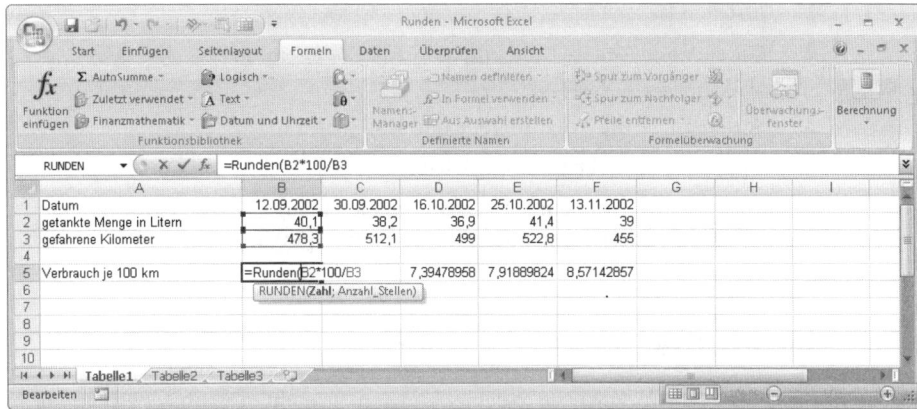

5. Setzen Sie die Einfügemarke an das Ende der Zelle, geben Sie dort ein Semikolon, dann die Zahl 2 und dann eine schließende runde Klammer ein.

6. Drücken Sie die ⏎-Taste, um die Eingabe zu beenden. Das Ergebnis der Formel wird in Zelle B5 ausgegeben.

7. Übernehmen Sie die Formel aus Zelle B5 in die Zellen C5 bis F5.

In der folgenden Tabelle sind die wichtigsten mathematischen Funktionen, die Excel bietet, aufgeführt:

Tabelle 27.1 Wichtige mathematische Funktionen

Funktion	Beschreibung
PRODUKT(Zahl1;Zahl2;...)	errechnet das Produkt der in den Klammern stehenden Argumente (max. 14); als Argumente sind Zelladressen und Zahlen möglich.
WURZEL(Zahl)	berechnet die Quadratwurzel einer Zahl; das Argument muss eine positive Zahl sein.
ABS(Zahl)	bildet den Absolutwert einer Zahl, das heißt, diese Funktion macht aus einer negativen eine positive Zahl.
SIN(Winkel) COS(Winkel) TAN(Winkel)	berechnet den Sinus, Cosinus oder Tangens eines im Bogenmaß angegebenen Winkels (Bogenmaß: Winkelangabe in Grad mit Pi/180 multiplizieren); Excel bietet auch die Funktionen ARCSIN(Zahl), ARCCOS(Zahl) sowie ARCTAN(Zahl) an.
LN(Zahl)	berechnet den natürlichen Logarithmus einer Zahl.
EXP(Zahl)	Umkehrfunktion zum natürlichen Logarithmus.

Excel 2007

Datums- und Zeitfunktionen

Mit Hilfe der Datums- und Zeitfunktionen können Sie beispielsweise in einem Tabellenblatt automatisch das aktuelle Datum und die Uhrzeit eintragen lassen. Wir werden dies einmal an einem Beispiel zeigen, in dem wir die Funktion *JETZT()* verwenden.

1. Erstellen Sie eine leere Arbeitsmappe.

2. Geben Sie in Zelle A1 die Funktion =**JETZT**() ein. Excel zeigt dann in der Zelle das aktuelle Datum und die aktuelle Uhrzeit.

3. Speichern Sie die Arbeitsmappe und schließen Sie sie.

4. Öffnen Sie die Arbeitsmappe erneut.

Datum und Uhrzeit werden aktualisiert, da die Funktion *JETZT()* nicht das Erstelldatum und die Erstelluhrzeit, sondern immer das aktuelle Datum und die aktuelle Uhrzeit angibt.

Die Funktion DATUM()

Excel bietet die Möglichkeit zu einer anderen, sehr interessanten Berechnung mit Hilfe der Datums- und Zeitfunktionen: Sie können auf ganz einfache Weise den Wochentag bestimmen, an dem Sie geboren wurden oder an dem Sie Ihren Freund/Ihre Freundin kennengelernt haben. Dazu benötigen Sie die Funktionen *DATUM()* und *WOCHENTAG()*.

Die Funktionen von Excel können Sie auch über die Gruppe *Funktionsbibliothek* der Registerkarte *Formeln* einfügen. Dort sind die Funktionen über Schaltflächen, die die Kategorie angeben, aufgeführt.

Gehen Sie folgendermaßen vor:

1. Setzen Sie die Zellmarkierung in eine freie Zelle.

2. Wechseln Sie zur Registerkarte *Formeln* und klicken Sie in der Gruppe *Funktionsbibliothek* auf die Schaltfläche *Datum und Uhrzeit*.

    Excel zeigt die Datums- und Zeitfunktionen in einem Menü an (siehe Abbildung auf der folgenden Seite).

Bild 27.8   Die Funktionen für die Datums- und Zeitberechnung werden in einem Menü angezeigt

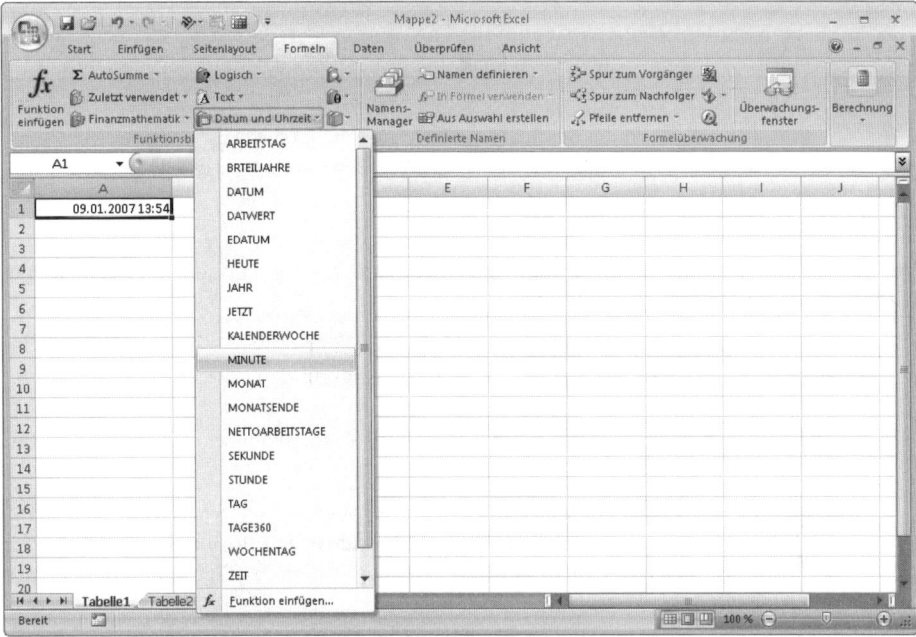

3. Klicken Sie auf *DATUM*. Das Dialogfeld *Funktionsargumente* wird angezeigt.

4. Geben Sie in die drei Felder das Datum ein, für das Sie den Wochentag berechnen wollen. Excel wandelt dieses Datum in eine sogenannte *serielle Zahl* um. Diese Zahl wird unten im Dialogfeld angezeigt.

Bild 27.9   In dieses Dialogfeld geben Sie die Argumente für die Funktion DATUM() ein

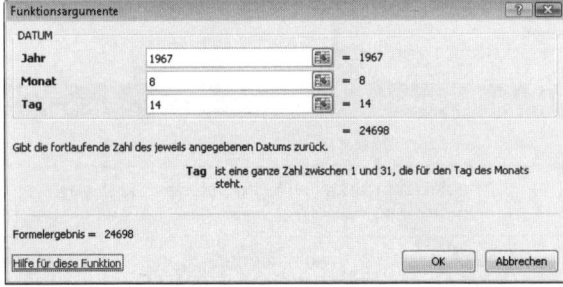

5. Klicken Sie auf *OK*, um die Eingabe der Funktion zu beenden.

> **HINWEIS**   **Datumswerte in Excel**   In Excel werden Datumswerte intern durch natürliche Zahlen dargestellt. Dabei beginnt die Zeitrechnung mit dem 1.1. des Jahres 1900. Dies entspricht der Zahl 1. Die Zeitrechnung endet mit dem 31.12. des Jahres 9999, was durch die Zahl 2.958.465 dargestellt wird.

Die Funktion WOCHENTAG()

Als Nächstes benötigen Sie nun die Funktion *WOCHENTAG()*, die die gerade berechnete Zahl in einen Wochentag umwandelt. Sie können diese Funktion mit der Funktion *DATUM()* verschachteln.

6. Klicken Sie in die Bearbeitungsleiste und geben Sie zwischen dem Gleichheitszeichen und der *DATUM()*-Funktion **WOCHENTAG(** ein. Bitte vergessen Sie nicht die öffnende runde Klammer.

Bild 27.10 Auch die Funktionen für Datums- und Zeitberechnungen können ineinander verschachtelt aufgerufen werden

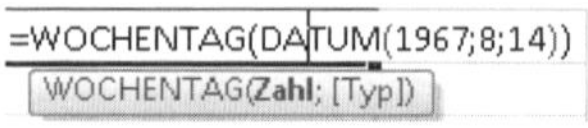

```
=WOCHENTAG(DATUM(1967;8;14))
  WOCHENTAG(Zahl; [Typ])
```

7. Geben Sie am Ende der Bearbeitungsleiste eine schließende Klammer ein und drücken Sie die ⏎-Taste.

8. Um den Wochentag als Text lesen zu können, weisen Sie abschließend der Zelle noch das benutzerdefinierte Format *TTTT* zu. (Ausführliche Informationen zu benutzerdefinierten Zahlenformaten finden Sie in ▶ Kapitel 25 im Abschnitt »Eigene Zahlenformate erstellen« ab Seite 436.)

Logische Funktionen

Wenn Sie eine Berechnung von einer bestimmten Bedingung abhängig machen wollen oder den Wahrheitsgehalt einer Bedingung ausgeben möchten, benötigen Sie eine Logik-Funktion. Diese Funktionen liefern als Ergebnis entweder den Wert WAHR oder den Wert FALSCH. Eine Übersicht aller logischen Funktionen finden Sie in der folgenden Tabelle:

Tabelle 27.2 Die wichtigsten logischen Funktionen von Excel

Funktion	Beschreibung
FALSCH()	liefert immer den Wert FALSCH.
NICHT(Wert)	negiert den aktuellen Wahrheitswert; aus WAHR wird FALSCH und umgekehrt.
ODER(Wert1, Wert2, ...)	liefert WAHR, wenn eines der Argumente WAHR ist; nur wenn alle Argumente den Wahrheitswert FALSCH haben, liefert die ODER()-Funktion den Wert FALSCH.
UND(Wert1, Wert2, ...)	gewissermaßen das Gegenstück zu ODER(); liefert nur dann WAHR, wenn alle Argumente WAHR sind, in allen anderen Fällen ist das Ergebnis FALSCH.
WAHR()	liefert immer den Wert WAHR.

Tabelle 27.2 Die wichtigsten logischen Funktionen von Excel *(Fortsetzung)*

Funktion	Beschreibung
WENN(Prüfung; Dann; Sonst)	wertet die im Argument *Prüfung* angegebene Bedingung aus. Liefert die Bedingung den Wert WAHR, wird als Ergebnis der Wert des Arguments *Dann* zurückgegeben, andernfalls der Wert des Arguments *Sonst*

Als Beispiel für die Verwendung der logischen Funktionen wollen wir in die Tabelle mit dem Benzinverbrauch pro 100 Kilometer vom Anfang des Kapitels einen Kommentar einfügen.

Dazu soll die Funktion *WENN(Prüfung; Dann_Wert; Sonst_Wert)* verwendet werden. Das Argument *Prüfung* enthält eine Bedingung. Ist sie erfüllt, wird der *Dann_Wert* ausgegeben, sonst der *Sonst_Wert*.

1. Öffnen Sie die Übungsdatei *Logische Funktionen*.

2. Setzen Sie die Einfügemarke in Zelle B7.

3. Klicken Sie auf der Registerkarte *Formeln* in der Befehlsgruppe *Funktionsbibliothek* auf die Schaltfläche *Logisch* und dann in deren Menü auf *WENN*.

Bild 27.11   Auswahl einer logischen Funktion auf der Registerkarte *Formeln*

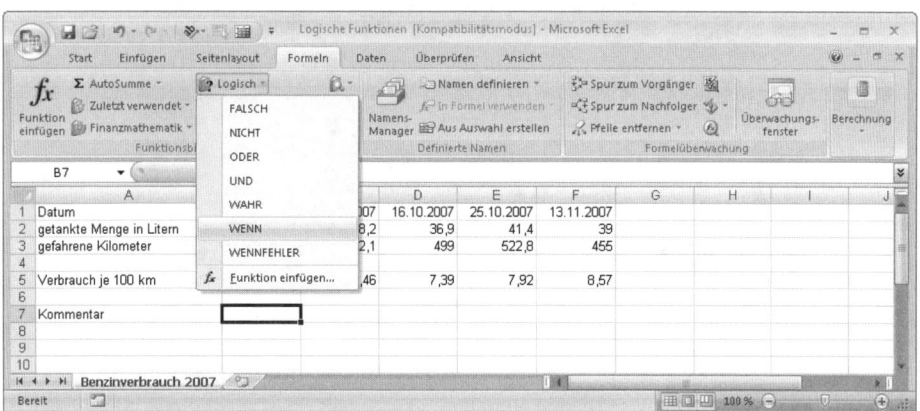

Nun erscheint, wie gewohnt, das Dialogfeld *Funktionsargumente*. Sie wollen hier nun prüfen, ob der Wert in Zelle B5, also der Verbrauch des Wagens auf 100 Kilometern, größer oder kleiner als 8 Liter ist.

4. Machen Sie im Feld *Prüfung* die Eingabe **B5<8**. Damit prüfen Sie, ob der Inhalt der Zelle B5 kleiner als der Wert 8 ist.

5. Im Feld *Dann_Wert* geben Sie den Text **OK** ein, der in B7 erscheinen soll, wenn die Bedingung der *WENN*-Funktion erfüllt ist, also der Wert in Zelle B5 kleiner als 8 ist.

6. Unter *Sonst_Wert* geben Sie ein, was erscheinen soll, wenn die Bedingung nicht erfüllt wurde, nämlich **zu viel**.

Bild 27.12   Alle Parameter für die *WENN*-Funktion wurden eingetragen

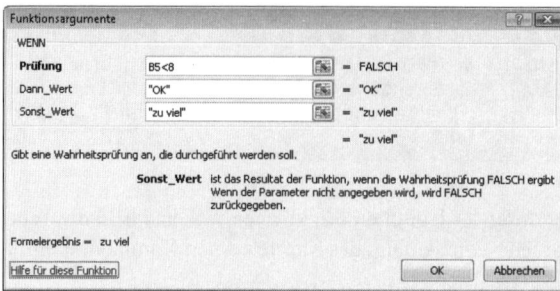

7. Schließen Sie das Dialogfeld mit *OK*.

8. Nun können Sie die Formel aus B7 noch nach rechts ausfüllen, indem Sie den Cursor auf das schwarze Quadrat unten rechts in der Zelle setzen und mit gedrückter Maustaste nach rechts ziehen.

Bild 27.13   Zum guten Schluss wird die Funktion in die Nachbarspalten übertragen

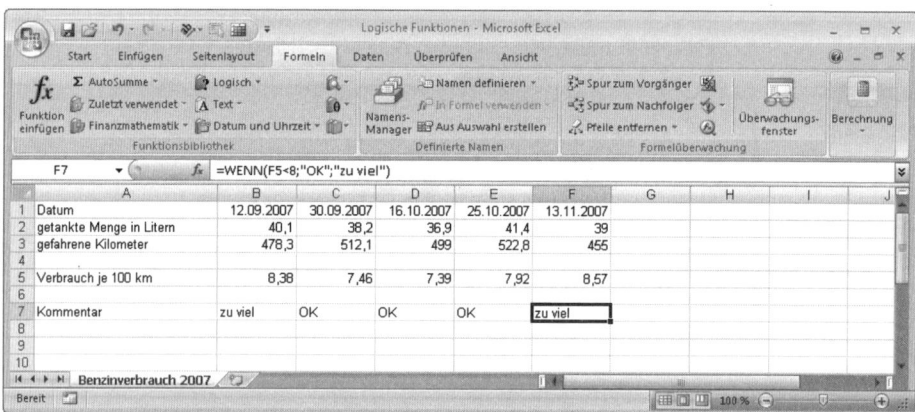

TIPP   Wenn Sie im Dialogfeld *Funktionsargumente* reinen Text eingeben, setzt Excel diesen automatisch in Anführungszeichen. Dies können Sie auch in der Bearbeitungsleiste erkennen.

=WENN(F5<8;"OK";"zu viel")

Statistische Funktionen

Auch bezüglich statistischer Funktionen hat Excel einiges zu bieten, wobei ein großer Teil der angebotenen Funktionen für den Nicht-Statistiker wohl eher unverständlich ist.

Zu Beginn dieses Kapitels, bei der Vorstellung des Funktions-Assistenten, haben Sie mit der Funktion *MITTELWERT()* bereits eine Statistik-Funktion kennengelernt, mit der wir den durchschnittlichen Benzinverbrauch eines Autos berechnet haben.

Als weiteres einfaches Beispiel stellen wir Ihnen die Funktionen *MIN()* und *MAX()* vor, mit denen wir ermitteln wollen, was der größte und was der geringste Benzinverbrauch des Autos war. In der kleinen Tabelle der Übungsdatei ließe sich dieser Wert natürlich auch einfach ablesen; bei Tabellen mit vielen Werten wird das jedoch schnell unpraktikabel und fehleranfällig.

1.   Öffnen Sie die Übungsdatei *Statistische Funktionen*.

2.   Setzen Sie den Cursor in die Zelle D9 und klicken Sie auf der Registerkarte *Formeln* in der Gruppe *Funktionsbibliothek* auf den Pfeil der Schaltfläche *AutoSumme* und dann auf *Max*.

Bild 27.14   Im Menü der Schaltfläche *AutoSumme* stehen Ihnen weitere Funktionen zur Verfügung

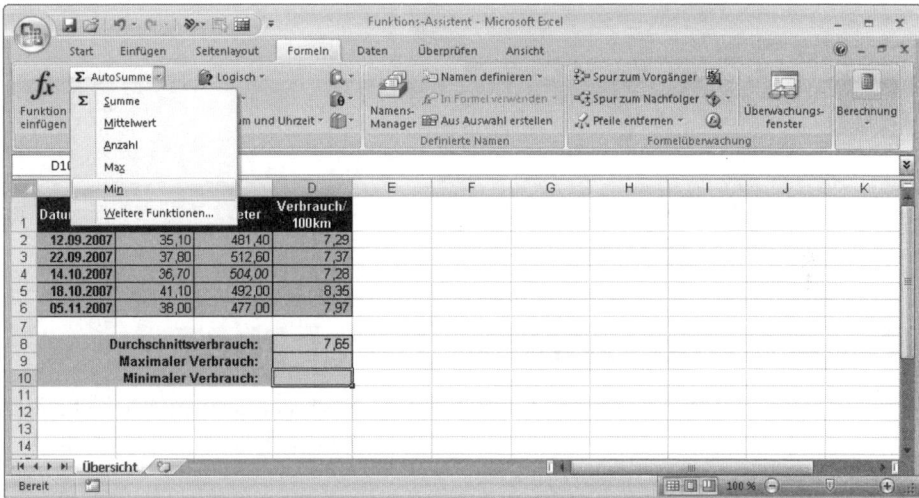

3.   Markieren Sie den Zellbereich D2:D6, damit dieser als Parameter für die Funktion *MAX()* verwendet wird.

4.   Drücken Sie die ⏎-Taste, um die Eingabe zu beenden. Das Ergebnis der *MAX()*-Funktion wird in Zelle D9 angezeigt.

5.   Setzen Sie den Cursor in die Zelle D10 und klicken Sie auf der Registerkarte *Formeln* in der Gruppe *Funktionsbibliothek* auf den Pfeil der Schaltfläche *AutoSumme* und dann auf *Min*.

6.   Markieren Sie den Zellbereich D2:D6, damit dieser ebenfalls als Parameter für die Funktion *MIN()* verwendet wird.

In der Tabelle können Sie jetzt einfach erkennen, dass der geringste Verbrauch 7,28 Liter und der größte Verbrauch 8,35 Liter betrug.

Bild 27.15   Die Funktionen *MIN()* und *MAX()* im Einsatz

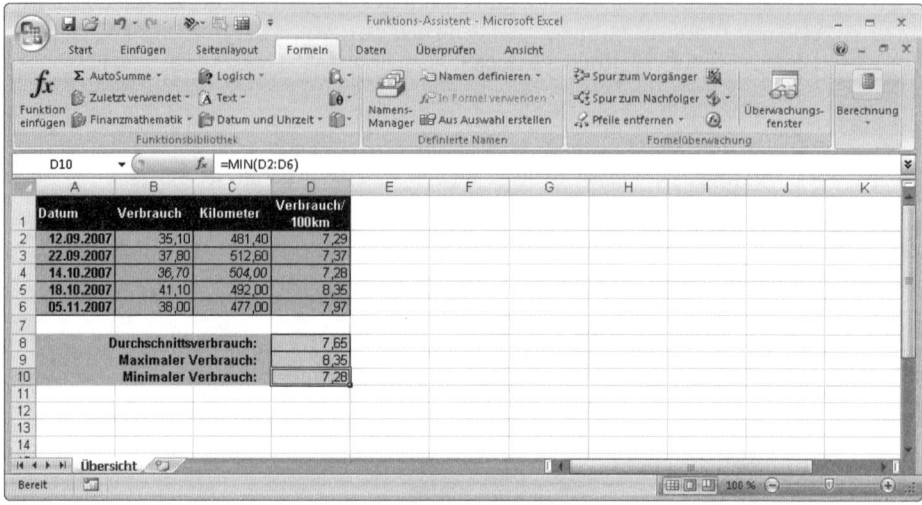

Neue Funktionen in Excel 2007

Zu den neuen Features von Excel 2007, die nützlich sind, aber nicht so im Rampenlicht stehen, wie all das, was die Benutzeroberfläche betrifft, gehören einige Ergänzungen der Funktionsbibliothek von Excel. Neben Funktionen zum Arbeiten mit Cubes (die im Rahmen dieses Buches nicht behandelt werden) enthält Excel Erweiterungen der Funktionen MITTELWERT, SUMMEWENN, ZÄHLENWENN und WENN.

So lässt sich beispielsweise mit der neuen Funktion MITTELWERTWENN der Mittelwert der Werte der Zellen eines Zellbereichs ermitteln, bei denen der Zellwert bestimmten Bedingungen entspricht. Mit dieser Funktion können Sie beispielsweise in einem Tabellenblatt mit den Umsatzzahlen der Produkte den Mittelwert aller Produkte berechnen lassen, die mindestens 1.000 Mal verkauft worden sind.

Die folgende Aufzählung informiert Sie über die neuen Funktionen und wie diese mit bereits vorhandenen Funktionen in Zusammenhang stehen:

- **MITTELWERTWENN**   Mit dieser Funktion berechnen Sie den Mittelwert der Zellen eines Zellbereichs, die einer bestimmten Bedingung oder einem Kriterium entsprechen.

- **MITTELWERTWENNS**   Mit dieser Funktion berechnen Sie den Mittelwert der Zellen eines Zellbereichs, die *mehreren* Bedingungen Kriterien entsprechen.

- **SUMMEWENNS**   Mit dieser Funktion berechnen Sie die Summe der Zellen eines Zellbereichs, die *mehreren* Bedingungen und Kriterien entsprechen. Es handelt sich hierbei um eine Erweiterung der Funktion SUMMEWENN.

- **ZÄHLENWENNS**   Mit dieser Funktion können Sie die Anzahl der Zellen eines Zellbereichs ermitteln, die *mehreren* Bedingungen und Kriterien entsprechen. Es handelt sich hierbei um eine Erweiterung der Funktion ZÄHLENWENN.

- **WENNFEHLER**   Mit WENNFEHLER können Sie festlegen, was Excel tun soll, wenn sich in der Formel einer Zelle ein Fehler befindet (und auch was passieren soll, wenn die Formel wie erwartet funktioniert). Es handelt sich um eine Erweiterung der Funktion WENN.

HINWEIS   Bitte beachten Sie, dass Excel den Fehler #NAME? anzeigt, wenn Sie diese Funktionen in einer Arbeitsmappe verwenden und diese dann im Kompatibilitätsmodus speichern und in einer der früheren Excel-Versionen öffnen. Dieser Fehler wird auch dann angezeigt, wenn auf dem Computer mit Excel 2003 das *Microsoft Office Compatibility Pack für Dateiformate von Word, Excel und PowerPoint 2007* installiert ist und dort versucht wird, die im Excel 2007-Dateiformat vorliegende Arbeitsmappe zu öffnen.

Zusammenfassung

In diesem Kapitel haben Sie zahlreiche der Funktionen kennengelernt, die Sie in Ihren Tabellen verwenden können:

- Am Anfang des Kapitels haben Sie gesehen, wie Sie die Excel-Statusleiste so konfigurieren, dass dort für die markierten Zellen die Funktionsergebnisse der Standardfunktionen angezeigt werden, die Sie am häufigsten benötigen (Seite 470).

- Das Einfügen einer Funktion in eine Zelle geht am einfachsten mit dem Funktions-Assistenten, den Sie ab Seite 471 kennengelernt haben.

- Am Beispiel der Funktion *RUNDEN()* haben Sie die Verwendung der mathematischen Funktionen kennengelernt (Seite 474).

- Mit den Datums- und Zeitfunktionen können Sie in ein Tabellenblatt unter anderem automatisch das aktuelle Datum und die Uhrzeit eintragen lassen (Seite 476) oder Sie verwenden die Funktion *WOCHENTAG()*, um den Wochentag als Text anzeigen zu lassen.

- Logische Funktionen (Seite 478) liefern als Ergebnis entweder den Wert WAHR oder FALSCH und Sie können diesen dann verwenden, um weitere Berechnungen in einer Zelle von einer bestimmten Bedingung abhängig zu machen.

- Anhand der Funktion *MIN()* haben Sie schließlich noch den Einsatz einer der zahlreichen statistischen Funktionen ausprobieren können (Seite 480).

- Im letzten Abschnitt dieses Kapitels (Seite 482) haben Sie einen Überblick über die Funktionen erhalten, die in Excel 2007 neu in die Funktionsbibliothek aufgenommen wurden.

Excel 2007

Kapitel 28

Tabellenblätter organisieren

In diesem Kapitel:

Dieses Kapitel stellt Ihnen die grundlegenden Techniken vor, die Sie zum Arbeiten mit mehreren Tabellenblättern benötigen. Dazu gehört zum Beispiel das Einfügen, Löschen, Verschieben und Kopieren von Tabellenblättern.

Außerdem erfahren Sie, wie Sie Tabellenblätter miteinander verknüpfen, um zum Beispiel die Ergebnisse mehrerer Blätter auf einem separaten Tabellenblatt zusammenzufassen. Natürlich lernen Sie dabei auch einige nützliche Tricks kennen, mit denen die Verwendung von Arbeitsmappen noch effizienter wird.

Zum Schluss des Kapitels beschäftigen wir uns mit dem Sicherheitskonzept von Excel. In diesem Abschnitt erfahren Sie, wie Sie Ihre Arbeitsmappen vor unberechtigten Zugriffen bzw. Veränderungen schützen können.

Zwischen Tabellenblättern wechseln

Nach dem Starten von Excel oder dem Erstellen einer neuen Arbeitsmappe sehen Sie auf dem Bildschirm eine Arbeitsmappe mit drei leeren Tabellenblättern. Am unteren Rand des Excel-Fensters befinden sich die so genannten Blattregisterkarten, in denen die Namen der einzelnen Tabellenblätter aufgeführt sind.

1. Um mit der Maus auf ein anderes Tabellenblatt zu wechseln, klicken Sie die Registerkarte des Blatts im Blattregister an.

2. Wenn die Arbeitsmappe mehr Tabellenblätter enthält als gleichzeitig im Blattregister angezeigt werden können, verwenden Sie die Registerlaufpfeile, mit denen Sie den Inhalt des Blattregisters rollen können.

Tabelle 28.1 Die Schaltflächen im Blattregister

Schaltfläche	Wirkung
⏮	rollt den Anfang des Blattregisters in den Fensterausschnitt
◀	rollt das Ende des Blattregisters in den Fensterausschnitt
▶	rollt den Inhalt des Blattregisters blattweise nach vorne
⏭	rollt den Inhalt des Blattregisters blattweise nach hinten

TIPP   **Nicht alle Registerkarten sind sichtbar**   Wenn nicht alle Registerkarten sichtbar sind oder die Schrift abgeschnitten ist, zeigen Sie auf den Registerteiler (ein dickerer Strich neben der waagerechten Bildlaufleiste). Der Mauszeiger wird dort zu einem Doppelpfeil. Ziehen Sie den Registerteiler nach rechts.

⏮ ◀ ▶ ⏭   2005   2006   2007   Diagramm

Blätter einfügen und löschen

Um ein weiteres Blatt in eine Arbeitsmappe einzufügen, gehen Sie folgendermaßen vor:

1. Klicken Sie das Tabellenblattregister mit der rechten Maustaste an.

2. Wählen Sie im Kontextmenü den Befehl *Einfügen*. Excel zeigt das Dialogfeld *Einfügen* an.

Bild 28.1   Neues Blatt in eine Arbeitsmappe einfügen

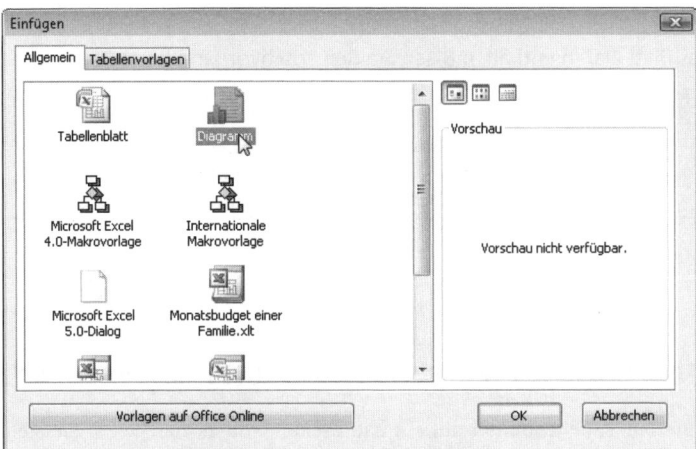

3. Klicken Sie auf *Tabellenblatt*, wenn das neue Blatt eine Tabelle sein soll, oder auf *Diagramm*, wenn es ein Diagramm erhalten soll.

HINWEIS   Alternativ können Sie auch über die Schaltfläche *Vorlagen auf Office Online* eine Internetseite von Microsoft aufrufen, auf der eine Fülle von Vorlagen zu den verschiedenen Office-Produkten angeboten wird. Die Vorlagen sind thematisch sortiert und mit Benutzerbewertungen versehen. Vor dem (kostenlosen) Download können Sie sich eine Vorschau der Vorlagen ansehen.

---

4. Bestätigen Sie die Wahl mit *OK*, damit Excel das neue Blatt in die Arbeitsmappe einfügt.

Neue Tabellenblätter einfügen

Wenn Sie gezielt ein neues Tabellenblatt erstellen möchten, können Sie sich den Umweg über das Dialogfeld *Einfügen* sparen. Klicken Sie dann einfach im Blattregister auf das letzte »Tabellenblatt«. Es ist in Wirklichkeit eine Schaltfläche, mit der Sie ein neues Tabellenblatt einfügen können.

Bild 28.2   Einfügen eines neuen Tabellenblattes

Noch schneller geht es dann nur noch mit dem Shortcut ⬠+F11.

Blätter einer Arbeitsmappe löschen

Das Löschen eines Blattes aus einer Arbeitsmappe ist denkbar einfach:

1. Klicken Sie im Blattregister die Registerkarte des zu löschenden Tabellenblattes mit der rechten Maustaste an.

2. Wählen Sie im Kontextmenü den Befehl *Löschen*. Excel zeigt dann das folgende Dialogfeld an (es erscheint allerdings nur, wenn auf dem Tabellenblatt mindestens eine Zelle Daten enthält; ein leeres Tabellenblatt wird also kommentarlos gelöscht):

Bild 28.3   Falls das Blatt Daten enthält, müssen Sie den Löschvorgang bestätigen

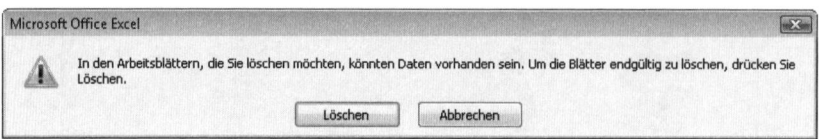

3. Klicken Sie auf *Löschen*.

Mehrere Blätter einer Arbeitsmappe löschen

Wenn Sie mehrere Tabellenblätter auf einmal löschen wollen, markieren Sie sie im Tabellenblattregister:

1. Klicken Sie die Registerkarte des ersten Tabellenblattes an.

2. Drücken Sie die Taste Strg und halten Sie sie gedrückt.

3. Klicken Sie die weiteren Registerkarten an und lassen Sie anschließend die Strg-Taste wieder los.

4. Wählen Sie dann wie oben beschrieben den Befehl *Löschen* aus dem Kontextmenü.

> **TIPP**   Wollen Sie mehrere, direkt hintereinander liegende Tabellenblätter markieren, klicken Sie das erste dieser Blätter an, drücken dann die Taste Strg und klicken anschließend mit weiterhin gedrückter Taste das letzte Blatt an.

Blattanzahl für neue Mappen festlegen

Wenn Sie in Excel eine neue Arbeitsmappe erstellen, besitzt diese standardmäßig drei leere Tabellenblätter. Sie können diese Vorgabe jederzeit ändern:

1. Öffnen Sie das Menü der Office-Schaltfläche und klicken Sie dort auf die Schaltfläche *Excel-Optionen*.

2. Wechseln Sie im angezeigten Dialog in die Rubrik *Häufig verwendet*.

Bild 28.4   Einstellung für neue Arbeitsmappen ändern

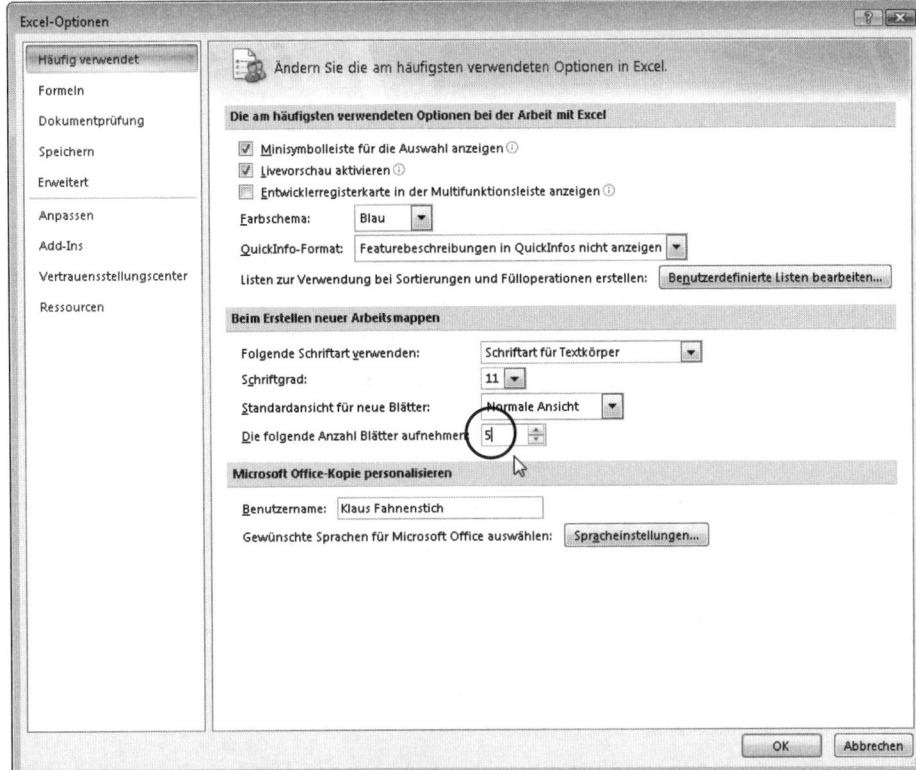

3. Geben Sie in das Textfeld *Die folgende Anzahl Blätter aufnehmen* den gewünschten Wert ein. Er kann im Bereich zwischen 1 und 255 liegen.

4. Klicken Sie auf *OK*.

Blätter verschieben oder kopieren

Die Reihenfolge der Tabellenblätter in der Arbeitsmappe können Sie nach Belieben ändern. Außerdem können Sie eine Kopie eines Arbeitsblattes erstellen:

1. Wenn Sie ein Tabellenblatt kopieren wollen, drücken Sie die Taste ⌈Strg⌉ und halten sie gedrückt.

2. Klicken Sie die Registerkarte des Blattes an, das Sie kopieren oder verschieben möchten, und ziehen Sie es mit gedrückter Maustaste an seine neue Position.

Während des Ziehens wird die neue Position des Tabellenblatts durch ein kleines schwarzes Dreieck angezeigt.

Bild 28.5 Das kleine Dreieck zeigt die neue Position an

Wenn Sie das Tabellenblatt kopieren wollen, also die ⌐Strg⌐-Taste gedrückt halten, erscheint zusätzlich ein Plus-Zeichen.

Bild 28.6 Beim Kopieren erscheint ein Pluszeichen

3. Wenn sich das Dreieck an der gewünschten Position befindet, lassen Sie die Maustaste und die ⌐Strg⌐-Taste wieder los.

Namen und Registerfarbe ändern

Excel verwendet als Namen für Tabellenblätter standardmäßig die Bezeichnung *Tabelle*, gefolgt von einer Nummer. Sie können (und sollten) diese Namen ändern, damit sie den Inhalt des Tabellenblattes besser wiedergeben.

1. Klicken Sie im Blattregister die Registerkarte des Tabellenblattes, das Sie umbenennen wollen, mit der rechten Maustaste an.

2. Klicken Sie im Kontextmenü auf *Umbenennen*. Der Text der Registerkarte wird dann invertiert ausgegeben.

3. Tippen Sie den neuen Namen ein.

Bild 28.7 Der neue Name wird direkt auf der Registerkarte eingegeben

4. Beenden Sie die Eingabe durch Drücken der ⌐↵⌐-Taste.

Ändern der Registerfarbe

Eine weitere Möglichkeit, um eine Arbeitsmappe übersichtlicher zu gestalten, besteht darin, die Farbe der Registerkarte zu ändern:

1. Klicken Sie im Blattregister die Registerkarte des Tabellenblattes, dessen Farbe Sie ändern wollen, mit der rechten Maustaste an.

2. Zeigen Sie im Kontextmenü auf den Befehl *Registerfarbe*.

Bild 28.8 Wählen Sie nach Möglichkeit eine der Designfarben aus

3. Wählen Sie aus dem Untermenü die gewünschte Farbe aus. Falls Sie sich für eine der Design-farben entscheiden, kann sich die Registerfarbe nachträglich durch Zuweisen eines anderen Dokumentendesigns ändern. Wenn Sie das vermeiden wollen, müssen Sie eine der vorgege-benen Standardfarben wählen oder den Befehl *Weitere Farben* verwenden.

Die Farbmarkierung erscheint zunächst nur an der unteren Kante der Registerkarte, da das Blatt aktiv ist. Sobald Sie auf ein anderes Blatt wechseln, wird die Registerkarte vollständig eingefärbt.

Tabellenblätter miteinander verknüpfen

Interessant ist der Einsatz von Arbeitsmappen dann, wenn Sie Daten eines Tabellenblattes mit Da-ten von anderen Tabellenblättern verknüpfen. Die Arbeitsmappe des folgenden Beispiels enthält eine einfache Einnahmen-/Ausgaben-Rechnung. Auf einem Tabellenblatt soll der Gewinn bzw. der Verlust berechnet werden, ein weiteres enthält die Aufstellung der Ausgaben und auf einem dritten Blatt sind die Einnahmen aufgeführt.

Die Summen der ermittelten Ein- und Ausgaben sollen nun auf das Übersichtsblatt übertragen werden, um dort addiert werden zu können. Das fertige Tabellenblatt sehen Sie in der folgenden Abbildung.

Bild 28.9 Im Tabellenblatt *Übersicht* werden die ermittelten Einnahmen und Ausgaben addiert

	A	B	C	D	E
1					
2		Einnahmen	1.100,00 €		
3		Ausgaben	472,94 €		
4					
5		**Gewinn/Verlust**	**1.572,94 €**		
6					
7					
8					
9					

Übersicht / Einnahmen / Ausgaben

1. Öffnen Sie die Übungsdatei *EinnahmenAusgaben* und zeigen Sie das Tabellenblatt *Übersicht* an.

2. Markieren Sie die Zelle (hier C2), in die Sie die Summe der Einnahmen übernehmen wollen, die auf dem Tabellenblatt *Einnahmen* berechnet wurde.

Bild 28.10   Auf diesem Blatt sollen die Einnahmen und Ausgaben addiert werden

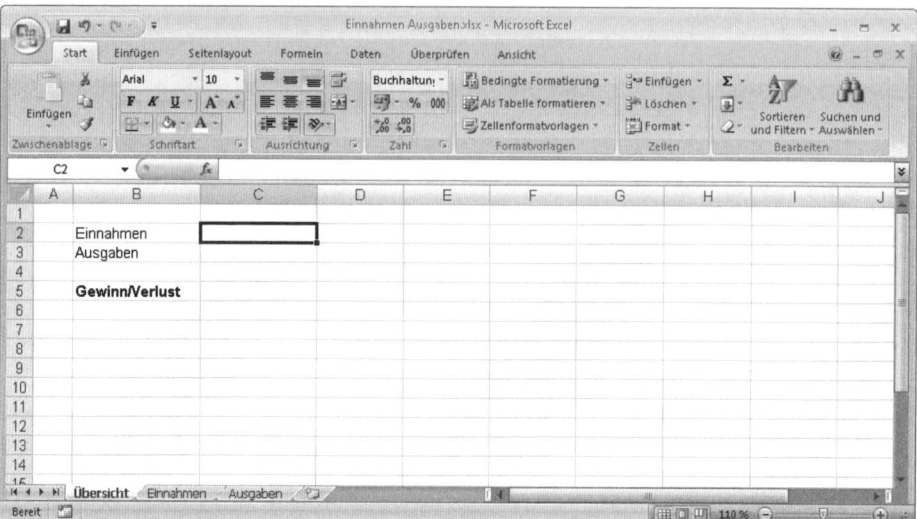

3. Tippen Sie ein Gleichheitszeichen ein. Damit ist der Bearbeitungsmodus für die Zelle aktiviert.

4. Wechseln Sie auf das Blatt *Einnahmen* und klicken Sie dort die Zelle an, in der sich die Summe der Einnahmen befindet. In der Bearbeitungsleiste sehen Sie nun einen Eintrag der Form: *Einnahmen!D6*.

   Falls die Zahlen auf dem Tabellenblatt *Einnahmen* als Tabelle formatiert sind, sieht der Inhalt der Bearbeitungsleiste etwas anders aus:
   Tabelle1[[#Ergebnisse];[Betrag]]

5. Klicken Sie in der Bearbeitungsleiste auf die Schaltfläche *Eingeben* (das ist das grüne Häkchen) oder drücken Sie die ⏎-Taste.

   Excel zeigt jetzt wieder das Tabellenblatt *Übersicht* an. In der Zelle C2 steht nun die Summe der Einnahmen. In der Bearbeitungsleiste sehen Sie, dass es sich dabei nicht um einen einfachen Wert handelt, sondern dass diese Zahl von einer andern Tabellenzelle übernommen wurde.

6. Tragen Sie auf dem Tabellenblatt *Übersicht* mit dem gleichen Verfahren die Summe der Ausgaben ein.

7. Berechnen Sie auf dem Tabellenblatt *Übersicht* den Gewinn bzw. Verlust. Das fertige Tabellenblatt *Übersicht* sollte nun so aussehen wie in Bild 28.10.

Zwischen verknüpften Zellen hin und her springen

Bei verknüpften Zellen kommt es relativ häufig vor, dass Sie »mal eben« nachsehen möchten, wie die Zahl, auf die Sie in der aktuellen Zelle verweisen, zustande gekommen ist. Gehen Sie dann am besten so vor:

1. Doppelklicken Sie auf die Zelle, deren Formel einen Bezug auf eine andere Zelle enthält.

2. Markieren Sie den gewünschten Zellbezug innerhalb der Zelle.

3. Drücken Sie die Taste F5. Das Dialogfeld *Gehe zu* erscheint.

Bild 28.11   Mit diesem Dialogfeld können Sie beliebige Zellen direkt anspringen

Da Sie vor dem Aufruf des Dialogfeldes den Namen der Zielzelle markiert haben, ist diese Angabe bereits im Feld *Verweis* eingetragen.

4. Klicken Sie auf *OK*, damit Excel die gewünschte Zelle anzeigt. Excel wechselt auf das entsprechende Tabellenblatt und umgibt die Zelle mit einem gestrichelten Rahmen.

5. Jetzt können Sie die Zelle begutachten. Sie müssen jedoch daran denken, dass sich die Ausgangszelle zurzeit im Bearbeitungsmodus befindet.

6. Um wieder zur Startzelle zurückzukehren, drücken Sie einfach die Taste Esc. Dadurch beenden Sie den Bearbeitungsmodus der Zelle und gelangen automatisch an den Anfangspunkt Ihrer Reise.

Das Sicherheitskonzept von Excel

Dem Wunsch, eine Excel-Datei vor dem Zugriff durch andere Benutzer zu schützen, liegen in aller Regel zwei Motive zugrunde: Entweder sollen unberechtigte Benutzer erst gar keinen Zugriff auf die Daten einer Arbeitsmappe erhalten oder die Arbeitmappe soll vor bestimmten Veränderungen durch autorisierte Benutzer geschützt werden. Dazu kommen verschiedene Mischformen, in denen mehrere Zugriffsbeschränkungen kombiniert werden sollen.

Excel hält für diese Bedürfnisse eine breite Palette an Schutzmechanismen bereit, auf die wir in diesem Abschnitt näher eingehen wollen. Das Sicherheitskonzept von Excel unterscheidet dabei generell zwischen dem Schutz der Arbeitsmappe und dem Schutz der in ihr enthaltenen Arbeitsblätter.

Excel 2007

Damit Sie bei aller Vielfalt nicht die Übersicht verlieren, stellen wir Ihnen erst das Konzept als Ganzes vor und gehen anschließend im Detail auf die einzelnen Teilbereiche ein.

Sicherheit auf Arbeitsmappen-Ebene

Für eine Arbeitsmappe können Sie folgende Bereiche schützen bzw. einschränken:

- Das Öffnen und Bearbeiten einer Arbeitsmappe. Es stehen drei Varianten zur Verfügung:

  - Das Öffnen ist nur mit einem Kennwort möglich. Zusätzlich wird die Arbeitsmappe verschlüsselt.

  - Zum Bearbeiten bzw. Speichern ist ein Kennwort erforderlich.

  - Beim Öffnen wird das Aktivieren des Schreibschutzes lediglich empfohlen. Der Benutzer kann die Arbeitsmappe aber auch ohne Schreibschutz öffnen.

- Die Struktur und die Anordnung der Fenster. Durch das Schützen der Struktur wird z.B. verhindert, dass Anwender einzelne Arbeitsblätter der Arbeitsmappe verschieben, löschen oder umbenennen können. Die Fensteranordnung bezieht sich auf die Größe und die Position der Arbeitsblatt-Fenster innerhalb des Excel-Fensters.

- Zusätzlich können Sie eine Arbeitsmappe noch als *abgeschlossen* kennzeichnen. Die Arbeitsmappe kann dann nicht mehr bearbeitet werden. Da diese Eigenschaft jedoch nicht durch ein Kennwort abgesichert werden kann, handelt es sich dabei nicht um eine Schutzfunktion, sondern eher um eine Statusinformation.

Falls die Arbeitsmappe zur Bearbeitung durch mehrere Benutzer freigegeben ist, kann verhindert werden, dass ein Benutzer das Änderungsprotokoll löscht, in dem alle vorgenommenen Änderungen gespeichert werden.

Sicherheit auf Arbeitsblatt-Ebene

Unabhängig von den Schutzeinstellungen der Arbeitsmappen (außer bei freigegebenen Arbeitsmappen!) kann der Zugriff auf die einzelnen Zellen bzw. Objekte der Arbeitsblätter eingeschränkt werden. Dieser Schutzmechanismus arbeitet zweistufig:

- Der Schutz wird auf der Ebene des Arbeitsblattes ein- und ausgeschaltet. Das heißt, in einer Arbeitsmappe können einzelne Arbeitsblätter geschützt, andere ungeschützt sein. Außerdem wird dabei auch festgelegt, welche Einschränkungen für das Arbeitsblatt gelten sollen. Möglich sind zum Beispiel ein Schreibschutz oder ein Schutz vor dem Löschen von Zeilen und Spalten.

- Auf der untersten Ebene wird bestimmt, auf welche Zellen der gewählte Blattschutz wirken soll. Das heißt, damit sich der Blattschutz überhaupt auf eine Zelle auswirken kann, muss die Zelle entsprechend formatiert sein. Um es gleich vorwegzunehmen: Das ist bei den Zellen eines neuen Tabellenblatts zum Glück die Voreinstellung.

Die Wahl eines guten Kennworts

Einige Schutzfunktionen müssen, andere können optional mit einem Kennwort gesichert werden. Bei der Wahl eines Kennworts sollten Sie folgende Punkte bedenken:

- Excel berücksichtigt bei Kennwörtern die Groß- und Kleinschreibung. Die Kennwörter *Geheim* und *geheim* sind also verschieden.

- Apropos geheim: Vermeiden Sie Kennwörter, die leicht zu erraten sind. Dazu gehören zum Beispiel Namen und Begriffe aus Ihrem privaten bzw. beruflichen Umfeld, Reiseziele oder Kennwörter wie *12345, Geheim, Password* etc. Ein gutes Kennwort sollte sich in keinem Lexikon finden lassen. Wie wäre es zum Beispiel mit *DirdGwinnl* (»Die ich rief, die Geister, werd ich nun nicht los« aus dem Zauberlehrling) oder *DsiniaTUbskawz* (»Da steh ich nun, ich armer Tor! Und bin so klug als wie zuvor« aus Faust)?

- Verwenden Sie in Ihren Kennwörtern keine Umlaute oder Buchstaben mit Akzent, wenn es notwendig sein könnte, das Dokument auch auf einem Macintosh zu öffnen.

- Notieren Sie Ihre Kennwörter nach Möglichkeit nicht. Falls Sie es doch machen, dann legen Sie den Zettel bitte nicht unter die Tastatur und hängen Sie ihn auch nicht an die nächste Pinnwand!

- Gehen Sie nicht davon aus, dass Ihre Daten durch Vergeben eines Kennwortes hundertprozentig sicher sind. Bis jetzt ist noch jeder Kopierschutz früher oder später geknackt worden. Allerdings muss man zur Ehrenrettung von Microsoft sagen, dass der Kennwortschutz gegenüber früheren Versionen von Office erheblich verbessert wurde.

- Auch wenn wir gerade gesagt haben, dass sich jeder Kopierschutz aushebeln lässt: Verlassen Sie sich nicht darauf! Wenn Sie wirklich einmal das Kennwort für eine Arbeitsmappe mit wichtigen Daten vergessen, würde es Sie mit Sicherheit Zeit und Geld kosten, um das Kennwort zu rekonstruieren (falls es dann im konkreten Einzelfall überhaupt möglich ist).

Excel 2007

Arbeitsmappen schützen

In diesem Abschnitt stellen wir Ihnen nun die Verfahren vor, mit denen Sie Ihre Arbeitsmappen vor ungewollten Änderungen schützen können:

- Arbeitsmappe abschließen
- Arbeitsmappe verschlüsseln
- Arbeitsmappe mit einem Schreibschutz versehen.

Arbeitsmappen abschließen

Wenn Sie den Anwendern einer Arbeitsmappe signalisieren möchten, dass es sich um die endgültige Version der Mappe handelt, an der keine Änderungen mehr vorgenommen werden sollen, können Sie die Arbeitsmappe *abschließen*:

1. Öffnen Sie das Menü der Office-Schaltfläche, zeigen Sie mit der Maus auf *Vorbereiten* und wählen Sie dann den Befehl *Als abgeschlossen kennzeichnen*.

2. Bestätigen Sie die nächste Meldung mit *OK*. Die Arbeitsmappe wird gespeichert und als abgeschlossen gekennzeichnet. Anschließend erscheint eine weitere Meldung mit Informationen über den neuen Status der Mappe.

3. Klicken Sie auf *OK*, um die Meldung zu schließen.

Bild 28.12   Abgeschlossene Arbeitsmappen können nicht mehr bearbeitet werden

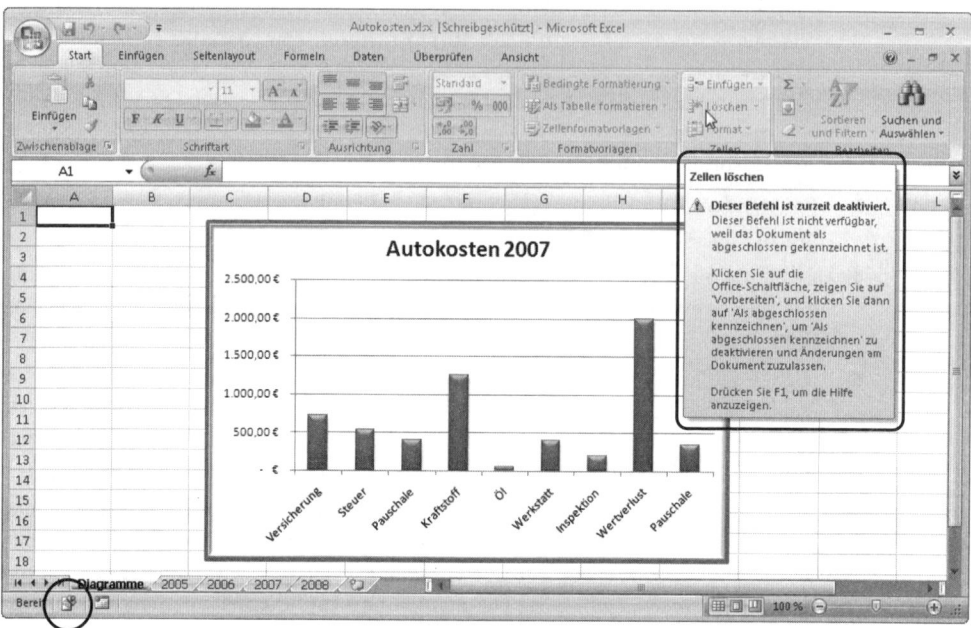

Dass ein Dokument abgeschlossen ist, erkennen Sie zum einen daran, dass in der Statusleiste ein kleines Symbol auftaucht. Deutlich auffälliger ist allerdings, dass in der Multifunktionsleiste nahezu alle Befehle deaktiviert sind. Wenn Sie versuchen, einen der deaktivierten Befehle aufzurufen, erscheint ein kleines Fenster, das Sie über den besonderen Status der Arbeitsmappe informiert.

Um die Arbeitsmappe wieder bearbeiten zu können, müssen Sie den Befehl *Office-Schaltfläche/ Vorbereiten/Als abgeschlossen kennzeichnen* erneut aufrufen.

Arbeitsmappen verschlüsseln

Wie bereits im Abschnitt »Sicherheit auf Arbeitsmappen-Ebene« kurz erwähnt, erhalten Sie die größtmögliche Sicherheit für Ihre Daten, wenn Sie die komplette Arbeitsmappe schützen. Um diesen Schutzmechanismus zu aktivieren, nehmen Sie folgende Schritte vor:

1. Öffnen Sie das Menü der Office-Schaltfläche.

2. Zeigen Sie mit der Maus auf *Vorbereiten* und wählen Sie dann den Befehl *Dokument verschlüsseln*.

3. Es erscheint ein Dialogfeld, das Sie zur Eingabe eines Kennworts auffordert. Dieses Kennwort benötigen Sie, um die Arbeitsmappe öffnen zu können.

Bild 28.13   Auf diesem Dialogfeld geben Sie das Kennwort ein

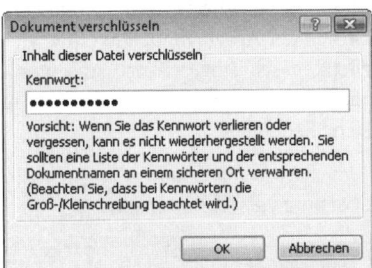

4.   Geben Sie ein Kennwort ein und klicken Sie auf *OK*. Beachten Sie bei der Wahl des Kennworts unsere Hinweise aus dem Abschnitt »Die Wahl eines guten Kennworts« (auf Seite 495). Es erscheint ein weiteres Dialogfeld, in dem Sie das soeben eingegebene Kennwort bestätigen müssen.

5.   Tippen Sie das Kennwort erneut ein. Damit wird kontrolliert, ob Sie sich beim ersten Eingeben des Kennwortes vertan haben.

Eine so gesicherte Arbeitsmappe kann nur noch von jemand geöffnet werden, der im Besitz des richtigen Kennwortes ist. (Das gilt auch für Sie persönlich – vergessen Sie Ihr Kennwort also nicht.) Zusätzlich bietet die Verschlüsselung einen weiteren Schutz gegen Datenspionage, da auch jemand, der die Datei mit einem Hex-Editor öffnet, keine lesbaren Inhalte vorfindet.

Wenn Sie die Verschlüsselung wieder ausschalten möchten, rufen Sie einfach den Befehl *Dokument verschlüsseln* erneut auf und löschen den Inhalt des Kennwortfeldes.

Arbeitsmappe mit einem Schreibschutz versehen

Wenn Sie zwar das Öffnen einer Arbeitsmappe ohne Kennwort zulassen wollen, jedoch andererseits verhindern möchten, dass jemand an der Arbeitsmappe Änderungen vornimmt, müssen Sie sie mit einem Schreibschutz versehen.

Um diesen Schutzmechanismus zu aktivieren, ist es erforderlich, dass Sie das Dokument speichern:

1.   Öffnen Sie das Menü der Office-Schaltfläche.

2.   Wählen Sie den Befehl *Speichern unter*. Excel zeigt dann das gleichnamige Dialogfeld an.

3.   Klicken Sie unten im Dialogfeld auf die Schaltfläche *Tools* und wählen Sie in deren Ausklappmenü den Befehl *Allgemeine Optionen*. Dadurch erscheint ein weiteres Dialogfeld (siehe Bild 28.14 auf der nächsten Seite).

Die Felder im Dialogfeld *Allgemeine Optionen* haben folgende Bedeutung:

■   **Kennwort zum Öffnen**   Wenn Sie in diesem Feld eine Eingabe vornehmen, hat das die gleiche Wirkung wie der im letzten Abschnitt vorgestellte Befehl *Dokument verschlüsseln*.

■   **Kennwort zum Ändern**   Geben Sie hier ein Kennwort ein, um die Arbeitsmappe mit einem Schreibschutz zu versehen. Die Arbeitsmappe kann dann anschließend zwar ohne Kennwort geöffnet werden, jedoch nur im Schreibschutz-Modus. Benutzer, die an der Arbeitsmappe Änderungen vornehmen wollen, benötigen dazu das richtige Kennwort.

Excel 2007

■ **Schreibschutz empfehlen** Bei Arbeitsmappen, für die kein erhöhtes Sicherheitsbedürfnis besteht, kann es auch ausreichend sein, wenn Sie nur die Option *Schreibschutz empfehlen* einschalten. Ein Benutzer wird dann beim Öffnen der Arbeitsmappe in einer Meldung darauf hingewiesen, dass er diese Datei nach Möglichkeit schreibgeschützt öffnen sollte. Er kann den Schreibschutz aber bei Bedarf deaktivieren. Wir empfehlen Ihnen, die Arbeitsmappe stattdessen als abgeschlossen zu kennzeichnen (siehe Seite 495).

Bild 28.14   Arbeitsmappen können mit einem Schreibschutz versehen werden

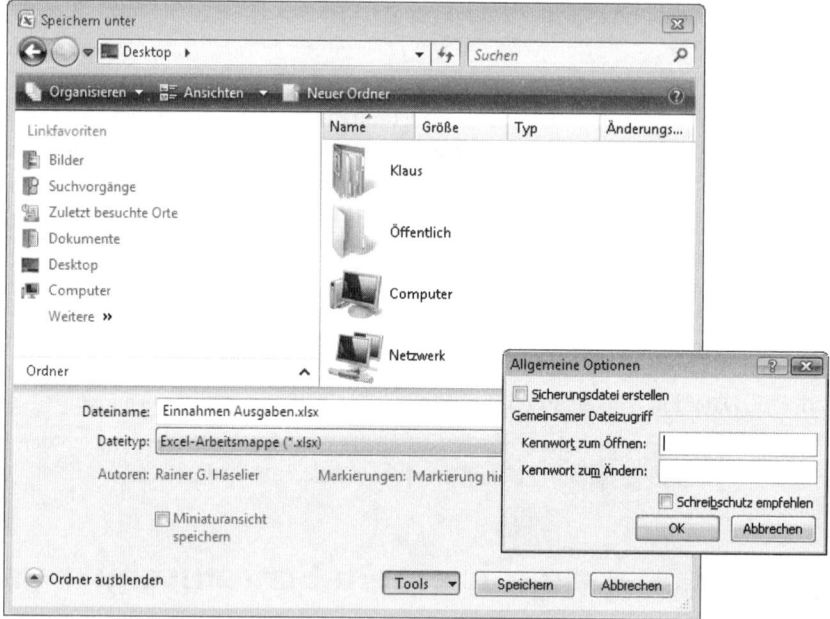

4. Nehmen Sie im Feld *Kennwort zum Ändern* eine Eingabe vor, um die Arbeitsmappe mit einem Schreibschutz zu versehen und klicken Sie auf *OK*.

5. Bestätigen Sie das Kennwort im nächsten Dialog.

Wenn Sie den Schreibschutz zu einem späteren Zeitpunkt wieder entfernen wollen, müssen Sie das Dialogfeld *Allgemeine Optionen* erneut aufrufen und das Kennwort löschen. Anschließend müssen Sie das Dokument speichern.

Öffnen einer geschützten Arbeitsmappe

Beim Öffnen einer geschützten Arbeitsmappe werden Sie, je nach benutzten Sicherheitsmerkmalen, mit folgenden Dialogfeldern konfrontiert:

■ Falls Sie die Arbeitsmappe verschlüsselt bzw. ein Kennwort zum Öffnen der Arbeitsmappe vergeben haben, taucht das folgende kleine Fenster auf dem Bildschirm auf, in dem Sie das geforderte Kennwort eingeben müssen.

Bild 28.15   Die Arbeitsmappe lässt sich nur mit Kennwort öffnen

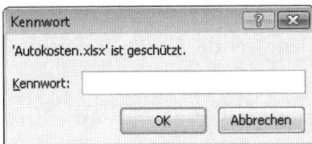

■ Wurde die Arbeitsmappe mit einem kennwortgeschützten Schreibschutz versehen, erscheint ein Fenster, mit dem Sie entweder den Schreibschutz per Kennworteingabe aufheben oder die Arbeitsmappe mit der Schaltfläche *Schreibschutz* im schreibgeschützten Modus öffnen können.

Bild 28.16   Der Schreibschutz kann per Kennwort aufgehoben werden

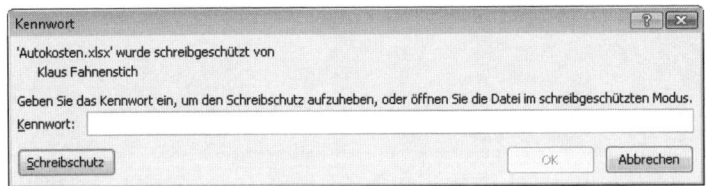

■ Ist die Arbeitsmappe nur mit einer Schreibschutz-Empfehlung versehen, zeigt Excel eine Meldung an, dass die Arbeitsmappe wahlweise mit oder ohne Schreibschutz geöffnet werden kann.

Bild 28.17   Hier haben Sie die freie Wahl

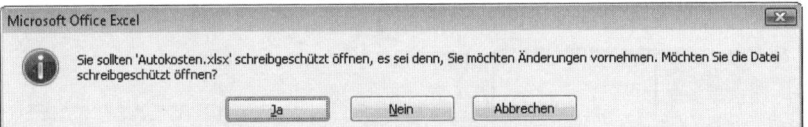

Struktur und Fenster von Arbeitsmappen schützen

Indem Sie den Aufbau einer Arbeitsmappe schützen, können Sie z.B. verhindern, dass ein Benutzer ein Tabellenblatt löschen oder einfügen kann.

1. Zeigen Sie die Registerkarte *Überprüfen* an.

2. Klicken Sie in der Gruppe *Änderungen* auf *Arbeitsmappe schützen* und wählen Sie im Ausklappmenü den Befehl *Struktur und Windows schützen*.

Bild 28.18   Struktur und Fenster der Arbeitsmappe schützen

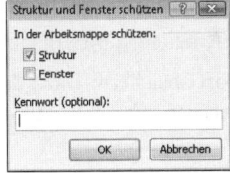

3. Schalten Sie die Option *Struktur* ein, wenn Sie verhindern wollen, dass Blätter verschoben, gelöscht, ausgeblendet, eingeblendet, umbenannt oder eingefügt werden können.

4. Mit der Option *Fenster* erreichen Sie, dass der Benutzer die Größe und die Position der Fenster in der Arbeitsmappe nicht verändern kann.

5. Um zu verhindern, dass unberechtigte Benutzer den Schutz der Arbeitsmappe wieder aufheben können, vergeben Sie noch ein Kennwort.

Wenn Sie eine derart geschützte Mappe öffnen, erkennen Sie die eingeschränkten Bearbeitungsmöglichkeiten z.B. an fehlenden Schaltflächen in den Titelleisten *(Minimieren, Maximieren/ Wiederherstellen* und *Schließen)* und an den inaktiven Befehlen im Kontextmenü der Blattregister.

Bild 28.19   Die Struktur und Fenster dieser Arbeitsmappe sind geschützt

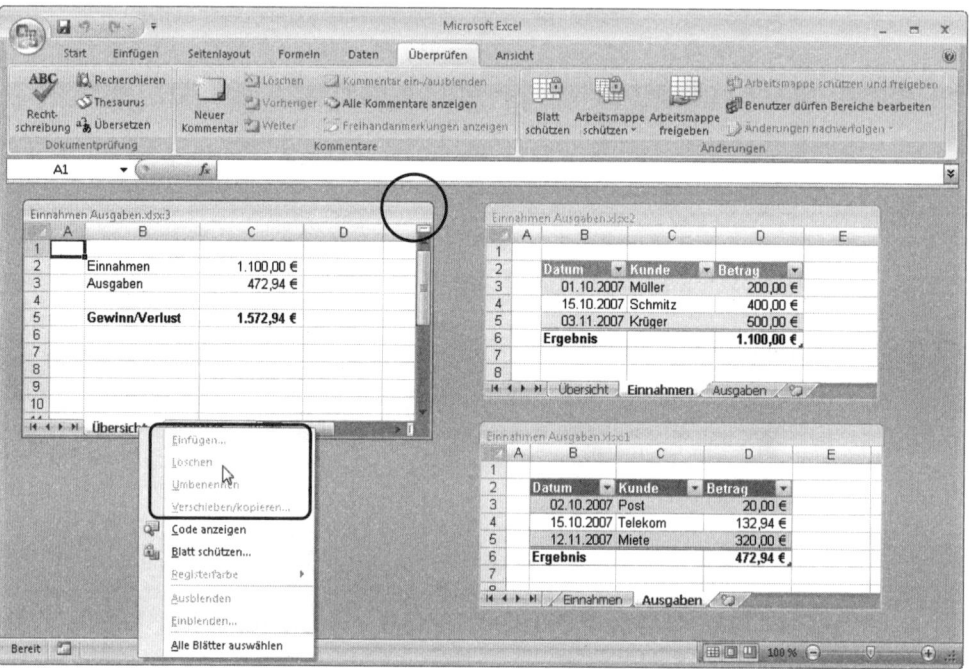

Arbeitsmappen schützen und freigeben

Mit Excel ist es auch möglich, Arbeitsmappen für die gemeinsame Bearbeitung durch mehrere Benutzer freizugeben. Auch solche Arbeitsmappen lassen sich gegen unbefugte Bearbeitung sichern.

Mit dem Befehl *Freigegebene Arbeitsmappe schützen,* der sich auf der Registerkarte *Überprüfen* in der Gruppe *Änderungen* befindet, können Sie verhindern, dass ein Benutzer das Änderungsprotokoll löscht, in dem alle Veränderungen an der freigegebenen Arbeitsmappe gespeichert werden.

Diese Sperre können Sie zusätzlich noch mit einem Kennwort absichern. Dazu darf allerdings die Arbeitsmappe noch nicht mit dem Befehl *Arbeitsmappe freigeben* (ebenfalls auf der Registerkarte *Überprüfen)* freigegeben worden sein.

Bild 28.20   Schützen des Änderungsprotokolls mit einem Kennwort

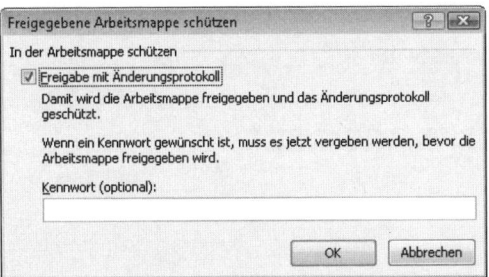

Arbeitsblätter schützen

Wenn Sie nicht möchten, dass die Inhalte eines der Arbeitsblätter einer Arbeitsmappe geändert werden können, können Sie das Blatt mit einem Kennwort vor unbefugtem Zugriff sichern. Dieser Schutz erfolgt unabhängig von den Schutzfunktionen der Arbeitsmappe, die wir in den vorangegangenen Abschnitten behandelt haben.

Wie wir bereits im Abschnitt »Sicherheit auf Arbeitsblatt-Ebene« auf Seite 494 kurz erwähnt haben, müssen Sie den Blattschutz in zwei Schritten konfigurieren bzw. aktivieren. Zuerst legen Sie fest, welche Zellen des Blattes überhaupt geschützt werden sollen. Erst danach aktivieren Sie den Blattschutz.

Zellen für den Blattschutz vorbereiten

Standardmäßig sind alle Zellen eines Arbeitsblattes so eingestellt, dass sie bei aktiviertem Blattschutz gesperrt sind. Diese Voreinstellung macht auch Sinn, da Sie dadurch mit wenig Aufwand die größtmögliche Sicherheit erhalten.

Normalerweise wird der Blattschutz für Tabellenblätter verwendet, auf denen einige Zellen für die Dateneingabe freigegeben sind und der Rest des Blattes für den Benutzer gesperrt ist. So lässt sich zum einen vermeiden, dass ein Anwender versehentlich Formeln verändert oder löscht, und zum anderen lassen sich wichtige Formeln vor dem Anwender verbergen.

Da Excel, wie gesagt, alle Zellen standardmäßig so einstellt, dass sie bei aktiviertem Blattschutz gesperrt sind, geht es im Regelfall darum, dass Sie vor dem Einschalten des Blattschutzes festlegen müssen, in welchen Zellen anschließend noch Eingaben gestattet sind und bei welchen Zellen Excel die hinterlegten Formeln ausblenden soll.

1. Markieren Sie die Zelle(n), deren Schutzeinstellung Sie ändern möchten.

2. Klicken Sie die Markierung mit der rechten Maustaste an und wählen Sie im Kontextmenü den Befehl *Zellen formatieren*. Alternativ drücken Sie den Shortcut Strg+1.

3. Wechseln Sie im angezeigten Dialogfeld auf die Registerkarte *Schutz*.

Bild 28.21 Zellen können gesperrt und ausgeblendet werden

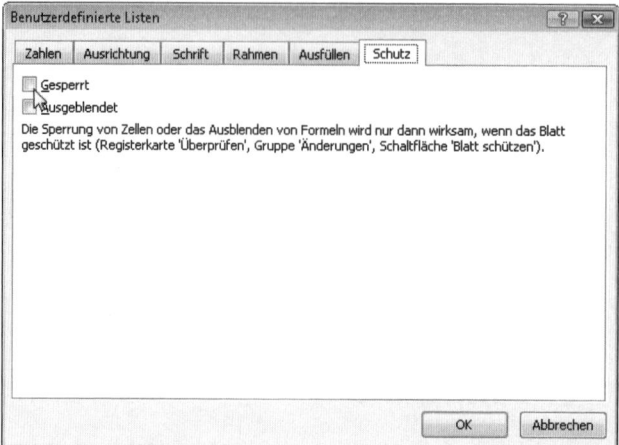

4. Schalten Sie die Option *Gesperrt* ein, wenn die markierte(n) Zelle(n) bei aktiviertem Blattschutz gesperrt sein soll(en). Wenn der Anwender in der Zelle Eingaben vornehmen soll, müssen Sie die Option also ausschalten.

5. Schalten Sie die Option *Ausgeblendet* ein, wenn die hinterlegten Formeln der Zelle(n) in einem geschützten Blatt nicht angezeigt werden sollen. Der Benutzer sieht dann nur noch das Ergebnis der Zelle, kann aber nicht erkennen, wie es berechnet wurde.

6. Schließen Sie das Dialogfeld mit *OK*.

Blattschutz aktivieren
Wenn alle Zellen des zu schützenden Arbeitsblattes mit den richtigen Schutz-Eigenschaften formatiert sind, können Sie den Blattschutz aktivieren.

1. Markieren Sie im Blattregister das Tabellenblatt, das Sie schützen wollen.

2. Wechseln Sie auf die Registerkarte *Überprüfen* und klicken Sie in der Gruppe *Änderungen* auf die Schaltfläche *Blatt schützen*.

Bild 28.22 Der Blattschutz kann sehr detailliert eingestellt werden

Im Dialogfeld *Blatt schützen* können Sie sehr feinkörnig einstellen, welche Operationen Sie auf dem Blatt zulassen bzw. verhindern wollen. In der Voreinstellung lassen sich gesperrte Zellen zwar auswählen, aber nicht ändern.

3. Geben Sie in das Feld *Kennwort zum Aufheben des Blattschutzes* ein Kennwort ein, denn ohne die Eingabe eines Kennwortes kann jeder Benutzer den Blattschutz problemlos wieder deaktivieren (was in der Regel wohl nicht gewollt ist).

4. Nehmen Sie die gewünschten Einstellungen vor und klicken Sie auf *OK*.

5. Geben Sie das Kennwort erneut ein, um zu gewährleisten, dass Sie sich bei der ersten Eingabe nicht vertippt haben. Nachdem Sie das Fenster mit *OK* geschlossen haben, ist der Blattschutz aktiv.

6. Prüfen Sie den Blattschutz, indem Sie versuchen, eine gesperrte Zelle zu verändern. Excel sollte dann mit folgender Meldung reagieren:

Bild 28.23   Fehlermeldung beim Versuch, ein geschütztes Blatt zu bearbeiten

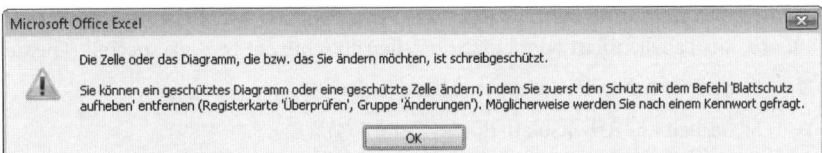

Schutz wieder aufheben
Wenn Sie den Blattschutz wieder aufheben möchten, klicken Sie auf der Registerkarte *Überprüfen* auf die Schaltfläche *Blattschutz aufheben* und geben das dazu notwendige Kennwort ein.

PROFITIPP   ### Gleichzeitige Eingabe in Tabellenblätter

Wenn Sie eine Arbeitsmappe erstellen, deren einzelne Tabellenblätter die gleiche Struktur aufweisen sollen, können Sie die Struktur und Daten auch in mehrere Tabellenblätter gleichzeitig eingeben. Als Beispiel haben wir eine Übungsdatei vorbereitet, die die PKW-Kosten über mehrere Jahre verfolgen soll.

1. Öffnen Sie die Übungsdatei *Gleichzeitige Eingabe in mehrere Arbeitsblätter*.

2. Markieren Sie alle Tabellenblätter der Arbeitsmappe, indem Sie die [Strg]-Taste drücken und alle Registerkarten nacheinander anklicken.

3. Klicken Sie in Zelle B4 und geben Sie dort den Text **Versicherung** ein. Beachten Sie den Hinweis von Excel in der Titelzeile des Fensters, dass zurzeit eine Gruppe von mehreren Arbeitsblättern bearbeitet wird.

4. Wechseln Sie auf das Blatt *2008* und prüfen Sie, ob dort die Eingabe, die Sie auf dem Blatt *2007* vorgenommen haben, angekommen ist.

Auf diese Weise können nicht nur Texte, sondern auch Zahlen und Formeln gleichzeitig in die markierten Tabellenblätter eingegeben werden. Auch eine gemeinsame Formatierung von mehreren Blättern ist so möglich.

Excel 2007

Zusammenfassung

Dieses Kapitel hat die grundlegenden Techniken zum Arbeiten mit mehreren Tabellenblättern vorgestellt.

■ Mit den Blattregisterkarten am unteren Ende des Excel-Fensters können Sie zwischen den verschiedenen Arbeitsblättern hin und her wechseln (Seite 486).

■ Die nachfolgenden Abschnitte haben dann gezeigt, wie Sie Tabellenblätter einfügen (Seite 487), löschen (Seite 488) und verschieben oder kopieren (Seite 489). Auch den Namen eines Tabellenblatts (Seite 490) und die Farbe der Registerkarte (Seite 490) können Sie nun ändern.

■ Standardmäßig besitzen neue Arbeitsmappen drei leere Tabellenblätter. Sie können diese Vorgabe jederzeit ändern (Seite 488).

■ Interessant ist der Einsatz von Arbeitsmappen dann, wenn Sie Daten eines Tabellenblattes mit Daten von anderen Tabellenblättern verknüpfen. Wie dies geht, haben wir ab Seite 491 an einem Beispiel verdeutlicht.

Im Rest des Kapitels haben Sie dann die verschiedenen Möglichkeiten gesehen, um eine Arbeitsmappe, ein Tabellenblatt oder einzelne Zellen zu schützen bzw. zu sperren. Themen waren hierbei:

■ Sicherheit auf Arbeitsmappen-Ebene (Seite 494)

■ Sicherheit auf Arbeitsblatt-Ebene (Seite 494)

■ Tipps für die Wahl eines sicheren Kennworts (Seite 495)

■ Verfahren zum Schützen und einer Arbeitsmappe (Seite 495)

■ Öffnen einer geschützten Arbeitsmappe (Seite 498)

■ Struktur und Fenster einer Arbeitsmappe schützen (Seite 499)

■ Sperren von einzelnen Zellen (Seite 501).

Kapitel 29

Daten gliedern, sortieren und filtern

Excel 2007

In diesem Kapitel:

Viele größere Tabellen wirken unübersichtlich, da sie zu viele Informationen gleichzeitig auf dem Bildschirm präsentieren. Für solche Fälle bietet Ihnen Excel die Gliederungsfunktion an, mit der Sie die eher unwichtigen Bereiche einer Tabelle zunächst vor dem Benutzer verbergen können. Ist der Benutzer dann doch an detaillierteren Daten interessiert, kann er die entsprechenden Zellen jederzeit einblenden lassen.

Dieses Kapitel stellt einige der Möglichkeiten vor, wie Sie Tabellen übersichtlich gliedern können. Außerdem zeigen wir, wie Sie mit der Funktion zum Anzeigen von Teilergebnissen schnell eine Tabelle analysieren können. Abschließend lernen Sie die AutoFilter-Funktion kennen, mit der Sie Tabellen auf einfache Weise nach bestimmten Kriterien filtern können.

Gliederungsfunktion konfigurieren

In den meisten Tabellen werden Daten in separaten Zeilen oder Spalten zusammengefasst bzw. summiert. Die Position dieser Summen innerhalb der Tabelle kann dabei variieren:

- Spaltensummen können links oder rechts neben den summierten Spalten (den sogenannten *Detaildaten)* stehen und

- Zeilensummen entsprechend über oder unter den zugehörigen Detaildaten.

Damit die Gliederungsfunktion von Excel die Struktur Ihrer Tabellen zuverlässig erkennen kann, müssen Sie daher zunächst einstellen, wie die verschiedenen Summenspalten bzw. Summenzeilen in Ihrer Tabelle angeordnet sind:

1. Wechseln Sie zur Registerkarte *Daten* und klicken Sie in der Befehlsgruppe *Gliederung* das *Startprogramm für ein Dialogfeld* an. Excel zeigt das Dialogfeld *Einstellungen* an.

Bild 29.1 In diesem Dialogfeld konfigurieren Sie die Gliederungsfunktion

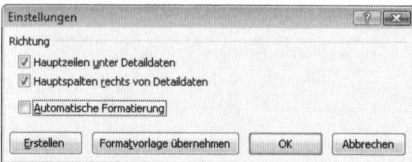

2. Wenn die Summenzeilen unterhalb der addierten Zahlen stehen, schalten Sie die Option *Hauptzeilen unter Detaildaten* ein. Befinden sie sich über den Zahlen, muss die Option ausgeschaltet werden.

3. Stehen die Summen rechts neben den addierten Zahlen, schalten Sie die Option *Hauptspalten rechts von Detaildaten* ein; stehen sie links, muss die Option ausgeschaltet werden.

4. Schließen Sie das Dialogfeld mit *OK.*

HINWEIS Die Hauptzeilen und -spalten müssen unmittelbar neben den zugehörigen Detaildaten liegen. Es dürfen also keine weiteren Zeilen bzw. Spalten dazwischen liegen.

Tabellen manuell gliedern

Um die Möglichkeiten vorzustellen, mit denen Sie eine Tabelle gliedern und gruppieren können, verwenden wir eine kleine Tabelle, in der die Weißwurst-Umsätze einer Firma für verschiedene Verkaufsgebiete und verschiedene Verkaufszeiträume eines Jahres enthalten sind. Die Ausgangslage sehen Sie in der folgenden Abbildung.

Die Spalten, die mit H1 und H2 beschriftet sind, enthalten die Summen der verkauften Stückzahlen für das 1. und 2. bzw. das 3. und 4. Quartal des Verkaufszeitraums. Die Aufgabe besteht darin, die Tabelle so zu gruppieren, dass die Quartals- und Halbjahresumsätze zusammengefasst und mit der Gruppierungsfunktion ausgeblendet werden können. Um mehrere Spalten oder Zeilen zu gruppieren, gehen Sie wie folgt vor:

1. Öffnen Sie die Datei, die Sie gruppieren wollen. (Wenn Sie die nachfolgenden Schritte nachvollziehen wollen, können Sie die Übungsdatei *Gruppieren.xls* verwenden.)

2. Markieren Sie die Zeilen bzw. Spalten, die gruppiert werden sollen. In unserem Beispiel würden Sie die Spalten C bis H markieren.

Bild 29.2   Die markierten Spalten C bis H sollen gruppiert werden

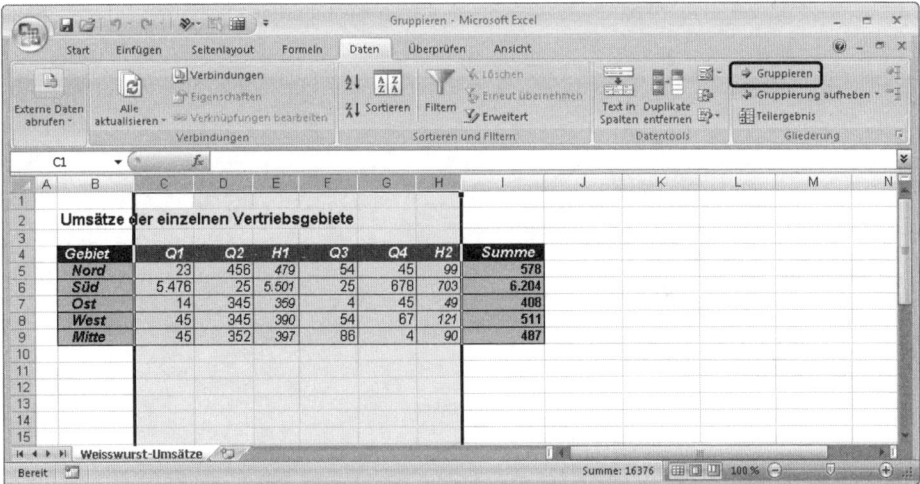

3. Öffnen Sie die Registerkarte *Daten*. Klicken Sie in der Befehlsgruppe *Gliederung* auf die Schaltfläche *Gruppieren*. Im Excel-Fenster erscheint daraufhin links bzw. oberhalb der Tabelle ein neuer Bereich, mit dem Sie die gruppierten Zeilen/Spalten ein- und ausblenden können.

Bild 29.3 Oberhalb des Tabellenblatts erscheint ein neuer Bereich, in dem verschiedene
Gliederungssymbole angezeigt werden

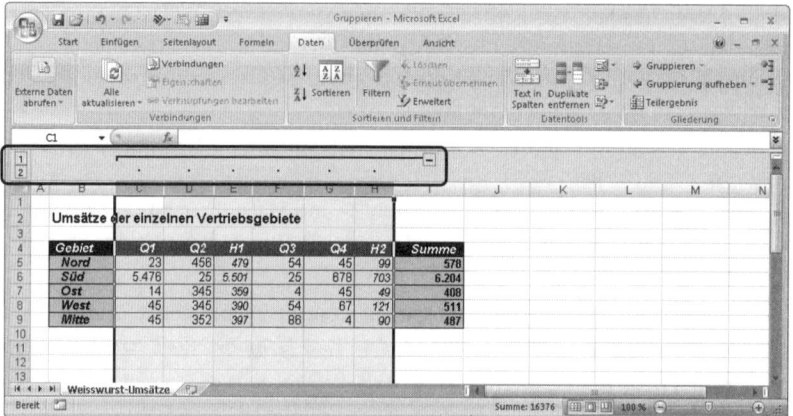

4. Klicken Sie oberhalb der Spalte I auf das kleine Minuszeichen, um die gruppierten Spalten C
    bis H auszublenden (ein Klick auf die Linie führt zum gleichen Ergebnis). Zum erneuten An-
    zeigen der Spalten klicken Sie das beim Ausblenden erschienene Pluszeichen an.

Bild 29.4 Nach dem Ausblenden der gruppierten Spalten lassen sich die zentralen Daten mit einem
Blick erfassen

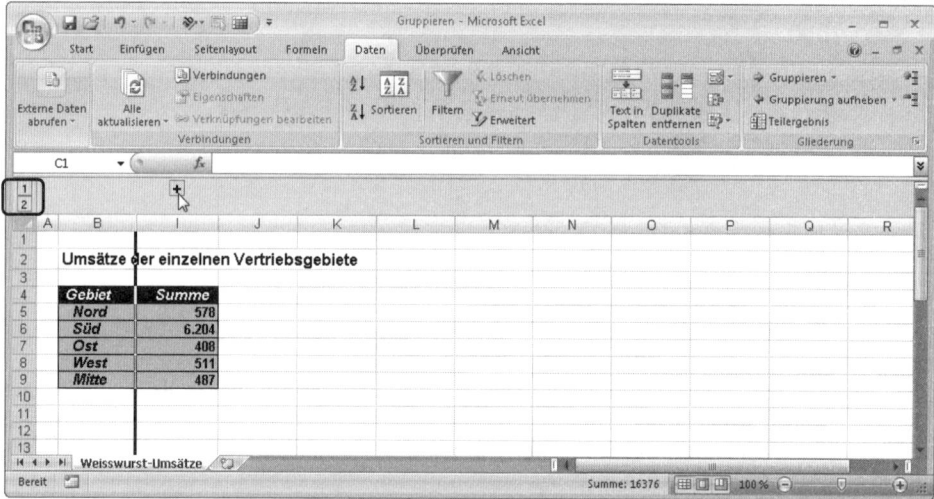

HINWEIS Die verschiedenen Gliederungsebenen lassen sich auch durch Anklicken der kleinen
Zahlen ein- und ausblenden, die sich links im Excel-Fenster unterhalb des Namenfeldes befinden.

Weitere Gliederungsebenen einfügen

Sie können die Gruppierung eines Tabellenblatts auch noch weiter untergliedern. Für das Beispiel aus dem letzten Abschnitt wäre es natürlich sinnvoll, auch die Halbjahreszahlen zu gruppieren:

1. Zeigen Sie alle Spalten der Tabelle an, indem Sie auf die Gliederungsebene 2 klicken.

2. Markieren Sie die Spalten der beiden ersten Quartale (C und D) und gruppieren Sie sie, indem Sie auf der Registerkarte *Daten* in der Gruppe *Gliederung* auf *Gruppieren* klicken.

3. Gruppieren Sie auch die Spalten der Quartale Q3 und Q4.

Das Tabellenblatt enthält jetzt drei Gliederungsebenen:

■ In der Ebene 1 wird nur die Gesamtsumme angezeigt.

■ In der Ebene 2 sind zusätzlich die Halbjahressummen sichtbar.

■ In der Ebene 3 sind alle Daten eingeblendet.

Bild 29.5   Das Tabellenblatt wurde um eine dritte Gliederungsebene erweitert

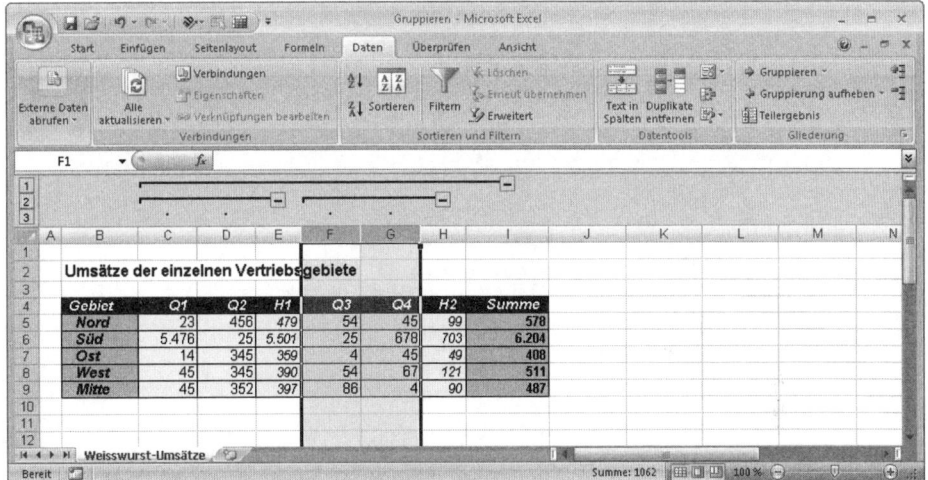

Gruppierungen aufheben

Um die Gruppierung bestimmter Spalten wieder aufzuheben, markieren Sie zuerst die betreffenden Spalten und klicken anschließend auf der Registerkarte *Daten* in der Befehlsgruppe *Gliederung* auf *Gruppierung aufheben*. Je nach Art der vorgenommenen Markierung löscht Excel die Markierung direkt oder zeigt zunächst noch ein kleines Dialogfeld an, in dem Sie angeben können, ob Sie eine Zeilen- oder eine Spaltengruppierung aufheben möchten.

Bild 29.6 Der Befehl, um die gesamte Gliederung zu entfernen, ist im Menü der Schaltfläche *Gliederung aufheben* versteckt

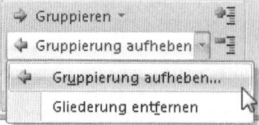

Um alle Gruppierungen auf einen Schlag aufzuheben, klicken Sie auf der Registerkarte *Daten* in der Gruppe *Gliederung* auf den kleinen Pfeil an der Schaltfläche *Gruppierung aufheben* und anschließend auf *Gliederung entfernen*.

PROFITIPP

Gliederungssymbole ein- und ausblenden

Sie können die Anzeige der Gliederungssymbole (die Plus- und Minuszeichen sowie die Zahlen zur Darstellung der Gliederungsebene) ein- oder ausschalten, wenn Sie z.B. vermeiden wollen, dass unerfahrene Anwender von einer komplexen Gliederung irritiert werden:

1. Klicken Sie auf die *Office-Schaltfläche* und dann auf die Schaltfläche *Excel-Optionen*.

2. Klicken Sie in der Kategorienliste auf der linken Seite auf *Erweitert*.

3. Scrollen Sie auf der rechten Seite des Fensters zum Abschnitt *Optionen für dieses Arbeitsblatt anzeigen*.

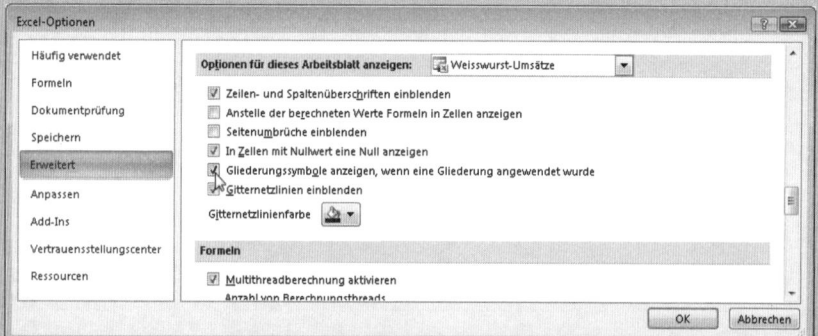

4. Schalten Sie das Kontrollkästchen *Gliederungssymbole anzeigen, wenn eine Gliederung angewendet wurde* aus.

5. Klicken Sie auf *OK*.

Wenn diese Option ausgeschaltet ist, kann ein Anwender dem Tabellenblatt nicht mehr ansehen, dass ihm eine Gliederung zugrunde liegt.

Tabellen automatisch gliedern

Das manuelle Gliedern einer Tabelle ist recht mühselig. Bei sauber konstruierten Tabellen, das heißt bei Tabellen, die in sich konsistent sind, können Sie diese Arbeit auch unbesorgt von Excel erledigen lassen:

1. Konfigurieren Sie die Gliederungsfunktion, wie zu Beginn des Kapitels im Abschnitt »Gliederungsfunktion konfigurieren« beschrieben.

2. Markieren Sie den Bereich des Tabellenblatts, den Sie gruppieren möchten. Wenn Excel das ganze Tabellenblatt gliedern soll, klicken Sie eine beliebige Zelle an.

3. Klicken Sie auf der Registerkarte *Daten* in der Befehlsgruppe *Gliederung* auf den kleinen Pfeil der Schaltfläche *Gruppieren* und dann auf *AutoGliederung*. Excel fügt daraufhin gemäß der erkannten Tabellenstruktur eine oder mehrere Gliederungsebenen ein.

4. Wenn Sie mit dem Ergebnis nicht zufrieden sind, müssen Sie die Gliederung auf der Register-karte *Daten* in der Gruppe *Gliederung* mit einem Klick auf *Gliederung aufheben* wieder rück-gängig machen und die Tabelle manuell gliedern.

Tabellen sortieren

Mit Hilfe der Sortierfunktion von Excel können Sie eine Tabelle nach bestimmten Kriterien sortie-ren lassen. Für das folgende Beispiel verwenden wir eine Umsatztabelle, in der die Spalten *Produkt, Verkäufer, Stück* und *Umsatz* vorhanden sind.

Bild 29.7   Diese Tabelle ist derzeit nach der Spalte *Produkt* sortiert

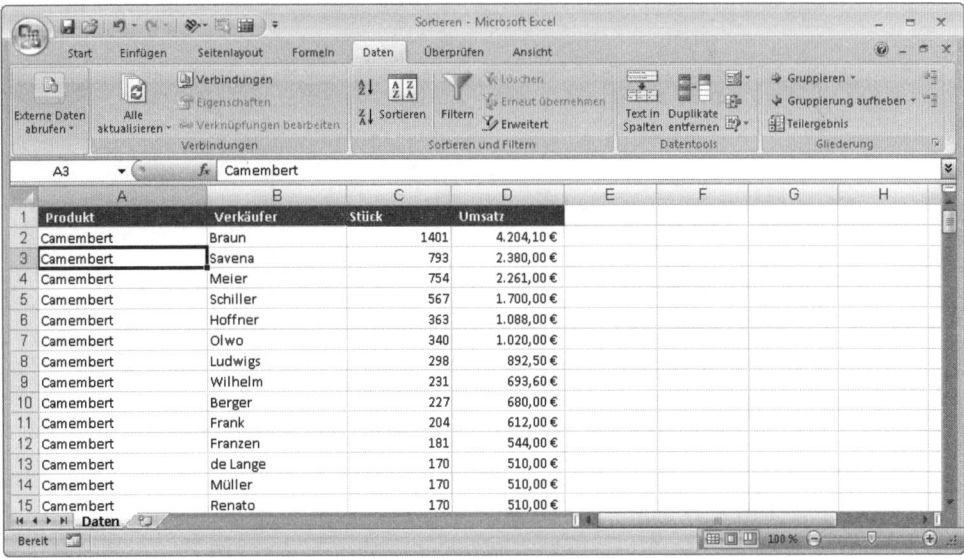

Die Sortierfunktion von Excel finden Sie auf der Registerkarte *Daten* in der Befehlsgruppe *Sortieren und Filtern*. Mit den Schaltflächen *Von A bis Z sortieren* und *Von Z bis A sortieren* können Sie eine Tabelle nach den Werten einer Spalte sortieren lassen. Über die Schaltfläche *Sortieren* öffnen Sie ein Dialogfeld, in dem Ihnen weitere Sortierkriterien zur Verfügung stehen.

Um eine Tabelle nach einer Spalte sortieren zu lassen, gehen Sie so vor:

1. Klicken Sie eine beliebige Zelle in der Spalte an, nach der Sie sortieren wollen.

2. Klicken Sie auf der Registerkarte *Daten* in der Befehlsgruppe *Sortieren und Filtern* auf *Von A bis Z sortieren*, wenn Sie aufsteigend sortieren wollen, oder auf *Von Z bis A sortieren*, wenn Sie absteigend sortieren wollen. (Dies funktioniert nicht nur mit Textwerten, sondern auch mit numerischen und Datumswerten.)

Bild 29.8   Die Tabelle wurde nach der Spalte *Stück* neu sortiert

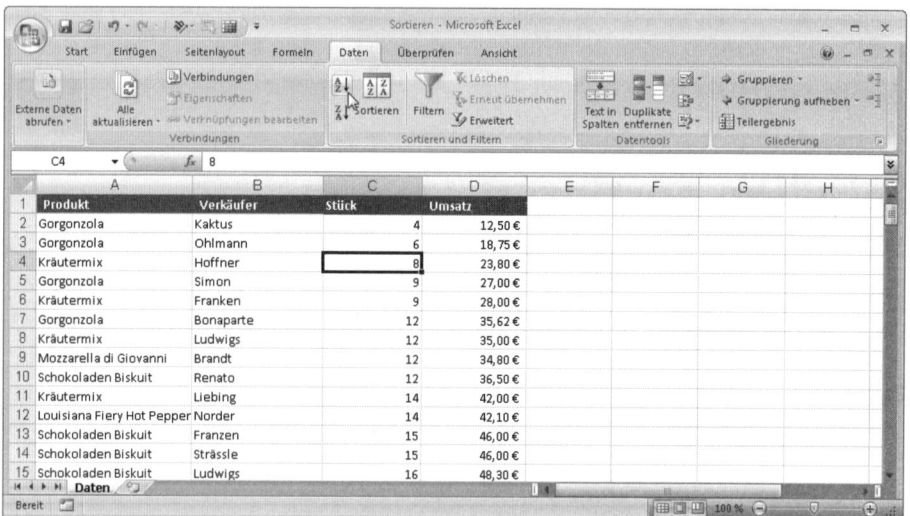

Daten nach mehr als einer Spalte sortieren

Sie können eine Tabelle auch nach mehr als einer Spalte sortieren lassen und dabei die Sortierreihenfolge für die einzelnen Spalten getrennt festlegen. Stellen Sie sich vor, Sie wollen die Tabelle in der obigen Abbildung zuerst nach der Spalte *Produkt* aufsteigend und dann nach der Spalte *Stück* absteigend sortieren lassen, um so ablesen zu können, welcher Verkäufer von welchem Produkt die meisten Stückzahlen verkauft hat. Dazu gehen Sie folgendermaßen vor:

1. Setzen Sie die Zellmarkierung in eine beliebige Zelle der Tabelle.

2. Klicken Sie auf der Registerkarte *Daten* in der Befehlsgruppe *Sortieren und Filtern* auf die Schaltfläche *Sortieren*. Das gleichnamige Dialogfeld wird angezeigt.

3. Öffnen Sie die Liste *Sortieren nach* und wählen Sie dort den Eintrag *Produkt* aus. Lassen Sie die Einstellungen in den Listen *Sortieren nach* und *Reihenfolge* unverändert, wie es die folgende Abbildung zeigt.

Bild 29.9   Das erste Sortierkriterium wurde festgelegt

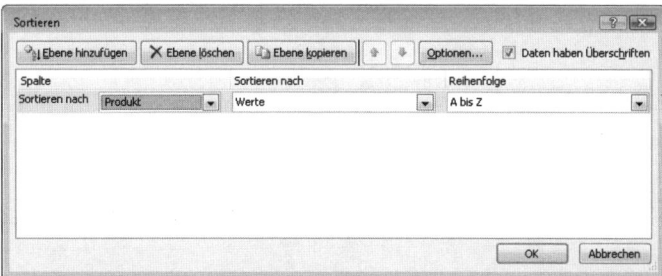

4. Klicken Sie auf *Ebene hinzufügen*. Im unteren Bereich des Dialogfeldes wird eine weitere Zeile eingefügt.

5. Öffnen Sie die Liste *Dann nach* und wählen Sie dort den Eintrag *Stück* aus.

6. Öffnen Sie in der Zeile *Stück* die Liste *Reihenfolge* und wählen Sie dort den Eintrag *Nach Größe (absteigend)* aus.

Bild 29.10   Die zweite Sortierebene verwendet eine andere Spalte und eine andere Reihenfolge

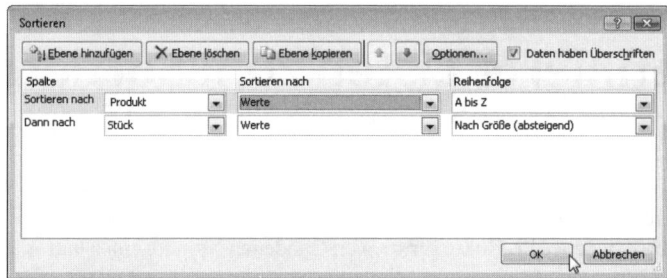

Bei Bedarf können Sie ein weiteres Mal auf *Ebene hinzufügen* klicken, um weitere Kriterien zu bestimmen.

7. Mit der Schaltfläche *Optionen* öffnen Sie das Dialogfeld *Sortieroptionen*, in dem Sie weitere Einstellungen vornehmen können.

Bild 29.11   In diesem Dialogfeld legen Sie weitere Sortieroptionen fest

Hier können Sie z.B. angeben, dass Excel nicht die Zeilen, sondern die Spalten sortieren und ob die Groß-/Kleinschreibung berücksichtigt werden soll.

8. Bestätigen Sie die Dialogfelder mit *OK*, damit Excel die gewünschte Sortierung durchführt.

Excel 2007

Bild 29.12 Die Tabelle wurde nach zwei verschiedenen Spalten sortiert

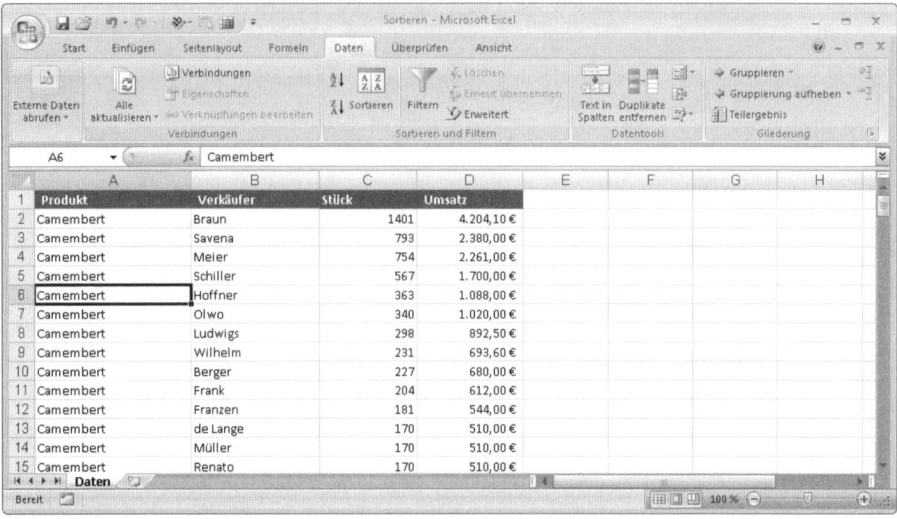

Benutzerdefinierte Listen zum Sortieren verwenden

Die alphabetische Sortierung oder die Sortierung nach dem Wert numerischer Zellen ist nicht immer die Sortierreihenfolge, die Sie benötigen. Schauen Sie sich das folgende Tabellenblatt an, in dem Umsätze verschiedener Produkte für die verschiedenen Monate eines Jahres aufgeführt sind.

Bild 29.13 In dieser Tabelle sollen die Daten auch nach dem Monat sortiert werden

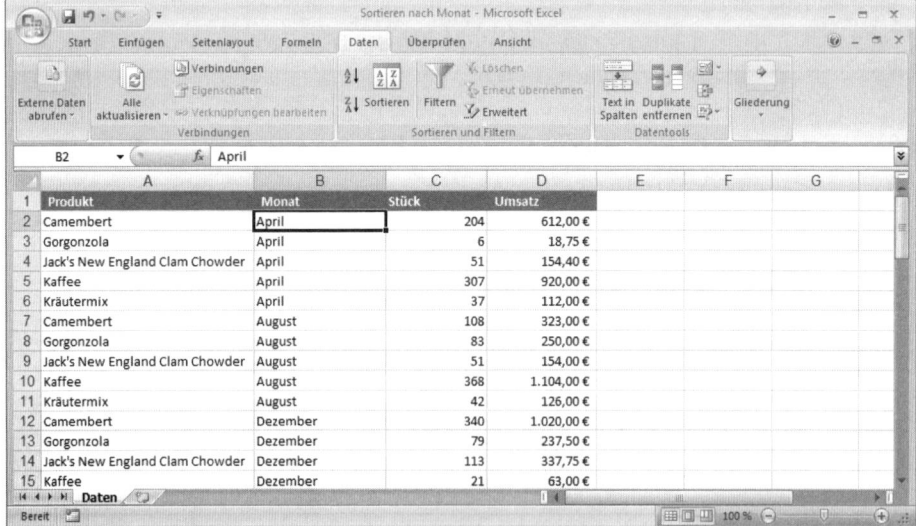

Diese Daten sollen so sortiert werden (beispielsweise um sie gruppieren zu können), dass die Umsätze aller Produkte untereinander stehen, und für jedes Produkt dann die Umsätze in aufsteigender Reihenfolge der Monate. Die alphabetische Reihenfolge können Sie für die Monate nicht verwenden, da dann z.B. der Februar vor dem Januar stehen würde.

Um diese Art von Sortierungen vorzunehmen, können Sie Daten nach einer sogenannten benutzerdefinierten Liste sortieren lassen. Excel enthält bereits vordefinierte benutzerdefinierte Listen, mit denen Sie z.B. nach Monatsnamen oder den Namen der Wochentage sortieren können.

Um die Sortierung in diesem Beispiel vorzunehmen, gehen Sie so vor:

1. Setzen Sie die Zellmarkierung in eine beliebige Zelle der Tabelle.

2. Klicken Sie auf der Registerkarte *Daten* in der Befehlsgruppe *Sortieren und Filtern* auf die Schaltfläche *Sortieren*.

3. Öffnen Sie die Liste *Sortieren nach* und wählen Sie dort den Eintrag *Produkt* aus. Lassen Sie die Einstellungen in den Listen *Sortieren nach* und *Reihenfolge* unverändert.

4. Klicken Sie auf *Ebene hinzufügen*.

5. Wählen Sie bei der zweiten Ebene die Spalte *Monat* aus, klicken Sie auf den Pfeil des Listenfeldes *Reihenfolge* und dann auf *Benutzerdefinierte Liste*.

Bild 29.14   Zum Sortieren Ihrer Daten können Sie auch eine benutzerdefinierte Liste verwenden

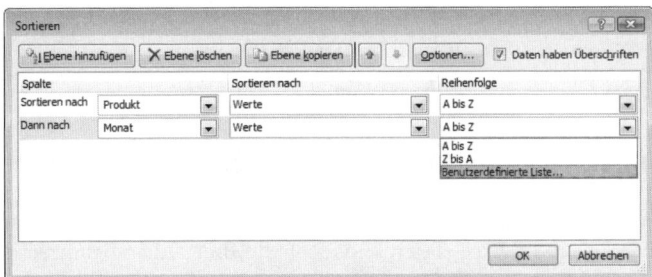

Excel zeigt das Dialogfeld *Benutzerdefinierte Listen* an.

Bild 29.15   Hier sehen Sie die Listen, die bereits in Excel enthalten sind

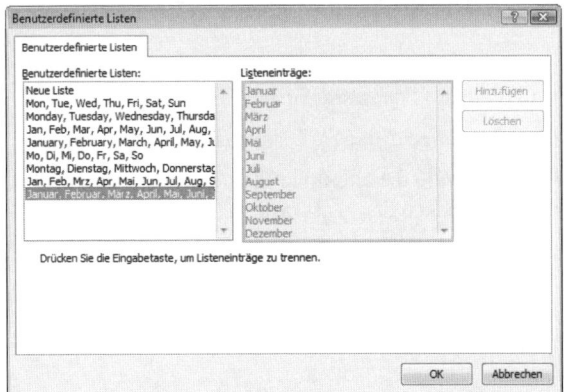

6. Klicken Sie bei *Benutzerdefinierte Listen* auf den Eintrag *Januar, Februar …* und dann auf *OK*.

7. Klicken Sie im Dialogfeld *Sortieren* ebenfalls auf *OK*, um die Sortierung vornehmen zu lassen.

Bild 29.16   Diese Tabelle wurde nach den Produktnamen und den Monaten sortiert

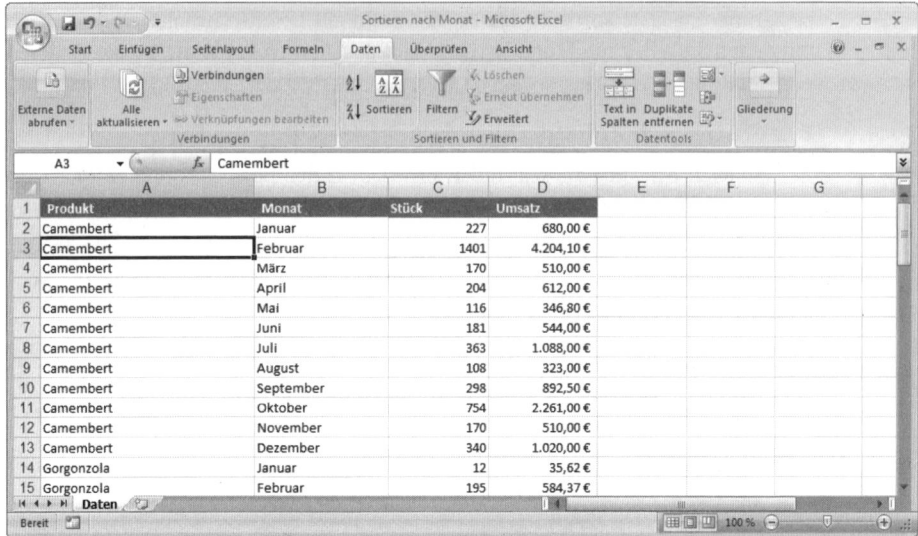

Eigene benutzerdefinierte Liste erstellen

Auch wenn diese Listen »benutzerdefinierte Listen« heißen, wurden die Listen, die Sie bisher gese-hen haben, von den Leuten im Excel-Team und nicht von Ihnen, dem Benutzer, definiert. Sie kön-nen jedoch auch eigene Listen erstellen und mit diesen Listen dann die Sortierreihenfolge für Ele-mente festlegen, die sich weder alphabetisch noch nach ihrem Wert korrekt sortieren lassen. Als Beispiel soll eine Tabelle dienen, in denen die Umsätze nach Jahreszeiten sortiert werden sollen.

1. Setzen Sie die Zellmarkierung in eine beliebige Zelle der Tabelle.

2. Klicken Sie auf der Registerkarte *Daten* in der Befehlsgruppe *Sortieren und Filtern* auf die Schaltfläche *Sortieren*.

3. Wählen Sie die Spalte aus, in der die Jahreszeit enthalten ist, klicken Sie auf den Pfeil des Lis-tenfeldes *Reihenfolge* und dann auf *Benutzerdefinierte Liste*.

4. Markieren Sie im Listenfeld *Benutzerdefinierte Listen* den Eintrag *Neue Liste*.

5. Geben Sie in das Feld *Listeneinträge* die einzelnen Elemente der Liste ein. Trennen Sie die ein-zelnen Listeneinträge durch Drücken der ⏎-Taste.

6. Klicken Sie auf die Schaltfläche *Hinzufügen*. Die neue Liste wird im Feld *Benutzerdefinierte Listen* angezeigt.

Bild 29.17   Mit dieser neuen benutzerdefinierten Liste können Sie Tabellendaten nach den Jahreszeiten sortieren

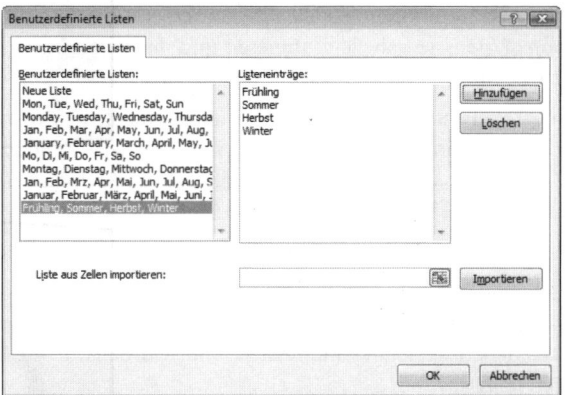

7. Klicken Sie auf *OK*, um nach dieser Liste zu sortieren.

8. Legen Sie bei Bedarf im Dialogfeld *Sortieren* weitere Sortierkriterien fest.

9. Klicken Sie auf *OK*, um die Sortierung vorzunehmen.

PROFITIPP

AutoAusfüllen und benutzerdefinierte Listen

Benutzerdefinierte Listen können in Excel nicht nur zum Sortieren verwendet werden, sie stehen Ihnen auch automatisch beim AutoAusfüllen zur Verfügung. Wenn Sie z.B. die oben beschriebene Liste mit den Jahreszeiten erstellt haben, reicht es aus, in eine Zelle **Frühling** einzugeben und dann das AutoAusfüllen-Kästchen zu ziehen, um Reihen auszufüllen.

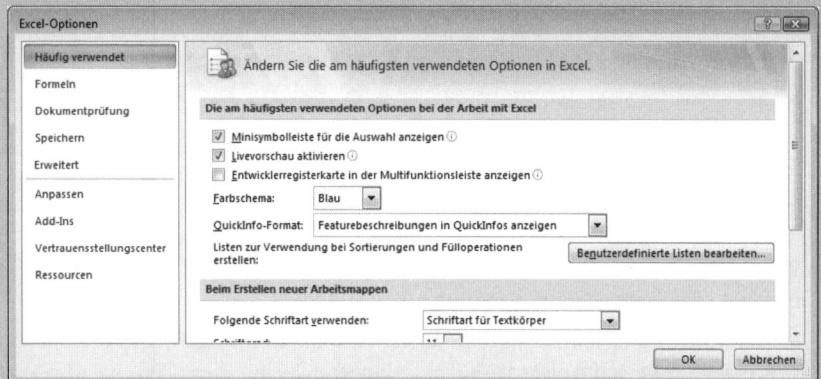

Sie können Ihre benutzerdefinierten Listen bearbeiten und erstellen – ohne den Umweg über das Dialogfeld *Sortieren* gehen zu müssen –, indem Sie die *Office-Schaltfläche* und dann *Excel-Optionen* anklicken. Lassen Sie im Dialogfeld *Excel-Optionen* die Kategorie *Häufig verwendet* anzeigen und klicken Sie anschließend auf die Schaltfläche *Benutzerdefinierte Listen bearbeiten*.

Excel 2007

Teilergebnisse anzeigen lassen

Eine interessante Möglichkeit der Gruppierung stellt Ihnen Excel mit der Funktion Teilergebnisse zur Verfügung. Mit ihr können Sie eine Tabelle gruppieren und dabei von Excel automatisch Zeilen mit Ergebnissen der Gruppierung einfügen lassen.

Nehmen Sie als Beispiel eine Tabelle mit Umsatzzahlen für unterschiedliche Produkte, die von unterschiedlichen Verkäufern erzielt wurden. Mit Hilfe von Teilergebnissen können Sie beispielsweise die Stückzahlen und den Gesamtumsatz jedes Verkäufers einfach anzeigen lassen. Gehen Sie dazu wie folgt vor:

1. Öffnen Sie das Tabellenblatt, in dem Sie Teilergebnisse anzeigen lassen wollen.

2. Sortieren Sie die Tabelle mit den Schritten, wie sie im vorigen Abschnitt beschrieben wurden, nach der Spalte, für die die Teilergebnisse angezeigt werden sollen. Da wir in diesem Beispiel am Umsatz der verschiedenen Verkäufer interessiert sind, würden wir die Tabelle nach der Spalte *Verkäufer* sortieren lassen.

3. Klicken Sie auf der Registerkarte *Daten* in der Befehlsgruppe *Gliederung* auf die Schaltfläche *Teilergebnis*. Das Dialogfeld *Teilergebnisse* wird angezeigt.

4. Öffnen Sie die Liste *Gruppieren nach* und wählen Sie dort den Eintrag *Verkäufer* aus, da die Teilergebnisse für diese Spaltenwerte berechnet werden sollen. Es sollte sich dabei um die Spalte handeln, nach der in Schritt 2 sortiert wurde.

Bild 29.18   Hier legen Sie fest, wie Excel die Teilergebnisse erstellen und anzeigen soll

5. Wählen Sie im Listenfeld *Unter Verwendung von* die Funktion *Summe* aus, da diese zur Berechnung der Teilergebnisse verwendet werden soll.

6. Schalten Sie im Bereich *Teilergebnis addieren zu* die Kontrollkästchen der Spalten ein, für die Teilergebnisse berechnet werden sollen. Aktivieren Sie für dieses Beispiel die Kontrollkästchen *Stück* und *Umsatz*.

7. Aktivieren Sie die Kontrollkästchen *Vorhandene Teilergebnisse ersetzen* und *Ergebnisse unterhalb der Daten anzeigen*.

8. Klicken Sie auf *OK*, um das Dialogfeld zu schließen.

   Excel hat die Tabelle nach der festgelegten Spalte *(Verkäufer)* gruppiert und nach jedem Zellbereich mit den Daten eines Verkäufers eine weitere Zeile eingefügt, in der die Teilergebnisse angezeigt werden.

9. Klicken Sie links neben den Spaltenköpfen auf die Gliederungsebene 2. Excel zeigt dann nur die Teilergebnisse und das Gesamtergebnis an, wie es die Abbildung auf der folgenden Seite zeigt.

Bild 29.19　Excel hat die Tabelle gruppiert und weitere Zeilen eingefügt, in der die Teilergebnisse angezeigt werden

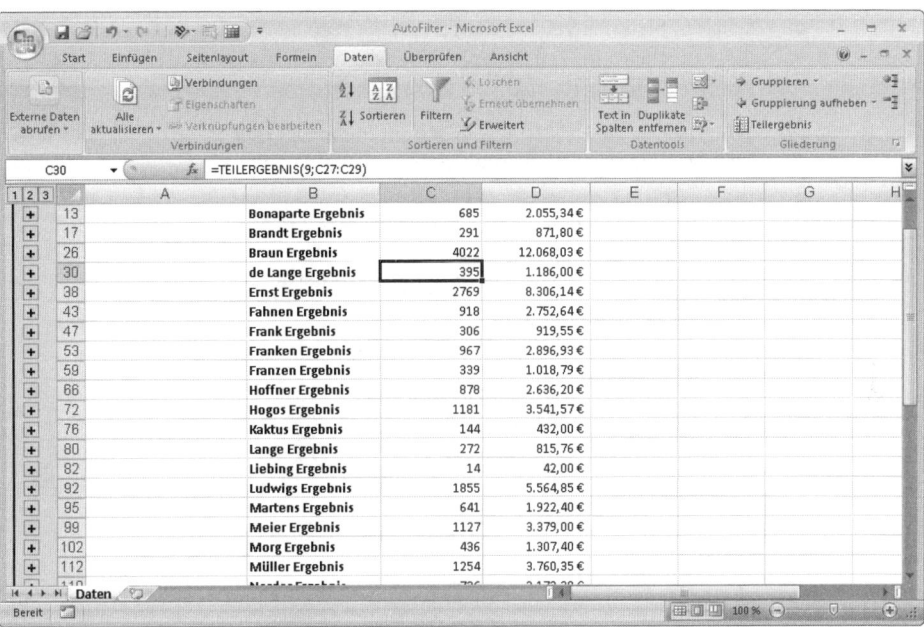

HINWEIS　**Argumente der Funktion TEILERGEBNIS**　Wenn Sie eine der Zellen markieren, in der die Ergebnisse angezeigt werden, können Sie in der Bearbeitungsleiste sehen, dass Excel zur Berechnung die Funktion *TEILERGEBNIS* verwendet.

Das erste Argument ist eine Zahl im Bereich von 1 bis 11, die festlegt, welche Funktion bei der Berechnung des Teilergebnisses innerhalb der Liste verwendet werden soll. Die Zahl 1 steht dabei für Mittelwert, die Zahl 2 für die Anzahl, die Zahl 3 für die Funktion Anzahl2 und die Zahl 9 – die Sie in der obigen Abbildung sehen können – für die Summe der Zellen. Die weiteren Argumente von *TEILERGEBNIS* sind 1 bis 254 Bereiche oder Bezüge, für die Sie ein Teilergebnis berechnen möchten.

Anzeige der Teilergebnisse erweitern

Sie können die angezeigten Teilergebnisse auch erweitern lassen. Nehmen wir an, Sie wollen in dem bisher vorgestellten Beispiel zusätzlich noch anzeigen lassen, wie viel unterschiedliche Produkte jeder Verkäufer verkauft hat. Hierzu würden Sie folgendermaßen vorgehen:

1. Klicken Sie auf der Registerkarte *Daten* in der Befehlsgruppe *Gliederung* auf die Schaltfläche *Teilergebnis*. Das Dialogfeld *Teilergebnisse* wird angezeigt.

2. Öffnen Sie die Liste *Gruppieren nach* und wählen Sie dort den Eintrag *Verkäufer* aus, da die Teilergebnisse für diese Spaltenwerte berechnet werden sollen.

3. Wählen Sie im Listenfeld *Unter Verwendung von* die Funktion *Anzahl* aus, da diese zur Berechnung der Teilergebnisse verwendet werden soll.

4. Schalten Sie im Bereich *Teilergebnis addieren zu* das Kontrollkästchen vor der Spalte ein, für die zusätzlich ein Teilergebnis angezeigt werden soll. Aktivieren Sie für dieses Beispiel das Kontrollkästchen *Produkt*.

5. Schalten Sie das Kontrollkästchen *Vorhandene Teilergebnisse ersetzen* aus, damit die neuen Teilergebnisse zusätzlich angezeigt werden.

6. Klicken Sie auf *OK*.

Bild 29.20   Excel hat weitere Zeilen mit dem neuen Teilergebnis (Anzahl der verkauften Produkte je Verkäufer) eingefügt

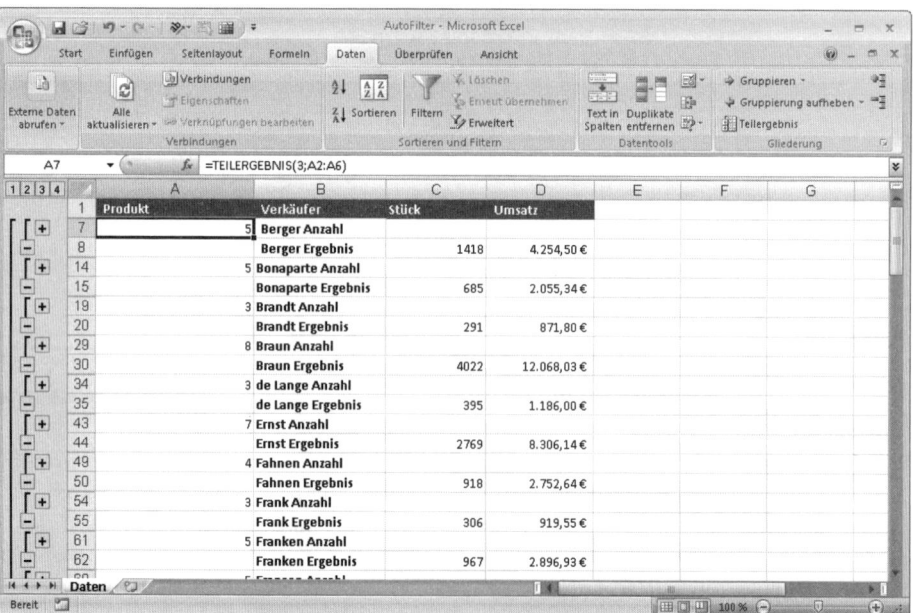

Um die Gruppierung und die Teilergebnisse wieder zu entfernen, klicken Sie auf der Registerkarte *Daten* in der Gruppe *Gliederung* die Schaltfläche *Teilergebnis* an und klicken dann im Dialogfeld *Teilergebnisse* auf die Schaltfläche *Alle entfernen*.

AutoFilter verwenden

Zum Abschluss dieses Kapitels wollen wir noch einen kurzen Blick auf die AutoFilter-Funktion werfen, mit der Sie sich in einer größeren Tabelle lediglich die Daten anzeigen lassen können, die Sie in einem bestimmten Moment interessieren.

1. Klicken Sie auf der Registerkarte *Daten* in der Befehlsgruppe *Sortieren und Filtern* auf die Schaltfläche *Filtern*.

   Neben den Spaltenüberschriften der Tabelle blendet Excel Pfeil-Schaltflächen ein.

2. Klicken Sie die Schaltfläche der Spalte an, nach der Sie filtern wollen. Ein Fenster wird geöffnet. Im unteren Bereich werden die Werte aller Einträge, die in dieser Spalte enthalten sind, angezeigt.

3. Schalten Sie das Kontrollkästchen *(Alles auswählen ...)* aus. Schalten Sie vor den Werten, die angezeigt werden sollen, die Kontrollkästchen ein.

Bild 29.21 Legen Sie in diesem Fenster das Filterkriterium für diese Spalte fest

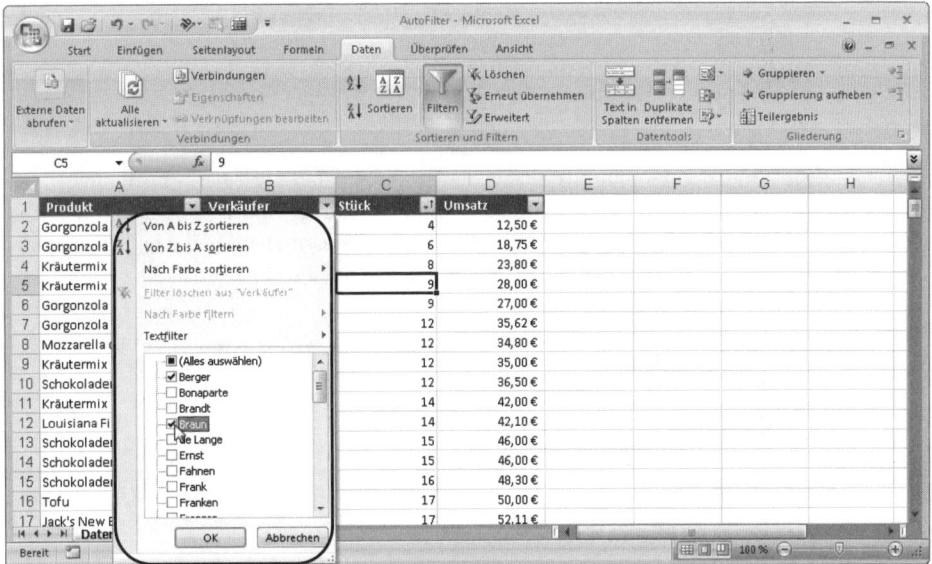

4. Klicken Sie auf *OK*.

   In der Tabelle werden nur noch die Zeilen angezeigt, die mit den festgelegten Kriterien übereinstimmen. In der Statusleiste können Sie sehen, wie viele der Zeilen den Kriterien entsprechen.

Bild 29.22 Die Tabelle zeigt nur noch die Zeilen an, die den gewählten Kriterien entsprechen. Die Spalte, nach der gefiltert wurde, können Sie an dem Filtersymbol (dem kleinen Trichter) erkennen

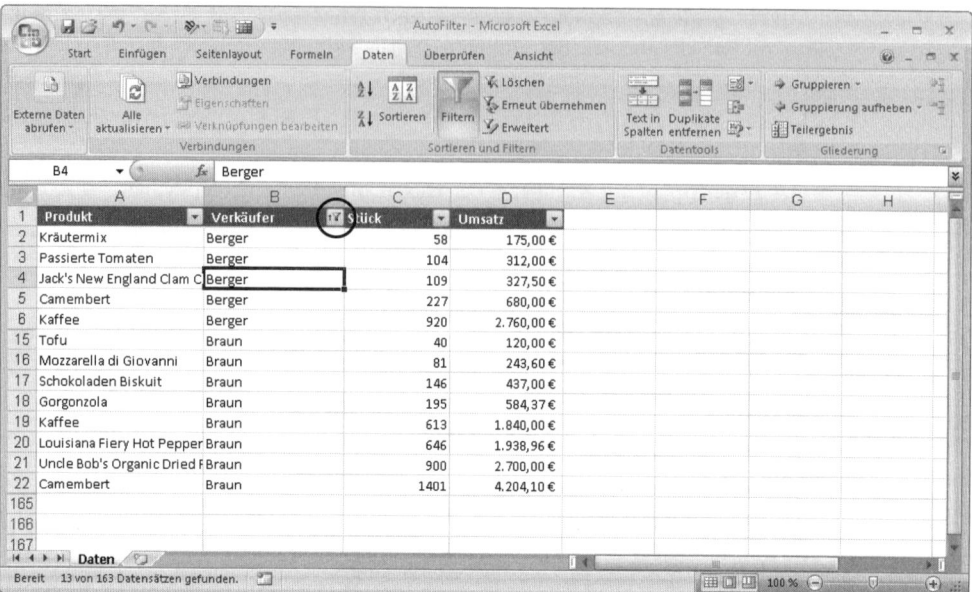

Sie können auch Filterkriterien für mehrere Spalten festlegen. Für die folgende Abbildung haben wir das Filterfenster für die Spalte *Produkt* geöffnet und dort lediglich das Kontrollkästchen für *Camembert* eingeschaltet. Somit erhalten Sie die Umsätze für die beiden zuerst ausgewählten Verkäufer, aber hier lediglich für das eine ausgewählte Produkt.

Bild 29.23 Sie können auch für mehrere Spalten Filterkriterien festlegen

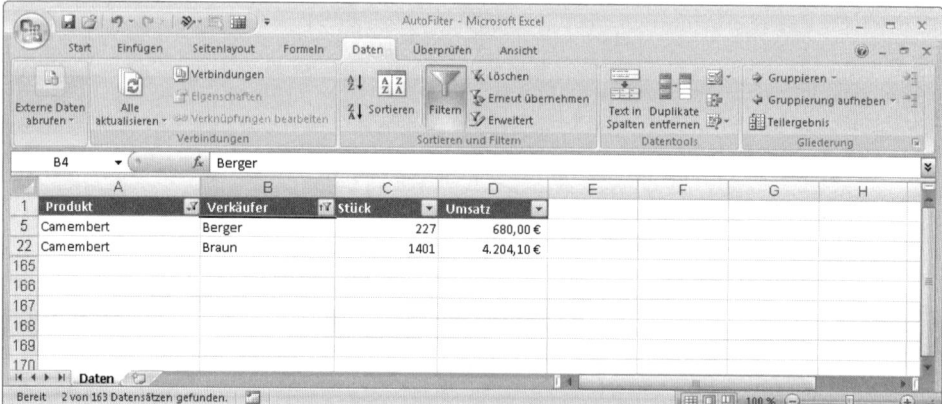

Um den Filterstatus zu entfernen, klicken Sie auf der Registerkarte *Daten* in der Gruppe *Sortieren und Filtern* auf die Schaltfläche *Löschen*. Es werden dann wieder alle Daten angezeigt. Die Pfeil-Schaltflächen in den Spaltenüberschriften bleiben so weiterhin sichtbar.

Wenn Sie die Pfeil-Schaltflächen in den Spaltenüberschriften entfernen wollen, klicken Sie auf der Registerkarte *Daten* in der Gruppe *Sortieren und Filtern* auf die Schaltfläche *Filtern*.

Zusammenfassung

Dieses Kapitel hat gezeigt, wie Sie auch bei großen Datenmangen noch den Überblick in Ihren Tabellenblättern behalten können, indem Sie sie gliedern, Teilergebnisse anzeigen lassen und die Daten auf verschiedene Weisen sortieren und filtern.

■ Am Anfang des Kapitels haben Sie gesehen, wie Sie die Gliederungsfunktion von Excel konfigurieren (Seite 506) und wie Sie dann Tabellendaten entweder manuell (Seite 507) oder mit der automatischen Gliederungsfunktion von Excel (Seite 511) gruppieren können.

■ Tabellen lassen sich einfach nach dem Wert ihrer Zellen entweder alphabetisch oder numerisch sortieren (Seite 511). Auch das Sortieren nach mehr als einer Spalte ist möglich (Seite 512), wobei die frühere Beschränkung auf drei Sortierkriterien bei Excel 2007 nicht mehr besteht.

■ Daten, die sich weder numerisch noch alphabetisch richtig sortieren lassen (wie Monatsnamen, Namen der Wochentage), können Sie anhand der in Excel bereits eingebauten benutzerdefinierten Listen sortieren lassen (Seite 514).

■ Bei speziellen Sortieranforderungen, für die es noch keine benutzerdefinierte Liste gibt, können Sie schnell und einfach eine eigene Liste erstellen (Seite 516), die dann automatisch auch beim AutoAusfüllen verwendet wird.

■ Eine weitere Möglichkeit, Daten zu gruppieren, besteht in der Verwendung der Teilergebnisse, die Sie ab Seite 518 kennengelernt haben.

■ Um die Menge der angezeigten Daten zu reduzieren, können Sie die AutoFilter-Funktion von Excel verwenden und dabei festlegen, welche Kriterien die Daten erfüllen müssen, damit sie weiterhin im Tabellenblatt sichtbar sind (Seite 521).

Excel 2007

Kapitel 30

Tabellenblätter verknüpfen und konsolidieren

Excel 2007

In diesem Kapitel:

Häufig ergibt sich das Problem, Daten auszuwerten, die sich in unterschiedlichen Tabellenblättern befinden. Wie Sie Werte in verschiedenen Tabellenblättern oder in unterschiedlichen Arbeitsmappen miteinander verknüpfen können, ist Thema dieses Kapitels. Wie Sie eine einfache Verknüpfung erstellen, wurde bereits in Kapitel 28, »Tabellenblätter organisieren« beschrieben. In diesem Kapitel soll das Thema vertieft werden. Außerdem werden Sie sehen, wie sich Daten konsolidieren, das heißt verdichten lassen.

Arbeitsblätter verknüpfen

Zu Anfang ein einfaches Beispiel für die Verknüpfung von Daten, die sich in unterschiedlichen Arbeitsblättern in der gleichen Arbeitsmappe befinden.

Wir haben dazu die Arbeitsmappe *Preise* in zwei Fenstern öffnen lassen. Hierzu haben wir auf der Registerkarte *Ansicht* in der Gruppe *Fenster* zuerst die Schaltfläche *Neues Fenster* angeklickt. Excel öffnet daraufhin ein weiteres Fenster, in dem die derzeit geöffnete Arbeitsmappe geladen ist. Anschließend haben wir auf der Registerkarte *Ansicht* in der Gruppe *Fenster* die Schaltfläche *Alle anordnen* angeklickt. Excel zeigt dann das Dialogfeld *Fenster anordnen* an. Dort können Sie festlegen, ob die Fenster beispielsweise unter- oder nebeneinander positioniert werden sollen. Die verschiedenen Fenster, in denen die gleiche Arbeitsmappe geöffnet ist, sind mit *Preise:1* und *Preise:2* überschrieben.

Im linken Fenster sehen Sie im Tabellenblatt *Preisliste* eine kleine Preisliste. In der rechten Tabelle wurde eine Kalkulation erstellt, die den Text und die Preise aus der Preisliste verwendet. In Zelle C4 der Kalkulation steht die Formel: =A4*Preisliste!B5

A4 bezeichnet die Stückzahl der Kalkulation, während die Referenz Preisliste!B5 auf den Stückpreis im Arbeitsblatt *Preisliste* verweist. Der Tabellenname und die Zelladresse werden durch ein Ausrufezeichen getrennt.

Bild 30.1 Zwei Arbeitsblätter, die sich in der gleichen Arbeitsmappe befinden, sind miteinander verknüpft

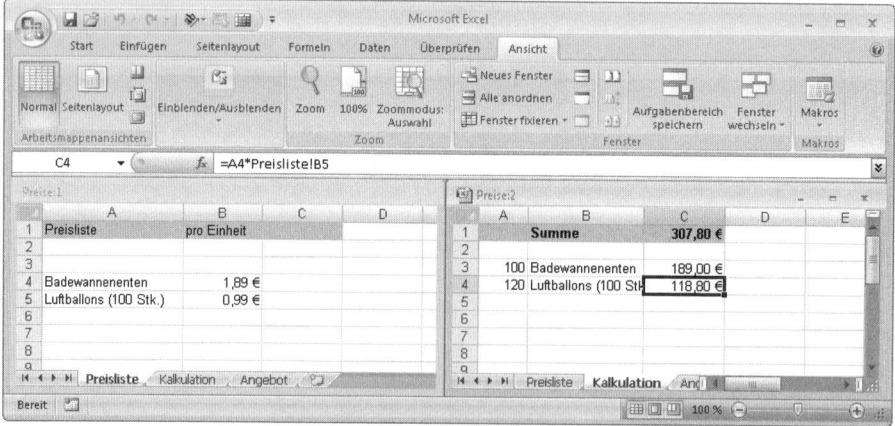

Das dritte Arbeitsblatt mit dem Namen *Angebot* enthält den Entwurf für ein Angebotsschreiben. In das Angebotsschreiben wurde ein Verweis auf die Gesamtsumme der Kalkulation eingearbeitet: =Kalkulation!C1

Bild 30.2   Das dritte Tabellenblatt enthält ein Angebot mit einem Verweis auf die Kalkulation

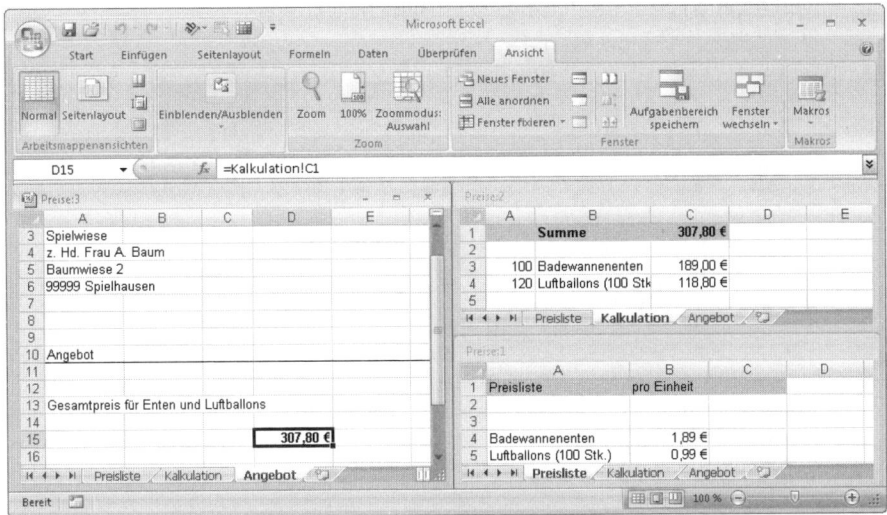

Verweis auf Zelle in anderer Arbeitsmappe

Angenommen, das Arbeitsblatt mit dem Angebot befindet sich in einer anderen Arbeitsmappe. Dann müsste der Verweis auf Zelle C1 des Arbeitsblatts *Kalkulation* der Arbeitsmappe *Preise* folgendermaßen heißen:

`=[Preise.xlsx]Kalkulation!$C$1`

Der Name der jeweiligen Mappe wird der Zelladresse in eckigen Klammern vorangestellt (siehe Abbildung auf der nächsten Seite).

Möchten Sie den Verweis nicht mit der Hand eintragen, da Sie Tippfehler befürchten oder eventuell auch nicht mehr so genau wissen, wie die Zeile richtig heißen muss, gehen Sie am besten folgendermaßen vor:

1.   Klicken Sie die Zelle in der Arbeitmappe an, auf die verwiesen werden soll (hier: C1 im Tabellenblatt *Kalkulation* in der Arbeitmappe *Preise*).

2.   Kopieren Sie sie mit [Strg]+[C] in die Zwischenablage.

3.   Wechseln Sie zu der Arbeitmappe, in die der Verweis eingefügt werden soll. Verwenden Sie hierzu auf der Registerkarte *Ansicht* in der Befehlsgruppe *Fenster* die Schaltfläche *Fenster wechseln*.

4.   Markieren Sie die Zelle, in die der Verweis eingefügt werden soll.

5.   Klicken Sie auf der Registerkarte *Start* in der Gruppe *Zwischenablage* auf den Pfeil der Schaltfläche *Einfügen* und wählen Sie im Menü den Befehl *Inhalte einfügen*. Das gleichnamige Dialogfeld wird angezeigt.

Excel 2007

Bild 30.3   In diesem Dialogfeld können Sie genau festlegen, was eingefügt werden und ob eine Verknüpfung zu den Quelldateien erhalten bleiben soll

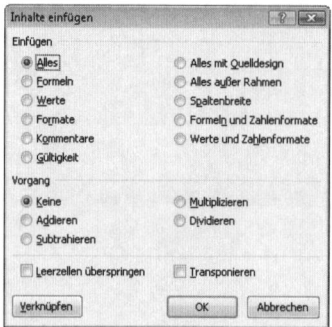

6.   Wählen Sie im Dialogfeld *Alles* oder *Alles außer Rahmen* (wenn Sie die Formatierung der Zelle nicht mit einfügen möchten).

7.   Klicken Sie dann auf die Schaltfläche *Verknüpfen*.

Der Verweis wird nun von Excel eingefügt und sieht erwartungsgemäß folgendermaßen aus:

Bild 30.4   Die Arbeitsmappe *Angebote* (linke Seite) enthält einen Verweis auf Zelle C1 des Tabellenblatts *Kalkulation* der Arbeitsmappe *Preise.xlsx*

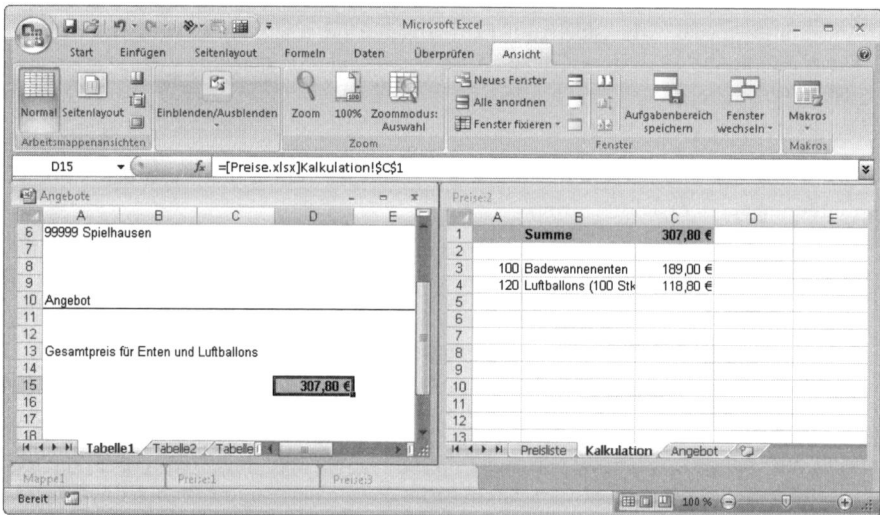

TIPP   **Verweise auf benannte Zellen**   In der Regel werden Sie bei Verknüpfungen auf absolute Adressen verweisen. Deshalb ist es durchaus sinnvoll, Zellen mit Namen zu versehen, um dann auf Namen verweisen zu können. Wurde beispielsweise Zelle C1 des Tabellenblatts *Kalkulation* mit *Summe* benannt (Registerkarte *Formeln*, Befehlsgruppe *Definierte Namen*, Schaltfläche *Namen d*efinieren), können Sie einfacher mit `=Preise.xlsx!Summe` auf diese Zelle verweisen. Die Benennung des Tabellenblatts ist hierbei nicht notwendig, da Namen in einer Arbeitsmappe eindeutig sein müssen, das heißt, es darf keine zwei Zellen mit gleichem Namen geben.

Verweise auf nicht geladene Arbeitsmappen

Die Verweise zwischen Arbeitsmappen können sich auch auf nicht geladene Blätter beziehen. Dazu muss allerdings der volle Pfadname der Datei angegeben werden. In der Formel wird der Dateiname dann in einfachen Anführungszeichen eingeschlossen, wie z.B.

```
='C:\Users\Rainer G. Haselier\Documents\Excel Beispiele\[Preise.xlsx]'!Summe
```

Haben Sie Zelle C1 nicht mit dem Namen *Summe* benannt, so finden Sie in der Bearbeitungsleiste

```
='C:\Users\Rainer G. Haselier\Documents\Excel Beispiele\[Preise.xlsx]'!$C$1
```

Wenn Sie eine Arbeitsmappe laden, in der sich Verweise auf andere Arbeitsmappen befinden, zeigt Excel unterhalb der Multifunktionsleiste eine Sicherheitswarnung an, die Sie darauf aufmerksam macht, dass die automatische Aktualisierung deaktiviert wurde.

Bild 30.5   Beim Öffnen einer Datei, die Verknüpfungen zu anderen Arbeitsmappen enthält, zeigt Excel diese Sicherheitswarnung an

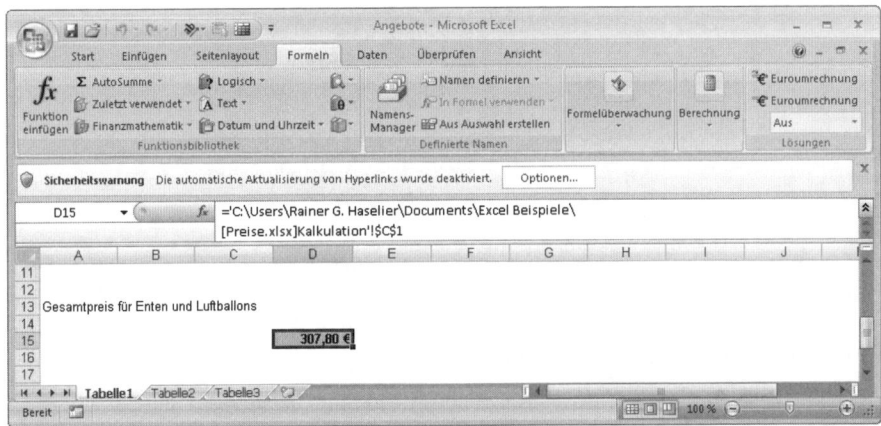

Klicken Sie auf die Schaltfläche *Optionen*, um das folgende Dialogfeld zu öffnen.

Bild 30.6   In diesem Dialogfeld können Sie die Verknüpfungen (hier als Hyperlinks bezeichnet) aktivieren

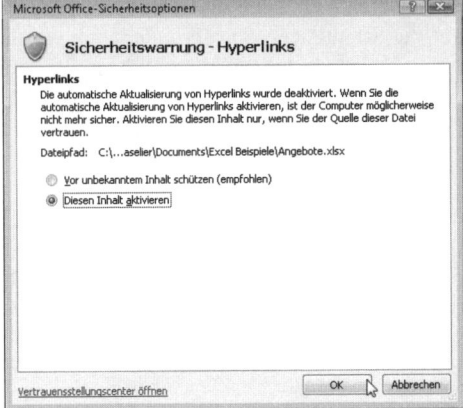

Klicken Sie die Option *Diesen Inhalt aktivieren* an und dann auf *OK*, damit die neuesten Werte aus den im Verweis bezeichneten Dateien verwendet werden.

Verknüpfte Dateien laden

In einem eigenen Dialogfeld können Sie sich alle Verknüpfungen ansehen, verknüpfte Dateien laden und eine andere Datei als Quelle der Verknüpfung festlegen. Klicken Sie auf die *Office-Schaltfläche*, zeigen Sie auf *Vorbereiten* und klicken Sie dann im rechten Bereich des Menüs auf *Verknüpfungen mit Dateien bearbeiten*. Excel zeigt das Dialogfeld *Verknüpfungen bearbeiten* an.

Bild 30.7   Dieses Dialogfeld zeigt alle Verknüpfungen an, die in der geöffneten Arbeitsmappe enthalten sind

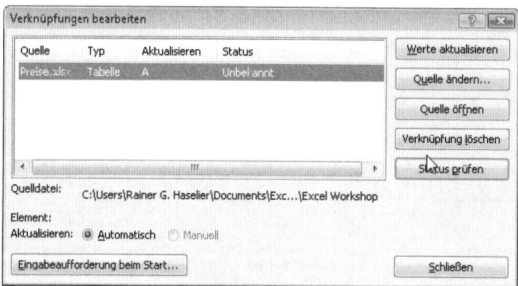

Mithilfe der Schaltfläche *Quelle öffnen* können Sie eine ausgewählte Datei laden. *Werte aktualisieren* bringt die Werte der Verknüpfung auf den neuesten Stand, ohne die verknüpfte Datei zu öffnen. Hierbei ist allerdings zu beachten, dass Verbindungen in eine nicht geöffnete Datei etwas mehr Zeit beim Neuberechnen und Aktualisieren benötigen.

Die Schaltfläche *Quelle ändern* ermöglicht Ihnen, die Bezugsdatei auszutauschen. Als Beispiel könnten wir annehmen, es gelte ab heute eine neue Preisliste und Sie müssen daher alle Verweise auf die alte Preisliste *Preise* in Verweise auf die neue Liste, *Preise_08*, ändern. Klicken Sie dazu einfach die Schaltfläche *Quelle ändern* an. Excel zeigt dann ein Dialogfeld an, in dem Sie die neue Tabelle auswählen können. In der gesamten Ausgangstabelle werden die Verknüpfungen entsprechend geändert.

Sie können außerdem festlegen, wie Excel reagieren soll, wenn eine Datei mit externen Verknüpfungen geladen wird. Klicken Sie dazu auf die Schaltfläche *Eingabeaufforderung beim Start*. Hier können Sie entscheiden, ob eine Warnung angezeigt werden soll oder ob keine Warnung aktiviert wird, ob automatisch aktualisiert werden soll oder nicht.

Bild 30.8   Hier legen Sie fest, was mit externen Verknüpfungen geschehen soll

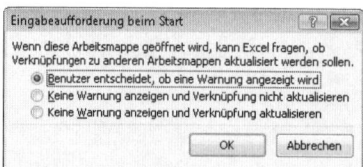

Verknüpfungen in Funktionen

Angenommen, Sie haben die Umsatzzahlen von verschiedenen Filialen für die Monate Januar bis März monatsweise in drei Tabellenblättern in einer Arbeitsmappe eingetragen und möchten nun eine Übersicht der einzelnen Monate erstellen.

Bild 30.9 Anhand der Monatszahlen der einzelnen Filialen soll der Gesamtumsatz pro Monat berechnet und in einem Übersichtsblatt eingetragen werden

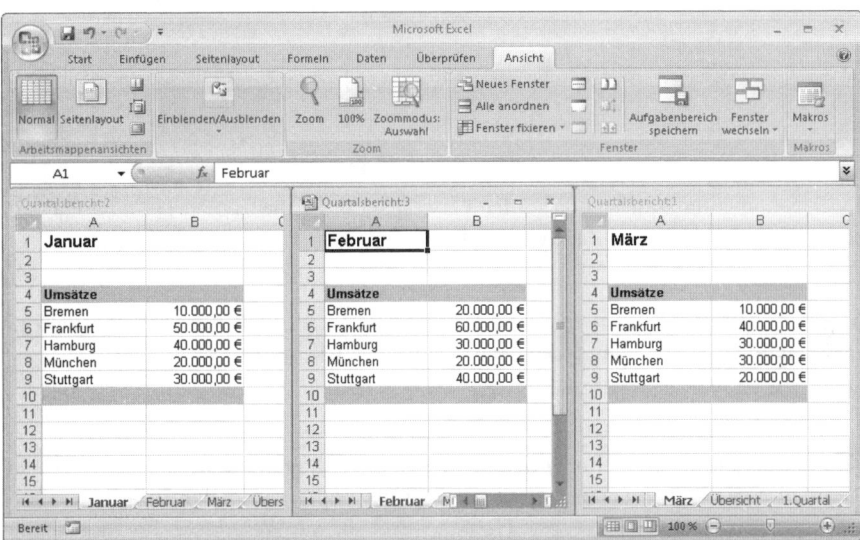

Dann könnten Sie entweder in jedem Arbeitsblatt die Umsätze addieren und auf der Übersicht einen Verweis auf die Zelle mit der Summe einfügen. Oder Sie errechnen die Summe direkt auf dem Übersichtsblatt. Das können Sie im Prinzip mit der folgenden Formel:

`=Januar!B5+Januar!B6+Januar!B7+Januar!B8+Januar!B9`

Je mehr Zellen addiert werden sollen, umso mühsamer ist es aber, diese Formel zu erstellen. Einfacher ist es, die Summenfunktion zu verwenden, und das geht so:

1. Fügen Sie in dem Tabellenblatt, auf dem die Umsatzübersicht stehen soll, in die gewünschte Zelle die Summenfunktion ein, indem Sie auf der Registerkarte *Formeln* in der Gruppe *Funktionsbibliothek* die Schaltfläche *AutoSumme* anklicken.

2. Wechseln Sie zum Tabellenblatt *Januar* und markieren Sie die entsprechenden Zellen (nämlich B5 bis B9).

3. Bestätigen Sie die Formel durch Drücken der ⏎-Taste.

Excel 2007

Bild 30.10 Die Summenfunktion enthält einen Verweis auf ein anderes Arbeitsblatt

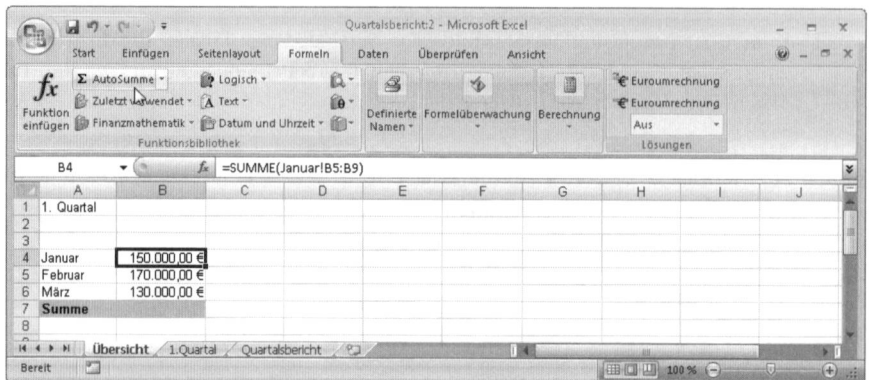

In die Summenfunktion wurde so der Verweis auf das Tabellenblatt *Januar* aufgenommen. Summiert werden soll über die Zellen B5 bis B9:

```
=SUMME(Januar!B5:B9)
```

Möchten Sie die Summe in einer anderen Arbeitsmappe erstellen, so wird zusätzlich in der Summenfunktion der Name der Arbeitsmappe eingefügt, wie in:

```
=SUMME([Quartalsbericht.xlsx]Januar!B5:B9)
```

> **TIPP** **Benannte Bereiche** Auch hierbei ist das Arbeiten mit benannten Bereichen eine gute Alternative. So können Sie beispielsweise im Tabellenblatt *März* den Bereich, der addiert werden soll – also B5 bis B9 –, mit einem Namen versehen, wie *WerteMärz*. Im Tabellenblatt *Übersicht* wird dann in die entsprechende Zelle nur *=SUMME(WerteMärz)* eingetragen, um die Summe über alle Werte im Bereich *WerteMärz* zu berechnen.

3D-Bezüge

Mithilfe der in den vorangegangenen Abschnitten beschriebenen Verknüpfungsmethoden können Sie Formeln erstellen, deren Bezüge sich auch auf andere Arbeitsblätter erstrecken. Eine spezielle Art der Verknüpfung über eine Reihe von Arbeitsblättern hinweg ist der 3D-Bezug.

Als Beispiel verwenden wir wieder die Arbeitsmappe *Quartalsbericht.xlsx* (siehe Bild 30.9), in der die Umsatzzahlen der Monate Januar bis März für verschiedene Filialen enthalten sind. In einem neuen Tabellenblatt mit dem Namen *1.Quartal* soll nun für jede Stadt über alle drei Tabellenblätter *Januar* bis *März* die Summe berechnet werden.

Das funktioniert im Prinzip mit der Formel

```
=Januar!B5+Februar!B5+März!B5
```

Diese Art der Schreibweise ist ebenso mühsam wie fehlerträchtig. Einfacher lässt sich die Problemstellung mit einem 3D-Bezug lösen. Hierbei wird die dritte Dimension genutzt, nämlich die hintereinander liegenden Arbeitsblätter. Die Formel für die Summe kann so einfach als

```
=SUMME(Januar:März!B5)
```

geschrieben werden. Durch den Doppelpunkt werden alle Arbeitsblätter, die zwischen *Januar* und *März* liegen, in die Berechnung mit eingeschlossen.

Bild 30.11   Die Summenformel verwendet einen 3D-Bezug

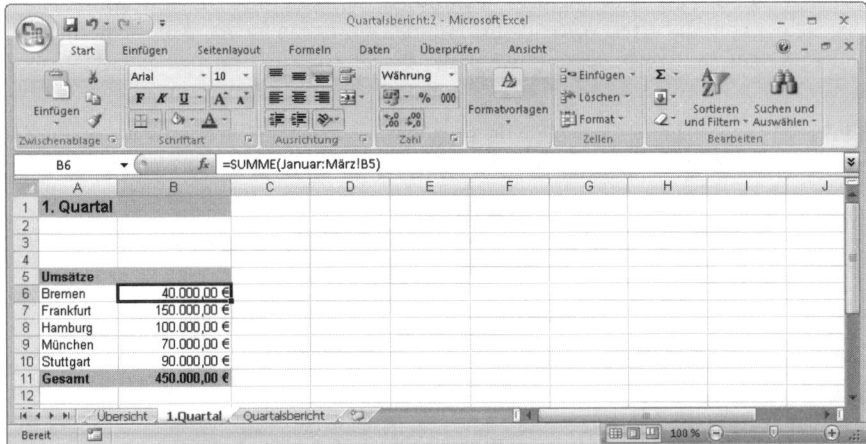

Daten konsolidieren

Eine weitere Methode für die Auswertung und Verdichtung von Daten ist die Konsolidierung. Sie können damit schnell Summen, Mittelwerte und statistische Berechnungen auch über mehrere Arbeitsblätter hinweg durchführen.

Excel unterscheidet die Konsolidierung nach Position oder nach Rubrik. Daten nach Position zu konsolidieren setzt voraus, dass die zusammenzufassenden Daten zwar in mehreren Arbeitsblättern verteilt sein können, aber immer in der gleichen Reihenfolge und immer an der gleichen Position angeordnet sein müssen. Verwenden Sie Daten mit identischen Zeilen- und Spaltenbeschriftungen, so lassen sich diese Daten mit übereinstimmenden Beschriftungen nach Rubriken zusammenfassen.

Im Folgenden möchten wir Ihnen in jeweils einem Beispiel eine Konsolidierung nach Position und eine nach Rubriken vorstellen.

Konsolidieren nach Position

Ihnen liegen drei Arbeitsblätter mit den Umsatzerlösen der Monate Januar, Februar und März in der Arbeitsmappe *Quartalsbericht.xlsx* vor, die alle drei gleich aufgebaut sind. In einer vierten Tabelle möchten Sie als Quartalsbericht die Umsatzsummen der Monate addieren. (Ebenso könnten Sie den Mittelwert oder den Maximalwert bestimmen.)

Sie könnten dieses Problem, wie in den vorangegangenen Abschnitten gezeigt, durch eine Verknüpfung lösen. Tragen Sie dazu in die Additionsformel die entsprechenden Verweise ein. Bei drei verknüpften Blättern ist dieser Vorgang noch überschaubar, aber bei sechs, sieben oder mehr Verknüpfungen werden die Formeln lang und unhandlich. Insbesondere sind die Rechenanweisungen nicht änderungsfreundlich, denn Sie müssen z.B. bei der Hinzunahme einer weiteren Verknüpfung alle Formeln anpassen. Mit der Konsolidierungsfunktion bietet Excel Ihnen eine elegante und bequeme Möglichkeit, Anwendungen wie Quartalsberichte zu erstellen.

Fügen Sie für den Bericht ein neues Tabellenblatt ein. Positionieren Sie den Cursor an der Stelle, an der Sie die konsolidierten Werte einfügen möchten. Rufen Sie das Konsolidierungsdialogfeld auf, indem Sie auf der Registerkarte *Daten* in der Befehlsgruppe *Datentools* die Schaltfläche *Konsolidieren* anklicken.

Links oben im Dialogfeld sehen Sie die möglichen mathematischen Funktionen, die Sie beim Konsolidieren von Daten verwenden können. Für unser Beispiel sollte dort *Summe* selektiert sein.

Bild 30.12   In der Liste *Funktion* sehen Sie die Funktionen, die Sie beim Konsolidieren der Daten verwenden können

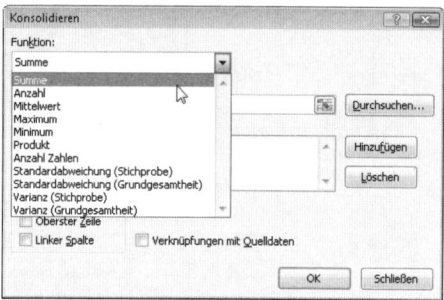

Unter *Verweis* (siehe Bild 30.13) werden die Verweise auf die zu konsolidierende Tabelle aufgenommen. Über die Schaltfläche *Hinzufügen* werden diese Bezüge dann nacheinander in die Liste, die mit *Vorhandene Verweise* betitelt ist, eingetragen.

Im Beispiel werden in den Bereich der *Vorhandenen Verweise* die Umsatzzahlen der einzelnen Monate aufgenommen. Die einzelnen Ursprungsbezugsbereiche werden, bildlich gesprochen, übereinandergelegt und addiert. Zusätzlich wurde ausgewählt, dass die Beschriftung aus der *Linken Spalte* stammen soll.

Bild 30.13   Die Daten, die zur Konsolidierung verwendet werden sollen, werden hier festgelegt

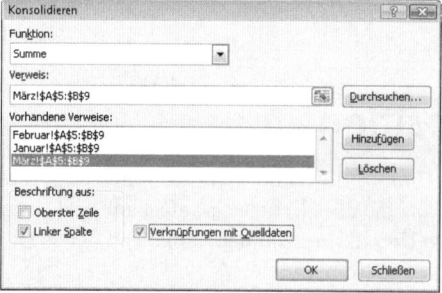

Im obigen Dialogfeld wurde zudem festgelegt, dass die konsolidierten Daten mit den ursprünglichen verknüpft werden sollen. Mit Hilfe von verknüpften Konsolidierungen ist es möglich, eine

Verbindung zwischen der Ausgangs- und der Konsolidierungstabelle herzustellen, so dass bei Änderungen der Werte in den Quellbereichen automatisch die konsolidierten Daten aktualisiert werden. Gleichzeitig mit den Verknüpfungen wird Ihr Konsolidierungsarbeitsblatt gegliedert. Durch die Gliederung werden die Zwischenergebnisse versteckt. Zu jedem Ergebnis fügt Excel den Namen der Ursprungsdatei hinzu. In der folgenden Abbildung ist ein so verknüpftes und gegliedertes Blatt zu sehen, wobei für eine Zeile auch die Gliederungsdetails zu sehen sind.

Bild 30.14   Der konsolidierte Quartalsbericht ist fertig

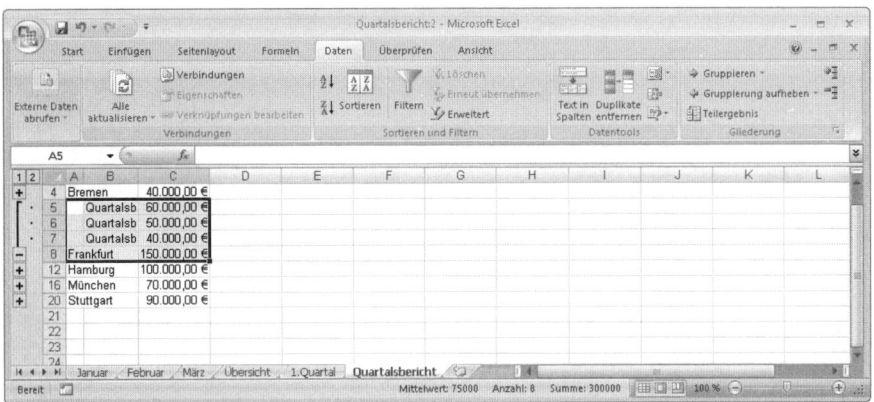

> **TIPP**   **Verknüpfung mit Quelldaten**   Wenn Sie die Quelldaten nicht verknüpfen, erhalten Sie im Tabellenblatt mit den konsolidierten Daten nur die Ergebnisse der Konsolidierung. Möchten Sie eine Änderung der Ursprungsdaten in die Konsolidierung einbeziehen, müssen Sie erneut konsolidieren.

Konsolidieren nach Rubriken

Als Beispiel für die Konsolidierung nach Rubriken verwenden wir eine Arbeitsmappe mit dem Namen *Verkauf.xlsx* (siehe Bild 30.15). Wie Sie im linken Fenster erkennen können, sind eine Reihe der Artikel zwei- oder mehrfach aufgeführt. Mit Hilfe der Konsolidierungsfunktion ist es möglich, die Summen für die einzelnen Artikelnummern zu berechnen. Übrigens kann Excel eine Konsolidierung auch innerhalb ein- und desselben Arbeitsblatts durchführen.

Um diese Liste zu konsolidieren, gehen Sie folgendermaßen vor: Wechseln Sie in das rechte Fenster und klicken Sie auf der Registerkarte *Daten* in der Gruppe *Datentools* die Schaltfläche *Konsolidieren* an. Das Dialogfeld *Konsolidieren* wird geöffnet.

Bild 30.15 Diese Artikelliste soll konsolidiert werden

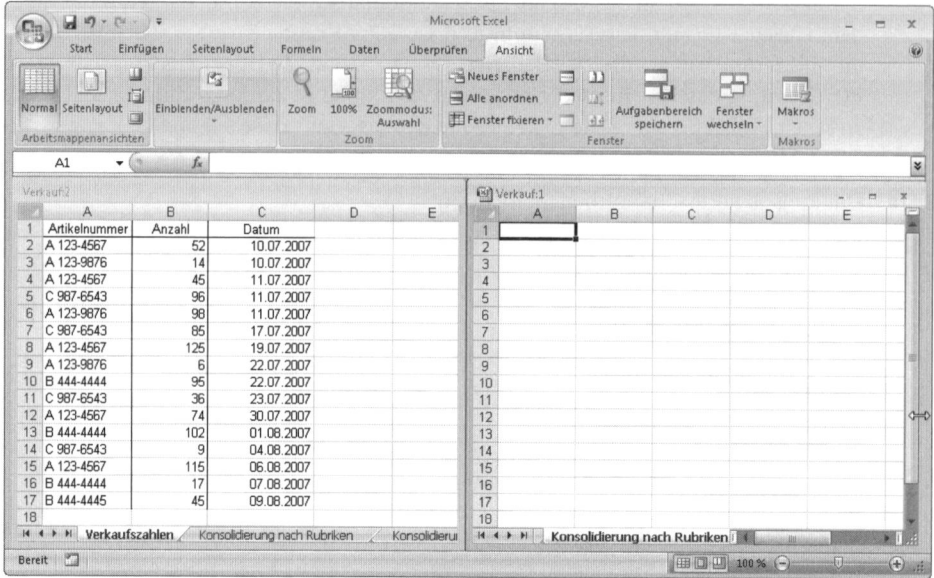

Als Verweis legen Sie dann den Tabellenbereich A2:B17 des linken Arbeitsblatts fest. Klicken Sie zusätzlich in der Gruppe *Beschriftung aus* das Kontrollkästchen *Linker Spalte* an. Dadurch wird Excel angewiesen, die Werte anhand der Beschriftungen in der linken Spalte des Bezugsbereichs zu unterscheiden. Ansonsten werden nur Werte konsolidiert, die relativ die gleichen Adressen innerhalb der Bereiche haben.

Bild 30.16 Mit diesen Einstellungen wird die Artikelliste nach Rubriken konsolidiert

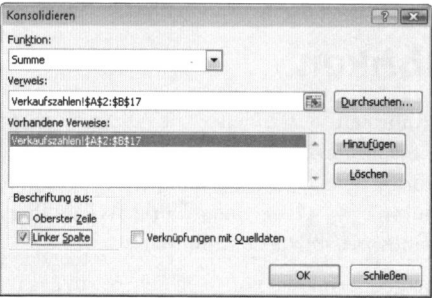

Excel konsolidiert die Ausgangsdaten und summiert über die Artikelnummern. Das Ergebnis ist in der folgenden Abbildung dargestellt.

Bild 30.17   Die Verkaufszahlen wurden nach Artikelnummern konsolidiert

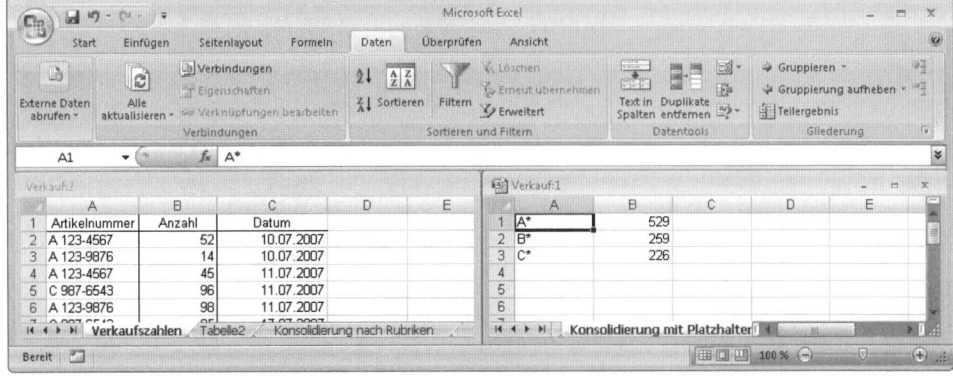

Platzhalter verwenden

Bei der Angabe der Rubriken gibt es noch weitere Möglichkeiten. Sie können mehrere Rubrikenarten durch die Angabe von Platzhaltersymbolen, wie * und ?, zusammenfassen. Ein Sternchen steht für beliebig viele Zeichen, ein Fragezeichen für ein beliebiges Zeichen.

In der folgenden Abbildung ist im linken Fenster wieder die Verkaufstabelle zu sehen. Im rechten Fenster wurden die Rubriken für die Konsolidierung geändert. Die Zeilen sind jetzt mit A*, B* und C* vorbesetzt. Der Stern als Platzhaltersymbol steht für beliebig viele Zeichen. In unserem Fall werden alle Rubriken, deren erstes Zeichen mit dem ersten Zeichen der Zeilenbeschriftung übereinstimmt, konsolidiert.

Bild 30.18   Beispiel für die Konsolidierung mit Platzhaltersymbolen

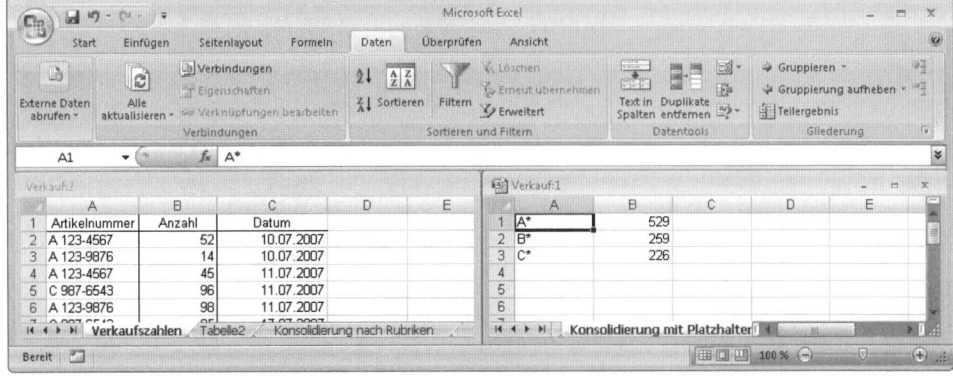

Markieren Sie vor der Konsolidierung die drei Zellen und rufen Sie dann erst das Dialogfeld zur Konsolidierung auf.

Zusammenfassung

In diesem Kapitel haben Sie einige der fortgeschritteneren Funktionen von Excel kennengelernt, mit denen sich Zellen über die Grenzen eines Tabellenblatts hinaus verknüpfen lassen und mit denen Sie Daten, die sich in unterschiedlichen Tabellenblättern befinden, auf einem weiteren zusammenfassen und konsolidieren können.

■ Am Anfang des Kapitels haben Sie an Beispielen gesehen, wie Sie Zellverknüpfungen zwischen verschiedenen Tabellenblättern der gleichen Arbeitsmappe (Seite 526) und zu Tabellenblättern in anderen Arbeitsmappen (Seite 527) erstellen können.

■ Falls die Daten, auf die sich die Verknüpfung bezieht, in eine andere Mappe oder in ein anderes Blatt verschoben werden, können Sie eine andere Quelle angeben (Seite 530).

■ An einem Beispiel haben Sie gesehen, wie Sie Verknüpfungen auch in Funktionen einsetzen können (Seite 531).

■ Mit einem 3D-Bezug können Sie in einer Anweisung eine Zelle aus mehreren Arbeitsmappen referenzieren (Seite 532).

■ Die Konsolidierung ermöglicht es Ihnen, schnell Summen, Mittelwerte und statistische Berechnungen auch über mehrere Arbeitsblätter hinweg durchzuführen (Seite 533). In den verschiedenen Abschnitten dieses Teils des Kapitels haben Sie gesehen, wie Sie nach Position (Seite 533) und nach Rubriken (Seite 535) konsolidieren können und wie Sie beim Konsolidieren Platzhalter verwenden (Seite 537).

Kapitel 31

Diagramme erstellen

Excel 2007

In diesem Kapitel:

Diagramme helfen dabei, viele oder unübersichtliche Werte grafisch darzustellen und somit überschaubarer und verständlicher zu machen. Für die Darstellung prozentualer Verteilungen oder zeitlicher Verläufe sind Diagramme nahezu unverzichtbar, denn eine Zahlenreihe ist für einen menschlichen Betrachter bei weitem nicht so aussagekräftig wie eine steigende oder fallende Linie.

In diesem Kapitel zeigen wir Ihnen zunächst, wie Sie dank der neuen Benutzeroberfläche von Excel 2007 mit wenig Aufwand professionelle Diagramme erstellen können. Anschließend erklären wir, wie sich die einzelnen Bestandteile eines Diagramms verändern lassen, um seine Wirkung zu optimieren.

Diagramme einfügen

Mit Excel ist das Erstellen eines Diagramms eine Sache von wenigen Minuten. Ihre Aufgabe beschränkt sich dabei im Wesentlichen auf das Markieren der zugrunde liegenden Daten und die Wahl eines geeigneten Diagrammtyps. In einem zweiten Schritt können Sie dann das Diagramm optimieren, indem Sie zum Beispiel Formatierungsmerkmale ändern, Achsen hinzufügen oder entfernen usw.

1.   Öffnen Sie die Übungsdatei *Kreisdiagramm* und zeigen Sie das Arbeitsblatt *2007* an.

2.   Markieren Sie den Zellbereich, in dem sich die Daten befinden, aus denen Sie ein Diagramm erstellen wollen. Beachten Sie, dass Sie dabei nicht nur die Zahlenwerte, sondern auch die zugehörigen Beschriftungen auswählen. Falls die Daten in Form einer Excel-Tabelle vorliegen (wie in unserer Übungsdatei), genügt es, eine beliebige Zelle der Tabelle anzuklicken.

3.   Wechseln Sie auf die Registerkarte *Einfügen*. Hier finden Sie in der Gruppe *Diagramme* mehrere Schaltflächen, mit denen Sie verschiedene Diagrammtypen einfügen können. In den Ausklappmenüs der Schaltflächen werden die möglichen Variationen des jeweiligen Typs angezeigt. Dort können Sie z.B. zwischen einer zwei- oder einer dreidimensionalen Darstellung wählen.

Bild 31.1   Für jeden Diagrammtyp existieren mehrere Variationen

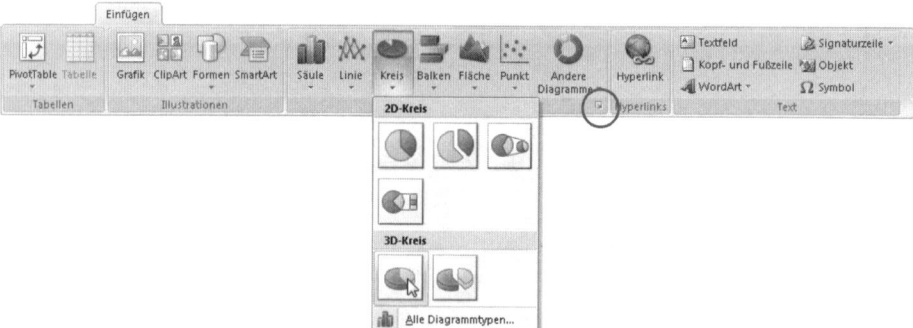

4.   Wenn Sie lieber eine Liste mit sämtlichen Diagrammtypen anzeigen wollen, klicken Sie auf die kleine quadratische Schaltfläche rechts unten in der Gruppe *Diagramme* (sie ist oben im Bild durch einen Kreis markiert).

Bild 31.2   In diesem Dialogfeld werden alle Diagrammtypen angezeigt

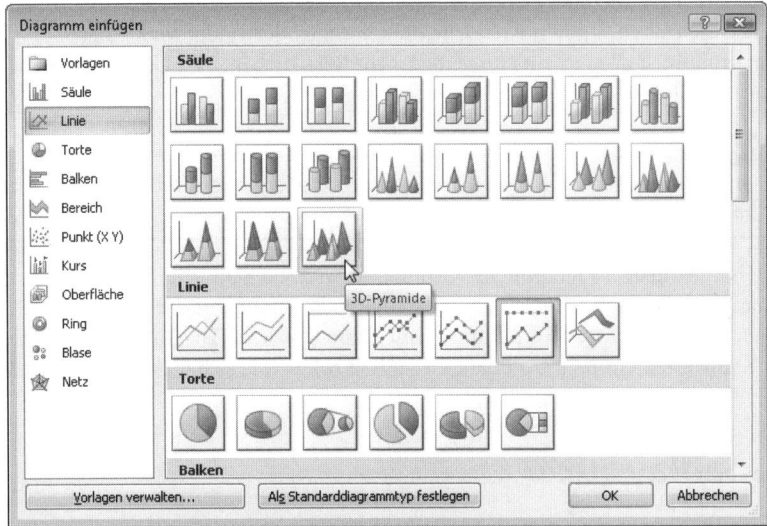

HINWEIS   **Diagrammtyp**   Sie können den gewählten Diagrammtyp auch im Nachhinein noch verändern, falls Sie sich später für eine andere Form der Darstellung entscheiden.

5.   Wählen Sie über das Dialogfeld *Diagramm einfügen* oder eines der Ausklappmenüs einen Diagrammtyp aus. Excel fügt das neue Diagramm dann direkt auf dem aktuellen Arbeitsblatt ein. In der Übungsdatei befindet sich dieses Diagramm auf dem Arbeitsblatt *2007, fertig*.

Bild 31.3   Das neue Diagramm in der von Excel gelieferten Rohfassung. Beachten Sie, dass in der Multifunktionsleiste drei neue Registerkarten aufgetaucht sind

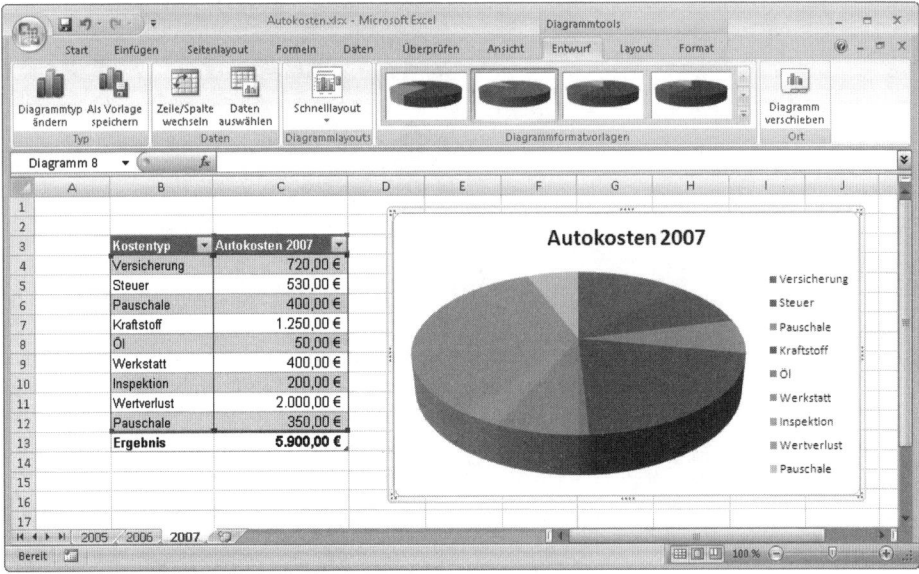

6.   Schieben Sie das Diagramm an eine geeignete Position auf dem Blatt. Am besten fassen Sie
     dazu den Rahmen des Diagramms an. Mit dessen Anfassern (das sind die kleinen Pünktchen)
     lässt sich das Diagramm natürlich auch vergrößern oder verkleinern. Sie können das Dia-
     gramm auch auf ein anderes Arbeitsblatt verschieben. Wie das funktioniert beschreiben wir
     auf der Seite 544.

HINWEIS   Zwischen dem Diagramm und den Daten, auf denen es basiert, besteht weiterhin
eine Verbindung. Das heißt, wenn Sie die zugrundeliegenden Daten ändern, wird das Diagramm
automatisch angepasst.

Damit ist das neue Diagramm im Grunde genommen schon fertig. Wir wollen trotzdem noch
etwas an seinem Layout und seinem Aussehen feilen, denn auf der Registerkarte *Entwurf* befinden
sich noch zwei effektive Funktionen, mit denen Sie ein Diagramm bei minimalem Aufwand
optisch aufwerten können. Und die Gelegenheit sollten Sie sich nicht entgehen lassen.

Schnelllayout

Jedes Excel-Diagramm besteht aus verschiedenen Elementen wie zum Beispiel einem Titel, einer
Legende, Beschriftungen usw. Wie Sie im weiteren Verlauf des Kapitels noch sehen werden, können Sie jedes dieser Elemente separat verändern. Oft ist dies jedoch gar nicht nötig, denn Excel bietet Ihnen mit den so genannten *Schnelllayouts*, eine ganze Palette fertiger Alternativdarstellungen
an.

Um ein Schnelllayout anzuwenden, gehen Sie folgendermaßen vor:

1.   Markieren Sie das Diagramm und zeigen Sie die Registerkarte *Entwurf* an.

2.   Klicken Sie auf die Schaltfläche *Schnelllayout.*

Bild 31.4   Art und Umfang der Layoutvorschläge hängen vom Diagrammtyp ab

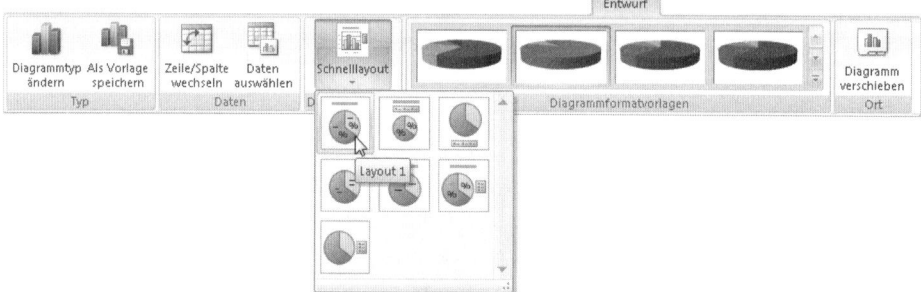

3.   Wählen Sie eines der angebotenen Layouts aus. Leider zeigt Excel hier keine Livevorschau an
     und auf den kleinen Vorschaugrafiken des Ausklappmenüs ist es manchmal recht schwierig,
     die Details der Layouts zu erkennen.

Bild 31.5   Die Legende des Diagramms wurde durch Beschriftungen ersetzt

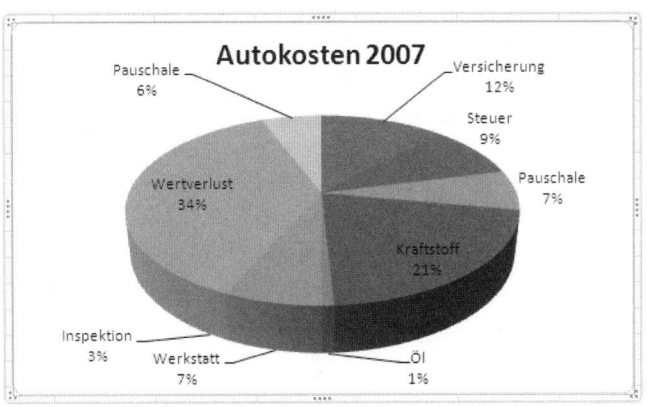

Diagrammformatvorlagen

Nachdem Sie nun den Typ und das Layout des Diagramms festgelegt haben, können Sie jetzt noch seine farbliche Gestaltung verändern. Dies lässt sich am einfachsten und schnellsten über die *Diagrammformatvorlagen* erledigen, die Sie ebenfalls auf der Registerkarte *Entwurf* zuweisen können.

Wenn Sie das Auswahlmenü der Diagrammformatvorlagen öffnen, werden Sie feststellen, dass dort in jeder Spalte eine andere Farbpalette angeboten wird. Die einzelnen Zeilen ergänzen die Optik mit weiteren Effekten (z.B. Beleuchtung).

Bild 31.6   Diagrammformatvorlagen haben Einfluss auf Farben und Effekte

Diagramm auf anderes Arbeitsblatt verschieben

Wenn Sie möchten, können Sie das neue Diagramm noch auf ein anderes bzw. auf ein neues Arbeitsblatt verschieben. Gehen Sie dazu folgendermaßen vor:

1. Markieren Sie das Diagramm und klicken Sie in der Registerkarte *Entwurf* auf die Schaltfläche *Diagramm verschieben.*

Bild 31.7   Diagramm auf ein neues Arbeitsblatt verschieben

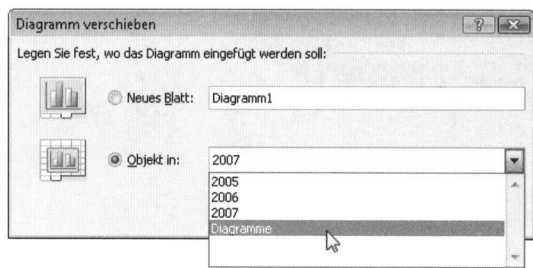

2. Nehmen Sie die gewünschten Einstellungen vor und bestätigen sie mit *OK*.

Diagrammelemente auswählen

Wie wir bereits weiter oben gesagt haben, können Sie viele der Komponenten, aus denen ein Diagramm zusammengesetzt ist, nachträglich ändern oder ihre Formatierung auf andere Merkmale einstellen. Vor dem Formatieren müssen Sie natürlich zuerst das entsprechende Diagrammelement markieren. Dazu haben Sie zwei verschiedene Möglichkeiten:

■   Sie klicken das gewünschte Element direkt im Diagramm an. Dieses Verfahren eignet sich jedoch nicht für alle Teile eines Diagramms, da einige Elemente nur schwer mit der Maus zu treffen sind.

■   Alternativ verwenden Sie die Registerkarte *Layout,* deren Gruppe *Aktuelle Auswahl* ein Listenfeld enthält, mit dem Sie die Elemente auswählen können.

Wenn ein Element im Diagramm mehrfach auftritt, werden in der Regel zunächst alle Vorkommen markiert. Das ist zum Beispiel bei Datenbeschriftungen oder auch bei Datenreihen der Fall. Wollen Sie nur ein bestimmtes Element markieren, müssen Sie es anschließend noch einmal explizit anklicken.

Beispiel: Tortenstück herausziehen

Ein typischer Anwendungsfall, bei dem Sie nur ein Element aus einer Gruppe markieren müssen, ist das Herausziehen eines Segments aus einem Kreisdiagramm:

1. Klicken Sie das gewünschte Diagramm an und wählen Sie auf der Registerkarte *Layout* in der Gruppe *Aktuelle Auswahl* den Eintrag *Reihen "xy".* Danach sind alle Segmente des Kreises markiert.

2. Klicken Sie das gewünschte Segment direkt im Diagramm an und achten Sie dabei darauf, dass Sie nicht in der Nähe einer eventuell vorhandenen Datenbeschriftung klicken. Anschließend ist nur noch das eine Segment markiert.

3. Ziehen Sie das markierte Segment mit der Maus ein Stück aus dem Kreis.

Bild 31.8   Einzelne Elemente können nur im Diagramm markiert werden

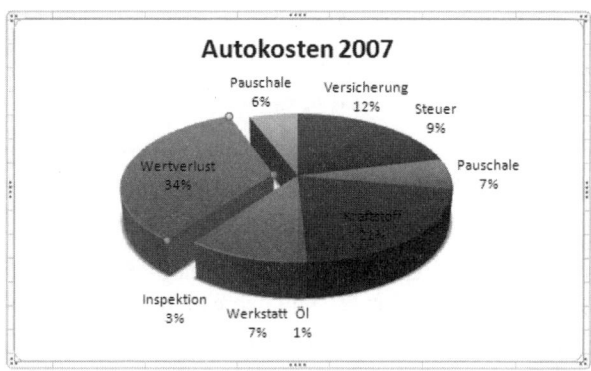

Beschriftung ändern

In jedem Diagramm sind diverse Beschriftungen enthalten, die Sie individuell positionieren und formatieren können. In diesem Abschnitt geht es zunächst darum, wie Sie die verschiedenen Beschriftungen ein- und ausschalten und wie Sie sie auf dem Diagramm anordnen können. Im weiteren Verlauf des Kapitels erfahren Sie dann noch, wie sich die Darstellung der Texte verändern lässt.

Alle in diesem Abschnitt vorgestellten Befehle finden Sie auf der Registerkarte *Layout* in der Gruppe *Beschriftungen*.

Bild 31.9   Hier können Sie die Sichtbarkeit und Position der Texte steuern

Position des Diagrammtitels ändern

Wenn das Diagramm bereits einen Titel enthält, können Sie ihn jederzeit mit der Maus verschieben oder ihn mit der Entf-Taste löschen (natürlich nachdem Sie ihn zuvor markiert haben). Wie sich der Rest des Diagramms beim Verschieben bzw. Löschen des Titels verhält, hängt davon ab, ob der Titel das Diagramm überlagert oder ob er sich den Diagrammbereich, also den Rahmen, in den das Diagramm eingefasst ist, teilt.

Über das Auswahlmenü der Schaltfläche *Diagrammtitel* können Sie zwischen den drei verschiedenen Darstellungsarten wechseln:

- **Keine**   Blenden den Diagrammtitel aus.

- **Zentrierter Überlagerungstitel**   Der Titel kann das Diagramm überlappen. Die Größe des Diagramms ist dadurch unabhängig von der Größe des Titels.

- **Über Diagramm**   Titel und Diagramm können sich nicht überlappen, sondern müssen sich den Platz innerhalb des Rahmens teilen. Wenn Sie den Titel vergrößern (z.B. indem Sie Text ergänzen oder die Schrift vergrößern), wird das Diagramm automatisch entsprechend verkleinert.

Achsentitel bearbeiten

Mit Ausnahme der Kreis-, Ring- und Netzdiagrammtypen haben in Excel alle Diagramme Achsen. Excel bezeichnet die horizontale (waagerechte) Achse eines Diagramms auch als *Kategorienachse* (früher: *Rubrikenachse*) und die vertikale (senkrechte) Achse als *Wertachse* (früher: *Größenachse*).

Jede Achse kann neben ihrer Beschriftung auch einen Titel besitzen, dessen Sichtbarkeit und Positionierung mit der Schaltfläche *Achsentitel* gesteuert wird.

Bild 31.10   Einstellen eines Titels für eine vertikale (senkrechte) Achse

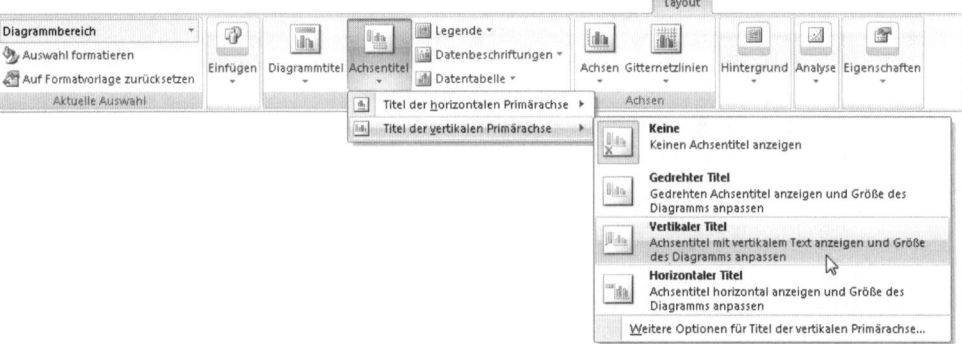

Primär- und Sekundärachse

In dem Ausklappmenü der Schaltfläche Achsentitel taucht der Begriff Primärachse auf, der sicherlich nicht jedem geläufig ist. Die Verwendung dieses Begriffs ist unserer Meinung nach bei Standarddiagrammen auch überflüssig. Von einer Primärachse zu sprechen macht eigentlich erst dann Sinn, wenn das Diagramm auch eine Sekundärachse besitzt.

Bei einer Sekundärachse handelt es sich um eine zusätzliche Achse, auf der die Werte einer Datenreihe angezeigt werden können, die einen abweichenden Datentyp oder einen anderen Maßstab als die übrigen Datenreihen besitzen.

Legende

Häufig sind die Daten eines Diagramms nicht direkt beschriftet, sondern es gibt eine Legende, in der die Bedeutung der verschiedenen Farben erläutert ist. Ihre Position steuern Sie über die Schaltfläche *Legende*, die sich ebenfalls auf der Registerkarte *Layout* in der Gruppe *Beschriftungen* befindet. Ähnlich wie beim Diagrammtitel, können Sie auch bei der Legende entscheiden, ob sie das Diagramm überlagern darf oder nicht.

Neben der Position können Sie aber auch die Größe der Legende beeinflussen. Ziehen Sie dazu einfach den Rahmen der Legende auf das gewünschte Format. Excel passt dann die Anordnung der einzelnen Elemente an den neuen Rahmen an und ändert dabei sowohl die Schriftgröße als auch die Zeilen- und Spaltenanzahl. Vorsicht: Wenn Sie den Rahmen zu klein machen, zeigt Excel die Elemente der Legende nicht mehr vollständig an!

Bild 31.11 Der Rahmen der Legende lässt sich mit der Maus verändern. Bevor der Rahmen vergrößert wurde, war die Legende zweizeilig und die einzelnen Elemente standen zu nahe beieinander

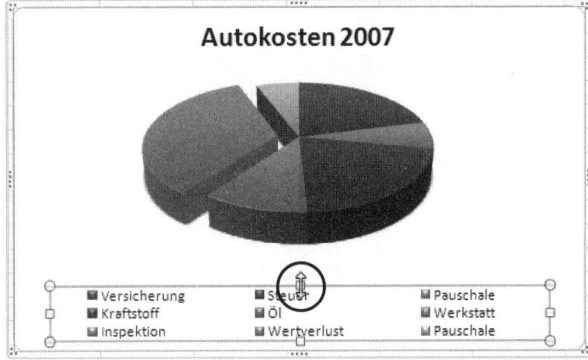

Datenbeschriftungen

Wenn in einem Diagramm die einzelnen Werte einer Datenreihe angezeigt werden, wird dies als *Datenbeschriftung* bezeichnet. Die optimale Positionierung dieser Beschriftungen hängt nicht nur vom Typ des Diagramms ab, sondern auch von seiner farblichen Darstellung. Wenn Sie zum Beispiel beim Tortendiagramm aus dem obigen Bild die Beschriftung auf den einzelnen Segmenten anzeigen lassen würden, wären sie – besonders auf den dunklen Flächen – nur schwer lesbar. In diesem Fall wäre es sicher sinnvoller, die Werte außerhalb der Grafik zu positionieren.

1. Markieren Sie das Diagramm und zeigen Sie die Registerkarte *Layout* an.

2. Klicken Sie in der Gruppe *Beschriftungen* auf *Datenbeschriftungen* und wählen Sie die Variante *Ende außerhalb*.

3. Falls Excel nicht alle Elemente optimal positionieren konnte, klicken Sie die Elemente an und ziehen sie dann mit der Maus an die gewünschte Stelle.

Bild 31.12 Eventuell müssen Sie einzelne Beschriftungen etwas verschieben

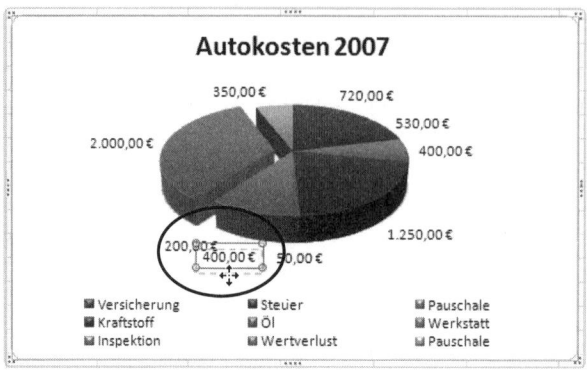

Sie können aber nicht nur die Position einer Datenbeschriftung steuern, sondern auch den Inhalt:

1. Wählen Sie das gewünschte Diagramm aus und achten Sie darauf, dass entweder kein Datenbeschriftungselement markiert ist oder aber alle.

2. Klicken Sie auf die Schaltfläche *Datenbeschriftungen* und rufen Sie den Befehl *Weitere Datenbeschriftungsoptionen* auf. Excel zeigt dann das Dialogfeld *Datenbeschriftungen formatieren* an. Alle Einstellungen, die Sie hier vornehmen, werden direkt im Diagramm angezeigt, ohne dass Sie dazu das Dialogfeld schließen müssen.

Bild 31.13 Hier können Sie den Inhalt der Datenbeschriftung festlegen

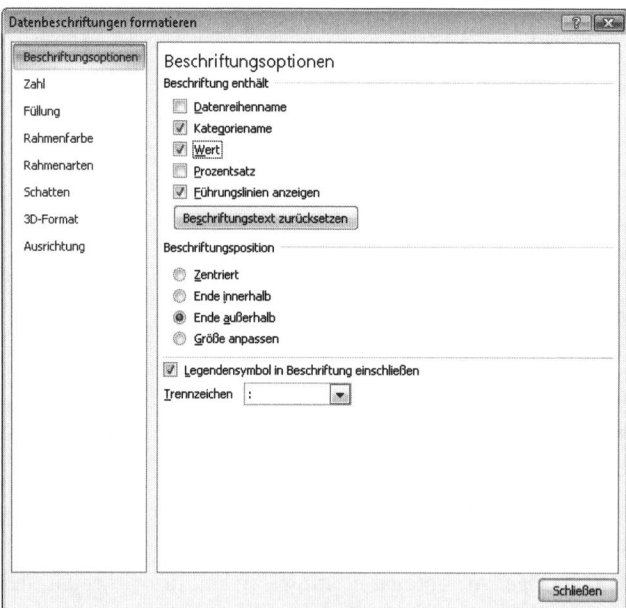

3. Mit den Optionen der Gruppe *Beschriftung enthält* können Sie bestimmen, welche Informationen in die Beschriftung aufgenommen werden. Im abgebildeten Beispiel soll nicht nur der Wert, sondern auch der Name der Kategorie angezeigt werden.

4. Die nächste Gruppe ist für die Positionierung der Beschriftungen verantwortlich und korrespondiert mit den Befehlen der Schaltfläche *Datenbeschriftungen,* die Sie weiter oben bereits kennen gelernt haben.

5. Bei Bedarf können Sie auch das Legendensymbol mit in die Beschriftung aufnehmen. Ob dies der Übersichtlichkeit zugute kommt, lässt sich nicht allgemein sagen, sondern hängt vom konkreten Diagramm ab.

6. Wenn Sie in Schritt 3 mehrere Elemente für die Beschriftung ausgewählt haben, können Sie mit dem Listenfeld *Trennzeichen* festlegen, wie die einzelnen Elemente von einander getrennt werden sollen. Sie sind jedoch nicht auf das Angebot des Listenfeldes beschränkt, sondern können auch eigene Zeichen (auch mehrere) in das Feld eintragen.

   Falls Ihre Beschriftung jetzt zuviel Raum im Diagramm beansprucht, können Sie unter Umständen etwas Platz schaffen, indem Sie das Zahlenformat ändern und zum Beispiel auf die Anzeige von Nachkommastellen verzichten.

7. Wechseln Sie dazu im Dialogfeld in die Rubrik *Zahl.*

Bild 31.14   Entfernen der Nachkommastellen

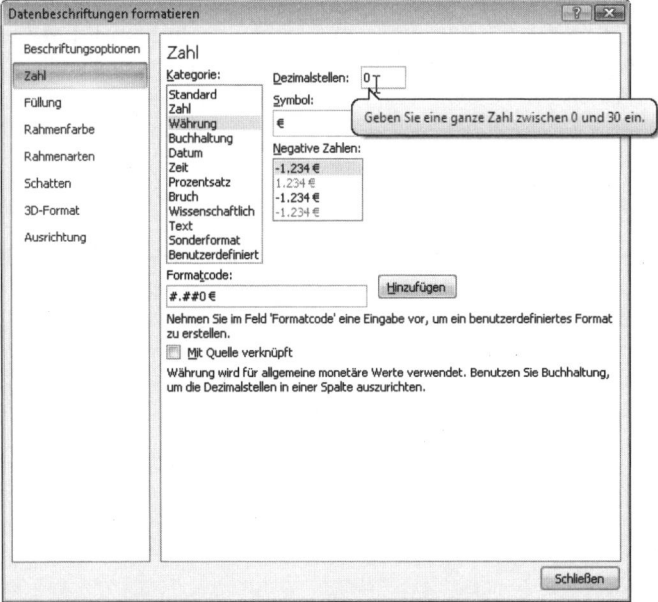

8. Wählen Sie die Kategorie *Währung,* geben Sie im Feld *Dezimalstellen* eine Null ein und schließen Sie das Dialogfeld.

9. Falls Sie sich entschieden haben, den Kategorienamen in die Datenbeschriftung aufzunehmen, können Sie die Legende aus dem Diagramm entfernen. Klicken Sie die Legende dazu an und drücken Sie Entf .

10. Eventuell müssen Sie in einzelnen Beschriftungsrahmen noch manuelle Zeilenumbrüche einfügen. Dazu klicken Sie ein bereits markiertes Beschriftungsfeld erneut an, bis der Rahmen zu einer gestrichelten Linie wird. Jetzt können Sie die Beschriftung wie einen normalen Text bearbeiten (und sogar formatieren).

Bild 31.15   Der Text der Datenbeschriftung lässt sich auch direkt editieren

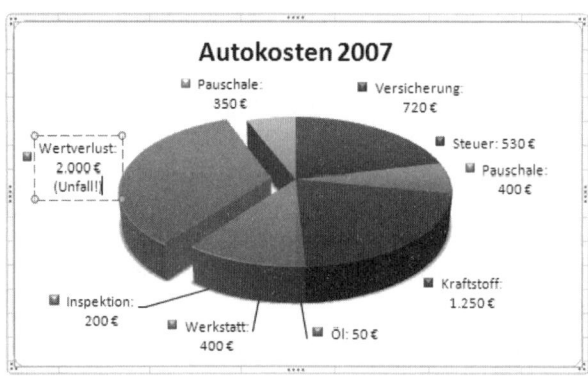

Achsen bearbeiten

Seit Excel 2007 ist die Bezeichnung der Diagrammachsen endlich auch für Anwender nachvollziehbar, die sich nicht tagtäglich mit Excel beschäftigen. Sie werden nun schlicht *horizontale Achse*, *vertikale Achse* und *Tiefenachse* genannt.

Primär- und Sekundärachsen

Für leichte Verwirrung sorgt höchstens noch der Begriff *Primärachsen*, mit dem die normalen Diagrammachsen gemeint sind. Wie wir weiter vorne auf Seite 546 schon kurz erwähnt haben, lassen sich Diagramme mit zusätzlichen Achsen – den so genannten *Sekundärachsen* – ausstatten, auf denen für einzelne Datenreihen eine separate Skalierung vorgenommen werden kann. Das folgende Diagramm enthält z.B. neben den beiden Datenreihen *Hardware* und *Software*, deren Werte Geldbeträge darstellen, noch die Datenreihe *Stunden*.

Bild 31.16   Die Werte der Datenreihen besitzen unterschiedliche Einheiten

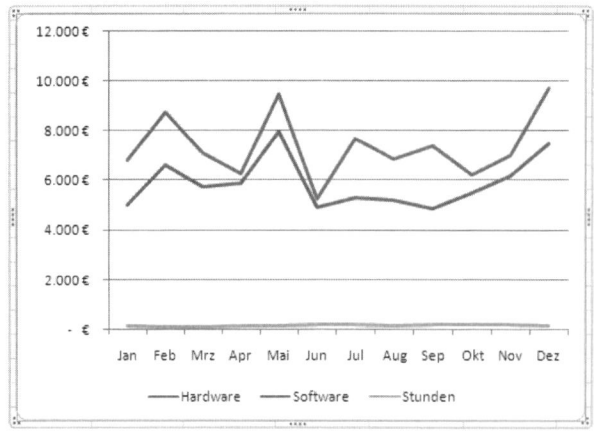

In dieser Form ist das Diagramm natürlich noch nicht zu gebrauchen. Um das Diagramm mit einer Sekundärachse auszustatten, gehen Sie wie folgt vor:

1. Öffnen Sie die Übungsdatei *Sekundärachse* und zeigen Sie das Arbeitsblatt *Start* an.

2. Markieren Sie das Diagramm und zeigen Sie die Registerkarte *Layout* an.

3. Wählen Sie in der Gruppe *Aktuelle Auswahl* den Eintrag *Reihen "Stunden"*.

Bild 31.17   Auswählen der gewünschten Datenreihe des Diagramms

4. Klicken Sie dann in der Gruppe *Aktuelle Auswahl* auf *Auswahl formatieren*.

5. Schalten Sie in der Rubrik *Reihenoptionen* die Option *Sekundärachse* ein.

6. Wechseln Sie in die Rubrik *Markierungsoptionen* und wählen Sie dort eine Einstellung, die sich von denen der anderen Datenreihen unterscheidet. Schließen Sie dann das Dialogfeld.

7. Versehen Sie die Sekundärachse mit einem Titel, indem Sie in der Registerkarte *Layout* auf die Schaltfläche *Achsentitel* klicken, im Ausklappmenü auf *Titel der vertikalen Sekundärachse* zeigen und dann im Untermenü eine der angebotenen Varianten auswählen.

8. Klicken Sie den neuen Achsentitel an und ändern Sie seinen Text sinnvoll ab.

Bild 31.18   Die Stunden werden auf der neuen Sekundärachse ausgegeben. Die Datenreihe wird zusätzlich durch eine Markierungsoption (Rauten) hervorgehoben

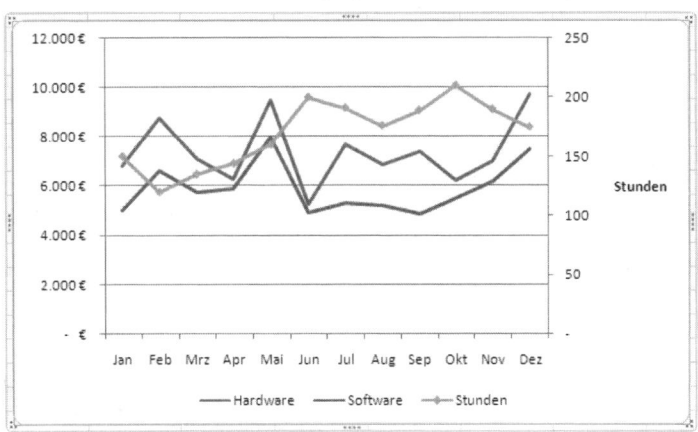

Skalierung der Achsen ändern

Die automatische Skalierung der Diagrammachsen lässt sich bei Bedarf nachträglich ändern, wobei Sie nahezu alle Aspekte beeinflussen können. Egal ob Sie einen neuen Maximalwert festlegen wollen, ob Sie den Nullpunkt verschieben oder eine logarithmische Skalierung wünschen – Excel macht's möglich.

1. Markieren Sie das Diagramm und zeigen Sie die Registerkarte *Layout* an.

2. Klicken Sie in der Gruppe *Achsen* auf die Schaltfläche *Achsen* und öffnen Sie das Untermenü der gewünschten Achse. Dort wählen Sie den Befehl *Weitere Optionen für ...*

Bild 31.19   Ändern der automatischen Skalierung

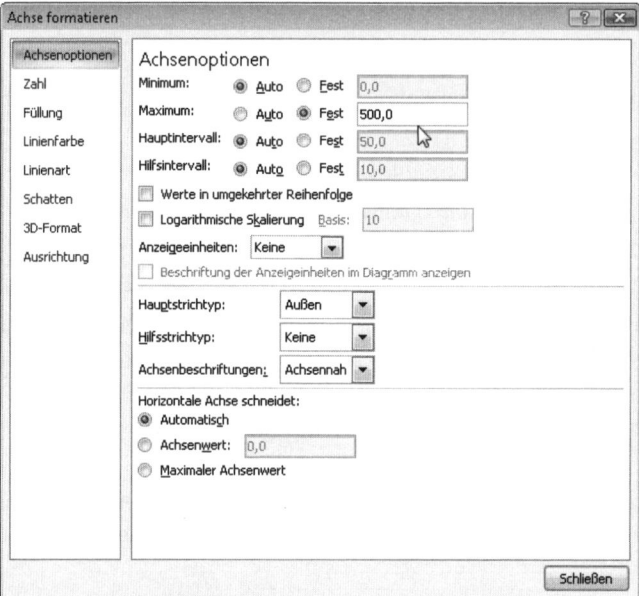

3. Nehmen Sie die gewünschten Änderungen im Dialogfeld vor. Vorsicht: Ihre Einstellungen wirken sich direkt auf das Diagramm aus!

4. Schließen Sie das Dialogfeld wieder.

Im nächsten Bild sehen Sie das Diagramm aus Bild 31.18, bei dem wir die Skalierung der Sekundärachse geändert haben, damit die Linie der Datenreihe *Stunden* etwas nach unten rutscht. Diese Fassung des Diagramms finden Sie in der Übungsdatei *Sekundärachse* auf dem Arbeitsblatt *Skalierung*.

HINWEIS   Das Dialogfeld *Achse formatieren* können Sie auch aufrufen, indem Sie die gewünschte Achse mit der rechten Maustaste anklicken und im Kontextmenü den Befehl *Achse formatieren* aufrufen.

Bild 31.20   Ändern der automatischen Skalierung

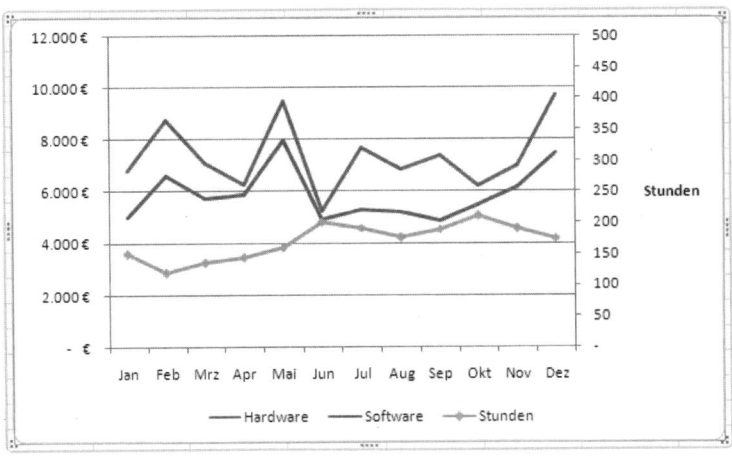

Gitternetzlinien

Gitternetzlinien können nicht nur Tabellen, sondern auch Diagramme übersichtlicher machen, denn mit ihrer Hilfe lassen sich die Werte der Datenpunkte leichter ablesen. Excel unterscheidet dabei für jede Achse zwischen dem *Hauptgitternetz* und dem feiner unterteilten *Hilfsgitternetz*.

Um für ein Diagramm festzulegen, ob und wie viele senkrechte und/oder waagerechte Gitternetzlinien angezeigt werden, gehen Sie folgendermaßen vor:

1. Markieren Sie das betreffende Diagramm.

2. Klicken Sie in der Gruppe *Achsen* auf die Schaltfläche *Gitternetzlinien*. Ihr Menü enthält für jede Achse des Diagramms einen Befehl, mit dessen Untermenü Sie das gewünschte Gitternetz ein- oder ausschalten können.

Bild 31.21   Gitternetzlinien können für jede Achse separat konfiguriert werden

3. Falls Sie auch die Darstellung der Linien ändern möchten, wählen Sie in dem betreffenden Untermenü den Befehl *Weitere Optionen für ...*

Bild 31.22 Einstellen der Linienart für das Gitternetz

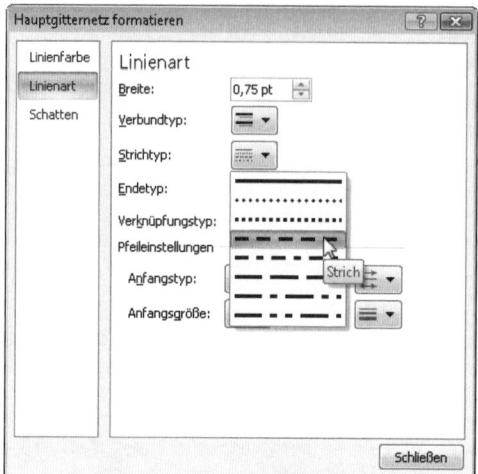

4. In diesem Dialog können Sie diverse Einstellungen für die Linien des Gitternetzes vornehmen. Die Änderungen werden wie gewohnt direkt umgesetzt.

5. Wenn Sie noch für andere Achsen das Gitternetz bearbeiten möchten, können Sie die betreffenden Linien auch direkt im Diagramm anklicken, ohne zuvor das Dialogfeld zu schließen. Im Dialog werden dann die Optionen des ausgewählten Gitternetzes angezeigt.

6. Schließen Sie den Dialog, wenn Sie mit dem Ergebnis zufrieden sind.

Die im folgenden Bild dargestellte Endfassung des Diagramms finden Sie in der Übungsdatei *Sekundärachse* auf dem Arbeitsblatt *Ziel*.

Bild 31.23 Das Diagramm wurde um ein Gitternetz für die horizontale Achse ergänzt. Um dieses Gitternetz nicht zu sehr in den Vordergrund treten zu lassen, sind seine Linien gestrichelt

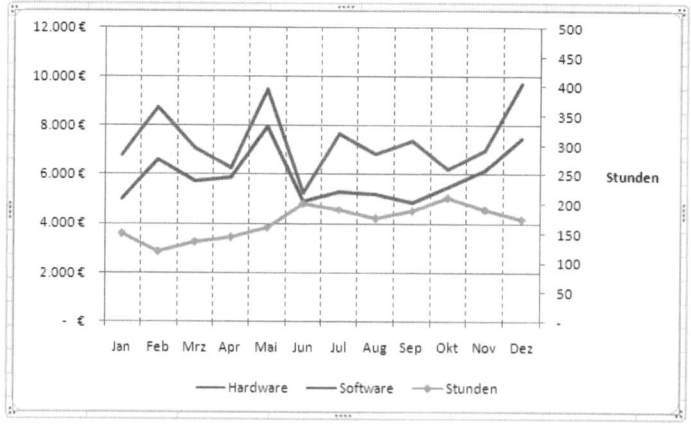

Die Registerkarte *Format*

Wenn Ihnen die Gestaltungsmöglichkeiten, die Ihnen die Funktionen der beiden Registerkarten *Entwurf* und *Layout* bieten, noch nicht genügen, sollten Sie einen Blick auf die Registerkarte *Format* werfen. Hier finden Sie eine nahezu unüberschaubare Fülle von Funktionen, mit denen Sie die Form und Farbgebung aller Diagrammelemente manipulieren können: Farbverläufe, 3D-Effekte, Schatten, Beleuchtung, Kantengestaltung etc. etc.

Bild 31.24   Die Registerkarte *Format*

Diese Vielfalt birgt natürlich auch die Gefahr, sich zu verzetteln. Ob sich die Zeit, die Sie benötigen, um Ihr Diagramm mit optischen Finessen auszustatten, am Ende des Tages wirklich lohnt, müssen Sie letztendlich selbst entscheiden.

Am Beispiel eines Diagramms, das mit einem ansprechenden Rahmen versehen werden soll, wollen wir die Vorgehensweise beim Formatieren eines Diagrammelements kurz skizzieren:

1. Öffnen Sie die Übungsdatei *Diagramme formatieren* und zeigen Sie das Arbeitsblatt *Start* an.

2. Markieren Sie das Diagramm und holen Sie die Registerkarte *Format* nach vorne.

3. Wählen Sie den Diagrammbereich aus, indem Sie ihn direkt im Diagramm anklicken (das ist der Hintergrund des Diagramms) oder auf der Registerkarte im Listenfeld der Gruppe *Aktuelle Auswahl* einstellen.

4. Öffnen Sie den Auswahlkatalog der Gruppe *Formenarten* und wählen Sie eine Variante aus der ersten Reihe, die mit Ihrem Diagramm harmoniert.

Bild 31.25   Die Formen der ersten Zeile besitzen keine Füllung

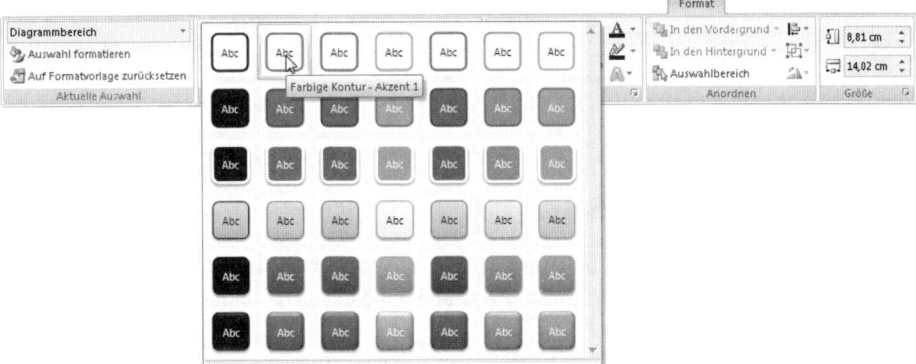

5. Klicken Sie anschließend noch auf die Schaltfläche *Formeffekte* und ändern Sie die Art der Abschrägung für den Rahmen.

Bild 31.26   Ändern der Abschrägung

6. Wenn Sie den Rahmen noch etwas dicker machen wollen, klicken Sie auf *Formkontur* und wählen dort die gewünschte Strichstärke aus.

Der fertige Diagrammrahmen könnte anschließend zum Beispiel so aussehen:

Bild 31.27   Der fertige Rahmen des Diagramms

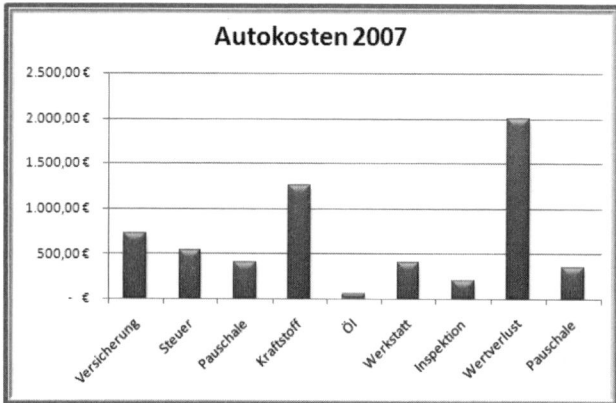

Zusammenfassung

In diesem Kapitel haben Sie gesehen, wie Sie mit einem Diagramm viele oder unübersichtliche Zahlenwerte überschaubar und verständlich darstellen können.

- Zuerst haben Sie gelernt, wie Sie ohne viel Aufwand schnell und einfach ein professionelles Diagramm aus den Daten einer Excel-Tabelle erstellen können (Seite 540).

- Mit Hilfe der Schnelllayouts können Sie die Anordnung von Titel, Datenbeschriftung und Legende eines Diagramms mit wenigen Mausklicks ändern (Seite 542).

- Die farbliche Gestaltung Ihrer Diagramme ändern Sie am schnellsten durch Auswahl einer Diagrammformatvorlage (Seite 543).

- Diagramme werden standardmäßig auf dem aktuellen Arbeitsblatt erstellt. Sie können jedoch problemlos auf andere Arbeitsblätter verschoben werden (Seite 544).

- Nahezu jedes Element eines Diagramms lässt sich separat positionieren und formatieren. So können Sie zum Beispiel ein Segment aus einem Kreisdiagramm herausziehen, um es optisch zu betonen. Die dazu notwendige Auswahl des gewünschten Elements kann entweder direkt im Diagramm oder über die Registerkarte *Layout* erfolgen (Seite 544).

- Diagramme können folgende Beschriftungen enthalten: Diagrammtitel, Legende, Achsentitel und Datenbeschriftungen. Auch diese Elemente lassen sich getrennt formatieren (Seite 545).

- Diagramme lassen sich mit zusätzlichen Achsen – den Sekundärachsen – ausstatten, um unterschiedliche Maßstäbe für verschiedene Datenreihen zu realisieren (Seite 550). Die Skalierung der Achsen lässt sich individuell vorgeben (Seite 552).

- Gitternetzlinien helfen beim Ablesen der Datenwerte und können für jede Achse separat konfiguriert werden (Seite 553).

- Auf der Registerkarte *Format* befindet sich eine Fülle von Funktionen, mit denen sich Diagramme individuell formatieren lassen. Natürlich ist dazu ein höherer Zeitaufwand erforderlich, als bei Verwendung der Schnelllayouts und Diagrammformatvorlagen (Seite 555).

Excel 2007

Kapitel 32

Arbeitsmappen drucken und veröffentlichen

In diesem Kapitel:

Nachdem Sie die Bearbeitung einer Excel-Arbeitsmappe abgeschlossen haben, besteht der letzte Schritt oft darin, sie anderen verfügbar zu machen. In den meisten Fällen werden Sie die gewünschten Tabellenblätter und Daten ausdrucken. Dieses Kapitel zeigt, wie Sie festlegen, welche Bereiche eines Tabellenblatts ausgedruckt werden sollen, wie Sie eine Kopf- und/oder Fußzeile definieren und wie Sie die verschiedenen Druckoptionen konfigurieren.

Mit Office 2007 können Sie Ihre Tabellenblätter auch in eine PDF-Datei »drucken«, die mit Adobe Acrobat Reader gelesen werden kann. Dies eignet sich besonders gut für das Weiterleiten einer Arbeitsmappe als E-Mail-Anlage oder für die Veröffentlichung auf einer Website. Das Erstellen von PDF-Dateien ist bei allen Office 2007-Anwendungen gleich; wie Sie das entsprechende Add-In für Office 2007 herunterladen und verwenden ist ausführlich in Kapitel 5 dieses Buches beschrieben.

Druckbereich festlegen

Wenn Sie die *Office-Schaltfläche* anklicken und dann im Menü den Befehl *Drucken* auswählen, druckt Excel standardmäßig das gesamte Tabellenblatt aus. Bei kleinen Kalkulationstabellen, die bequem auf einer Seite Platz finden, ist das auch nicht weiter störend. Anders sieht es jedoch bei umfangreichen Kalkulationen aus oder wenn Sie ganz gezielt nur einen bestimmten Teil einer Tabelle ausdrucken möchten.

In diesen Fällen können Sie einen sogenannten *Druckbereich* festlegen, mit dem Sie Excel mitteilen, welcher Bereich des Tabellenblatts ausgedruckt werden soll:

1. Markieren Sie im Tabellenblatt den zu druckenden Bereich.

2. Wechseln Sie zur Registerkarte *Seitenlayout*.

3. Klicken Sie in der Befehlsgruppe *Seite einrichten* auf *Druckbereich* und dann auf *Druckbereich festlegen*.

Der Druckbereich wird im Tabellenblatt mit einem gestrichelten Rahmen versehen.

Bild 32.1   Die gestrichelte Linie kennzeichnet den Druckbereich

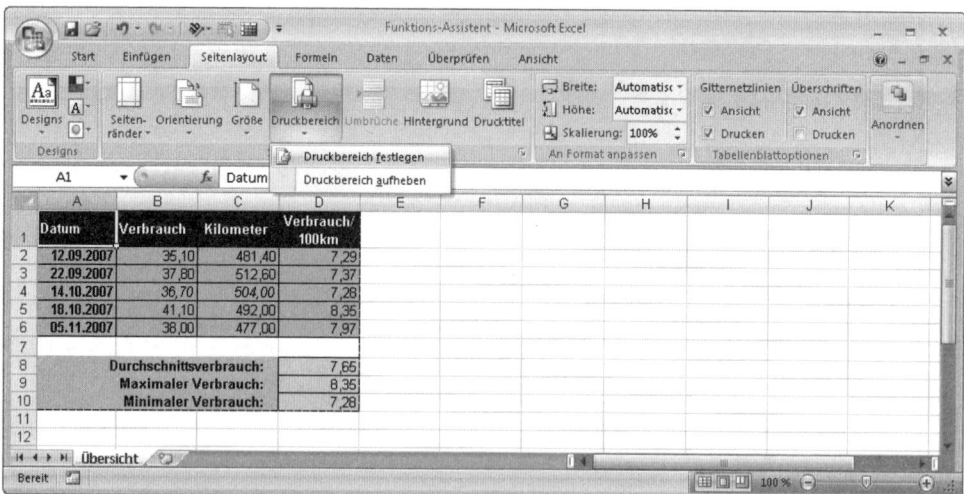

Um den Druckbereich wieder zu entfernen, legen Sie entweder einen neuen Druckbereich fest oder Sie klicken auf der Registerkarte *Seitenlayout* in der Gruppe *Seite einrichten* zuerst auf *Druckbereich* und dann *Druckbereich aufheben.*

TIPP **Mehrfachauswahl als Druckbereich definieren** Sie können beim Markieren des Druckbereichs auch die ⌊Strg⌋-Taste gedrückt halten, wenn Sie einen Druckbereich definieren wollen, der aus mehreren Zellbereichen besteht. Excel druckt dann die markierten Zellbereiche jeweils auf einer eigenen Seite aus.

Seitenabmessungen und Ränder einstellen

Wenn Sie Ihre Excel-Tabelle auf A4-Papier im Hochformat mit den Standardwerten ausdrucken wollen, können Sie das Ausdrucken direkt nach dem Festlegen des Druckbereichs starten. Falls Sie jedoch eine genauere Kontrolle darüber haben wollen, wie das Tabellenblatt auf dem Papier erscheint, können Sie alle Einstellungen, wie das Papierformat, die Seitenränder und die Ausrichtung, in der Gruppe *Seite einrichten* der Registerkarte *Seitenlayout* vornehmen:

- **Seitenränder** Wenn Sie auf der Registerkarte *Seitenlayout* in der Befehlsgruppe *Seite einrichten* auf *Seitenränder* klicken, zeigt Excel ein kleines Auswahlmenü an, in dem drei verschiedene Randeinstellungen zur Auswahl stehen. Sie können dort zwischen normalen, breiten und schmalen Seitenrändern wählen. Die Werte der Randeinstellungen für die drei Standardoptionen werden im Menü ebenfalls angezeigt.

Bild 32.2 Die drei Standardeinstellungen für die Ränder finden Sie im Menü der Schaltfläche *Seitenränder*

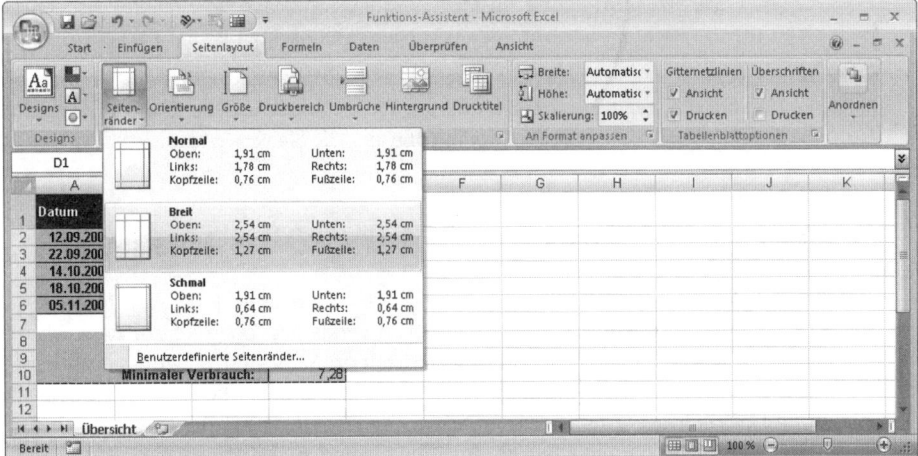

Wenn keine der Einstellungen Ihren Anforderungen entspricht, klicken Sie im unteren Bereich auf *Benutzerdefinierte Seitenränder.* Excel zeigt dann die Registerkarte *Seitenränder* des Dialogfeldes *Seite einrichten* an, wo Sie die gewünschten Werte eintragen können.

Bild 32.3 Auf der Registerkarte *Seitenränder* des Dialogfeldes *Seite einrichten* können Sie jeden der Ränder exakt einstellen

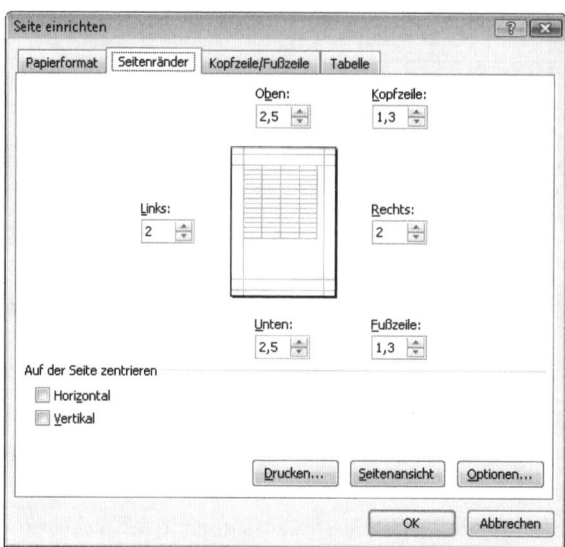

Die beiden Kontrollkästchen *Horizontal* und *Vertikal* im unteren Bereich des Dialogfeldes ermöglichen es, das Tabellenblatt innerhalb der eingestellten Ränder zu zentrieren. Das kleine Vorschaubild spiegelt die aktivierten Einstellungen wider. Ist beim Aufruf dieser Registerkarte ein Diagramm markiert, sehen Sie anstelle des Tabellenblatts ein Diagramm in der Mitte des Dialogfeldes.

- **Orientierung** Hinter der Schaltfläche *Orientierung* (Registerkarte *Seitenlayout*, Gruppe *Seite einrichten*) verbirgt sich ein kleines Menü, über das Sie einfach zwischen Hoch- und Querformat wechseln können, indem Sie den gewünschten Befehl anklicken.

- **Größe** Wenn Sie die Schaltfläche *Größe* (Registerkarte *Seitenlayout*, Gruppe *Seite einrichten*) anklicken, zeigt Excel ein Menü an, in dem verschiedene Standardpapierformate aufgeführt sind. Wählen Sie dort die Papiergröße aus, die Sie verwenden.

Tabelleninhalt an Seitengröße anpassen

In der Befehlsgruppe *An Format anpassen* auf der Registerkarte *Seite einrichten* können Sie festlegen, ob das Tabellenblatt beim Ausdrucken verkleinert oder vergrößert wird. Im Feld *Skalierung* können Sie einen Prozentwert eintragen: Ist er größer als 100 %, wird die Ausgabe vergrößert, ist er kleiner als 100 %, wird die Ausgabe verkleinert. Alternativ können Sie in den Listenfeldern *Breite* und *Höhe* eintragen, auf wie vielen Seiten Ihre Tabelle angeordnet werden soll. Excel kümmert sich dann automatisch um die Berechnung der passenden Skalierung.

Drucktitel festlegen und weitere Optionen einstellen

Wenn Sie in der Gruppe *Seite einrichten* auf *Drucktitel* klicken, öffnet Excel die Registerkarte *Tabelle* des Dialogfeldes *Seite einrichten*. Im Bereich *Drucktitel* können Sie für Ihr Tabellenblatt Zeilen oder Spalten festlegen, die im Ausdruck auf jeder Seite wiederholt werden. Um einen Drucktitel festzulegen, geben Sie ihn entweder manuell ein oder Sie gehen analog zum gerade beschriebenen Verfahren vor und wählen ihn aus der Tabelle aus:

1. Klicken Sie auf die kleine Schaltfläche neben einer der beiden Eingabezeilen. Das Dialogfeld verkleinert sich zu einer Zeile.

2. Wählen Sie mit der Maus den gewünschten Bereich aus.

3. Klappen Sie das Dialogfeld durch erneutes Anklicken der Schaltfläche wieder auf. Nun sehen Sie die gewählten Zeilen oder Spalten in den Eingabefeldern *Wiederholungszeilen* bzw. *Wiederholungsspalten*.

Bild 32.4 Auf der Registerkarte *Tabelle* legen Sie den Drucktitel fest und stellen weitere Druckoptionen ein

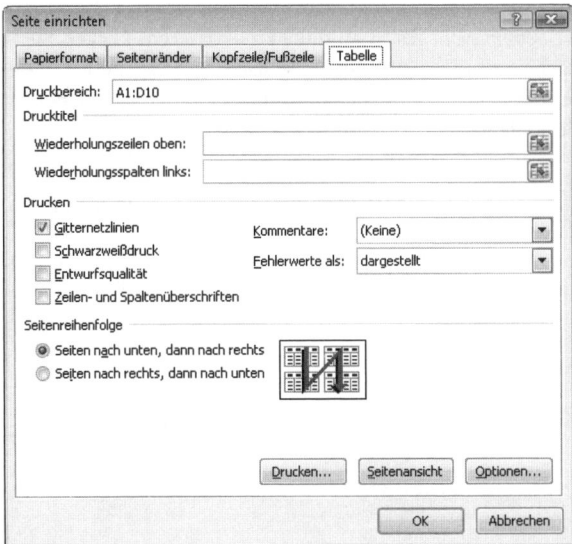

TIPP Sie können für den Drucktitel mehrere Zellen markieren, die nicht nebeneinander liegen. Halten Sie dazu beim Markieren die ⌐Strg⌐-Taste gedrückt.

Im Bereich *Drucken* des oben gezeigten Dialogfeldes können Sie noch die folgenden Einstellungen vornehmen:

- Das Kontrollkästchen *Gitternetzlinien* steuert, ob die Linien der Tabelle beim Drucken mit ausgegeben werden sollen oder nicht.

- Mit der Option *Zeilen- und Spaltenüberschriften* können Sie die jeweiligen Überschriften bei Bedarf ein- oder ausschalten.

- Um eine farbige Tabelle im Schwarzweiß-Modus auszudrucken, schalten Sie die Option *Schwarzweißdruck* ein.

- Wenn Sie einzelne Zellen mit Kommentaren versehen haben und diese mit ausdrucken wollen, können Sie in der Liste *Kommentare* festlegen, ob sie an der Originalstelle oder am Ende des Blattes gedruckt werden sollen.

- Wenn Sie die Option *Entwurfsqualität* einschalten, geht der Ausdruck schneller vonstatten, die Qualität ist dafür aber nicht so gut.

- Im Listenfeld *Fehlerwerte* können Sie zwischen verschiedenen Darstellungsarten wählen, die Excel für Zellen verwendet, die Fehler enthalten.

- Wenn Ihr Arbeitsblatt so umfangreich ist, dass Sie es auf mehreren Seiten ausdrucken müssen, können Sie mit den Optionen der Gruppe *Seitenreihenfolge* festlegen, ob Excel das Tabellenblatt spalten- oder zeilenweise abarbeiten soll. Die gewählte Einstellung wird durch eine kleine Grafik veranschaulicht.

Inhalt von Kopfzeile/Fußzeile festlegen

Die Inhalte, die in der Kopf- bzw. Fußzeile ausgegeben werden sollen, legen Sie am schnellsten und einfachsten in der Ansicht *Seitenlayout* fest. Um diese zu aktivieren, klicken Sie in der Statusleiste von Excel auf die Schaltfläche *Seitenlayout* oder Sie wechseln zur Registerkarte *Ansicht* und klicken dort in der Befehlsgruppe *Arbeitsmappenansichten* auf die Schaltfläche *Seitenlayout*. Excel zeigt die Tabelle dann so an, wie sie auch ausgedruckt würde.

Bild 32.5 Über die Registerkarte *Kopf- und Fußzeilentools/Entwurf* lassen sich individuelle Kopf- und Fußzeilen erstellen

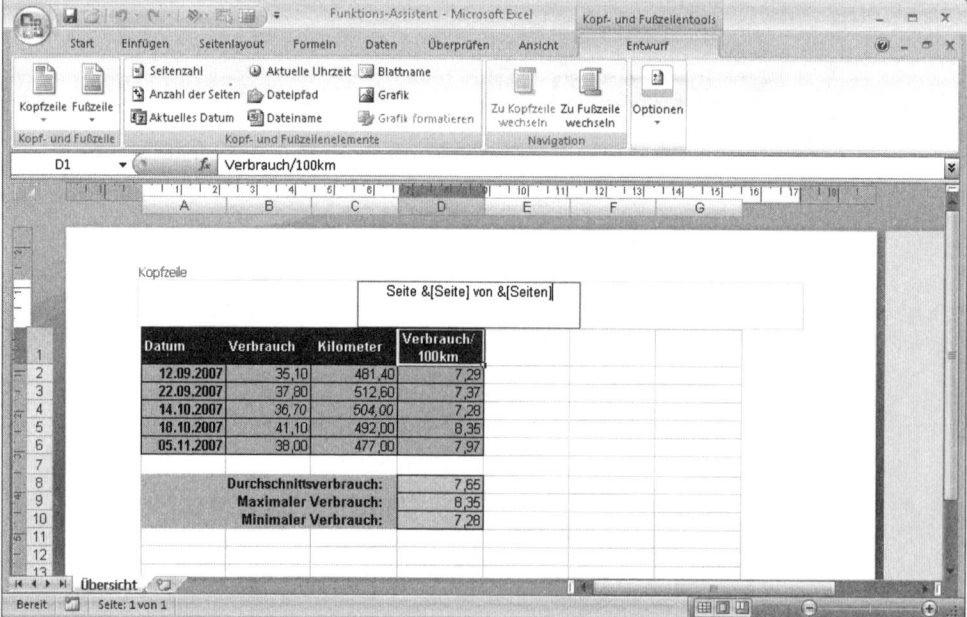

Wenn Sie noch keine Kopf- oder Fußzeile festgelegt haben, sehen Sie auf der Seite im Bereich der Kopf- bzw. Fußzeile die Meldung *Hier klicken, um eine Kopfzeile/Fußzeile hinzuzufügen*. Wenn Sie diese Meldung anklicken, blendet Excel die Kontextregisterkarte *Kopf- und Fußzeilentools* ein, die Sie in der Abbildung auf der vorigen Seite sehen

Wenn Sie die Schaltfläche *Kopfzeile* oder die Schaltfläche *Fußzeile* in der Gruppe *Kopf- und Fußzeile* anklicken, zeigt Excel eine Auswahlliste mit einer Fülle verschiedener Beschriftungsmöglichkeiten an, mit denen Sie den bedruckten Seiten verschiedene Standardkopf- und/oder -fußzeilen hinzufügen können.

Wenn keine dieser Optionen dem entspricht, was Sie benötigen, verwenden Sie die Schaltflächen in der Befehlsgruppe *Kopf- und Fußzeilenelemente*, um die verschiedenen Platzhalter (für die Nummer der aktuellen Seite, die Gesamtanzahl der Seiten usw.) einzufügen. Weiteren Text, den Sie in die Kopf- oder Fußzeile einfügen wollen, geben Sie einfach in den Kopfzeilen- oder Fußzeilenbereich der Seite ein.

Seitenumbrüche ansehen und verändern

Wollen Sie ein größeres Tabellenblatt ausdrucken, kann es wichtig sein, vorher zu wissen, an welchen Stellen Excel einen Seitenumbruch einfügt, und die eingefügten Seitenumbrüche auch verändern zu können. Dies erledigen Sie am besten in der *Umbruchvorschau*, die Sie entweder mit der gleichnamigen Schaltfläche in der Statusleiste aktivieren oder indem Sie auf der Registerkarte *Ansicht* in der Gruppe *Arbeitsmappenansichten* auf *Umbruchvorschau* klicken. Excel zeigt daraufhin dieses Dialogfeld an:

Bild 32.6   Dieses Dialogfeld lässt sich dauerhaft ausschalten

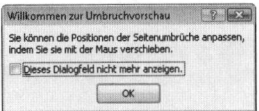

Um zu verhindern, dass das Fenster bei der nächsten Seitenumbruchvorschau erneut auftaucht, schalten Sie das Kontrollkästchen *Dieses Dialogfeld nicht mehr anzeigen* ein. Schließen Sie das Dialogfeld mit einem Klick auf *OK*.

Sie sehen dann eine Ansicht Ihres Tabellenblatts, auf dem die Umbrüche als blau gestrichelte Linien angezeigt werden. In grauer Schrift wird eingeblendet, um welche Seite es sich jeweils handelt. Eventuell müssen Sie die Darstellung noch mit dem Zoomregler in der Statusleiste verkleinern, damit die einzelnen Seiten vollständig angezeigt werden können. Anschließend können Sie mit der Maus sowohl die Seitenumbrüche als auch die Ränder verschieben. Während des Ziehens können Sie den aktuellen Wert für den Rand in der Statusleiste ablesen.

Wenn Sie die Seitenumbrüche nach Ihren Vorstellungen geändert haben, können Sie durch Anklicken der Schaltfläche *Normal* in der Statusleiste wieder zur Normalansicht zurückkehren.

> **TIPP** **Seitenumbruch manuell festlegen** Sie können einen Seitenumbruch manuell festlegen, indem Sie den Cursor in die Zelle unterhalb bzw. neben dem gewünschten Umbruch setzen und auf der Registerkarte *Seitenlayout* in der Gruppe *Seite einrichten* auf *Umbrüche* und dann auf *Seitenumbruch einfügen* klicken. Die Linie eines manuellen Seitenumbruchs ist etwas dicker als die eines automatischen. Zum Löschen eines manuellen Umbruchs setzen Sie den Cursor in eine Zelle unter bzw. rechts neben dem Umbruch und klicken auf *Umbrüche/Seitenumbrüche entfernen*.

Bild 32.7 In dieser Ansicht lassen sich die Seitenumbrüche bei Bedarf optimal korrigieren

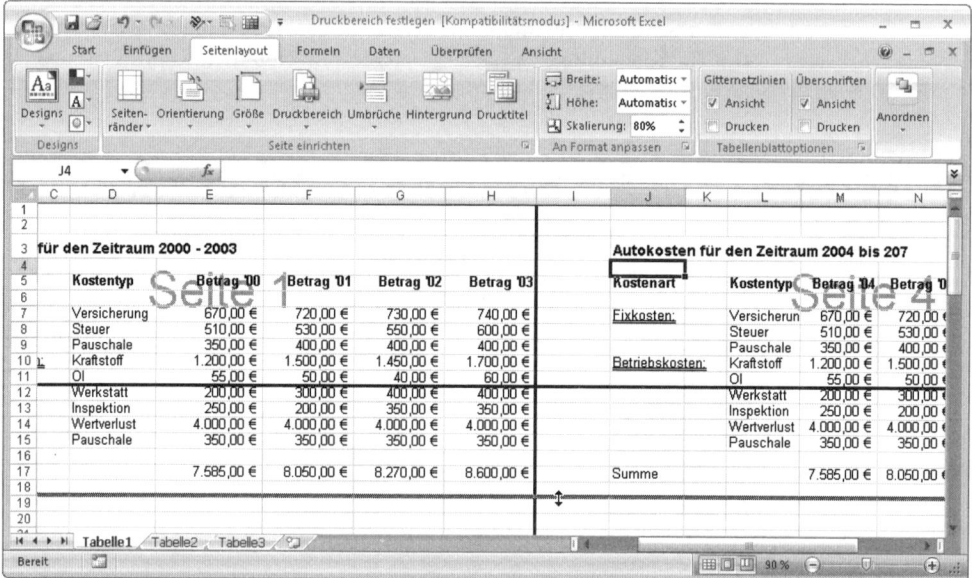

Arbeitsmappe drucken

Beim Drucken von Arbeitsmappen hat sich in der neuen Version von Excel nicht wirklich etwas Neues getan. Die Befehle zum Drucken befinden sich nun im Menü, das sich unter der *Office-Schaltfläche* befindet.

Um den Druckvorgang zu starten, verwenden Sie eine der folgenden Varianten:

- Klicken Sie die *Office-Schaltfläche* an, zeigen Sie auf *Drucken* und klicken Sie dann auf *Schnelldruck*. Das Dokument wird sofort ausgedruckt. Der Vorteil: Es geht am schnellsten. Der Nachteil: Sie können keine Druckoptionen einstellen.

- Klicken Sie die *Office-Schaltfläche* an und klicken Sie dann auf *Drucken*.

- Drücken Sie die Tastenkombination [Strg]+[P].

Bei den letzten beiden Varianten erscheint ein Dialogfeld, in dem Sie den Drucker auswählen und weitere Druckoptionen einstellen können.

Druckoptionen einstellen

Wenn Sie weitere Druckoptionen einstellen wollen, um beispielsweise nur bestimmte Seiten der Arbeitsmappe auszudrucken oder um den Drucker auszuwählen, auf dem der Ausdruck erfolgen soll, gehen Sie so vor:

1. Klicken Sie die *Office-Schaltfläche* an und klicken Sie dann auf *Drucken*. Excel zeigt das Dialogfeld *Drucken* an.

Bild 32.8   Im Dialogfeld *Drucken* können Sie den Drucker auswählen, die Anzahl der Exemplare festlegen u.v.m.

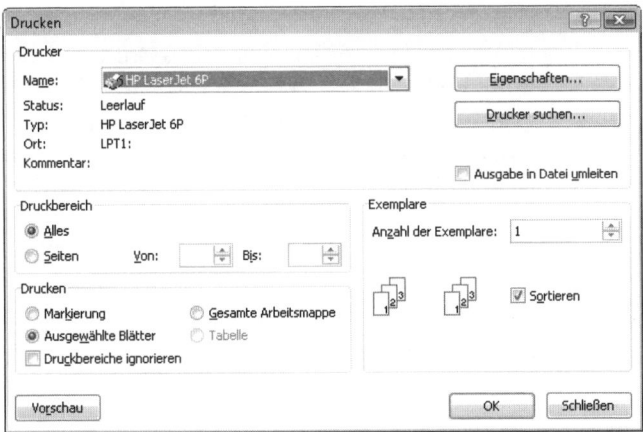

2. Führen Sie eine oder mehrere der folgenden Aktionen durch:

   - **Drucker auswählen**   Klicken Sie die Liste *Name* am oberen Rand des Dialogfeldes an, wenn Sie – sofern Sie mehr als einen Drucker installiert haben – den Drucker auswählen wollen, auf dem die Ausgabe erfolgen soll. Diese Option verwenden Sie auch, wenn Sie ein Dokument im PDF- oder XPS-Format erstellen wollen. (Mehr zu diesen Formaten finden Sie in Kapitel 5.)

   - **Anzahl der Ausdrucke festlegen**   Im Bereich *Anzahl der Exemplare* legen Sie fest, wie viele Kopien gedruckt und ob diese sortiert ausgedruckt werden sollen. Wenn die Option *Sortieren* eingeschaltet ist, werden zunächst alle Seiten der Mappe gedruckt und danach eine weitere Kopie.

   - **Seiten festlegen, die gedruckt werden sollen**   In der Gruppe *Druckbereich* können Sie bestimmen, ob alle Seiten oder nur bestimmte ausgedruckt werden sollen. Die Option *Alles* druckt die gesamte Arbeitsmappe. Wenn Sie nur bestimmte Seiten ausdrucken wollen, geben Sie die gewünschten Seitenzahlen in die Felder *Von* und *Bis* ein.

3. Klicken Sie auf *OK*, um den Druckvorgang zu starten.

Zusammenfassung

Dieses Kapitel hat Sie mit den speziellen Druckmöglichkeiten vertraut gemacht, die über die in allen Office-Anwendungen vorhandenen und in Kapitel 5 beschriebenen Druckfunktionen hinausgehen.

■ Wenn Sie nur einen bestimmten Teil eines Tabellenblatts drucken wollen, legen Sie den zu druckenden Bereich fest (Seite 560).

■ Anschließend haben Sie gesehen, wie Sie auf der Registerkarte *Seitenlayout* und mit dem Dialogfeld *Seite einrichten* das Papierformat und die Seitenränder einstellen können (Seite 561) und wie Sie den Inhalt der Tabelle von Excel automatisch an eine bestimmte Anzahl von Seiten anpassen lassen können (Seite 562).

■ Außerdem haben Sie gesehen, wie Sie durch Einrichten eines Drucktitels die Zeilen und Spalten festlegen können, die im Ausdruck auf jeder Seite wiederholt werden (Seite 563), und wie Sie eine Kopf- und/oder Fußzeile definieren (Seite 564).

■ In der Seitenumbruchvorschau können Sie die von Excel automatisch eingefügten Seitenwechsel ansehen und ändern (Seite 565).

Kapitel 33

Pivot-Berichte

In diesem Kapitel:

In diesem Kapitel stehen die berühmt berüchtigten *Pivot-Tabellen* im Mittelpunkt. Ihnen eilt bekanntlich der Ruf voraus, nicht nur leistungsfähig, sondern auch kompliziert zu sein.

Mit Pivot-Tabellen lassen sich in der Tat hochkomplexe Auswertungen großer Datenmengen durchführen. Zum Beispiel könnten Sie mit einer Pivot-Tabelle den Anteil der drei Topseller am Gesamtumsatz Ihres Warensortiments ermitteln, und zwar aufgeschlüsselt nach Verkaufsgebiet und Quartal. Dass solche individualisierten Auswertungen nicht »mal eben« mit zwei, drei Mausklicks zu bekommen sind, ist die andere Seite der Medaille.

Doch wie Sie gleich feststellen werden, ist die Bedieneroberfläche für Pivot-Tabellen in Excel 2007 deutlich intuitiver ausgefallen als in den Vorgänger-Versionen und nimmt diesem mächtigen Werkzeug viel von seinem Schrecken.

Verwendete Sprachkonvention

Der Begriff Pivot-*Tabelle* impliziert unwillkürlich, dass es sich dabei um eine Tabelle handelt, in der irgendwelche Daten enthalten sind. In Wirklichkeit handelt es sich jedoch um eine sehr spezielle *Darstellung* von Daten, die an anderer Stelle gespeichert sind – z.B. in einem Excel-Arbeitsblatt oder einer Datenbank.

Die Microsoft-Terminologie verwendet daher den Begriff Pivot-*Bericht* und unterscheidet zwischen den beiden folgenden Typen:

- **PivotTable-Bericht**   Zeigt die Daten in Tabellenform an

- **PivotChart-Bericht**   Zeigt die Daten als Diagramm an

Wir werden die beiden Begriffe im weiteren Verlauf dieses Kapitels konsequent benutzen und ganz allgemein von *Pivot-Berichten* sprechen, wenn wir Sachverhalte beschreiben, die für beide Berichtstypen gelten.

Quelldaten für Pivot-Berichte

Die einem Pivot-Bericht zugrundeliegenden Daten werden als *Quelldaten* bezeichnet. Im einfachsten Fall handelt es sich dabei um eine Excel-Liste bzw. eine Excel-Tabelle, die folgende Voraussetzungen erfüllen muss:

- Die Liste benötigt eine Kopfzeile, in der sich Spaltennamen befinden.

- Die Liste darf keine leeren Spalten oder Zeilen enthalten.

- Die Inhalte einer Spalte müssen gleichartig sein. Damit ist gemeint, dass zum Beispiel in einer Spalte, die Datumswerte enthält, keine Zellen mit Zahlen oder Texten auftauchen dürfen.

- Die Quelldaten dürfen selbst keine Zwischensummen enthalten, die mit dem Befehl *Teilergebnisse* der Registerkarte *Daten* erstellt wurden. Zum Entfernen solcher Zwischensummen rufen Sie den Befehl *Teilergebnisse* auf und klicken in seinem Dialogfenster auf die Schaltfläche *Alle entfernen*.

Alternativ können die Daten auch aus einer externen Datenquelle stammen:

- Eine Datenverbindungsdatei kann direkt als Grundlage für einen Pivot-Bericht verwendet werden. In einer solchen ODC-Datei sind alle notwendigen Informationen für den Zugriff auf eine externe Datenquelle enthalten, wie zum Beispiel der Name des Servers, der Datenbank und der Tabelle.

- OLAP-Datenquellen (Online-Analytical-Processing).

- Andere Datenquellen, wie Access-Datenbanken oder Textdateien.

Beim Erstellen eines Pivot-Berichts wird in der Arbeitsmappe eine Kopie der abgerufenen Daten angelegt. Da dadurch der Speicherplatzbedarf der Arbeitsmappe entsprechend zunimmt, sollten Sie darauf achten, dass die verwendeten Quelldaten keine überflüssigen Informationen enthalten. Wenn Sie zum Beispiel nur an den Umsatzzahlen eines bestimmten Jahres interessiert sind, sollten Sie beim Zugriff auf eine externe Datenquelle dafür sorgen, dass auch nur diese Daten in die Arbeitsmappe eingelesen werden.

PivotTable-Bericht einfügen

In diesem Abschnitt beschreiben wir zunächst, wie Sie einen neuen PivotTable-Bericht erstellen. Als Datenquelle verwenden wir eine Excel-Tabelle, in der sich die Umsatzdaten eines fiktiven Großhändlers für Lebensmittel befinden. Diese Tabelle enthält folgende Spalten:

- **Kategorie**   Die verkauften Produkte sind in verschiedenen Kategorien eingeteilt (Getränke, Gewürze, Süßwaren usw.)

- **Produkt**   Der Name des verkauften Produkts

- **Umsatz**   Der Umsatz, der mit dem Produkt in einem Quartal getätigt wurde

- **Quartal**   Das Quartal, in dem der Umsatz erzielt wurde.

Bei einer Auswertung dieser Daten sind zum Beispiel folgende Fragestellungen denkbar:

- Wie hoch ist der Gesamtumsatz?

- Wie hoch ist der Gesamtumsatz in den einzelnen Quartalen?

- Wie hoch ist der Umsatz in den einzelnen Kategorien?

- Mit welchen Produkten wurden die höchsten/niedrigsten Umsätze erzielt?

All diese Fragen werden wir im Laufe dieses Kapitels beantworten können.

Die Beispielvorlage für PivotTable-Berichte

Wenn Sie die hier beschriebenen Beispiele nachvollziehen möchten, können Sie dies auch direkt mit den von uns verwendeten Beispieldaten tun. Laden Sie dazu einfach mit den folgenden Schritten die Beispielvorlage für PivotTable-Berichte herunter:

1. Klicken Sie auf die *Office-Schaltfläche* und dann auf *Neu*.

2. Markieren Sie im Dialogfeld *Neue Arbeitsmappe* in der Rubrik *Microsoft Office Online* den Eintrag *Berichte*.

Excel 2007

3. Wählen Sie den Bericht *PivotTable-Bericht über Produkte* und klicken Sie auf die Schaltfläche *Download*.

Diese Vorlage enthält drei verschiedene Arbeitsblätter:

- **Quelldaten** Auf diesem Arbeitsblatt befindet sich die oben beschriebene Tabelle mit den Quelldaten.

- **Pivot Table-Vorlage** Dieses Blatt enthält einen leeren PivotTable-Bericht.

- **Beispiel Pivot Table-Bericht** Enthält einen fertigen PivotTable-Bericht.

Bild 33.1 Die Beispielvorlage für PivotTable-Berichte

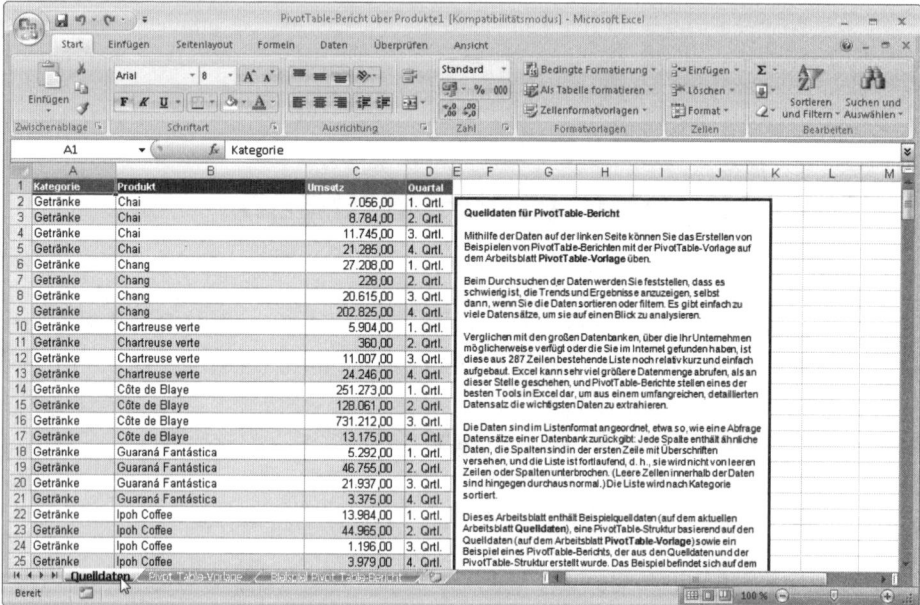

4. Löschen Sie die Blätter *Pivot Table-Vorlage* und *Beispiel Pivot Table-Bericht*.

5. Speichern Sie die Arbeitsmappe.

PivotTable einfügen

Nach diesen Vorarbeiten können Sie jetzt eine neue PivotTable einfügen:

1. Markieren Sie eine beliebige Zelle der Umsatztabelle.

2. Wechseln Sie auf die Registerkarte *Einfügen* und klicken Sie ganz links in der Gruppe *Tabelle* auf den oberen Bereich der Schaltfläche *PivotTable*.

   Wie Sie im nächsten Bild sehen, hat Excel den Bereich der Quelldaten automatisch erkannt und bereits in das Dialogfeld eingetragen. Außerdem ist im unteren Bereich des Dialogfeldes die Option *Neues Arbeitsblatt* eingeschaltet, wodurch der Bericht auf einem neuen Blatt eingefügt wird.

Bild 33.2   Excel hat den Bereich der Quelldatentabelle automatisch erkannt

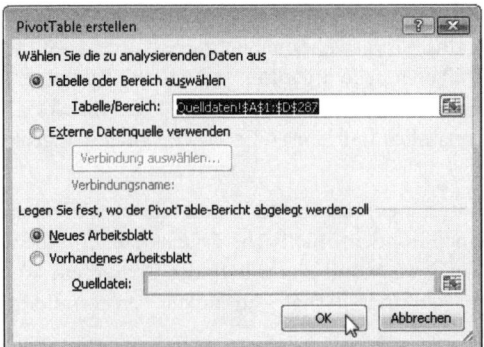

3.   Klicken Sie auf *OK*, um den Vorgang abzuschließen. Das Ergebnis sollte dann so aussehen:

Bild 33.3   Der neue – noch leere – PivotTable-Bericht

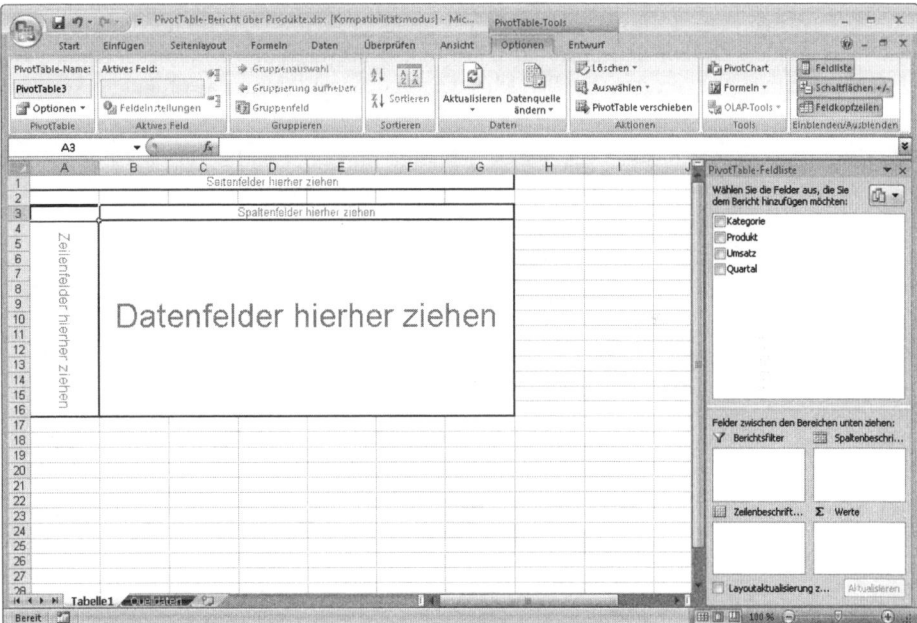

Wie Sie sehen, hat sich auf dem Bildschirm einiges getan:

■   Zunächst einmal zwei neue Registerkarten aufgetaucht. Auf ihnen finden Sie die notwendigen Befehle, um den neuen PivotTable-Bericht zu vervollständigen bzw. um ihn zu bearbeiten.

■   Das neue Tabellenblatt enthält mehrere Rahmen, deren Beschriftung darauf hinweist, dass Sie bestimmte Felder dort hineinziehen sollen. Dies ist der eigentliche PivotTable-Bericht.

■   Rechts neben dem Tabellenblatt sehen Sie die sogenannte *Feldliste*, in der die vier Spalten- überschriften der Quelldaten enthalten sind. Mit Hilfe dieser Felder können Sie steuern, wie die Daten der Umsatztabelle ausgewertet werden sollen.

PivotTable-Feldliste

Die in Excel 2007 neu gestaltete Feldliste ist gewissermaßen die Schaltzentrale für Ihre PivotTable-Berichte, mit der Sie die Felder der Datenquelle organisieren können. Zusätzlich hat sie die Aufgabe, Ihnen die aktuelle Struktur des Berichts in kompakter und übersichtlicher Form anzuzeigen. Gerade der fehlende Überblick war nämlich in früheren Excel-Versionen ein großer Schwachpunkt der Pivot-Funktion.

Die Feldliste wird normalerweise automatisch angezeigt, sobald Sie einen Pivot-Bericht markieren. Sie können ihre Sichtbarkeit aber auch mit der Schaltfläche *Feldliste* steuern, die sich auf der Registerkarte *Optionen* in der Gruppe *Einblenden/Ausblenden* befindet. Außerdem können Sie die Feldliste vom rechten Fensterrand abdocken und alternativ am linken Fensterrand andocken oder frei auf dem Bildschirm positionieren.

Die Abschnitte der Feldliste

In der Standard-Darstellung, wie sie auch im nächsten Bild zu sehen ist, enthält die Feldliste zwei Abschnitte, die durch eine waagerechte Linie getrennt sind. Im oberen Abschnitt befinden sich die Felder, die mit den Spaltenbeschriftungen der Quelldaten identisch sind. Der untere Abschnitt enthält vier verschiedene Bereiche, die mit den vier Rahmen aus Bild 33.3 korrespondieren.

Bild 33.4 Die Feldliste besteht aus zwei Abschnitten für Felder und Bereiche. Über die Schaltfläche oben rechts können Sie die Anordnung der Felder und Bereiche ändern

Dass die Beschriftungen der Rahmen nicht mit den Namen der Bereiche übereinstimmen, ist bedauerlich. Microsoft hat zwar in der neuen Feldliste die eher abstrakten Begriffe wie *Seitenfelder* durch verständliche Ausdrücke ersetzt, die alten Bezeichnungen im PivotTable-Bericht wurden jedoch beibehalten.

Die vier Bereiche der Feldliste

Wie Sie gleich noch sehen werden, können Sie die Darstellung und Auswertung der Daten steuern, indem Sie die Felder mit der Maus aus dem oberen Abschnitt der Feldliste in die vier darunter liegenden Bereiche ziehen. Da das Verständnis dieser Bereiche für das Erstellen von PivotTable-Berichten von großer Bedeutung ist, wollen wir Ihnen die Bereiche kurz vorstellen, bevor wir gleich im nächsten Abschnitt den begonnenen PivotTable-Bericht fertig stellen.

- **Berichtsfilter** (Seitenfelder) In diesem Bereich können Sie ein oder mehrere Felder festlegen, nach denen die Daten gefiltert werden sollen. Der PivotTable-Bericht wird dadurch mit entsprechenden Listenfeldern ausgestattet, mit denen Sie die Filterbedingung einstellen können.

- **Zeilenbeschriftung** (Zeilenfelder) Die Felder dieses Bereichs bilden die Zeilen des Berichts. Wenn Sie zum Beispiel das Feld *Kategorie* in diesen Bereich ziehen, enthält der PivotTable-Bericht für jede Kategorie eine eigene Zeile.

- **Spaltenbeschriftung** (Spaltenfelder) Felder, die Sie in diesen Bereich ziehen, bilden die Spalten des Berichts. Würden Sie in unserem Beispiel das Feld *Quartal* in diesen Bereich ziehen, erhielte der PivotTable-Bericht vier Spalten für die verschiedenen Quartale.

- **Werte** (Datenfelder) In diesem Bereich legen Sie fest, welche Daten in dem Bericht berechnet werden sollen. Im Falle unserer Umsatztabelle sind diese Informationen natürlich im Feld *Umsatz* enthalten.

Nach diesem Abstecher in die Theorie wollen wir nun endlich wieder zur Tat schreiten, denn an einem praktischen Beispiel lassen sich PivotTable-Berichte immer noch am besten erklären.

PivotTable-Bericht einrichten

Wir wollen den PivotTable-Bericht nun schrittweise vervollständigen und werden Sie dabei mit weiteren Grundlagen der Pivot-Berichte vertraut machen.

1. Ziehen Sie in der Feldliste das Feld *Umsatz* in den Bereich *Werte*. Alternativ können Sie auch einfach das Kontrollkästchen des Feldes einschalten. Excel erkennt dann, dass dieses Feld sich am besten für den Bereich *Werte* eignet.

   Im Bereich *Werte* befindet sich jetzt eine Schaltfläche *Summe von Umsatz*. Damit wird signalisiert, dass die Werte, die sich in der Spalte *Umsatz* der Quelldaten befinden, summiert werden. Wie Sie später noch sehen werden, können Sie in PivotTable-Berichten auch andere Berechnungen durchführen.

   Richten Sie Ihr Augenmerk aber bitte zunächst auf das Tabellenblatt. Hier befindet sich nun bereits ein fertiger PivotTable-Bericht – der natürlich noch sehr primitiv ist. Wie Sie in Bild 33.5 sehen, liefert er nur eine einzige Zahl. Bei dieser Zahl handelt es sich um die Summe aller Umsätze, d.h. der Bericht addiert einfach alle Zahlen, die er in der Spalte *Umsatz* der Quelltabelle findet.

2. Formatieren Sie diese Zahl im Buchhaltungsformat (zum Beispiel, indem Sie die Zelle mit der rechten Maustaste anklicken und dann in der angezeigten Minisymbolleiste auf die Schaltfläche mit dem Geldschein klicken). Passen Sie gegebenenfalls die Spaltenbreite an, damit die Summe korrekt dargestellt wird.

Excel 2007

Bild 33.5   Das Feld *Umsatz* wurde in den Bereich *Werte* gezogen

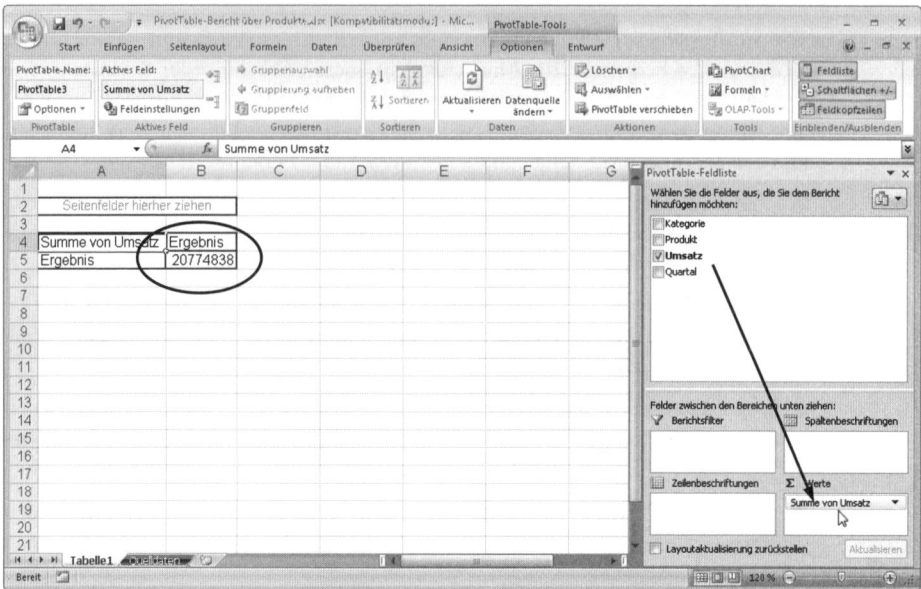

In der nächsten Ausbaustufe soll der PivotTable-Bericht nicht nur die Gesamtsumme der Umsätze anzeigen, sondern auch die Zwischensumme für die verschiedenen Kategorien, wie es im folgenden Bild dargestellt ist.

Bild 33.6   Die Umsätze sind jetzt nach Kategorien aufgeschlüsselt

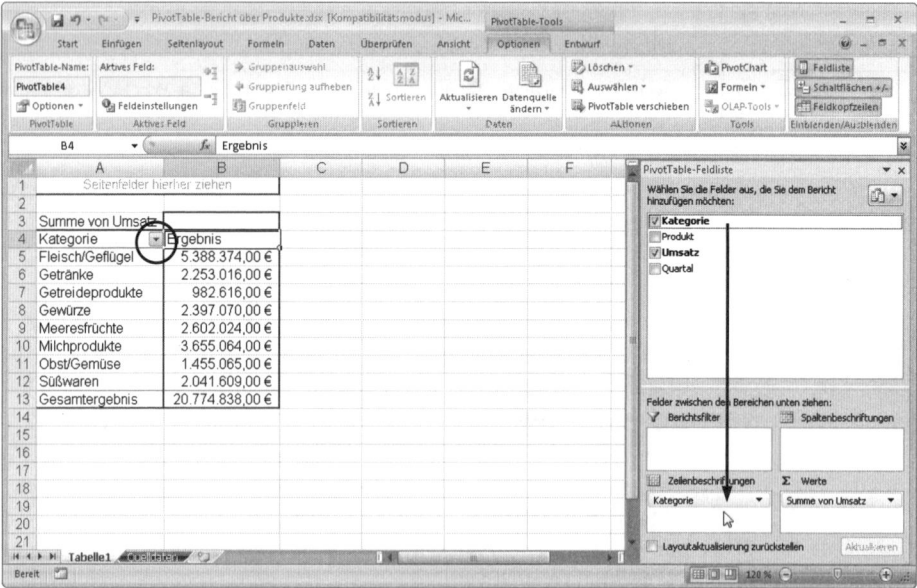

3. Ziehen Sie das Feld *Kategorie* in den Bereich *Zeilenbeschriftung*.

   Wie Sie in Bild 33.6 sehen, enthält der PivotTable-Bericht nun für jede Kategorie eine eigene Zeile, in der der Umsatz ausgegeben wird, den die Produkte der jeweiligen Kategorie zusammen erzielt haben.

   Beachten Sie, dass sich in der Zelle, die die Spaltenüberschrift *Kategorie* enthält, auch eine kleine Schaltfläche befindet. Mit ihr können Sie z.B. die Sortierung der Kategorien ändern oder einzelne Kategorien aus dem Bericht entfernen.

4. Klicken Sie auf die Schaltfläche neben der Spaltenüberschrift *Kategorie* und lassen Sie die Kategorien alphabetisch absteigend sortieren.

Bild 33.7   Die Kategorien lassen sich nicht nur sortieren, sondern auch filtern und getrennt ein- und ausblenden

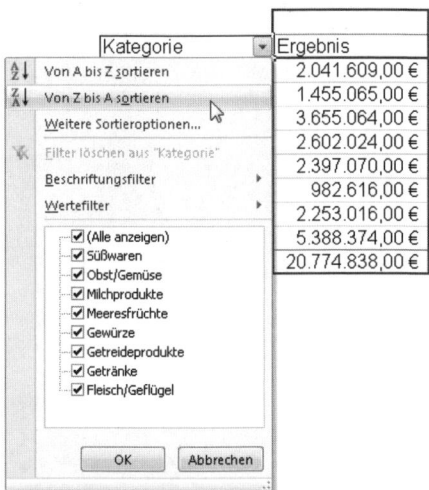

Die Auswertungen, die wir mit dem PivotTable-Bericht in seiner jetzigen Form vorgenommen haben, wirken noch nicht besonders spektakulär. Bis jetzt wurden ja lediglich die Werte einer einzelnen Spalte (der Spalte *Kategorie*) gruppiert und die Zwischensummen dieser Gruppen berechnet. Im nächsten Schritt soll der Bericht nun um eine neue Dimension erweitert werden.

5. Ziehen Sie das Feld *Quartal* in den Bereich *Spaltenbeschriftung*. Dadurch erweitert sich der Bericht um vier Spalten, da die Ausgangstabelle in der Spalte *Quartale* insgesamt vier verschiedene Werte enthält. Dieser Vorgang verläuft analog zur Auflistung der verschiedenen Kategorien. Das Resultat dieses Schrittes ist in Bild 33.8 abgebildet.

   Die Zahlen in diesem Bericht werden nach folgendem Verfahren berechnet: Um z.B. das Ergebnis für die Zelle B5 zu ermitteln, werden alle Umsatzzahlen der Quelldaten addiert, die in der Spalte *Kategorie* den Wert »Süßwaren« und in der Spalte *Quartal* den Wert »1. Qrtl.« enthalten.

   Im letzten Schritt soll das Feld *Produkt* zum Einsatz kommen, das wir bisher noch nicht verwendet haben. Dies würde in der Praxis natürlich nur dann sinnvoll sein, wenn Sie Ihre Daten auch produktspezifisch auswerten wollen.

Bild 33.8 Die Umsatzzahlen werden jetzt nicht nur nach Kategorien, sondern auch nach Quartalen aufgeschlüsselt

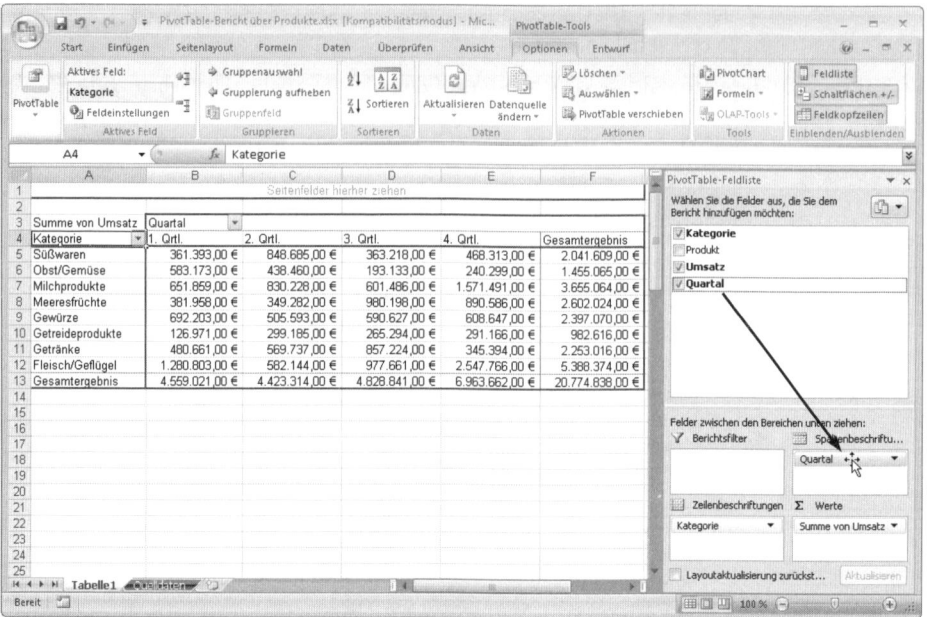

6. Ziehen Sie das Feld *Produkt* in den Bereich *Zeilenbeschriftung*. Beachten Sie dabei, dass Sie es unterhalb des vorhandenen Feldes *Kategorie* anordnen.

Bild 33.9 Die Produkte stellen eine Unterteilung der Kategorien dar

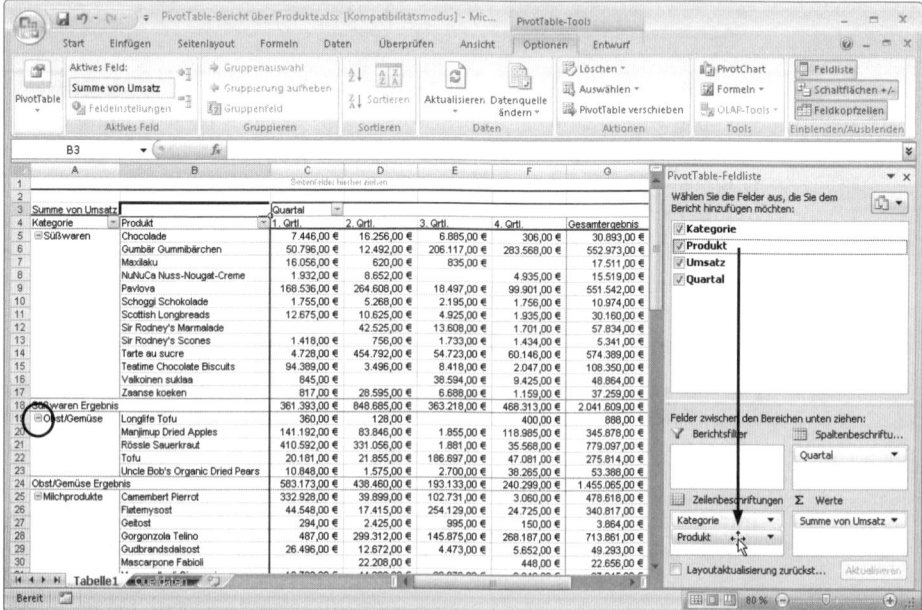

Durch den letzten Schritt ist der PivotTable-Bericht erwartungsgemäß deutlich umfangreicher geworden, da die Umsatzzahlen jetzt nach drei verschiedenen Kriterien aufgeschlüsselt werden (Kategorie, Produkt und Quartal). Sie können aber die Detailtiefe der Tabelle für einzelne Kategorien reduzieren, indem Sie auf das kleine Minuszeichen vor dem Kategoriennamen klicken. Falls diese Schaltfläche nicht sichtbar sein sollte, klicken Sie auf der Registerkarte *Optionen* in der Gruppe *Einblenden/Ausblenden* auf die Schaltfläche *Schaltflächen +/-*.

Wie Sie in Bild 33.9 sehen, tauchen nun auch die ersten leeren Zellen in dem Bericht auf. Zum Beispiel wurde im dritten Quartal offensichtlich keine Nuss-Nougat-Creme verkauft (Zelle E8), was unter Umständen dadurch zu erklären ist, dass im zweiten Quartal überdurchschnittlich hohe Umsätze zu verzeichnen sind.

Sie merken es sicher schon: Solche detaillierten Erkenntnisse können Sie der Datenquelle nicht so ohne weiteres entnehmen – und dabei handelt es sich in diesem Beispiel lediglich um eine Tabelle mit knapp 300 Zeilen. Wenn Sie sich nun vorstellen, dass Ihre Datenquelle Tausende von Datensätzen liefern würde, gibt es vernünftigerweise keine echte Alternative zu einem PivotTable-Bericht.

Wertfeldeinstellungen

Wenn Sie in der Feldliste ein Feld in den Bereich *Werte* ziehen, entscheidet Excel in Abhängigkeit des Feldinhaltes, welche Berechnung für das Feld durchgeführt werden soll. Im Falle der Umsatzzahlen war dies die Funktion *Summe*; bei einem Feld, das keine Zahlen, sondern Text enthält, wäre es die Funktion *Anzahl*. Excel kennt jedoch noch eine ganze Reihe anderer Funktionen, die Sie auf die Inhalte der Wertfelder anwenden können.

Um die Voreinstellung für ein Wertfeld – d.h. für ein Feld, das sich im Bereich *Wert* befindet – zu ändern, gehen Sie folgendermaßen vor:

1. Klicken Sie eine Zelle des PivotTable-Berichts an, damit die Feldliste angezeigt wird. Erscheint die Feldliste dadurch nicht auf dem Bildschirm, klicken Sie noch auf der Registerkarte *Optionen* auf die Schaltfläche *Feldliste*.

2. Klicken Sie in der Feldliste im Bereich *Werte* auf das gewünschte Feld und wählen Sie im Kontextmenü den Befehl *Wertfeldeinstellungen*.

3. Wählen Sie den gewünschten Berechnungstyp in der Liste aus.

Bild 33.10   In diesem Dialogfeld können Sie die Art und die Darstellung der Berechnung einstellen

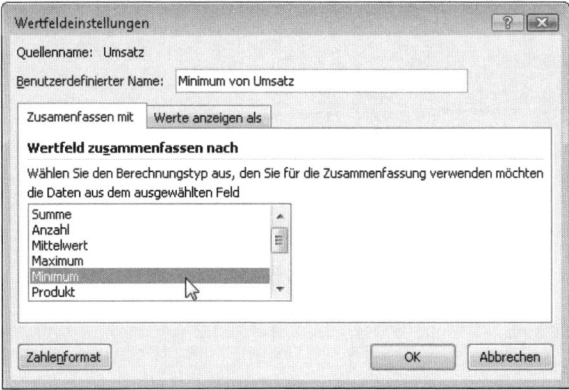

Excel 2007

4. Wechseln Sie auf die Registerkarte *Werte anzeigen als*. Hier können Sie zum Beispiel festlegen, dass bei einer Summe nicht die Zahl selbst, sondern ihr prozentualer Anteil zur Gesamtsumme angezeigt wird *(% des Ergebnisses)*. Darüber hinaus gibt es noch viele andere Möglichkeiten, die Sie am besten in einer ruhigen Stunde der Reihe nach ausprobieren sollten.

5. Um die Darstellung der Werte zu ändern, können Sie über die Schaltfläche *Zahlenformat* das bekannte Dialogfeld zur Formatierung von Zellen aufrufen.

6. Bestätigen Sie abschließend Ihre Einstellungen mit *OK*.

Details anzeigen

Wie Sie in den letzten Abschnitten gesehen haben, dient ein PivotTable-Bericht vor allem dazu, große Datenmengen zusammenzufassen. Aus dieser Vogelperspektive können Sie sich zwar sehr gut einen schnellen Überblick verschaffen, aber gelegentlich werden Sie auch wissen wollen, aus welchen Einzelwerten sich eine bestimmte Zahl des PivotTable-Berichts zusammensetzt (Drill-down).

Eine andere denkbare Anforderung an einen PivotTable-Bericht könnte lauten: »Zeige mir alle Verkäufe einer bestimmten Produktgruppe für einen vorgegebenen Zeitraum.« Auch diese Anfrage läuft darauf hinaus, eine bestimmte Teilmenge der Quelldaten aus dem Bericht zu extrahieren.

Sie werden vielleicht überrascht sein, aber die Lösung ist in beiden Fällen nur einen Doppelklick entfernt. Denn wenn Sie in einem PivotTable-Bericht auf einer Zelle des Datenbereichs doppelklicken, ergänzt Excel die Arbeitsmappe um ein neues Tabellenblatt, auf dem sich eine Tabelle mit den zugehörigen Detaildaten der angeklickten Zelle befindet.

Im nächsten Bild sehen Sie zum Beispiel die Detaildaten für die Zelle C18 aus Bild 33.9 (Umsatz in der Kategorie Süßwaren für das erste Quartal).

Bild 33.11 Durch einen Doppelklick auf ein Datenfeld lassen sich dessen Detaildaten als separate Excel-Tabelle extrahieren (in der Abbildung manuell formatiert)

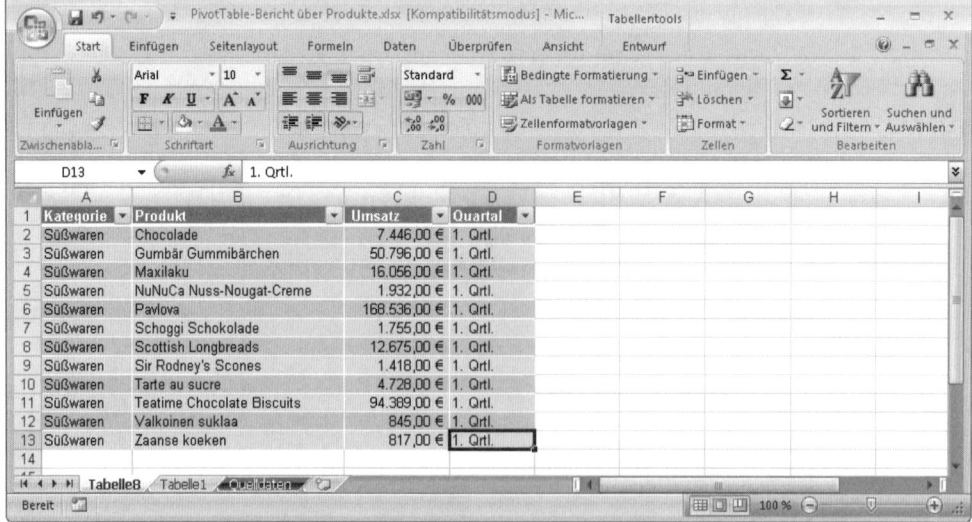

Bei den Detaildaten handelt es sich um eine Kopie der betreffenden Quelldaten, das heißt, das neue Tabellenblatt hat keine Verbindung zum PivotTable-Bericht und dessen Quelldaten.

Daten aktualisieren

Zu Beginn dieses Kapitels haben wir erwähnt, dass beim Einfügen eines PivotTable-Berichts eine Kopie der Quelldaten in der Arbeitsmappe gespeichert wird. Das gilt selbst dann, wenn sich die Quelldaten in der gleichen Arbeitsmappe befinden wie der PivotTable-Bericht (wie in unserem Beispiel). Der Bericht ist also zunächst einmal völlig unabhängig von etwaigen Änderungen, die an den Quelldaten vorgenommen werden.

Bei Bedarf können Sie die Quelldaten aber jederzeit erneut in den Bericht einlesen. Klicken Sie dazu einfach auf der Registerkarte *Optionen* auf *Aktualisieren*. Falls die aktuelle Arbeitsmappe mehrere Datenquellen verwendet, können Sie auch das Ausklappmenü der Schaltfläche *Aktualisieren* öffnen und dort den Befehl *Alles aktualisieren* aufrufen.

Bild 33.12   Aktualisieren der Daten für einen PivotTable-Bericht

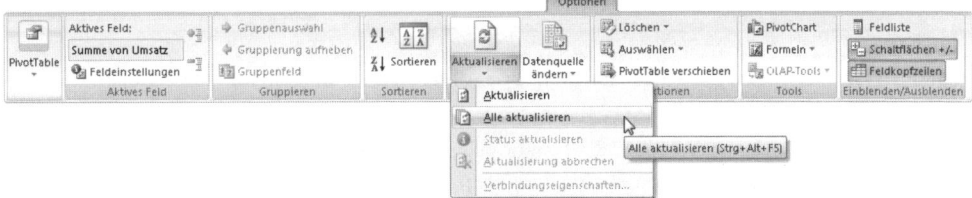

Externe Datenquellen

Sollten sich die Quelldaten Ihres PivotTable-Berichts in einer externen Datenquelle befinden (z.B. in einer Datenbank), können Sie die Art und Weise, wie die Daten des Berichts aktualisiert werden, detailliert konfigurieren:

1. Klicken Sie den betreffenden PivotTable-Bericht an, damit die Registerkarte *Optionen* angezeigt wird.

2. Öffnen Sie das Ausklappmenü der Schaltfläche *Aktualisieren* und wählen Sie den Befehl *Verbindungseigenschaften*. Es erscheint das Dialogfeld aus Bild 33.13.

3. Schalten Sie die Option *Aktualisierung im Hintergrund zulassen* ein, wenn Sie während der Aktualisierung mit Excel weiterarbeiten möchten.

4. Falls die Daten des Berichts regelmäßig aktualisiert werden sollen, schalten Sie die Option *Aktualisieren alle x Minuten* ein und geben die gewünschte Länge des Aktualisierungsintervalls vor. In diesem Fall sollten Sie auch noch die Option *Aktualisieren beim Öffnen der Datei* einschalten, damit Sie beim Öffnen der Datei sofort mit aktuellen Daten arbeiten können.

Bild 33.13   Konfigurieren der Aktualisierung bei einer externen Datenquelle

5.   Nehmen Sie gegebenenfalls noch weitere Einstellungen vor und schließen Sie das Dialogfeld anschließend mit *OK*.

Falls Excel beim Versuch, die Datenquelle zu aktualisieren, eine Sicherheitswarnung anzeigt, müssen Sie noch die Option *Diesen Inhalt aktivieren* einschalten.

Bild 33.14   Sicherheitswarnung beim Aktualisieren einer Datenquelle

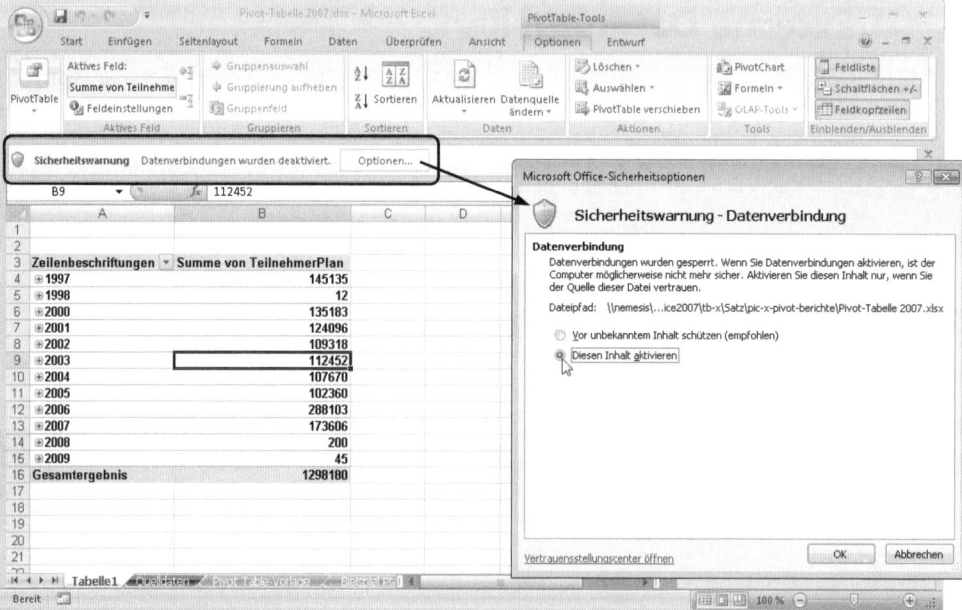

Filtern, sortieren und gruppieren

Oft wird ein PivotTable-Bericht zunächst mehr Informationen liefern, als Sie im konkreten Fall benötigen. Wenn Sie sich zum Beispiel nur für die Umsätze einer bestimmten Warengruppe interessieren, stören die Verkaufsdaten der übrigen Warengruppe, da sie Sie von Ihrer eigentlichen Aufgabe ablenken.

Es wäre also schön, wenn sich diese »überflüssigen« Daten ausblenden ließen. Wie Sie gleich sehen werden, ist Excel in diesem Bereich unglaublich flexibel und kann Ihnen nahezu jede beliebige Untermenge Ihrer Daten anbieten.

Berichtsfilter

Der einfachste Weg, um die Daten Ihres Berichts zu filtern, führt über den Bereich *Berichtsfilter*, auf den wir bisher noch nicht näher eingegangen sind. Wenn Sie ein Feld aus der Feldliste in diesen Bereich ziehen, taucht am oberen Rand des PivotTable-Berichts ein Listenfeld auf, mit dem Sie die anzuzeigenden Daten auswählen können. Der Inhalt des Listenfeldes wird dabei aus den Werten des Feldes gebildet, das Sie in den Bereich *Berichtsfilter* gezogen haben.

Im nächsten Beispiel sollen die Umsätze aller Produkte aus einer frei wählbaren Kategorie angezeigt werden. Ausgangspunkt sind wieder die Quelldaten der Beispielvorlage (siehe ▶ Abschnitt »Die Beispielvorlage für PivotTable-Berichte« auf Seite 571):

1. Markieren Sie eine beliebige Zelle der Quelldaten und klicken Sie auf der Registerkarte *Einfügen* auf *PivotTable*.

2. Bestätigen Sie das nächste Dialogfeld mit *OK*. Excel fügt den PivotTable-Bericht dann auf einem neuen Arbeitsblatt ein.

3. Ziehen Sie die Felder der Feldliste wie folgt in die verschiedenen Bereiche:

   ■ Das Feld *Kategorie* in den Bereich *Berichtsfilter*

   ■ Das Feld *Produkt* in den Bereich *Zeilenbeschriftung*

   ■ Das Feld *Umsatz* in den Bereich *Werte*

   ■ Das Feld *Quartal* in den Bereich *Spaltenbeschriftung*

4. Klicken Sie im Bereich *Werte* auf die Schaltfläche *Summe von Umsatz* und wählen Sie in dem ausgeklappten Menü den Befehl *Wertfeldeinstellungen*. Dadurch wird das gleichnamige Dialogfeld angezeigt.

5. Klicken Sie in dem Dialogfeld auf die Schaltfläche *Zahlenformat* und wählen Sie im nächsten Dialogfeld die Kategorie *Buchhaltung*.

6. Schließen Sie dann beide Dialogfelder mit *OK*.

Ihr PivotTable-Bericht sollte anschließend so aussehen wie im nächsten Bild.

Excel 2007

Bild 33.15 Die Daten dieses Berichts lassen sich nach Kategorien filtern

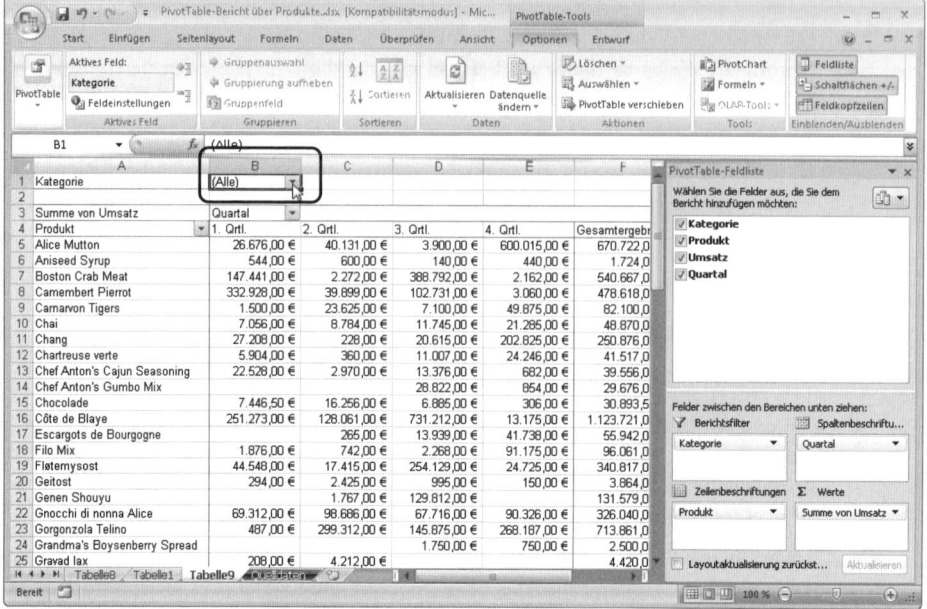

In der ersten Zeile des Berichts – hier stand sonst der Text »Seitenfelder hierhin ziehen« – befindet sich nun das Listenfeld *Kategorie*. Momentan ist dort noch der Eintrag *(Alle)* ausgewählt und wie Sie sehen, werden in der Tat alle Produkte im Bericht angezeigt.

7. Öffnen Sie das Listenfeld mit einem Klick auf die kleine Pfeilschaltfläche.

Bild 33.16 Einstellen der Filterbedingung (Einfach- und Mehrfachauswahl)

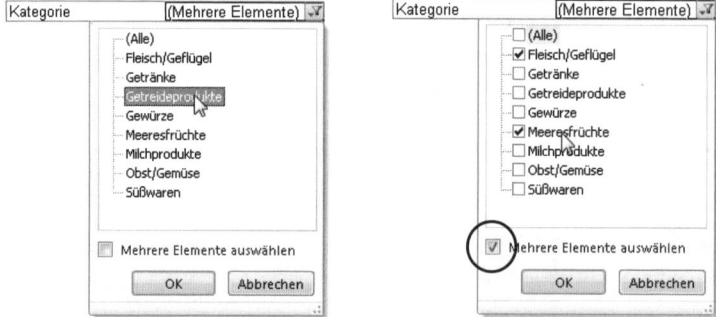

8. Wählen Sie die Kategorie, deren Produkte im Bericht angezeigt werden soll. Um mehrere Kategorien auszuwählen (neu seit Excel 2007), müssen Sie vorher das Optionsfeld *Mehrere Elemente auswählen* einschalten.

9. Klicken Sie auf OK, um die gewünschten Daten im Bericht anzuzeigen.

Bild 33.17   Der Bericht enthält jetzt nur die Produkte der Kategorie *Getränke*

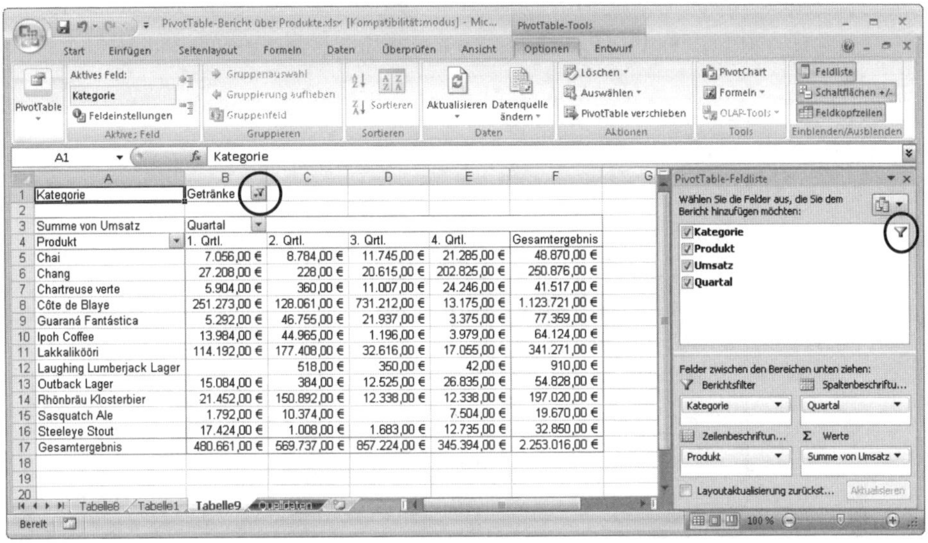

HINWEIS   Filterstatus   Beachten Sie die beiden Trichter-Symbole (sie sind oben im Bild mit Kreisen markiert). Sie signalisieren, dass im Bericht nicht alle Elemente des betreffenden Feldes angezeigt werden. Die Filtereinstellung eines Feldes bleibt auch erhalten, wenn Sie es in einen anderen Bereich der Feldliste ziehen!

Berichtsfilterseiten anzeigen

Wenn Sie ein Feld als Berichtsfilter definiert haben, können Sie mit den folgenden Schritten in Rekordzeit für jedes Element des Feldes eine separate Auswertung auf einem eigenen Arbeitsblatt erstellen. So lassen sich zum Beispiel die Daten verschiedener Kategorien miteinander vergleichen oder Sie können für jeden Monat einen separaten Bericht erstellen:

1. Klicken Sie den Bericht an und wechseln Sie auf die Registerkarte *Optionen*.

2. Klicken Sie in der Registerkarte links auf *PivotTable*. In dem aufgeklappten Menü befindet sich die Schaltfläche *Optionen*, die ebenfalls ein Ausklappmenü besitzt. Wählen Sie dort den Befehl *Berichtsfilterseiten anzeigen*.

3. Markieren Sie im nächsten Dialog das Feld, das als Berichtsfilter verwendet werden soll und bestätigen Sie Ihre Wahl mit *OK*. Excel wendet den Filter nun für alle Elemente des Feldes auf den PivotTable-Bericht an und kopiert die Ergebnisseiten jeweils auf ein eigenes Arbeitsblatt.

Weitere Filterbedingungen

Die Filterbedingungen in einem PivotTable-Bericht können jedoch noch weitaus differenzierter vorgenommen werden. Um Ihnen einen kleinen Eindruck von der Leistungsfähigkeit der Filter-funktion zu geben, wollen wir den Beispiel-Bericht so abändern, dass er nur noch die drei umsatzstärksten Produkte der Kategorien *Getränke*, *Milchprodukte* und *Süßwaren* anzeigt. Dazu müssen wir in einem ersten Schritt zunächst die gewünschten Kategorien herausfiltern:

1. Richten Sie den PivotTable-Bericht wie in der nächsten Abbildung ein.

Bild 33.18 Die Ausgangssituation vor dem Filtern des Berichts

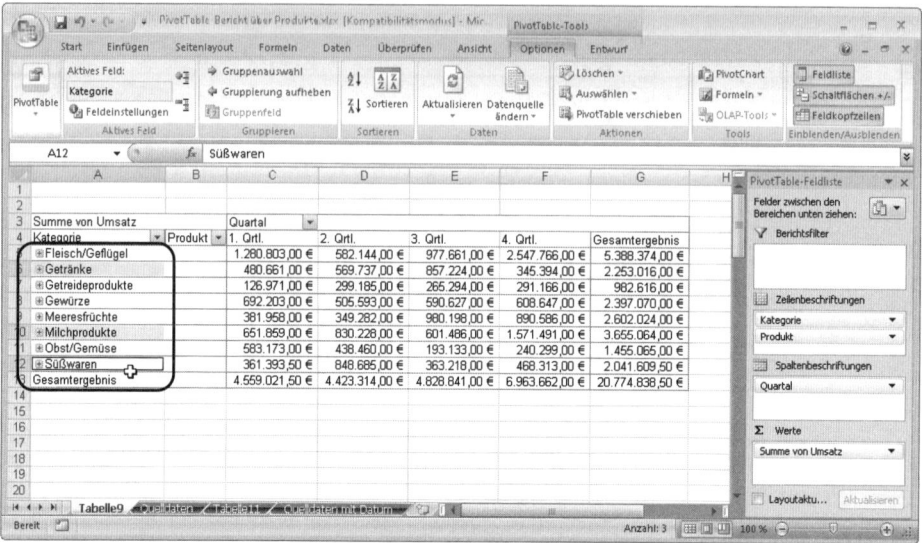

2. Markieren Sie nun die drei Kategorien, indem Sie die ⌈Strg⌉-Taste drücken und die betreffenden Zellen nacheinander anklicken. (Der Vorgang ist oben im Bild in dem durch den Rahmen hervorgehobenen Bereich zu erkennen.)

3. Klicken Sie mit der rechten Maustaste auf eine der markierten Zellen und wählen Sie im Kontextmenü den Befehl *Filter/Nur ausgewählte Elemente beibehalten*. Dadurch werden die übrigen Kategorien ausgeblendet und der Bericht enthält anschließend nur noch die gewünschten Kategorien.

4. Markieren Sie eine Kategorie und klicken Sie in der Registerkarte *Optionen* in der Gruppe *Aktives Feld* auf die Schaltfläche *Gesamtes Feld erweitern*. Dadurch werden im Bericht alle Produkte der drei Kategorien eingeblendet.

   Im zweiten Schritt werden Sie jetzt dafür sorgen, dass aus jeder Kategorie nur noch die drei Topseller angezeigt werden.

5. Klicken Sie mit der rechten Maustaste einen beliebigen Produktnamen an und wählen Sie im Kontextmenü den Befehl *Filter/Top 10*.

Bild 33.19 Einstellen des Top-10-Filters

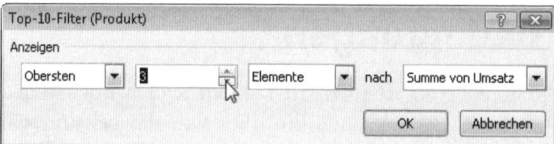

6. Ändern Sie im Dialog den Vorgabewert von 10 auf 3. Öffnen Sie auch kurz die verschiedenen Listenfelder des Dialogs, um sich einen Überblick über die Möglichkeiten dieses Filters zu verschaffen.

7. Nach einem Klick auf *OK* hat der Bericht die eingangs geforderte Form.

Bild 33.20   Jetzt werden in jeder Kategorie nur die drei Topseller angezeigt

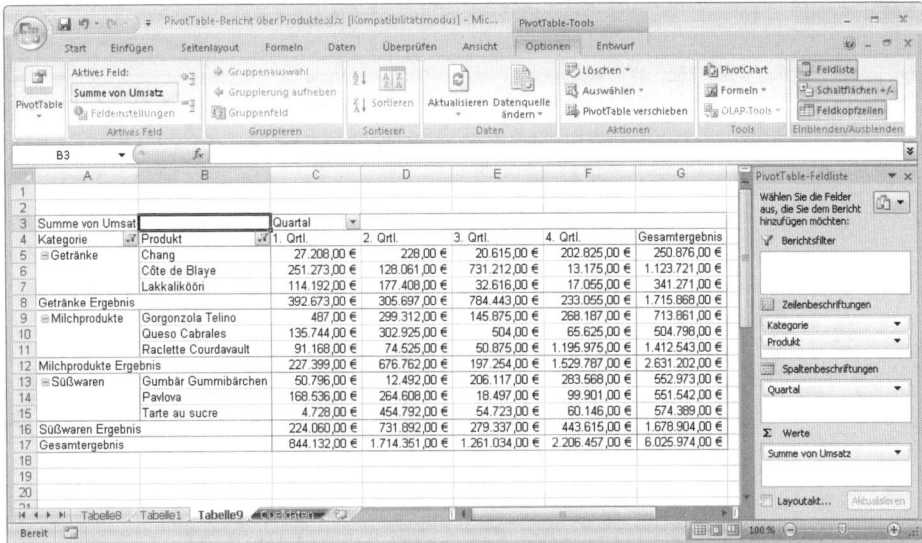

Damit sind die Filtermöglichkeiten aber noch lange nicht erschöpft. Excel hat noch einen Beschriftungsfilter und einen Wertefilter zu bieten, die Sie ebenfalls über das Kontextmenü der Felderzellen erreichen können. Da die Bedienung dieser Filter im Großen und Ganzen selbst erklärend ist, wollen wir in diesem Buch auf ihre explizite Beschreibung verzichten.

Felder umstellen und sortieren

Beim Erstellen eines PivotTable-Berichts werden die einzelnen Elemente standardmäßig in aufsteigender Reihenfolge angezeigt. So wurden in dem hier vorgestellten Beispiel die einzelnen Kategorien alphabetisch aufgelistet. Diese vorgegebene Reihenfolge können Sie manuell umstellen oder durch eine andere Sortierung ändern.

Zum Verschieben eines Elements zeigen Sie im PivotTable-Bericht mit dem Mauszeiger auf dessen Zelle, bis der Zeiger zu einem Vierfachpfeil wird. Jetzt können Sie das Element mit gedrückter Maustaste an seine neue Position schieben. Die zu dem verschobenen Element gehörenden Daten machen diese Bewegung natürlich mit.

Wenn Sie die Sortierung eines Feldes generell ändern wollen, markieren Sie im Bericht einfach das gewünschte Feld (oder eines seiner Elemente) und klicken dann in der Registerkarte *Optionen* auf eine der beiden kleinen Sortier-Schaltflächen. Auf die gleiche Weise können Sie auch die Datenfelder sortieren, um zum Beispiel die Produkte in den einzelnen Kategorien nicht alphabetisch, sondern nach der Höhe ihrer Gesamtumsätze zu sortieren.

Bild 33.21 Die Produkte werden jetzt nicht mehr alphabetisch sortiert (wie in *Bild 33.20*), sondern nach der Höhe ihrer Gesamtumsätze

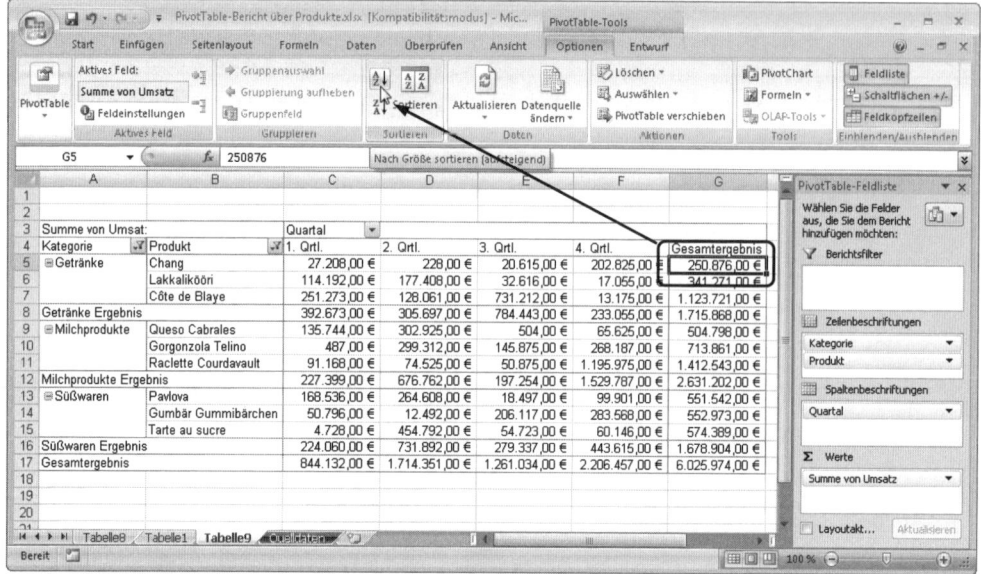

Gruppieren per Gruppenauswahl

Die Hauptaufgabe eines PivotTable-Berichts ist sicherlich das Zusammenfassen von großen Datenmengen. Wenn ein Bericht zum Beispiel für jede Kategorie den Gesamtumsatz aller zugehörigen Produkte anzeigt, spricht man von einer *Gruppierung*. In diesem Fall würden alle Zeilen der Quelldaten-Tabelle, die in der Spalte *Kategorie* den gleichen Eintrag enthalten, zusammengefasst und die zugehörigen Umsatzwerte kumuliert. Diese Form der Gruppierung haben Sie in den vorherigen Abschnitten bereits ganz selbstverständlich verwendet.

Neben dieser, durch den Inhalt der Quelldaten vorgegebenen Gruppierung, können Sie mit Excel jedoch auch individuelle Kriterien definieren, auf deren Basis die Daten gruppiert werden sollen. Im einfachsten Fall markieren Sie einfach die Zeilen bzw. Spalten, die Sie zu einer Gruppe zusammenfassen wollen:

1. Markieren Sie die Elemente des Feldes, die Sie gruppieren möchten. Die Markierung muss dabei nicht zusammenhängend sein.

2. Klicken Sie in der Registerkarte *Optionen* auf *Gruppenauswahl*.

   Excel fügt nun ein neues Feld in die Feldliste ein, das dann für die Gruppierung verwendet wird. Das erste Element der neuen Gruppe heißt *Gruppe1*.

3. Wiederholen Sie die beiden ersten Schritte, um weitere Gruppen zu erstellen.

4. Geben Sie der neuen Gruppe und ihren Elementen aussagekräftige Namen. Klicken Sie dazu die Zellen an und ändern Sie sie in der Bearbeitungsleiste.

Bild 33.22   Die Kategorien wurden zu Warengruppen zusammengefasst

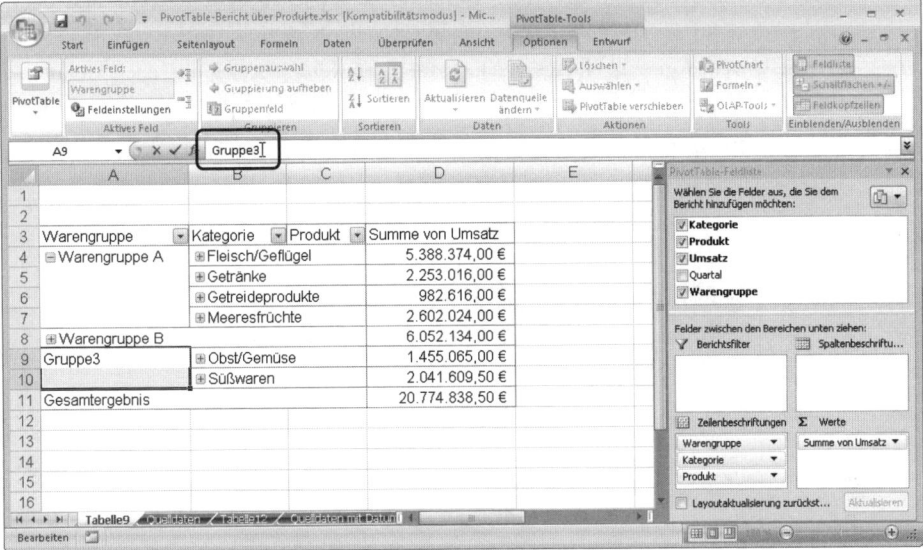

Gruppieren mit Gruppenfeldern

Neben dieser rein manuellen Form der Gruppierung können Sie auch den Inhalt eines Feldes als Gruppierkriterium nutzen. Stellvertretend für die vielen Möglichkeiten, die Excel hier bietet, wollen wir Ihnen im nächsten Beispiel die Verwendung von Datumsangaben vorstellen.

Bild 33.23   In diesem Bericht wurde die Quartalsangabe durch ein Datum ersetzt

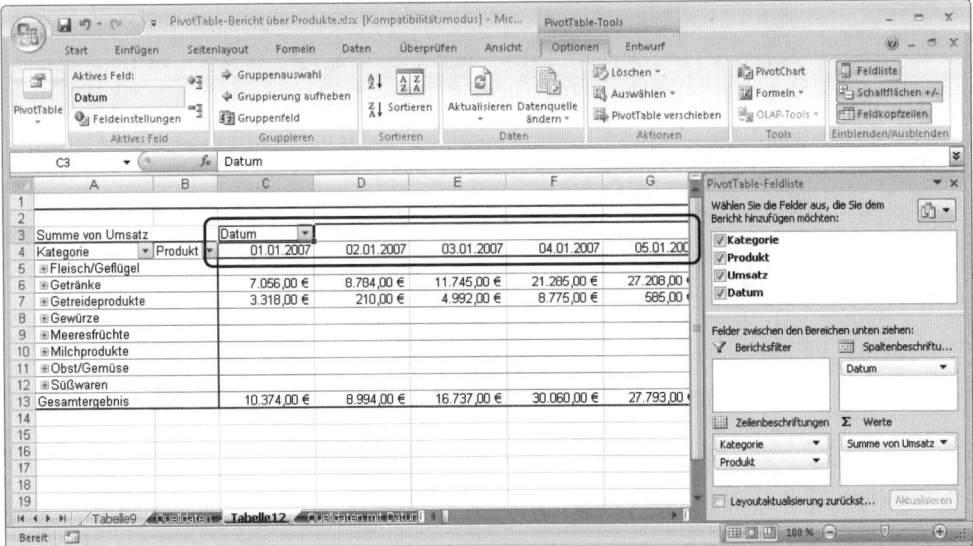

Für dieses Beispiel haben wir die Spalte *Quartal* der Quelldaten gelöscht und durch eine neue Spalte *Datum* ersetzt, die wir mit Datumswerten zwischen dem 1.1.2007 und dem 30.6.2007 gefüllt haben (per Autoausfüllen). Den zugehörigen PivotTable-Bericht sehen Sie in Bild 33.23.

Die Umsätze, die zurzeit tagesgenau ausgegeben werden, sollen nun nach Monaten gruppiert werden:

1. Markieren Sie die Zelle, die das Feld *Datum* enthält (hier C3).

2. Klicken Sie in der Registerkarte *Optionen* auf *Gruppenfeld*. Excel zeigt dann das Dialogfeld *Gruppierung* an.

Bild 33.24   Festlegen der Gruppierungsdetails

In diesem Dialog können Sie festlegen, für welches Intervall der im markierten Feld enthaltenen Werte eine Gruppierung vorgenommen werden soll (hier also die Datumswerte zwischen dem 1.1.2007 und dem 30.6.2007) und nach welchen Kriterien dabei gruppiert werden soll. Wie Sie in Bild 33.24 sehen, erkennt Excel, dass es sich in diesem Fall um ein Feld mit Datumswerten handelt, und macht entsprechend sinnvolle Vorschläge.

Wir wollen uns aber mit einer einzelnen Gruppenebene nicht zufriedengeben, sondern möchten, dass die Datumsangaben erst nach Monaten und dann noch nach Quartalen gruppiert werden.

3. Klicken Sie im Dialogfeld den Eintrag *Quartale* an. Dadurch ist nun sowohl der Eintrag *Monate* als auch der Eintrag *Quartale* markiert.

Bild 33.25   Auswahl einer zweiten Gruppierungsebene

4. Schließen Sie das Dialogfeld mit *OK*.

Bild 33.26 Die Umsatzzahlen sind nun nicht mehr nach Datum, sondern nach Monaten und Quartalen gruppiert (Beachten Sie auch das neue Feld *Quartale*)

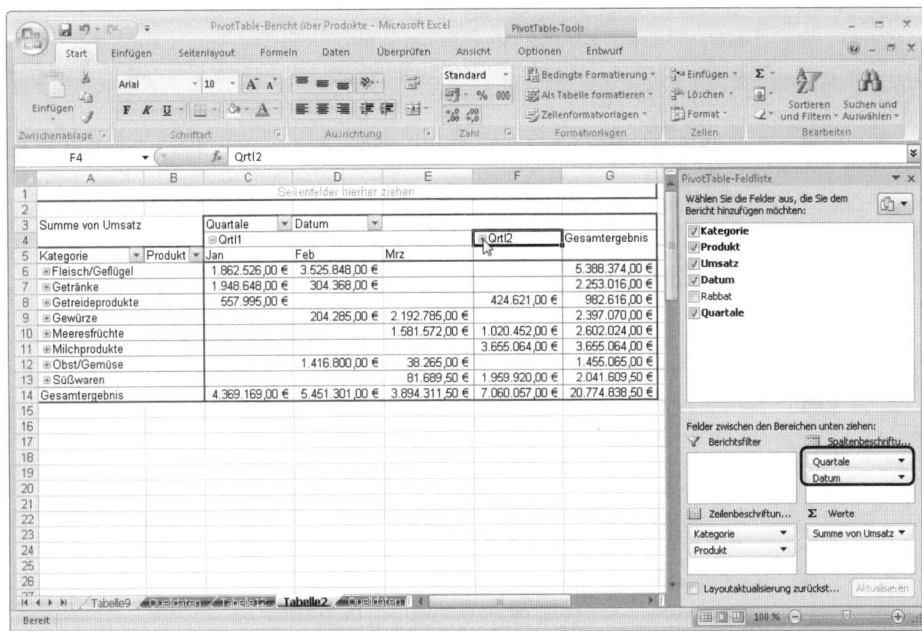

5. Wenn Ihnen die Beschriftung für die Monate und Quartale nicht gefällt, können Sie sie nachträglich ändern, indem Sie die betreffenden Zellen auswählen und ihren Inhalt in der Bearbeitungsleiste ändern.

Entwurf eines PivotTable-Berichts ändern

Nachdem Sie nun die wichtigsten Grundlagen für das Erstellen eines PivotTable-Berichts kennen, wollen wir Ihnen in diesem Abschnitt noch zeigen, wie Sie die Darstellung eines Berichts beeinflussen können. Die dazu notwendigen Funktionen und Befehle finden Sie auf der Registerkarte *Entwurf* in der Gruppe *Layout*.

Bild 33.27 Die Registerkarte *Entwurf*

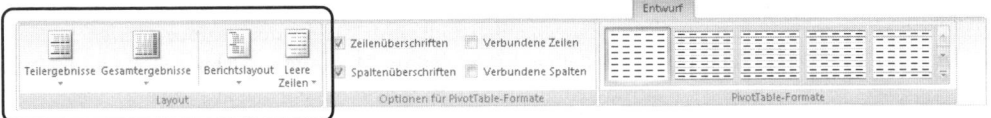

Teil- und Gesamtergebnisse ein- und ausblenden

Wenn Sie einen neuen PivotTable-Bericht erstellen, fügt Excel Zwischen- und Gesamtsummen in den Bericht ein, und zwar sowohl für die Spalten als auch für die Zeilen. Diese Summenbildung können Sie mit den Schaltflächen *Teilergebnisse und Gesamtergebnisse* beeinflussen:

- **Teilergebnisse** können unter- oder oberhalb ihrer Gruppe angezeigt oder auch ganz ausgeschaltet werden. (Hinweis: Wird der Bericht im Tabellenformat angezeigt, stehen Teilergebnisse immer unterhalb der Gruppe.)

- **Gesamtergebnisse** können in allen möglichen Kombinationen angezeigt werden (gar nicht, nur für Zeilen, nur für Spalten, für Zeilen und Spalten).

Berichtslayout

Für PivotTable-Berichte gibt es in Excel drei unterschiedliche Darstellungsarten, die Sie über die Schaltfläche *Berichtslayout* wechseln können:

- **Kurzformat** In diesem Format werden die verschiedenen Gliederungsebenen nicht in getrennten Spalten, sondern durch Einrückungen dargestellt. Der Bericht wird dadurch etwas kompakter (schmaler).

- **Gliederungsformat** Ein geeignetes Format, um zum Beispiel die Struktur eines PivotTable-Berichts zu bearbeiten.

- **Tabellenformat** Dieses Format bietet sich an, wenn Sie Teile eines PivotTable-Berichts auf ein anderes Arbeitsblatt kopieren möchten.

Zusätzlich können Sie noch mit der Schaltfläche *Leere Zeilen* steuern, ob Excel zwischen den einzelnen Gruppen Leerzeilen einfügen soll oder nicht. Wenn Sie in Ihrem Bericht auch Teilergebnisse anzeigen lassen, ist es in der Regel empfehlenswert, Leerzeilen einzufügen, da diese die Lesbarkeit deutlich erhöhen.

PivotTable-Bericht formatieren

Wenn Sie Ihren PivotTable-Bericht soweit fertig gestellt haben, dass er die gewünschten Daten liefert, können Sie sich seiner Formatierung widmen. Dank der PivotTable-Formate von Excel ist das eine Sache von wenigen Minuten:

1. Markieren Sie eine Zelle des gewünschten Berichts und wechseln Sie auf die Registerkarte *Entwurf.*

2. Klicken Sie zunächst irgendeines der angebotenen Formate an.

3. Entscheiden Sie dann, welche Elemente des Berichts von der Formatierung betroffen sein sollen, indem Sie die entsprechenden Optionsfelder in der Gruppe *Optionen für PivotTable-Formate* ein- bzw. ausschalten. Excel zeigt die Wirkung Ihrer Einstellung direkt im Bericht an. (Aus diesem Grund sollten Sie im letzten Schritt ein Format auswählen.)

4. Öffnen Sie die Liste der PivotTable-Formate, deren Formate in die Gruppen *Hell*, *Mittel* und *Dunkel* unterteilt sind. Wie Sie sehen, ist die Auswahl recht umfangreich, sodass für jeden Geschmack etwas dabei sein sollte.

5. Wenn Sie den Mauszeiger über die Vorschaubilder bewegen, wendet Excel die Formatierung unmittelbar in einer Livevorschau an.

Bild 33.28   Dank der reichhaltigen Auswahl an PivotTable-Formaten reduziert sich der Formatierungsaufwand auf ein Minimum

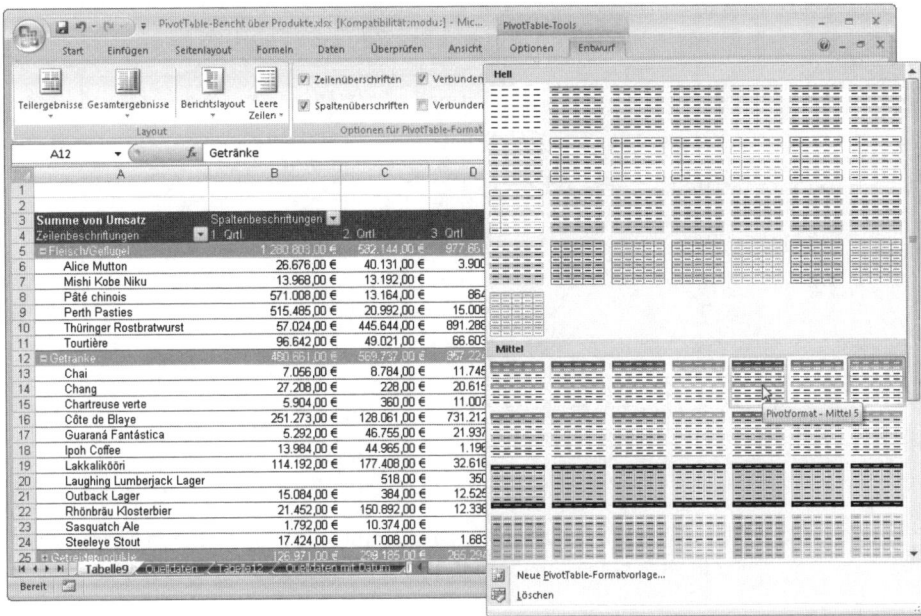

PivotChart-Bericht erstellen

Nachdem Sie nun wissen, wie Sie einen ansprechenden PivotTable-Bericht erstellen können, wollen wir Ihnen noch kurz zeigen, wie sich daraus ein Diagramm, also ein PivotChart-Bericht, erzeugen lässt. Da wir in diesem Buch dem Thema »Diagramme« ein eigenes Kapitel (Kapitel 31) gewidmet haben, werden wir uns hier auf die Beschreibung der grundsätzlichen Vorgehensweise beschränken.

1. Markieren Sie eine Zelle des PivotTable-Berichts.

2. Wechseln Sie auf die Registerkarte *Optionen* der *PivotTable-Tools*.

3. Klicken Sie in der Gruppe *Tools* auf die Schaltfläche *PivotChart*. Excel zeigt dann das Dialogfeld *Diagramm einfügen* an, in dem die angebotenen Diagrammtypen in mehreren Kategorien organisiert sind.

> **TIPP**   Wenn Sie noch wenig Erfahrung mit dem Erstellen von Diagrammen haben, finden Sie in der Online-Hilfe nützliche Hinweise auf die verschiedenen Einsatzgebiete der einzelnen Diagrammtypen. Klicken Sie dazu im Dialog auf die ?-Schaltfläche und wählen Sie in der Online-Hilfe das Thema »Verfügbare Diagrammtypen« aus.

Bild 33.29   Die Wahl des geeigneten Diagrammtyps hängt von der Struktur des PivotTable-Berichts ab

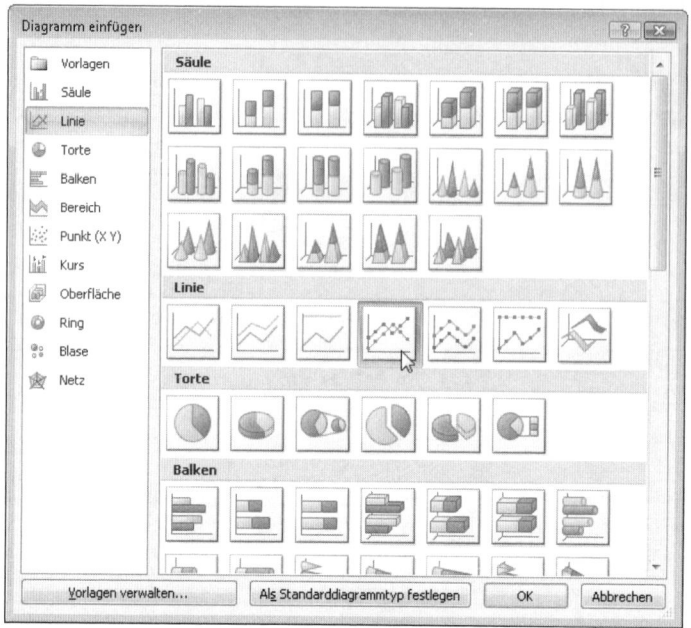

4. Wählen Sie den gewünschten Diagrammtyp aus und klicken Sie auf *OK*. Der PivotChart-Bericht wird standardmäßig auf dem aktuellen Arbeitsblatt eingefügt.

Bild 33.30   Das Diagramm ist mit dem PivotTable-Bericht verbunden

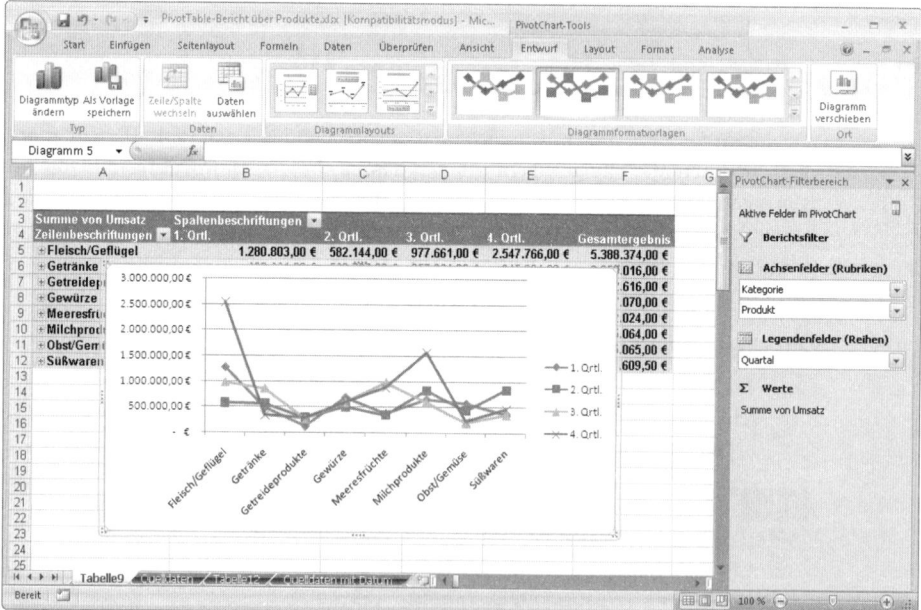

Rechts neben dem Diagramm ist das neue Fenster *PivotChart-Filterbereich* erschienen. In ihm können Sie, ähnlich wie beim PivotTable-Bericht, das dem Diagramm zugrunde liegende Zahlenmaterial durch Setzen von Filterbedingungen kontrollieren. Jede Änderung, die Sie hier vornehmen, wirkt sich auch auf den PivotTable-Bericht aus – und umgekehrt!

Diagramm auf eigenes Arbeitsblatt verschieben

Um den Bericht auf ein anderes oder ein neues Arbeitsblatt zu verschieben, gehen Sie so vor:

1. Markieren Sie den PivotChart-Bericht und holen Sie die Registerkarte *Entwurf* nach vorne.

2. Klicken Sie in der Registerkarte auf *Diagramm verschieben*.

Bild 33.31   PivotChart-Bericht auf ein neues Arbeitsblatt verschieben

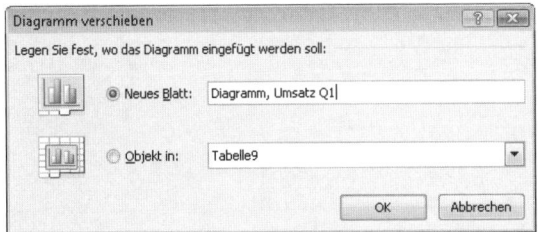

3. Nehmen Sie die gewünschten Einstellungen vor und bestätigen sie mit *OK*.

Damit sind wir am Ende eines langen und auch recht anspruchsvollen Kapitels angekommen. Nach diesen ersten Gehversuchen auf dem Gebiet der Pivot-Berichte sind Sie nun in der Lage, auch große Datenberge effektiv zu analysieren.

Zusammenfassung

In diesem Kapitel haben Sie gelernt, wie Sie große Datenmengen mit Hilfe von Pivot-Tabellen schnell und effizient auswerten können.

■ Excel unterscheidet dabei zwischen PivotTable-Berichten, die die Daten in Tabellenform anzeigen und PivotChart-Berichten, die sie als Diagramm anzeigen.

■ Die einem Pivot-Bericht zugrunde liegenden Daten werden als Quelldaten bezeichnet und können zum Beispiel in Listenform vorliegen. Diese Listen benötigen eine Kopfzeile, in der sich die Spaltennamen befinden und dürfen keine leeren Zeilen oder Spalten enthalten. Alternativ können die Daten auch aus einer externen Datenquelle stammen (Seite 570).

■ Aufbau und Struktur eines PivotTable-Berichts werden mithilfe der Feldliste gesteuert. Dort können Sie festlegen, welche Felder der Datenquelle in den Bericht aufgenommen werden sollen und nach welchen Kriterien die Daten gruppiert werden sollen (Seite 574).

■ Standardmäßig enthält ein PivotTable-Bericht eine vollständige Kopie der auszuwertenden Daten. Sie können die Daten des Berichts aber jederzeit aktualisieren lassen. Dies ist vor allem bei der Verwendung von externen Datenquellen nützlich (Seite 581).

- Nicht benötigte Daten lassen sich in einem PivotTable-Bericht durch Filter ausblenden. Auf diese Weise können Sie zum Beispiel nur die Verkaufszahlen einer gewünschten Produktkategorie in den Bericht aufnehmen (Seite 583).

- Wenn Sie ein Feld als Berichtsfilter definiert haben, können Sie für jedes Element des Feldes eine separate Auswertung auf einem eigenen Arbeitsblatt erstellen (Seite 585).

- Neben einer durch den Inhalt der Quelldaten vorgegebenen Gruppierung können Sie auch individuelle Kriterien definieren, auf deren Basis die Daten gruppiert werden sollen. Zum Beispiel können Datumswerte monats- oder quartalsweise gruppiert werden (Seite 588).

- Das Layout eines PivotTable-Berichts lässt sich sehr vielseitig gestalten, indem Sie zum Beispiel Teil- und Gesamtergebnisse ein- und ausblenden (Seite 591).

- Dank der PivotTable-Formate lassen sich PivotTable-Berichte in Sekundenschnelle ansprechend formatieren (Seite 592).

- Um aus einem PivotTable-Bericht einen PivotChart-Bericht zu erstellen, setzen Sie die gleichen Techniken ein wie beim Einfügen eines normalen Diagramms (Seite 593).

Teil D

PowerPoint 2007

In diesem Teil:

Kapitel 34

PowerPoint 2007 kennenlernen

In diesem Kapitel:

In diesem Kapitel geben wir Ihnen einen kurzen Überblick über das neue Microsoft PowerPoint 2007. Sie lernen den Aufbau des Programmfensters kennen und erfahren, in welchen Ansichten Sie eine Präsentation in PowerPoint 2007 anzeigen können. Außerdem zeigen wir Ihnen, wie Sie sich schnell und effizient auch in größeren Präsentationen bewegen.

Im letzten Abschnitt geben wir Ihnen dann noch einen Überblich über die neuen Funktionen und Konzepte von PowerPoint 2007, die Sie beim Erstellen professioneller Präsentationen unterstützen.

Die neue Benutzeroberfläche

Da wir Ihnen in Kapitel 2 die neue Benutzeroberfläche von Microsoft Office 2007 bereits vorgestellt haben, sind Sie mit ihren Hauptkomponenten wie der Multifunktionsleiste, der Symbolleiste für den Schnellzugriff und der Office-Schaltfläche schon vertraut. Wir können uns daher in diesem Kapitel auf die Beschreibung der für PowerPoint 2007 spezifischen Besonderheiten konzentrieren.

Die Standardregisterkarten von PowerPoint 2007

PowerPoint 2007 enthält in der Grundeinstellung folgende Registerkarten:

■   Die Registerkarte *Start* enthält Befehle für die Verwendung der Zwischenablage, das Einfügen neuer Folien, die Formatierung von Schrift- und Absatzmerkmalen, das Einfügen und Bearbeiten von Formen (früher als AutoFormen bezeichnet) und die Gruppe *Bearbeiten*, über die Sie Text suchen und ersetzen sowie verschiedene Markierungsaktionen ausführen können.

■   Die Registerkarte *Einfügen* führt alle Elemente auf, die Sie auf einer Folie bzw. in eine Präsentation einfügen können. Hierzu gehören Tabellen, Grafiken, ClipArts, SmartArts, Hyperlinks, Kopf- und Fußzeilen, Textobjekte, Symbole und last but not least Film- und Sounddateien.

■   Die Registerkarte *Entwurf* enthält die Befehle für das Einrichten der Seite (Ränder, Hoch-/Querformat), für das Arbeiten mit Designs und zum Formatieren der Folienhintergründe.

■   Die Registerkarte *Animationen* enthält die Schaltflächen, mit denen Sie festlegen können, mit welchen optischen und akustischen Effekten eine Folie eingeblendet werden soll. Außerdem können Sie hier einstellen, ob der Folienwechsel per Mausklick ausgelöst werden oder automatisch erfolgen soll.

■   Auf der Registerkarte *Bildschirmpräsentation* finden Sie die Werkzeuge, mit denen Sie die Art und Weise festlegen können, wie Ihre Bildschirmpräsentation abgespielt werden soll. Mögliche Optionen sind zum Beispiel die Wahl der anzuzeigenden Folien (für zielgruppengerechte Präsentationen) und die Einstellung der Bildschirmauflösung. Natürlich befinden sich hier auch die Schaltflächen zum Starten der Präsentation.

■   Mit der Registerkarte *Überprüfen* stehen Ihnen Werkzeuge zur Prüfung Ihrer Folientexte zur Verfügung (Rechtschreibprüfung, Thesaurus usw.). Außerdem können Sie hier Kommentare einfügen bzw. bearbeiten und Ihre Präsentationen schützen.

■   Auf der Registerkarte *Ansicht* befinden sich die Befehle, mit denen Sie die Folien Ihrer Präsentation auf verschiedene Arten anzeigen lassen können. Dazu gehören z.B. die Schaltflächen zum Anzeigen der Folien-, Handzettel- und Notizenmaster. Auch die Sichtbarkeit des Lineals, der Gitternetzlinien und der Statusleiste lässt sich hier steuern. Eine weitere Befehlsgruppe enthält die Befehle zum Arbeiten mit mehreren Fenstern.

Eine weitere Standardregisterkarte mit dem Namen *Entwicklertools* ist standardmäßig ausgeblendet. Sie enthält die Werkzeuge, um Makros zu bearbeiten, den Visual Basic-Editor von PowerPoint zu starten, dort Code zu erstellen und zu bearbeiten u.v.m. Sie können die Registerkarte einblenden lassen, indem Sie die *Office-Schaltfläche* und dann im unteren Bereich ihres Ausklappmenüs die Schaltfläche *PowerPoint-Optionen* anklicken. Wechseln Sie im Dialog *PowerPoint-Optionen* zur Seite *Häufig verwendet* und schalten Sie dort die Option *Entwicklerregisterkarte in der Multifunktionsleiste anzeigen* ein.

Programmregisterkarten

Neben den Standardregisterkarten gibt es noch die so genannten *Programmregisterkarten*, die dann von PowerPoint angezeigt werden, wenn Sie zu einer bestimmten Dokumentdarstellung wechseln. Die Programmregisterkarten werden dann an Stelle der Standardregisterkarten angezeigt. Ein Beispiel hierfür ist die Seitenansicht, die Sie aktivieren, indem Sie die *Office-Schaltfläche* anklicken, auf *Drucken* zeigen und dann auf *Seitenansicht* klicken.

Bild 34.1   Beispiel für eine Programmregisterkarte: Die Funktionen für die Seitenansicht werden in Form einer eigenen Registerkarte angezeigt; solange Sie sich in dieser Darstellungsart befinden, werden die Standardregisterkarten ausgeblendet

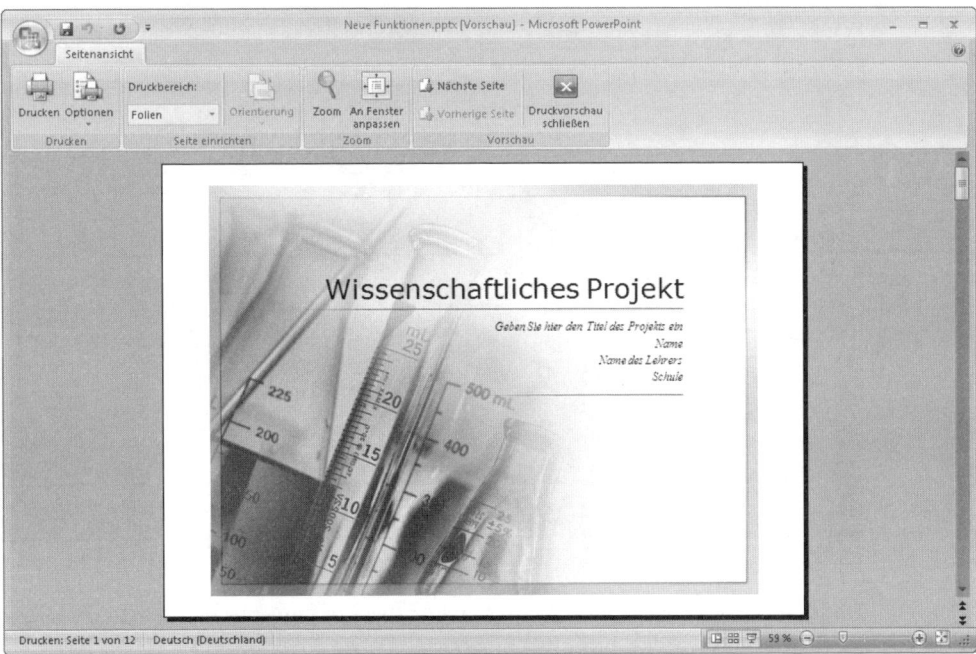

Wenn Sie die Darstellungsart verlassen (hier, indem Sie auf *Druckvorschau schließen* klicken), wird die Programmregisterkarte aus- und stattdessen werden wieder die Standardregisterkarten eingeblendet.

Kontextbezogene Registerkarten

Die verschiedenen Registerkarten, die sich nach Bedarf ein- und ausblenden, haben das Ziel, Ihnen immer nur die Befehle anzuzeigen, die Sie in einem bestimmten Arbeitsschritt auch wirklich benötigen. So soll die unüberschaubare Vielfalt an Befehlen, die in vorhergehenden Versionen für viele Anwender problematisch war, reduziert werden. Dieses Ziel verfolgt auch die dritte Variante der Registerkarten: die *kontextbezogenen Registerkarten*. Sie stellen Kontexttools bereit und zwar abhängig davon, was auf der aktuellen Folie markiert ist.

Wenn Sie beispielsweise momentan ein Diagramm markiert haben, blendet PowerPoint 2007 die *Diagrammtools* ein, die die Registerkarten *Entwurf, Layout* und *Format* enthalten, mit deren Befehlen Sie den Aufbau und die optische Gestaltung des Diagramms bearbeiten können. Bei einer ausgewählten Grafik blendet PowerPoint die *Bildtools* ein, zu denen lediglich die Registerkarte *Format* gehört, auf der diverse Befehle zur Bildbearbeitung enthalten sind.

Bild 34.2 Kontextregisterkarten werden eingeblendet, wenn bestimmte Elementtypen wie Diagramme, Grafiken oder SmartArts markiert sind

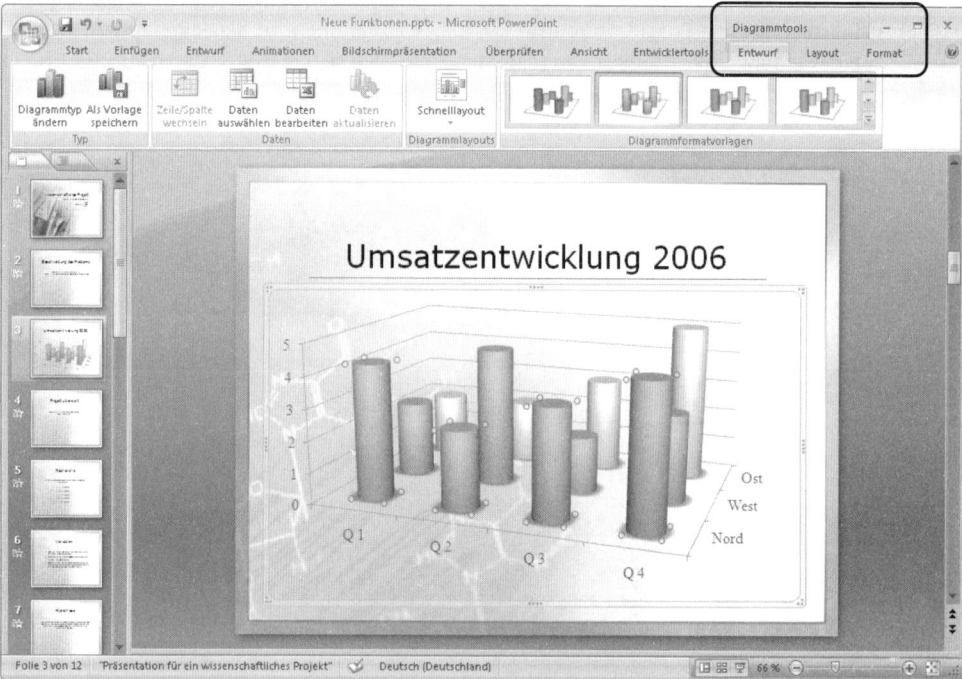

Die Kontextregisterkarten werden automatisch wieder ausgeblendet, sobald das Element, für das sie eingeblendet wurden, nicht mehr markiert ist.

HINWEIS In Anhang C finden Sie zahlreiche Tabellen, die Ihnen dabei helfen, schnell die vertrauten Befehle aus den Menüs von PowerPoint 2003 in der Multifunktionsleiste und deren Registerkarten wiederzufinden.

Die Statusleiste

Auch die Statusleiste, die sich am unteren Rand des PowerPoint-Fensters befindet, kann mit einigen neuen Funktionen aufwarten. Außerdem können Sie die Statusleiste nun über ein Kontextmenü konfigurieren, das sich öffnet, wenn Sie die Leiste mit der rechten Maustaste anklicken.

Bild 34.3   Welche Informationen in der Statusleiste angezeigt werden, legen Sie im Kontextmenü fest, das nach Klicken mit der rechten Maustaste auf die Leiste geöffnet wird

Der Befehl *Tastenkombinationen anzeigen* des Kontextmenüs bezieht sich auf die Schaltflächen, mit denen die Präsentationsansichten umgeschaltet werden können (mehr dazu gleich in ▶ Abschnitt »Die Ansichten einer Präsentation« ab Seite 605).

Hier ist offensichtlich bei der Übersetzung des englischen Originalbefehls *View shortcuts* ein kleiner Fehler passiert, der sicherlich in einem der nächsten Service Packs für Office behoben wird. Vielleicht haben Sie schon die korrekte Übersetzung in Ihrem Kontextmenü stehen.

Zoomen

Am rechten Rand der Statusleiste befinden sich drei Bedienelemente, mit denen Sie den Zoomfaktor für die angezeigte Folie einstellen können (In Bild 34.3 können Sie erkennen, dass Sie diese Elemente einzeln ein- und ausschalten können.):

Bild 34.4   Bedienelemente zum Einstellen des Zoomfaktors

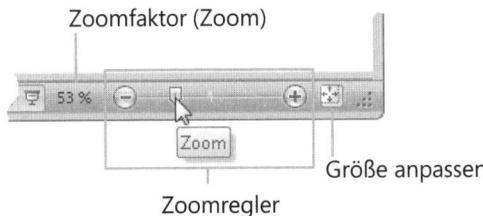

Zoomfaktor (Zoom)

Größe anpassen

Zoomregler

■   **Zoom**   Zeigt den aktuellen Zoomfaktor an. Ein Klick auf den Zoomfaktor öffnet das Dialogfeld *Zoom*, das Sie in der vorherigen PowerPoint-Version zum Beispiel über den Befehl *Ansicht/Zoom* aufrufen konnten. Die Verwendung dieses Dialogfeldes macht in der Praxis allerdings wenig Sinn, da sich der Zoomfaktor mit dem Regler wesentlich schneller und komfortabler einstellen lässt.

- **Zoomregler** Mit dem Regler können Sie den Zoomfaktor stufenlos zwischen 10% und 400% einstellen. Sie können den Regler dazu entweder mit der Maus ziehen oder die gewünschte Position, zu der der Regler bewegt werden soll, direkt auf der Skala anklicken. Die runden Schaltflächen links und rechts neben dem Schieberegler ändern den Zoomfaktor in Schritten von 10%.

- **Größe anpassen** Wenn Sie diese Schaltfläche anklicken, stellt PowerPoint den Zoomfaktor so ein, dass die aktuelle Folie vollständig angezeigt wird und dabei den Arbeitsbereich optimal ausfüllt.

Sich in der Präsentation bewegen

Sobald eine Präsentation nicht mehr in das PowerPoint-Fenster passt – weil sie mehr als eine Folie enthält und/oder weil die Ansicht zu groß für den Bildschirm ist – erscheinen am rechten und unteren Rand des Aufgabenbereichs die so genannten *Bildlaufleisten*. Mit der senkrechten Bildlaufleiste können Sie sowohl im Text einer Folie als auch in der gesamten Präsentation navigieren.

Bild 34.5 Die Bildlaufleiste

- Klicken Sie auf den kleinen schwarzen Pfeil am oberen/unteren Ende der Bildlaufleiste, um zeilenweise nach oben/unten zu springen – ist der Rand der Folie erreicht, springt PowerPoint in die nächste Folie.

- Klicken Sie zwischen Pfeil und Bildlauffeld (das ist der kleine Schieber), um in größeren Schritten – eine ganze Bildschirmansicht – zu springen.

- Klicken Sie auf den Doppelpfeil nach oben/unten, um die vorherige bzw. die nächste Folie anzuzeigen.

- Klicken Sie auf das Bildlauffeld in der Mitte der Bildlaufleiste, halten Sie die Maustaste gedrückt und ziehen Sie das Bildlauffeld nach oben oder unten. Ein kleines Textfeld zeigt die jeweilige Foliennummer und die Überschrift an. Sobald Sie loslassen, springt PowerPoint in die angegebene Folie.

Die Ansichten einer Präsentation

PowerPoint 2007 kann eine Präsentation in vier verschiedenen Ansichten anzeigen, die jeweils für bestimmte Arbeitsschritte vorgesehen sind:

- Normalansicht

- Foliensortierungsansicht

- Notizenseitenansicht

- Bildschirmpräsentationsansicht.

Am schnellsten schalten Sie zwischen den verschiedenen Ansichten hin und her, indem Sie die kleinen Schaltflächen in der Statusleiste verwenden, die sich links neben dem Zoomregler befinden. Sollten diese Schaltflächen nicht sichtbar sein, können Sie sie über das Kontextmenü der Statusleiste mit dem Befehl *Tastenkombinationen anzeigen* einblenden. (Wie im vorigen Abschnitt erwähnt, müsste dieses Element eigentlich *Ansicht-Schaltflächen* heißen.)

Alternativ können Sie auf der Registerkarte *Ansicht* die Schaltflächen der Gruppe *Präsentationsansichten* verwenden.

Bild 34.6   PowerPoint 2007 kann eine Präsentation in vier Ansichten darstellen

Die Ansicht *Normal*

Die Normalansicht ist die Standardansicht, in der Sie die Folien Ihrer Präsentation bearbeiten. In dieser Ansicht ist der Bildschirm in mehrere Bereiche unterteilt:

- Folienbereich
- Gliederungsbereich mit den Registerkarte *Folien* und *Gliederung*
- Notizenfeld.

Den größten Raum nimmt der Folienbereich ein, in dem Sie die Folien Ihrer Präsentation erstellen bzw. gestalten und zum Beispiel Texte, Bilder oder Diagramme einfügen. Sie können die Größe der Bereiche je nach Bedarf einstellen, indem Sie deren Begrenzungslinien mit der Maus verschieben. Bewegen Sie dazu den Mauszeiger über die Begrenzungslinien zwischen den Bereichen, bis sich die Pfeilspitze in einen Doppelpfeil verwandelt und verschieben Sie die Linie dann mit gedrückter Maustaste, bis die Bereiche die gewünschte Größe besitzen (siehe Bild 34.7).

Bild 34.7 Die Registerkarte *Folien* und der Folienbereich in der Normalansicht. Durch Verschieben der Begrenzungslinien können Sie die Größe der Bereiche ändern (siehe Markierung)

Links neben dem Folienbereich befindet sich der Gliederungsbereich. Er enthält eine praktische Übersicht über alle in der Präsentation enthaltenen Folien, und zwar auf zwei verschiedenen Registerkarten:

- Auf der Registerkarte *Folien* (siehe Bild 34.7) sehen Sie die Miniaturansichten der Folien. Wenn Sie eine der Miniaturansichten anklicken, wird die zugehörige Folie im Folienbereich angezeigt. Sie können diesen Bereich aber auch nutzen, um die Reihenfolge der Folien umzustellen.

- Die Registerkarte *Gliederung* (siehe Bild 34.8) zeigt eine Übersicht über den auf den Folien enthaltenen Text. Durch einen Doppelklick auf ein Foliensymbol können Sie den gesamten Text einer Folie ein- oder ausblenden.

Unterhalb des Folienbereichs erscheint ein kleines Fenster mit der Aufforderung »Klicken Sie, um Notizen hinzuzufügen«. Mit dieser grammatikalisch ausgefeilten Formulierung ist gemeint, dass Sie in diesem Fenster Anmerkungen bzw. Notizen eingeben können, die auf der Folie nicht erscheinen sollen, die Sie jedoch beim Vortragen als Gedankenstütze parat haben möchten.

Bild 34.8 Die Registerkarte *Gliederung* eignet sich besonders zur Bearbeitung des Folientextes. Im Notizenfeld können Sie erläuternde oder ergänzende Informationen zu den Folien eintragen

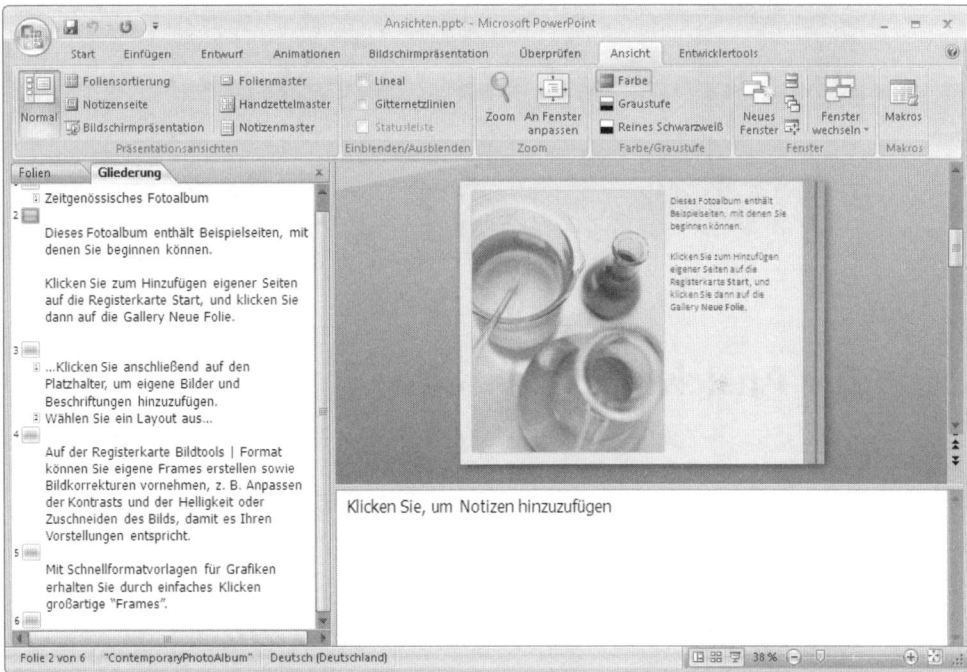

Die Ansicht *Foliensortierung*

In der Foliensortierungsansicht werden die Folien der Präsentation als kleine Vorschaubilder im Arbeitsbereich angezeigt. Auf diese Weise können Sie sich schnell einen Überblick über eine Präsentation verschaffen und einzelne Folien bequem mit der Maus umstellen oder aus der Präsentation löschen. Außerdem können Sie sich in dieser Ansicht auch die Animationen anzeigen lassen, die Sie für die einzelnen Folienübergänge definiert haben.

Bild 34.9 Die Foliensortierungsansicht eignet sich zum Umstellen von Folien. Darüber hinaus bietet sie auch eine Vorschaufunktion auf die eingerichteten Folienübergänge (siehe Markierung)

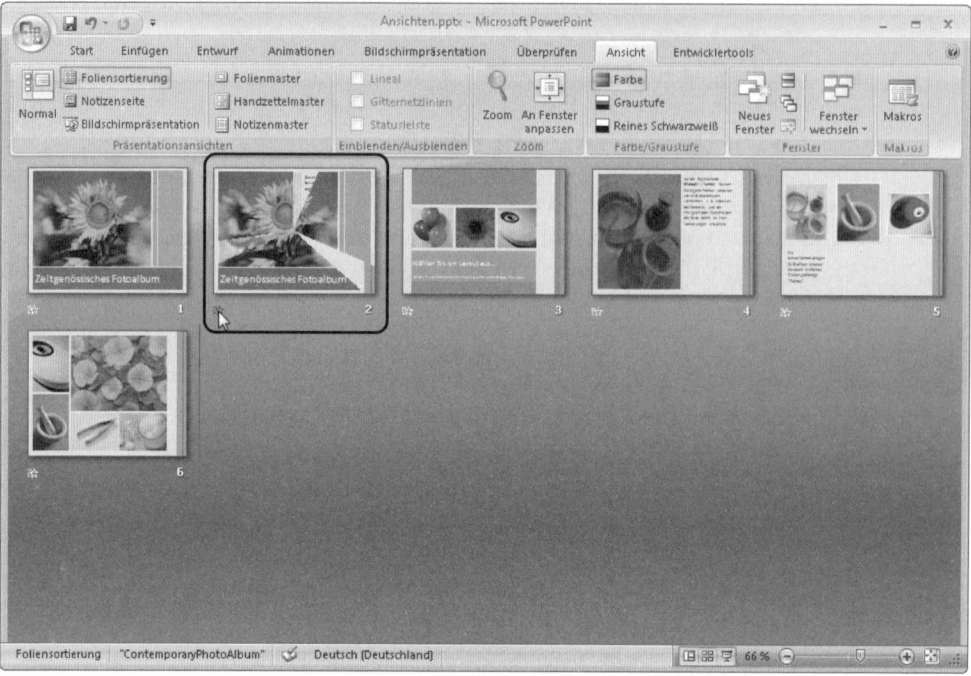

Die Ansicht *Notizenseite*

Wenn Sie für eine Folie Anmerkungen in das Notizenfeld eingegeben haben, können Sie diese gemeinsam auf einer Seite ausdrucken. Wie diese Seite im Ausdruck aussehen wird, zeigt PowerPoint 2007 in der Notizenansicht auf dem Bildschirm an. Diese Ansicht ist jedoch keine reine Vorschaufunktion, sondern erlaubt auch eine Bearbeitung der Notizen.

Die Ansicht *Bildschirmpräsentation*

Die Bildschirmpräsentation ist der Modus, in dem eine Präsentation direkt am Computer vorgeführt wird, also zum Beispiel mit einem Beamer auf eine Leinwand projiziert wird. In dieser Ansicht nehmen die Folien den gesamten Bildschirm ein, das heißt, Windows tritt in diesem Modus optisch vollständig in den Hintergrund.

In der Bildschirmpräsentation wechseln Sie mit einfachem Mausklick – oder etwas zeitgemäßer und eleganter mit einem Knopfdruck auf Ihrer drahtlosen Fernbedienung – zur nächsten Folie. Um zurückzublättern oder um eine bestimmte Folie der Präsentation anzuzeigen, können Sie ein Kontextmenü aufrufen, in dem noch verschiedene andere Befehle enthalten sind, die Sie beim Vortragen Ihrer Präsentation einsetzen können. Wir gehen auf diese Möglichkeiten in Kapitel 42 noch ausführlich ein.

Bild 34.10 Im Kontextmenü der Bildschirmpräsentation können Sie zum Beispiel den Mauszeiger zu einem Filzstift oder einem Textmarker umschalten, mit dem Sie auf den Folien »schreiben« können

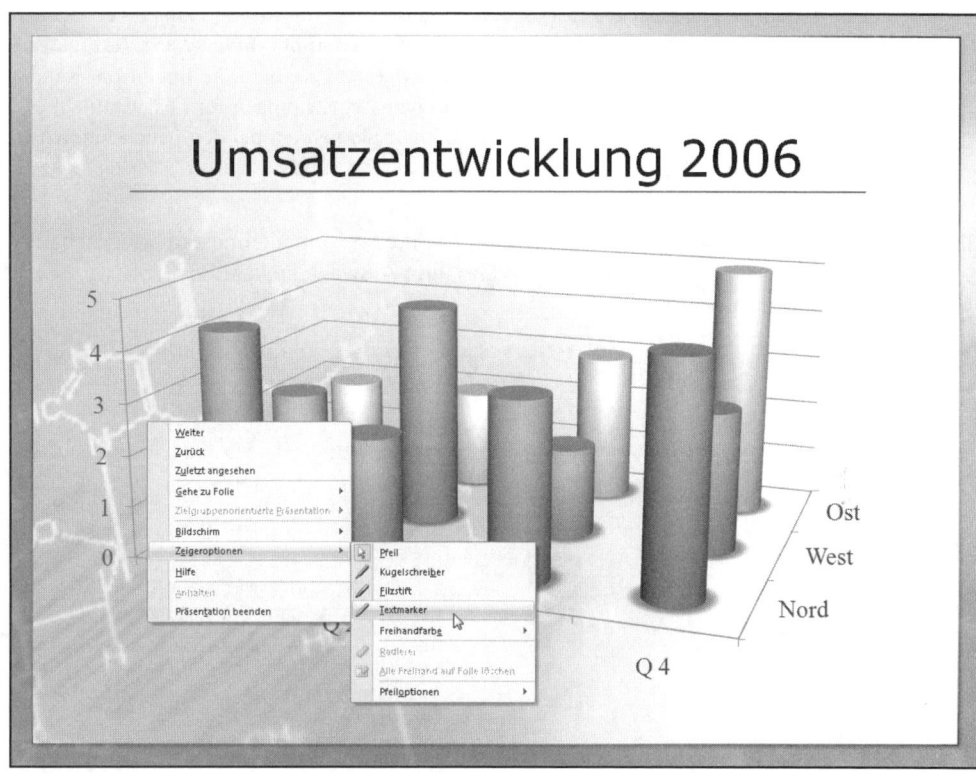

Neue und verbesserte Funktionen

Mit spektakulären neuen Funktionen kann die neue PowerPoint-Version nicht unbedingt glänzen. Es wäre ja auch geradezu kontraproduktiv, auf der einen Seite die komplette Oberfläche des Programms umzukrempeln, um seine Komplexität zu verringern, und dann auf der anderen Seite einen Strauß neuer Funktionen zu implementieren, der diese Bemühungen ad Absurdum führt.

Die meisten Änderungen bzw. Neuerungen sind daher weniger grundsätzlicher Natur, sondern betreffen neben einigen neuen Textfunktionen (z.B. Textumbrüche in Formen und vertikal verlaufende Texte) vor allem die Möglichkeiten zur grafischen Gestaltung von Folien. Hier wurde vor allem Wert auf eine höhere Produktivität gelegt.

Auch wenn viele Features und Funktionen wie Transparenz, Schlagschatten und räumliche Formen bereits in den Vorgängerversionen von PowerPoint enthalten waren, so haben sie doch in der aktuellen Version eine spürbar bessere Qualität erhalten.

PowerPoint 2007

Formatierung mit Katalogen und Livevorschau

Damit sich die Folien Ihrer Präsentation möglichst komfortabel und effektiv erstellen lassen, stehen Ihnen an vielen Stellen der Multifunktionsleiste so genannte *Kataloge* zur Verfügung, in denen die Formatierungsoptionen als kleine Grafiken dargestellt werden. Sie finden die Kataloge beispielsweise bei den Tabellenformatvorlagen, den Formateinstellungen für Diagramme, bei den Designs, den Rändern, der Positionierung von grafischen Elementen, bei den neuen SmartArts und natürlich auch bei den WordArt-Objekten.

Bild 34.11   Mit den Katalogen können Sie sich einfach für eine Formatierungsoption entscheiden. Die Livevorschau zeigt Ihnen die Auswirkung Ihrer Auswahl direkt auf der Folie an, bevor Sie diese tatsächlich zuweisen

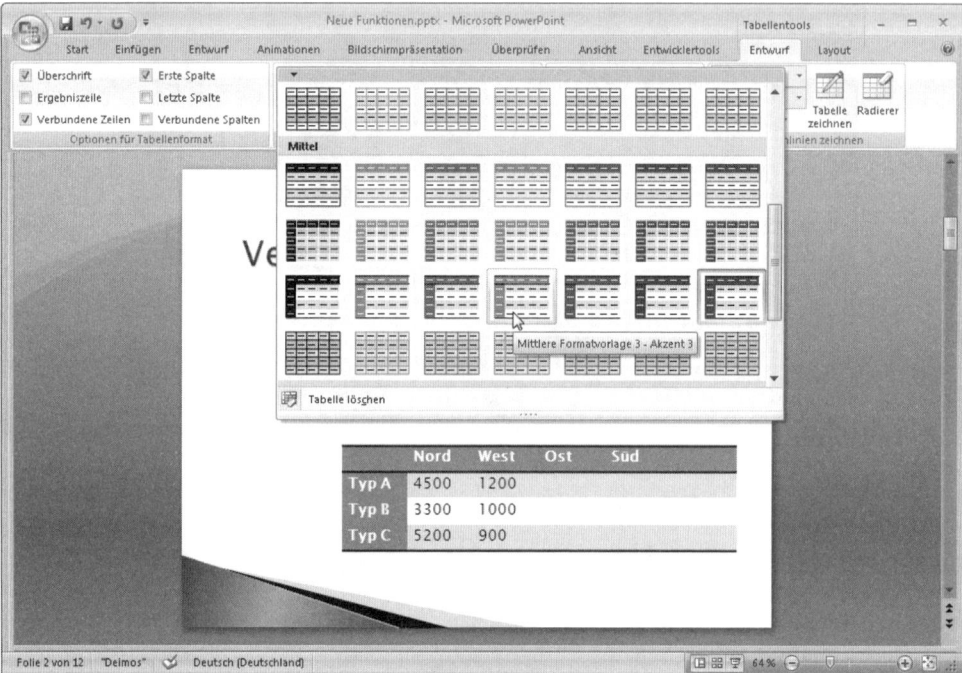

Wenn ein Katalog nur wenige Auswahlmöglichkeiten enthält, werden diese als Bestandteil der Befehlsgruppe in der Multifunktionsleiste angezeigt. Kataloge, die zahlreiche Auswahlmöglichkeiten enthalten, werden als Dropdown-Katalog angezeigt, in dem Sie Ihre Auswahl treffen können. Sie können dann auf einen Blick sehen, welche Farbkombinationen, Formatierungen, Farbschemata, Diagrammtypen oder Animationen vorhanden sind.

Besonders nützlich sind die Kataloge in Kombination mit der so genannten Livevorschau. Wenn dieses Feature aktiviert ist, können Sie den Mauszeiger über die Optionen des Katalogs bewegen, und zwar ohne zu klicken. PowerPoint zeigt dann die Auswirkung der Option direkt auf der Folie an. Der Befehl wird erst dann definitiv angewendet, wenn Sie eine der Optionen anklicken. So können Sie einfach, bequem und schnell ausprobieren, wie sich die Formatierungsoptionen auswirken würden.

Livevorschau deaktivieren

Auch die Livevorschau kann abgeschaltet werden, was Sie wahrscheinlich aber nur dann machen werden, wenn Sie PowerPoint 2007 auf einem älteren, langsamen Computer einsetzen. Falls Sie die Livevorschau nicht verwenden möchten, klicken Sie auf die *Office-Schaltfläche* und dann auf die Schaltfläche *PowerPoint-Optionen*. Wechseln Sie im gleichnamigen Dialogfeld zur Seite *Häufig verwendet* und schalten Sie das Kontrollkästchen *Livevorschau aktivieren* aus.

Bild 34.12 Behindert die Livevorschau auf Ihrem Rechner ein zügiges Arbeiten, können Sie sie deaktivieren

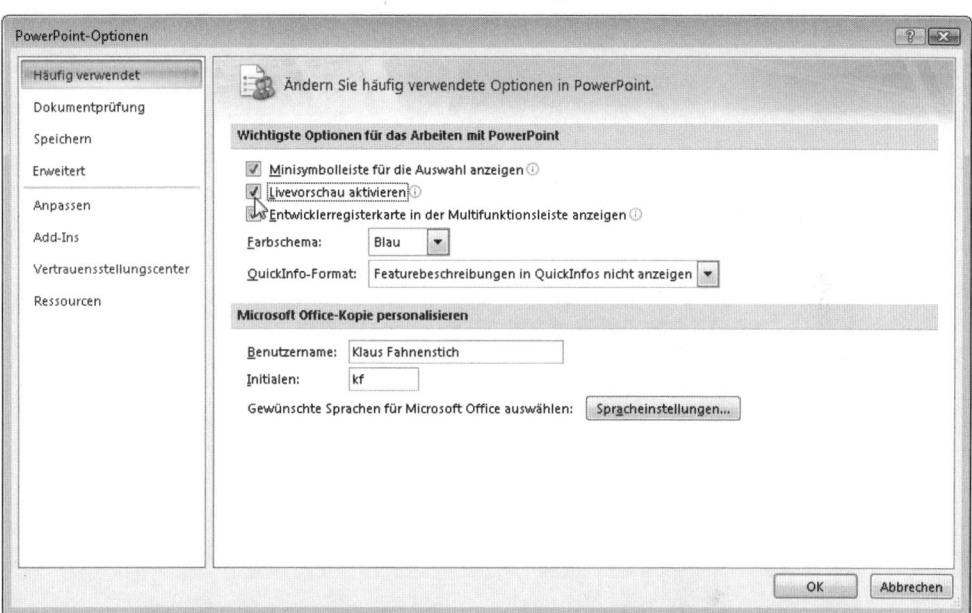

Einheitliche Gestaltung durch Designs

Mit Office 2007 hat Microsoft das Konzept der *Dokumentdesigns* eingeführt. Wenn Sie schon Erfahrungen mit einer älteren Version von PowerPoint besitzen, haben Sie vermutlich bereits mit Farbschemata gearbeitet, mit denen es möglich war, allen Folien einer Präsentation eine neue Farbgebung zuzuweisen. Die neuen Designs setzen auf diesem Konzept auf und erweitern es um neue Formatierungsmerkmale. Außerdem liegen sie nicht nur PowerPoint-, sondern auch Word- und Excel-Dokumenten zugrunde und sollen so die Basis für eine einheitliche Gestaltung von Office-Dokumenten schaffen.

Ein Design umfasst folgende Formatierungsmerkmale:

- Farben
- Schriftarten
- Effekte (Linien und Füll- und Spezialeffekte).

Konkret handelt es sich dabei um zehn so genannte *Designfarben,* zwei verschiedene Schriftarten (je eine für Überschriften und Textkörper) sowie zwanzig vordefinierte Effektkombinationen.

PowerPoint 2007

Alle weiteren Formatvorlagen bauen auf diesen Designs auf, das heißt, sie verwenden die in ihnen definierten Farben, Schriftarten und Effekte. Auf diese Weise wird es nun möglich, in allen Office-Dokumenten eine unternehmensweite Layoutvorgabe umzusetzen. Wenn sich dann zum Beispiel die in einer Firma zu verwendende Schriftart ändert, muss lediglich das verwendete Design angepasst werden.

Bild 34.13 Durch die Zuweisung eines Designs lassen sich die Farben, Schriftarten und Effekte aller Folien einer Präsentation mit einem Mausklick verändern

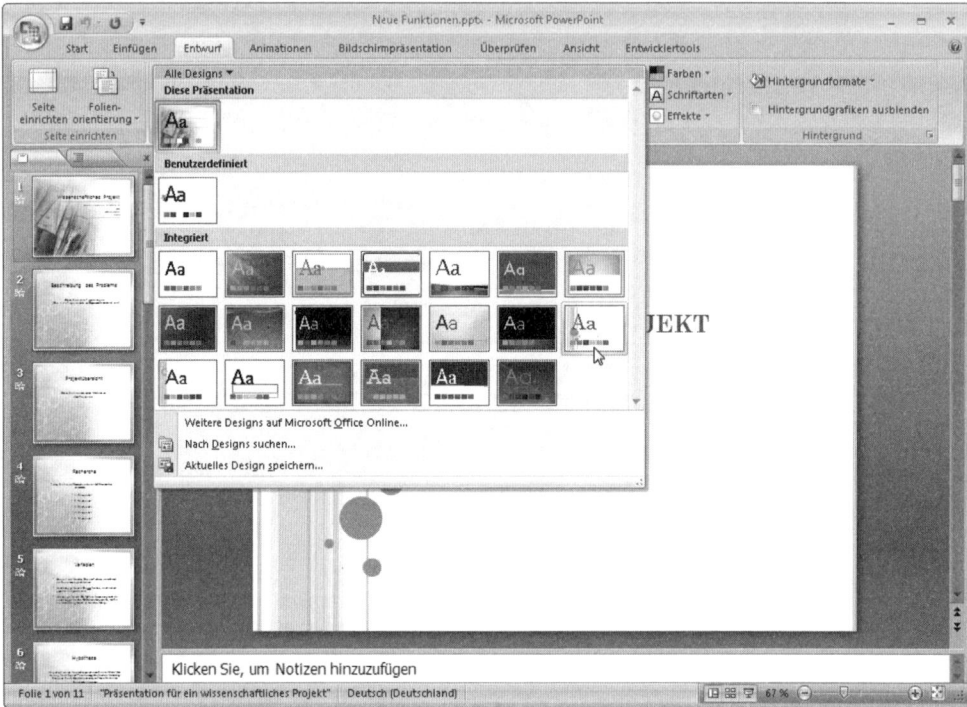

Da Designs eine zentrale Rolle in Microsoft Office 2007 spielen, werden wir uns in Kapitel 44 noch ausführlich mit diesem Thema befassen.

Benutzerdefinierte Folienlayouts

Wenn Sie eine neue Folie in eine Präsentation einfügen, müssen Sie nicht mit einer leeren Folie beginnen, sondern können auf so genannte *Folienlayouts* zurückgreifen. Auf diesen Vorlagen befinden sich bereits Platzhalter für die verschiedenen Elemente, aus denen eine Folie aufgebaut sein kann, wie zum Beispiel Hintergrundobjekte, Titel- und Untertitelplatzhalter, Platzhalter für Textkörper oder Kopf- und Fußzeilen. Da diese Platzhalter bereits fertig formatiert sind, beschränkt sich das Erstellen einer Folie im Idealfall auf das Eintippen des Textes und das Einfügen der gewünschten Illustrationen.

Während Sie in früheren Versionen von PowerPoint auf die mitgelieferten Standardlayouts beschränkt waren, können Sie mit PowerPoint 2007 nun auch eigene Layouts entwerfen. Sie können so zum Beispiel Vorlagen erstellen, die benutzerdefinierte Layouts bereitstellen, die die Vorgaben an Präsentationen in Ihrer Firma exakt erfüllen. Durch die Verwendung solcher Layouts lassen sich Präsentationen deutlich schneller erstellen und die Anwender der Vorlage müssen keine Zeit mehr in das Anpassen von Standardlayouts investieren.

Bild 34.14   In PowerPoint lassen sich jetzt auch eigene Layouts erstellen

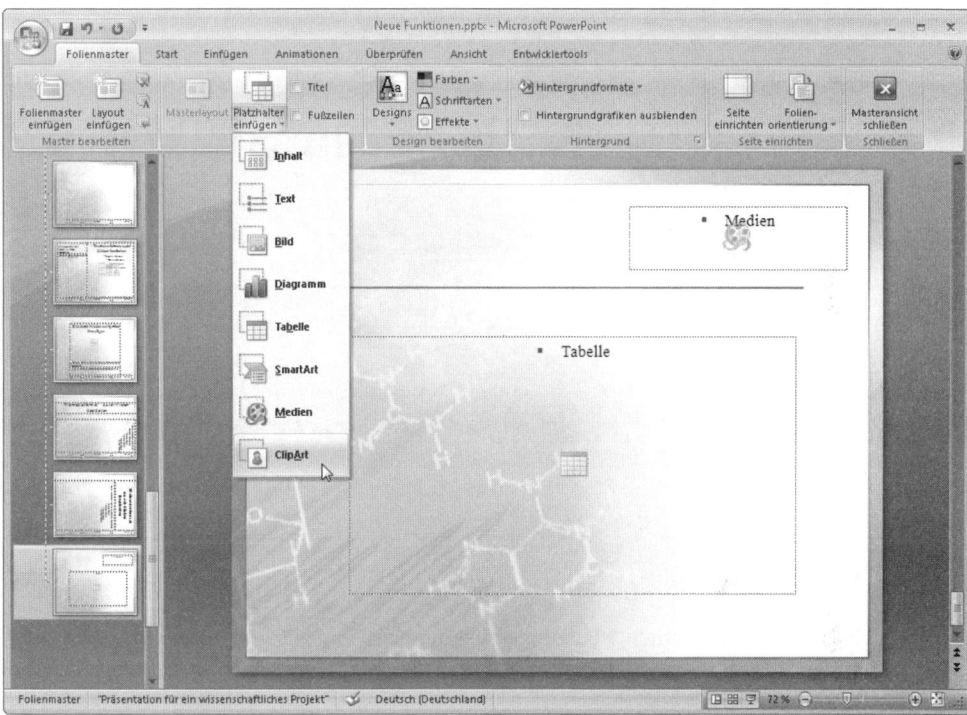

Wie Sie ein benutzerdefiniertes Layout erstellen, erfahren Sie in Kapitel 44.

Diagramme

In den Abbildungen der letzten Abschnitte haben Sie vielleicht schon eine Ahnung davon bekommen, wie stark sich die Darstellungsqualität in PowerPoint 2007 verbessert hat. Ganz besonders deutlich wird diese Entwicklung beim Bearbeiten von Diagrammen. Mit PowerPoint 2007 lassen sich mühelos Diagramme erstellen, die über eine anspruchsvolle Form- und Farbgebung verfügen. Ausgefeilte Licht- und Schatteneffekte lassen sich einfach per Katalog zuweisen – häufig unterstützt durch eine Vorschaufunktion, die die Wirkung nicht in einem Dialogfeld, sondern direkt auf der Folie sichtbar macht (siehe Bild 34.15 auf der folgenden Seite).

PowerPoint 2007

Bild 34.15 Auch Diagramme lassen sich bequem per Formatvorlage formatieren

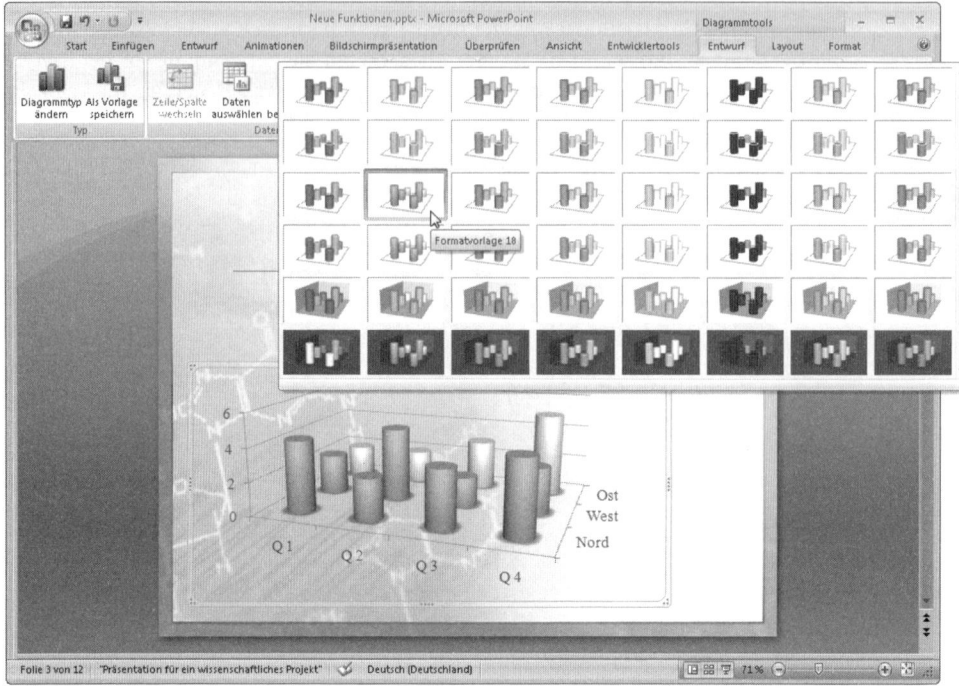

SmartArts

Zu den wenigen echten Neuerungen gehören die so genannten *SmartArts*. Wie der Name schon andeutet, handelt es sich dabei um intelligente Grafiken. Mit ihnen lassen sich zum Beispiel Prozesse, Beziehungen oder Hierarchien visualisieren.

Bild 34.16 Office 2007 bietet für nahezu jede Gelegenheit die passende SmartArt-Grafik

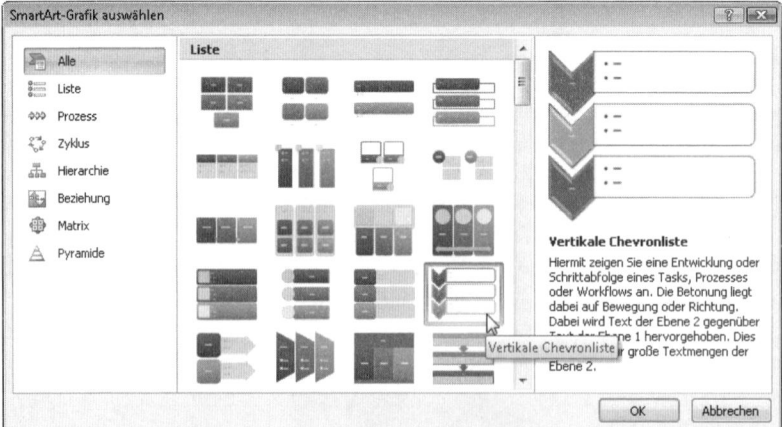

Das Besondere an SmartArts ist das beeindruckende Verhältnis von Aufwand zu Ertrag. SmartArts lassen sich nicht nur äußerst komfortabel erstellen, sondern auch sehr flexibel bearbeiten. Dank SmartArts können Sie sich auf die inhaltlichen Aspekte Ihrer Folien konzentrieren und ersparen sich stundenlanges »Gefummel« beim Erstellen von Grafiken, die trotz hohem Aufwand kein professionelles Aussehen annehmen wollen.

Mit SmartArts lassen sich innerhalb weniger Minuten Illustrationen von bestechender Qualität erstellen, die sich durch eine ausgewogene und aufeinander abgestimmte Form- und Farbgebung auszeichnen. Auch hier bilden die weiter oben angesprochenen Designs die Grundlage für die gewählten Farben und Effekte.

Bild 34.17 Form und Farbe von SmartArts lassen sich schnell per Vorlage ändern

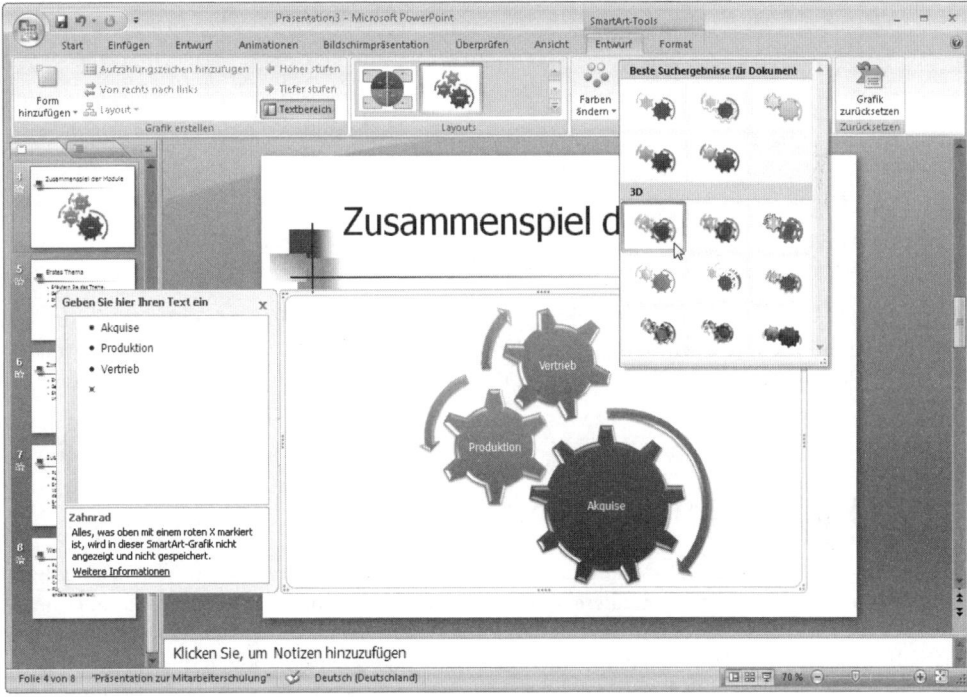

Neue Sicherheitsfunktionen

Bei Präsentationen, die nicht ausschließlich von Ihnen selbst genutzt werden, kommt automatisch der Aspekt der Sicherheit ins Spiel. Dabei geht es vor allem darum, dass von Ihnen weitergegebene Präsentationen keine unerwünschten Daten enthalten (z.B. in persönlichen Kommentaren, die Sie versehentlich nicht gelöscht haben) und dass Sie Ihre Präsentationen vor einer Veränderung durch Dritte schützen können.

Beim Aufspüren sicherheitsrelevanter Metadaten in einer Präsentation (wie Kommentare, persönliche Daten etc.) hilft der so genannte *Dokumentinspektor*. Dieses Tool kann die relevanten Bereiche einer Präsentation prüfen und bietet eine automatische Entfernung der gefundenen Daten an.

PowerPoint 2007

Bild 34.18 Der Dokumentinspektor kann sensible Daten aus Ihren Präsentationen entfernen

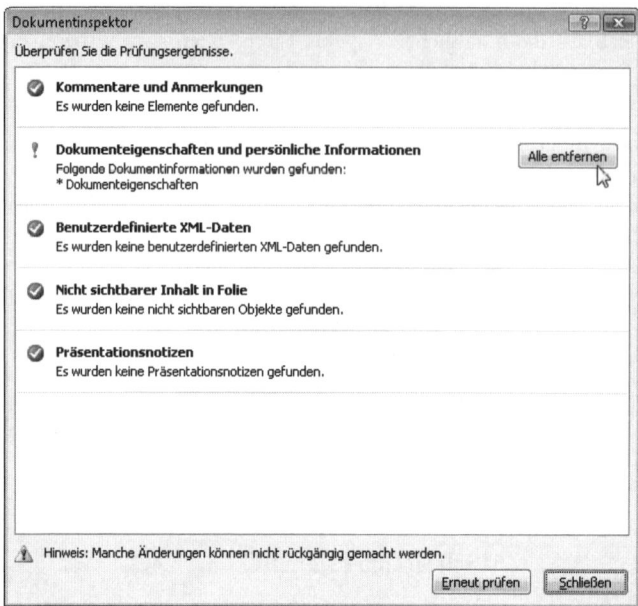

Als Schutz gegen unerwünschte Änderungen kann PowerPoint Ihre Präsentationen verschlüsseln und/oder mit einer Signatur versehen. Außerdem können Sie individuelle Zugriffsrechte für eine Präsentation festlegen, wenn Sie in Ihrer Firma mit den Rechteverwaltungsdiensten von Windows 2003 Server arbeiten.

Folienbibliotheken

Das letzte neue Feature, auf das wir in diesem Kapitel kurz eingehen wollen, sind die so genannten *Folienbibliotheken*. Um diese Funktion nutzen zu können, benötigen Sie allerdings Zugriff auf einen Office SharePoint Server 2007. Auf diesem Server lassen sich PowerPoint-Folien zentral abspeichern und können dann von dort aus in andere Präsentationen übernommen werden. Für eine so eingefügte Folie können Sie dann festlegen, ob sie mit der Bibliothek verknüpft bleiben soll, um spätere Veränderungen an der Originalfolie automatisch übernehmen zu können.

Das neues Dateiformat

Mit PowerPoint 2007 führt Microsoft auch ein neues Dateiformat ein. Es basiert auf XML und erleichtert daher die Weiterverarbeitung mit anderen Programmen. Die Dateien liegen jedoch nicht als normale XML-Dateien vor, sondern werden zusätzlich komprimiert, um ihre Dateigröße zu reduzieren. Laut Aussage von Microsoft ist das neue Dateiformat dadurch kompakter und robuster als seine Vorgängerversionen. Präsentationen mit diesem Format besitzen die Dateinamenserweiterungen *.pptx*, PowerPoint-Vorlagen entsprechend *.potx*.

Präsentationen bzw. Vorlagen, die Makros enthalten, werden durch die neue Erweiterung *.pptm* bzw. *.potm* gekennzeichnet. Dem Anwender soll so die Möglichkeit gegeben werden, potenziell gefährliche Dokumente direkt beim Öffnen zu erkennen. Durch einfaches Ändern der Dateinamenserweiterung lässt sich dieser Sicherungsmechanismus übrigens nicht überlisten. PowerPoint erkennt in diesem Fall trotzdem, dass das betreffende Dokument Makros enthält und verhindert deren Ausführung. Dieses Verhalten lässt sich allerdings über das so genannte *Vertrauenstellungscenter* konfigurieren.

Kompatibilität mit früheren PowerPoint-Versionen
Präsentationen, die mit einer der Vorgängerversionen von PowerPoint 2007 erstellt wurden, werden automatisch in einem Kompatibilitätsmodus geöffnet. Dazu wird in diesem Modus bei jedem Speichervorgang eine Kompatibilitätsprüfung vorgenommen.

Zusammenfassung

In diesem Kapitel haben Sie einen ersten Überblick über das neue PowerPoint 2007 erhalten:

- Zuerst haben wir einen kurzen Blick auf die neue Benutzeroberfläche von PowerPoint 2007 geworfen. Sie kennen nun die Aufgabenbereiche der verschiedenen Registerkarten der Multifunktionsleiste (Seite 600) und sind mit der Bedienung der Statusleiste vertraut (Seite 603).

- Anschließend haben Sie erfahren, dass Sie für eine Präsentation in den verschiedenen Phasen ihrer Erstellung spezielle Ansichten nutzen können: Sie kennen nun die Normalansicht (Seite 606), die Foliensortierungsansicht (Seite 607), die Notizenansicht (Seite 608) sowie die Bildschirmpräsentation (Seite 608).

- Zum Schluss haben wir Ihnen wichtige neue Funktionen und Konzepte von PowerPoint 2007 vorgestellt: Kataloge und Livevorschau (Seite 610), Dokumentdesigns (Seite 611), benutzerdefinierte Folienlayouts (Seite 612), Diagramme (Seite 613), SmartArts (Seite 614), den Dokumentinspektor (Seite 615), Folienbibliotheken (Seite 616)und das neue Dateiformat (Seite 616).

PowerPoint 2007

Kapitel 35

Erste Schritte mit PowerPoint 2007

PowerPoint 2007

Nachdem wir Ihnen im letzten Kapitel die geänderte Oberfläche von PowerPoint 2007 und die wichtigsten neuen Funktionen vorgestellt haben, erfahren Sie in diesem Kapitel, wie Sie eine neue, leere Präsentation anlegen. Anschließend zeigen wir Ihnen, wie Sie eine Präsentation um weitere Folien ergänzen, und wie Sie Folien kopieren oder verschieben können.

Im letzten Abschnitt stellen wir Ihnen dann die so genannten *Platzhalter* vor, die Ihnen dabei helfen, den Folien Ihrer Präsentation ein einheitliches Layout zu geben.

Neue Präsentation erstellen

Wie schon bei den vorhergehenden Versionen gibt es auch bei PowerPoint 2007 verschiedene Wege, um eine neue Präsentation zu erstellen: Sie können die Vorlagen verwenden, die sich auf Ihrem Computer befinden, die Vorlagen auf der Website *Office Online* nutzen oder eine Präsentation als Basis verwenden, die Sie zu einem früheren Zeitpunkt fertig gestellt und gespeichert haben.

Eine leere Präsentation erstellen

Wenn Sie eine neue, leere Präsentation erstellen wollen, gehen Sie so vor:

1. Klicken Sie die *Office-Schaltfläche* in der linken oberen Ecke des Programmfensters an. Das zugehörige Menü wird geöffnet. Klicken Sie dort auf *Neu*.

Bild 35.1   In der linken oberen Ecke des PowerPoint-Fensters befindet sich die *Office-Schaltfläche*, über die Sie die Befehle des früheren *Datei*-Menüs erreichen

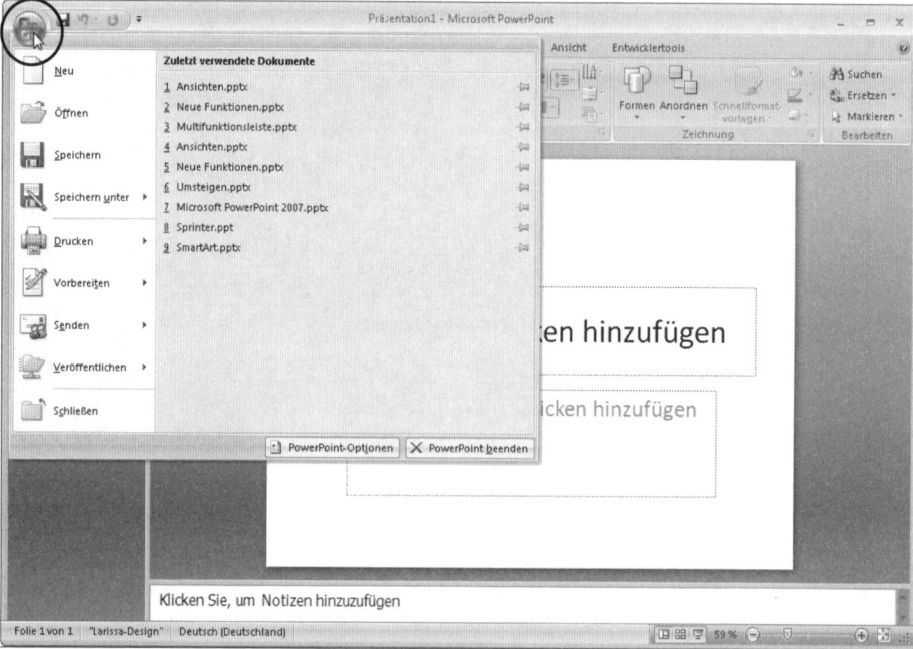

2. Das Dialogfeld *Neue Präsentation* wird angezeigt. Dieses Dialogfeld ersetzt den alten Aufgabenbereich *Neue Präsentation,* ist aber ähnlich aufgebaut:

   ■ Auf der linken Seite befindet sich die Liste *Vorlagen,* in der die Präsentationsvorlagen nach Kategorien sortiert sind. Sie finden hier sowohl Vorlagen auf Ihrem eigenen Computer als auch Vorlagen, die sich auf der Website *Office Online* befinden.

   ■ Der mittlere Bereich des Dialogfeldes zeigt immer die Vorlagen der Kategorie an, die Sie in der Liste *Vorlagen* ausgewählt haben.

   ■ Ganz rechts wird eine Vorschau der Vorlage angezeigt, die Sie im mittleren Bereich ausgewählt haben.

   Standardmäßig zeigt der Dialog die Kategorie *Leer und zuletzt verwendet* an.

Bild 35.2   Im Dialogfeld *Neue Präsentation* wählen Sie die Vorlage, auf der die neue Präsentation basieren soll

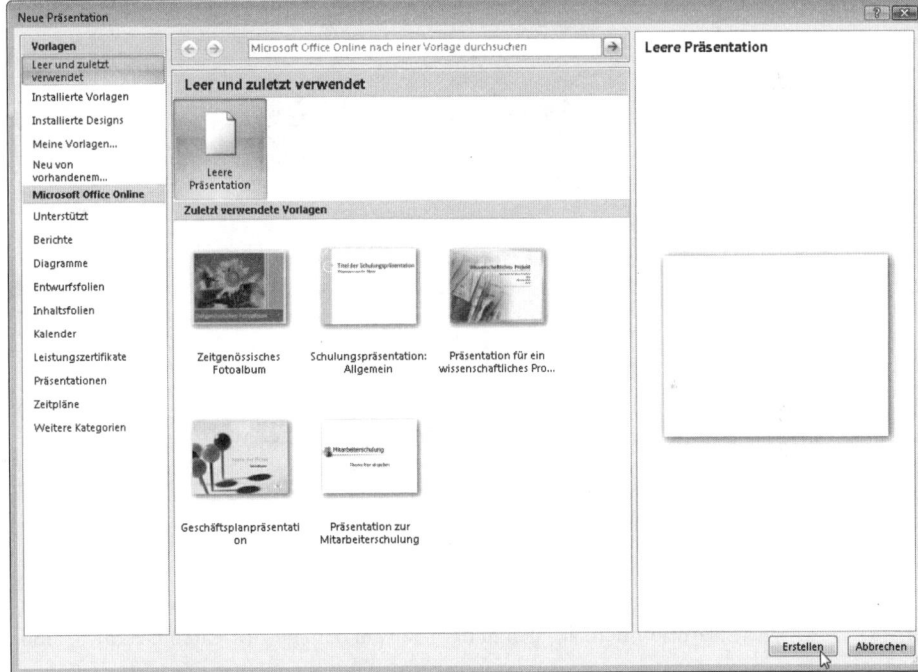

3. Wählen Sie links in der Liste *Vorlagen* den Eintrag *Leer und zuletzt verwendet* aus. Dadurch wird im mittleren Bereich des Dialogfeldes automatisch der Eintrag *Leere Präsentation* markiert.

4. Klicken Sie auf *Erstellen,* um die neue Präsentation anzulegen.

Die neue Präsentation ist jedoch nicht wirklich leer, sondern enthält bereits eine einzelne Folie. Diese Folie ist dafür vorgesehen, den Titel und Untertitel Ihrer Präsentation aufzunehmen und enthält zu diesem Zweck bereits entsprechende Platzhalter. Wie Sie die neue Präsentation mit Inhalt füllen, erfahren Sie weiter hinten in diesem Kapitel ab Seite 638 sowie in Kapitel 36.

PowerPoint 2007

Leere Präsentation aus Design-Vorlagen erstellen

Bei der im letzten Abschnitt erstellten leeren Präsentation beginnen Sie im übertragenen Sinn mit einem weißen Blatt Papier. Sie können jedoch auch von Anfang an Farbe ins Spiel bringen, indem Sie die neue Präsentation auf der Basis eines installierten Designs erstellen. In diesem Fall werden die Folien der neuen Präsentation automatisch mit einem mehr oder wenig aufwändig gestalteten Hintergrund ausgestattet. Außerdem wird durch ein Design die Verwendung bestimmter Schriften und Farben vorgegeben.

1. Klicken Sie die *Office-Schaltfläche* an und wählen Sie den Befehl *Neu*.

2. Markieren Sie in der Liste *Vorlagen* den Eintrag *Installierte Designs*.

Bild 35.3   Die Namen der installierten Designs entstammen der griechischen Mythologie

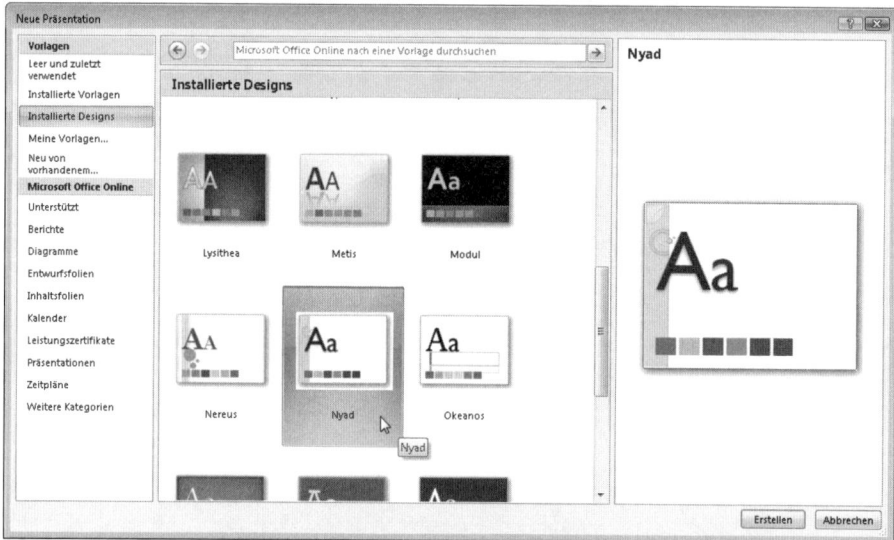

3. Wenn Sie die kleinen Miniaturansichten der Designs anklicken, erscheint rechts im Dialog eine vergrößerte Vorschau.

4. Um das markierte Design auf die neue Präsentation anzuwenden, klicken Sie auf *Erstellen*. Alternativ können Sie auch in der Liste auf dem gewünschten Design-Symbol doppelklicken.

Die neue Präsentation enthält ebenfalls eine Folie für den Titel bzw. den Untertitel, die jedoch bereits mit einem gestalteten Hintergrund ausgestattet ist. Natürlich können Sie den Hintergrund der Folie noch nachträglich ändern. Wie Sie später noch sehen werden, lässt sich auch das Design der Präsentation mit wenigen Mausklicks austauschen. Mit der Entscheidung für ein bestimmtes Design müssen Sie sich also nicht verbindlich festlegen.

Genau genommen ist einer Präsentation sogar immer ein Design zugewiesen. Denn auch eine leere Präsentation besitzt ein Design und zwar das Design *Larissa*.

WICHTIG   Die Trennung von Inhalt und Gestaltung ist ein wichtiges Prinzip einer PowerPoint-Präsentation, das Ihnen immer wieder begegnen wird. Wenn Sie dieses Prinzip konsequent umsetzen, werden Ihre Präsentationen optimal flexibel.

Bild 35.4   PowerPoint zeigt den Namen des verwendeten Designs in der Statuszeile an. Allerdings werden dabei die Namen nicht korrekt aus dem Dialog übernommen

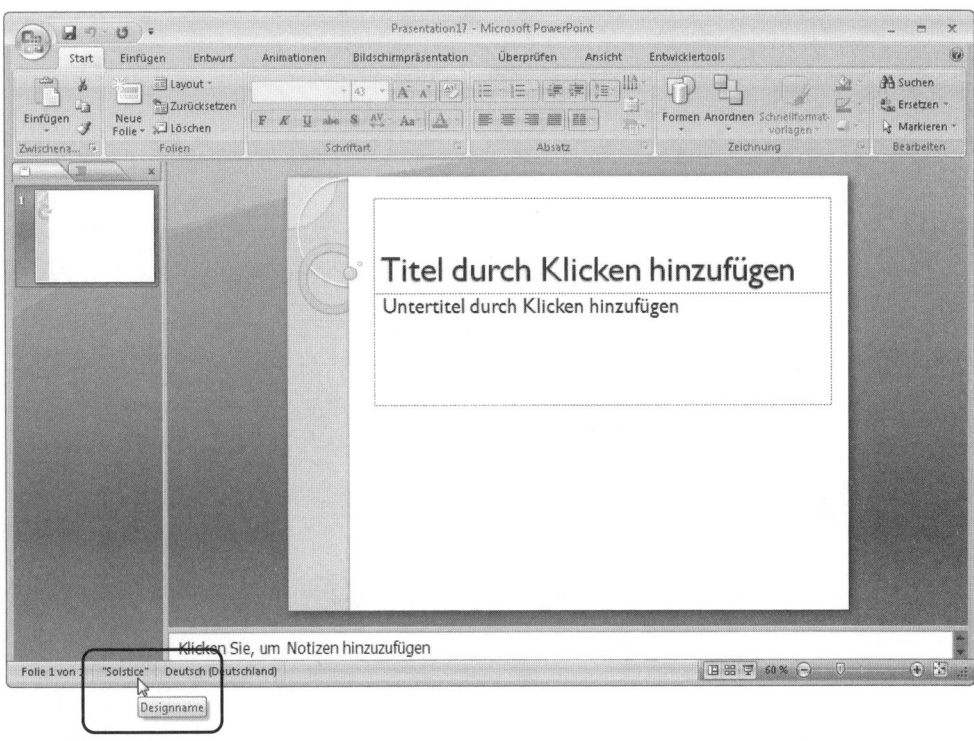

HINWEIS	Als Namensgeber für die installierten Designs dienen die griechischen Götter:
Ananke	Mutter der Adrasthea, deren Vater Zeus ist
Cronus	Personifikation der Lebenszeit; Titan
Dactylos	mythologische Wesen, die Abzählreime erfanden, um den jungen Zeus zu beruhigen
Deimos	personifiziert den guten oder bösen Charakter eines Menschen
Galathea	sizilianische Seenymphe
Ganymed	trojanischer Jüngling, den Zeus entführte und zu seinem Geliebten machte
Haemera	halb Schlange, halb Mensch
Hyperion	Lichtgott, der nur Gutes bringt; Titan
Iapetus	Vater von Atlas, der die Erde auf seinen Schultern tragen muss; Titan
Lysithea	Geliebte des Zeus
Metis	erste Geliebte und spätere Gemahlin von Zeus
Nereus	Meeresgott
Nyad	Tochter des Flussgottes Okeanos
Okeanos	Gott des Urweltstroms, der in der Unterwelt entspringt; Titan
Phoebe	Göttin der Jagd und des Mondes, Titanin
Rhea	Schwester und Frau von Chronos (Cronus), Titanin
Telesto	Flussgöttin

PowerPoint 2007

Vorlagen auf dem eigenen Computer verwenden

Bei der Installation von PowerPoint 2007 werden mehrere Vorlagen auf Ihrem PC installiert, die Sie als Ausgangspunkt für neue Präsentationen verwenden können. Welche Vorlagen das sind, können Sie sehen, wenn Sie in der Liste *Vorlagen* auf *Installierte Vorlagen* klicken.

1. Klicken Sie die *Office-Schaltfläche* an und klicken Sie dann auf *Neu*.
2. Wählen Sie im Bereich *Vorlagen* den Eintrag *Installierte Vorlagen*.

Bild 35.5   Zum Installationsumfang von PowerPoint 2007 gehören nur relativ wenige Vorlagen

3. Klicken Sie im mittleren Bereich eine der Miniaturgrafiken an, um eine Vorschau zu sehen.
4. Doppelklicken Sie dann auf das Symbol der Vorlage, die Sie verwenden wollen. Die neue Präsentation wird erstellt.

Die meisten Vorlagen enthalten bereits mehrere gestaltete Folien inklusive eines Textgerüstes. Sie müssen dann »nur noch« Ihren eigenen Text eingeben und bei Bedarf weitere Folien einfügen.

Neue Präsentation auf vorhandener basieren

In der Praxis kommt es gelegentlich vor, dass Sie eine Präsentation erstellen möchten, die sich nur in einigen Details von einer bereits vorhandenen unterscheiden wird. Der einfachste Weg, um diese Aufgabe zu lösen, besteht darin, die bereits vorhandene Präsentation als Grundlage zu verwenden.

1. Öffnen Sie das Menü der *Office-Schaltfläche* und klicken Sie dann auf *Neu*.
2. Klicken Sie im Bereich *Vorlagen* auf den Eintrag *Neu von vorhandenem*. Das Dialogfeld *Neu aus vorhandener Präsentation* wird angezeigt.
3. Wechseln Sie zu dem Ordner, in dem sich die Präsentation befindet, die Sie als Basis für Ihre neue Präsentation verwenden wollen.
4. Markieren Sie das Symbol der gewünschten Präsentation und klicken Sie auf *Öffnen*.

Vorlagen von *Microsoft Office Online* verwenden

Viel mehr Vorlagen finden Sie auf der Website *Microsoft Office Online*. Sehen Sie also auch dort nach, ob Sie hier eine Vorlage finden, die sich für Ihre Zwecke eignet. (Um die Vorlagen von *Office Online* verwenden zu können, muss Ihr Computer natürlich Zugang zum Internet haben.)

1. Klicken Sie die *Office-Schaltfläche* an und klicken Sie dann auf *Neu.*

2. Klicken Sie im Bereich *Vorlagen* auf einen der Einträge unter *Microsoft Office Online.*

3. Suchen Sie in der Liste im mittleren Bereich nach der Vorlage, die Sie verwenden möchten.

Bild 35.6   Auf der Website Office Online finden Sie ein Fülle von Präsentationsvorlagen zu den unterschiedlichsten Themen

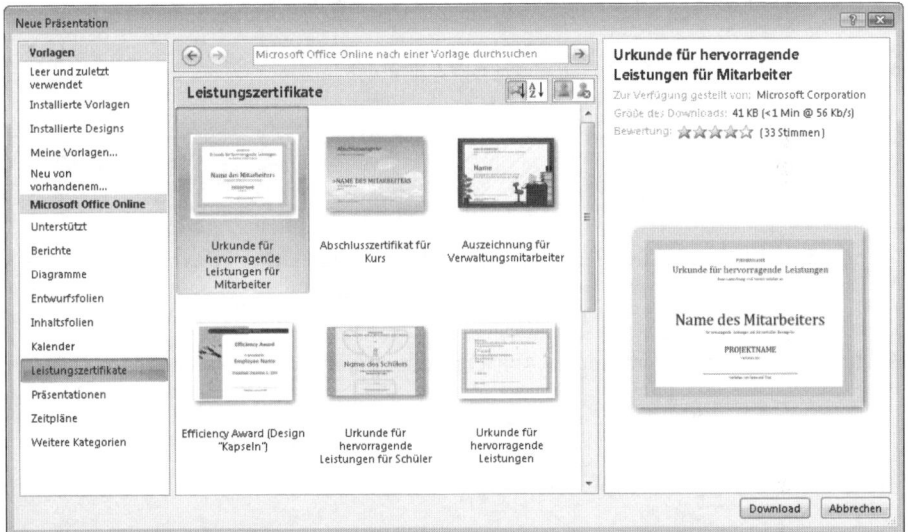

4. Haben Sie eine passende Vorlage gefunden, klicken Sie die Schaltfläche *Download* an.

5. Es erscheint ein Dialogfeld, in dem Ihnen mitgeteilt wird, dass der Download von Vorlagen von der Website Office Online nur möglich ist, wenn die von Ihnen verwendete Software eine Originalversion ist.

6. Klicken Sie in dem Dialogfeld auf die Schaltfläche *Weiter,* wenn Sie damit einverstanden sind, dass geprüft wird, ob Sie eine Originalversion von PowerPoint 2007 verwenden. (Wenn Sie nicht möchten, dass dieses Dialogfeld bei jedem Download angezeigt wird, schalten Sie das Kontrollkästchen *Diese Meldung nicht mehr anzeigen* ein.)

7. Falls die Überprüfung erfolgreich war, wird die Vorlage heruntergeladen und eine neue Präsentation erstellt. Sollten bei der Überprüfung Probleme auftreten, können Sie sich über einen Link in der entsprechenden Meldung weitere Informationen zu dem Problem anzeigen lassen.

PowerPoint 2007

Neue Folien einfügen

Eine PowerPoint-Präsentation setzt sich aus einzelnen Folien zusammen, die vergleichbar den Seiten eines Dokuments nach und nach ergänzt werden. Wie Sie weiter hinten in diesem Kapitel noch sehen werden, können Sie dazu auch Folien aus bereits vorhandenen Präsentationen übernehmen oder sogar eine Gliederung als Ausgangsbasis verwenden. Im einfachsten Fall haben Sie, wie im letzten Abschnitt beschrieben, eine neue leere Präsentation begonnen und wollen die Präsentation um eine weitere, leere Folien ergänzen.

Dazu gehen Sie folgendermaßen vor:

1. Wechseln Sie in der Multifunktionsleiste auf die Registerkarte *Start*.

2. Zeigen Sie mit der Maus in der Gruppe *Folien* auf die Schaltfläche *Neue Folie*. Dadurch wird erkennbar, dass die Schaltfläche aus zwei Bereichen besteht.

Bild 35.7   Die Schaltfläche *Neue Folie* ist zweigeteilt

3. Klicken Sie auf den oberen Bereich der Schaltfläche. PowerPoint 2007 fügt dann direkt eine leere Folie in Ihre Präsentation ein.

Bild 35.8   Die Folie wurde durch Anklicken der oberen Hälfte der Schaltfläche *Neue Folie* eingefügt

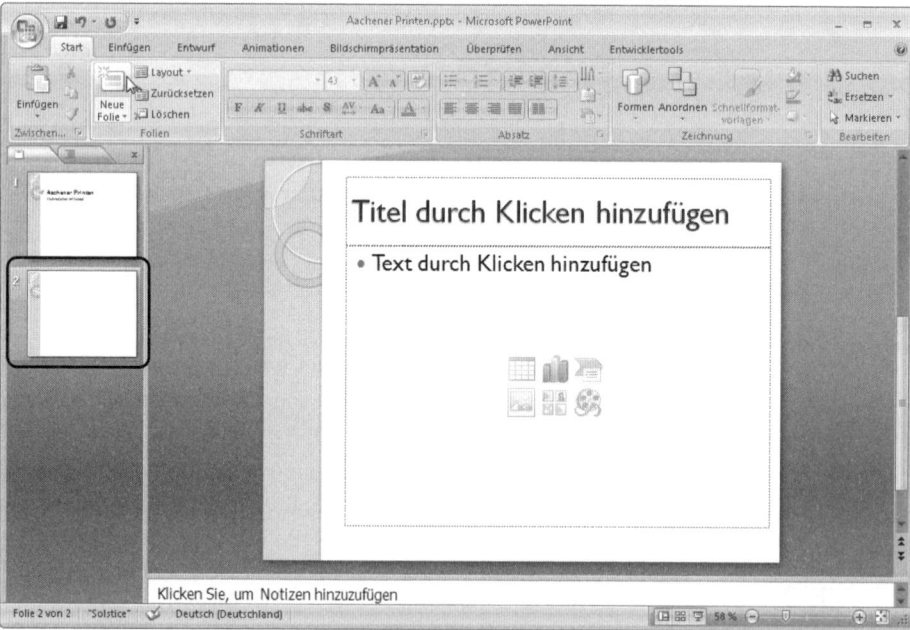

Wenn Sie nun im Gliederungsbereich (das ist der schmale Streifen am linken Fensterrand) die Miniaturansicht der neuen Folie betrachten, sehen Sie, dass dort eine leere Folie dargestellt wird. Im Folienbereich besitzt die Folie hingegen zwei Rahmen, die den Text »*Titel durch Klicken hinzufügen*« bzw. »*Text durch Klicken hinzufügen*« sowie sechs kleine Symbole enthalten. Bei diesen beiden Rahmen handelt es sich um so genannte *Platzhalter,* die erst noch mit Inhalt gefüllt werden müssen.

Die Aufgabe dieser Platzhalter ist es, den Folien einer Präsentation eine einheitliche Struktur zu geben. Dadurch wird gewährleistet, dass sich die Zuschauer beim Vorführen der Präsentation ganz auf die inhaltlichen Aspekte der Folien konzentrieren können und nicht bei jeder Folie mit einer neuen Anordnung von Texten und Bildern konfrontiert sind. Wir werden auf Platzhalter weiter hinten in diesem Kapitel noch näher eingehen. Für das aktuelle Beispiel benötigen Sie keine weiteren Hintergrundinformationen zu diesem Thema.

4. Klicken Sie den oberen Platzhalter mit der Maus an und geben Sie den Titel der neuen Folie ein. Der Vorgabetext »*Titel durch Klicken hinzufügen*« verschwindet automatisch, sobald Sie den Platzhalter anklicken.

5. Füllen Sie auf die gleiche Art und Weise auch den zweiten Platzhalter mit etwas Text. Wie Sie sehen, wird dieser Text automatisch als Aufzählung formatiert, ohne dass Sie dazu einen einzigen Mausklick investieren müssen.

Bild 35.9   Der eingegebene Text wird automatisch formatiert

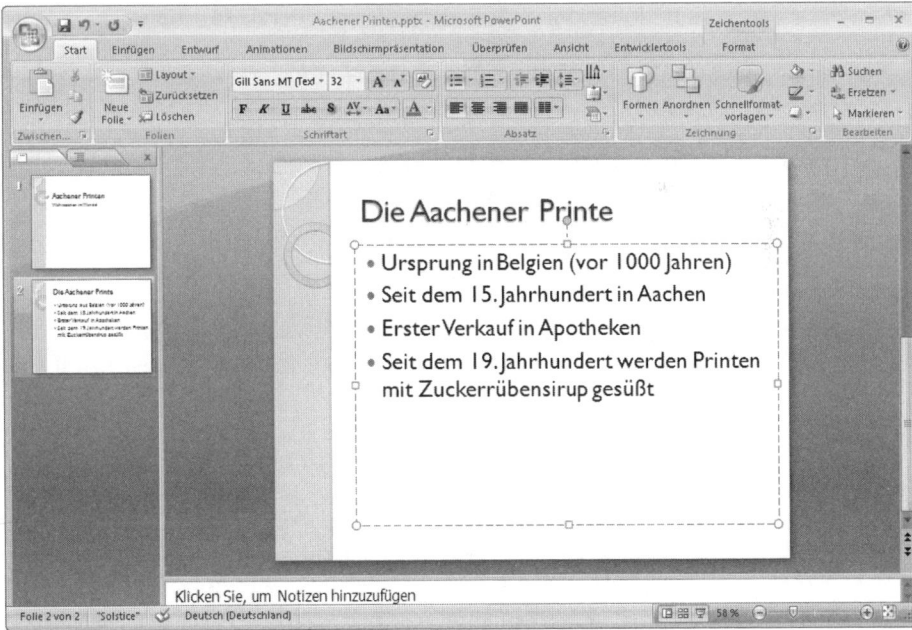

HINWEIS   Wie Sie den Text einer Folie formatieren, beschreiben wir detailliert in Kapitel 36.

Auswahl eines Layouts

Dieser oben beschriebene Service ist ein Verdienst des *Layouts*, das dieser Folie zugrunde liegt. Layouts sind ein zentraler Bestandteil einer Präsentation und wir werden dieses Thema in Kapitel 40 »Arbeiten mit Vorlagen« noch ausführlich behandeln. Für den Moment genügt es zu wissen, dass allen Folien einer Präsentation ein Layout zugrunde liegt, das den Typ und die Anordnung der Platzhalter vorgibt.

Lassen Sie uns nun einen Blick auf die verschiedenen Layouts werfen, die Sie für die Folien Ihrer Präsentation verwenden können.

1. Klicken Sie erneut auf die Schaltfläche *Neue Folie,* dieses Mal jedoch auf den unteren Teil der Schaltfläche (also auf die Beschriftung).

Bild 35.10   Im Menü der Schaltfläche *Neue Folie* können
Sie zwischen verschiedenen Layouts auswählen

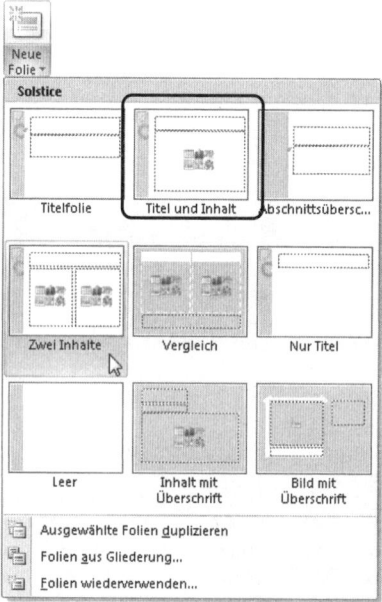

In dem dadurch ausgeklappten Menü der Schaltfläche *Neue Folie* bietet Ihnen PowerPoint 2007 verschiedene Layouts an, die sich in Anzahl und Art der verwendeten Platzhalter unterscheiden. Im obigen Bild sehen Sie zum Beispiel in der ersten Reihe das Layout *Titel und Inhalt,* das beim Einfügen der ersten Folie (in Schritt 3 des letzten Abschnitts) automatisch verwendet wurde. Wie viele Layouts in diesem Menü enthalten sind und wie diese aufgebaut sind, hängt von der verwendeten Vorlage bzw. dem verwendeten Design ab.

2. Prüfen Sie, welches Layout sich für den Inhalt der neuen Folie am besten eignet und klicken Sie sein Vorschaubild an.

3. Ersetzen Sie die Platzhalter der neuen Folie durch die gewünschten Inhalte.

Bild 35.11   Für die dritte Folie wurde das Layout *Zwei Inhalte* gewählt

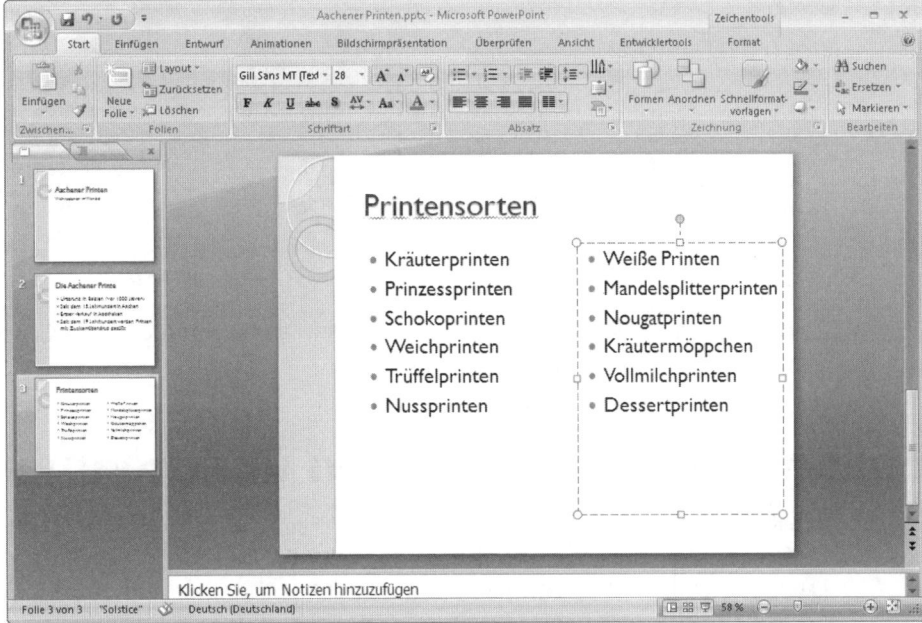

Layout nachträglich austauschen

Wenn sich das für eine Folie ausgewählte Layout im Nachhinein als ungeeignet erweist, ist das weiter kein Problem, denn Sie können das Layout einer Folie jederzeit austauschen. Der bereits auf der Folie vorhandene Inhalt wird dabei automatisch auf die Platzhalter verteilt, die im neuen Folienlayout enthalten sind, oder, falls es keine passenden Platzhalter gibt, als frei platzierbares Objekt eingefügt.

1.   Zeigen Sie die gewünschte Folie an, indem Sie sie im Gliederungsbereich anklicken.

2.   Wechseln Sie auf die Registerkarte *Start*.

3.   Klicken Sie in der Gruppe *Folien* auf die Schaltfläche *Layout*. Im Menü der Schaltfläche finden Sie die gleiche Auswahl an Layouts, wie Sie sie bereits von der Schaltfläche *Neue Folie* her kennen (siehe Bild 35.10).

4.   Wählen Sie ein neues Layout für die Folie aus.

Im Bild auf der nächsten Seite können Sie erkennen, dass PowerPoint 2007 den vorhandenen Inhalt der Folie an das neue Layout anpasst.

PowerPoint 2007

Bild 35.12   Die Folie erscheint mit dem neuen Layout, die vorhandenen Inhalte bleiben erhalten

 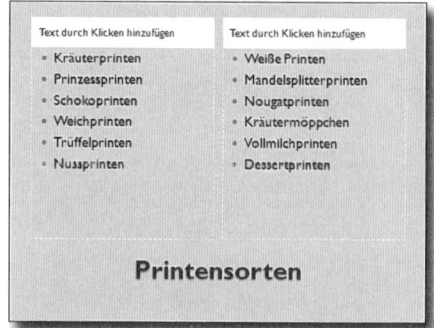

Folien aus Präsentationen übernehmen

Wenn Sie häufiger Präsentationen zu ähnlichen Themen erstellen, werden Sie besonders aussage-kräftige Folien mehrfach verwenden wollen. PowerPoint bietet eine sehr komfortable Methode, Folien aus existierenden Präsentationen einzubauen.

1. Zeigen Sie zuerst die Folie an, hinter der Sie die Folie einfügen wollen.

2. Öffnen Sie dann auf der Registerkarte *Start* das Menü der Schaltfläche *Neue Folie* und wählen Sie dort den Befehl *Folien wiederverwenden*. PowerPoint zeigt dann den gleichnamigen Auf-gabenbereich an.

Bild 35.13   Der Aufgabenbereich *Folien wiederverwenden*

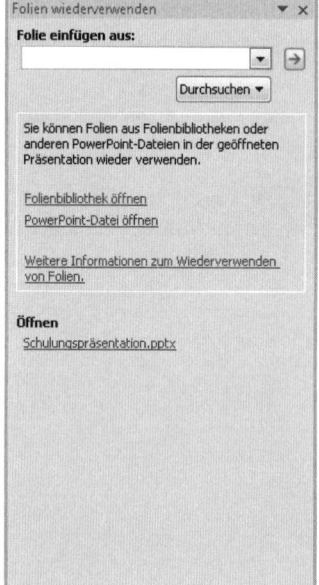

In diesem Aufgabenbereich können Sie entweder die Folien einer so genannten *Folienbibliothek* oder einer normalen PowerPoint-Datei anzeigen. Da zum Aufbau einer Folienbibliothek der Microsoft Office SharePoint Server 2007 benötigt wird, beschränken wir uns hier auf das Wiederverwenden von Folien aus Präsentationsdateien.

3. Klicken Sie im Aufgabenbereich auf den Link *PowerPoint-Datei öffnen*.

4. Wechseln Sie im Dialogfeld *Durchsuchen* in den Ordner, in dem sich die gewünschte Präsentation befindet, und öffnen Sie sie durch Doppelklick. Die Folien der geöffneten Präsentation werden als Miniaturbilder im Aufgabenbereich angezeigt. Wenn Sie den Mauszeiger auf eines der Miniaturbilder bewegen, zeigt PowerPoint eine vergrößerte Vorschau der Folie an.

Bild 35.14   Die Folien der geöffneten Präsentation im Aufgabenbereich

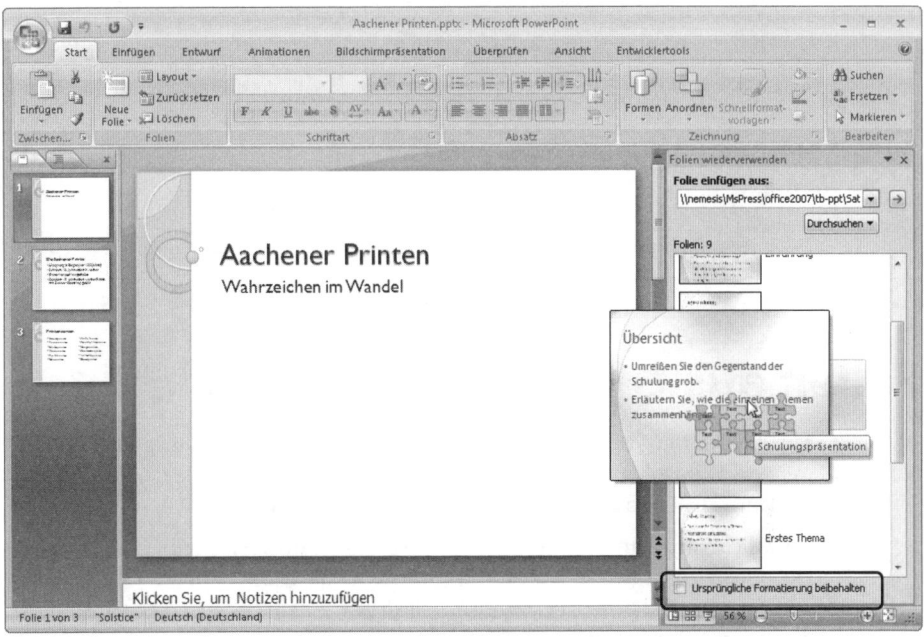

5. Normalerweise werden eingefügte Folien an das Design der aktuellen Präsentation angepasst. Soll die Folie unverändert in die aktuelle Präsentation übernommen werden, schalten Sie unten im Aufgabenbereich die Option *Ursprüngliche Formatierung beibehalten* ein.

6. Klicken Sie die Folie(en) an, die Sie in Ihre Präsentation einfügen wollen.

Das Kontextmenü des Aufgabenbereichs
Wenn Sie im Aufgabenbereich *Folien wiederverwenden* eines der Miniaturbilder mit der rechten Maustaste anklicken, erscheint ein Kontextmenü, mit dessen Befehlen Sie folgende Aktionen ausführen können:

■ **Folie einfügen**   Fügt die Folie, die Sie mit der rechten Maustaste angeklickt haben, in die Präsentation ein. Dieser Befehl ist in diesem Kontextmenü eigentlich überflüssig, da Sie die Folie schneller durch einfaches Anklicken der Miniaturansicht einfügen können.

■ **Alle Folien einfügen**   Fügt alle im Aufgabenbereich angezeigten Folien ein.

PowerPoint 2007

- **Design für alle Folien übernehmen**   Wendet das Design (nicht das Layout) der im Aufgabenbereich geöffneten Präsentation auf alle Folien Ihrer Präsentation an.

- **Design für ausgewählte Folien übernehmen**   Wendet das Design der im Aufgabenbereich geöffneten Präsentation nur auf die zuvor im Gliederungsbereich markierten Folien an. Wie Sie mehrere Folien einer Präsentation markieren können, erfahren Sie gleich im Abschnitt »Folien markieren« auf Seite 633.

Bild 35.15   Eingefügte Folie ohne (links) und mit (rechts) Übernahme der ursprünglichen Formatierung

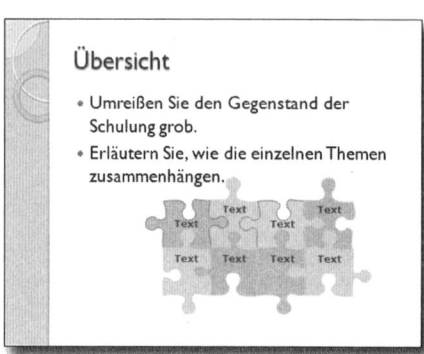 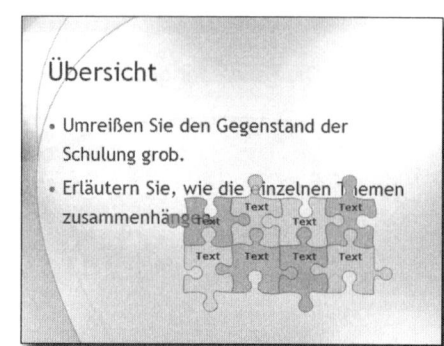

Folien aus Gliederungen erstellen

Mit PowerPoint können Sie auch ein Textdokument als Grundlage für Ihre Präsentationen verwenden. Diese Möglichkeit bietet sich zum Beispiel an, wenn Sie den Inhalt einer technischen Dokumentation als PowerPoint-Präsentation aufbereiten wollen.

Die Gliederung kann als unformatierte Textdatei, im RTF-Format, als Webseite oder als Word-Dokument vorliegen. Die besten Ergebnisse erhalten Sie, wenn Sie mit einem Word-Dokument arbeiten, das die Formatvorlagen *Überschrift 1, Überschrift 2* usw. verwendet. PowerPoint erstellt in diesem Fall für jede Überschrift der obersten Ebene eine eigene Folie und übernimmt den Text der untergeordneten Überschriften als Folientext. Der restliche Text des Dokuments wird von PowerPoint nicht berücksichtigt.

Wir wollen Ihnen das Verfahren an einem Beispiel demonstrieren und haben dazu die Übungsdatei *Überschrift.docx* benutzt, die Sie in Bild 35.16 sehen. Die für die einzelnen Überschriften verwendeten Formatvorlagen haben wir mit den Abkürzungen *Ü1, Ü2* und *Ü3* kenntlich gemacht.

1. Erstellen Sie eine neue leere Präsentation, indem Sie das Menü der *Office-Schaltfläche* öffnen und dort auf *Neu* klicken.

2. Wechseln Sie auf die Registerkarte *Start*.

3. Klicken Sie in der Gruppe *Folien* die untere Hälfte der Schaltfläche *Neue Folie* an und wählen Sie im Ausklappmenü den Befehl *Folien aus Gliederung*.

4. Navigieren Sie im Dialog *Gliederung einfügen* zu dem Ordner, der das Word-Dokument mit der Gliederung enthält und öffnen Sie das Dokument. PowerPoint analysiert dann den Inhalt der Datei und fügt die entsprechenden Folien in die Präsentation ein (siehe Bild 35.17).

Bild 35.16   Aus diesem Word-Dokument sollen PowerPoint-Folien erstellt werden

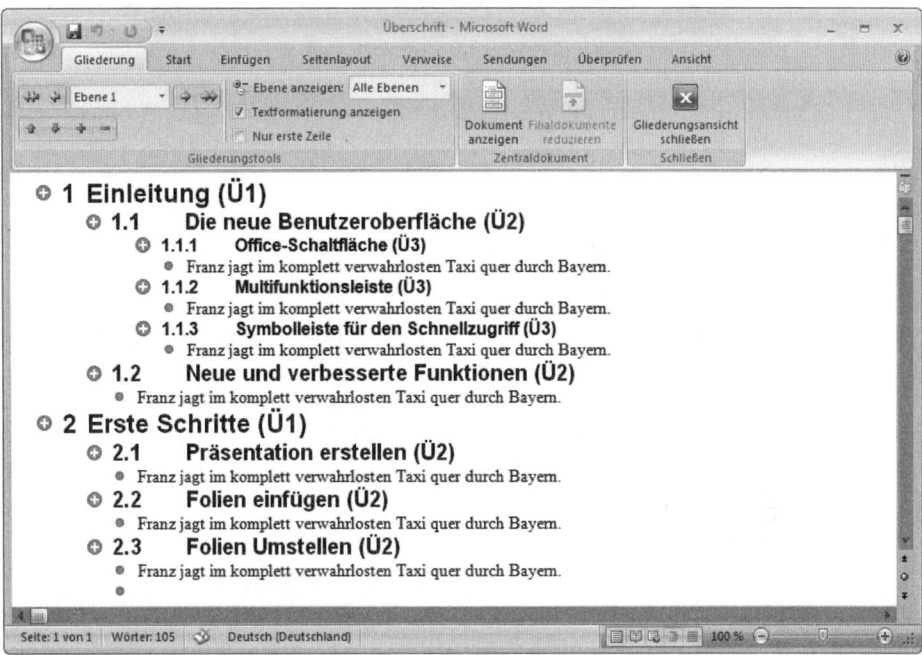

Bild 35.17   Diese Folien wurden aus der Gliederung erzeugt

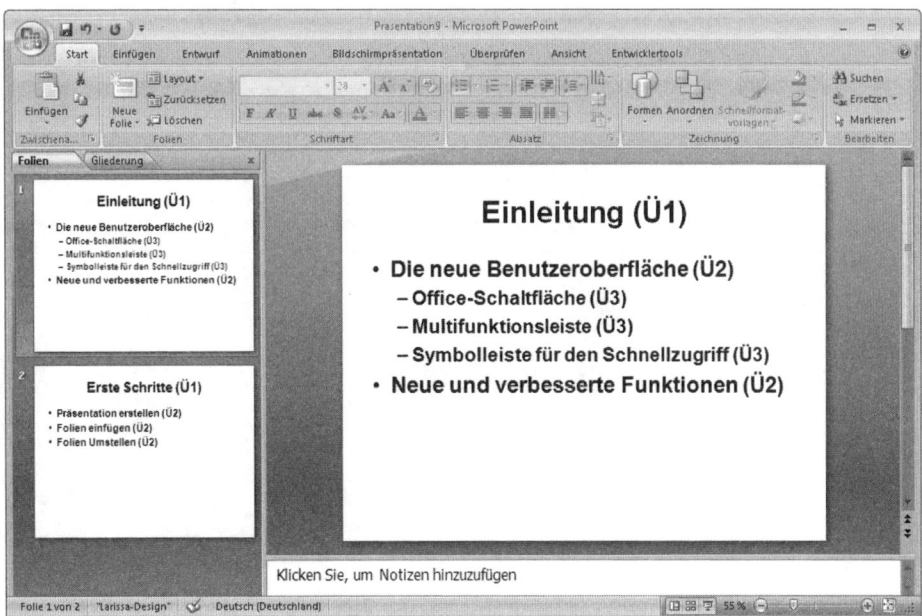

Folien kopieren, verschieben und löschen

Zu den wichtigsten Vorgängen in PowerPoint gehört es, Folien zu kopieren, um sie an anderer Stelle, eventuell leicht abgewandelt, wiederzuverwenden, Folien zu verschieben, um die Reihenfolge in einer Präsentation zu verändern, oder Folien zu löschen, wenn sie nicht mehr gebraucht werden. Für all diese Vorgänge werden Folien zunächst markiert.

Folien markieren

Folien werden markiert, um sie kopieren, löschen oder verschieben zu können. Sie können dazu den Gliederungsbereich der Normalansicht oder die Foliensortierungsansicht verwenden. Das Verfahren ist in beiden Fällen dasselbe.

1. Wenn Sie die Folien im Gliederungsbereich der Normalansicht markieren wollen, holen Sie dort die Registerkarte *Folien* nach vorne. Wollen Sie lieber in die Foliensortierungsansicht wechseln, klicken Sie in der Statusleiste auf die Schaltfläche *Foliensortierung*.

2. Markieren Sie eine Folie, die Sie kopieren möchten, durch Anklicken. PowerPoint hebt die Folie dann mit einem Rahmen hervor.

Bild 35.18   In dieser Präsentation wurden die Folien 6, 7 und 10 markiert, indem die Folien bei gedrückter ⌊Strg⌋-Taste einzeln angeklickt wurden

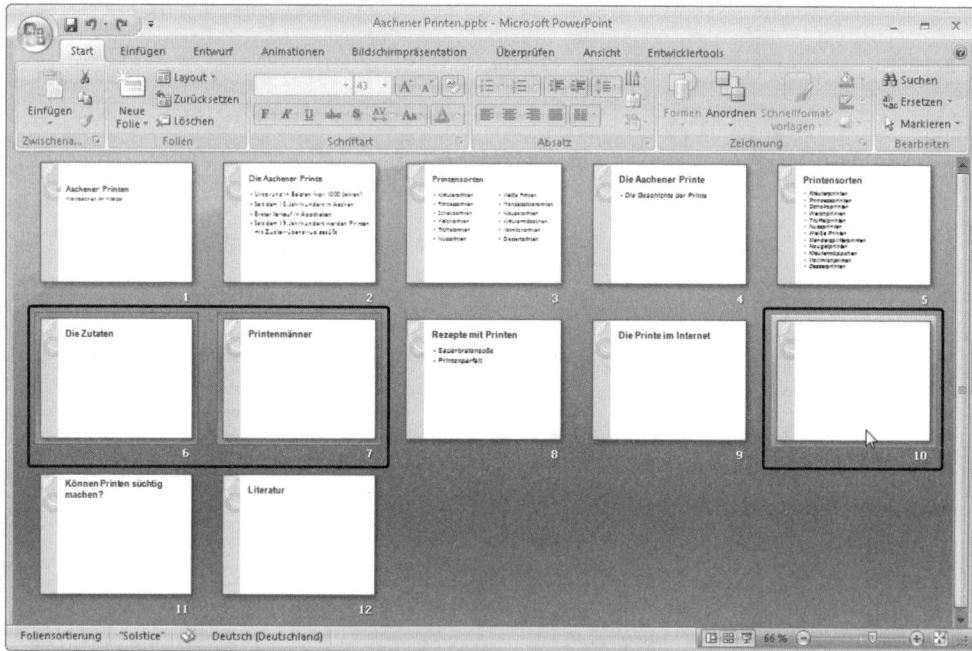

TIPP **Mehrere Folien markieren**   Und so markieren Sie mehrere Folien:

- Bei mehreren aufeinander folgenden Folien klicken Sie die erste Folie an, halten die Taste ⇧ gedrückt und klicken dann auf die letzte Folie, die markiert werden soll.

- Liegen die Folien nicht nebeneinander, halten Sie die Strg-Taste gedrückt und klicken dann alle Folien an, die Sie auswählen möchten.

Wenn Sie die Markierung einer Folie wieder aufheben wollen, klicken Sie die Folie einfach ein zweites Mal an.

Folien kopieren und duplizieren

Folien, die Sie mit geringen Änderungen mehrmals verwenden möchten, können Sie einfach kopieren bzw. duplizieren. Am einfachsten geht das in der Foliensortierungsansicht, da Sie dort die beste Übersicht über Ihre Präsentation haben.

1. Klicken Sie rechts unten in der Statusleiste auf die Schaltfläche *Foliensortierung*, um zur Foliensortierungsansicht zu wechseln.

2. Markieren Sie mit dem im letzten Abschnitt beschriebenen Verfahren eine oder mehrere Folien, die Sie kopieren möchten.

3. Wechseln Sie auf die Registerkarte *Start* und öffnen Sie das Menü der Schaltfläche *Folie einfügen*.

4. Wählen Sie im Menü den Befehl *Ausgewählte Folien duplizieren*. PowerPoint fügt dann eine Kopie aller markierten Folien unmittelbar hinter der letzten markierten Folie ein.

Wenn Sie die Kopie bzw. die Kopien gezielter positionieren möchten – an eine andere Stelle oder in eine andere Präsentation – können Sie so vorgehen:

1. Markieren Sie die zu kopierenden Folien wie oben beschrieben.

2. Klicken Sie auf der Registerkarte *Start* auf die Schaltfläche *Kopieren*. Alternativ können Sie eine der markierten Folien mit der rechten Maustaste anklicken und im angezeigten Kontextmenü den Befehl *Kopieren* wählen. Und selbstverständlich funktioniert auch hier der gewohnte Shortcut Strg+C.

3. Klicken Sie auf die Folie, hinter der Sie die Kopie einfügen möchten, und klicken Sie in der Registerkarte *Start* auf *Einfügen*. Auch hier können Sie das Kontextmenü verwenden bzw. den Shortcut Strg+V. PowerPoint fügt die Kopien dann an der gewünschten Stelle ein.

Es gibt auch noch eine weitere, schnellere Methode, die Sie eventuell schon vom Kopieren von Dateien oder Ordnern kennen:

1. Wechseln Sie in die Foliensortierungsansicht.

2. Markieren Sie die gewünschten Folien.

3. Drücken Sie die Strg-Taste und bewegen Sie den Mauszeiger an die Stelle, an der Sie die duplizierten Folien einfügen möchten. Durch das Drücken der Strg-Taste wird der Mauszeiger mit einem kleinen Pluszeichen versehen.

4. Sobald Sie die Maustaste wieder loslassen, fügt PowerPoint die Folien an der Stelle ein, die vorher durch eine dünne senkrechte Linie gekennzeichnet war.

PowerPoint 2007

Bild 35.19   Wenn Sie beim Verschieben einer markierten Folie ⌊Strg⌋ drücken, fügt PowerPoint eine Kopie der Folie ein

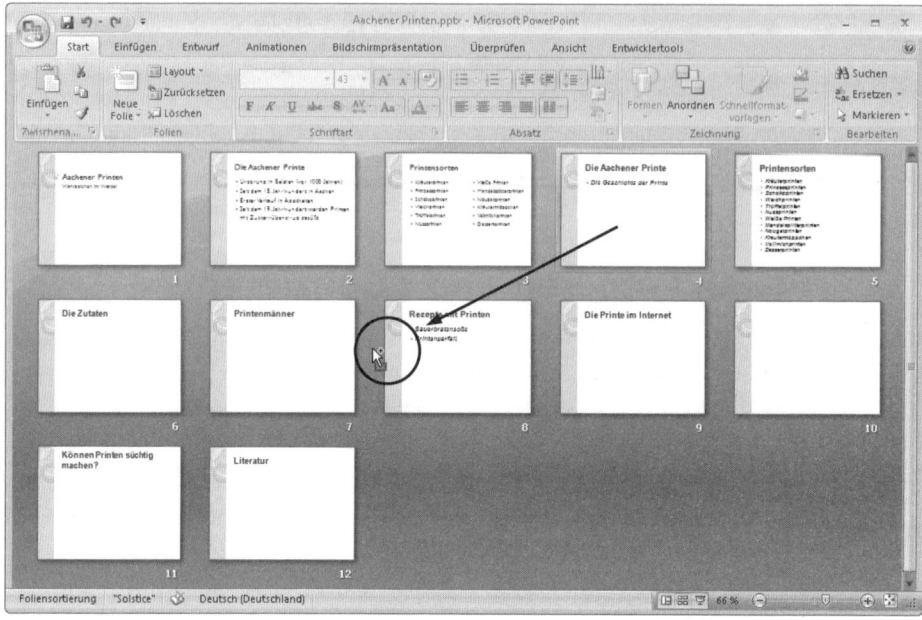

Die Zwischenablage

Wenn Sie bereits mit Windows-Programmen gearbeitet haben, wissen Sie wahrscheinlich, dass es eine so genannte *Zwischenablage* gibt, die ähnlich wie eine Pinnwand funktioniert. Sie können dort etwas anheften, um es später wieder abzunehmen. In den Schrittfolgen des letzten Abschnitts haben Sie die Zwischenablage sogar schon verwendet, nämlich durch die Befehle *Kopieren* (= anheften) und *Einfügen* (= abnehmen).

In der Office-Zwischenablage können bis zu 24 Elemente abgelegt werden. Mit dem Befehl *Einfügen* wird jedoch immer das Element in Ihre Präsentation eingefügt, das Sie als letztes in die Zwischenablage aufgenommen haben. Wenn Sie ein anderes Element aus der Zwischenablage einfügen möchten, müssen Sie den Aufgabenbereich *Zwischenablage* verwenden:

1. Wechseln Sie auf die Registerkarte *Start* und klicken Sie dort in der Gruppe *Zwischenablage* auf die Schaltfläche *Startprogramm für Dialogfelder* (das ist das kleine Kästchen in der rechten unteren Ecke der Gruppe). PowerPoint blendet dann den Aufgabenbereich *Zwischenablage* ein (siehe nächstes Bild).

2. Markieren Sie die Folie, hinter der Sie eine Folie aus der Zwischenablage einfügen wollen.

3. Klicken Sie das Vorschaubild der einzufügenden Folie im Aufgabenbereich *Zwischenablage* an. PowerPoint fügt die Folie an der gewünschten Position in Ihre Präsentation ein.

Bild 35.20 Im Aufgabenbereich *Zwischenablage* sind mehrere Folien enthalten, die auch aus verschiedenen Präsentationen stammen können

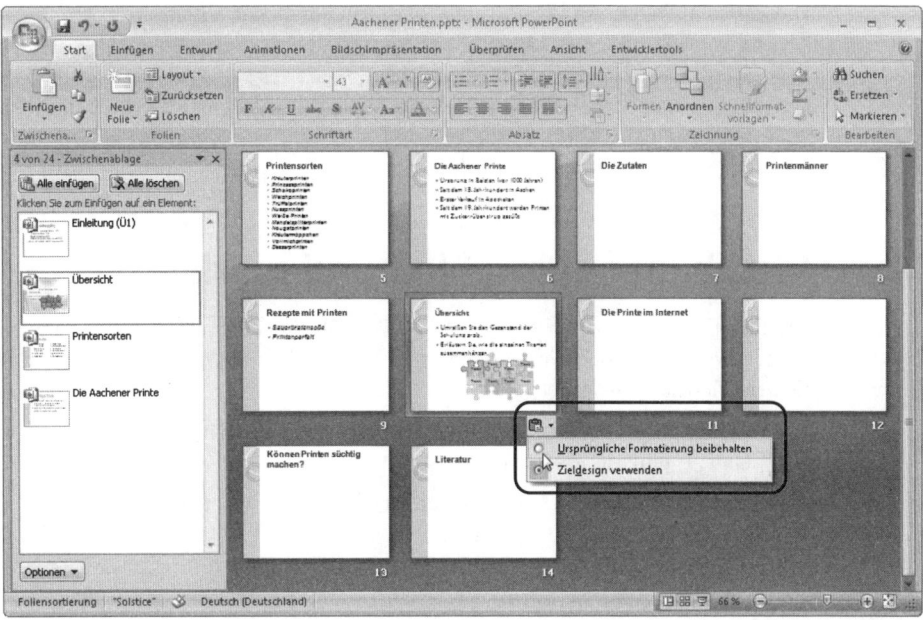

Falls das Design der eingefügten Folie nicht mit dem Design der aktuellen Präsentation identisch ist, wird die neue Folie mit einem kleinen Symbol versehen. Wenn Sie das Symbol anklicken, erscheint ein Menü, mit dem Sie steuern können, ob PowerPoint das originale Design der Folie beibehalten soll oder ob die Folie an das Design der Präsentation angepasst werden soll.

Folien verschieben

Wenn sich die Gliederung einer Präsentation ändert, ist es wichtig, Folien problemlos an eine andere Stelle bewegen zu können. Dies ist sowohl im Gliederungsbereich der Normalansicht als auch in der Foliensortierungsansicht möglich. In der Normalansicht gehen Sie so vor:

1. Holen Sie im Gliederungsbereich die Registerkarte *Folien* nach vorne und markieren Sie die Miniaturansicht einer oder mehrerer Folien, die Sie verschieben möchten.

2. Klicken Sie erneut auf die markierte(n) Folie(n), halten Sie die Maustaste gedrückt und ziehen Sie die Folie(n) an die gewünschte Stelle.

Bei sehr umfangreichen Präsentationen, ist das Verschieben von Folien in der Foliensortierungsansicht vorzuziehen, denn hier können wesentlich mehr Folien auf einmal angezeigt werden.

Folien löschen

Folien, die Sie nicht mehr benötigen, löschen Sie einfach aus der Präsentation. Markieren Sie dazu die Folien im Gliederungsbereich oder der Foliensortierungsansicht und drücken dann Entf .

PowerPoint 2007

Arbeiten mit Platzhaltern

Die meisten Folien enthalten Textblöcke mit einer Aufzählung von Argumenten. Wie Sie im Abschnitt »Auswahl eines Layouts« auf Seite 628 bereits erfahren haben, arbeitet PowerPoint mit Folienlayouts, die Platzhalter für ganzseitigen oder zweispaltigen Text oder für Text kombiniert mit anderen Objekten – wie Diagrammen oder Bildern – enthalten. Sie brauchen in einen Textplatzhalter lediglich mit der Maus zu klicken und können den vorgegebenen Text durch Ihren eigenen ersetzen.

Platzhalter auswählen und markieren

Die Platzhalter, die PowerPoint in seinen Folienlayouts anbietet, können ganz nach Wunsch vergrößert, verkleinert oder verschoben werden. Dazu ist es hilfreich zu wissen, in welchem Zustand sich ein Platzhalter befindet:

- Solange kein Text eingegeben ist und wenn ein Platzhalter nicht aktiviert ist, erscheint sein Rand als punktierte Linie (siehe nächstes Bild, Fall 1).

- Ein nicht ausgewählter Platzhalter, der bereits Text enthält, besitzt keine erkennbare Randlinie (siehe nächstes Bild, Fall 2).

- Wenn Sie in einen Platzhalter klicken, verändert sich der Rand zu einer gestrichelten Linie (siehe nächstes Bild, Fall 3).

- Wenn Sie auf den Rand des Platzhalters klicken, wird der Rand zu einer durchgezogenen Linie. Nun ist der ganze Platzhalter ausgewählt.

Bild 35.21   Der Rand eines Platzhalters gibt Aufschluss über seinen aktuellen Status

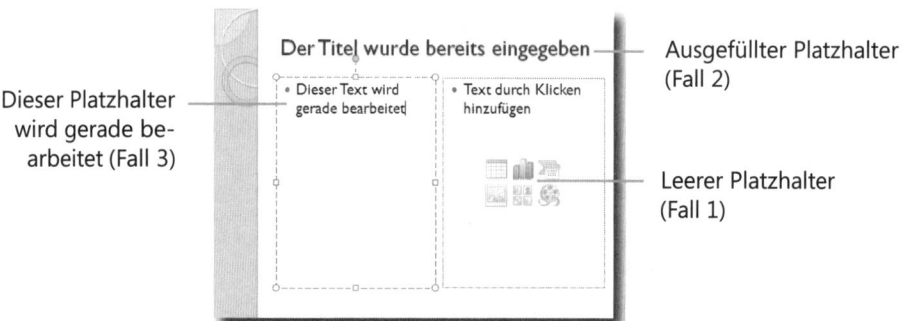

Ist der Platzhalter ausgewählt, sehen Sie außerdem an allen Ecken und Seiten kleine weiße Kreise – das sind Anfasspunkte, an denen der Platzhalter vergrößert oder verkleinert werden kann. Dies gilt übrigens auch für alle anderen PowerPoint-Objekte, die Sie in späteren Kapiteln kennen lernen werden.

Platzhalter verschieben

Befindet sich der Platzhalter nicht an der gewünschten Position, können Sie ihn mit den folgenden Schritten verschieben:

1. Klicken Sie in den Platzhalter, damit Sie seine Randlinie erkennen.

2. Bewegen Sie die Maus über den Rand des Platzhalters. An der Spitze des Mauszeigers erscheint dann ein kleiner vierfacher Pfeil.

3. Drücken Sie die linke Maustaste und halten Sie sie gedrückt, um den Platzhalter zu verschieben. Weitere Hinweise zum Verschieben und Ausrichten von Platzhaltern finden Sie weiter hinten in diesem Buch in Kapitel 45.

PROFITIPP

Automatische Ausrichtung am Raster verhindern

Beim Verschieben des Platzhalters werden Sie feststellen, dass sich sein Rahmen nicht stufenlos bewegen lässt, sondern nur in kleinen Sprüngen. Dies liegt daran, dass PowerPoint den Platzhalter beim Verschieben an den Linien eines unsichtbaren Rasters ausrichtet, die als *Gitternetzlinien* bezeichnet werden (nicht zu verwechseln mit den Gitternetzlinien in einem Diagramm!).

Sie können diese Funktion jedoch temporär deaktivieren, indem Sie beim Verschieben des Platzhalters die Taste [Alt] drücken. Der Platzhalter lässt sich dann stufenlos bewegen.

Weitere Informationen zu diesem Thema finden Sie in Kapitel 45.

Größe eines Platzhalters ändern

Ist der Platzhalter zu groß oder zu klein, verwenden Sie die Anfasspunkte, um seine Größe zu verändern:

1. Wählen Sie den Platzhalter aus, indem Sie auf den Rand klicken. Dadurch erscheinen an den vier Eckpunkten sowie an den Längsseiten insgesamt acht Anfasspunkte.

2. Bewegen Sie die Maus über einen der acht Anfasspunkte. Der Mauszeiger verwandelt sich dort in einen Doppelpfeil.

3. Halten Sie die Maustaste gedrückt und ziehen Sie die Maus in die gewünschte Richtung, bis der Platzhalter die gewünschte Größe besitzt. Während dieses Vorgangs zeigt PowerPoint durch dünne Linien eine Vorschau auf die geänderte Größe an. Auch hier können Sie die Taste [Alt] drücken, damit sich die Linie stufenlos bewegen lässt.

Platzhalter drehen

Wenn Sie einen Platzhalter anklicken, erhält er neben seinen acht Anfassern noch einen grünen Punkt, der knapp oberhalb seines Rahmens angezeigt wird. An diesem Punkt können Sie den Platzhalter auf der Folie drehen. Für Platzhalter, die Text enthalten, ist dies vielleicht nicht unbedingt sinnvoll, aber eine leicht gekippte Grafik kann einer Folie durchaus das »gewisse Etwas« verleihen.

PowerPoint 2007

1. Klicken Sie den gewünschten Platzhalter an.

2. Ziehen Sie den grünen Punkt mit der Maus und führen Sie dabei eine kreisförmige Bewegung aus, um dem Platzhalter zu drehen. Wenn Sie zusätzlich die ⌂-Taste drücken, dreht sich die Form in 15°-Schritten.

Bild 35.22 Mit dem grünen Punkt können Sie einen Platzhalter drehen

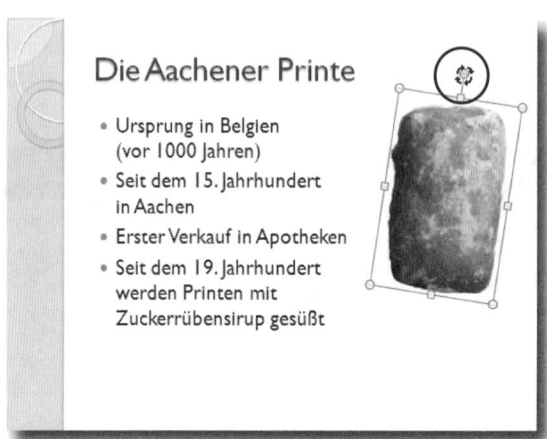

Platzhalter und Illustrationen

Wie Sie in Bild 35.22 sehen, können Platzhalter nicht nur Texte, sondern auch grafische Elemente, wie Bilder, Formen, SmartArts oder Diagramme aufnehmen. Diese Objekte werden in Microsoft Office 2007 allgemein als *Illustrationen* bezeichnet. Da sich der Umgang mit Illustrationen in den verschiedenen Programmen des Office-Pakets sehr stark ähnelt, haben wir die entsprechenden Funktionen in einem eigenen Buchteil beschrieben (Teil E, Kapitel 44 bis 46). Wir gehen dort natürlich auch auf die spezifischen Besonderheiten der einzelnen Programme ein.

Originalzustand des Platzhalters wiederherstellen

Manchmal wurde ein Platzhalter vergrößert, verkleinert oder verschoben und später stellt sich heraus, dass der ursprüngliche Ort doch passender gewesen wäre. Sie können den Originalzustand aller Platzhalter der betreffenden Folie dann mit folgenden Schritten wiederherstellen:

1. Wechseln Sie auf die Registerkarte *Start*.

2. Klicken Sie in der Befehlsgruppe *Folien* auf die Schaltfläche *Zurücksetzen*.

Alle Platzhalter und alle anderen Elemente, die Teil des Layouts sind, werden auf die ursprüngliche Größe und Position zurückgesetzt.

Zusammenfassung

In diesem Kapitel haben Sie gelernt, wie Sie eine neue Präsentation erstellen und wie Sie neue Folien in eine Präsentation einfügen können.

- Zum Erstellen einer neuen Präsentation verwenden Sie den Befehl *Neu* aus dem Menü der *Office-Schaltfläche*.

- Wollen Sie »bei Null« beginnen, doppelklicken Sie im Dialog *Neue Präsentation* auf das Symbol *Leere Präsentation*. Sie müssen dann anschließend nicht nur den Inhalt der Präsentation vollständig selbst erstellen, sondern auch die gesamte Formatierung der Folien vornehmen (Seite 620).

- Wenn Sie die Folien nicht selbst formatieren möchten, können Sie die neue Präsentation auf Basis einer Design-Vorlage erstellen lassen (Seite 622).

- Es lassen sich aber auch fertige Vorlagen als Ausgangspunkt für eine neue Präsentation verwenden. Sie können entweder die im Lieferumfang von Office 2007 enthaltenen Vorlagen nutzen (Seite 624) oder auf die Vorlagen von Microsoft Office Online zurückgreifen (Seite 625).

- Anschließend haben wir Ihnen die verschiedenen Verfahren vorgestellt, mit denen Sie neue Folien in Ihre Präsentation einfügen können. Beim Einfügen einer leeren Folie können Sie entweder das Standard-Layout übernehmen (Seite 626) oder eines der angebotenen Layouts auswählen (Seite 628).

- Es ist aber auch möglich, Folien aus anderen Präsentationen zu übernehmen, indem Sie den Aufgabenbereich *Folien wiederverwenden* nutzen (Seite 630). Über das Kontextmenü des Aufgabenbereichs können Sie festlegen, ob die neue Folie das Design der Zielpräsentation übernehmen soll oder nicht (Seite 631).

- Wenn Ihrer Präsentation ein Word-Dokument zugrunde liegt, können Sie aus dessen Gliederung automatisch Folien für Ihre Präsentation erstellen lassen (Seite 632).

- Folien lassen sich innerhalb einer Präsentation kopieren, verschieben und löschen (Seite 634).

- Im letzten Abschnitt dieses Kapitels haben Sie erfahren, wie sich die Platzhalter einer Folie auswählen, markieren und verschieben lassen und wie Sie ihre Größe ändern (Seite 638).

PowerPoint 2007

Kapitel 36

Text eingeben und formatieren

PowerPoint 2007

In diesem Kapitel erfahren Sie, wie Sie Text eingeben und so formatieren, dass er mit dem Erscheinungsbild der Präsentation harmoniert. Entdecken Sie hier außerdem, wie Sie Ihren Vortrag durch Aufzählungen und nummerierte Listen strukturieren und wie Sie den Text durch Anpassung der Zeilenabstände optimal auf einer Folie verteilen.

Text eingeben

Im letzten Kapitel haben Sie gesehen, dass eine neue Folie in PowerPoint nicht gänzlich leer ist, sondern bereits verschiedene Platzhalter enthält. Diese Platzhalter sind u.a. für die Aufnahme von Text vorgesehen und besitzen bereits bestimmte Formatierungseigenschaften. So wird zum Beispiel die Schrift in einem Platzhalter, der für den Folientitel vorgesehen ist, automatisch größer dargestellt, als in den Platzhaltern für den übrigen Folientext. Das Schöne an diesem Prinzip ist, dass Sie sich in aller Regel nicht mit der Formatierung des Textes beschäftigen müssen, sondern sich ganz auf die inhaltlichen Aspekte konzentrieren können.

Wir wollen die Vorgehensweise an einem einfachen Beispiel kurz durchspielen und dabei auf einige Besonderheiten hinweisen:

1. Erstellen Sie eine neue Präsentation auf Basis eines der installierten Designs. Hier noch einmal zur Erinnerung die erforderlichen Schritte in Kurzform: *Office-Schaltfläche, Neu, Installierte Designs,* Design auswählen, *Erstellen.*

2. Klicken Sie den oberen Platzhalter an, der den Titel der Präsentation aufnehmen soll. Der Vorgabetext verschwindet und in dem Platzhalter blinkt erwartungsvoll die Einfügemarke.

3. Geben Sie nun einen Titel ein, der sich über drei Zeilen erstreckt. PowerPoint wird dann automatisch die Schriftgröße reduzieren, damit der Titel den durch den Platzhalter vorgegebenen Bereich nicht überschreitet.

Bild 36.1   PowerPoint passt die Schriftgröße im Platzhalter bei Bedarf automatisch an. Dieses Verhalten lässt sich über ein Smarttag (siehe Markierung) steuern

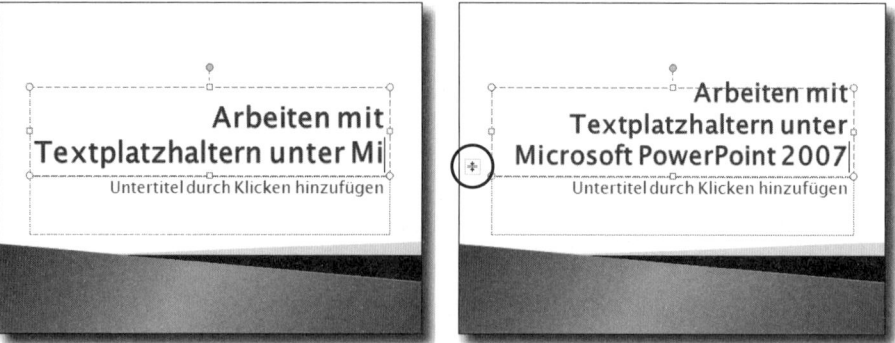

In dem Moment, in dem PowerPoint die Schriftgröße ändert, erscheint links neben dem Platzhalter ein kleines Symbol, das *Smarttag* genannt wird. Mit ihm können Sie die automatische Anpassung der Schriftgröße kontrollieren.

4. Klicken Sie das Symbol an. Es erscheint ein kleines Menü, mit dem Sie die Änderung der Schriftgröße rückgängig machen können.

Bild 36.2   Menü der Smarttag-Schaltfläche

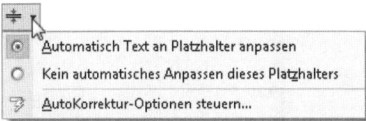

5. Schalten Sie die Option *Kein automatisches Anpassen dieses Platzhalters* ein. Die Schrift erhält ihre ursprüngliche Größe, wirkt jedoch dadurch klotzig.

Bild 36.3   Der Titel ist in der ursprünglichen Schriftgröße zu lang

6. Klicken Sie die Smarttag-Schaltfläche erneut an und aktivieren Sie wieder die Option *Automatisch Text an Platzhalter anpassen*.

7. Geben Sie anschließend in den zweiten Platzhalter einen Untertitel ein.

Listenebenen

Die meisten Folien einer PowerPoint-Präsentation bestehen in der Regel aus einem Titel und einer Liste von mehreren Schlagworten oder kurzen Statements. Da Listen so häufig benötigt werden, lassen sie sich sehr komfortabel erstellen:

1. Fügen Sie Ihrer Präsentation eine neue Folie hinzu, indem Sie auf der Registerkarte *Start* auf den oberen Teil der Schaltfläche *Neue Folie* klicken.

2. Geben Sie einen Titel für die Folie ein.

3. Klicken Sie den zweiten Platzhalter an und geben Sie dort mehrere Begriffe ein. Drücken Sie nach jedem Begriff die ⏎-Taste, um einen neuen Spiegelpunkt zu beginnen. Das Ergebnis sollte dann ungefähr so aussehen:

PowerPoint 2007

Bild 36.4 Die meisten Folien enthalten eine Liste

Bisher hat die Liste erst eine einzige Ebene, d.h. alle Spiegelpunkte stehen gleichberechtigt untereinander. Wenn Sie jedoch zu den einzelnen Begriffen noch weitere Detailinformationen einfügen wollen, benötigen Sie eine zweite Ebene.

4. Zeigen Sie mit der Maus hinter den ersten Listeneintrag und klicken Sie die Folie dort an. Dadurch erscheint die Einfügemarke.

5. Drücken Sie die ⏎-Taste, um einen neuen Listeneintrag zu erstellen. Der neue Eintrag hat zunächst die gleiche Ebene wie der erste Eintrag.

6. Klicken Sie in der Registerkarte *Start* auf die Schaltfläche *Listenebene erhöhen*. PowerPoint stuft den neuen Listeneintrag dann um eine Ebene nach oben, was Sie unschwer an der Einrückung der Zeile erkennen können.

7. Geben Sie den gewünschten Text für den neuen Listeneintrag an. Wenn Sie anschließend die ⏎-Taste drücken, können Sie einen weiteren Eintrag auf der gleichen Ebene erstellen.

Bild 36.5 Liste mit zwei Ebenen

8. Um einen Eintrag wieder um eine Ebene zurückzustufen, klicken Sie auf die Schaltfläche *Listenebene verringern*.

TIPP Mit ⇥ stufen Sie einen Absatz eine Ebene nach oben und ⇧+⇥ eine Ebene nach unten. Die Einfügemarke muss sich dazu am Anfang des Absatzes befinden.

Mehrspaltige Texte

Wenn eine Liste aus vielen kurzen Einträgen besteht, bietet es sich in der Regel an, die Liste mehrspaltig zu formatieren. Der Platz auf der Folie wird dadurch besser ausgenutzt, so dass der Schriftgrad größer werden kann und die Folie einen ausgewogeneren Eindruck macht.

1. Erstellen Sie eine Folie mit einer umfangreichen Liste, ähnlich wie in folgender Abbildung.

Bild 36.6   Mit einer einspaltigen Liste ist diese Folie unbrauchbar

2. Klicken Sie die Liste an, um den zugehörigen Platzhalter zu markieren.

3. Klicken Sie in der Registerkarte *Start* auf die Schaltfläche *Spalten* und wählen Sie in ihrem Auswahlmenü die Option *Zwei Spalten*. PowerPoint verteilt den Inhalt der Liste dann wie gewünscht auf zwei Spalten und verwendet dazu eine deutlich größere Schriftart.

Bild 36.7   In der zweispaltigen Darstellung ist der Text gut lesbar

PowerPoint 2007

Text ausrichten

Ein Text kann innerhalb seines Platzhalters auf verschiedene Arten ausgerichtet werden. Zunächst lässt sich der Text, wie Sie es auch von der Textverarbeitung her gewohnt sind, linksbündig, zentriert, rechtsbündig oder im Blocksatz formatieren. Die entsprechenden Schaltflächen finden Sie auf der Registerkarte *Start* in der Gruppe *Absatz*. Falls Sie lieber mit Tastenkombinationen arbeiten, werden Sic in der nächsten Tabelle fündig.

Tabelle 36.1 Tastenkombinationen für die Formatierung von Absätzen

Tastenkombination	Beschreibung
Strg + L	Formatiert den Absatz linksbündig.
Strg + R	Formatiert den Absatz rechtsbündig.
Strg + Z	Zentriert den Absatz horizontal auf der Seite.

Vertikale Ausrichtung von Text

Neben der horizontalen Ausrichtung können Sie in PowerPoint auch die vertikale Ausrichtung festlegen. Wenn Sie mit Word arbeiten, kennen Sie diese Art der Formatierung vielleicht bereits aus der Arbeit mit Tabellen.

Um die vertikale Ausrichtung eines Textes in seinem Platzhalter zu ändern, gehen Sie folgendermaßen vor:

1. Klicken Sie in den Text des Platzhalters, um den Platzhalter zu markieren.

2. Wechseln Sie auf die Registerkarte *Start* und klicken Sie in der Gruppe *Absatz* auf die Schaltfläche *Text ausrichten*.

Bild 36.8 Hier ändern Sie die vertikale Ausrichtung des Textes im Platzhalter

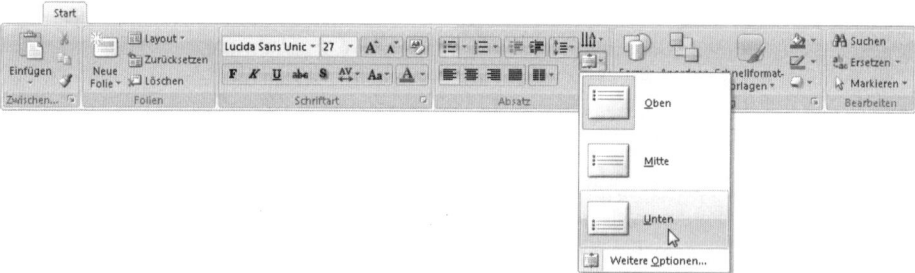

3. Wählen Sie eine der drei Optionen *Oben*, *Mitte* und *Unten* aus.

Zeilenabstand ändern

Zu manchen Themen einer Präsentation fällt Ihnen mehr ein als zu anderen – damit bei Letzteren die Folien nicht zu leer wirken, hilft PowerPoint dabei, die Argumente auf der Seite zu verteilen:

1. Markieren Sie den gesamten Textplatzhalter, damit alle Zeilenabstände gleichmäßig angepasst werden. Dazu klicken Sie zuerst auf den Text, so dass der Platzhalter angezeigt wird, und dann auf die gestrichelte Linie des Platzhalters. Der Platzhalter ist richtig markiert, wenn die Linie durchgezogen ist.

2. Wechseln Sie auf die Registerkarte *Start* und klicken Sie in der Gruppe *Absatz* auf die Schaltfläche *Zeilenabstand*.

Bild 36.9   Auswahl eines vordefinierten Zeilenabstandes

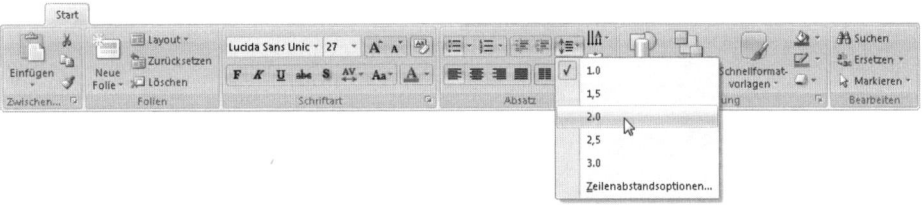

3. Wählen Sie im Menü der Schaltfläche den gewünschten Zeilenabstand aus. Wenn Sie den Zeilenabstand auf einen Wert einstellen wollen, der nicht im Menü angeboten wird, rufen Sie den Befehl *Zeilenabstandsoptionen* auf.

Bild 36.10   Eingabe eines individuellen Zeilenabstandes

4. Stellen Sie dann im Listenfeld *Zeilenabstand* die Option *Mehrere* ein und geben Sie den gewünschten Wert für den Zeilenabstand rechts daneben im Feld *Maß* ein.

Textrichtung ändern

Standardmäßig folgt der Text in einem Platzhalter der normalen Leserichtung, also von links nach rechts. Mit PowerPoint 2007 ist es aber auch möglich, den Text innerhalb des Platzhalters so zu drehen, dass er anschließend von oben nach unten bzw. von unten nach oben verläuft.

1. Passen Sie zunächst die Form und Größe des betreffenden Platzhalters an, damit er den Text in der gewünschten Textrichtung aufnehmen kann.

2. Öffnen Sie auf der Registerkarte *Start* das Ausklappmenü der Schaltfläche *Textrichtung*.

Bild 36.11   Texte in Platzhaltern können um 90° gedreht oder gestapelt werden

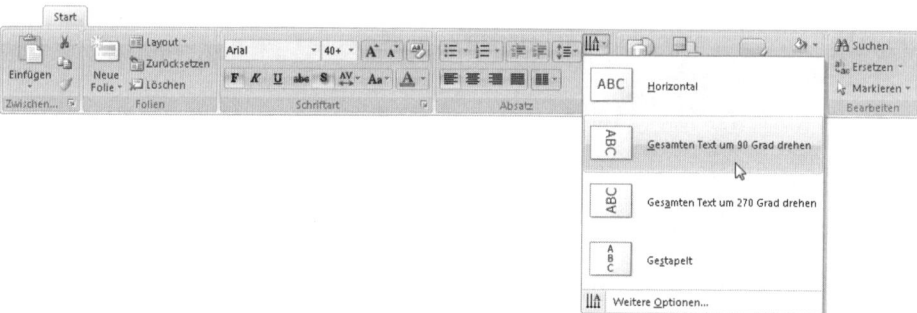

3. Wählen Sie die gewünschte Textrichtung.

4. Passen Sie bei Bedarf die Größe und/oder die Position des Platzhalters an.

Bild 36.12   Beispiel für die möglichen Textrichtungen

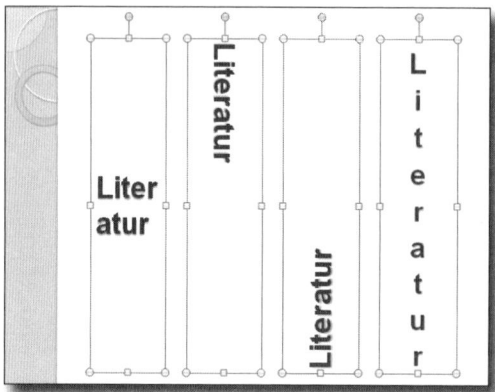

Beachten Sie in diesem Zusammenhang auch die Möglichkeit, die Textrichtung über das Drehen des Platzhalters zu beeinflussen (siehe Seite 639).

Text markieren

Die Textbearbeitung und -formatierung funktioniert in PowerPoint ganz ähnlich, wie Sie es vielleicht aus Word kennen. Der größte Unterschied ist, dass es in PowerPoint keine längeren Texte über mehrere Seiten bzw. Folien gibt, sondern nur kurze Abschnitte, die in den Platzhaltern einzelner Folien Platz finden.

Um einen Text formatieren zu können, müssen Sie zunächst wissen, wie er markiert wird. Die folgende Tabelle zeigt, wie Sie dabei am schnellsten zum Ziel kommen.

Tabelle 36.2 Markieren von Text

Markieren Sie ...	Gehen Sie so vor ...
ein Wort	doppelklicken Sie auf das Wort.
einen Absatz	führen Sie einen Dreifachklick auf dem Absatz aus.
einen Absatz einer Aufzählung	klicken Sie mit der Maus auf das Aufzählungszeichen.
mehrere hintereinander stehende Wörter oder Zeilen	klicken Sie an den Beginn der Markierung, halten Sie die Maustaste gedrückt und ziehen Sie den Mauszeiger bis zum Ende des zu markierenden Bereichs. Lassen Sie dort die Maustaste los.
den gesamten Text innerhalb eines Platzhalters	drücken Sie [Strg]+[A] oder klicken Sie in der Registerkarte *Start* auf *Markieren* und dann auf *Alles markieren*.

Sie erkennen markierten Text jeweils daran, dass er invers dargestellt wird. Änderungen, die Sie z.B. an der Zeichenformatierung vornehmen, beziehen sich dann immer nur auf diesen ausgewählten Text.

Wenn Sie einen gesamten Textplatzhalter durch Klicken auf den Rand auswählen, werden ebenfalls alle Formatierungen, die Sie jetzt zuweisen, auf den gesamten Text innerhalb des Platzhalters angewendet. In diesem Fall wird der ausgewählte Text nicht invers dargestellt.

Mit der Tastatur markieren

Einzelne Zeichen und kurze Passagen lassen sich in der Regel am schnellsten mit der Tastatur markieren, da Sie die Hände beim Schreiben sowieso schon auf der Tastatur liegen haben. Die Vorgehensweise ist dabei immer die gleiche:

1. Drücken Sie die [⇧]-Taste und halten Sie sie gedrückt.

2. Erweitern Sie die Markierung mit den Cursortasten, die Sie auch zum Bewegen der Einfügemarke verwenden.

Sie können sich diesen Vorgang bildlich so vorstellen: Durch das Festhalten der [⇧]-Taste wird die Einfügemarke an der aktuellen Position eingefroren. Wenn Sie dann die Cursortasten drücken, wird die Markierung von der Einfügemarke aus erweitert, und zwar in die Richtung, die Sie mit den Tasten angeben. Wenn Sie beispielsweise die [⇧]-Taste gemeinsam mit [Strg]+[→] drücken, dann erweitert PowerPoint die Markierung bis zum nächsten Wort.

Nicht zusammenhängenden Text markieren

Sie können mit der Maus auch Text markieren, der nicht direkt nebeneinander steht. Gehen Sie dazu folgendermaßen vor:

1. Drücken Sie die `Strg`-Taste und halten Sie sie gedrückt.

2. Markieren Sie Wörter, Zeilen und Absätze mit den Techniken, die wir in den beiden vorigen Abschnitten beschrieben haben.

3. Lassen Sie die `Strg`-Taste wieder los.

Bild 36.13 Beispiel für eine Mehrfachauswahl (durch Drücken der `Strg`-Taste)

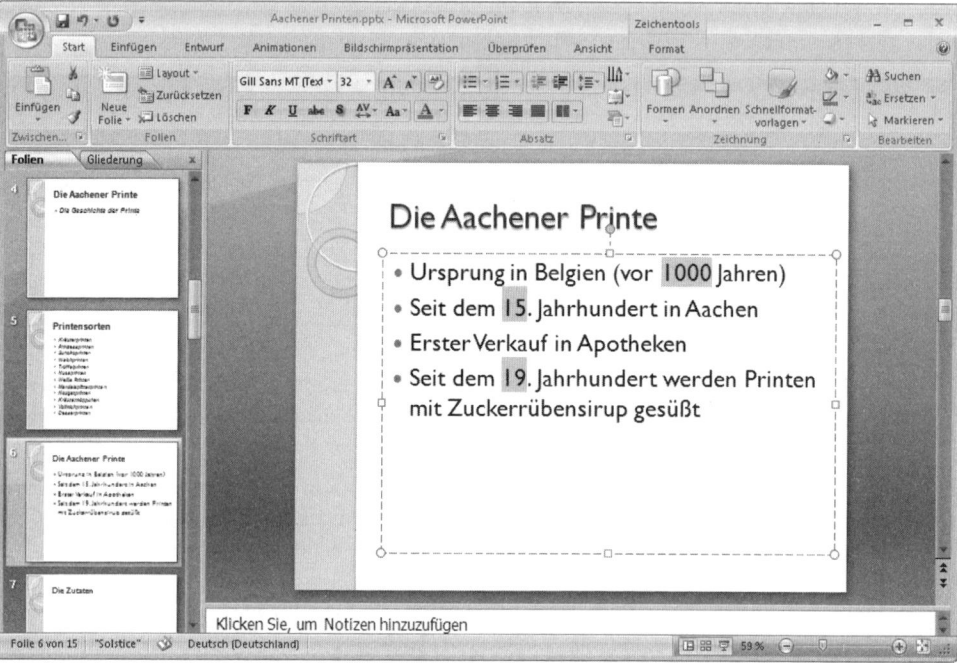

Zeichen formatieren

Die Veränderungen, die Sie an der Schrift vornehmen, werden als *Zeichenformatierung* bezeichnet. Dazu gehören z.B. die Größe der Schrift oder ihre Auszeichnung (fett, kursiv, unterstrichen etc.). Das Zuweisen von Formaten kann auf verschiedene Weisen erfolgen:

■ Mit den Schaltflächen der Registerkarte *Start*

■ Mit den Schaltflächen der Minisymbolleiste

■ Über das Dialogfeld *Schriftart*

■ Mit den korrespondierenden Tastenkombinationen

Alle diese Varianten haben ihre Vor- und Nachteile:

- Die Verwendung der Schaltflächen ist sehr intuitiv, nachdem Sie einmal ihre Bedeutung kennen. Der Nachteil besteht darin, dass Sie auf diese Weise nicht alle Zeichenmerkmale zuweisen können. Außerdem müssen Sie bei dieser Variante lange Wege mit der Maus zurücklegen.

- Die Minisymbolleiste verkürzt zwar die Wege mit der Maus, aber sie taucht leider nicht zuverlässig auf dem Bildschirm auf.

- Das Dialogfeld *Schriftart* enthält alle Optionen für die Zeichenformatierung. Allerdings erfordert sein Einsatz ebenfalls etwas mehr »Mausarbeit«.

- Besonders schnell ist die Verwendung der Tastenkombinationen, da Sie hierfür die Hände nicht von der Tastatur nehmen müssen. Der Nachteil ist natürlich, dass Sie die Tastenkombinationen zuerst erlernen müssen.

Für alle Varianten gilt die Regel: *Zuerst markieren, dann formatieren* (siehe auch Seite 651).

Formatieren mit der Registerkarte *Start*

In den allermeisten Fällen beschränkt sich die Formatierung von Text auf das Wählen einer geeigneten Schriftart und -größe sowie auf einige wenige Attribute wie fett, kursiv oder unterstrichen. Die dazu notwendigen Schaltflächen finden Sie auf der Registerkarte *Start* in der Gruppe *Schriftart*.

Bild 36.14 Die Gruppe *Schriftart* enthält die Schaltflächen zur Zeichenformatierung

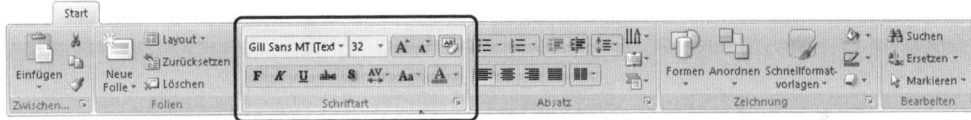

Die Bedeutung der verschiedenen Schaltflächen können Sie der nachfolgenden Tabelle entnehmen.

Tabelle 36.3 Die Schaltflächen zur Zeichenformatierung

Schaltfläche	Beschreibung
Arial	In der Liste sind alle Schriftarten aufgeführt, die auf Ihrem Rechner installiert sind. Die Schriften sind dabei in drei Gruppen aufgeteilt: - *Designschriftarten* Die beiden Schriften, die durch das Design definiert sind, das der Präsentation zugrundeliegt (je eine Schriftart für die Überschriften und die Textkörper). - *Zuletzt verwendete Schriftarten* Schriftarten, die Sie zuletzt mit diesem Listenfeld zugewiesen haben. - *Alle Schriftarten* Sämtliche installierte Schriftarten. Zum Auswählen einer Schriftart klicken Sie den Namen einfach in der Liste an. Sie können auch – wie bei Kombinationsfeldern üblich – die Anfangsbuchstaben der gewünschten Schriftart in das Feld eingeben. PowerPoint springt dann automatisch zum ersten passenden Eintrag in der Liste.
36	Mit diesem Kombinationsfeld können Sie die Größe der Zeichen, den so genannten Schriftgrad, einstellen. Auch hier können Sie einen Wert aus der Liste wählen oder ihn ins Textfeld eintippen und dann ⏎ drücken.

Tabelle 36.4 Die Schaltflächen zur Zeichenformatierung *(Fortsetzung)*

Schaltfläche	Beschreibung
A^ A^	Mit den Schaltflächen *Schriftart vergrößern* bzw. *Schriftart verkleinern* können Sie markierten Text schrittweise vergrößern bzw. verkleinern, um den vorhandenen Platz optimal zu nutzen.
[Aa]	Macht alle Formatierungen rückgängig.
F	Formatiert den markierten Text in fetter Schrift.
K	Formatiert den markierten Text in kursiver Schrift.
U	Unterstreicht den markierten Text.
abc	Streicht den markierten Text durch.
S	Hinterlegt den markierten Text mit einem Schatten.
AV	Ändert den Abstand der einzelnen Zeichen voneinander. Diese Funktion können Sie zum Beispiel verwenden, um die Breite einer Überschrift etwas zu verringern, damit sie vollständig in eine Zeile passt.
Aa	Ändert die Groß-/Kleinschreibung des markierten Textes.
A	Die Schaltfläche weist bei einfachem Klick die Schriftfarbe zu, mit der das darauf abgebildete »A« unterstrichen ist. Klicken Sie auf den Pfeil, um ein Menü mit weiteren Farben zu öffnen, aus denen Sie auswählen können.

Formatieren mit der Minisymbolleiste

Sicher ist Ihnen beim Markieren schon einmal aufgefallen, dass neben einer Markierung ein blasses Fenster auftaucht, dessen Farben immer kräftiger werden, wenn Sie mit dem Mauszeiger in seine Nähe kommen. Bei diesem Fenster handelt es sich um eine *Minisymbolleiste*. Auf ihr bietet Ihnen PowerPoint 2007 eine Auswahl von Funktionen an, die Sie im aktuellen Kontext am häufigsten benötigen werden. Die Bedeutung der Schaltflächen ist mit denen auf der Registerkarte *Start* identisch. Leider ist es nicht möglich, die Minisymbolleiste um weitere Schaltflächen zu ergänzen.

Bild 36.15 Mit der automatisch eingeblendeten Minisymbolleiste lassen sich die häufigsten Formatierungsaufgaben erledigen (hier: Textfarbe ändern)

Minisymbolleiste anzeigen

Falls die Minisymbolleiste nicht automatisch auf dem Bildschirm erscheint, können Sie sie anzeigen, indem Sie mit der rechten Maustaste in eine Markierung klicken. Allerdings erscheint dadurch auch ein Kontextmenü, das Sie jedoch ignorieren können.

Das Dialogfeld *Schriftart*

Wenn Sie alle in PowerPoint 2007 vorhandenen Möglichkeiten für die Zeichenformatierung übersichtlich anzeigen oder bearbeiten möchten, rufen Sie am besten das Dialogfeld *Schriftart* auf. Sie erreichen das Dialogfeld auf folgenden Wegen:

- Klicken Sie in der Registerkarte *Start* auf die kleine quadratische Schaltfläche, die sich rechts unten in der Befehlsgruppe *Schriftart* befindet.

- Klicken Sie eine Textstelle oder eine Markierung mit der rechten Maustaste an und wählen Sie im angezeigten Kontextmenü den Befehl *Schriftart*.

- Drücken Sie die Tastenkombination ⌂ + Strg + A .

Bild 36.16   Das Dialogfeld *Schriftart*

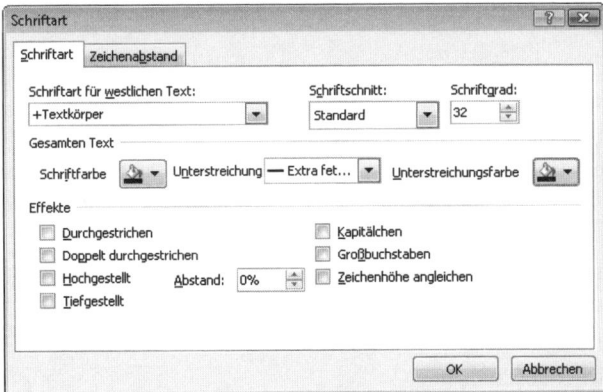

Mit diesem Dialogfeld können Sie folgende erweiterte Zeichenformatierungen durchführen:

- Linienart und Farbe einer Unterstreichung wählen

- Doppelte Durchstreichungen

- Hoch- und Tiefstellungen (z.B. wie in »$E = mc^2$« oder »H_2O«)

- Kapitälchen (BEISPIEL)

- Zeichenhöhe anpassen; alle Buchstaben erhalten die gleiche Höhe und stehen auf einer Linie (BeiSPiel)

- Einstellen des Zeichenabstandes (siehe nächster Abschnitt).

Zeichenabstand einstellen

Das Dialogfeld *Schriftart* enthält zudem die Registerkarte *Zeichenabstand*, mit der Sie den Abstand zwischen einzelnen Buchstaben verkleinern oder vergrößern können. Mit dieser Funktion können Sie zum Beispiel zwei Wörter, die normalerweise eine unterschiedliche Breite besitzen, auf die gleiche Breite bringen:

1. Öffnen Sie die Übungsdatei *Zeichenabstand* und zeigen Sie die zweite Folie an.

Bild 36.17   Die Wörter der Folie sollen auf eine einheitliche Breite gebracht werden

2. Markieren Sie den Text, für den Sie den Zeichenabstand ändern möchten.

3. Klicken Sie in der Registerkarte *Start* auf die Schaltfläche *Zeichenabstand* und wählen Sie in Ihrem Menü einen der vordefinierten Abstände aus (z.B. *Sehr Weit*).

4. Da der Text anschließend höchstwahrscheinlich noch nicht exakt die gewünschte Breite besitzt, müssen Sie jetzt noch eine Korrektur vornehmen. Klicken Sie daher erneut auf die Schaltfläche *Zeichenabstand* und wählen Sie diesmal den Befehl *Weitere Abstände*. PowerPoint zeigt das Dialogfeld *Schriftart* mit der Registerkarte *Zeichenabstand* an.

5. Ändern Sie den Wert im Feld *Innerhalb von,* um den Abstand der einzelnen Zeichen etwas zu vergrößern bzw. zu verkleinern.

Bild 36.18   Justieren des Zeichenabstandes

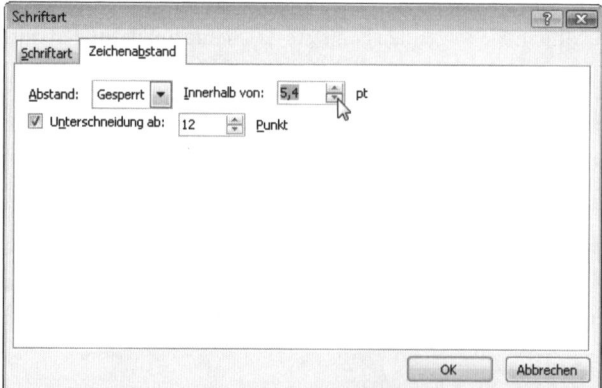

6. Klicken Sie auf *OK*, um die Änderung zuzuweisen. Prüfen Sie die Wirkung Ihrer Einstellung und nehmen Sie, falls nötig, eine weitere Justierung vor.

7. Wiederholen Sie die Schritte 2 bis 6, um auch die restlichen Wörter der Folie auf die gleiche Breite zu bringen. Das Ergebnis sollte anschließend ungefähr so wie in der folgenden Abbildung aussehen.

Bild 36.19   Jetzt besitzen alle vier Wörter die gleiche Breite

Unterschneidung

Der typographische Begriff *Unterschneidung*, auch *Kerning* genannt, meint, dass der Abstand zwischen bestimmten Buchstabenpaaren individuell angepasst wird. Dieses Erfordernis hängt mit der besonderen Form einzelner Buchstaben zusammen. Lassen Sie uns dies an dem Buchstabenpaar »Tr« verdeutlichen. Der Buchstabe T besitzt eine relativ große Weite, obwohl sie nur für den oberen Strich des Buchstabens benötigt wird. Die vertikale Linie, der Stamm des T ist schmal. Um ein ausgewogeneres Schriftbild zu erreichen, das nicht durch einen zu großen weißen Raum zwischen den Buchstaben gestört wird, verringert man mit der Unterschneidung den Zeichenabstand zwischen diesem Buchstabenpaar. Dieser Eingriff ist jedoch nur bei großen Schriftgraden sinnvoll; bei einer normalen Lesegröße ist eine Unterschneidung nicht erforderlich.

HINWEIS   Der Begriff Unterschneidung stammt aus der Zeit vor dem elektronischen Satz, als zum Setzen noch Bleibuchstaben verwendet wurden, bei denen jeder Buchstabe auf einer eigenen Letter vorhanden war. Entdeckte der Setzer, vor allem beim Setzen von Überschriften in großen Punktgrößen, dass zwei aufeinander folgende Buchstaben zur Gruppe der kritischen Buchstabenpaare gehörten, wurde(n) die Letter(n) zurechtgeschnitten, um so den Buchstabenabstand optimal zu gestalten.

PowerPoint 2007 nimmt standardmäßig ab einer Schriftgröße von 12 Punkt eine Unterschneidung vor. Diesen Schwellenwert können Sie im Dialog *Schriftart* auf der Registerkarte *Zeichenabstand* ändern oder die Automatik durch Ausschalten der Option *Unterschneidung* komplett deaktivieren.

Auf der nächsten Beispielfolie haben wir für die zweite Version der Titelzeile die automatische Unterschneidung ausgeschaltet. Der Effekt ist beim Buchstabenpaar »Tr« deutlich zu erkennen.

PowerPoint 2007

Bild 36.20 Titel mit (oben) und ohne (unten) Unterschneidung

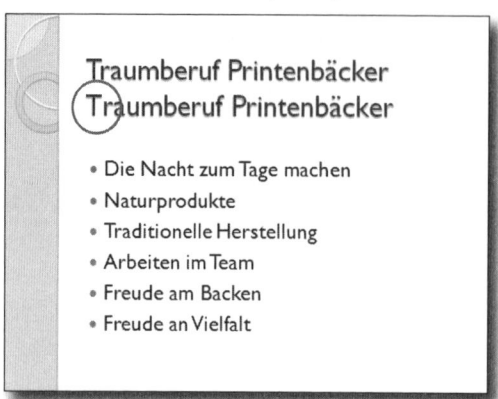

Wenn Sie das Beispiel nachvollziehen möchten, können Sie dazu die zweite Folie der Übungsdatei *Unterschneidung* verwenden.

Zeichenformatierungen mit Shortcuts

Die schnellste Möglichkeit zur Zeichenformatierung ist sicherlich die Verwendung der Shortcuts. Die folgende Tabelle führt die wichtigsten Shortcuts auf, die Sie zur Zeichenformatierung benutzen können.

Tabelle 36.5 Tastenkombinationen für die Zeichenformatierung

Tastenkombination	Beschreibung
⇧ + Strg + A	Das Dialogfeld *Schriftart* anzeigen
⇧ + Strg + U	durchgehend unterstreichen (ein/aus)
⇧ + Strg + F	fett (ein/aus)
⇧ + Strg + K	kursiv (ein/aus)
Strg + +	tieferstellen
⇧ + Strg + +	höherstellen
⇧ + Strg + Z	auf Standardformat zurücksetzen

Formatierungen löschen und übertragen

Wenn Sie eine Zeichenformatierung für mehrere Textstellen verwenden wollen, ist es nicht erforderlich, die gleichen Formatierungsbefehle wieder und wieder zu verwenden. Stattdessen können Sie eine bereits vorhandene Formatierung einfach auf eine andere Stelle übertragen:

1. Markieren Sie den Text, dessen Formatierung Sie übertragen wollen.

2. Klicken Sie auf der Registerkarte *Start* in der Gruppe *Zwischenablage* auf die Pinsel-Schaltfläche. Falls Sie die Formatierung für mehrere Textstellen übernehmen wollen, führen Sie einen Doppelklick auf der Schaltfläche aus.

3. Streichen Sie mit dem Mauszeiger über die Textstelle(n), die die gleiche Formatierung erhalten soll(en).

4. Falls Sie in Schritt 3 die Pinsel-Schaltfläche mit einem Doppelklick aktiviert haben, müssen Sie zum Schluss entweder die Schaltfläche erneut anklicken oder die Taste Esc drücken, um den Übertragungsmodus zu beenden.

Aufzählungen und nummerierte Listen

Die meisten Folien enthalten Aufzählungen von Argumenten, daher ist dies die Standardeinstellung für Textplatzhalter in PowerPoint. Dafür wird eine große Auswahl an Aufzählungszeichen und Arten der Nummerierung bereitgestellt.

Aufzählungen

Zwar haben Standardtextfolien im Normalfall bereits Aufzählungszeichen, die einfachen blauen Punkte sind aber doch etwas langweilig. So gehen Sie vor, wenn Sie andere Zeichen als Aufzählungszeichen verwenden wollen:

1. Öffnen Sie die Übungsdatei *Aufzählungen* und zeigen Sie die zweite Folie an.

2. Markieren Sie den Text, den Sie mit Aufzählungszeichen versehen möchten – in diesem Fall also den gesamten Textplatzhalter. Hinweise zum Markieren von Text finden Sie weiter vorne in diesem Kapitel ab Seite 651.

3. Klicken Sie auf der Registerkarte *Start* in der Gruppe *Absatz* auf den kleinen Pfeil der Schaltfläche *Aufzählung*.

Bild 36.21　Auswahlkatalog mit Aufzählungszeichen (Beachten Sie, dass PowerPoint bei diesem Katalog eine Livevorschau vornimmt. Zeigen Sie dazu einfach mit dem Mauszeiger auf die verschiedenen Symbole)

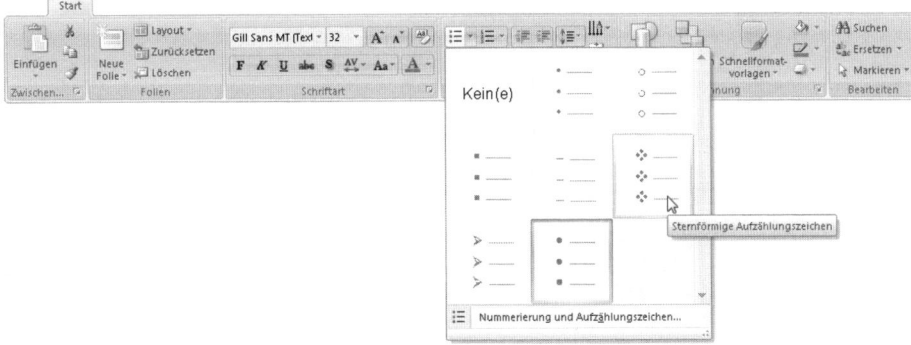

PowerPoint 2007

4. Wenn Ihnen keines der angebotenen Zeichen gefällt, klicken Sie unterhalb des Katalogs auf den Befehl *Nummerierung und Aufzählungszeichen*.

Bild 36.22 Über dieses Dialogfeld erreichen Sie weitere Aufzählungszeichen

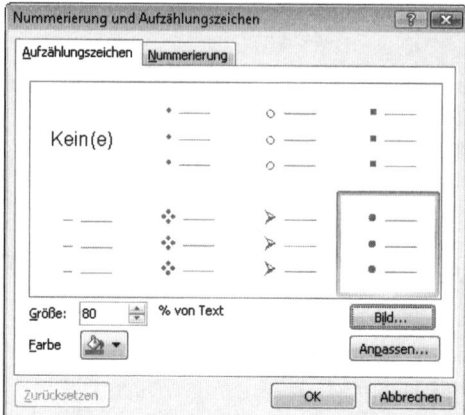

5. In diesem Dialog können Sie nicht nur die Größe und die Farbe der Aufzählungszeichen ändern, sondern auch andere Symbole auswählen. Klicken Sie dazu auf die Schaltfläche *Bild*. Dadurch erscheint das Dialogfeld *Bildaufzählungszeichen,* das Ihnen eine Fülle an Bildsymbolen anbietet. Sie können die Auswahl zusätzlich erweitern, indem Sie im Dialog die Option *Inhalte auf Office Online einschließen* einschalten. PowerPoint greift dann auf die Website *Office Online* zu und sucht dort nach weitern Symbolen.

Bild 36.23 Die Auswahl an Symbolen ist sehr umfangreich

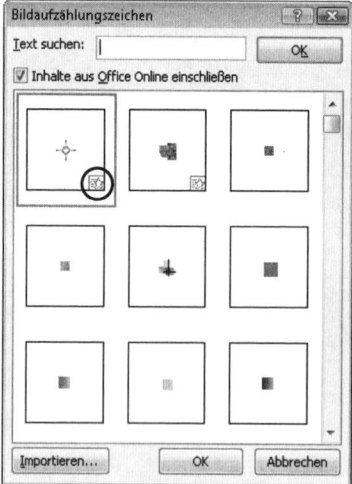

Animierte Aufzählungszeichen

Einige der Bilder im Dialogfeld *Bildaufzählungszeichen* sind durch das Sternsymbol besonders gekennzeichnet; das bedeutet, dass das Aufzählungszeichen animiert ist und sich in der Bildschirmpräsentation bewegt. Sie können auch eigene animierte Bilder im GIF-Format verwenden.

6. Wenn Sie hier fündig werden, markieren Sie das gewünschte Bild und klicken auf *OK*. Im Verzeichnis mit den Übungsdateien zu diesem Kapitel finden Sie eine kleine Grafik, mit der Sie dieses Beispiel nachvollziehen können.

7. Möchten Sie hingegen ein nicht aufgelistetes Bild als Aufzählungspunkt verwenden, das Sie auf Ihrem Computer gespeichert haben, klicken Sie auf die Schaltfläche *Importieren*. Dadurch öffnet sich das Dialogfeld *Clips zum Organizer hinzufügen*.

8. Navigieren Sie, wie Sie es aus dem Dialogfeld *Öffnen* gewohnt sind, zum Ordner, in dem das gesuchte Bild gespeichert ist. Doppelklicken Sie darauf, um es der Liste des Dialogfeldes *Bildaufzählungszeichen* hinzuzufügen.

9. Wählen Sie das neue Aufzählungszeichen und klicken Sie auf *OK*.

Bild 36.24   Für diese Folie wurde eine Grafik als Aufzählungszeichen verwendet

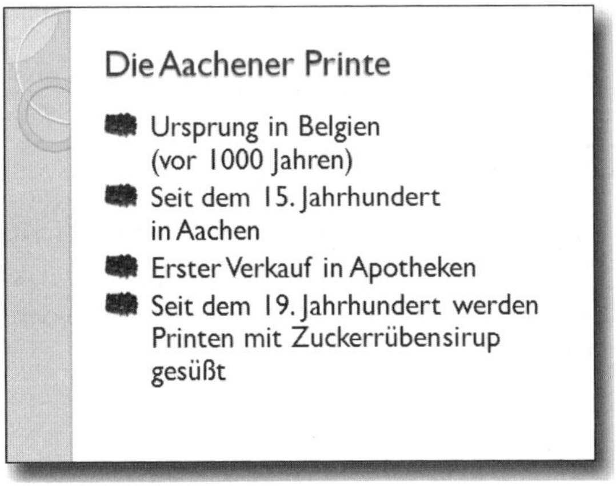

PowerPoint 2007

Symbole als Aufzählungszeichen verwenden

Falls Sie anstelle eines Bildes ein Zeichen verwenden möchten, von dem Sie wissen, dass es in einer der installierten Schriften enthalten ist, gehen Sie so vor:

1. Öffnen Sie den Dialog *Nummerierung und Aufzählungszeichen*.

2. Klicken Sie auf die Schaltfläche *Anpassen*.

3. Wählen Sie in der Liste *Schriftart* die Schriftart aus, in der das Zeichen enthalten ist.

Bild 36.25   Sie können auch ein beliebiges Zeichen einer Schriftart wählen

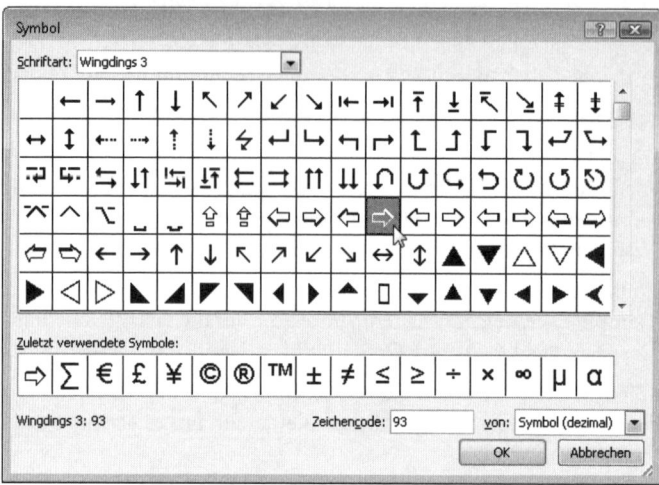

4. Wählen Sie das Zeichen, das Sie als Aufzählungszeichen verwenden möchten, durch Anklicken aus. Sie gelangen dann wieder in das Dialogfeld *Nummerierung und Aufzählungszeichen*.

5. Schließen Sie das Dialogfeld mit *OK*, um die Aufzählung durch das gewählte Aufzählungszeichen zu gliedern.

Nummerierte Listen

Neben Listen, die Argumente nur optisch voneinander abtrennen, werden häufig auch nummerierte Listen verwendet. Diese setzen Sie so ein:

1. Markieren Sie den Text, der durch Zahlen gegliedert werden soll. Hinweise zum Markieren finden Sie weiter vorne in diesem Kapitel ab Seite 651.

2. Klicken Sie auf der Registerkarte *Start* in der Gruppe *Absatz* auf den kleinen Pfeil der Schaltfläche *Nummerierung*.

Bild 36.26   Auswahlkatalog zum Erstellen von nummerierten Listen

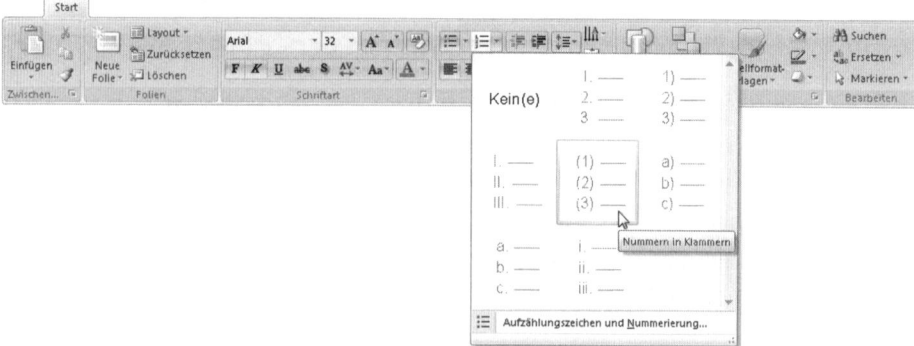

3. Bewegen Sie den Mauszeiger auf die verschiedenen Vorschaubilder des Auswahlkatalogs. PowerPoint zeigt dann die Wirkung der jeweiligen Option in einer Livevorschau direkt auf Ihrer Folie an.

4. Falls eine der vorgeschlagenen Nummerierungen Ihren Vorstellungen entspricht, wählen Sie diese durch Anklicken aus.

5. Wollen Sie jedoch die Größe oder die Farbe der Zeichen ändern oder soll die Nummerierung mit einer anderen Zahl als 1 beginnen, klicken Sie statt dessen unterhalb des Auswahlkatalogs auf den Befehl *Aufzählungszeichen und Nummerierung*, wodurch das gleichnamige Dialogfeld auf dem Bildschirm erscheint.

Bild 36.27   Hier können Sie weitere Einstellungen für eine nummerierte Liste vornehmen

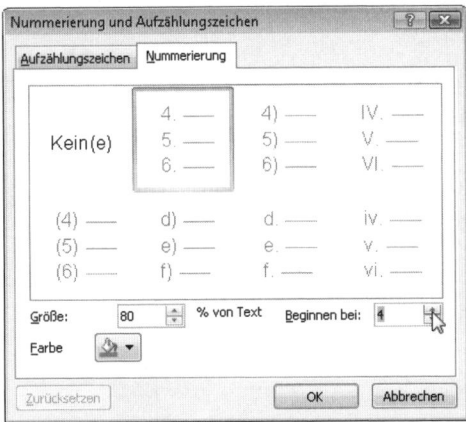

6. Wählen Sie das gewünschte Format für die Nummerierung aus.

7. Soll die Nummerierung mit einer anderen Zahl als 1 beginnen, geben Sie diese im Feld *Beginnen bei* ein.

8. Schließen Sie das Dialogfeld mit *OK*, um die Einstellungen zu übernehmen.

Aufzählung und Nummerierung entfernen

Wenn Sie die Aufzählungszeichen oder die Nummerierung eines Absatzes einfach mithilfe der Schaltfläche *Aufzählungszeichen* oder *Nummerierung* entfernen (durch Auswahl der Option *Kein(e)*), bleibt anschließend noch ein hängender Einzug zurück.

Um diesen Einzug zu entfernen, gehen Sie folgendermaßen vor:

1. Öffnen Sie die Übungsdatei *Einzug entfernen* und zeigen Sie die zweite Folie an.

2. Markieren Sie die gewünschten Absätze bzw. den ganzen Platzhalter.

3. Wechseln Sie auf die Registerkarte *Start*.

4. Öffnen Sie in der Gruppe *Absatz* das Menü der Schaltfläche *Aufzählungszeichen* und wählen Sie dort den Befehl *Kein(e)*. PowerPoint entfernt dann zwar die Aufzählungszeichen, lässt die Absatzeinzüge jedoch unverändert.

Bild 36.28   Hängender Einzug nach dem Entfernen der Aufzählungszeichen

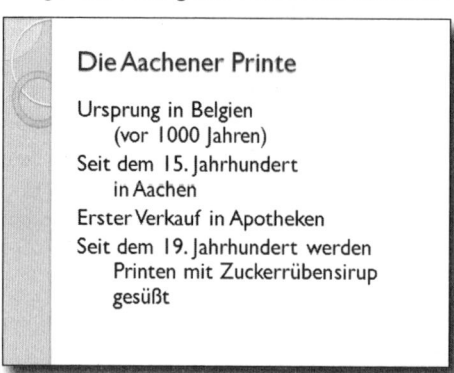

5. Klicken Sie in der Gruppe *Absatz* auf die kleine Schaltfläche in der rechten unteren Ecke der Gruppe. Dadurch wird das Dialogfeld *Absatz* angezeigt.

Bild 36.29   Hier können Sie die verschiedenen Absatzmerkmale einstellen

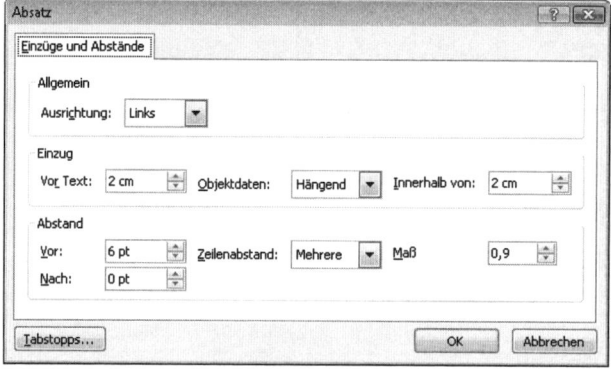

6. Stellen Sie in der Gruppe *Einzug* das Feld *Vor Text* auf den Wert *0 cm*.

7. Wählen Sie im Listenfeld *Objektdaten* den Eintrag *(ohne)*.

8. Außerdem sollten Sie noch in der Gruppe *Abstand* im Feld *Nach* eine Eingabe vornehmen, um die einzelnen Aufzählungspunkte optisch deutlicher voneinander abzugrenzen.

9. Klicken Sie auf *OK*, um Ihre Einstellungen zu übernehmen.

Suchen und Ersetzen

Wenn Sie in einer umfangreichen Präsentation nach einer bestimmten Textstelle suchen, hilft Ihnen die Suchfunktion von PowerPoint 2007, mit der Sie der Reihe nach alle Fundstellen anzeigen können, die den gesuchten Begriff enthalten. Die Suche lässt sich durch zusätzliche Kriterien präzisieren, indem Sie zum Beispiel festlegen, dass die Groß-/Kleinschreibung beachtet werden soll.

1. Wechseln Sie in der Multifunktionsleiste auf die Registerkarte *Start*.

2. Klicken Sie in der Gruppe *Bearbeiten* auf die Schaltfläche *Suchen*. PowerPoint zeigt dann das Dialogfeld *Suchen* an.

3. Geben Sie den Suchbegriff in das Feld *Suchen nach* ein.

Bild 36.30   Das Dialogfeld *Suchen*

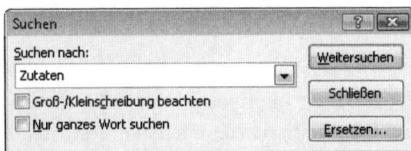

4. Stellen Sie bei Bedarf weitere Suchoptionen ein, um die Suche zu verfeinern:

   ■ **Groß-/Kleinschreibung beachten**   Wenn Sie das Feld einschalten, wird eine Textstelle nur dann gefunden, wenn die Groß- und Kleinschreibung im Text mit Ihrer Eingabe im Textfeld *Suchen nach* exakt übereinstimmt.

   ■ **Nur ganzes Wort suchen**   Wenn Sie diese Option aktivieren, werden nur eigenständige Wörter gesucht, die durch Leerzeichen, Tabulatoren oder Satzzeichen getrennt sind. Bei ausgeschalteter Option (dies ist die Vorgabe von PowerPoint) werden auch alle Textstellen gefunden, in denen der Suchbegriff nicht als eigenständiges Wort vorkommt. Zum Beispiel würde dann bei dem Suchbegriff »und« auch das Wort »Kunden« gefunden werden.

5. Klicken Sie auf *Weitersuchen,* um die erste bzw. die nächste Fundstelle anzuzeigen.

6. Sie können jederzeit zwischen dem Dialogfeld und den Folien wechseln.

7. Wenn Sie das Dialogfeld nicht mehr benötigen, beenden Sie es mit *Schließen.*

Text ersetzen

Genauso wie Sie nach Text suchen können, ist es auch möglich, den gefundenen Text durch einen neuen ersetzen zu lassen. Dazu verwenden Sie den Befehl *Ersetzen*, der sich ebenfalls in der Gruppe *Bearbeiten* auf der Registerkarte *Start* befindet. Wenn das Dialogfeld *Suchen* bereits angezeigt wird, können Sie auch einfach im Dialog die Schaltfläche *Ersetzen* anklicken.

Bild 36.31   Das Dialogfeld *Ersetzen*

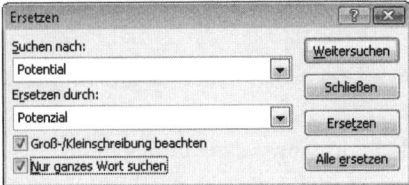

Wie Sie sehen, unterscheidet sich das Dialogfeld *Ersetzen* von dem Dialogfeld *Suchen* im Wesentlichen durch das Feld *Ersetzen durch*. In dieses Feld können Sie den Text eingeben, der anstelle des gefundenen in die Folie aufgenommen werden soll. Wenn Sie dieses Feld leer lassen, wird der gefundene Text aus der Präsentation entfernt.

Nachdem Sie alle Eingaben vorgenommen und die gewünschten Optionsfelder eingeschaltet haben, können Sie mit den folgenden Schaltflächen das Ersetzen starten:

- **Weitersuchen**   Sucht das erste bzw. nächste Vorkommen des Suchtextes in der Präsentation. War die Suche erfolgreich, zeigt PowerPoint die entsprechende Folie im Arbeitsbereich an, so dass Sie die gefundene Textstelle lesen können.

- **Ersetzen**   Ersetzt den gefundenen Text durch die neue Eingabe. Nachdem PowerPoint den markierten Text ersetzt hat, springt es automatisch zur nächsten Fundstelle. Wird der Suchbegriff nicht mehr gefunden, erscheint ein entsprechender Hinweis.

- **Alle ersetzen**   Mit dieser Schaltfläche können Sie alle Vorkommen des Suchtextes in der gesamten Präsentation ersetzen. Benutzen Sie diese Schaltfläche nur, wenn Sie sich Ihrer Sache sicher sind und auf die individuelle Überprüfung der einzelnen Fundstellen verzichten wollen.

Schriftarten ersetzen

Genau wie in Word können Sie auch in PowerPoint 2007 Textformatierungen ersetzen. Allerdings sind die Möglichkeiten in PowerPoint recht bescheiden. Das einzige Schriftmerkmal, das Sie per Suchen und Ersetzen austauschen können, ist die Schriftart:

1.   Wechseln Sie in der Multifunktionsleiste auf die Registerkarte *Start*.

2.   Klicken Sie in der Gruppe *Bearbeiten* auf den kleinen Pfeil der Schaltfläche *Ersetzen* und wählen Sie im Menü der Schaltfläche den Befehl *Schriftarten ersetzen*. PowerPoint zeigt dann das Dialogfeld *Schriftarten ersetzen* an.

Bild 36.32   Das Dialogfeld *Schriftart ersetzen*

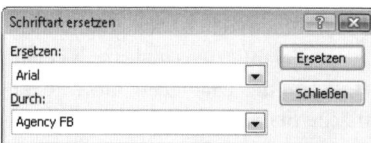

3.   Wählen Sie im Listenfeld *Ersetzen* die Schriftart aus, die Sie ersetzen möchten. In dem Listenfeld werden nur diejenigen Schriften aufgeführt, die in der Präsentation auch tatsächlich verwendet werden.

4.   Stellen Sie im Listenfeld *Durch* die neue Schrift ein. Hier haben Sie die Auswahl aus allen auf Ihrem Rechner installierten Schriften.

5.   Klicken Sie auf *Ersetzen*, um die gewünschte Schrift auszutauschen. Achtung: Der Ersetzungsvorgang betrifft die gesamte Präsentation und lässt sich nicht auf einen markierten Textbereich beschränken.

Zusammenfassung

In diesem Kapitel haben Sie gelernt, wie Sie neue Folien erstellen, Folien formatieren, kopieren oder verschieben und wie Sie Folien aus anderen Präsentationen einfügen.

■ Im ersten Abschnitt dieses Kapitels haben Sie erfahren, wie Sie Text auf einer Folie eingeben und wie sich die automatische Anpassung der Textgröße ausschalten lässt (Seite 643).

■ Im folgenden Abschnitt haben Sie gelernt, wie Sie Listen erstellen können, die mehrere Ebenen besitzen und wie Sie einzelne Absätze nachträglich höher- oder tieferstufen (Seite 645).

■ Umfangreiche Listen können auch mehrspaltig formatiert werden. Auf diese Weise wird das Platzangebot auf der Folie besser ausgenutzt und Sie können eine größere Schriftgröße für die Liste verwenden (Seite 647).

■ Anschließend haben Sie gesehen, wie Sie den Text in Platzhaltern ausrichten (Seite 648) und wie Sie die Zeilenabstände einstellen können (Seite 649).

■ Auch die Richtung des Textes lässt sich in PowerPoint ändern, so dass er anschließend von oben nach unten bzw. von unten nach oben verläuft (Seite 650).

■ Bevor Sie einen Text formatieren können, müssen Sie ihn zunächst markieren. Dazu können Sie entweder die Maus oder die Tastatur nutzen (Seite 651).

■ In den folgenden Abschnitten haben Sie die verschiedenen Möglichkeiten kennen gelernt, die PowerPoint 2007 für die Zeichenformatierung bereithält. Dazu gehören die Registerkarte *Start*, die Minisymbolleiste und das Dialogfeld *Schriftart* (Seite 652).

■ Für das Formatieren von Aufzählungen stellt PowerPoint 2007 nicht nur eine Vielzahl von Symbolen bereit, sondern unterstützt sogar die Verwendung von Grafiken und animierten Aufzahlungszeichen (Seite 659).

■ Der letzte Abschnitt dieses Kapitels hat schließlich gezeigt, wie Sie eine Präsentation nach Text durchsuchen und ihn durch anderen Text ersetzen können (Seite 664). Dabei haben Sie auch erfahren, dass PowerPoint nicht nur Text suchen und ersetzen kann, sondern auch Schriftarten (Seite 666).

PowerPoint 2007

Kapitel 37

Die Gliederungsansicht

PowerPoint 2007

In diesem Kapitel:

Wenn Sie eine neue Präsentation erstellen, werden Sie den Text für Ihre Folien in den seltensten Fällen fertig im Kopf haben. Vielmehr wird es in aller Regel so sein, dass Sie zunächst ein grobes Konzept für die Präsentation entwerfen, das Sie dann nach und nach mit Inhalten füllen. Da es in dieser Phase regelmäßig vorkommt, dass Sie Folien umstellen oder neue Folien einfügen, ist die normale Folienansicht für diese Zwecke zu unhandlich. Solche Aufgaben erledigen Sie besser in der Gliederungsansicht, in der Sie sich voll auf den Text und seine Struktur konzentrieren können.

Die Gliederungsansicht

Um eine Präsentation in der Gliederungsansicht zu bearbeiten, müssen Sie zunächst in die Normalansicht wechseln. Dazu klicken Sie entweder unten rechts in der Statusleiste auf die Schaltfläche *Normal* oder Sie wechseln auf die Registerkarte *Ansicht* und klicken dort in der Gruppe *Präsentationsansichten* auf die Schaltfläche *Normal*.

Anschließend holen Sie im linken Fensterbereich die Registerkarte *Gliederung* nach vorne, auf der Sie den Text für die Folien eingeben und bearbeiten können. Falls die beiden Registerkarten keine Beschriftung tragen, weil der Bereich sehr schmal ist, klicken Sie auf die rechte Registerkarte. Sie sollten dann auf jeden Fall den Bereich etwas breiter machen, indem Sie die Begrenzungslinie zum Folienbereich mit der Maus verschieben.

PowerPoint merkt sich die eingestellte Breite separat für beide Registerkarten. Wenn Sie also von der Registerkarte *Gliederung* wieder auf die Registerkarte *Folien* wechseln, stellt PowerPoint die zuvor für diese Registerkarte eingestellte Breite wieder her.

Bild 37.1 Wenn Sie den Text Ihrer Präsentation in der Gliederungsansicht bearbeiten wollen, sollten Sie den Gliederungsbereich verbreitern

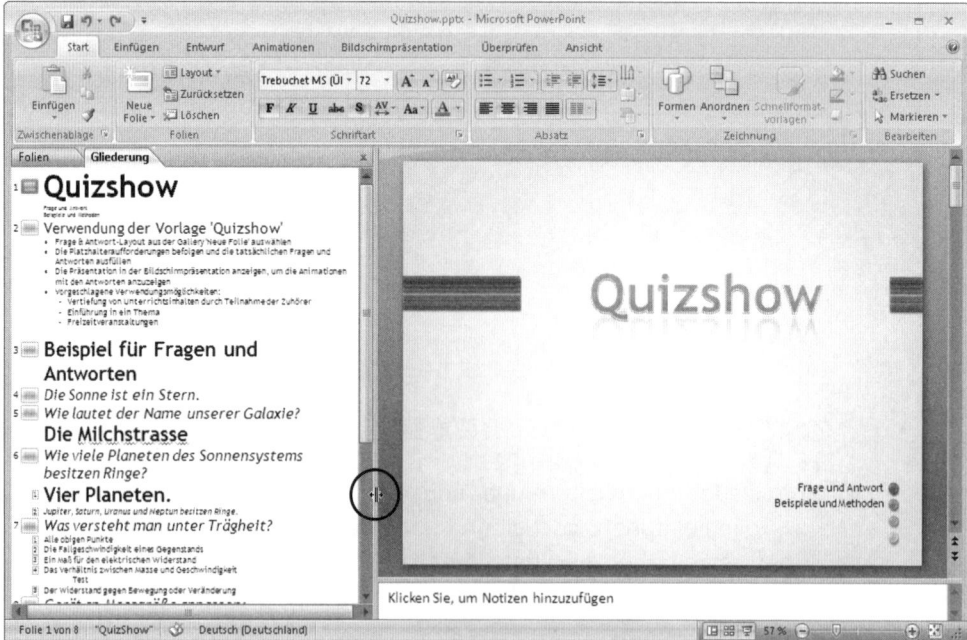

Wenn Ihre Präsentation bereits einige Folien enthält, erkennen Sie, dass die Titel der einzelnen Folien in der Gliederungsansicht mit einem kleinen Symbol gekennzeichnet sind. Die Symbole sind fortlaufend nummeriert und stellen die einzelnen Folien Ihrer Präsentation dar. Mit ihnen können Sie zum Beispiel eine Folie ganz einfach mit der Maus innerhalb der Präsentation verschieben.

Leider ist es in PowerPoint nicht möglich, die Anzeige auf der Registerkarte *Gliederung* zu vergrößern, denn der Zoomregler der Statusleiste wirkt ausschließlich auf den Folienbereich. Daher sind vor allem Texte, die sich in der zweiten oder dritten Ebene einer Aufzählung befinden, nur schlecht zu erkennen. Wir werden Ihnen aber gleich im nächsten Abschnitt noch eine Möglichkeit vorstellen, wie Sie die Lesbarkeit des Textes in der Gliederungsansicht verbessern können.

Falls eine Folie zusätzlich zum Titel noch mehrere Textplatzhalter besitzt, werden diese in der Gliederungsansicht mit einem kleinen Zahlensymbol gekennzeichnet:

Bild 37.2 Die Zahlensymbole kennzeichnen die Textplatzhalter

Text bearbeiten und formatieren

Um den Text einer Folie zu bearbeiten, klicken Sie einfach die entsprechende Textstelle auf der Registerkarte *Gliederung* an und nehmen dort die gewünschte Änderung vor. PowerPoint zeigt die zugehörige Folie automatisch im Folienbereich an, sodass Sie direkt sehen, wie sich die Folie verändert.

In der Gliederungsansicht können Sie auch die üblichen Textformatierungen durchführen. Einfache Formatierungen, wie fette oder kursive Darstellung werden auf der Registerkarte *Gliederung* angezeigt. Andere Merkmale, wie zum Beispiel Farbe und Schatten, bleiben in der Gliederungsansicht unberücksichtigt.

Textformatierung anzeigen

Wenn Sie sich in Bild 37.1 einmal die verschiedenen Folientitel ansehen, werden Sie feststellen, dass sie sehr unterschiedlich formatiert sind. Auf einigen Folien ist sogar der Folientext in einem größeren Schriftgrad formatiert, als der zugehörige Folientitel (wie zum Beispiel auf den Folien 5 und 6). Da sich das Auge jedoch unwillkürlich an den Schriftgrößen orientiert, ist es bei dieser Präsentation relativ schwierig, die tatsächliche Struktur auf einen Blick zu erfassen.

In solchen Fällen empfiehlt es sich, auf die Anzeige der Textformatierung zu verzichten:

1. Öffnen Sie die Übungsdatei *Quizshow*.

2. Wechseln Sie in die Normalansicht und holen Sie links im Gliederungsbereich die Register-karte *Gliederung* nach vorne.

3. Klicken Sie den Text auf der Registerkarte *Gliederung* mit der rechten Maustaste an.

4. Wählen Sie im Kontextmenü den Befehl *Textformatierung anzeigen*. Dieser Befehl wirkt wie ein Schalter, das heißt, wenn Sie die Textformatierungen wieder anzeigen wollen, rufen Sie ihn einfach erneut auf.

Bild 37.3   Wenn Sie im Gliederungsbereich auf die Darstellung der Textformatierungen verzichten, ist die Struktur der Präsentation wesentlich besser zu erkennen

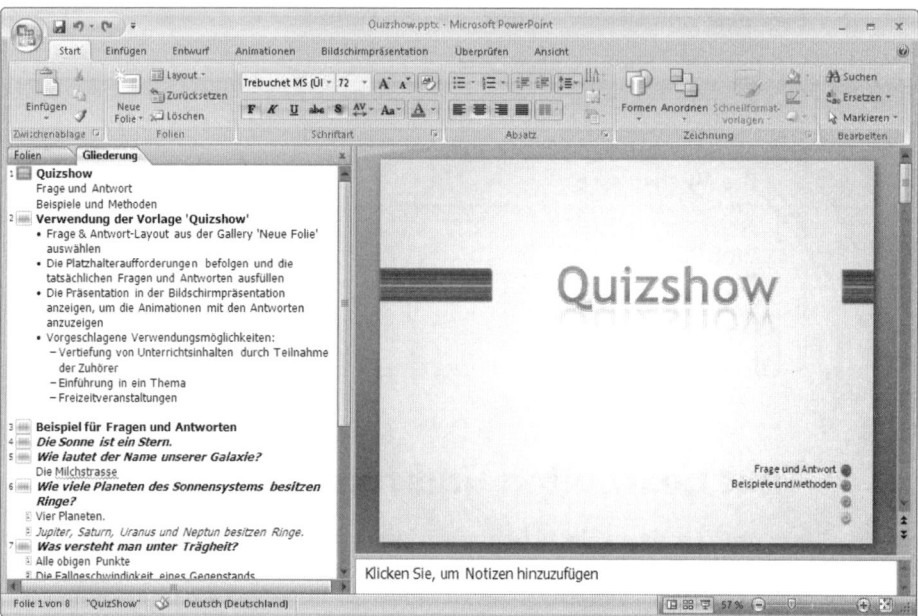

PowerPoint verwendet nun in der Gliederungsansicht für alle Folientitel eine einheitliche Darstellung. Auch für den restlichen Folientext wird nur eine Schrift und eine feste Schriftgröße verwendet. Dadurch lassen sich die Titel und Texte der Folien eindeutig voneinander unterscheiden.

Wie Sie in der obigen Abbildung erkennen können, sind jedoch nicht sämtliche Formatierungen verschwunden. So wird zum Beispiel eine kursive Schriftauszeichnung auch in dieser Ansicht nicht unterdrückt.

Gliederung erweitern und reduzieren

Wenn Sie schon einmal mit der Gliederungsfunktion von Microsoft Word gearbeitet haben, wissen Sie, dass man dort die Anzahl der angezeigten Gliederungsebenen einstellen kann. Auf diese Weise können Sie exakt festlegen, wie detailliert die Gliederung des Dokuments angezeigt werden soll.

Auch PowerPoint kann in der Gliederungsansicht mit einem ähnlichen Feature aufwarten. Allerdings haben Sie hier lediglich die Wahl zwischen der reduzierten Anzeige, in der nur die Folientitel angezeigt werden, und der erweiterten Darstellung, in der der vollständige Folientext erscheint.

1. Klicken Sie den Text der gewünschten Folie mit der rechten Maustaste an.

2. Zeigen Sie im Kontextmenü auf den Befehl *Gliederung reduzieren* bzw. *Gliederung erweitern.*

3. Im dadurch ausgeklappten Untermenü können Sie wählen, ob sich der Befehl nur auf die aktuelle Folie oder auf die gesamte Präsentation auswirken soll.

Bild 37.4 Alle untergeordneten Texte ausblenden

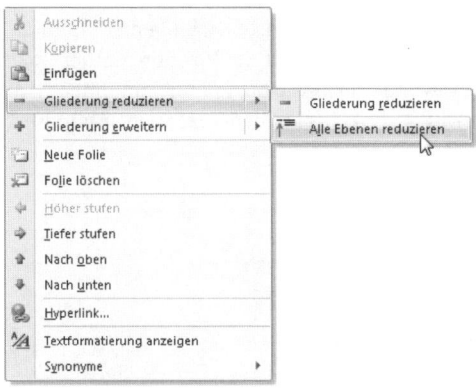

Zum Ein- und Ausblenden der Folientexte gibt es in PowerPoint auch einige Tastenkombinationen, die in der folgenden Tabelle aufgeführt sind.

Tabelle 37.1 Tastenkombinationen zum Ein- und Ausblenden von untergeordnetem Text

Tastenkombination	Wirkung
[Alt] + [⇧] + [1]	zeigt nur die oberste Überschriftenebene an (die Titel)
[Alt] + [⇧] + [+]	zeigt den untergeordneten Text einer Überschrift an
[Alt] + [⇧] + [−]	blendet den untergeordneten Text einer Überschrift aus

Folien einfügen, löschen und umstellen

Zum Einfügen und Löschen von Folien können Sie in der Gliederungsansicht die gleichen Techniken verwenden, die wir in Kapitel 35 für den Folienbereich vorgestellt haben:

■ Mit der Schaltfläche *Neue Folie* auf der Registerkarte *Start.*

■ Über die Zwischenablage.

■ Über die Befehle *Neue Folie* und *Folie löschen* aus dem Kontextmenü, das erscheint, wenn Sie den Text in der Gliederungsansicht rechts anklicken.

Wesentlich interessanter ist jedoch das Verschieben einzelner Absätze und ganzer Folien, das sich in der Gliederungsansicht sehr effektiv und komfortabel erledigen lässt.

PowerPoint 2007

Vollständige Folien verschieben

Wir hatten weiter oben in diesem Kapitel bereits kurz erwähnt, dass die kleinen Symbole mit denen die Folientitel im Gliederungsbereich gekennzeichnet sind, zum Verschieben der Folien benötigt werden. Die Vorgehensweise ist dabei denkbar einfach:

1. Reduzieren Sie die Gliederung, so dass nur noch die Titel der Folien angezeigt werden. Verwenden Sie dazu entweder den Befehl *Gliederung reduzieren/Alle Ebenen reduzieren* aus dem Kontextmenü oder drücken Sie den Shortcut [Alt]+[⇧]+[1].

2. Zeigen Sie mit der Maus auf das Symbol der Folie, die Sie verschieben wollen. Der Mauszeiger verändert sich dort zu einem Vierfachpfeil.

3. Ziehen Sie das Symbol nun mit gedrückter Maustaste nach oben oder unten. Beachten Sie die blaue waagerechte Linie. Diese Linie kennzeichnet die Position, an der die Folie eingeordnet wird, sobald Sie die Maustaste loslassen. Falls die blaue Linie bei Ihnen nicht angezeigt wird, bewegen Sie den Mauszeiger etwas nach rechts auf den Text (siehe Abbildung).

Bild 37.5 Folie innerhalb der Präsentation verschieben

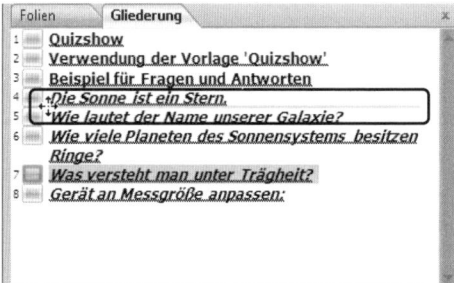

Einzelne Absätze verschieben

Etwas kniffliger, aber in bestimmten Situationen auch außerordentlich praktisch, ist das Umstellen einzelner Absätze. Dazu können Sie im einfachsten Fall den gewünschten Absatz markieren und mit den Tastenkombinationen der folgenden Tabelle nach oben oder unten verschieben.

Tabelle 37.2 Tastenkombinationen zum Verschieben von Absätzen

Tastenkombination	Wirkung
[Alt]+[⇧]+[↑]	verschiebt die markierten Absätze nach oben
[Alt]+[⇧]+[↓]	verschiebt die markierten Absätze nach unten

Natürlich lassen sich Absätze auch mit der Maus verschieben. Im nächsten Beispiel soll ein Spiegelpunkt einer Aufzählung unter Verwendung der Maus auf die nächste Folie geschoben werden. Die Ausgangsituation sehen Sie in Bild 37.6 auf der nächsten Seite. Wie gut das hier beschriebene Verfahren funktioniert, hängt wesentlich vom Layout der beteiligten Folien ab.

1. Öffnen Sie die Beispieldatei *Absatz verschieben* und wechseln Sie im Gliederungsbereich auf die Registerkarte *Gliederung*.

2. Erweitern Sie die Gliederung so, dass alle Texte angezeigt werden. Rufen Sie dazu im Kontextmenü *Gliederung erweitern/Alle Ebenen erweitern* auf.

Bild 37.6   Der Absatz »Schritt 5« soll auf die nächste Folie verschoben werden

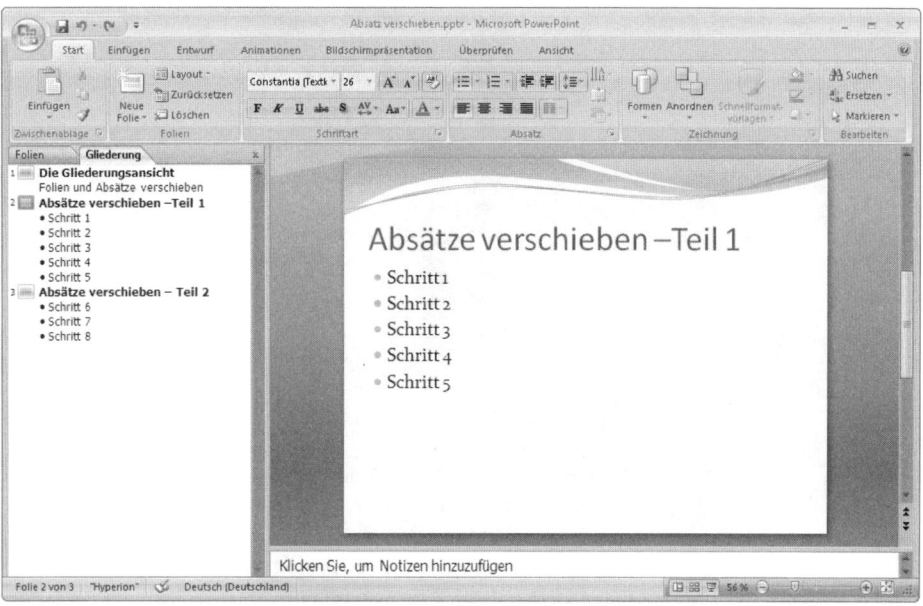

3. Zeigen Sie auf der Registerkarte *Gliederung* mit dem Mauszeiger auf den Spiegelpunkt des Absatzes, den Sie verschieben wollen. Der Zeiger wird dort zu einem Vierfachpfeil.

4. Drücken Sie die Maustaste und bewegen Sie die Maus nach unten. PowerPoint zeigt dann eine hellblaue waagerechte Linie an. Erscheint hingegen eine senkrechte Linie, haben Sie die Maus zuerst nach links oder rechts bewegt. Drücken Sie dann [Esc] und starten Sie einen neuen Versuch.

Bild 37.7   Absatz auf eine andere Folie schieben

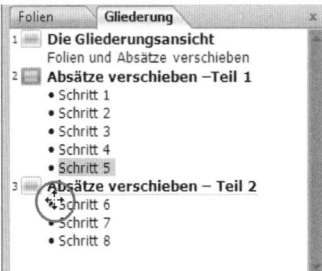

5. Lassen Sie die Maustaste los, sobald die blaue Linie die gewünschte Einfügeposition erreicht hat.

Bild 37.8 Der Absatz »Schritt 5« befindet sich nun auf der nächsten Folie

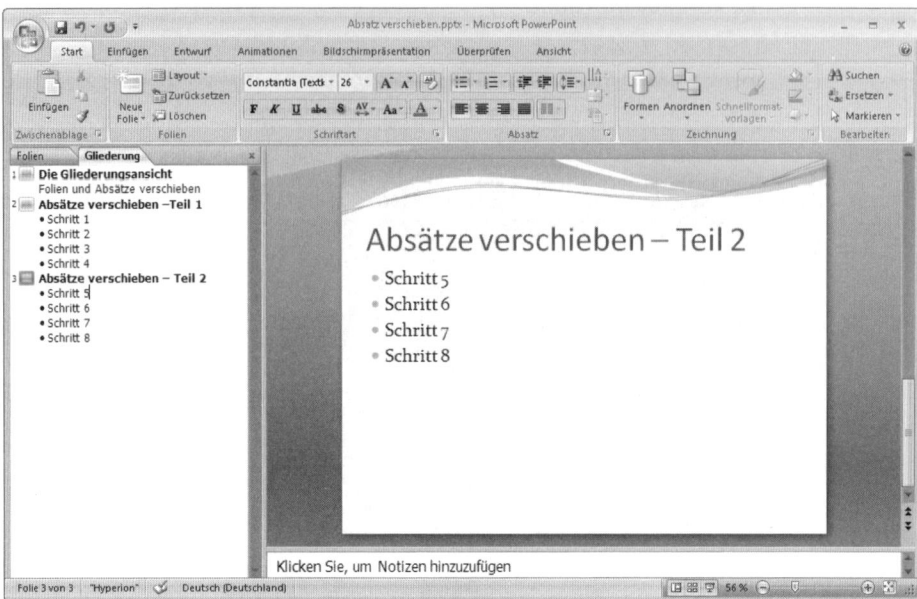

Wenn Sie das Beispiel nachvollzogen haben, werden Sie gemerkt haben, dass man dafür eine ruhige Maushand braucht. Erschwerend kommt noch die Minisymbolleiste hinzu, die beim Verschieben eines Absatzes nach oben die Sicht auf den Text und die blaue Linie versperrt. Wem dies alles zu lästig ist, der kann auch auf die Befehle *Nach oben* und *Nach unten* des Kontextmenüs oder auf die Tastenkombinationen aus Tabelle 37.2 zurückgreifen.

Bild 37.9 Folie oder Absatz nach oben schieben

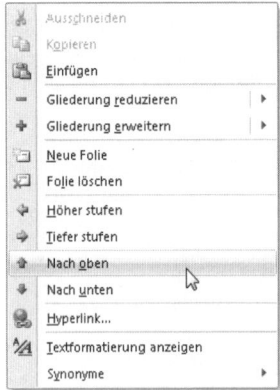

Absätze höher- und tieferstufen

In Kapitel 36 haben Sie erfahren, dass bei Aufzählungen die Einrückung der einzelnen Spiegelpunkte durch ihre Listenebene gesteuert wird. Die Ebene können Sie in der Gliederungsansicht nachträglich ändern, indem Sie die Spiegelpunkte mit der Maus nach links oder rechts schieben. Dabei ist es auch möglich, lange Aufzählungen auf mehrere Folien zu verteilen, wie es das nächste Beispiel zeigt:

1. Öffnen Sie die Übungsdatei *Höher- und Tieferstufen* und wechseln Sie im Gliederungsbereich auf die Registerkarte *Gliederung*.

2. Klicken Sie den Text auf der Registerkarte *Gliederung* mit der rechten Maustaste an und wählen Sie im Kontextmenü den Befehl *Gliederung erweitern/Alle Ebenen erweitern*.

3. Klicken Sie mit der Maus auf den gewünschten Spiegelpunkt und halten Sie die Maustaste gedrückt. PowerPoint markiert den zugehörigen Text und alle untergeordneten Absätze des Punktes.

Bild 37.10   Der Spiegelpunkt »Entsorgung« soll höhergestuft werden

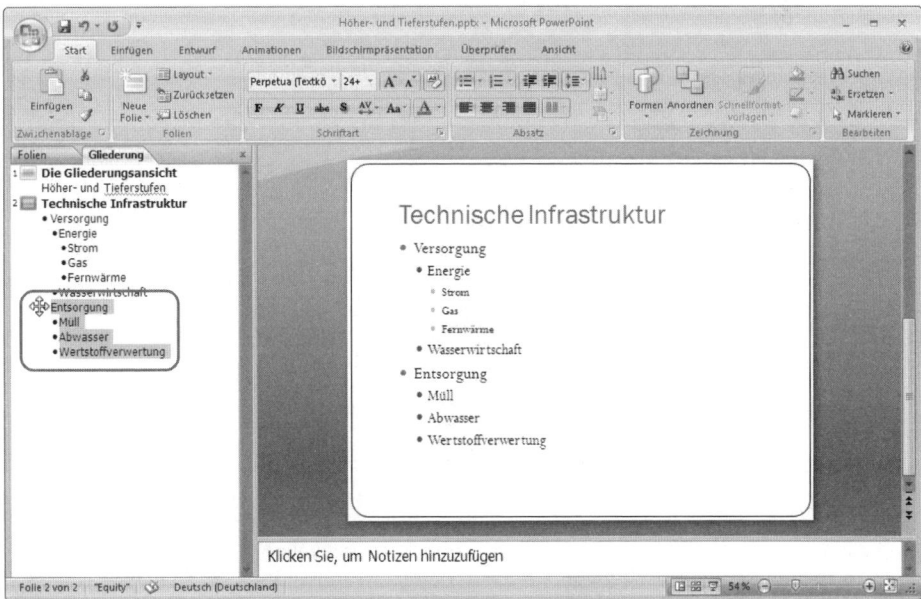

4. Bewegen Sie die Maus soweit nach links, dass die senkrechte blaue Linie zwischen der Foliennummerierung und den Foliensymbolen steht.

PowerPoint 2007

Bild 37.11   Höherstufen eines Absatzes

5.   Lassen Sie die Maustaste los.

Bild 37.12   Der Aufzählungspunkt wurde zum Folientitel hochgestuft

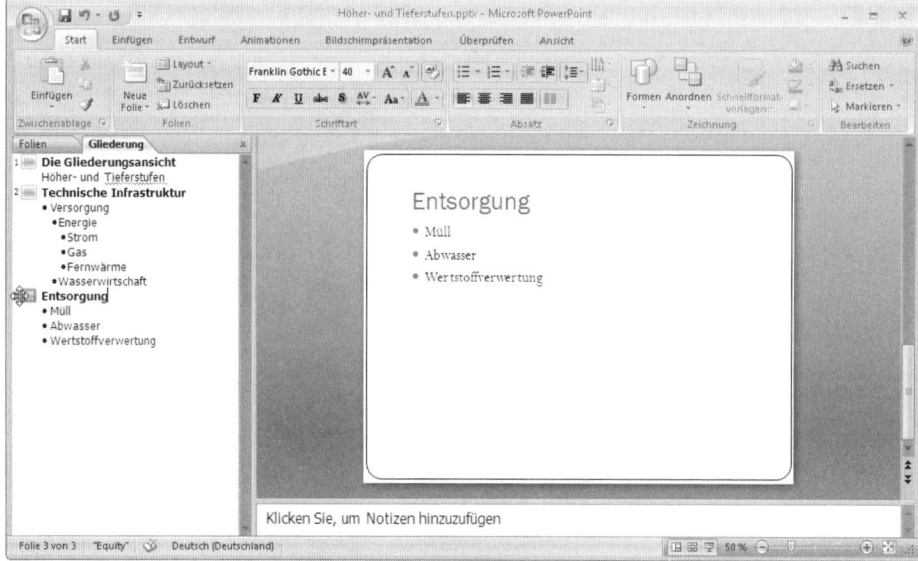

Natürlich können Sie auch auf das Kontextmenü oder Shortcuts zurückgreifen.

Tabelle 37.3   Tastenkombinationen zum Höher- und Tieferstufen eines Absatzes

Tastenkombination	Wirkung
Alt + ⇧ + ←	Stuft einen Absatz eine Ebene nach oben
Alt + ⇧ + →	Stuft einen Absatz eine Ebene nach unten

6.   Klicken Sie auf *OK*, um den Druckvorgang zu starten.

Zusammenfassung

In diesem Kapitel haben Sie gelernt, wie Sie die Struktur einer Präsentation in der Gliederungsansicht bearbeiten können.

- Im ersten Abschnitt dieses Kapitels haben Sie gelernt, wie Sie die Struktur einer Präsentation in der Gliederungsansicht anzeigen können. Sie haben gesehen, dass sich die Struktur besonders gut erkennen lässt, wenn Sie die Darstellung der Textformatierung ausschalten (Seite 670).

- In den folgenden Abschnitten haben Sie erfahren, wie Sie auf der Registerkarte *Gliederung* ganze Folien oder auch einzelne Absätze innerhalb der Präsentation verschieben können. In diesem Zusammenhang haben wir Ihnen auch gezeigt, dass sich dabei Absätze sogar auf andere Folien bewegen lassen (Seite 673).

- Der letzte Abschnitt dieses Kapitels hat schließlich gezeigt, wie Sie die Gliederungsansicht nutzen können, um einzelne Absätze höher- oder tieferzustufen. Mit dieser Technik können Sie zum Beispiel Aufzählungen mit mehreren Ebenen erstellen oder aus einem Aufzählungspunkt eine separate Folie erstellen (Seite 677).

PowerPoint 2007

Kapitel 38

Arbeiten mit Tabellen

PowerPoint 2007

In diesem Kapitel:

In diesem Kapitel erfahren Sie, wie Sie Ihre Folien mit Tabellen ausstatten können. PowerPoint 2007 hat auch auf diesem Gebiet eine Menge zu bieten und macht das Erstellen von professionell gestalteten Tabellen zum Kinderspiel.

Wir stellen Ihnen zunächst die verschiedenen Verfahren vor, mit denen Sie eine leere Tabelle auf einer Folie einfügen können und gehen anschließend auf die diversen Gestaltungs- und Formatierungsmöglichkeiten ein. Im letzten Teil des Kapitels erfahren Sie, wie Sie Excel-Tabellen in eine PowerPoint-Präsentation integrieren können.

Leere Tabelle einfügen

Um mit PowerPoint 2007 eine leere Tabelle auf einer Folie einzufügen, können Sie zwischen einer der folgenden Vorgehensweisen wählen. Sie können:

- die Tabelle in einen Platzhalter einfügen

- sie als neues Objekt auf der Folie einfügen

- oder die Tabelle mit einem »Stift« direkt auf die Folie zeichnen.

Während sich die beiden ersten Varianten durch ihre Geschwindigkeit auszeichnen, liegt der Vorteil beim Zeichnen einer Tabelle bei der nahezu uneingeschränkten Flexibilität.

Tabellen in Platzhalter einfügen

Die meisten Folienlayouts einer Präsentation enthalten Platzhalter, die neben Texten, Diagrammen, SmartArts, Grafiken auch Tabellen aufnehmen können. Die Vorgehensweise ist denkbar einfach:

1. Erstellen Sie eine neue Folie mit einem Inhalt- oder Tabellenplatzhalter.

Bild 38.1 Platzhalter zur Aufnahme der neuen Tabelle

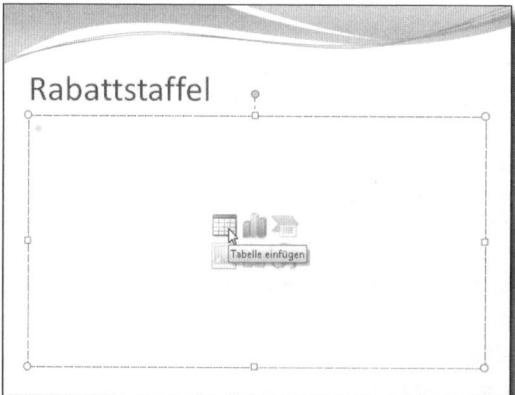

2. Klicken Sie im Platzhalter das Tabellensymbol an. PowerPoint zeigt ein kleines Dialogfeld an, in dem Sie die Spalten- und Zeilenanzahl für die neue Tabelle eingeben können.

Bild 38.2   Ausdehnung der Tabelle festlegen

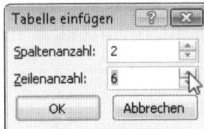

3. Nehmen Sie die gewünschten Eingaben vor und klicken Sie auf *OK*. PowerPoint fügt dann ei- ne leere Tabelle mit der entsprechenden Spalten- und Zeilenanzahl ein und weist ihr die durch das Design der Folie vorgegebene Formatierung zu.

Bild 38.3   Die neue, noch leere Tabelle

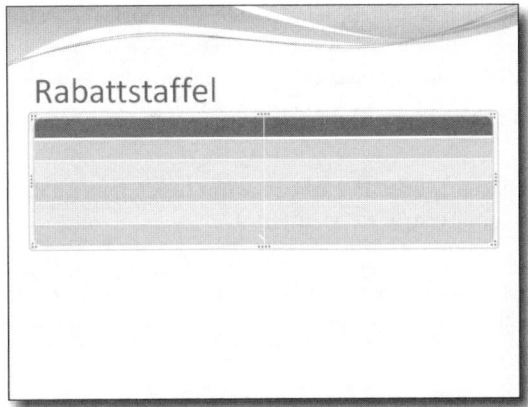

4. Füllen Sie die Tabelle mit Inhalt. Um ins nächste Feld zu gelangen, drücken Sie einfach die ⇥-Taste. Mit der Tastenkombination ⇧ + ⇥ können Sie sich in die andere Richtung be- wegen.

Bild 38.4   Die ausgefüllte Tabelle

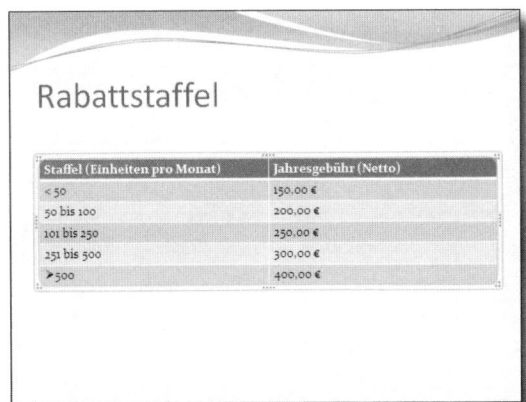

Natürlich ist die Größe der Tabelle noch nicht optimal an ihren Inhalt angepasst. Und auch die Formatierung werden Sie vermutlich noch etwas ändern wollen. Bevor wir auf diese Themen eingehen, wollen wir Ihnen jedoch noch die beiden anderen Varianten vorstellen, mit denen Sie eine Tabelle auf einer Folie einfügen können.

Tabelle als neues Objekt einfügen

Falls Sie einer Folie ein neues Layout zuweisen, werden Größe und Position der auf ihr enthaltenen Platzhalter an das zugewiesene Layout angepasst. Während dieser Automatismus bei Textplatzhaltern noch relativ unkritisch ist, wird bei Platzhaltern, die eine Tabelle enthalten, in der Regel das Layout der Tabelle in Mitleidenschaft gezogen.

Wenn Sie dieses Problem vermeiden möchten, können Sie die Tabelle als eigenständiges Objekt einfügen, das unabhängig vom Folienlayout ist. Außerdem eignet sich das Verfahren für Folien, die keinen leeren Platzhalter besitzen, in den Sie eine Tabelle aufnehmen können.

1.　Zeigen Sie die gewünschte Folie in der Normalansicht an und wechseln Sie auf die Registerkarte *Einfügen*.

2.　Klicken Sie auf die Schaltfläche *Tabelle* und geben Sie im Ausklappmenü die gewünschte Spalten- und Zeilenanzahl an (ohne gedrückte Maustaste).

Bild 38.5　Wenn Sie den Mauszeiger im Menü der Schaltfläche *Tabelle* bewegen, zeigt PowerPoint eine Vorschau der neuen Tabelle auf der Folie an. Die aktuelle Ausdehnung der Tabelle können Sie oben im Menü ablesen

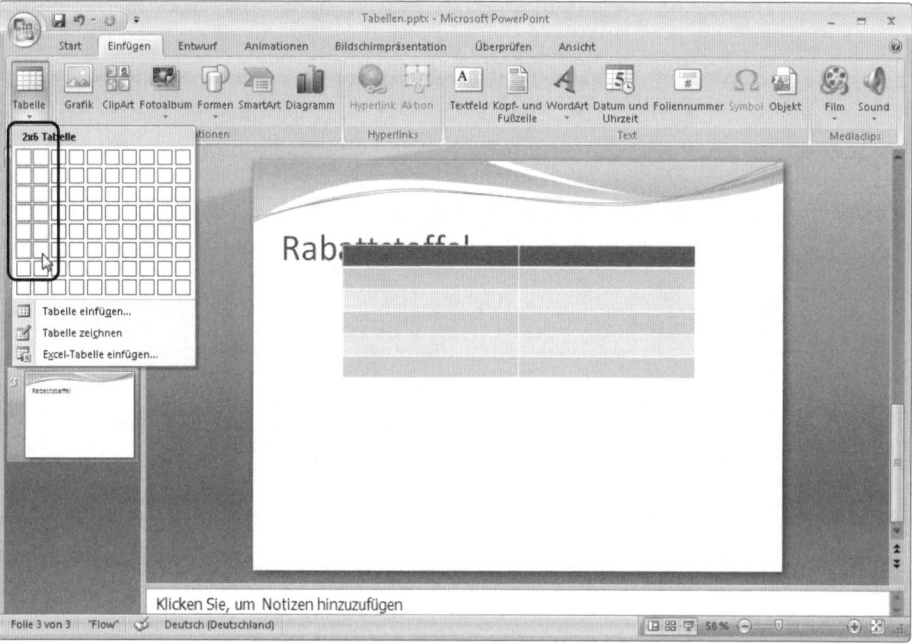

3. Um die Tabelle einzufügen, klicken Sie das gewünschte Kästchen im Menü an. Alternativ können Sie auch den Befehl *Tabelle einfügen* aufrufen. Es erscheint dann das Dialogfeld aus Bild 38.2, in das Sie die Spalten- und Zeilenanzahl eingeben können. Das Ergebnis ist in beiden Fällen das gleiche.

Bild 38.6   Die eingefügte leere Tabelle

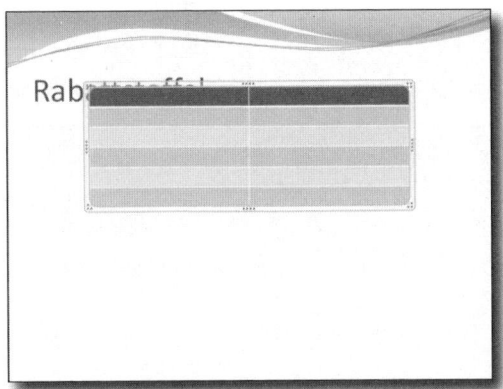

4. Schieben Sie die Tabelle an die gewünschte Position und geben Sie die Daten ein.

Tabellen zeichnen

Tabellen, deren Spalten und Zeilen nicht regelmäßig wie bei den Standardtabellen, angeordnet sind, können Sie in PowerPoint sehr flexibel per Hand erstellen. Mit diesem Verfahren können Sie die Zellen einer Tabelle nicht nur nahezu beliebig anordnen, sondern Sie können auch die Stärke und die Farbe der Linien komfortabel formatieren. Außerdem ist es beim Zeichnen einer Tabelle sogar möglich, Tabellenzellen diagonal zu unterteilen.

TIPP   Sie können die Zeichenfunktion jederzeit für eine bestehende Tabelle aufrufen, um Korrekturen oder Änderungen an ihr vorzunehmen.

Das Prinzip der Zeichenfunktion ist denkbar einfach:

1. Zeigen Sie in der Multifunktionsleiste die Registerkarte *Einfügen* an und klicken Sie in der Gruppe *Tabellen* auf die Schaltfläche *Tabelle*.

2. Klicken Sie dann im Ausklappmenü der Schaltfläche auf *Tabelle zeichnen*. PowerPoint wechselt in den Zeichenmodus für Tabellen. Sie erkennen dies daran, dass der Mauszeiger die Form eines Stiftes erhält.

3. Ziehen Sie mit der Maus einen Rahmen in der gewünschten Tabellengröße auf. Selbstverständlich können Sie die Größe der Tabelle noch nachträglich ändern, wenn Sie merken, dass Sie die ursprüngliche Größe falsch gewählt haben.

4. Sobald Sie die Maustaste loslassen, wird die Tabelle in der aktuell eingestellten Linienart eingefügt. Außerdem tauchen in der Multifunktionsleiste die *Tabellentools* mit ihren beiden Kontextregisterkarten *Entwurf* und *Layout* auf (siehe Abbildung auf der nächsten Seite).

PowerPoint 2007

Bild 38.7   Von der neuen Tabelle ist zunächst nur ein leerer Rahmen zu sehen

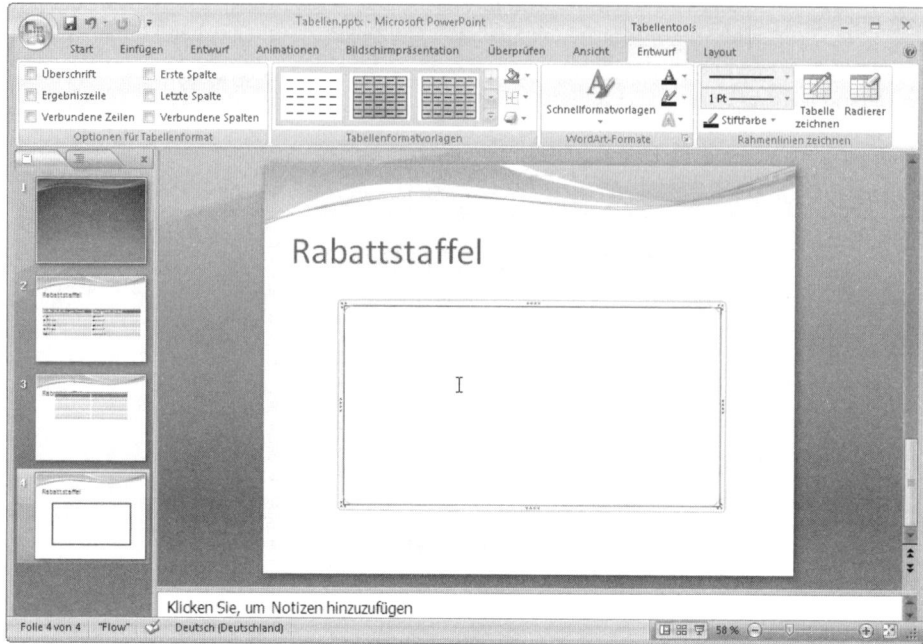

5.   Nehmen Sie mit dem Stift weitere Unterteilungen vor, indem Sie die gewünschten Linien ein-
     fach einzeichnen. Die Linienart, -stärke und -farbe können Sie in den Listenfeldern auf der
     Registerkarte *Tabellentools/Entwurf* in der Gruppe *Rahmenlinien zeichnen* auswählen. Power-
     Point sorgt dabei automatisch dafür, dass die Linien richtig aneinander ansetzen.

Bild 38.8   Weitere Linien in eine bestehende Tabelle einfügen

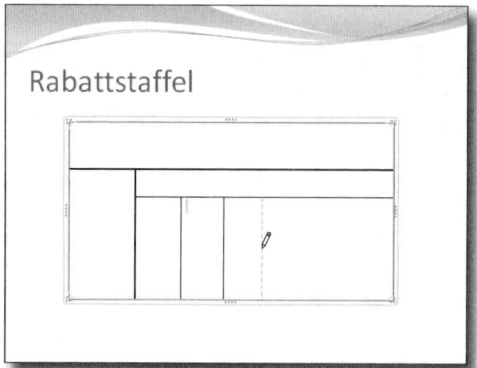

6.   Falsche oder nicht mehr benötigte Linien entfernen Sie mit dem Radiergummi. Klicken Sie
     zuerst auf der Registerkarte *Tabellentools/Entwurf* in der Gruppe *Rahmenlinien zeichnen* die
     Schaltfläche *Radierer* und dann die Linie an, die Sie entfernen wollen.

7.   Mit der Taste [Esc] oder einem Klick auf die Schaltfläche *Tabelle zeichnen* in der Gruppe
     Rahmenlinie zeichnen beenden Sie den Zeichenmodus.

Formatieren mit Tabellenformatvorlagen

Nachdem Sie eine Tabelle erstellt – und eventuell schon mit Inhalt gefüllt – haben, können Sie die Tabelle formatieren, um ihr eine ansprechende Optik zu geben. Hierbei können Sie auf die zahlreichen Tabellenformatvorlagen zurückgreifen, die Ihnen in PowerPoint zur Verfügung stehen und mit denen das Formatieren einer Tabelle nur ein paar Sekunden dauert.

1. Klicken Sie die Tabelle an und wechseln Sie auf die Registerkarte *Tabellentools/Entwurf*.

2. Zeigen Sie in der Gruppe *Tabellenformatvorlagen* auf eines der Vorschaubilder. PowerPoint zeigt dann auf der Folie eine Livevorschau der Vorlage an.

Bild 38.9 Mit den Tabellenformatvorlagen lässt sich eine komplette Tabelle in Sekunden formatieren

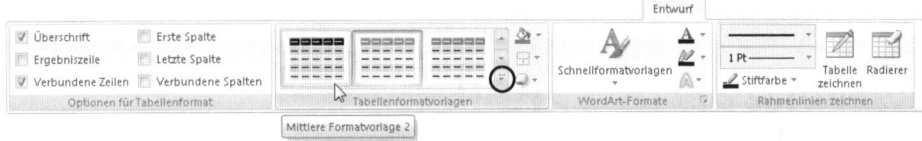

3. Falls in der Gruppe *Tabellenformatvorlagen* keine Formatierung sichtbar ist, die Ihnen geeignet erscheint, klicken Sie auf die Schaltfläche *Weitere* (in der obigen Abbildung mit einem Kreis markiert), um den Formatvorlagenkatalog zu öffnen. Blättern Sie im Katalog, bis Sie eine geeignete Formatvorlage gefunden haben, und klicken Sie sie an, um sie der Tabelle zuzuweisen.

Bild 38.10 Im Formatvorlagenkatalog finden Sie zahlreiche weitere Tabellenformatvorlagen.

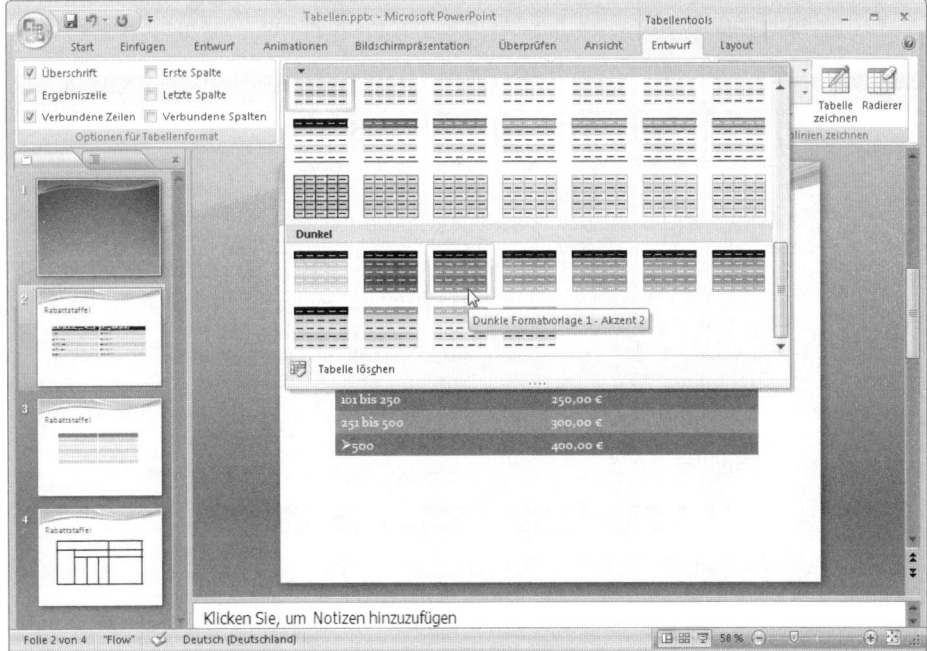

4. In der Gruppe *Optionen für Tabellenformat* können Sie festlegen, ob bestimmte Elemente der Tabelle besonders formatiert werden sollen.

Welche der Kontrollkästchen Sie einschalten, hängt davon ab, welche Informationen sich in der Tabelle befinden. Wenn Sie z.B. eine Tabelle erstellt haben, in der sich in der ersten Zeile die Spaltenüberschriften befinden, dann schalten Sie das Kontrollkästchen *Überschrift* ein. Bei Tabellenarten, bei denen in der letzten Spalte die Summen der einzelnen Zeilen angezeigt werden, bietet es sich an, das Kontrollkästchen *Letzte Spalte* einzuschalten.

Wenn Sie die Optionen *Verbundene Zeilen* und *Verbundene Spalten* einschalten, erhalten die Zeilen bzw. Spalten abwechselnd einen anderen Hintergrund, was die Lesbarkeit verbessert.

Die Wirkung der Einstellungen können Sie auch direkt im Auswahlkatalog für die Tabellen-formatvorlagen beurteilen. Wenn Sie zum Beispiel die Option *Erste Spalte* einschalten, werden Sie feststellen, dass bei allen angebotenen Vorlagen die erste Spalte hervorgehoben wird.

Markieren in Tabellen

Um den Text einer Tabelle oder den Hintergrund einzelner Zellen zu formatieren, müssen Sie den betreffenden Bereich markieren. Je nach dem, was Sie markieren möchten, eignet sich dazu besser die Tastatur oder die Maus. Die folgenden Abschnitte stellen Ihnen die wichtigsten Verfahren vor.

Markieren mit der Tastatur

Um einzelne Zeichen zu markieren, drücken Sie die ⇧-Taste und verwenden dann die Pfeiltasten, um die Markierung aufzuziehen. Wenn Sie die Markierung dabei über das Ende des Zellentextes bewegen, erweitert sich die Markierung anschließend nicht mehr zeichen-, sondern zellenweise.

Markieren mit der Maus

Innerhalb einer Zelle gelten für das Markieren mit der Maus die gleichen Regeln wie in normalem Text. Darüber hinaus gibt es noch einige Besonderheiten, um bequem Spalten, Zeilen oder Zellen einer Tabelle zu markieren.

Ganze Spalte markieren
1. Setzen Sie den Mauszeiger auf die oberste Gitternetzlinie einer Spalte, bis er zu einem schwarzen Pfeil wird, der nach unten weist.

Bild 38.11   Gesamte Spalte markieren

Staffel (Einheiten pro Monat)	Jahresgebühr (Netto)
< 50	150,00 €
50 bis 100	200,00 €
101 bis 250	250,00 €
251 bis 500	300,00 €
>500	400,00 €

2. Klicken Sie, um die Spalte zu markieren.

3. Um mehrere Spalten zu markieren, ziehen Sie die Markierung mit gedrückter Maustaste nach links oder rechts auf.

Ganze Zeile markieren
Um einzelne oder mehrere Zeilen einer Tabelle zu markieren, gehen Sie analog zum Markieren von Spalten vor. Den Markierungspfeil erhalten Sie, indem Sie den Mauszeiger links vor die gewünschte Zeile bewegen.

Einzelne Zelle markieren

1. Bewegen Sie den Mauszeiger an den Anfang der Zelle. Er wird dort zu einem schräg nach oben zeigenden Pfeil. (Die Tabelle muss nicht markiert sein!)

Bild 38.12 Markieren einer einzelnen Zelle

Staffel (Einheiten pro Monat)	Jahresgebühr (Netto)
< 50	150,00 €
50 bis 100	200,00 €
101 bis 250	250,00 €
251 bis 500	300,00 €
> 500	400,00 €

2. Klicken Sie, um die Zelle zu markieren.

3. Um mehrere Zellen zu markieren, können Sie die Markierung mit gedrückter Maustaste in eine beliebige Richtung aufziehen.

Markieren mit Menübefehlen
Wenn Ihnen das Markieren mit der Maus oder der Tastatur zu umständlich ist, können Sie auch die Befehle des Menüs *Auswählen* verwenden, das Sie auf der Registerkarte *Tabellentools/Layout* in der Gruppe *Tabelle* finden. Mit den Unterpunkten des Menüs können Sie zumindest die rudimentären Markierungsaufgaben erledigen.

Bild 38.13 Markieren über das Menü *Auswählen*

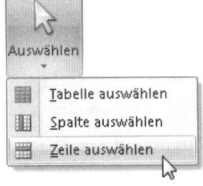

Zum Markieren setzen Sie zuerst die Einfügemarke in die gewünschte Zeile bzw. Spalte und wählen dann im Menü den entsprechenden Befehl.

Spaltenbreite und Zeilenhöhe ändern

Unabhängig davon, wie Sie eine Tabelle erstellt haben, werden Sie in den meisten Fällen noch Korrekturen an der Breite einzelner Spalten oder der Höhe der Zeilen vornehmen wollen. Am einfachsten lassen sich diese Arbeiten in der Regel mit der Maus erledigen. Es gibt jedoch auch Situationen, in denen sich die Schaltflächen der Registerkarte *Tabellentools/Layout* besser eignen.

Einstellen mit der Maus

Um eine Spaltenbreite oder Zeilenhöhe mit der Maus zu verändern, gehen Sie so vor:

1. Setzen Sie den Mauszeiger auf die Trennlinie, die Sie verschieben wollen. Der Mauszeiger verändert sich dort in einen Doppelpfeil.

Bild 38.14   Einstellen der Spaltenbreite einer Tabelle

Staffel (Einheiten pro Monat)	Jahresgebühr (Netto)
< 50	150,00 €
50 bis 100	200,00 €
101 bis 250	250,00 €
251 bis 500	300,00 €
> 500	400,00 €

2. Verschieben Sie die Trennlinie, bis die Spalte/Zeile das gewünschte Maß hat, und lassen Sie dann die Maustaste wieder los.

TIPP   Beachten Sie, dass sich die anderen Trennlinien der Tabelle durch das Verschieben nicht verändern – wie das z.B. bei Word-Tabellen der Fall ist. Auch das Drücken von ⇧, Alt oder Strg hat in PowerPoint keine Auswirkung auf das Verhalten der restlichen Tabelle.

Spaltenbreite und Zeilenhöhe auf der Registerkarte einstellen

Auf der Registerkarte *Tabellentools/Layout* finden Sie in der Gruppe *Zellengröße* zwei Eingabefelder, in denen Sie die gewünschte Breite und Höhe einer Tabellenzelle manuell eingeben können.

Diese Vorgehensweise hat nicht nur den Vorteil, dass Sie die Maße exakt einstellen können, sondern auch, dass sich beim Ändern der Spaltenbreite die Breite der Tabelle automatisch anpasst. Das heißt, die rechts von der Trennlinie liegenden Spalten verschieben sich durch die Bewegung.

Bild 38.15   Auf der Registerkarte *Layout* können Sie die Spaltenbreite und die Zellenhöhe exakt einstellen

Spalten und Zeilen gleichmäßig verteilen

Wenn Sie zum Beispiel die Spalten einer Tabelle gleichmäßig aufteilen wollen, sollten Sie nicht versuchen, diese Aufgabe manuell mit der Maus zu erledigen. Das Ergebnis wäre mit Sicherheit nicht hundertprozentig exakt und da das menschliche Auge sehr empfindlich auf Symmetrie reagiert, sollten Sie hier kein Risiko eingehen.

Gehen Sie dann besser so vor:

1. Öffnen Sie die Übungsdatei *Tabellen.*

2. Zeigen Sie die vierte Folie der Präsentation an, auf der sich eine gezeichnete Tabelle befindet (siehe folgende Abbildung).

3. Markieren Sie die gewünschten Zellen bzw. Spalten der Tabelle. Wenn Sie alle Spalten oder Zeilen der Tabelle verteilen wollen, genügt es, wenn sich die Einfügemarke irgendwo in der Tabelle befindet.

Bild 38.16   Einstellen der Spaltenbreite bei einer Tabelle, die mit der Zeichenfunktion erstellt wurde; die drei markierten Zellen sollen auf die gleiche Breite gebracht werden

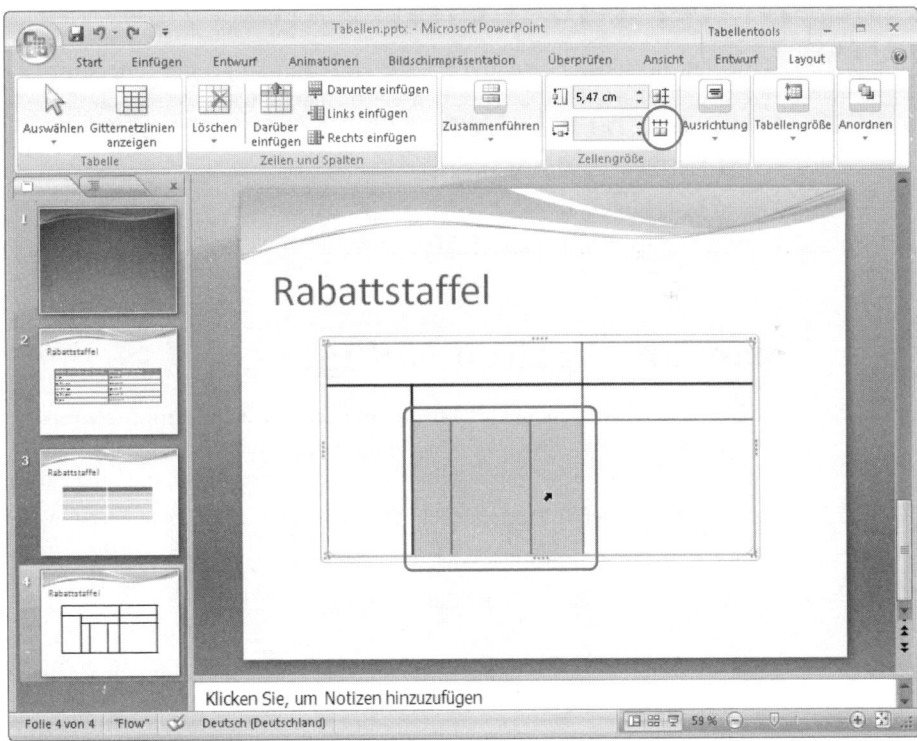

4. Wechseln Sie auf die Registerkarte *Layout* und klicken Sie in der Gruppe *Zellengröße* auf die Schaltfläche *Spalten verteilen* (siehe Markierung in der obigen Abbildung).

PowerPoint 2007

Bild 38.17   Die drei Zellen haben nun exakt die gleiche Breite

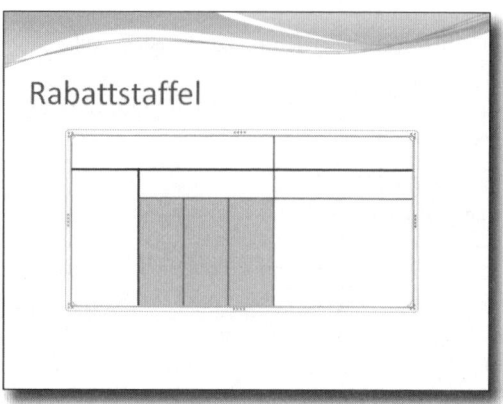

Ändern der Tabellenstruktur

Die erste Einteilung der Zeilen und Spalten wird nicht immer der endgültigen Version der Tabelle entsprechen. Früher oder später werden Sie vor der Aufgabe stehen, die Aufteilung einer Tabelle ändern zu müssen. Dabei können Sie

- neue Zeilen und Spalten einfügen
- nicht mehr benötigte Zeilen und Spalten löschen
- einzelne Zellen teilen oder verbinden.

Zeilen und Spalten einfügen

Im einfachsten Fall werden Sie der Tabelle eine neue Zeile hinzufügen wollen. Dazu setzen Sie die Einfügemarke einfach in die letzte Zelle der Tabelle und drücken dort die ⇥-Taste. Diese Vorgehensweise kennen Sie höchstwahrscheinlich bereits von der Arbeit mit Microsoft Word.

Wenn Sie innerhalb der Tabelle eine neue Zeile einfügen wollen, gehen Sie folgendermaßen vor:

1. Klicken Sie in die Zeile, über oder unter der Sie eine neue Zeile einfügen wollen.
2. Wechseln Sie auf die Registerkarte *Tabellentools/Layout*.

Bild 38.18   Die Schaltflächen zum Einfügen von Spalten/Zeilen befinden sich auf der Registerkarte *Tabellentools/Layout*

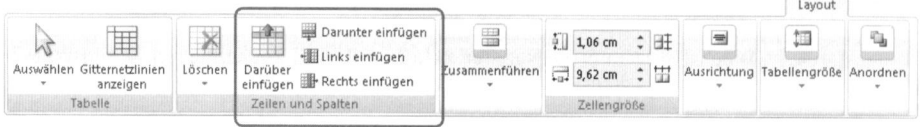

3. Klicken Sie in der Gruppe *Zeilen und Spalten* auf die Schaltfläche *Darüber einfügen* bzw. *Darunter einfügen*.

Zum Einfügen neuer Spalten gehen Sie analog vor und verwenden entsprechend die Schaltflächen *Links einfügen* bzw. *Rechts einfügen.*

Mehrere Zeilen/Spalten einfügen

Wollen Sie mehrere Zeilen oder Spalten gleichzeitig einfügen, können Sie vorher entsprechend viele Zeilen bzw. Spalten in der Tabelle markieren und müssen den Befehl dann nicht mehrfach aufrufen.

Zeilen und Spalten mit dem Kontextmenü einfügen

Im Kontextmenü für Tabellen finden Sie den Befehl *Einfügen,* den Sie ebenfalls zum Einfügen neuer Zeilen und Spalten nutzen können. Die Verwendung des Kontextmenüs erspart die Navigation zur richtigen Registerkarte in der Multifunktionsleiste.

Zeilen und Spalten löschen

Wenn Sie überflüssige Zeilen und Spalten aus einer Tabelle entfernen wollen, können Sie diese Zellen auf zwei Wegen aus der Tabelle löschen:

- Mit der Schaltfläche *Löschen* auf der Registerkarte *Tabellentools/Layout.* Das Menü dieser Schaltfläche enthält die beiden Befehle *Spalten löschen* und *Zeilen löschen.* Um mehrere Zeilen oder Spalten zu löschen, müssen Sie diese vor dem Aufruf des entsprechenden Befehls markieren.

- Mit den Befehlen *Zeilen löschen* und *Spalten löschen* aus dem Kontextmenü für Tabellen. Auch hier können Sie mehrere Spalten oder Zeilen löschen, indem Sie diese vor dem Aufruf des Löschbefehls markieren.

Zellen verbinden und teilen

Wenn Sie eine Tabelle erstellen, bei der sich eine Überschrift über mehrere Spalten erstrecken soll, können Sie zwei oder mehr Tabellenzellen zu einer einzigen zusammenführen. Wenn sich in den einzelnen Zellen bereits Text befindet, wird der Text jeder Zelle in einem eigenen Absatz in der zusammengeführten Zelle aufgenommen.

Das folgende Beispiel zeigt, wie Sie in einem solchen Fall vorgehen müssen:

1. Öffnen Sie die Übungsdatei *Tabellen.*

2. Zeigen Sie die fünfte Folie an, auf der sich die Tabelle der nächsten Abbildung befindet.

3. Markieren Sie die Zellen, die Sie zusammenführen wollen. Dies können sowohl nebeneinander als auch untereinander stehende Zellen sein.

Bild 38.19 Die erste Zeile soll lediglich aus zwei Zellen bestehen, damit die Jahreszahlen zentriert über den zugehörigen Spalten stehen

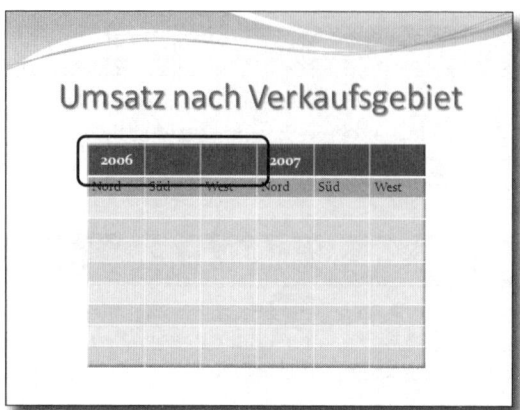

4. Wechseln Sie auf die Registerkarte *Tabellentools/Layout*.

5. Klicken Sie in der Gruppe *Zusammenführen* auf *Zellen verbinden*.

Bild 38.20 Die ersten drei Zellen wurden zusammengefasst

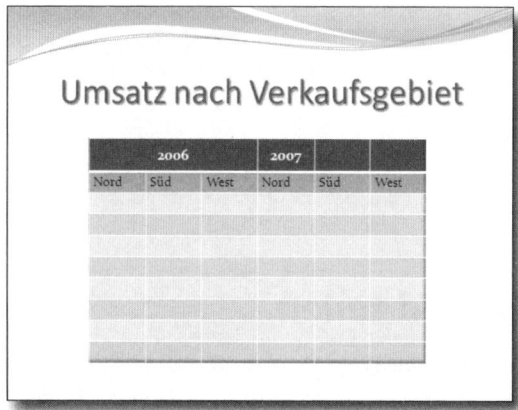

Zellen unterteilen

Auch der umgekehrte Weg ist möglich, nämlich dass Sie aus einer Tabellenzelle mehrere machen:

1. Klicken Sie die Zelle an, die Sie teilen möchten. Wenn Sie mehr als eine Zelle teilen wollen, dann markieren Sie die betreffenden Zellen.

2. Öffnen Sie die Registerkarte *Tabellentools/Layout*.

3. Klicken Sie in der Gruppe *Zusammenführen* auf *Zellen teilen*. Das gleichnamige Dialogfeld wird angezeigt.

Bild 38.21 Hier legen Sie fest, in wie viele Spalten und Zeilen
die markierte(n) Zelle(n) aufgeteilt werden soll(en)

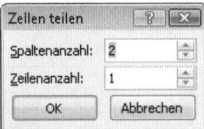

4. Geben Sie im Dialogfeld die Anzahl der Zeilen und Spalten an, in die die markierte(n) Zelle(n) aufgeteilt werden soll(en) und klicken Sie auf *OK*.

Excel-Tabellen einfügen

Für einfache Tabellen werden Sie mit den in PowerPoint eingebauten Tabellenfunktionen sicher gut zurecht kommen. Aber gelegentlich werden Sie auch eine Tabelle benötigen, die die ausgefeilteren Kalkulations- und Rechenmöglichkeiten von Microsoft Office Excel erfordert. Oder Sie haben bereits eine Tabelle in Excel erstellt und wollen diese in Ihre Präsentation einfügen. Dieser Abschnitt stellt Ihnen beide Möglichkeiten vor, mit denen Sie eine Excel-Tabelle in einer PowerPoint-Präsentation entsprechend verwenden können.

Neue Excel-Tabelle als Objekt einfügen

Wenn Sie eine Excel-Tabelle als neues Objekt auf einer Folie platzieren, wird die Excel-Tabelle in derselben Datei gespeichert, in der sich auch die anderen Daten der Präsentation befinden. Die Verwendung eines eingefügten Objekts hat den Vorteil, dass seine Bearbeitung innerhalb von PowerPoint direkt auf der Folie stattfinden kann. Außerdem wird die Weitergabe der Präsentation vereinfacht, da sie nur aus einer einzelnen Datei besteht.

Der Nachteil bei diesem Verfahren ist, dass es keine Verknüpfung zu einer eventuell bereits vorhandenen Excel-Datei gibt und somit die Daten innerhalb des Excel-Objekts nicht automatisch aktualisiert werden können, wenn sich die Ursprungsdaten ändern.

So fügen Sie eine Excel-Tabelle als Objekt auf einer Folie ein:

1. Zeigen Sie die Folie, auf der Sie die Tabelle einfügen wollen, im Folienbereich an.

2. Wechseln Sie auf die Registerkarte *Einfügen*, klicken Sie auf die Schaltfläche *Tabelle* und dann auf *Excel-Tabelle einfügen*.

   Auf der Folie erscheint nun ein Excel-Arbeitsblatt mit den vertrauten Zeilen- und Spaltenköpfen, das Sie direkt in PowerPoint bearbeiten können. Beachten Sie, dass in der Titelleiste »Microsoft PowerPoint« steht und auch die Statusleiste von PowerPoint angezeigt wird. Die Multifunktionsleiste ist jedoch die von Excel. Auch die Office-Schaltfläche ist nicht sichtbar, stattdessen sehen Sie unterhalb der Titelleiste das von vorhergehenden PowerPoint-Versionen her bekannte *Datei*-Menü.

PowerPoint 2007

Bild 38.22   Während Sie die auf der Folie eingefügte Excel-Tabelle innerhalb von PowerPoint bearbeiten, wird die Multifunktionsleiste von Excel eingeblendet

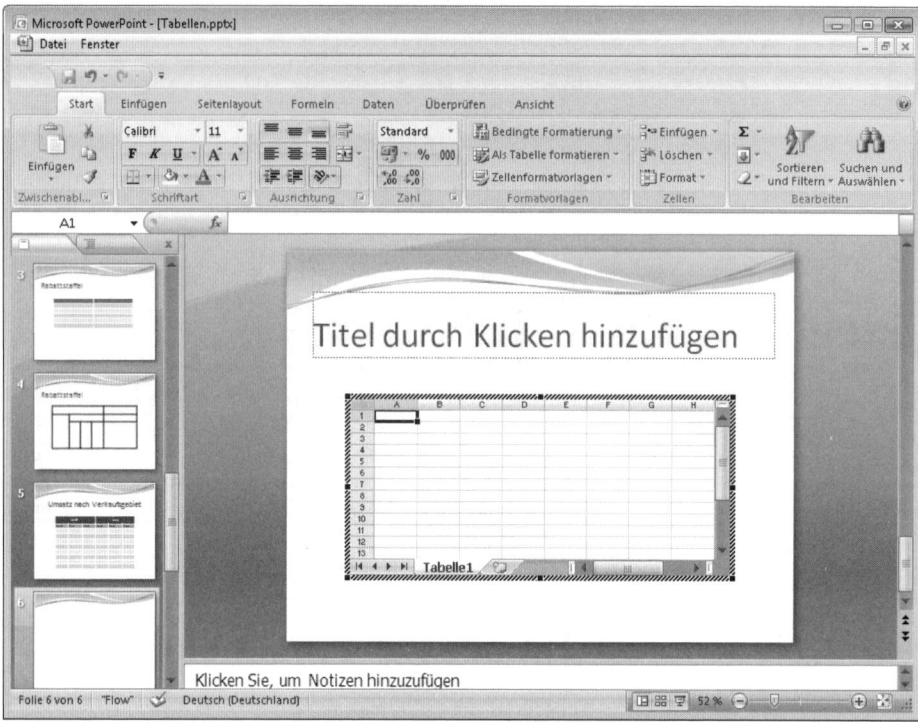

3.   Erstellen Sie die Tabelle auf dem Arbeitsblatt, wie Sie es von Excel gewohnt sind. Achten Sie darauf, dass die Tabelle oben links in der Zelle A1 beginnt.

4.   Passen Sie die Größe des Arbeitsblattes an die fertige Tabelle an, indem Sie die rechte untere Ecke des schraffierten Rahmens verschieben.

5.   Klicken Sie außerhalb des Excel-Objekts, um den Bearbeitungsmodus für Excel-Tabellen zu verlassen.

6.   Wenn Sie die Tabelle noch vergrößern oder verkleinern wollen, verwenden Sie dazu die Anfasser an den Ecken des Objekt-Rahmens.

Wollen Sie anschließend die Excel-Tabelle erneut bearbeiten, gelangen Sie mit einem Doppelklick in den Bearbeitungsmodus. Alternativ klicken Sie die Excel-Tabelle mit der rechten Maustaste an und zeigen dann im Kontextmenü auf *Arbeitsblatt-Objekt.*

■   Klicken Sie auf *Bearbeiten,* wenn Sie die Excel-Tabelle wiederum innerhalb von PowerPoint bearbeiten wollen.

■   Klicken Sie auf *Öffnen,* um das Excel-Objekt im normalen Programmfenster von Excel zu bearbeiten. Nachdem Sie die Bearbeitung in Excel abgeschlossen haben, klicken Sie in Excel auf die Office-Schaltfläche und wählen dort den Befehl *Schließen & Zurückkehren zu Dokumentname,* wobei im Menü statt *Dokumentname* der Name angezeigt wird, unter dem die PowerPoint-Präsentation gespeichert wurde.

Daten aus Excel-Tabelle als Kopie einfügen

Wenn Sie bereits eine Tabelle mit Excel erstellt haben und diese in einer Präsentation verwenden wollen, gehen Sie folgendermaßen vor:

1. Starten Sie Excel und öffnen Sie dort die Arbeitsmappe, in der sich die betreffende Tabelle befindet (zum Beispiel die Übungsdatei *Businessplan).*

2. Markieren Sie in Excel den Bereich, den Sie auf Ihrer Folie einfügen wollen.

3. Klicken Sie auf der Registerkarte *Start* in der Gruppe *Zwischenablage* auf *Kopieren.*

4. Wechseln Sie zu PowerPoint und zeigen Sie die gewünschte Folie an.

5. Klicken Sie auf der Registerkarte *Start* in der Gruppe *Zwischenablage* auf *Einfügen.* Der markierte Bereich des Excel-Arbeitsblatts wird auf der Folie eingefügt.

Die auf der Folie eingefügte Excel-Tabelle hat mit dem Arbeitsblatt keine Verbindung mehr, das heißt, es handelt sich um eine echte Kopie. Wenn Sie die Daten der Tabelle im originalen Arbeitsblatt verändern, hat dies auf die Tabelle in Ihrer Präsentation keinerlei Auswirkung.

Daten aus Excel-Tabelle verknüpft einfügen

Wenn Sie möchten, dass die Excel-Tabelle in Ihrer Präsentation eine Änderung an der zugrunde liegenden Excel-Arbeitsmappe automatisch übernehmen kann, müssen Sie die Tabelle verknüpft einfügen:

1. Führen Sie die im letzten Abschnitt beschriebenen Schritte 1 bis 4 aus.

2. Klicken Sie jetzt in der Registerkarte *Start* auf den unteren Teil der Schaltfläche *Einfügen,* um das zugehörige Menü anzuzeigen.

3. Wählen Sie im Menü der Schaltfläche den Befehl *Inhalte einfügen.* Das Dialogfeld *Inhalte einfügen* wird angezeigt.

Bild 38.23   In diesem Dialog können Sie festlegen, dass die Tabelle verknüpft eingefügt werden soll

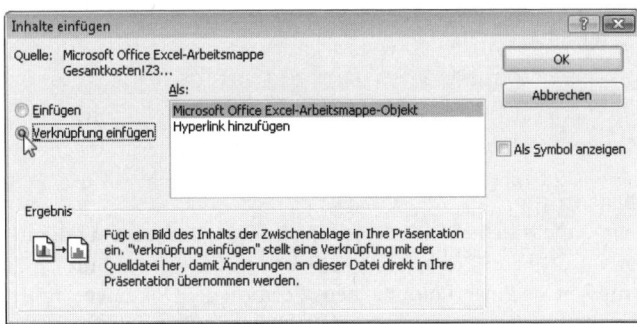

4. Schalten Sie im Dialogfeld die Option *Verknüpfung einfügen* ein.

5. Klicken Sie auf *OK,* um den markierten Bereich des Excel-Arbeitsblattes auf der Folie einzufügen.

PowerPoint 2007

Wenn Sie die Präsentation dann schließen und anschließend erneut öffnen, zeigt PowerPoint 2007 ein Dialogfeld an, in dem Sie darauf hingewiesen werden, dass die Präsentation Verknüpfungen enthält. Mit einem Klick auf die Schaltfläche *Verknüpfungen aktualisieren* können Sie dann die Aktualisierung der Daten veranlassen.

Bild 38.24 PowerPoint weist Sie auf die Verknüpfung hin

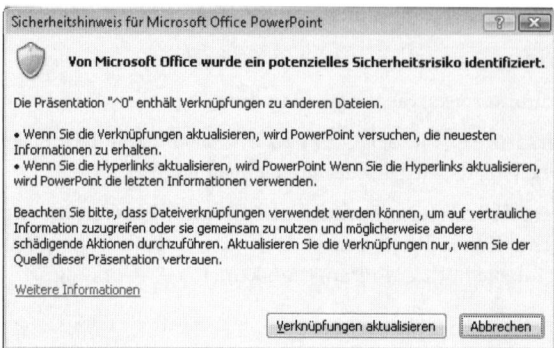

Alternativ können Sie die Aktualisierung jederzeit manuell auslösen, indem Sie die Excel-Tabelle auf der Folie mit der rechten Maustaste anklicken und in ihrem Kontextmenü den Befehl *Verknüpfung aktualisieren* aufrufen.

Bild 38.25 Manuelles Aktualisieren einer Verknüpfung

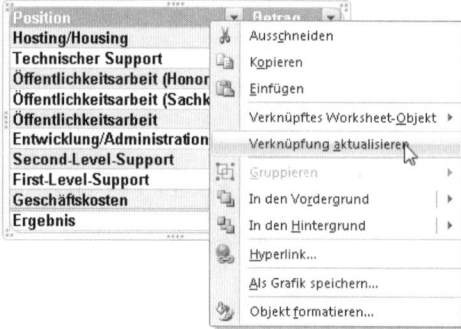

Verknüpfung bearbeiten

Wenn das Dokument, auf das sich eine Verknüpfung bezieht, umbenannt oder in ein anderes Verzeichnis verschoben wurde, kann PowerPoint natürlich nicht mehr auf die Originaldaten zugreifen. In diesem Fall müssen Sie PowerPoint die neue Position des Dokuments mitteilen.

1. Öffnen Sie die Präsentation, die die defekte Verknüpfung enthält.

2. Klicken Sie auf die *Office-Schaltfläche* und zeigen Sie im Ausklappmenü auf *Vorbereiten*.

3. Wählen Sie im rechten Teil des Menüs den Befehl *Verknüpfungen mit Dateien bearbeiten*. Dieser Befehl ist nur vorhanden, wenn die aktuelle Präsentation mindestens eine Verknüpfung enthält.

Bild 38.26   Hier können Sie die in der Präsentation enthaltenen Verknüpfungen bearbeiten

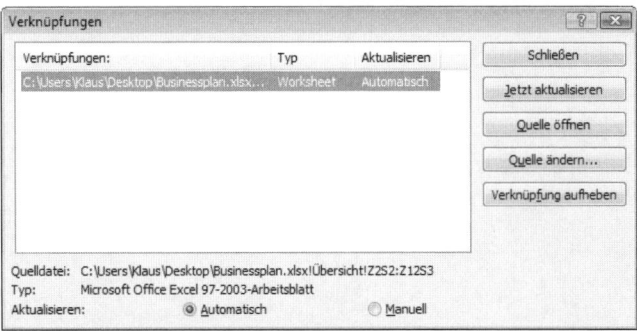

4. Markieren Sie die betreffende Verknüpfung und klicken Sie auf *Quelle ändern.* PowerPoint zeigt dann den Dialog *Quelle ändern* an.

5. Geben Sie die neue Position der Quelldatei an.

6. Prüfen Sie mit einem Klick auf die Schaltfläche *Jetzt aktualisieren,* ob die geänderte Verknüpfung funktionsfähig ist.

7. Schließen Sie das Dialogfeld *Verknüpfungen* wieder.

Zusammenfassung

In diesem Kapitel haben Sie die verschiedenen Möglichkeiten kennengelernt, Tabellen in eine Präsentation einzufügen und sie nachträglich zu bearbeiten.

■   Im einfachsten Fall nutzen Sie einfach ein Folienlayout, das einen Platzhalter enthält, der für die Aufnahme einer Tabelle vorgesehen ist (Seite 682).

■   Alternativ können Sie eine leere Tabelle auch als eigenständiges Objekt einfügen (Seite 684).

■   Um individuelle Tabellen zu erstellen, verwenden Sie die Zeichenfunktion für Tabellen. Mit ihr lassen sich Tabellen mit beliebiger Zellenaufteilung erzeugen (Seite 685).

■   Im folgenden Abschnitt haben Sie erfahren, wie Sie eine Tabelle mit Hilfe von Tabellenformatvorlagen schnell und professionell formatieren können (Seite 687).

■   Um einzelne Bereiche einer Tabelle zu formatieren, müssen Sie diese zunächst markieren. Dazu können Sie entweder die Tastatur oder die Maus benutzen. Der Mauszeiger signalisiert durch seine Form, an welchen Stellen Sie klicken müssen, um eine einzelne Zelle, eine Zeile oder eine Spalte der Tabelle zu markieren. Anschließend können Sie die Markierung bei Bedarf weiter aufziehen (Seite 688).

■   Die Zeilenhöhen und Spaltenbreiten einer Tabelle lassen sich am schnellsten mit der Maus verändern. Falls Sie jedoch präzise Einstellungen vornehmen wollen, sollten Sie die gewünschten Maße auf der Registerkarte *Tabellentools/Layout* vornehmen (Seite 690).

■   Um die Struktur einer Tabelle zu ändern, können Sie sowohl mehrere Zellen zu einer einzigen Zelle zusammenfassen, als auch eine einzelne Zelle in mehrere Zellen aufteilen.

■   Der letzte Abschnitt dieses Kapitels hat schließlich gezeigt, wie Sie eine Excel-Tabelle auf einer Folie einfügen können und wie Sie eine Präsentation mit externen Daten verknüpfen.

PowerPoint 2007

Kapitel 39

Präsentationen drucken

PowerPoint 2007

In diesem Kapitel dreht sich alles ums Drucken, denn hier hat PowerPoint viel zu bieten: Sie können Folien einfach, wie sie sind, auf Papier oder Folie drucken, Notizenseiten als Vortragsmanuskript oder Handzettel zum Verteilen an das Publikum drucken. Bei den Handzetteln ist vor allem die Möglichkeit interessant, mehrere Folien auf ein Blatt zu drucken.

Folien drucken

Nicht immer werden Sie Ihre Präsentationen nur als Bildschirmpräsentation vorführen – vielleicht sollen sie auf transparente Overhead-Folien oder einfach auf Papier ausgedruckt werden. Wie wir in Kapitel 5 bereits kurz erwähnt haben, gibt es in PowerPoint mehrere Möglichkeiten, den Druckvorgang zu starten:

- den Befehl *Office-Schaltfläche/Drucken/Drucken*
- die Tastenkombination ⎡Strg⎤+⎡P⎤
- den Befehl *Office-Schaltfläche/Drucken/Schnelldruck* – das geht zwar am schnellsten, erlaubt aber keine weiteren Druckoptionen.

Bei den ersten beiden Varianten erscheint ein Dialogfeld, in dem Sie den Drucker auswählen und verschiedene Druckoptionen einstellen können:

Bild 39.1   Einstellen der Druckoptionen

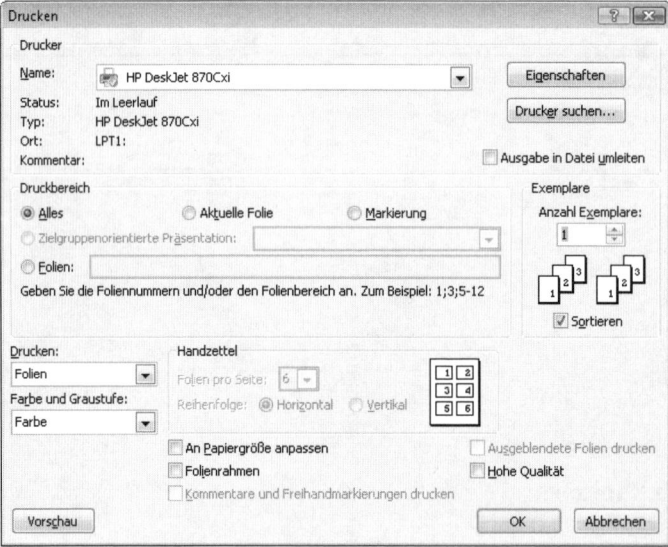

- **Name**   Hier geben Sie an, an welchen Drucker die Druckdaten geschickt werden. Wenn Sie diese Einstellung ändern möchten, wählen Sie aus dem Listenfeld *Name* den gewünschten Drucker aus.

- **Eigenschaften**   Diese Schaltfläche öffnet ein neues Dialogfeld, in dem Sie spezielle Einstellungen für den gewählten Drucker vornehmen können. Welche Möglichkeiten Ihr Drucker hier anbietet, entnehmen Sie bitte der Druckerdokumentation.

- **Druckbereich**   Hier legen Sie fest, welcher Teil der Präsentation gedruckt wird. *Alles* druckt alle Folien, *Aktuelle Folie* nur die aktuelle Folie. Haben Sie mehrere Folien markiert, können Sie diese mit der Option *Markierung* ausdrucken. Falls Teile der Präsentation als zielgruppenorientierte Präsentation definiert sind, können Sie sie gezielt mit *Zielgruppenorientierte Präsentation* ausdrucken. Mit der Option *Folien* können Sie bestimmte Folien der Präsentation mit Foliennummern angeben und ausdrucken.

- **Exemplare**   Geben Sie hier an, wie viele Kopien gedruckt werden sollen.

- **Sortieren**   Mit diesem Kontrollkästchen können Sie die Druckreihenfolge bestimmen, falls Sie mehrere Exemplare drucken. Wenn es eingeschaltet ist, druckt PowerPoint erst alle Seiten eines Dokuments, bevor es mit dem nächsten Exemplar beginnt. Dadurch sind die ausgedruckten Seiten zwar schön sortiert, der Druckvorgang dauert jedoch sehr viel länger, da PowerPoint die einzelnen Seiten mehrfach zum Drucker schicken muss. Wenn Sie das Feld ausschalten, werden zunächst alle Kopien der ersten Seite gedruckt, dann die der zweiten usw. Dieses Verfahren ist bei vielen Druckern (besonders bei Laserdruckern) wesentlich schneller, da diese Drucker eine Seite automatisch mehrfach ausdrucken können.

- **Drucken**   Hiermit bestimmen Sie, was gedruckt wird: Folien, Handzettel, Notizenseiten oder die Gliederungsansicht.

- **Farbe und Graustufen**   Wenn Sie einen Schwarzweiß-Drucker benutzen, können Sie hier zwischen *Graustufen* oder *Reines Schwarzweiß* wählen.

- **An Papiergröße anpassen**   Aktivieren Sie dieses Kontrollkästchen, wenn die Präsentation ein benutzerdefiniertes Format aufweist. Sie können so den Platz auf dem Papier optimal nutzen.

- **Folienrahmen**   Versieht die Folien mit einem Rahmen. Diese Option ist vor allem dann von Interesse, wenn für Handzettel mehrere Folien auf einer Seite ausgedruckt werden.

- **Ausgeblendete Folien drucken**   Folien, die während der Präsentation ausgeblendet bleiben, können auf Wunsch dennoch mit ausgedruckt werden, wenn dieses Kontrollkästchen aktiviert ist.

- **Vorschau**   Mit dieser Schaltfläche öffnen Sie ein Fenster mit einer Vorschau auf das Druckresultat anhand der aktuell gewählten Einstellungen.

So drucken Sie eine Präsentation

1. Rufen Sie den Druckdialog mit *Office-Schaltfläche/Drucken/Drucken* oder mit Strg + P auf.

2. Nehmen Sie alle notwendigen Einstellungen im Dialogfeld *Drucken* vor.

3. Starten Sie den Druckvorgang mit *OK*.

Bild 39.2   In der Statuszeile wird angezeigt, wie PowerPoint die Folien an den Drucker schickt

TIPP   **Druckvorgang abbrechen**   Der eigentliche Druckvorgang beginnt erst, wenn der Druckauftrag den Drucker vollständig erreicht hat. Daher können Sie ihn abbrechen, solange die Anzeige in der Statuszeile noch zu sehen ist. Klicken Sie dazu in der Statusleiste auf das Symbol mit dem roten »x«.

Notizenseiten erstellen

In Ihrer Präsentation möchten Sie möglichst knapp auf den Punkt kommen und nur die wichtigsten Informationen übersichtlich und verständlich darstellen. Was also tun Sie, wenn Sie während des Vortrags zusätzliche Informationen zur Hand haben möchten?

Ganz einfach: Fügen Sie zu Ihren Folien Notizenseiten hinzu, auf denen Sie Erläuterungen zu jeder Folie eingeben. Dazu können zum Beispiel detailliertes Zahlenmaterial und ergänzende Informationen gehören, die Sie in Ihrem Vortrag nicht erwähnen wollen, die sie aber für eventuelle Nachfragen gerne parat haben. Diese Notizenseiten können Sie ausdrucken und als Grundlage Ihres Vortrags benutzen. Präsentiert werden nur die Folien, doch Sie haben jede Zusatzinformation zur Hand, die Sie brauchen, um gelassen vor dem Publikum zu stehen.

Kurze Notizen geben Sie direkt im Notizenfeld der Normalansicht ein. Falls dieser Bereich auf Ihrem Bildschirm nicht sichtbar ist, ziehen Sie einfach die waagerechte Begrenzungslinie, die direkt oberhalb der Statusleiste liegt, ein Stück nach oben.

Den Inhalt des Notizenfeldes können Sie mit den üblichen Funktionen formatieren, um zum Beispiel wichtige Stichwörter optisch hervorzuheben.

Bild 39.3   Kurze Notizen geben Sie direkt im Notizenfeld der Normalansicht ein. Um die Größe des Notizenfeldes zu ändern, verschieben Sie die Begrenzungslinie

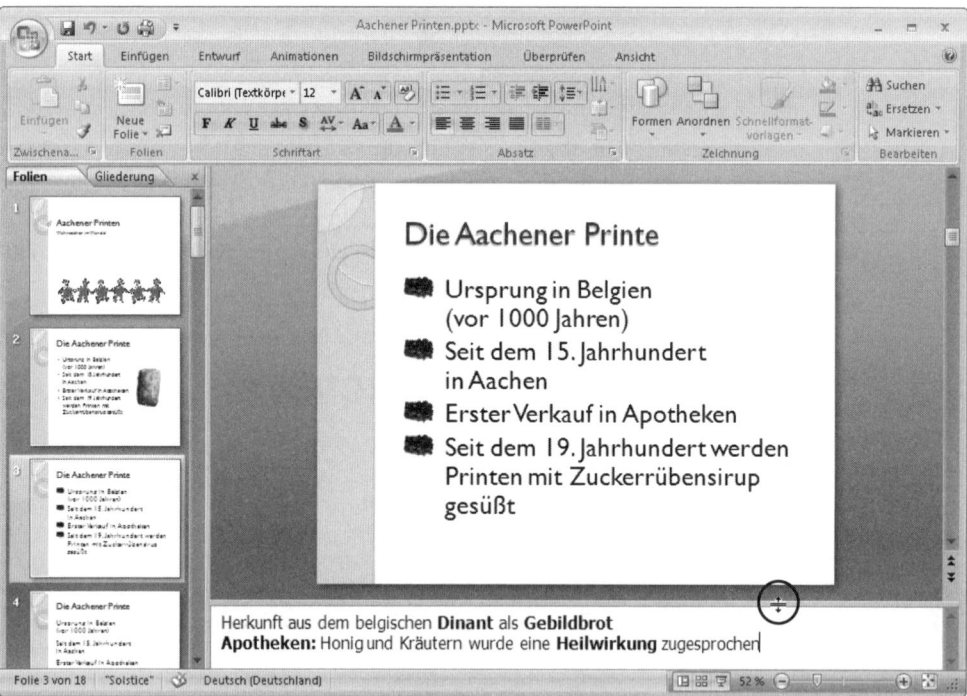

Soll der Notizenbereich den gesamten Vortragstext zu jeder Folie aufnehmen, ist der Platz im Notizenfeld zu knapp und zu unübersichtlich. In diesem Fall wechseln Sie besser in die Notizenansicht. Dort finden Sie auch alle Funktionen, die Ihnen bereits aus der Arbeit mit Textfolien bekannt sind.

1. Wechseln Sie auf die Registerkarte *Ansicht* und klicken Sie dort in der Gruppe *Präsentations-ansichten* auf die Schaltfläche *Notizenseite*. Das Standardlayout einer Notizenseite besteht aus einer Vorschau auf die Folie, die den oberen Bereich einnimmt, und dem Raum für Notizen in einem darunter positionierten Textfeld.

2. Klicken Sie das Vorschaubild der Folie an und richten Sie Position oder Größe mithilfe der Anfasser aus – zum Beispiel, wenn Sie mehr Platz für Text benötigen.

Am Anfang ist es verwirrend, dass es nicht möglich ist, den Folieninhalt an dieser Stelle zu bearbeiten; es geht aber tatsächlich nicht – Sie müssen dazu zunächst in die Normalansicht zurückkehren.

Bild 39.4 Das Vorschaubild der Folie auf der Notizenseite können Sie verkleinern und verschieben

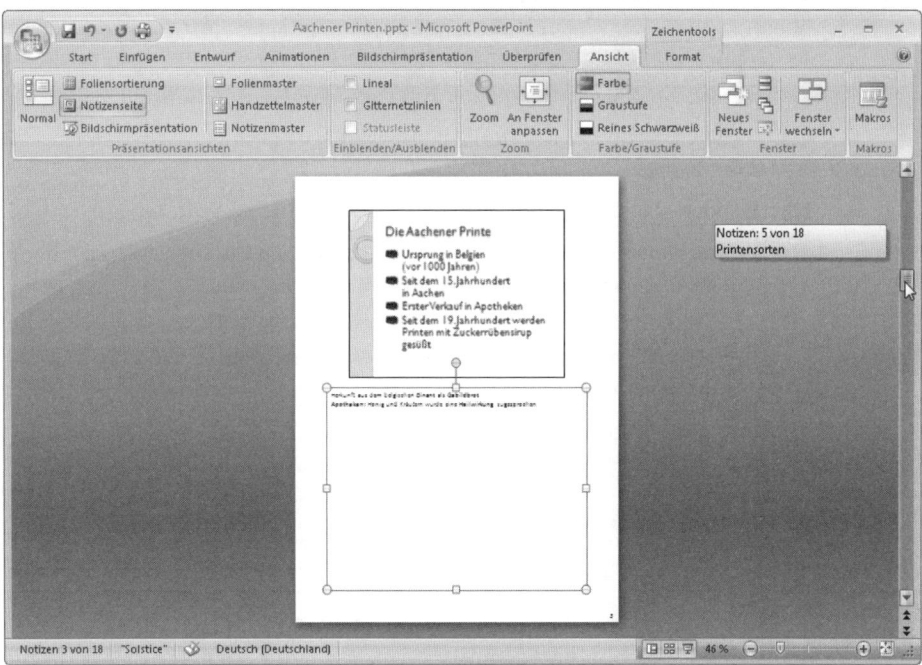

3. Klicken Sie auf den Rand des Textfelds und positionieren Sie es mithilfe der Anfasser.

4. Stellen Sie mit den Bedienelementen der Statusleiste eine geeignete Vergrößerung ein, damit Sie den Text vernünftig bearbeiten können.

5. Navigieren Sie mit den Bildlaufleisten durch die Präsentation, um den Vortragstext für weitere Folien einzugeben.

6. Wenn Sie die Arbeit an den Vortragsnotizen abgeschlossen haben, kehren Sie mit einem Klick auf die Schaltfläche *Normal* zu den Folien zurück.

PROFITIPP

Einstellungen für alle Notizenseiten

Wenn Sie die Aufteilung von Folienvorschau und Textfeld für alle Notizenseiten ändern möchten, brauchen Sie das nicht auf jeder Folie einzeln zu tun. Lesen Sie dann in Kapitel 40, wie Sie die Masteransichten verwenden, um Änderungen an der gesamten Präsentation vorzunehmen.

PowerPoint 2007

Notizentext formatieren

Im Grunde genommen gibt es kaum einen Unterschied zwischen dem Formatieren von Textplatzhaltern auf Folien und denen auf Notizenseiten. Vor allem, wenn Sie vorhaben, die Notizenseiten
als Vortragsmanuskript zu nutzen, sollten Sie ruhig ein wenig Mühe in die Gestaltung investieren,
damit sie ein nützliches Hilfsmittel sind, das den Erfolg Ihrer Vorträge unterstützt.

Aufzählungen formatieren

Während PowerPoint bei Textfolien annimmt, dass es sich beim Inhalt im Normalfall um Aufzählungen handelt, ist es beim Notizentext genau umgekehrt: hier müssen Sie, wenn Sie formatierte
Aufzählungen mit Sie hängendem Einzug eingeben wollen, zunächst das Absatzformat anpassen.

1. Klicken Sie zunächst auf die Schaltfläche *Aufzählung*, um Aufzählungszeichen hinzuzufügen.

2. Schalten Sie auf der Registerkarte *Ansicht* die Option *Lineal* ein, um das Lineal auf dem Bildschirm anzuzeigen.

3. Markieren Sie die Absätze, deren Einzug Sie verändern möchten.

4. Verschieben Sie das untere Dreieck, um damit die Position des Zeilenbeginns für die zweite
   und alle weiteren Zeilen im Absatz zu bestimmen.

Bild 39.5 Formatieren von Aufzählungen auf einer Notizenseite

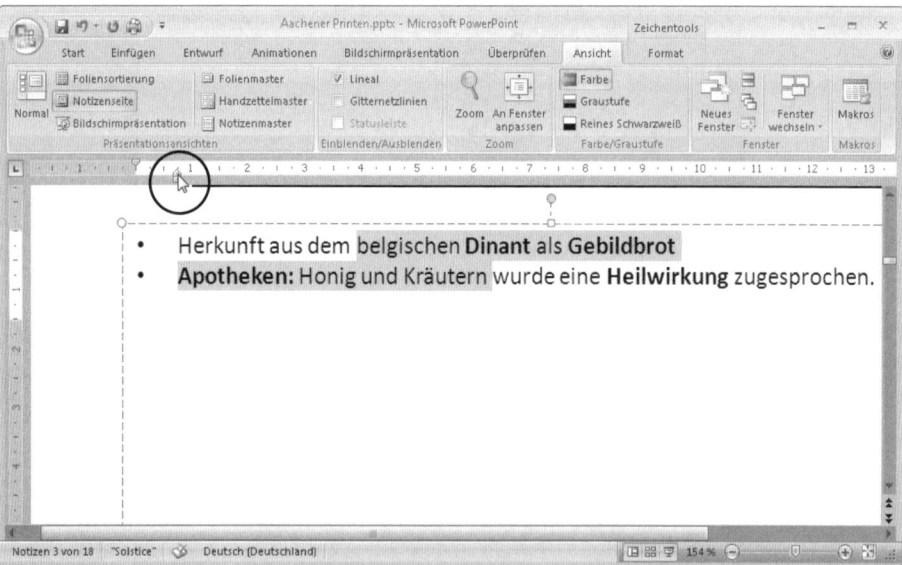

Notizen drucken

Um Notizenseiten auszudrucken, gehen Sie folgendermaßen vor:

1. Wählen Sie den Befehl *Office-Schaltfläche/Drucken/Drucken* oder drücken Sie ⌷Strg⌷+⌷P⌷.

2. Legen Sie im Bereich *Drucker* gegebenenfalls den Drucker fest, auf dem die Notizenseiten ausgedruckt werden sollen.

3. Geben Sie den Druckbereich an. Standardmäßig ist hier *Alles* ausgewählt.

4. Aus der Auswahlliste *Drucken* wählen Sie *Notizenseiten*.

5. Benutzen Sie einen Schwarzweiß-Drucker, können Sie im Listenfeld *Farbe und Graustufe* die passende Option wählen.

6. Geben Sie außerdem an, ob das Bild der Folien oben auf der Notizenseite einen Rahmen erhalten soll und ob ausgeblendete Folien ebenfalls gedruckt werden sollen.

7. Klicken Sie auf *OK*, um den Druckvorgang zu starten.

Bild 39.6   Mit PowerPoint ausgedruckte Notizseite

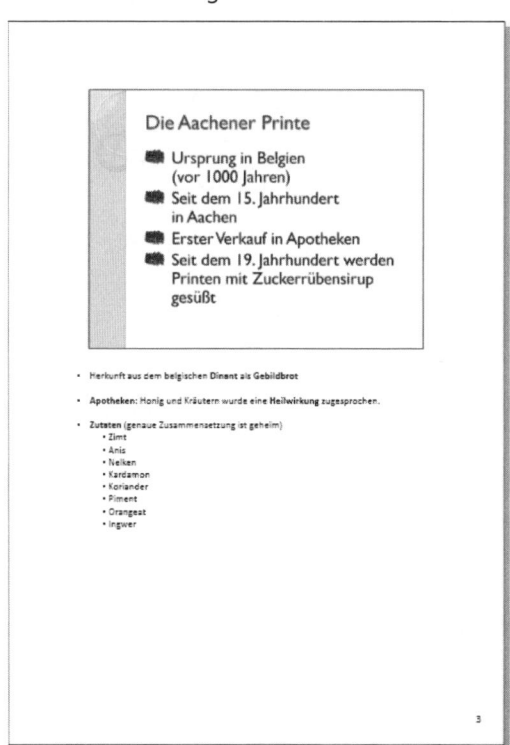

PowerPoint 2007

Handzettel drucken

Handzettel sind Ausdrucke der Folien einer Präsentation, die ans Publikum verteilt werden. Dabei können Sie entscheiden, ob Sie nur eine oder mehrere Folien auf einer Seite ausdrucken möchten.

Als besonders vorteilhaft hat sich der Ausdruck von je zwei Folien auf ein Blatt erwiesen: Für eine Bildschirmpräsentation ist in der Regel eine Schriftgröße sinnvoll, die auf Papier in halber Größe noch gut lesbar ist; außerdem ergeben zwei Folien im Querformat ein Blatt Papier im Hochformat, das so bequem betrachtet oder auch abgeheftet werden kann.

So drucken Sie Handzettel:

1. Wählen Sie den Befehl *Office-Schaltfläche/Drucken/Drucken* oder drücken Sie ⌷Strg⌷+⌷P⌷.

Bild 39.7   Einstellen der Druckoptionen

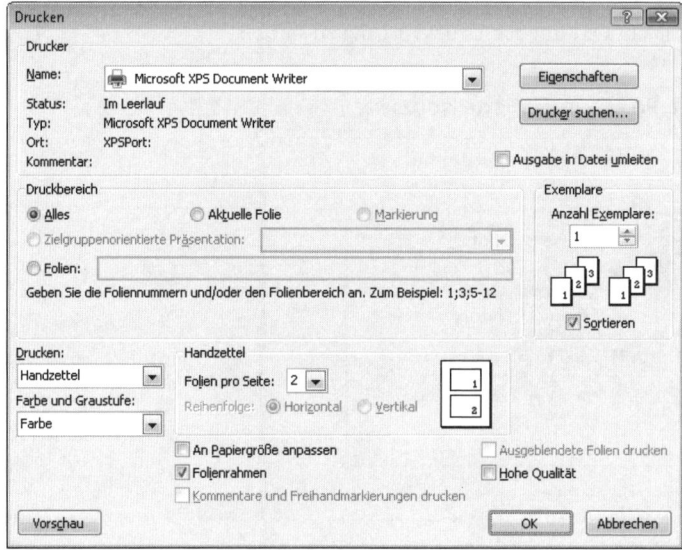

2. Legen Sie gegebenenfalls den Drucker fest, auf dem die Handzettel ausgedruckt werden sollen.

3. Geben Sie den Druckbereich an, das heißt den Bereich der Präsentation, der ausgedruckt werden soll.

4. Geben Sie an, wie viele Exemplare der Präsentation Sie ausdrucken möchten.

5. Aktivieren Sie das Kontrollkästchen *Sortieren*, wenn Sie sich nicht die Mühe machen möchten, später von Hand eine größere Anzahl Handzettel in die richtige Reihenfolge zu bringen. Der Ausdruck dauert dadurch allerdings deutlich länger.

6. Aus der Auswahlliste *Drucken* wählen Sie *Handzettel*.

7. Unter *Folien pro Seite* wählen Sie aus, wie viele Folien auf eine Seite gedruckt werden sollen. Bei vier, sechs oder neun Folien pro Blatt geben Sie auch an, ob Folien in horizontaler oder vertikaler Richtung auf dem Papier verteilt werden sollen.

   Bei Handzetteln mit mehreren Folien auf einer Seite ist das Kontrollkästchen *Folienrahmen* automatisch aktiviert.

8. Wenn die Handzettel in Graustufen oder schwarzweiß gedruckt werden sollen, wählen Sie diese Option aus der Auswahlliste *Farbe und Graustufen.*

9. Klicken Sie auf *OK*, um den Druckvorgang zu starten.

Bild 39.8   Mit PowerPoint ausgedruckter Handzettel

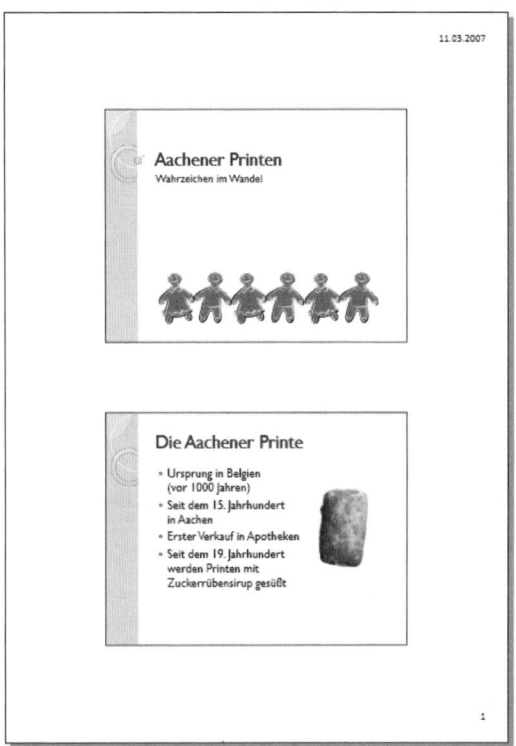

Druckeinstellungen in der Seitenansicht

Bei der Vorstellung der verschiedenen Ansichten, in denen PowerPoint eine Präsentation auf dem Bildschirm darstellen kann, haben wir eine Variante unterschlagen: Die *Seitenansicht,* die auch als *Druckvorschau* bezeichnet wird. Diese Ansicht ist dafür gedacht, dass Sie das Layout der auszudruckenden Seiten vor dem eigentlichen Ausdruck am Bildschirm kontrollieren können.

Der Weg zur Seitenansicht führt allerdings nicht, wie eigentlich zu erwarten, über die Registerkarte *Ansicht,* sondern über das Menü der *Office-Schaltfläche.*

1. Klicken Sie die *Office-Schaltfläche* an, zeigen Sie im Menü auf *Drucken* und wählen Sie dann im rechten Teil des Menüs den Befehl *Seitenansicht.*

2. Nehmen Sie bei Bedarf über das Menü der Schaltfläche *Optionen* Änderungen am Layout vor. Sie können zum Beispiel Einfluss auf die Kopf- und Fußzeilen nehmen (siehe nächster Abschnitt) oder einen Folienrahmen einschalten.

Bild 39.9 Folie in der Druckvorschau (Seitenansicht)

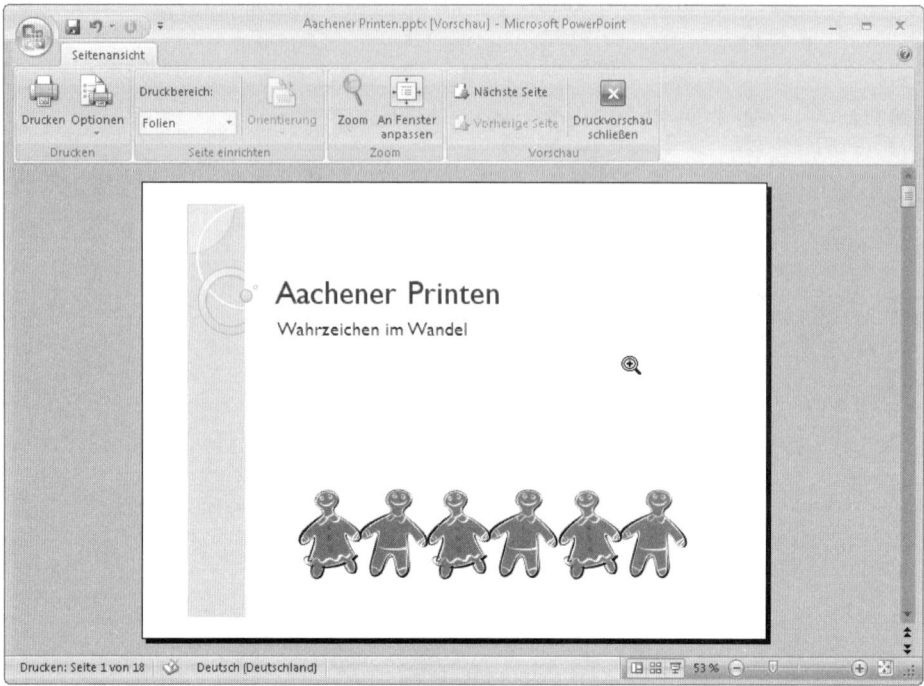

3. Wenn Sie mit den Ergebnissen der Vorschau zufrieden sind, können Sie auf die Schaltfläche *Drucken* klicken, um das gleichnamige Dialogfeld zu öffnen und den Druckvorgang zu starten.

4. Klicken Sie auf *Druckvorschau schließen,* um die Seitenansicht wieder zu verlassen und zur vorherigen Ansicht zurückzukehren.

Kopf- und Fußzeilen

Wenn Sie auf den ausgedruckten Seiten eine Seitennummer, einen Copyright-Hinweis oder Ähnliches aufnehmen wollen, können Sie in der Seitenansicht eine entsprechende Kopf- bzw. Fußzeile konfigurieren. Gehen Sie dazu folgendermaßen vor:

1. Wechseln Sie, wie im letzten Abschnitt beschrieben, in die Seitenansicht.

2. Klicken Sie in der Gruppe *Drucken* auf *Optionen* und wählen Sie im Ausklappmenü der Schaltfläche den Befehl *Kopf- und Fußzeile.* PowerPoint zeigt dann das Dialogfeld aus Bild 39.10 an.

HINWEIS Dieses Dialogfeld erreichen Sie auch, indem Sie auf der Registerkarte *Einfügen* in der Gruppe *Text* auf die Schaltfläche *Kopf- und Fußzeile* klicken.

3. Wechseln Sie auf eine der beiden Registerkarten *Folie* und *Notizenblätter und Handzettel,* je nachdem, wofür Sie die Kopf- und Fußzeilen erstellen wollen.

Bild 39.10   Dialog zum Einrichten von Kopf- und Fußzeile

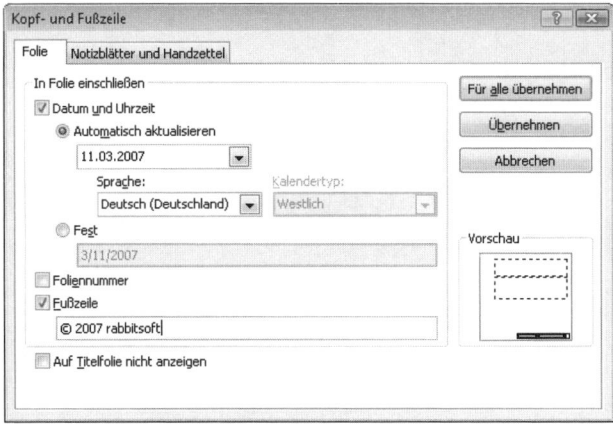

4. Schalten Sie die gewünschten Optionen ein und nehmen Sie gegebenenfalls weitere Feineinstellungen vor. Im Vorschaubereich des Dialogs werden die aktivierten Elemente mit einem fetten Rahmen dargestellt, so dass Sie ihre Platzierung gut erkennen können. Falls Sie das Datum ausgeben lassen, achten Sie darauf, dass die richtige Sprache ausgewählt ist, damit PowerPoint ein für Ihre Zuschauer geeignetes Datumsformat verwendet.

5. Falls Sie Sonderzeichen in ein Textfeld aufnehmen wollen (wie das Copyright-Zeichen in der obigen Abbildung), können Sie diese vorher mit einem anderen Programm (z.B. Word) in die Zwischenablage kopieren und dann mit [Strg]+[V] in das Dialogfeld einfügen.

6. Klicken Sie auf *Für alle übernehmen* bzw. *Übernehmen,* um die vorgenommenen Einstellungen auf alle Folien bzw. auf die aktuelle Folie anzuwenden.

Zusammenfassung

In diesem Kapitel haben Sie gelernt, wie Sie eine Präsentation, einzelne Folien, Handzettel usw. auf Papier oder Folie ausdrucken können.

■ Im ersten Hauptabschnitt dieses Kapitels konnten Sie sehen, wie Sie eine Präsentation ausdrucken und welche Druckoptionen Ihnen zur Verfügung stehen (Seite 702).

■ In den folgenden Abschnitten haben Sie erfahren, wie Sie Notizenseiten erstellen (Seite 704), den Notizentext formatieren (Seite 706) und wie Sie die Notizen ausdrucken können (Seite 707).

■ Der letzte Abschnitt dieses Kapitels hat schließlich gezeigt, wie Sie Handzettel (Ausdrucke der Folien einer Präsentation, die ans Publikum verteilt werden) formatieren und ausdrucken können (Seite 708).

PowerPoint 2007

Kapitel 40

Arbeiten mit Vorlagen

Dieses Kapitel beschäftigt sich mit Funktionen und Formatierungsmerkmalen, die sich auf alle Folien einer Präsentation auswirken. Denn ein konsistentes Erscheinungsbild ist eines der wichtigsten Kriterien für eine professionelle Wirkung Ihrer Präsentationen.

Zunächst zeigen wir Ihnen, wie Sie den Hintergrund der Folien einheitlich gestalten können. Anschließend lernen Sie, wie Sie mithilfe so genannter *Mastereinstellungen* Text und andere Elemente homogen formatieren und positionieren.

Aufbauend auf diesen Grundlagen können Sie leicht eigene Vorlagen erstellen, die Sie immer wieder als Ausgangsposition für neue Präsentationen verwenden können.

Zum Schluss dieses Kapitels erfahren Sie noch, wie Sie das Layout der Notizenseiten und Handzettel festlegen und wie Sie die Folien einer Präsentation mit Kopf- und Fußzeilen ausstatten.

Bitte beachten Sie in diesem Zusammenhang auch Kapitel 44, in dem wir das neue Konzept der Dokument-Designs vorstellen, das sowohl PowerPoint-, Word- als auch Excel-Dokumente betrifft.

Folienhintergrund bearbeiten

Unabhängig vom aktuellen Design einer Präsentation können Sie für einzelne oder für alle Folien die Hintergrundfarbe bearbeiten. Dieses Verfahren wird hier an einem Beispiel demonstriert, in dem der Folienhintergrund der gesamten Präsentation einen Farbverlauf erhält.

1. Klicken Sie in der Registerkarte *Entwurf* auf *Hintergrundformate*.
2. Zeigen Sie mit der Maus auf die Vorschaubilder des Auswahlmenüs, damit PowerPoint den jeweiligen Hintergrund für die aktuelle Folie anzeigt.

Bild 40.1 Zuweisen eines neuen Folienhintergrundes

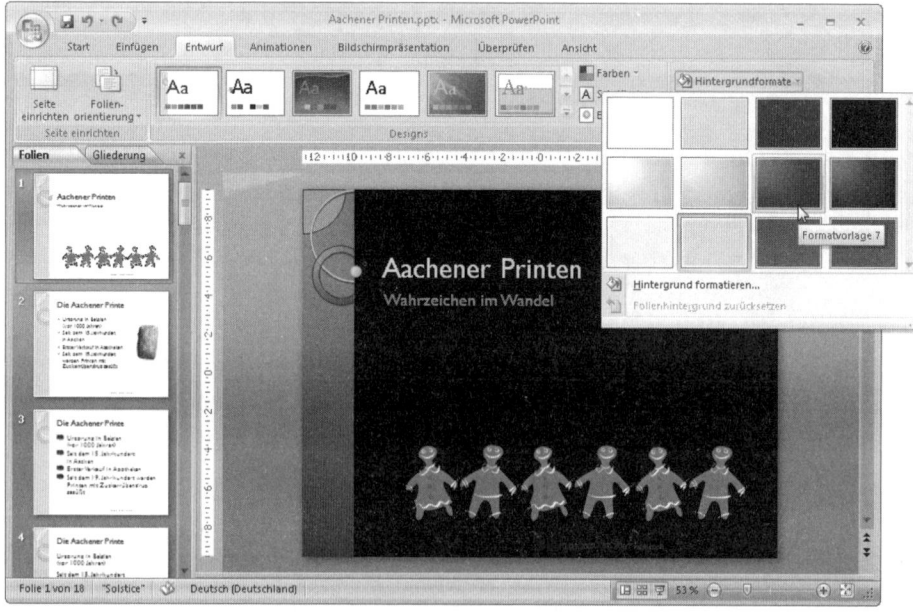

3. Klicken Sie das gewünschte Hintergrundformat an, um es zu übernehmen. PowerPoint 2007 wendet das ausgewählte Hintergrundformat dann auf alle Folien der Präsentation an.

Falls Sie den Hintergrund lediglich für eine einzelne Folie ändern wollen oder wenn Ihnen die angebotene Auswahl an Hintergrundformaten nicht zusagt, müssen Sie den Weg über das Dialogfeld *Hintergrund formatieren* gehen.

Nehmen Sie in diesem Fall folgende Schritte vor:

1. Zeigen Sie die gewünschte Folie an.

2. Klicken Sie die Folie mit der rechten Maustaste an und wählen Sie in ihrem Kontextmenü den Befehl *Hintergrund formatieren.* Alternativ können Sie auf der Registerkarte *Entwurf* in der Gruppe *Hintergrund* die Schaltfläche *Hintergrund formatieren* betätigen (das ist die kleine Schaltfläche in der rechten unteren Ecke der Gruppe).

Bild 40.2   Auswahl eines voreingestellten Farbverlaufs

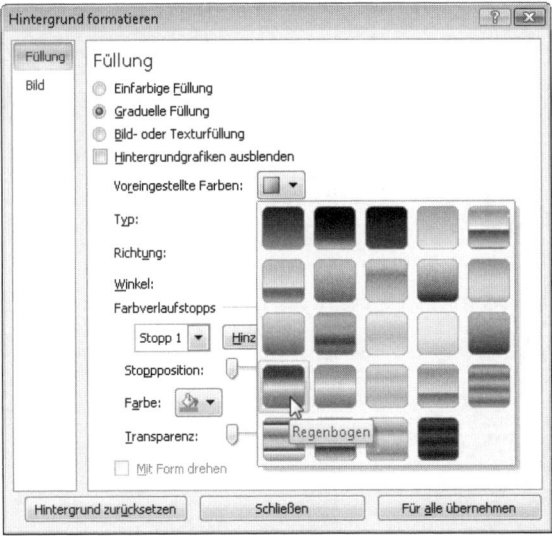

Die Varianten, die PowerPoint für die Gestaltung der Folienhintergründe anbietet, erstrecken sich von einfarbigen Hintergründen über graduierte Verläufe bis hin zu Texturen und hinterlegten Grafiken. Am besten experimentieren Sie in einer ruhigen Stunde etwas mit diesem Dialogfeld, um seine Möglichkeiten auszuloten. Weitere Hinweise finden Sie in Kapitel 46, in dem wir uns mit dem Bearbeiten von Illustrationen beschäftigen.

3. Nehmen Sie die gewünschten Einstellungen für den Folienhintergrund vor.

4. Klicken Sie auf *Schließen,* um nur den Hintergrund der aktuellen Folie zu ändern bzw. auf die Schaltfläche *Für alle übernehmen,* wenn alle Folien der Präsentation den neuen Hintergrund erhalten sollen.

PowerPoint 2007

Der Folienmaster

Was tun, wenn Sie die Schriftart für eine ganze Präsentation ändern oder ein Firmenlogo auf jeder Folie einfügen möchten? Versuchen Sie nicht, jede einzelne Folie zu bearbeiten, das wäre viel zu umständlich.

In PowerPoint gibt es den so genannten *Folienmaster*, auf dem alle Formatierungen, Hintergrundgrafiken und sämtliche Elemente, die auf allen Folien übereinstimmen sollen, eingerichtet werden. Um den Folienmaster bearbeiten zu können, müssen Sie in eine spezielle Ansicht wechseln:

1. Wechseln Sie auf die Registerkarte *Ansicht* und klicken Sie in der Gruppe *Präsentationsansichten* auf die Schaltfläche *Folienmaster*. PowerPoint wechselt in die Folienmasteransicht und blendet die zugehörige Registerkarte ein.

Bild 40.3   Die Folienmasteransicht

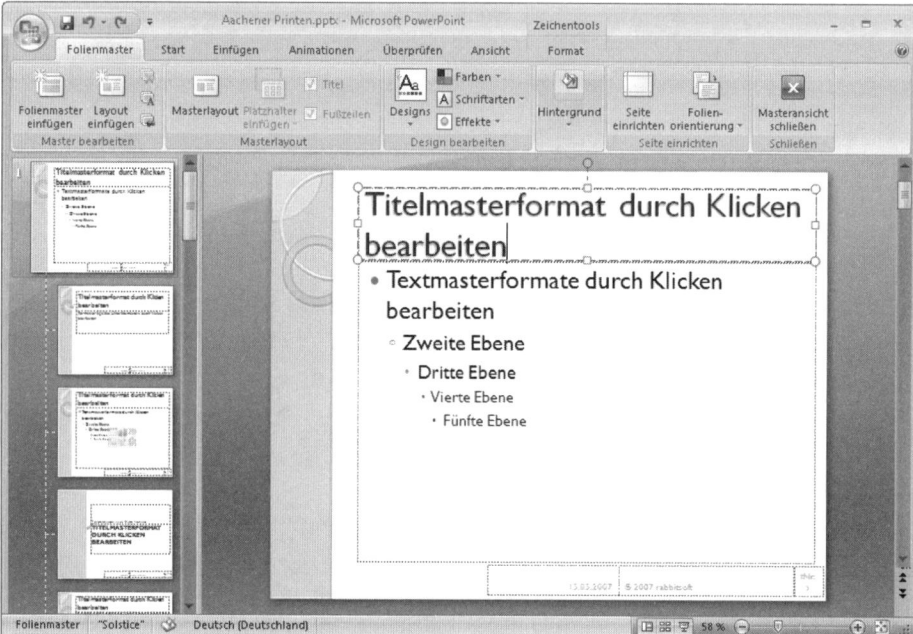

Wie Sie in der obigen Abbildung erkennen können, enthält der Folienmaster einen Platzhalter für den Folientitel und für weiteren Text, sowie einige optionale Elemente in der Fußzeile, die zwar in dieser Ansicht angezeigt, aber standardmäßig nicht auf den Folien ausgeben werden: Datum und Uhrzeit, Fußzeilentext sowie die Foliennummer. Wie diese Elemente aktiviert werden, erfahren Sie im Abschnitt »Kopf- und Fußzeilen« ab Seite 723.

2. Halten Sie die ⬆-Taste gedrückt und klicken Sie nacheinander sämtliche Textplatzhalter an, die dieselbe Schriftart bzw. Formatierung erhalten sollen, und weisen diese in einem Arbeitsgang zu.

3. Verändern Sie Position, Ausrichtung und Absatzformate der Überschrift- und Textplatzhalter, wie Sie es bereits während der Arbeit mit Textfolien kennen gelernt haben.

PROFITIPP

Schriftgröße im Textplatzhalter bearbeiten

Vielleicht haben Sie bemerkt, dass die Schriftgrößen für Absätze nachgeordneter Ebenen immer kleiner werden. Um dieses Phänomen beizubehalten, markieren Sie den Textplatzhalter und verändern die Schriftgröße mithilfe der Schaltflächen Schriftart verkleinern bzw. Schriftart vergrößern.

4. Fügen Sie ClipArts oder eigene Bilder als Hintergrundgrafiken ein.

5. Klicken Sie auf der Registerkarte *Folienmaster* auf die Schaltfläche *Masteransicht schließen*, um in die Präsentation zurückzukehren.

PROFITIPP

Textplatzhalter auf dem Folienmaster

Beachten Sie, dass die Textplatzhalter des Folienmasters lediglich der Formatierung dienen und etwa eingegebener Text nicht auf den Folien angezeigt wird. Wenn Sie Text verwenden möchten, der auf jeder Folie erscheint, verwenden Sie Textfelder oder benutzen Sie das Dialogfeld Kopf- und Fußzeilen, das im Abschnitt »Kopf- und Fußzeilen« ab Seite 723 vorgestellt wird.

Eigene Layouts erstellen

In Kapitel 35 haben Sie bereits erfahren, dass Sie beim Einfügen einer neuen Folie zwischen verschiedenen Layouts wählen können, um der Folie eine geeignete Struktur zu geben. Ein solches Layout besteht aus einer Kombination folgender Elemente bzw. Formatierungen:

- Hintergrundobjekt

- Hintergrundfüllbereich

- Titelplatzhalter

- Untertitelplatzhalter

- Platzhalter für Textkörper (inkl. Grafik, Diagramme etc.)

- Kopf- und Fußzeilen

- Platzhalterformatierung

Innerhalb einer Präsentation sind Layouts dem Folienmaster zugeordnet, was Sie in Bild 40.3 gut erkennen können. Die verschiedenen Layouts tauchen dort im linken Fensterbereich unterhalb des Folienmasters auf und sind durch eine dünne gestrichelte Linie mit ihm verbunden. Standardmäßig besitzt ein Folienmaster elf Layouts, die das gängige Spektrum bei der Gestaltung von Folien abdecken.

Sie können einem Folienmaster aber auch eigene Layouts zuweisen, um so Ihre individuellen Anforderungen an die Gestaltung von Folien zu berücksichtigen. Im folgenden Beispiel erstellen wir ein Layout, auf dem sich ein Bild-Platzhalter befindet, der bereits mit einer bestimmten Formatierung versehen ist.

1. Öffnen Sie die gewünschte Präsentation und zeigen Sie den Folienmaster an, indem Sie auf der Registerkarte *Ansicht* auf die Schaltfläche *Folienmaster* klicken.

PowerPoint 2007

2. Markieren Sie im linken Fensterbereich das unterste Layout und klicken Sie dann auf der Registerkarte *Folienmaster* in der Gruppe *Master bearbeiten* auf die Schaltfläche *Layout einfügen*. PowerPoint fügt dann ein neues, leeres Layout ein.

Bild 40.4   Das neue, noch leere Layout

3. Klicken Sie in der Gruppe *Masterlayout* auf die untere Hälfte der Schaltfläche *Platzhalter einfügen* und wählen Sie einen Platzhaltertyp aus.

Bild 40.5   Auswahl des Platzhaltertypen

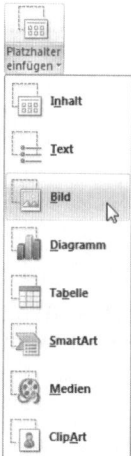

4. Ziehen Sie auf der Folie einen Rahmen in der gewünschten Form und Größe auf. Positionieren Sie den Rahmen und versehen Sie ihn mit einigen Formatierungen.

5. Klicken Sie den Platzhalter mit der rechten Maustaste an und wählen Sie im Kontextmenü den Befehl *Text bearbeiten*. Jetzt können Sie den Vorgabetext des Platzhalters verändern.

6. Ändern Sie gegebenenfalls auch den Platzhalter für den Folientitel. Das Ergebnis könnte anschließend so aussehen:

Bild 40.6   Das Layout enthält nun einen Bild-Platzhalter, der mit einem Schatteneffekt versehen ist

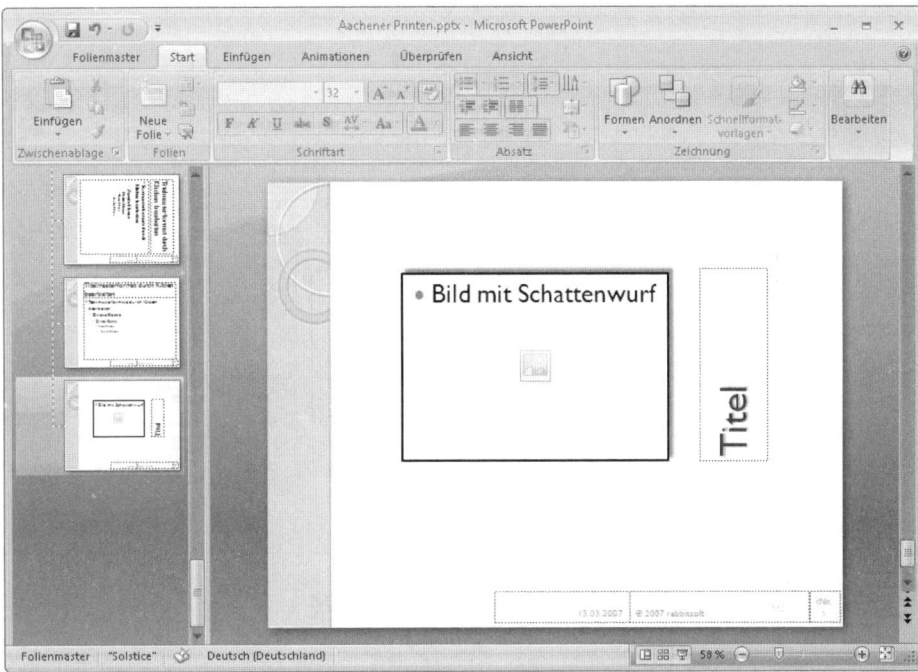

7. Klicken Sie das Vorschaubild des neuen Layouts mit der rechten Maustaste an und wählen Sie im Kontextmenü den Befehl *Layout umbenennen*.

Bild 40.7   Geben Sie dem Layout einen aussagekräftigen Namen

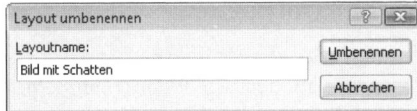

8. Tragen Sie einen sinnvollen Namen für das Layout ein und klicken Sie auf *Umbenennen*.

9. Schließen Sie die Folienmasteransicht und klappen Sie auf der Registerkarte *Start* das Menü der Schaltfläche *Neue Folie* auf. Sie sehen dann, dass das soeben erstellte Layout im Ausklappmenü angeboten wird.

PowerPoint 2007

Bild 40.8   Das neue Layout kann zum Erstellen von Folien benutzt werden

Eigene Vorlagen erstellen

Wenn Sie viel Zeit und Mühe auf das Design und die Layouts einer Präsentation verwendet haben, können Sie sie als Vorlage speichern. Eine solche Vorlage steht dann als Muster für weitere Präsentationen immer zur Verfügung.

1. Öffnen Sie die Präsentation, die Sie als neue Vorlage speichern möchten.

2. Löschen Sie alle Folien, denn die Vorlage soll nur als Muster dienen, jedoch keine Folien enthalten. Zum Löschen der Folien wechseln Sie am besten in die Gliederungs- oder die Foliensortierungsansicht.

3. Öffnen Sie das Menü der *Office-Schaltfläche*, zeigen Sie links auf *Speichern unter* und klicken Sie dann im rechten Teil des Ausklappmenüs auf den Befehl *PowerPoint-Präsentation*.

4. Wählen Sie im Dialog *Speichern unter* als Dateityp *PowerPoint-Vorlage*. PowerPoint wechselt dann in das Verzeichnis, in dem Vorlagen gespeichert werden.

5. Tragen Sie einen Dateinamen ein und klicken Sie auf *Speichern*.

Eigene Vorlagen verwenden

Wenn Sie eine Präsentation erstellen wollen, die auf dieser Vorlage basiert, gehen Sie so vor:

1. Klicken Sie auf die *Office-Schaltfläche* und wählen Sie den Befehl *Neu*.

2. Markieren Sie im Dialog *Neue Präsentation* die Rubrik *Meine Vorlagen*. Das Dialogfeld ändert seine Gestalt und enthält nur noch eine Registerkarte, mit den von Ihnen erstellten Vorlagen.

3. Markieren Sie die Vorlage und klicken Sie auf OK, um eine neue Präsentation zu erstellen.

Den Notizenmaster bearbeiten

Neben dem Folienmaster gibt es in PowerPoint noch den Notizenmaster. Er dient dazu, das Layout Ihrer Notizenseiten zu gestalten und die Größe der Folie sowie des Textplatzhalters für den Vortragstext zu gestalten.

1. Wählen Sie auf der Registerkarte *Ansicht* den Befehl *Notizenmaster*.

Bild 40.9   Der Notizenmaster

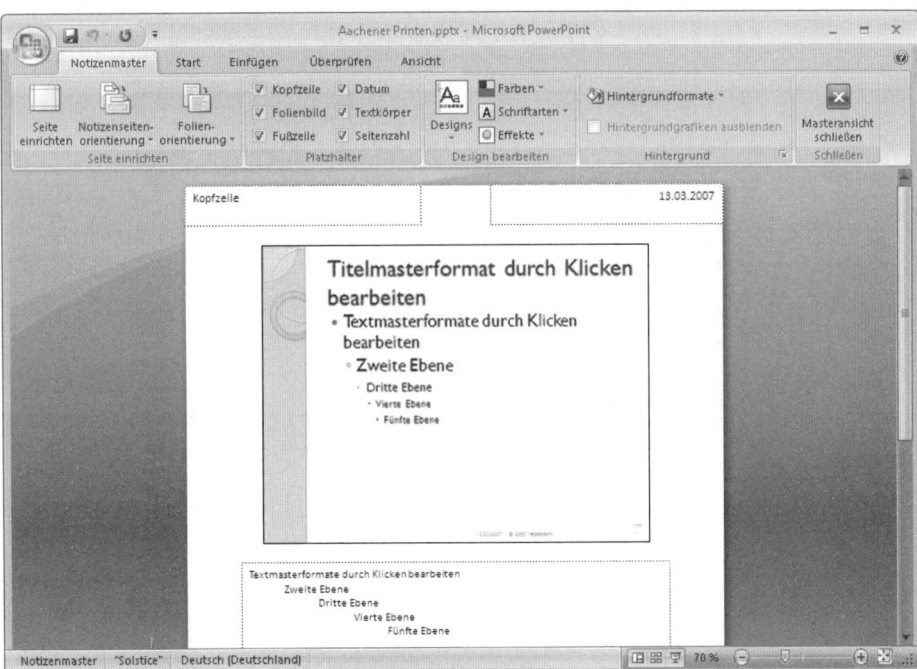

2. Klicken Sie das Bild der Folie an und skalieren oder verschieben Sie es nach Bedarf.

3. Formatieren Sie Schriftart, Schriftgröße und Ausrichtung der Textplatzhalter. Auch für Kopf- und Fußzeilen werden hier nur die Formatierungen festgelegt. Um ihren Inhalt kümmern wir uns im Abschnitt »Kopf- und Fußzeilen« auf Seite 723.

4. Schließen Sie die Ansicht durch Anklicken der Schaltfläche *Masteransicht schließen*.

Den Handzettelmaster bearbeiten

Im Handzettelmaster bestimmen Sie, wie Handzettel aussehen, für die mehrere Folien auf ein Blatt gedruckt werden. Wie viele Folien in der Masteransicht auf einem Blatt zu sehen sind, hängt von der Voreinstellung im Druckdialog ab. Für die Einrichtung in der Masteransicht spielt dies jedoch keine Rolle.

Die Gestaltungsmöglichkeiten im Handzettelmaster beschränken sich auf die Formatierung der Textplatzhalter für Kopf- und Fußzeilen. Gehen Sie dazu folgendermaßen vor:

1. Klicken Sie auf der Registerkarte *Ansicht* auf *Handzettelmaster*.

Bild 40.10   Der Handzettelmaster (die Orientierung der Handzettel wurde auf Querformat umgestellt)

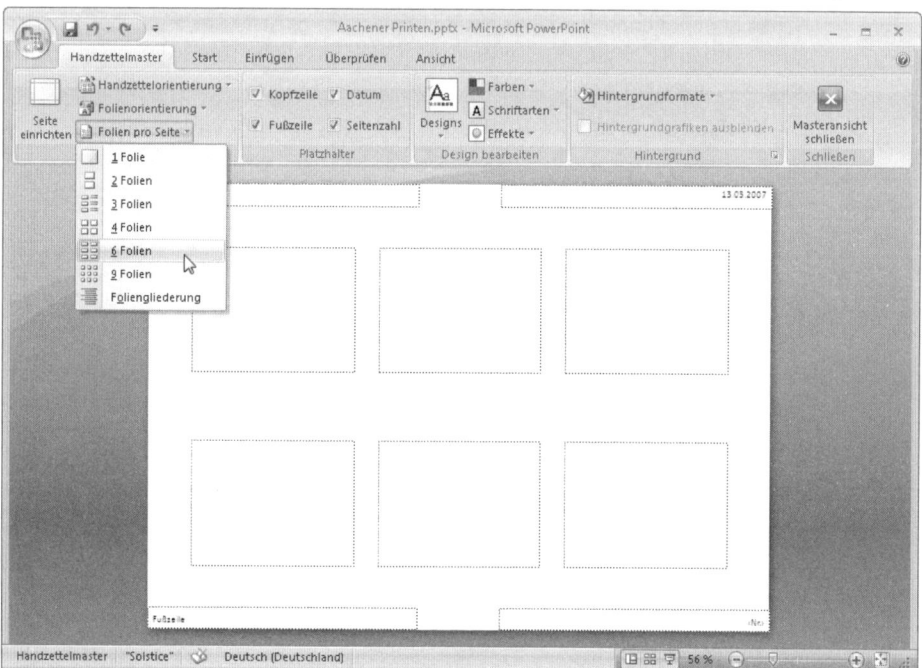

2. Stellen Sie im Menü der Schaltfläche *Folien pro Seite* ein, wie viele Folien auf eine Seite gedruckt werden sollen.

3. Falls Sie Kopf- und Fußzeilen benutzen möchten, bearbeiten Sie deren Format und Position nach Wunsch. Wie Sie ihren Inhalt verändern, zeigen wir Ihnen im nächsten Abschnitt »Kopf- und Fußzeilen«.

4. Mit einem Klick auf die Schaltfläche *Masteransicht schließen* kehren Sie zur Präsentation zurück.

Kopf- und Fußzeilen

PowerPoint bietet die Möglichkeit, auf jeder Folie sowie auf Notizenseiten und Handzetteln Seitenzahlen, das Datum oder eine benutzerdefinierte Fußzeile anzuzeigen.

Fußzeilen auf Folien

Auf allen Folien wiederkehrende Elemente wie die Angabe des Datums, die Foliennummer oder eine Fußzeile können folgendermaßen integriert werden:

1. Klicken Sie auf der Registerkarte *Einfügen* in der Gruppe *Text* auf die Schaltfläche *Kopf- und Fußzeile*.

Bild 40.11   Konfigurieren der Kopf- und Fußzeile

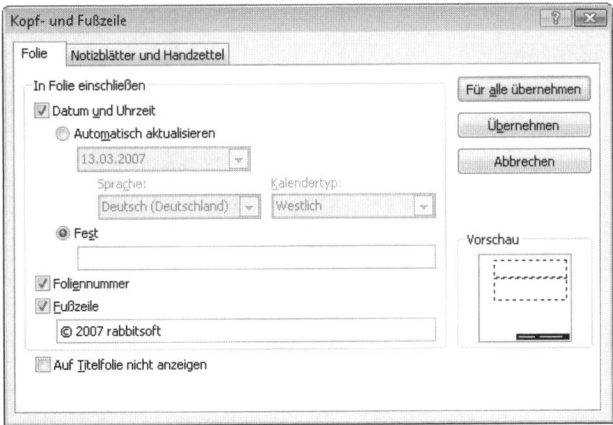

Auf der Registerkarte *Folie* können drei Standardelemente in den Folienmaster eingefügt werden, indem Sie die entsprechenden Kontrollkästchen aktivieren:

- Datum und Uhrzeit
- Foliennummer
- Fußzeile

2. Wenn gewünscht, aktivieren Sie die Option *Datum und Uhrzeit*.

   - Wählen Sie *Automatisch aktualisieren*, so wird immer das aktuelle Datum angezeigt und zwar in einem Format, das Sie aus dem Listenfeld auswählen. Achten Sie auch auf die korrekte Einstellung für die Sprache.

   - Die Option *Fest* bezeichnet ein festes Datum, beispielsweise den Präsentationstermin, den Sie von Hand eingeben.

3. Bei Bedarf aktivieren Sie die Option *Foliennummer*; diese wird standardmäßig rechts unten auf der Folie eingeblendet.

4. Soll eine benutzerdefinierte *Fußzeile*, zum Beispiel der Präsentationstitel oder eine Copyright-Meldung, erscheinen, aktivieren Sie das Kontrollkästchen und geben Sie den gewünschten Text in das Textfeld ein.

5. Wenn diese Standardelemente auf der Titelfolie nicht zu sehen sein sollen, aktivieren Sie das Kontrollkästchen *Auf Titelfolie nicht anzeigen*.

6. Klicken Sie auf die Schaltfläche *Für alle übernehmen*, um die ausgewählten Elemente in der gesamten Präsentation anzuzeigen, oder auf *Übernehmen*, um die Elemente nur in die aktuelle Folie einzufügen.

Bild 40.12   Die gewünschten Fußzeilen werden angezeigt

Kopf- und Fußzeilen bei Notizenseiten oder Handzetteln

Für Notizenseiten und Handzettel geben Sie Kopf- und Fußzeilen entsprechend an. Holen Sie im Dialogfeld *Kopf- und Fußzeilen* die Registerkarte *Notizblätter und Handzettel* nach vorne.

Hier gibt es ein zusätzliches Element, die Kopfzeile. Aktivieren Sie sämtliche Kontrollkästchen, die Sie benötigen, tragen Sie die entsprechenden Texte in die Textfelder ein und verlassen Sie das Dialogfeld dann mit einem Klick auf die Schaltfläche *Für alle übernehmen*.

Kopf- und Fußzeilen auf Folien ändern

Standardmäßig werden die beschriebenen Elemente alle unten auf der Folie als Fußzeile eingefügt. Diese Position können Sie natürlich ändern.

1. Aktivieren Sie die Folienmasteransicht.

Bild 40.13   In der Folienmasteransicht können Sie die Position und die Formatierung
der Kopf- und Fußzeilen bearbeiten

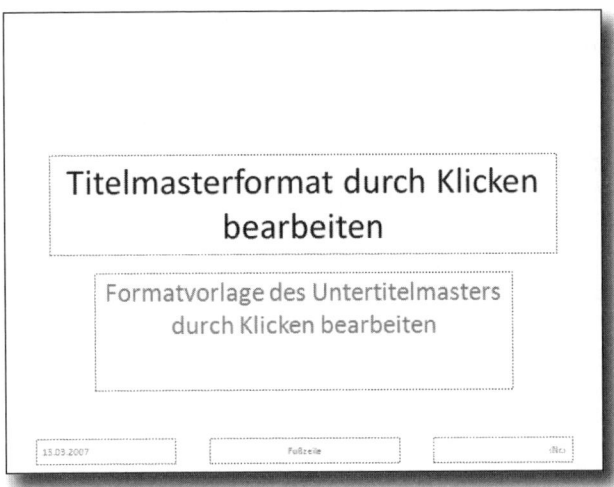

In der Masteransicht sehen Sie am unteren Folienrand die Textplatzhalter für die Fußzeilenelemente. Alle drei sind im Folienmaster immer vorhanden, unabhängig davon, ob Sie sie,
wie oben beschrieben, aktiviert haben oder nicht. In der Präsentation werden später nur die
aktivierten Elemente angezeigt. Sie können nun alle Arten der Textformatierung und die
Position der Elemente ändern.

2. Falls sich die nachfolgenden Änderungen nur auf ein bestimmtes Layout auswirken sollen,
   markieren Sie dies im linken Fensterbereich.

3. Wählen Sie die Platzhalter aus und weisen ihnen die gewünschten Formate zu.

4. Verschieben Sie die Platzhalter oder vergrößern oder verkleinern Sie sie an ihren Anfassern.

5. Wenn es besser zum Folienlayout passt, können Sie sie auch am oberen Folienrand als Kopfzeile positionieren.

6. Klicken Sie danach auf der Registerkarte *Folienmaster* auf *Masteransicht schließen*, um zur Präsentation zurückzukehren.

Zusammenfassung

In diesem Kapitel haben Sie Funktionen und Formatierungsmerkmale kennengelernt, die sich auf
alle Folien einer Präsentation auswirken:

- Der Folienhintergrund lässt sich entweder für einzelne Folien oder für alle Folien einer Präsentation ändern (Seite 714).

- Um zum Beispiel die Schriftarten der gesamten Präsentation zu ändern oder um auf allen Folien ein Firmenlogo einzufügen, nehmen Sie Änderungen an den Masterfolien vor (Seite 716).

- Wenn die Platzhalter der Standard-Layouts Ihren individuellen Anforderungen an die Gestaltung der Folien nicht genügen, können Sie auch eigene Layouts erstellen (Seite 717).

PowerPoint 2007

■ Aufwändig gestaltete Präsentationen lassen sich als Vorlage speichern und stehen anschlie-ßend für weitere Präsentationen als Muster zur Verfügung (Seite 720).

■ Neben dem Folienmaster gibt es in PowerPoint noch den Notizenmaster, der dazu dient, das Layout Ihrer Notizenseiten zu gestalten und die Größe der Folie sowie des Textplatzhalters für den Vortragstext zu gestalten (Seite 721).

■ Im Handzettelmaster bestimmen Sie, wie Handzettel aussehen, für die mehrere Folien auf ein Blatt gedruckt werden (Seite 722).

■ In den letzten Abschnitten dieses Kapitels haben Sie schließlich erfahren, wie Sie auf Folien und auf den Notizenseiten bzw. Handzetteln die Kopf- und Fußzeilen bearbeiten (Seite 723).

Kapitel 41

Folienübergänge und Animationen

PowerPoint 2007

Wenn Sie Ihre Präsentation nicht einfach nur auf Folien drucken, sondern mit einem Beamer direkt aus dem Computer vorführen wollen, sorgen animierte Übergänge und sich schrittweise aufbauende Folien mit Text- und Objektanimationen für Spannung. Lernen Sie in diesem Kapitel, wie Sie damit Ihren Präsentationen den letzten professionellen Schliff verleihen.

Folienübergänge festlegen

Wenn Sie Ihre Folien als Bildschirmpräsentation vorführen, sorgen animierte Übergänge für einen optisch angenehmen Wechsel zwischen den Folien. PowerPoint enthält eine große Zahl von animierten Folienübergängen, die bequem auf der Registerkarte *Animation* konfiguriert werden können.

Bild 41.1   Die Registerkarte *Animationen*

Um einen animierten Folienübergang zu erzeugen, gehen Sie folgendermaßen vor:

1. Zeigen Sie die einzublendende Folie an und wechseln Sie auf die Registerkarte *Animationen*.

2. Öffnen Sie den Auswahlkatalog der Gruppe *Übergang zu dieser Folie*.

Bild 41.2   Auswahl eines animierten Folienübergangs

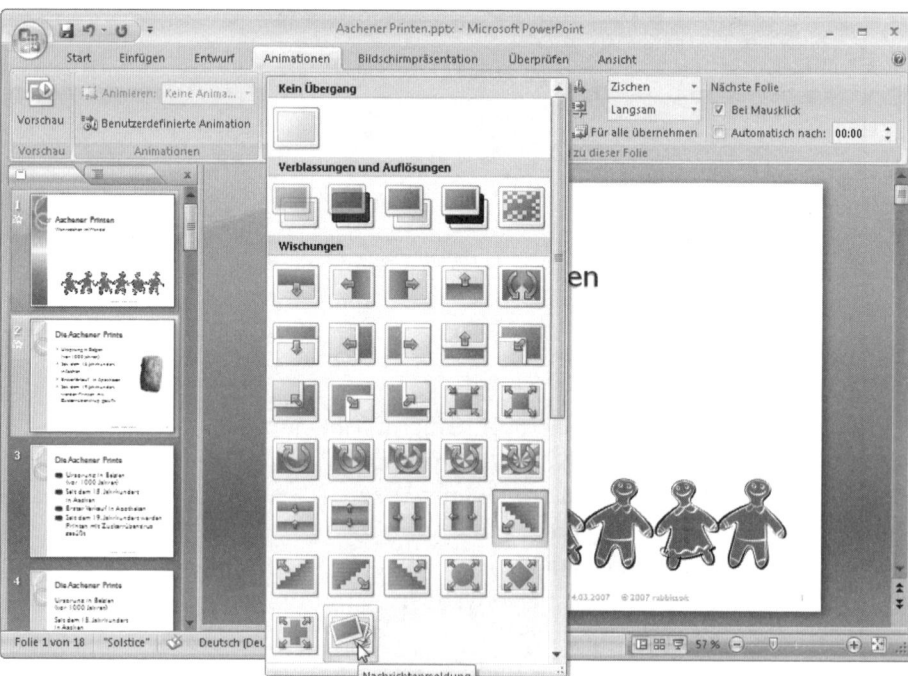

3. Wählen Sie einen der zahlreichen Folienübergängen aus. Der Übergang wird live an der aktuellen Folie demonstriert, sobald Sie im Menü mit dem Mauszeiger auf sein Symbol zeigen.

HINWEIS Der Folienübergang wird stets für die aktuelle bzw. für die im Gliederungsbereich ausgewählte(n) Folie(n) übernommen.

4. Im Listenfeld *Übergangssound* können Sie ein Begleitgeräusch bestimmen. Wählen Sie entweder einen der angebotenen Sounds aus der Liste aus oder klicken Sie auf den Befehl *Anderer Sound,* um eine beliebige Klangdatei zu verwenden. PowerPoint unterstützt allerdings nur das WAV-Format!

Bild 41.3   Auswahl eines begleitenden Sounds

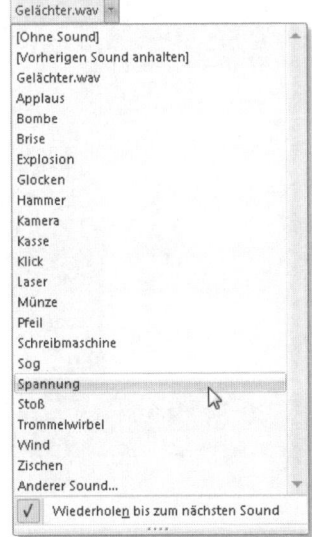

PROFITIPP

Sound wiederholen

Wenn der Sound nur relativ kurz ist, können Sie im Menü der Schaltfläche *Übergangssound* den Befehl *Wiederholen bis zum nächsten Sound* aktivieren. PowerPoint wiederholt den Sound dann für die Dauer des Folienübergangs. Die Qualität des Ergebnisses hängt natürlich von der Art des gewählten Sounds ab. Bei einfachen Geräuschen empfiehlt sich das in der Regel nicht, da die Wiederholung zu stark auffällt.

5. Wählen Sie im Listenfeld *Übergangsgeschwindigkeit* eine der drei Varianten *Langsam, Mittel* oder *Schnell.*

6. Bestimmen Sie, wann eine Folie gewechselt werden soll, indem Sie die Kontrollkästchen *Bei Mausklick* und/oder *Automatisch nach* einschalten. Wenn Sie beide Möglichkeiten aktivieren, erfolgt der Wechsel automatisch, falls Sie nicht innerhalb der vorgegebenen Zeit manuell mit der Maus weitergeschaltet haben.

7. Klicken Sie ganz links in der Registerkarte auf *Vorschau,* damit PowerPoint den gewählten Übergang abspielt. Wollen Sie den Effekt im Vollbildmodus testen, klicken Sie in der Statusleiste auf *Bildschirmpräsentation.* Die Präsentation wird dann mit der aktuellen Folie gestartet.

8. Gefällt Ihnen ein Effekt so gut, dass Sie ihn auf die gesamte Präsentation anwenden möchten, klicken Sie in der Registerkarte *Animationen* auf die Schaltfläche *Für alle übernehmen.*

Bild 41.4 Vorschau eines Folienübergangs

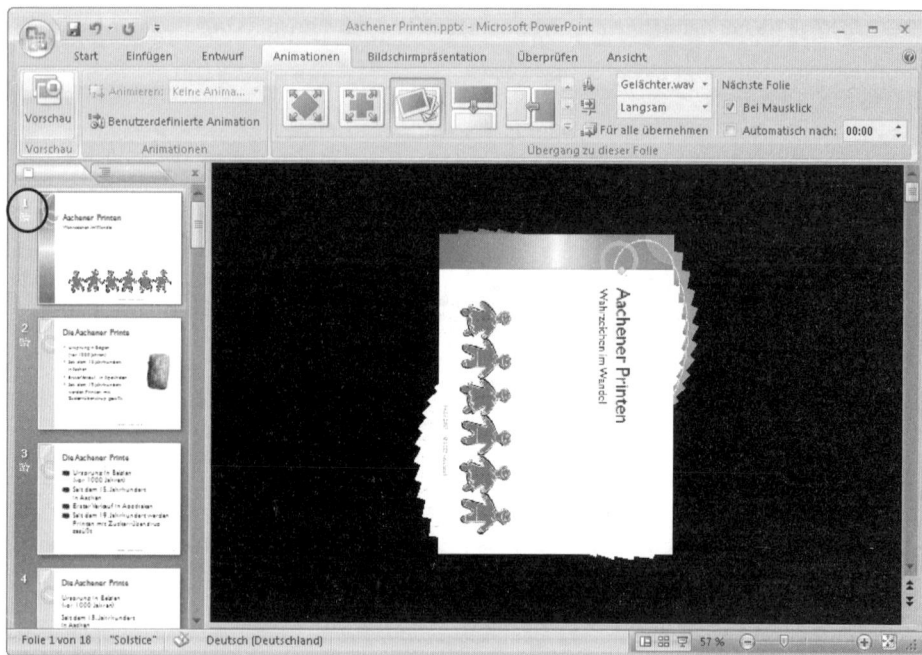

Links im Gliederungsbereich sehen Sie, dass Folien, für die ein animierter Übergang definiert wurde, mit einem Sternchen markiert sind. Ein Klick auf dieses Symbol zeigt eine Vorschau des zugeordneten Effekts an.

Sounds von Microsoft Office Online nutzen

Da das Angebot an Sounds doch recht dürftig ist, wollen wir Ihnen in diesem Abschnitt kurz zeigen, wie Sie auf der Website von Microsoft Office Online für Nachschub sorgen können:

1. Starten Sie Ihren Browser und rufen Sie die Seite *www.microsoft.de/office* auf. Sie werden dann automatisch auf die richtige Adresse umgeleitet (sie lautet zurzeit *http://office.microsoft.com/ de-de/default.aspx).*

2. Wechseln Sie auf die Registerkarte *ClipArt.*

3. Geben Sie in das Eingabefeld der Gruppe *Suchen* einen geeigneten Suchbegriff ein.

4. Klicken Sie auf das kleine Dreieck der Schaltfläche *Suchen* und wählen Sie im dadurch aufgeklappten Menü den Befehl *Sounds.*

Bild 41.5   Trefferliste der gefundenen Sounds. Anhand des angezeigten Dateinamens können Sie feststellen, ob es sich um WAV-Dateien handelt oder nicht

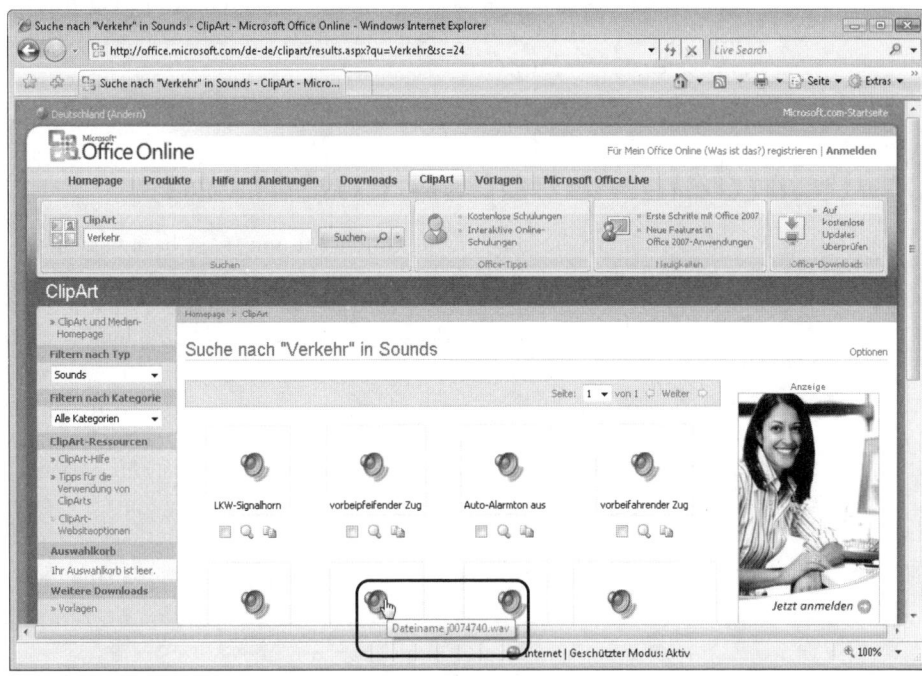

5.   Falls die Suche zu einem oder mehreren Treffern geführt hat, werden diese auf der Website angezeigt. Um sich die Sounds anzuhören, klicken Sie auf das Lautsprechersymbol. Prüfen Sie auch, ob es sich um eine WAV-Datei handelt, da PowerPoint keine anderen Dateien abspielen kann. Schalten Sie bei den Sounds, die Sie herunterladen möchten, das Auswahlkästchen ein.

6.   Klicken Sie im linken Bereich der Seite auf *x Elemente herunterladen,* um die ausgewählten Sounds auf Ihre Festplatte zu kopieren.

Bild 41.6   Herunterladen der ausgewählten Sounds

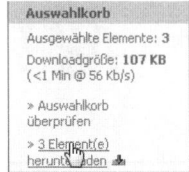

7.   Sie gelangen dann auf eine Seite, auf der Sie den Download mit einem Klick auf die Schaltfläche *Jetzt herunterladen* starten können. Die Sounds werden dann im Microsoft Clip Organizer geöffnet. Je nachdem, mit welcher Windows-Version Sie arbeiten, erscheinen dabei ein oder mehrere Dialogfelder, mit denen Sie den Vorgang bestätigen müssen.

8.   Schließen Sie den Microsoft Clip Organizer und wechseln Sie zu PowerPoint.

9. Klicken Sie in der Registerkarte *Animationen* auf die Schaltfläche *Übergangssound* und wählen Sie den Befehl *Anderer Sound*. Navigieren Sie im Dialog in das Verzeichnis, in dem der Clip Organizer die Sounddateien abgelegt hat. Dies ist standardmäßig das Verzeichnis *Eigene Bilder/Microsoft Clip-Organizer*. Identifizieren Sie dort die richtige Datei und übernehmen Sie sie mit einem Klick auf *Öffnen*.

Standardanimationen einsetzen

Mit PowerPoint können Sie jedoch nicht nur die Art und Weise beeinflussen, wie eine ganze Folie eingeblendet wird. Es ist auch möglich, den Inhalten der Folie, also zum Beispiel den einzelnen Texten und Grafiken, individuelle Effekte zuzuweisen. Sie haben sicher schon einmal eine Power-Point-Präsentation gesehen, bei der die Spiegelpunkte einer Aufzählung vom Vortragenden per Mausklick »eingeflogen« wurden.

Anspruchsvolle animierte Bildschirmpräsentationen zu erstellen, gehört zu den fortgeschritteneren Techniken in PowerPoint. Um dieses Vorhaben zu erleichtern, bietet PowerPoint verschiedene Standardanimationseffekte, mit denen sich stimmige Animationen für einzelne Folien oder eine ganze Präsentation zuweisen lassen.

Bild 41.7 Das Menü der Schaltfläche *Animieren* bietet einige wenige Standardanimationen

Im folgenden Beispiel zeigen wir Ihnen, wie Sie eine Folie mit Hilfe von Standardanimationen animieren können. Beachten Sie dabei, dass die Effekte in der gleichen Reihenfolge zugewiesen werden müssen, in der sie bei der späteren Bildschirmpräsentation abgespielt werden sollen.

1. Zeigen Sie die Folie an und wechseln Sie auf die Registerkarte *Ansicht*.

2. Markieren Sie das Objekt, das zuerst animiert werden soll.

3. Öffnen Sie auf der Registerkarte *Animationen* das Listenfeld *Animieren* und wählen Sie die gewünschte Animation aus. Für die folgende Abbildung wurde zuvor eine Grafik markiert.

Bild 41.8   Standardanimationen für Grafiken

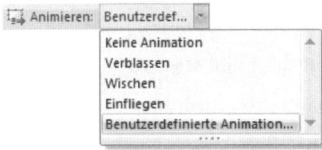

4. Markieren Sie jetzt einen Textplatzhalter, der mehrere Absätze enthält, und öffnen Sie erneut das Listenfeld *Animieren*. Sie sehen, dass die Liste nun etwas andere Einträge enthält.

Bild 41.9   Standardanimationen für Textplatzhalter

5. Sie können also für jeden der drei Effekte *Verblassen*, *Wischen* und *Einfliegen* wählen, ob die Absätze des Platzhalters gleichzeitig oder separat animiert werden sollen. Wenn Sie sich für die Option *Bei 1. Abschnittsebene* entscheiden, müssen Sie bei der Bildschirmpräsentation für jeden Absatz die Maustaste drücken, damit er mit dem gewählten Effekt angezeigt wird.

6. Testen Sie die Effekte auf jeden Fall, indem Sie die Bildschirmpräsentation starten, da bei der Vorschaufunktion nicht berücksichtigt wird, dass die einzelnen Animationen per Mausklick ausgelöst werden müssen.

Neben den Folien, für die Sie eine Animation gewählt haben, erscheint im Gliederungsbereich das gleiche kleine Sternsymbol, das Sie schon von den Folienübergängen her kennen.

PROFITIPP

Nicht zu viele verschiedene Animationen verwenden

Im Allgemeinen empfiehlt es sich, Animationen lieber sparsam als üppig einzusetzen. Wenn eine Präsentation überall zappelt, hüpft und blinkt, lenkt dies vom Inhalt eher ab, als dass es die Wirkung des Gesagten unterstützt, wie es doch eigentlich sein sollte.

PowerPoint 2007

Benutzerdefinierte Animationen

Neben den im letzten Abschnitt vorgestellten Standardanimationen gibt es in PowerPoint noch die so genannten *benutzerdefinierten* Animationen, für die ein eigener Aufgabenbereich existiert. Hier stehen Ihnen nicht nur eine Fülle der verschiedensten Effekte zur Verfügung, sondern Sie können auch das Zusammenspiel der einzelnen Effekte bis ins kleinste Detail steuern.

Benutzerdefinierte Animationen sind nicht auf das Erscheinen eines Objekts auf der Folie beschränkt, sondern können auch zu anderen Gelegenheiten ausgelöst werden:

■ Die Eingangsanimation, mit der ein Objekt auf der Folie erscheint

■ Die Hervorhebung eines Objekts zu einem späteren Zeitpunkt

■ Das animierte Entfernen eines Objekts von einer Folie

■ Die Animation eines Objekts entlang eines vordefinierten Animationspfades; dies kann zu allen drei vorgenannten Zeitpunkten stattfinden.

Die Reihenfolge der Animationen wird über eine Liste gesteuert, so dass Sie die Effekte beliebig kombinieren können, z.B. ein Zeichenobjekt erscheinen, ein anderes verschwinden oder die Position wechseln lassen. Ihrer Fantasie sind hier keine Grenzen gesetzt.

Benutzerdefinierte Animationen hinzufügen

Um einer Folie eine benutzerdefinierte Animation hinzuzufügen, nehmen Sie folgende Schritte vor:

1. Zeigen Sie die Folie an und klicken Sie auf der Registerkarte *Ansicht* in der Gruppe *Animation* auf die Schaltfläche *Benutzerdefinierte Animation*. Dadurch erscheint der Aufgabenbereich *Benutzerdefinierte Animation* (siehe Bild 41.12 auf Seite 735).

2. Wählen Sie das Objekt, das Sie animieren möchten, z.B. einen Textplatzhalter oder ein Zeichenobjekt, auf der Folie aus.

3. Klicken Sie auf die Schaltfläche *Effekt hinzufügen*. Das Menü der Schaltfläche bietet vier verschiedene Animationsarten an, von denen jede ein Untermenü mit weiteren Optionen enthält.

Bild 41.10   Hier sehen Sie nur eine kleine Auswahl der vorhandenen Effekte

4. Falls Ihnen die Auswahl nicht genügt, öffnet die Option *Weitere Effekte* eine noch umfangreichere Liste.

Bild 41.11   Die vollständige Liste der Animationseffekte ist beeindruckend. Diese
Abbildung zeigt übrigens nur die Varianten für den Effekt *Hervorgehoben*

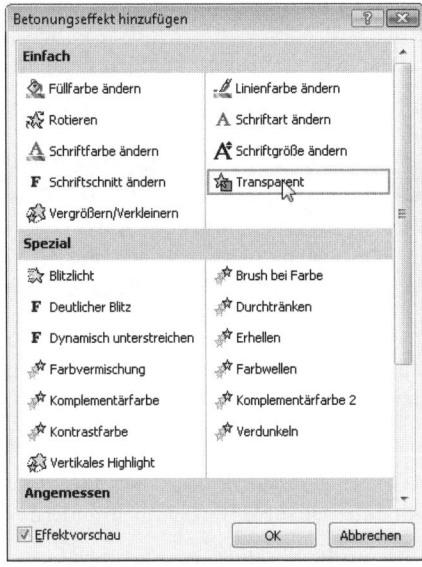

5.   Wählen Sie einen Animationseffekt aus. Dadurch taucht in der bislang leeren Liste des Aufgabenbereichs ein Eintrag auf.

Bild 41.12   Der neue Effekt taucht im Aufgabenbereich auf

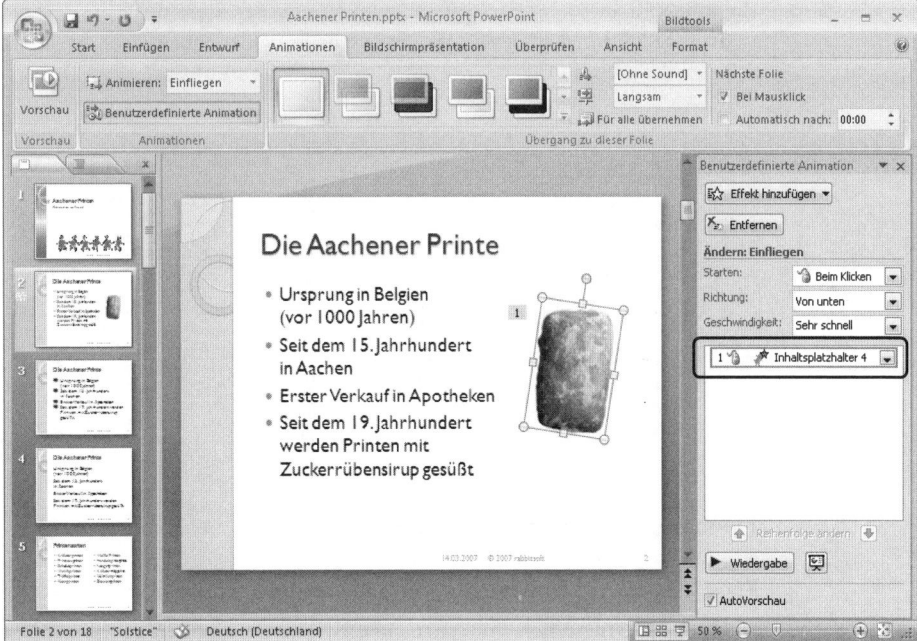

Jetzt können Sie noch die Feinabstimmung für den soeben erstellten Effekt vornehmen.

6. Zuerst legen Sie unter *Starten* fest, wie die Animation ausgelöst werden soll:

- *Beim Klicken* startet die Animation auf Mausklick.

- *Mit Vorheriger* startet die Animation gleichzeitig mit der zuvor definierten Animation.

- *Nach Vorheriger* startet die Animation sofort, nachdem die vorherige abgeschlossen ist.

PROFITIPP

Titel automatisch starten lassen

Es ist empfehlenswert, für die Titelzeile die Option *Nach vorheriger* zu wählen, denn es gibt keinen Grund, nach dem Einblenden einer Folie noch mit dem Anzeigen des Titels zu warten; vielmehr möchte das Publikum sofort erkennen, worum es auf der Folie gehen soll.

7. Welche *Richtung* Sie angeben können, hängt von der Art der gewählten Animation ab; wählen Sie hier diejenige, die Ihnen am besten gefällt.

8. Die *Geschwindigkeit* bestimmen Sie in fünf Stufen von *Sehr schnell* bis *Sehr langsam*.

9. Sobald Sie mehrere Objekte animiert haben, können Sie die Reihenfolge der Animationen mit den beiden Pfeilschaltflächen, die sich unterhalb der Liste befinden, ändern.

10. Mit der Schaltfläche *Wiedergabe* prüfen Sie die Wirkung.

Animationen ändern oder entfernen

Wenn Ihnen ein Effekt nicht gefällt, können Sie ihn jederzeit ändern oder auch ganz entfernen:

1. Um einen Effekt zu ändern, wählen Sie ihn entweder in der Liste aus oder Sie klicken auf die zugehörige Nummer in der Folie. Die Beschriftung der Schaltfläche *Effekt hinzufügen* verwandelt sich dadurch in *Ändern*.

Bild 41.13   Anhand der Nummern können Sie die Effekte gezielt auswählen

2. Klicken Sie im Aufgabenbereich auf *Ändern* und wählen Sie einen anderen Effekt aus.

3. Möchten Sie einen Effekt entfernen, weil er Ihnen doch nicht gefällt oder weil Sie ein Objekt irrtümlich zweimal animiert haben, klicken Sie auf seine Nummer und dann auf *Entfernen*.

Text animieren

Wie wir weiter vorne bereits kurz erwähnt haben, können Textplatzhalter entweder auf einmal oder Absatz für Absatz eingeblendet werden. Die Standardeinstellung sieht vor, dass ein Absatz zusammen mit allen untergeordneten Absätzen erscheint. Falls der Text zeilenweise oder auf einmal eingeblendet werden soll, gehen Sie so vor:

1. Klicken Sie den Textplatzhalter an und wählen Sie einen geeigneten Effekt für die Eingangsanimation wie oben beschrieben.

2. Klicken Sie in der Liste der Animationen auf den kleinen Doppelpfeil (wenn Sie mit der Maus darauf zeigen, erscheint die Beschriftung *Klicken, um Inhalt zu erweitern*).

Bild 41.14   Erweitern der Objektliste für einen Textplatzhalter

Alle Absätze des Textplatzhalters erscheinen als einzelne Objekte in einer eigenen Zeile und können nun einzeln animiert werden.

Bild 41.15   Animieren von einzelnen Textabsätzen

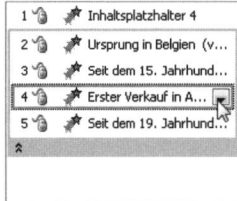

3. Wählen Sie einen Listeneintrag aus und klicken Sie auf den Pfeil rechts. Dadurch öffnet sich ein Menü, in dem Sie die Startoptionen einstellen können.

PowerPoint 2007

4. Ändern Sie für den betreffenden Absatz die Startoptionen:

   ■ Wählen Sie *Mit vorherigem beginnen*, wenn aufeinander folgende Absätze gleichzeitig erscheinen sollen.

   ■ Wählen Sie *Nach vorherigem beginnen*, wenn ein Absatz automatisch nach dem vorangegangenen eingeblendet werden soll.

5. Neben dieser Basiseinstellung kennt PowerPoint noch eine Reihe weiterer Optionen, auf die wir im Rahmen dieses Buches nicht näher eingehen können. Sie finden diese Einstellung, indem Sie im Menü des betreffenden Effekts den Befehl *Effektoptionen* aufrufen.

Bild 41.16   In diesem Dialogfeld können Sie weitere Feineinstellungen vornehmen

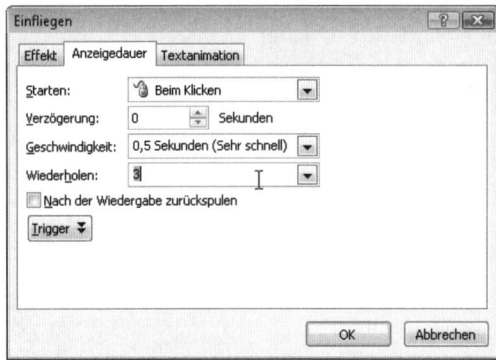

Das Ergebnis dieses Beispiels finden Sie in der Übungsdatei *Benutzerdefinierte Animationen*.

Diagramme animieren

Für das Animieren von Diagrammen stehen zusätzliche Optionen zur Verfügung. Sie können ganz nach Wunsch Datenserien oder Kategorien nacheinander einblenden, so dass z.B. Säulendiagramme von unten nach oben wachsen oder Linien sich von links nach rechts entwickeln. So können Sie die Aussage Ihrer Diagramme durch die passende Animation noch verstärken.

1. Öffnen Sie die Übungsdatei *Diagramme animieren*. Die Präsentation enthält nur eine einzige Folie, auf der sich ein Diagramm befindet.

2. Blenden Sie den Aufgabenbereich *Benutzerdefinierte Animation* ein und wählen Sie das Diagramm aus.

3. Weisen Sie einen Effekt zu wie oben beschrieben.

4. In der Liste der Animationen wählen Sie den Eintrag für das Diagramm und klicken auf den kleinen schwarzen Pfeil, um das Menü zu öffnen.

5. Wählen Sie aus dem Menü den Eintrag *Effektoptionen*. PowerPoint zeigt dann das Dialogfeld für die möglichen Optionen des gewählten Effekts an.

6. Wechseln Sie auf die Registerkarte *Diagrammanimation* und wählen Sie aus der Liste *Einfaches Diagramm gruppieren* den Eintrag Ihrer Wahl – empfehlenswert ist zum Beispiel *Nach Kategorie*.

Bild 41.17 Diagramme animieren

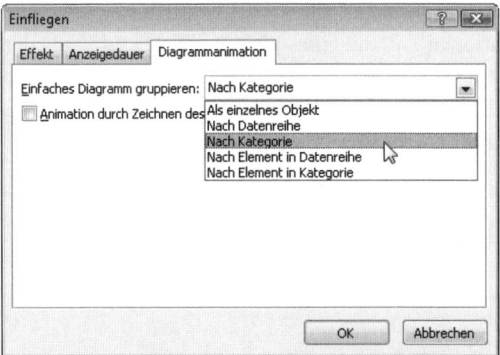

7. Sollen Raster und Legende ebenfalls animiert werden, aktivieren Sie das entsprechende Kontrollkästchen. Schließen Sie dann das Dialogfeld mit *OK*.

Bild 41.18 Am Diagramm ist die Nummerierung für die Animationsschritte erkennbar
(die Datenbalken werden quartalsweise eingeblendet)

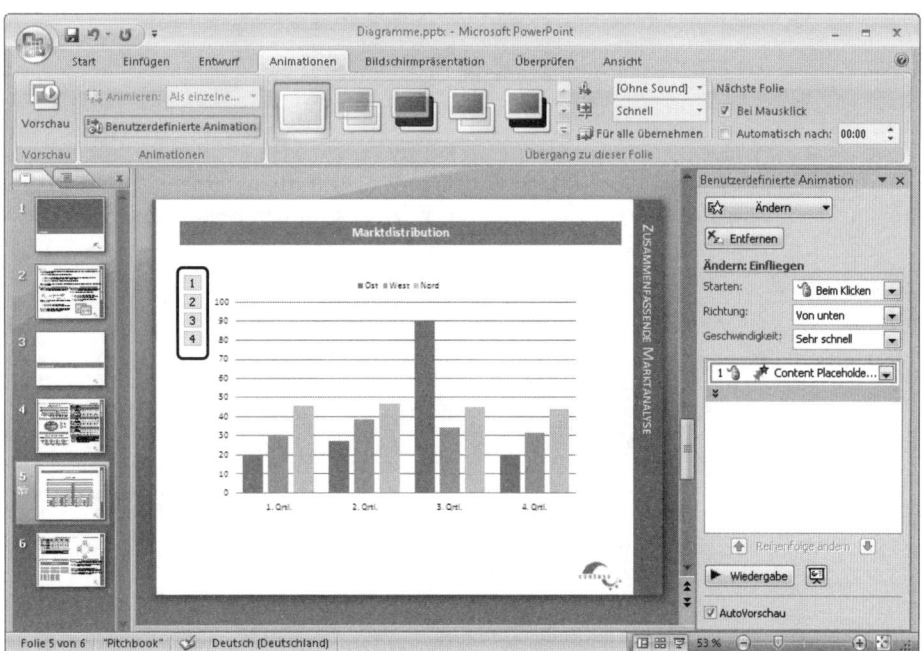

8. Starten Sie die Präsentation mit ⬆+F5, um die zugewiesenen Animationen unter Livebedingungen zu testen.

PowerPoint 2007

Animationspfade verwenden

Eine Besonderheit stellen Animationen entlang eines vorher definierten Pfads dar. Sie sind besonders geeignet, um Objekte die Position wechseln zu lassen, während eine Folie angezeigt wird.

1. Stellen Sie sicher, dass der Aufgabenbereich *Benutzerdefinierte Animation* angezeigt wird, und wählen Sie ein Objekt aus, das seine Position verändern soll.

2. Klicken Sie auf *Effekt hinzufügen* und bewegen Sie die Maus ins Untermenü *Animationspfade*. Sie haben nun die Wahl zwischen einer Reihe vordefinierter Pfadrichtungen.

Bild 41.19   Mögliche Bewegungsrichtungen für eine Animation

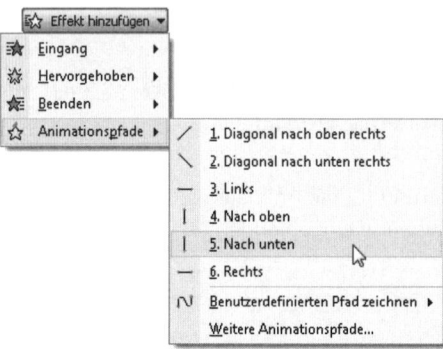

3. Wählen Sie einen Animationspfad aus, der für den Positionswechsel des Objekts geeignet ist. Sie können die Richtung im nächsten Schritt genau justieren. Der Verlauf des Animationspfads wird zwischen einem grünen Dreieck für den Beginn und einem roten Dreieck für das Ende angezeigt.

Bild 41.20   Verlaufspfad der Animation

4. Fassen Sie den Pfad mit der Maus, um ihn zu bewegen, oder ziehen Sie an den Anfassern, um seine Anfangs- und Endpunkte zu verschieben.

5. Testen Sie das Ergebnis mit einem Klick auf *Wiedergabe*.

Das Ergebnis dieses Beispiels finden Sie in der Übungsdatei *Benutzerdefinierte Animationen* auf der ersten Folie. Beachten Sie, dass Sie den Animationspfad nur dann sehen können, wenn der Aufgabenbereich *Benutzerdefinierte Animation* sichtbar ist.

Zusammenfassung

In diesem Kapitel haben Sie gelernt, wie Sie den Wechsel zwischen den Folien mit Übergängen versehen und sich schrittweise aufbauende Folien mit Text- und Objektanimationen erstellen.

■ PowerPoint 2007 kann eine Folie mit den unterschiedlichsten Effekten einblenden. Die verschiedenen Übergänge werden auf der Registerkarte *Animationen* zugewiesen und konfiguriert (Seite 728).

■ Die Animationen und Effekte können zusätzlich mit Sounds hinterlegt werden (Seite 729).

■ Zusätzlich zu den im Lieferumfang von PowerPoint enthaltenen Sounds können Sie auch Sounds von *Microsoft Online* herunterladen und in Ihren Präsentationen verwenden (Seite 730).

■ Sie können jedoch nicht nur die Art und Weise beeinflussen, wie eine ganze Folie eingeblendet wird, sondern auch einzelnen Absätzen und Grafiken individuelle Effekte zuweisen. Auf diese Weise können zum Beispiel die Spiegelpunkte einer Aufzählung per Mausklick »eingeflogen« werden (Seite 732).

■ Im Aufgabenbereich *Benutzerdefinierte Animationen* können Sie das Zusammenspiel der einzelnen Animationseffekte bis ins kleinste Detail konfigurieren. Über eine Liste lässt sich die Reihenfolge der Animationen steuern, so dass Sie die Effekte beliebig kombinieren können; zum Beispiel ein Zeichenobjekt erscheinen, ein anderes verschwinden oder die Position wechseln lassen (Seite 734).

■ PowerPoint kann jedoch nicht nur Texte und Grafiken, sondern sogar Diagramme animieren. Zum Beispiel lassen sich Datenserien oder Kategorien nacheinander einblenden, so dass etwa Säulendiagramme von unten nach oben wachsen oder Linien sich von links nach rechts entwickeln (Seite 738).

■ Im letzten Abschnitt dieses Kapitel haben Sie gelernt, wie sich Objekte auf einer Folie entlang eines vordefinierten Pfades, des so genannten *Animationspfades* bewegen lassen (Seite 740).

PowerPoint 2007

Kapitel 42

Präsentationen halten

PowerPoint 2007

In diesem Kapitel erfahren Sie, wie Sie Ihre fertige Präsentation am Bildschirm bzw. am Beamer vorführen. Wir zeigen Ihnen, welche Möglichkeiten Sie während der Präsentation haben, um zwischen den einzelnen Folien zu wechseln und wie Sie mit einem virtuellen Stift auf den Folien schreiben können.

Anschließend stellen wir Ihnen die so genannten *benutzerdefinierten* oder auch *zielgruppenorientierten* Präsentationen vor. Dabei handelt es sich um maßgeschneiderte Präsentationen, bei denen nur ein bestimmter Teil der Folien gezeigt wird. Auf diese Weise können Sie mehrere Fassungen einer Präsentation vorbereiten, die Sie dann passend zur aktuellen Situation bzw. dem anwesenden Publikum auswählen können.

Wenn Ihre Präsentation hingegen unbeaufsichtigt auf einem Rechner ablaufen soll – zum Beispiel auf einer Messe –, können Sie Ihre Folien mit interaktiven Schaltflächen ausstatten, die es dem Benutzer erlauben, sich innerhalb der Präsentation auf vorgegebenen Bahnen zu bewegen.

In solchen Szenarien bietet sich auch das Hinterlegen von gesprochenen Kommentaren an, die dem Betrachter erläuternde Hinweise nach Art eines Vortragenden geben. Wie Sie dazu vorgehen, erfahren Sie am Ende dieses Kapitels.

Bildschirmpräsentation starten

Beim Erstellen Ihrer Folien haben Sie bestimmt schon gelegentlich eine Bildschirmpräsentation gestartet, um zum Beispiel einen Folienübergang zu begutachten. Im einfachsten Fall klicken Sie dazu in der Statusleiste auf die Schaltfläche *Bildschirmpräsentation*, die die Präsentation mit der aktuellen Folie startet. Um die Präsentation von Anfang an zu betrachten, müssen Sie bei diesem Verfahren also zunächst die erste Folie anzeigen.

Alternativ können Sie die Präsentation auch von der Registerkarte *Bildschirmpräsentation* starten. Dort finden Sie ganz links die beiden Schaltflächen *Von Beginn an* und *Aus aktueller Folie*.

Am schnellsten lässt sich eine Bildschirmpräsentation über die Tastatur starten:

- Drücken Sie F5, um die Präsentation mit der ersten Folie zu starten, oder
- drücken Sie ⬆+F5, damit die Präsentation an der aktuellen Folie beginnt.

Zwischen den Folien wechseln

Um während einer Präsentation zur nächsten Folie zu wechseln, können Sie einfach die linke Maustaste drücken. Falls Ihre Folien Animationen enthalten (siehe Kapitel 42), löst das Drücken der Maustaste nicht zwangsweise einen Folienwechsel aus, sondern – falls vorhanden – die nächste Animation der Folie. Auf diese Weise können Sie sich ganz leicht Schritt für Schritt durch Ihre Präsentation bewegen.

Doch was machen Sie, wenn Sie auf die Frage eines Zuhörers reagieren und dazu eine Folie zurückblättern möchten? Nun in diesem Fall können Sie die integrierten Schaltflächen der Präsentation verwenden, die PowerPoint unten links auf den Folien einblendet.

Bild 42.1 Unten links auf dem Bildschirm blendet PowerPoint vier Navigationsschaltflächen ein, mit denen Sie die Präsentation steuern können

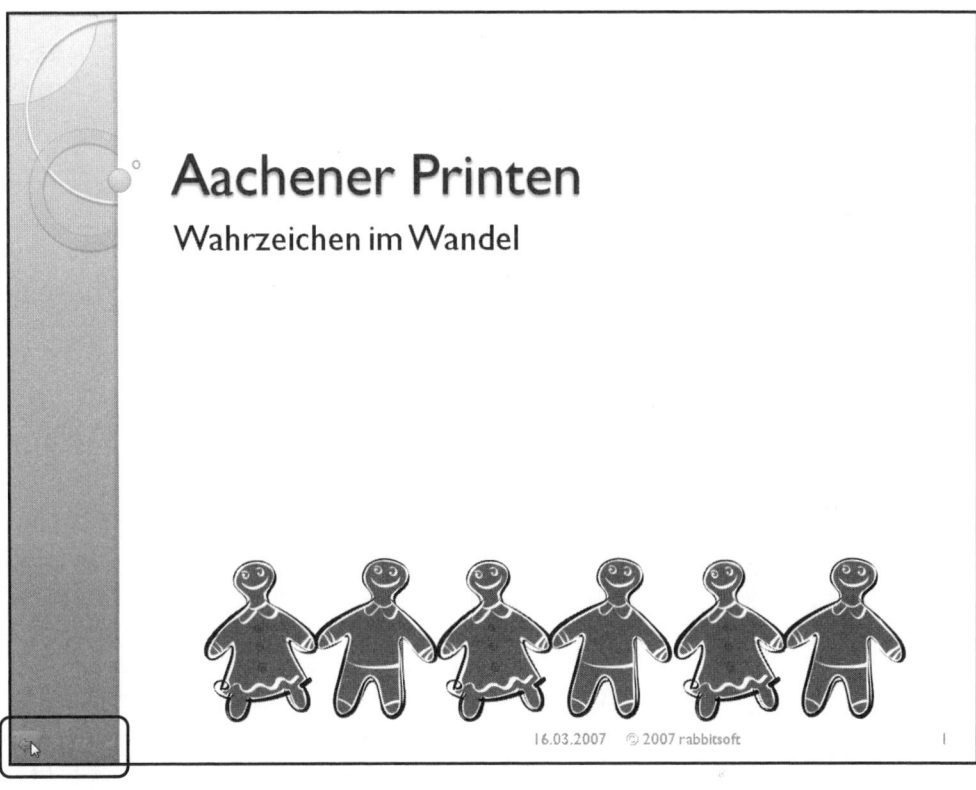

In ihrer Normaldarstellung sind die vier Schaltflächen so blass, dass sie kaum wahrnehmbar sind. Erst wenn Sie mit dem Mauszeiger über die Schaltflächen fahren, treten sie etwas deutlicher hervor. Die Bedeutung der einzelnen Schaltflächen können Sie der folgenden Tabelle entnehmen.

Tabelle 42.1 Integrierte Navigationsschaltflächen für die Bildschirmpräsentation

Schaltfläche	Wirkung
⬅	geht eine Folie bzw. ein Schritt (bei Animationen) zurück
✏	zeigt das Menü zur Auswahl der Stiftfunktion an
▤	zeigt ein Menü mit Befehlen zur Steuerung der Präsentation an
➡	geht eine Folie bzw. einen Schritt (bei Animationen) weiter

Wenn Sie während einer Präsentation zu einer bestimmten Folie wechseln möchten, gehen Sie am besten so vor:

1. Klicken Sie unten links auf die dritte Schaltfläche.

Bild 42.2   Menü für die Navigation

2. Zeigen Sie auf den Befehl *Gehe zu Folie* und wählen Sie im ausgeklappten Untermenü die gewünschte Folie aus.

Bild 42.3   Menü für die Navigation

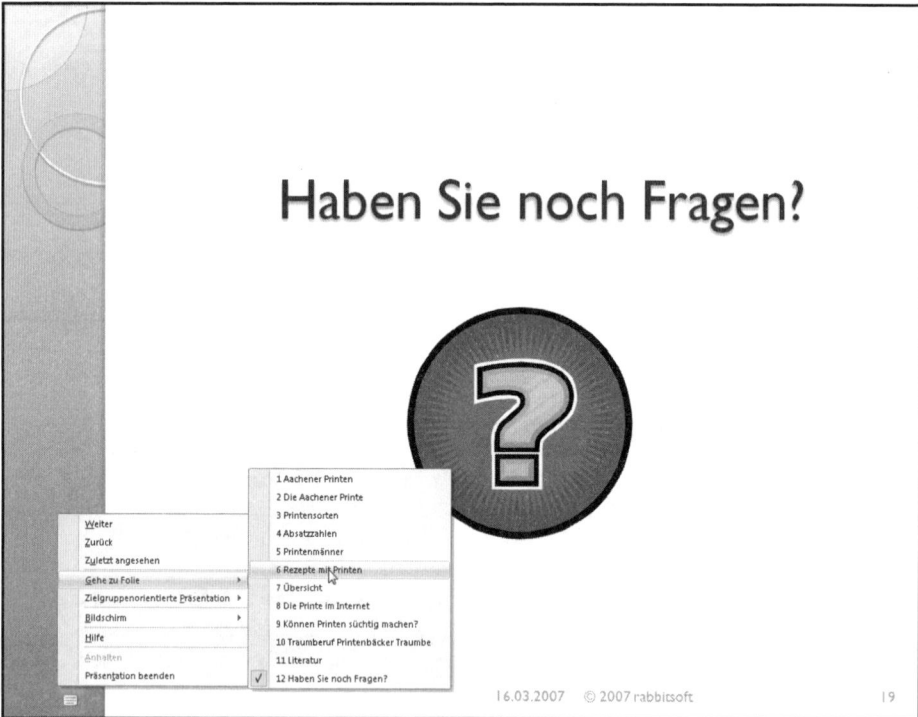

3. Falls Sie anschließend wieder zu der Folie zurückkehren möchten, die vor dem Wechsel zu sehen war, rufen Sie das Menü erneut auf und wählen den Befehl *Zuletzt angesehen*.

Präsentation mit der Tastatur steuern

Die Bedienung des Popup-Menüs während der Vorführung ist in der Praxis jedoch eher unpraktisch. Denn in der Regel werden Sie für Ihre Präsentation einen Laptop einsetzen und müssen dann stehend versuchen, mit dem Touchpad die Menübefehle anzusteuern. Wenn Sie dann etwas aufgeregt sind, kann es schnell passieren, dass Sie die falschen Befehle erwischen oder sogar versehentlich eine Folie weiterschalten.

Solche Missgeschicke können Sie vermeiden, wenn Sie die Shortcuts kennen, mit denen sich eine PowerPoint-Präsentation steuern lässt. Die wichtigsten Shortcuts haben wir für Sie in der folgenden Tabelle zusammengestellt; eine vollständige Liste erhalten Sie, wenn Sie während einer Bildschirmpräsentation [F1] drücken oder im Popup-Menü den Befehl *Hilfe* aufrufen.

Tabelle 42.2 Wichtige Shortcuts zur Steuerung einer Bildschirmpräsentation

Schaltfläche	Wirkung
[→]	zur nächsten Folie
[←]	zur vorherigen Folie
Nummer + [n]	zur Folie mit der eingegebenen Nummer springen
[A]	Zeiger ein- und ausschalten
[B]	Bildschirm schwarz schalten (ein/aus)
[W]	Bildschirm weiß schalten (ein/aus)
[Strg]+[S]	Dialogfeld zur Auswahl einer Folie anzeigen
[Strg]+[T]	Taskleiste einblenden
[Esc]	Präsentation abbrechen

Um zum Beispiel während des Vortrags eine bestimmte Folie ohne Verwendung von Maus oder Touchpad anzuzeigen, gehen Sie folgendermaßen vor:

1. Drücken Sie [Strg]+[S]. PowerPoint zeigt dann ein Dialogfeld an, in dem alle Folien der aktuellen Präsentation aufgeführt sind.

Bild 42.4   Mit diesem Dialogfeld können Sie zu einer bestimmten Folie wechseln

2. Falls Sie gerade eine zielgruppenorientierte Präsentation vorführen (nähere Hinweise dazu finden Sie ab Seite 750), können Sie oben im Dialog wählen, ob nur die Folien der zielgruppenorientierten Präsentation oder alle in der Präsentation verfügbaren Folien angezeigt werden sollen. Auf diese Weise können Sie zu Folien wechseln, die Sie ursprünglich nicht zeigen wollten.

3. Wählen Sie die gewünschte Folie aus und drücken Sie die ⏎-Taste.

Freihandlinien

Mit PowerPoint ist es auch möglich, während des Vortrags auf den Folien zu »schreiben«. Zur Auswahl stehen Ihnen dabei drei verschiedene Stifttypen:

■ Kugelschreiber

■ Filzstift

■ Textmarker

Natürlich gibt es auch einen Radierer, mit dem Sie Ihre Anmerkungen korrigieren bzw. entfernen können. Damit Ihre Markierungen bzw. Beschriftungen einigermaßen lesbar sind, sollten Sie auf jeden Fall ein Digitalisiertablett verwenden. Eine Maus oder gar das Touchpad Ihres Laptops, sind gänzlich ungeeignet.

1. Klicken Sie während der Präsentation unten links auf die Schaltfläche mit dem Pinsel. Power-Point zeigt dann folgendes Popup-Menü auf dem Bildschirm an:

Bild 42.5   Einstellen des Stifttyps

2. Wählen Sie den Stifttyp aus, den Sie verwenden möchten. Über den Befehl *Freihandfarbe* können Sie zusätzlich die gewünschte Farbe einstellen.

3. Nehmen Sie die gewünschte Beschriftung vor.

4. Wenn Sie den Radierer benötigen, drücken Sie den Shortcut Strg+E. Um alle Freihandlinien der Folie zu entfernen, drücken Sie die Taste L. Alternativ können Sie die Linien auch temporär mit Strg+M aus- und wieder einblenden.

5. Wenn Sie die Präsentation beenden, können Sie entscheiden, ob die Freihandlinien erhalten oder verworfen werden sollen.

Bild 42.6   Folie mit Freihandlinien (mit dem Stifttyp *Filzstift*)

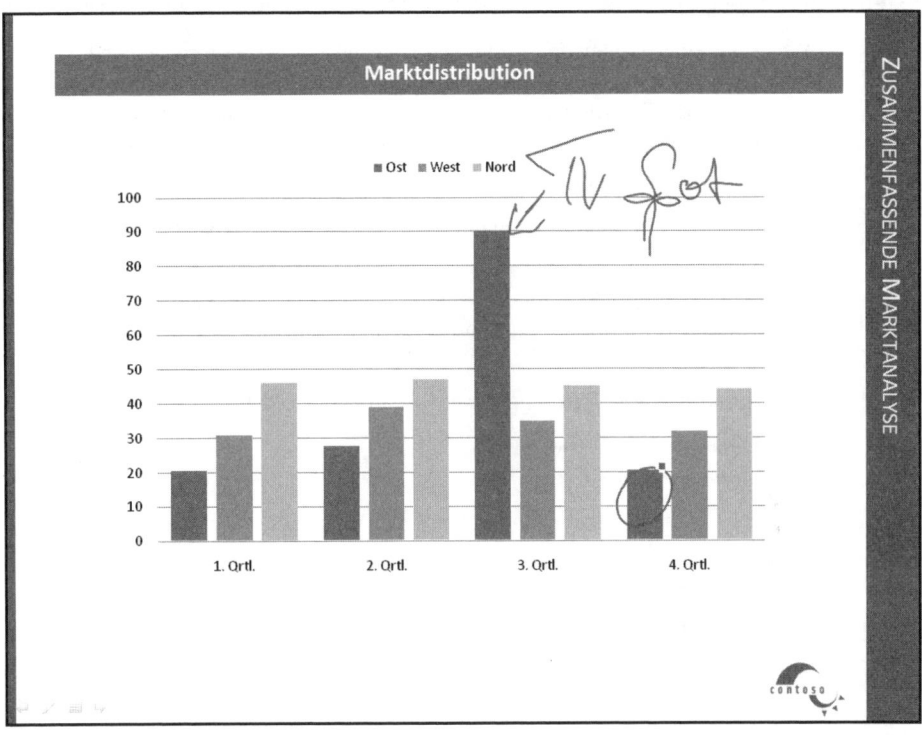

Folien ausblenden

Eine Folie, die während der Vorführung nicht gezeigt werden soll, die Sie jedoch auch nicht aus der Präsentation entfernen möchten, können Sie während der Bildschirmpräsentation ausblenden. Dazu stehen Ihnen mehrere Möglichkeiten zur Verfügung:

- Klicken Sie auf der Registerkarte *Bildschirmpräsentation* auf die Schaltfläche *Folie ausblenden*. Dies blendet die aktuelle Folie aus.

- Klicken Sie im Gliederungsbereich oder in der Foliensortierungsansicht die Folie mit der rechten Maustaste an und wählen im Kontextmenü den Befehl *Folie ausblenden*.

Eine ausgeblendete Folie erkennen Sie daran, dass im Gliederungsbereich bzw. in der Foliensortierungsansicht die Foliennummer durchgestrichen ist.

Um eine Folie wieder einzublenden, rufen Sie den Befehl *Folie ausblenden* erneut auf. Der Befehl funktioniert also wie ein Schalter.

Zielgruppenorientierte Präsentationen

Wenn Sie eine umfassende Präsentation erstellt haben, kommt es vielleicht vor, dass nicht alle Folien für jedes Publikum gleich interessant bzw. geeignet sind. Für solche Gelegenheiten bietet PowerPoint die Funktion an, aus einer Präsentation so genannte *zielgruppenorientierte* Präsentationen zusammenzustellen, auf die Sie später bei verschiedenen Gelegenheiten zurückgreifen können.

Um eine zielgruppenorientierte Präsentation zu erstellen, gehen Sie folgendermaßen vor:

1. Öffnen Sie die Präsentation und wechseln Sie auf die Registerkarte *Bildschirmpräsentation*.

2. Klicken Sie in der Gruppe *Bildschirmpräsentation starten* auf die Schaltfläche *Benutzerdefinierte Bildschirmpräsentation* und wählen Sie im Menü der Schaltfläche den Befehl *Zielgruppenorientierte Präsentation*. PowerPoint zeigt dann folgendes Dialogfeld an:

Bild 42.7   Es existiert noch keine benutzerdefinierte Präsentation

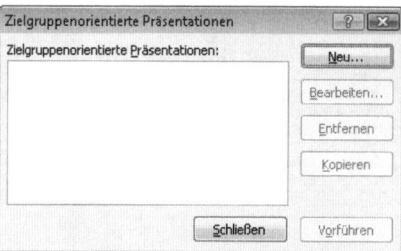

3. Klicken Sie auf die Schaltfläche *Neu*. Es erscheint ein weiteres Dialogfeld auf dem Bildschirm, in dem Sie die Folien zusammenstellen können, aus denen die zielgruppenorientierte Präsentation bestehen soll.

4. Geben Sie in dem neuen Dialog einen Namen für die Zielgruppe ein.

Bild 42.8   Hier legen Sie fest, welche Folien in die Präsentation aufgenommen werden sollen

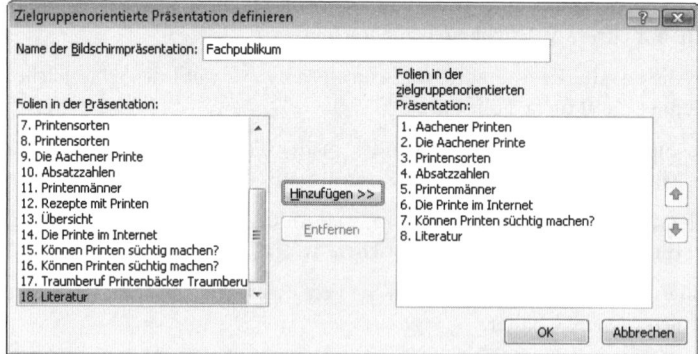

5. Klicken Sie links in der Liste eine Folie an, die in der zielgruppenorientierten Präsentation enthalten sein soll, und befördern Sie sie mit der Schaltfläche *Hinzufügen* in die rechte Liste. Wenn Sie die ⟨Strg⟩-Taste gedrückt halten, können Sie auch mehrere Folien anklicken und auf einmal hinzufügen.

6. Um die Reihenfolge der Folien in der Präsentation zu ändern, markieren Sie die gewünschten Folien und verschieben Sie mit den beiden Pfeilschaltflächen nach oben oder unten.

7. Wenn Sie fertig sind, schließen Sie das Dialogfeld mit *OK*. Sie gelangen wieder in das Dialogfeld *Zielgruppenorientierte Präsentationen,* in dem Sie weitere zielgruppenorientierte Präsentationen mit *Neu* hinzufügen oder vorhandene bearbeiten können.

Bild 42.9   Sie können auch mehrere zielgruppenorientierte Präsentationen anlegen

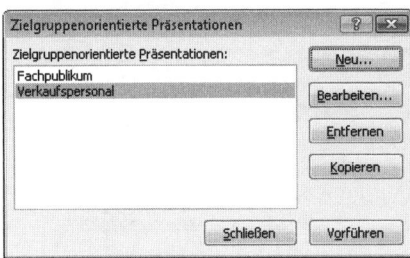

8. Mit *Schließen* kehren Sie in die Präsentation zurück.

Zielgruppenorientierte Präsentation vorführen

1. Klicken Sie auf der Registerkarte *Bildschirmpräsentation* auf die Schaltfläche *Benutzerdefinierte Bildschirmpräsentation.*

2. Wählen Sie die gewünschte Präsentation aus dem Menü der Schaltfläche aus.

Bild 42.10   Auswahl der Präsentation

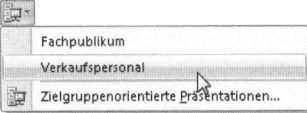

Bildschirmpräsentation einrichten

Für eine Bildschirmpräsentation, die durch eine Person vorgetragen wird, die dazu selbst den Beamer bedient, sind in der Regel keine besonderen Einstellungen notwendig. Da genügt es, die Präsentation mit einem der Verfahren, die wir im Abschnitt »Bildschirmpräsentation starten« auf Seite 744 beschrieben haben, zu starten.

PowerPoint bietet aber noch weitere Möglichkeiten, Präsentationen vorzuführen, beispielsweise auf allein stehenden Rechnern auf Messen oder Veranstaltungen. Diese Präsentationen können entweder völlig eigenständig ablaufen oder über eingeschränkte Navigationsmöglichkeiten verfügen, mit denen sich ein Betrachter innerhalb der Präsentation bewegen kann.

Das Festlegen der gewünschten Rahmenbedingungen wird in PowerPoint als *Einrichten* der Bildschirmpräsentation bezeichnet. Dazu gehen Sie folgendermaßen vor:

1. Wechseln Sie auf die Registerkarte *Bildschirmpräsentation* und klicken Sie auf die Schaltfläche *Bildschirmpräs. einrichten*. Es öffnet sich das Dialogfeld *Bildschirmpräsentation einrichten*.

Bild 42.11 Konfigurieren der Bildschirmpräsentation

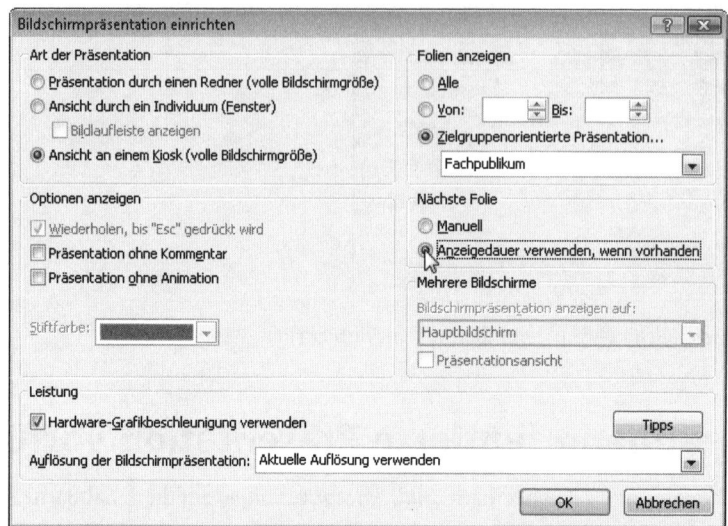

Sie können hier zwischen verschiedenen Arten der Präsentation auswählen:

- **Präsentation durch einen Redner (volle Bildschirmgröße)** Dies ist die häufigste Art, eine Präsentation vorzuführen. Bei dieser Option werden keine weiteren Einstellungen benötigt, optional kann eine Auswahl an Folien oder eine zielgruppenorientierte Präsentation voreingestellt werden.

- **Ansicht durch ein Individuum (Fenster)** Die Präsentation wird nicht unbedingt im Vollbildmodus abgespielt, sondern in dem Fenster, in dem zuvor PowerPoint angezeigt wurde. Die Steuerung erfolgt über das mit der rechten Maustaste zugängliche Kontextmenü oder die Tasten $\boxed{\text{Bild}\uparrow}$ und $\boxed{\text{Bild}\downarrow}$. Die Option *Bildlaufleisten anzeigen* erlaubt die Steuerung der Bildlaufleisten mit der Maus. Falls die Präsentation Hyperlinks ins Internet enthält, wird der Internet Explorer in demselben Fenster geöffnet.

- **Ansicht an einem Kiosk (volle Bildschirmgröße)** Damit ist ein allein stehender Rechner gemeint, der z.B. auf Messen oder anderen Veranstaltungen frei zugänglich ist, so dass Besucher sich selbstständig informieren können. Oft sind hier weder Maus noch Tastatur vorhanden, so dass der Ablauf automatisiert werden muss. Achten Sie daher darauf, dass alle Animationen und Folienübergänge zeitgesteuert sind, sonst gibt es keine Möglichkeit, in der Präsentation weiterzublättern. Ausnahme: Wenn eine Maus vorhanden ist, können damit interaktive Schaltflächen benutzt werden (siehe Abschnitt »Interaktive Schaltflächen« ab Seite 753).

2. Wählen Sie eine der drei Vorführungsarten aus.

3. In der Gruppe *Folien anzeigen* können Sie entscheiden, ob alle Folien der Präsentation angezeigt werden sollen oder nur eine bestimmte Gruppe. Falls Sie nur einen Teil der Folien anzeigen wollen, definieren Sie am besten eine zielgruppenorientierte Präsentation (siehe Abschnitt »Zielgruppenorientierte Präsentationen« ab Seite 750).

4. Legen Sie in der Gruppe *Optionen anzeigen* fest, ob während der Präsentation eventuell vorhandene Kommentare oder Animationen abgespielt werden. Wie Sie eine Präsentation mit gesprochenen Kommentaren versehen, beschreiben wir weiter hinten in diesem Kapitel ab Seite 758.

5. Wenn die Folien während der Präsentation automatisch gewechselt werden sollen, aktivieren Sie in der Gruppe *Nächste Folie* die Option *Anzeigedauer verwenden, wenn vorhanden*. In diesem Fall müssen Sie auf der Registerkarte *Animationen* für jede Folie eine entsprechende Zeitangabe festlegen (in der Gruppe *Übergang zu dieser Folie*).

6. Falls Ihr Rechner die Verwendung von zwei (voneinander unabhängigen) Bildschirmen unterstützt, können Sie mit der so genannten *Referentenansicht* arbeiten. Legen Sie dann in der Gruppe *Mehrere Bildschirme* fest, auf welchem Bildschirm die Präsentation für das Publikum abläuft und welcher Monitor die Referentenansicht darstellt.

7. Stellen Sie die gewünschte Auflösung ein und schließen Sie den Dialog mit *OK*.

Interaktive Schaltflächen

Bei einer normalen Bildschirmpräsentation können Sie die Präsentation entweder über einfache Mausklicks, mit Hilfe der integrierten Navigationsschaltflächen oder über das Kontextmenü steuern. Wenn Ihre Präsentation jedoch selbstständig ablaufen soll, sollten Sie die Navigationsmöglichkeiten beschränken, damit sich ein Betrachter zwar noch innerhalb der Präsentation bewegen, aber keinen störenden Einfluss auf sie nehmen kann.

Zu diesem Zweck verwenden Sie interaktive Schaltflächen, die Sie mit den gewünschten Funktionen versehen. Im nächsten Beispiel statten wir eine leere Präsentation mit drei Schaltflächen aus, die folgende Navigation erlauben:

- Wechsel zur vorherigen Folie

- Wechsel zur ersten Folie

- Wechsel zur nächsten Folie.

Das Ergebnis dieses Beispiels finden Sie in der Übungsdatei *Schaltflächen*.

1. Erstellen Sie eine neue leere Präsentation und zeigen Sie den Folienmaster an (Registerkarte *Ansicht*, Schaltfläche *Folienmaster*). Indem wir die Schaltflächen auf dem Folienmaster platzieren, stehen sie automatisch auf allen Folien der Präsentation zur Verfügung.

2. Wechseln Sie auf die Registerkarte *Einfügen* und klicken Sie in der Gruppe *Illustrationen* auf die Schaltfläche *Formen*. Die Formen für die interaktiven Schaltflächen befinden sich ganz unten im Ausklappmenü der Schaltfläche.

PowerPoint 2007

Bild 42.12 Die interaktiven Schaltflächen befinden sich ganz unten im Menü der Schaltfläche *Formen*

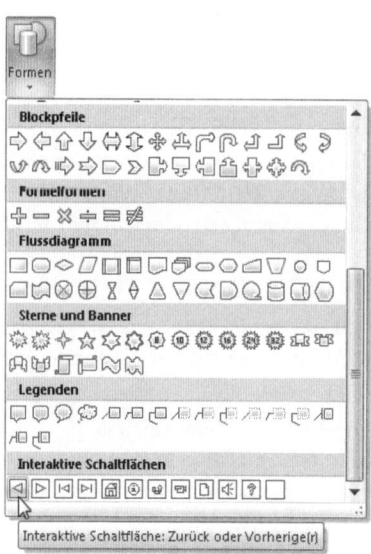

3. Klicken Sie die erste der Schaltflächen an und ziehen Sie dann ein Rechteck in der gewünschten Größe auf dem Folienmaster auf.

Bild 42.13 Aufziehen einer interaktiven Schaltfläche

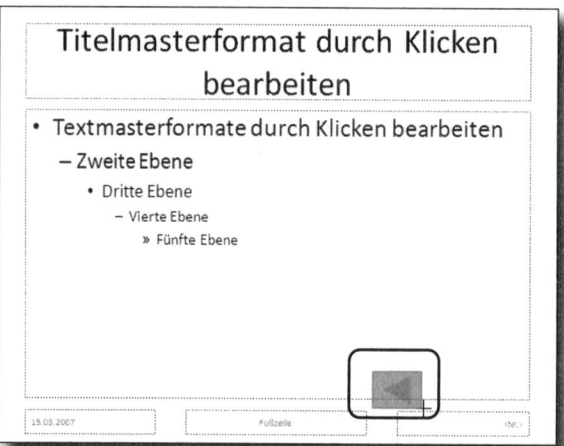

4. Sobald Sie die Maustaste loslassen, erscheint das Dialogfeld *Aktionseinstellungen* auf dem Bildschirm. In ihm können Sie festlegen, welche Aktion ausgeführt werden soll, wenn der Benutzer die Schaltfläche anklickt.

Bild 42.14   Auswahl der gewünschten Aktion

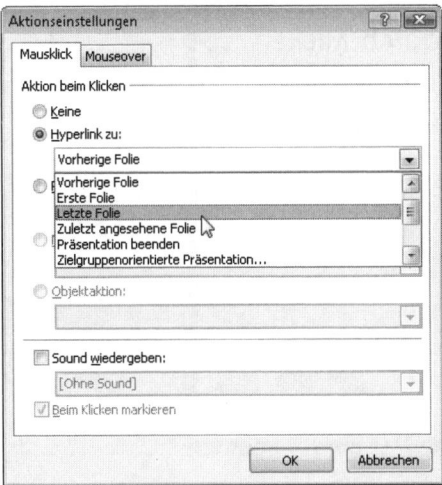

Die meisten der interaktiven Schaltflächen sind mit voreingestellten Aktionen verknüpft, die aus den Symbolen deutlich hervorgehen (so setzt die Schaltfläche mit dem kleinen Haus erwartungsgemäß einen Hyperlink auf die erste Folie). Im Dialogfeld *Aktionseinstellungen* ist die voreingestellte Aktion bereits ausgewählt – Sie können sie aber jederzeit ändern.

5. Wählen Sie aus der Auswahlliste *Hyperlink zu*, wohin bei einem Klick auf die Schaltfläche gewechselt werden soll. Zur Auswahl stehen die Folien der aktuellen Präsentation, andere Präsentationen oder auch beliebige Hyperlinks, die mit einer URL angegeben werden.

Weitere Aktionen neben dem Setzen von Hyperlinks sind:

■ das Ausführen von Programmen

■ das Ausführen von Makros

■ Objektaktionen für eingefügte Objekte – z.B. erlaubt diese Funktion es, ein Excel-Objekt zu öffnen, um es zu bearbeiten

■ das Abspielen von Sound.

6. Falls eine Aktion nicht durch Mausklick, sondern bereits durch Mausberührung ausgelöst werden soll, wechseln Sie auf die Registerkarte *Mouseover* und wählen die Aktion dort aus.

7. Fügen Sie auf die gleiche Art und Weise noch zwei Schaltflächen ein, mit denen Sie zur ersten bzw. zur nächsten Folie wechseln können. Anschließend sollte Ihr Folienmaster in etwa so aussehen, wie in Bild 42.15 auf der nächsten Seite.

Damit haben wir die gewünschte Funktionalität realisiert. Allerdings lässt das Aussehen der Schaltflächen noch etwas zu wünschen übrig. Wir werden daher in den nächsten Schritten zunächst die Größe der Schaltflächen vereinheitlichen und anschließend für eine ansprechende Optik sorgen.

PowerPoint 2007

Bild 42.15 Der Folienmaster enthält nun drei Schaltflächen

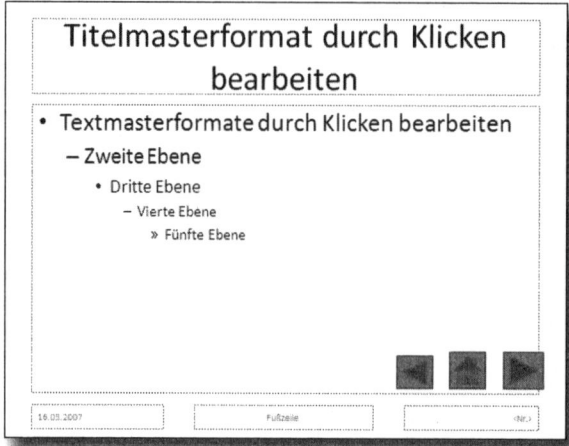

8. Markieren Sie die drei Schaltflächen, indem Sie einen Rahmen um sie herum aufziehen oder sie bei gedrückter Strg-Taste einzeln anklicken. Achten Sie darauf, dass Sie wirklich nur die Schaltflächen und keinen der Platzhalter markieren.

9. Wechseln Sie auf die Registerkarte *Format* der *Zeichentools* und geben Sie dort in der Gruppe *Größe* die gewünschten Werte für die Höhe und die Breite der Schaltflächen ein.

10. Klicken Sie in der Gruppe *Anordnen* auf *Ausrichten* und wählen Sie im Menü den Befehl *Oben ausrichten*. Die Schaltflächen befinden sich nun alle auf gleicher Höhe.

11. Öffnen Sie erneut das Menü der Schaltfläche *Anordnen* und wählen Sie diesmal den Befehl *Horizontal verteilen*. Dadurch bekommen die Schaltflächen einen gleichmäßigen Abstand.

12. Wenn Ihnen die Größe und Positionierung der Schaltflächen zusagt, sollten Sie sie zu einer Gruppe zusammenfassen, die Sie als Einheit auf der Folie bewegen können. Klicken Sie dazu in der Gruppe *Anordnen* auf *Gruppieren* und wählen Sie im Menü den Befehl *Gruppieren*.

Bild 42.16 Die Schaltflächen sind jetzt präzise ausgerichtet und zu einer Gruppe zusammengefasst

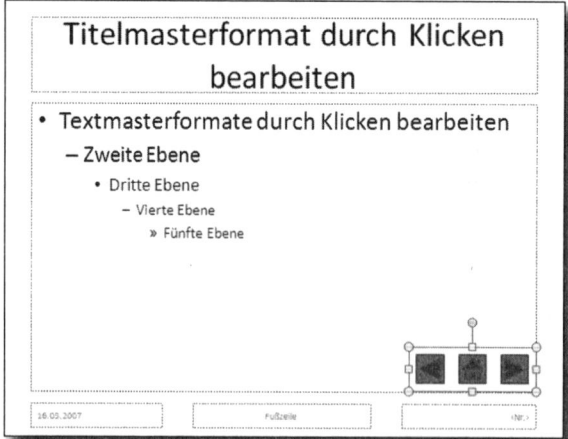

13. Zum Schluss sollen die Schaltflächen noch etwas ansprechender gestaltet werden. Öffnen Sie dazu den Auswahlkatalog der Gruppe *Formenarten*.

14. Suchen Sie mit Hilfe der Livevorschau ein geeignetes Format aus und weisen es den drei Schaltflächen zu.

Bild 42.17 Die Formatvorlagen machen die professionelle Gestaltung der Schaltflächen zum Kinderspiel. Beachten Sie, dass die Schaltflächen auf allen Layouts des Folienmasters auftauchen

Eigene interaktive Schaltflächen verwenden

Falls die vordefinierten Schaltflächen nicht zu Ihrer Präsentation passen, können Sie auch eigene Schaltflächen erstellen. Sie können dazu jeder beliebigen Form oder auch einer eingefügten Grafik eine Aktion zuweisen.

Um zum Beispiel ein ClipArt-Objekt als Navigations-Schaltfläche zu verwenden, gehen Sie folgendermaßen vor:

1. Fügen Sie das gewünschte ClipArt-Objekt auf der Folie bzw. auf dem Folienmaster ein.

2. Markieren Sie es und klicken Sie auf der Registerkarte *Einfügen* auf die Schaltfläche *Aktion*. Es erscheint das Dialogfeld aus Bild 42.14.

3. Wählen Sie die gewünschte Aktion aus und klicken Sie auf *OK*.

4. Wechseln Sie auf die Registerkarte *Format* und gestalten Sie das Objekt.

PowerPoint 2007

Gesprochene Kommentare

Wenn Ihre Präsentation im Kioskmodus angezeigt wird, also selbsttätig abläuft, bietet es sich an, dass Sie alle oder einige ausgewählte Folien mit einem gesprochenen Kommentar hinterlegen. Diese Kommentare werden in PowerPoint auch als *Erzählungen* bezeichnet. Wenn Sie in der Online-Hilfe nach Informationen zu diesem Thema suchen, verwenden Sie als Suchbegriff am besten nicht »Kommentare«, sondern »Erzählungen«.

Um einen gesprochenen Kommentar zu erstellen, gehen Sie so vor:

1. Wechseln Sie in die Foliensortieransicht und markieren Sie die Folie, der Sie einen Kommentar hinzufügen möchten.

2. Zeigen Sie die Registerkarte *Bildschirmpräsentation* an und klicken Sie auf *Kommentar aufzeichnen*. PowerPoint zeigt ein Dialogfeld an, mit dem Sie die Aufnahmequalität und die Mikrofonempfindlichkeit einstellen können.

Bild 42.18   Konfiguration der Sprachaufzeichnung

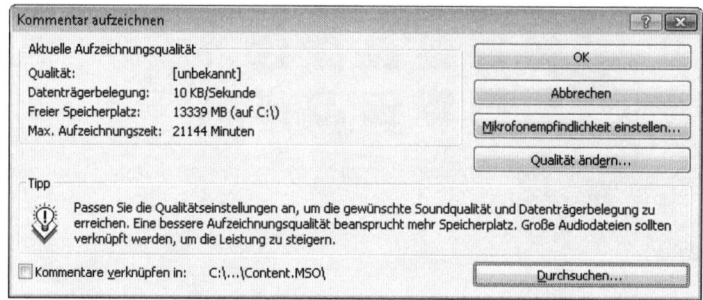

3. Klicken Sie auf *Mikrofonempfindlichkeit einstellen.*

Bild 42.19   Prüfen der Mikrofoneinstellung

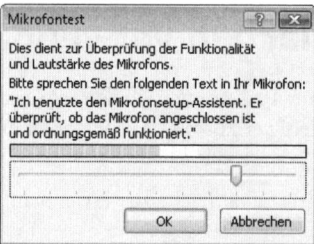

4. Machen Sie einen Sprechtest und stellen Sie den Regler dabei so ein, dass der Aussteuerungsbalken nicht in den roten Bereich ausschlägt. Schließen Sie das Dialogfeld anschließend mit *OK*.

5. Anschließend sollten Sie eine geeignete Aufzeichnungsqualität wählen. Klicken Sie dazu auf *Qualität ändern.*

Bild 42.20   Wahl der Aufzeichnungsqualität

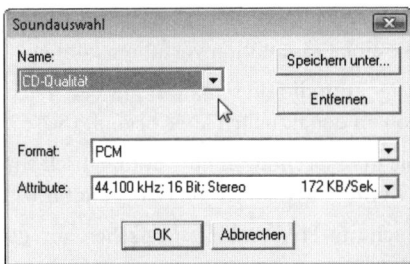

6. Nach Möglichkeit sollten Sie ihre Aufzeichnung mindestens in Radioqualität vornehmen, besser noch in CD-Qualität. Aktuelle Computer sollten hier im Hinblick auf Geschwindigkeit und Speicherplatz keine Probleme bereiten.

7. Schließen Sie auch diesen Dialog mit *OK* und starten Sie dann die Aufnahme mit einem Klick auf *OK* im Dialog *Kommentar aufzeichnen*. Falls Sie vorher nicht die erste Folie markiert haben, fragt PowerPoint nach, ob die Präsentation mit der ersten oder der aktuellen Folie gestartet werden soll.

8. Nehmen Sie Ihren Sprechtext auf. Sie können dabei auch zu den nächsten Folien wechseln, um diese ebenfalls mit einem Kommentar zu versehen.

9. Wenn Sie die Aufzeichnung anhalten wollen, klicken Sie mit der rechten Maustaste auf die Folie und wählen im Kontextmenü den Befehl *Erzählung anhalten*. Um anschließend wieder mit der Aufnahme fortzufahren, rufen Sie das Kontextmenü erneut auf und klicken auf *Erzählung fortsetzen*.

10. Wenn Sie die Präsentation mit [Esc] beenden, fragt PowerPoint nach, ob die während der Aufnahme ermittelten Anzeigedauern für die Folien erhalten werden sollen. Wenn Sie hier auf *Speichern* klicken, wird die Präsentation später mit der gleichen Geschwindigkeit wie bei der Aufnahme abgespielt.

Bild 42.21   Auf der Folie erscheint ein kleines Lautsprechersymbol.
Die ermittelte Anzeigedauer wird in der Foliensortieransicht
unterhalb der Folie angezeigt

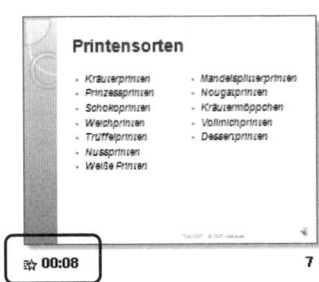

PowerPoint 2007

Zusammenfassung

In diesem Kapitel haben Sie gelernt, wie Sie eine Präsentation vorführen können.

- Zum Starten drücken Sie entweder ‿F5‿, um die Präsentation mit der ersten Folie zu starten, oder ‿⇧‿+‿F5‿, damit die Präsentation an der aktuellen Folie beginnt (Seite 744).

- Während der Vorführung können Sie die Präsentation über automatisch eingeblendete Navigationsschaltflächen (Seite 744), ein Kontextmenü oder über die Tastatur (Seite 747) steuern.

- Bei Bedarf können Sie Ihre Folien auch mit Freihandlinien versehen, um gezielt auf wichtige Sachverhalte hinzuweisen (Seite 748).

- Folien, die während der Vorführung nicht gezeigt werden sollen, die Sie jedoch nicht aus der Präsentation löschen möchten, können während der Bildschirmpräsentation ausgeblendet werden (Seite 749).

- Mit dem Feature »Zielgruppenorientierte Präsentation« können Sie aus einer umfangreichen Präsentation mehrere machen, indem Sie die einzelnen Folien verschiedenen Zielgruppen zuweisen und beim Starten der Präsentation die Version für die aktuelle Zielgruppe auswählen (Seite 750).

- Eine PowerPoint-Präsentation kann auch auf allein stehenden Rechnern auf Messen oder Veranstaltungen vorgeführt werden. Die dazu notwendigen Einstellungen werden als *Einrichten* einer Bildschirmpräsentation bezeichnet (Seite 751).

- Interaktive Schaltflächen bieten eine weitere Navigationsmöglichkeit. Sie eignen sich zum Beispiel dazu, einem Betrachter einer unbeaufsichtigt ablaufenden Präsentationen begrenzte Steuerungsmöglichkeiten zu geben (Seite 753).

- Unbeaufsichtigt ablaufende Präsentationen können mit gesprochenen Kommentaren versehen werden (Seite 758).

Kapitel 43

Präsentationen veröffentlichen

PowerPoint 2007

In diesem Kapitel:

In diesem Kapitel erfahren Sie zunächst, wie Sie Ihre Präsentationen vor unberechtigten Zugriffen bzw. Veränderungen schützen können. Anschließend zeigen wir Ihnen, wie Sie gewährleisten, dass Präsentationen, die Sie an Dritte weitergeben, keine versteckten privaten Informationen mehr enthalten. Im letzten Abschnitt dieses Kapitels lernen Sie dann, wie Sie eine fertige Präsentation zur Weitergabe auf einer CD vorbereiten.

Präsentationen schützen

Dem Wunsch, eine PowerPoint-Präsentation vor dem Zugriff durch andere Benutzer zu schützen, liegen in aller Regel zwei Motive zugrunde: Entweder sollen unberechtigte Benutzer erst gar keinen Zugriff auf die Daten der Präsentation erhalten oder die Präsentation soll vor Veränderungen durch autorisierte Benutzer geschützt werden.

In diesem Abschnitt stellen wir Ihnen die Verfahren vor, mit denen Sie Ihre Präsentationen vor ungewollten Änderungen schützen können:

- Präsentation abschließen
- Präsentation verschlüsseln
- Präsentation mit einem Schreibschutz versehen.

Präsentation abschließen

Wenn Sie eine Präsentation als *abgeschlossen* kennzeichnen, deaktiviert PowerPoint alle Funktionen, mit denen eine Präsentation bearbeitet werden kann. Die Präsentation lässt sich dann also nicht mehr verändern.

Da diese Eigenschaft jedoch nicht durch ein Kennwort abgesichert werden kann, handelt es sich dabei nicht um eine Schutzfunktion, sondern eher um eine Statusinformation. Sie dient also dazu, einem Anwender zu signalisieren, dass es sich um die endgültige Version der Präsentation handelt.

Um eine Präsentation abzuschließen, nehmen Sie folgende Schritte vor:

1. Öffnen Sie das Menü der Office-Schaltfläche, zeigen Sie mit der Maus auf *Vorbereiten* und wählen Sie dann den Befehl *Als abgeschlossen kennzeichnen*.

2. Bestätigen Sie die nächste Meldung mit *OK*. Die Präsentation wird gespeichert und als abgeschlossen gekennzeichnet. Anschließend erscheint eine weitere Meldung mit Informationen über den neuen Status der Präsentation.

Bild 43.1   Die Präsentation ist als abgeschlossen gekennzeichnet

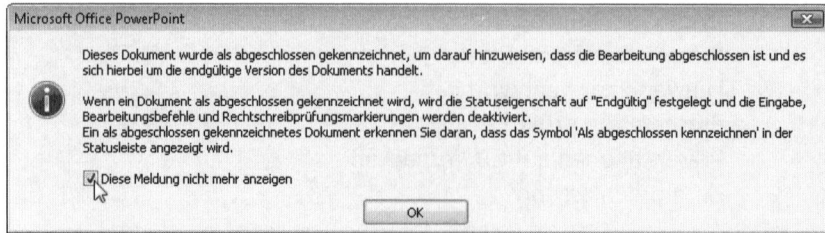

3. Klicken Sie auf *OK,* um die Meldung zu schließen. Wenn Sie nicht möchten, dass diese Meldung in Zukunft erneut erscheint, schalten Sie vorher noch die Option *Diese Meldung nicht mehr anzeigen* ein.

Dass eine Präsentation abgeschlossen ist, erkennen Sie zum einen daran, dass in der Statusleiste ein kleines Symbol auftaucht. Deutlich auffälliger ist allerdings, dass in der Multifunktionsleiste nahezu alle Befehle deaktiviert sind. Wenn Sie versuchen, einen der deaktivierten Befehle aufzurufen, erscheint ein kleines Fenster, das Sie über den besonderen Status der Präsentation informiert.

Bild 43.2   Abgeschlossene Präsentationen können nicht mehr bearbeitet werden

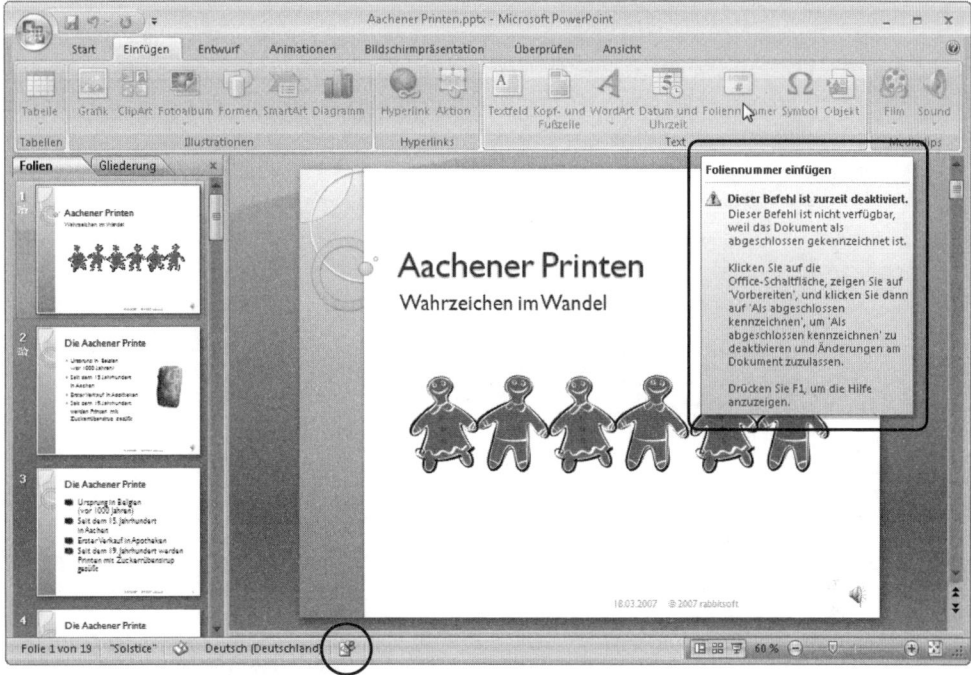

Um die Präsentation wieder bearbeiten zu können, müssen Sie den Befehl *Office-Schaltfläche/Vorbereiten/Als abgeschlossen kennzeichnen* erneut aufrufen.

Präsentation verschlüsseln

Die größtmögliche Sicherheit für Ihre Daten erhalten Sie, wenn Sie die Präsentation verschlüsseln. Um diesen Schutzmechanismus zu aktivieren, nehmen Sie folgende Schritte vor:

1. Öffnen Sie das Menü der *Office-Schaltfläche,* zeigen Sie mit der Maus auf *Vorbereiten* und wählen Sie dann den Befehl *Dokument verschlüsseln.*

2. Es erscheint ein Dialogfeld, das Sie zur Eingabe eines Kennworts auffordert. Dieses Kennwort benötigen Sie, um die Präsentation öffnen zu können.

PowerPoint 2007

Bild 43.3 Kennworteingabe

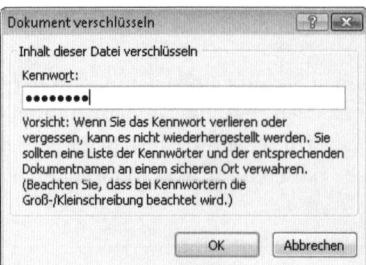

3. Geben Sie ein Kennwort ein und klicken Sie auf *OK*. Beachten Sie bei der Wahl des Kennworts unsere Hinweise aus dem Abschnitt »Hinweise zur Kennwortwahl« (auf Seite 766). Es erscheint ein weiteres Dialogfeld, in dem Sie das soeben eingegebene Kennwort bestätigen müssen.

Bild 43.4 Kennwort bestätigen

4. Tippen Sie das Kennwort erneut ein. Damit wird kontrolliert, ob Sie sich beim ersten Eingeben des Kennwortes nicht vertan haben.

Eine so gesicherte Präsentation kann nur noch von jemand geöffnet werden, der im Besitz des richtigen Kennwortes ist. (Das gilt auch für Sie persönlich – vergessen Sie Ihr Kennwort also nicht.) Zusätzlich bietet die Verschlüsselung einen weiteren Schutz gegen Datenspionage, da auch jemand, der die Datei mit einem Hex-Editor öffnet, keine lesbaren Inhalte vorfindet.

Bild 43.5 Öffnen einer verschlüsselten Präsentation

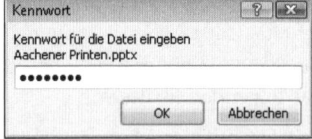

Wenn Sie die Verschlüsselung wieder aufheben möchten, rufen Sie den Befehl *Dokument verschlüsseln* erneut auf und löschen den Inhalt des Kennwortfeldes.

Präsentation mit einem Schreibschutz versehen

Wenn Sie zwar das Öffnen einer Präsentation ohne Kennwort zulassen wollen, jedoch andererseits verhindern möchten, dass jemand an der Präsentation Änderungen vornimmt, können Sie sie mit einem Schreibschutz versehen.

Um diesen Schutzmechanismus zu aktivieren, ist es erforderlich, dass Sie das Dokument speichern:

1. Öffnen Sie das Menü der *Office-Schaltfläche*.

2. Wählen Sie den Befehl *Speichern unter*. PowerPoint zeigt das gleichnamige Dialogfeld an.

3. Klicken Sie unten im Dialogfeld auf die Schaltfläche *Tools* und wählen Sie in deren Aus-klappmenü den Befehl *Allgemeine Optionen*. Dadurch erscheint ein weiteres Dialogfeld.

Bild 43.6   Präsentationen können mit einem Schreibschutz versehen werden

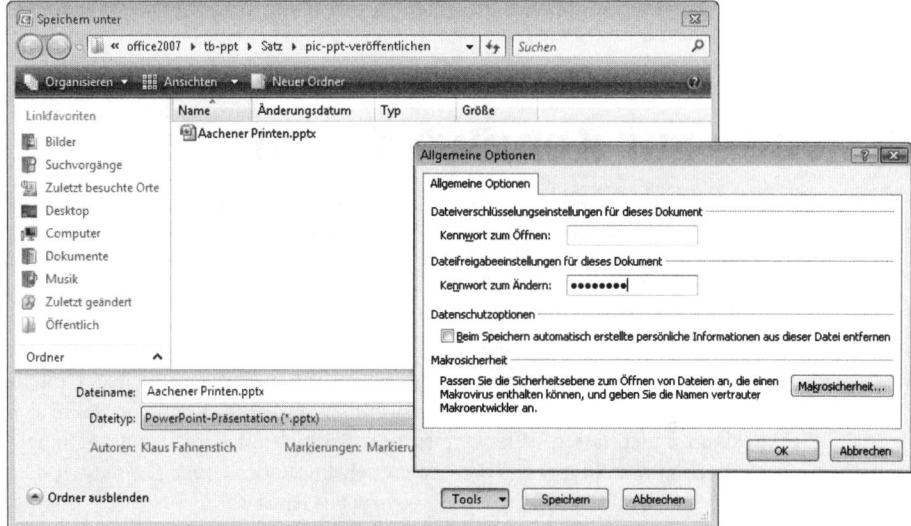

Die Felder im Dialogfeld *Allgemeine Optionen* haben folgende Bedeutung:

■ **Kennwort zum Öffnen**   Wenn Sie in diesem Feld eine Eingabe vornehmen, hat das die gleiche Wirkung wie der im letzten Abschnitt vorgestellte Befehl *Dokument verschlüsseln*.

■ **Kennwort zum Ändern**   Wenn Sie hier ein Kennwort eingeben, wird die Präsentation mit einem Schreibschutz versehen. Die Präsentation kann anschließend zwar ohne Kennwort geöffnet werden, jedoch nur im Schreibschutz-Modus. Benutzer, die an der Präsentation Änderungen vornehmen wollen, benötigen dazu das richtige Kennwort.

■ **Datenschutzoptionen**   Schalten Sie diese Option ein, wenn PowerPoint beim Speichern der Präsentation automatisch eventuell vorhandene persönliche Daten aus der Präsenta-tion entfernen soll (siehe auch ▶ Abschnitt »Präsentation prüfen« auf Seite 767).

4. Nehmen Sie im Feld *Kennwort zum Ändern* eine Eingabe vor, um die Präsentation mit einem Schreibschutz zu versehen und klicken Sie auf *OK*.

5. Bestätigen Sie das Kennwort im nächsten Dialog.

6. Klicken Sie auf *Speichern*, um den Vorgang abzuschließen.

Wenn Sie eine Präsentation öffnen wollen, die mit einem kennwortgeschützten Schreibschutz versehen ist, erscheint ein Fenster, mit dem Sie entweder den Schreibschutz per Kennworteingabe aufheben oder die Präsentation mit der Schaltfläche *Schreibgeschützt* im schreibgeschützten Modus öffnen können.

Bild 43.7 Der Schreibschutz kann per Kennwort aufgehoben werden

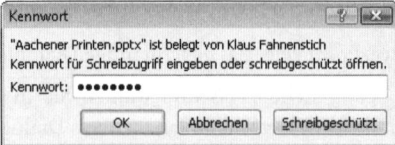

Um den Schreibschutz zu einem späteren Zeitpunkt wieder zu entfernen, rufen Sie das Dialogfeld *Allgemeine Optionen* erneut auf, löschen das Kennwort und speichern die Präsentation anschließend wieder.

Hinweise zur Kennwortwahl

Einige Schutzfunktionen müssen, andere können optional mit einem Kennwort gesichert werden. Bei der Wahl eines Kennworts sollten Sie folgende Punkte bedenken:

■ PowerPoint berücksichtigt bei Kennwörtern die Groß- und Kleinschreibung. Die Kennwörter *Geheim* und *geheim* sind also verschieden.

■ Apropos geheim: Vermeiden Sie Kennwörter, die leicht zu erraten sind. Dazu gehören zum Beispiel Namen und Begriffe aus Ihrem privaten bzw. beruflichen Umfeld, Reiseziele oder Kennwörter wie *12345, Geheim, Password* etc. Ein gutes Kennwort sollte sich auch in keinem Lexikon finden lassen. Wie wäre es zum Beispiel mit *DirdGwinnl* (»Die ich rief, die Geister, werd ich nun nicht los« aus dem Zauberlehrling) oder *DsiniaTUbskawz* (»Da steh ich nun, ich armer Tor! Und bin so klug als wie zuvor« aus Faust)?

■ Verwenden Sie in Ihren Kennwörtern keine Umlaute oder Buchstaben mit Akzent, wenn es notwendig sein könnte, das Dokument auch auf einem Macintosh zu öffnen.

■ Notieren Sie Ihre Kennwörter nach Möglichkeit nicht. Falls Sie es doch machen, dann legen Sie den Zettel bitte nicht unter die Tastatur und hängen Sie ihn auch nicht an die nächste Pinnwand!

■ Gehen Sie nicht davon aus, dass Ihre Daten durch Vergeben eines Kennwortes hundertprozentig sicher sind. Bis jetzt ist noch jeder Kopierschutz früher oder später geknackt worden. Allerdings muss man zur Ehrenrettung von Microsoft sagen, dass der Kennwortschutz gegenüber früheren Versionen von Office erheblich verbessert wurde.

■ Auch wenn wir gerade gesagt haben, dass sich jeder Kopierschutz aushebeln lässt: Verlassen Sie sich nicht darauf! Wenn Sie wirklich einmal das Kennwort für eine Präsentation mit wichtigen Daten vergessen, würde es Sie mit Sicherheit Zeit und Geld kosten, um das Kennwort zu rekonstruieren (falls es dann im konkreten Einzelfall überhaupt möglich ist).

Präsentation prüfen

Durch die ständige Präsenz immer neuer Viren hat das Thema Sicherheit in den letzten Jahren an Bedeutung gewonnen. Ein Aspekt, der von vielen Anwendern allerdings häufig übersehen wird, sind die vielen versteckten Informationen, die man durch das Versenden eines Office-Dokumentes ungewollt aus der Hand gibt. Zu diesen – als Metadaten – bezeichneten Informationen, gehören zum Beispiel die Namen aller Personen, die das Dokument bearbeitet haben. Häufig lassen sich sogar mit geeigneten Programmen noch gelöschte Texte finden.

Microsoft hat in Office 2007 auf diese Problematik reagiert und den so genannten *Dokument-inspektor* geschaffen. Dieses Tool durchsucht ein Dokument nach Metadaten sowie nach persönlichen Informationen und kann sie auf Wunsch entfernen. Wenn Sie planen, eine Präsentation weiterzugeben, sollten Sie dieses Tool auf jeden Fall anwenden.

1. Öffnen Sie das Menü der *Office-Schaltfläche*, zeigen Sie auf *Vorbereiten* und klicken Sie im rechten Teil des Fensters auf *Dokument prüfen*. PowerPoint zeigt den Dokumentinspektor auf dem Bildschirm an.

    Wie Sie in der nächsten Abbildung sehen, lässt sich der Umfang der Prüfung detailliert konfigurieren. Wie hoch Ihr Sicherheitsbedürfnis ist, müssen Sie letztendlich selbst einschätzen. Vielen Anwendern genügt es vielleicht schon, wenn ihre persönlichen Daten wie Name und Adresse aus den Dokumenten entfernt werden. Andere hingegen achten mit Argusaugen darauf, dass Dritte keinerlei persönliche Daten (wie z.B. Foliennotizen) erhalten.

Bild 43.8   Der Dokumentinspektor

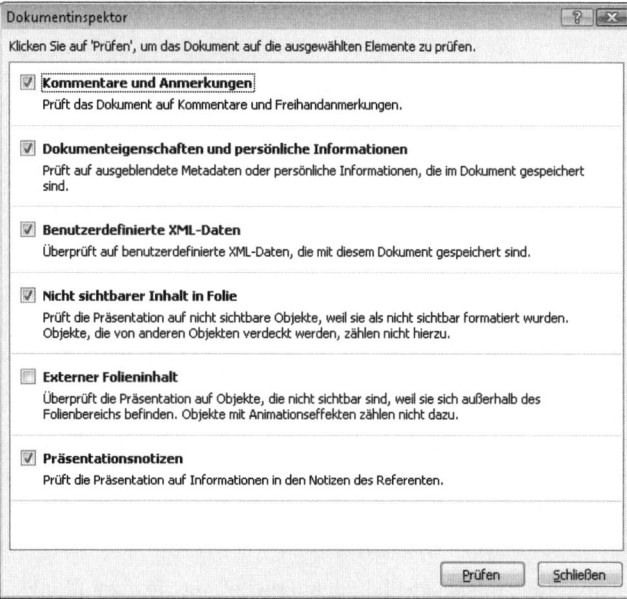

2. Wählen Sie die zu untersuchenden Bereiche der Präsentation aus und klicken Sie auf *Prüfen*, damit der Dokumentinspektor Ihre Präsentation analysiert.

Bild 43.9 Bei der Prüfung wurden zwei kritische Bereiche entdeckt

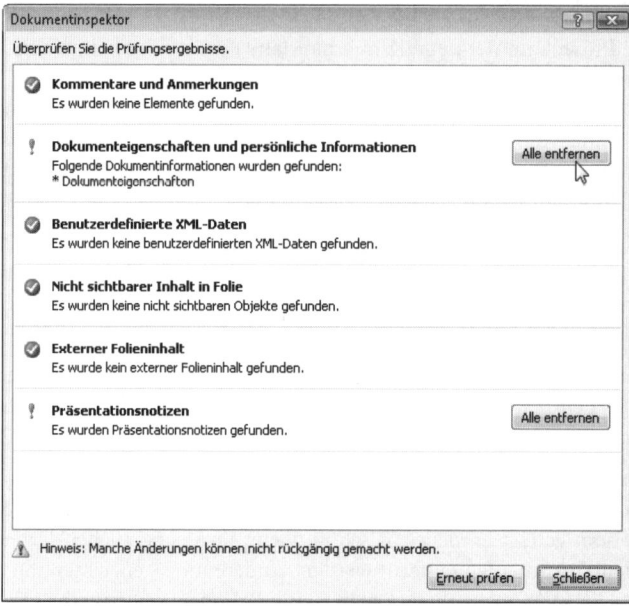

3. Klicken Sie auf *Alle entfernen*, um die kritischen Informationen zu löschen. Vorsicht: Der Löschvorgang erfolgt ohne vorherige Nachfrage!

Präsentationen auf CD verpacken

Häufig wird eine Präsentation zwar am eigenen Rechner konzipiert, später jedoch mithilfe von Notebook und Beamer präsentiert. Für die Weitergabe mittels CD bietet PowerPoint ein praktisches Verfahren an: Verpacken für CD.

Dabei wird die Präsentation platzsparend komprimiert und standardmäßig der so genannte *Power-Point Viewer* mitgegeben, ein kleines Programm, das es ermöglicht, die Präsentation auch dann abzuspielen, wenn PowerPoint auf dem betreffenden Rechner nicht installiert ist.

So gehen Sie vor, wenn Sie eine Präsentation für die Weitergabe per CD vorbereiten wollen.

1. Öffnen Sie die gewünschte Präsentation.

2. Prüfen Sie mit Hilfe des Dokumentinspektors, ob die Präsentation vertrauliche Daten enthält, die Sie nicht an Dritte weitergeben wollen (Abschnitt »Präsentation prüfen« auf Seite 767).

3. Klicken Sie auf die *Office-Schaltfläche,* zeigen Sie auf *Veröffentlichen* und wählen Sie im rechten Teil des Menüs den Befehl *Verpacken für CD.*

4. Eventuell erscheint nun ein Dialogfeld, in dem PowerPoint Sie darauf hinweist, dass für einige Dateien das Dateiformat aktualisiert werden muss. Bestätigen Sie diesen Hinweis mit *OK.*

Bild 43.10   Geben Sie einen Namen für die CD ein

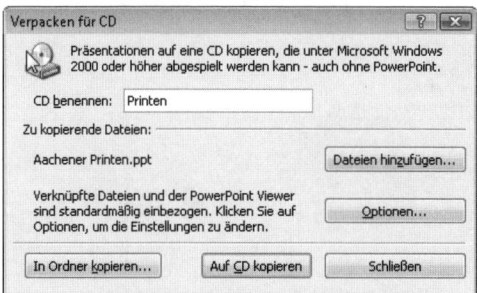

5. Geben Sie einen Namen für die CD ein.

6. Wenn auf der CD noch weitere Dateien oder Präsentationen verpackt werden sollen, klicken Sie auf *Dateien hinzufügen,* wählen Sie die gewünschte(n) Datei(en) im gewohnten Dateidialog aus und klicken auf *Hinzufügen.* Im Dialogfeld *Verpacken für CD* erscheint dann eine Liste der ausgewählten Dateien.

Bild 43.11   Es wurden zwei Präsentationen ausgewählt

7. Wenn Sie die Präsentationen automatisch abspielen lassen wollen, können Sie die Wiedergabereihenfolge mit den Pfeilschaltflächen festlegen.

8. Als Nächstes klicken Sie auf *Optionen,* um festzulegen, ob Sie den PowerPoint Viewer benötigen und ob bzw. in welcher Form die Präsentationen automatisch abgespielt werden sollen.

9. In der Regel lassen Sie das Kontrollkästchen *Viewer-Paket* aktiviert, denn damit wird nicht nur sicher gestellt, dass die Präsentationen auch dann abgespielt werden können, falls PowerPoint auf dem Zielrechner gar nicht installiert ist, sondern auch das automatische Abspielen geregelt. Wählen Sie aus der Auswahlliste aus den folgenden Optionen:

■ *Alle Präsentationen automatisch in der angegebenen Reihenfolge wiedergeben*

■ *Nur die erste Präsentation automatisch wiedergeben*

■ *Dateiauswahl-Dialogfeld des Viewers automatisch öffnen*

■ *Die CD nicht automatisch abspielen.*

PowerPoint 2007

Bild 43.12 Einstellen weiterer Optionen

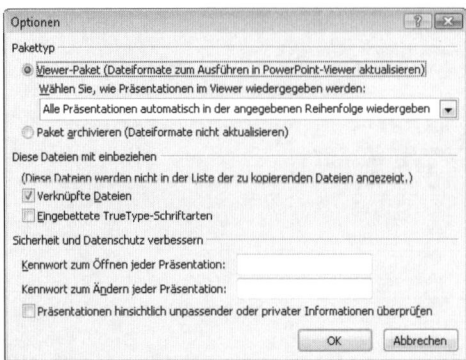

10. Wenn die Präsentationen mit externen Dateien, z.B. Grafiken, verknüpft sind, schalten Sie das Kontrollkästchen *Verknüpfte Dateien* ein.

11. Haben Sie Schriften eingebettet, aktivieren Sie die Option *Eingebettete TrueType-Schriftarten*.

12. Sollen die Präsentationen vor dem Zugriff durch Unbefugte geschützt werden, können Sie ein Passwort angeben – geben Sie es zweimal ein, um Tippfehler auszuschließen. Dadurch werden eventuell bereits vorhandene Kennwörter überschrieben! Das gilt natürlich nur für die Kopien auf der CD; die Kennwörter der Originaldateien bleiben unverändert.

13. Schließen Sie das Dialogfeld mit *OK*. Sie gelangen wieder ins Dialogfeld *Verpacken für CD*.

14. Hier haben Sie zwei Möglichkeiten:

   ■ Wenn Sie einen CD-Brenner besitzen, der das direkte Schreiben auf CD unter Windows unterstützt, klicken Sie auf die Schaltfläche *Auf CD kopieren*.

   ■ Andernfalls wählen Sie *In Ordner kopieren*, geben einen Ordnernamen und Speicherort an und brennen den Inhalt des Ordners mit Ihrem gewohnten Brennprogramm auf CD.

15. Schließen Sie das Dialogfeld. Auf der CD bzw. im gewählten Ordner finden Sie nun die gewählten Präsentationen sowie einige weitere Dateien, die der PowerPoint Viewer benötigt.

Bild 43.13 Die für die Präsentation benötigten Dateien

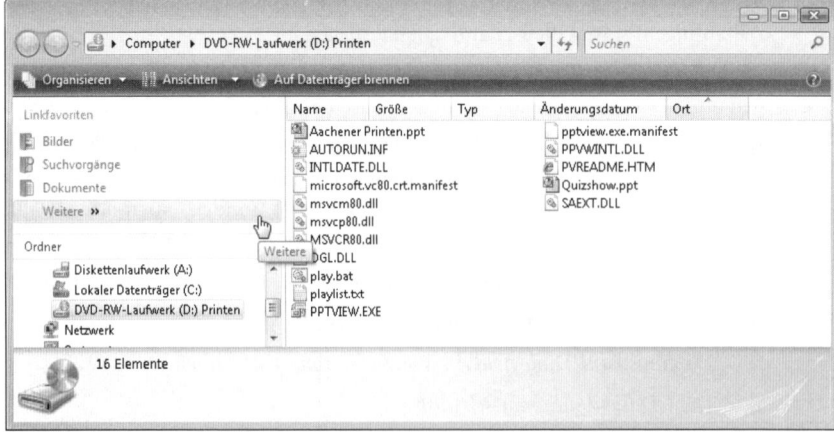

Gepackte Präsentation einsetzen

Je nach den gewählten, oben beschriebenen Optionen ist die Verwendung einer CD mit gepackten Präsentationen denkbar einfach. Die einfachste Variante ergibt sich, wenn mithilfe der Autoplay-Funktion vorher festgelegt wurde, welche Präsentationen in welcher Reihenfolge automatisch abgespielt werden. Dann brauchen Sie die CD nur einzulegen und abzuwarten, dass alles Weitere von alleine geschieht.

Selbstverständlich können Sie die auf der CD gespeicherten Präsentationen auch einzeln vorführen. Dazu gehen Sie folgendermaßen vor:

1. Lokalisieren Sie das CD-Laufwerk im Windows Explorer und starten Sie den PowerPoint Viewer mit Doppelklick auf die Datei *pptview.exe*. Der Viewer stellt dann alle in demselben Verzeichnis enthaltenen PowerPoint-Präsentationen in einem Dateiauswahldialog zur Wahl.

Bild 43.14   Hier können Sie manuell wählen, welche Präsentation der Viewer anzeigen soll

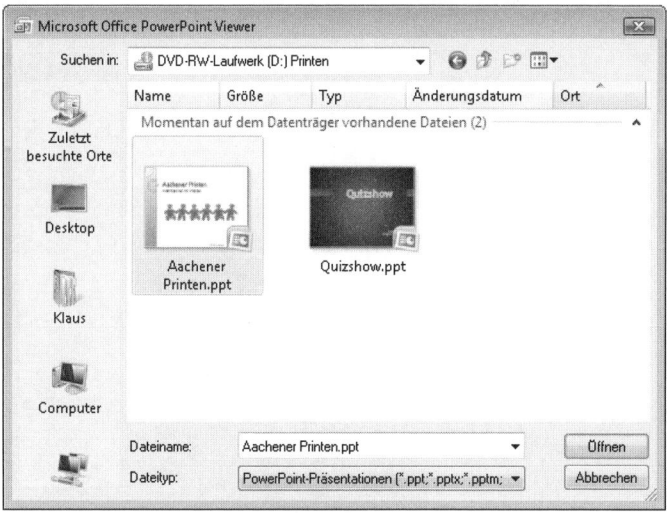

2. Wählen Sie die gewünschte Datei aus und klicken Sie auf *Öffnen*. Die von Ihnen ausgewählte Präsentation wird gestartet.

Zusammenfassung

In diesem Kapitel haben Sie zunächst gelernt, wie Sie Ihre Präsentationen vor unberechtigten Zugriffen bzw. Veränderungen schützen können (Seite 762). Anschließend haben wir Ihnen gezeigt, wie Sie gewährleisten, dass Präsentationen, die Sie an Dritte weitergeben, keine versteckten privaten Informationen mehr enthalten (Seite 767). Im letzten Abschnitt dieses Kapitels haben Sie erfahren, wie Sie eine fertige Präsentation zur Weitergabe auf einer CD vorbereiten (Seite 768).

Mit diesem Kapitel endet Teil D dieses Buches, der sich ausschließlich mit PowerPoint beschäftigt hat. Die drei Kapitel des folgenden Teils E zeigen Ihnen, wie Sie in den Programmen Word, Excel und PowerPoint mit Illustrationen (Grafiken, Bildern, Formen, SmartArts etc.) arbeiten.

PowerPoint 2007

Teil E

Illustrationen

In diesem Teil:

Kapitel 44

Arbeiten mit Designs

Illustrationen

Als die Entwickler bzw. Softwaredesigner von Microsoft das Konzept für Office 2007 entwickelt haben, floss in ihre Überlegungen unter anderem die Erkenntnis ein, dass die Wirkung eines Dokuments auf einen Betrachter entscheidend von der Qualität seiner grafischen Elemente abhängt. Und genau hier haben die Entwickler bei älteren Office-Versionen ein deutliches Manko entdeckt. Es waren zwar bereits leistungsfähige Grafikfunktionen vorhanden, doch ihre Bedienung war für normale Nutzer zu kompliziert, als dass sie mit ihnen ansprechende Grafiken hätten erzeugen können. Der richtige Einsatz von Licht und Schatten und die Wahl geeigneter Farben erfordern ein Maß an fachlichem Knowhow, über das ein Laie schlichtweg nicht verfügt.

Microsoft hat deshalb ein Konzept entworfen, das das Erstellen von professionellen Grafiken dramatisch vereinfacht und eine programmübergreifende Gestaltung von Office-Dokumenten erlaubt.

Das Konzept der Designs

Wenn Sie schon Erfahrungen mit einer älteren Version von PowerPoint besitzen, haben Sie vermutlich bereits mit Farbschemata gearbeitet, mit denen es möglich war, allen Folien einer Präsentation eine neue Farbgebung zuzuweisen. Die neuen Designs setzen auf diesem Konzept auf und erweitern es um neue Formatierungsmerkmale. Außerdem sind Designs nicht auf PowerPoint 2007 beschränkt, sondern liegen auch Word- und Excel-Dokumenten zugrunde und schaffen so die Basis für eine einheitliche Gestaltung von Office-Dokumenten.

Damit Designs von so verschiedenen Programmen wie PowerPoint, Word und Excel gemeinsam genutzt werden können, muss die in einem Design enthaltene Formatierungsinformation möglichst abstrakt und einfach gehalten werden. Zum Beispiel schreibt ein Design lediglich zwei Schriftarten vor: eine für die Überschriften und eine für den normalen Textkörper. Und auch die räumlichen Effekte werden in einem Design lediglich in die drei Kategorien »schwach«, »mittel« und »stark« unterteilt. Wie die Effekte im Einzelnen aussehen, ist Sache des jeweiligen Designs. Für Sie als Anwender hat das den Vorteil, dass Sie durch die Auswahl eines Designs einmalig die Stilrichtung für die grafische Gestaltung Ihres Dokuments festlegen und anschließend aus einer überschaubaren Menge von aufeinander abgestimmten Farben und Effekten auswählen können.

Ein Design beeinflusst folgende Formatierungsmerkmale:

- Farben
- Schriftarten
- Effekte (Linien und Füll- und Spezialeffekte; in PowerPoint auch Hintergrundeffekte).

Konkret handelt es sich dabei um zehn so genannte *Designfarben*, zwei verschiedene Schriftarten (je eine für Überschriften und Textkörper) sowie 12 vordefinierte Effektkombinationen.

Designs anwenden

Jedem Dokument, das Sie mit Word 2007, Excel 2007 oder PowerPoint 2007 erstellen, liegt automatisch ein Design zugrunde, dessen Informationen im Dokument selbst gespeichert werden. Ob das Dokument die Vorgaben des Designs konsequent nutzt oder nicht, liegt dabei in der Verantwortung des jeweiligen Autors.

Damit die hinter den Designs stehende Idee auch tatsächlich funktionieren kann, müssen die durch das Design vorgegebenen Formatierungsmerkmale, also Designfarben, Designschriften und Designeffekte durchgängig benutzt werden. Wenn Sie zum Beispiel für einen Teil Ihrer SmartArts Designfarben verwenden und für einen anderen Teil eigene Farben definieren, kann die Zuweisung eines neuen Designs schwerlich ein Erfolg werden.

Es gibt jedoch auch durchaus gute Gründe, mit »festen« Farben zu arbeiten. Wenn Sie zum Beispiel möchten, dass in Ihren Excel-Tabellen negative Zahlen immer in Rot dargestellt werden, sollten Sie für die Formatierung keine Designfarben verwenden, da sie sich dann beim Zuweisen eines neuen Designs ändern würden.

Um einem Dokument ein neues Design zuzuweisen, gehen Sie wie folgt vor:

1. Wechseln Sie auf die Registerkarte *Entwurf* (PowerPoint) bzw. *Seitenlayout* (Word und Excel).

2. Öffnen Sie das Menü der Schaltfläche *Designs* und bewegen Sie den Mauszeiger über die verschiedenen Vorschaubildchen. Beobachten Sie dabei, wie sich sowohl die Schriftarten als auch die Farben des Dokuments verändern.

3. Übernehmen Sie das gewünschte Design, indem Sie es anklicken.

Bild 44.1   Das Zuweisen eines Designs hat Einfluss auf Farbgebung und Schrift

Illustrationen

777

Designfarben

Wie wir eingangs des Kapitels bereits erwähnt haben, enthält ein Design zehn verschiedene Farben. Diese Farben sind als Gruppe zusammengefasst und lassen sich sehr leicht durch andere Gruppen austauschen. Auf diese Weise können Sie die komplette Farbgebung eines Designs ändern, ohne die anderen Gestaltungsmerkmale zu beeinflussen.

Bei der Wahl der Farben musste u.a. berücksichtigt werden, dass in Word-Dokumenten in aller Regel ein heller (weißer) Untergrund verwendet wird, in PowerPoint-Präsentationen jedoch oft ein dunkler Folienhintergrund zum Einsatz kommt. Ein Design enthält daher vier Hintergrundfarben (die auch für den Text verwendet werden) und sechs Vordergrundfarben, die sich auf allen vier Hintergrundfarben abheben. Zusätzlich gibt es noch zwei Farben zur Darstellung von Hyperlinks bzw. besuchten Hyperlinks.

Bild 44.2 Prinzipieller Aufbau eines Farbschemas aus vier Hintergrund- und sechs Vordergrundfarben

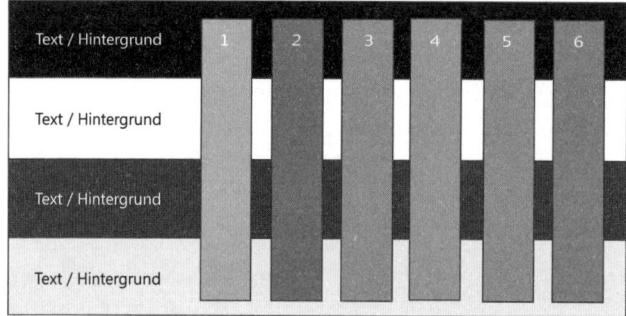

Wenn Ihnen die Farben eines Designs zum Beispiel zu bunt sind, können Sie ihm mit folgenden Schritten besser geeignete Designfarben zuweisen:

1. Wechseln Sie auf die Registerkarte *Entwurf* (PowerPoint) bzw. *Seitenlayout* (Word und Excel).

2. Klicken Sie in der Gruppe *Designs* auf die Schaltfläche *Designfarben* (sie trägt die Beschriftung *Farben*). Es öffnet sich ein Ausklappmenü, in dem die Farbpaletten der verschiedenen Designs enthalten sind.

3. Wählen Sie das gewünschte Farbset aus, um das aktuelle Design zu ändern.

Bild 44.3   Wahl eines neuen Farbsets für ein Design

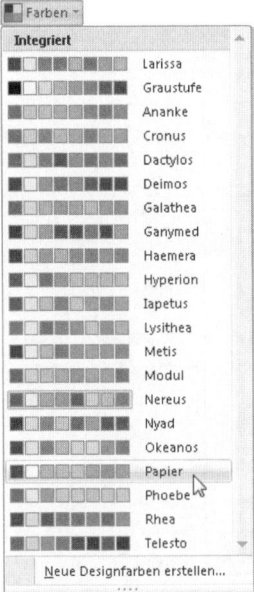

Designfarben erstellen

Falls Sie in der angebotenen Auswahl keine Farbkomposition vorfinden, die Ihren Vorstellungen entspricht, können Sie auch eigene Designfarben definieren.

1. Öffnen Sie wie oben beschrieben die Liste der Designfarben und wählen Sie unten im Menü den Befehl *Neue Designfarben erstellen*. Es erscheint das Dialogfeld aus Bild 44.4, in dem Sie gut erkennen können, welche Bedeutung die verschiedenen Farben in einem Design besitzen. Beachten Sie auch die Beispieldarstellung oben rechts im Dialog, die die aktuelle Farbeinstellung reflektiert.

2. Klicken Sie nun die Schaltflächen der Farben an, die Sie ändern möchten und weisen Sie ihnen neue Werte zu.

3. Geben Sie anschließend einen Namen für das neue Farbset ein und klicken Sie auf *Speichern*.

Illustrationen

779

Bild 44.4 Wahl einer neuen Designfarbe

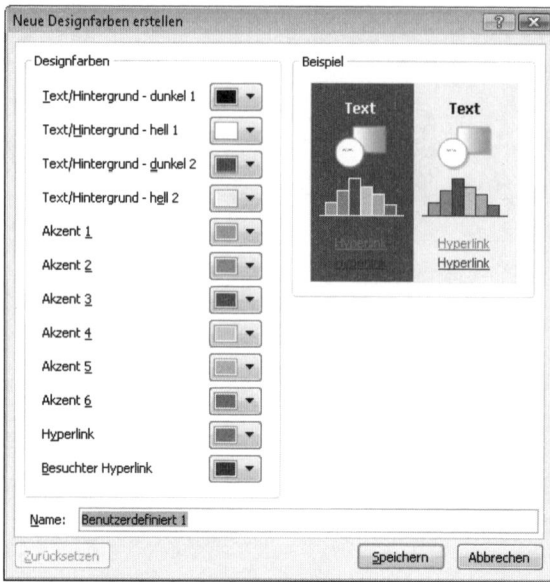

4. Wenn Sie jetzt erneut auf die Schaltfläche *Designfarben* klicken, werden Sie feststellen, dass das von Ihnen erstellte Farbset ganz oben im Menü in der Gruppe *Benutzerdefiniert* auftaucht.

Bild 44.5 Das neue Farbset taucht bei der Farbauswahl ganz oben in der Liste auf

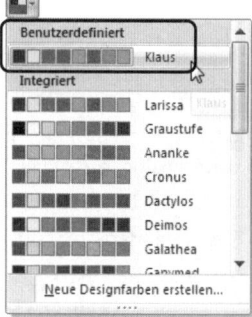

Designschriftarten

Nachdem Sie nun wissen, wie Sie Designfarben verwenden, können wir uns bei der Beschreibung der Designschriftarten kurz fassen. Sie wissen auch bereits, dass ein Design lediglich zwei Schriftarten enthält: eine für die Überschriften und eine für den Textkörper.

Und genau wie Sie benutzerdefinierte Designfarben erstellen können, können Sie auch eigene Designschriftarten definieren. Dieser Fall ist für die Praxis wesentlich relevanter, denn die konsequente Verwendung einer »Hausschrift« ist heute in vielen Firmen absoluter Standard.

Bild 44.6   Die beiden Designschriften erscheinen bei der Wahl der Schriftart ganz oben in der Liste

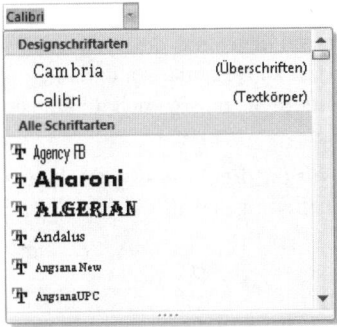

Um eine neue Designschriftart anzulegen, gehen Sie folgendermaßen vor:

1. Klicken Sie auf der Registerkarte *Entwurf* (PowerPoint) bzw. auf der Registerkarte *Seitenlayout* (Word und Excel) auf die Schaltfläche *Schriftarten*.

2. Rufen Sie im Ausklappmenü den Befehl *Neue Designschriftarten erstellen* auf.

3. Stellen Sie die Schriftarten für die Überschriften und den Textkörper ein.

Bild 44.7   Einstellen einer neuen Designschriftart

4. Vergeben Sie einen Namen und klicken Sie auf *Speichern*.

5. Wenn Sie anschließend das Menü der Schaltfläche *Designschriftarten* öffnen, sehen Sie, dass im Menü die neue Gruppe *Benutzerdefiniert* auftaucht, die die neue Designschriftart enthält.

Bild 44.8   Die benutzerdefinierten Schriftarten erscheinen oben im Menü

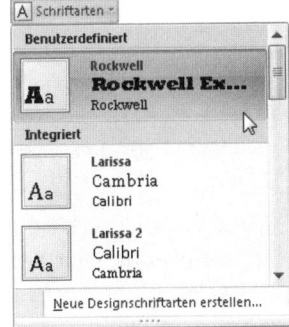

Designeffekte

Der dritte Bereich eines Designs sind die Designeffekte, mit denen u.a. die Darstellung von Formen, Diagrammen und SmartArts gesteuert wird. Im Gegensatz zu Designfarben und -schriftarten lassen sich die Effekte jedoch nicht individuell bearbeiten, sondern Sie müssen sich für eine der im aktuellen Design angebotenen Effekteinstellungen entscheiden.

Den Effekten liegt eine einfache Matrix zugrunde, die für die drei Eigenschaften Linienart, Füllung und räumliche Tiefe jeweils drei unterschiedliche Formatierungen definiert.

Bild 44.9   Matrix der Designeffekte

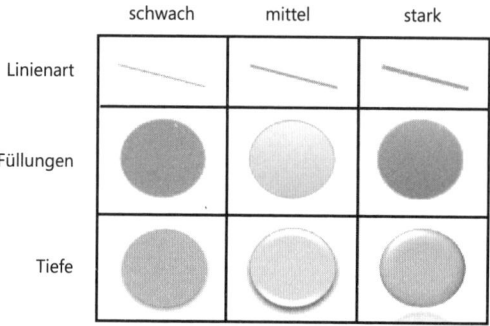

Um einem grafischen Element einen Effekt aus dem aktuellen Design zuzuweisen, gehen Sie so vor:

1. Wechseln Sie auf die Registerkarte *Entwurf* (PowerPoint) bzw. auf die Registerkarte *Seitenlayout* (Word und Excel) und klicken Sie in der Gruppe *Designs* auf die Schaltfläche *Effekte*.

Bild 44.10   Designeffekte lassen sich leider nicht bearbeiten

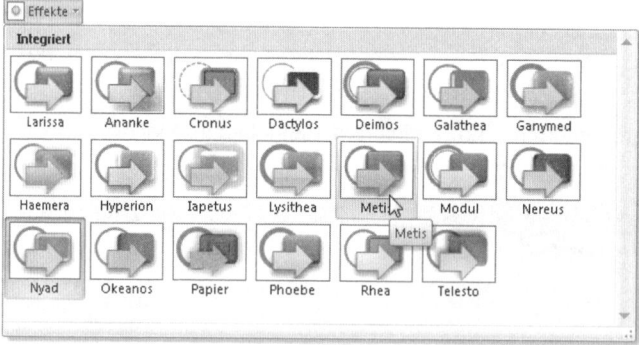

2. Zeigen Sie mit dem Mauszeiger auf die verschiedenen Vorschaugrafiken. Die Wirkung des gewählten Effekts wird dann live im Dokument angezeigt (natürlich nur, wenn es mindestens ein grafisches Element mit Effekten enthält).

3. Klicken Sie den gewünschten Designeffekt an, um ihn zu übernehmen.

Hintergrundformate

Neben den bisher vorgestellten Elementen enthält ein Design noch drei weitere Fülleffekte, die als Basis für die so genannten *Hintergrundformate* dienen. Ein Blick in die dem Design zugrunde liegende XML-Datei (siehe Bild 44.11) zeigt, dass diese Elemente (*bgFillStyleList*) den Design-Effekten (*fmtSchema*) untergeordnet sind.

Bild 44.11   Blick in den XML-Code eines Designs

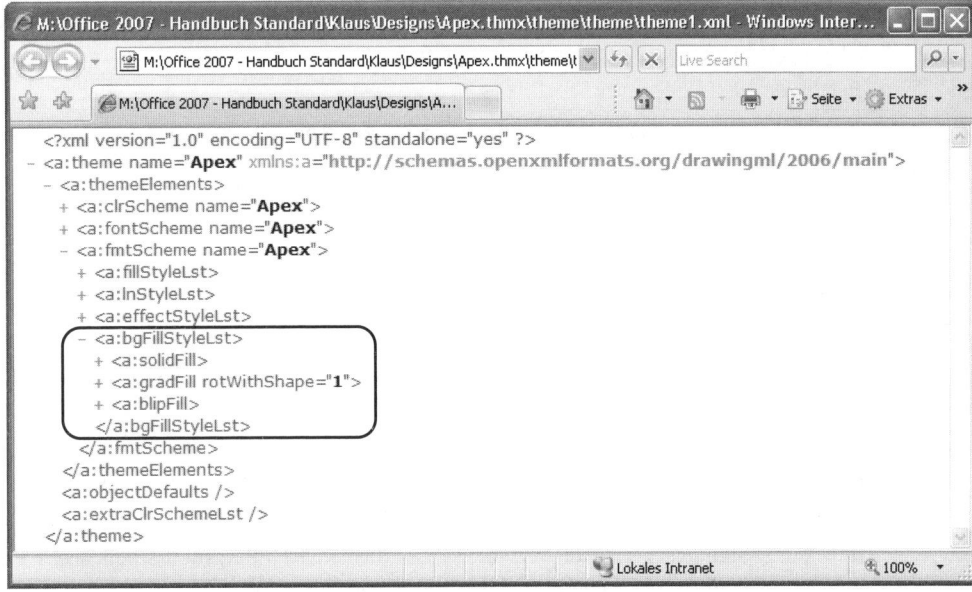

Die Formate werden in Office 2007 jedoch lediglich von PowerPoint genutzt. Wenn Sie auf der Registerkarte *Folienmaster* das Auswahlmenü der Schaltfläche *Hintergrundformate* öffnen, werden Sie feststellen, dass PowerPoint insgesamt 12 Hintergrundformate anbietet.

Bild 44.12   In PowerPoint sind zusätzlich 12 verschiedene Hintergrundformate definiert

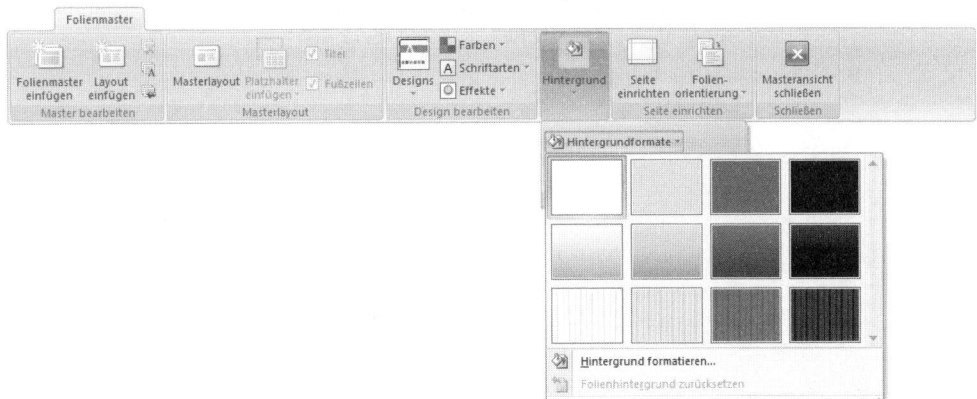

Diese Varianten entstehen aus der Kombination der drei Hintergrundeffekte mit den vier Hintergrundfarben des Designs. Während die Hintergründe der oberen Reihe immer aus einer einfarbigen Füllung bestehen, besitzen die unteren beiden Reihen Verläufe und/oder Strukturen.

Designs speichern und öffnen

Sie können die aktuellen Einstellungen eines Designs in einer neuen Datei speichern. Die so erzeugte Datei hat die Erweiterung *.thmx* und besitzt – genau wie ein Office 2007-Dokument – ein komprimiertes Dateiformat. Zum Speichern klicken Sie in der Registerkarte *Seitenlayout* (Word und Excel) bzw. *Entwurf* (PowerPoint) auf die Schaltfläche *Designs* und wählen in ihrem Menü den Befehl *Aktuelles Design speichern*.

Umgekehrt ist es natürlich auch möglich, ein zuvor gespeichertes Design zu laden. Wählen Sie dazu im gleichen Menü den Befehl *Nach Designs suchen* und öffnen Sie das gewünschte Design über den angezeigten Dialog.

Zusammenfassung

In diesem Kapitel haben Sie das neue Konzept der Designs kennen gelernt, das Sie beim Erstellen von professionellen Office-Dokumenten unterstützt.

- Ein Design definiert Farben, Schriftarten und verschiedene Effekte (Seite 776).

- Designs werden von folgenden Programmen der Office 2007 Home and Student-Edition unterstützt: Word 2007, Excel 2007 und PowerPoint 2007 (Seite776).

- Ein Design definiert zwölf verschiedene Farben: vier Hintergrundfarben, sechs Vordergrundfarben und zwei Farben für die Darstellung von Hyperlinks (Seite 778).

- In einem Design werden lediglich zwei Schriftarten vorgegeben: eine für Überschriften und eine für Textkörper (Seite 780).

- Die räumliche Wirkung wird durch Designeffekte vorgeben, die im Gegensatz zu den Designfarben und Designschriften nicht verändert werden können (Seite 782).

- PowerPoint 2007 verwendet als einziges Programm der Office-Familie die drei Hintergrundformate eines Designs. Durch Kombination mit den vier Hintergrundfarben erzeugt PowerPoint insgesamt zwölf mögliche Varianten (Seite 783).

- Ein geändertes Design kann als separate Datei gespeichert und dann auf andere Dokumente angewendet werden (Seite 784).

Kapitel 45

Illustrationen einfügen

Illustrationen

Die ohnehin schon üppigen Funktionen zur Bildbearbeitung sind in der neuen Version von Office noch einmal ordentlich aufgestockt worden. Wir geben Ihnen daher in diesem Kapitel zunächst einen Überblick, wie Sie die verschiedenen grafischen Elemente, die in Office 2007 als *Illustrationen* bezeichnet werden, in ein Dokument einfügen. Im folgenden Kapitel lernen Sie dann die vielfältigen Verfahren kennen, mit denen Sie eine Illustration nachträglich bearbeiten können.

Zum Glück ist der Umgang mit Illustrationen in den verschiedenen Programmen der Office-Familie sehr einheitlich gelöst, so dass Sie die hier beschriebenen Verfahren in der Regel eins zu eins auf die drei Programme Word, Excel und PowerPoint übertragen können. Auf etwaige Besonderheiten weisen wir Sie explizit hin.

Überblick

Die Befehle zum Einfügen der verschiedenen grafischen Elemente finden Sie in allen Programmen auf der Registerkarte *Einfügen* in der Gruppe *Illustrationen*.

Bild 45.1 Über die Schaltflächen der Gruppe *Illustrationen* können Sie die verschiedenen grafischen Elemente in Ihre Dokumente einfügen (hier: PowerPoint)

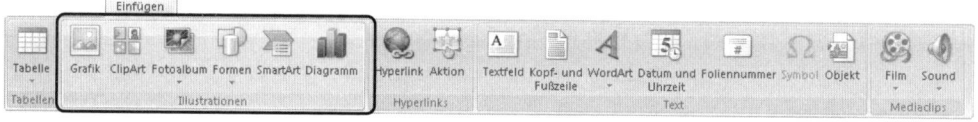

PowerPoint: Einfügen in Platzhalter

In PowerPoint korrespondieren die Schaltflächen der Gruppe *Illustrationen* mit den Symbolen, die sich in den Platzhaltern der Folien befinden.

Bild 45.2 In PowerPoint können Sie durch Anklicken eines der Symbole die entsprechende Illustration in den Platzhalter einfügen

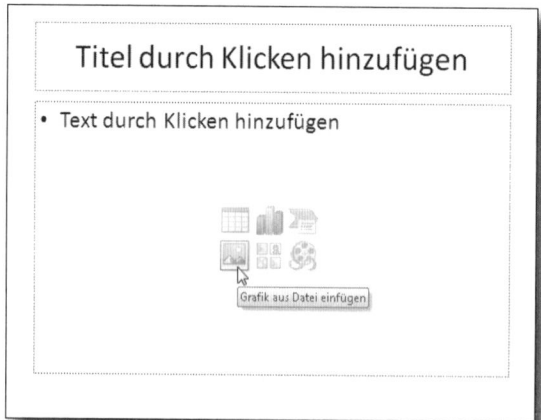

Ob Sie die Schaltflächen der Registerkarte oder die eines Platzhalters verwenden, hängt davon ab, ob Sie die Illustration als eigenes Objekt (über die Registerkarte) oder als Inhalt eines Platzhalters (der Größe und Position der Illustration vorgibt) einfügen wollen.

Einfügeposition bestimmen

Bevor Sie eine neue Illustration in ein Dokument einfügen, müssen Sie zunächst festlegen, an welcher Position des Dokuments Sie sie aufnehmen wollen:

- **Word 2007** Setzen Sie die Einfügemarke an die gewünschte Position.

- **Excel 2007** Zeigen Sie das Arbeitsblatt an, auf dem Sie die Illustration einfügen wollen.

- **PowerPoint 2007** Zeigen Sie die Folie an, auf der Sie die Illustration einfügen wollen.

Wie Sie im weiteren Verlauf des Kapitels noch sehen werden, können Sie die Position der eingefügten Illustration in allen Programmen nachträglich verändern.

Grafiken einfügen

Im einfachsten Fall liegt die Grafik, die Sie einfügen wollen, bereits als Datei auf Ihrem Rechner vor. Dabei ist es völlig egal, ob Sie das Bild mit einem Zeichenprogramm selbst erstellt haben oder ob es fertig von einem Programm, z.B. auf CD-ROM, mitgeliefert wurde. Sie müssen nur wissen, in welchem Ordner es sich befindet.

1. Legen Sie die Position fest, an der Sie die Grafik einfügen möchten.

2. Wechseln Sie auf die Registerkarte *Einfügen* und klicken Sie dort in der Gruppe *Illustrationen* auf die Schaltfläche *Grafik*. Das Dialogfeld *Grafik einfügen* wird angezeigt.

Bild 45.3   Auswahl der einzufügenden Grafik

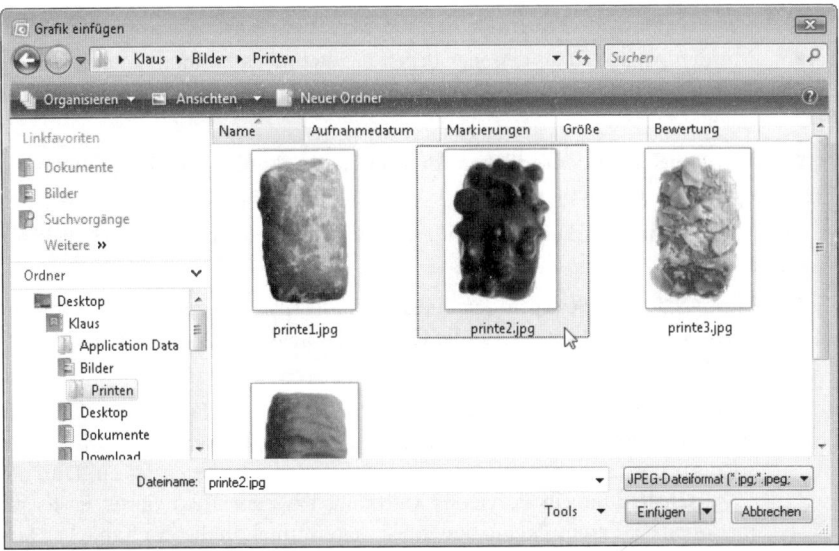

3. Falls Sie nach Bildern eines bestimmten Typs suchen (z.B. TIF, BMP, GIF etc.), können Sie ihn im Dialogfeld als Dateityp voreinstellen. Das erleichtert die Suche, weil dann im Dialogfeld nur diese Dateien aufgelistet werden.

4. Lassen Sie bei Bedarf mit Hilfe der Schaltfläche *Ansichten* Vorschaubilder (Miniaturansichten) der Grafiken im Dialogfeld anzeigen.

5. Wechseln Sie in den Ordner, in dem sich die gesuchte Datei befindet, und markieren Sie die gewünschte Grafik.

6. Klicken Sie auf *Einfügen*, um die Grafik im Dokument zu platzieren.

PROFITIPP

Grafiken verknüpft einfügen

Wenn Sie möchten, dass sich spätere Änderungen an der Grafik automatisch auf das Dokument auswirken (z.B. bei einem Firmenlogo), müssen Sie die Grafik verknüpft einfügen. Klicken Sie dazu auf das kleine Dreieck der Schaltfläche *Einfügen* und wählen Sie dann im ausgeklappten Menü den Befehl *Mit Datei verknüpfen*.

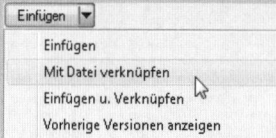

Größe einer Grafik ändern

Beim Einfügen einer Grafik versucht Office, die Originalgröße des Bildes beizubehalten. Da das aber in den seltensten Fällen die richtige Größe sein wird, müssen Sie die Grafik in der Regel anschließend noch vergrößern oder verkleinern. Am schnellsten können Sie das mit der Maus erledigen. Dazu benutzen Sie die acht Anfasser der Grafik, die erscheinen, sobald Sie die Grafik mit der Maus anklicken.

■ Mit den Anfassern an den vier Ecken des Rahmens können Sie die Größe der Grafik verändern, ohne die Grafik dabei zu verzerren. Das heißt, das Höhen-/Breitenverhältnis der Grafik bleibt erhalten.

■ Wenn Sie einen der seitlichen Anfasser ziehen, können Sie die Grafik nur in der Breite bzw. der Höhe verändern. Dabei wird die Grafik verzerrt.

Zusätzlich können Sie die Größenänderung der Grafik noch durch das Drücken zweier Tasten beeinflussen:

■ Wenn Sie beim Bewegen der Maus die Taste ⌞Strg⌝ festhalten, erfolgt die Größenänderung bezogen auf den Mittelpunkt der Grafik (das heißt, der Mittelpunkt der Grafik wird nicht verschoben).

■ Wenn Sie ⌞Alt⌝ drücken, schalten Sie die Wirkung des Rasters um. Das Raster erleichtert das Ausrichten von grafischen Elementen, indem es dafür sorgt, dass sich Objekte nicht stufenlos, sondern nur in einer voreingestellten Schrittweite bewegen lassen. Durch das Drücken von ⌞Alt⌝ schalten Sie ein aktiviertes Raster aus bzw. ein deaktiviertes Raster ein. Weitere Informationen zu diesem Thema finden Sie weiter hinten in diesem Kapitel ab Seite 798.

Wenn Sie die Größe einer Grafik exakt einstellen wollen, kommen Sie mit der Maus nicht weiter. In diesem Fall tragen Sie die gewünschte Größe besser auf der Registerkarte *Format* ein, die automatisch angezeigt wird, sobald Sie die Grafik mit der Maus angeklickt (markiert) haben. Die benötigten Eingabefelder befinden sich auf der Registerkarte ganz rechts.

Bild 45.4   Auf der Registerkarte *Format* können Sie die Grafikgröße exakt vorgeben

ClipArts einfügen

ClipArts sind kleine Zeichnungen, die im Lieferumfang von Office enthalten sind und die Sie in Ihren Dokumenten einsetzen können. Der Vorteil von ClipArts ist ihr geringer Speicherplatzbedarf, da es sich um so genannte Vektorgrafiken handelt.

Die Auswahl an ClipArts ist riesig, und wenn Sie einen Internet-Anschluss besitzen, können Sie zusätzlich z.B. auf die Bilderdatenbank von Microsoft zugreifen, deren ClipArts Sie kostenlos herunterladen dürfen.

1.   Legen Sie die Position fest, an der Sie die ClipArt einfügen möchten.

2.   Klicken Sie auf der Registerkarte *Einfügen* auf die Schaltfläche *ClipArt*. Dadurch wird der Aufgabenbereich *ClipArt* eingeblendet.

Bild 45.5   Aufgabenbereich zum Einfügen von ClipArts

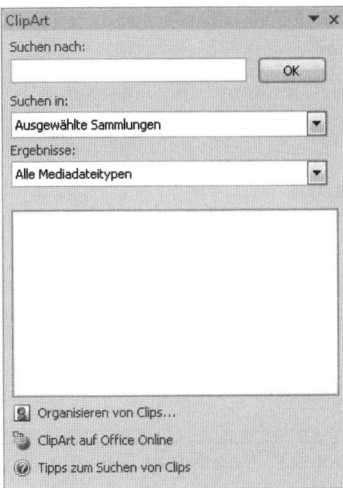

3.   Geben Sie im Feld *Suchen nach* einen Suchbegriff ein.

Illustrationen

Wo wollen Sie suchen?

Bei der Suche nach einer ClipArt greift Office 2007 auf verschiedene Quellen zurück, die Sie mit der Liste *Suchen in* wählen können. Die Liste enthält drei Einträge:

■ **Meine Sammlungen** Die Bilder auf der Festplatte Ihres Computers.

■ **Office Sammlungen** Die mit Office gelieferten Bilder.

■ **Websammlungen** Bilderdatenbanken im Internet.

4. Schränken Sie die Suche je nach Bedarf mit der Liste *Suchen in* auf bestimmte Sammlungen bzw. Themengebiete ein.

Bild 45.6   Auswahl der zu durchsuchenden Sammlungen

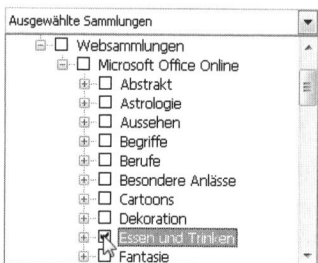

Welchen Medientyp suchen Sie?

In der Standardeinstellung sucht Office 2007 nach allen Mediendaten, die es kennt: ClipArts, Fotos, Filme und Sounds (Klangdateien). Mit der Liste *Ergebnisse* können Sie die Suche auch auf bestimmte Medientypen einschränken. Das kann z.B. sinnvoll sein, wenn sehr viele angezeigte Treffer die Trefferliste unübersichtlich machen würden.

5. Beschränken Sie die Suche gegebenenfalls auf bestimmte Medientypen.

Bild 45.7   Auswahl des gewünschten Medientyps

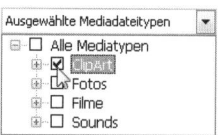

6. Starten Sie jetzt die Suche mit einem Klick auf *OK*. Nach kurzer Wartezeit werden die gefundenen ClipArts im Aufgabenbereich angezeigt.

TIPP **Dateityp vorgeben** Sie können bei der Suche auch den Dateityp vorgeben. Wenn Sie etwa eine JPEG-Datei suchen, können Sie in der Liste *Ereignisse* festlegen, dass Office ausschließlich Grafiken mit diesem Dateityp berücksichtigen soll. Zum Anzeigen der angebotenen Dateitypen klicken Sie auf das Pluszeichen des gewünschten Medientyps.

Bild 45.8 Die gefundenen ClipArts werden im Aufgabenbereich angezeigt. Vorschaubilder, die in der unteren linken Ecke mit einem Globus markiert sind, stammen aus einer Websammlung

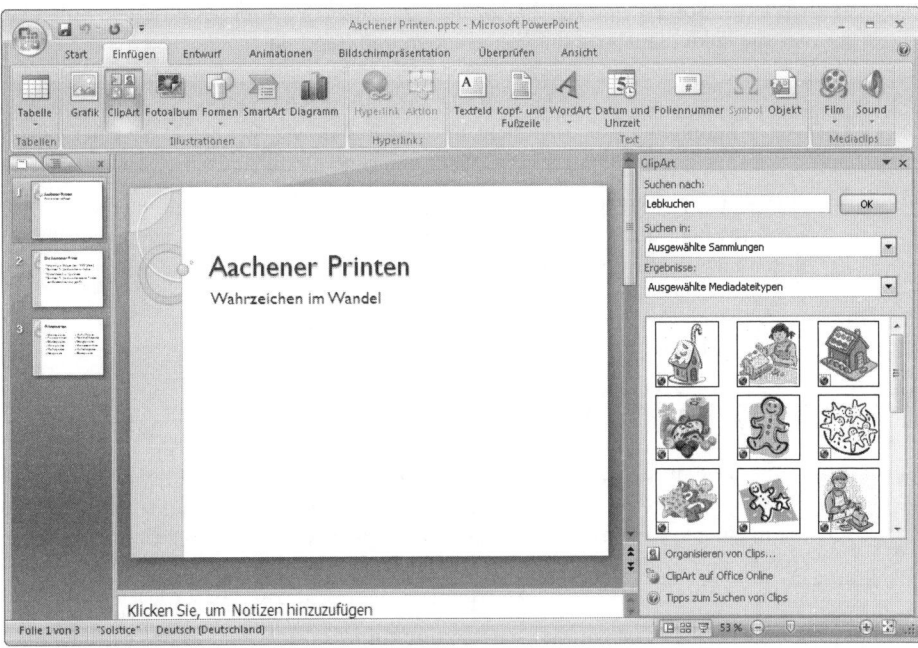

7. Sie können eine vergrößerte Darstellung der ClipArts anzeigen, indem Sie sie mit der rechten Maustaste anklicken und im Kontextmenü den Befehl *Vorschau/Eigenschaften* aufrufen.

Bild 45.9 Im Vorschaufenster einer ClipArt finden Sie unter anderem eine Liste von Schlüsselwörtern, die Ihnen bei der Suche nach verwandten Grafiken helfen kann

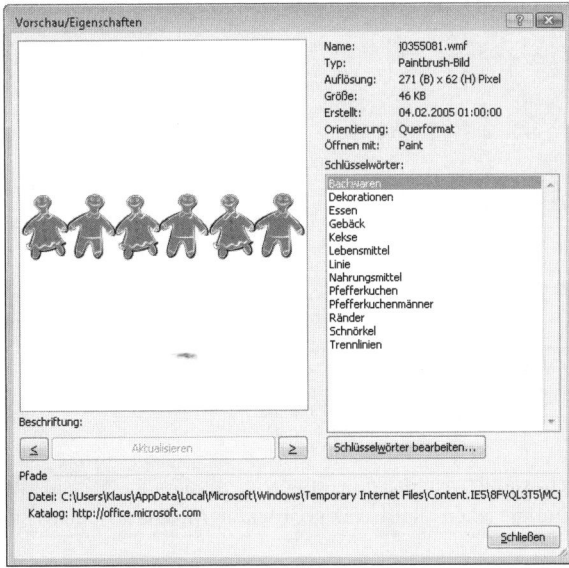

TIPP Wenn Office sehr viele ClipArts gefunden hat, empfiehlt es sich, die Breite des Aufgabenbereichs zu vergrößern. Dazu zeigen Sie mit der Maus auf den linken Rand des Aufgabenbereichs. Sobald sich der Mauszeiger zu einem waagerechten Doppelpfeil verändert, drücken Sie die linke Maustaste und verschieben den Rand nach links.

8. Suchen Sie ein Bild in der Liste aus und klicken Sie es dann mit der Maus an, um es in das Dokument zu übernehmen. Informationen, wie Sie die Größe einer ClipArt ändern, finden Sie auf Seite 788 im Abschnitt »Größe einer Grafik ändern«.

Wenn Ihnen die Suchfunktion des Aufgabenbereichs *ClipArt* zu unübersichtlich sein sollte, können Sie Ihre Suche auch direkt auf der Website *Microsoft Office Online* durchführen. Klicken Sie dazu unten im Aufgabenbereich auf *ClipArt auf Office Online,* um die Seite in Ihrem Browser anzuzeigen. Die Suche folgt dort ebenfalls dem hier beschriebenen Prinzip.

Formen einfügen

Wenn Sie eine kleine Skizze oder auch ein Flussdiagramm in Ihrem Dokument verwenden wollen, brauchen Sie nicht gleich zu einem Grafikprogramm zu greifen. Arbeiten Sie einfach mit *Formen,* die in einer verschwenderischen Fülle vorhanden sind. Formen gehören bereits seit mehreren Versionen zum Portfolio von Office. Sie hießen allerdings bislang *AutoFormen,* da sie aus einer Ära stammen, in der das Präfix »Auto« inflationär benutzt wurde.

Formen werden, genau wie Grafiken und ClipArts, über die Registerkarte *Einfügen* erstellt. Klicken Sie dazu in der Gruppe *Illustrationen* auf das Symbol *Formen,* um eine Liste der angebotenen Formen anzuzeigen.

Bild 45.10 Die Auswahl an Formen ist überaus reichhaltig

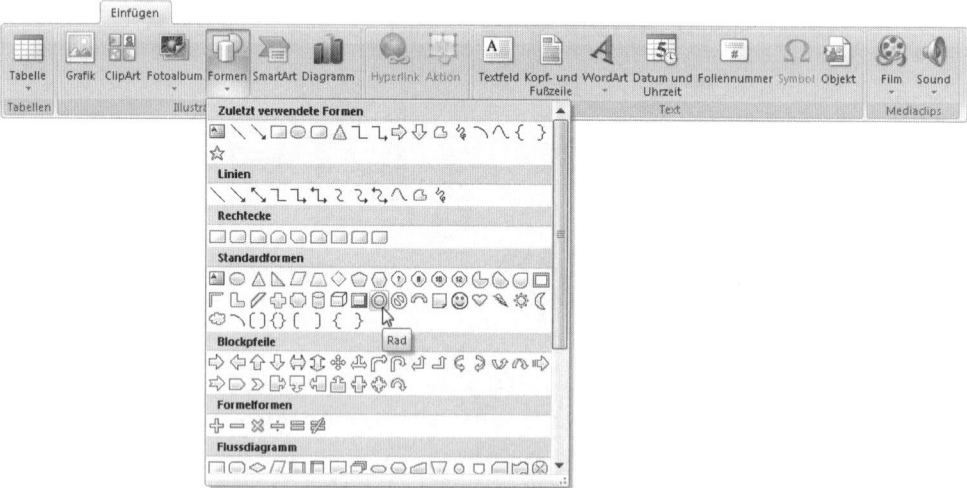

Um eine Form einzufügen, wählen Sie das gewünschte Symbol aus der Liste aus, klicken mit der Maus in Ihr Dokument und ziehen dann mit gedrückter Maustaste einen Rahmen in der gewünschten Größe auf.

Die Bedeutung der gelben Rauten

Viele Formen verfügen neben den normalen Anfassern noch über eine oder mehrere gelbe Rauten. Mit ihnen können Sie die Proportionen einer Form nachträglich modifizieren, indem Sie sie mit der Maus verschieben. Office deutet die neue Form dabei mit einer punktierten Linie auf dem Bildschirm an.

Bild 45.11 Mit Hilfe der gelben Rauten lassen sich die Formen verändern

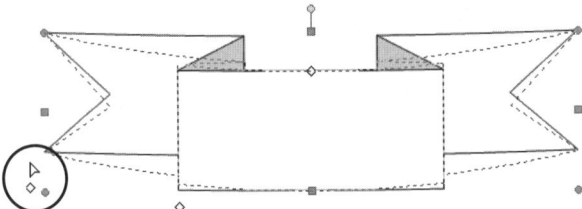

Drehen einer Form

Mit dem grünen Anfasser können Sie eine Form um ihren Mittelpunkt drehen. Durch Drücken der ⌂-Taste erreichen Sie, dass die Drehung in 15°-Schritten erfolgt. Die neue Lage der Form wird beim Drehen durch eine punktierte Linie angezeigt.

Bild 45.12 Mit Hilfe der grünen Punkte können Sie eine Form drehen

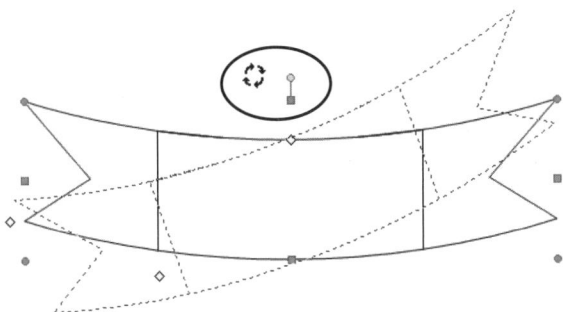

HINWEIS In Word gibt es noch eine weitere Besonderheit: Wenn Sie vor dem Drücken der Maustaste noch die Strg-Taste drücken (und während des Drehens gedrückt halten), wird die Drehung um den Anfasser ausgeführt, der dem grünen Anfasser gegenüberliegt.

Formen mit Text füllen

Wenn Sie eine Form beschriften wollen, können Sie den betreffenden Text direkt der Form zuweisen. Dies funktioniert bei allen geschlossenen Formen (und zusätzlich bei Kurven):

1. Markieren Sie die Form und tippen Sie den gewünschten Text einfach ein. Dabei erscheint innerhalb der Form ein blinkender Cursor.

2. Anschließend können Sie den Text mit den gewohnten Werkzeugen formatieren und zum Beispiel die Größe und Auszeichnung der Schrift ändern.

Bild 45.13   Eine beschriftete Form

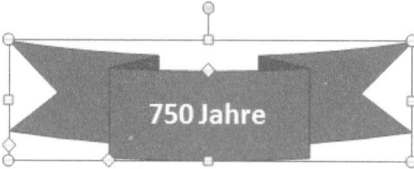

Schnellformatvorlagen zuweisen

In der Regel werden Sie bei einer neuen Form die vorgegebene Darstellung noch verändern wollen. Dazu verwenden Sie am besten eine der Schnellformatvorlagen, mit deren Hilfe sich diese Aufgabe in wenigen Sekunden erledigen lässt:

1. Markieren Sie die gewünschte Form.

2. Zeigen Sie die Registerkarte *Zeichentools / Format* an und öffnen Sie den Auswahlkatalog der Gruppe *Formenarten*.

Bild 45.14   Zuweisen einer Schnellformatvorlage. In Word ist der Befehl *Andere Designfüllungen* nicht im Auswahlmenü enthalten, das dafür jedoch umfangreicher ist als in Excel und PowerPoint

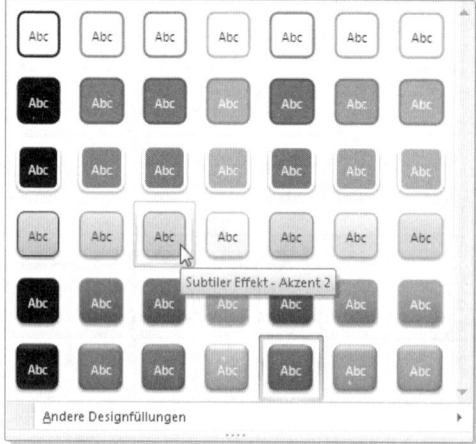

3. Wandern Sie mit dem Mauszeiger über die Einträge des Auswahlkatalogs und begutachten Sie die Wirkung der Formatvorlagen direkt im Dokument. Übernehmen Sie die gewünschte Vorlage durch Anklicken.

4. In Excel und PowerPoint können Sie die Füllung der Form auch mit einem Beleuchtungseffekt versehen. Öffnen Sie dazu den Katalog erneut und wählen Sie ganz unten den Befehl *Andere Designfüllungen*.

TIPP Die in der Liste angebotene Auswahl hängt von dem jeweiligen Design ab, das Sie dem aktuellen Dokument zugewiesen haben. Ausführliche Informationen über das Design-Konzept finden Sie in Kapitel 44.

SmartArts einfügen

SmartArts sollen Ihnen helfen, Sachverhalte grafisch umzusetzen – frei nach dem Motto: »Ein Bild sagt mehr als tausend Worte«. Wie Sie gleich noch sehen werden, liegt die besondere Stärke von SmartArts in ihrer enormen Effektivität. Es ist in der Tat mit erstaunlich wenig Aufwand möglich, professionelle Illustrationen zu erstellen, die Ihre Dokumente deutlich aufwerten können.

In diesem Abschnitt werden wir mit Hilfe von SmartArts ein Diagramm anfertigen, das den Kreislauf der Software-Entwicklung nach dem Modell des *Extreme Programming (XP)* verdeutlichen soll. Die dazu erforderliche Vorgehensweise zeigt die folgende Grafik, die selbst eine SmartArt ist.

Bild 45.15 Entstehungsprozess einer SmartArt-Grafik

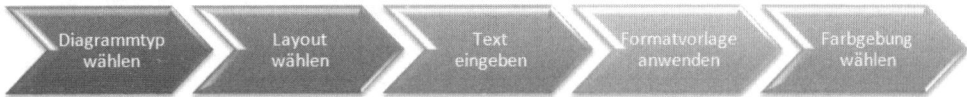

1. Legen Sie die Position fest, an der Sie die SmartArt einfügen möchten.

2. Wechseln Sie auf die Registerkarte *Einfügen* und klicken Sie dort in der Gruppe *Illustrationen* auf die Schaltfläche *SmartArt*. Es erscheint der SmartArt-Katalog, in dem die verschiedenen Layouts nach Typen geordnet aufgeführt sind (siehe Bild 45.16).

3. Wählen Sie einen Typ aus, mit dem sich die Zusammenhänge, die Sie darstellen möchten, am besten visualisieren lassen. In unserem Fall ist dies sicherlich der Typ *Zyklus*. Im Katalog werden dann nur noch die Layouts des gewählten Typs angezeigt.

4. Wenn Sie die einzelnen SmartArt-Layouts anklicken, erscheint rechts im Fenster eine kurze Erläuterung, die Hinweise zum sinnvollen Einsatz der jeweiligen Layouts liefert.

5. Übernehmen Sie das gewählte Layout mit *OK*. Dadurch wird die Rohfassung der SmartArt in das Dokument eingefügt. Außerdem tauchen in der Multifunktionsleiste zwei Registerkarten auf, auf die wir gleich noch eingehen werden.

Illustrationen

Bild 45.16   Der SmartArt-Katalog enthält eine reichhaltige Auswahl

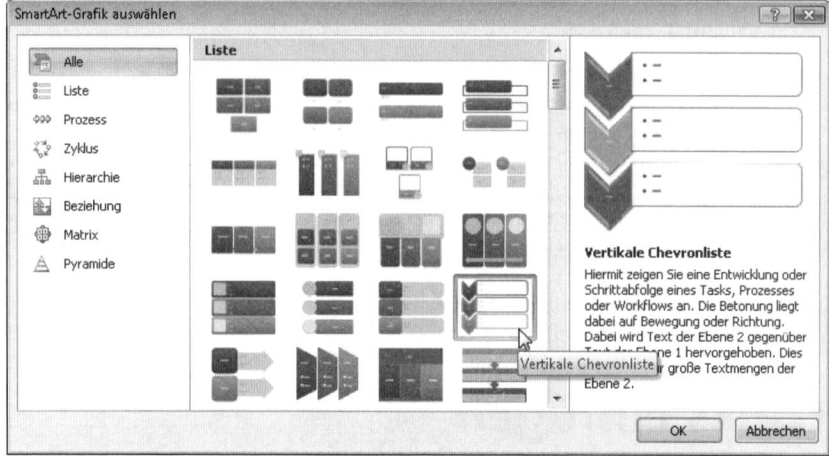

6.   Sie könnten nun die Textplatzhalter bereits im Diagramm durch eigene Texte ersetzen. Komfortabler lässt sich das jedoch in einem speziellen Textbereich vornehmen, den Sie durch einen Klick auf den kleinen Griff am linken Rand des SmartArt-Rahmens einschalten können.

Bild 45.17   Im Textbereich lassen sich die Texte der SmartArt bequem editieren

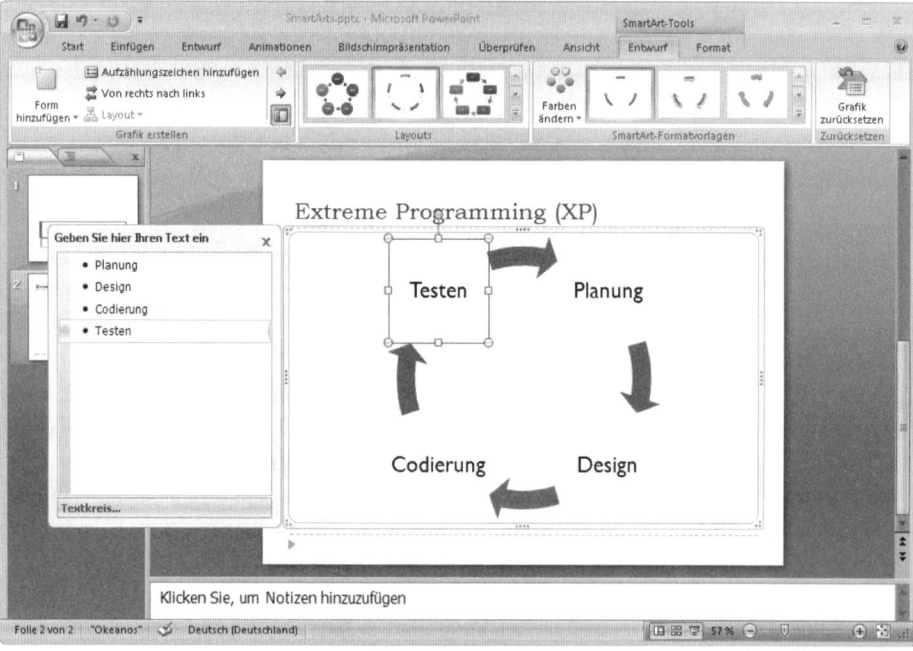

7.   Geben Sie die Texte in den Textbereich ein. Beachten Sie, dass sich die Schriftgröße an die eingegebene Textmenge anpasst. Bei Bedarf können Sie nicht benötigte Listeneinträge löschen oder neue Einträge ergänzen.

8. Wenn Sie alle Textplatzhalter ausgefüllt haben, können Sie den Textbereich über seine Schließen-Schaltfläche wieder ausblenden.

Damit liegt die Grundstruktur der SmartArt fest und Sie können im nächsten Schritt ihre optische Gestaltung ändern. Dazu verwenden Sie am besten eine der angebotenen Formatvorlagen, auch wenn es prinzipiell möglich ist, die einzelnen Bestandteile einer SmartArt individuell zu bearbeiten.

9. Öffnen Sie in der Registerkarte *Entwurf* die Auswahlliste für die *SmartArt-Formatvorlagen*. Zeigen Sie dann mit der Maus auf die verschiedenen Vorlagen, um ihre Wirkung direkt im Dokument anzuzeigen. Beachten Sie auch, dass einige Formatvorlagen einen räumlichen Effekt haben.

Bild 45.18 Zeigen Sie mit der Maus auf die verschiedenen Formatvorlagen, um ihre Wirkung direkt im Dokument beurteilen zu können

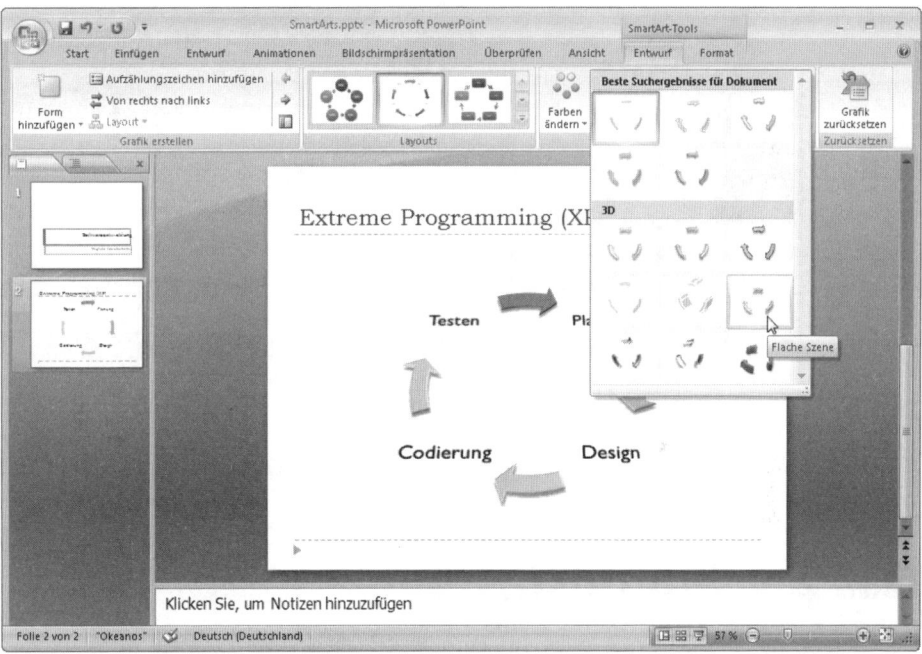

10. Nachdem Sie eine geeignete Formatvorlage ausgewählt haben, können Sie noch die Farbgebung der SmartArt ändern. Klicken Sie dazu auf die Schaltfläche *Farben ändern* und übernehmen Sie eine der angebotenen Varianten.

Wenn Sie sich das letzte Bild noch einmal ansehen, werden Sie bemerken, dass der Text noch nicht optimal mit den Pfeilen harmoniert. Der Text ist zwar, genau wie die Pfeile, optisch nach hinten gekippt, aber der fehlende Schatten stört den Gesamteindruck. Dieses Manko soll nun noch mit möglichst wenig Aufwand behoben werden.

11. Klicken Sie die SmartArt an und schalten Sie den Textbereich ein.

12. Markieren Sie im Textbereich den gesamten Text.

13. Wechseln Sie auf die Registerkarte *Format*, öffnen Sie das Menü der Schaltfläche *Texteffekte* und klappen Sie das Untermenü *Schatten* auf.

Illustrationen

797

14. Suchen Sie für die Texte einen passenden Effekt aus. Dank der Live-Vorschau brauchen Sie dazu nur mit dem Mauszeiger auf die verschiedenen Vorschaubilder des Katalogs zeigen.

Bild 45.19 Der markierte Text lässt sich mit diversen Spezialeffekten versehen

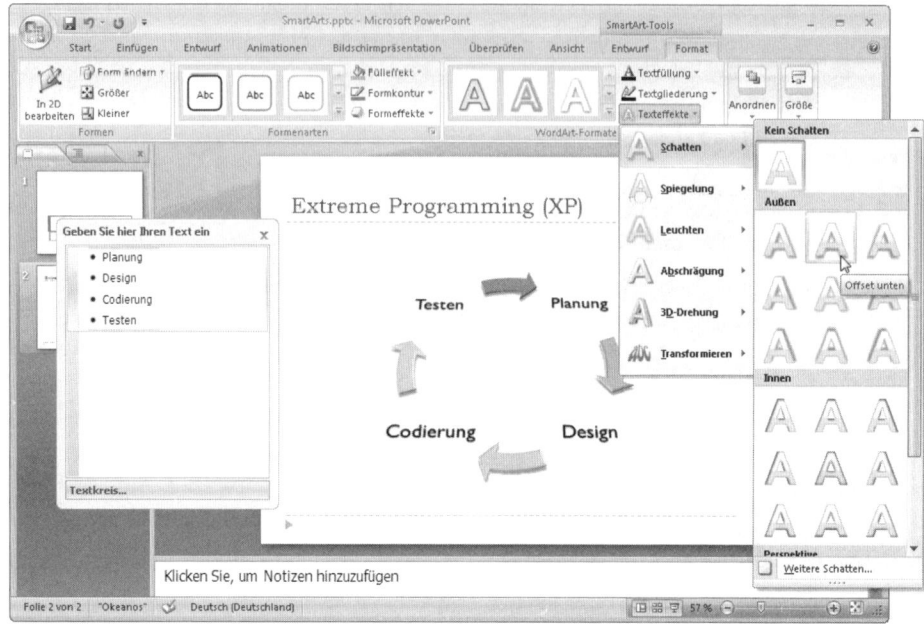

An dieser Stelle wollen wir die Vorstellung der SmartArts beenden – auch wenn auf den beiden Registerkarten *Entwurf* und *Format* noch eine Fülle von hoch-interessanten Funktionen schlummern. Am besten probieren Sie in einer ruhigen Stunde die verschiedenen Effekte der Reihe nach aus.

Das Zeichnungsraster

Wenn Sie eine Grafik oder eine Form verschieben, bewegt sie sich nicht völlig gleichmäßig, sondern in kleinen kaum wahrnehmbaren Sprüngen. Die Ursache für dieses Verhalten ist das so genannte Zeichnungsraster, mit dem Office das exakte Positionieren von Grafiken und das Zeichnen von Formen unterstützt. Dieser Abschnitt beschreibt, wie Sie dieses Raster auf dem Bildschirm sichtbar machen und wie Sie seine Einstellungen verändern können.

Leider verhalten sich Excel, Word und PowerPoint in diesem Punkt etwas unterschiedlich:

■ **Excel 2007** verwendet kein spezielles Raster, sondern die Gitternetzlinien des Arbeitsblattes.

■ **Word 2007** nutzt ein Zeichnungsraster, bei dem Sie die horizontalen und vertikalen Linien unabhängig voneinander konfigurieren können.

■ **PowerPoint 2007** arbeitet mit einem quadratischen Zeichnungsraster, bei dem sich die Größe der Kästchen einstellen lässt. Zusätzlich können aber auch Führungslinien eingeblendet werden, an denen sich ebenfalls Objekte ausrichten lassen.

In allen Programmen werden die Rasterlinien zusätzlich auch als Gitternetzlinien bezeichnet.

Das automatische Einrasten beim Zeichnen bzw. beim Verschieben von Objekten können Sie beeinflussen, indem Sie die automatische Ausrichtung von Objekten ein- bzw. ausschalten. Sie haben dabei die Wahl zwischen einer kurzzeitigen Deaktivierung und einem dauerhaften Ausschalten.

Wenn Sie die automatische Ausrichtung nur für das Verschieben eines einzelnen Objektes umschalten wollen, drücken Sie beim Verschieben die $\boxed{\text{Alt}}$-Taste. Dadurch wird die Wirkung der Funktion umgekehrt: Ist die automatische Ausrichtung zurzeit aktiv, wird sie durch Drücken von $\boxed{\text{Alt}}$ temporär deaktiviert und Sie können das Objekt frei verschieben. Im anderen Fall, also wenn die Funktion ausgeschaltet war, wird sie beim Drücken der Taste wieder wirksam.

Konfiguration des Rasters in Excel 2007

In Excel kann man eigentlich nicht von einem echten Zeichnungsraster sprechen. Das Raster wird hier durch die Begrenzungslinien der Zeilen und Spalten gebildet. Die Sichtbarkeit der Trennlinien steuern Sie, indem Sie auf der Registerkarte *Ansicht* in der Gruppe *Einblenden/Ausblenden* die Option *Gitternetzlinien* ein- bzw. ausschalten.

Um das Standardverhalten des Rasters einzustellen, gehen Sie folgendermaßen vor:

1. Markieren Sie eine Grafik, ClipArt oder Form.
2. Wechseln Sie auf die Registerkarte *Format* der *Bildtools.*
3. Klicken Sie in der Gruppe *Anordnen* auf die Schaltfläche *Ausrichten* und wählen Sie den Befehl *Am Raster ausr.* Der Befehl wirkt wie ein Schalter, d.h. jeder Aufruf wechselt den aktuellen Status der Einrast-Funktion.

Beachten Sie, dass bei aktiviertem Raster alle Seiten eines Objekts einrasten können. Die ClipArt in der folgenden Abbildung ist zum Beispiel einmal an ihrer linken und einmal an ihrer rechten Seite eingerastet.

Bild 45.20 In Excel wirken die Rahmenlinien der Zellen als Raster

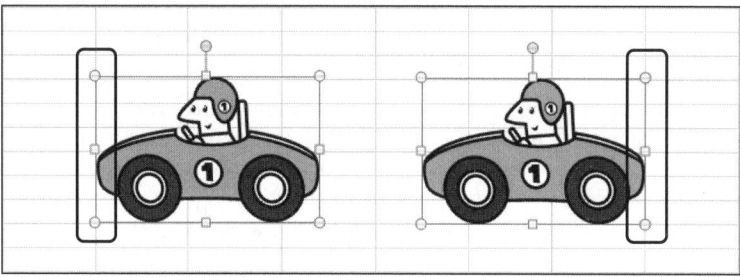

Konfiguration des Rasters in Word 2007

In Word ist das Zeichnungsraster normalerweise ausgeschaltet. Um es auf dem Bildschirm sichtbar zu machen, müssen Sie auf der Registerkarte *Ansicht* in der Gruppe *Einblenden/Ausblenden* die Option *Gitternetzlinien* einschalten. Für die eigentliche Konfiguration des Rasters existiert ein eigenes Dialogfeld, das Sie mit folgenden Schritten aufrufen können:

1. Wechseln Sie auf die Registerkarte *Seitenlayout*.

2. Klicken Sie in der Gruppe *Anordnen* auf die Schaltfläche *Ausrichten* und wählen Sie in ihrem Menü den Befehl *Rastereinstellungen*.

Bild 45.21   Konfiguration des Zeichnungsrasters in Word

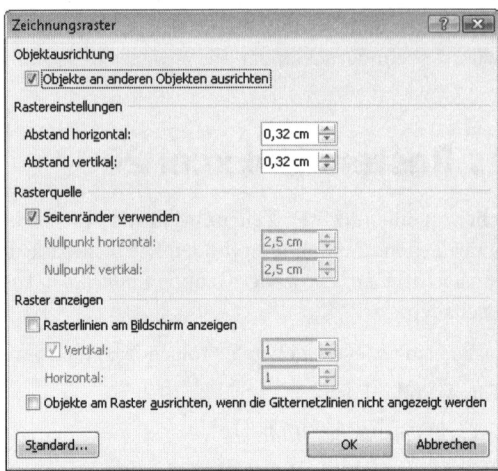

3. Mit den beiden Eingabefeldern *Abstand horizontal* und *Abstand vertikal* können Sie die Weite des Rasters einstellen. Der etwas merkwürdig anmutende Vorgabewert von 0,32 cm kommt dadurch zustande, dass Word nicht in Zentimetern rechnet, sondern in der typographischen Maßeinheit *Punkt* (die intern sogar noch in *Twips* unterteilt ist, wobei in einem Punkt 20 Twips enthalten sind). Der Wert 0,32 cm entspricht dabei exakt 9 Punkt.

4. Normalerweise beginnt das Zeichnungsraster in der linken oberen Ecke des Textbereichs, also des Bereichs, der durch die festgelegten Seitenränder definiert ist. Sie können aber auch die Papierränder als Referenzpunkte benutzen. Schalten Sie dann im Dialogfeld die Option *Seitenränder verwenden* aus und tragen Sie die gewünschten Maßangaben in die Felder *Nullpunkt horizontal* und *Nullpunkt vertikal* ein.

5. Um die Rasterlinien anzuzeigen, schalten Sie die Option *Rasterlinien am Bildschirm anzeigen* ein. Zusätzlich können Sie mit der Option *Vertikal* steuern, ob zusätzlich zu den waagerechten auch die senkrechten Linien angezeigt werden sollen. Mit den beiden Zahlenangaben der Optionen *Vertikal* und *Horizontal* legen Sie fest, ob alle Linien des Rasters angezeigt werden sollen – das entspricht der Eingabe einer 1 – oder nur jede zweite, dritte usw.

6. Normalerweise rasten die Objekte beim Verschieben nur dann im Zeichnungsraster ein, wenn die Rasterlinien auf dem Bildschirm angezeigt werden. Wenn Sie das Raster jedoch dauerhaft aktivieren wollen, schalten Sie unten im Dialogfeld die Option *Objekte am Raster ausrichten, wenn die Gitternetzlinien nicht angezeigt werden* ein.

7. Wenn Sie möchten, dass die im Dialogfeld vorgenommenen Einstellungen nicht nur für das aktuelle, sondern für alle Dokumente gelten sollen, klicken Sie auf die Schaltfläche *Standard* und bestätigen die anschließende Nachfrage mit *Ja*. Dieser Schritt wirkt sich jedoch nur auf die Konfiguration des Rasters aus (also auf den Rasterabstand, die Rasterquelle und die Anzahl der Rasterlinien). Die Sichtbarkeit der Rasterlinien betrifft immer alle Dokumente.

Bild 45.22 Word mit eingeschaltetem Zeichnungsraster. Beachten Sie, dass nicht die Ecken der Formen, sondern ihre Anfasser auf den Kreuzungspunkten der Gitternetzlinien einrasten

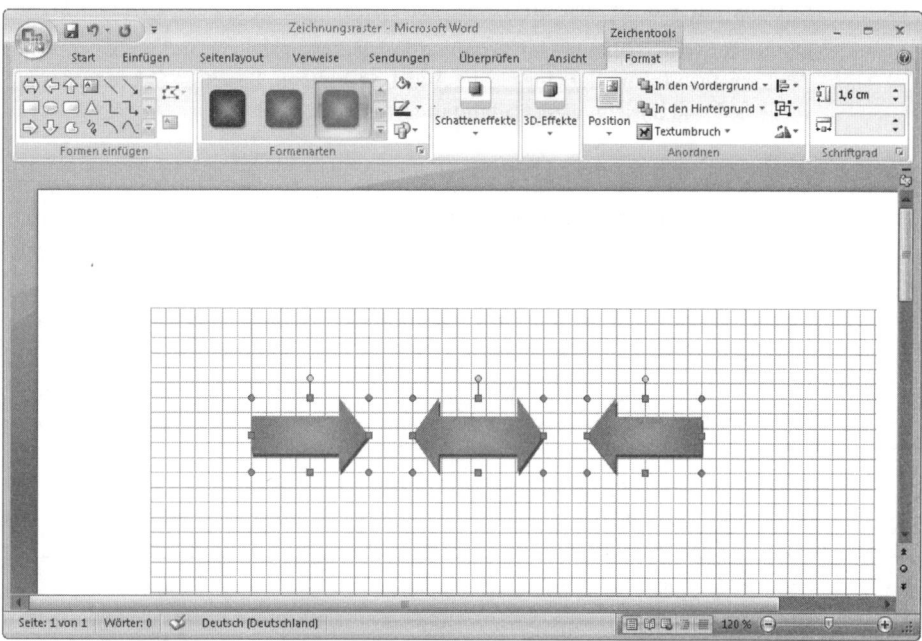

Konfiguration des Rasters in PowerPoint 2007

Das Zeichnungsraster von PowerPoint ist etwas einfacher organisiert als das von Word. Allerdings gibt es in PowerPoint auch so genannte *Führungslinien*. Dies sind frei verschiebbare Linien, an denen Sie die Objekte einer Folie ausrichten können (ähnlich den Hilfslinien in Adobe Photoshop und Adobe Illustrator). Um das Raster auf dem Bildschirm anzuzeigen, schalten Sie auf der Registerkarte *Ansicht* in der Gruppe *Einblenden/Ausblenden* die Option *Gitternetzlinien* ein. Alternativ können Sie auch den Shortcut ⌂+F9 verwenden.

Die Konfiguration des Rasters erfolgt über ein Dialogfeld, das Sie am einfachsten über das Kontextmenü der angezeigten Folie aufrufen. Der Befehl heißt dort *Raster und Führungslinien*.

Bild 45.23 Konfiguration des Zeichnungsrasters in PowerPoint

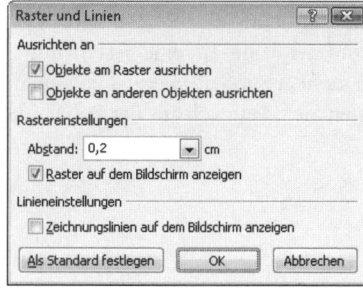

Mit der ersten Option legen Sie fest, ob Objekte standardmäßig am Raster ausgerichtet werden sollen oder nicht. Im Gegensatz zu Word gibt es bei PowerPoint keine Kopplung zwischen der Einrastfunktion und der Sichtbarkeit des Rasters!

Die Rasterweite stellen Sie im Kombinationsfeld *Abstand* ein, indem Sie entweder einen Wert aus der Liste auswählen oder eine eigene Angabe eintragen. Beachten Sie, dass hier nicht zwischen dem vertikalen und horizontalen Abstand unterschieden wird.

Bild 45.24 Bei PowerPoint wird das Raster nicht durch Linien, sondern durch Punkte dargestellt. Bei den gestrichelten Linien handelt es sich um Führungslinien (im Dialog Zeichnungslinien genannt)

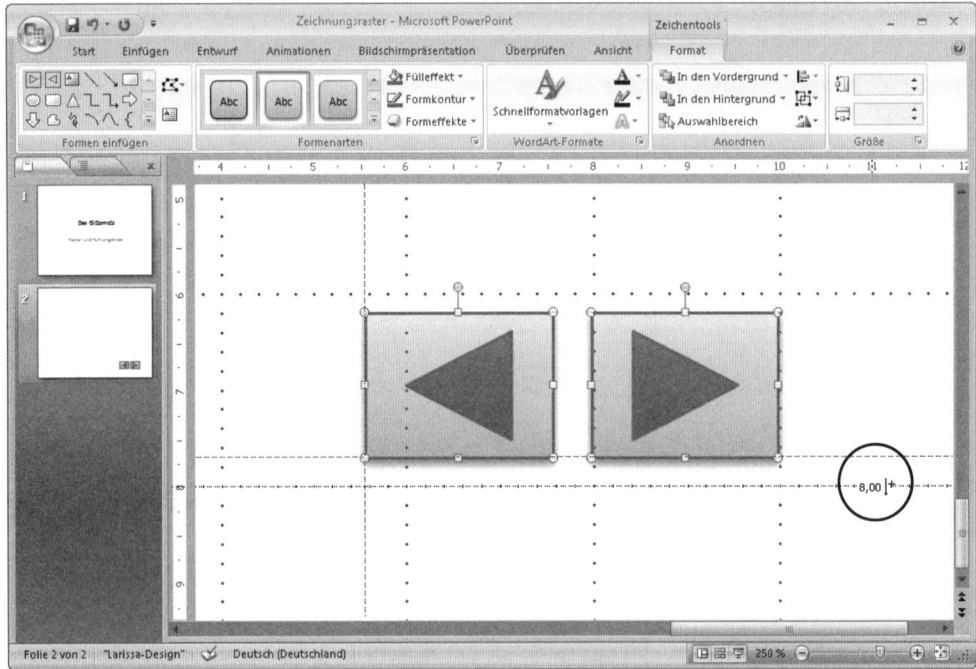

Führungslinien
Hinter der Option *Zeichnungslinien auf dem Bildschirm anzeigen* verbergen sich die eingangs erwähnten Führungslinien. Diese Linien können frei auf der Folie verschoben werden und wirken auf die Objekte »magnetisch«. Wenn Sie Ihre Objekte mithilfe dieser Linien ausrichten wollen, empfehlen wir Ihnen, dass Sie die Funktion des Rasters deaktivieren.

Standardmäßig zeigt PowerPoint nur eine senkrechte und eine waagerechte Führungslinie an. Sie können jedoch weitere Linien erzeugen, indem Sie mit der Maus auf eine bestehende Linie zeigen, die Taste ⌈Strg⌋ drücken und dann das so erzeugte Duplikat zur Seite wegziehen (siehe Bild 45.24). Um die Linie anschließend wieder zu entfernen, ziehen Sie sie einfach aus der Folie hinaus.

Objekte überlappen

Wenn eine Folie mehrere, sich überlappende Grafiken enthält, können Sie die Art und Weise, wie sich die einzelnen Grafiken abdecken, genau einstellen:

1. Fügen Sie mehrere Formen ein und verschieben Sie sie anschließend so, dass sich die Formen teilweise überdecken.

Bild 45.25   Die Formen wurden in der Reihenfolge ihrer Nummern eingefügt

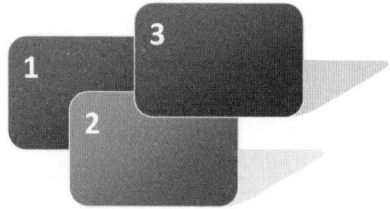

2. In einem ersten Schritt soll nun die Form mit der Ziffer 3 ganz nach hinten gestellt werden. Klicken Sie dazu die betreffende Form an.

3. Wechseln Sie auf die Registerkarte *Format* der *Zeichentools* an und klicken Sie in der Gruppe *Anordnen* auf die Schaltfläche *In den Hintergrund*. Die Form liegt jetzt zuunterst, das heißt, sie wird von den beiden anderen Formen überdeckt.

Bild 45.26   Die dritte Form befindet sich nun ganz hinten

4. Im zweiten und letzten Schritt soll nun noch die zweite Form zwischen die beiden anderen Formen gestellt werden. Markieren Sie dazu die Form mit der Ziffer 2.

5. Klicken Sie nun auf den kleinen Pfeil der Schaltfläche *In den Hintergrund*, um ihr Ausklapp-menü zu öffnen und wählen Sie im Menü den Befehl *Eine Ebene nach hinten*. Dadurch rutscht die Form wie gewünscht zwischen die beiden anderen Formen.

Bild 45.27   Die drei Formen in umgekehrter Reihenfolge

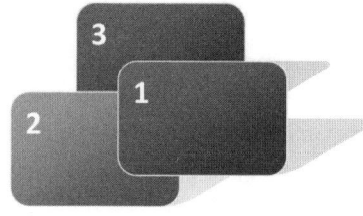

Illustrationen

Wenn Ihnen der Weg über die Registerkarte zu umständlich ist, können Sie zum Umstellen der Ebenen auch auf das Kontextmenü der Formen zurückgreifen. Durch die verkürzten Mauswege ist dies in der Praxis das schnellere Verfahren.

Bild 45.28 Die Befehle des Kontextmenüs erlauben ein schnelleres Arbeiten

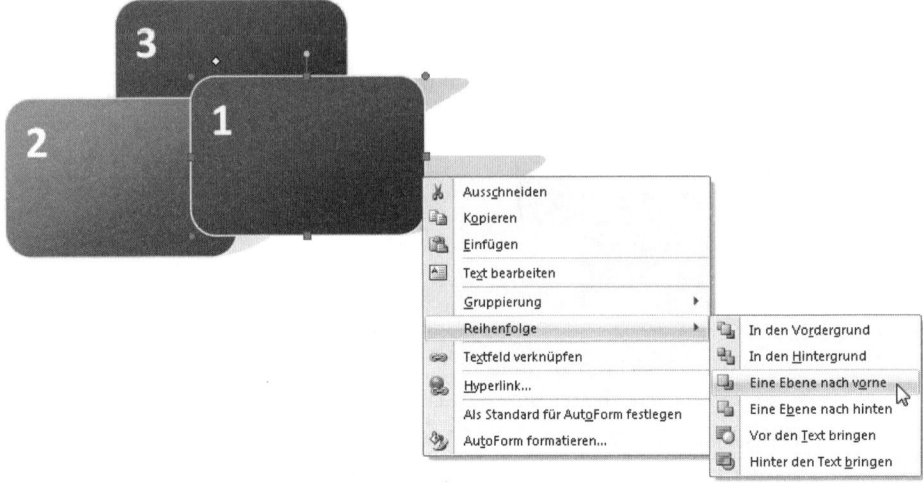

Zusammenfassung

In diesem Kapitel haben Sie gelernt, wie Sie Illustrationen in Ihre Dokumente einfügen und positionieren können:

- Die Befehle zum Einfügen der verschiedenen grafischen Elemente finden Sie in allen Programmen auf der Registerkarte *Einfügen* in der Gruppe *Illustrationen*. In PowerPoint können Sie zusätzlich Platzhalter verwenden, um Illustrationen auf einer Folie einzufügen (Seite 786).

- Office 2007 unterstützt viele verschiedene Bildformate, sodass Sie fast jede Bilddatei in Ihre Dokumente einfügen können. Bei Bedarf können Grafiken auch verknüpft eingefügt werden und lassen sich dann jederzeit aktualisieren (Seite 787).

- Um die Größe einer Grafik zu ändern, können Sie entweder ihre Anfasser verschieben oder die gewünschten Größenangaben auf der Registerkarte *Format* eintragen (Seite 788).

- ClipArts sind kleine Vektorgrafiken, deren Vorteil ihr geringer Speicherplatzbedarf ist und die von Microsoft auf *Office Online* kostenlos zur Verfügung gestellt werden.

- Kleine Skizzen oder Flussdiagramme können Sie mithilfe von Formen erzeugen, die in großer Auswahl vorhanden sind. Geschlossene Formen können mit Text gefüllt werden (Seite 792).

- SmartArts eignen sich besonders zum Anfertigen von Diagrammen. Der SmartArt-Katalog ist thematisch gegliedert und gibt Hinweise für den geeigneten Einsatz der Layouts (Seite 795).

- Das Zeichnungsraster unterstützt Sie beim exakten Positionieren von Objekten (Seite 798).

- Die Reihenfolge, in der sich Objekte überlappen, kann leicht geändert werden (Seite 803).

Kapitel 46

Illustrationen bearbeiten

Illustrationen

Dieses Kapitel stellt die verschiedenen Werkzeuge von Office 2007 vor, mit denen Sie eine Grafik bearbeiten können. Office hat auch auf diesem Gebiet eine Menge zu bieten. Wie wir schon an anderer Stelle erwähnt haben, liegt der Fokus dabei vor allem auf grafischen »Komplettlösungen«, mit denen Sie eine Grafik ohne viel Aufwand optisch aufwerten können. Wir beginnen das Kapitel mit einer recht unspektakulären Funktion, dem Zuschneiden von Grafiken.

Sofern wir nicht explizit auf etwaige Besonderheiten hinweisen, gelten die hier beschriebenen Schrittfolgen gleichermaßen für Word 2007, Excel 2007 und PowerPoint 2007. Außerdem benutzen wir durchgängig den allgemeinen Begriff Dokument, um Begriffe wie Folie, Präsentation oder Arbeitsblatt zu vermeiden.

Grafiken zuschneiden

Manchmal will man eine Grafik nicht komplett verwenden, sondern nur einen bestimmten Teil davon. Den dazu notwendigen Zuschnitt müssen Sie jedoch nicht in einem Grafikprogramm vornehmen, sondern können die nicht benötigten Teile der Grafik direkt im Dokument abschneiden. So können Sie sich zum Beispiel von überflüssigen Bildrändern trennen oder einem Bild andere Proportionen verleihen.

1. Fügen Sie eine Grafik ein bzw. markieren Sie eine Grafik.

2. Wechseln Sie auf die Registerkarte *Format* und klicken Sie dort in der rechten Gruppe auf die Schaltfläche *Zuschneiden*. Das Programm befindet sich nun im Zuschneidemodus, was Sie an dem geänderten Mauszeiger und der geänderten Bildmarkierung erkennen können.

Bild 46.1   Grafik im Zuschneidemodus (hier: PowerPoint)

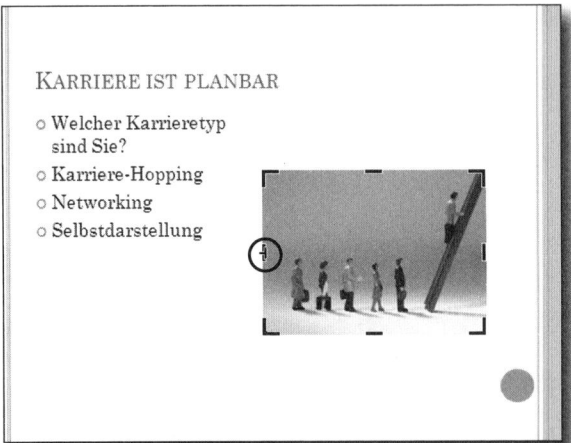

3. Ziehen Sie an den Anfassern der Grafik, um die unerwünschten Bildränder wegzuschneiden.

4. Um den Zuschneidemodus zu beenden, betätigen Sie entweder erneut die Schaltfläche *Zuschneiden* oder Sie klicken außerhalb der Grafik in das Dokument.

5. Passen Sie zum Schluss noch die Größe und die Position der Grafik an.

Bild 46.2   Der fertige Bildausschnitt

HINWEIS   **Es geht nichts verloren**   Beim Zuschneiden wird nur der sichtbare Bereich der Grafik geändert, die Grafik selbst bleibt unverändert. Sie können also den Zuschnitt nachträglich korrigieren oder sogar ganz rückgängig machen.

Farben einer Grafik bearbeiten

In Office können Sie auch verschiedene Farbeinstellungen einer Grafik ändern. Diese Funktionen sind zum Beispiel hilfreich, um mehrere Grafiken aufeinander abzustimmen und so einen einheitlichen Gesamteindruck zu erzeugen. Ihnen stehen dabei folgende Möglichkeiten zur Verfügung:

- Helligkeit ändern

- Kontrast einstellen

- Wählen zwischen verschiedenen Farbmodi

- Bilder neu einfärben

- Transparente Farbe definieren

Sie finden diese Funktionen auf der Registerkarte *Format* der *Bildtools* in der Gruppe *Anpassen*.

Helligkeit und Kontrast einstellen

Zum Einstellen von Helligkeit und Kontrast finden Sie auf der Registerkarte *Format* jeweils eine eigene Schaltfläche. Die Schaltflächen besitzen ein einfaches Auswahlmenü, über das Sie den entsprechenden Wert in 10%-Schritten vergrößern oder verkleinern können. Diese Abstufung ist zwar relativ grob, aber in den meisten Fällen durchaus ausreichend.

Illustrationen

Bild 46.3   Über das Auswahlmenü lässt sich die Helligkeit einer Grafik in 10%-Schritten einstellen. Die Kontrasteinstellung erfolgt nach dem gleichen Prinzip

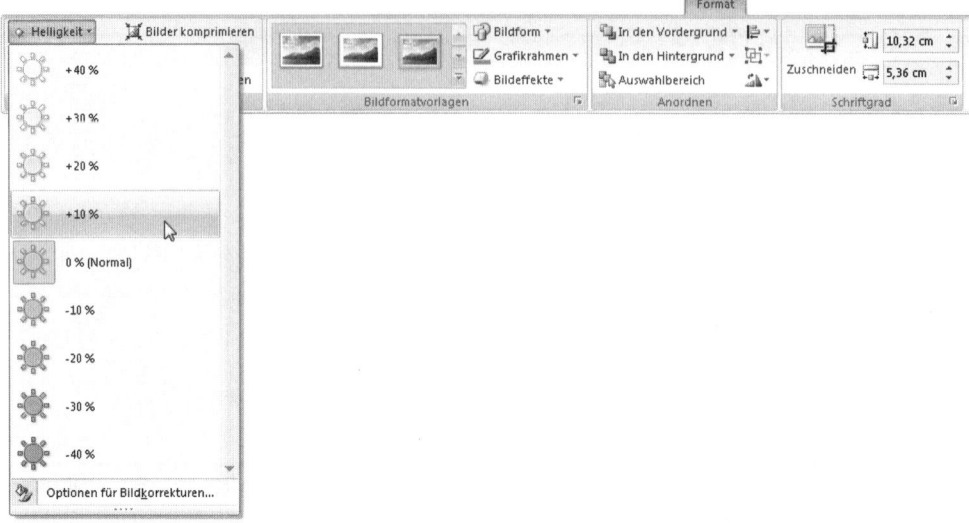

Wenn Sie die Helligkeit oder den Kontrast einer Grafik in feineren Abstufungen verändern möchten, müssen Sie auf das Dialogfeld *Grafik formatieren* zurückgreifen. Sie erreichen das Dialogfeld entweder über den Befehl *Optionen für Bildkorrekturen,* der sich ganz unten im Ausklappmenü der beiden Schaltflächen *Helligkeit* und *Kontrast* befindet, oder indem Sie die Grafik mit der rechten Maustaste anklicken und aus ihrem Kontextmenü den Befehl *Grafik formatieren* aufrufen.

Bild 46.4   In diesem Dialogfeld können Sie die Helligkeit und den Kontrast stufenlos einstellen. Benutzen Sie dazu entweder die jeweiligen Regler oder geben Sie die gewünschten Werte direkt ein

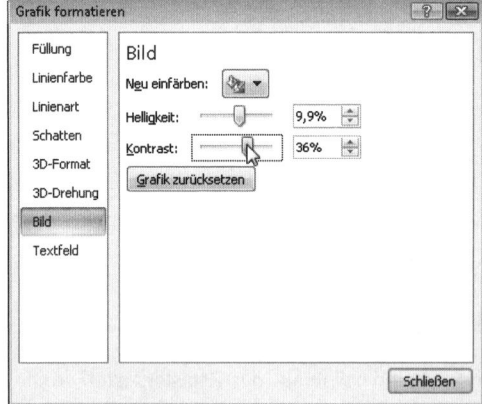

Neu einfärben

Über die Schaltfläche Neu einfärben können Sie die Farbgebung einer Grafik auf folgende Weise beeinflussen (siehe Bild 46.5):

■ Sie können aus einer Farbgrafik ein Graustufenbild oder ein Schwarz-Weiß-Bild machen. Das bietet sich zum Beispiel an, wenn Sie mehrere Fotos einsetzen, von denen einige als Farbbilder, andere jedoch nur als Schwarz-Weiß-Aufnahmen vorliegen. In diesem Fall können Sie die farbigen Grafiken in Graustufenbilder umwandeln, um Ihrem Dokument ein einheitliches Erscheinungsbild zu geben.

■ Sie können Grafiken »einfärben«. Bei diesem Vorgang wird das Bild zunächst in ein Graustufenbild umgewandelt und dann die Graustufen gegen eine andere Farbe ausgetauscht.

■ Sie können eine Farbe transparent, d.h. unsichtbar machen. Dadurch kann zum Beispiel ein hinter der Grafik liegendes Element durchscheinen.

Bild 46.5   Über dieses Menü können Sie die Farbgebung einer Grafik modifizieren

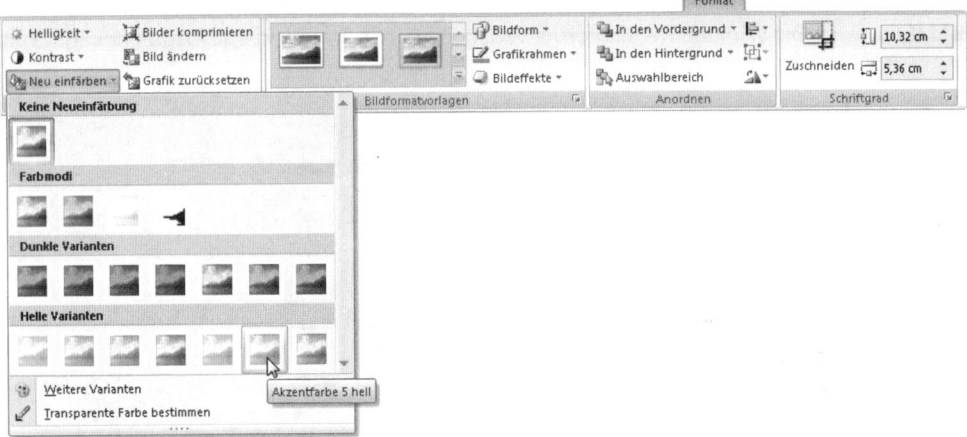

Bildformatvorlagen

Neben der bereits erwähnten Einstellung von Helligkeit, Kontrast und Farbe können Sie einer Grafik auch noch Schatten-, Licht- und 3D-Effekte zuweisen oder sie mit einem Rahmen versehen, der natürlich ebenfalls in Linienart, -stärke und -farbe veränderbar ist. Diese Vielzahl an Grafikeffekten ist zwar durchaus beeindruckend, sie kann aber auch erschlagend wirken. Es stehen Ihnen damit zwar alle Möglichkeiten bei der Bildgestaltung offen, aber Sie laufen gleichzeitig Gefahr, sich beim Erstellen Ihrer Grafiken zu verzetteln und zu viel Zeit zu investieren, die Sie lieber für andere Aufgaben eingesetzt hätten.

Dieser Problematik versucht Office mit den so genannten *Bildformatvorlagen* entgegenzutreten. Dabei handelt es sich um vorgefertigte Schablonen, die eine bestimmte Auswahl an grafischen Effekten kombinieren und per Mausklick auf eine Grafik übertragen. Dieses Konzept hat zwei große Vorteile:

Illustrationen

809

- Es ist konkurrenzlos schnell und

- es ermöglicht Ihnen reproduzierbare Ergebnisse, d.h. Sie können mehrere Grafiken mit exakt den gleichen Effekten versehen.

Natürlich lassen sich Bildformatvorlagen auch als Ausgangspunkt für eigene Kreationen verwenden, die Sie dann mit einigen wenigen zusätzlichen Effekten »individualisieren« können. Genau diesen Ansatz werden wir auf den folgenden Seiten verwenden, um im nächsten Beispiel ein Foto ins rechte Licht zu setzen.

1. Erstellen Sie ein neues leeres Dokument und fügen Sie eine Grafik Ihrer Wahl ein (z.B. eines der Beispielbilder aus dem Ordner *Eigene Bilder*). Die dazu notwendigen Schritte haben wir in Kapitel 45 beschrieben.

2. Klicken Sie die Grafik an und wechseln Sie auf die Registerkarte *Format*.

3. Öffnen Sie den Katalog der Bildformatvorlagen und bewegen Sie den Mauszeiger über die verschiedenen Symbole. Die jeweilige Bildformatvorlage wird der markierten Grafik direkt zugewiesen, wobei Sie auf das optische Feedback in Abhängigkeit von der Geschwindigkeit Ihres Rechners einen mehr oder weniger kurzen Moment warten müssen.

Bild 46.6   Die Wirkung der Bildformatvorlagen können Sie direkt im Dokument begutachten

4. Wenn Sie sich für eine der angebotenen Bildformatvorlagen entschieden haben, klicken Sie ihr Symbol an und sind fertig.

Bildform

Die im letzten Abschnitt vorgestellte Bildformatvorlage hat das Bild nicht nur mit einem Rahmen und einem Schattenwurf versehen, sondern ihm darüber hinaus auch eine spezielle Form gegeben (die beiden abgeschnittenen Ecken). Von dieser Vorgabe können Sie sich jedoch ohne Schwierigkeiten lösen und der Grafik eine vollkommen andere Gestalt geben.

1. Markieren Sie die Grafik, deren Form Sie verändern möchten.

2. Wechseln Sie auf die Registerkarte *Format* und klappen Sie das Auswahlfenster der Schaltfläche *Bildform* auf.

Bild 46.7 Die Auswahl der Formen ist sehr reichhaltig

Wenn Ihnen diese Auswahl bekannt vorkommt, so hat das seinen guten Grund. Es handelt sich nämlich exakt um dieselbe Auswahl an Formen, die Sie bereits in Kapitel 45 bei der Vorstellung des Befehls *Einfügen/Formen* kennen gelernt haben. In PowerPoint ist die Liste der Formen noch um die Gruppe *Interaktive Schaltflächen* erweitert, die sich aber nicht für eine Formgebung eignen.

3. Wählen Sie eine der Formen aus (leider müssen Sie hier ohne Live-Vorschau zurechtkommen). Natürlich sind nicht alle Formen gleichermaßen brauchbar, aber seien Sie ruhig etwas experimentierfreudig und probieren Sie auch Formen aus, die auf den ersten Blick weniger geeignet erscheinen.

Illustrationen

Bild 46.8   Bildformatvorlage kombiniert mit einer Form

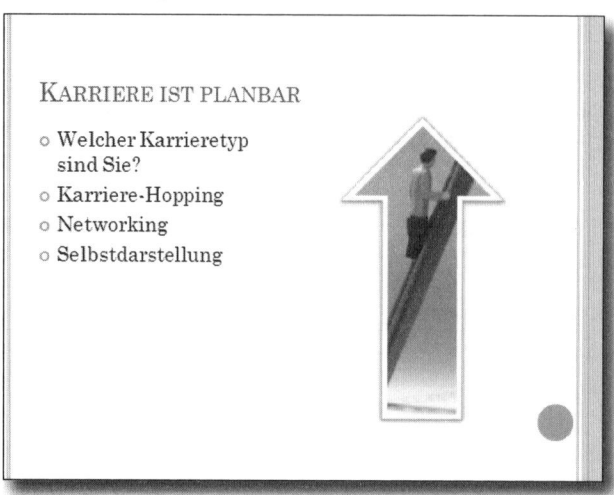

Bildeffekte

Hinter dem schlichten Begriff *Bildeffekte* verbirgt sich ein halbes Dutzend grafischer Effekte, die jeweils über diverse Varianten verfügen:

- **Schatten**   können in drei verschiedenen Varianten dargestellt werden: innerhalb oder außerhalb des Rahmens sowie in einer perspektivischen Form, die den Eindruck erweckt, als würde die Grafik über dem Dokument schweben. Die Farbe des Schattens kann dabei frei gewählt werden.

- **Spiegelung**   erweckt den Eindruck, als würde die Grafik auf einem spiegelnden Untergrund bzw. knapp darüber in der Luft stehen.

- **Leuchten**   versieht den Rahmen einer Grafik mit fluoreszierendem Licht. Auch hier gilt, dass Sie die Leuchtfarbe und deren Transparenz frei einstellen können.

- **Weiche Kanten**   hellt die Ränder einer Grafik auf, um einen fließenden Übergang zur Umgebung zu schaffen.

- **Abschrägung**   Versieht den Rand (bzw. den Rahmen) einer Grafik mit einem eingeprägten Profil.

- **3D-Drehung**   dreht und kippt die Grafik, so dass eine räumliche Wirkung erzielt wird.

- **Allgemeine Effekte**   Bei allen oben genannten Effekten können Sie zusätzlich einstellen, welche Beschaffenheit die Oberfläche des Bildes haben soll (zum Beispiel matt oder metallisch). Und auch bei der Art der Beleuchtung haben Sie die Qual der Wahl: Sollen es drei Lichtpunkte sein oder nur einer? Soll das Licht hart oder weich sein? Warm oder kalt? Und wenn Sie sich für warmes Licht entscheiden: Soll es wie am frühen Morgen, wie beim Sonnenaufgang oder eher wie beim Sonnenuntergang scheinen?

Wie Sie sehen, können Sie Ihre Kreativität hier voll entfalten.

Wir wollen uns jedoch beschränken und zeigen Ihnen die Anwendung dieser Funktionen beispielhaft an einem 3D-Effekt:

1. Markieren Sie die Grafik, die Sie mit einem Bildeffekt belegen wollen.

2. Wechseln Sie auf die Registerkarte *Format* und klicken Sie in der Gruppe *Bildformatvorlagen* auf die Schaltfläche *Bildeffekte.*

3. Zeigen Sie mit der Maus auf den gewünschten Effekt, hier also *3D-Drehung.*

4. Bewegen Sie die Maus über die angebotenen Varianten und prüfen Sie ihre Wirkung in der Live-Vorschau.

Bild 46.9   Auch 3D-Effekte lassen sich mit wenigen Mausklicks realisieren

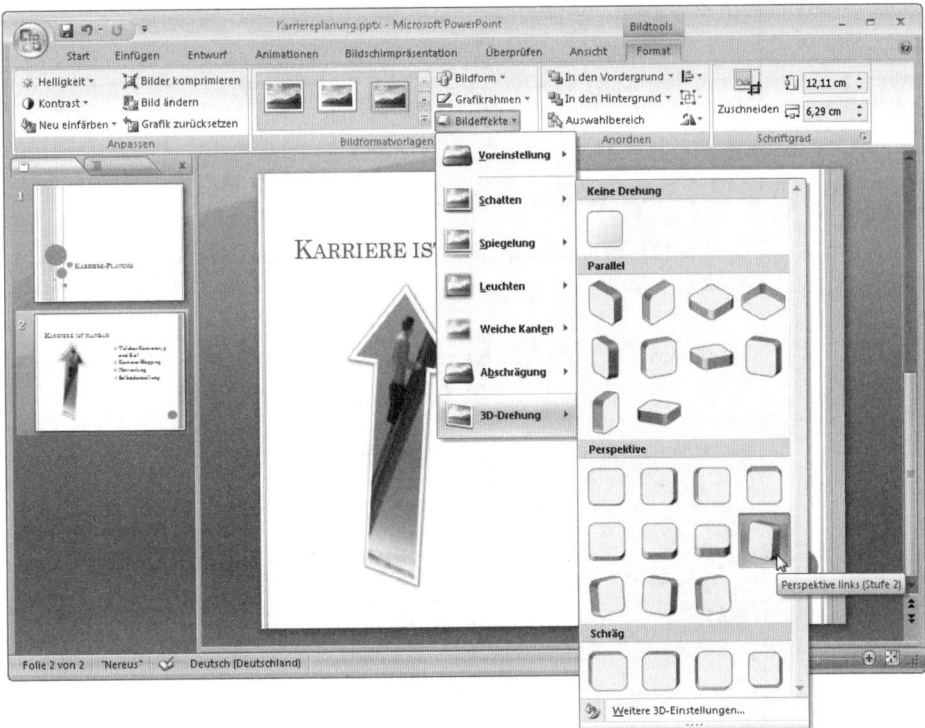

5. Haben Sie eine Voreinstellung übernommen, klicken Sie die Grafik mit der rechten Maustaste an und wählen im Kontextmenü *Grafik formatieren.* Dadurch erscheint das Dialogfeld *Grafik formatieren,* das Sie in Bild 46.10 sehen können.

6. Hier können Sie die Grafik mit Hilfe der verschiedenen Regler in allen drei Richtungen des Raumes drehen sowie die Perspektive verändern. Beachten Sie, dass Ihre Einstellungen direkt übernommen werden, da es keine Schaltfläche *Abbrechen* gibt. Bei Bedarf verwenden Sie den Befehl *Rückgängig.*

Illustrationen

Bild 46.10   Für die Feineinstellung eignet sich das Dialogfeld *Grafik formatieren*

7. Wenn Sie Einstellungen an der Art der Beleuchtung oder der Oberflächenbeschaffenheit der Grafik vornehmen möchten, wechseln Sie im Dialog zur Rubrik *3D-Format*.

Bild 46.11   Einstellen der Lichteffekte (hier: *Sonnenuntergang*)

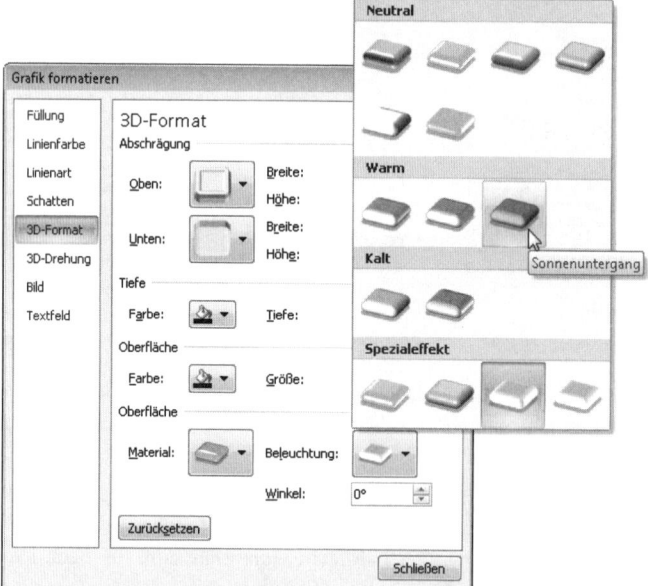

Bildeffekte übertragen

In aller Regel enthält ein Dokument mehrere Grafiken, so dass Sie häufig vor der Aufgabe stehen werden, mehrere Grafiken auf die gleiche Art und Weise zu bearbeiten. Wenn Sie sich dabei nur auf die Verwendung der Bildformatvorlagen beschränken, ist das kein großes Problem. Wie aber gehen Sie vor, wenn Sie individuelle Bildeffekte wünschen, deren Erzeugung mit einigem Aufwand verbunden ist?

Die Lösung ist mit Office 2007 verblüffend einfach:

1. Markieren Sie die Grafik, deren Bildeffekte Sie übernehmen möchten.

2. Wechseln Sie auf die Registerkarte *Start* und klicken Sie dort auf den Pinsel (er befindet sich vorne in der Gruppe *Zwischenablage).* Wenn Sie ein Format auf mehrere Grafiken anwenden wollen, doppelklicken Sie auf den Pinsel. Die Funktion »rastet« dann ein und schaltet sich nicht mehr automatisch ab, sobald Sie die erste Grafik angeklickt haben.

3. Jetzt brauchen Sie nur noch mit dem Pinsel-Cursor die gewünschte(n) Grafik(en) anklicken und sind fertig!

4. Falls Sie im 2. Schritt die Pinsel-Schaltfläche doppelt angeklickt haben, drücken Sie jetzt noch die Taste $\boxed{\text{Esc}}$, um den Modus wieder zu beenden.

HINWEIS Wenn Sie Office so konfiguriert haben, dass die ausführlichen QuickInfos der Multifunktionsleiste angezeigt werden, haben Sie eventuell bemerkt, dass der Pinsel-Schaltfläche der Shortcut $\boxed{\text{⇧}}$+$\boxed{\text{Strg}}$+$\boxed{\text{C}}$ zugeordnet ist. In der uns vorliegenden Version von Office besitzt die angegebene Tastenkombination jedoch keine erkennbare Funktion.

Grafikrahmen

Auch wenn 3D-Effekte auf den ersten Blick sehr spektakulär aussehen, sollte man sie in der Praxis möglichst sparsam einsetzen. Gerade in technisch orientierten Präsentationen empfiehlt sich häufig eine etwas zurückhaltendere Form der Darstellung. Hierzu eignen sich einfache Rahmen, die mit Office 2007 durchaus ansprechend formatiert werden können.

Folgende Eigenschaften eines Rahmens können Sie beeinflussen:

■ Linienstärke (Linienbreite)

■ Strichtyp (durchgezogen, punktiert etc.)

■ Die Ausformung der Ecken (abgerundet, abgeschrägt etc.)

■ Linienfarbe (hier sind auch Farbverläufe und Transparenz möglich).

Im einfachsten Fall erstellen Sie einen Grafikrahmen mit folgenden Schritten:

1. Markieren Sie die gewünschte Grafik.

2. Wechseln Sie auf die Registerkarte *Format* und klicken Sie dort in der Gruppe *Bildformatvorlagen* auf die Schaltfläche *Grafikrahmen.*

3. Mit den Befehlen dieses Menüs können Sie die Farbe, die Stärke und die Strichart der Linien einstellen.

Bild 46.12   Zuweisen eines einfachen Grafikrahmens

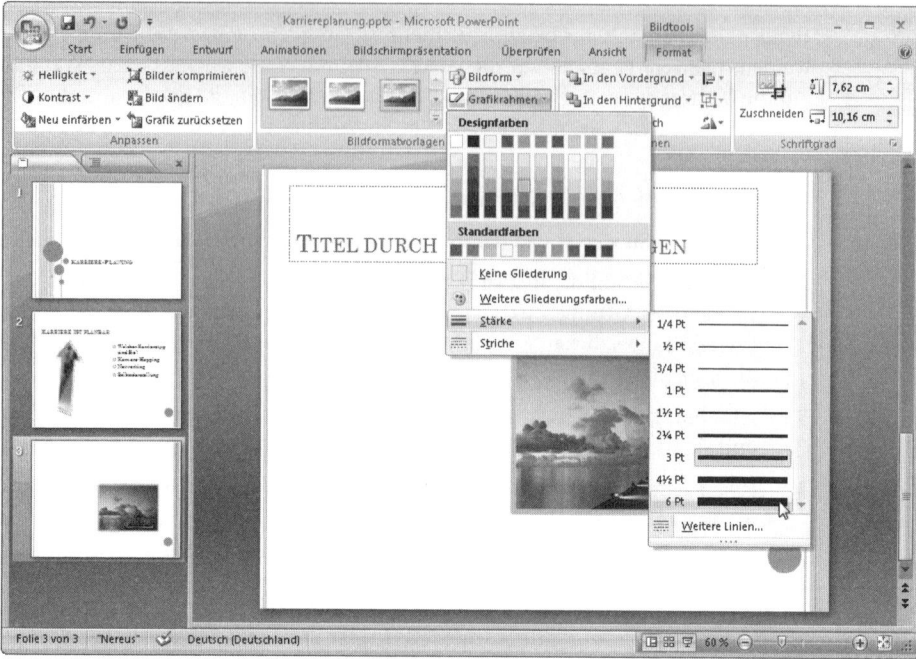

4. Für weitergehende Formatierungen klicken Sie die Grafik mit der rechten Maustaste an und wählen im Kontextmenü den Befehl *Grafik formatieren*.

5. Zum Einstellen von Linienart und -stärke wählen Sie im linken Bereich des Dialogfeldes die Rubrik *Linienart* aus.

Bild 46.13   Rahmen mit abgerundeten Ecken erstellen

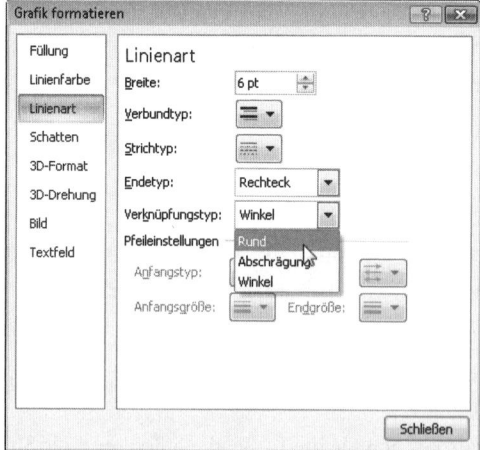

HINWEIS Das Dialogfeld *Grafik formatieren* erreichen Sie übrigens auch über die Schaltfläche *Form formatieren,* die sich in der Gruppe *Bildformatvorlagen* in der rechten unteren Ecke befindet. Der Weg über das Kontextmenü ist unserer Meinung nach jedoch deutlich bequemer.

6. Falls die Grafik momentan noch keinen Rahmen besitzt, müssen Sie zunächst die Breite der Linie einstellen.

7. Wenn der Grafikrahmen aus einer doppelten oder dreifachen Linie bestehen soll, können Sie im Listenfeld *Verbundtyp* die entsprechende Einstellung vornehmen.

8. Anschließend können Sie dann den gewünschten Strichtyp (also punktiert, gestrichelt, usw.) auswählen.

9. Um die Ecken eines Rahmens abzurunden, stellen Sie die Option *Verknüpfungstyp* auf *Rund* (siehe Bild 46.13).

10. Wechseln Sie dann zur Rubrik *Linienfarbe.* Hier ist standardmäßig die Option *Einfarbige Linie* ausgewählt.

11. Für optisch anspruchsvollere Rahmen sollten Sie die Option *Graduelle Linie* aktivieren. Das Dialogfeld wird dann durch einen ganzen Schwung weiterer Eingabefelder und Schaltflächen ergänzt, mit denen Sie die diversen Farbeinstellungen vornehmen können.

Bild 46.14   Hier können Sie einen fertigen Farbverlauf auswählen

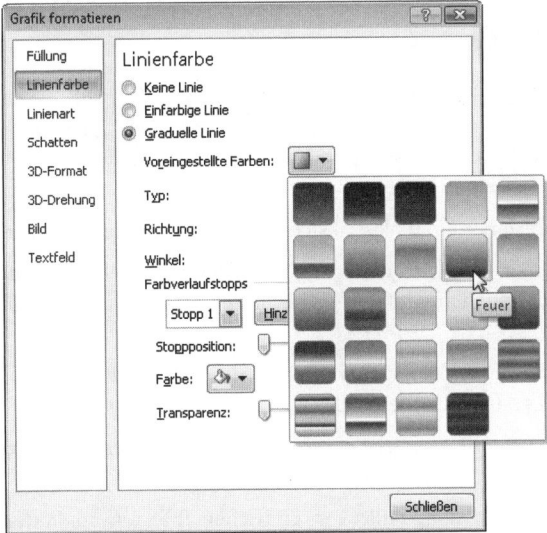

12. Wenn Sie nicht einen der angebotenen Farbverläufe verwenden wollen, können Sie auch eigene Verläufe erzeugen. Dazu müssen Sie so genannte *Stopppositionen* anlegen, mit denen Sie den Farbwert und die Transparenz an einer bestimmten Stelle des Rahmens festlegen. Die Positionsangabe erfolgt dabei prozentual. Am besten sehen Sie sich die Stopppositionen der vordefinierten Farbverläufe einmal an, um das Prinzip zu verstehen.

Illustrationen

Bild 46.15   Farbverläufe werden durch so genannte *Stopppositionen* definiert

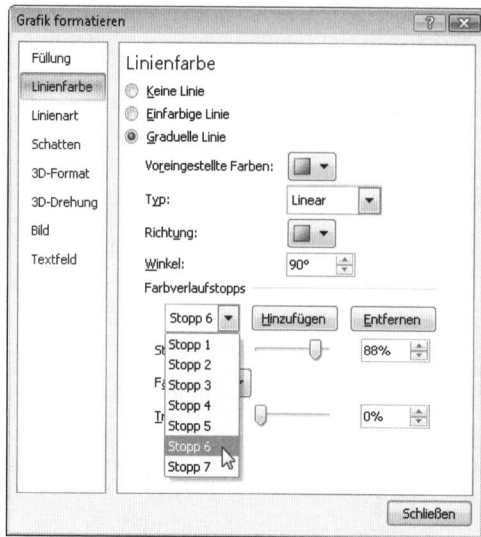

Zusammenfassung

In diesem Kapitel haben Sie gelernt, welche Möglichkeiten es in Office 2007 gibt, um eine Grafik nachträglich zu bearbeiten. Viele der Funktionen konnten wir aus Platzgründen nur kurz vorstellen, aber mit dem hier erworbenen Basiswissen werden Sie auch den übrigen Feinheiten auf die Spur kommen.

■   Nicht benötigte Bereiche einer Grafik lassen sich durch Zuschneiden entfernen (Seite 806).

■   Um die Farbgebung einer Grafik zu ändern, können Sie ihre Helligkeit und ihren Kontrast einstellen. Außerdem lassen sich Grafiken neu einfärben und mit einer transparenten Farbe versehen (Seite 807).

■   Mit den praktischen Bildformatvorlagen verleihen Sie Ihren Grafiken mit minimalem Aufwand ein professionelles Aussehen (Seite 809).

■   Die äußere Gestalt einer Grafik lässt sich durch einfaches Zuweisen einer neuen Bildform ändern (Seite 811).

■   Office kann eine Grafik mit einer Fülle von grafischen Effekten ausstatten. Dazu gehören Schatten, Spiegelungen, Leuchten, Weiche Kanten, Abschrägungen und 3D-Drehungen. Zusätzlich lassen sich diese Effekte noch mit Änderungen der Oberflächenstruktur und einer individuellen Beleuchtung kombinieren (Seite 812).

■   Bildformatierungen lassen sich mit der Pinsel-Schaltfläche einfach auf andere Grafiken übertragen (Seite 815).

■   Grafiken lassen sich mit Rahmen versehen, die sich ebenfalls sehr vielseitig formatieren lassen (Seite 815).

Teil F

OneNote 2007

In diesem Teil:

Kapitel 47

OneNote 2007 kennenlernen

OneNote 2007 ist ein Programm, dem die Idee eines Notizbuches zugrunde liegt, in dem Sie die verschiedensten Informationen eintragen bzw. sammeln können. Zum Beispiel könnten in einem OneNote-Notizbuch Ihre beruflichen Notizen enthalten sein und in einem weiteren Seiten mit privaten Notizen usw. Natürlich wird das Ganze noch mit einer bunten Mischung aus Zetteln, Zeitungsausschnitten, Visitenkarten und Fotos garniert.

Und während so einem kreativen Chaos in der Praxis natürliche Grenzen gesetzt sind – da Sie irgendwann einfach zu viel Zeit mit der Suche nach einer benötigten Notiz verschwenden –, kann OneNote mit einer leistungsfähigen Suchfunktion aufwarten, die selbst handschriftliche Notizen berücksichtigt. Mögliche Einsatzgebiete für OneNote sind z. B.:

- Notizen, Gedanken und Ideen in Besprechungen, Vorträgen und Vorlesungen aufzeichnen

- Material für Recherchen sammeln (z. B. für eigene Vorträge)

- Eigene Vorträge vorbereiten

- Aufgabenlisten anlegen

- Reisenotizen (z. B. Fotos mit kurzen Kommentaren versehen)

Dieses Kapitel stellt die Benutzeroberfläche von OneNote 2007 vor und Sie lernen die verschiedenen Elemente des Arbeitsbereichs kennen. Außerdem werden Sie sehen, wie die OneNote-Notizbücher aufgebaut sind und wie sich diese Struktur im Arbeitsbereich des Programms wiederfinden lässt. Wenn Sie von OneNote 2003 auf die 2007er-Version umsteigen, finden Sie in einem weiteren Abschnitt einen Überblick über die neuen Programmfeatures. Wenn Sie ein mobiles Gerät wie einen Pocket PC oder ein Smartphone mit Windows Mobile einsetzen, können Sie mit OneNote Mobile auf diesen Geräten unterwegs Notizen erstellen und auf Ihren PC übertragen.

Bild 47.1   Das Programmfenster von OneNote

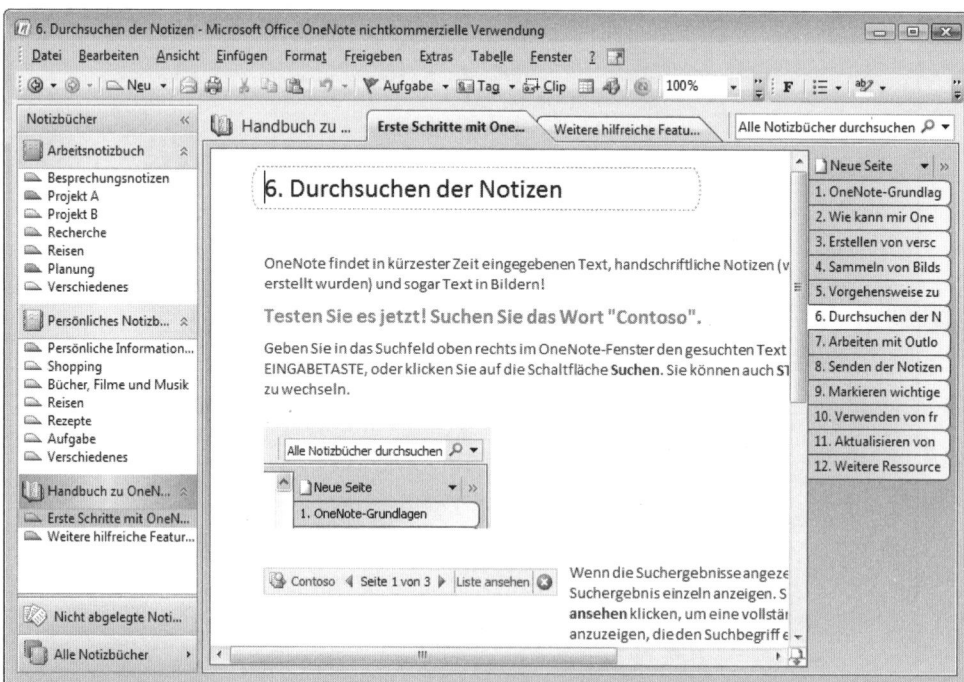

Die Oberfläche von OneNote 2007

Das Programmfenster von OneNote 2007 (siehe Abbildung 47.1) besteht neben der Menüleiste und der Symbolleiste aus folgenden Elementen:

- **Navigationsleiste**   An der linken Seite des Fensters befindet sich die Navigationsleiste, wie Sie sie vielleicht auch von Outlook her kennen. Die Navigationsleiste zeigt die Namen der geöffneten Notizbücher an. Jedes Notizbuch kann entweder erweitert oder reduziert dargestellt werden. Wenn es erweitert anzeigt wird, sehen Sie auch die Namen der Abschnitte dieses Notizbuches; wird es reduziert dargestellt, ist lediglich der Name des Notizbuches zu sehen. Um zwischen den beiden Darstellungsarten zu wechseln, klicken Sie die Doppelpfeil-Schaltfläche rechts neben dem Namen des Notizbuches an.

Bild 47.2   Das persönliche Notizbuch wird reduziert dargestellt

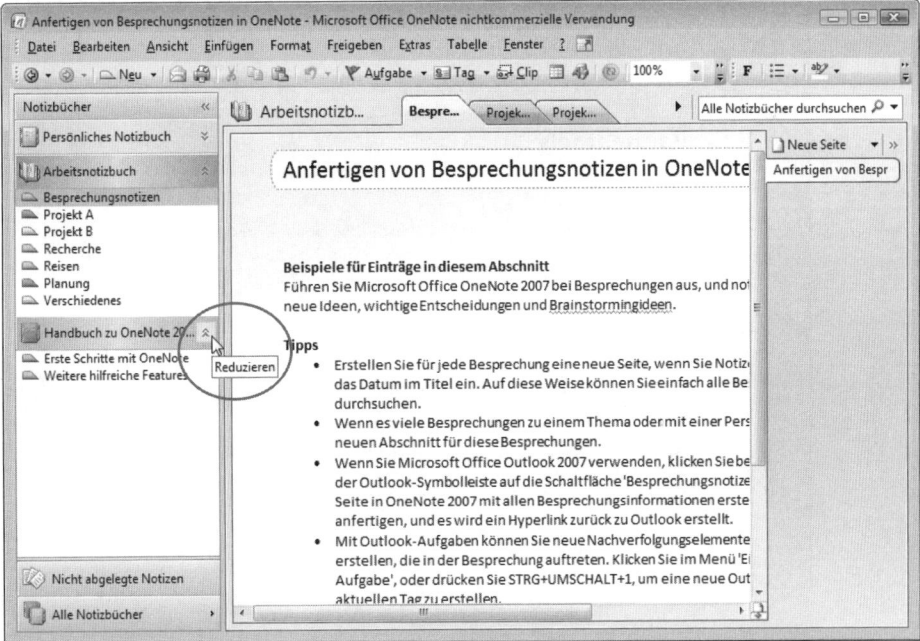

- **Notizenseite**   In der Mitte des Programmfensters befindet Sie die Notizenseite. Dies ist der eigentliche Arbeitsbereich, in dem jeweils eine Seite des virtuellen Notizbuches angezeigt wird. Die einzelnen Seiten sind in sogenannten *Abschnitten* zusammengefasst, die Sie über die Abschnittsregisterkarten am oberen Rand des Arbeitsbereichs anwählen können.

- **Seitenregister**   Im Seitenregister am rechten Rand des Programmfensters werden alle Seiten des derzeit geöffneten Abschnitts angezeigt. Um zu einer anderen Seite zu wechseln, klicken Sie die gewünschte Registerkarte an. Auf den Registerkarten im Seitenregister wird jeweils der Seitentitel der Notizenseite angezeigt.

Navigationsleiste und Seitenregister verkleinern

Sowohl die Navigationsleiste als auch das Seitenregister können verkleinert werden, damit der Arbeitsbereich größer wird und Ihnen so mehr Platz für das Erstellen und Bearbeiten der Notizen zur Verfügung steht. Um die Navigationsleiste bzw. das Seitenregister zu verkleinern, klicken Sie die Schaltfläche mit den beiden Pfeilen an, die sich am oberen Rand der Leiste bzw. des Registers befindet. Wenn die Navigationsleiste verkleinert wurde, wird sie als schmaler Streifen am Fensterrand dargestellt; die Namen der Notizbücher sind weiterhin sichtbar und Sie können ein Notizbuch öffnen, indem Sie den gewünschten Namen anklicken. Zum Wechseln zwischen den Abschnitten können Sie weiterhin die Abschnittsregisterkarten oberhalb der Notizenseite verwenden.

Bild 47.3   Die Navigationsleiste und das Seitenregister wurden verkleinert

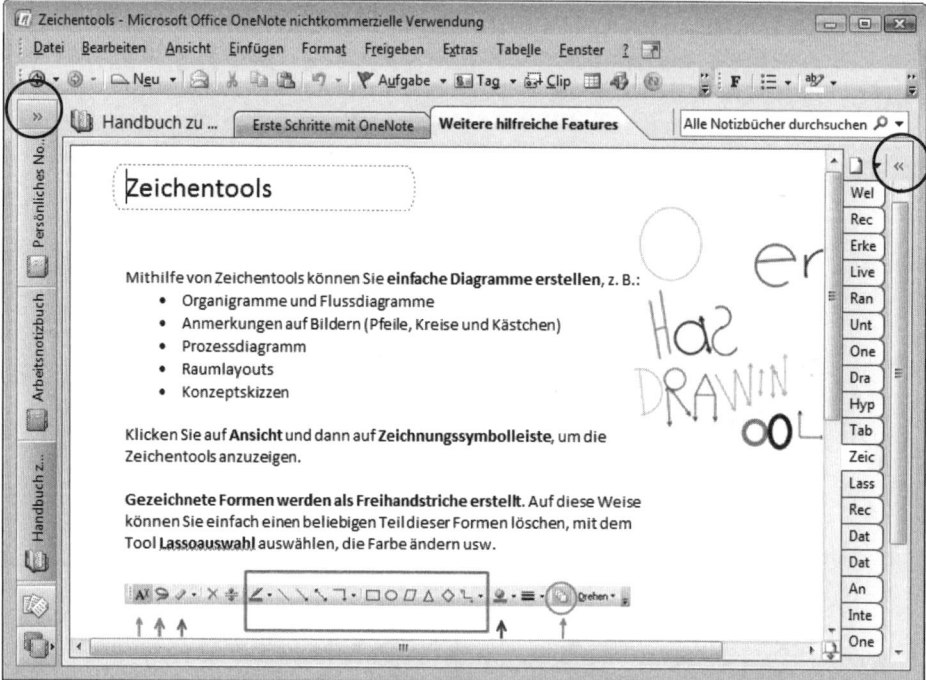

Die Navigationsleiste anpassen

Welche Notizbücher in der Navigationsleiste in welcher Reihenfolge angezeigt werden, lässt sich über das Kontextmenü konfigurieren, das Sie öffnen, indem Sie einen der Notizbuchnamen mit der rechten Maustaste anklicken.

■   Verwenden Sie dann im Kontextmenü den Befehl *Nach oben* bzw. *Nach unten,* um die Position des Notizbuches entsprechend zu ändern.

■   Um ein Notizbuch aus der Navigationsleiste zu entfernen, klicken Sie dessen Namen mit der rechten Maustaste an und wählen den Befehl *Dieses Notizbuch schließen.*

- Wenn Sie im Kontextmenü den Befehl *Eigenschaften* anklicken, wird ein Dialogfeld geöffnet, in dem Sie den Anzeigenamen und die Farbe des Notizbuches ändern können.

Weitere Informationen darüber, wie Sie neue Notizbücher erstellen und vorhandene öffnen können, finden Sie in Kapitel 49.

Bild 47.4   Das Kontextmenü für ein Notizbuch, das in der Navigationsleiste angezeigt wird

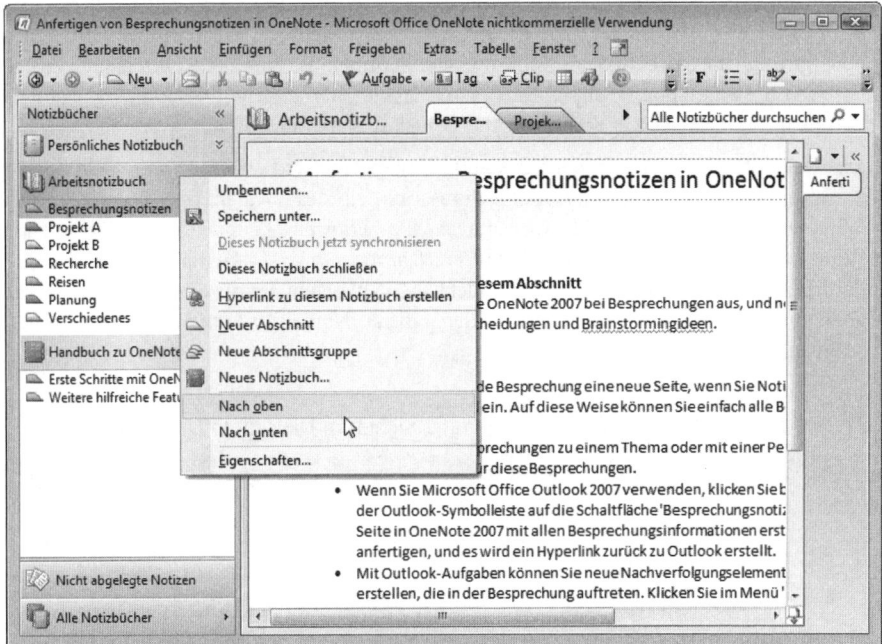

Die Struktur von Notizbüchern

In der Benutzeroberfläche von OneNote spiegelt sich die hierarchische Struktur wider, in der Sie Ihre Informationen in den Notizbüchern ablegen können.

- **Notizbuch**   Auf der obersten Ebene befinden sich die Notizbücher. Diese werden in der Navigationsleiste angezeigt und können mit dem Befehl *Datei/Neu/Notizbuch* erstellt und mit dem Befehl *Datei/Öffnen/Notizbuch* geladen werden.

- **Abschnitt**   Jedes Notizbuch muss mindestens einen Abschnitt enthalten, da Notizenseiten nur in Abschnitte eingefügt werden können. Wenn ein Notizbuch in der Navigationsleiste erweitert angezeigt wird, können Sie durch Anklicken eines Abschnittsnamens zu einem anderen Abschnitt wechseln. Für das derzeit aktive Notizbuch werden oberhalb der Notizenseite die Abschnittsregisterkarten angezeigt. Einen neuen Abschnitt erstellen Sie, indem Sie in der Navigationsleiste das Notizbuch, das den Abschnitt erhalten soll, mit der rechten Maustaste anklicken und den Befehl *Neuer Abschnitt* wählen.

- **Abschnittsgruppe**   Mit den Abschnittsgruppen steht Ihnen eine weitere Organisationsebene zur Verfügung. Eine Abschnittsgruppe kann Abschnitte enthalten, jedoch keine Notizenseiten selbst. Nachdem Sie über das Kontextmenü der Navigationsleiste eine neue Abschnittsgruppe erstellt haben, müssen Sie in diese Gruppe einen neuen Abschnitt einfügen, in dem Sie dann die Notizen ablegen.

- **Seite** Die Seiten sind das Element, in dem Sie in OneNote Ihre Notizen erstellen und bearbeiten. Eine Notizenseite ist immer einem Abschnitt zugeordnet. Zwischen den Seiten eines Abschnitts wechseln Sie am einfachsten mit dem Seitenregister. Dort befindet sich auch eine Schaltfläche, mit der Sie im aktuellen Abschnitt eine neue Seite einfügen können.

- **Unterseite** Wenn Sie für eine bestimmte Seite weitere Informationen einfügen, aber die ursprüngliche Seite nicht verändern wollen, können Sie eine neue Unterseite einfügen; so erhalten Sie eine Seitengruppe. Unterseiten lassen sich auch gut verwenden, wenn Sie eine sehr lange Notizenseite in mehrere kurze Seiten aufteilen möchten.

Die OneNote-Notizbücher werden standardmäßig im Ordner *OneNote-Notizbücher* gespeichert, der während der Installation von OneNote unterhalb des Ordners mit Ihren eigenen Dateien (bei Windows XP der Ordner *C:\Dokumente und Einstellungen\[Benutzername]\Eigene Dateien* und bei Windows Vista der Ordner *C:\ Benutzer\[Benutzername]\Dokumente*) erstellt wird. Den Standardspeicherort können Sie ändern, indem Sie den Befehl *Extras/Optionen* wählen, zur Kategorie *Speichern* wechseln, in der Liste *Pfade* den Eintrag *Notizbuch-Standardspeicherort* auswählen und dann auf *Ändern* klicken.

Bild 47.5 Ändern des Standardspeicherortes für Notizbücher im Dialogfeld *Optionen*

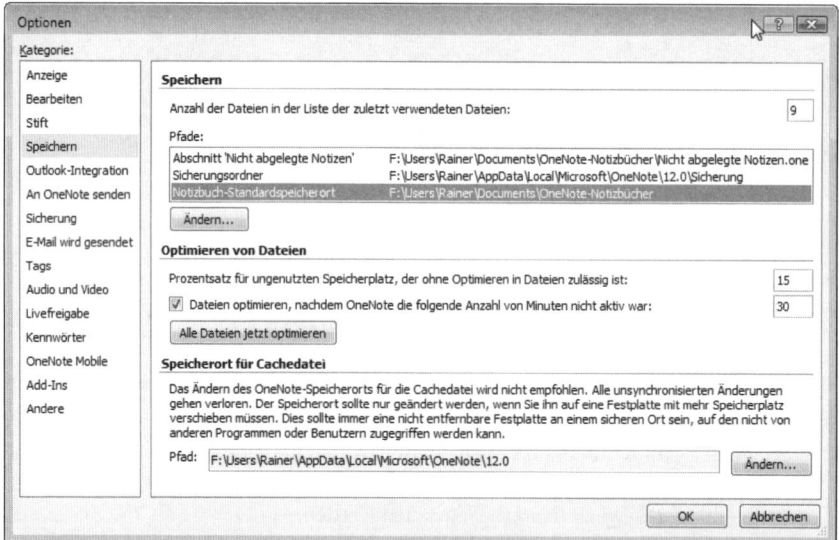

Die Standard-Notizbücher

Wenn Sie OneNote das erste Mal starten, befinden sich in der Navigationsleiste bereits die folgenden drei Standard-Notizbücher:

■ **Persönliches Notizbuch** Dieses Notizbuch können Sie für Ihre persönlichen Notizen verwenden. Es enthält bereits einige Abschnitte zu verschiedenen Kategorien. Die Abschnitte wiederum enthalten Seiten, auf denen Sie Tipps und Hinweise dazu finden, welche Art von Informationen Sie dort ablegen können.

■ **Arbeitsnotizbuch** Das Arbeitsnotizbuch ist für Ihre geschäftlichen Notizen vorgesehen. In den Abschnitten können Sie Notizen zu Besprechungen, den Projekten, an denen Sie arbeiten, oder auch Rechercheergebnisse ablegen.

■ **Handbuch zu OneNote 2007** Im dritten Notizbuch, das standardmäßig vorhanden ist, finden Sie ein kleines Handbuch zu OneNote 2007. Der Abschnitt *Erste Schritte mit OneNote 2007* stellt einige der Features von OneNote vor und ermöglicht es Ihnen, diese direkt auszuprobieren. Blättern Sie einfach mal durch die verschiedenen Seiten dieses Notizbuches, um so einen schnellen Einstieg in das Programm zu erhalten.

Kapitel 49 beschreibt ausführlich, wie Sie in OneNote 2007 neue Notizbücher erstellen, wie Sie Abschnittsgruppen und Abschnitte verwenden und welche Möglichkeiten Ihnen mit Seitenvorlagen zur Verfügung stehen.

Neue Features von OneNote 2007

Wenn Sie den Abschnitt zur Benutzeroberfläche von OneNote 2007 gelesen und bereits die Vorgängerversion von OneNote verwendet haben, werden Ihnen einige der Neuerungen bereits aufgefallen sein (wie die neue Navigationsleiste und die Unterstützung von mehreren gleichzeitig geöffneten Notizbüchern). Dieser Abschnitt macht Sie stichwortartig mit den wichtigsten Änderungen und neuen Features vertraut; ausführliche Schritt-für-Schritt-Anleitungen finden Sie in den weiteren Kapiteln zu OneNote.

■ **Mehrere Notizbücher verwenden** In OneNote 2007 können Sie mehrere Notizbücher gleichzeitig öffnen und Informationen zwischen den Notizbüchern austauschen. Verwenden Sie mehrere Notizbücher, wenn Sie beispielsweise an verschiedenen Projekten arbeiten, um so die Informationen übersichtlicher zu organisieren.

■ **OneNote 2007 auf mehreren Computer verwenden** Wenn Sie auf Ihre OneNote-Notizbücher von mehreren Computern aus zugreifen wollen, legen Sie die Notizbuchdatei an einer Netzwerkadresse ab, auf die jeder Computer zugreifen kann, und öffnen dann das Notizbuch unter dieser freigegebenen Adresse.

■ **Sofortsuche** Die Suchfunktionen von OneNote wurden erheblich verbessert und verwenden jetzt die Windows Desktop Search Engine, die ein fester Bestandteil von Windows Vista ist und die unter Windows XP problemlos nachinstalliert werden kann. Im Arbeitsbereich des OneNote-Fensters finden Sie das Textfeld *Sofortsuche*, in das Sie die Suchbegriffe eingeben können. Die Suche wird gestartet, wenn Sie die Schaltfläche mit der Lupe anklicken. Statt des Suchfeldes werden bei erfolgreicher Suche Schaltflächen eingeblendet, mit denen Sie zwischen den verschiedenen Fundstellen blättern können. Die Schaltfläche *Liste ansehen* blendet den Aufgabenbereich *Seitenliste* ein, den Sie in der Abbildung auf der nächsten Seite sehen.

Bild 47.6 Beispiel für die Anzeige der Suchergebnisse der Sofortsuche

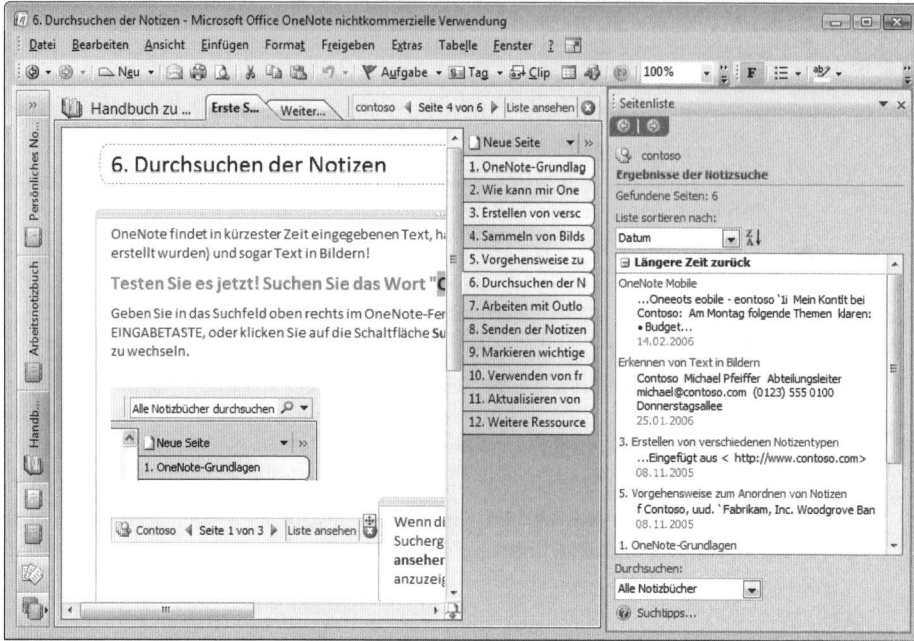

- **Vereinfachte Navigation in Notizbüchern** In der neuen Navigationsleiste können Sie alle Notizbücher, Abschnittsgruppen, Abschnitte und Seiten rasch anzeigen, darauf zugreifen und anschließend wieder ausblenden, um die Bildschirmfläche anderweitig zu nutzen. Mit der Schaltfläche *Alle Notizbücher* am unteren Rand der Navigationsleiste können Sie schnell alle Notizbücher und Abschnitte anzeigen lassen, auch wenn die Navigationsleiste verkleinert wurde. In der Navigationsleiste können Sie Seiten, Abschnitte und Notizbücher mit der Maus ziehen und nach Bedarf organisieren.

Bild 47.7 Diese Übersicht wird mit der Schaltfläche *Alle Notizbücher* geöffnet

- **Webseiten in OneNote ablegen** Im *Extras*-Menü des Internet Explorer finden Sie den Befehl *An OneNote senden,* mit dem Sie entweder die markierte Auswahl oder die gesamte Webseite an OneNote senden und so die Ergebnisse Ihrer Webrecherchen dort ablegen können.

■ **Hyperlinks**   Sie können ein eigenes Inhaltsverzeichnis für beliebige Notizbuchabschnitte erzeugen, indem Sie Hyperlinks erstellen, die zu anderen Seiten in Ihrem Notizbuch führen.

■ **Dateianlagen**   Sie können in Notizenseiten Dateien einfügen und so projektbezogene Informationen an einer zentralen Stelle aufbewahren. Die eingefügte Datei wird auf der Notizenseite als Symbol dargestellt; ein Doppelklick auf das Symbol reicht aus, um die Datei zum Bearbeiten zu öffnen.

■ **Tabellen**   In OneNote 2007 können Sie nun auch Tabellen verwenden, wie Sie es beispielsweise von Word her gewohnt sind, und so die Informationen besser und übersichtlicher organisieren. Es ist ganz einfach, Zeilen, Spalten und Zellen hinzufügen und zu löschen.

■ **Zeichentools**   In der neuen Symbolleiste *Zeichentools* stehen Ihnen zahlreiche Werkzeuge zur Verfügung, die Sie verwenden können, um beispielsweise eine Skizze zu erstellen. Linien und Formen können direkt auf der Seite gezeichnet, gedreht und dupliziert werden.

■ **Rechner**   Während Sie Ihre Notizen erstellen, können Sie den integrierten Rechner verwenden, um einfache Berechnungen durchzuführen, ohne dazu die Seite verlassen zu müssen. Geben Sie beispielsweise 1453+213= ein und drücken Sie nach der Eingabe des Gleichheitszeichens die Leertaste. OneNote fügt dann das Ergebnis der Berechnung ein.

■ **Notizbücher freigeben**   Wenn Sie mit anderen gemeinsam an einem Projekt arbeiten, können Sie für dieses Projekt ein eigenes Notizbuch erstellen, diesen an einer freigegebenen Netzwerkadresse speichern und so den anderen Teammitgliedern Zugriff auf das Notizbuch gewähren. Freigegebene Notizbücher ermöglichen die aktive Zusammenarbeit mit anderen Benutzern und eignen sich als aktueller Informationsspeicher für die Beiträge aller Benutzer.

■ **Automatische Synchronisierung von Notizbüchern**   OneNote synchronisiert die Änderungen verschiedener Autoren an den Seiten eines freigegebenen Notizbuches und führt sie automatisch zusammen, selbst bei zeitweise getrennter Netzwerkverbindung.

■ **Notizen in unterschiedlichsten Formaten speichern**   Auch Benutzern, die OneNote 2007 nicht verwenden, können Sie Ihre Notizen zur Verfügung stellen, indem Sie einzelne Notizenseiten per E-Mail versenden oder komplette Notizbücher auf einer Website veröffentlichen.

■ **Senden von Outlook-E-Mail an OneNote**   Sie können eine Outlook-E-Mail-Nachricht nach OneNote exportieren und so wichtige Informationen an einer zentralen Stelle verwalten.

■ **Integration mit Outlook-Aufgaben**   Kennzeichnen Sie wichtige Notizen in OneNote und synchronisieren Sie sie dann mit den Outlook-Aufgaben und –Erinnerungen, um stets den Überblick über wichtige Projekte zu behalten.

■ **Unterstützung von Office-Dokumenten**   Wenn Sie keine Verknüpfungen mit Informationen an anderer Stelle erstellen möchten, können Sie Microsoft Office-Dokumente, -Arbeitsmappen und -Präsentationen problemlos in Ihre Notizen einfügen und kommentieren. Eingefügte Dateien werden in OneNote automatisch als Anlagen gespeichert.

■ **Lassoauswahl**   Der Lassoauswahlmodus in OneNote ermöglicht es Ihnen, mithilfe des Tablet PC-Stifts schnell und präzise Freihandlinien auszuwählen und so das Formatieren von Text bzw. Konvertieren in Text zu vereinfachen.

Das OneNote-Startprogramm

Während der Installation von OneNote wird im Infobereich der Taskleiste das OneNote-Symbol abgelegt, über das Sie eine neue Randnotiz erstellen oder eine Audioaufzeichnung starten können, ohne hierzu vorher OneNote starten zu müssen. Dieses Symbol wird OneNote-Bildschirmausschnitt- und Startprogramm genannt.

■ Wenn Sie das Symbol mit der linken Maustaste anklicken, wird die Standardaktion ausgeführt und das Fenster für eine neue Randnotiz geöffnet.

■ Wenn Sie das Symbol mit der rechten Maustaste anklicken, wird das Kontextmenü geöffnet, in dem Sie weitere Aktionen auswählen und das Verhalten des Symbols konfigurieren können.

Bild 47.8   Das Kontextmenü des OneNote-Symbols im Infobereich der Taskleiste

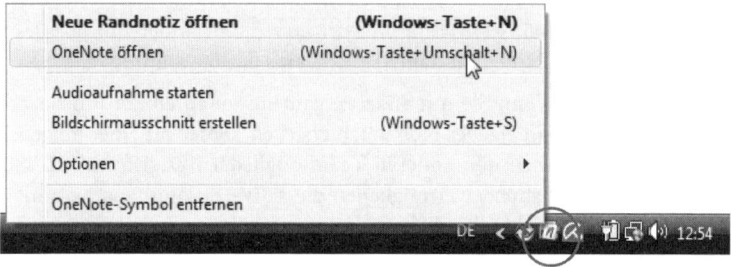

Folgende Befehle stehen Ihnen im Kontextmenü zur Verfügung:

■ **Neue Randnotiz öffnen**   Dies ist die Standardaktion, die ausgeführt wird, wenn Sie das Symbol mit der linken Maustaste anklicken. (Die konfigurierte Standardaktion wird im Kontextmenü in fetten Buchstaben dargestellt.) Bei einer Randnotiz handelt es sich um ein kleines Fenster, in das Sie Notizen eingeben und einfügen können, ohne dazu OneNote starten zu müssen. Randnotizen werden im Abschnitt für nicht abgelegte Notizen gespeichert, den Sie über die Navigationsleiste öffnen können. Von dort aus können Sie die Notiz später in den gewünschten Notizbuchabschnitt ziehen.

■ **OneNote öffnen**   Mit diesem Befehl wird OneNote 2007 gestartet.

■ **Audioaufnahme starten**   Dieser Befehl startet eine Audioaufnahmesitzung. Hierbei wird ein im Computer integriertes oder ein extern angeschlossenes Mikrofon verwendet, ohne zuvor OneNote zu starten. Die fertige Audioaufzeichnung wird in einer neuen Randnotiz abgelegt, die dann im Abschnitt für nicht abgelegte Notizen gespeichert wird.

■ **Bildschirmausschnitt erstellen**   Mit diesem Befehl können Sie einen Bildschirmausschnitt »fotografieren«, indem Sie mit der Maus ein Rechteck aufziehen, um so den gewünschten Bereich festzulegen. Standardmäßig wird der Bildschirmausschnitt auf einer neuen Seite im Abschnitt für nicht abgelegte Notizen abgelegt, von wo aus Sie ihn in Ihre Notizen verschieben oder kopieren können.

■ **Optionen**   Über den Befehl *Optionen* können Sie das Bildschirmausschnitt- und Startprogramm konfigurieren. Über das Untermenü *Standardwerte für OneNote-Symbol* können Sie die Aktion festlegen, die durch das Anklicken des Symbols mit der linken Maustaste ausgelöst werden soll. Im Untermenü *Standardwerte für Bildschirmausschnitt* können Sie einstellen, was mit einem »eingefangenen« Bildschirmausschnitt geschehen soll.

- **OneNote-Symbol entfernen** Entfernt das Symbol für das OneNote Bildschirmausschnitt- und Startprogramm aus dem Infobereich der Taskleiste.

TIPP Wenn Sie das OneNote-Symbol im Infobereich der Windows-Taskleiste deaktiviert haben, müssen Sie es wieder aktivieren, bevor Sie es konfigurieren können: Klicken Sie im Menü *Extras* auf *Optionen*. Klicken Sie in der Liste *Kategorie* auf *Andere* und schalten Sie dann das Kontrollkästchen *Symbol für OneNote im Infobereich der Taskleiste anzeigen* ein.

OneNote Mobile installieren und konfigurieren

Wenn Sie neben OneNote 2007 auch ein Smartphone oder einen Pocket PC mit Windows Mobile besitzen, können Sie auf dem Gerät OneNote Mobile installieren, dort unterwegs Notizen erfassen und diese dann später mit einem Notizbuch-Abschnitt in der Vollversion von OneNote auf Ihrem Computer synchronisieren. OneNote Mobile ist kostenlos im Lieferumfang der Vollversion von OneNote 2007 enthalten.

OneNote Mobile installieren

Wenn Sie OneNote 2007 installiert, das mobile Gerät mit dem Desktop-Computer verbunden haben und dann OneNote starten, sollte nach einem kurzen Moment die in der folgenden Abbildung gezeigte Meldung über dem OneNote-Symbol angezeigt werden:

Bild 47.9 OneNote hat ein Windows Mobile-Gerät erkannt

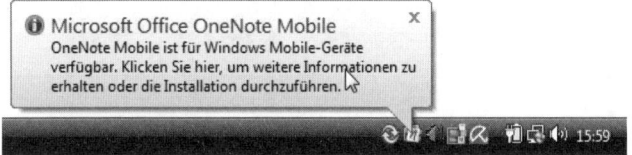

Wenn Sie die Meldung anklicken, wird das folgende Dialogfeld angezeigt:

Bild 47.10 Mit diesem Dialogfeld können Sie OneNote Mobile auf dem Mobilgerät installieren

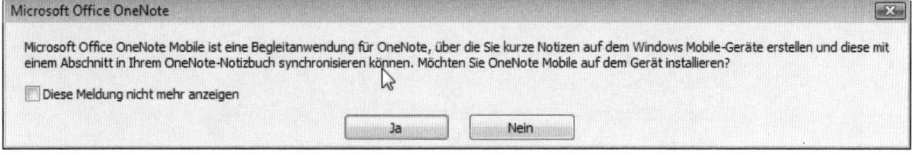

Klicken Sie auf *Ja*, um die Installation zu starten. OneNote Mobile wird daraufhin auf Ihrem mobilen Gerät installiert.

TIPP Wenn Sie Windows Vista verwenden, kann es sein, dass Sie die Meldung erhalten, dass noch zusätzliche Software installiert werden muss. Surfen Sie in diesem Fall zur Website *www.microsoft.com/germany/windowsmobile* und klicken Sie dort auf den Link, der zu den aktuellen Updates führt. Laden Sie dann *Microsoft Windows Mobile Device Center Driver for Windows Vista* herunter und installieren Sie es. Verbinden Sie daraufhin erneut das mobile Gerät mit dem Computer und nehmen Sie dann die Installation von OneNote Mobile vor.

Sie können OneNote Mobile auch manuell installieren, indem Sie in OneNote im Menü *Extras* auf *Optionen* klicken, im Dialogfeld *Optionen* zur Kategorie *OneNote Mobile* wechseln und schließlich auf die Schaltfläche *OneNote Mobile installieren* klicken.

Synchronisation konfigurieren

Damit die auf dem mobilen Gerät erstellten Notizen mit dem Notizbuch der Vollversion von OneNote synchronisiert werden können, müssen Sie eine Partnerschaft zwischen dem mobilem Gerät und dem Computer einrichten. Unter Windows XP verwenden Sie hierfür das Tool ActiveSync, das mit Ihrem mobilen Gerät geliefert wurde, und unter Windows Vista nutzen Sie das Windows Mobile-Gerätecenter. (Beachten Sie hierzu auch den Hinweis oben auf der Seite und laden Sie *Microsoft Windows Mobile Device Center Driver for Windows Vista* herunter und installieren Sie diese Treiber.)

Nachdem Sie die Partnerschaft zwischen dem mobilen Gerät und dem Computer erfolgreich eingerichtet haben, können Sie die Inhaltssynchronisierung so konfigurieren, dass neue, auf dem mobilen Gerät erstellte Notizen in das OneNote-Notizbuch *OneNote Mobile* übertragen werden.

Bild 47.11 Der Startbildschirm des Windows Mobile-Gerätecenters

1. Starten Sie das Windows Mobile-Gerätecenter.

2. Klicken Sie auf *Einstellungen des Mobilgeräts*.

3. Klicken Sie auf *Einstellungen für Inhaltssynchronisierung ändern*.

4. Scrollen Sie in der Liste nach unten, bis der Eintrag *Microsoft Office OneNote* angezeigt wird, und schalten Sie dann das Kontrollkästchen vor diesem Eintrag ein.

5. Klicken Sie auf *Speichern*.

Bild 47.12   Hier schalten Sie die Synchronisierung für OneNote ein

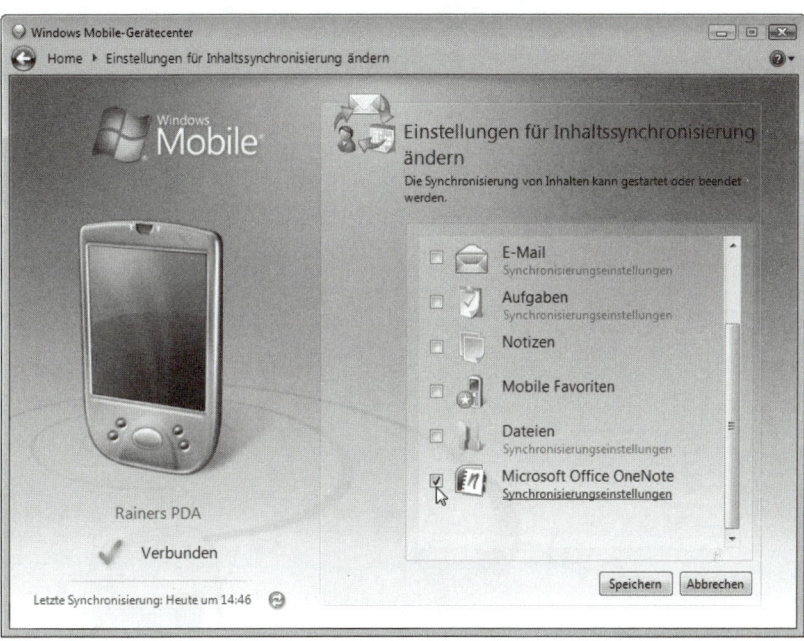

Zusammenfassung

OneNote 2007 will Sie dabei unterstützen, den Informationsüberfluss zu organisieren. Dieses Kapitel hat Ihnen einen ersten Überblick über OneNote 2007 verschafft.

■ Im Programmfenster von OneNote 2007 können Sie mehrere Notizbücher anzeigen lassen und in der Navigationsleiste das Notizbuch auswählen, das Sie verwenden möchten. Im Seitenregister können Sie die Seite auswählen, die Sie ansehen wollen oder mit der Schaltfläche *Neue Seite* eine neue Notizenseite erstellen (Seite 823).

■ Die Navigationsleiste und das Seitenregister können verkleinert werden und Sie können festlegen, welche Notizbücher in welcher Reihenfolge in der Navigationsleiste angezeigt werden (Seite 824).

■ OneNote-Notizbücher können die folgenden Elemente enthalten: Abschnittsgruppen, Abschnitte, Seiten und Unterseiten (Seite 825).

■ OneNote 2007 hält eine Reihe von interessanten und nützlichen neuen Features bereit. Eine Übersicht über die neuen Merkmale stellt der Abschnitt ab Seite 827 bereit.

■ Im Infobereich der Taskleiste wird das OneNote-Bildschirmausschnitt- und Startprogramm angezeigt. Sie haben gesehen, welche Befehle Ihnen dort zur Verfügung stehen und wie Sie das Startprogramm an Ihre Anforderungen anpassen können (Seite 830).

■ Im Lieferumfang von OneNote 2007 befindet sich OneNote Mobile, das Sie auf einem Pocket PC oder einem Smartphone mit Windows Mobile installieren können. Die auf dem Mobilgerät erfassten Notizen lassen sich mit dem Notizbuch der Vollversion von OneNote synchronisieren (Seite 831).

Kapitel 48

Notizen erstellen

In diesem Kapitel:

In diesem Kapitel dreht sich alles um das Erstellen von Notizen. Beim Erstellen Ihrer Notizen gewährt Ihnen OneNote nahezu vollständige Handlungsfreiheit. Auf den Seiten Ihres OneNote-Notizbuches können Sie Ihre Notizen wie bei einer Pinnwand beliebig positionieren und anordnen. Die einzelnen Notizen dürfen sich auch überlappen und haben nicht die Tendenz, andere Notizen zu verdrängen.

Um das Speichern Ihrer Notizen müssen Sie sich übrigens nicht selbst kümmern. Das erledigt OneNote automatisch für Sie. Sie können sich also ganz auf Ihre Arbeit konzentrieren.

Wenn Sie einige der Möglichkeiten ausprobieren wollen, können Sie die Beispiel-Notizbücher von OneNote verwenden. Klicken Sie dazu in der Navigationsleiste den Abschnitt an, in den Sie eine Notizenseite einfügen wollen, und klicken Sie dann im Seitenregister auf die Schaltfläche *Neue Seite*. Wie Sie selbst eigene Notizbücher und Abschnitte erstellen, ist in Kapitel 49 beschrieben.

Einfache Textnotizen erstellen und bearbeiten

Das Erstellen einer Textnotiz ist in OneNote denkbar einfach:

1. Wechseln Sie im Notizbuch zu der Seite, auf der Sie die Notiz eintragen möchten.

2. Klicken Sie auf eine beliebige Stelle der Seite.

3. Tippen Sie den gewünschten Text ein.

PROFITIPP

Datum und Uhrzeit eingeben

Wenn Sie OneNote benutzen, um ein Protokoll zu erstellen oder um Notizen über den Verlauf eines Telefongespräch anzulegen, werden Sie häufig das aktuelle Datum bzw. die aktuelle Uhrzeit eingeben. Dies geht am schnellsten, wenn Sie eine der folgenden Tastenkombinationen verwenden:

- ▪ ⬆+Alt+D   fügt das aktuelle Datum (<u>d</u>ate) ein
- ▪ ⬆+Alt+T   fügt die aktuelle Uhrzeit (<u>t</u>ime) ein
- ▪ ⬆+Alt+F   fügt das aktuelle Datum inkl. Uhrzeit ein (<u>f</u>ull time)

Der eingegebene Text wird von OneNote in einen sogenannten *Notizencontainer* aufgenommen, dessen Größe sich automatisch an die eingegebene Textmenge anpasst. Wenn der rechte Rand des Containers den rechten Seitenrand erreicht, nimmt OneNote automatisch einen Zeilenumbruch vor. OneNote unterstützt dabei allerdings keine Silbentrennung.

Bild 48.1   Eine einfache Textnotiz

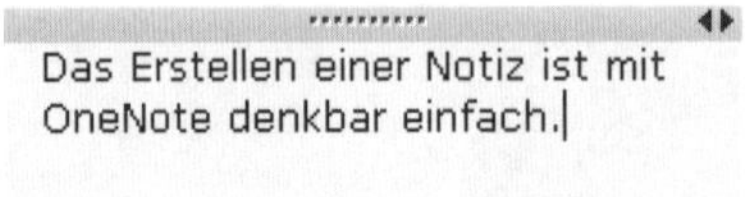

Den Container können Sie anschließend an seiner Titelleiste beliebig auf der Seite verschieben. In der Titelleiste befinden sich zudem noch zwei kleine Pfeile, mit denen Sie die Breite des Containers einstellen können, indem Sie sie mit der Maus nach links oder rechts ziehen.

TIPP Wenn Sie die Darstellung der Container als störend empfinden, können Sie entweder eine hellere Schattierung auswählen oder die Anzeige ganz unterdrücken. Rufen Sie dazu den Befehl *Extras/Optionen* auf und nehmen Sie in der Kategorie *Anzeige* die gewünschten Einstellungen vor. Beachten Sie aber, dass das Verschieben des Textes deutlich umständlicher wird, wenn Sie die Anzeige der Notizencontainer ausschalten.

Absätze

OneNote verwaltet den Text einer Notiz in Absätzen, wie Sie sie auch von Word her kennen. Diese Ähnlichkeit kommt natürlich nicht von ungefähr, schließlich gehört OneNote zur Office-Familie und soll daher möglichst reibungslos mit den anderen Familienmitgliedern zusammenarbeiten.

Wenn Sie den Mauszeiger über einen Text bewegen, taucht links neben dem Text ein kleines quadratisches Symbol auf. Dabei handelt es sich um das sogenannte *Absatzhandle*, mit dem Sie den zugehörigen Absatz z. B. markieren oder verschieben können.

Um einen neuen Absatz zu erstellen, drücken Sie einfach die ↵ -Taste. Wenn Sie lediglich eine neue Zeile beginnen wollen, drücken Sie stattdessen – genau wie bei Word – die Tastenkombination ⇧ + ↵ .

Text verschieben

Um den Text einer Notiz zu verschieben, stehen Ihnen mehrere Möglichkeiten zur Verfügung:

- Innerhalb eines Notizencontainers können Sie den Text per Drag & Drop verschieben, genau wie Sie es von Word gewohnt sind. Auf den automatischen Leerzeichenausgleich von Word müssen Sie allerdings verzichten.

- Um einen gesamten Absatz zu verschieben, ziehen Sie sein Absatzhandle (das kleine Quadrat mit dem Doppelpfeil) an die gewünschte neue Position.

Bild 48.2   Verschieben eines Absatzes

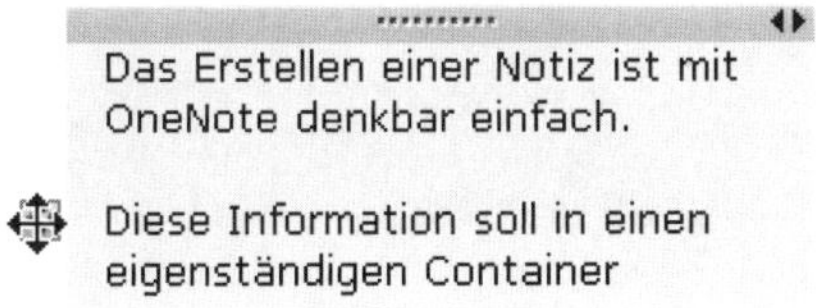

- Wenn Sie einen Text aus einem Notizencontainer herausziehen, entsteht dadurch automatisch ein neuer Container.

Bild 48.3 Absatz aus einem Notizencontainer herausziehen

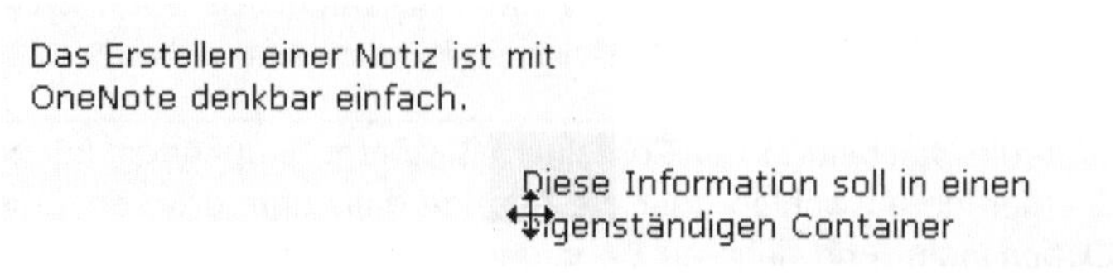

Das Erstellen einer Notiz ist mit
OneNote denkbar einfach.

Diese Information soll in einen
eigenständigen Container

PROFITIPP

Verbinden von Containern verhindern

Wenn Sie einen Text oder einen Notizencontainer auf einen anderen Container schieben, fasst OneNote die beiden Objekte in einen gemeinsamen Container zusammen. Wenn Sie dies verhindern wollen, halten Sie beim Verschieben einfach die Alt-Taste gedrückt. Auf diese Weise können Sie Ihre Notizencontainer flexibel positionieren, ohne dass es zu unerwünschten Verschmelzungen kommt.

Text formatieren

Den Text einer Notiz können Sie mit verschiedenen Formatierungsmerkmalen versehen, dazu gehören neben Schriftart und Schriftgrad auch die Schriftfarbe sowie verschiedene Textauszeichnungen wie fett, kursiv und unterstrichen. Die Formatierungen können Sie entweder per Tastenkombinationen, mit der Symbolleiste *Format* oder mit Hilfe des Aufgabenbereichs *Schriftart* zuweisen.

1. Markieren Sie zunächst den Text, den Sie formatieren möchten. Wenn Sie lediglich ein einzelnes Wort formatieren wollen, genügt es, wenn sich die Einfügemarke innerhalb des Wortes befindet.

2. Rufen Sie den Befehl *Format/Zeichen* auf (alternativ drücken Sie die Tastenkombination Strg + D).

3. Nehmen Sie die gewünschten Einstellungen im Aufgabenbereich *Schriftart* vor.

Die von OneNote verwendeten Tastenkombinationen sind mit den entsprechenden Tastenkombinationen zu Word identisch. Eine Übersicht der Tastenkombinationen finden Sie in Tabelle 7.3 auf Seite 156. Bitte beachten Sie, dass nicht alle Zeichenformatierungen aus Word auch in OneNote zur Verfügung stehen.

Bild 48.4   Der Aufgabenbereich *Schriftart*

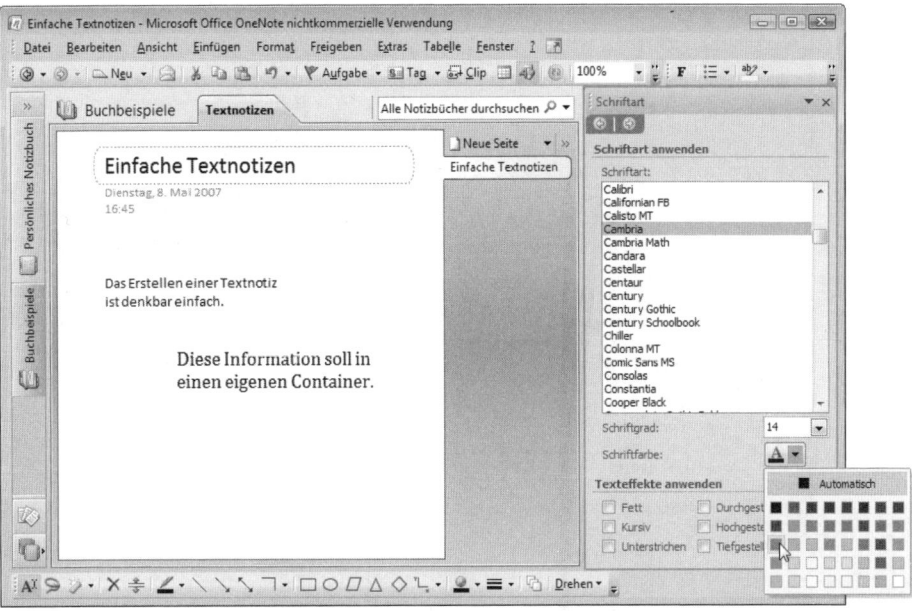

Nummerierte Listen und Aufzählungen

OneNote kennt zwei verschiedene Arten von Listen: Aufzählungen und nummerierte Listen, die beide aus maximal sechs Ebenen bestehen können.

Zum Erstellen solcher Listen gehen Sie folgendermaßen vor:

1. Geben Sie den ersten Eintrag der Liste ein. Wenn Sie eine nummerierte Liste erstellen wollen, geben Sie zu Beginn 1. ein, bei einer Aufzählung können Sie ein Minuszeichen oder ein Sternchen verwenden. OneNote weist dann automatisch das entsprechende Listenformat zu.

2. Wenn Sie die von OneNote vorgegebene Nummerierung bzw. das verwendete Aufzählungszeichen ändern möchten, können Sie dazu die Dropdownmenüs der Schaltflächen *Nummerierung* bzw. *Aufzählungszeichen* verwenden.

Bild 48.5   Auswahl der Nummerierungsart und des Aufzählungszeichens

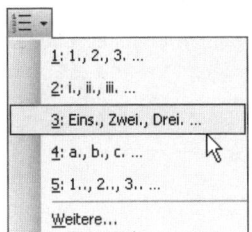 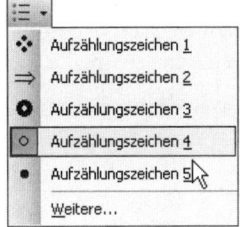

Bild 48.6   Eine Auflistung mit mehreren Ebenen

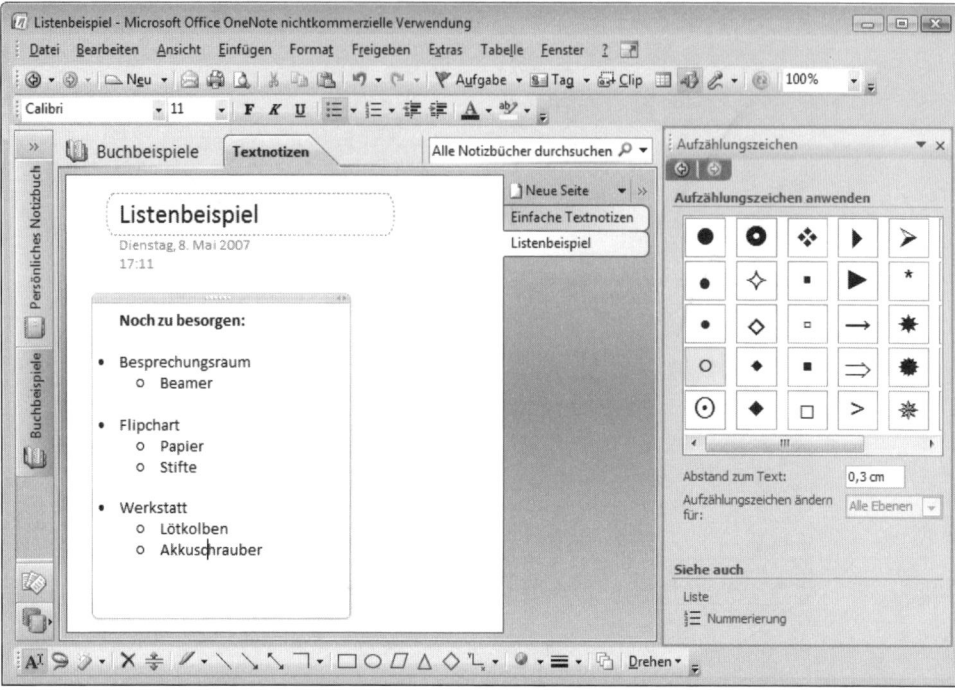

3.   Drücken Sie die ⏎-Taste, um den Eintrag abzuschließen.

   Um einen Listeneintrag eine Ebene einzurücken, drücken Sie die ⇥-Taste (dazu muss sich die Einfügemarke am Anfang der Zeile befinden). Entsprechend können Sie einen Eintrag mit ⇧+⇥ wieder eine Ebene höher stufen. Alternativ verwenden Sie die links abgebildeten Schaltflächen der Symbolleiste *Format*.

4.   Geben Sie die weiteren Listeneinträge ein.

5.   Wenn Sie noch weitere Formatierungen an der Liste vornehmen wollen, wählen Sie *Format/Aufzählungszeichen* bzw. *Format/Nummerierung*. OneNote blendet dann die Aufgabenbereiche *Aufzählungszeichen* bzw. *Nummerierung* ein, mit denen Sie die gewünschten Änderungen vornehmen können.

PROFITIPP   **Listenebenen ein- und ausblenden**

Mit den Tastenkombinationen ⇧+Alt+1 bis ⇧+Alt+5 können Sie die Anzahl der sichtbaren Ebenen einer Liste steuern. Um z. B. nur die beiden obersten Ebenen einer Aufzählungsliste anzuzeigen, klicken Sie das erste Aufzählungszeichen an und drücken dann die Tastenkombination ⇧+Alt+2.

Tabellen erstellen

Häufig lassen sich Informationen viel besser in Tabellen als in normalen Absätzen darstellen. Wenn Sie eine Tabelle bereits in Word oder Excel erstellt haben, können Sie sie dort markieren, in die Zwischenablage kopieren und dann in eine Notizenseite einfügen. Sie können dann die eingefügte Tabelle mit den neuen Tabellenwerkzeugen von OneNote weiterbearbeiten.

Wenn Sie eine Tabelle komplett neu erstellen wollen, können Sie dies in der neuen Version auch direkt in OneNote selbst erledigen. Gehen Sie dazu wie folgt vor:

1. Öffnen Sie die Seite Ihres Notizbuches, in die Sie die Tabelle einfügen wollen.

2. Klicken Sie an die Stelle, an der Sie die Tabelle einfügen wollen, um so einen neuen Notizencontainer zu erstellen.

3. Geben Sie den Text ein, der in die erste Zelle der Tabelle soll.

4. Drücken Sie die ⭾-Taste. Dies ist das Signal an OneNote, dass Sie eine Tabelle erstellen wollen. OneNote fügt den eingegebenen Text in die erste Zelle der Tabelle und daneben eine weitere, leere Zelle ein.

5. Geben Sie den Text für die zweite Zelle der Tabelle ein.

6. Wiederholen Sie die beiden letzten Schritte, bis die erste Tabellenzeile fertig ist. Drücken Sie dann die ↵-Taste, um eine neue Tabellenzeile erstellen zu lassen.

Wenn Sie die Struktur der Tabelle verändern wollen, setzen Sie die Einfügemarke in die gewünschte Zeile bzw. Spalte und verwenden dann die Befehle aus dem Menü *Tabelle,* um Zeilen/Spalten zu löschen oder einzufügen.

Bild 48.7   Der neue Tabellen-Editor von OneNote

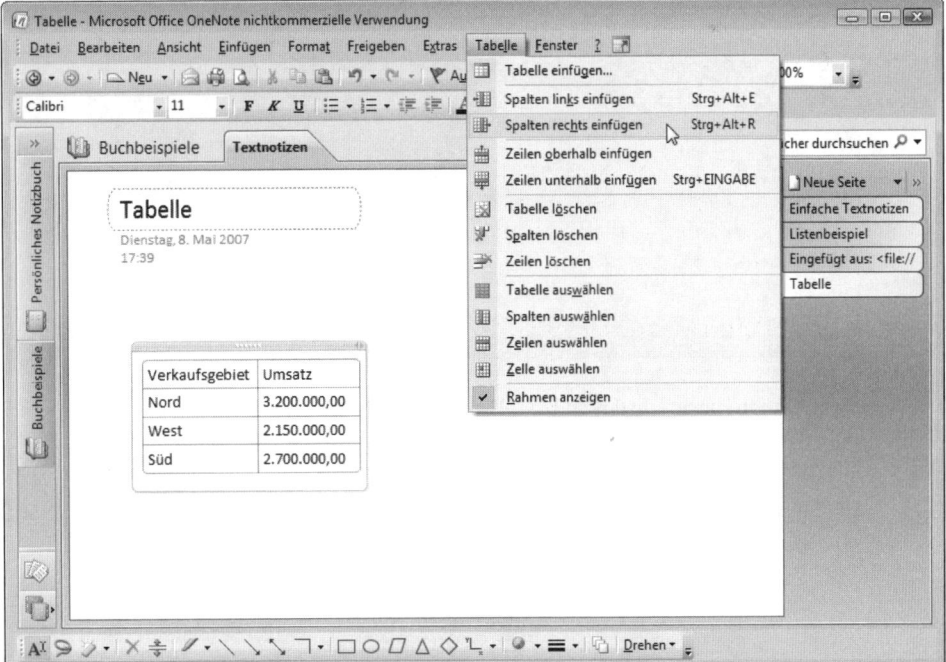

Skizzen zeichnen

Wenn Sie OneNote auf einem Tablet PC einsetzen oder wenn Sie ein Digitalisiertablett an Ihren PC angeschlossen haben, können Sie Ihren Notizen auch kleine Zeichnungen hinzufügen. Das können kleine Markierungen oder Pfeile sein, aber auch Formeln, Schaubilder, Pläne oder Diagramme. Sie können natürlich auch mit der Maus zeichnen, was allerdings wesentlich unhandlicher ist und kein sauberes Schriftbild erlaubt.

Stiftauswahl

OneNote bietet Ihnen standardmäßig drei verschiedene Stifte in mehreren Farben an (dünne und dicke Filzstifte sowie Textmarker). Die Stiftauswahl erfolgt dabei über die Schaltfläche *Stift*, die sich sowohl in der Symbolleiste *Zeichentools* als auch in der Symbolleiste *Schrifttools* befindet, oder komfortabler über die Symbolleiste *Stifte*.

Bild 48.8   Das Menü der Schaltfläche *Stift* und die Symbolleiste *Stifte*

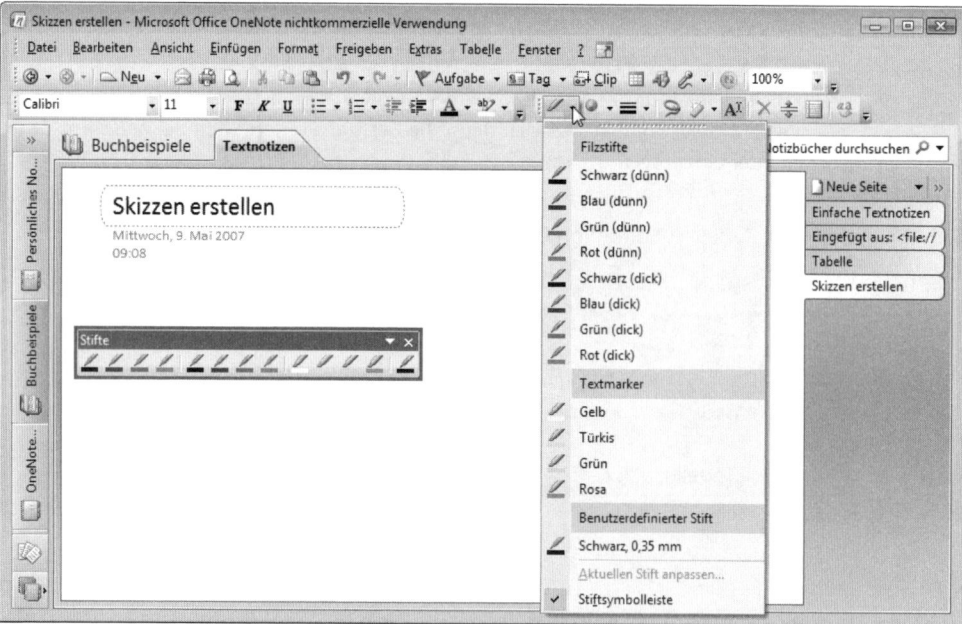

Wenn Ihnen die Strichstärken bzw. Farben dieser Vorauswahl nicht zusagen, können Sie über den Befehl *Aktuellen Stift anpassen,* den Sie im Dropdownmenü der Schaltfläche *Stift* finden, individuelle Stifte anlegen. Sie müssen dazu jedoch vorher einen der vorhandenen Stifte ausgewählt haben.

In dem Dialogfeld, das die Abbildung auf der folgenden Seite zeigt, können Sie den Stiftnamen, die Stiftfarbe und die Stiftdicke anpassen.

Bild 48.9   Ändern von Strichstärke und -farbe

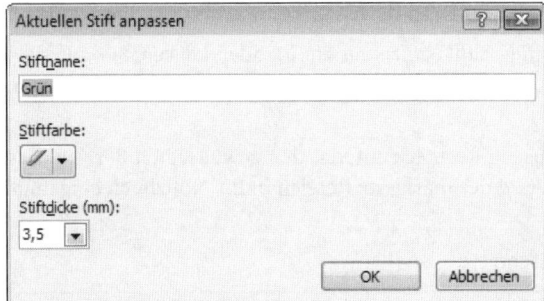

Bild 48.10   Eine mit OneNote erstellte Skizze (Genogramm)

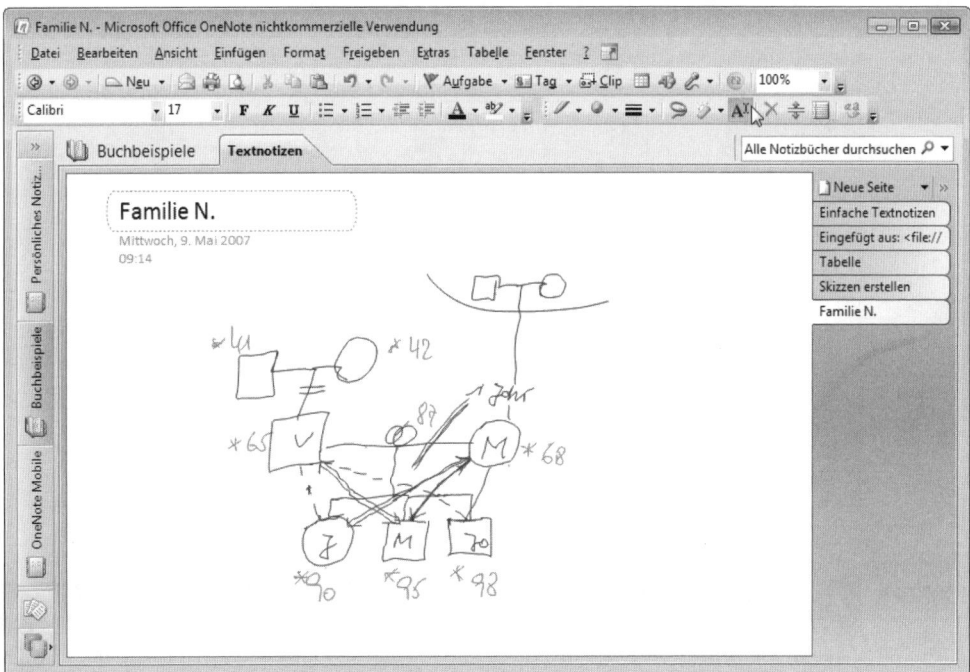

Bildschirmausschnitte einfügen

Mit OneNote können Sie auch einen beliebigen Ausschnitt des Bildschirms »fotografieren« und in Ihre Notizen einfügen. Auf diese Weise können Sie z. B. bestimmte Einstellungen in einem Dialogfeld, die Sie für eine spezielle Aufgabe vornehmen müssen, in Ihrem Notizbuch archivieren und können die Einstellungen dann bei Bedarf leicht rekonstruieren.

Um einen Bildschirmausschnitt einzufügen, nehmen Sie folgende Schritte vor:

1. Öffnen Sie die Seite Ihres Notizbuches, in die Sie den Ausschnitt einfügen möchten.

2. Wählen Sie den Befehl *Einfügen/Bildschirmausschnitt* oder klicken Sie auf die Schaltfläche *Clip*. OneNote zieht sich nun vom Bildschirm zurück und stellt den Bildschirm mit blassen Farben dar (siehe Bild 48.11).

3. Ziehen Sie jetzt mit der Maus ein Rechteck auf, das den gewünschten Bereich darstellt. Sobald Sie die Maustaste loslassen, wird der markierte Bereich in Ihr Notizbuch eingefügt.

Bild 48.11 »Einfangen« eines Bildschirmausschnitts

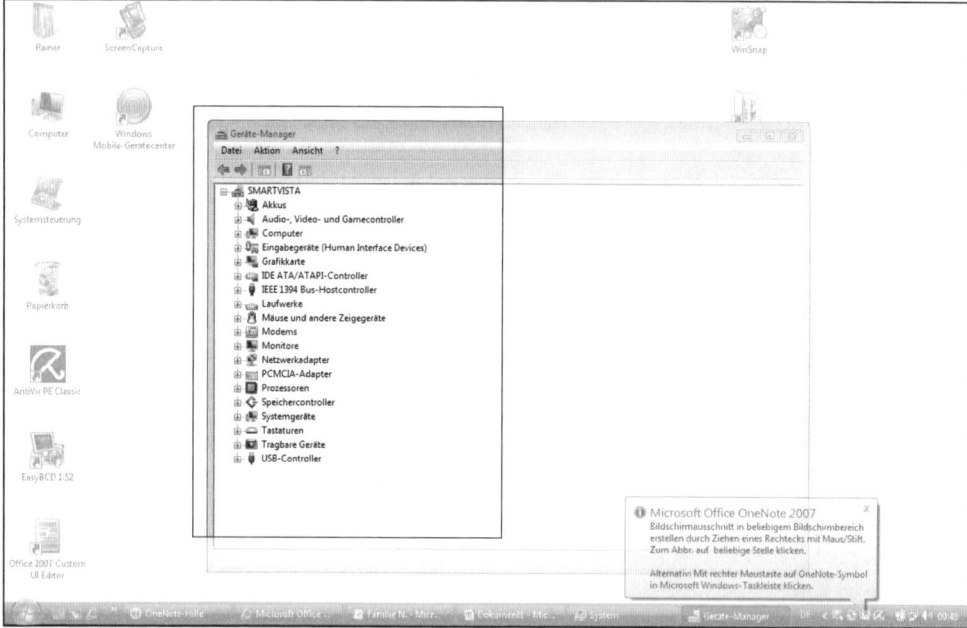

PROFITIPP **Abbildungen von Dialogfeldern und vollständigen Programmfenstern einfügen**

Wenn Sie ein ganzes Dialogfeld (z. B. eine Fehlermeldung) oder ein komplettes Programmfenster in Ihr Notizbuch einfügen wollen, gehen Sie am besten so vor:

1. Aktivieren Sie das Fenster, von dem Sie eine Abbildung erstellen wollen.

2. Drücken Sie [Alt]+[Druck].

3. Wechseln Sie zu OneNote und zeigen Sie die Seite an, auf der Sie die Abbildung einfügen wollen.

4. Drücken Sie [Strg]+[V].

Wenn OneNote derzeit nicht geöffnet ist können Sie das OneNote-Symbol im Infobereich der Taskleiste mit der rechten Maustaste anklicken und den Befehl *Bildschirmausschnitt erstellen* auswählen. Ziehen Sie dann mit der Maus das Rechteck auf, das den zu fotografierenden Bereich darstellt. Nachdem Sie die Maustaste losgelassen haben, wird der Ausschnitt in den Abschnitt *Nicht abgelegte Notizen* eingefügt und Sie können ihn in das Notizbuch verschieben, in dem Sie den Bildschirmausschnitt benötigen.

Dokumente als Bild einfügen

Mit OneNote können Sie auch Dokumente in Bilder umwandeln und in Ihr Notizbuch einfügen. Dazu rufen Sie den Befehl *Einfügen/Dateien als Ausdruck* auf und wählen dann im angezeigten Dialogfeld das gewünschte Dokument aus. OneNote unterstützt dabei die folgenden Dokumenttypen: Word-Dateien, Excel-Dateien, PowerPoint-Dateien sowie die meisten Grafikformate.

OneNote erzeugt für jede Seite des ausgewählten Dokuments ein eigenes Bild und fügt es in Ihr Notizbuch ein. Die Bilder werden zusätzlich mit einem Link auf die Originaldatei versehen, mit dem Sie das betreffende Dokument direkt öffnen können. Jetzt können Sie z. B. die eingefügten Bilder mit Kommentaren versehen, ohne damit das Originaldokument zu verändern.

Bild 48.12   Als Bild eingefügtes Dokument

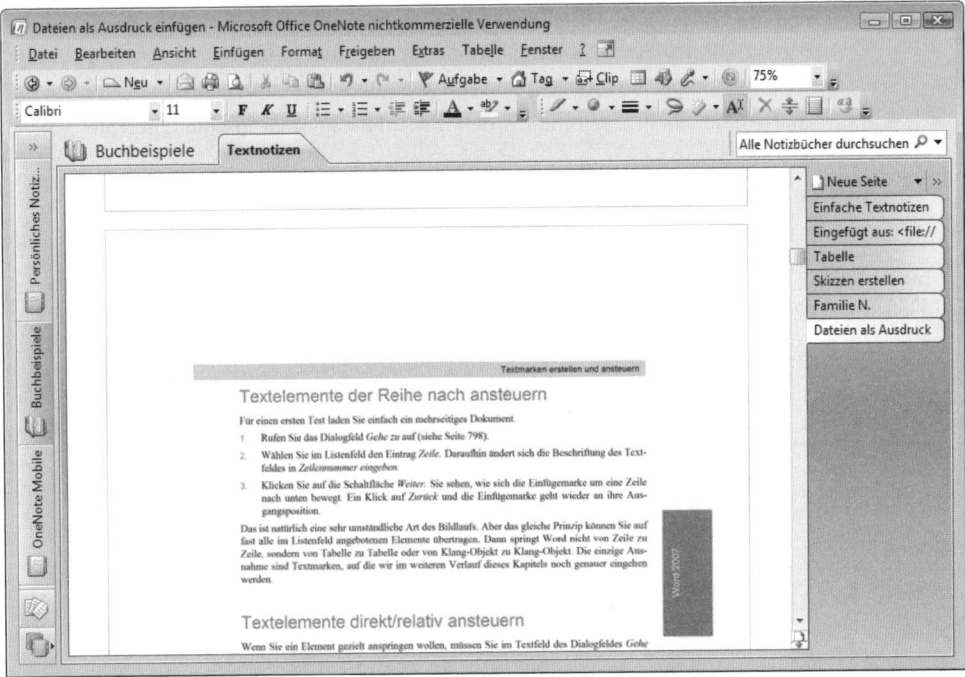

Bilder einfügen

Bilder selbst lassen sich auch direkt in eine Notizenseite einfügen. Sie können hierbei entweder eine Bilddatei einfügen oder von OneNote aus ein Bild einscannen lassen.

1. Öffnen Sie die Seite Ihres Notizbuches, in die Sie das Bild einfügen möchten.

2. Wählen Sie den Befehl *Einfügen/Bilder*.

3. Führen Sie eine der folgenden Aktionen durch:

   ■ Wählen Sie den Befehl *Aus Dateien,* wenn das Bild bereits als Datei vorliegt. Wechseln Sie im Dialogfeld *Grafik einfügen* zu dem Ordner, in dem sich die Datei befindet, markieren Sie sie und klicken auf *Einfügen*.

   ■ Wählen Sie den Befehl *Von Scanner oder Kamera,* wenn Sie etwas einscannen oder eine Aufnahme mit einer angeschlossenen Kamera machen und einfügen wollen. Wählen Sie dann im Dialogfeld *Bild von Kamera oder Scanner einfügen* das Gerät aus, das Sie verwenden wollen, und klicken Sie dann auf *Einfügen*.

Der Drucker *An OneNote 2007 senden*

Wenn Sie ein Programm verwenden, dessen Daten oder Inhalte sich nicht von OneNote aus in eine Notizenseite einfügen lassen, können Sie den Drucker *An OneNote 2007 senden* verwenden, der während des Office- bzw. OneNote-Setups auf Ihrem Rechner installiert wird. Mit diesem virtuellen Drucker können Sie aus allen Programmen, die Ihnen den Befehl *Drucken* zur Verfügung stellen, Inhalte in OneNote einfügen. Diese stehen Ihnen dann in OneNote als Bild zur Verfügung.

1. Starten Sie das Programm, aus dem Sie Informationen in eine OneNote-Notizenseite einfügen wollen.

2. Wählen Sie den Befehl *Drucken*.

3. Markieren Sie in der Liste *Drucker auswählen* den Drucker *An OneNote 2007 senden*.

Bild 48.13 Den Drucker *An OneNote 2007 senden* können Sie in allen Programmen verwenden

4. Legen Sie eventuell den Seitenbereich fest, der gedruckt werden soll.

5. Klicken Sie auf die Schaltfläche *Einstellungen* und legen Sie die Seitengröße und die Ausrichtung (Hoch-/Querformat) fest. Diese Einstellungen beeinflussen die Größe des durch das Drucken eingefügten Bildes.

6. Klicken Sie auf *Drucken*.

Nach dem Ende des Druckvorgangs befindet sich das Bild mit den »gedruckten« Informationen im Abschnitt *Nicht abgelegte Notizen,* und Sie können sie in das Notizbuch/den Abschnitt verschieben, in dem Sie die Informationen benötigen. Die nachfolgende Abbildung zeigt exemplarisch eine Notizenseite, die aus dem Windows-Tool *Systeminformationen* heraus gedruckt wurde.

Bild 48.14   Die aus dem Windows-Programm *Systeminformationen* heraus erstellte Notiz

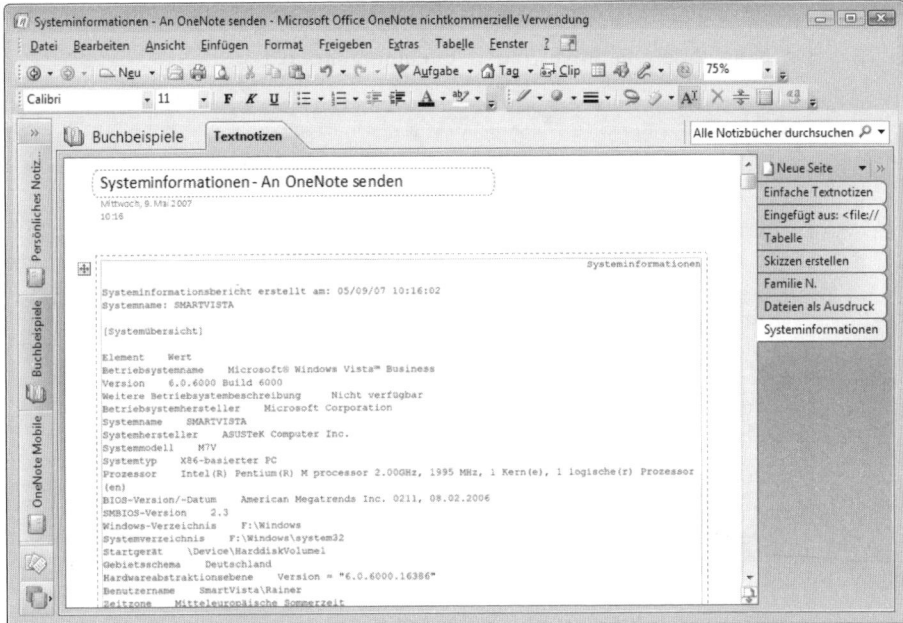

Audio und Video einfügen

Sie können Ihre Notizen auch mit Audioaufnahmen ergänzen, um z. B. wichtige Phasen einer Besprechung oder eines Telefongesprächs zu protokollieren. Gehen Sie dazu wie folgt vor:

1. Starten Sie die Aufzeichnung entweder direkt aus OneNote mit dem Befehl *Extras/Audio- und Videoaufzeichnung/Nur Audio aufzeichnen* oder klicken Sie mit der rechten Maustaste auf das One-Note-Symbol in der Taskleiste, in dessen Menü sich Sie den Befehl *Audioaufnahme starten* finden.

   OneNote blendet daraufhin die Symbolleiste *Audio- und Videoaufzeichnung* ein, mit deren Schaltflächen Sie die Aufnahme steuern und in der Sie die Dauer der Aufzeichnung ablesen können. Außerdem wird auf der aktuellen Notizbuchseite ein Zeitstempel eingefügt (siehe Bild 48.16).

Bild 48.15 Die Symbolleiste zum Steuern von Audio- und Videoaufnahmen

2. Zum Beenden der Aufnahme klicken Sie auf die Schaltfläche *Anhalten*.

3. Ergänzen Sie die Zeitangabe bei Bedarf um weitere Informationen.

OneNote verknüpft die Audioaufnahme automatisch mit den eingegebenen Notizen, sodass Sie später problemlos nach der Aufnahme suchen können. Wenn Sie z. B. während eines Vortrags, den Sie aufzeichnen, an wichtigen Stellen Stichwörter *in jeweils eigenen* Notizencontainern eintragen, können Sie später mit Hilfe der Suchfunktion schnell an die zugehörigen Positionen Ihrer Audioaufzeichnung gelangen.

Bild 48.16 OneNote notiert automatisch den Aufnahmezeitpunkt

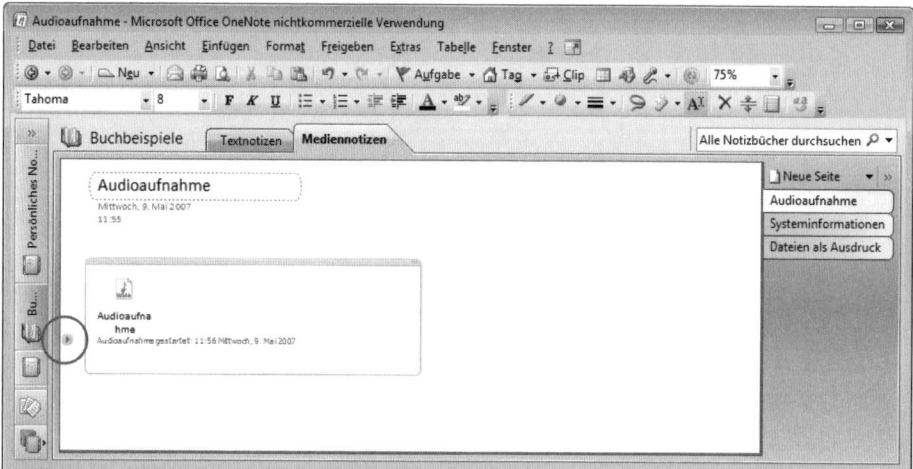

Audioaufnahme abspielen

Um eine Aufzeichnung abzuspielen, klicken Sie einfach auf die kleine Wiedergabeschaltfläche, die vor dem Containerelement angezeigt wird, wenn Sie den Container anklicken (siehe vorige Abbildung). Falls sich auf einer Seite mehrere Audionotizen befinden, sollten Sie zum Abspielen einer Aufzeichnung besser die Wiedergabetaste der Symbolleiste *Audio- und Videoaufzeichnung* verwenden.

Videoaufnahmen einfügen

Auf die gleiche Art und Weise können Sie auch Videoaufnahmen in eine Notizenseite einfügen, vorausgesetzt, auf Ihrem Computer ist eine entsprechende Kamera installiert. Verwenden Sie zum Erstellen einer Videoaufnahme den Befehl *Einfügen/Videoaufnahme*.

Webrecherchen protokollieren

Wenn Sie Internet Explorer 7 verwenden und die Ergebnisse einer Webrecherche in eine OneNote-Notizenseite einfügen wollen, können Sie den Befehl *An OneNote senden* verwenden, den Sie im Menü der Schaltfläche *Extras* und – wenn Sie die Standardmenüleise eingeschaltet haben –, auch im Menü *Extras* finden.

HINWEIS Trotz des fast gleichen Namens mit dem Druckertreiber *An OneNote 20007 senden* (siehe Seite 846) ist die Wirkung des Befehls *An OneNote senden* aus dem *Extras*-Menü in Internet Explorer 7 eine andere: Mit dem Drucker *An OneNote 2007 senden* erhalten Sie auf der Notizenseite immer eine **Abbildung** des gedruckten Inhalts. Der Befehl *An OneNote senden* hingegen fügt die Webseiteninhalte als **Text** ein, den Sie dann in OneNote bearbeiten, löschen oder formatieren können.

So übertragen Sie mit Internet Explorer 7 eine Webseite nach OneNote:

1. Surfen Sie in Internet Explorer zu der Seite, aus der Sie Informationen nach OneNote übertragen wollen.

2. Wenn Sie nur einen Teil der Webseite verwenden wollen, verwenden Sie die Maus, um diesen Bereich zu markieren.

3. Klicken Sie auf die Schaltfläche *Extras* und dann auf *An OneNote senden*.

Bild 48.17 Mit Internet Explorer 7 lassen sich die Ergebnisse einer Webrecherche einfach in eine OneNote-Notizenseite übertragen

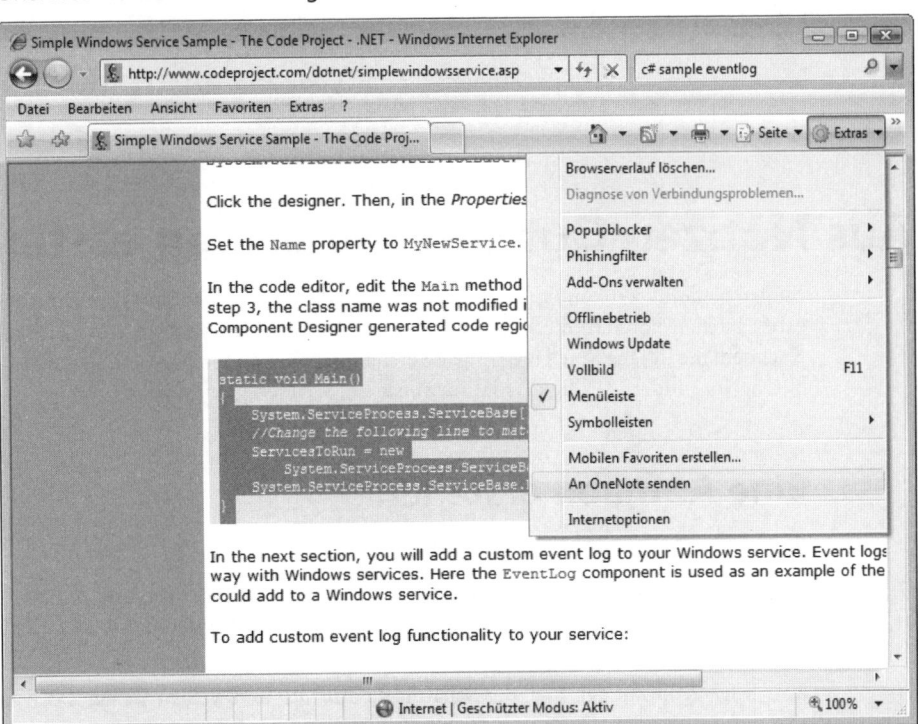

Nach dem Senden an OneNote finden Sie die Webseite im Abschnitt *Nicht abgelegte Notizen;* von dort aus verschieben Sie die neue Notizenseite in das Notizbuch und den Abschnitt, in dem Sie sie aufbewahren wollen. Der Titel der Webseite wurde als Titel der Seite übernommen. Außerdem finden Sie im unteren Bereich der Seite den URL, aus dem die Informationen eingefügt wurden.

Bild 48.18 Der in Internet Explorer 7 markierte Text wurde in OneNote eingefügt

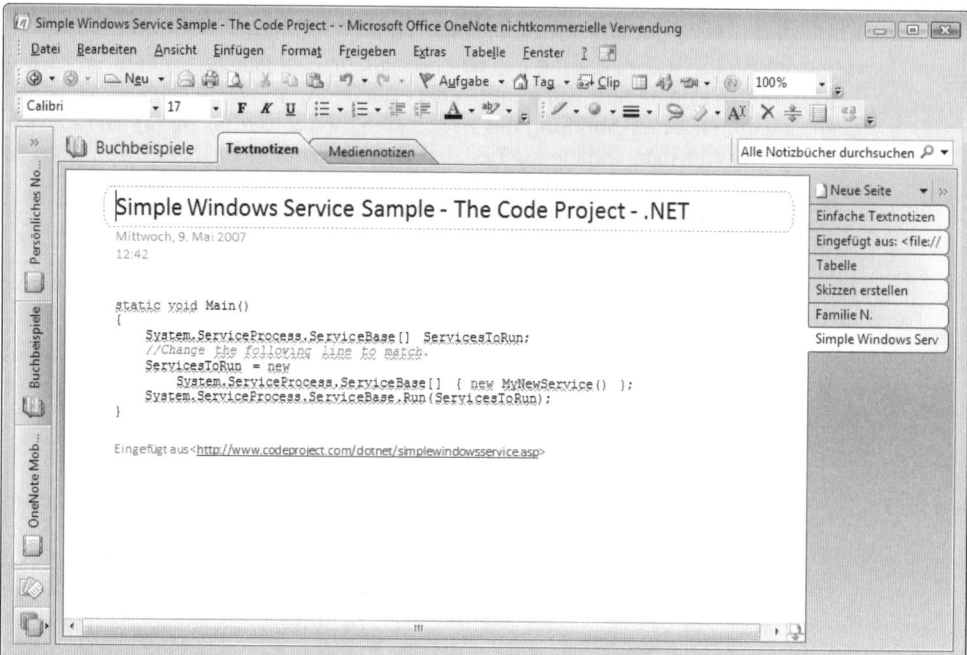

Aus Notizen Outlook-Aufgaben erstellen

Zu den Neuerungen von OneNote 2007 gehört, dass Sie nun in OneNote aus einer Notiz eine Aufgabe erstellen können, die dann automatisch in der Aufgabenliste von Outlook 2007 erscheint. Nachdem Sie in OneNote eine Aufgabe erstellt haben, können Sie diese sowohl in Outlook als auch in OneNote ändern (Fälligkeitsdatum anpassen, als erledigt markieren).

Eine Aufgabe erstellen

So erstellen Sie in OneNote eine Outlook-Aufgabe:

1. Geben Sie an einer beliebigen Stelle der Seite eine Beschreibung der Aufgabe ein, die Sie erstellen möchten. Wenn sich die Beschreibung bereits auf der Notizenseite befindet, markieren Sie den gewünschten Text.

2. Klicken Sie auf den Pfeil der Schaltfläche *Aufgabe* und wählen Sie eines der vordefinierten Fälligkeitsdaten aus.

Bild 48.19 Erstellen einer Outlook-Aufgabe in OneNote

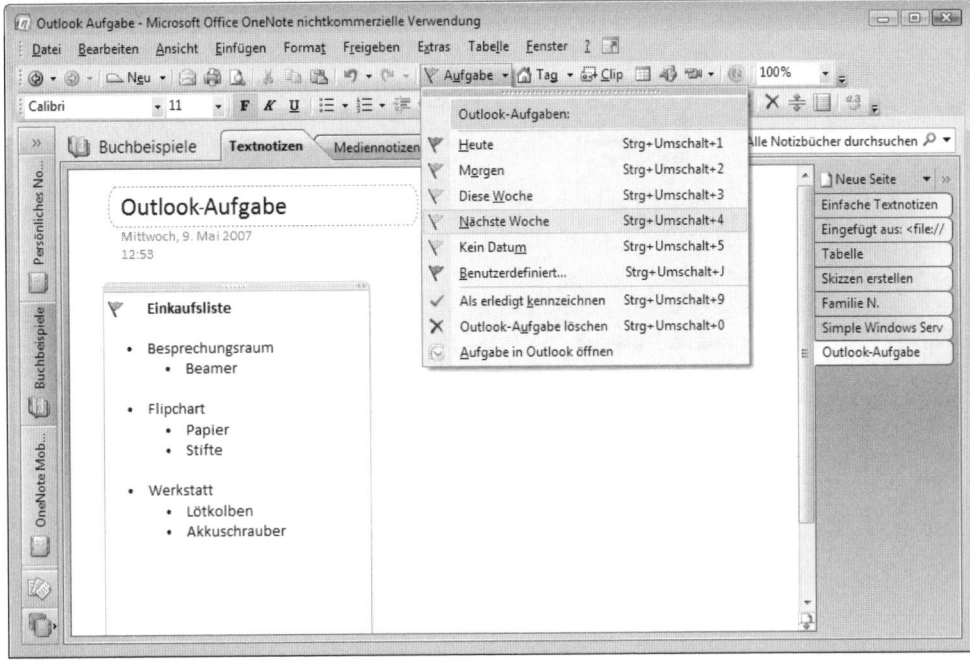

Neben der Beschreibung wird ein Aufgabenkennzeichen eingefügt. Bewegen Sie den Mauszeiger auf das Kennzeichen, um eine QuickInfo mit Detailinformationen anzeigen zu lassen.

Eine Aufgabe ändern

Wenn Sie das Fälligkeitsdatum ändern oder die Aufgabe als erledigt kennzeichnen wollen, können Sie dies sowohl in Outlook als auch in OneNote durchführen.

1. Öffnen Sie die Seite, auf der sich die Aufgabe befindet.

2. Klicken Sie das Aufgabenkennzeichen mit der rechten Maustaste an, um das Kontextmenü zu öffnen.

3. Wählen Sie im Kontextmenü (siehe Abbildung 48.20) einen der folgenden Befehle aus:

   ■ **Heute, Morgen, Diese Woche, Nächste Woche, Kein Datum**   Verwenden Sie einen dieser Befehle um das Fälligkeitsdatum zu ändern oder ganz zu entfernen.

   ■ **Benutzerdefiniert, Aufgabe in Outlook öffnen**   Klicken Sie einen dieser Befehle an, damit die Aufgabe in Outlook geöffnet wird. Bei beiden Befehlen wird das Outlook-Formular zum Bearbeiten von Aufgaben angezeigt, dass Sie in Abbildung 48.21 sehen.

   ■ **Als erledigt kennzeichnen**   Kennzeichnet die Aufgabe als erledigt. Das Aufgabenkennzeichen (Fähnchen) wird entfernt und stattdessen ein Häkchen angezeigt.

   ■ **Outlook-Aufgabe löschen**   Entfernt diese Aufgabe.

Bild 48.20 Das Kontextmenü eines Aufgabenkennzeichens

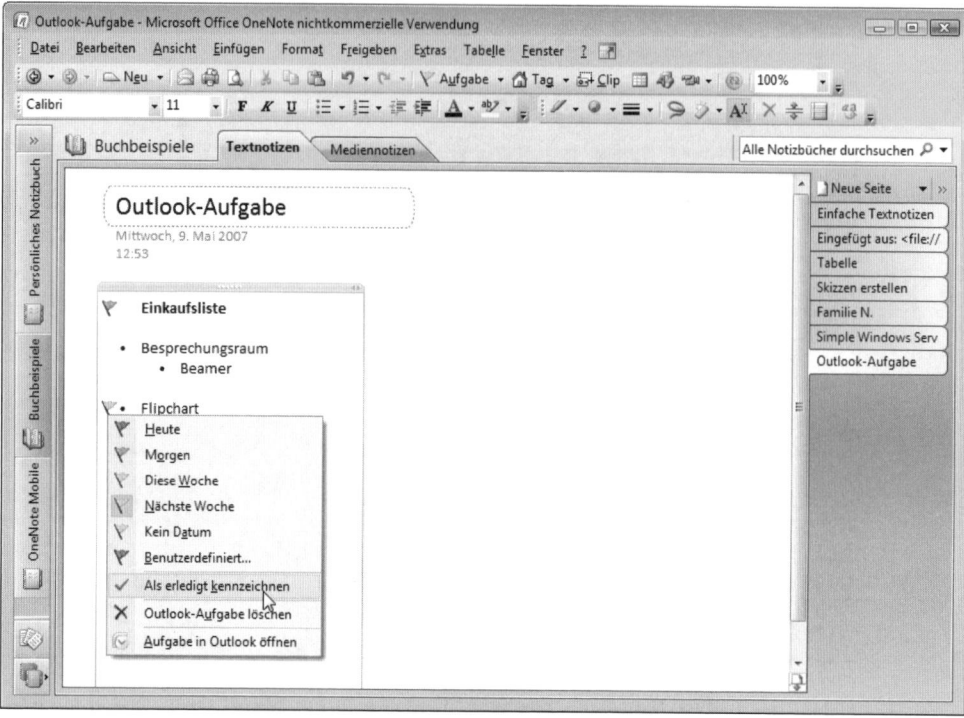

Bild 48.21 Das Outlook-Formular zum Bearbeiten von Aufgaben

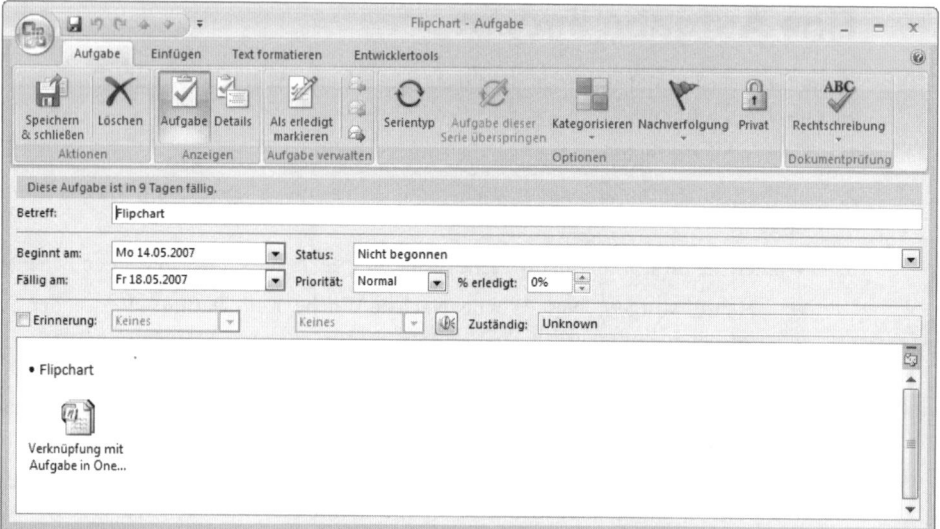

Randnotizen erstellen

Nach der Installation von OneNote befindet sich im Infobereich der Taskleiste ein OneNote-Symbol, auf das wir im Verlauf des Kapitels und des vorigen Kapitels schon mehrfach hingewiesen haben. Dieses Symbol ist vor allem dafür gedacht, dass Sie »auf die Schnelle« eine Notiz anlegen können, ohne dazu das Programm, mit dem Sie gerade arbeiten, verlassen und OneNote starten zu müssen.

> **HINWEIS** Das hier beschriebene Verfahren funktioniert nur dann, wenn Sie die Option *Neue Randnotiz öffnen* als Standardaktion für das OneNote-Symbol festgelegt haben. Weitere Informationen hierzu finden Sie im Abschnitt »Das OneNote-Startprogramm« in Kapitel 47.

1. Klicken Sie das OneNote-Symbol im Infobereich der Taskleiste an. Das Fenster zum Erstellen einer Randnotiz wird geöffnet.

2. Geben Sie eine Notiz in das Fenster ein.

   Das Fenster ist so konfiguriert, dass es sich immer in den Vordergrund schiebt, das heißt, es liegt immer über allen anderen Fenstern. Auf diese Weise können Sie sehr einfach Texte oder Bilder aus anderen Programmen mittels Drag & Drop in das Randnotizen-Fenster einfügen. Um dieses Verhalten abzuschalten, klicken Sie die Schaltfläche *Fenster im Vordergrund* an.

3. Öffnen Sie beispielsweise Word, markieren Sie dort etwas Text und ziehen Sie den Text dann mit der Maus in das Randnotizen-Fenster.

Bild 48.22   Auch mittels Drag & Drop lassen sich Notizen erstellen

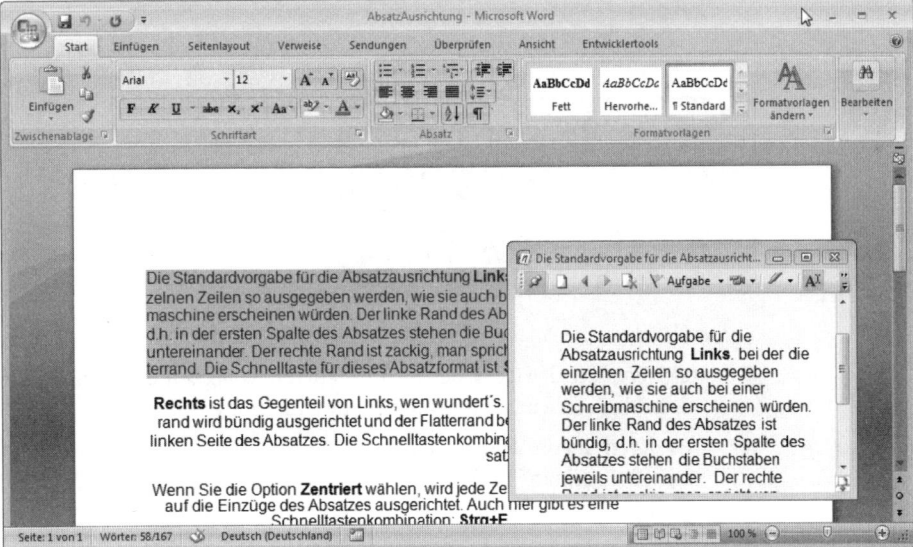

4. Schließen Sie das Randnotizen-Fenster und fahren Sie mit Ihrer Arbeit fort.

Die so erstellten Notizen werden in dem Abschnitt *Nicht abgelegte Notizen* auf einer eigenen neuen Seite abgelegt, von wo aus Sie sie dann bei passender Gelegenheit an ihre endgültige Position im Notizbuch verschieben können.

Notizen mit OneNote Mobile erstellen

Wenn Sie ein Mobilgerät verwenden, das Windows Mobile als Betriebssystem verwendet, und Sie wie im vorigen Kapitel beschrieben auf dem mobilen Gerät OneNote Mobile installiert haben, können Sie auch unterwegs mit Ihrem Pocket PC oder Smartphone OneNote-Notizen erstellen. Gehen Sie dazu wie folgt vor:

1. Starten Sie über *Start/Programme* das Programm OneNote Mobile.

   Beim ersten Starten wird der Notizenbrowser geöffnet, der die Seitentitel aller vorhandenen Notizen aufführt.

2. Tippen Sie auf *Neu*, um eine neue Notiz zu erstellen.

3. Geben Sie den Notiztext ein.

Bild 48.23   Erstellen einer Notiz mit OneNote Mobile

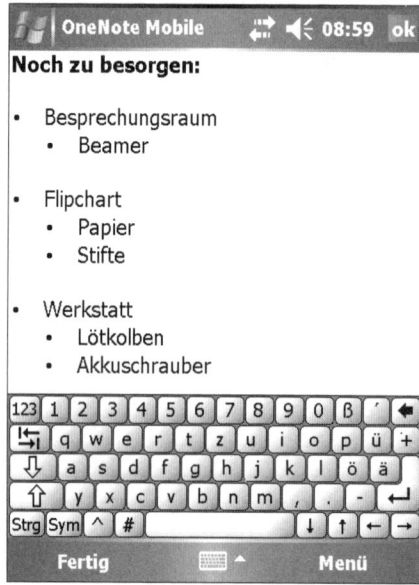

4. Führen Sie eine oder mehrere der folgenden Aktionen durch.

   ■ Markieren Sie den Text, den Sie formatieren wollen, und tippen Sie dann auf *Menü/Format* und anschließend auf eine der Formatierungsoptionen.

   ■ Markieren Sie die Absätze, aus denen Sie eine Aufzählung oder eine nummerierte Liste machen möchten, und tippen Sie auf *Menü/Liste/Nummeriert* bzw. *Menü/Liste/Aufzählung*.

   ■ Tippen Sie auf *Menü/Aufzeichnung einfügen*, wenn Sie eine Audionotiz erstellen wollen.

   ■ Tippen Sie auf *Menü/Bild einfügen*, wenn Sie ein Bild, das sich auf dem Mobilgerät befindet, in die Notiz einfügen wollen.

5. Tippen Sie auf *Fertig*, um zum Notizenbrowser zurückzukehren.

Synchronisieren in beide Richtungen

Wenn Sie Ihr Mobilgerät das nächste Mal mit Ihrem Computer verbinden und die Inhaltssynchronisierung für OneNote aktiviert haben, werden die Notizen des mobilen Geräts in ein Notizbuch mit dem Namen *OneNote Mobile* übertragen.

Auch die Übertragung in die andere Richtung ist möglich. Kopieren oder verschieben Sie die Seite, die Sie von OneNote auf das Mobilgerät übertragen wollen, in einen der Abschnitte des Notizbuches *OneNote Mobile*. Bei der nächsten Synchronisierung wird die Notiz auf das mobile Gerät übertragen.

Berechnungen vornehmen

Wenn Sie in Ihren Notizen Berechungen vornehmen, können Sie ab OneNote 2007 den integrierten Rechner verwenden, der die Grundrechenarten beherrscht und darüber hinaus einige mathematische und trigonometrische Funktionen unterstützt.

So verwenden Sie den integrierten Rechner:

1. Setzen Sie die Einfügemarke an die Stelle, an der das Ergebnis der Berechnung stehen soll.

2. Geben Sie den mathematischen Ausdruck ein, den OneNote berechnen soll. Um beispielsweise die Summe aus 27, 220 und 718 zu berechnen, geben Sie Folgendes ein: **27+220+718**

3. Geben Sie nach dem mathematischen Ausdruck ein Gleichheitszeichen (=) ein und drücken Sie dann die Leertaste. OneNote berechnet den Ausdruck und das Ergebnis wird nach dem Gleichheitszeichen eingefügt.

Bild 48.24 Beispiele für die Verwendung des integrierten OneNote-Rechners

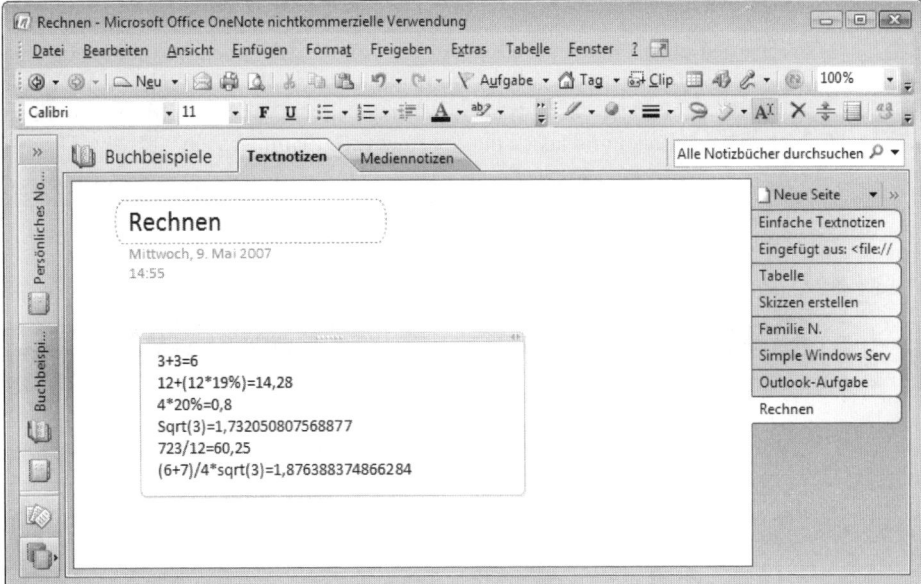

4. Wenn Sie den Ausdruck selbst nicht mehr benötigen, können Sie ihn löschen und lediglich das Ergebnis in den Notizen belassen.

HINWEIS Verwenden Sie in einem mathematischen Ausdruck keine Leerzeichen, sondern geben Sie die Zahlen, Operatoren und Funktionsnamen als ununterbrochenen Text ein.

Operatoren, die Sie verwenden können

Die folgenden Tabelle führt die arithmetischen Operatoren auf, die Sie im OneNote-Rechner verwenden können.

Tabelle 48.1 Die arithmetischen Operatoren des OneNote-Rechners

Operator	Beschreibung	Beispiel
+	Addition	3+5= 8
−	Subtraktion Negation	14−5= 9 −1
/	Division	15/3= 5
*	Multiplikation	15*3= 45
%	Prozent	4*20%= 0,8
^	potenzieren	3^2=9

Mathematische und trigonometrische Funktionen

Neben den oben aufgeführten Operatoren können Sie in den Berechnungen auch die mathematische und trigonometrischen Funktionen verwenden, die in der folgenden Tabelle aufgeführt sind. Um diese Funktionen zu verwenden, geben Sie deren Namen ein (die Groß-/Kleinschreibung spielt hierbei keine Rolle) und fassen die Argumente in Klammern ein.

Wenn Sie die Reihenfolge der Auswertung ändern wollen, können Sie auch Klammern verwenden, wie Sie es im letzten Beispiel in der Abbildung auf der vorigen Seite sehen.

Tabelle 48.2 Die vom OneNote-Rechner unterstützten Funktionen

Funktion	Beschreibung	Syntax
ABS	Bildet den Absolutwert einer Zahl, das heißt, diese Funktion macht aus einer negativen eine positive Zahl	ABS(*Zahl*)
ACOS	Berechnet den Arkuskosinus einer Zahl im Bereich von 1 bis Pi	ACOS(*Zahl*)
ASIN	Berechnet den Arkussinus einer Zahl im Bereich von −Pi/2 bis Pi/2	ASIN(*Zahl*)

Tabelle 48.2 Die vom OneNote-Rechner unterstützten Funktionen *(Fortsetzung)*

Funktion	Beschreibung	Syntax
ATAN	Berechnet den Arkussinus einer Zahl im Bereich von –pi/2 bis Pi/2	ATAN(*Zahl*)
COS	Berechnet den Cosinus eines im Bogenmaß angegebenen Winkels (Bogenmaß: Winkelangabe in Grad mit Pi/180 multiplizieren)	COS(*Zahl*)
DEG	Wandelt Bogenmaß (Radiant) in Grad um	*DEG(Winkel)*
LN	Gibt den natürlichen Logarithmus einer Zahl zurück	LN(*Zahl*)
LOG	Gibt den natürlichen Logarithmus einer Zahl zurück	LOG(*Zahl*)
LOG2	Gibt den Logarithmus einer Zahl zur Basis 2 zurück	LOG2(*Zahl*)
LOG10	Gibt den Logarithmus einer Zahl zur Basis 10 zurück	LOG10(*Zahl*)
RAD	Wandelt Grad in Bogenmaß (Radiant) um	RAD(*Winkel*))
SIN	Berechnet den Sinus eines im Bogenmaß angegebenen Winkels	SIN(*Winkel*))
SQRT	Berechnet die Quadratwurzel einer Zahl; das Argument muss eine positive Zahl sein	SQRT(*Zahl*)
TAN	Berechnet den Tangens eines im Bogenmaß angegebenen Winkels	TAN(*Zahl*)

OneNote 2007

Notizen drucken

Das Drucken mit OneNote funktioniert nahezu genauso, wie Sie es von anderen Programmen der Office-Familie gewohnt sind. Wir können uns daher hier auf die Beschreibung der wenigen Besonderheiten beschränken. Grundsätzlich ist es empfehlenswert, den Druckvorgang nicht über den Befehl *Datei/Drucken*, sondern über den Befehl *Datei/Seitenansicht* zu starten, da Sie so eine gute Übersicht über das spätere Druckbild erhalten.

Zunächst einmal ist es wichtig zu wissen, dass Notizen nur seitenweise ausgedruckt werden können. Im Dialogfeld *Seitenansicht und -Einstellungen* können Sie zwischen den Optionen *Seitengruppe, Aktuelle Seite* und *Aktueller Abschnitt* wählen. Es ist aber auch möglich, die zu druckenden Seiten vorher zu markieren. Dazu halten Sie einfach die Strg-Taste gedrückt und klicken die gewünschten Seiten im Seitenregister an. Um mehrere zusammenhängende Seiten auszudrucken, drücken Sie ⇧ und klicken anschließend die erste und die letzte dieser Seiten an.

Bild 48.25   In der Seitenansicht können Sie das spätere Druckergebnis beurteilen

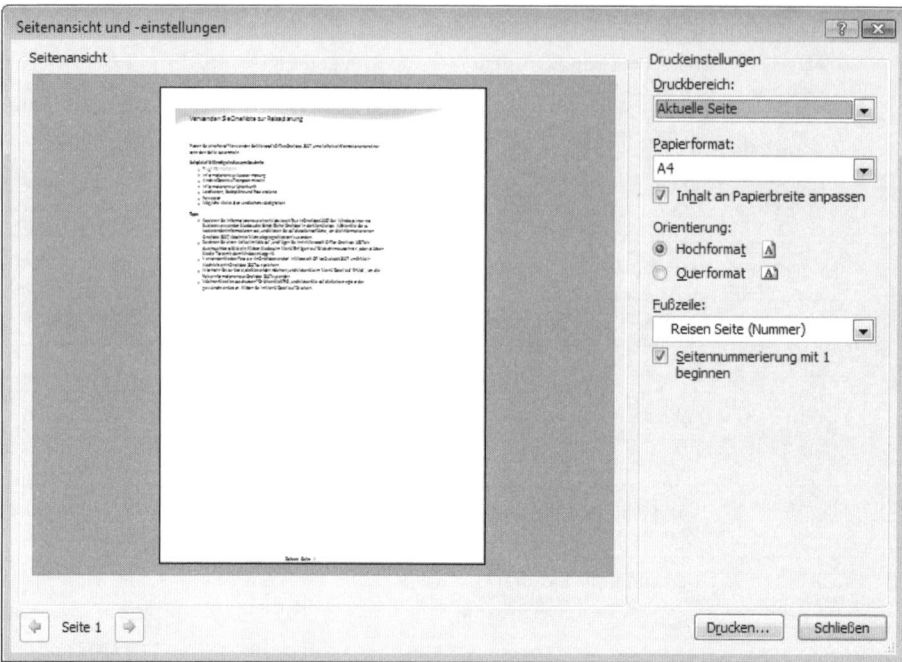

Zusammenfassung

Dieses Kapitel hat Ihnen die vielfältigen Möglichkeiten aufgezeigt, mit denen Sie in OneNote Notizen erstellen können.

■   Am Anfang des Kapitels haben Sie gesehen, wie Sie einfache Textnotizen erstellen und wie Sie das Datum/die Uhrzeit in eine Notizenseite einfügen (Seite 836).

■   Außerdem haben Sie gesehen, wie Sie Absätze in eigene Container verschieben und den Text formatieren können (Seite 837).

■   Neu bei OneNote 2007 ist die Möglichkeit, in OneNote selbst Tabellen zu erstellen. Hierbei reicht es aus, die ⇆-Taste und die ↵-Taste zu verwenden, um OneNote über die Struktur der Tabelle zu informieren. Um die Tabelle zu bearbeiten, können Sie das Menü *Tabelle* verwenden (Seite 841).

■   Viele Informationen lassen sich besser als Skizze darstellen. Wenn Sie einen Tablet PC oder ein Digitalisiertablett verwenden, können Sie die OneNote-Stifte einsetzen, um die Skizze zu erstellen (Seite 842).

■   Inhalte, die Sie auf Ihrem Bildschirm sehen, lassen sich als sogenannter Bildschirmausschnitt einfügen (Seite 843).

■   Bilder können Sie direkt in OneNote einfügen, wobei es keine Rolle spielt, ob diese bereits als Datei auf Ihrem Computer vorliegen oder ob Sie diese noch von einem Scanner oder einer Kamera übertragen müssen (Seite 846).

- Mit der Installation von OneNote wird ein Druckertreiber mit dem Namen *An OneNote 2007 senden* installiert. Sie können diesen Drucker in allen Programmen verwenden, die den Befehl *Drucken* enthalten und so Informationen aus allen Programmen in OneNote einfügen. Diese werden dann in OneNote als Bild dargestellt (Seite 846).

- Wenn Sie an Ihrem Computer ein Mikrofon und/oder eine Webcam oder andere Kamera angeschlossen haben, können Sie in eine OneNote-Notiz auch multimediale Elemente in Form einer Audio- und Videoaufzeichnung einfügen.

- Ein Add-In für Internet Explorer 7 ermöglicht es Ihnen, Teile einer Webseite oder auch komplette Webseiten nach OneNote zu übertragen. Die Informationen aus der Webseite stehen dann in OneNote als Text zur Verfügung und können daher dort weiterbearbeitet werden (Seite 849).

- OneNote 2007 fügt sich besser als die Vorgängerversion in die anderen Programme von Microsoft Office System ein. Ein Beispiel hierfür ist die Synchronisation von Aufgaben, die Sie in OneNote erstellen, und die dann automatisch in der Aufgabenliste von Outlook erscheinen (Seite 850).

- Wenn OneNote 2007 nicht gestartet ist und Sie schnell eine Notiz erstellen wollen, können Sie das Fenster für Randnotizen verwenden, das standardmäßig geöffnet wird, wenn Sie das OneNote-Symbol im Infobereich der Taskleiste anklicken (Seite 853).

- Ein weiteres neues Feature ist OneNote Mobile, das Sie auf Ihrem mobilen Gerät (Pocket PC bzw. Smartphone) installieren und mit dem Sie dann Notizen erstellen können, die sich anschließend mit der Vollversion von OneNote auf Ihrem Computer synchronisieren lassen (Seite 854).

- Mit dem in OneNote 2007 verfügbaren Rechner lassen sich einfache Berechnungen ausführen, ohne dass Sie dazu OneNote verlassen und den Windows-Rechner bemühen müssen (Seite 855).

- Zum Schluss dieses Kapitels haben Sie noch gesehen, wie sich Notizenseiten ausdrucken lassen (Seite 857).

Kapitel 49

Notizen organisieren und verwalten

In diesem Kapitel:

In diesem Kapitel lernen Sie die verschiedenen Möglichkeiten kennen, mit denen sich Notizen in OneNote organisieren lassen. Wir zeigen Ihnen zunächst, wie Sie Ihre Notizen durch Kennzeichen katalogisieren, damit Sie sie später möglichst schnell wieder finden.

Anschließend erfahren Sie, wie Sie mehrere Notizbücher anlegen und wie Sie diese in Abschnitte bzw. Abschnittsgruppen unterteilen. Zum Schluss des Kapitels zeigen wir Ihnen noch, wie Sie Ihre Notizbücher nach Informationen durchsuchen können und wie Sie ein Inhaltsverzeichnis für ein Notizbuch erstellen.

Notizkennzeichen

In einem echten Terminkalender bzw. Notizbuch werden Sie wichtige Einträge auf irgendeine Art und Weise markieren. Denn ohne solche Kennzeichnungen würde Ihr Notizbuch zu einem großen Informationsgemisch verschwimmen und Sie würden garantiert wichtige Termine verpassen oder in Ihrer täglichen Arbeit falsche Prioritäten setzen.

Auch in OneNote sind Notizkennzeichen – sie werden auch als *Tags* oder *Notizmarkierungen* bezeichnet – der Schlüssel zu einer sinnvollen Nutzung Ihrer elektronischen Notizbücher. Erst mit ihrer Hilfe wird es möglich, Notizen so zu strukturieren, dass Sie sich jederzeit einen Überblick über Ihre Notizen verschaffen können.

Um eine Notiz mit einem Notizkennzeichen zu versehen, gehen Sie folgendermaßen vor:

1. Markieren Sie die Notiz.

2. Klicken Sie in der Symbolleiste *Standard* auf den kleinen Pfeil der Schaltfläche *Tag*, um ihr Ausklappmenü zu öffnen.

Bild 49.1   Das Angebot an Notizkennzeichen ist reichlich

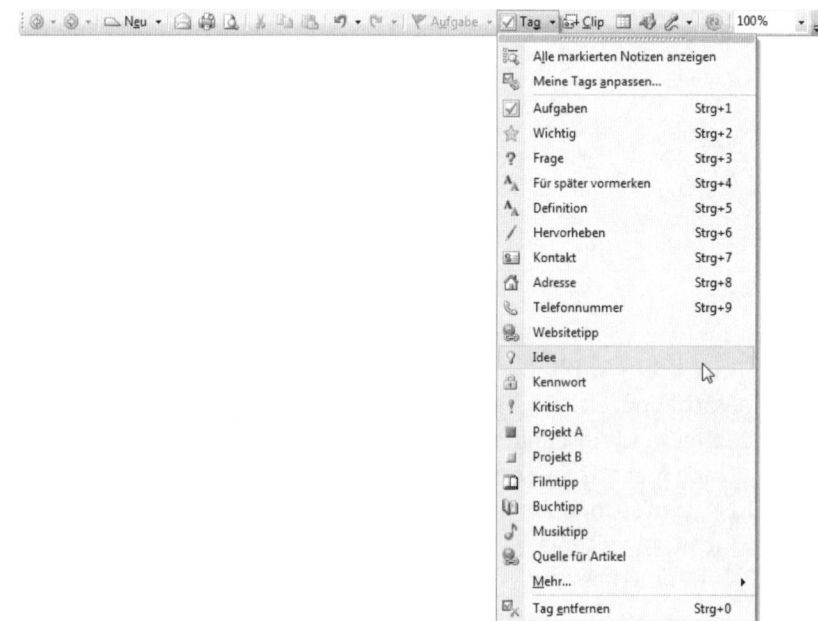

3. Wählen Sie das gewünschte Notizkennzeichen aus. (Sie können einer Notiz übrigens auch mehrere Notizkennzeichen zuweisen!)

Bild 49.2 Die Notiz ist mit einem Notizkennzeichen versehen

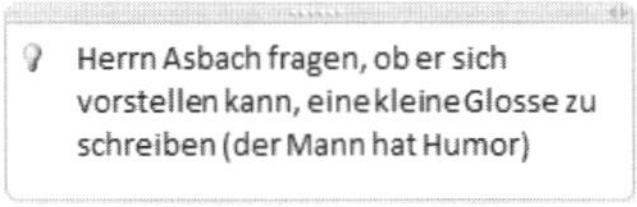

> ? Herrn Asbach fragen, ob er sich vorstellen kann, eine kleine Glosse zu schreiben (der Mann hat Humor)

Wenn Sie häufiger mit Notizkennzeichen arbeiten, sollten Sie die Symbolleiste *Tags* einschalten, mit deren Schaltflächen das Zuweisen der Symbole deutlich schneller geht. Außerdem können Sie mit den Shortcuts Strg+0 bis Strg+9 neun verschiedene Notizkennzeichen per Tastatur ein- bzw. ausschalten.

Tabelle 49.1 Die Standard-Notizkennzeichen von OneNote 2007

Symbol	Shortcut	Bemerkung
 ☑	Strg+1	Mit diesem Symbol können Sie Aufgabenlisten erstellen. Das Symbol funktioniert wie ein Kontrollkästchen, das heißt, Sie können es ein- und ausschalten.
☆	Strg+2	Wichtige Notiz
 ?	Strg+3	Frage
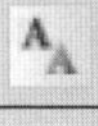 A_A	Strg+4	Für später vormerken. Durch dieses Notizkennzeichen wird die Notiz gelb hinterlegt.
 A_A	Strg+5	Definition. Durch dieses Notizkennzeichen wird die Notiz grün hinterlegt.
 /	Strg+6	Hervorheben
 📇	Strg+7	Kontaktdaten
 🏠	Strg+8	Adresse
 📞	Strg+9	Telefonnummer

Notizkennzeichen entfernen

Notizkennzeichen funktionieren wie ein Schalter, das heißt, um sie wieder zu entfernen, rufen Sie den gleichen Befehl einfach noch einmal auf. In der Regel geht das am schnellsten, indem Sie das betreffende Kennzeichen mit der rechten Maustaste anklicken und im Kontextmenü den Befehl *Tag entfernen* aufrufen.

Notizkennzeichen bearbeiten

In OneNote sind neben den in Tabelle 49.1 aufgeführten Notizkennzeichen noch weitere zwanzig Tags vordefiniert. Diese Tags können Sie bei Bedarf bearbeiten und so zum Beispiel die Reihenfolge oder die Symbole einzelner Tags verändern. Außerdem ist es möglich, die Liste um weitere Tags zu erweitern. Nehmen Sie dazu folgende Schritte vor:

1. Öffnen Sie das Ausklappmenü der Schaltfläche *Tag* und wählen Sie den Befehl *Meine Tags anpassen*. OneNote zeigt dann rechts im Fenster den gleichnamigen Aufgabenbereich an.

Bild 49.3   Der Aufgabenbereich *Meine Tags anpassen*

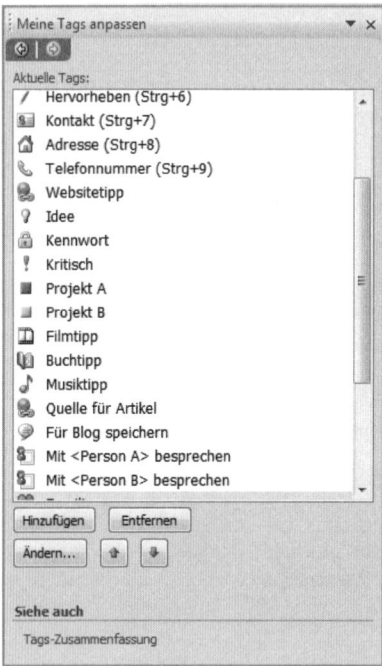

2. Markieren Sie im Aufgabenbereich das gewünschte Notizkennzeichen.

   Jetzt können Sie zum Beispiel mit den beiden Pfeilschaltflächen die Position des Tags innerhalb der Liste verändern. Wenn zurzeit auch die Symbolleiste *Tags* auf dem Bildschirm sichtbar ist, können Sie beobachten, dass auch die zugehörige Schaltfläche auf der Symbolleiste in die gewählte Richtung wandert. Beachten Sie auch, dass die Shortcuts fest mit den ersten neun Einträgen der Liste verbunden sind. Sie sollten daher Tags, die Sie häufig benötigen, möglichst in die »Top Nine« platzieren.

3. Wenn Sie ein bestehendes Notizkennzeichen bearbeiten möchten, klicken Sie auf *Ändern*, um ein neues Kennzeichen zu erstellen, auf *Hinzufügen*. In beiden Fällen erscheint das Dialogfeld *Tag ändern*, das Sie in Bild 49.4 auf der nächsten Seite sehen.

4. Geben Sie einen Namen für das neue Notizkennzeichen ein. Der Name darf noch nicht für ein anderes Notizkennzeichen verwendet worden sein.

5. Wählen Sie das Symbol, die Schriftfarbe und die Markierungsfarbe aus. Im Vorschaubereich des Dialogs können Sie begutachten, wie die gewählten Einstellungen auf dem Bildschirm angezeigt werden.

Bild 49.4   Erstellen eines individuellen Notizkennzeichens

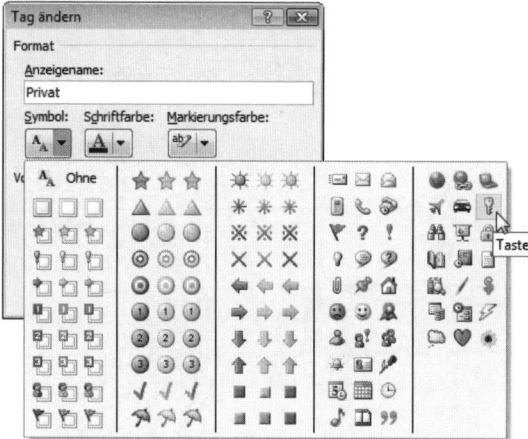

6.   Schließen Sie das Dialogfeld mit *OK*.

Tags-Zusammenfassung

Wenn Sie einen schnellen Überblick über Ihre Notizen wünschen, eignet sich dazu am besten die Tags-Zusammenfassung. Mit dieser leistungsfähigen Funktion können Sie:

■   die Notizkennzeichen wahlweise nach ihrem Namen, Abschnitt, Titel, Datum oder Notiztext gruppieren lassen,

■   nur unerledigte Notizen anzeigen lassen,

■   die Zusammenfassung auf die Notizen eines bestimmten Notizbuchbereichs oder eines Zeitabschnitts *(Heute, Gestern, aktuelle Woche, letzte Woche)* eingrenzen.

Um eine Zusammenfassung Ihrer Notizkennzeichen zu erhalten, gehen Sie folgendermaßen vor:

1.   Wählen Sie den Befehl *Ansicht/Alle markierten Notizen*. Der Befehl ist auch im Menü der Schaltfläche *Tag* enthalten, die sich auf der Symbolleiste *Standard* befindet. OneNote zeigt dann den Aufgabenbereich *Tags-Zusammenfassung* an (siehe Bild 49.5).

2.   Legen Sie im Aufgabenbereich fest, wie die Notizkennzeichen gruppiert werden sollen. Zur Auswahl stehen hier die Optionen *Tagname, Abschnitt, Titel, Datum* und *Notiztext*.

3.   Entscheiden Sie, ob alle Notizen angezeigt werden sollen oder nur die unerledigten.

4.   Stellen Sie mit dem Listenfeld *Durchsuchen* den Suchbereich ein. Sie haben hier die Wahl zwischen einer räumlichen Eingrenzung (Seite, Abschnitt, Notizbuch etc.) und einer zeitlichen (Notizen von heute, gestern, dieser Woche etc.).

OneNote aktualisiert die Liste der gefundenen Notizkennzeichen automatisch nach jeder Änderung, die Sie in dem Aufgabenbereich vornehmen.

5.   Wenn Sie sich eine der gefundenen Notizen genauer ansehen wollen, klicken Sie den betreffenden Listeneintrag einfach an. OneNote springt dann direkt zu der entsprechenden Seite.

Bild 49.5   Die Tags-Zusammenfassung liefert den perfekten Überblick

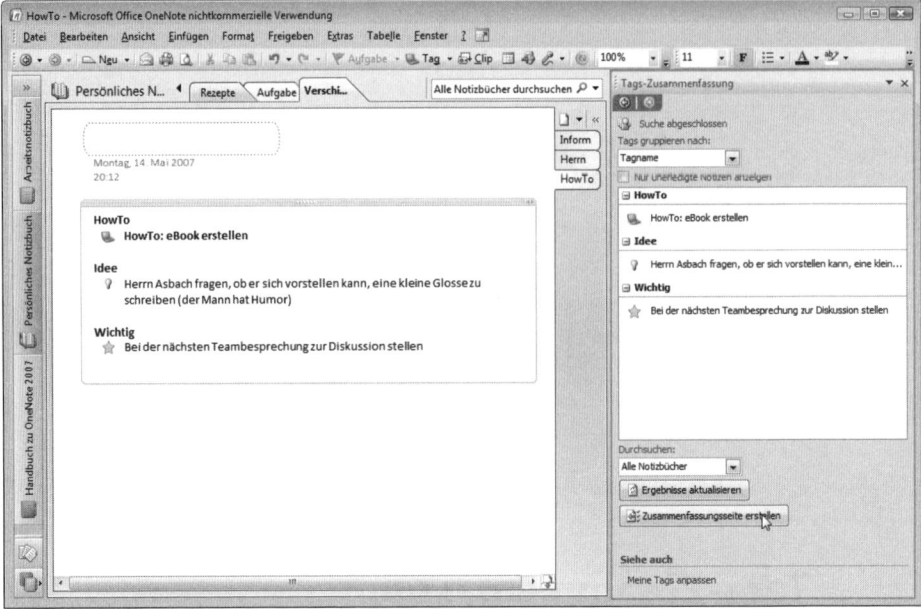

6.   Klicken Sie im Aufgabenbereich auf *Zusammenfassungsseite erstellen*, wenn Sie die Trefferliste als eigene Notizseite ablegen möchten (siehe Bild 49.5).

Seiten und Abschnitte

Ab einem gewissen Umfang eines Notizbuchs ist es unerlässlich, dass Sie Ihre Notizen thematisch zusammenfassen. Zu diesem Zweck lassen sich Notizbücher in OneNote folgendermaßen organisieren:

■   Jede Seite kann mehrere Unterseiten enthalten. Dadurch entstehen so genannte *Seitengruppen*. Auf diese Weise lässt sich zum Beispiel eine sehr lange Seite auf mehrere kürzere Seiten aufteilen.

■   Die Seiten des Notizbuchs sind in *Abschnitten* organisiert.

■   Mehrere Abschnitte lassen sich in *Abschnittsgruppen* zusammenfassen. Dadurch können Abschnitte zum Beispiel projektweise organisiert werden.

Sämtliche Daten eines Notizbuchs befinden sich in einem eigenen Unterordner des Ordners *OneNote-Notizbücher*, der seinerseits im Ordner *Eigene Dateien* bzw. bei Windows Vista im Ordner *Dokumente* liegt.

Neue Seiten einfügen

Um einem Abschnitt eine neue leere Seite hinzuzufügen, klicken Sie in der Griffleiste auf das Seitenregister mit dem Blatt-Symbol. Der zugehörige Shortcut lautet [Strg]+[N].

Wenn Sie eine neue Unterseite einfügen möchten, öffnen Sie in der Griffleiste das Ausklappmenü der Schaltfläche *Neue Seite* und wählen dort den Befehl *Neue Unterseite*. Der Shortcut für diesen Befehl lautet (Strg)+(⇧)+(N).

Seitenvorlagen verwenden

Im Lieferumfang von OneNote ist aber auch eine Fülle von Vorlagen enthalten, die als *Seitenvorlagen* bezeichnet werden (früher: Briefpapier). Dabei handelt es sich um vorgefertigte Notizbuchseiten, die zum Teil lediglich eine ansprechende Hintergrundgrafik besitzen, aber auch fertige Textgerüste für Protokolle oder Aufgabenlisten enthalten können. Sie sollten sich auf jeden Fall etwas Zeit nehmen, um in dem reichhaltigen Angebot zu stöbern. Sie werden dort mit Sicherheit fündig werden.

1. Zeigen Sie den Aufgabenbereich *Vorlagen* an, indem Sie in der Griffleiste das Ausklappmenü der Schaltfläche *Neue Seite* öffnen und dort den Befehl *Weitere Vorlagenoptionen* aufrufen.

2. Klicken Sie in der angezeigten Kategorienliste auf eines der Pluszeichen, um die zugehörigen Vorlagen anzuzeigen.

3. Wählen Sie eine der angebotenen Vorlagen aus.

Bild 49.6   Im Aufgabenbereich *Vorlagen* finden Sie zahlreiche Vorlagen für Ihre Notizseiten

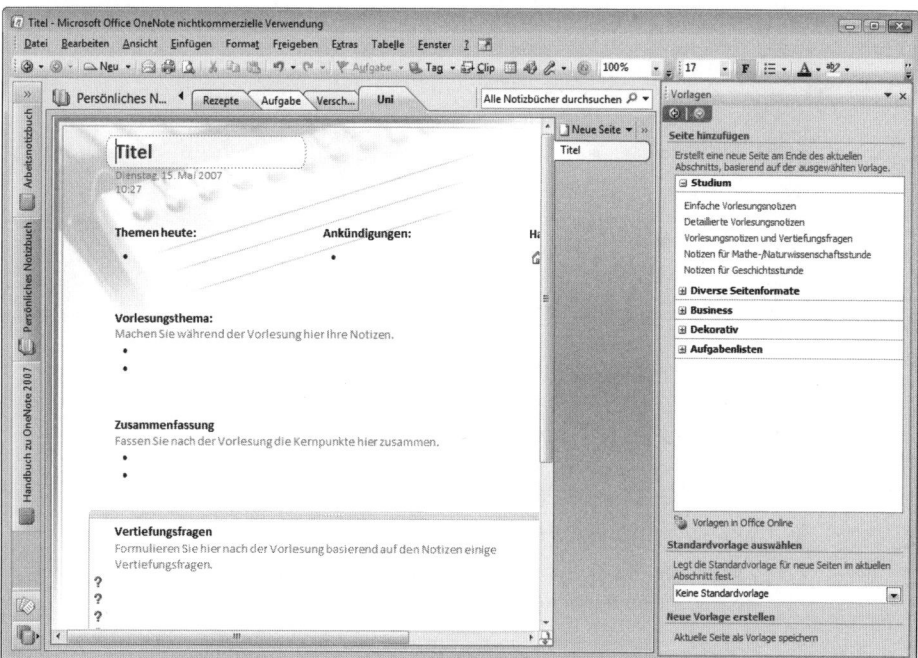

Wenn Sie eine Vorlage regelmäßig verwenden wollen, können Sie sie unten im Aufgabenbereich als Standardvorlage festlegen. Diese Einstellung gilt für den aktuellen Abschnitt, das heißt, Sie können für jeden Abschnitt eines Notizbuchs eine andere Standardvorlage wählen.

Ganz unten im Aufgabenbereich *Vorlagen* finden Sie noch den Link *Aktuelle Seite als Vorlage speichern,* mit dem Sie eigene Seitenentwürfe als Vorlage speichern können.

Seiten einrichten

Über den Befehl *Datei/Seite einrichten* können Sie einige Eigenschaften einer Seite verändern. Dazu gehören zum Beispiel die Farbe des Seitenkörpers und die Hilfslinien, die sich besonders dann anbieten, wenn Sie die Seiten für Skizzen oder handschriftliche Eingaben verwenden wollen.

Bild 49.7 Mit dem Aufgabenbereich *Seite einrichten* lassen sich zum Beispiel Hilfslinien einblenden

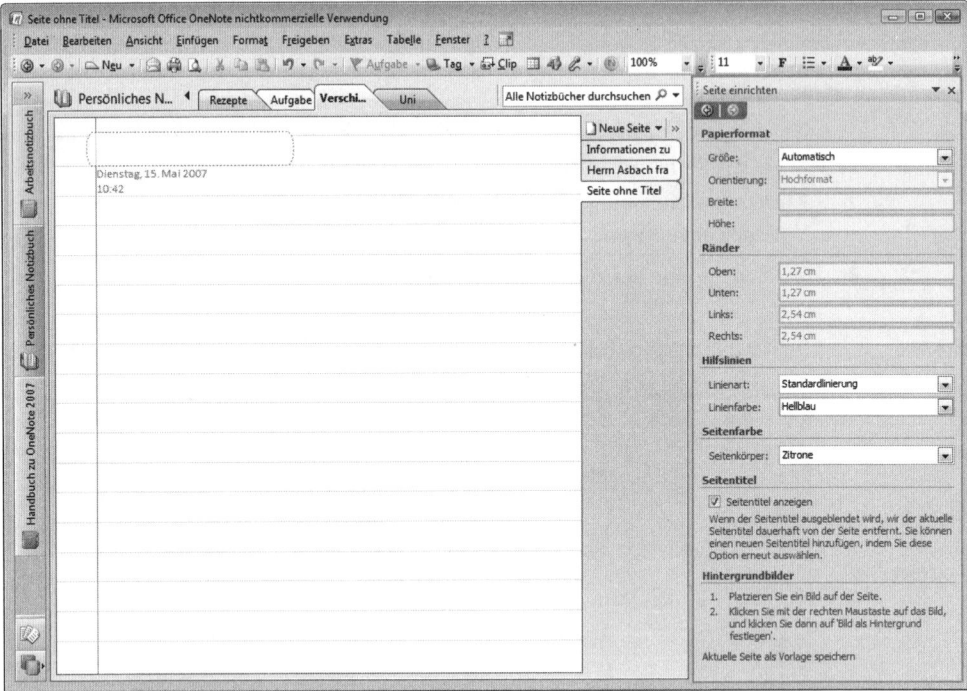

Seiten verschieben

Wenn Sie eine Seite innerhalb eines Abschnitts verschieben wollen, gehen Sie so vor:

1. Klicken Sie das Seitenregister der Seite an.

2. Ziehen Sie das Register mit der Maus nach oben oder unten, bis das kleine Dreieck, das die neue Position der Seite anzeigt, auf die gewünschte Stelle zeigt.

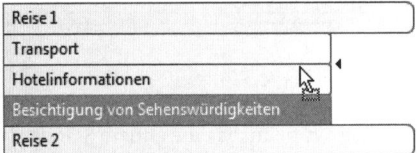

Seiten in einen anderen Abschnitt verschieben

Sie können eine Seite auch in einen anderen Abschnitt verschieben. Das kann z.B. erforderlich werden, wenn Sie die Organisation Ihres Notizbuchs ändern oder wenn Sie eine Randnotiz – die ja automatisch im Abschnitt *Nicht abgelegte Notizen* gespeichert wird – an ihren eigentlichen Bestimmungsort verschieben möchten.

Dazu ziehen Sie das Seitenregister der betreffenden Seite mit der Maus auf die Registerkarte des gewünschten Abschnitts. Der Abschnitt wird dann auf dem Bildschirm angezeigt und Sie können die Seite an der gewünschten Position im Seitenregister platzieren.

Wenn Ihnen dieses Verfahren zu »fummelig« ist, können Sie auch folgendermaßen vorgehen:

1. Klicken Sie das Seitenregister der zu verschiebenden Seite mit der rechten Maustaste an.

2. Wählen Sie im Kontextmenü den Befehl *Seite verschieben nach/In anderen Abschnitt.*

Bild 49.8   Seiten zwischen Abschnitten verschieben

3. Markieren Sie den Abschnitt, in den Sie die Seite verschieben möchten, und klicken Sie dann auf die Schaltfläche *Verschieben.*

Seiten löschen

Um eine Seite aus dem Notizbuch zu entfernen, klicken Sie ihr Blattregister mit der rechten Maustaste an und wählen im angezeigten Kontextmenü den Befehl *Löschen.*

HINWEIS   Der in OneNote 2003 vorhandene Ordner *Gelöschte Seiten,* der eine ähnliche Funktion wie der Papierkorb von Windows hatte, ist in der aktuellen Version von OneNote leider nicht mehr vorhanden. Seien Sie daher beim Löschen von Seiten entsprechend vorsichtig, da Sie den Vorgang nur unmittelbar nach dem Löschen wieder rückgängig machen können.

Arbeiten mit Abschnitten

In diesem Abschnitt erfahren Sie, wie Sie Ihre Notizbücher um neue Abschnitte erweitern und wie Sie vorhandene Abschnitte öffnen, schließen, verschieben und zu Gruppen zusammenfassen. Diese Arbeiten lassen sich sehr intuitiv erledigen, da die benötigten Befehle alle über das Kontextmenü der Registerkarten erreichbar sind.

Neuen Abschnitt einfügen
Das Einfügen eines neuen Abschnitts ist genauso einfach wie das Hinzufügen einer neuen Seite. Nehmen Sie dazu folgende Schritte vor:

1. Klicken Sie eine Registerkarte des Notizbuchs mit der rechten Maustaste an und wählen Sie im Kontextmenü den Befehl *Neuer Abschnitt*. OneNote fügt den neuen Abschnitt am Ende des Notizbuchs ein.

2. Tragen Sie in der neuen Registerkarte den gewünschten Namen des Abschnitts ein.

3. Wenn Ihnen die von OneNote gewählte Farbe des Abschnitts nicht zusagt, können Sie diese ändern, indem Sie die Registerkarte mit der rechten Maustaste anklicken und den Befehl *Abschnittsfarbe* wählen.

Einzelne Abschnitte öffnen und schließen
Wenn Sie mehrere Notizbücher angelegt haben (wie das geht, zeigen wir in einem der nächsten Abschnitte) und auf einzelne Abschnitte dieser Notizbücher häufig zugreifen müssen, können Sie diese Abschnitte separat öffnen:

1. Rufen Sie den Befehl *Datei/Öffnen/Abschnitt* oder seinen Shortcut ⌨Strg⌨+⌨O⌨ auf.

Bild 49.9   Im Dialog *Datei öffnen* erkennen Sie, dass im Ordner *OneNote-Notizbücher* für jedes Notizbuch ein eigener Ordner enthalten ist

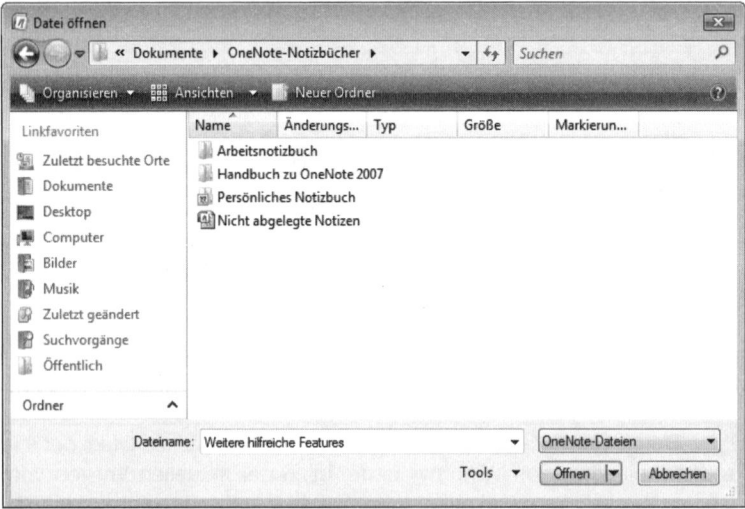

2. Öffnen Sie den Ordner des gewünschten Notizbuchs. Die Dateien innerhalb des Ordners enthalten die Abschnitte des Notizbuchs.

3. Wählen Sie die Datei des gesuchten Abschnitts aus und klicken Sie auf *Öffnen*. Eventuell müssen Sie dazu erst noch in einen der Unterordner wechseln, falls sich der Abschnitt nicht auf der obersten Ebene des Notizbuchs, sondern in einer Abschnittsgruppe befindet.

Bild 49.10   OneNote zeigt den geöffneten Abschnitt anschließend im Bereich *Geöffnete Abschnitte* an

Um einen auf diese Weise geöffneten Abschnitt wieder zu schließen, klicken Sie seine Registerkarte mit der rechten Maustaste an und wählen im Kontextmenü den Befehl *Schließen*. Beim Beenden von OneNote werden alle Abschnitte aus der Gruppe *Geöffnete Abschnitte* entfernt und beim nächsten Start nicht wieder geöffnet.

Abschnitte verschieben

Genauso, wie Sie eine Seite innerhalb des Notizbuchs verschieben können, lässt sich auch die Anordnung der Abschnitte verändern. Ziehen Sie dazu einfach die Registerkarte des Abschnitts mit der Maus an ihre neue Position. Am übersichtlichsten lässt sich dies in der Navigationsleiste vornehmen, die Sie dazu natürlich, wie in Bild 49.9, vergrößern müssen.

Alternativ können Sie auch das Dialogfeld *Abschnitt verschieben nach* benutzen, dessen Aufbau dem Dialog *Seiten verschieben oder kopieren* entspricht (siehe Bild 49.8). Sie erreichen das Dialogfeld über den Befehl *Verschieben* aus dem Kontextmenü der Abschnitts-Registerkarte.

Abschnitte löschen

Wenn Sie die Notizen eines Abschnitts nicht mehr benötigen, können Sie ihn aus dem Notizbuch löschen. Dieser Vorgang ist jedoch nicht umkehrbar, da dabei die Datei, in der sich die Notizen des Abschnitts befinden, tatsächlich gelöscht wird.

1. Klicken Sie die Registerkarte des betreffenden Abschnitts mit der rechten Maustaste an.

2. Wählen Sie den Befehl *Löschen*.

3. Bestätigen Sie die folgende Sicherheitsabfrage mit *Ja*.

Abschnitte in Gruppen zusammenfassen

Sobald Ihr Notizbuch mehr als ein Dutzend Abschnitte enthält, sollten Sie über die Verwendung von *Abschnittsgruppen* nachdenken, die in OneNote 2003 noch als *Ordner* bezeichnet wurden. Die ursprüngliche Namensgebung kam nicht von ungefähr, denn Abschnittsgruppen erfüllen in One-Note die gleiche Aufgabe wie Ordner auf der Festplatte des Computers: Sie helfen beim strukturierten Ablegen der Daten bzw. Informationen.

Um z.B. die beiden Abschnitte *Projekt A* und *Projekt B* aus dem Arbeitsnotizbuch von OneNote in einer Gruppe zusammenzufassen, gehen Sie folgendermaßen vor:

1. Klicken Sie das Notizbuch in der Navigationsleiste mit der rechten Maustaste an und wählen Sie im Kontextmenü den Befehl *Neue Abschnittsgruppe*.

Bild 49.11   Die neue Abschnittsgruppe

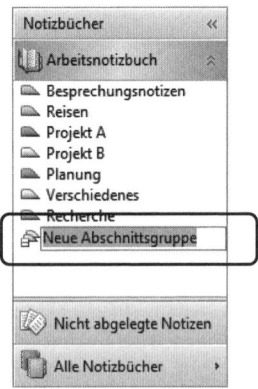

2. Geben Sie der Arbeitsgruppe einen Namen.

3. Nehmen Sie die gewünschten Abschnitte in die neue Gruppe auf, indem Sie ihre Registerkarten mit der Maus verschieben.

Bild 49.12   Verschieben des Abschnitts *Projekt B* in die neue Gruppe *Projekte*

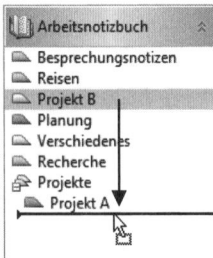

Das Symbol der neuen Abschnittsgruppe taucht rechts neben den Abschnittsregisterkarten des Notizbuchs auf.

Bild 49.13   Durch Anklicken des Gruppensymbols können Sie die Abschnitte der Gruppe anzeigen

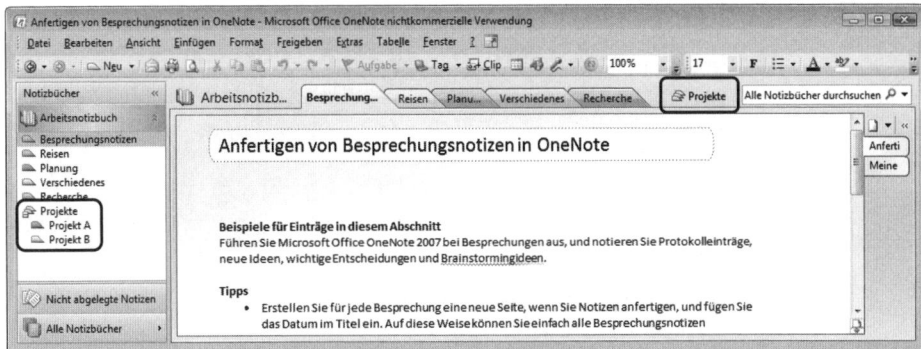

4. Klicken Sie das Symbol der Gruppe an, um die in ihr enthaltenen Abschnitte anzuzeigen. Links neben den Abschnittsregistern taucht jetzt ein grüner Pfeil auf.

Bild 49.14   Die Registerkarten der Abschnitte, die in die Gruppe *Projekte* aufgenommen wurden

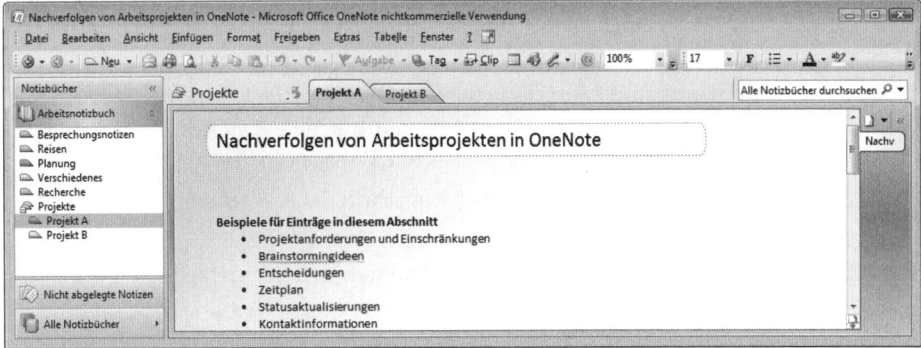

5. Der grüne Pfeil führt Sie wieder zu den übergeordneten Abschnitten zurück.

Neue Notizbücher erstellen

In Kapitel 47 haben wir bereits erwähnt, dass Sie auch neue Notizbücher anlegen, bzw. bereits vorhandene Notizbücher in OneNote öffnen können. Das Arbeiten mit mehreren Notizbüchern hat im Wesentlichen zwei Vorteile:

- Sie können Ihre Notizen übersichtlicher organisieren, indem Sie für verschiedene Arbeitsbereiche jeweils eigene Notizbücher anlegen.

- Sie können einzelne Notizbücher mit mehreren Personen benutzen (z.B. mit den Mitgliedern einer Projektgruppe). Auf dieses Thema gehen wir im nächsten Kapitel noch näher ein.

Wie Sie gleich sehen werden, ist das Erstellen eines neuen Notizbuchs keine große Kunst:

1. Wählen Sie den Befehl *Datei/Neu/Notizbuch,* um den Assistenten zu starten, der Sie beim Anlegen des Notizbuchs unterstützt.

Bild 49.15 Auch für Notizbücher gibt es eigene Vorlagen in OneNote

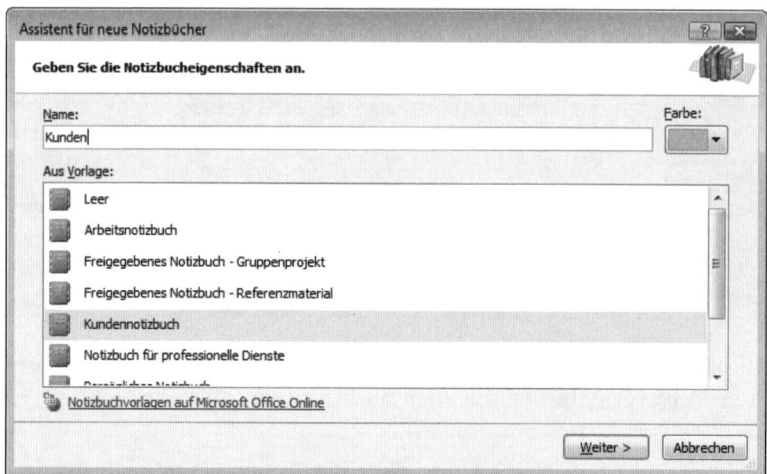

2. Tragen Sie einen Namen für das Notizbuch ein und wählen Sie eine Farbe aus.

3. Markieren Sie eine der angebotenen Vorlagen. Die Vorlagen enthalten einige Abschnitte mit themenspezifischen Informationen. Über den Link *Notizbuchvorlagen auf Microsoft Office Online* finden Sie unter Umständen noch weitere Vorlagen. Zum Zeitpunkt der Drucklegung dieses Buches standen dort noch keine Vorlagen zur Verfügung.

4. Gehen Sie mit *Weiter* zum nächsten Schritt des Assistenten.

Bild 49.16 Notizbücher können auch von mehreren Personen gemeinsam genutzt werden

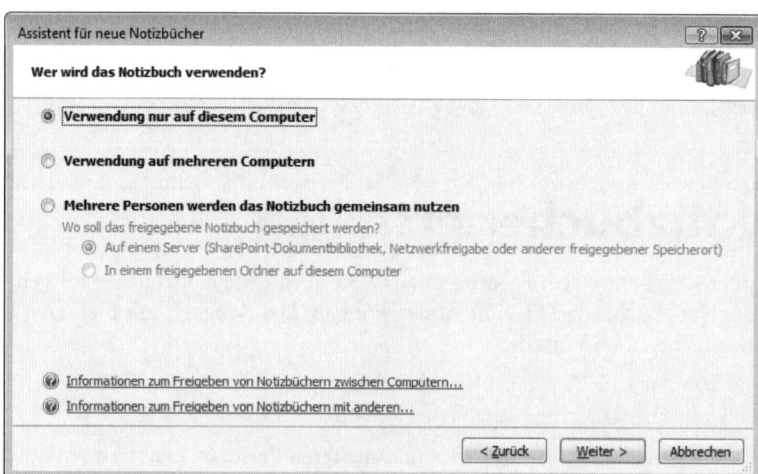

5. In der Regel werden Sie hier die Voreinstellung mit *Weiter* übernehmen. Das neue Notizbuch ist damit für Ihren persönlichen Gebrauch vorgesehen. (Auf die gemeinsame Verwendung von Notizbüchern, werden wir im nächsten Kapitel eingehen.)

6. Im letzten Schritt haben Sie die Möglichkeit, den Speicherort des neuen Notizbuchs festzulegen. Der Assistent schlägt hier den Ordner *OneNote-Notizbücher* vor.

7. Klicken Sie auf *Erstellen,* um den Vorgang abzuschließen. Das neue Notizbuch wird direkt geöffnet und taucht links in der Navigationsleiste von OneNote auf.

Notizbücher schließen und öffnen
Wenn Sie ein geöffnetes Notizbuch aus der Navigationsleiste entfernen wollen, müssen Sie es schließen. Dazu klicken Sie seinen Namen in der Navigationsleiste mit der rechten Maustaste an und wählen im Kontextmenü den Befehl *Dieses Notizbuch schließen*.

Wollen Sie zu einem späteren Zeitpunkt wieder auf das Notizbuch zugreifen, wählen Sie den Befehl *Datei/Öffnen/Notizbuch.* OneNote zeigt dann ein Dialogfeld an, in dem Sie den Ordner auswählen können, der das gewünschte Notizbuch enthält.

Notizbücher löschen
Um ein nicht mehr benötigtes Notizbuch zu löschen, gehen Sie folgendermaßen vor:

1. Wenn Sie nicht wissen, wo das Notizbuch gespeichert ist, klicken Sie den Namen des Notizbuchs in der Navigationsleiste mit der rechten Maustaste an und rufen im Kontextmenü den Befehl *Eigenschaften* auf. Im angezeigten Dialog können Sie den Pfad ablesen.

2. Schließen Sie das betreffende Notizbuch in OneNote.

3. Öffnen Sie ein Ordnerfenster und zeigen Sie den Ordner an, der das Notizbuch enthält.

4. Löschen Sie den Ordner des Notizbuchs.

Notizen suchen

Wenn Sie nicht mehr genau wissen, wo Sie eine bestimmte Notiz oder Information in Ihrem Notizbuch abgelegt haben, können Sie die Suchfunktion von OneNote benutzen, um die Notiz aufzuspüren. Es handelt sich dabei um eine Volltextsuche, das heißt, der gesamte Text des Notizbuchs (inklusive Seitentitel, Datums- und Zeitangaben) wird bei der Suche berücksichtigt.

OneNote greift für die Suche auf die Windows-Desktopsuche (Windows Desktop Search Engine) zurück, die auch unter Windows XP nachinstalliert werden kann. Zur Installation wählen Sie den Befehl *Extras/Optionen,* markieren im Dialog die Kategorie *Andere* und klicken auf die Schaltfläche *Sofortsuche installieren.* Falls diese Schaltfläche nicht aktiv ist, ist die Sofortsuche bereits auf Ihrem Rechner installiert.

OneNote 2007 kann sogar Ihre Audio- und Videoaufzeichnungen durchsuchen. Dazu müssen Sie unter *Extras/Optionen* in der Kategorie *Audio und Video* die Option *Suche nach Wörtern in Audio- und Videoaufzeichnungen aktivieren* einschalten. Die Erfolgsaussichten hängen natürlich stark von der Qualität der Aufnahme ab. Voraussetzung sind ein gutes Mikrofon, das eine rauschfreie Aufnahme erlaubt, und eine deutliche, dialektfreie Aussprache.

Die Analyse der Aufnahmen findet übrigens nur statt, wenn sich der Computer im Leerlauf befindet und – im Falle eines Notebooks – nicht im Batteriemodus betrieben wird.

Um Ihre Notizen zu durchsuchen, gehen Sie folgendermaßen vor:

1. Tragen Sie den Suchbegriff in das Textfeld ein, das sich rechts neben den Abschnitts-Registerkarten befindet.

2. Öffnen Sie das Ausklappmenü der Lupen-Schaltfläche und stellen Sie den Suchbereich ein. Standardmäßig werden alle geöffneten Notizbücher durchsucht.

Bild 49.17   Einstellen des Suchbereichs

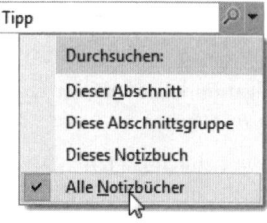

3. Starten Sie die Suche mit einem Klick auf die Lupe. Anstelle des Textfeldes mit dem Suchbegriff erscheint nun ein gelbes Bedienfeld, mit dem Sie zwischen den einzelnen Fundstellen hin- und herspringen können.

Bild 49.18   Navigation innerhalb der Suchergebnisse

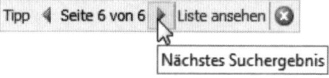

4. Klicken Sie in der gelben Leiste auf *Liste ansehen,* um die ausführliche Trefferliste anzuzeigen.

Bild 49.19   Anzeige der Suchergebnisse im Aufgabenbereich *Seitenliste*

5. Ändern Sie gegebenenfalls die Sortierung der Trefferliste oder schränken Sie den Suchbereich weiter ein, falls die Liste sehr umfangreich sein sollte.

TIPP **Suchbegriffe verknüpfen** Wenn Sie in dem Suchfeld mehrere Wörter eingeben, zeigt OneNote nur diejenigen Seiten als Treffer an, in denen alle Suchbegriffe enthalten sind. Sie können dieses Verhalten ändern, indem Sie die Suchbegriffe mit den Operatoren UND, ODER und NAHE kombinieren. Wenn Sie zum Beispiel »Zeitplan ODER Abgabetermin« eingeben, listet OneNote alle Seiten auf, in denen mindestens eines der beiden Wörter vorkommt. Damit diese Operatoren funktionieren, müssen Sie sie in Großbuchstaben eintippen!

Inhaltsverzeichnis

Eine weitere Möglichkeit, um ein umfangreiches Notizbuch zu organisieren, ist das Erstellen eines Inhaltsverzeichnisses. Leider hat OneNote nicht wie Word eine Funktion, mit der Sie ein automatisches Verzeichnis erstellen können. Hier müssen Sie selbst aktiv werden und die Einträge des Inhaltsverzeichnisses manuell erstellen.

Man sollte daher auch genaugenommen von einer Hyperlink-Liste sprechen, von der aus Sie zentral auf wichtige Seiten Ihres Notizbuchs verweisen. Um ein solches Verzeichnis zu erstellen, gehen Sie folgendermaßen vor:

1. Erstellen Sie eine neue Seite, die das Inhaltsverzeichnis aufnehmen soll.

2. Klicken Sie das Blattregister der Seite, auf die Sie verweisen wollen, mit der rechten Maustaste an und wählen Sie im Kontextmenü den Befehl *Hyperlink zu dieser Seite erstellen.*

3. Zeigen Sie wieder die Seite für das Inhaltsverzeichnis an. Dazu können Sie zum Beispiel die Schaltfläche *Zurück* auf der Symbolleiste *Standard* nutzen.

4. Klicken Sie die Stelle, an der Sie den Hyperlink einfügen wollen, mit der rechten Maustaste an und wählen Sie im Kontextmenü den Befehl *Einfügen.* Der eingefügte Hyperlink sollte anschließend so aussehen wie im nächsten Bild.

Bild 49.20 Hyperlink auf eine Seite

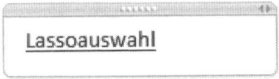

5. Wenn Sie den Text des Hyperlinks verändern möchten, klicken Sie ihn mit der rechten Maustaste an und wählen im Kontextmenü den Befehl *Hyperlink bearbeiten.* Nehmen Sie die gewünschte Änderung dann im Textfeld *Anzuzeigender Text* vor.

6. Vervollständigen Sie Ihr Inhaltsverzeichnis, indem Sie weitere Hyperlinks einfügen.

TIPP Sie können übrigens auch auf Abschnitte und sogar auf einzelne Absätze oder Bilder verweisen. Klicken Sie dazu die gewünschten Objekte mit der rechten Maustaste an und rufen Sie den Befehl *Hyperlink zu ... erstellen* auf.

Zusammenfassung

In diesem Kapitel haben Sie gelernt, wie Sie die Notizen Ihrer OneNote-Notizbücher organisieren und verwalten können:

■ Notizen lassen sich mit so genannten *Tags* kennzeichnen. Tags bestehen aus einem Symbol und können zusätzlich die Schriftfarbe und die Hintergrundfarbe des Textes beeinflussen. Die Tag-Zusammenfassung enthält eine Aufstellung aller vergebenen Tags und kann nach verschiedenen Kriterien gruppiert und gefiltert werden (Seite 862).

■ Beim Einfügen neuer Seiten können Sie auf Vorlagen zurückgreifen. Dabei handelt es sich um vorgefertigte Notizbuchseiten, die ansprechende Hintergrundgrafiken und/oder fertige Textgerüste enthalten (Seite 867).

■ Seiten können mit Hilfslinien versehen werden, um das Erstellen von Skizzen oder handschriftlichen Eingaben zu erleichtern (Seite 868).

■ Um eine Seite zu verschieben, können Sie das Blattregister der Seite mit der Maus an eine neue Position ziehen (Seite 868).

■ Abschnitte bestehen aus mehreren Seiten und können auch separat in OneNote geöffnet werden (Seite 870). Außerdem können sie, genau wie Seiten, an eine andere Position verschoben werden (Seite 871).

■ Mehrere Abschnitte lassen sich zu Gruppen zusammenfassen. Auf diese Weise lässt sich ein umfangreiches Notizbuch übersichtlicher gestalten (Seite 872).

■ Beim Anlegen eines neuen Notizbuchs können Sie auf diverse Vorlagen zurückgreifen, die themenspezifische Abschnitte und sinnvolle Seitenvorlagen enthalten (Seite 873).

■ Die leistungsstarke Suchfunktion von OneNote kann sogar Audio- und Videoaufnahmen durchsuchen und unterstützt die Suchoperatoren UND, ODER und NAHE (Seite 875).

■ Mit Hilfe von Hyperlinks können Sie Ihre Notizbücher mit einem Inhaltsverzeichnis ausstatten. Die Hyperlinks können dabei sowohl auf ganze Abschnitte, einzelne Seiten oder auf spezielle Absätze und Bilder verweisen (Seite 877).

Kapitel 50

Notizbücher gemeinsam verwenden

In diesem Kapitel:

In diesem Kapitel beschäftigen wir uns mit den Funktionen von OneNote, die das Arbeiten im Team unterstützen. Sie erfahren u.a., wie Sie Ihre Notizen anderen Personen zur Verfügung stellen und wie Sie gemeinsam genutzte Notizbücher einrichten, die gleichzeitig von mehreren Benutzern bearbeitet werden können.

Sie werden dazu auf den nächsten Seiten folgende Szenarien kennenlernen:

■ Bearbeiten eines Notizbuchs durch eine Person, die an mehreren Computern arbeitet. Dieses Szenario eignet sich zum Beispiel für den Fall, dass Sie in Ihrer Firma neben Ihrem Desktop-Rechner auch ein Notebook verwenden. OneNote kann dann auf beiden Computern eine Kopie des originalen Notizbuchs verwalten und kümmert sich um die Synchronisierung der vorgenommenen Änderungen. Wenn Sie zu Hause oder unterwegs das Notizbuch auf Ihrem Notebook bearbeiten, werden Ihre Änderungen automatisch übertragen, sobald Sie Ihr Notebook wieder mit Ihrem Firmennetzwerk verbinden.

■ Wenn Sie einzelne Seiten Ihrer Notizbücher anderen Personen zur Verfügung stellen wollen, können Sie ihnen eine Kopie der Notizen per E-Mail zuschicken oder sie in einem freigegebenen Ordner ablegen.

■ Bearbeiten eines Notizbuchs durch mehrere Personen. Dieses Szenario entspricht im Wesentlichen dem zuerst geschilderten Fall, bei dem Sie von mehreren Computern auf ein Notizbuch zugreifen. Damit auch andere Benutzer Ihr Notizbuch verwenden können, müssen Sie Ihr Notizbuch in einem Ordner ablegen, auf den die betreffenden Nutzer über ein Netzwerk zugreifen können.

Von mehreren Computern auf ein Notizbuch zugreifen

Wenn Sie Ihr Notizbuch wie oben geschildert von Ihrem Desktop-PC und Ihrem Notebook aus bearbeiten wollen, stehen Sie zunächst vor folgendem Problem: Wie gelangen Sie an Ihre Notizen, wenn Sie mit Ihrem Notebook unterwegs sind? Dazu könnten Sie natürlich eine Kopie des aktuellen Notizbuchs mit auf die Reise nehmen. Doch wenn Sie dann eine Notiz bearbeiten oder ergänzen, stehen Sie vor dem nächsten Problem: Wie übertragen Sie Ihre Änderungen in das Original? Und was passiert, wenn Sie das Original inzwischen ebenfalls geändert haben – nämlich von Ihrem Desktop-Rechner aus?

Wie Sie sehen, ist die Angelegenheit keineswegs trivial. Doch keine Sorge: Dieses Puzzlespiel können Sie getrost OneNote überlassen. Das Programm sorgt automatisch dafür, dass sich auf jedem Computer, von dem aus Sie auf Ihr Notizbuch zugreifen, eine aktuelle Kopie befindet und dass alle Änderungen in das Original des Notizbuchs übertragen werden.

Damit OneNote diesen Mechanismus in Gang setzt, müssen Sie beim Erstellen eines Notizbuchs, auf das Sie von mehreren Computern aus zugreifen wollen, folgendermaßen vorgehen:

1. Starten Sie OneNote und wählen Sie den Befehl *Datei/Neu/Notizbuch*. OneNote startet den Assistent für Notizbücher, den Sie bereits aus dem letzten Kapitel kennen.

2. Geben Sie einen Namen für das neue Notizbuch ein und wählen Sie eine Farbe.

3. Falls die Vorlagen-Liste des Assistenten eine für Ihre Zwecke geeignete Vorlage enthält, markieren Sie den entsprechenden Eintrag. Andernfalls erstellen Sie ein leeres Notizbuch.

4. Klicken Sie auf *Weiter*, um zum nächsten Schritt des Assistenten zu gelangen.

Bild 50.1   Erstellen eines Notizbuchs, das Sie von mehreren Computern aus bearbeiten können

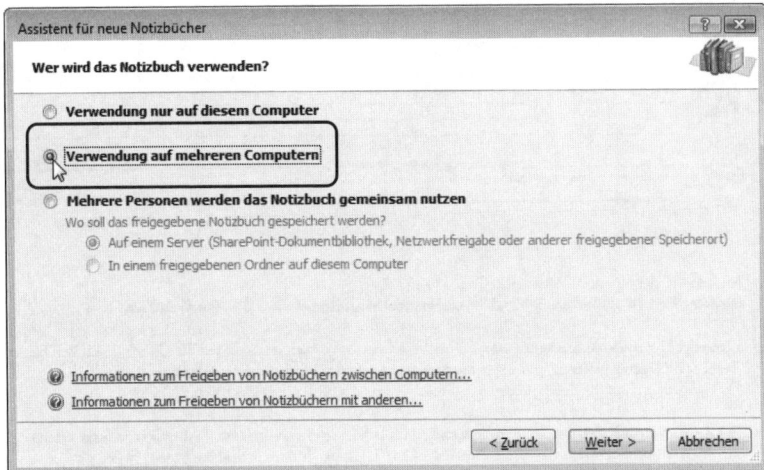

5. Aktivieren Sie die Option *Verwendung auf mehreren Computern* und klicken Sie auf *Weiter*.

6. Geben Sie den Ordner an, in dem das Notizbuch gespeichert werden soll. Dieser Ordner muss natürlich von allen Computern, mit denen Sie das Notizbuch bearbeiten wollen, erreichbar sein. In der Regel sollte er daher auf einem Server liegen, der permanent eingeschaltet ist.

Bild 50.2   Das Notizbuch sollte in einem Netzwerkordner erstellt werden, der ständig verfügbar ist

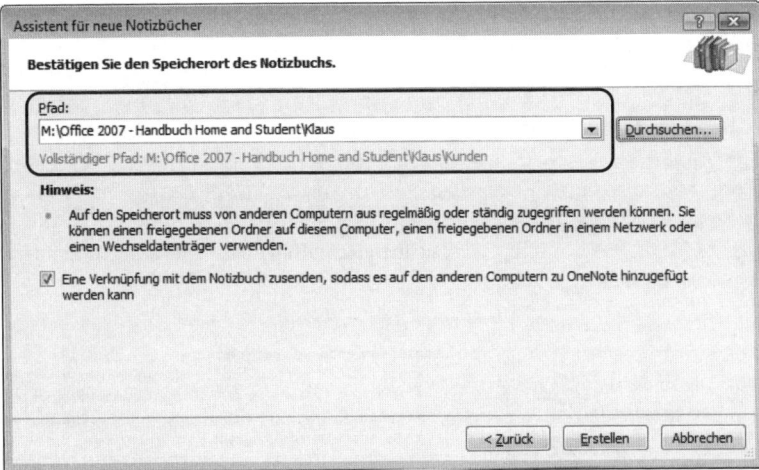

7. Klicken Sie auf *Erstellen*, um den Vorgang abzuschließen. Das neue Notizbuch wird direkt in OneNote geöffnet.

8. Gleichzeitig erzeugt OneNote eine E-Mail, in der u.a. ein Link auf das soeben erstellte Notizbuch enthalten ist (siehe Bild 50.3). Da Sie natürlich wissen, wo sich das neue Notizbuch befindet, ist die E-Mail eigentlich überflüssig. Dieser Komfort wird erst dann benötigt, wenn Sie andere Personen auf Ihr Notizbuch aufmerksam machen wollen. Doch zu Testzwecken sollten Sie diese Mail ruhig einmal an sich selbst verschicken.

Bild 50.3 Mit dieser E-Mail können Sie den Link auf das neue Notizbuch bekannt machen

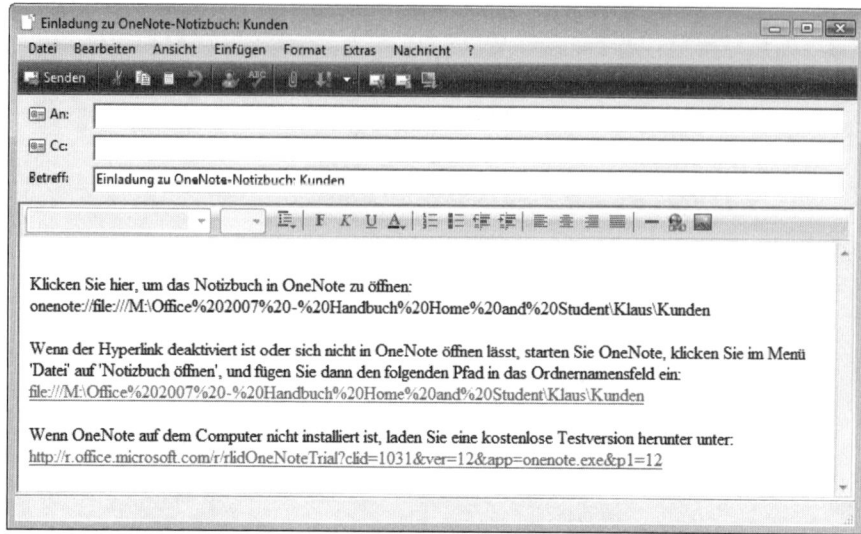

9. Öffnen Sie die E-Mail auf einem Rechner, von dem Sie ebenfalls auf das neue Notizbuch zugreifen möchten und klicken Sie auf den in der Mail enthaltenen Link. OneNote wird das neue Notizbuch dann automatisch öffnen.

Bild 50.4 Das Notizbuch wurde auf einem zweiten PC geöffnet (mit einer Testversion von OneNote). Beachten Sie das neue Symbol in der Navigationsleiste (s. Markierung), mit der OneNote den Synchronisationsstatus des Notizbuchs anzeigt.

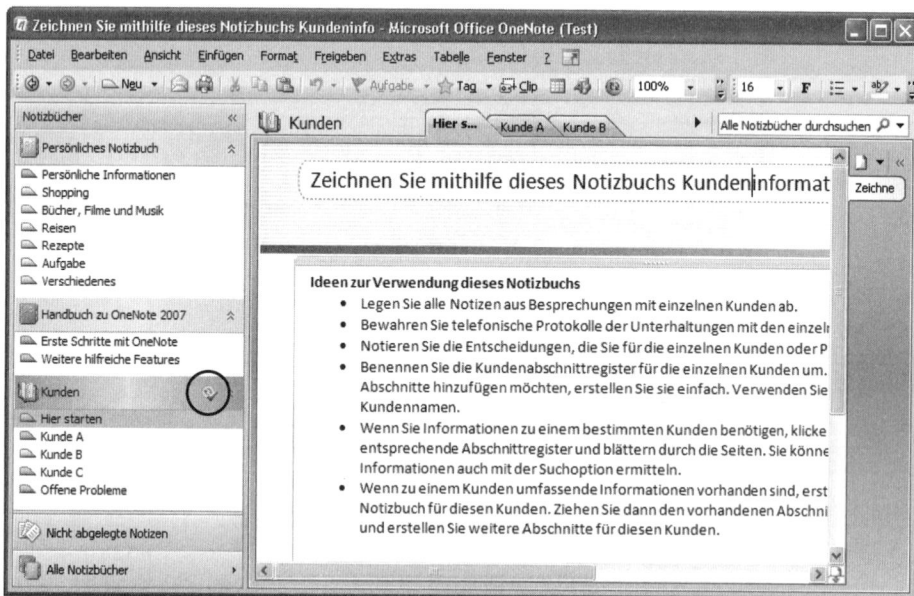

TIPP   **Defekter Link** Falls der Link nicht funktioniert, können Sie das Notizbuch auch direkt aus OneNote öffnen. Manchmal genügt es auch, den Link zu kopieren und oben in die Adressleiste des Internet Explorers einzufügen.

HINWEIS   **Microsoft Office OneNote 2007 Trial** Wenn auf dem Computer, mit dem Sie ein Notizbuch bearbeiten wollen, noch keine Version von OneNote 2007 installiert ist, können Sie über einen in der E-Mail angebotenen Link eine Testversion von OneNote herunterladen. Die Testversion muss wie eine normale Vollversion aktiviert werden und kann für einen Zeitraum von etwa 60 Tagen kostenlos benutzt werden. Der dazu notwendige Product Key wird beim Herunterladen zur Verfügung gestellt. Die genaue Nutzungsdauer wird bei der Aktivierung angezeigt und hängt vom Datum der Aktivierung ab, da die Testzeit immer am Ende eines Monats ausläuft.

OneNote 2007

Synchronisieren der Notizbücher

Wir haben bereits kurz erwähnt, dass das Synchronisieren der verschiedenen Notizbücher ohne Ihr Zutun von OneNote erledigt wird. Der aktuelle Status wird durch ein kleines Symbol angezeigt, das sich neben dem Namen des Notizbuchs in der Navigationsleiste befindet. Wenn Sie den Mauszeiger auf das Symbol schieben, erscheint ein kleines Fenster, das weitere Informationen liefert.

Bild 50.5   Das Notizbuch ist zurzeit nicht mit seinem Original verbunden

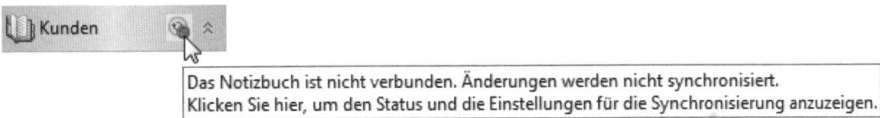

Den im obigen Bild abgebildeten Zustand haben wir einfach dadurch erreicht, dass wir bei dem betreffenden Computer das Netzwerkkabel herausgezogen haben. Sobald OneNote erkennt, dass wieder eine Netzwerkverbindung besteht, wird das Notizbuch des Computers mit seinem Original im Netzwerk synchronisiert.

Bild 50.6   OneNote konnte das Notizbuch erfolgreich synchronisieren

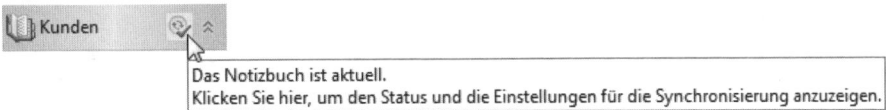

Konflikte bei der Synchronisierung auflösen

Beim Synchronisieren werden ältere Änderungen nicht automatisch von neueren überschrieben. Angenommen, Sie sind mit Ihrem Notebook unterwegs und ändern eine bereits vorhandene Notiz. Nachdem Sie wieder im Büro sind, bearbeiten Sie die gleiche Notiz an Ihrem Desktop-Rechner, ohne jedoch zuvor Ihr Notebook ans Netzwerk angeschlossen zu haben. Wenn Sie dann das Notebook mit dem Netzwerk verbinden, erkennt OneNote bei der Synchronisierung den Konflikt. Es übernimmt die aktuellere Version der Notiz und kennzeichnet die Seite mit einem Hinweistext.

Bild 50.7   OneNote hat bei der Synchronisierung einen Konflikt erkannt

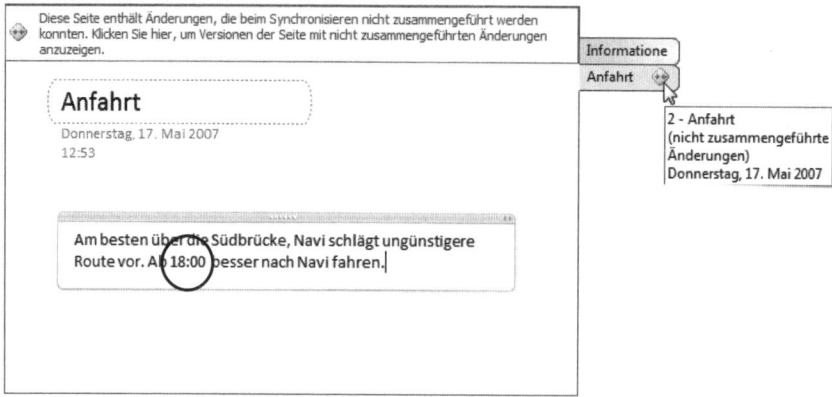

Durch Anklicken des Hinweistextes können Sie die in Konflikt stehenden Seiten einblenden und prüfen, welche Konflikte im Detail vorliegen. Damit Sie die betreffenden Stellen leichter finden, hebt OneNote die widersprüchlichen Änderungen durch rote Markierungen hervor.

Bild 50.8   Die im Widerspruch stehenden Änderungen werden auf den Konfliktseiten rot hervorgehoben

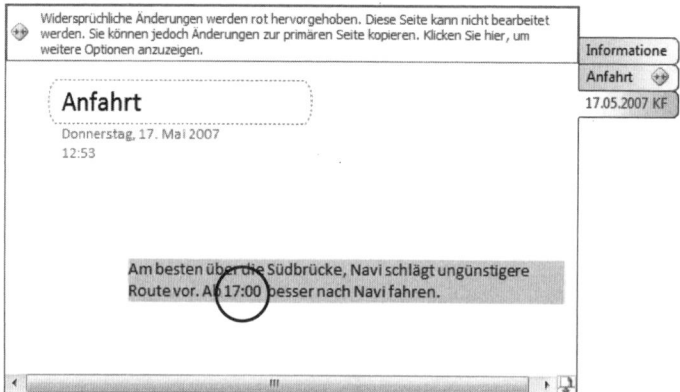

Falls sich auf der (schreibgeschützten) Konfliktseite Informationen befinden, die Sie nicht verlieren wollen, können Sie diese in die primäre Seite des Notizbuchs integrieren. Anschließend sollten Sie die Konfliktseite löschen. Dazu klicken Sie oben auf den Hinweistext und wählen im Kontextmenü den Befehl *Konfliktseite löschen*.

Bild 50.9   Nicht mehr benötigte Konfliktseiten sollten Sie löschen

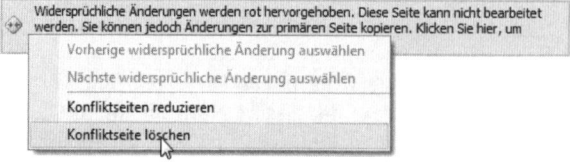

Weitere Statusinformationen zur Synchronisierung anzeigen

Wenn Sie genauere Informationen über den Stand der Synchronisierung wünschen, klicken Sie das Synchronisierungs-Symbol an. Dadurch erscheint folgendes Dialogfeld, in dem zum Beispiel angezeigt wird, wann das Notizbuch zum letzten Mal erfolgreich synchronisiert wurde und ob dabei Fehler aufgetreten sind. Außerdem finden Sie hier die Schaltfläche *Jetzt synchronisieren*, mit der Sie einen sofortigen Synchronisierungsversuch auslösen können.

Bild 50.10 Dieses Dialogfeld informiert Sie detailliert über den Synchronisierungsstatus

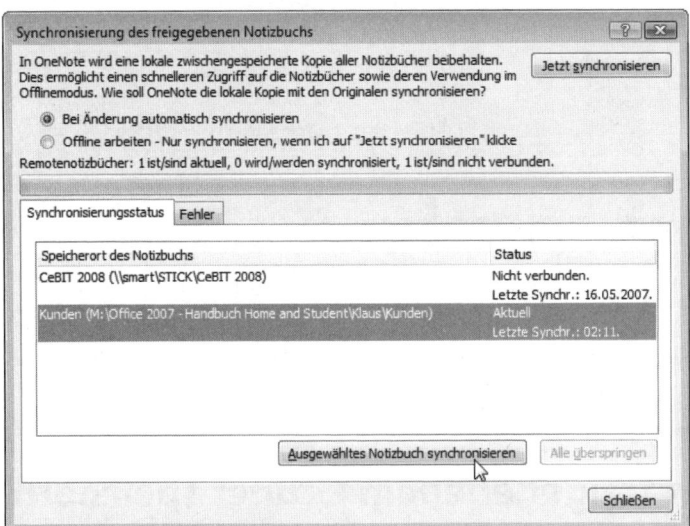

Notizen verteilen

Wenn Sie einzelne Seiten Ihres Notizbuchs anderen Personen zur Verfügung stellen wollen, können Sie sie einfach per E-Mail verschicken oder auf einem Netzwerklaufwerk speichern. Dabei muss der Empfänger noch nicht einmal über OneNote 2007 verfügen, denn die Seiten werden nicht nur im OneNote-Format, sondern auch als Webseite bereitgestellt.

Notizen als E-Mail versenden

Um eine oder mehrere Seiten als E-Mail zu verschicken, gehen Sie folgendermaßen vor:

1. Markieren Sie die gewünschte Seite, indem Sie sie im Blattregister anklicken. Um mehrere Seiten eines Abschnitts zu markieren, drücken Sie Strg und klicken die Seiten einzeln an.

2. Klicken Sie in der Standard-Symbolleiste auf die Schaltfläche mit dem Umschlag oder wählen Sie den Befehl *Datei/E-Mail*. OneNote erstellt dann eine neue Email, in der die betreffenden Seiten als Anhang enthalten sind. Wie Sie im folgenden Bild erkennen können, fügt OneNote die Informationen sowohl als Webseite als auch im OneNote-Format ein.

Bild 50.11 Verteilen von Notizen per E-Mail (als Webseite und als OneNote-Datei)

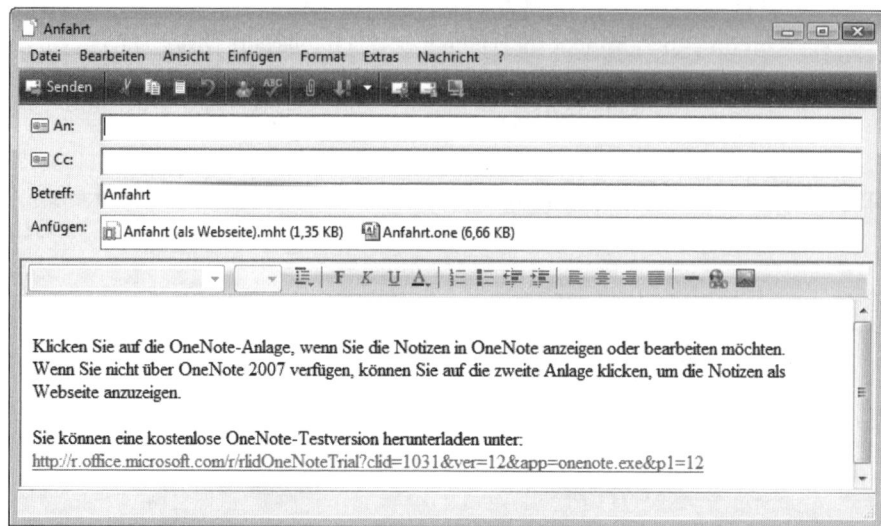

3. Vervollständigen Sie die E-Mail (Empfängerangaben, Betreff etc.) und klicken Sie auf *Senden*, um die E-Mail zu verschicken.

Notizen in freigegebenem Ordner speichern

Wenn Sie mit Ihrem Computer innerhalb eines Netzwerks arbeiten, können Sie ausgewählte Notizen in einem freigegebenen Ordner speichern, damit andere Benutzer darauf zugreifen können. Die Benutzer erhalten also keinen direkten Zugriff auf Ihr Notizbuch (auch dies ist möglich, wie Sie in einem der nächsten Abschnitte noch sehen werden), sondern nur auf die Kopien, der von Ihnen ausgewählten Notizen.

Das Praktische dabei ist, dass OneNote die Kopien in mehreren Formaten erstellen kann, so dass auch Benutzer, die selbst nicht mit OneNote arbeiten, auf diese Informationen zugreifen können. Folgende Formate stehen Ihnen zur Verfügung:

- **OneNote 2007** Leider gibt es zum Zeitpunkt der Drucklegung dieses Buches für OneNote 2003 (noch ?) keinen Konverter, mit dem sich die Notizbücher der aktuellen Version öffnen lassen.

- **Webseiten** Die Notizen werden in einer HTML-Datei gespeichert, die mit einem beliebigen Browser geöffnet werden kann.

- **Word-Dokument (DOCX)** Die Notizen werden als Word-Dokument im neuen Dateiformat von Word 2007 gespeichert. Das Dokument kann mit Hilfe eines Konverters (er ist im *Microsoft Office Compatibility Pack* enthalten) auch in älteren Word-Versionen geöffnet werden. Hinweise zur Installation des Konverters finden Sie in Kapitel 5.

- **Word-Dokument (DOC)** Wenn Sie wissen, dass die Benutzer Ihrer Notizen keine aktuelle Office-Version verwenden, und Sie ihnen die Installation des Konverters ersparen wollen, können Sie Ihre Notizen auch direkt im Dateiformat der älteren Office-Versionen speichern.

Die Vorgehensweise zum Speichern von Notizen in einem freigegebenen Ordner ist schnell erklärt:

1. Markieren Sie die gewünschten Seiten, indem Sie sie im Blattregister anklicken. Um mehrere Seiten zu markieren, halten Sie dabei die Taste ⌈Strg⌋ gedrückt.

2. Rufen Sie den Befehl *Datei/Speichern unter* auf.

Bild 50.12   Speichern von Notizen in einem Ordner

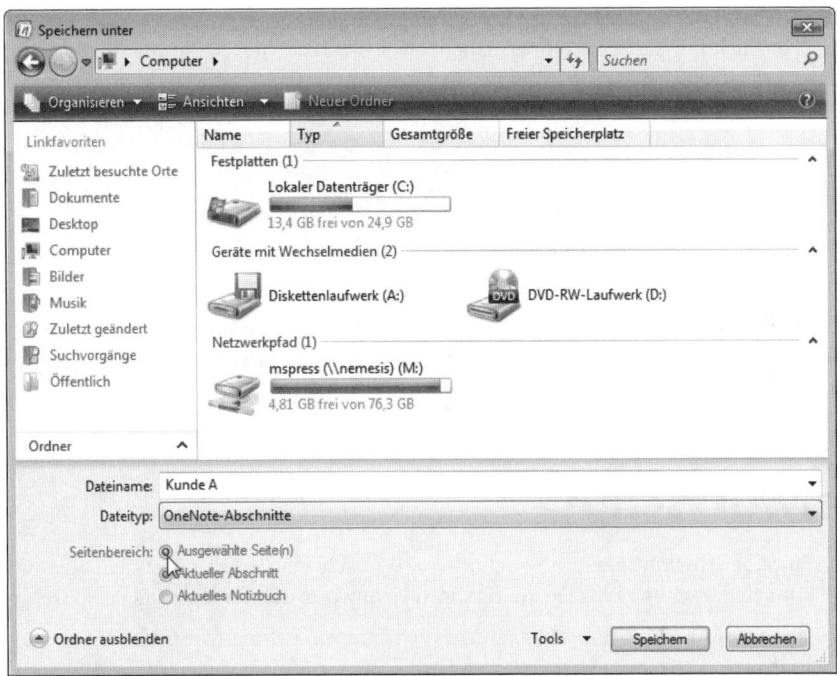

3. Navigieren Sie im Dialogfeld *Speichern unter* zu dem Ordner, in dem Sie eine Kopie der markierten Notizbuchseiten speichern möchten.

4. Geben Sie einen Dateinamen ein und stellen Sie den gewünschten Dateityp ein.

5. Wählen Sie in der Gruppe *Seitenbereich,* ob Sie nur die markierten Seiten, den aktuellen Abschnitt oder das gesamte Notizbuch speichern möchten.

6. Klicken Sie auf *Speichern.*

Notizbücher gemeinsam nutzen

Zu Beginn des Kapitels haben Sie gelernt, wie Sie von mehreren Computern aus, auf Ihre Notizbücher zugreifen können. Von diesem Punkt ist es nur noch ein kleiner Schritt bis zur gemeinsamen Nutzung eines Notizbuchs durch mehrere Benutzer. Das Prinzip ist absolut identisch: Das Notizbuch muss sich in einem Ordner befinden, auf den alle beteiligten Benutzer zugreifen können. Die einzustellenden Berechtigungen müssen auf Windows-Ebene vorgenommen werden, denn OneNote bringt keine eigene Benutzerverwaltung mit, sondern greift auf die von Windows zurück.

Um ein Notizbuch zu erstellen, das Sie mit mehreren Benutzern bearbeiten wollen, nehmen Sie folgende Schritte vor:

1. Starten Sie OneNote und rufen Sie den Befehl *Freigeben/Freigegebenes Notizbuch erstellen* auf.

2. Geben Sie einen Namen für das Notizbuch ein und wählen Sie eine Farbe.

3. Markieren Sie die gewünschte Vorlage und klicken Sie auf *Weiter*.

4. Entscheiden Sie im nächsten Schritt, ob das Notizbuch auf einem Server liegen soll oder auf Ihrem Computer. In der Regel sollten Sie sich für einen Server entscheiden, damit das Notizbuch für alle Benutzer permanent erreichbar ist. Klicken Sie anschließend auf *Weiter*, um zum letzten Schritt des Assistenten zu gelangen.

5. Geben Sie den Ordner an, in dem das neue Notizbuch erstellt werden soll, und klicken Sie auf *Erstellen*.

6. Nachdem OneNote das Notizbuch angelegt hat, erzeugt es eine E-Mail, mit der Sie die potentiellen Benutzer über die Existenz und die Position des Notizbuchs informieren können. Vervollständigen Sie die E-Mail und klicken Sie auf *Senden*.

Damit ist die Einrichtung des Notizbuchs abgeschlossen und Sie können es gemeinsam mit anderen Benutzern bearbeiten. Die automatische Synchronisierung und das Auflösen von dabei auftretenden Konflikten funktioniert genauso, wie wir es weiter vorne in diesem Kapitel im Abschnitt »Synchronisieren der Notizbücher« beschrieben haben.

Kennwortschutz

Einzelne Abschnitte eines Notizbuchs lassen sich bei Bedarf mit einem Kennwort schützen und können dann ohne Eingabe des richtigen Kennworts nicht mehr eingesehen werden.

Um einen Abschnitt Ihres Notizbuches zu schützen, nehmen Sie folgende Schritte vor:

1. Öffnen Sie den gewünschten Abschnitt.

2. Wählen Sie im Menü *Datei* den Befehl *Diesen Abschnitt mit Kennwortschutz versehen*. Dadurch wird der Aufgabenbereich *Kennwortschutz* angezeigt (siehe Bild 50.13).

3. Klicken Sie im Aufgabenbereich auf die Schaltfläche *Kennwort festlegen* und geben Sie im nächsten Dialogfeld das gewünschte Kennwort ein (wie üblich zweimal, um Tippfehler auszuschließen).

    Damit ist der Kennwortschutz des Abschnitts erfolgreich aktiviert. Die automatische Sperre tritt jedoch erst dann in Kraft, wenn Sie zehn Minuten lang keine Änderung an dem Abschnitt vornehmen.

4. Klicken Sie auf die Schaltfläche *Alle sperren*, um den Abschnitt manuell zu sperren. OneNote blendet dann sämtliche Seiten des Abschnitts aus und zeigt nur noch ein leeres Deckblatt an, wie in Bild 50.14.

5. Wenn Sie den Inhalt des geschützten Abschnitts wieder anzeigen möchten, klicken Sie auf das Deckblatt und geben das korrekte Kennwort ein.

Bild 50.13   Die Abschnitte eines Notizbuchs lassen sich durch Kennwörter schützen

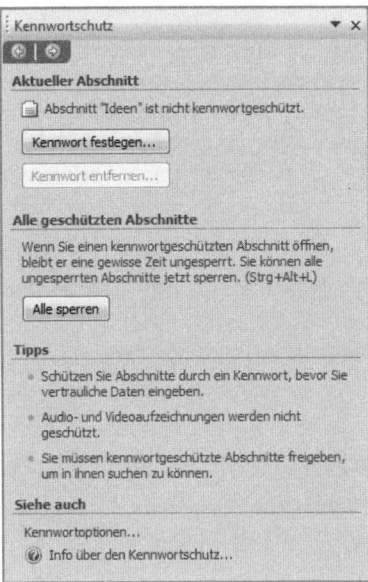

Bild 50.14   Öffnen eines kennwortgeschützten Abschnitts

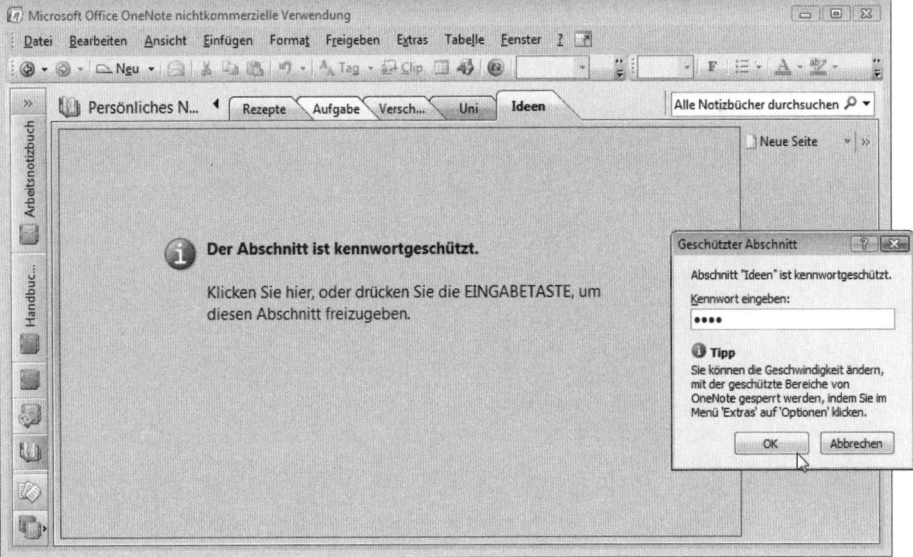

HINWEIS   **Kennwortoptionen** Im Dialogfeld *Optionen* finden Sie in der Kategorie *Kennwörter* mehrere Einstellungen, mit denen Sie das Verhalten von OneNote bei geschützten Abschnitten steuern können. Dort können Sie zum Beispiel die Zeitspanne einstellen, nach der OneNote einen geschützten Abschnitt automatisch sperrt.

Livefreigabesitzung

Bei einer so genannten *Livefreigabesitzung* geben Sie einen oder mehrere Abschnitte eines Notizbuchs für andere Benutzer frei, die mit Ihnen über ein lokales Netzwerk oder das Internet verbunden sind. Anschließend können alle an dieser Sitzung beteiligten Personen gleichzeitig in dem Notizbuch arbeiten. Ein denkbares Szenario ist zum Beispiel eine telefonische Konferenzschaltung, bei der die Beteiligten über eine Skizze diskutieren, die parallel in einem OneNote Notizbuch erstellt wird.

Um eine solche Sitzung zu initiieren, gehen Sie folgendermaßen vor:

1. Öffnen Sie das gewünschte Notizbuch und zeigen Sie den Abschnitt an, den Sie für die Livefreigabesitzung verwenden wollen.

2. Wählen Sie den Befehl *Freigeben/Livefreigabesitzung/Freigabe des aktuellen Abschnitts starten*. OneNote zeigt dann den Aufgabenbereich *Livesitzung starten* an.

Bild 50.15   Aufgabenbereich zum Starten einer Livesitzung

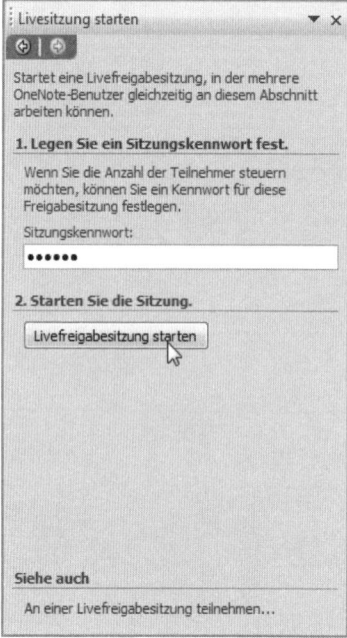

3. Vergeben Sie ein Kennwort und klicken Sie auf *Livefreigabesitzung starten*.

4. Bestätigen Sie die anschließende Sicherheitsabfrage mit *OK*.

   OneNote startet nun eine neue Livesitzung und blendet einen neuen Aufgabenbereich ein, mit dem Sie eine laufende Sitzung verwalten können (siehe Bild 50.16).

5. Klicken Sie im Aufgabenbereich *Aktuelle Livesitzung* auf die Schaltfläche *Teilnehmer einladen*. OneNote generiert dann eine spezielle E-Mail, die eine Anlage enthält, die dem Empfänger der E-Mail den Zugang zu Ihrer Livesitzung ermöglicht (und zwar nur zu dieser). Schicken Sie diese E-Mail an die gewünschten Teilnehmer der Sitzung.

Bild 50.16   Aufgabenbereich zum Verwalten einer Livesitzung

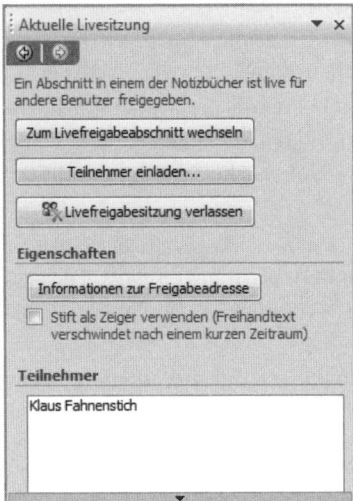

Jetzt müssen Sie nur noch warten, bis die Empfänger die E-Mail erhalten und die Anlage öffnen, um der Livesitzung beizutreten. Die aktiven Teilnehmer tauchen dann in der Liste des Aufgabenbereichs auf. Anschließend können Sie dann in Echtzeit in dem freigegebenen Abschnitt des Notizbuchs arbeiten.

Bild 50.17   Aufgabenbereich zum Verwalten einer Livesitzung

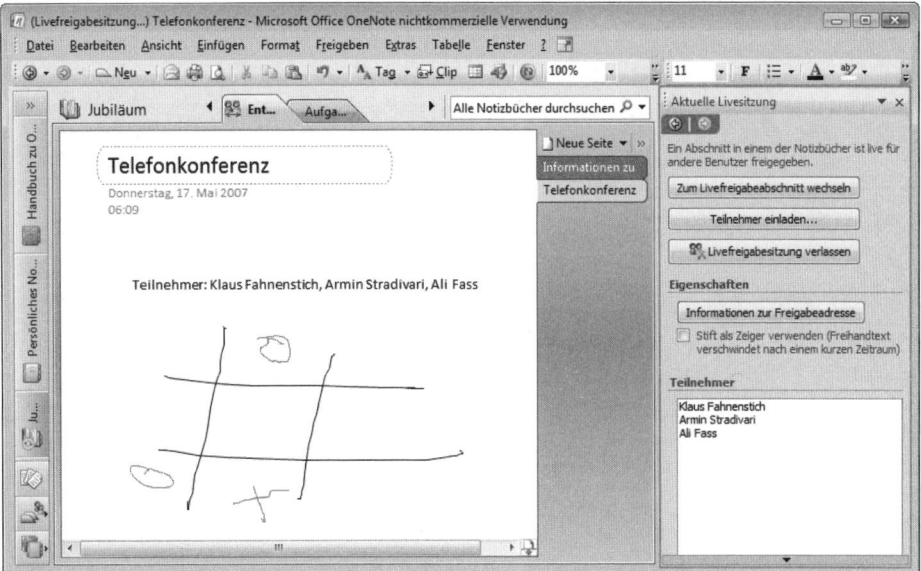

6.   Um die Livesitzung wieder zu beenden, klicken Sie im Aufgabenbereich auf die Schaltfläche *Livefreigabesitzung verlassen*.

Zusammenfassung

In diesem Kapitel haben Sie die Funktionen von OneNote kennengelernt, mit denen Sie Notiz-bücher auf mehreren Computern und gemeinsam mit mehreren Benutzern verwenden können.

- Wenn Sie mit mehreren Computern arbeiten, können Sie Ihre Notizbücher so einrichten, dass Sie von jedem Ihrer Computer auf sie zugreifen können. OneNote erstellt dazu auf den einzelnen Computern Kopien der Original-Notizbücher und synchronisiert automatisch alle Kopien (Seite 880).

- Wenn beim Synchronisieren der Notizbücher Konflikte auftreten, werden die widersprüch-lichen Daten nicht überschrieben, sondern in so genannten *Konfliktseiten* gesichert. Sie haben dadurch die Möglichkeit, die betreffenden Änderungen in Ihr Notizbuch zu integrieren (Seite 883).

- Sie können anderen Benutzern Kopien Ihrer Notizen zur Verfügung stellen, indem Sie ent-weder die betreffenden Seiten der Notizbücher als E-Mail-Anhang verschicken oder sie in einem freigegebenen Ordner speichern. OneNote kann die Seiten im OneNote-Format, als Webseite und als Word-Dokument speichern (Seite 885).

- Notizbücher lassen sich auch von mehreren Benutzern bearbeiten (Seite 887).

- Die Abschnitte eines Notizbuchs können durch Kennwörter geschützt werden (Seite 888).

- In einer Livefreigabesitzung können mehrere Benutzer in Echtzeit in einem freigegebenen Ab-schnitt eines Notizbuchs arbeiten (Seite 890).

Teil G

Anhänge

In diesem Teil:

Anhang A

Umsteigen auf Word 2007

In diesem Anhang:

Eine der Hauptänderungen bei Word 2007 ist die neue Benutzeroberfläche mit der Multifunktionsleiste und der *Office-Schaltfläche* in der linken oberen Ecke des Programmfensters. Unsere eigene Erfahrung hat gezeigt, dass es ein paar Tage dauern kann, bis man in der neuen Benutzeroberfläche alle Befehle wiedergefunden hat, deren Position in den »alten« Menüs einem nach Jahren des fast täglichen Einsatzes von Word in Fleisch und Blut übergegangen ist.

Um Ihnen den Umstieg auf Word 2007 zu erleichtern und die Suche zu verkürzen, finden Sie in diesem Anhang eine Übersicht über die bisherigen Positionen der Word-Befehle und wo Sie diese in der neuen Benutzeroberfläche finden. Anhang E zeigt dann, wie Sie die Befehle, die nicht in der neuen Benutzeroberfläche enthalten sind, in die Symbolleiste für den Schnellzugriff einfügen, um so schneller auf sie zugreifen zu können.

Neue Positionen alter Word-Befehle

In diesem Abschnitt finden Sie Tabellen der wichtigsten Word-Befehle aus der Version 2003 und deren Position in der Benutzeroberfläche von Word 2007. Für jedes Menü der 2003er-Version finden Sie eine eigene Tabelle, in der die Befehlsnamen der 2003er-Version alphabetisch sortiert sind. In der Spalte *Position in Word 2007* wird angegeben, wo Sie den entsprechenden Befehl in der Multifunktionsleiste von Word 2007 finden.

Wenn ein Befehl nicht über die Standardbenutzeroberfläche zur Verfügung steht, Sie diesen aber in die Symbolleiste für den Schnellzugriff aufnehmen können, wird in der Spalte *Position in Word 2007* zuerst die folgende Grafik angezeigt ▼ und dann der Name des Befehls, wie Sie ihn auf der Seite *Anpassen* des Dialogfeldes *Word-Optionen* auswählen können. Anhang E enthält eine Schritt-für-Schritt-Anleitung, die Sie verwenden können, um die Symbolleiste für den Schnellzugriff mit den für Sie wichtigen Befehlen zu ergänzen.

Wenn Sie in der Multifunktionsleiste in einer Gruppe ein Dialogfeld aufrufen müssen, wird in den Tabellen das Symbol ▣ verwendet.

Menü *Datei*

Word 2003-Befehl	Position in Word 2007
Als Website speichern	Office-Schaltfläche | Speichern unter | Andere Formate | Dateityp | Website
Beenden	Office-Schaltfläche | Word beenden
Eigenschaften	Office-Schaltfläche | Vorbereiten | Eigenschaften
Neu	Office-Schaltfläche | Neu
Öffnen	Office-Schaltfläche | Öffnen
Schließen	Office-Schaltfläche | Schließen
Seite einrichten	Seitenlayout | Seite einrichten
Seitenansicht	Office-Schaltfläche | Drucken | Seitenansicht

Word 2003-Befehl	Position in Word 2007
Senden an (Microsoft Power-Point)	ᵗ Alle Befehle | An Microsoft Office PowerPoint senden
Senden an, E-Mail-Empfänger, als Anlage	Office-Schaltfläche | Senden | E-Mail
Senden an, E-Mail-Empfänger, zur Überarbeitung	ᵗ Alle Befehle | Zum Bearbeiten versenden
Speichern	Office-Schaltfläche | Speichern
Speichern unter	Office-Schaltfläche | Speichern unter
Webseitenvorschau	ᵗ Alle Befehle | Webseitenvorschau
Zuletzt verwendete Dokumente	Office-Schaltfläche | Zuletzt verwendete Dokumente

Menü *Bearbeiten*

Word 2003-Befehl	Position in Word 2007
Alles markieren	Start | Bearbeiten | Markieren | Alles markieren
Als Hyperlink einfügen	Start | Zwischenablage | Einfügen | Als Hyperlink einfügen
Ausschneiden	Start | Zwischenablage | Ausschneiden
Einfügen	Start | Zwischenablage | Einfügen
Ersetzen	Start | Bearbeiten | Ersetzen
Gehe zu	Start | Bearbeiten | Suchen | Gehe zu
Hyperlinks	Start | Vorbereiten | Verknüpfungen mit Dateien bearbeiten
Inhalte einfügen	Start | Zwischenablage | Einfügen | Inhalte einfügen
Kopieren	Start | Zwischenablage | Kopieren
Löschen/Formate	Start | Schriftart | Formatierung löschen
Löschen/Inhalt	ᵗ Alle Befehle | Inhalt
Office-Zwischenablage	Start | Zwischenablage 🔲
Rückgängig	Symbolleiste für den Schnellzugriff | Rückgängig
Suchen	Start | Bearbeiten | Suchen | Suchen
Wiederholen	Symbolleiste für den Schnellzugriff | Wiederholen

Anhänge

Menü *Ansicht*

Word 2003-Befehl	Position in Word 2007
Aufgabenbereich	Über manche Startprogramme für ein Dialogfeld wird ein Aufgaben-bereich geöffnet. So zeigt z.B. das Startprogramm für das Dialogfeld auf der Registerkarte *Start* in der Gruppe *Formatvorlagen* den Aufga-benbereich *Formatvorlagen* an.
Dokumentstruktur	Ansicht | Einblenden/Ausblenden | Dokumentstruktur
Fußnoten	Ansicht | Fußnoten | Notizen anzeigen
Ganzer Bildschirm	⁼ Alle Befehle | Ganze Bildschirmansicht ein/aus
Gliederung	Ansicht | Dokumentansichten | Gliederung
HTML-Quelle	nicht mehr vorhanden
Kopf- und Fußzeile	Einfügen | Kopf- und Fußzeile | Kopfzeile | Kopfzeile bearbeiten
	Einfügen | Kopf- und Fußzeile | Fußzeile | Fußzeile bearbeiten
Lesemoduslayout	Ansicht | Dokumentansichten | Vollbild-Lesemodus
Lineal	Ansicht | Einblenden/Ausblenden | Lineal
Markup	Überprüfen | Nachverfolgung | Markup zeigen
Miniaturansichten	Ansicht | Einblenden/Ausblenden | Miniaturansichten
Normal	Ansicht | Dokumentansichten | Entwurf
Seitenlayout	Ansicht | Dokumentansichten | Seitenlayout
Symbolleisten	Die Symbolleisten, wie sie in früheren Versionen vorhanden waren, gibt es nicht mehr. Die Funktionen der Symbolleisten wurden in die Multifunktionsleiste und in die Kontexttools aufgenommen. Die ein-zige Symbolleiste, die angepasst werden kann, ist die Symbolleiste für den Schnellzugriff.
Weblayout	Ansicht | Dokumentansichten | Weblayout
Zoom	Ansicht | Zoom | Zoom
	Statusleiste | Zoomregler

Menü *Einfügen*

Word 2003-Befehl	Position in Word 2007
AutoText | AutoText	Einfügen | Text | Schnellbausteine
AutoText | Neu	⁼ Alle Befehle | AutoText erstellen
Datei	Einfügen | Text | Objekt | Text aus Datei
Datum und Uhrzeit	Einfügen | Text | Datum und Uhrzeit

Word 2003-Befehl	Position in Word 2007
Feld	Einfügen | Text | Schnellbausteine | Feld
Grafik | Aus Datei	Einfügen | Illustrationen | Grafik
Grafik | AutoFormen	Einfügen | Illustrationen | Formen
Grafik | ClipArt	Einfügen | Illustrationen | ClipArt
Grafik | Diagramm	Einfügen | Illustrationen | Diagramm
Grafik | Freihandzeichnung oder -schrift	Überprüfen | Freihandeingabe | Freihandeingabe starten
Grafik | Neue Zeichnung	Einfügen | Illustrationen | Formen | Neuer Zeichenbereich
Grafik | Organigramm	Einfügen | Illustrationen | SmartArt
Grafik | Von Scanner oder Kamera	nicht mehr vorhanden
Grafik | WordArt	Einfügen | Text | WordArt
Hyperlink	Einfügen | Hyperlinks | Hyperlink
Kommentar	Überprüfen | Kommentare | Neuer Kommentar
Manueller Wechsel	Einfügen | Seiten | Seitenumbruch
Objekt	Einfügen | Text | Objekt
Referenz | Beschriftung	Verweise | Beschriftungen | Beschriftung einfügen
Referenz | Fußnote	Verweise | Fußnoten
Referenz | Index und Verzeichnisse	Verweise | Inhaltsverzeichnis | Inhaltsverzeichnis
	Verweise | Index | Index einfügen
	Verweise | Rechtsgrundlagenverzeichnis | Rechtsgrundlagenverzeichnis einfügen
Referenz | Querverweis	Einfügen | Hyperlinks | Querverweis
	Verweise | Beschriftungen | Querverweis
Seitenzahlen	Einfügen | Kopf- und Fußzeile | Seitenzahl
Symbol	Einfügen | Symbole | Symbol
Textfeld	Einfügen | Text | Textfeld | Textfeld
Textmarke	Einfügen | Hyperlinks | Textmarke

Anhänge

Menü *Format*

Word 2003-Befehl	Position in Word 2007
Absatz	Start	Absatz	Absatz ⊡
	Seitenlayout	Absatz	Absatz ⊡
AutoFormat	⇟ Alle Befehle	AutoFormat
Design	Seitenlayout	Designs	Designs
Formatierung anzeigen	⇟ Alle Befehle	Formatierung anzeigen
Formatvorlagen und Formatierung	Start	Formatvorlagen	Formatvorlagen
Groß-/Kleinschreibung	Start	Schriftart	Groß-/Kleinschreibung
Hintergrund	Seitenlayout	Seitenhintergrund	Seitenfarbe
Initiale	Einfügen	Text	Initiale
Nummerierung und Aufzählungszeichen	⇟ Alle Befehle	Nummerierung und Aufzählungszeichen
	Start	Absatz	Aufzählungszeichen
	Start	Absatz	Nummerierung
Positionsrahmen	⇟ Alle Befehle	Positionsrahmen
Rahmen und Schattierung	Start	Absatz	Rahmen und Schattierung	Rahmen
	Start	Absatz	Rahmen und Schattierung	Schattierung
Schriftart	Start	Schriftart	Schriftart
Spalten	Seitenlayout	Seite einrichten	Spalten
Tabstopps	Start	Absatz ⊡	Tabstopps
Zeichen	Start	Schriftart ⊡

Menü *Extras*

Word 2003-Befehl	Position in Word 2007
Änderungen nachverfolgen	Überprüfen	Nachverfolgung	Änderungen nachverfolgen
Anpassen	Office-Schaltfläche	Word-Optionen	Anpassen
AutoKorrektur-Optionen	Office-Schaltfläche	Word-Optionen	Dokumentprüfung	AutoKorrektur-Optionen
AutoZusammenfassen	⇟ Alle Befehle	Tools für AutoZusammenfassen

Word 2003-Befehl	Position in Word 2007
Briefe und Sendungen | Seriendruck	Sendungen | Seriendruck starten | Seriendruck starten | Seriendruck-Assistent mit Schritt-für-Schritt-Anweisungen
Briefe und Sendungen | Umschläge und Etiketten	Sendungen | Erstellen | Umschläge
	Sendungen | Erstellen | Beschriftungen (= Etiketten)
Dokument schützen	Überprüfen | Schützen | Dokument schützen
Dokumente vergleichen und zusammenführen	Überprüfen | Vergleichen | Vergleichen | Vergleichen
	Überprüfen | Vergleichen | Vergleichen | Kombinieren
Makro | Aufzeichnen	Ansicht | Makros | Makros | Makro aufzeichnen/Aufzeichnung anhalten
Makro | Makros	Ansicht | Makros | Makros
Makro | Sicherheit	Entwicklertools | Code | Makrosicherheit
Makro | Visual Basic-Editor	Entwicklertools | Code | Visual Basic
Onlinezusammenarbeit	nicht mehr vorhanden
Optionen	Office-Schaltfläche | Word-Optionen
Recherchieren	Überprüfen | Dokumentprüfung | Recherchieren
Rechtschreibung und Grammatik	Überprüfen | Dokumentprüfung | Rechtschreibung und Grammatik
Signatur anzeigen	Office-Schaltfläche | Fertig stellen | Digitale Signatur hinzufügen
Sprache | Silbentrennung	Seitenlayout | Seite einrichten | Silbentrennung | Silbentrennungsoptionen
Sprache | Sprache festlegen	Überprüfen | Dokumentprüfung | Sprache festlegen
Sprache | Thesaurus	Überprüfen | Dokumentprüfung | Thesaurus
Sprache | Übersetzen	Überprüfen | Dokumentprüfung | Übersetzen
Vorlagen und Add-Ins	Entwicklertools | Vorlagen | Dokumentvorlage
Wörter zählen	Überprüfen | Dokumentprüfung | Wörter zählen

Menü *Tabelle*

Word 2003-Befehl	Position in Word 2007
AutoAnpassen | AutoAnpassen an Inhalt	Tabellentools | Layout | Zellengröße | AutoAnpassen | Inhalt automatisch anpassen
AutoAnpassen | Feste Spaltenbreite	Tabellentools | Layout | Zellengröße | AutoAnpassen | Feste Spaltenbreite

Word 2003-Befehl	Position in Word 2007
AutoAnpassen | Größe an Fenster anpassen	Tabellentools | Layout | Zellengröße | AutoAnpassen | Fenster automatisch anpassen
AutoAnpassen | Spalten gleichmäßig verteilen	Tabellentools | Layout | Zellengröße | Spalten verteilen
AutoAnpassen | Zeilen gleichmäßig verteilen	Tabellentools | Layout | Zellengröße | Zeilen verteilen
AutoFormat für Tabelle	Tabellentools | Entwurf | Tabellenformatvorlagen
Einfügen | Spalten nach links	Tabellentools | Layout | Zeilen und Spalten | Links einfügen
Einfügen | Spalten nach rechts	Tabellentools | Layout | Zeilen und Spalten | Rechts einfügen
Einfügen | Tabelle	Einfügen | Tabellen | Tabelle | Tabelle einfügen
Einfügen | Zeilen oberhalb	Tabellentools | Layout | Zeilen und Spalten | Darüber einfügen
Einfügen | Zeilen unterhalb	Tabellentools | Layout | Zeilen und Spalten | Darunter einfügen
Einfügen | Zellen	Tabellentools | Layout | Zeilen und Spalten ⌐
Formel	Tabellentools | Layout | Daten | Formel
Gitternetzlinien anzeigen	Tabellentools | Layout | Tabelle | Gitternetzlinien anzeigen
Löschen | Spalten	Tabellentools | Layout | Zeilen und Spalten | Löschen | Spalten löschen
Löschen | Tabelle	Tabellentools | Layout | Zeilen und Spalten | Löschen | Tabelle löschen
Löschen | Zeilen	Tabellentools | Layout | Zeilen und Spalten | Löschen | Zeilen löschen
Löschen | Zellen	Tabellentools | Layout | Zeilen und Spalten | Löschen | Zellen löschen
Markieren | Spalte	Tabellentools | Layout | Tabelle | Auswählen | Spalte auswählen
Markieren | Tabelle	Tabellentools | Layout | Tabelle | Auswählen | Tabelle auswählen
Markieren | Zeile	Tabellentools | Layout | Tabelle | Auswählen | Zeile auswählen
Markieren | Zelle	Tabellentools | Layout | Tabelle | Auswählen | Zelle auswählen
Sortieren	Start | Absatz | Sortieren
	Tabellentools | Layout | Daten | Sortieren
Tabelle teilen	Tabellentools | Layout | Zusammenführen | Tabelle teilen
Tabelle zeichnen	Tabellentools | Entwurf | Rahmenlinien zeichnen | Tabelle zeichnen
	Start | Absatz | Rahmen | Tabelle zeichnen
	Einfügen | Tabellen | Tabelle | Tabelle zeichnen
Tabelle zeichnen	Tabellentools | Entwurf | Tabellenformatvorlagen | Rahmen | Tabelle zeichnen

Word 2003-Befehl	Position in Word 2007
Tabelleneigenschaften	Tabellentools | Layout | Zellengröße | Eigenschaften
	Tabellentools | Layout | Tabelle | Eigenschaften
Überschriftenzeilen wiederholen	Tabellentools | Layout | Daten | Überschriften wiederholen
Umwandeln | Tabelle in Text	Tabellentools | Layout | Daten | In Text konvertieren
Umwandeln | Text in Tabelle	Einfügen | Tabellen | Tabelle | Text in Tabelle umwandeln
Zellen teilen	Tabellentools | Layout | Zusammenführen | Zellen teilen
Zellen verbinden	Tabellentools | Layout | Zusammenführen | Zellen verbinden

Menü *Fenster*

Word 2003-Befehl	Position in Word 2007
Alle anordnen	Ansicht | Fenster | Alle anordnen
Derzeit geöffnete Dokumente	Ansicht | Fenster | Fenster wechseln | Fenstername
Nebeneinander vergleichen mit	Ansicht | Fenster | Nebeneinander anzeigen
Neues Fenster	Ansicht | Fenster | Neues Fenster
Teilen	Ansicht | Fenster | Teilen

Anhänge

Anhang B

Umsteigen auf Excel 2007

Eine der Hauptänderungen bei Excel 2007 ist die neue Benutzeroberfläche mit der Multifunktionsleiste und der *Office-Schaltfläche* in der linken oberen Ecke des Programmfensters. Unsere eigene Erfahrung hat gezeigt, dass es ein paar Tage dauern kann, bis man in der neuen Benutzeroberfläche alle Befehle wiedergefunden hat, deren Position in den »alten« Menüs einem nach Jahren des fast täglichen Einsatzes von Excel in Fleisch und Blut übergegangen ist.

Um Ihnen den Umstieg auf Excel 2007 zu erleichtern und die Suche zu verkürzen, finden Sie in diesem Anhang eine Übersicht der bisherigen Positionen der Excel-Befehle und wo Sie diese in der neuen Benutzeroberfläche finden. Anhang E zeigt dann, wie Sie die Befehle, die nicht in der neuen Benutzeroberfläche enthalten sind, in die Symbolleiste für den Schnellzugriff einfügen, um so schneller auf sie zugreifen zu können.

Neue Positionen alter Excel-Befehle

In diesem Abschnitt finden Sie Tabellen der wichtigsten Excel-Befehle aus der Version 2003 und deren Position in der Benutzeroberfläche von Excel 2007. Für jedes Menü der 2003er-Version finden Sie eine eigene Tabelle, in der die Befehlsnamen der 2003er-Version alphabetisch sortiert sind. In der Spalte *Position in Excel 2007* wird angegeben, wo Sie den entsprechenden Befehl in der Multifunktionsleiste von Excel 2007 finden.

Wenn ein Befehl nicht über die Standardbenutzeroberfläche zur Verfügung steht, Sie diesen aber in die Symbolleiste für den Schnellzugriff aufnehmen können, wird in der Spalte *Position in Excel 2007* zuerst die folgende Grafik angezeigt ⇟ und dann der Name des Befehls, wie Sie ihn auf der Seite *Anpassen* des Dialogfeldes *Excel-Optionen* auswählen können. Anhang E enthält eine Schritt-für-Schritt-Anleitung, die Sie verwenden können, um die Symbolleiste für den Schnellzugriff mit den für Sie wichtigen Befehlen zu ergänzen.

Wenn Sie in der Multifunktionsleiste in einer Gruppe ein Dialogfeld aufrufen müssen, wird in den Tabellen das Symbol ▣ verwendet.

Menü *Datei*

Excel 2003-Befehl	Position in Excel 2007
Als Website speichern	Office-Schaltfläche | Speichern unter | Andere Formate | Dateityp | Website
Beenden	Office-Schaltfläche | Excel beenden
Druckbereich | Druckbereich aufheben	Seitenlayout | Seite einrichten | Druckbereich | Druckbereich aufheben
Druckbereich | Druckbereich festlegen	Seitenlayout | Seite einrichten | Druckbereich | Druckbereich festlegen
Drucken	Office-Schaltfläche | Drucken
Eigenschaften	Office-Schaltfläche | Vorbereiten | Eigenschaften
Neu	Office-Schaltfläche | Neu

Excel 2003-Befehl	Position in Excel 2007
Öffnen	Office-Schaltfläche | Öffnen
Schließen	Office-Schaltfläche | Schließen
Seite einrichten	Office-Schaltfläche | Seite einrichten 🖬
Seitenansicht	Office-Schaltfläche | Drucken | Seitenansicht
Senden an, E-Mail-Empfänger, als Anlage	Office-Schaltfläche | Senden | E-Mail
Senden an, E-Mail-Empfänger, zur Überarbeitung	⚳ Alle Befehle | Zum Bearbeiten versenden
Speichern	Office-Schaltfläche | Speichern
Speichern unter	Office-Schaltfläche | Speichern unter
Webseitenvorschau	⚳ Alle Befehle | Webseitenvorschau
Zuletzt verwendete Dokumente	Office-Schaltfläche | Zuletzt verwendete Dokumente

Menü *Bearbeiten*

Excel 2003-Befehl	Position in Excel 2007
Als Hyperlink einfügen	Start | Zwischenablage | Einfügen | Als Hyperlink einfügen
Ausfüllen	Start | Bearbeiten | Füllbereich
Ausschneiden	Start | Zwischenablage | Ausschneiden
Blatt löschen	Start | Zellen | Löschen | Blatt löschen
Blatt verschieben/kopieren	Start | Zellen | Format | Blatt verschieben/kopieren
Einfügen	Start | Zwischenablage | Einfügen
Ersetzen	Start | Bearbeiten | Suchen und Auswählen | Ersetzen
Gehe zu	Start | Bearbeiten | Suchen und Auswählen | Gehe zu
Hyperlinks	Office-Schaltfläche | Vorbereiten | Verknüpfungen mit Dateien bearbeiten
Inhalte einfügen	Start | Zwischenablage | Einfügen | Inhalte einfügen
Kopieren	Start | Zwischenablage | Kopieren
Löschen | Alles	Start | Bearbeiten | Löschen | Alle löschen
Löschen | Formate	Start | Bearbeiten | Löschen | Formate löschen
Löschen | Inhalte	Start | Bearbeiten | Löschen | Inhalte löschen
Löschen | Kommentare	Start | Bearbeiten | Löschen | Kommentare löschen

Anhänge

Excel 2003-Befehl	Position in Excel 2007
Office-Zwischenablage	Start | Zwischenablage ⊡
Rückgängig	Symbolleiste für den Schnellzugriff | Rückgängig
Suchen	Start | Bearbeiten | Suchen und Auswählen | Suchen
Wiederholen	Symbolleiste für den Schnellzugriff | Wiederholen
Zellen löschen	Start | Zellen | Löschen

Menü *Ansicht*

Excel 2003-Befehl	Position in Excel 2007
Aufgabenbereich	Über manche Startprogramme für ein Dialogfeld wird ein Aufgaben-bereich geöffnet. So zeigt z.B. das Startprogramm für das Dialogfeld auf der Registerkarte *Start* in der Gruppe *Zwischenablage* den Auf-gabenbereich *Zwischenablage* an.
Bearbeitungsleiste	Ansicht | Einblenden/Ausblenden | Bearbeitungsleiste
Benutzerdefinierte Ansichten	Ansicht | Arbeitsmappenansichten | Benutzerdefinierte Ansichten
Ganzer Bildschirm	Ansicht | Arbeitsmappenansichten | Ganzer Bildschirm
Kommentare	Überprüfen | Kommentare | Alle Kommentare anzeigen
Kopf- und Fußzeile	Einfügen | Text | Kopf- und Fußzeile
Normal	Ansicht | Arbeitsmappenansichten | Normal
Seitenumbruchvorschau	Ansicht | Arbeitsmappenansichten | Umbruchvorschau
Statusleiste	Die Statusleiste ist immer sichtbar.
Symbolleisten	Die Symbolleisten, wie sie in früheren Versionen vorhanden waren, gibt es nicht mehr. Die Funktionen der Symbolleisten wurden in die Multifunktionsleiste und in die Kontexttools aufgenommen. Die ein-zige Symbolleiste, die angepasst werden kann, ist die Symbolleiste für den Schnellzugriff.
Zoom	Ansicht | Zoom | Zoom Statusleiste | Zoomregler

Menü *Einfügen*

Excel 2003-Befehl	Position in Excel 2007
Alle Seitenumbrüche zurücksetzen	Seitenlayout | Seite einrichten | Umbrüche | Alle Seitenumbrüche zurücksetzen
Diagramm	Einfügen | Diagramme ▶

Excel 2003-Befehl	Position in Excel 2007
Funktion	Einfügen | Funktionsbibliothek | Funktion einfügen
Grafik | Aus Datei	Einfügen | Illustrationen | Grafik
Grafik | AutoFormen	Einfügen | Illustrationen | Formen
Grafik | ClipArt	Einfügen | Illustrationen | ClipArt
Grafik | Diagramm	Einfügen | Illustrationen | Diagramm
Grafik | Freihandzeichnung oder -schrift	Überprüfen | Freihandeingabe | Freihandeingabe starten
Grafik | Organigramm	Einfügen | Illustrationen | SmartArt
Grafik | WordArt	Einfügen | Text | WordArt
Hyperlink	Einfügen | Hyperlinks | Hyperlink
Kommentar	Überprüfen | Kommentare | Neuer Kommentar
Namen | Beschriftung	Formeln | Definierte Namen | Namen definieren
Namen | Definieren	Formeln | Definierte Namen | Namens-Manager
Namen | Einfügen	Formeln | Definierte Namen | In Formel verwenden | Namen einfügen
Namen | Erstellen	Formeln | Definierte Namen | Aus Auswahl erstellen
Namen | Übernehmen	Formeln | Definierte Namen | Namen definieren | Namen übernehmen
Objekt	Einfügen | Text | Objekt
Seitenumbruch	Seitenlayout | Seite einrichten | Umbrüche | Seitenumbruch einfügen
Spalten	Start | Zellen | Einfügen | Blattspalten einfügen
Symbol	Einfügen | Symbole | Symbol
Tabellenblatt	Start | Zellen | Einfügen | Blatt einfügen
Zeilen	Start | Zellen | Einfügen | Blattzeilen einfügen
Zellen	Start | Zellen | Einfügen

Menü *Format*

Excel 2003-Befehl	Position in Excel 2007
AutoFormat	Start | Formatvorlagen | Als Tabelle formatieren
Bedingte Formatierung	Start | Formatvorlagen | Bedingte Formatierung
Blatt | Ausblenden	Start | Zellen | Format | Ausblenden & Einblenden | Blatt ausblenden
Blatt | Einblenden	Start | Zellen | Format | Ausblenden & Einblenden | Blatt einblenden

Anhänge

Excel 2003-Befehl	Position in Excel 2007
Blatt | Hintergrund	Seitenlayout | Seite einrichten | Hintergrund
Blatt | Registerfarbe	Start | Zellen | Format | Registerfarbe
Blatt | Umbenennen	Start | Zellen | Format | Blatt umbenennen
Formatvorlage	Start | Formatvorlagen | Zellenformatvorlagen
Spalte | Ausblenden	Start | Zellen | Format | Ausblenden & Einblenden | Spalten ausblenden
Spalte | Breite	Start | Zellen | Format | Spaltenbreite
Spalte | Einblenden	Start | Zellen | Format | Ausblenden & Einblenden | Spalten einblenden
Spalte | Optimale Breite festlegen	Start | Zellen | Format | Spaltenbreite automatisch anpassen
Spalte | Standardbreite	Start | Zellen | Format | Standardbreite
Zeile | Ausblenden	Start | Zellen | Format | Ausblenden & Einblenden | Zeilen ausblenden
Zeile | Einblenden	Start | Zellen | Format | Ausblenden & Einblenden | Zeilen einblenden
Zeile | Höhe	Start | Zellen | Format | Zeilenhöhe
Zeile | Optimale Höhe	Start | Zellen | Format | Zeilenhöhe automatisch anpassen
Zellen	Start | Zellen | Format | Zellen formatieren

Menü *Extras*

Excel 2003-Befehl	Position in Excel 2007
Add-Ins	Office-Schaltfläche | Excel-Optionen | Add-Ins
Änderungen nachverfolgen	Überprüfen | Nachverfolgung | Änderungen nachverfolgen
Anpassen	Office-Schaltfläche | Excel-Optionen | Anpassen
Arbeitsmappe freigeben	Überprüfen | Änderungen | Arbeitsmappe freigeben
Arbeitsmappe vergleichen und zusammenführen	⁼ Alle Befehle | Arbeitsmappe vergleichen und zusammenführen
AutoKorrektur-Optionen	Office-Schaltfläche | Excel-Optionen | Dokumentprüfung | AutoKorrektur-Optionen
Formelüberwachung | Alle Spuren entfernen	Formeln | Formelüberwachung | Pfeile entfernen
Formelüberwachung | Detektivsymbolleiste anzeigen	Formeln | Formelüberwachung
Formelüberwachung | Formelauswertung	Formeln | Formelüberwachung | Formelauswertung

Excel 2003-Befehl	Position in Excel 2007
Formelüberwachung | Formelüberwachungsmodus	Formeln | Formelüberwachung | Formeln anzeigen
Formelüberwachung | Spur zum Fehler	Formeln | Formelüberwachung | Spur zum Fehler
Formelüberwachung | Spur zum Nachfolger	Formeln | Formelüberwachung | Spur zum Nachfolger
Formelüberwachung | Spur zum Vorgänger	Formeln | Formelüberwachung | Spur zum Vorgänger
Formelüberwachung | Überwachungsfenster	Formeln | Formelüberwachung | Überwachungsfenster
Makro | Aufzeichnen	Ansicht | Makros | Makros | Makro aufzeichnen/Aufzeichnung anhalten
Makro | Makros	Ansicht | Makros | Makros
Makro | Sicherheit	Entwicklertools | Code | Makrosicherheit
Makro | Visual Basic-Editor	Entwicklertools | Code | Visual Basic
Onlinezusammenarbeit	nicht mehr vorhanden
Optionen	Office-Schaltfläche | Excel-Optionen
Schutz | Arbeitsmappe schützen	Überprüfen | Änderungen | Arbeitsmappe schützen
Schutz | Arbeitsmappe schützen und freigeben	Überprüfen | Änderungen | Arbeitsmappe schützen und freigeben
Schutz | Benutzern erlauben, Bereiche zu bearbeiten	Überprüfen | Änderungen | Benutzern erlauben, Bereiche zu bearbeiten
Schutz | Blatt schützen	Überprüfen | Änderungen | Blatt schützen
	Start | Zellen | Format | Blatt schützen
Signaturen	Office-Schaltfläche | Vorbereiten | Digitale Signatur hinzufügen
Szenarien	Daten | Datentools | Was-wäre-wenn-Analyse | Szenario-Manager
Zielwertsuche	Daten | Datentools | Was-wäre-wenn-Analyse | Zielwertsuche

Menü *Daten*

Excel 2003-Befehl	Position in Excel 2007
Daten aktualisieren	PivotChartTools | Analyse | Daten | Aktualisieren
	PivotTableTools | Optionen | Daten | Aktualisieren
	Tabellentools | Entwurf | Externe Tabellendaten | Aktualisieren
	Daten | Verbindungen | Aktualisieren

Excel 2003-Befehl	Position in Excel 2007
Externe Daten importieren | Daten importieren	Daten | Externe Daten abrufen
Externe Daten importieren | Datenbereichseigenschaften	Daten | Verbindungen | Eigenschaften
Externe Daten importieren | Neue Abfrage erstellen	Daten | Externe Daten abrufen | Aus anderen Quellen | Von Microsoft Query
Externe Daten importieren | Neue Webabfrage	Daten | Externe Daten abrufen | Aus dem Web
Filtern | Alle anzeigen	Daten | Sortieren und Filtern | Löschen
	Start | Bearbeiten | Sortieren und Filtern | Löschen
Filtern | AutoFilter	Daten | Sortieren und Filtern | Filtern
	Start | Bearbeiten | Sortieren und Filtern | Filtern
Spezialfilter	Daten | Sortieren und Filtern | Erweitert
Gruppierung und Gliederung | AutoGliederung	Daten | Gliederung | Gruppieren | AutoGliederung
Gruppierung und Gliederung | Detail anzeigen	Daten | Gliederung | Detail anzeigen
Gruppierung und Gliederung | Detail ausblenden	Daten | Gliederung | Detail ausblenden
Gruppierung und Gliederung | Einstellungen	Daten | Gliederung | Gruppierungs- und Gliederungseinstellungen ⌄
Gruppierung und Gliederung | Gliederung entfernen	Daten | Gliederung | Gruppieren | Gliederung entfernen
Gruppierung und Gliederung | Gruppierung	Daten | Gliederung | Gruppieren
Gruppierung und Gliederung | Gruppierung aufheben	Daten | Gliederung | Gruppierung aufheben
Gültigkeit	Daten | Datentools | Datenüberprüfung
Konsolidieren	Daten | Datentools | Konsolidieren
Sortieren	Start | Bearbeiten | Sortieren und Filtern | Von A bis Z sortieren
	Start | Bearbeiten | Sortieren und Filtern | Von Z bis A sortieren
	Start | Bearbeiten | Sortieren und Filtern | Benutzerdefiniertes Sortieren
Tabelle	Daten | Datentools | Was-wäre-wenn-Analyse | Datentabelle
Teilergebnisse	Daten | Gliederung | Teilergebnis
Text in Spalten	Daten | Datentools | Text in Spalten

Menü *Diagramm*

Excel 2003-Befehl	Position in Excel 2007
3D-Ansicht	Diagrammtools | Layout | Hintergrund | 3D-Ansicht
Daten hinzufügen	Diagrammtools | Entwurf | Daten | Datenquelle bearbeiten
Datenquelle	Diagrammtools | Entwurf | Daten | Daten auswählen
	PivotChartTools | Entwurf | Daten | Daten auswählen
Diagrammoptionen	Diagrammtools | Layout
Diagrammtyp	Diagrammtools | Entwurf | Typ | Diagrammtyp ändern
Speicherort	Diagrammtools | Entwurf | Ort | Diagramm verschieben
	PivotChartTools | Entwurf | Ort | Diagramm verschieben
Trendlinie hinzufügen	Diagrammtools | Layout | Analyse | Trendlinie

Menü *Fenster*

Excel 2003-Befehl	Position in Excel 2007
Anordnen	Ansicht | Fenster | Alle anordnen
Ausblenden	Ansicht | Fenster | Ausblenden
Einblenden	Ansicht | Fenster | Einblenden
Fenster fixieren	Ansicht | Fenster | Fenster fixieren
Nebeneinander vergleichen mit	Ansicht | Fenster | Nebeneinander anzeigen
Neues Fenster	Ansicht | Fenster | Neues Fenster
Teilen	Ansicht | Fenster | Teilen

Anhänge

Anhang C

Umsteigen auf PowerPoint 2007

Eine der Hauptänderungen bei PowerPoint 2007 ist die neue Benutzeroberfläche mit der Multi-funktionsleiste und der *Office-Schaltfläche* in der linken oberen Ecke des Programmfensters. Unsere eigene Erfahrung hat gezeigt, dass es ein paar Tage dauern kann, bis man in der neuen Benutzer-oberfläche alle Befehle wiedergefunden hat, deren Position in den »alten« Menüs einem nach Jahren in Fleisch und Blut übergegangen war.

Um Ihnen den Umstieg auf PowerPoint 2007 zu erleichtern und um Ihre Suche zu verkürzen, fin-den Sie in diesem Anhang eine Übersicht der alten PowerPoint-Befehle und darüber, wo Sie diese in der neuen Benutzeroberfläche finden. Ein weiterer Abschnitt zeigt dann, wie Sie die Befehle, die nicht in der neuen Benutzeroberfläche enthalten sind, in die Symbolleiste für den Schnellzugriff einfügen können.

Neue Positionen alter PowerPoint-Befehle

In diesem Anhang finden Sie Tabellen der wichtigsten PowerPoint-Befehle aus der Version 2003 und deren Position in der Benutzeroberfläche von PowerPoint 2007. Für jedes Menü der 2003er-Version finden Sie eine eigene Tabelle, in der die Befehlsnamen der 2003er-Version alphabetisch sortiert sind. In der Spalte *Position in PowerPoint 2007* werden die korrespondierenden Befehlsse-quenzen für PowerPoint 2007 aufgeführt.

Wenn ein Befehl nicht über die Standardbenutzeroberfläche zur Verfügung steht, Sie diesen aber in die Symbolleiste für den Schnellzugriff aufnehmen können, wird in der Spalte *Position in Power-Point 2007* zuerst die folgende Grafik angezeigt ⋻ und dann der Name des Befehls, wie Sie ihn auf der Seite *Anpassen* des Dialogfeldes *PowerPoint-Optionen* auswählen können. Anhang E enthält eine Schritt-für-Schritt-Anleitung, die Sie verwenden können, um die Symbolleiste für den Schnellzugriff mit den für Sie wichtigen Befehlen zu ergänzen.

Wenn Sie in der Multifunktionsleiste in einer Gruppe ein Dialogfeld aufrufen müssen, wird in den Tabellen das Symbol ⬚ verwendet.

Menü *Datei*

PowerPoint 2003-Befehl	Position in PowerPoint 2007
Abmelden	nicht mehr vorhanden
Als Webseite speichern	Office-Schaltfläche | Speichern unter | Andere Formate | Dateityp | Website
Auschecken	Office-Schaltfläche | Server | Auschecken
Beenden	Office-Schaltfläche | PowerPoint beenden
Berechtigung | Berechtigung einschränken als	Office-Schaltfläche | Vorbereiten | Berechtigung einschränken | Anmeldeinformationen verwalten
	Überprüfen | Schützen | Präsentation schützen | Anmeldeinformationen verwalten
Berechtigung | Nicht weiterleiten	Office-Schaltfläche | Vorbereiten | Berechtigung einschränken | Nicht weiterleiten

PowerPoint 2003-Befehl	Position in PowerPoint 2007
	Überprüfen | Schützen | Präsentation schützen | Nicht weiterleiten
Berechtigung | Unbeschränkter Zugriff	Office-Schaltfläche | Vorbereiten | Berechtigung einschränken | Unbeschränkter Zugriff
	Überprüfen | Schützen | Präsentation schützen | Unbeschränkter Zugriff
Drucken	Office-Schaltfläche | Drucken
	⁼ Schnelldruck
	Seitenansicht | Drucken | Drucken
Eigenschaften	Office-Schaltfläche | Vorbereiten | Eigenschaften
Einchecken	Office-Schaltfläche | Server | Einchecken
Neu	Office-Schaltfläche | Neu
Öffnen	Office-Schaltfläche | Öffnen
Präsentation beenden	Kontextmenü | Präsentation beenden
	Esc
Schließen	Office-Schaltfläche | Schließen
Seite einrichten	Entwurf | Seite einrichten | Seite einrichten
Seitenansicht	Office-Schaltfläche | Drucken | Seitenansicht
Senden an | Bearbeitung zurück-senden	nicht mehr vorhanden
Senden an | E-Mail-Empfänger (als Anlage)	Office-Schaltfläche | Senden | E-Mail
Senden an | Empfänger über Internet-Faxdienst	Office-Schaltfläche | Senden | Internetfax
Senden an | Microsoft Office Word	Office-Schaltfläche | Veröffentlichen | Handzettel in Microsoft Office Word erstellen
	⁼ Handzettel in Microsoft Office Word erstellen
Senden an | Online-besprechungsteilnehmer	nicht mehr vorhanden
Speichern	Office-Schaltfläche | Speichern
	⁼ Speichern
Speichern unter	Office-Schaltfläche | Speichern unter
	Office-Schaltfläche | Speichern unter | Andere Formate
Verpacken für CD	Office-Schaltfläche | Veröffentlichen | Verpacken für CD
Webseitenvorschau	⁼ Webseitenvorschau
Zuletzt verwendete Dateien	Office-Schaltfläche | Zuletzt verwendete Dokumente

Anhänge

Menü *Bearbeiten*

PowerPoint 2003-Befehl	Position in PowerPoint 2007
Alles markieren	Start | Bearbeiten | Markieren | Alles markieren
Als Hyperlink einfügen	Start | Zwischenablage | Einfügen | Als Hyperlink einfügen
Ausschneiden	Start | Zwischenablage | Ausschneiden
Duplizieren	Start | Zwischenablage | Einfügen | Duplizieren
Einfügen	Start | Zwischenablage | Einfügen
Ersetzen	Start | Bearbeiten | Ersetzen
Folie bearbeiten	Kontextmenü der Bildschirmpräsentation | Folien bearbeiten
Folie kopieren	Kontextmenü der Bildschirmpräsentation | Folie kopieren
Folie löschen	Entf
	Office-Schaltfläche | PowerPoint-Optionen | Anpassen | Alle Befehle | Löschen
	Start | Folien | Löschen
Gehe zu Eigenschaft	Office-Schaltfläche | PowerPoint-Optionen | Anpassen | Alle Befehle | Gehe zu
Inhalte einfügen	Start | Zwischenablage | Einfügen | Inhalte einfügen
Kopieren	Start | Zwischenablage | Kopieren
Master beibehalten	Folienmaster | Master bearbeiten | Beibehalten
Master umbenennen	Folienmaster | Master bearbeiten | Umbenennen
Objekt	Doppelklick auf das Objekt
Office-Zwischenablage	Start | Zwischenablage | ▣
Rückgängig	▼ Rückgängig
Suchen	Start | Bearbeiten | Suchen
Verknüpfungen	Office-Schaltfläche | Vorbereiten | Verknüpf. mit Dateien bearbeiten
Wiederholen	▼ Wiederholen

Menü *Ansicht*

PowerPoint 2003-Befehl	Position in PowerPoint 2007
Aufgabenbereich	Über manche Startprogramme für ein Dialogfeld wird ein Aufgabenbereich geöffnet. So zeigt z.B. das Startprogramm für das Dialogfeld auf der Registerkarte Start in der Gruppe Zwischenablage den Aufgabenbereich Zwischenablage an.

PowerPoint 2003-Befehl	Position in PowerPoint 2007
Bildschirmpräsentation	Ansicht | Präsentationsansichten | Bildschirmpräsentation
Farbe/Graustufe	Ansicht | Farbe/Graustufe
Foliensortierung	Ansicht | Präsentationsansichten | Foliensortierung
Kopf- und Fußzeile	Einfügen | Text | Kopf- und Fußzeile
Lineal	Ansicht | Einblenden/Ausblenden | Lineal
Markup	Überprüfen | Kommentare | Markup anzeigen
Master | Folienmaster	Ansicht | Präsentationsansichten | Folienmaster
Master | Handzettelmaster	Ansicht | Präsentationsansichten | Handzettelmaster
Master | Notizenmaster	Ansicht | Präsentationsansichten | Notizenmaster
Normal	Ansicht | Präsentationsansichten | Normal
Notizenseite	Ansicht | Präsentationsansichten | Notizenseite
Raster und Führungslinien	Start | Zeichnung | Anordnen | Ausrichten | Rastereinstellungen
Symbolleisten	Die Symbolleisten, wie sie in früheren Versionen vorhanden waren, gibt es nicht mehr. Die Funktionen der Symbolleisten wurden in die Multifunktionsleiste und in die Kontexttools aufgenommen. Die einzige Symbolleiste, die angepasst werden kann, ist die Symbolleiste für den Schnellzugriff.
Zoom	Seitenansicht | Zoom | Zoom
	Ansicht | Zoom | Zoom
	Zoomregler in der Statusleiste

Menü *Einfügen*

PowerPoint 2003-Befehl	Position in PowerPoint 2007
Datum und Uhrzeit	Einfügen | Text | Datum und Uhrzeit
Diagramm	Einfügen | Illustrationen | SmartArt
	Einfügen | Illustrationen | Diagramm
Film und Sound | Befehl	Einfügen | Mediaclips | Film | Befehl
Folie duplizieren	Start | Folien | Neue Folie | Ausgewählte Folien duplizieren
Folien aus Datei	Start | Folien | Neue Folie | Folien wiederverwenden
Folien aus Gliederung	Start | Folien | Neue Folie| Folien aus Gliederung
Foliennummer	Einfügen | Text | Foliennummer
Grafik | Aus Datei	Einfügen | Illustrationen | Grafik

PowerPoint 2003-Befehl	Position in PowerPoint 2007
Grafik | AutoFormen	Einfügen | Illustrationen | Formen
	Start | Zeichnung | Formen
	Format | Formen einfügen (Zeichentools)
	Layout | Einfügen | Formen (Diagrammtools)
Grafik | ClipArt	Einfügen | Illustrationen | ClipArt
Grafik | Neues Fotoalbum	Einfügen | Illustrationen | Fotoalbum
Grafik | Organigramm	Einfügen | Illustrationen | SmartArt
Grafik | Von Scanner oder Kamera	nicht mehr vorhanden
Grafik | WordArt	Einfügen | Text | WordArt
Hyperlink	Einfügen | Hyperlinks | Hyperlink
Kommentar	Überprüfen | Kommentare | Neuer Kommentar
Neue Folie	Start | Folien | Neue Folie
Neuer Folienmaster	Folienmaster | Master bearbeiten | Folienmaster einfügen
Neuer Titelmaster	Folienmaster | Master bearbeiten | Layout einfügen
Objekt	Einfügen | Text | Objekt
Schematische Darstellung	Einfügen | Illustrationen | SmartArt
Symbol	Einfügen | Text | Symbol
Tabelle	Einfügen | Tabellen | Tabelle
Textfeld	Einfügen | Text | Textfeld
	Layout | Einfügen | Textfeld (Diagrammtools)
	Format | Formen einfügen | Textfeld (Zeichentools)

Menü *Format*

PowerPoint 2003-Befehl	Position in PowerPoint 2007
Ausrichtung | Blocksatz	Start | Absatz | Blocksatz
Ausrichtung | Linksbündig	Start | Absatz | Linksbündig
Ausrichtung | Rechtsbündig	Start | Absatz | Rechtsbündig
Ausrichtung | Zentriert	Start | Absatz | Zentriert
Foliendesign	Entwurf | Designs

PowerPoint 2003-Befehl	Position in PowerPoint 2007
Folienlayout	Start | Folien | Layout
Fotoalbum...	Einfügen | Illustrationen | Fotoalbum | Fotoalbum bearbeiten
Groß-/Kleinschreibung	Start | Schriftart | Groß-/Kleinschreibung
Hintergrund	Entwurf | Hintergrund | Hintergrundformate | Hintergrund formatieren
	Handzettelmaster | Hintergrund | Hintergrundformate | Hintergrund formatieren
	Notizenmaster | Hintergrund | Hintergrundformate | Hintergrund formatieren
	Folienmaster | Hintergrund | Hintergrundformate | Hintergrund formatieren
Nummerierung und Aufzählungszeichen	Start | Absatz | Aufzählungszeichen | Nummerierung und Aufzählungszeichen
Objekt	Doppelklicken Sie auf das Objekt, um die Registerkarten anzuzeigen, mit deren Befehlen Sie das Objekt bearbeiten können.
Schriftarten ersetzen	Start | Bearbeiten | Ersetzen | Schriftarten ersetzen
Zeichen	Start | Schriftart | ⌹
Zeilenabstand	Start | Absatz | Zeilenabstand

Menü *Extras*

PowerPoint 2003-Befehl	Position in PowerPoint 2007
Add-Ins	Office-Schaltfläche | PowerPoint-Optionen | Add-Ins
Anpassen	Office-Schaltfläche | PowerPoint-Optionen | Anpassen
AutoKorrektur-Optionen	Office-Schaltfläche | PowerPoint-Optionen | Dokumentprüfung | AutoKorrektur-Optionen
Freigegebener Arbeitsbereich	Office-Schaltfläche | Veröffentlichen | Dokumentarbeitsbereich erstellen
Makro | Aufzeichnen	nicht mehr vorhanden
Makro | Makros	Ansicht | Makros | Makros
	Entwicklertools | Code | Makros
Makro | Microsoft Skript-Editor	nicht mehr vorhanden
Makro | Sicherheit	Entwicklertools | Code | Makrosicherheit
Makro | Visual Basic-Editor	Entwicklertools | Code | Visual Basic
Optionen	Office-Schaltfläche | PowerPoint-Optionen

PowerPoint 2003-Befehl	Position in PowerPoint 2007
Recherchieren	Überprüfen	Dokumentprüfung	Recherchieren
Rechtschreibung	Überprüfen	Dokumentprüfung	Rechtschreibung
Signaturen anzeigen	Office-Schaltfläche	Vorbereiten	Digitale Signatur hinzufügen
Extras	Sprache	Überprüfen	Dokumentprüfung	Sprache
Thesaurus	Überprüfen	Dokumentprüfung	Thesaurus

Menü *Bildschirmpräsentation*

PowerPoint 2003-Befehl	Position in PowerPoint 2007
Aktionseinstellungen	Einfügen	Hyperlinks	Aktion
Animationsschemas	Animationen	Animationen	Animieren
Benutzerdefinierte Animation	Animationen	Animationen	Benutzerdefinierte Animation
Bildschirmpräsentation einrichten	Bildschirmpräsentation	Einrichten	Bildschirmpräs. einrichten
Bildschirmpräsentation	Ansicht	Präsentationsansichten	Bildschirmpräsentation
Folie ausblenden	Bildschirmpräsentation	Einrichten	Folie ausblenden
Folienübergang	Animationen	Übergang zu dieser Folie
Interaktive Schaltflächen	Einfügen	Illustrationen	Formen	Interaktive Schaltflächen
Neue Einblendezeiten testen	Bildschirmpräsentation	Einrichten	Neue Einblendezeiten testen
Onlineübertragung	nicht mehr vorhanden
Zielgruppenorientierte Präsentationen	Bildschirmpräsentation	Bildschirmpräsentation starten	Benutzerdefinierte Bildschirmpräsentation

Menü *Fenster*

PowerPoint 2003-Befehl	Position in PowerPoint 2007
Alle anordnen	Ansicht	Fenster	Alle anordnen
Fensternamen	Ansicht	Fenster	Fenster wechseln	Fensternamen
Nächster Fensterausschnitt	⁊ Nächster Fensterausschnitt
Neues Fenster	Ansicht	Fenster	Neues Fenster
Überlappend	Ansicht	Fenster	Überlappend
Weitere Fenster	Ansicht	Fenster	Fenster wechseln	Weitere Fenster

Menü *Hilfe*

PowerPoint 2003-Befehl	Position in PowerPoint 2007
Auf Aktualisierungen prüfen	Office-Schaltfläche | PowerPoint-Optionen | Ressourcen | Auf Updates überprüfen
Erkennen und Reparieren	Office-Schaltfläche | PowerPoint-Optionen | Ressourcen | Diagnose
Info	Office-Schaltfläche | PowerPoint-Optionen | Ressourcen | Info
Kunden-Feedbackoptionen	Office-Schaltfläche | PowerPoint-Optionen | Vertrauensstellungscenter | Einstellungen für das Vertrauensstellungscenter | Datenschutzoptionen | Beim Programm zur Verbesserung der Benutzerfreundlichkeit anmelden
Microsoft Office Online	Office-Schaltfläche | PowerPoint-Optionen | Ressourcen | InOnlinemodus wechseln
Microsoft Office PowerPoint-Hilfe	Obere Multifunktionsleiste | Hilfe
Office-Assistenten anzeigen	nicht mehr vorhanden
Produkt aktivieren	Office-Schaltfläche | PowerPoint-Optionen | Ressourcen | Aktivieren
So erreichen Sie uns	Office-Schaltfläche | PowerPoint-Optionen | Ressourcen | So erreichen Sie uns

Anhänge

Anhang D

Anpassen der Symbolleiste für den Schnellzugriff

In den Programmfenstern, die die neue Office-Benutzeroberfläche mit der Multifunktionsleiste verwenden, gibt es in Office 2007 nur noch eine einzige Symbolleiste: die Symbolleiste für den Schnellzugriff. Sie wird standardmäßig rechts neben der *Office-Schaltfläche* angezeigt. In dieser Symbolleiste befinden sich die Tools, die häufig benötigt werden, und andere, die nicht direkt einer der Registerkarten zugeordnet werden können, wie beispielsweise der Befehl *Rückgängig* oder der Befehl *Wiederholen*. Die Schaltflächensymbole entsprechen denen, wie sie auch in vorherigen Versionen von Office verwendet wurden.

Symbolleiste für den Schnellzugriff anpassen

Wenn Sie Befehle benötigen, die standardmäßig nicht mehr in der Benutzeroberfläche einer der Anwendungen aus Office 2007 vorhanden sind, können Sie diese in die Symbolleiste für den Schnellzugriff einfügen. Solche Befehle sind in den Tabellen der anderen Anhänge an dem Symbol 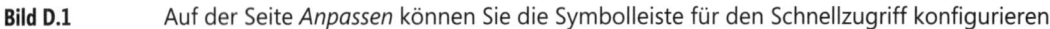 zu erkennen.

Gehen Sie zum Anpassen der Symbolleiste für den Schnellzugriff wie folgt vor:

1.   Klicken Sie auf die *Office-Schaltfläche* und dann auf *[Programmname]-Optionen* (also je nach Programm auf *Word-Optionen, Excel-Optionen* usw.).

Bild D.1   Auf der Seite *Anpassen* können Sie die Symbolleiste für den Schnellzugriff konfigurieren

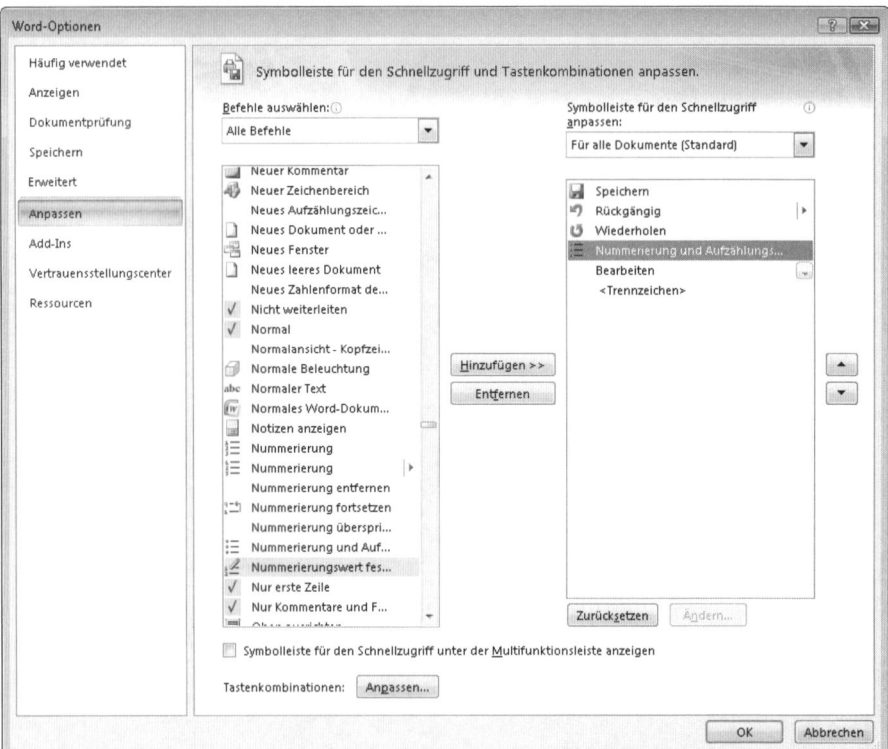

2. Klicken Sie in der Liste auf der linken Seite des Dialogfeldes auf *Anpassen*.

3. Öffnen Sie das Listenfeld *Befehle auswählen* und klicken Sie auf *Alle Befehle*.

4. Öffnen Sie das Listenfeld *Symbolleiste für den Schnellzugriff anpassen* und legen Sie fest, ob die angepasste Symbolleiste für alle Dokumente oder nur für ein bestimmtes Dokument zur Verfügung stehen soll.

5. Scrollen Sie in der linken Liste, bis Sie den Befehl sehen, den Sie in die Symbolleiste für den Schnellzugriff einfügen wollen, markieren Sie ihn und klicken Sie dann auf *Hinzufügen*.

6. Wiederholen Sie den letzten Schritt für alle Befehle, die in der Symbolleiste für den Schnellzugriff zur Verfügung stehen sollen.

7. Klicken Sie auf *OK*.

Schaltfläche einer Registerkarte in die Symbolleiste für den Schnellzugriff einfügen

Alle Befehlsschaltflächen, die Sie auf den verschiedenen Registerkarten finden, besitzen ein Kontextmenü, in dem sich der Befehl *Zu Symbolleiste für den Schnellzugriff hinzufügen* befindet. Klicken Sie einfach die Schaltfläche, die Sie in die Symbolleiste einfügen wollen, mit der rechten Maustaste an und wählen Sie diesen Befehl aus. (Dieses Kontextmenü steht Ihnen übrigens auch in allen Befehlen des Menüs der *Office-Schaltfläche* zur Verfügung.)

Bild D.2 Alle Befehlsschaltflächen besitzen in ihrem Kontextmenü den Befehl *Zu Symbolleiste für den Schnellzugriff hinzufügen*

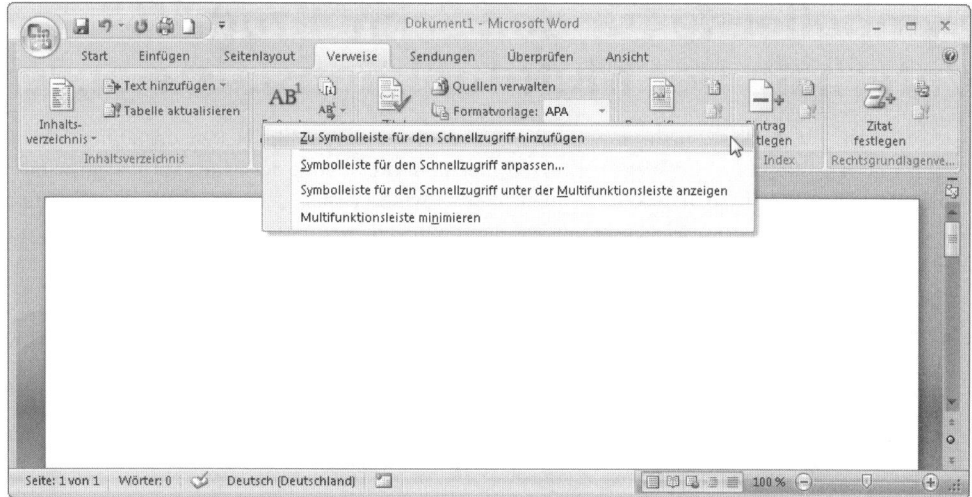

Um eine Schaltfläche wieder aus der Symbolleiste für den Schnellzugriff zu entfernen, klicken Sie sie in der Symbolleiste mit der rechten Maustaste an und wählen im Kontextmenü den Befehl *Aus Symbolleiste für den Schnellzugriff entfernen*.

Schaltflächen anordnen und Trennzeichen einfügen

In der Symbolleiste für den Schnellzugriff werden die Schaltflächen in der Reihenfolge angezeigt, in der Sie sie dort eingefügt haben. Wenn Sie ein wenig Struktur in der Symbolleiste bevorzugen, können Sie die Reihenfolge der Schaltflächen verändern, sie zu logischen Gruppen zusammenfassen und die einzelnen Gruppen durch Trennzeichen voneinander abheben.

Gehen Sie dazu wie folgt vor:

1. Klicken Sie die Pfeil-Schaltfläche *Symbolleiste für den Schnellzugriff anpassen* an und wählen Sie dann im Menü *Weitere Befehle* aus. Das Dialogfeld *[Programmname]-Optionen* wird angezeigt, die Seite *Anpassen* ist geöffnet.

2. Markieren Sie in der Befehlsliste den Eintrag *<Trennzeichen>* und klicken Sie auf *Hinzufügen*. Wiederholen Sie diesen Schritt, bis die benötigte Anzahl von Trennzeichen in der Liste auf der rechten Seite vorhanden ist.

3. Markieren Sie in der Liste auf der rechten Seite den Befehl, den Sie an eine neue Position verschieben wollen.

4. Klicken Sie die Schaltfläche *Nach oben* bzw. *Nach unten* an, die Sie neben der Liste sehen, bis der Befehl an der gewünschten Position steht.

5. Wiederholen Sie die beiden letzten Schritte, bis die Symbolleiste so aufgebaut ist, wie Sie es möchten

6. Klicken Sie auf *OK*, um das Dialogfeld zu schließen.

Symbolleiste für den Schnellzugriff unterhalb der Multifunktionsleiste anzeigen

Die Symbolleiste für den Schnellzugriff wird standardmäßig neben der *Office-Schaltfläche* angezeigt. Wenn Sie die Wege verkürzen möchten, die Sie mit der Maus zurücklegen müssen, um die Schaltflächen anzuklicken, können Sie die Symbolleiste auch unterhalb der Multifunktionsleiste anzeigen lassen, was sich besonders dann anbietet, wenn Sie zahlreiche Schaltflächen hinzugefügt haben.

Bild D.3   Die Symbolleiste für den Schnellzugriff an ihrer Standardposition (links im Bild) und unterhalb der Multifunktionsleiste (rechts im Bild)

Gehen Sie wie folgt vor, um die Position der Symbolleiste für den Schnellzugriff anzupassen:

1. Klicken Sie auf die Pfeil-Schaltfläche an der rechten Seite der Symbolleiste für den Schnellzugriff.

2. Klicken Sie im Menü auf *Unter der Multifunktionsleiste anzeigen*.

Bild D.4 Im Menü der Schaltfläche zum Anpassen der Symbolleiste für den Schnellzugriff finden Sie einen Befehl, um die Symbolleiste unterhalb der Multifunktionsleiste anzeigen zu lassen

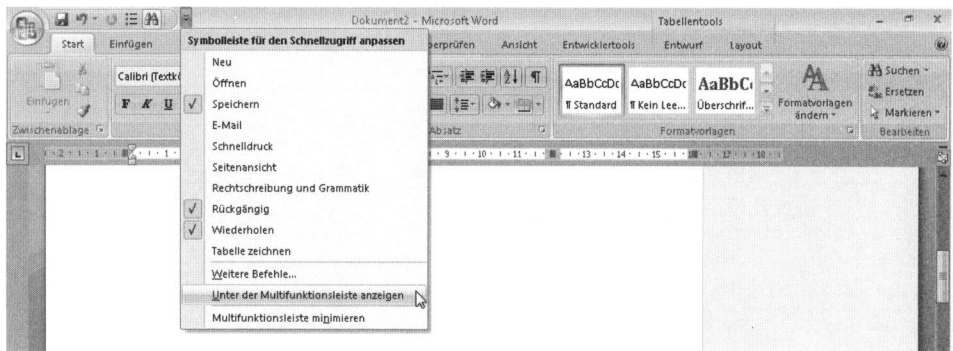

Im oberen Bereich des Kontextmenüs finden Sie die Namen von weiteren häufig verwendeten Befehlen. Klicken Sie auf einen der Befehlsnamen, um ihn in der Symbolleiste für den Schnellzugriff anzeigen zu lassen oder um ihn von der Leiste zu entfernen, sollte er derzeit dort enthalten sein.

Anhänge

Praxisindex

Die Einträge im Praxisindex verweisen auf Schritt-für-Schritt-Anleitungen zu spezifischen Arbeitsgängen.

F

G

H

I

Stichwortverzeichnis

G

Z